RUTH RENDELL

2

RUTH

RENDELL

2

LES ANNÉES
1965-1979

(c) Patrick Messina

L'ensemble de ces romans a été publié en Grande-Bretagne par Hutchinson, part of the Random Century Group Ltd.

RUTH RENDELL
ou
DE L'OBSESSION CONSIDÉRÉE COMME UN DES BEAUX-ARTS

par
François Rivière

En 1992, préfaçant pour la prestigieuse Folio Society une réédition de *La Femme en blanc* de Wilkie Collins, Ruth Rendell estimait que le chef-d'œuvre incontesté de son illustre prédécesseur devait être envisagé avant tout comme un « roman de l'obsession ». Selon elle, le personnage central de cette fiction « est l'esclave d'une sexualité névrotique. Elle devient en effet incapable de résister à l'attirance d'un homme à qui rien ne la destine, luttant contre une force inconsciente ». Cette analyse a ceci de troublant qu'elle ressemble à celle que l'on pourrait faire aujourd'hui d'un certain nombre de romans de Ruth Rendell elle-même et, plus particulièrement, de ceux qu'elle publie en contrepoint de la série des enquêtes de Reginald Wexford. Délivrés de la contrainte souvent pesante de la procédure policière classique, ces livres épousent plus étroitement les méandres secrets de la psyché de l'auteur, ils témoignent surtout, aux premiers temps de la carrière de Ruth Rendell, de la persistance d'un projet romanesque qui, faisant contre mauvaise fortune bon cœur[1], dut s'allier aux exigences du récit criminel. C'est ainsi par exemple que le premier de ces romans « non-Wexford », *La Danse de Salomé* (1965), mêle adroitement l'accomplissement puis la résolution d'un crime à la savante ironie d'une tragicomédie de mœurs dont la romancière avait, quelques années plus tôt, nourri ses premiers essais jamais publiés. La présence d'un personnage, le Dr Greenleaf, qui joue le rôle de « détective amateur », sauve l'honneur d'une forme dont on sent bien qu'elle

1. Cf. préface du premier volume des Intégrales Ruth Rendell.

pèse déjà terriblement sur les épaules du jeune écrivain. Mais, dès le roman suivant, *Fantasmes* – paru la même année, comme si Ruth avait eu en réserve quelques « canevas » romanesques prêts à assouvir sa légitime fringale de publication –, le propos devient celui d'une fiction qui prend prétexte du mystère pour mieux permettre la peinture de mœurs. *Fantasmes* mérite l'attention soutenue du lecteur d'aujourd'hui, qui a certainement lu certains des livres publiés sous le pseudonyme de Barbara Vine, car il renferme comme en un miroir de sorcière quelques-uns des schémas obsessionnels dont se nourrit depuis plus de vingt ans sa fiction. Non seulement l'auteur s'y applique, avec une audace assez remarquable, à ne jamais mettre ses pas dans ceux de ses pairs – je parle des clichés psychologiques auxquels échappent rarement les meilleurs praticiens du *crime novel* – mais il s'efforce de nourrir son récit d'une vision des êtres et des choses absolument originale, c'est-à-dire en accord parfait avec sa propre nature et ses propres préoccupations. On est en droit de lire *Fantasmes* comme la très rigoureuse exploration d'une obsession. Rendell, en lectrice avisée de Samuel Butler – dont elle vénère *Ainsi va toute chair* – et du chef-d'œuvre de Ford Maddox Ford, *Le bon soldat*, nous offre un portrait de femme extraordinairement vivant. Alice et Andrew Fielding forment un couple littéraire dont les portraits nous sont brossés avec une précision flamande. Mais bientôt c'est la figure d'Alice qui, s'associant au suspense habilement ourdi, fait de cette histoire le roman du naufrage psychologique d'un être hanté par la vision erronée du monde qui l'entoure. Rendell, cependant, ne perd jamais de vue les limites du genre qu'elle pratique. Elle ne fait, somme toute, que déployer son art poétique au sein même d'un ensemble de règles qui ne la contraignent pas le moins du monde. « Cela ne me gêne pas qu'on me considère comme une romancière *de genre*, dit-elle, pour la raison que si je parviens à transcender le genre en question, j'ai la certitude d'être reconnue. »

En 1965, la reconnaissance est encore loin, mais la délicieuse ambiguïté que suggère la manière ironique de la romancière leste sa fiction d'un poids singulier. Dans le troisième de ses romans sans Wexford, *La Maison de la mort* (1968), Ruth immerge, comme dans *Fantasmes*, la clef de son intrigue – un indice linguistique – dans le ciment d'une histoire douloureuse. Si l'autobiographie affleure – encore qu'aucune révélation ultérieure ne permette de l'affirmer –, celle-ci ne doit pas déterminer notre vision de Susan Townsend, l'héroïne. Une atmosphère lourde de sexualité retenue (ou réprimée) imprègne les pages d'ouverture du livre, puis la mise en place du suspense paraît dissiper ces âcres remugles pour laisser la place à la fascination du mystère. Un chien qui aboie, un volet qui se ferme : de simples notations sont, chez Rendell comme partout dans l'œuvre des grands auteurs de fiction anglais, les signes précis d'états d'âme particuliers, les états premiers d'un caractère obsessionnel de l'œuvre qui ne doit plus guère aux structures compliquées des romans de Wilkie Collins mais bel et bien à l'intention profonde de la romancière. Le narrateur du roman de Ford Maddox Ford qu'elle prise tant dit : « Il n'existe rien pour nous guider. Et, puisqu'un sujet aussi élémentaire que la morale sexuelle nous semble tellement nébuleux, comment serons-nous guidés dans le domaine plus subtil de la morale de toutes nos autres relations ? À moins que nous ayons été créés pour obéir à nos seules impulsions ? ». Si Susan Townsend, cette jeune femme abandonnée dans la banlieue de Londres comme tant d'autres épouses divorcées ne succombe pas aux spéculations philosophiques, c'est d'abord parce qu'elle ne supporte plus d'affronter le monde, mais aussi parce que le destin la soumet à la pression d'une sombre affaire criminelle. De la même manière que l'héroïne de *Fantasmes*, elle subit l'irrésistible attraction du mystère et, comme Alice Fielding, elle trouve, « au cours d'une douce soirée de printemps », la solution illusoire à son drame personnel dans le dénouement d'un autre drame...

Ruth Rendell assimile la psychologie obsessionnelle de ses personnages au risque ultime que prend celui ou celle qui décide soudain de surmonter les pires dangers pour percer les ténèbres de la vie. À la façon dont Ann Radcliffe propulsait ses héroïnes à travers le décor gothique de romans de *suspense* avant la lettre, elle fait des proies hypnotisées de ses premiers romans de pur suspense les répliques subtilement remaniées d'une sorte de Roman Noir moderne. Les châteaux gothiques ont laissé la place à ce que Alice Fielding appelle « une maison de cauchemar ». Alors que le drame qu'elle vit depuis un certain temps comme un calvaire est sur le point de se dénouer, Alice visualise cette « structure » : « Cela ressemblait à une maison aux innombrables pièces, à travers laquelle on ne cessait de monter jusqu'à ce que l'on parvienne au grenier... » Cette image névrotique trouvera de manière troublante sa concrétisation dans un roman ultérieur, *La*

Maison aux escaliers, l'un des récits les plus oniriques de Rendell. L'un de ceux, aussi, où se précisent de la manière à la fois la plus audacieuse et la plus adroitement masquée, les mobiles de l'œuvre tout entière. La désapprobation, un sentiment très fort et singulièrement ravageur, était déjà à l'œuvre dans les précédents romans. Mais, dans *Morts croisées* (1971), Rendell entreprend soudain d'activer cette source bien connue de tension dans les rapports humains. La très acariâtre Maud Kinway, mère de Vera, une jeune femme prise au piège d'un mariage raté, incarne magnifiquement le mobile du crime, mais sans jamais n'être qu'un rôle dans le drame qui se prépare. Rendell a toujours pris grand soin de souligner qu'elle avait lu davantage de livres de psychologie que de traités de criminologie. Elle a surtout, depuis plus de trente ans, substitué à la mécanique souvent habile du récit de suspense à ressort ironique – du type des romans de Francis Iles qui demeurent, pour leur époque, l'entre-deux-guerres, des modèles du genre – une trame plus émotionnelle. La sexualité des protagonistes affleure de façon à créer l'effet obsessionnel et à conférer une vraisemblance souvent terrifiante aux actes irrépressibles commis par ceux qui sont à la fois coupables et victimes dans la fiction ambiguë qui les engendre. L'exemple offert par *Morts croisées* est intéressant : le trio à problème que composent Maud, Vera et Stanley, le mari, un garçon faible, persécuté par sa belle-mère, est celui d'un mélodrame d'humour noir du genre de ceux qu'affectionnait Alfred Hitchcock. La parenté certaine qui unit les deux créateurs, souvent présente dans les nouvelles de Rendell aux chutes particulièrement sournoises, apparaît ici de manière flagrante. L'unité de lieu – celui d'une sorte de scène domestique –, le cynisme des personnages mais aussi leur pathétique attachement aux petites choses de la vie évoquent l'atmosphère confinée des films anglais d'Hitchcock, surtout *Frenzy*, sanglant réquisitoire des méfaits du refoulement sexuel. Stanley, maniaque des mots croisés, trouve dans ce passe-temps un dérivatif symbolique à la pression psychologique pesant sur lui. Le caractère obsessionnel d'un personnage animé des pires intentions nous contraint à éprouver à son égard une sorte de louche sympathie. Dans la galerie de personnages masculins nés sous la plume de Rendell, Stanley Manning est le premier d'une série d'hommes pitoyables au sens le plus fort du mot. Plus tard, le héros de *L'Homme à la tortue*, puis Guy Curran, dans *Fausse route*, renverront en écho leurs propres obsessions au mal parti de *Morts croisées*.

Le Jeune homme et la mort (1974) poursuit en l'amplifiant la démarche obsessionnelle de l'auteur. Le décor du livre est celui qu'elle connaît depuis sa plus tendre enfance, les abords de la forêt d'Epping, au nord de Londres, où elle a encore vécu tout récemment – au début des années soixante-dix. Graham Lanceton, le protagoniste de ce livre charnière est, comme Susan Townsend, une victime de l'amour déchu. Mais il est aussi le premier écrivain mis en scène par Ruth, qui ne peut s'empêcher de le parer d'un certain nombre de caractéristiques qu'elle-même revendiquera par ailleurs. La grande différence entre la créature et sa créatrice est cependant notable : alors que le pauvre Lanceton n'a pas survécu, littérairement parlant, à la publication de son premier roman, Rendell commence à connaître les effets du succès. La collection *Panther* réédite six de ses œuvres aux côtés de celles de J. G. Ballard, Nabokov, Violette Leduc ou Anthony Trollope – l'auteur préféré du mari d'Alice, dans *Fantasmes...* Graham, lui, vit un drame solitaire, le vin de son désir a tourné au vinaigre. Ce personnage pathétique est pris en étau entre deux amours contrariées : celui qu'il voue à la capricieuse Drusilla et la relation très complexe qu'il entretient avec sa mère, remariée à un Français. La libido de Graham est perturbée au point de faire de lui un véritable réprouvé. Isolé dans la forêt comme un Robinson accablé, il ne trouve de réconfort que dans la lecture, redevenu enfant, plus encore : orphelin. Ce livre oppressant met en scène les méfaits de la passivité, de l'immobilité qui sont, à l'évidence, des principes opposés à la philosophie de l'auteur. Toutefois, d'un bout à l'autre, le roman fait preuve d'une compréhension, jusque-là sans égale dans la fiction de Rendell, qui nimbe le personnage d'écrivain contrarié – au sens le plus fort du terme – d'une humanité touchante.

L'Analphabète paraît en 1977. Dix ans plus tard, interviewée à L'Institut d'Art Contemporain de Londres par sa rivale et néanmoins amie P. D. James, Ruth Rendell devra répondre à cette question perfide : « Si vous deviez mourir dans l'instant, laquelle de vos œuvres aimeriez-vous voir survivre avant toute autre ? » Elle répondit sans hésitation par le titre du roman à mon sens le plus impressionnant, le plus cruel et le plus original jamais produit par un auteur de fiction criminelle. *L'Analphabète* apparaît au premier abord comme l'un de ces récits, dont les Anglo-

Saxons raffolent, consacrés aux grandes affaires criminelles. Et il est certain que la relation des crimes accomplis par la fascinante Eunice Parchman ressemble, beaucoup plus qu'aucun autre roman de Rendell – à l'exception peut-être de *Véra va mourir* et de *L'Homme à la tortue* – à une histoire vécue. L'intensité du regard porté par l'écrivain sur cette créature terrifiante, mais en même temps terriblement humaine, qu'est Eunice, y est pour quelque chose. Mais une réflexion de Ruth, faite en septembre 1980 à Diana Cooper-Clark, pour les lecteurs de *The Armchair Detective*, est également très éclairante : « Je suppose, dit-elle, que les victimes de mes romans sont victimes par hasard. Chez certains romanciers, les victimes choisissent leur sort, tandis que chez moi, c'est le tueur qui fait son choix, s'il est permis d'employer ce mot. Dans *L'Analphabète*, tout arrive par hasard. Eunice n'est pas une tueuse accidentelle, elle *doit* tuer et, d'ailleurs, elle a déjà trucidé son propre père. Aussi, je pense que dans ce que j'écris, c'est le tueur qui est digne d'intérêt, et non pas la victime. »

Eunice Parchman incarne de façon monstrueuse et, sur le plan littéraire, remarquable, le tueur obsessionnel. Son enfance à Tooting, dans un milieu déshérité, son incapacité à acquérir le minimum de culture – savoire lire et écrire –, ses premiers pas de dévoyée sur la route de la vie ont fait d'elle un être pathétique. Rendell, avec une habileté diabolique, mais sans aucun artifice, nous oblige à comprendre Eunice, mais certainement pas à l'aimer. Le roman, alors, nous livre le portrait psychologique d'une famille de la bourgeoisie aisée, les Coverdale, qui par un caprice du destin *(le hasard)*, recueille cette bombe humaine à retardement. Au sein de ce microcosme, un personnage plus particulièrement mérite notre attention : c'est Giles, un adolescent excentrique dont la passion pour la chose écrite offre un saisissant contraste avec l'illettrisme d'Eunice. Un autre trait du caractère de ce garçon de dix-sept ans, magnifiquement campé par l'auteur, s'oppose à la figure oppressante de la meurtrière : sa recherche de la foi, à travers un engouement, fréquent au cœur des Seventies, pour le « retour aux sources », qui a pour corollaire caricatural la ferveur religieuse maniaque d'Eunice et de sa comparse dans le crime, Joan Smith. La construction du roman de Rendell, le plus achevé de tous à ce moment de sa carrière, sûrement aussi le plus intrépide, fait sans cesse la part belle aux sous-intrigues, à l'étude minutieuse des caractères et ne cesse de renforcer un suspense qui obéit en tout point au fameux précepte hitchcockien selon lequel le spectateur, ici le lecteur, doit avoir une pleine connaissance de ce qui va se passer.

L'Analphabète marque l'entrée en scène, dans l'œuvre de Ruth Rendell, d'un protagoniste qui, durant plus d'une dizaine d'années, occupera souvent le devant de la scène : le psychopathe. Personnage éminemment obsessionnel, bien sûr, le *misfit* que Ruth confronte à un ordre bourgeois pour lequel elle n'a bien souvent que le plus grand mépris, éprouve le plus grand mal à dialoguer avec le monde qui l'entoure, le milieu social dont il rêve comme celui dont il est issu. À plusieurs reprises, la romancière a « joué » avec cet archétype au fil de nouvelles – comme *Passe-temps* ou *La Mauvaise catégorie* –, utilisant à merveille le labyrinthe du grand Londres et, singulièrement, la forêt d'Epping qui revient comme un lancinant décor de ses cauchemars de créatrice, pour y faire évoluer ces vagabonds de la libido. Mais c'est à une forme de vagabondage moins terrifiant, quoique tout aussi déviant sur le plan social, que nous invite le roman paru en 1979, *La Banque ferme à midi*.

Le désir de liberté, pour un être mal marié, peut devenir obsessionnel au point de précipiter un homme encore jeune, quarante ans à peine, très épris de littérature, dans une aventure totalement folle au regard de la petite bourgeoisie anglaise engluée dans ses rites puritains, parfois mesquins. Le tableau que Rendell brosse du ménage Groombridge, dès les premières pages d'un livre particulièrement insolent, est sans pitié. Alan Groombridge est le directeur d'une succursale de l'Anglian-Victoria Bank dans un village de l'Essex et son aventure va se dérouler en parallèle avec celle de deux jeunes ruffians – un duo évoquant par anticipation celui de *Ravissements*, roman signé Barbara Vine – qui ont décidé de dévaliser la banque. Groombridge s'élance tout naturellement vers Londres et son miroir aux alouettes, avec l'angoisse naturelle du provincial n'ayant jamais quitté son nid. La romancière ne caricature pas son personnage ; bien au contraire, elle fait de lui le portrait balzacien – ou trollopien – d'un être épris de culture qui songe, naïvement bien sûr, pouvoir mettre en pratique une fascination toute livresque pour les êtres d'exception. Le hasard lui fait rencontrer Una Engstrand, une jeune femme abandonnée par son mari en laquelle on pourrait voir la sœur de Gemma *(Le Petit été de la Saint-Luc)* et de Susan Townsend *(La Maison de la mort)*. Pour changer littéralement de peau, Groombridge emprunte l'identité d'un homme choisi au hasard, un certain Paul Browning, poussant l'obsession du transfert jusqu'à se rendre au domicile des Browning, à Highgate, pour y « sentir » l'ambiance dans laquelle vivent ces gens qui symbolisent à ses yeux une liberté nouvelle. On touche là au caractère le plus singulier d'une œuvre qui s'attache sans répit à nouer les destins d'êtres quelque peu perdus – à tous les sens du mot – à d'autres destins, innocents ou non, jusqu'à provoquer la catastrophe qui, dans ce roman comme dans tous les autres, résultera du flirt morbide ainsi engagé.

La région du Grand Londres joue, une fois encore, son rôle magique dans les déplacements incessants des protagonistes, avec, parfois, une ironie privée – puisque renvoyant au propre monde de la romancière – qui superpose les actions de romans différents en de mêmes lieux. C'est ainsi, par exemple, que le garage du Dr Bolton, qui jouera un rôle décisif pour le dénouement de *La Banque ferme à midi*, voisine avec la maison de Graham Lanceton, en lisière de la forêt d'Epping, territoire ô combien obsédant de la dramaturgie rendellienne. Au cœur de la capitale, dans ces quartiers résidentiels qui font rêver les héroïnes banlieusardes de nouvelles comme *On n'est jamais trop prudent* (1976), le monde policé et cultivé que découvre Alan Groombridge est semblable à celui qu'a fui Graham Lanceton ou que Susan Townsend préfère ne plus revoir. C'est la bohème excentrique à peine remise des drug-parties des Sixties, que Ruth restituera plus tard dans *La Maison aux escaliers*, mais à travers laquelle, déjà, sa plume nous guide avec une assurance que les intrigues ramassées de ces livres des années soixante-dix auraient pu dissimuler à nos yeux mais que nous nous devons de considérer comme la part la plus profondément originale de l'œuvre obsessionnelle de cet écrivain de la fin du XXe siècle.

1965

LA DANSE DE SALOMÉ

Traduit de l'anglais par
Erick Grisel

Ce roman a paru sous le titre original :
TO FEAR A PAINTED DEVIL

Pour Margaret et Cyril Rabbs
affectueusement

Les dormeurs et les morts ne sont que des images ; c'est l'œil de l'enfant qui craint le diable peint.

« Macbeth »

Prologue

Il avait neuf ans. C'était sa première journée en Angleterre et il se demandait si toutes les maisons anglaises étaient comme celle-ci, grande mais avec des petites pièces remplies de choses inutiles : des statues sans bras, des vases à couvercle, des rideaux dont les plis semblaient figés comme ceux des robes du soir de sa mère.

Ils étaient arrivés pendant la nuit et il avait traversé le hall dans les bras de son père, enveloppé dans une couverture.

Il ne se souvenait que de la grande porte d'entrée, une porte en bois massif dont le vitrail coloré représentait un arbre. Ils l'avaient laissé dormir aussi longtemps qu'il voulait et quelqu'un lui avait apporté le petit déjeuner sur un plateau. Plus tard, il avait descendu l'escalier et franchi un demi-palier que gardait un soldat de bronze armé d'une lance. Puis en apercevant le hall en contrebas, il avait marqué un instant d'hésitation.

C'était une belle matinée mais la pièce paraissait sombre et tranquille comme à la tombée du jour. Les murs n'étaient pas tapissés mais tendus de tissu brodé, et entre chaque pan de mur, des rideaux cachaient... quoi au juste ? Des fenêtres, des portes ? Il lui semblait qu'ils cachaient des choses que les gens ne devaient pas voir. Il y avait un miroir avec un encadrement de bois rouge, sculpté de feuilles et de brindilles qui s'entrelaçaient, donnant ainsi l'impression qu'il lui poussait des branches.

Ce ne fut pas sa propre image qu'il vit dans ce miroir, mais celle d'une porte ouverte sur un jardin vers lequel il se dirigea pour trouver un peu de soleil. C'est alors qu'il vit le tableau. Il s'arrêta, pétrifié.

Le tableau représentait une dame vêtue d'une robe de soie rayée bleu et or à l'ancienne mode, avec une petite coiffe dorée sur la tête. Elle tenait un plateau d'argent, et sur ce plateau reposait la tête d'un homme.

Il savait que ce devait être une très bonne peinture, parce que l'artiste lui avait donné l'air tellement vrai ! Il n'avait rien oublié, même pas le sang sur le plateau et les petits trucs ronds et blancs qui sortaient du cou de l'homme là où sa tête avait été tranchée.

La dame ne regardait pas la chose sur le plateau, mais le fixait, *lui*. Elle souriait, et il lut sur son visage une drôle d'expression, à la fois rêveuse, triomphante et repue. Il n'avait jamais vu un tel regard auparavant, mais soudain, dans un éclair d'intuition qui contenait un savoir implicite, il sut que les grandes personnes échangeaient quelquefois ce genre de regard, et quand les enfants n'étaient pas là.

Il s'arracha brusquement à la contemplation du tableau et plaqua sa main sur sa bouche pour qu'on ne l'entende pas crier. Puis il se précipita comme un aveugle vers la véranda qui séparait la pièce du jardin. Il trébucha sur le seuil et allongea le bras pour se rattraper. Sa main toucha quelque chose de doux et de frais, l'espace d'une seconde ; car à cette sensation succéda une autre sensation, celle d'une brûlure cuisante, semblable à celle qu'il avait ressentie le jour où il avait touché le fer à repasser de sa mère.

Plus loin, dans le jardin, quelqu'un éclata de rire. Il se mit à hurler et ses cris s'amplifièrent jusqu'à ce qu'il entendît des portes claquer et des pas de femmes se précipiter hors de la cuisine pour accourir vers lui.

1

– De l'acide prussique ? répéta le pharmacien, stupéfait.

Depuis dix ans qu'il exerçait ce métier, c'était la première fois qu'on lui faisait pareille demande. Bien sûr, il n'était pas question qu'il y accède. Il se considérait comme un citoyen investi d'une haute responsabilité, un médecin, presque.

– Du cyanure de potassium, vous voulez dire ?

Il regarda sévèrement le petit homme vêtu d'un costume trop sombre et trop épais pour la saison.

– Et c'est pour quoi faire, ce cyanure ?

Edward Carnaby se sentit humilié. Après tout, ce Waller n'était qu'un pharmacien, pas un vrai chimiste qui travaille dans un laboratoire. Il y avait déjà bien assez des docteurs pour fouiller dans les affaires des autres et se mêler de ce qui ne les regardait pas. Alors, si les pharmaciens s'y mettaient ! Il suffisait de leur demander ce qu'on voulait : des lames de rasoir, de la crème à raser ou du dentifrice, ils enveloppaient le tout dans un papier et il ne restait plus qu'à payer. En d'autres termes, Waller n'était qu'un épicier.

– C'est pour tuer des guêpes. Il y a un nid sous le toit de ma maison.

Il s'agitait nerveusement sous le regard accusateur de Waller. Au plafond, le ventilateur brassait de l'air chaud au lieu de rafraîchir l'atmosphère.

– Pouvez-vous me donner votre nom, s'il vous plaît ?

– Pour quoi faire ? Il vous faut une ordonnance, peut-être ?

Waller ignora le sarcasme. Un homme avec une profession aussi respectable que la sienne ne devait pas se sentir atteint par ce genre de piques.

– Où est-ce que vous avez trouvé cette idée de cyanure ?

Tandis qu'il posait la question, les lanières de plastique coloré qui séparaient l'officine du magasin s'écartèrent, et Linda Gaveston apparut dans sa blouse rose. Sa vue acheva de mettre Edward en colère. Il la trouvait insupportable de décontraction. Et puis il ne comprenait pas qu'une fille dont les parents habitaient Linchester travaille comme préparatrice dans une pharmacie. Elle lui adressa un vague sourire. Edward répondit d'un ton cassant :

– Si vous voulez tout savoir, j'ai lu ça dans un livre de jardinage !

Plausible, pensa Waller.

– Sûrement un peu dépassé votre livre, non ? De nos jours, pour se débarrasser des guêpes, on utilise un vespicide performant. (Il fit une pause pour s'assurer que les deux derniers mots, peu usités, avaient impressionné son interlocuteur.) Un produit sans danger pour l'homme et les animaux à sang chaud...

– C'est bon ! interrompit Edward. (Il n'allait pas faire un scandale devant cette prétentieuse de Linda Gaveston.) Pourquoi vous ne m'avez pas dit ça plus tôt ? Donnez-m'en une boîte. Comment ça s'appelle ?

– Vesprid.

Edward lui lança un dernier regard assassin avant de tourner les talons, mais la fille – qui, décidément, ne cherchait qu'à se faire remarquer – lui tendait déjà la boîte en disant :

– Ça fait deux livres et vingt pence. Le mode d'emploi est à l'intérieur.

– Merci, dit-il d'un ton sec, en prenant la monnaie.

Linda Gaveston haussa légèrement les épaules et s'éloigna dans l'officine en roulant des hanches comme elle l'avait vu faire à des hôtesses d'un night-club, à la télévision.

– C'est un voisin, dit-elle à Waller quand Edward fut sorti. Un vrai cinglé.

– Ah bon ?

Comme tous les commerçants de Chantflower, Waller éprouvait beaucoup de respect pour les habitants de Linchester. L'argent y jaillissait comme une source d'eau chaude.

– Ça n'est pourtant pas le seul.

Il regarda Edward monter dans sa voiture de représentant, dont le siège arrière était jonché de boîtes en carton.

Il faut de tout pour faire un monde.

– Personne n'est parfait, conclut-il.

En cette chaude après-midi, Freda Carnaby était la seule maîtresse de maison de Linchester qui travaillait vraiment. C'était aussi la seule qui n'était pas mariée. Mais si elle faisait les carreaux du salon, ce n'était pas seulement parce qu'elle était méticuleuse mais aussi parce que c'était un bon prétexte pour surveiller les allées et venues des voitures du voisinage. Les hommes d'affaires qui résidaient à Linchester rentraient tôt de leur travail et celui qu'elle attendait pouvait arriver d'un instant à l'autre. Il lui ferait un signe de la main, peut-être même s'arrêterait-il pour lui confirmer le rendez-vous de ce soir, et il remarquerait, une fois de plus, à quel point elle était active et efficace dans son travail. Mais surtout, il verrait qu'elle pouvait être jolie et élégante en toute occasion, même avec un chiffon à la main.

Ironie du sort – quand on savait qui Freda attendait –, la première voiture à apparaître fut celle de Tamsin Selby. Même sans regarder la plaque d'immatriculation (SIN 1 A), on pouvait reconnaître la Mini-Austin neuve de Tamsin à sa carrosserie noir et blanc déjà salie par la pluie et la poussière, et à son siège arrière couvert de feuilles, de brindilles et autres vestiges des champs. Freda fit une moue de réprobation satisfaite. Quand on a assez d'argent pour se payer de jolies choses (cette plaque minéralogique avec ce monogramme avait dû coûter une fortune !) il faut en prendre soin.

La voiture du Dr Greenleaf suivait celle de Tamsin de très près. « Il est temps qu'il en achète une neuve », pensa Freda. Le médecin, avait-elle lu dans un magazine, était la personne la plus importante de la communauté. Il avait, par conséquent, un certain standing à tenir. Elle sourit et lui adressa un petit signe de tête. À la façon dont il lui rendit son sourire, elle pensa qu'il était heureux de la voir en bonne santé, et qu'il lui était reconnaissant de ne pas empiéter sur son temps de travail.

Freda terminait la fenêtre du salon quand surgit le break de Joan Smith-King avec, à son bord, la marmaille de Linchester qu'elle était allée chercher à l'école.

– Et voilà la cargaison, dit Joan d'un ton enjoué. Denholm dit qu'on devrait me donner le permis poids-lourd.

Cheryl appela sa tante du fond du break :

– Tante Freda, je peux aller goûter avec Peter ? Dis, je peux ?

– Si tu es sûre de ne pas déranger, dit Freda.

Cheryl avait beau n'être que la fille d'un commerçant, elle connaissait les bonnes manières. Freda y avait veillé personnellement. Cela l'embêtait cependant que Cheryl prenne son goûter à l'extérieur car elle déboulerait à 7 heures, juste au moment où elle, Freda, voudrait se relaxer et se préparer un plateau avec du café, des serviettes en papier et un carafon de xérès.

– Saletés de guêpes ! (Joan leva les yeux vers le toit du chalet d'où lui parvenaient les bourdonnements.) Tamsin m'a dit que Patrick a une vilaine piqûre à la main.

– Ah bon ? (Freda détourna le regard et fixa la haie d'un air dégagé.) Ne tarde pas, alors, dit-elle à Cheryl.

Joan démarra, agrippant son volant d'une main et repoussant de l'autre Jeremy et Peter, envoyant valdinguer leur sœur Susan sur les genoux de Cheryl. Dans le siège-auto installé à l'avant, le petit dernier se mit à pleurer. Freda quitta le salon pour se diriger vers la cuisine propre comme un sou neuf. Elle se refaisait une beauté avec un peu de maquillage qu'elle cachait dans un tiroir, quand elle entendit Edward garer la voiture dans l'allée. La porte d'entrée claqua.

– Freda ?

Elle se précipita dans le salon où Edward faisait déjà marcher l'électrophone.

– Tu aurais pu fermer la grille, dit-elle, mais elle n'insista pas.

Une épouse peut se permettre ce genre d'exigences, mais pas une sœur. Une sœur, c'est fait pour entretenir une maison et pour élever une petite nièce sans maman. Et pourtant... Son visage s'éclaira. Encore un an ou deux et elle aurait un enfant bien à elle.

– Le thé sera prêt dans combien de temps ?

– À 5 heures et demie pile. Tu sais bien que ce n'est pas dans mon habitude de te faire attendre, Ted.

– C'est que mon cours de mécanique est à 7 heures.

Edward allait tous les soirs à un cours différent. Le lundi et le mardi cours de français, le mercredi menuiserie, le jeudi comptabilité et le vendredi mécanique. Freda approuvait cette activité. Elle devinait que c'était sa façon d'oublier la femme qui avait vécu juste assez longtemps pour poser les rideaux de leur nouvelle maison, mais qui était morte avant même que la première traite fût payée.

– Et toi, qu'est-ce que tu vas faire ?

Elle haussa les épaules. C'était non seulement son frère mais aussi son jumeau, et aussi jaloux qu'un mari.

– Je me demande parfois, dit-il, si tu ne vois pas quelqu'un dès que j'ai le dos tourné.

Avait-il entendu des racontars ? Et puis après ? Encore quelques jours et tout le monde serait au courant. Même Edward. C'est drôle... elle en frémissait, pourtant, rien que d'y penser.

Il changea le disque de face et se redressa. Une petite musique des pays froids s'éleva dans la pièce. L'atmosphère qui y régnait était étouffante. Mais la voix pure ravissait les oreilles de Freda ; elle lui rappelait les grandes pièces vides qu'elle n'avait vues jusqu'à présent que de l'extérieur, quand elle passait devant la maison avec ses sacs à provisions. « J'aimerais tellement vivre là-bas, se dit-elle. Ah, ça ! je ne ferais pas la difficile. Il m'aime ! » Elle en oubliait Edward. Un long frisson de bonheur mêlé d'angoisse la parcourut de la nuque à la pointe des pieds.

– Je n'aimerais pas ça, Freda, dit Edward. Tu es bien mieux ici avec moi.

– Nous verrons ce que l'avenir nous réserve, répondit-elle en contemplant, à travers les carreaux étincelants de la pièce, les dix autres maisons de Linchester disséminées dans le parc.

Dire que l'année prochaine elle verrait tout ça sous un autre angle ! Quand elle se retourna, Edward s'était approché d'elle et claquait des doigts devant ses yeux pour la sortir de sa rêverie.

– Laisse-moi tranquille, dit-elle.

Vexé, il alla s'asseoir et ouvrit son *Traité sur l'économie monétaire*. Freda monta dans sa chambre pour laquer ses cheveux, remonter ses bas et se vaporiser, une fois de plus, du déodorant sous les bras.

Denholm Smith-King avait l'habitude de seconder sa femme dans les tâches ménagères. Avec cinq enfants, il aurait pu difficilement faire autrement. Quand Joan arriva à la maison, il était déjà rentré du travail et préparait ce qu'il appelait par euphémisme « une tasse de thé ». Dans la maisonnée Smith-King, cela consistait à beurrer d'énormes tartines de pain et à couper en tranches deux cakes pesant chacun une livre.

– Tu es en avance, remarqua-t-elle.

– Je n'avais pas grand-chose à faire au bureau. (Il adressa à Cheryl un sourire incertain comme s'il ne se rappelait plus vraiment si elle était sa fille.) Le boulot ne marche pas fort en ce moment, et dans ces cas-là rien ne vaut le cocon familial.

Joan prit une nappe et l'étala sur ce qui avait été autrefois une jolie table en bois poli et sans taches.

– Je n'aime pas t'entendre parler comme ça, Den. J'avais d'ailleurs l'intention de discuter avec toi de ton travail...

– Tu as trouvé quelqu'un pour garder les gosses demain soir ? demanda-t-il, changeant adroitement de sujet.

– Linda Gaveston m'a dit qu'elle viendrait. Je le lui ai demandé quand j'étais chez Waller. (Joan prit le carton d'invitation qui traînait sur la cheminée au milieu d'un tas de paperasses et le lut à haute voix.) *Tamsin et Patrick Selby vous accueilleront dans leur demeure le samedi 4 juillet, à 20 heures*. Je savais que Tamsin était maniérée mais à ce point-là ! *dans leur demeure...* elle dépasse un peu les bornes.

– Quand on a de l'argent et pas d'enfants, on peut se permettre de dépasser les bornes, dit Denholm.

– Tout de même, ce n'est qu'un anniversaire. Elle va avoir vingt-sept ans.

Denholm s'assit lourdement au bout de la table, assumant à contrecœur son rôle de père de famille.

– Vingt-sept ans ? Je ne lui en aurais pas donné plus de vingt.

– Ne sois pas stupide, Den. Ça fait des années qu'ils sont mariés !

Cette admiration que portait tout à coup son mari à une autre femme l'avait contrariée sur le moment, mais à présent, elle le regardait tendrement par-dessus la tête des enfants.

– Comment peut-on rester mariée à Patrick pendant tant d'années ?

– Je dirais que c'est une question de goût, ma grande.

– Je ne peux pas expliquer pourquoi, dit Joan, mais cet homme me fait peur. J'ai des frissons à chaque fois que je le vois passer avec cet énorme dogue allemand. (Elle essuya le menton du bébé et soupira.) Le chien est encore entré dans le jardin, ce matin. Tamsin s'est confondue en excuses. Je ne peux pas dire le contraire. C'est une fille plutôt sympa, dans le fond, mais elle a toujours l'air à moitié endormie.

– Dommage qu'ils n'aient pas d'enfants, dit Denholm d'un air songeur.

N'arrivant pas à déceler s'il leur souhaitait des enfants par compassion ou par vengeance, Joan le regarda de travers.

– Tu savais qu'ils étaient cousins germains ?

– Ah bon ? Ils ont dû être élevés ensemble... Un amour de jeunesse, sans doute.

– Je ne sais pas, dit sa femme, il n'est pas du genre à faire des confidences, et elle n'est pas du genre à se faire plaindre.

Une fois le thé terminé, les enfants foncèrent dans le jardin, Joan tendit un torchon à son mari et elle commença à faire la vaisselle. Le cri de Jeremy les fit sursauter tous les deux et avant qu'il cessât, Denholm, qui en avait deviné la cause, était déjà dans le jardin, brandissant un bâton qu'il avait prévu à cet effet.

Seule Cheryl n'avait pas reculé. Les autres enfants s'accrochaient à Denholm tandis qu'il s'avançait entre la balançoire et le bac à sable.

– Va-t'en d'ici, sale bête !

La chienne le regardait, courtoise et légèrement dédaigneuse. Elle n'avait rien de féroce mais elle n'avait pas non plus l'air affectueux. Elle était trop souveraine, trop racée pour ça. Elle trônait au milieu d'une plate-bande de Denholm, l'arrière-train disparaissant dans les soucis, puis, comme il lui criait dessus à nouveau, elle sortit sa langue rose framboise et arracha délicatement un pied-d'alouette.

Cheryl attrapa la main de Denholm.

– C'est une gentille chienne, tu sais. Elle vient souvent chez nous.

Denholm ne prêta pas attention à ces paroles mais il laissa tomber le bâton. Tout insensible qu'il était, il ne pouvait décemment pas frapper le chien en présence de la femme qui était apparue tout à coup, silencieuse, sur la pelouse d'en face.

– Queenie vient souvent chez nous, répéta Cheryl.

Tamsin Selby avait entendu. Son visage doux et hâlé prit, le temps d'un éclair, une expression douloureuse.

– Je suis vraiment désolée, dit-elle dans un sourire qui ne laissait pas voir ses dents. Ne soyez pas en colère, Denholm. Elle ne fera pas de mal.

Denholm sourit bêtement. Il se sentait toujours stupide devant les Selby. C'était peut-être le contraste entre leur jardin impeccable et le sien, toujours en pagaille, entre leurs vêtements raffinés et ce qu'il appelait ses loques, entre leur opulence et sa condition plus modeste.

– Elle énerve les gamins, dit-il d'un ton bourru.

– Ici, Queenie !

Elle leva nonchalamment son bras mince et hâlé. Aussitôt, la chienne s'élança et bondit par-dessus la haie qui séparait les deux jardins.

– J'espère que nous vous verrons demain, Denholm ?

– Vous pouvez compter sur nous. Je ne manque jamais une occasion de faire la bringue.

Puis, se sentant mal à l'aise, il s'en alla rapidement. Cheryl, elle, s'attarda un moment et regarda par-dessus la haie avec un regard pétillant de curiosité. Elle se demanda pourquoi la dame qui était si différente de Tante Freda était tombée à genoux sous le saule et avait jeté ses bras autour du cou de la chienne.

2

Cinq ans auparavant, lorsque les gens du Nottinghamshire parlaient de Linchester, ils faisaient allusion au Château et à son parc. Ceux qui habitaient le comté se souvenaient des garden-parties, les autres, des voyages en bus jusqu'à la maison Palladienne où ils payaient une demi-couronne pour contempler avec ennui une inestimable collection de porcelaines, tandis que les enfants s'amusaient à tirer la chaîne des toilettes. Mais tout cela prit fin avec la mort du vieux Marwell. Du jour au lendemain, le château fut remplacé par les bulldozers de Henry Glide et par un gros nuage de poussière flottant au-dessus des arbres, un nuage gris en forme de champignon atomique.

Personne ne voudrait habiter là, disait-on, mais on oubliait que même en province, la mode était d'acheter une maison en dehors de la ville. Henry, lui-même, n'était pas sûr de son projet et il avait fait construire trois chalets destinés à des cultivateurs à la retraite avant de réaliser qu'il valait mieux attirer les chefs d'entreprises de Nottingham. Heureusement, par le plus grand des hasards, les trois erreurs étaient presque cachées par une rangée d'ormes. Il était sur le point de perdre la tête et de construire, dans tout le domaine, de grandes maisons avec de petits jardins, quand il eut la prudence de relire le contrat qui contenait une clause limitant le déboisement. Sa femme crut qu'il était devenu sénile lorsqu'il annonça qu'il n'allait construire que huit autres maisons, huit magnifiques résidences conçues par des architectes autour d'une grande pelouse avec un étang au milieu. Et maintenant, lorsque les gens parlaient de Linchester, c'était à ces maisons qu'ils faisaient allusion. Ils parlaient de l'étendue de verdure avec l'étang où des cygnes glissaient entre des nénuphars aussi grands que des assiettes ; à la route qui faisait le tour du domaine et qui portait le nom élégant de la Circulaire ; à la fausse ferme des Cotswolds et le faux pavillon Tudor, la résidence des Greenleaf qui aurait pu être préfabriquée à Hamstead et envoyée telle quelle dans le Nottinghamshire, à la maison de verre des Selby, au bungalow de Glide. Installés dans le car qui les menait à Nottingham, ils montraient du doigt le manoir de poche des Gaveston, la maison Queen Anne des Gage et le pavillon des Smith-King qui tenait plus de la couveuse que de la résidence de luxe. Ils critiquaient les chalets et leurs occupants, les Staxton, les Macdonald et les Carnaby, qui en comparaison, faisaient office de parents pauvres.

Les deux livreurs des British Railways habitaient Newark et c'était la première fois qu'ils venaient à Linchester. Aujourd'hui, en cette belle et calme soirée d'été, ils découvraient le site sous son plus bel aspect. Ce n'était cependant pas la beauté de l'endroit qui les impressionnait, la courbe élégante de la Circulaire, les piliers surmontés d'un ananas de pierre, de chaque côté de la grille de l'ancien château, ni les arbres, peupliers, chênes et sycomores, qui donnaient à chaque maison son cachet unique et préservaient son intimité, c'étaient les maisons elles-mêmes et l'opulence qui s'en dégageait.

À la fois intimidés et méfiants, ils engagèrent le camion entre les deux piliers et empruntèrent la Circulaire, à la recherche de la maison *Hallows*.

Dans un bruit d'enfer, le camion dépassa les trois chalets, creusant sur son passage des ornières dans le goudron fondu.

– Si je gagnais aux courses, c'est une maison comme ça que je voudrais, dit le conducteur en montrant celle des Greenleaf, qui, avec ses balcons couleur jade, avait un air de chalet suisse.

Son collègue demeurait silencieux, partagé entre l'envie et le mépris.

– Ouvre bien les yeux, Reg. On devrait déjà avoir fini le boulot.

– Mince, dit l'autre, en jetant son mégot de cigarette dans les rhododendrons des Gaveston, j'ai pas des rayons X à la place des yeux. On est à cent mètres des portes et avec les arbres on n'y voit rien.

– Moi, si j'habitais ici, j'abattrais les arbres, ils prennent toute la lumière. Et puis je ferais quelque chose avec ce truc vide, au milieu. On pourrait mettre un ou deux petits bungalows, à la place de l'étang. Bon, nous y voilà. *Hallows*. Je me demande pourquoi t'es venu avec moi. J'aurais aussi bien pu me débrouiller tout seul.

Il fut cependant bien content que Reg soit là pour l'aider à décharger le colis volumineux sur lequel était collée l'étiquette « fragile ». Il devait contenir quelque chose comme une porte, ou un grand miroir, car il sentait, sous ses doigts, la forme d'un cadre.

Pliant sous le poids de leur fardeau, ils remontèrent l'allée bordée de jeunes saules et débouchèrent sur une petite cour pavée devant la maison.

La plupart des gens auraient trouvé la maison magnifique. Reg et le conducteur la trouvèrent banale en comparaison de leurs voisines, à l'architecture plus recherchée. C'était un bâtiment rectangulaire, d'aspect sobre, tout en pierre grise et en bois naturel. Il n'y avait ni pignons, ni cheminées, aucun volet et pas le moindre petit carreau. Les fenêtres étaient immenses, garnies de stores vénitiens, et les portes coulissantes étaient en verre.

– C'est moi que vous cherchez ?

La voix douce mais imprécise avait des intonations distinguées. Le chauffeur leva la tête et vit une femme penchée par-dessus la balustrade du balcon.

– British Railways, m'dame.

– Oh, mon Dieu ! dit Tamsin. J'avais complètement oublié.

Elle ne mentait pas. À l'époque, elle avait fait sa commande dans un accès de bonne humeur, dans un but facétieux, presque... Mais le paquet avait mis si longtemps à venir, et tant de choses s'étaient passées depuis. Elle disparut dans sa chambre. Reg se tourna vers son collègue.

– Il n'y a que les riches pour dire ça. Oublié... mon œil, oui !

Tamsin sortit de la maison, essoufflée. Il fallait à tout prix rentrer le paquet et le cacher avant l'arrivée de Patrick. Elle essaya de le faire elle-même mais le colis était trop lourd. Les deux hommes observaient ses efforts avec un sentiment de revanche.

– Vous seriez vraiment adorables si vous pouviez me le monter, dit-elle.

– Écoutez, c'est que... commença le chauffeur.

Elle sortit quelques pièces du sac à main qu'elle avait attrapé au vol dans le hall. Reg se força à sourire.

– On peut pas laisser ça comme ça, n'est-ce pas ?
– C'est si gentil à vous, dit Tamsin.

Ils la suivirent dans l'escalier, portant le colis avec précaution, de peur d'érafler les murs recouverts d'une belle tapisserie gris clair ou la rampe délicatement ciselée de l'escalier.

– Par ici.

La beauté de la pièce leur fut presque insupportable. Ils ressentirent leur pauvreté comme rarement ils l'avaient ressentie. Elle était là, inéluctable et aussi lourde qu'une chape de plomb. Ils détournèrent leur regard des rideaux de velours, du miroir ovale entouré d'ampoules, au-dessus de la coiffeuse, de la porte entrouverte sur le cabinet de toilette et ses carreaux de céramique peints à la main et regardèrent leurs pieds.

– Pouvez-vous le poser sur un des lits ?

Ils abandonnèrent leur chargement sur le lit le plus proche, garni d'un couvre-lit en soie couleur crème, évitant celui près de la fenêtre dont la couverture défaite mettait en évidence une chemise de nuit en dentelle jaune qui dépassait d'un oreiller.

– Merci mille fois. Ici, personne ne le verra.

Elle ne prit même pas la peine de lisser la courtepointe de soie qui avait un peu souffert du chargement, signa le bon de livraison à la hâte et les raccompagna à la porte sans plus attendre. Après leur départ, elle ferma la porte de la chambre d'ami et poussa un soupir de soulagement. Patrick allait arriver d'une minute à l'autre et elle avait encore besoin d'un peu de temps pour se préparer et vérifier si tout était en ordre.

Elle alla dans la chambre au balcon et se regarda dans la glace. Parfait. Elle était telle que Patrick aimait la regarder... enfin, telle qu'il avait aimé la regarder autrefois... Elle avait passé presque toute la journée dans le jardin. Le soleil avait fait des miracles sur sa peau déjà hâlée et sa chevelure auburn avait pris des reflets dorés. Aucun maquillage. Cela aurait gâté l'image qu'elle aimait donner d'elle-même, celle d'une femme au visage poli comme un masque de bois, nez fin, lèvres incurvées, pommettes hautes sans être trop saillantes.

Ses cheveux tombaient droit sur ses épaules bronzées. Même pour lui, elle avait refusé de les faire couper ou friser. Sa robe était impeccable. Patrick détestait les couleurs vives et celle qu'elle portait aujourd'hui était blanche et noire, pas assez sophistiquée peut-être. L'uniforme de la femme émancipée, en quelque sorte.

– Oh, mon Dieu, pensa-t-elle, en se faisant une grimace dans la glace, si je pouvais, pour une fois, me transformer en bavaroise aux joues rouges.

En bas, la table était déjà prête pour le dîner : deux sets de table en lin bleu – il ne voulait plus qu'elle sorte les grandes nappes en tissu damassé –, des assiettes de faïence noire, une longue corbeille de pain français sorti tout droit du réfrigérateur. Tamsin poussa un cri quand elle s'aperçut qu'elle avait oublié de changer l'eau des fleurs. Elle se précipita dans la cuisine, vida les vases et entreprit de tailler les tiges défraîchies. Au tour de la chienne, maintenant, avait-elle pensé à lui donner à manger ?

– Queenie !

Combien de fois, ces derniers mois, Patrick l'avait-il réprimandée pour avoir oublié de nourrir l'animal sur les coups de 5 heures ? Combien de fois lui avait-il reproché de perdre son temps à rêvasser ou à jardiner avec Crispin Marwell au lieu de rivaliser de standing avec les Gage ou les Gaveston ?

Non, elle n'avait pas oublié. L'assiette de viande congelée et de biscuits pour chien était encore là, intacte, sur le sol de la cuisine. Des mouches bourdonnaient au-dessus du plat et une guêpe s'était posée sur un bout de gras.

– Queenie !

La chienne arriva sans faire de bruit dans l'embrasure de la porte, elle renifla la nourriture et regarda Tamsin d'un air désolé.

C'est la seule chose qu'il nous reste en commun, pensa Tamsin, le seul être que nous aimons tous les deux. Accablée tout à coup par le poids de sa solitude, elle se laissa tomber sur les genoux, passa les bras autour du cou de Queenie et posa sa joue contre le poil doux et soyeux. La chienne remua la queue et frotta son museau contre l'oreille de Tamsin.

Des deux créatures anxieuses de plaire à Patrick, Queenie fut la première à l'entendre arriver. Son corps entier tressaillit et sa queue commença à battre de plus belle contre la gazinière en faisant un bruit de gong.

– C'est ton maître, dit Tamsin, va, va !

Le grand dogue étira ses membres fins, dressa la tête et resta un moment immobile, ainsi que le faisaient ses ancêtres, autrefois, lorsqu'ils attendaient les ordres des chasseurs dans la forêt de Thuringe. La porte du garage roula avec fracas et retomba avec un bruit sourd. Queenie avait déjà filé hors de la maison et sautait contre le portail qui séparait la terrasse de l'allée adjacente.

Tamsin suivait, le cœur battant.

Il arriva lentement, sans la regarder, son attention uniquement concentrée sur l'animal. Quand il eut fini de cajoler Queenie, il leva les yeux vers sa femme.

Tamsin avait tant de choses à lui dire, tant de mots tendres, souvenirs de l'époque où il n'était même pas nécessaire de parler pour se comprendre. Mais les mots ne venaient pas. Elle restait plantée là à le regarder, triturant nerveusement le tissu noir et blanc de sa robe. Patrick passa à côté d'elle en balançant ses clefs de contact d'une main distraite, chassa une guêpe qui voletait autour de son visage et entra dans la maison.

– Elle n'a rien mangé. (Tels furent les premiers mots qu'il prononça. Il détestait la saleté, le désordre, tout ce qui n'était pas à sa place.) Ce n'est pas étonnant. C'est couvert de mouches !

Tamsin ramassa l'assiette et jeta le contenu dans la poubelle. Du jus de viande coula entre ses doigts. Patrick regarda sa main d'un air sarcastique, puis lui tourna le dos et monta dans sa chambre. Elle fit couler le robinet et se rinça les doigts. Il lui semblait qu'il était en haut depuis une éternité – et le vin, n'était-il pas trop tiède ? Devait-elle le remettre dans le frigidaire ? Elle attendit, la sueur lui coulant le long du dos. Puis elle mit en marche le ventilateur.

Enfin, il redescendit, en pantalon léger et tee-shirt de coton rayé. Si l'on aimait les hommes aux cheveux blond cendré et au visage couvert de taches de rousseur, on pouvait le trouver beau.

– Je pensais que tu aimais le melon, dit-elle, c'est du cantaloup.

Il jeta un coup d'œil soupçonneux sur le sucre roux qui s'était transformé en sirop.

– Ce n'est pas du miel, j'espère ! Tu sais bien que je déteste le miel !

– Bien sûr que non..., mon chéri, ajouta-t-elle d'une voix timide.

Il regarda sans rien dire le poulet, les croquettes de pommes de terre et la salade de fruits (par souci d'hygiène, il ne voulait que des produits surgelés ou emballés sous-vide), puis il se servit avec parcimonie et commença à manger d'un air absent. Le ventilateur brassait l'air avec un bruit léger et Queenie s'était couchée dessous, la langue pendante.

– Tout est prêt pour la soirée, dit Tamsin.

– Quelle soirée ?

– Mon anniversaire..., demain. Tu n'as pas oublié ?
– Non, ça m'était juste sorti de l'esprit, c'est tout.
« Est-ce que mon cadeau lui est aussi sorti de l'esprit ? » pensa-t-elle.
– Il reste encore une ou deux choses à faire, dit-elle gaiement. Les lumières à installer, les meubles à changer de place et puis... (il s'agissait maintenant de bien choisir ses mots), oh, Patrick... il faut que tu fasses quelque chose contre ces guêpes ! Je suis sûre qu'il y a un nid quelque part.
Elle se rappela tout à coup et prit la main de Patrick. Celle-ci reposait inerte dans la sienne, avec une grosse enflure encore visible à la base du pouce.
– Ça va mieux aujourd'hui ?
– Quoi ? La piqûre ? Oh oui, ça va mieux, elle désenfle.
– Il faudrait absolument nous en débarrasser, sinon elles vont nous gâcher la soirée.
Il repoussa l'assiette et le verre à moitié rempli de vin.
– Pas ce soir, je dois sortir.
Tout son corps s'était contracté et lorsqu'elle reprit la parole, sa voix tremblotait légèrement.
– Mais il y a tellement de choses à faire... S'il te plaît, chéri, ne t'en va pas maintenant. J'ai besoin de toi.
Patrick éclata de rire. Les yeux rivés sur son assiette, Tamsin remuait la sauce jaune et visqueuse avec sa cuillère.
– Je te dis que je sors. Je dois promener le chien.
– Je le ferai moi-même.
– Je te remercie, dit-il d'un ton glacial. Je peux me débrouiller tout seul. (Il effleura le store et regarda la poussière sur le bout de ses doigts.) Si tu t'ennuies, tu as de quoi t'occuper.
– Patrick ! (Son visage était devenu pâle et elle avait la chair de poule.) Au sujet de ce que tu as dit hier soir... il faut que tu changes d'avis. Il faut oublier tout ça... (Les mots sortirent avec difficulté comme si sa bouche elle-même refusait de les prononcer.) Je t'aime !
Elle regretta aussitôt ses paroles. Il alla dans la cuisine et prit la laisse dans le placard à balais.
– Queenie !
D'un bond, l'animal se dressa sur ses pattes, frémissant d'impatience. Patrick lui mit la laisse et ils sortirent par la porte-fenêtre.
Tamsin resta assise devant les restes du repas. Elle se mit à

pleurer en silence, et ses larmes tombaient dans le verre de vin qu'elle tenait entre ses mains. Sa bouche était sèche et elle avala quelques gorgées. « Je bois mon propre chagrin », pensa-t-elle. Cinq minutes, dix minutes s'écoulèrent. Puis elle passa le seuil de la maison et fit quelques pas dans l'allée des saules. Des nuées d'hirondelles tournoyaient dans un ciel sans nuages, bleu au zénith, violet et abricot à l'horizon.

Elle s'arrêta au bout de l'allée et s'appuya contre le portail. Patrick n'était pas loin. Elle ne le voyait que de dos tandis qu'il regardait fixement les eaux de l'étang, planté au milieu de la pelouse centrale. La chienne avait essayé, sans succès, d'intimider les trois cygnes blancs. Elle reniflait à présent la piste d'un écureuil, s'arrêtant au pied de chaque arbre pour regarder vers les branches. Patrick attendait quelque chose. Mais quoi ?

À ce moment-là, une Ford vert pâle surgit de derrière les ormes. « C'est ce drôle de petit bonhomme qui habite un des chalets », pensa Tamsin. « Il doit aller à son cours du soir. »

Elle aurait voulu qu'il lui fasse simplement un signe de la main. Mais il s'arrêta. Quand un homme passait devant Tamsin Selby, il était rare qu'il ne s'attardât pas.

– Vous n'avez pas trop chaud avec ce temps ?

– Oh non, fit Tamsin. (Comment s'appelait-il déjà ? Elle ne se rappelait le nom que d'un seul habitant des chalets.) J'adore le soleil !

– Ça vous réussit bien, apparemment !

Il fallait donc faire la conversation. Elle ouvrit le portail et se dirigea vers lui. Il se méprit sur son intention et ouvrit la porte de sa voiture.

– Puis-je vous conduire quelque part ? Je vais justement au village.

– Non, non. Merci. (Tamsin faillit éclater de rire.) Je ne vais nulle part. Je profite simplement de la douceur du soir.

Le visage de l'homme prit une expression déçue.

– En fait, dit-il en prenant son temps car il espérait bien qu'on le voie en compagnie de la belle Mrs Selby, oui... en fait, je fais l'école buissonnière. J'ai une petite mission à remplir qui consiste à exterminer des insectes nuisibles.

– Des insectes ?

– Des guêpes. Nous avons trouvé un nid.

– Ce n'est pas vrai ! Nous aussi, nous avons un nid. (Elle leva la tête. Patrick était encore là.) Mon mari... Enfin... Nous aimerions nous en débarrasser mais nous ne savons pas comment.

– J'ai un truc. Ça s'appelle Vesprid. Une fois que je m'en serai servi, je vous apporterai la boîte. Il y en a assez pour tuer toutes les guêpes du Nottinghamshire.

– C'est si gentil à vous !

– Je passerai demain matin, d'accord ?

Tamsin soupira. Elle allait l'avoir dans les jambes pendant tous les préparatifs.

– Écoutez, j'organise une petite soirée demain, avec quelques amis. Pourquoi ne viendriez-vous pas sur le coup de huit heures ? (Il la regarda avec un air d'adoration qui ne fut pas sans lui rappeler Queenie.) Si vous venez un peu plus tôt, nous pourrions en finir avec cette histoire de guêpes. Amenez un ami, si vous voulez.

Une soirée à *Hallows* ! Une soirée dans la plus grande des maisons de Linchester ! Il prit sa voix de veuf éploré et dit :

– Je ne suis pas allé à une soirée depuis que j'ai perdu ma femme.

– Vraiment ?

Quelque chose venait de se briser à l'intérieur d'elle-même. « Sa femme est morte », avait dit Patrick. « C'est pour ça que... » Mon Dieu, qu'avait-elle fait ?

– Je suis désolée, mais je ne crois pas connaître votre nom.

– Carnaby. Edward Carnaby.

Il la regardait en souriant. Tamsin porta la main à son cœur, le souffle coupé, comme si elle venait de monter la colline en courant.

« Tiens donc, voilà Tamsin Selby en grande conversation avec un homme », pensa Joan, qui sortait de chez elle en tenant Cheryl par la main.

– Dis bonsoir à ton papa, Cheryl !

Mais l'enfant était bien plus intéressée par le monsieur avec le chien que par son père. Sachant, de toute façon, que la fillette n'en ferait qu'à sa tête, Joan la suivit à contrecœur.

Patrick n'était pas du genre à se perdre en considérations sur le temps ou la santé des gens. Lorsque Joan lui adressa la parole, il regardait Edward Carnaby d'un air dégoûté, puis il se tourna vers elle et, d'un seul coup d'œil, enregistra tous les détails : la petite robe de coton un peu détendue, les coups de soleil sur les bras, les racines marron sous les cheveux décolorés.

– Il fait chaud, n'est-ce pas ?

Elle se sentait mal à l'aise en sa présence et elle se rendit compte que sa question était stupide. En réalité, il ne faisait pas particulièrement chaud. Une légère brise troublait la surface de l'eau de l'étang.

– Je ne sais pas pourquoi les Anglais adorent tellement se plaindre du temps, dit-il d'un air très germanique, et elle se souvint que quelqu'un lui avait dit qu'il avait passé son enfance en Allemagne et en Amérique.

Elle eut un rire maladroit et agrippa la main de Cheryl. Il avait tellement bien fait comprendre qu'il ne voulait pas lui parler qu'elle sursauta et rougit lorsqu'il la rappela.

– Comment vont les affaires ? demanda-t-il.

– Les affaires ?

Bien sûr, il voulait parler de Denholm, de l'usine.

– Très bien, je suppose. (Puis, comme il lui restait de la conversation de tout à l'heure une vague impression de malaise, elle ajouta :) En fait, Den trouve que ça tourne un peu au ralenti, ces derniers temps.

– Nous ne pouvons pas tous décrocher des contrats pour Harwell. (Il toucha le tronc d'un gros chêne et leva la tête vers les branches avec un petit sourire.) Ça ne pousse pas dans les arbres. C'est une question de travail... et aussi de volonté, ma chère. Denholm a intérêt à faire gaffe s'il ne veut pas que je lui rachète sa boîte, un de ces jours.

Joan ne répondit rien. La bouche de Patrick avait pris une expression méchante. Elle le quitta des yeux pour regarder la chienne. Puis elle s'aperçut que, lui aussi, regardait dans la même direction.

– Le développement est le moteur de la vie, continua-t-il, encore quelques mois et les affaires marcheront du tonnerre.

Joan recula d'un pas, parcourue subitement par un frisson qui n'était pas dû au vent mais à l'homme qui se tenait en face d'elle.

– Nous sommes en retard, Cheryl, tu devrais déjà être au lit.

– Elle peut venir avec moi, dit Patrick avec un grand sourire, je vais du côté de chez elle.

La Ford verte de Carnaby était partie depuis un moment, mais Tamsin était toujours là, appuyée contre le portail. Joan, voyant Patrick et Cheryl se diriger vers les chalets, eut soudain l'idée d'aller parler à Tamsin et de lui demander une explication que, selon elle, Patrick ne lui aurait jamais donnée. Mais elle sentit que Tamsin n'était pas d'humeur à bavarder. Quelque chose ou quelqu'un avait dû la bouleverser car elle remontait l'allée des saules, le dos courbé et la tête entre les mains. Joan rentra chez elle et mit les enfants au lit. Quand elle redescendit, Denholm s'était endormi. Il ressemblait tellement à Jeremy, avec ses paupières closes et sa joue délicatement posée sur l'oreiller, qu'elle n'eut pas le cœur de le réveiller.

Tout le long du chemin qui mène à la grille du parc, Edward Carnaby n'avait cessé de se retourner pour faire des petits signes d'amitié. Tamsin le regardait s'éloigner, incapable de lui rendre son sourire. Ses jambes flageolaient et elle se sentait sur le point de s'évanouir. Quand elle fut sur le seuil de la porte, elle entendit les aboiements de Queenie : des petits jappements suivis par un hurlement prolongé. Puis tout redevint calme. Tamsin savait ce que ces aboiements signifiaient. Patrick avait attaché la chienne à un arbre pour rendre visite à quelqu'un.

Elle monta dans la chambre au petit balcon. Sur la coiffeuse, elle vit que deux mots avaient été tracés dans la poussière avec un doigt précis : « Essuie ça. » Elle s'abattit sur le lit et enfouit la tête dans l'oreiller.

Une demi-heure s'était écoulée quand elle entendit des bruits de pas devant la maison. Elle crut d'abord que c'était Patrick. Mais aucun trottinement de pattes n'accompagnait ses pas. Quelqu'un d'autre s'avançait dans l'allée. « Mon Dieu ! pensa-t-elle, je vais devoir lui dire. Autrement, Patrick le fera lui-même, demain, devant tout le monde. »

La porte n'était pas fermée à clef. Rien ne pouvait donc l'arrêter, mais il n'entra pas. Il frappa le nombre de coups prévu. « Comment réagira-t-il quand il saura tout ? » Il lui restait encore une chance de persuader Patrick. Elle se boucha les oreilles avec les mains, espérant de toutes ses forces qu'il s'en aille. Il frappa encore une fois et Tamsin crut un moment qu'à travers la baie vitrée, les murs de pierre, le plancher et l'épaisseur des tapis, il allait entendre les battements de son cœur.

Enfin, il s'en alla.

Elle l'entendit émettre un juron, puis les pas s'éloignèrent dans l'allée. Le portail claqua sans se refermer complètement et continua de percuter le portant, bang bang ! dans un mouvement de va-et-vient. Tamsin se précipita dans la chambre où les deux hommes avaient déposé le colis. Elle se cassa les ongles en défaisant les ficelles mais elle pleurait trop pour s'en apercevoir.

3

Oliver Cage se sentait blessé dans son amour-propre : rien n'était plus exaspérant que d'agir en cachette sans que cela soit nécessaire. C'était un homme orgueilleux, et tandis qu'il rôdait autour de *Hallows* en frappant des petits coups sur la porte vitrée, il avait l'impression que quelqu'un s'était fichu de lui.

– Nom de Dieu ! dit-il tout bas.

À l'évidence, elle était sortie avec *lui*. Il l'avait forcée à l'accompagner. Après tout, ce n'était pas plus mal, elle en profiterait pour préparer le terrain. Il avait l'intention de mettre les choses au clair pendant la soirée.

Il traversa la Circulaire et fit le détour obligatoire pour rejoindre sa voiture, garée hors du domaine. Ce fut par l'entrée principale qu'il pénétra dans Linchester pour la seconde fois, cette nuit-là, puis il rentra la voiture dans le garage avec le même sentiment de colère et de honte qu'il ressentait à chaque fois qu'il revenait chez lui. Oliver habitait une des plus grandes maisons de Linchester mais il la trouvait déjà trop petite pour lui. En fait, il la détestait. Chaque vendredi, quand il rentrait de Londres où il venait de travailler quatre jours, la vue de la maison, dont il surestimait inconsciemment la taille durant son absence, le rendait malade et le replongeait tout à coup dans la triste réalité. Plus il avançait dans la vie, plus ses maisons étaient petites. Cela n'était pas dû à des problèmes financiers. Il travaillait comme directeur d'un grand journal, gagnait près de 1 000 livres par mois mais ne touchait véritablement qu'un tiers de son salaire. Les deux autres tiers, qu'il ne voyait jamais mais qu'il n'avait pas oublié pour autant, disparaissaient, grâce aux soins d'une armée d'avocats et de banquiers, dans les poches de ses deux précédentes femmes.

Quand il avait acheté cette maison, juste après son mariage avec Nancy, la jolie et spirituelle petite Nancy, il avait oublié, pendant quelques mois, qu'on lui ponctionnait régulièrement son salaire. L'amour fait supporter bien des maux. Maintenant, un an après, il croyait que les dieux l'avaient abandonné et qu'ils le punissaient par là où il avait péché.

Il referma la porte derrière lui et posa les clefs sur la petite table du couloir, entre la poupée espagnole et la bouteille de xérès qui servait de support à un abat-jour couvert d'autocollants. Jusqu'à présent, au cours de sa carrière matrimoniale, Oliver n'avait jamais donné asile à de tels objets. Il les trouvait hideux mais il était persuadé qu'en l'obligeant à supporter cette vision chaque fois qu'il rentrait chez lui, la providence lui infligeait le supplice raffiné qu'il méritait.

Nancy cousait à la machine dans la salle à manger. Le gémissement plaintif qui s'échappait du moteur acheva de le mettre dans une humeur massacrante. Il ouvrit brusquement la porte vitrée et faillit suffoquer devant la chaleur infernale qui régnait dans la pièce. Les fenêtres étaient complètement fermées et les rideaux tirés de la manière qu'il détestait : avec les plis qui retombaient n'importe comment. Des rideaux qui lui avaient coûté 60 livres.

Sa femme – du moins, son actuelle femme – leva le pied de la pédale et releva d'un geste de la main une mèche de cheveux poisseux, découvrant ainsi son visage trempé de sueur. Des bouts d'étoffe et de fils de toutes les couleurs jonchaient le sol et un morceau de tissu était resté accroché à son bracelet.

– Mon Dieu, on se croirait dans un four, ici.

Oliver ouvrit en grand les portes-fenêtres et son regard courroucé tomba sur Bernice Greenleaf qui prenait tranquillement l'air sur la pelouse d'en face, arrachant les pétales morts d'une magnifique Zéphirine Drouhin. Quand elle lui fit signe de la main, il quitta son expression peu avenante et lui sourit avec affection.

– Mais qu'est-ce que tu fabriques ? demanda-t-il à sa femme.

Elle replaça sous l'aiguille un coupon de tissu en soie rouge et noire.

– Je me fais une robe pour la soirée de Tamsin.

Oliver s'assit lourdement sur le sofa en se prenant le pied dans le tapis.

Mettons des tapis sur le plancher à la place de la moquette, avait dit Tamsin, ça nous fera des économies.

– Il y a quelque chose qui m'échappe, dit Oliver, ne t'ai-je pas donné un chèque de 40 livres, mardi dernier, pour que tu t'achètes une robe ?

– Eh bien...

– Je t'ai donné un chèque, oui ou non ? La question est claire, il me semble.

Le visage poupin de Nancy prit une expression boudeuse. « Mon petit bouchon », l'appelait-il autrefois, en caressant du bout du doigt, tendrement, le petit nez retroussé, les joues rebondies et les sourcils blonds, doux comme un duvet.

– Mais, chéri, il fallait que je m'achète des chaussures, tu sais, et puis des bas... Et il y avait aussi la note du laitier... (Sa voix devenait de plus en plus hésitante.) J'ai vu ce coupon de tissu et ce patron, alors...

Elle lui montra un modèle d'un air gêné. Oliver jeta un regard noir sur la photo représentant trois femmes invraisemblablement longilignes, vêtues de robes-tonneaux.

– Ça sera joli, n'est-ce pas ?

– Ce sera horrible, tu veux dire ! répondit Oliver d'un air glacial. Tu vas me couvrir de honte. À côté de toi, Tamsin sera merveilleuse, comme d'habitude.

Il regretta aussitôt ses paroles. Ce n'était pas le moment. Nancy allait se mettre à pleurer. Son visage se gonfla comme si sa peau elle-même était allergique à la colère de son mari.

– Tamsin a de l'argent, elle ! (Les larmes jaillissaient.) Moi, je pensais faire des économies. C'est tout ce que je veux, moi, économiser ton argent.

– Oh non, ne pleure pas, Nancy ! Je suis désolé.

Elle se jeta presque de la chaise sur ses genoux et il l'entoura de ses bras avec un sentiment qui marquait depuis toujours son expérience conjugale, ce sentiment de dégoût qui affluait chaque fois que l'amour refluait. Accroché à lui comme une sangsue, le corps de Nancy lui était insupportablement chaud et moite.

– C'est vrai que je fais attention à ne pas dépenser. Mais quand je pense à tout cet argent que tu donnes à Jean et à Shirley ! Sans compter l'école des garçons...

Oliver fronça les sourcils. Lui qui aurait tant voulu envoyer les deux fils de son premier mariage à Oxford, il n'avait pu leur offrir qu'une scolarité à Bembridge.

– ... et Shirley est trop exigeante. Pourquoi tient-elle absolument à envoyer Jennifer dans une école privée alors que, de nos jours, les écoles publiques sont aussi bien ?

– Tu n'y connais rien en éducation ! dit Oliver.

– Oh ! chéri, comment as-tu pu épouser des femmes aussi peu attirantes ? La preuve, c'est qu'elles n'ont même pas trouvé à se remarier. Quels fiascos, tes deux mariages ! Quand je pense à tout cet argent gaspillé, je n'en dors plus la nuit.

Maintenant que Nancy était lancée, on ne pourrait plus

l'arrêter. Oliver la laissa parler et en profita pour allumer une cigarette.

– Et puis, il n'y a rien à manger pour ce soir ! conclut-elle d'un air presque triomphant.

– Eh bien, allons au restaurant.

– Tu sais bien qu'on ne peut pas se le permettre ! Et puis il faut que je termine cette satanée robe.

Elle sauta des genoux d'Oliver pour se rasseoir devant sa machine.

– Alors là, c'est la fin de tout ! dit Oliver.

Nancy, qui s'ingéniait une fois de plus à monter une manche deux fois trop grande pour la robe, ne releva pas la phrase. Elle ne se doutait pas que ces mots avaient déjà sonné le glas de deux précédents mariages et qu'ils résonnaient dans les oreilles d'Oliver comme le sinistre écho d'une irrévocable décision. Devait-il finir sa vie avec Nancy ? Jusqu'à présent, il avait cru, avec la certitude digne d'un catholique dévot ou d'un idéaliste puritain, qu'ils étaient faits l'un pour l'autre. Il avait donc gâché sa dernière chance. À moins qu'il ne trouve une femme riche, belle et disponible...

Il enjamba les tapis, petites oasis ratatinées sur le désert du plancher, et se servit un verre. Puis il se rassit et contempla son image et celle de Nancy dans le miroir sur le mur d'en face. Les réflexions de Nancy sur ses deux premières femmes l'avaient vexé car elles sous-entendaient qu'il n'avait pas de goût ou que lui-même n'était pas terrible. Mais plus il regardait dans le miroir, plus il trouvait ces remarques injustes. N'importe qui, en la voyant hirsute et luisante sous l'effort, aurait pris Nancy pour une femme de ménage en train d'arrondir ses fins de mois avec des travaux de couture. Quant à lui, avec ses cheveux bruns et soyeux, ses traits réguliers et virils, ses longues mains fines, il valait bien mieux que ce trou paumé.

Nancy se leva, secoua la tête et commenca à retirer sa robe. Apparemment, elle voulait essayer la manche qu'elle avait presque fini de monter mais Oliver n'était pas un imbécile : à la façon dont elle se tortillait en enfilant le vêtement, il avait deviné qu'elle cherchait à l'exciter.

– Si tu tiens absolument à faire un strip-tease dans le salon, tire au moins les rideaux !

Il se leva et tira le cordon, près de la porte-fenêtre. Les plis du rideau commençaient à balayer le sol lorsqu'il vit, à travers les petits carreaux, un grand homme blond qui passait devant le portail, une main posée sur la tête de son chien, un homme qui rentrait tranquillement chez lui où l'attendait une femme riche et belle.

En voyant l'homme, il se mit à souhaiter de toutes ses forces que ses vœux soient exaucés. Il resta quelques instants perdu dans ses pensées avant de réaliser qu'il n'avait aucune envie de rester dans le noir avec sa femme, et il se précipita sur l'interrupteur pour allumer la lumière.

Il faisait nuit noire quand Denholm se réveilla. Il cligna des yeux, se passa la main sur la figure et s'étira.

– Je crois que j'ai un peu dormi, dit-il.

Joan avait pourtant décidé de le ménager jusqu'au lendemain matin, mais toutes ces heures passées, sans rien dire, à côté d'un mari endormi, lui avaient tapé sur les nerfs. Le visage de Denholm passa par toutes les couleurs tandis qu'elle lui racontait sa conversation avec Patrick.

– Il se foutait de toi, dit-il.

– Je ne crois pas. Si je n'avais pas su que tu avais eu des ennuis ces derniers temps, je ne l'aurais pas cru. Qu'est-ce qui t'est arrivé exactement ?

– Bon, si tu veux tout savoir, quelqu'un a racheté une grosse part des actions de la société...

Denholm avait quitté ce ton de raillerie qui le caractérisait. Ce n'était plus le clown mais l'homme d'affaires qui parlait.

– ... mais comme tout s'est fait par intermédiaire... On ne sait même pas qui c'est.

– Den, s'écria-t-elle, je suis sûre que c'est Patrick !

– Je ne vois pas pourquoi. Nous travaillons dans deux secteurs différents, lui dans le verre et moi dans les produits chimiques.

– Si ! je te dis que c'est lui. Maintenant qu'il a eu ce contrat dont je t'ai parlé, il veut s'agrandir et racheter ta société. En vérité, tout ne dépend plus que de lui. Les autres sont simplement – comment dit-on déjà – des commanditaires.

Il fallait que cela sorte, qu'elle exorcise cette angoisse qui l'avait tenaillée pendant toute la soirée.

– Tu sais ce que je pense ? Je pense qu'il fait tout ça par pure méchanceté. Simplement parce qu'un jour tu as frappé son chien.

Le coup l'avait atteint en plein cœur, lui, le gai luron, le chef d'entreprise sûr de lui. Et il n'arrivait pas encore à y croire.

– Mais tu veux me mettre le moral à zéro, ma parole !

Il prit la main de Joan et sentit qu'elle était froide et tremblante.

– Cesse de te faire du mouron. Tu ne connais rien à mon boulot. C'est pas comme ça qu'on agit dans les affaires, tu sais.

Était-il vraiment persuadé de ce qu'il disait là ? Ne se cachait-il pas la vérité ? Plus sa famille s'agrandissait, plus la société périclitait. Jusqu'à quel point pouvait-il faire confiance à ces Smith-King, oncles et cousins ? Seraient-ils prêts à vendre s'ils étaient suffisamment tentés ?

– Je sais comment sont les gens, dit Joan, et je sais comment tu es. Tu ne vas pas très bien, Den. Tu es trop stressé. Tu devrais aller voir le Dr Greenleaf.

– J'irai, promit Denholm.

Il sentit cette douleur indéfinissable l'envahir à nouveau, une douleur qui revenait par vagues et qui lui donnait la sensation d'un malaise continuel.

– Je lui en toucherai deux mots, à la soirée.

– Je ne veux pas y aller.

Denholm, lui, mourait d'envie d'y aller. Même s'il faisait froid ou s'il n'y avait pas assez à boire, même si on le forçait à danser, il se réjouissait d'échapper pour une fois aux obligations familiales : le biberon du bébé et les histoires à raconter aux plus grands.

– Mais nous avons déjà pris une baby-sitter pour la soirée.

À peine avait-il prononcé ces mots qu'il entendit son fils réclamer un verre d'eau de sa chambre. Joan se leva.

– Il faut absolument que tu parles à Patrick. Oh ! quelle corvée, cette soirée !

Elle monta à l'étage et redescendit avec le bébé dans les bras.

– Ne te bile pas, ma vieille, dit Denholm sans trop de conviction. Tu verras, demain, tout se passera bien.

4

À l'époque de son mariage avec Jean ou même de celui avec Shirley, Oliver Gage faisait toujours laver sa voiture par quelqu'un d'autre. À présent, c'était à lui d'astiquer, comme n'importe quel banlieusard fauché, une bagnole dont il avait honte, même quand il la garait dans le parking souterrain de son bureau. Il ne retenait qu'un seul aspect positif de cette matinée passée les mains dans un seau d'eau sale : il pouvait ainsi surveiller l'arrivée du facteur et prendre les lettres avant que Nancy ne les voie. Il palpa d'une main mouillée, à l'intérieur de sa poche, celle qu'il venait de recevoir de sa seconde femme. Il ne fallait surtout pas que Nancy en lise le contenu car elle aurait trouvé encore un bon prétexte pour se lamenter. Ces continuelles demandes d'argent étaient comme une épine plantée dans sa chair. Pourquoi sa fille devait-elle passer ses vacances à Majorque quand lui devait se contenter de Worthing ? C'est une occasion à ne pas rater, Oliver. Bien sûr, elle, Shirley n'avait pas les moyens d'offrir à sa fille un billet d'avion et encore moins la garde-robe qui convient pour un voyage aux Baléares. 100 ou même 150 livres suffiraient. Après tout, Jennifer était sa fille autant que la sienne... Tendrement. Shirley.

Il plongea l'éponge dans le seau et se pencha en avant pour atteindre le pare-brise. De l'autre côté de la haie, son voisin ouvrait la porte de son garage. Oliver aimait bien le Dr Greenleaf mais ce matin, il n'était pas d'humeur à bavarder. Quand il vit que celui-ci portait un nouveau costume, il se sentit rongé par le feu de la jalousie. Pour couronner le tout, il avait entendu dire que le docteur attendait la livraison de sa prochaine voiture. C'en était trop pour Oliver. L'idée qu'un petit médecin de campagne mène un train de vie supérieur à celui d'un diplômé d'Oxford lui était insupportable.

– Bonjour !

La voiture de Greenleaf s'arrêta à la hauteur d'Oliver, obligeant ce dernier à lever la tête vers son interlocuteur. C'était un homme de type presque oriental avec une peau mate, des yeux noirs et vifs, une grande bouche intelligente, et des cheveux épais et bouclés comme ceux des Assyriens.

– Tiens, salut, dit Oliver d'un ton morne.

Il se redressa et s'apprêtait à faire un effort pour engager la conversation lorsque Nancy sortit de la maison en trombe. Elle s'arrêta net en voyant le médecin et prit son air le plus engageant.

– Vous partez en visite, docteur ? Quelle barbe de travailler un samedi, n'est-ce pas ? Je dis toujours à Oliver qu'il ne connaît pas sa chance, lui qui a tous ses week-ends de libre.

Oliver toussota. Ses deux premières femmes avaient appris à leurs dépens que ces toussotements étaient mauvais signe, mais Nancy n'avait pas encore retenu la leçon.

– À ce soir, j'espère, dit Greenleaf en appuyant sur l'accélérateur.

– Oui, bien sûr. À ce soir.

Le sourire de Nancy avait disparu. Dès que Greenleaf fut définitivement hors de vue, elle se tourna vivement vers son mari.

– Tu m'avais dit que tu laisserais le cadeau de Tamsin sur le buffet !

Flairant la scène de ménage, Oliver ramassa le seau et se dirigea vers la maison.

– C'est ce que j'ai fait.

– Ne me dis pas que tu as acheté ça pour Tamsin !

Elle se rua derrière lui dans le salon et s'empara de la bouteille de parfum avec le bouchon de verre taillé.

– « Nuit de Beltane », mais c'est de la folie !

Il vit le catalogue ouvert sur la table et comprit qu'elle avait vérifié le prix.

– Regarde moi ça ! (Elle montrait la photo d'un doigt vengeur.) 27 livres ! Tu es devenu fou ou quoi ?

Elle referma violemment le catalogue et le lança de toutes ses forces à travers la pièce.

– On ne peut pas aller à un anniversaire les mains vides, dit Oliver faiblement.

Si seulement il pouvait être sûr... Était-ce encore vraiment la peine de ménager Nancy ? Elle ôta le bouchon du flacon, renifla le parfum et s'en mit une goutte sur le poignet. Puis elle agita nerveusement celui-ci devant son nez et respira les effluves d'un air furieux.

– Une boîte de chocolats aurait suffi ! dit Nancy en soulevant avec peine la machine pour la changer de place. C'est quand même trop fort que tu dépenses 27 livres pour Tamsin alors que ta femme n'a rien à se mettre !

– Oh ! je t'en prie...

– Tu ne connais pas la valeur de l'argent.

– Bon ! eh bien garde ce parfum si ça peut te faire plaisir. J'irai au village acheter des chocolats.

D'un bond, elle fut dans ses bras.

– C'est vrai ? Oh mon chéri, tu es un ange ! Mais tu ne trouveras rien de bien au village. Tu n'as qu'à faire un saut à Nottingham.

Tout en se dégageant de l'étreinte de sa femme, Oliver méditait sur son curieux sens de l'économie. En comptant l'essence, les chocolats et le « Nuit de Beltane », cet anniversaire lui reviendrait à près de 40 livres.

Nancy s'était remise à coudre. La robe commençait à prendre tournure. Après tout, le résultat serait moins catastrophique qu'il ne pensait.

– Puis-je entrer ?

C'était la voix d'Edith Gaveston. Avec la rapidité de l'éclair, Nancy avait roulé le vêtement en boule avant de le cacher sous un des coussins du canapé.

– Mais entre donc, Edith.

– Je vois que vous avez pris l'habitude de laisser vos portes ouvertes, vous aussi.

Edith s'affala sur le canapé, dégoulinante de sueur et habillée comme l'as de pique. Des profondeurs de son panier à provisions, elle sortit un petit sac de paille brodé de fleurs.

– Je voudrais votre opinion, vous qui êtes jeunes et dans le coup...

Oliver, qui avait 42 ans, la foudroya du regard tandis que Nancy, qui n'avait pas encore 30 ans, l'encouragea d'un sourire.

– Que pensez-vous de cette petite besace ? continua-t-elle, trop snob pour dire sac à main comme tout le monde. J'aimerais l'offrir à Tamsin. Je ne l'ai jamais utilisée (elle comprit qu'elle avait fait une gaffe). Enfin, je veux dire... elle est complètement neuve, mais... En fait, je l'ai rapportée des Baléares, l'an dernier. Allez, dites-moi franchement ! Vous croyez que ça lui plaira ?

– Dans le cas contraire, elle pourra difficilement vous l'envoyer en pleine figure, dit Oliver sèchement, surtout s'il y a du monde !

Le mot « Baléares » lui rappelait la lettre de sa deuxième femme.

– Excusez-moi, dit-il, je reviens.

– Je suis sûre qu'elle sera folle de joie, s'exclama Nancy, dès qu'il eut franchi le pas de la porte. Qu'en pense Linda ?

– Elle m'a dit que c'était ringard, répondit Édith d'un air sombre.

Elle pardonnait difficilement à ses enfants de ne pas avoir suivi le même chemin que leurs parents. Linda, qui avait étudié à Heathfield, travaillait dans la pharmacie de Mr Waller. Roger, lui, avait abandonné Oxford pour se consacrer à l'agriculture. Elle voulait bien les garder sous son toit, mais devant les autres, elle préférait oublier leur existence.

– Je croyais, dit Nancy avec son manque de tact habituel, que vous n'étiez pas en bons termes avec les Selby.

– Je n'ai rien contre Tamsin. Et de toute façon, je ne suis pas rancunière.

– Pourtant Patrick a eu une très mauvaise influence sur Roger, non ? Et je suis très surprise que... enfin, vous voyez ce que je veux dire.

Nancy prenait un malin plaisir à enfoncer le clou. « Edith veut jouer les grandes dames », pensait-elle. Ces Gaveston avaient beau être issus d'une grande famille du comté, leur maison n'était pas plus grande que celle des Gage. « Je suis sûre qu'elle va à la soirée uniquement pour rencontrer Crispin Marvell. »

– Patrick s'est très mal conduit, dit Édith. Et cela par pure méchanceté. Ce n'est pas parce qu'il réussit dans son travail...

– Je n'ai jamais très bien su...

– Il s'en est pris à mes enfants. Il savait très bien ce qu'il faisait, ma chère. Un jour qu'il était rentré d'Oxford pour le week-end, Roger a rencontré Patrick qui promenait son chien. Ils ont discuté et Roger lui a dit que son père voulait qu'il travaille dans les affaires mais que lui, ça ne lui disait rien et que ce qui l'intéressait, c'était d'être fermier. Alors, Patrick lui a raconté qu'il avait eu le même problème avec son père quand il était jeune, et il a poussé mon fils à n'en faire qu'à sa tête. Tant pis pour nous et tant pis pour mon mari qui n'a plus personne pour prendre sa suite.

Nancy, avide de racontars, compatissait bruyamment.

– Et puis, bien entendu, Roger lui a raconté des histoires comme quoi sa sœur voulait gagner sa vie et que nous, nous voulions la garder à la maison. Patrick a donc immédiatement trouvé à ma fille un travail dans une pharmacie en attendant qu'elle soit en âge d'être infirmière. Je ne comprends pas pourquoi il a fait ça, sûrement pour le simple plaisir de semer la zizanie. Paul en avait gros sur le cœur, je peux t'assurer, et ils ont eu une discussion orageuse...

– Et alors ?

– Alors tu sais, on ne peut pas empêcher ses enfants de faire ce qu'ils veulent. (Elle soupira et continua d'un ton découragé.) Et puis on a les voisins qu'on a, alors autant accepter leur invitation.

– Qui y aura-il d'autre à cette soirée ?

– Les mêmes que d'habitude. Tous ceux de Linchester plus

Crispin Marvell, bien sûr. Je trouve qu'il a du cran de venir, celui-là, après ce que Patrick lui a fait... (Les lunettes à monture rose d'Edith tressautaient d'émotion sur le bout de son nez.) Il y avait cette clause dans le contrat de Marvell. Vous savez. Interdiction d'abattre les arbres. Tout le monde l'a respectée, sauf Patrick. Je sais de source sûre qu'il a abattu vingt magnifiques hêtres pour les remplacer par d'horribles petits saules pleureurs.

Oliver fit irruption au moment où Nancy commençait à se passionner pour la conversation.

– Si tu cherches ton carnet de chèques, il est sur la chaîne, dit-elle innocemment. Pendant que tu y es, tu pourrais passer prendre mes sandales chez le cordonnier.

– Oh ! vous descendez au village ? demanda Edith, subitement intéressée.

– Je vais à Nottingham.

– Formidable ! Je profite de l'occasion.

Elle ramassa son sac en osier et ils partirent tous les deux.

Deux champs et un bout de forêt plus loin, Crispin Marvell, confortablement installé dans son salon, écrivait l'histoire de l'abbaye de Chantefleur en sirotant du vin de rhubarbe. Il y avait des jours où l'inspiration venait facilement. Aujourd'hui n'était pas de ceux-là. Il avait passé une bonne partie de la matinée à nettoyer sa collection de porcelaines mais, après avoir rangé les tasses dans l'armoire, il avait été incapable de détacher son regard des assiettes étincelantes de propreté qu'il s'apprêtait à replacer contre les murs. Il s'en voulait presque d'avoir reculé l'échéance de ce grand ménage de printemps, car il s'était ainsi privé d'un plaisir supplémentaire, durant ces mois où l'éclat de la porcelaine avait été terni par le voile sombre de l'hiver.

Il admira quelques instants les deux assiettes assorties vert olive, sur lesquelles était moulé un fruit grandeur nature : une pomme pour la première, une pêche pour la seconde. Puis son regard s'attarda sur la pendule de Chelsea avec son minuscule cadran et ses opulentes figurines du sultan et de ses concubines. Marvell rangeait son courrier derrière la pendule et de sa place, il voyait dépasser le coin d'une lettre écrite par Henry Glide. Agacé, il se leva et la poussa hors de son champ de vision. Puis il trempa sa plume dans l'encrier et retourna à Chantefleur.

Des fenêtres à claire-voie dominaient la nef de l'église. Il n'y a qu'en France, dans les abbayes cirsterciennes, que l'on peut admirer le relief...

Il s'arrêta et soupira. Emporté par ses préoccupations domestiques, il avait failli écrire : « le relief de la pomme ». Ce n'était pas grave. Cela faisait déjà deux ans qu'il travaillait sur l'histoire de Chantefleur. Un jour de plus ou de moins importait peu. Et s'il pleuvait demain ? Il valait mieux sortir et profiter de cette splendide matinée. Il jeta un dernier coup d'œil sur l'assiette, caressa du bout du doigt la joue rebondie de la pomme en porcelaine et sortit dans le jardin.

Marvell habitait un ancien hospice reconverti en maison cossue, toute en longueur et sans étage. Une partie des murs était en briques roses, l'autre en plâtre blanc et le toit irrégulier était recouvert de tuiles fabriquées à la main par un artisan.

Il fit un tour dans le fond du jardin. Grâce à la proximité des trois ruches blanches, les fruits du verger avaient atteint leur pleine maturité. Par bonheur, les abeilles n'avaient pas formé d'essaim, cette année. Il croisa les doigts. Une journée passée à récolter le miel royal valait bien le sacrifice d'un demi-chapitre sur Chantefleur. Il s'assit sur le banc. Plus bas, dans la vallée, les paysans coupaient les foins. Il entendait le grondement de la moissonneuse-batteuse se mêler au bourdonnement des abeilles. Ailleurs, tout était calme.

– Il y en a qui ne s'en font pas.

Marvell tourna la tête et sourit. Max Greenleaf venait souvent lui rendre visite après sa tournée matinale.

– Asseyez-vous donc.

– Ça fait du bien d'échapper aux guêpes !

Greenleaf regarda tour à tour le banc moussu et son nouveau costume, puis il s'assit avec précaution.

– Il y a toujours eu beaucoup de guêpes à Linchester, dit Marvell. Je me souviens que dans le temps, ces satanées bestioles envahissaient le jardin, chaque fois que maman donnait une garden-party.

Greenleaf l'écoutait d'un air perplexe. Plus il fréquentait Marvell, plus il était convaincu, en tant que juif autrichien, que la noblesse terrienne d'Angleterre et l'aristocratie de son pays sortaient du même moule.

– Vous savez que les guêpes sont très conservatrices ? Elles ne se sont pas faites à l'idée que le vieux château a disparu. Alors elles cherchent encore les galettes au gingembre de maman. Allons boire un verre à l'intérieur, proposa-t-il à Greenleaf en souriant. (Puis il ajouta d'un air entendu :) J'ai ouvert une bouteille d'hydromel, ce matin.

– Non merci, je préférerais un whisky-soda, dit Greenleaf en le suivant vers la maison.

Comme d'habitude, il se cogna la tête contre le linteau de la porte sur lequel était gravé : « 1722. Andreas Quercus Fecit. » Pour Greenleaf, l'attachement de Marvell à cet endroit dépassait tout entendement. La campagne, les fleurs, l'horticulture, l'agriculture, l'exploitation d'un bout de vignoble, tout ça ne voulait rien dire pour lui. Il était venu s'installer à Linchester pour partager la nombreuse clientèle de son beau-frère. Si on lui demandait pourquoi il avait choisi de vivre ici, il répondait que c'était pour être plus près de son cabinet. Le confort moderne d'une maison identique à n'importe quelle maison citadine palliait les désavantages de la vie à la campagne. Qu'on pût, comme Marvell, rechercher délibérément et même aimer les chemins boueux, les flaques d'eau et les insectes relevait pour Greenleaf de la psychanalyse.

Ces mystères de la vie rurale ravivèrent le souvenir pénible de ce qui s'était passé le matin.

– Je viens de perdre un patient, dit-il.

Marvell remarqua, en lui versant un whisky, que Greenleaf avait retrouvé son accent autrichien, signe qu'il était bouleversé.

– Ce n'est pas de ma faute, mais...

– Qui est mort ?

Marvell tira les rideaux, ne laissant filtrer qu'un faible rayon de lumière qui semblait transpercer le plancher de chêne noir.

– Un des ouvriers de la mine de Coffley. Il a avalé une guêpe en mangeant son sandwich. Et devinez ce qu'il a fait ? Il est retourné travailler comme si de rien n'était. Quand je suis arrivé, il était mort asphyxié.

– Vous auriez pu faire quelque chose ?

– Si j'étais arrivé à temps, oui... (Puis changeant brusquement de sujet :) Vous étiez en train d'écrire ? Comment va l'inspiration ?

– Pas trop mal. Mais j'avais besoin de me détendre, alors j'ai nettoyé ma collection de porcelaines. (Il décrocha du mur l'assiette avec la pomme et la tendit au docteur.) C'est joli, n'est-ce pas ?

Greenleaf tourna et retourna l'objet dans ses mains avec un air intrigué.

– À quoi ça sert ce truc ? On ne peut pas manger dedans, n'est-ce pas ?

Greenleaf n'avait aucun sens de l'esthétique. Pour lui, un objet n'était intéressant que s'il avait une fonction matérielle. Ce qui n'était pas le cas de l'assiette. Il s'imaginait mal l'utiliser pour ses plats préférés : hareng saur, concombres à la crème, salade de chou avec des grains de cumin. La fourchette finirait par se coincer sous les feuilles de la pomme.

– Sa fonction est purement décorative, dit Marvell en rigolant. Au fait, vous allez à la soirée de Tamsin ?

– Oui, si je n'ai pas un appel urgent.

– Elle m'a envoyé un carton d'invitation. Tamsin fait toujours bien les choses.

Marvell s'étira de tout son long avec une grâce juvénile. Greenleaf se trompait rarement sur l'âge des gens. Marvell devait avoir entre 47 et 52 ans mais la faible luminosité qui régnait dans la pièce estompait les fines rides et les quelques cheveux blancs perdus dans les mèches blondes. Il doit avoir encore un certain succès auprès des femmes, pensa Greenleaf.

– Toutes ces fêtes, dit-il, ça doit lui revenir cher.

– Tamsin a des revenus personnels qui lui viennent de sa grand-mère. C'est aussi la grand-mère de Patrick, puisqu'ils sont cousins germains.

– Mais c'est Tamsin qu'elle préférait, c'est ça ?

– Je ne sais pas... Patrick avait déjà hérité de l'affaire de son père. Peut-être Mrs Selby avait-elle estimé qu'il n'avait plus besoin de rien.

– On dirait que vous les connaissez bien.

– C'est vrai. Je suis un peu le confident de Tamsin. Avant d'habiter ici, ils avaient un appartement à Nottingham. C'est pour ça qu'elle s'est sentie perdue, ici, au début. Quand j'ai donné cette conférence sur l'histoire de Linchester, elle m'a bombardé de questions et depuis je lui sers à la fois d'antiquaire et d'oncle adoptif.

Greenleaf se mit à rire. Il imaginait très bien Marvell dans ces deux rôles.

– En fait, poursuivit-il, je crois qu'elle n'aime pas sa maison. Tamsin adore les vieilles baraques et les meubles anciens. Patrick, lui, préfère le style dépouillé.

– Dites-moi, cela ne vous plairait pas d'habiter Linchester ?

Toujours curieux des émotions des autres, Greenleaf se demandait quelquefois ce que ressentait Crispin en voyant le domaine de son père envahi par des maisons modernes.

Marvell haussa les épaules en souriant.

– Jamais de la vie. Je suis trop content de ne pas avoir eu à entretenir le château. Et puis ça m'amuse beaucoup d'aller à des soirées. J'ai inventé un petit jeu qui consiste, lorsque je suis invité chez quelqu'un de Linchester, à me demander où je me trouve par rapport à l'ancien château. (Greenleaf ouvrait des yeux ronds comme des soucoupes.) Par exemple, quand je suis chez Tamsin, je me dis, là, c'était les toilettes et ici, le potager. (Il disait cela avec le plus grand sérieux.) Et puis là où habitent les Gage, c'était les écuries. Attention, je ne dis pas que chacun mérite sa place !

– Vous m'inquiétez. Et ma maison, elle se situe où dans tout ça ?

– Oh ! dans un endroit tout à fait respectable. La bibliothèque de mon père et un morceau du grand escalier.

– Je n'en crois pas un mot, dit le docteur, puis il ajouta plus timidement : Vous prenez bien les choses, vous.

– Mais ne croyez surtout pas, dit Marvell, qu'à chaque fois que je mets un pied à Linchester, je me replonge *à la recherche du temps perdu.*

Greenleaf n'était pas entièrement convaincu. Il finit son whisky et se rappela un peu tard le prétexte de sa visite.

– Au fait, dit-il, de nouveau à l'aise sur son propre terrain, comment va votre rhume des foins ?

Si le docteur n'avait pas très bien saisi l'allusion proustienne de Marvell, il avait au moins compris la signification des mots. En ce qui concerne Edward Carneby, l'une ou l'autre aurait été entièrement perdue, sa connaissance du français étant on ne peut plus limitée.

Jojo monte. Il est fatigué. Bonne nuit, Jojo. Dors bien.

Edward leva les yeux au plafond et traduisit le passage en anglais. Drôle de sujet pour un adulte. L'histoire d'un gosse de cinq ans qui prend son bain et va se coucher. Enfin, c'était du français. Encore un an et il pourrait lire Simenon dans le texte.

Bonjour, Jojo. Quel beau matin ! Regarde le ciel. Le soleil brille.

Edward chercha dans le dictionnaire la traduction du mot « briller ».

– Ted !

– Oui, ma chérie ?

C'était amusant, mais depuis quelque temps, il avait pris l'habitude de l'appeler « ma chérie ». Elle remplaçait sa femme sur tous les points sauf un. La sexualité était exempte de leurs rapports, mais en contrepartie, il n'avait pas de comptes à lui rendre.

– Si Cheryl et toi voulez déjeuner à l'heure, il faut que tu me débarrasses de ses guêpes.

Freda était entrée brusquement dans la pièce, vêtue d'une petite robe en coton très féminine. Il remarqua avec plaisir qu'elle avait dit « déjeuner » et non pas « manger ». Freda commençait à assimiler les bonnes manières de Linchester.

– Je m'en occupe tout de suite.

Il referma le dictionnaire. *Briller.* Émettre ou réfléchir une vive lumière. Le verbe correspondait complètement à son état actuel. Il irradiait de bonheur. *Edward brille,* récita-t-il intérieurement entre deux gloussements de satisfaction.

– J'ai promis de donner ensuite le produit à des gens.

– Quels gens ?

– La belle Mrs Selby, si tu veux tout savoir. Je l'ai rencontrée hier en allant à mon cours et elle m'a invité à une petite fête ce soir. (Si Freda avait été sa femme, il n'aurait jamais pu lui dire ce genre de choses.) Elle a tellement insisté que je n'ai pas pu refuser.

Freda s'assit, les jambes coupées.

– Tu plaisantes. Tu ne connais pas Tamsin.

– Tamsin, c'est bien ça !... Depuis quand l'appelles-tu par son petit nom ?

– Et moi alors, est-ce que je peux venir ?

– C'est que... justement, je comptais sur toi pour garder Cheryl.

Les yeux de Frieda s'emplirent de larmes. Après tout ce qui s'était passé, tout cet amour, ces promesses, ces soirées merveilleuses. Bien sûr, ce n'était pas de sa faute à lui. C'était la soirée de Tamsin. Mais inviter Edward !

– Mais Frie, il n'y a pas de quoi en faire un drame. Elle m'a dit que je pouvais amener une amie. Mais je ne sais plus quoi faire de Cheryl, maintenant.

– Mrs Staxton la gardera, dit Freda avec empressement. Elle me l'a souvent proposé. (Voyant que dans le doute, Edward s'était replongé dans son manuel de français, elle éclata en sanglots.) Ted, je veux aller à cette soirée. J'en ai le droit, et même plus que toi !

C'était la première fois qu'il voyait Freda frôler la crise d'hystérie. Il referma son livre.

– Mais de quoi parles-tu ?

C'était sa sœur jumelle et il pouvait presque lire dans ses pensées. Une sensation de malaise s'empara de lui quand il se souvint du regard de la femme fixé sur la silhouette au bord de l'étang, et de sa soudaine et inexplicable froideur quand il avait dit son nom.

– Freda !

Elle lui raconta tout. Edward écoutait, à la fois furieux et bouleversé. Toute sa bonne humeur s'était envolée.

5

Les saules qui bordaient l'allée des Selby étaient décorés de guirlandes électriques multicolores. À la nuit tombée, les petites ampoules projetteraient des taches rouges, orange, vertes et bleues sur la masse sombre des chênes, dans le jardin d'en face.

Tamsin avait laissé la nourriture et les boissons dans la salle à manger de peur d'attirer les guêpes. Elle en avait vu une ou deux pendant la journée et avait refermé la baie vitrée. La salle à manger était presque vide, à part la table couverte de nourriture. Fonctionnelle, disait Patrick. C'était lui qui avait fait le ménage, tandis que Tamsin, nerveuse, marchait de long en large sur la terrasse du jardin. Il fallait que tout soit d'une propreté impeccable.

– Après tout, c'est une salle à manger, pas un débarras ! avait-il dit d'un ton cassant en s'adressant à l'aspirateur.

Il n'avait pas dit un mot à Tamsin mais son regard signifiait : toi, tu n'as pas intérêt à me déranger, sinon... Après avoir rangé l'aspirateur et rincé la serpillière, il était allé promener le chien dans la forêt de Sherwood, silencieux, mais brûlant d'une joie intérieure.

Il était trop tard, maintenant, pour jouer les épouses aimantes et soumises. Tamsin s'habilla, regrettant de ne pas avoir quelque chose de plus gai et de plus coloré à se mettre, mais pour plaire à Patrick, elle ne possédait que des vêtements sombres et austères. Puis elle alla dans la salle à manger et se servit un whisky sec, comme si c'était le dernier qu'elle allait boire de sa vie. Personne ne lui avait encore souhaité un bon anniversaire, mais elle avait reçu une quantité de cartes. D'un air de défi, elle les sortit d'un tiroir de sa table de nuit et les disposa sur le dessus du radiateur. Il y en avait à peu près une douzaine, des rigolotes représentant une maîtresse de maison échevelée au milieu de piles d'assiettes sales, des plus conventionnelles (une famille de poneys du Dartmoor), et une dont le message et le dessin avaient pour l'envoyeur et pour elle-même une signification particulière. Elle n'était pas signée mais Tamsin savait qui l'avait écrite. Elle la froissa entre ses mains car sa vue ne faisait que raviver sa peine.

– Joyeux anniversaire, Tamsin, dit-elle d'une voix tremblante en levant son verre.

Elle soupira et les cartes vibrèrent. Elle aurait voulu jeter le verre contre le mur blanc immaculé et marquer ainsi la fin d'une période. Ce whisky était le symbole d'une existence révolue, de même que la robe moulante qu'elle portait, gris argenté, et qui lui avait coûté un prix fou. Elle reposa le verre avec précaution (on ne se débarrasse pas si facilement des vieilles habitudes), regarda les cartes et battit des cils pour ne pas pleurer. Il manquait une carte, une plus grande que les autres, plus sobre et plus chère, au dos de laquelle elle aurait dû lire : « À ma femme ».

Patrick n'était jamais en retard. Il rentra sur les coups de 7 heures pour prendre un bain et se raser. Elle l'entendit s'enfermer à clef dans la salle de bains. Patrick était toujours soucieux de préserver de son intimité.

Tamsin resta dans la salle à manger quelques minutes, en proie à un désespoir presque suicidaire. Dans une heure et quelques, les invités commenceraient à arriver et ils s'attendraient à la voir gaie et détendue, puisqu'elle était jeune, riche, belle et que c'était son anniversaire. Si elle sortait pendant quelques instants, peut-être se sentirait-elle mieux. Elle descendit avec Queenie jusqu'à l'ancien potager du château, là où poussaient les groseilliers. La chienne s'allongea au soleil et Tamsin se mit à cueillir quelques baies déjà mûres. Il faut à tout prix que j'aie l'air heureuse, pensa-t-elle, au moins pour ce soir.

Quand Edward et Freda se présentèrent à la porte de *Hallows*, à 8 heures moins le quart, ce fut Edward qui sonna à la porte. Freda, elle, correspondait tout à fait à l'expression « clouée au sol par la peur », expression employée couramment dans les hebdomadaires à sensation qu'elle affectionnait tellement.

Personne ne vint leur ouvrir. Freda regarda son frère d'un air envieux. Il ne se demandait pas, lui, ce qu'il devait faire de deux bras ballants, devenus soudainement d'une longueur démesurée et qui se tordaient désespérément dans tous les sens. Il avait au moins une boîte de Vesprid dans les bras pour se donner une contenance.

– Faisons le tour par l'autre côté, dit-il avec véhémence.

Il régnait un silence monacal. Le grincement du portail fit sursauter Freda. Après avoir contourné la maison, ils arrivèrent près d'une terrasse que prolongeait un jardin immense et magnifique. Si le jardin semblait attendre quelque chose ou quelqu'un, ce n'était sûrement pas des invités pour une soirée, mais plutôt la visite d'un photographe qui allait le mitrailler sous tous les angles. Freda avait en tête une photo du *Maisons et jardins* du mois dernier qui illustrait parfaitement ce qu'ils voyaient : des pelouses impeccables avec des bandes d'un vert contrasté, là où la tondeuse était passée, et des arbres qui semblaient avoir été époussetés feuille par feuille. Des tables et des chaises en rotin ou en métal laqué blanc avaient été disposées sur la terrasse. Une lueur d'admiration s'alluma dans les yeux de Freda et se transforma en expression terrorisée lorsqu'elle entendit le glouglou d'un tuyau sous ses pieds. Un signe de vie.

Le jardin, la maison, tout semble avoir été protégé jusqu'à présent sous un dôme de verre, pensa-t-elle. Incapable de traduire sa pensée par des mots, elle dit bêtement :

– Il n'y a personne, on a dû se tromper de jour.

Il haussa les épaules et elle se demanda une fois de plus pourquoi il avait accepté l'invitation et ce qu'il allait dire ou faire. Était-ce simplement par gentillesse (car c'était quand même grâce à lui qu'elle pénétrait dans cette maison) ou par fascination pour Tamsin ? ou encore autre chose ?

– Tu ne diras rien, n'est-ce pas ? Tu ne me ridiculiseras pas devant tout le monde ?

– Je te répète que je veux simplement voir comment c'est chez eux. Et constater aussi dans quel pétrin tu t'es fourrée. Je ne te promets rien.

Les minutes passèrent, des minutes interminables, pendant lesquelles le jardin lisse comme une photo tanguait devant les yeux de Freda. Soudain il se passa quelque chose, quelque chose qui provoqua une fêlure dans la carapace d'Edward.

Freda reconnut un bruit familier derrière les saules, puis elle entendit un aboiement prolongé. Queenie. Edward sursauta violemment et lâcha la boîte de Vesprid qui tomba sur une dalle avec un bruit métallique – un éclair qui déchire le voile du destin – au moment où la chienne bondit hors du bosquet et s'immobilisa à un mètre de lui. Un grondement imperceptible mais sinistre s'échappait de l'animal. Edward parut rétrécir à vue d'œil. Il ramassa la boîte de Vesprid et la brandit devant lui comme un bouclier. Piètre bouclier.

– Oh ! Queenie ! dit Freda en allongeant la main. Tout va bien. C'est moi.

La chienne s'avançait vers Freda en frétillant de la queue, lorsque le portail s'ouvrit sur un homme blond, de taille imposante. Il portait simplement un tee-shirt vert et un pantalon léger mais cela suffit pour qu'Edward se sente immédiatement déplacé, dans sa veste de sport de chez Harris (une veste qui lui avait coûté 60 livres, au bas mot).

– Comment allez-vous ?

Il portait quelque chose qui avait la forme d'une bouteille enveloppée dans du papier journal jaunissant, et une énorme gerbe de roses. Des roses magnifiques aux bourgeons prêts à éclore et aux épines acérées.

– Je ne crois pas que nous nous connaissions. Mon nom est Marvell.

– Ravi de vous rencontrer, dit Edward. (Il coinça la boîte de Vesprid sous son bras gauche et ils se serrèrent la main.) Voici ma sœur, Miss Carnaby.

– Où sont les autres ?

– Nous ne savons pas, dit Freda d'un air contrarié. Jusqu'à ce que vous veniez, nous pensions que nous nous étions trompés de jour.

– Oh ! non, c'est bien aujourd'hui l'anniversaire de Tamsin, dit-il en repoussant la chienne qui lui faisait fête. (Il fit tout à coup un grand sourire et agita le bras.) Ma parole, elle est en train de cueillir mes groseilles ! Excusez-moi.

– Eh bien, dit Freda, drôles de manières pour un gentleman !

Elle le regarda descendre le sentier à grandes enjambées et aperçut la femme de Patrick dans le verger. Celle-ci se redressa d'un bond, gracieuse comme une naïade, courut vers Marvell et l'embrassa sur la joue. Quand ils revinrent ensemble vers la maison, le visage de Tamsin était enfoui dans la gerbe de roses.

– La belle rouge foncé, c'est la Joséphine Bruce, disait

Tamsin. Celle-ci, toute blanche, la Vierge. Oh, la jolie vermillon, là, c'est la Super Star ! Et la splendeur couleur pêche, ici, c'est la Paix. Tu vois, Crispin, je commence à retenir tes leçons.

Elle monta les quelques marches qui séparaient le jardin de la terrasse et posa les roses sur la table en rotin. La chienne gambadait autour d'elle.

– Oh ! de l'hydromel ! s'écria Tamsin. C'est si gentil à toi, Crispin.

– Tu me fais penser à un de ces calendriers de luxe, dit Marvell en riant. Tu sais, ceux qu'on voit dans les stations-service, au bord des autoroutes. Une femme jeune et belle avec un chien, des fleurs... l'image même du bonheur, quoi !

– *Wein, weib und gesang,* comme dit Patrick.

La voix de Tamsin avait pris une intonation plus grave et son visage s'était assombri.

Edward toussota.

– Excusez-moi, dit-il.

– Oh mon Dieu ! je suis impardonnable, dit Marvell visiblement ennuyé. Je te laisse t'occuper de tes nouveaux invités.

Plus tard, en revoyant la scène, Freda se demanda si Tamsin savait qui ils étaient. C'était la peine qu'Edward fasse tant de chichis ! Le visage de Tamsin s'était contracté jusqu'à devenir presque laid. Elle restait plantée devant eux sans rien dire, tenant une rose rouge devant ses lèvres pâles. Enfin, elle se décida à parler.

– J'y suis ! L'homme qui prend les cours du soir.

Freda aurait voulu s'enfuir à toutes jambes, se confondre avec le mur, ramper juqu'au portail et courir, courir se cacher derrière les ormes. Mais Edward la tenait fermement par le bras. Il la poussa devant lui, l'exposant aux regards, comme l'aurait fait un marchand d'esclaves.

– Voici ma sœur. Vous avez dit que je pouvais amener quelqu'un.

Le visage de Tamsin se durcit. Freda ne put s'empêcher de le comparer à ce masque de déesse africaine exposé dans un pub, sur la route de Southwell. Elle comprit que Tamsin n'allait pas lui serrer la main.

– Eh bien, maintenant que vous êtes là, allons boire un verre. Vous n'aurez que l'embarras du choix. Où est Patrick ? (Elle leva la tête vers les fenêtres du premier étage.) Patrick !

Edward lui tendit le Vesprid.

– Un cadeau ? Oh mon Dieu, comme c'est gentil !

Elle sortit la boîte du sac en papier et éclata d'un rire strident. Freda se demanda si elle était soûle ou hystérique.

– Ce n'est pas vraiment un cadeau, dit Edward d'un air misérable. Vous m'aviez dit de l'apporter et vous m'aviez dit aussi de venir plus tôt. Pour tuer les guêpes.

– Les guêpes ? Oh, j'en ai simplement vu une ou deux dans la journée. Il n'y a pas de quoi s'inquiéter.

Elle ouvrit la porte vitrée qui donnait sur la salle à manger. Patrick se tenait juste derrière. Il sortit d'un air calme et posé, le sourire aux lèvres, exhalant une bonne odeur de crème de bain.

– Voici mon mari. Allume les lumières, mon chéri, veux-tu ?

Elle le prit par le bras en lui souriant tendrement.

Freda se mit à trembler. Elle pâlit puis le sang lui reflua au visage. Elle serra la main douce et pressante que lui tendait Patrick et se sentit revivre au contact froid mais familier de son alliance. Quand ce fut au tour d'Edward, son cœur se mit à cogner de nouveau mais la poignée de main s'échangea normalement. Edward avait retrouvé son calme et regardait Patrick sans rien dire, à moitié hypnotisé.

– Qu'est-ce que c'est ?

Il saisit la boîte de Vesprid et lut vaguement l'étiquette.

Freda ne put s'empêcher d'admirer son aplomb et la façon à la fois autoritaire et désinvolte dont il se dégagea du bras de Tamsin.

– Quelle horreur cette boîte sur ma table d'anniversaire ! s'écria Tamsin.

Elle remit avec empressement le Vesprid dans le sac en papier et fourra le tout dans les bras d'Edward.

– Voilà, mon cher ! Vous serez bien aimable de le mettre en lieu sûr. Je n'ai pas envie que mes invités s'empoisonnent avec ça.

Marvell vint alors à la rescousse et les conduisit dans la salle à manger.

Lorsque Greenleaf et sa femme Bernice arrivèrent à la soirée, tout le monde était déjà là. Le médecin avait été retenu chez un malade et n'était rentré chez lui qu'à 8 heures. Bernice l'avait attendu patiemment en faisant des réussites.

– Tu ne crois pas que j'aurai l'air d'un joueur de boules avec mon gilet en alpaga ? dit Greenleaf. Et puis, après tout, qu'est-ce que ça peut faire ? Je ne suis plus un adolescent.

– Non, mon chéri, dit Bernice. Tu es un homme d'âge mûr terriblement séduisant. Qui voudrait redevenir adolescent ?

– Pas moi, en tout cas ! À moins qu'on le redevienne tous les deux.

Ravis de leurs blagues, ils quittèrent la maison d'un pas joyeux. Ils prirent un raccourci par l'étang et s'arrêtèrent un instant pour regarder les cygnes. Greenleaf tenait sa femme par la main.

– Enfin ! s'écria Denholm Smith-King, en les voyant arriver sur la terrasse, J'étais justement en train de dire à Joan : « Y a-t-il un médecin dans la salle ? »

– J'espère que personne n'en aura besoin, dit Greenleaf en se forçant à rire. Je suis venu ici pour m'amuser.

Il fit un grand signe à Tamsin qui s'arrêta de discuter pour venir vers eux.

– Joyeux anniversaire, Tamsin. C'est gentil de nous avoir invités. (Puis il montra la table encombrée de paquets :) Qu'est-ce que c'est que tout ça ?

– Ce sont mes cadeaux. Regardez tout ce qu'on m'a offert : les chocolats d'Oliver et Nancy, ce ravissant petit sac d'Edith, ces délicieux marrons glacés de la part de Joan et de Crispin, devinez quoi ? de l'hydromel et des roses. C'est merveilleux n'est-ce pas ?

Marvell, debout derrière elle, souriait d'un air modeste.

– Cette nuit est la tienne, chère Tamsin...

– Oh ! vous êtes un amour, s'écria Tamsin en défaisant le minuscule paquet que venait de lui remettre Bernice. « Nuit de Beltane » ! C'est merveilleux ! Je venais juste de dire à Nancy que j'adorais son parfum. Eh bien, figurez-vous que c'est celui-ci. Vous êtes tous adorables !

Elle posa sa main sur son cœur, en prenant des mines langoureuses comme si elle était épuisée par tant d'émotions.

Greenleaf s'installa dans un petit fauteuil d'osier. Un air de biguine s'éleva de la salle à manger.

– Votre fille ne vient pas ? demanda-t-il à Edith Gaveston.

– Linda trouverait ça vieux jeu, dit-elle en imitant l'air dédaigneux qu'aurait pris sa fille si on l'avait invitée.

– Je m'en doute.

Oliver Gage avait entraîné Tamsin sur la piste de danse improvisée.

– Si vous avez une minute, dit Denholm Smith-King. Ça fait

un bout de temps déjà que je voulais vous en parler. C'est au sujet d'une grosseur que j'ai sous le bras.

Greenleaf, qui se voyait bien parti pour une consultation gratuite, accepta le verre que lui tendit Patrick, détournant temporairement l'attention de Denholm. Celui-ci regarda rapidement autour de lui pour s'assurer que la plupart des gens dansaient et s'approcha nerveusement de Patrick Selby.

– Salut, Patrick ! Mon vieux, je...

– Pas maintenant, Denholm. (Patrick eut un sourire mécanique, bref comme un éclair.) Je ne mélange jamais le plaisir et les affaires.

– Plus tard, alors ?

Patrick regarda d'un air narquois le cendrier où Denholm avait déjà écrasé un nombre impressionnant de mégots.

– Ça ne m'étonne pas que tu aies une grosseur ! dit-il, mais n'ennuie pas mes invités avec ça, veux-tu ?

Denholm se mit à rougir violemment.

– Drôle de type, ce Patrick ! dit Denholm en se tournant vers le docteur. Je n'ai jamais vu quelqu'un d'aussi peu diplomate. Au sujet de cette grosseur dont...

Greenleaf écoutait d'un air faussement attentif, tout en surveillant du coin de l'œil les autres invités. La plupart d'entre eux étaient ses patients sauf les Selby et les Gaveston qui consultaient le Dr Howard. S'il les examinait à présent très attentivement, c'était d'un point de vue psychologique plutôt que médical. Comme il disait quelquefois à Bernice, il avait beaucoup à apprendre sur la nature humaine. Cela faisait partie de son travail.

Les Carnaby, eux, n'avaient pas l'air de s'amuser. Installés à l'écart dans les fauteuils de jardin, ils ne se disaient pas un mot. Freda avait caché son verre vide sous son siège et Edward s'accrochait à sa boîte de Vesprid comme un naufragé à une bouée de sauvetage.

Un peu plus loin, Marvell faisait à Joan et à Nancy les honneurs du potager de l'ancien château et leur montrait les groseilliers. Greenleaf ne connaissait rien à la mode vestimentaire mais il trouvait que la robe de Nancy était non seulement mal taillée, mais qu'elle était peu appropriée à ce genre de soirée (Elle devrait faire attention à son poids, se dit-il, si elle ne veut pas avoir des problèmes de tension plus tard.) La robe contrastait terriblement avec ce coûteux parfum dont il avait respiré les effluves en passant à côté d'elle tout à l'heure. Pourquoi, au fait, Oliver était-il devenu blanc comme un linge lorsque Bernice avait offert le flacon à Tamsin ?

Des trois couples qui dansaient maintenant, celui que formaient Oliver et Tamsin était le mieux assorti. Clara et Walter Miller persistaient à danser un fox-trot endiablé sur la musique lente. Bernice s'était retrouvée tenue à bout de bras par un Paul Gaveston raide comme un piquet, qui par souci des convenances n'osait pas la serrer de trop près. Quant à Gage et Tamsin, ils ne s'embarrassaient pas de principes. Ils dansaient joue contre joue, collés l'un à l'autre, et se balançaient lentement de façon presque indécente sur un mètre carré de plancher. « Tiens, tiens », pensa Greenleaf. Le slow se termina, laissant place à un mambo.

– ... Le problème, continuait Denholm, c'est que ça devient de plus en plus gros. Je n'arrive pas à m'en débarrasser.

– Il faudra que j'y jette un coup d'œil, dit Greenleaf.

Un quatrième couple avait rejoint les danseurs. Greenleaf se sentit soulagé. Patrick était un homme peu sociable, même au meilleur de sa forme, mais il avait fait ce soir l'effort d'inviter Freda à danser et il semblait presque y prendre du plaisir.

– Vous voulez voir, demanda Smith-King, prêt à défaire sa chemise.

– Oh, pas maintenant ! répondit Greenleaf, soudainement paniqué. Passez me voir à mon cabinet.

Le soir commençait à tomber sur le jardin. Tamsin avait quitté les bras d'Oliver Gage pour aller allumer les lumières multicolores. Oliver s'apprêtait à la suivre quand sa femme arriva sur la terrasse en se plaignant à voix haute des moustiques.

– Quels fléaux, ces bestioles ! disait-elle. On a beau les bombarder de D.D.T, elles reviennent toujours à l'assaut. (Elle regarda Marvell d'un air furieux.) Ça me démange de partout !

Walter Miller et Édith Gaveston semblèrent n'avoir attendu que ce signal pour se lancer dans une longue diatribe sur les méfaits des moustiques. Joan Smith-King rôdait autour de Greenleaf comme le faisaient souvent les gens quand on abordait le thème de leurs petites souffrances quotidiennes, puis elle se planta devant lui en se grattant ostensiblement les bras. Il se leva aussitôt pour la laisser s'asseoir à côté de son mari mais il s'aperçut que ce dernier était maintenant dans la salle à manger en grande discussion avec Patrick. Greenleaf n'entendait pas ce qu'ils disaient à cause du brouhaha qui régnait autour de lui mais il vit que la cigarette de Denholm tremblait au coin de sa bouche et que ses gestes exprimaient un profond découragement. Soudain, Patrick éclata de rire et tourna le dos à Denholm avant de s'éloigner dans le jardin. Les guirlandes électriques venaient de s'allumer. Greenleaf était peu sensible à ce genre d'artifice mais la plupart des femmes poussèrent des cris d'admiration. Ces décorations lumineuses représentaient pour elles la richesse, le bon goût, l'organisation. Nancy courait de droite à gauche en gloussant de joie, montrait du doigt les arbres et exhortait les autres à venir voir de plus près.

– Je suis si contente que vous aimiez, minauda Tamsin. L'idée nous plaisait beaucoup à Patrick et à moi.

Patrick toussota, marquant ainsi qu'il se désolidarisait de sa femme. « Il prend son rôle de maître de maison très au sérieux », pensa Greenleaf en le voyant glisser son bras autour de la taille de Freda.

– Tout le monde a un verre ? demanda Tamsin en prenant celui de Marvell qui était presque vide. Oh ! Crispin, qu'est-ce que tu as aux bras ?

– Il y a plein de moustiques dans le fond du jardin, dit Marvell en riant. Je voulais apporter de la citronnelle mais j'ai oublié.

– Oh ! mais nous en avons. Je vais t'en chercher.

– Non, laisse, j'irai moi-même. Va plutôt danser.

Gage la réclamait déjà pour la prochaine danse.

– Laisse-moi te dire où c'est. Tu vas dans la salle de bains de la chambre d'ami. C'est sur la dernière étagère.

– Oh ! Vous avez deux salles de bains ? C'est merveilleux ! s'exclama Joan d'un air d'envie.

– Tu traverses la chambre d'ami, continuait Tamsin sans lui prêter attention. Tu connais le chemin.

L'expression qu'il lut dans les yeux de Tamsin choqua Greenleaf. On aurait dit qu'elle s'amusait à un jeu, un petit jeu dangereux.

– Je me fais des idées, pensa-t-il à voix haute.

– Quelles idées ? demanda sa femme.

– Oh, rien, répondit Greenleaf.

Marvell revint avec un flacon. Il l'avait déjà débouché et s'enduisait les bras de citronnelle.

– Merci... Madame Tussaud ! dit-il à Tamsin.

Celle-ci lui jeta un regard étonné.

– Ah, tu as trouvé ? Merveilleux ! Allons danser, maintenant.

– Ce n'est pas d'une danse dont j'ai besoin, dit Marvell en

riant, mais plutôt d'un verre. C'est une véritable chambre des horreurs, là-haut. Tu aurais dû me prévenir.

– Que voulez-vous dire par chambre des horreurs ? demanda Nancy en ouvrant de grands yeux. (La soirée avait besoin d'un second souffle et elle était prête à saisir n'importe quel prétexte pour réchauffer l'ambiance et, si possible, éloigner Oliver de Tamsin.) Avez-vous vu des fantômes ?

– En quelque sorte...

– Oh ! dites, dites !

Tamsin s'arracha tout à coup aux bras d'Oliver, prit Crispin par la main et l'entraîna vers la maison.

– Venez tous, s'écria-t-elle, venez découvrir notre secret.

Il y eut un moment de flottement puis les invités entrèrent tous dans le hall les uns derrière les autres, en piaillant d'excitation. Marvell avait gardé son verre à la main. Seul Patrick resta à l'écart, jusqu'à ce que Freda s'approche de lui pour lui murmurer quelque chose à l'oreille. Même Denholm Smith-King, généralement obtus, le trouva nerveux.

– Eh bien, allons y ! dit-il à la cantonade.

6

S'il avait fait jour, ou si les lumières avaient été allumées, l'impression aurait été différente. Mais dans cette semi-obscurité, avec cette atmosphère si lourde qu'elle en était presque palpable – rien ne bougeait, pas même les rideaux de tulle devant la fenêtre ouverte –, l'effet était immédiat et saisissant.

Marvell fit la grimace. Les autres hommes écarquillèrent les yeux, Paul Gaveston émit une sorte de grognement, Smith-King eut un sifflement d'étonnement avant de partir d'un rire tonitruant.

Les femmes poussèrent des cris d'effroi et mimèrent différentes expressions horrifiées, mais Freda fut la seule à manifester une réelle émotion. Greenleaf, qui se tenait à côté d'elle, la vit frissonner de tout son être.

– Il en faut pour tous les goûts, dit Nancy. Imaginez que vous alliez aux toilettes en pleine nuit et que vous tombiez sur ça ! L'horreur !

Greenleaf ne se sentait pas bien. Il était le seul parmi l'assistance à avoir vu une vraie tête coupée, la première fois pendant ses études de médecine, la deuxième fois lors de l'autopsie d'un homme décapité par un train. Pour cette raison, il était plus affecté par cette vision que les autres invités.

Le tableau – une peinture à l'huile dont le cadre doré était légèrement abîmé – avait été posé sur le sol contre le mur tapissé de papier gris clair. Greenleaf ne connaissait rien à la peinture mais il ne supportait pas l'idée que la mort puisse engendrer une œuvre d'art. Il en connaissait un rayon sur l'anatomie et sur les perversions sexuelles de l'être humain. Il admirait donc l'artiste pour sa précision – la vertèbre et la jugulaire étaient correctement placées – mais déplorait son penchant pour le morbide. Greenleaf haïssait la cruauté. Toutes les souffrances subies par ses ancêtres dans les ghettos d'Europe de l'Est lui restaient en mémoire. Il se mordit la lèvre inférieure, ôta ses lunettes et les essuya sur son gilet en alpaga.

Pendant tout ce temps, il n'avait pas vu l'expression de l'homme entre lui et Freda, l'homme à qui appartenait cette maison, mais il avait entendu un léger cri lui échapper et qu'il respirait maintenant avec difficulté.

– Regardez, c'est horrible la façon dont elle regarde la tête dans l'assiette, s'écria Nancy en s'agrippant au bras d'Oliver. Cela doit signifier quelque chose mais je ne sais pas quoi.

– Peut-être que cela vaut mieux, dit son mari d'un air agacé.

– Qu'est-ce que c'est, Tamsin ? Qu'est-ce que ça représente au juste ?

Tamsin avait promené son doigt sur la surface peinte avant de l'arrêter net sur la flaque de sang.

– Salomé et saint Jean-Baptiste, intervint Marvell, que ce genre de naïveté horripilait. (Il retrouva aussitôt son sourire.) Bien sûr, les vêtements ne sont pas d'époque. L'artiste l'a habillée de façon contemporaine. Au fait, qui a peint ce tableau, Tamsin ?

– Je n'en sais rien, répondit Tamsin en haussant les épaules. Il appartenait à ma grand-mère. C'est elle qui m'a élevée, vous savez. J'ai vu ce tableau tout au long de mon enfance, si bien qu'il ne me fait plus ni chaud ni froid. Je l'aimais beaucoup quand j'étais petite. Bizarre, non ?

– Vous n'allez pas l'accrocher au mur, j'espère ? s'inquiéta Clara Miller.

– Pourquoi pas ? Quand ma grand-mère est morte, il y a deux ans, elle a légué tous ses meubles à une vieille amie, Mrs Prynne, chez qui je suis allée le mois dernier. Je suis tombée en arrêt devant le tableau et elle m'a promis de me l'envoyer pour mon anniversaire. Et voilà.

– Je préfère qu'on vous l'offre à vous plutôt qu'à moi.

Tamsin se mit à rire.

– Je vais peut-être le mettre dans la salle à manger. Ça irait bien avec un steak grillé, non ?

Ils contemplaient tous le tableau. Jusqu'à présent, chacun avait donné son avis, ne serait-ce qu'en poussant un cri d'horreur. Seul Patrick n'avait pas dit un mot et Greenleaf, intrigué, se tourna vers lui. Son visage était si livide que ses taches de rousseur, par contraste, avaient pris l'aspect d'ecchymoses. Quand enfin il se mit à parler, ce fut d'une voix d'outre-tombe. Il ne lui restait plus rien de sa froide assurance.

– Bon ! fit-il, la plaisanterie a assez duré !

Il poussa Edward d'un coup d'épaule, empoigna un des dessus-de-lit et le jeta sur le tableau. Au lieu d'accrocher les coins du cadre, le tissu glissa et tomba sur le sol, exhibant l'œuvre dans toute sa violence. Le regard méchant, les lèvres entrouvertes, la poitrine opulente de la nièce d'Hérode jaillirent de l'obscurité. Elle semblait contempler le tissu recroquevillé avec délectation comme s'il venait de dévoiler aux yeux de tous son sinistre trophée.

– Espèce de garce ! dit Patrick.

Il s'ensuivit un silence de mort. Puis Tamsin s'avança d'un pas, ramassa le dessus-de-lit et couvrit le tableau. Salomé était voilée.

– Tu es bien dur, chéri. Après tout, ce n'était qu'une plaisanterie.

Denholm Smith-King s'agita, mal à l'aise.

– Il est tard, Joan. C'est l'heure d'aller au dodo.

– Mais il n'est même pas dix heures, s'écria Tamsin.

Elle prit la main de Patrick et, se penchant vers lui, l'embrassa légèrement sur la joue. Il demeurait immobile, retrouvant peu à peu ses couleurs, mais évitait de la regarder.

– Nous n'avons encore rien mangé ! poursuivit-elle. Et toutes ces bonnes choses qui nous attendent !

– Ah ! si on mange..., dit Smith-King en se frottant les mains.

Il était prêt à changer d'avis, maintenant que la menace d'une scène de ménage s'était dissipée.

– Voilà au moins qui nous occupera, dit Marvell à voix basse.

– À qui le dites-vous ! répondit Denholm en lui donnant une grande tape dans le dos.

Patrick réalisa tout à coup que sa main était encore dans celle de Tamsin. Il la retira brusquement, traversa la pièce et descendit l'escalier d'un air hautain. Freda le suivit après avoir jeté un regard de défi à Tamsin.

– Quelle belle soirée ! s'écria celle-ci. Prenons nos assiettes et allons manger dans le jardin !

Ses yeux brillaient d'un étrange éclat. Elle attrapa le bras d'Oliver et après un temps d'arrêt, s'adressa à Nancy :

– Profitons de la vie pendant qu'il est encore temps !

Une fois dans la salle à manger, Tamsin se mit à danser. Greenleaf n'était pas près d'oublier la réaction de Patrick. Leur réservait-il d'autres surprises pendant cette soirée ? En attendant, celui-ci disposait des assiettes sur les tables de la terrasse, le regard dénué d'expression. Freda Carnaby, elle, se tenait près de lui, et le regardait avec adoration.

– Eh bien ! dit Nancy Gage en approchant sa chaise de celle de Greenleaf, Patrick s'est encore donné en spectacle, vous ne trouvez pas ? Que d'histoires pour un tableau !

– *Seul l'enfant craint le diable peint,* dit Marvell en lui présentant une assiette de sandwichs au saumon.

– Quel comportement puéril ! dit Nancy. Enfin, ce n'est pas comme au cinéma. Je dois avouer que j'ai vu des films d'horreur qui m'ont complètement terrifiée. Je me réveillais la nuit avec des sueurs froides. N'est-ce pas, Oliver ?

Oliver était trop loin pour entendre. Assis sur un petit mur de pierre, Tamsin et lui s'entretenaient à voix basse.

Nancy, tout en lui faisant signe, porta le sandwich au saumon à sa bouche.

– Attention, s'écria Greenleaf. (Il lui écarta brusquement la main du visage, l'obligeant à lâcher son sandwich.) Une guêpe ! Vous alliez l'avaler.

Nancy bondit sur ses pieds et secoua sa jupe.

– Oh ! Je ne supporte pas ces bestioles !

– C'est bon. Elle est partie.

– Oh non, il y en a une autre ! (Nancy battit l'air avec ses mains pour chasser une guêpe qui lui était passée devant le visage avant de se poser sur un flan aux fruits.) Oliver ! Il y a une guêpe dans mes cheveux !

– Que se passe-t-il ? (Tamsin se leva à contrecœur et s'approcha d'eux.) Oh ! Des guêpes ? quelle barbe !

Elle souffla légèrement sur les cheveux bouclés de Nancy.

– Partie !

– Vous n'auriez pas dû sortir la nourriture, dit Patrick.

Quel culot, pensa Greenleaf, c'était le premier à sortir avec son assiette.

– Et voyez le résultat ! continuait Patrick. Il y en a d'autres maintenant.

Chacun avait repoussé sa chaise, abandonnant son assiette à moitié pleine. Les guêpes s'abattaient de préférence sur les fruits et les crèmes. On aurait dit, d'abord, qu'elles tombaient du ciel, puis elles tournaient lentement autour des plats, comme une escadrille d'avions autour de sa cible, avant de piquer, une par une, sur les pâtisseries et les gelées, avides de sucreries. Leurs ailes grésillaient.

Tamsin voulut s'emparer d'une assiette de petits fours mais retira immédiatement sa main en poussant un petit cri.

– Va-t'en, sale guêpe ! s'écria-t-elle. Patrick, fais quelque chose !

Il se tenait près de Tamsin mais se sentait plus éloigné d'elle que jamais. Les mains dans les poches, il regardait les insectes festoyer d'un air excédé.

– Rentrez la nourriture !

– Trop tard, dit Marvell. La salle à manger est infestée de guêpes. (Il regarda en direction du toit.) Vous avez un nid, je crois.

– Ça ne m'étonnerait pas, intervint Walter Miller qui habitait juste à côté. C'est ce que je disais hier à Clara : je te parie qu'il y a un nid de guêpes sous le toit des Selby.

– Mais qu'est-ce que nous allons faire ?

– Les tuer ! Les exterminer, plus exactement.

Edward Carnaby n'avait jusqu'à présent adressé la parole à personne sauf à sa sœur. Tamsin l'avait snobé mais maintenant, son heure de gloire était arrivée. Il sortit la boîte de Vesprid de son sac et la posa au milieu de la table.

– Vous auriez dû me laisser faire, dit-il à Tamsin.

– Vous laisser faire quoi ? demanda Tamsin en regardant la boîte. Vous comptez vaporiser tout le jardin ?

Edward allait s'embarquer dans une longue explication technique mais Walter Miller ne lui en laissa pas le temps.

– Vous voulez une échelle ? Il y en a une dans mon garage.

– Très bien, dit Edward. La première chose à faire, c'est de localiser le nid. J'ai besoin de quelqu'un pour me donner un coup de main.

Marvell se leva.

– Je t'en prie, Crispin. Patrick s'en occupera. (Tamsin toucha le bras de son mari.) Voyons, chéri, tu ne vas pas faire travailler tes invités.

Tout le monde crut, pendant un moment, que telle était l'intention de Patrick. Celui-ci regarda sa femme et Marvell d'un air furieux, puis, sans dire un mot, se dirigea vers le portail.

– Sans blague, Tamsin. Tes soirées sont uniques ! s'exclama Marvell.

Quand Patrick et Edward revinrent avec l'échelle des Miller, tous les autres avaient fui la terrasse pour se regrouper sur la pelouse. Il y avait maintenant des centaines de guêpes agglutinées autour des tables. Les dernières arrivantes, moins chanceuses, vrombissaient au-dessus de la masse et brillaient comme des lucioles sous l'éclat des lampions.

Edward appuya l'échelle contre le mur de la maison. Afin que son acte d'héroïsme ne reste pas sans témoins, il prit rapidement un gâteau sur une des tables, dévissa le couvercle de la boîte de Vesprid et versa un peu de liquide sur la pâtisserie.

– Je pense que le nid se trouve juste au-dessus de la fenêtre de la salle de bains, dit-il à Patrick, sûr de lui. Pouvez-vous monter dans la chambre d'ami ?

– Pour quoi faire ?

La pâleur de Patrick n'échappa pas à Greenleaf.

– Pour allumer la lumière. J'ai besoin d'y voir plus clair. Et puis, il faut bien que quelqu'un me donne le gâteau.

– Non, c'est moi qui grimpe à l'échelle, trancha Patrick.

Edward commença à s'énerver. C'était lui l'expert, non ? Ne venait-il pas de se débarrasser de son propre nid de guêpes ?

– Pour l'amour de Dieu, supplia Tamsin, ne vous diputez pas le jour de mon anniversaire !

Edward dut céder et emporta l'appât avec lui dans la maison.

Marvell se plaça à côté de l'échelle pour la maintenir en équilibre et Patrick attendit qu'une lumière apparaisse à la fenêtre de la salle de bains pour commencer à grimper. De la pelouse, ils le virent examiner prudemment l'avant-toit. Son visage blême et tendu baignait dans un halo lumineux. Puis, pour la première fois de la soirée, il se permit un trait d'humour :

– Je l'ai trouvé ! Mais apparemment, il n'y a plus personne à la maison.

– Je pense qu'elles ont dû aller à une soirée, cria Edward de la fenêtre.

Un rire fusa dans l'assistance. Ravi, il prit un air concentré et tendit le gâteau à Patrick.

– À table ! dit-il.

Au moment où Greenleaf, qui se tenait près d'Oliver Gage, se tourna vers lui pour commenter l'opération, quelque chose dans l'expression de son voisin l'arrêta. Celui-ci regardait fixement la silhouette sur l'échelle, quelques fines gouttes de sueur perlant sur son visage. Greenleaf le vit serrer et desserrer les poings.

– Oh ! mon Dieu, que se passe-t-il ? s'écria Nancy en agrippant le bras de Greenleaf.

Patrick avait fait un bond sur l'échelle, se rejetant brusquement en arrière. Il cria quelque chose. Puis ils le virent grimacer de douleur et se couvrir le visage avec le bras.

– Il a été piqué ! (Greenleaf reconnut nettement la voix d'Oliver Gage.) Bien fait pour lui !

Il ne bougea pas mais Greenleaf se précipita pour rejoindre les autres qui entouraient maintenant l'échelle. Trois guêpes tournaient autour de Patrick et cherchaient visiblement à lui piquer les yeux. Il se débattit un moment, agitant les bras dans tous les sens pour chasser les insectes. Puis Edward disparut et la lumière s'éteignit. On ne distingua plus qu'une silhouette dans la nuit bleutée. Greenleaf pensa à ces marionnettes de papier mâché dont les bras désarticulés semblaient être actionnés par des ficelles invisibles.

– Descendez ! cria Marvell.

Patrick poussa une sorte de gémissement et tangua dangereusement. Quelqu'un cria :

– Il va tomber !

Mais il ne tomba pas. Il se laissa glisser le long de l'échelle, se prenant les pieds dans chaque barreau, et finit par atterrir dans les bras de Marvell.

– Est-ce que vous allez bien ? demandèrent en même temps Marvell et Greenleaf.

Le premier chassa une guêpe qui descendait en spirale sur la tête de Patrick.

– Elles sont parties. Ça va mieux ?

Patrick ne répondit rien. Il tremblait de tous ses membres et tenait sa main appuyée contre sa joue. Derrière lui, Freda pleurnichait comme un petit chien mais les autres se taisaient. Ils demeuraient figés sous la lumière colorée des lampions, observant Patrick avec une curiosité malsaine, comme la foule d'une corrida assistant à la défaite d'un matador détesté de tous. L'hostilité était presque tangible et l'on n'entendait plus que le bourdonnement régulier des guêpes.

– Il faut l'aider à rentrer dans la maison.

Greenleaf entendit sa propre voix résonner comme un écho. Patrick fit un geste de refus et s'éloigna d'un pas chancelant vers la maison.

Marvell était allé dans la cuisine faire du café. Un cercle s'était formé autour de Patrick dans le salon. Écroulé dans un fauteuil, il se tamponnait le visage avec son mouchoir. Il avait été piqué à plusieurs endroits : sous l'œil gauche, au poignet gauche, à l'avant-bras et au pli du coude droit.

– Ça aurait pu être pire, dit Edward d'un ton hargneux.

L'œil de Patrick avait commencé à enfler et la paupière était déjà presque close.

– Fermez-la, vous ! lui répondit-il méchamment.

– S'il vous plaît, ne vous disputez pas ! (Sans que personne s'en rende compte, Freda s'était arrangée pour s'installer aux pieds de Patrick et lui prendre la main.) C'est déjà assez pénible comme ça.

– Oh là là ! que d'histoires ! intervint Tamsin. Excusez-moi, mais je crois que Patrick a surtout besoin d'air.

Pour la seconde fois de la soirée, Denholm Smith-King regarda sa montre puis sa femme.

– Bon, eh bien il est temps de rentrer. Je crois qu'on n'a plus besoin de nous.

Marvell était revenu avec les cafés mais Tamsin n'insista pas pour qu'ils restent. Elle tendit impatiemment sa joue à Joan.

– Nancy, Oliver, du café ? demanda-t-elle.

Elle passa devant les Carnaby comme s'ils n'existaient pas.

Oliver, assis sur le bord de sa chaise, refusa la tasse qu'elle lui tendait.

– On devrait peut-être y aller. (Nancy regardait tous ces visages renfrognés d'un air désespéré.) Avez-vous du bicarbonate ? Il n'y a rien de mieux pour les piqûres de guêpes. Je me rappelle qu'une fois, ma sœur...

– On y va, Nancy ! coupa Oliver.

Il la prit par le bras et la poussa brutalement. Il allait partir sans ajouter un mot quand il s'arrêta sur le seuil de la porte et prit la main de Tamsin. Leurs regards se croisèrent. Celui de Tamsin exprimait la lassitude. Celui de Gage était rempli d'une muette supplication. Puis, quand Nancy l'embrassa, il fit de même, déposant un baiser rapide et sans chaleur sur sa joue, comme c'était la coutume à Linchester.

Quand ils eurent franchi le portail du jardin, suivis de près par les Gaveston et les Miller, Greenleaf s'approcha de Patrick. Il examina son œil et lui demanda comment il se sentait.

– Pas terrible !

Greenleaf lui versa une tasse de café.

– Max, ne vaudrait-il pas mieux appeler le Dr Howard ? demanda Tamsin.

Elle n'avait l'air ni anxieuse, ni nerveuse mais simplement ennuyée.

– Ce n'est pas la peine, répondit Greenleaf. (Il savait pertinemment que Howard n'était pas de garde ce week-end et qu'on aurait envoyé sur les lieux un de ses assistants – ou peut-être bien lui-même.) On ne peut pas faire grand-chose. Peut-être un antihistaminique. Je vais en chercher chez moi.

Bernice et Marvell l'accompagnèrent, mais il revint seul. Les Carnaby étaient encore là. Tamsin avait laissé la porte d'entrée ouverte et il fut surpris, en traversant le hall, de n'entendre aucun bruit de voix... Ils étaient assis tous les quatre, silencieux, chacun ressassant de sombres griefs contre ses voisins. Freda s'était détachée de Patrick pour se servir une tasse de café.

Tamsin profita de l'arrivée de Greenleaf pour briser le silence.

– Je crois que vous pouvez rentrer chez vous. (Elle s'adressait à Edward mais elle regardait Freda.) Dès que vous aurez terminé votre café, bien sûr.

– J'ai l'impression que nous sommes *de trop,* dit Edward, vexé, mais ne ratant pas l'occasion d'étaler quelques notions de français durement acquises.

Freda ne bougea pas d'un pouce. Puis Patrick lui donna une petite tape sur le bras, laissant sur sa peau une marque rouge.

– Allez, bonsoir, merci d'être venus, lui dit-il.

Elle se leva aussitôt et rabattit sa jupe sur ses genoux. Patrick se leva, bouscula Edward au passage, ignorant son regard lourd de reproches. Puis il s'arrêta sur le pas de la porte et demanda à Greenleaf :

– Vous venez, docteur ?

Greenleaf acquiesça d'un signe de tête.

Quand il entra derrière Tamsin dans la chambre au balcon, Patrick était déjà au lit, vêtu d'un pyjama bleu dont les manches cachaient les piqûres de ses bras.

À présent, son visage était presque méconnaissable. La joue avait encore encore enflé et l'œil était complètement fermé. On dirait qu'il a les oreillons, pensa Greenleaf.

Queenie était couchée à côté de Patrick, le museau posé sur la main de son maître.

– Vous allez avoir trop chaud avec lui, observa Greenleaf.

– Avec *elle,* c'est une femelle, dit Tamsin en caressant la tête de la chienne.

L'œil valide de Patrick s'enflamma, le temps d'une seconde.

– Non, non, ça va ! De toute façon, je ne pourrai pas dormir. J'ai horriblement mal.

Greenleaf ouvrit les fenêtres du balcon. L'air était frais et revigorant, après la chaleur accablante de la soirée. Il n'y avait aucun rideau dans la pièce, seulement des stores d'une blancheur presque clinique.

– Voulez-vous quelque chose pour vous aider à dormir ?

Greenleaf avait apporté sa trousse de médecin, en cas d'urgence, mais Tamsin s'était déjà dirigée vers la coiffeuse en bois laqué noir et fouillait dans un des tiroirs.

– Il prend ça, d'habitude, dit-elle. C'est le docteur Howard qui lui a donné ce médicament, quand il avait ses insomnies l'année dernière.

Greenleaf lui prit la boîte des mains. Il y avait six capsules bleues à l'intérieur. 200 grammes d'amytal de sodium.

– Une seule suffira, dit-il en faisant tomber une capsule dans la paume de sa main.

– Il m'en faudrait au moins deux, dit Patrick.

Il se tenait la joue pour atténuer la douleur que lui procurait le seul fait d'ouvrir la bouche. Pendant ce temps-là, Tamsin admirait son image dans la glace de l'armoire.

– Il en prenait toujours deux, approuva-t-elle avec insistance.

– J'ai dit une seule. (Greenleaf ne voulait pas prendre de risques inutiles. Il ouvrit sa trousse et sortit une ampoule.) Avec cet antihistaminique, vous dormirez comme une souche.

Patrick avala les deux médicaments sans broncher.

– Merci, dit-il.

Tamsin attendit que Greenleaf range les somnifères dans le tiroir de la coiffeuse, puis elle éteignit la lumière et ils descendirent tous les deux.

– Ne me dites surtout pas merci pour cette charmante soirée, plaisanta-t-elle quand ils furent dans le hall.

– En effet, je ne vous le dirai pas, répondit Greenleaf en riant.

Les cygnes avaient disparu entre les roseaux, sur une des rives de l'étang. Un cri d'animal s'éleva dans les bois, quelque part entre Linchester et la maison de Marvell, un renard, peut-être, ou simplement une chouette. Greenleaf ne faisait pas la différence. Il accéléra le pas pour rejoindre sa maison, projetant son ombre démesurée dans le clair de lune. Il se sentit soudain très fatigué.

Marvell, lui, était bien éveillé. Il était rentré chez lui par les bois, sans se presser, allongeant de temps en temps la main, dans l'obscurité, pour toucher les troncs humides et moussus des arbres. D'étranges bruits montaient de la forêt, des craquements et des chuintements qui auraient beaucoup impressionné le Dr Greenleaf. Marvell avait appris à identifier ces bruits depuis son enfance, le trottinement du renard, le doux bruissement des feuilles mortes quand passe une couleuvre. Il faisait noir mais pas complètement. Les troncs des arbres étaient autant de poteaux indicateurs dans la nuit. Les feuilles lui effleuraient le visage. Malgré la douceur du soir, il sentait leur fraîcheur contre sa joue. Quand il déboucha sur Long Lane, il entendit au loin le cri d'un engoulevent.

Arrivé chez lui, il alluma une lampe à huile et parcourut chaque pièce de la maison pour jeter un dernier coup d'œil sur ses trésors, comme il le faisait toujours, avant de se coucher. La porcelaine étincela sur son passage, captant le peu de lumière projeté par la lampe. Il s'arrêta un instant devant la gravure de Rievault. Elle lui rappela le travail qu'il avait fait sur une autre abbaye cistercienne. Il posa la lampe près de la fenêtre et s'assit avec son manuscrit, non pas pour écrire – il était trop tard pour ça – mais pour relire ce qu'il avait écrit dans la journée.

Accrochées à la fenêtre comme des coulures de cire écarlate, les berberidopsis, plantes grimpantes au nom barbare, côtoyaient la vigne russe aux grappes couleur neige.

Attirés par la lumière, des papillons de nuit entrèrent par la fenêtre ouverte. Il y eut d'abord un noir appelé communément « Charbonnier », suivi par un plus gros, gris-blanc, dont les ailes se prolongeaient par des filaments. Pendant un moment, Marvell les regarda voleter autour de la lampe. Puis, de peur qu'ils se brûlent les ailes, il les emprisonna dans ses mains et les relâcha par la fenêtre.

Ils s'enfoncèrent en tournoyant dans la nuit argentée. Son regard s'immobilisa dans l'obscurité. Il y avait quelqu'un dans le jardin. Une forme, comme un papillon géant, traversait le verger pour venir vers lui.

Qui pouvait bien lui rendre visite à cette heure de la nuit ?

7

Greenleaf se leva à 8 heures le lendemain. Il fit les exercices qu'il conseillait à ses patients pour garder une taille svelte et prit un bain. À 9 heures, il lut son journal, l'*Observer*, puis il porta une tasse de café à Bernice. Enfin il s'assit à son bureau et commença à écrire à ses fils, qui étaient en pension.

Il était peu probable qu'on l'appelle pour une urgence. Il avait été de garde le week-end dernier et il voulait profiter de son dimanche de libre pour se reposer. Bernice descendit vers 10 heures et ils prirent tranquillement leur petit déjeuner en parlant des enfants et de la nouvelle voiture qu'on devait leur livrer juste à temps pour les vacances. Ils emportèrent ensuite leur café dans le jardin. Ils entendirent la sonnerie du téléphone et Greenleaf laissa Bernice se lever pour répondre, sachant que cela ne serait pas pour lui.

Au lieu de s'installer pour bavarder gaiement avec une de ses amies, Bernice revint aussitôt, l'air affolé. C'était étrange, car elle gardait toujours son calme.

– C'est Tamsin, dit-elle. Elle veut te parler.

– À moi ?

– Elle est dans tous ses états mais elle ne m'a pas dit pourquoi.

Greenleaf se dirigea d'un pas rapide vers le téléphone.

– Max ? C'est Tamsin. (C'était la première fois, depuis leur rencontre, qu'elle n'utilisait pas un ton affecté.) Je ne voulais pas vous déranger mais je n'arrive pas à joindre le Dr Howard. (Elle marqua un temps d'arrêt et prit une grande inspiration.) Max, Patrick ne se réveille pas. Il est tout froid et j'ai beau le secouer...

– Il y a combien de temps ?

– Juste à l'instant. J'ai dormi très longtemps et je viens seulement de me réveiller.

– J'arrive, dit Greenleaf.

Il attrapa sa trousse au passage et prit un raccourci par la grande pelouse. Il se doutait de ce qui s'était passé. N'arrivant pas à apaiser sa douleur, Patrick avait avalé un autre somnifère. J'aurais dû emporter ces satanés cachets avec moi, pensa Greenleaf. Mais après tout, il n'avait pas à dorloter les patients des autres. Howard savait en prescrivant ce médicament qu'il était sans danger... à moins que... Patrick n'aurait pas été assez stupide pour prendre plus de deux cachets. Greenleaf se mit à marcher au pas de course. Patrick était un homme jeune, apparemment en bonne santé... mais s'il avait avalé toute la bouteille, en plus de l'antihistaminique ?

Quand il arriva à *Hallows*, Tamsin l'attendait sur le pas de la porte. Comme elle ne se maquillait jamais et que ses cheveux étaient toujours détachés, elle n'offrait pas cet aspect négligé qu'ont les femmes lorsqu'elles l'appellaient en urgence. Elle portait une robe de chambre rayée rose et blanc, simple mais de bonne qualité, et des sandales argentées. Elle était paniquée et cette peur la rajeunissait.

– Oh, Max ! Je ne sais pas quoi faire.

Greenleaf grimpa les marches à toute vitesse, tout en lui parlant par-dessus son épaule.

– Il dort toujours ?

– Il est si blanc et si... si lourd.

– Restez en bas et préparez du café très fort.

Quand il entra dans la chambre, Patrick était étendu sur le dos, la tête étrangement inclinée. Son visage était encore bouffi et ses bras, légèrement enflés, avaient pris une couleur jaunâtre. Greenleaf connaissait cette couleur, ce jaune ivoire des parchemins, cette pâleur cireuse.

Il prit un des poignets et se souvint de ce qu'avait dit Tamsin, cette impression de lourdeur... Puis, il souleva les paupières de Patrick et les abaissa à nouveau. Il soupira profondément. Il mit sa main sur le cœur de Patrick et tâta son pouls par acquit de conscience. En entrant dans la pièce, il avait déjà tout compris. Les morts ont l'air si morts, à croire qu'ils n'ont jamais été vivants.

Lorsqu'il sortit pour l'avertir, Tamsin montait l'escalier, le chien sur ses talons.

– Venez par ici, Tamsin.

Il ouvrit la porte de la chambre d'ami où ils avaient vu le tableau la nuit dernière. Un des deux lits était défait.

– Vous non plus, vous ne pouvez pas le réveiller ?

– J'ai bien peur que... (Tamsin était une amie ; il lui passa un bras autour des épaules.) Il faut vous préparer à un choc.

Elle leva vers lui ses beaux yeux dorés. Il n'avait jamais remarqué à quel point ils étaient grands et limpides.

– Je crois que Patrick est mort.

Elle ne pleura pas et ne poussa pas de cri. Son visage ne changea pas de couleur. Elle s'appuya contre le pied du lit et resta immobile, comme si elle était morte, elle aussi. Elle semblait perdue dans ses pensées. On aurait dit, pensa Greenleaf, qu'elle revoyait toute sa vie avec Patrick. Finalement elle se mit à frissonner, puis elle baissa la tête.

– Que s'est-il passé ?... Enfin... De quoi est-il mort ?

Greenleaf dut tendre l'oreille pour comprendre ses paroles.

– Je ne sais pas.

– Les piqûres de guêpes ?

Greenleaf secoua la tête en signe de dénégation.

– Je ne veux pas vous embêter, Tamsin, dit-il d'une voix douce, mais ces cachets, l'amytal de sodium, où sont-ils ?

Tamsin se dressa, comme sortant d'un rêve.

– Dans le tiroir, je vais vous les chercher.

Il la suivit dans l'autre chambre. Elle regarda Patrick, et ne pleura toujours pas. Greenleaf s'attendit à ce qu'elle l'embrasse sur le front. C'est ce qu'ils faisaient tous, d'habitude. Mais Tamsin se détourna et se dirigea vers la coiffeuse, laissant Greenleaf remonter le drap sur le visage de Patrick.

– Il y en a toujours cinq dans la boîte, dit-elle en lui donnant celle-ci.

Greenleaf fut très surpris. Un étrange sentiment de malaise l'envahit.

– Je vais appeler Howard, dit-il.

Howard était sorti jouer au golf. Sa femme promit de l'appeler à son club pour qu'il se rende immédiatement chez les Selby. Quand Greenleaf entra dans la salle à manger, Tamsin était agenouillée sur le sol, les bras autour du cou de Queenie. Elle pleurait.

Personne n'avait rangé la pièce depuis la nuit dernière. Des bouteilles étaient encore ouvertes sur le buffet, et les tables de la terrasse étaient jonchées de restes de nourriture : des toasts trop grillés, des crèmes ramollies, un sandwich ratatiné sur un plateau. Sur la table d'anniversaire, les roses de Marvell, encore humides de rosée, gisaient parmi les autres cadeaux. Greenleaf versa du cognac dans un verre et le tendit à Tamsin.

– Depuis combien de temps est-il mort ? demanda-t-elle.

– Depuis un bon moment, répondit Greenleaf. Plusieurs heures. Peut-être dix ou douze heures. Je suppose que vous l'avez vu avant de vous coucher ?

Tamsin ne pleurait plus.

– Oh oui ! bien sûr, dit-elle.

– Je suis désolé de vous demander ça. Je sais que vous êtes bouleversée...

– Ce n'est pas grave, Max. Je répondrai à toutes vos questions.

– Vous n'avez pas dormi dans la même chambre ?

– Jamais quand l'un de nous deux est malade, dit Tamsin vivement. Sachant qu'il allait avoir un sommeil agité, j'ai préféré aller dormir dans une autre chambre. (Elle se passa la main sur le front.) C'est terrible, Max ! (Elle continua de parler avec un ton d'évidence, mais ses phrases s'entrecoupaient.) J'ai essayé de mettre un peu d'ordre dans le jardin mais j'étais trop fatiguée. Après, je suis allée voir Patrick. Il devait être minuit. Il dormait. Je suis sûre qu'il dormait car j'ai entendu sa respiration. Et puis je suis allée me coucher. J'étais épuisée, Max, et j'ai dormi jusqu'à 11 heures. Comme je n'entendais pas un bruit, je me suis précipitée dans sa chambre. Queenie était venue dans la mienne pendant la nuit. (Elle caressa la tête de la chienne et enfonça ses doigts dans le pelage lustré.) Je n'arrivais pas à le réveiller, alors, j'ai téléphoné à Howard. Vous connaissez la suite.

Patrick était mort comme il avait vécu, pensa Greenleaf. Proprement, scrupuleusement, sans désordre. Une fin misérable et sordide lui avait été épargnée. D'un malaise passager, il avait glissé dans le sommeil, le sommeil éternel.

– Tamsin, demanda-t-il d'une voix douce. Y a-t-il d'autres somnifères dans la maison ? En prenez-vous pour vous-même ?

– Oh, non ! Je suis sûre que non. Il ne restait que cette boîte dans le tiroir et je ne prends jamais rien pour dormir... Je dors comme une souche, crut-elle nécessaire d'ajouter.

– Avait-il un problème cardiaque ?

– Je ne pense pas. Nous étions mariés depuis sept ans, vous savez, mais nous nous connaissions depuis notre enfance. Est-ce que je vous avais déjà dit que nous étions cousins ? Son père était le frère de mon père.

– Aucune maladie grave ?

Un léger trouble s'empara d'elle un instant.

– Il est né en Allemagne, dit-elle. Quand la guerre a éclaté, il est parti vivre aux États-Unis avec ses parents. Puis, quand ils se sont installés en Angleterre, ils sont venus plusieurs fois nous rendre visite. Patrick était incroyablement choyé et dorloté. Ils l'habillaient toujours chaudement, même en été, et il n'avait pas le droit de venir à la piscine avec moi. Je pense que c'est parce qu'ils avaient vécu en Californie. (Elle marqua un temps d'arrêt et fronça les sourcils.) Il n'a jamais été malade de sa vie. La seule fois qu'il est allé chez le médecin, c'était quand il n'arrivait pas à dormir.

– Je pense qu'il faut vous attendre à une enquête, dit Greenleaf, et peut-être même à une autopsie.

– Oh ! je comprends tout à fait, répondit-elle, à peine plus contrariée que si on venait de lui décommander un rendez-vous.

Puis ils attendirent en silence l'arrivée du Dr Howard. La chienne grimpa les marches de l'escalier et ils l'entendirent gratter inlassablement contre la porte de la chambre au balcon.

En fait, il n'y eut jamais d'enquête. Si Greenleaf assista à l'autopsie, ce fut par intérêt médical et aussi par amitié pour les Selby. Patrick était mort d'un arrêt cardiaque, comme tous les morts. Le certificat de décès fut signé et l'enterrement eut lieu le jeudi suivant au cimetière de Chantflower.

Greenleaf et Bernice se rendirent à la cérémonie avec Marvell.

– Que Dieu bénisse ceux qui entrent dans le royaume des cieux, récita le pasteur, d'un ton très légèrement ironique.

Depuis son arrivée à Linchester, Patrick n'avait jamais mis les pieds à l'église.

Patrick était orphelin; Tamsin aussi, depuis l'âge de quatre ans. Ils étaient tous deux enfants uniques. Il n'y avait donc personne de la famille au cimetière. À part les habitants de Linchester, seulement trois personnes avaient fait le déplacement : les deux autres directeurs de la société de Patrick et la vieille Mrs Prynne.

Tamsin portait une robe noire et un grand chapeau de paille, de couleur sombre. Tout au long de l'office, elle se cramponna au bras d'Oliver Gage. De l'autre côté de celui-ci, Nancy, transpirant dans son tailleur en lainage, tenait un mouchoir qu'elle s'apprêtait à donner à Tamsin d'un instant à l'autre. Peine perdue. Tamsin, figée sur son banc, ne versa pas une larme.

Ce fut seulement au moment de l'inhumation que survint un léger incident. Freda Carnaby se dégagea du bras de Mrs Staxton et tomba à genoux près de la fosse en sanglotant bruyamment. Comme il le dit ensuite à Greenleaf, Marvell s'attendit à ce qu'elle se jette dedans pour rejoindre Patrick, parodiant ainsi la fin de Hamlet. Mais tout rentra dans l'ordre. Mrs Staxton la releva et l'entraîna hors du cimetière.

Quand tout fut terminé, Tamsin chargea deux valises dans le coffre de sa Mini blanche et noire (SIN 1A), fit grimper Queenie sur le siège à côté d'elle et partit s'installer quelque temps chez Mrs Prynne.

8

Deux jours plus tard, le temps se gâta de façon spectaculaire. Un orage dévastateur s'abattit sur la région et provoqua la mort d'un homme, foudroyé au moment où il s'abritait sous un arbre du golf de Chantflower. La saison des pluies commençait, devenant par la même occasion – à défaut d'événement plus sensationnel – le principal sujet de conversation des femmes de Linchester, retranchées dans leurs maisons.

Les Macdonald avaient emmené leur bébé à Bournemouth; les Willis et les Miller, qui s'étaient liés d'amitié, étaient partis en croisière dans les Caraïbes. Tamsin n'était toujours pas rentrée. Dans un Linchester à moitié déserté par ses habitants, Nancy s'ennuyait à mourir. Quand Oliver revenait de son travail à la fin de la semaine, fatigué et mal dans sa peau, Nancy lui avait concocté un programme de week-end extrêmement chargé.

Ce soir-là, elle avait invité les Greenleaf et Crispin Marvell à venir prendre l'apéritif. En ouvrant le buffet du salon, Oliver s'aperçut que Nancy n'avait acheté qu'une bouteille de xérès bon marché et des bouteille de liqueur fantaisie aux couleurs peu engageantes. Une fois de plus, sa fierté en prit un coup et il grommela tout bas des injures en regrettant les jours anciens.

Le dessus de la cheminée était décoré de cartes postales. Nancy avait mis en évidence celle de Clara Miller, haute en couleur, et avait relégué deux autres cartes postales plus modestes derrière un vase. Oliver déchiffra l'écriture de Sheila Macdonald d'un air irrité. Tamsin était aussi au bord de la mer, mais Tamsin n'avait pas écrit...

Il regardait la pluie tomber depuis quelques instants, lorsque les bavardages de Nancy et de Linda Gaveston lui parvinrent de la cuisine. De temps en temps, une phrase plus distincte que d'autres à défaut d'être plus compréhensible dominait le caquetage incessant.

Les « Moi je trouve ça carrément dégueulasse » et les « Qu'est-ce que tu dis de ça, ma vieille ? » de Linda contrecarraient les « Tu es monstrueuse, Linda ! » de Nancy.

Oliver alluma une cigarette en bougonnant. Les visites que rendait Linda à Nancy, sous prétexte de prendre la commande d'une boîte de savons ou de paquets de Kleenex, lui tapaient sur le système. Invariablement, Nancy ressortait de ces séances insatisfaite et hargneuse. Oliver s'étonnait qu'un pharmacien de village comme Mr Waller puisse avoir une telle quantité de produits de luxe qui, en suscitant un jour ou l'autre la convoitise de sa femme, le conduiraient à la ruine, à plus ou moins brève échéance. La liste des derniers achats était longue : bouteilles thermos, théières électriques, couvertures chauffantes à thermostat, cabines de douche.

– Cela nous fera économiser à long terme, répétait-elle d'un air suppliant, utilisant une expression familière détournée d'un slogan publicitaire qui horripilait Oliver.

Il se demandait surtout d'où Waller sortait ces parfums de luxe, ces crèmes et ces maquillages qu'il cachait derrière son comptoir et qu'on ne pouvait trouver, assurait-il, ni à Nottingham ni à Londres, car il en détenait l'entière exclusivité.

Oliver Gage fut donc agréablement surpris quand la porte se referma sur Linda et qu'il vit sa femme entrer dans le salon en sautillant de joie, le visage étrangement radieux.

– Qu'est-ce qui t'arrive ?

– À moi ? rien.

– Pour une pauvre femme-enfant recluse et délaissée (thème favori de Nancy ces derniers temps), tu m'as l'air en pleine forme.

En effet, elle était très jolie dans son pull rose, pas un infâme tricot fait main, pour une fois, mais un pull doux et pelucheux qui la mettait en valeur. La remarque d'Oliver eut pour effet de calmer sa fougue. Elle prit aussitôt un air mystérieux.

– Linda m'a dit quelque chose de très intéressant...

– Ah bon ? Ça me surprend !

Elle fit la moue.

– Méchant ! si tu continues, je ne te dirai rien du tout.

Pendant un instant, un très court instant, il la revit telle qu'elle était le jour de leur rencontre. Elle dansait avec son fiancé et Oliver avait pris d'autant plus de plaisir à lui voler Nancy que le fiancé en question était aussi le cousin de Shirley.

– Je vois, dit Oliver d'un ton enjôleur, il va falloir que je sois très gentil avec toi.

– Très, très gentil, dit Nancy en se trémoussant d'aise. (Elle se colla contre lui sur le canapé.) Tu es terrible, aujourd'hui ! C'est l'air de la campagne qui te rend comme ça ?

Ils se turent tous les deux et Oliver oublia l'existence de Linda Gaveston.

Quand Marvell sonna à la porte, Nancy ne prit même pas la peine de se recoiffer ou de rajuster son maquillage. Il émanait parfois d'elle quelque chose de crûment femelle, qui pouvait même aller jusqu'à l'exhibitionnisme. Oliver se sentit vieux tout à coup. Vieux et mal à l'aise devant cette fausse ingénuité. Il alla chercher de l'alcool dans sa propre réserve, reléguant les bouteilles de liqueur bon marché dans le fond du placard.

Greenleaf et Bernice étaient à peine assis que Nancy amorça la conversation.

– Est-ce que quelqu'un a des nouvelles de Tamsin ?

Personne n'en avait eu. Oliver surprit le regard interrogateur de Marvell posé sur lui.

– Peut-être qu'elle n'aime pas écrire, dit Bernice, toujours indulgente.

– Et que pourrait-elle nous écrire ? ajouta Greenleaf, puisqu'elle n'est pas en vacances.

Puis il enchaîna sur ses propres vacances, prévues pour septembre, et demanda aux Gage où ils avaient décidé de passer les leurs.

Le sujet était pénible pour Oliver car son intention était justement de ne pas prendre de congés. Nancy le tira d'embarras en revenant sur le thème de départ qu'elle ne voulait à aucun prix laisser échapper.

– Pauvre Tamsin, dit-elle en couvrant la voix du docteur. C'est triste d'être veuve à vingt-sept ans.

– C'est vrai, c'est terrible ! dit Bernice.

– Et dans des circonstances aussi... bizarres.

– Pourquoi bizarres ? demanda Greenleaf, brusquement tiré de ses rêves de vacances au soleil.

Oliver eut un frisson d'appréhension mais Nancy continua.

– Tout ça est quand même louche, vous ne trouvez pas ?... cette mort soudaine... vous allez peut-être penser que j'ai l'esprit mal tourné... mais j'ai du mal à croire que... (Elle fit une pause pour ménager ses effets et but une gorgée de gin.) Enfin... cette histoire ne tient pas debout !

Greenleaf baissa les yeux. Le tapis faisait des plis sous les pieds de sa chaise. Il recula son siège.

– Je ne sais pas si je devrais vous le dire... poursuivit Nancy. Ou peut-être le savez-vous déjà... Mais le père de Patrick... (elle baissa d'un ton)... eh bien, il s'est suicidé.

– Vraiment ? dit Bernice sans se troubler.

– Je ne me rappelle plus qui me l'a dit... Au fait, j'ai préparé des canapés, servez-vous ! dit-elle en tendant l'assiette à Marvell.

Oliver faillit mourir de honte en voyant que les canapés consistaient en carrés de pain de mie tartinés de mayonnaise et surmontés d'un demi-oignon au vinaigre. Marvell refusa poliment et fit passer l'assiette.

– Mais qui a bien pu me raconter ça ?

– C'est moi, dit Oliver sèchement.

– Ah mais oui, bien sûr. Et c'est Tamsin qui te l'a dit. Je me demande bien pourquoi, d'ailleurs.

Elle les regarda un par un avec de grands yeux innocents que contredisait son sourire espiègle.

– Je suis peut-être idiot, dit Marvell, mais je ne vois pas le rapport entre la mort de Patrick et le suicide de son père.

– Oh ! mais il n'y en a pas. Je n'insinuais rien du tout... mais il y a quand même de drôles de coïncidences...

Oliver vida son verre et se leva. C'est avec une joie non dissimulée qu'il aurait giflé Nancy.

– Je crois que nous ennuyons nos invités, dit-il, s'incluant dans le nous par politesse. (Il faisait des efforts surhumains pour conserver un ton agréable.) Max, Bernice, un autre verre ? et toi, ma chérie ?

– Oh ! vraiment ! dit Nancy en se tordant de rire. Tu en fais des manières ! Nous sommes entre amis, non ? On peut parler librement.

Oliver se sentit prêt à craquer. Puisque ces gens étaient ses amis, peut-être lui pardonneraient-ils s'il se ruait sur sa femme, la battait comme plâtre et la jetait dehors à coups de pied ?

Il la regardait fixement en continuant de remplir son verre qui finit par déborder et se répandre sur la table.

– Nom de Dieu ! dit-il en s'apercevant de sa bêtise.

Bernice l'aida à essuyer avec son mouchoir.

– Linda Gaveston est venue me voir aujourd'hui, reprit Nancy. Elle m'a appris quelque chose de très bizarre. Non, je ne me tairai pas, Oliver. Je vous raconte ça parce que j'ai besoin de l'avis d'un médecin. Vous connaissez ce drôle de petit bonhomme qui vit dans un des chalets, celui qui est représentant de commerce ?

– Carnaby, dit Marvell.

– Exactement. Celui qui a fait la tête pendant toute la soirée. Eh bien, la veille de la mort de Patrick, il est allé à la pharmacie et devinez ce qu'il voulait acheter ?

Elle attendit vainement une réponse.

– Du cyanure ! Vous vous rendez compte ? Du cyanure !

Greenleaf eut une moue dubitatrice. Il était arrivé seulement depuis une demi-heure et il cherchait déjà dans sa tête un prétexte pour s'enfuir le plus vite possible. Il avait fini son verre trop vite et c'était la première fois depuis qu'il avait arrêté de fumer qu'il aurait donné n'importe quoi pour une cigarette.

– Waller ne vendrait pas du cyanure à n'importe qui, finit-il par dire.

– Eh bien justement ! s'écria Nancy, triomphante, il ne l'a pas fait. Mais le problème n'est pas là. Puisque Carnaby voulait du cyanure, il a dû sûrement s'en procurer...

Elle prit une grande respiration, et lâcha d'un ton sinistre et emphatique :

– ... Ailleurs... Et puis d'abord, pourquoi en avait-il besoin ?

– Pour tuer des guêpes, probablement. C'est un très vieux remède pour se débarrasser de ces bestioles.

Nancy eut l'air déçu.

– C'est exactement ce qu'il a dit à Waller. Linda a tout entendu et elle trouve que c'est un peu juste, comme prétexte.

Oliver les fit tous sursauter en frappant du poing sur la table.

– Linda n'est qu'une sale petite langue de vipère ! s'écria-t-il, furieux.

– Je suppose que tu dis ça aussi pour moi ?

– Si tu te sens concernée, tant pis pour toi ! Je ne supporte pas tous ces racontars. Si tu sous-entends que Carnaby a empoisonné Patrick, alors dis-le franchement ! (Il avala une gorgée de whisky et faillit s'étrangler.) Ou plutôt non, ne dis rien du tout ! Je ne veux pas payer des dommages et intérêts pour diffamation.

– Ça n'ira pas jusque-là. Mais c'est mon devoir en tant que citoyenne de dire ce que je sais. Tout le monde sait que Carnaby avait une excellente raison de vouloir la mort de Patrick.

Il y eut un silence de mort dans l'assemblée. Nancy était devenue toute rouge et sa poitrine rebondie se soulevait sous son joli pull rose.

– Je sais que vous êtes tous dingues de cette Tamsin. Mais Patrick, lui, se foutait pas mal d'elle. Il était l'amant de cette pauvre fille de Freda et il allait la rejoindre tous les soirs quand le frère était à ses cours. Il attachait la chienne au portail. Ce n'était qu'une petite histoire sordide.

À présent, Greenleaf avait autant envie de la faire taire que son mari. Lorsqu'il entendit le rire cristallin de Bernice, il lui en fut immensément reconnaissant.

– Si ce n'était qu'une petite histoire sordide, à quoi bon en parler, alors ? dit Bernice d'un ton léger.

Nancy laissa sa main sous celle de Bernice pendant un instant puis la retira brusquement.

– Les Carnaby sont jumeaux, non ? Le lien qui existe entre les jumeaux est extrêmement fort. Il ne l'aurait jamais laissée partir avec Patrick.

La tension était retombée. Marvell, qui avait pris un livre près de la cheminée et l'examinait comme si c'était l'édition originale, avait retrouvé le sourire. Oliver s'était radouci et s'apprêtait à mettre un disque sur sa chaîne.

– Eh bien, qu'en pensez-vous, Max ?

Greenleaf ne voulait pas agir comme Denholm Smith-King, lequel s'enfuyait comme un voleur dès qu'il sentait le vent tourner. Et puis Oliver possédait des enregistrements de Bartok et de Donizetti qu'il ne se lassait pas d'écouter.

– Vous savez, dit-il d'une voix douce, souvent je suis étonné par ce que les gens disent, après la mort de quelqu'un de jeune. Ils supposent toujours le pire. (Il se demanda si Bernice et Marvell avaient remarqué un léger tremblement dans sa voix.) La vie, ce n'est pas comme dans les films.

– La fiction dépasse toujours la réalité, murmura Marvell.

– Je peux vous certifier que Patrick n'est pas mort à cause du cyanure, reprit Greenleaf. Voyez-vous, de tous les poisons habituellement utilisés dans les cas d'homicides, le cyanure est le plus facilement détectable. Par son odeur d'une part et...

– Une odeur d'amande amère, coupa Nancy.

– Entre autres, dit Greenleaf avec un sourire forcé. Croyez-moi, l'hypothèse du cyanure est complètement absurde. (Ses mains esquissèrent un geste d'excuse.) Désolé de vous décevoir.

– Alors, qu'est-ce que vous en déduisez ?

– J'en déduis que vous êtes une jolie femme dotée d'une imagination fertile et que Linda Gaveston regarde trop la télévision. Pourrais-je avoir encore un peu de votre excellent whisky ?

Oliver remplit le verre de Greenleaf avec empressement. Pour un peu, il lui aurait donné toute la bouteille.

– Quelle musique voulez-vous écouter ? demanda Oliver à Marvell, connaissant son goût en la matière.

– Du Haendel, peut-être, suggéra Marvell poliment.

Nancy fit la grimace et se laissa retomber au milieu des coussins.

Pendant toute la conversation, le bruit régulier de la pluie s'était fait entendre en fond sonore. Maintenant qu'ils ne parlaient plus, la mélodie du *Berger Fidèle* résonnait dans toute la pièce. Greenleaf étudiait chaque mouvement de l'œuvre avec la précision d'un scientifique. Marvell, dont l'oreille musicale témoignait de sa vocation ratée, s'était évadé dans d'autres sphères, loin de cette pièce étriquée, dans un monde imaginaire peuplé de petits anges musiciens vagabondant au milieu d'un paysage à la Constable.

9

Il avait cessé de pleuvoir à la tombée de la nuit et le ciel semblait avoir été lavé de tous ses nuages. La voûte céleste était maintenant constellée d'étoiles brillantes. Il y en avait tellement que Greenleaf dut se concentrer un moment pour distinguer la Petite Ourse et la Grande Ourse.

– De véritables pépites d'or, dit Marvell, admiratif. Et quand elles ne sont pas d'or, elles sont de platine. Des pépites de platine, ça sonne pas mal, non ?

– Je ne suis pas doué pour les métaphores, dit le médecin. Je dois avouer que je lis très peu de poésie.

Il inspira profondément, savourant la fraîcheur du soir.

– C'est très agréable, dit-il de façon inadéquate. Je suis heureux d'avoir trouvé assez d'énergie pour faire le chemin du retour avec vous.

– On ne peut pas dire que l'on se soit follement amusé, n'est-ce pas ? dit Marvell en écartant les branches et les ronces qui entravaient leur marche.

– Quelle stupide petite bonne femme, dit Greenleaf, presque pour lui-même. J'espère qu'Oliver arrivera un jour à la faire taire.

– Ça sera difficile ! répondit Marvell. (Il n'ajouta plus rien mais attendit que le sentier s'élargisse et que le docteur marche de front avec lui pour entrer dans le vif du sujet.) Puis-je vous demander quelque chose ? dit-il soudainement. J'espère que vous ne m'en voudrez pas...

– Je vous en prie.

– Vous êtes médecin mais Patrick n'était pas votre patient. Et puis je sais que vous êtes soumis au secret médical... mais... écoutez, je ne veux pas être mauvaise langue comme Nancy Gage, mais cela ne vous a pas surpris, cette mort brutale ?

– J'ai été surpris, en effet, répondit Greenleaf, sur ses gardes.

– Surpris, sans plus ?

– Vous vous attendiez à ce que je sois foudroyé, comme ce pauvre type sur le parcours de golf ? Eh bien non ! Je vois souvent des choses étranges dans mon travail, vous savez. Je pensais, au début, que Patrick avait absorbé une dose trop forte d'amytal de sodium. Je lui avais donné un antihistaminique, 200 milligrammes de Phénergan et on peut supposer que...

Greenleaf s'arrêta net. Il détestait se lancer dans une explication technique devant un profane en matière médicale.

– Comme il possédait de l'amytal de sodium, je lui ai conseillé d'en prendre un cachet.

– Vous lui avez laissé la boîte ?

– Bon, écoutez ! (Il avait pourtant autorisé Marvell à lui poser des questions.) Patrick n'était pas un enfant et Howard lui avait prescrit ce médicament. De toute façon, il n'avait pas dépassé la dose. C'est la première chose qu'Howard a vérifiée à l'autopsie.

Marvell ouvrit le portail du verger et Greenleaf quitta le sol boisé, se retrouvant tout à coup sur un tapis de gazon jonché de feuilles glissantes. Des pétales de roses lui effleurèrent le visage. Il avait l'impression que des doigts de femme, imprégnés de parfum, le touchaient dans l'obscurité.

– La première chose ? demanda Marvell. Vous voulez dire que vous avez vérifié d'autres choses ? Vous soupçonniez donc un suicide ou un meurtre ?

– Pas du tout, s'impatienta Greenleaf. Un homme est mort, un homme jeune et apparemment en bonne santé. Le travail de Glover consistait à chercher comment il est mort. Et il a été prouvé que Patrick est mort d'un arrêt cardiaque.

– Tout le monde meurt d'un arrêt cardiaque.

– En quelque sorte, oui. Mais on a aussi découvert que le cœur avait subi des lésions. Il avait dû avoir des ennuis, de ce côté-là.

Ils étaient entrés dans la maison par la porte de derrière. La cuisine sentait bon le vin et les herbes aromatiques. Greenleaf détecta une autre odeur, un peu moins agréable, une odeur de moisissure, ou de champignons, comme ceux que Bernice rapportait du supermarché, emballés dans un petit panier en plastique. Marvell chercha la lampe à tâtons et finit par l'allumer.

– Continuez, dit-il au docteur.

– Puisque vous voulez tout savoir, dit Greenleaf, Glover s'est renseigné auprès de l'école où Patrick avait fait ses études. Tamsin ne nous a pas été très utile et les parents de Patrick sont morts. Jamais il ne s'était plaint d'être malade.

– Puis-je vous demander ce qu'ils vous ont répondu à l'école ?

– Vous êtes décidément bien curieux. Mais je préfère vous le dire plutôt que de laisser libre cours à une rumeur mensongère. Glover a reçu une lettre du proviseur de l'école disant que Patrick avait dû plusieurs fois s'aliter pour cause de rhumatisme articulaire aigu.

– Je vois. Et vous êtes allés vérifier auprès du médecin de famille.

– Cela nous a été impossible, dit Greenleaf avec un petit sourire triste. Patrick est né en Allemagne. Sa mère était allemande et il a vécu là-bas jusqu'à l'âge de 4 ans. Glover est allé voir Mrs Prynne. C'est une vieille dame qui a une excellente mémoire. Elle s'est rappelé que Patrick avait souffert de fièvre rhumatismale à l'âge de 3 ans – c'est très rare à cet âge-là – et elle nous a donné aussi le nom du docteur qui le soignait, Goldstein.

Marvell était un peu embarrassé.

– Mais le Dr Goldstein a disparu. Vous n'êtes pas sans savoir qu'un grand nombre de personnes ayant la même particularité patronymique sont mortes en Allemagne entre 39 et 45.

– Voulez-vous boire quelque chose ? demanda Marvell.

Cinq minutes passèrent avant qu'il abordât à nouveau le sujet de Patrick Selby. Greenleaf sentit qu'il avait été un peu raide et pompeux dans sa façon de s'exprimer, le véritable prototype du médecin imbu de sa personne. Pour ne pas le contrarier, il accepta le jus de carotte que lui tendait Marvell.

L'éclat du globe lumineux avait gagné en intensité de sorte que seuls les coins du salon restaient dans la pénombre. Une brise légère s'était levée, soulevant les rideaux et agitant les feuilles blanches et mauves du tradescantia, solidement arrimé à son pot sur le rebord de la fenêtre. Il faisait plutôt frais.

– La mort de Patrick m'intrigue beaucoup, dit enfin Marvell.

Il s'assit dans le canapé et allongea ses mains au-dessus de la lampe pour les réchauffer.

– Peut-être que j'ai l'esprit soupçonneux, mais Patrick avait beaucoup d'ennemis, vous savez. Beaucoup de gens doivent se réjouir de sa mort.

– Si vous avez l'esprit soupçonneux, moi j'ai l'esprit logique, dit Greenleaf avec vivacité. Nancy Gage prétend que Carnaby voulait acheter du cyanure. Et voilà que Patrick Selby meurt subitement. Elle en déduit donc que Patrick est mort par le cyanure. Mais nous, nous savons que Patrick n'est pas mort empoisonné. Il est mort de mort naturelle. Puisqu'il s'avère que tous vos arguments se cassent la figure, pourquoi ne pas tout de suite y renoncer ? Peu importe que Carnaby l'ait détesté – personnellement, je doute fort que ce fût le cas. Peu importe qu'il ait réussi à se procurer une tonne de cyanure. Il ne s'en est pas servi pour tuer Patrick puisque Patrick n'est pas mort empoisonné. Logique, non ? Ce n'est pas parce que quelqu'un possède l'ombre d'un mobile qu'il faut immédiatement l'élire meurtrier.

Il reprit sa respiration et but le jus de carotte. C'était vraiment délicieux. On aurait dit du sirop de fruits.

Marvell ne trouva rien à répondre à Greenleaf. Il commença à remonter la pendule très délicatement comme s'il avait peur de déranger le sultan et son esclave dont les doigts pinçaient pour l'éternité les cordes d'une cithare muette. Quand il eut tourné la clef il souffla, pour la chasser, sur une petite araignée qui grimpait le long de la jambe du sultan. Puis il demanda :

– Pourquoi n'y a-t-il pas eu une enquête ?

– Parce que ce n'était pas utile, dit Greenleaf d'un air triomphant. C'est ce que je me tue à vous répéter. Glover et Howard n'ont pas jugé nécessaire d'avertir le coroner. Il n'y a pas d'enquête quand les gens meurent naturellement.

Greenleaf se leva, étira ses jambes engourdies et changea de sujet.

– Comment va votre rhume des foins ?

– Je n'ai plus de médicaments.

– Passez me voir à mon cabinet, je vous ferai une autre ordonnance.

Mais Marvell ne vint pas et Greenleaf n'eut aucune nouvelle de lui pendant plusieurs jours. Il pensait que l'affaire était définitivement enterrée lorsque, le mercredi suivant, il vit entrer dans son cabinet Denholm Smith-King.

C'était son premier client de la matinée. Sur le chemin qui le menait à son travail, Denholm s'était enfin décidé à consulter le Dr Greenleaf.

– Ce n'est rien, dit le docteur tandis que Denholm se rhabillait. Juste un kyste graisseux. Cela partira tout seul.

– Ah ! vous m'enlevez un poids, dit Smith-King en riant.

Il se sentait en pleine forme, tout à coup.

– Vous avez arrêté de fumer, à ce que je vois.

Denholm regarda le docteur avec étonnement. Puis quand il vit le regard de celui-ci posé sur sa main droite, il comprit tout à coup.

– Vous pourriez être détective, vous ! (Greenleaf avait

remarqué que les taches de nicotine sur ses doigts étaient devenues moins jaunes.) En effet, j'ai arrêté de fumer.

Il donna à Greenleaf une bourrade amicale.

– Vous, les toubibs, vous ne subissez pas le stress des hommes d'affaires. Vous ne connaissez pas votre chance.

Il ponctua ses derniers mots d'un rire jovial.

– Vous allez mieux en ce moment, on dirait ?

– Ça, vous pouvez le dire !

Il s'en alla, tout guilleret, et Greenleaf sonna pour le prochain client. À midi, il demanda à l'un de ses derniers patients s'il y avait encore quelqu'un dans la salle d'attente.

– Juste une personne, docteur. Une jeune femme.

Il appuya sur la sonnette mais personne ne vint. Il commença alors à ranger son bureau. De toute évidence, la jeune femme avait perdu patience. Puis, au moment où il allait éteindre la lumière, la porte du cabinet s'entrouvrit faiblement et Freda Carnaby fit son apparition, traînant des pieds comme une vieille femme.

Stupéfait de la voir si changée, il lui proposa immédiatement un siège. Qu'était devenue la sémillante créature aux petites robes seyantes et aux chaussures qui l'étaient un peu moins ? Même à l'enterrement, tout le monde l'avait trouvée élégante dans sa robe noire. Aujourd'hui, on aurait dit qu'elle ne s'était pas lavé les cheveux depuis des semaines. Son visage était bouffi, ses yeux injectés de sang et le coin de ses lèvres était agité d'un tremblement nerveux.

– Qu'est-ce qui ne va pas, miss Carnaby ?

– Je n'arrive pas à dormir, docteur. Cela fait près d'une semaine que je n'ai pas eu une vraie nuit de sommeil.

Elle fouilla dans une poche de sa veste en imitation daim et en sortit un mouchoir aussi chiffonné que sa robe. Elle le pressa contre ses lèvres avec un air pitoyable.

– Voyez-vous, j'ai subi une grande perte dans mon entourage. C'était quelqu'un que j'aimais beaucoup... un homme, dit-elle dans un hoquet. Il est mort tout récemment.

– Je suis désolé, murmura Greenleaf qui redoutait la suite.

– Je ne sais pas quoi faire.

Greenleaf avait remarqué que cette phrase amorçait toujours les larmes, voire la crise de nerfs. C'était seulement quand elle prononçait ces mots à voix haute que la victime, prenant pleinement conscience de leur signification, replongeait dans un abîme de désespoir.

– Vous ne devez pas dire ça, dit-il, conscient de la platitude de ses paroles. Le temps atténue la douleur. Je vais vous donner quelque chose pour dormir. (Il sortit une feuille de papier et commença à écrire.) Avez-vous déjà pris des vacances cette année ?

– Non et je ne crois pas que cela soit le moment.

– Vous devriez. Quelques jours vous feraient du bien.

– Du bien ? dit-elle avec une note d'hystérie dans la voix. Comment pouvez-vous croire que... Oh ! docteur, je ne sais pas quoi faire. Aidez-moi, je vous en prie.

Elle appuya la tête contre son bras replié et se mit à sangloter. Greenleaf lui apporta un verre d'eau.

– J'aimerais vous parler, dit-elle en essuyant ses larmes. Est-ce que je peux vous parler ?

Il regarda discrètement sa montre.

– Je vous écoute. Si cela peut vous soulager.

– C'était Patrick Selby. Vous le saviez, n'est-ce pas ?

Greenleaf ne répondit pas.

– J'étais très attachée à lui... et il était très attaché à moi...

Ils n'emploient jamais le mot aimer, s'étonna Greenleaf. Ils disent toujours « j'étais très attaché » ou « j'étais très lié ». Il jeta un bref regard sur Nancy. Son visage était rouge et ses yeux gonflés de larmes.

– Nous allions nous marier, lâcha-t-elle brusquement.

Greenleaf sursauta.

– Je sais ce que vous allez dire. Vous allez dire qu'il était déjà marié. Mais Tamsin se fichait pas mal de lui. Il voulait divorcer.

– Miss Carnaby...

Mais les mots se bousculaient dans sa bouche.

– Elle le trompait avec cet homme odieux, Oliver Gage. Patrick savait tout. Elle le retrouvait à Londres pendant la semaine. Elle disait à Patrick qu'elle allait voir une vieille amie de sa grand-mère, mais la plupart du temps, c'était pour voir cet homme.

Greenleaf plia l'ordonnance en deux, s'efforçant de garder un visage impassible. La compassion finissait par prendre le pas sur le dégoût que lui inspirait Freda. Celle-ci, interprétant mal le regard du docteur, ajouta aussitôt, sur la défensive :

– Je sais ce que vous pensez. Mais je n'étais pas la maîtresse de Patrick. Nous ne faisions rien de mal. Nous voulions simplement nous marier. Et cette Nancy Gage qui raconte à tout le monde que Edward a assassiné Patrick parce que... parce que...

Elle éclata de nouveau en sanglots. Greenleaf, consterné, ne savait plus quoi faire pour calmer ces pleurs hystériques, pour arrêter ce flot ininterrompu de confidences peu reluisantes.

– Et le plus terrible dans tout ça, c'est qu'il a vraiment été assassiné. C'est pour ça que je ne dors pas. Et je sais qui l'a tué.

C'en était trop. Il la secoua légèrement par les épaules, lui essuya les yeux avec son mouchoir et la força à boire quelques gorgées d'eau.

– Il faut vous ressaisir, miss Carnaby. Patrick est mort de mort naturelle. Vous pouvez me croire. Ne portez pas d'accusations à la légère, ou vous vous attirerez de graves ennuis.

– À la légère ? (L'expression lui restait en travers de la gorge.) Eh bien justement, je peux *prouver* ce que j'avance. Vous vous souvenez de cette horrible soirée ? Eh bien, un peu plus tard, dans la nuit, Oliver Gage est ressorti de chez lui. Je l'ai vu par la fenêtre de ma chambre. On y voyait clair comme en plein jour. Il s'est dirigé vers l'étang. Il portait quelque chose, une sorte de paquet blanc. Je ne sais pas ce que c'était, mais, docteur, supposez... supposez que ce soit l'arme du crime.

Greenleaf l'empoigna par le bras, la jeta dans sa voiture et la reconduisit chez elle.

Le facteur passa à Linchester vers dix heures et s'arrêta devant la boîte aux lettres des Gage. Nancy se demanda qui avait bien pu leur écrire. Assise sur le bord de la baignoire, la tête couverte de bigoudis, elle attendait que la sonnerie du minuteur se déclenche pour satisfaire sa curiosité.

Sûrement des factures, songea-t-elle amèrement, ou peut-être une lettre de Shirley ou de Jean pour leur réclamer de l'argent. Un bigoudi imprégné d'eau se détacha de sa tête et roula sur le sol. À présent, tout le rez-de-chaussée de la maison embaumait l'ammoniaque et l'œuf pourri, ingrédients indispensables pour une permanente-maison bon marché. Elle allait encore utiliser toute une bombe de désodorisant avant l'arrivée d'Oliver. Mais après tout, il ne rentrait que dans deux jours. Il remarquerait à peine l'odeur et il ne manquerait pas d'admirer sa nouvelle coiffure.

La sonnerie se déclencha et elle commença à retirer ses bigoudis à toute vitesse. Quand la cuvette en plastique fut remplie de rouleaux mouillés et de papier détrempé elle mit une serviette autour de ses épaules, une serviette mauve avec son prénom brodé de fil blanc (la serviette « Oliver » était uniquement utilisée par celui-ci lorsqu'il rentrait pour le week-end) et sortit dans le jardin.

La première lettre était de Jean. Nancy reconnut tout de suite son écriture. L'ex-femme d'Oliver était la seule personne de leur entourage qui conservait les vieilles enveloppes et collait des étiquettes avec les nouvelles adresses. La deuxième lettre était une facture. Dommage qu'elle ne se soit pas perdue. Et la dernière ! Mais qui pouvait lui écrire de Londres ?

Elle ouvrit la dernière enveloppe et lut l'en-tête sur le papier. C'était le journal d'Oliver, Fleet Street. Une lettre d'Oliver ! Elle regarda encore l'enveloppe. Le timbre avait été collé en biais. C'était un code qu'il avait instauré au début de leur mariage et qui signifiait qu'il lui envoyait un baiser. L'avait-il fait exprès ou était-ce un hasard ?

Ma chérie...

Elle rougit, à la fois surprise et émue.

Je voudrais que tu me pardonnes d'avoir été désagréable avec toi, ce week-end. J'ai été d'une méchanceté qui confine à la brutalité. (Comme il écrit bien, pensa-t-elle.) *Comprends-moi, ma chérie, si j'ai agi de la sorte, c'est parce que je déteste te voir te dévaloriser aux yeux des autres. Je sentais qu'on se moquait de toi et cette idée m'était insupportable. Alors, si tu m'aimes, ma chérie, fais attention à ce que tu dis. Nous n'avons rien à voir avec Tamsin. Ne nous mêlons pas de ses histoires...* (Jamais une lettre d'Oliver ne lui avait fait autant plaisir.) *Nous sommes d'un monde différent du sien. La seule idée d'être impliqué dans un scandale de la sorte me cause un souci considérable. Nous n'étions pas très liés avec les Selby...*

Tout le reste de la lettre était de la même veine. Nancy sauta les passages ennuyeux et s'attarda sur les mots tendres de la fin auxquels elle n'était pas habituée. Elle était si heureuse qu'elle remarqua à peine, en croisant son image dans un miroir, les mèches dégoulinantes et raides comme des queues de rat, autour de son visage.

Marvell était résolu à convaincre Greenleaf du meurtre de Patrick et pour cela, il avait l'intention de lui soumettre une liste de poisons aussi rares qu'expéditifs. Il avait passé une après-midi très instructive à la bibliothèque municipale, la tête plongée dans un livre de Taylor. Fasciné par sa lecture, il avait oublié l'heure de fermeture du cabinet de consultation et avait saisi le prétexte de faire renouveler son ordonnance pour se rendre chez les Greenleaf, muni d'un bouquet d'acanthes.

– Comme elles sont belles ! dit Bernice tandis que son mari respirait les fleurs rose sombre. Qu'est-ce que c'est ? Des lupins ou quelque chose dans le genre ?

– Ce sont des acanthes, dit Marvell, dont la fleur originale a servi de modèle aux chapiteaux corinthiens.

Bernice versa de l'eau dans un grand vase de pierre blanche.

– Vous êtes une véritable mine d'informations, Crispin !

– Pas une mine, disons plutôt une vieille carrière abandonnée.

La comparaison était osée mais Marvell continuait de sourire en regardant Bernice arranger le bouquet.

– Et la carrière est en ce moment même secouée de terribles explosions. Je n'arrête pas d'éternuer depuis trois jours et je suis à cours de pilules.

Bernice éclata de rire.

– Si c'est une consultation que vous voulez, vous feriez mieux d'aller boire un verre avec Max, dans la pièce à côté.

Elle commença à laver la vaisselle et Marvell suivit Greenleaf dans le salon. Le docteur ouvrit les portes-fenêtres et plaça deux fauteuils juste en face pour respirer l'air frais. Au-dessus d'eux, le ciel était d'un bleu pur et laiteux, tandis qu'à l'ouest, l'horizon avait pris une couleur d'airain. Les ombres allongées des cèdres semblaient lécher les murs de la maison. Coincée entre ces deux extrêmes, la pièce formait comme une oasis de fraîcheur.

– Pour savoir exactement à quoi vous êtes allergique, il faudrait que vous fassiez des tests, dit le docteur. On peut être pratiquement allergique à tout, vous savez, et pas forcément aux foins ou au pollen.

Marvell n'était pas vraiment venu là pour parler de sa santé mais tout à coup, comme pour rendre son prétexte vraisemblable, il sentit un chatouillement à la base du nez et fut secoué par une série d'éternuements. Quand il fut calmé, il dit d'un air rusé :

– Eh bien, dites donc, ça pourrait vous tuer un truc pareil !

– En tout cas, si elle n'est pas bien traitée, l'allergie peut conduire à la crise d'asthme.

– Et vous ne pensez pas qu'une allergie peut être mortelle ? dit-il en insistant lourdement.

– Non, je ne crois pas. Et je sais parfaitement à quoi vous faites allusion. Patrick n'était pas allergique aux piqûres de guêpes. Il s'était déjà fait piquer quelques jours avant sa mort et la réaction avait été tout à fait normale.

– Soit, dit Marvell avant de se moucher. Vous vous rappelez, ce qu'on disait l'autre soir ?

– Ce que *vous* disiez !

– Si vous voulez... ce que je disais. Ne chipotez pas sur les mots, Max.

Au début de leur amitié, il y a trois ans, ils s'appelaient « Dr Greenleaf » et « Mr Marvell ». Puis, ils avaient laissé tomber le « docteur » et le « monsieur » devenus trop formels. Mais c'était la première fois que Greenleaf entendait son voisin l'appeler par son prénom et cela lui faisait chaud au cœur. Il se sentait aujourd'hui vraiment accepté. Du reste, cela l'avait complètement amadoué, lui qui avait décidé de ne plus aborder le sujet de Patrick.

– Supposez, continua Crispin, qu'il existe une substance parfaitement inoffensive en temps normal mais qui, absorbée par une personne venant d'être piquée par une guêpe, aurait l'effet d'un poison mortel...

Greenleaf ne put s'empêcher de penser à ce que lui avait dit Freda Carnaby sur Oliver Gage et son paquet blanc.

– Supposez, supposez ! Mais une telle substance n'existe pas !

– Vous êtes sûr ?

– Absolument !

– Écoutez, Max. En ce moment, j'en ai marre de l'abbaye de Chantefleur et il ne me déplairait pas de jouer un peu les détectives. Il faut à tout prix que vous m'aidiez, car dans cette enquête, j'ai besoin de l'avis d'un médecin.

– Mais vous êtes fou, ma parole ! Écoutez, je vous sers un verre et puis je vous fais votre ordonnance.

– Je n'ai pas soif. Je veux parler de cette histoire !

– Bon, allez-y ! céda Greenleaf.

– Eh bien, depuis la dernière fois que je vous ai vu, j'ai potassé la médecine légale...

– Entre deux éternuements, j'imagine.

– Entre deux éternuements, comme vous dites. En fait, j'ai étudié le livre de Taylor, *La jurisprudence médicale.*

– Fascinant, n'est-ce pas ? s'exclama-t-il malgré lui. (Puis il se hâta d'ajouter :) Ça ne vous apprendra rien de nouveau sur les piqûres de guêpes ou les fièvres rhumatismales.

– Non, mais vous en apprenez un rayon sur les poisons. Une véritable bible des Borgias. Brucine et thallium, or et plomb. Savez-vous qu'il existe des sels appelés pourpre de Cassius ? Pourpre de Cassius ! On dirait un nom de potion magique.

– Eh bien, Patrick n'a pas avalé de potion magique !

– Peut-être, mais je parie que Glover n'a pas fait le test...

– Non ! coupa Greenleaf. Et il n'a pas fait non plus le test de l'arsenic, ni celui de l'hyoscine, ni celui du botulinus bacillus, pour la simple raison que rien dans l'apparence de Patrick ou dans l'état des lieux ne nous incitait à penser qu'il en ait absorbé.

– J'ai entendu dire, insista Marvell, qu'un homme était mort après qu'on lui eut injecté de l'air dans le sang. Il y a un roman de Dorothy Sayers...

– *Arrêt du cœur.*

– Vous lisez donc des romans policiers ! dit Marvell, sautant sur l'occasion.

– Seulement en vacances, répliqua Greenleaf avec un sourire. Mais Patrick ne portait aucune trace d'injection intraveineuse.

– Tiens, tiens ! se moqua Crispin. Max, vous êtes un hypocrite ! Vous avez donc vérifié vous-même ? Et si vous avez vérifié, c'est que vous soupçonniez quelque chose !

Greenleaf ne répondit pas tout de suite. Marvell n'avait pas tout à fait tort. Il avait vérifié mais il n'avait rien trouvé. Mais s'il avait su à ce moment-là toutes les choses qu'il savait maintenant, aurait-il agi de même ? Aurait-il laissé Howard et Glover signer le permis d'inhumer ? Il n'avait rien entrepris parce que Patrick n'était pas son patient, et qu'il n'aurait pas voulu empiéter sur les plates-bandes de Howard, et surtout parce que Patrick semblait mener une existence tout à fait normale avec une femme qui le comblait. Mais était-il vraiment un homme comblé ? Avec un peu de recul, il semblait que leur vie conjugale n'ait été qu'un fiasco... et puis, quand il repensait à cette soirée, quand il revoyait Tamsin et Oliver tendrement enlacés, le jeu de séduction entre Patrick et Freda, n'avait-il pas eu tort d'exclure la possibilité d'un meurtre ? Pourquoi avait-il vérifié, alors ? Pour une question de principe ou histoire de faire quelque chose, essayait-il de se convaincre.

Maintenant qu'il répondait à Marvell, il avait la furieuse impression d'éluder la question.

– J'ai vérifié certaines choses avant que Glover ne commence l'autopsie. Je ne comprenais pas ce qui avait provoqué la mort.

C'était juste avant que Glover découvre les lésions du cœur. Il n'y avait aucune marque d'aiguille sur le corps de Patrick, uniquement les piqûres de guêpes sur les bras. Mais il n'est pas mort à cause des guêpes, bien que la douleur ait pu causer un choc nerveux.

– Mais en supposant que c'est ce choc qui a provoqué l'arrêt du cœur, pourquoi cela ne s'est-il pas produit plus tôt, alors qu'il était encore sur l'échelle ?

– Je ne peux pas vous répondre. D'un autre côté, les lésions causées par la fièvre rhumatismale ayant été très légères, je ne pense pas qu'elles aient pu mettre sa vie en danger. Mais comment en être sûr ? Je dois vous avouer que je suis bien embarrassé.

– Max, je vais finir par vous rallier à ma cause ! Mais laissons ça de côté pour le moment. N'avez-vous pas remarqué quelque chose de *louche*, pour utiliser le mot préféré de Nancy, au cours de cette soirée ?

– Vous voulez parler du tableau ?

– Exactement. J'étais allé en haut chercher de la citronnelle quand je suis tombé dessus dans la chambre d'ami. Il n'était pas recouvert mais Patrick ne savait pas qu'il était là. Vous avez vu sa tête quand il l'a vu ?

– Il faut reconnaître que cette peinture est effrayante ! dit Greenleaf en faisant la grimace.

– Oh oui, alors ! elle est même plutôt macabre. Je crois que c'est un élève de Thornbill qui l'a peinte et il n'y est pas allé avec le dos de la cuillère. Toujours est-il que Patrick avait l'air terrifié. On aurait dit qu'il avait vu une vraie tête coupée.

– Certaines personnes sont très impressionnables, répondit Greenleaf qui avait été souvent confronté à ce genre de réaction.

– Je comprends, lorsqu'il s'agit de vrai sang ou de vraies blessures. Mais ce n'était qu'un tableau. Maintenant je vais vous dire quelque chose. Deux semaines avant sa mort, Patrick était venu me voir avec Tamsin et je leur avais montré quelques reproductions de Dali bien plus terrifiantes que le portrait de Salomé. Eh bien, Patrick n'avait pas sourcillé.

– Il détestait peut-être le portrait, tout simplement. Mais quel est le rapport avec sa mort ? Il n'a pas été décapité, que je sache !

– C'est bien dommage. Cela aurait arrangé nos affaires. Il ne resterait plus qu'à découvrir qui l'a décapité.

Bernice vint le chercher à ce moment-là pour lui montrer le jardin.

– J'ai besoin des conseils d'un expert en jardinage, expliqua-t-elle.

Elle leva les yeux vers son mari.

– Que t'arrive-t-il, Max ? Tu as l'air fatigué.

– Tout va très bien, je t'assure !

Il les regarda s'éloigner dans l'allée. Crispin inspectait les plates-bandes tout en écoutant Bernice qui le bombardait de questions. Puis Bernice se dirigea vers la barrière et Max vit Nancy Gage accourir vers elle. Elle avait sûrement d'importantes nouvelles à annoncer car elle parlait à toute vitesse, l'air fiévreux, comme si elle avait été bâillonnée pendant plusieurs jours. La dernière fois que Greenleaf l'avait vue dans cet état, son mari était venu à la rescousse pour la faire taire. Mais aujourd'hui, Oliver n'était pas là.

La voix de Nancy parvint jusqu'à lui.

– Tamsin est rentrée à Linchester, Max.

C'était tout ? Il avait presque traversé la pelouse quand Nancy l'aperçut.

– Surtout ne regardez pas ma coiffure, dit-elle en ébouriffant ses cheveux avec ses doigts. J'ai complètement raté ma permanente.

– Vous avez dit que Tamsin était rentrée ?

– Nous pourrions peut-être aller la voir, Max, pour lui demander si elle va bien, suggéra Bernice.

– Oh ! elle va très bien. Elle est toute bronzée.

Elle se mordit soudain les lèvres comme si elle avait fait une gaffe.

– Bon, j'y vais. Considérez que je n'ai rien dit. Oliver m'a demandé de ne pas parler des Selby, même à vous, à cause de-ce-que-vous-savez.

Marvell attendait une réaction de Greenleaf mais voyant que celui-ci refusait de coopérer, se décida à intervenir.

– Et que sommes-nous censés savoir ?

– Oliver ne veut pas que je dise que Patrick n'est pas mort de mort naturelle parce que ça lui ferait du tort. (Elle se mit à glousser.) À Oliver, j'entends, pas à Patrick. Il me l'a écrit dans une lettre, donc c'est très important.

– C'est très prudent de sa part, en tout cas, dit Marvell.

Au moment où Greenleaf ouvrit la bouche pour dire quelque

chose (qu'allait-il dire au juste ? il ne le savait pas lui-même), la sonnerie du téléphone retentit. Quand il revint dans le jardin, Nancy s'était envolée.

– Un petit garçon qui a une grosse migraine, dit-il à Bernice. Ce n'est pas normal pour un enfant. Je vais voir ce que c'est, et je passerai dire bonjour à Tamsin en revenant.

Il s'installa au volant de sa voiture et faillit écraser le chien d'Edith Gaveston en faisant une marche arrière. Après qu'il se fut excusé, Edith prit son caniche dans les bras et passa la tête par la portière.

– J'aime beaucoup votre nouvelle voiture, dit-elle abruptement mais ce n'est pas une raison pour lui offrir Fergus en baptême de sang.

Appréciant peu ce genre d'humour, le docteur fit gronder son moteur.

– La veuve joyeuse est de retour, dit-elle en regardant vers la pelouse centrale.

Greenleaf ne vit d'abord que la silhouette de Henry Glide qui promenait son chien, puis il remarqua que les fenêtres de *Hallows* étaient grandes ouvertes, comme elles ne l'avaient jamais été du temps du vivant de Patrick. Le dogue allemand se tenait devant la porte d'entrée, immobile tel une statue de marbre.

– Pauvre petite ! soupira-t-il.

– Vous parlez de qui ? de Tamsin ou de Queenie ? Si c'est de Tamsin, « pauvre » n'est pas le mot que j'emploierais. La maison, la société de Patrick, plus sa fortune personnelle ! Si vous voulez mon avis, la voilà bien débarrassée.

– Excusez-moi, dit Greenleaf. Je dois y aller. J'ai eu un appel urgent.

La voiture s'engagea sur la Circulaire, laissant derrière elle un caniche frénétique et une Edith vitupérante.

– Espérons qu'elle ne revient pas provoquer un autre scandale. Cette fois-ci, nous ne nous laisserions pas faire...

Greenleaf n'entendit pas la suite mais ressentit la dernière phrase comme une véritable déclaration de guerre. Je deviens aussi tordu que Marvell ! se dit-il en se concentrant sur la route. Il se mit ensuite à penser à autre chose, espérant que la migraine du petit garçon n'était pas une méningite.

Queenie gambadait sur la pelouse, heureuse d'avoir retrouvé son territoire, après quinze jours d'absence. Elle s'assura, en reniflant de-ci de-là, que l'écureuil habitait toujours dans l'orme, près du portail, que le chat des Smith-King était venu rôder dans les parages et que les oiseaux avaient laissé dans le verger des traces de leur passage que seul un chien pouvait déceler.

Quand elle eut fait le tour du garage et de ses alentours, elle se mit à geindre faiblement. Son maître n'était pas là. Elle retourna à la maison, la queue entre les jambes, et se réfugia auprès de sa maîtresse qui, assise devant sa coiffeuse, se brossait les cheveux en chantant à tue-tête. La chienne posa son museau sur les genoux de Tamsin et se laissa réconforter par ses caresses.

Greenleaf pensa d'abord que la voix venait du poste de radio. Puis, comme il s'approchait de la porte d'entrée, il comprit que c'était la maîtresse de maison qui chantait cet air joyeux car la voix déraillait un peu. Il appuya sur la sonnette et attendit.

Tamsin n'avait jamais été aussi bronzée. Greenleaf se rappela que Mrs Prynne habitait au bord de la mer. Elle portait une robe d'un rose éclatant et des bracelets blancs et noirs qui cliquetaient autours de ses bras.

– Je suis venu voir si tout allait bien, dit Greenleaf un peu pris de court.

– Max ! Quelle surprise ! Entrez donc boire un verre.

Il eut la vague impression qu'elle mettait un frein à son humeur joyeuse. Elle avait repris du poids et paraissait en pleine forme. Les couleurs vives lui allaient bien.

– Cher Max, dit-elle en lui prenant les mains, toujours aussi prévenant !

– J'ai vu que vous étiez de retour, dit-il en la suivant dans le salon. Je revenais d'une visite urgente au village et je voulais vous faire un petit coucou, en passant. Comment allez-vous ?

– Je vais très bien. Enfin, disons que ça pourrait aller mieux, dit-elle en rectifiant le tir. Vous n'avez pas eu beau temps, par ici, n'est-ce pas ? Il a fait un temps magnifique, où j'étais. Du soleil, rien que du soleil. Je suis allée à la plage tous les jours, ajouta-t-elle en s'étirant longuement. Oh ! Max.

Greenleaf ne savait pas quoi dire. Il promena son regard dans la pièce qui, selon Bernice, ressemblait à la devanture d'un magasin de meubles. Il y régnait aujourd'hui un désordre indescriptible. Tamsin était arrivée il y a à peine quelques heures mais le canapé croulait déjà sous les vêtements et le tapis devant la cheminée était jonché de magazines et de journaux. Elle avait aligné des coquillages, des conques et des bigorneaux sur le rebord de la cheminée, et il y avait du sable un peu partout sur le parquet.

– Comment va tout le monde ? Comment va Bernice ? Ne m'en veuillez pas si je ne vous ai pas envoyé une carte postale. Je n'ai écrit à personne. Comment va Oliver ? et Nancy ? Qu'est-ce que vous avez fait, tous, pendant mon absence ?

« Nous avons surtout parlé de votre mari », pensa Greenleaf. Mais il dit à voix haute :

– Toujours le même train-train, vous savez. Rien de nouveau. Crispin Marvell donne en ce moment même une leçon de jardinage à Bernice.

– Ah, ce pauvre Crispin ! dit-elle d'un ton légèrement méprisant. Vous ne trouvez pas ça bizarre cet attachement forcené à la terre ? (Elle surprit le regard étonné de Greenleaf.) Oh, ce n'est pas très gentil de dire ça, je sais, mais je me fiche complètement des gens de Linchester – je ne parle pas pour vous, Max, ni pour Bernice, bien sûr. La première chose que je vais faire, c'est vendre cette maison et m'en aller très loin...

– C'est une jolie maison, pourtant, marmonna-t-il, histoire de dire quelque chose.

– Vous la trouvez jolie, vous ? (Sa voix s'était mise à trembler.) On dirait une grande serre sans la moindre fleur ! Je pense que je pourrai en tirer vingt mille livres. Et puis il y a l'usine.

Greenleaf était stupéfait, lui qui croyait Tamsin complètement désintéressée.

– En quoi consiste... ?

– Oh ! du verre, simplement, dit-elle d'un air vague. Des tubes à essais ou des choses comme ça. Ça n'avait jamais très bien marché jusqu'à présent. Et puis, il y a deux mois, Patrick avait signé ce contrat fabuleux avec la compagnie Harvell. Maintenant l'usine roule sur l'or. Je ne sais d'ailleurs pas si je vais m'en occuper ou si je vais revendre la part de Patrick à ses deux associés. Vous savez, Max, je suis une femme très riche.

Il y avait tant de questions que Greenleaf brûlait d'envie de poser, mais il n'osait pas. Par exemple, où avaient-ils trouvé l'argent pour faire construire *Hallows* si les affaires ne marchaient pas ? Pourquoi le père de Patrick s'était-il suicidé ? Pourquoi cette indifférence subite pour Oliver Gage ? Mais surtout, comment pouvait-elle chanter de si bon cœur alors qu'elle venait de perdre son mari, trois semaines plus tôt ? Il lui vint tout à coup à l'esprit qu'elle n'avait pas prononcé le nom de Patrick depuis le début de leur conversation.

Tamsin prit un coquillage sur la cheminée et le mit contre son oreille.

– Le bruit de l'océan, dit-elle en frissonnant. Le bruit de la liberté. Je ne me marierai jamais plus, Max, jamais !

« Liberté ! » pensa ce dernier, parodiant la phrase de Manon Roland, « que de crimes on commet en ton nom ! »

– Je vais vous laisser, Tamsin, dit-il.

– Attendez une minute, j'ai quelque chose à vous montrer.

Elle le prit par la main et il ressentit comme un vide contre ses doigts. Il oublia cette impression en pénétrant dans la salle à manger. Il remarqua, par les portes-fenêtres ouvertes, que les meubles de jardin ruisselaient encore de pluie. La salle à manger avait toujours été la pièce la plus austère de la maison. Avec ses murs blancs et ses fenêtres garnies de stores tout aussi blancs, on aurait dit une salle d'hôpital. Quelqu'un avait décroché, au-dessus du long radiateur, la plaque de terre cuite bleu fumée, minuscule îlot dans un océan de glace, pour mettre à la place le fameux tableau de Salomé qui dominait maintenant la pièce et renforçait sa nudité par le contraste de son cadre doré et de ses teintes bleues, or et rouge sang.

– Le jardinier était là quand je suis arrivée, dit Tamsin. C'est lui qui m'a aidée à l'accrocher. C'est drôle, mais j'ai bien cru qu'il allait se trouver mal.

Elle caressa la conque marine en souriant. Greenleaf avait détourné son regard de Salomé pour suivre le mouvement de sa main. Il comprit d'où lui était venue cette sensation, tout à l'heure. Tamsin ne portait plus son alliance.

– On a toujours l'impression qu'elle vous regarde, dit-elle, un peu comme Mona Lisa.

C'était vrai. Le peintre avait fait en sorte que Salomé ne vous quitte pas du regard, où que vous soyez dans la pièce.

– A-t-il de la valeur ?

Il se demandait par la même occasion s'il existait un millionnaire capable d'acheter une telle horreur.

– Oh ! non. Pas plus de vingt livres si l'on en croit Mrs Prynne.

Elle contempla longuement le tableau sans trahir le sentiment qu'il lui inspirait. Mais quand il se tourna vers elle, il crut déceler dans son regard la même lueur de possession qu'il avait surprise dans le regard de ses fils le jour où ils s'étaient acheté, l'un sa première chaîne, l'autre sa guitare électrique.

– Patrick... essaya-t-il d'articuler, mais aucun son ne pouvait sortir de sa bouche.

– Qu'est ce que tu as, mon chéri ? Le petit garçon ?

– Non, non, il n'a rien de grave. Je repasserai le voir demain.

– Mais tu as mis si longtemps.

Au lieu de s'asseoir, Greenleaf se mit à arpenter la pièce. Les circonstances dans lesquelles Patrick avait trouvé la mort commençaient à le tracasser sérieusement. S'il y avait maintenant suffisamment d'éléments qui lui permettaient de soupçonner un meurtre, n'était-il pas de son devoir, en tant que premier médecin à avoir examiné le corps, d'alerter la police ? Et puisqu'il ne s'agissait pour le moment que de soupçons, ne devrait-il pas, aussi discrètement que possible, mener sa propre enquête ? Certains des indices qu'il possédait lui avaient été donnés sous le sceau du secret médical. Il ne pouvait pas, par conséquent, en parler à Marvell. Il n'y avait qu'une seule personne à qui il pouvait se confier, une seule en qui il avait résolument confiance, c'était sa femme.

Bernice se moquerait certainement de ses frayeurs et c'est exactement ce qu'il voulait. Elle lui dirait qu'il était fatigué et qu'il avait besoin de prendre des vacances.

La télévision était en marche. Sur l'écran, des danseurs formaient un ballet grotesque de singes gesticulants.

– Tu veux vraiment regarder ça ?

Bernice secoua la tête en signe de dénégation. Il éteignit le poste et lui raconta tout. Elle ne se moqua pas de lui mais lui dit d'un air pensif :

– Tamsin et Oliver... Ça ne m'étonne pas tellement, à vrai dire. Il suffisait de les voir danser ensemble pendant la soirée. Je n'ai jamais trouvé que Tamsin et Patrick s'entendaient très bien. Sauf une fois. C'était quelques jours avant sa mort. Je faisais ma collecte pour le cancer. Tamsin n'arrêtait pas d'appeler Patrick « Mon chéri ». Elle était vraiment aux petits soins pour lui. Je me rappelle que j'avais trouvé ça un peu bizarre.

– Surtout qu'à ce moment-là, Patrick fréquentait déjà Freda. Quitter Tamsin pour Freda, tu avoueras...

Bernice alluma une cigarette et commenta de façon judicieuse :

– Tu n'as jamais remarqué à quel point Patrick avait une mentalité germanique ? Les premières années de sa vie ont dû beaucoup l'influencer. Tu oublies que sa mère était allemande et c'est sûrement d'elle que lui venait son côté rigoureux et ordonné. Tamsin est beaucoup plus fantaisiste. Même si elle se soucie énormément de son apparence, elle se fiche complètement de sa maison. Ce qui devait beaucoup énerver Patrick.

Greenleaf repensa à la discussion avec Tamsin. Il revit le désordre de la pièce, le sable, les coquillages.

– Quant à Freda Carnaby, son cas est différent. C'est une femme active, avec un grand sens pratique. Depuis qu'elle habite Linchester, je ne l'ai jamais vue en pantalon, ou sans bas. J'ai souvent remarqué que les femmes qui portent ce genre de petits souliers pointus passaient leur temps à briquer leur intérieur. Ce qui m'avait aussi frappé chez Patrick, c'était son côté sadique mais je ne pense pas que cela marchait avec Tamsin. Elle est trop indépendante pour se laisser faire. Par contre, Freda Carnaby possède toutes les caractéristiques de la masochiste.

– Tu as peut-être raison, dit Greenleaf. Et les Gage ? Qu'est-ce que tu en penses ? Je suis sûr qu'Oliver meurt d'envie d'épouser Tamsin. Il passe devant le maire comme d'autres font leur marché. (Il eut un petit sourire amusé.) Mais je ne vois pas quel intérêt il aurait eu à tuer Patrick puisque celui-ci avait de toute façon l'intention de divorcer.

La réaction de Bernice fut inattendue.

– C'est tout de même un homme violent.

– Violent ? Oliver Gage ?

– Nancy m'a dit quelque chose, un jour. Je ne te l'ai pas répété car je sais que tu détestes ce genre d'histoires... Elle était si fière de me raconter ça.

– Vas-y, je t'écoute.

– Eh bien, la première fois qu'elle a rencontré Oliver, elle était fiancée à un cousin de sa deuxième femme. Apparemment, Oliver n'a eu qu'à lever le petit doigt pour qu'elle lui tombe dans les bras. Un jour qu'il jouait au billard avec le fiancé, Nancy est arrivée. Le fiancé lui a dit quelque chose qui l'a vexée, alors elle lui a annoncé tout de go que c'était fini entre eux et qu'elle allait se marier avec Oliver. Les deux hommes ont commencé à se battre et Oliver l'a assommé avec une queue de billard.

Greenleaf faillit éclater de rire.

– Il y a quand même une différence entre assommer quelqu'un et l'empoisonner de sang-froid. Freda Carnaby dit l'avoir vu avec un mystérieux paquet. Mais un paquet de quoi ? L'autopsie n'a rien révélé. Nous en revenons toujours au point de départ. Si Patrick a été assassiné, quelle est donc l'arme du crime ?

– Un de ces insecticides ? suggéra Bernice. J'ai lu un article à ce sujet, dans le journal. Il paraît que ça ne laisse pas de traces.

– Peut-être pas dans le corps, mais Patrick aurait été très malade. J'ai examiné les draps. Ils étaient propres de la veille, j'ai même vérifié s'ils n'avaient pas été changés, entre-temps.

– Tu es très observateur !

Elle allait prendre une cigarette quand elle croisa le regard réprobateur de son mari. Elle reposa le paquet.

– Et puis, pour en revenir à Gage, je ne vois pas pourquoi il aurait pris un tel risque. Le divorce, ce n'est pas fait pour les chiens. De toute façon, il n'a plus les moyens de payer une troisième pension alimentaire.

– Et puis, dans ces cas-là, c'est Nancy qu'il aurait fallu tuer car Tamsin, elle, possède suffisamment d'argent pour divorcer, dit Bernice.

Greenleaf frappa du poing sur l'accoudoir de son fauteuil.

– Ah ! la fortune de Tamsin. Tout le monde en parle mais personne ne sait à combien elle se monte exactement. Des centaines de livres ? Des milliers ? Quelques centaines de livres n'auraient pas intéressé quelqu'un comme Oliver. Mais en tuant Patrick, ils s'accaparaient tous deux sa fortune et cela permettait de payer la pension de Nancy. Et Tamsin...

Bernice regarda son mari dans les yeux.

– Tu ne penses tout de même pas que Tamsin... Une femme ne peut tout de même pas assassiner son propre mari ?

– Ce sont des choses qui arrivent.

Elle se leva brusquement. Greenleaf lui prit la main et la serra légèrement.

– Ne t'en fais pas, lui dit-il. Je divague. Je crois que j'ai vraiment besoin de prendre des vacances.

– Oh ! Max. Laissons tomber cette histoire. Ça me fait peur. Je ne peux pas croire que cela arrive ici, à Linchester.

Lisant dans ses pensées, Greenleaf la réconforta tendrement.

– Tu sais, ce que nous disons en ce moment ne sortira pas de ces quatre murs. Mais il faut être lucide. Si quelqu'un a tué Patrick, Tamsin est sûrement dans le coup. Elle a passé la nuit sous le même toit que Patrick, donc tu ne vas pas me dire que quelqu'un serait entré sans qu'elle le sache !

– Et tu dis qu'elle a l'air heureuse, en ce moment ?

– Oui. Cela ne fait pas de doute. Quand je lui ai annoncé la mort de Patrick, elle n'a pas versé une larme. Je ne l'ai vue pleurer que plus tard, dans le salon. Elle avait passé ses bras autour du cou de Queenie. Mais je crois que c'étaient des pleurs de soulagement.

– Qu'est-ce que tu vas faire ?

– Je ne sais pas, dit-il. Peut-être rien. Je n'ai pas envie de jouer les détectives...

Il se tut brusquement et tendit l'oreille. Une clef tourna dans la serrure. C'étaient les garçons qui rentraient pour le week-end. Qu'arriverait-il si Nancy et Freda continuaient à parler ? Ne risquait-il pas de perdre quelques clients ?

11

– Une grande bouteille d'huile d'amande douce, dix paquets de changes jetables et vingt petits pots.

Mr Waller récapitula rapidement la liste des achats de Joan Smith-King.

– Finie l'époque où il fallait réduire en bouillie tous les aliments pour bébés. Vous ne connaissez pas votre bonheur, vous, les mamans d'aujourd'hui. Où en étais-je ? Une boîte de talc, du virol...

Il donnait au fur et à mesure les articles à Linda qui les mettait dans un grand sac en papier.

– Et voilà, ça nous fait donc six livres et cinquante pence.

Joan lui tendit un billet de dix livres tout neuf.

– C'est terrible comme l'argent file vite, dit-elle. Remarquez, quand on a cinq enfants, il ne faut pas s'attendre à faire des économies. (Elle donna une petite tape sur la main de Jeremy qui dérangeait le présentoir des bonnets de bain.) Je suis quand même bien contente de partir en vacances. Mon mari s'est fait beaucoup de soucis pour son travail, ces derniers temps, mais maintenant tout va pour le mieux. Nous pouvons enfin prendre une semaine de repos.

– Voilà votre monnaie, Mrs Smith-King. Ça ne sera pas trop lourd ? Ah ! bonjour, Mr Marvell ! Que puis-je faire pour vous ?

– Je voudrais juste un paquet d'étiquettes, s'il vous plaît. Je vais commencer à récolter mon miel dans un ou deux jours.

Lorsqu'il sortit du magasin, il vit la voiture de Greenleaf garée le long du trottoir. Celui-ci sortait de la maison de la presse avec le journal local.

– Vous avez vu ? lui demanda Joan. À la page des annonces immobilières. Regardez bien.

Greenleaf se débattit un instant avec les pages du journal que le vent lui envoyait à la figure, puis finit par tomber sur le petit encart auquel Joan faisait allusion : « Belle maison mod. gr. stand. av. jard. Domaine privé de Linchester, Chantflower. Camp. boisée, 15 km Nottingha. Salon, s. à m. av. terr., cuis. magn. équip., 3 ch. 2 s. de bains.»

– Eh bien, dites donc, elle ne perd pas de temps, remarqua Joan. En tout cas, je suis bien contente que la chienne s'en aille. Les enfants en avaient une peur bleue (Jeremy l'écoutait d'un air anxieux.) Vous ne le croirez peut-être pas, mais Patrick était prêt à pousser mon mari à la ruine, uniquement parce qu'un jour, il avait frappé son chien. Je vous demande un peu ! Vous vous voyez, vous, mettre quelqu'un sur la paille juste parce qu'il lève un bâton sur un animal ?

Marvell intervint très calmement.

– La chienne s'est remise de ses coups de bâton. Patrick, lui, n'est plus là pour regretter son geste.

– Oh ! écoutez, ce n'est pas ce que je voulais... (Le feu lui monta soudainement au visage.) Je suis désolée de ne pas pouvoir vous déposer chez vous, mais j'ai toute la marmaille avec moi...

– Montez donc, proposa Greenleaf.

Il jeta son journal sur le siège arrière et ouvrit la porte à Marvell.

– Excusez-moi, dit ce dernier. Je sais que vous n'aimez pas quand je joue au détective mais... Vous avez vu comme tout le monde le détestait ? Sa femme, l'amant de sa femme, le frère de sa maîtresse qui le craignait comme la peste. Même moi, je lui en voulais d'avoir abattu les arbres de mon père. Édith le haïssait parce qu'il avait influencé ses enfants et maintenant, c'est au tour de Smith-King. Je me demande ce que Patrick manigançait contre lui. Il m'avait dit, une fois, qu'il voulait coter ses actions en Bourse et étendre ses activités. Peut-être lorgnait-il sur l'entreprise de Denholm ? Vous savez ce qu'il fabrique, Denholm, dans son entreprise ?

– Oui ! Des produits chimiques.

– Principalement des produits pharmaceutiques. Et vous savez ce que cela signifie ? Eh bien qu'il doit avoir accès à toutes sortes de produits dangereux. Même chose pour Linda... Je suppose qu'elle n'hésite pas à « emprunter » de la marchandise, lorsqu'elle travaille à la pharmacie.

– Cessez de soupçonner tout le monde ! Personne n'a pu entrer dans cette maison car Tamsin l'aurait remarqué tout de suite.

– Elle n'aurait rien remarqué du tout.

– Que voulez-vous dire ?

– Elle est sortie de chez elle dans la nuit.

– Quoi ? Mais comment le savez-vous ? demanda Greenleaf en changeant brutalement de vitesse.

– Parce qu'elle est venue chez moi.

Greenleaf avait eu l'intention de déposer Marvell et de rentrer directement chez lui mais l'affaire ayant pris une tournure nouvelle, il suivit Crispin dans sa maison, décidé à en savoir plus.

– Elle est venue m'apporter les groseilles, expliqua ce dernier, vous savez, celles qu'elle avait cueillies avant la soirée et qu'elle avait mises dans un panier. Je les avais complètement oubliées, avec toute cette histoire. Quand elle est arrivée chez moi, il devait être minuit passé.

« Minuit », pensa Greenleaf, « et elle a traversé le bois toute seule ». En laissant Patrick sans surveillance alors qu'il était, sinon mourant, du moins très mal en point. Et tout ça pour des groseilles. Décidément, ces gens de la campagne avaient d'étranges habitudes... auxquelles Tamsin s'était parfaitement adaptée. Il faut dire que ces deux années passées sous l'influence de Marvell valaient bien toute une enfance passée dans les champs.

– J'étais à ma fenêtre en train de relire mon manuscrit, quand j'ai vu une forme dans le jardin. C'était Tamsin. (Marvell redressa délicatement une rose trémière dont la tige pendait mollement.) On aurait dit un papillon de nuit géant ou un fantôme. Elle portait un panier et le petit sac de paille qu'Edith Gaveston lui avait offert pour son anniversaire. J'étais... enfin, j'étais très surpris de la voir là.

Marvell parut très embarrassé tout à coup et il saisit le prétexte d'arroser les plantes sur les étagères pour tourner le dos à Greenleaf.

– Elle a fait tout ce chemin pour vous apporter des groseilles ?

– Cela signifie, bien sûr, que n'importe qui pouvait entrer chez les Selby, dit Marvell en éludant la question. Personne ne ferme sa porte à clef à Linchester, sauf vous et Bernice. Je l'ai raccompagnée ensuite jusqu'à son portail.

Il caressa une plante dont les feuilles se dressaient comme des lances vers le ciel, puis il se retourna brusquement vers Greenleaf.

– Mon Dieu ! s'exclama-t-il. Vous savez à quoi je pense ? Si j'étais entré, j'aurais peut-être pu faire quelque chose pour Patrick !

– Vous ne pouviez pas savoir.

– Et Tamsin... ?

– Elle a dû penser qu'il dormait.

Puis Greenleaf demanda, malgré lui, sur le ton de la confidence :

– Quelle était la véritable raison de sa visite ?

Marvell s'était absorbé dans la contemplation d'une plante grasse dont les feuilles étaient bordées de petites excroissances.

– Vous voyez tous les petits bourgeons sur les feuilles de cette plante ? Eh bien, ce sont ses enfants. Chacun donnera une nouvelle plante. Elle me rappelle un tableau de l'époque de Jacques Ier. Et celle-ci... (Il montra la plante en forme de lance.) C'est une « langue de belle-mère ». Je suis bien entouré, vous ne trouvez pas ?

– Vous n'avez pas répondu à ma question. Pourquoi est-elle venue vous voir ?

– Je ne peux pas vous le dire.

Greenleaf le regarda d'un air étonné, ne sachant pas s'il refusait de lui avouer la vérité ou s'il se sentait incapable de le faire. Comme Marvell restait muet, le docteur n'insista pas et l'abandonna à ses plantes.

Au lieu de rentrer chez lui, il se rendit à la pharmacie de Waller. C'était plus fort que lui. Il savait maintenant que Tamsin avait laissé Patrick le soir de sa mort, et malgré le danger qui planait au-dessus de Linchester, il était décidé à prendre les choses en main.

– Je voudrais une boîte de Vesprid, demanda-t-il, coupant court aux politesses de Waller.

Pour une fois, celui-ci se chargea lui-même d'aller chercher le produit.

– Je suppose qu'il me faudra porter un masque et des gants dit Greenleaf d'un air faussement naïf.

– C'est absolument sans danger pour les êtres humains... dit Waller sur un ton hésitant.

Il perdait toute contenance devant Greenleaf. Au fond de lui-même, une petite voix lui disait qu'aux yeux du médecin et de ses confrères, il ne serait jamais rien d'autre que le pharmacien du village.

Une fois chez lui, Greenleaf versa un peu de Vesprid dans une bouteille et empaqueta celle-ci. Évidemment, l'hypothèse était tirée par les cheveux, mais il voulait en avoir le cœur net. Si Edward Carnaby était retourné à *Hallows* après la soirée ? Et si Freda Carnaby, en prétendant avoir vu Oliver Gage avec un paquet à la main cherchait simplement à protéger son frère ?

Il remonta dans sa voiture, roula jusqu'à la poste et expédia le paquet à un laboratoire d'analyses.

12

Les éboueurs de Chantflower faillirent tomber à la renverse quand ils virent les monceaux de détritus et de boîtes en carton qui les attendaient devant *Hallows*. Ils se mirent au travail en grommelant, accompagnés dans leur tâche par les aboiements de Queenie.

– Écoute-moi, dit Tamsin à Peter Smith-King, si tu portes ces deux valises à Mrs Greenleaf, je te donnerai un billet d'une livre, d'accord ?

Le petit garçon, âgé de dix ans, regardait les valises d'un air perplexe.

– Ça te fera de l'argent de poche pour tes vacances. Allez ! Si elles sont trop lourdes, tu n'as qu'à faire deux voyages. Tu diras à Mrs Greenleaf que c'est pour le Secours populaire.

Le petit garçon hésita encore un peu puis courut chez lui chercher sa brouette. En traversant la pelouse centrale avec son chargement, il ne put s'empêcher de s'arrêter près de l'étang pour jeter une pierre sur les cygnes. Quand il arriva chez les Greenleaf, Bernice, Nancy Gage et Edith Gaveston prenaient le thé sur la pelouse.

– Est-ce qu'on peut jeter un coup d'œil ? demanda Nancy.

Elle ouvrit la plus grande des valises sans attendre la réponse. Sur une pile de vêtements, trônait un sac de paille qui ne lui était pas inconnu.

Edith devint toute rouge.

– Je m'étais bien rendu compte qu'il ne lui plaisait pas. Elle m'avait à peine dit merci. Mais quand même !

– Quel manque de tact ! dit Nancy, secrètement ravie.

Edith attrapa le sac et l'ouvrit.

– Elle n'a même pas pris la peine de retirer le papier de soie !

– Mon Dieu ! s'écria Nancy entre deux gloussements. Je ne vois pas ce qu'un pauvre affamé pourrait bien faire d'un sac de paille !

– Les vêtements seront par contre très utiles, dit Bernice en essayant de garder son calme.

Nancy poussa une exclamation horrifiée quand Bernice sortit le pantalon et le tee-shirt rayé que portait Patrick le soir de sa mort. Elle s'agenouilla sur le sol et se mit à fouiller frénétiquement dans la valise, sans la moindre honte.

– Deux costumes, des chaussures... et regardez toutes ces chemises !

Elle se précipita sur l'autre valise.

– Ce sont tous les vêtements de Patrick !

– Moi, si c'était Paul...

Et Edith se mit à expliquer en détail ce qu'elle ferait des effets de son mari si celui-ci venait à mourir. Bernice en profita pour refermer les valises et faire chauffer de l'eau pour le thé dans la cuisine. Quand elle revint au bout de quelques minutes, elle lut sur le visage de Nancy que la conversation avait pris un tour plus excitant. Assises sous un cèdre, les deux femmes s'entretenaient avec une mine lugubre. De loin, Bernice ne put saisir que les mots : « instabilité maladive » et « famille très bizarre ».

Que tous ces ragots étaient ennuyeux ! Mais Bernice n'avait pas le courage de réprimander ses amies. Elle s'assit à côté d'elles et décida d'écouter la conversation sans y participer.

– Malheureusement, je ne connais pas tous les détails, disait Nancy.

– Bernice, saviez-vous que Mrs Selby, enfin la mère de Patrick – je m'emmêle les pinceaux avec tous les gens de cette famille –, saviez-vous qu'elle s'était enfuie avec un homme après des années de mariage ? Patrick était déjà grand et elle ne devait pas avoir loin de cinquante ans. Eh bien figurez-vous que le jour du divorce, le père de Patrick s'est suicidé au gaz.

– Quelle horreur !

Fidèle à elle-même, Nancy se mordait les lèvres en roulant des yeux effarés.

– Ç'a été un terrible scandale ! Et ce n'est pas tout ! La grand-mère de Patrick, qui était aussi celle de Tamsin – terribles ces croisements entre des gens de la même famille... regardez ce que cela donne avec les chiens – eh bien elle est devenue folle furieuse au moment de l'enquête et elle a crié partout que son fils serait encore vivant si sa femme ne l'avait pas abandonné.

– Vous exagérez un peu, Edith, intervint Bernice. À vous entendre, on croirait que vous y étiez !

– Je n'exagère pas du tout, dit Edith en prenant un air de grande dame outragée. J'avais lu le compte rendu de l'enquête dans le *Times*. Ça m'avait marquée à l'époque. Et puis quand Nancy a parlé du suicide, tout m'est revenu en mémoire. Il n'y avait pas trente-six Selby propriétaires d'une usine de verre.

– Tout ça est bien triste ! lâcha Bernice, froidement.

Toutes ces révélations la laissaient tellement de marbre que Nancy se sentit gênée.

– Bon, eh bien il faut que je me sauve ! Oh ! juste une dernière chose, Bernice, pouvez-vous me donner le nom de l'entrepreneur qui vous a fait votre véranda ?

– Je ne m'en rappelle pas. Il faudrait demander à Max.

Nancy attendit un instant qu'on lui demande des explications mais comme cela ne venait pas, elle annonça fièrement :

– Nous avons l'intention d'agrandir la maison, mais Oliver

trouve que Glide prend trop cher. Il nous faudrait juste une véranda et une chambre d'enfant !

– Nancy, vous n'êtes pas... ? Quelle bonne nouvelle !

Nancy bomba le ventre et se mit à rire.

– Pas encore, dit-elle, mais nous faisons tout notre possible...

Bernice ne trouva pas l'allusion de très bon goût mais s'efforça de ne pas le montrer.

– Oliver est un véritable amour, en ce moment. Jamais je ne l'ai vu comme ça. Vraiment, les hommes réservent parfois de ces surprises.

« Il faudra que je remercie Tamsin pour les vêtements », pensa Bernice après le départ de ses deux voisines. Cette démarche ne l'enthousiasmait pas. Presque personne n'avait vu Tamsin depuis son retour. Elle était recluse dans son château de verre comme la Belle au bois dormant ou comme la vilaine reine de Blanche-Neige, au choix. Bernice se demandait si Tamsin était vraiment aussi mauvaise qu'on le disait ou si les ragots n'avaient pas fini par créer dans son imagination l'image d'une femme irréelle, enveloppée d'un aura d'empoisonneuse. Enfin, elle devait aller la voir, ne serait-ce que par politesse.

Tandis qu'elle traversait la grande pelouse d'un pas rapide, elle rencontra Peter, assis sur sa brouette.

– Je suis allé réclamer mon billet d'une livre à Mrs Selby, mais je ne l'ai pas trouvée !

Il ramassa un caillou plat et tenta de faire des ricochets sur la surface de l'eau.

– Le chien était là, pourtant.

Il lâcha l'information d'un air désinvolte mais Bernice crut y déceler une nuance de peur.

– J'y allais, justement, dit Bernice. Viens avec moi, si tu veux.

Si Queenie se tenait devant la porte, c'est que Tamsin n'était pas loin. Tandis qu'elle caressait la chienne, elle eut le sentiment qu'un détail lui échappait. Quand Tamsin sortait sans Queenie, elle l'enfermait toujours dans la cuisine. Le grand dogue avait été dressé aussi bien pour la garde que pour la chasse. Qu'avait donc fait Tamsin de la chienne pendant sa visite à Marvell ? Bernice s'arrêta et réfléchit. La voix de Tamsin la tira de sa rêverie.

– Entrez donc ! Je suis dans mon bain.

Peter fit un grand détour pour éviter la chienne.

– Allez m'attendre dans la salle à manger. Je vous rejoins dans une minute.

La porte de la salle à manger était entrouverte. Peter obéit à Tamsin et pénétra dans la pièce mais Bernice attendit dans le hall. Elle ne voulait surtout pas s'attarder.

Elle s'attendait à ce que Peter s'assoie sagement sur une chaise mais il tomba en arrêt devant quelque chose. Par l'entrebâillement de la porte, Bernice ne pouvait voir que le profil du petit garçon. Il sortit de la pièce à reculons, comme s'il prenait congé d'un souverain. Il regarda Bernice et elle vit qu'il était devenu tout blanc.

– Ouh, là, là ! fit-il.

Elle comprit aussitôt ce qu'il avait vu. Une seule chose dans cette maison pouvait frapper à ce point un enfant de dix ans. Elle ferma la porte d'un coup sec et se retourna. Un cri lui échappa. Tamsin se tenait près d'elle, tout près d'elle, belle et figée comme une poupée de cire, dans son peignoir blanc. Bernice se sentit paniquer. Tamsin était apparue comme par enchantement, l'enfant ne disait rien et toutes les portes étaient fermées.

– Qu'est-ce qu'il a ? demanda Tamsin.

Si Peter avait été son fils, Bernice l'aurait serré très fort contre elle, mais il était trop grand pour accepter la protection d'une autre femme que sa mère et trop jeune pour qu'on lui donne des explications.

– Je pense qu'il a vu le tableau, dit-elle d'une voix mal assurée.

– Comme c'est étrange, dit Tamsin. (Elle regardait Peter mais c'était un autre petit garçon qu'elle avait devant les yeux.) Patrick avait à peu près ton âge quand il a vu le tableau pour la première fois. Mais il n'a pas été aussi courageux que toi. Il s'est enfui, et puis il a eu cet accident. Que d'histoires ! Tu ne peux pas imaginer.

Bernice allait lui demander de quel accident elle voulait parler, lorsque Peter réclama d'un air maussade :

– Et mon billet d'une livre, alors ?

– Il est là sur la table. Tu peux le prendre.

Tamsin ne fit pas d'autres révélations. Elle pensait, apparemment, que Bernice n'était venue que pour soutenir Peter. Elle les raccompagna jusqu'à la porte.

– Je voulais vous remercier pour les vêtements, lui dit Bernice.

– Si cela peut rendre service... Et maintenant, je dois vous chasser car j'attends des gens qui viennent visiter la maison.

Edith fut la première personne de Linchester à savoir que *Hallows* était vendu. Elle l'apprit par son jardinier qui travaillait aussi pour Tamsin Selby. Elle s'empressa d'annoncer la nouvelle à Mrs Glide. Après tout, son mari se réjouirait que son œuvre ait trouvé acheteur si rapidement. En sortant de chez les Glide, elle rencontra Crispin Marvell qui revenait du village avec un filet à provisions peu garni.

– Ils ont visité *Hallows* hier, lui dit-elle, et ils se sont tout de suite décidés. Ces *nouveaux riches,* ils achètent des maisons comme nous achetons un paquet de lessive.

Marvell l'écoutait gravement.

– Ce n'est pas comme avant, quand on habitait la maison de ses parents ou de ses grands-parents. Enfin, on n'avait pas le choix à l'époque, ajouta-t-elle avec une sublime indifférence.

Marvell eut un murmure d'approbation, mais tout se bousculait dans sa tête. Ainsi, Tamsin s'en allait, elle fuyait... Il planta Edith sur place et se dirigea sans se presser vers la maison des Greenleaf. Il frappa à la porte de devant puis à celle de derrière. Personne. Les Greenleaf avaient le comportement typique des citadins qui vivaient dans la peur d'être cambriolés et fermaient portes et fenêtres à double tour dès qu'ils mettaient le nez dehors. Marvell griffonna quelques mots sur un ticket de caisse qu'il glissa sous la porte des Greenleaf.

Greenleaf le trouva en rentrant chez lui vers 13 heures.

Pouvez-vous passer chez moi cette après-midi ? J'ai quelque chose à vous dire. C.M.

Il soupira. Tamsin serait bientôt loin d'ici et son départ ferait taire les ragots. Lui-même partait en vacances dans quinze jours et à son retour, il trouverait Nancy occupée à tricoter de la layette et Freda en train de planer sous l'effet des tranquillisants. Il se mit à table et mangea le repas froid que lui avait préparé Bernice. Après tout, Crispin voulait peut-être lui parler de quelque chose de tout à fait différent. Il l'avait souvent appelé dans le passé, quand il souffrait de ses allergies. Ne possédant pas de téléphone, Marvell était obligé de se déplacer ou d'envoyer un mot par la poste. Il était aussi possible qu'il veuille faire lire son manuscrit au docteur. *J'ai quelque chose à vous dire...* Il ne pouvait s'agir que de Patrick. Probablement une nouvelle théorie sur un poison indétectable. En tout cas, cela ne lui coûtait rien d'aller voir.

Tout en lavant la vaisselle, Greenleaf se dit avec un brin de fierté, que lorsque les gens parlaient des avantages de la profession médicale, ils en oubliaient toujours un : le plaisir de descendre en flèche les théories rocambolesques d'un non-initié.

Assis sur le banc de son jardin, Crispin Marvell lisait une recette de ratafia. C'était une vieille recette transmise de génération en génération par les femmes de sa famille, châtelaines de Linchester. Eau-de-vie, noyaux de pêche, sucre, miel, eau de fleurs d'oranger... Il n'avait pas de pêches et il n'avait pas d'argent pour en acheter. La recette préconisait 500 noyaux de pêche et tout en s'exposant aux doux rayons du soleil, il salivait à l'idée de s'attaquer à la partie la plus intéressante du travail : la dégustation de 500 pêches bien mûres.

Il se leva au bout d'un moment et fit le tour de la maison en touchant de temps en temps les briques... couleur pêche. Quand il s'arrêta devant le mur où Henry Glide avait découvert la fissure, signe inéluctable que l'édifice commençait à s'affaisser, il ferma les yeux et ne vit plus qu'un voile rouge traversé d'objets mouvants. Puis, comme il refusait de se cacher la vérité, il promena ses doigts le long de la fissure, comme un homme atteint d'un cancer, et résolu à l'admettre, promènerait ses doigts sur la partie malade de son corps.

Il sursauta quand il entendit Greenleaf toussoter derrière lui.

– Que ne donnerais-je pas pour connaître vos pensées !

– 2000 livres, si vous voulez, répondit Marvell d'un ton léger.

Greenleaf le regarda avec étonnement.

– C'est le prix que m'a proposé Glide pour racheter le terrain.

– Vous déménagez ? Mais cet endroit... enfin, je pensais que vous y teniez beaucoup.

Greenleaf engloba dans un grand geste circulaire la maison élégante, la pelouse bien entretenue, le verger, la haie d'aubépine cernée par les chèvrefeuilles, parasites bien plus beaux que leur proie. Le docteur n'était pas très sensible à la beauté de ce paysage, mais il savait le prix qu'y attachait son ami. Même lui, qui se disait incapable de différencier une rose d'un dahlia, avait fini par reconnaître qu'ici, le soleil vous caressait la peau au lieu de vous écraser de sa chaleur et que l'air y était plus parfumé qu'ailleurs.

– La maison est si vieille, si pittoresque, dit Greenleaf, ne se rendant pas compte de la portée de ses paroles. Les gens adorent ce genre d'endroit. Ils en offriraient un bon prix.

Marvell hocha la tête. L'idée se précisait dans son esprit, tandis qu'il considérait son livre de recettes. Je ferai du ratafia avant de partir d'ici, juste un peu, que j'emporterai comme souvenir. Puis il expliqua à voix haute à Greenleaf :

– La maison se casse la figure. C'est dangereux de rester ici. Glide est venu jeter un coup d'œil et m'a proposé 2000 livres pour le tout.

– Depuis quand avez-vous pris votre décision ?

– Oh ! depuis un mois environ. Mais j'ai bien profité de cet endroit pendant toutes ces années.

Quand les Marvell avaient fait construire la maison par Andréas Quercus – en vérité, il s'appelait Andrew Okes –, ils s'étaient peu souciés de savoir si les murs tiendraient debout pendant des siècles. Tout ce qu'ils voulaient, c'était assurer un logement aux vieilles personnes de la paroisse, lesquelles n'allaient pas faire les difficiles.

– Mais où allez-vous vivre ? demanda Greenleaf, se reprochant aussitôt son indiscrétion.

Il avait tant de questions à lui poser. De quoi allez-vous vivre ? Avez-vous des économies ? Mais il n'osait pas. La proximité de Linchester faisait de la pauvreté un sujet tabou.

– Je trouverai une chambre quelque part. Je donnerai des cours. Et puis avec 2000 livres, je peux vivre des années, dit-il ironiquement.

Greenleaf remarqua tout à coup à quel point il était maigre. Ainsi Marvell était venu le voir pour se confier à lui. Il calcula la somme dont il disposait pour aider son ami à se remettre à flot. Mais Greenleaf fut détourné de ses bonnes intentions par de nouvelles confidences.

– J'ai vu Edith, ce matin, en revenant du village, dit Marvell. Elle m'a appris que Tamsin a vendu *Hallows*.

– Je crois que cela vaut mieux pour tout le monde, dit Greenleaf, soulagé.

– Puisque nous n'aurons peut-être plus, ni l'un ni l'autre, l'occasion de la revoir, je pense que je peux vous dire pourquoi elle est venue chez moi, cette fameuse nuit.

Il pouvait la distinguer maintenant qu'elle avait franchi la barrière du jardin, toute pâle sous le clair de lune, de plus en plus pâle, dans sa robe vaporeuse, à mesure qu'elle s'approchait de la zone de lumière, avec son panier à la main. Dans l'imagination débordante de Crispin, les groseilles avaient pris l'aspect de perles de jade veinées de rouge. Malgré ce ton maniéré qui la caractérisait, malgré les superlatifs qu'elle employait si souvent qu'ils en perdaient toute signification, elle avait toujours affiché une beauté resplendissante, une beauté dont elle se servait comme d'un rempart la protégeant de ses défauts trop évidents, à moins que la nature ne lui ait fait ce don que pour cacher sa vacuité.

– Je crois qu'elle est vraiment très intelligente, dit-il à Greenleaf.

Il l'avait appelée par la fenêtre puis il était sorti dans le jardin et lui avait demandé si Patrick se sentait mieux.

– Oh ! Patrick... Il a gâché ma soirée. Qu'il peut être assommant quand il veut !

– Tu n'aurais pas dû faire tout ce chemin toute seule. Je serais venu chercher les groseilles demain.

– Cher Crispin, je mourais d'envie de savoir ce que tu faisais à cette heure-là de la nuit. Prépares-tu un vin aux effets aphrodisiaques ?

– Laisse-moi te raccompagner.

Mais elle avait déjà ouvert la porte et l'avait entraîné dans la petite cuisine humide. La fraîcheur de la nuit avait pénétré dans la pièce avec elle et tandis qu'elle se tenait près de lui, presque contre lui, le regard planté dans son regard, il respirait les effluves de son parfum, le riche, l'exotique, l'entêtant « Nuit de Beltane », ennemi juré des senteurs naturelles d'un jardin anglais. Cette essence particulière, avec sa touche de sorcellerie, imprégnait l'atmosphère d'une magie troublante.

– Alors, nous nous sommes assis, dit-il en secouant la tête comme s'il voulait chasser ce souvenir. Il y avait une lampe entre nous, mais vous connaissez la lampe à pétrole ? On dirait qu'elle vous emprisonne dans une douillette intimité. Nous avons parlé de choses et d'autres et puis, tout à coup, elle s'est mise à parler de nous.

– De vous deux ?

– Oui. Elle m'a dit que nous avions beaucoup de choses en commun, que nous aimions tous deux la campagne et que le lien qui nous unissait était très fort. Inutile de vous dire que je me sentais très mal à l'aise.

– Et ensuite ?

– Est-ce que vous imaginez, Max, le grotesque de la situation, Tamsin et moi, encerclés par l'obscurité, au milieu d'un halo lumineux ? Au bout d'un moment, elle s'est levée et elle s'est assise à côté de moi, sur le tabouret. Elle que je croyais incapable de rougir, ses joues étaient en feu.

– Tout le monde peut rougir, dit le docteur.

– Si vous le dites... puis elle m'a dit qu'elle savait bien pourquoi je venais la voir si souvent. Je n'ai rien répondu. Je me sentais terriblement mal à l'aise. Elle m'a pris la main puis elle m'a dit qu'elle s'était aperçue de mes sentiments le jour où je lui avais apporté l'hydromel et les roses. Croyez-moi si vous voulez, Max, mais si je lui ai offert ces modestes fleurs, c'est que je n'avais pas de quoi lui acheter un parfum ou un bijou.

– Je vous crois tout à fait.

– Soudain, elle m'a dit que Patrick la quittait et qu'il demandait le divorce. *Dans un an, je serai libre, Crispin.* C'était une demande en mariage en bonne et due forme. Mais je ne veux pas me marier, précisa Marvell avec empressement. De toute façon, je ne peux pas me le permettre. Tout le monde croit que je suis riche mais presque tout l'héritage de mon père est passé dans les droits de succession. Le reste a été partagé entre mon frère, ma sœur et moi, et j'ai racheté cette maison avec ma part. La famille l'avait vendue depuis longtemps. Enfin, je ne pouvais avouer tout ça à Tamsin, elle m'aurait offert sa fortune.

– Cette mystérieuse fortune personnelle !

– Elle n'a rien de mystérieux. Elle se monte à environ 100 000 livres. Mais Tamsin ne peut pas toucher au capital car il est investi dans le pétrole ou autre chose ; seuls les intérêts lui sont versés. Le reste ira à ses enfants si elle en a un jour. Bref, je ne voulais absolument pas parler d'argent. À la place, je lui ai dit que j'étais trop vieux pour elle. J'ai 50 ans, Max. Elle qui est si fière, j'ai cru qu'elle allait se mettre à pleurer. Je n'ai pas honte de vous le dire, ce fut l'expérience la plus terrible de ma vie. J'ai dû avoir un moment de faiblesse car je lui ai dit – et je le pensais vraiment – qu'elle était la femme la plus belle et la plus attirante que j'avais jamais rencontrée de ma vie. Et puis j'ai ajouté : *Quand je reviendrai dans un an, je suis sûr que vous aurez changé d'avis.* Cela l'a fait beaucoup rire. Puis elle s'est levée et elle m'a dit d'un ton léger : *Patrick m'accusera probablement d'adultère avec Oliver Gage. Je suis sa maîtresse. Vous le saviez ?* J'ai réalisé après coup qu'elle voulait bien me laisser les restes.

– Qu'est-ce qui s'est passé, ensuite ?

– Oh ! rien. Ou presque rien. J'ai mis les groseilles dans un saladier et je l'ai raccompagnée jusqu'à chez elle. Nous n'avons pas parlé pendant tout le trajet. Et puis après, je l'ai laissée au portail.

– Vous avez vu quelqu'un ?

– Personne. Tout s'est passé comme dans un rêve. Mais le plus extraordinaire, ce fut quand je l'ai revue, le lendemain de la mort de Patrick. Je ne voulais pas y aller, Max, mais je me suis senti obligé. On aurait dit un glaçon. Elle ne paraissait pas bouleversée, vous savez ; elle était presque joyeuse comme si elle venait enfin de retrouver la liberté. La soirée de la veille aurait pu aussi bien n'avoir jamais existé. Puis, quand elle est rentrée de vacances, je l'ai rencontrée avec Queenie sur Long Lane. Elle m'a fait un petit signe et m'a demandé comment j'allais. Et puis elle m'a dit qu'elle allait déménager dans les jours qui venaient. Ce fut aussi anodin que si nous ne nous connaissions que de vue.

– Drôle de femme, dit Greenleaf.

– Maintenant, je peux vous l'avouer, dit Marvell, vous ne pouvez pas savoir à quel point je me suis senti soulagé.

13

Deux jours plus tard, Crispin Marvell commença à récolter le miel de ses ruches. Il avait dit au docteur qu'il lui mettrait un pot de côté et qu'il pourrait passer le prendre dans l'après-midi. Mais à 3 heures et demie, Greenleaf était encore dans sa chaise longue, à l'ombre du grand cèdre. Bernice était sortie et il profitait de sa solitude pour somnoler.

À mesure qu'il sombrait dans le sommeil, d'étranges rêves l'assaillaient ; des images fugitives et violentes qui surgissaient des profondeurs de son subconscient, ramenant à la surface des frayeurs insoupçonnées. Dans une de ses visions, la pire de toutes, le tableau de Tamsin se transformait, s'agrandissait ou se distordait jusqu'à ce que la tête dans le plat prenne les traits de Patrick. La sonnerie stridente du téléphone le sortit brusquement de son cauchemar. Le décor familier qui l'entourait l'aida à reprendre pied dans la réalité. Il avait pourtant l'esprit presque en paix depuis quelques jours. D'où lui venait cette peur soudaine qui le faisait basculer dans le doute et l'indécision ? La sonnerie continua et il prit conscience qu'elle ne résonnait pas dans son imagination mais qu'elle venait bel et bien de la maison.

Se souvenant qu'il était de garde, il se hâta vers le petit salon. C'était Edward Carnaby.

– J'ai cru que je n'arriverais jamais à vous joindre, dit-il d'un ton plein de reproche. C'est au sujet de ma fille, Cheryl. Une guêpe l'a piquée à la lèvre, docteur. Elle déjeunait tranquillement sur la pelouse avec Freda et elle n'avait pas vu la guêpe sur le gâteau...

– Sur la lèvre ? demanda Greenleaf en se souvenant de ce qui était arrivé au mineur. Pas dans la bouche ?

– Enfin... je crois que c'est à l'intérieur de la lèvre. Elle a eu une de ces peurs. Et Freda n'en mène pas large non plus. Elles pleurent toutes les larmes de leur corps.

– C'est bon, j'arrive tout de suite.

– Décidément, on n'en aura jamais fini, avec ces guêpes ! dit Edward en introduisant Greenleaf dans le salon.

Bien sûr, c'était la pièce la plus spacieuse de la maison, mais Greenleaf fut quand même surpris de voir les pièce détachées d'un moteur à combustion, étalées sur des feuilles de journaux, au beau milieu du salon.

– Excusez pour le désordre, dit Carnaby en essuyant ses mains pleines de cambouis. J'ai emprunté du matériel à mon cours...

– On s'en fiche ! hurla Freda qui, assise sur le canapé, tenait la fillette étroitement serrée contre elle.

Greenleaf enjamba les plus grosses pièces du moteur et buta sur des boulons qui roulèrent sous les fauteuils. Il n'avait jamais vu quelqu'un dans un tel état de nerfs. La bouche de Freda était si crispée qu'il s'attendait à ce qu'elle se brise la mâchoire d'une seconde à l'autre. Ses joues ruisselaient de larmes.

– Dites-moi franchement, docteur. Elle va mourir, n'est-ce pas ?

Cheryl se débattit et se mit à hurler.

– Mourir ? Bien sûr que non. Quelle idée ! dit Greenleaf, choqué, tandis qu'Edward Carnaby, à quatre pattes sur le tapis, rangeait son fouillis.

– Si, j'en suis sûre. Vous allez l'envoyer à l'hôpital et on ne la reverra jamais plus.

Greenleaf était d'autant plus surpris de la voir à ce point bouleversée qu'elle n'avait jamais semblé porter beaucoup d'intérêt à l'enfant. La mort de Patrick avait dû laisser un vide qu'elle comblait par un instinct maternel hypertrophié. Patrick... on en revenait toujours à Patrick. Il jeta un bref coup d'œil à Carnaby, et pensa subitement aux résultats des analyses qui ne devraient pas tarder à lui arriver, avant de rembarrer Freda.

– Miss Carnaby, si vous ne pouvez pas vous contrôler, il vaudrait mieux que vous quittiez cette pièce.

Freda réprima un hoquet de stupeur.

– Voyons un peu ça, Cheryl.

Il la détacha de l'étreinte de Freda et lui retira doucement son mouchoir de la bouche. La lèvre inférieure avait tellement enflé qu'il pensa à ces photos de « négresses à plateau » vues dans un magazine. Il lui essuya ses larmes.

– Tu vas avoir une drôle de bouille pendant un ou deux jours et puis après, tout sera fini.

Cheryl essaya de sourire. Elle s'écarta de sa tante et repoussa des mèches de cheveux qui lui tombaient devant les yeux, des yeux immenses qu'elle avait dû hériter de sa mère.

– Mr Selby a été piqué par des guêpes, dit-elle en surveillant la réaction de Freda du coin de l'œil. J'ai entendu papa en parler quand ils sont revenus de la soirée. Je ne dormais pas. Je ne dors jamais quand ils me font garder par quelqu'un. (Sa lèvre inférieure ballottait tandis qu'elle parlait.) Ce soir-là, c'était Mrs Staxton. Elle a dit que les guêpes lui faisaient peur parce qu'elles étaient très dangereuses, alors papa lui a dit qu'il avait un produit spécial et qu'elle pouvait le prendre pour chez elle. Alors elle est partie avec.

Greenleaf poussa un soupir de soulagement. Les résultats de l'analyse importaient peu maintenant. La voix de Cheryl se fêla, sous l'effet d'une soudaine panique.

– Mr Selby est mort. Tante Freda a dit que je pourrais mourir comme lui.

Greenleaf sortit de sa poche quelques pièces de monnaie.

– J'ai vu le marchand de glaces sur la pelouse. Va vite t'acheter un gros cornet avant qu'il parte. (Carnaby émit un petit ricanement comme si Greenleaf venait de sortir une plaisanterie.) Ça fera du bien à ta lèvre.

Freda prit un air désespéré. Elle était visiblement persuadée que le médecin avait éloigné la fillette pour leur annoncer un diagnostic des plus pessimistes. Elle s'apprêtait à affronter la terrible nouvelle quand Greenleaf lui dit :

– Miss Carnaby, Patrick Selby n'est pas mort des piqûres de guêpes. Je pensais que vous aviez davantage de bon sens. On ne parle pas de la mort à un enfant de huit ans ! Qu'est-ce qui vous passe par la tête ?

– Tout le monde sait qu'il n'est pas mort d'une crise cardiaque, dit-elle d'un air obtus.

Greenleaf ne répondit rien. La poitrine de Freda était agitée de sanglots. Des larmes avaient coulé sur son chemisier transparent, laissant des petites taches rondes sur le tissu soyeux.

– Mais si, c'est de ça qu'il est mort, insista-t-elle, et il n'avait simplement que quatre piqûres.

– Il y en avait cinq, mais ce n'est pas grave. Cheryl...

– Non ! j'étais assise à côté de lui et je les ai comptées.

– Eh bien, vous vous êtes trompée !

Carnaby, qui était resté silencieux jusqu'à présent, occupé à ramasser les pièces éparses sur le tapis, devint tout à coup agressif.

– Puisque vous cherchez la petite bête, docteur, je peux vous assurer, moi, qu'il n'y en avait que quatre. J'étais à la fenêtre de la salle de bains, juste à côté de lui, quand ça s'est passé. À moins que vous ne comptiez la piqûre de la semaine d'avant.

– Une à la figure, énuméra Freda, deux au bras gauche et une au pli du coude droit. J'ai eu si peur qu'il arrive la même chose à Cheryl... (Le sanglot qui lui était resté en travers de la gorge se transforma en hoquet.) Elle est tout ce qui me reste, maintenant. Patrick... J'aurais pu lui donner des enfants. Il m'avait dit qu'il en voulait. Mais c'est fini, maintenant, fini !

Edward Carnaby fit signe à Greenleaf de sortir avec lui dans le hall et referma la porte derrière lui. Greenleaf se demanda si les pleurs de Freda étaient causés par un véritable chagrin ou si elle était en train de perdre la raison. Puis tandis qu'il essayait de rassurer Edward sur l'état de sa fille et aussi sur celui de sa sœur, il eut comme une révélation. Le puzzle n'était pas encore reconstitué, mais...

– Tout ira bien, dit-il d'un ton mécanique, il ne faut plus vous faire de souci.

C'était à lui de se faire du souci, maintenant.

Il rentra chez lui en courant, tellement absorbé par ses pensées qu'il ne répondit même pas aux saluts de Sheila Macdonald et de Paul Gaveston qui n'étaient plus que des ombres face à l'éblouissement de la révélation. De nouveau installé dans sa chaise longue, il revoyait le corps de Patrick comme il l'avait trouvé ce matin-là, les manches relevées sur les bras couverts de taches de rousseur, les enflures bien visibles sur la peau jaunâtre. Une piqûre au visage, deux au bras gauche, une au pli du coude droit... et une cinquième, aussi récente que les autres, au milieu de l'avant-bras droit. Évidemment, les Carnaby pouvaient se tromper. Mais pourquoi tous les deux ? Et pour quelle raison auraient-ils menti ? Lui-même n'avait pas compté les piqûres le soir de l'accident. Lorsqu'il avait rejoint Patrick dans la chambre, celui-ci portait un pyjama de coton bleu dont les manches descendaient jusqu'aux poignets. Tamsin avait été indifférente et les autres plutôt gênés. Mais Carnaby était placé en première ligne, à la fenêtre de la salle de bains. Ensuite Freda avait tenu la main de Patrick, dans le salon. Personne n'était mieux placé qu'elle pour compter les piqûres. Mais en même temps, Greenleaf savait qu'il n'avait pas rêvé : il avait bien vu cinq piqûres, une sur le visage...

– Vous vous reposez ?

Sans même lever la tête, Greenleaf reconnut Nancy Gage à sa voix de crécelle.

– Bonjour !

– Oh ! ne vous levez pas ! Il fait bien trop chaud pour bouger.

– Si vous cherchez Bernice, elle est allée à Nottingham avec les garçons.

– Ce n'est pas grave, de toute façon, c'est vous que je venais voir. Je n'ai pas besoin de chaise. Je m'assiérai sur l'herbe.

Ce qu'elle fit gracieusement, étalant sa robe en corolle autour d'elle.

Greenleaf remarqua combien le retour d'affection de son mari l'embellissait, comme une rose fanée retrouve sa fraîcheur quand on plonge sa tige dans l'eau.

– Je suis venue vous demander le nom de l'entrepreneur qui a construit votre véranda. Nous voulons agrandir notre maison en même temps que nous agrandissons notre famille, vous voyez ce que je veux dire ? et Mr Glide... eh bien, ses prix sont plutôt exorbitants, vous ne trouvez pas ?

– Il s'appelle Swan. J. B. Swan. Vous trouverez son numéro dans le bottin.

– Oh là là ! Quelle mémoire vous avez ! Au fait, devinez qui j'ai vu en venant ici ? La petite Carnaby, avec une lèvre enflée comme une saucisse. Elle m'a dit qu'elle s'était fait piquer par une guêpe et vous savez quoi ? Elle mangeait une énorme glace. C'était vraiment la dernière chose à faire ! Je l'ai expédiée direct chez sa mère – j'avais oublié qu'elle n'avait pas de mère mais une tante, et il faut voir quelle tante ! – en lui disant de mettre du bicarbonate de soude sur sa lèvre.

– J'ai bien peur que ça ne fasse pas grand effet !

– Oh ! vous, les médecins, vous ne croyez qu'aux antibiotiques ! Moi, je n'ai confiance que dans les remèdes d'autrefois.

Elle parlait avec la fatuité qu'ont certaines personnes âgées quand elles pensent avoir tout vécu, et Greenleaf la vit tout à coup comme elle serait quinze ans plus tard, une encyclopédie vivante de recettes inutiles et dépassées, une vieille femme un peu grasse racontant des histoires de vieilles femmes.

– Je le répète pour la millième fois, mais Patrick serait encore vivant si Tamsin avait utilisé du bicarbonate. (Puis elle ajouta après coup sur un ton de réclame publicitaire :) Et en plus, ça ne coûte rien !

Greenleaf, atterré, ferma les yeux un court moment mais les rouvrit tout à coup quand il entendit la suite :

– Quand nous sommes rentrés de cette horrible soirée, j'ai dit à Oliver de retourner immédiatement à *Hallows* avec du bicarbonate. Il n'y est pas allé tout de suite ; il préférait attendre que vous partiez, je suppose. Mais quand il est arrivé là-bas, toutes les lumières étaient éteintes. Tamsin avait dû monter se coucher. La porte de derrière n'était pas fermée à clef mais Queenie était enfermée dans la cuisine et elle ne l'aurait pas laissé entrer. Alors, il a fait le tour de la maison ; toute la nourriture était restée sur place et Tamsin avait laissé ses cadeaux sur la table, les chocolats, le sac et les fleurs de Crispin. Elle avait dû être terriblement bouleversée pour laisser tout ça comme ça. Oliver a attendu cinq minutes et puis il est rentré à la maison.

– Je crois qu'elle était très fatiguée, dit Greenleaf tandis qu'il récapitulait tous les détails.

« Voilà donc la clef du mystère-du-paquet-blanc », pensa-t-il. « Oliver était allé apporter du bicarbonate au mari de sa maîtresse, espérant probablement une récompense en nature. Pas étonnant qu'il ait attendu mon départ. »

Crispin Marvell s'était donc trompé en prétendant que n'importe qui aurait pu pénétrer chez les Selby quand Tamsin était chez lui. Queenie n'aurait laissé entrer personne... sauf sa maîtresse. Ses maigres soupçons à l'égard d'Edith Gaveston et de Denholm Smith-King s'évaporaient comme des flaques d'eau au soleil. Mais Tamsin, elle, avait tous les mobiles de la terre, dont le plus évident tombait sous le sens. La mort de Patrick faisait d'elle une femme riche et libre. Et ce n'était pas Gage qui allait profiter de la nouvelle situation. Tamsin était désormais maîtresse de son destin.

– Vous êtes bien silencieux, tout à coup, s'inquiéta Nancy. Vous allez bien ? Je vais vous faire une tasse de thé.

Greenleaf détestait le thé. Il déclina l'offre, ferma les yeux et se renversa en arrière sur sa chaise longue.

14

Patrick est mort trop tard. Telle était la phrase que se répétait Greenleaf sur le chemin qui le menait chez Marvell. Patrick est mort trop tard... Pas pour Tamsin qui nageait en plein bonheur mais pour lui qui reconsidérait les faits dans leur ordre chronologique. Crispin partageait aussi cet avis, depuis le jour où la rumeur s'était répandue comme une traînée de poudre, mais Greenleaf, lui, avait haussé les épaules. L'idée avait mis du temps à germer dans son esprit, mais maintenant, il ne pouvait plus s'en détacher. Si Patrick avait succombé juste après les piqûres, ou s'il avait eu une crise cardiaque en voyant le tableau – car il semblait bien que le portrait de Salomé avait provoqué chez lui un traumatisme que Freud se serait fait une joie d'analyser –, il n'y aurait pas eu de mystère. Mais il était mort plusieurs heures après...

D'où venait cette cinquième piqûre ? Une guêpe dans la chambre ? Pourquoi pas. Patrick dormait comme une masse, sous l'effet des somnifères. On aurait pu lui enfoncer une épingle dans le corps sans le réveiller. Mais pourquoi cette cinquième piqûre l'aurait-elle tué, alors que les quatre autres lui avaient seulement fait mal ? Il frappa encore une fois à la porte mais Crispin ne venait toujours pas. Il s'assit sur le banc derrière la maison et attendit.

Il était venu chercher son pot de miel et il voulait profiter de l'occasion pour offrir à son ami de lui prêter de l'argent. Après une longue discussion, Max et Bernice s'étaient mis d'accord pour lui avancer de quoi faire les plus grosses réparations. La mission était délicate, même si Greenleaf avait l'intention d'être un peu formel et d'insister sur le fait qu'il s'agirait d'un prêt normal, avec un taux d'intérêt normal, pour que Crispin ne se sente pas humilié. Un paysan qui prête de l'argent à un aristocrate. « Crispin me tuera pour ça ! » Tout seul sur son banc de jardin, Greenleaf rigolait doucement. Non, il n'y avait aucune raison pour que Marvell le prenne mal.

Il se leva au bout d'un moment et se mit à marcher de long en large, car il se sentait nerveux. Il commençait à se lasser d'attendre. Et si Marvell ne revenait que dans plusieurs heures ?

Il regarda par la fenêtre de la cuisine et vit que la table était couverte de pots de miel, un miel liquide et doré qui n'avait rien à voir avec ce truc cireux qu'on trouve dans les magasins. Un pot pour les Greenleaf, un pot pour les Gage, un pot pour les Gaveston. Malgré sa pauvreté, Marvell était un homme généreux. L'année dernière, la récolte avait été maigre, mais tout le monde à Linchester avait reçu son pot de miel. Tout le monde... ou presque. Patrick ne supportait pas le miel.

Greenleaf tourna les talons et emprunta le petit sentier qui menait au verger. Il s'arrêta sous les arbres et s'assit sur la souche d'un vieux pommier que Marvell avait abattu l'hiver dernier. Les feuilles formaient un parasol ombreux sur la pelouse tandis que la lumière filtrait difficilement à travers les branches noueuses. Autour de lui, il entendait le bourdonnement léger mais sinistre des abeilles à qui on venait de dérober leur trésor. Marvell les dédommageait en remplissant leurs alvéoles d'un sirop brunâtre à base de sucre roux. Pas dupes, les abeilles repartaient à la recherche de leur bien, bourdonnant de plus belle.

Il y avait trois ruches en bois laqué blanc, dont l'aspect avait surpris Greenleaf la première fois qu'il était venu, car il s'était attendu à voir des petites huttes de paille tressée, comme on en dessine dans les livres pour enfants. Devant l'entrée de chaque ruche (une simple fente entre deux planches), Marvell avait installé une plate-forme en bois sur laquelle coulait un flot continu d'abeilles en effervescence. C'était comme une masse liquide, un flot à la fois dormant et agité de remous, qu'un mouvement de marée animait d'un but précis. Greenleaf avait été un jour fasciné par le récit que lui avait fait Marvell de la vie sociale des abeilles. Par curiosité, il s'approcha d'une ruche et s'agenouilla sans bruit.

Au début, les abeilles l'ignorèrent. Il colla son oreille contre la mince cloison et écouta attentivement. Du cœur de l'habitacle lui parvint le bruit d'une ville en activité où des milliers de travailleuses se consacraient à une tâche bien définie. Le grondement insidieux, au volume plus ou moins fort, évoquait la chaleur et la richesse d'une société dont chaque mouvement était savamment contrôlé.

Il oublia, pendant un moment, que les abeilles ne sont pas de simples butineuses, mais aussi, à l'occasion, de redoutables guerrières. Au moment où il changea de position, l'une d'elles, soudainement alertée, lui frôla les cheveux et s'approcha de son visage. Il se leva brusquement et l'écarta d'un revers de main, mais d'autres arrivaient à la charge. Comme la Nature est traîtresse ! Vous la contemplez, admiratif, avec l'œil d'un esthète ou d'un sociologue et elle se referme sur vous comme un piège mortel... Il s'enfuit à toutes jambes, poursuivi par deux insectes vrombissants. Il retira sa veste, tout en courant, la jeta sur sa tête, puis se rua comme un beau diable dans la remise à outils.

Son œil fut attiré par une forme humaine, comme un pendu qui se balançait au plafond. Il reconnut l'attirail d'apiculteur de Marvell : le masque grillagé, les gants et la veste rembourrée. Quand il eut fermé la porte sur ses agresseuses, il s'effondra, hors d'haleine, près de la tondeuse à gazon. Il savait maintenant comment était mort Patrick.

– Mais pourquoi n'a-t-il pas plus enflé ? demanda Bernice. Je croyais que l'histamine provoquait un gonflement des tissus ?

– C'est exact, dit Greenleaf en se lavant les mains, je lui avais donné un antihistaminique...

– Pourquoi cela ne lui a-t-il rien fait ?

– Parce que la dose n'était pas suffisante. Tu comprends, Patrick n'était pas allergique aux guêpes, mais s'il était allergique aux piqûres d'*abeille,* comme j'en ai maintenant la certitude, la réaction à l'histamine aurait été très forte. Les 200 milligrammes d'antihistaminique que je lui ai administrés n'ont pratiquement servi à rien. La seule chose à faire, pour ce type d'allergie, c'est d'injecter sur-le-champ une dose d'adrénaline.

Sinon la mort survient très rapidement. Dans le cas de Patrick, étant sous somnifère, il n'a pas pu appeler à l'aide et il n'y avait personne à côté de lui. Il a dû enfler terriblement mais cela s'est résorbé au bout de quelques heures. Quand je suis arrivé à 11 heures du matin, son visage était un peu bouffi mais j'ai mis ça sur le compte de la piqûre de guêpe qu'il avait reçue sous l'œil.

– Crois-tu que c'est un accident, Max ?

– La coïncidence est trop grande. Quatre piqûres de guêpes et puis juste après, une piqûre d'abeille dans son lit !

– Il devait pourtant bien le savoir, qu'il était allergique aux abeilles.

– Oui, sûrement. Tu te rappelles qu'il détestait le miel ? Oui, il le savait, et quelqu'un d'autre aussi le savait.

– Il en aurait parlé à quelqu'un ?

– Écoute, Bernice, pour le moment je n'en parle qu'à toi mais il faudra peut-être que j'alerte la police. En général, ce genre d'allergies se manifeste dès l'enfance. La famille est donc la première au courant. (Il marqua un temps d'arrêt et regarda la femme qu'il aimait droit dans les yeux.) Tamsin et Patrick n'étaient pas seulement mari et femme ; ils étaient aussi cousins. Ils se connaissaient depuis leur enfance. Même s'il n'en avait jamais parlé, Tamsin a dû s'en rappeler. Tu vois où je veux en venir ? Elle attend que Patrick s'endorme pour se rendre dans le seul endroit où elle est sûre de trouver une abeille, le jardin de Marvell, et elle prend avec elle le petit sac de paille.

– J'ai tout compris. Un sac *de paille,* pour laisser passer l'air. Elle venait donc des ruches quand Crispin l'a vue. Mais pourquoi s'est-elle attardée chez lui ? Pourquoi cette tentative de séduction ?

– Je n'en sais rien. Il lui fallait peut-être un alibi, au cas où elle aurait croisé quelqu'un. Je veux en avoir le cœur net. Je vais aller la voir maintenant.

– Oh ! Max. N'y va pas.

– Ne t'inquiète pas, tout se passera bien.

Tamsin empilait ses valises dans la grande voiture, celle de Patrick, quand Greenleaf arriva, sans se presser, par l'allée des saules. Queenie, couchée sur le siège du conducteur, suivait le vol des martinets qui chassaient les insectes.

– Je m'en vais demain, Max, dit-elle. (Il prit la valise la plus lourde et la mit dans le coffre.) Quelle panique ! j'ai vendu la maison et il a fallu m'occuper des papiers. Je ne sais pas où nous allons, avec Queenie, mais nous partons loin, loin, très loin. J'ai vendu tous les meubles... et aussi la Mini. Il ne me reste que mes vêtements et cette voiture. Mais ce n'est pas grave. J'ai assez d'argent pour vivre sans problème jusqu'à la fin de mes jours.

Elle n'avait pas quitté son masque. Seule la bouche souriait dans ce visage parfait. Greenleaf caressait la chienne pour se donner une contenance.

– Ne faites pas attention à Queenie. Elle se prend pour un oiseau. Entrez dans la maison.

Il la suivit dans la salle à manger. Quelqu'un avait décroché le tableau et l'avait posé au sol, contre le mur. Avait-elle l'intention de l'emporter avec elle ?

Tamsin avait croisé son regard interrogateur car elle le prit par la main et le fit asseoir sur une chaise, le dos tourné au tableau.

– Vous ne l'aimez pas, n'est-ce pas ?

Greenleaf, incapable de sourire, fronça les sourcils.

– Pas beaucoup, non.

– Patrick ne l'aimait pas non plus, dit-elle d'un air naïf et presque étonné. C'est drôle ! Il était très immature, dans le fond. Il y a des gens comme ça qui traînent des peurs depuis leur enfance, la peur du noir par exemple.

Greenleaf appréhendait le moment où il allait lui poser des questions. Comment allait-elle réagir ? Allait-elle tout avouer d'un coup ? ou bien devenir violente ? À moins qu'elle ne se jette à ses genoux, comme dans les films ou dans les pièces. Sa mission lui donnait la nausée.

Elle continuait de parler, ne se doutant de rien.

– Ce tableau se trouvait chez ma grand-mère dans une pièce qu'on appelait la pièce-jardin parce qu'elle donnait sur le jardin d'hiver. Patrick en a fait tout un drame, la première fois qu'il l'a vu... la seule fois, en fait. Mon oncle et ma tante rentraient d'Amérique avec lui et ils étaient venus passer deux jours chez ma grand-mère. Patrick était incroyablement gâté. (Elle se tourna tout à coup vers le portrait de Salomé.) Il avait neuf ans et moi j'en avais sept. Grand-mère le trouvait merveilleux. On voit bien qu'elle n'a pas eu à vivre avec lui. Mais finalement, c'est quand même à moi qu'elle a laissé sa fortune. C'était un amour.

Si seulement elle me disait quelque chose de significatif, pensait Greenleaf, quelque chose qui justifierait ma démarche... qui me forcerait à mettre en route la machinerie judiciaire. Comment trouverait-il la force de l'envoyer en prison ? Tamsin derrière les barreaux. Tamsin, si belle, si raffinée. C'était impensable.

– Vous avez dû être contente, dit-il, conscient de la stupidité de sa phrase.

– J'aimais beaucoup ma grand-mère, vous savez, même si elle était un peu folle. Après le suicide de son fils, le père de Patrick, elle s'est mise à débloquer. Elle avait une horreur maladive du divorce.

Ça y est, on y arrive, se dit-il. Il mourait d'envie d'entendre la suite mais il aurait voulu en même temps qu'elle se taise à tout jamais.

– Vous voulez une cigarette, Max ?

– J'ai arrêté de fumer... mais pour une fois...

Il alluma sa cigarette d'une main tremblante.

– Qu'est-ce que je vous disais ? Ah oui, grand-mère savait que je ne m'entendais pas bien avec Patrick. Pourtant, c'est elle qui nous avait mariés, mais elle ne supportait pas l'échec. Elle pensait que nous étions semblables parce que nous étions cousins. Quelle erreur ! Après sa mort, nous sommes allés chez le notaire pour entendre la lecture du testament. On se serait cru dans un film ! C'était complètement surréaliste. Patrick ne fut pas cité une seule fois... Elle pensait sans doute qu'il avait reçu assez d'argent de son père. Ou peut-être lui en voulait-elle parce qu'il n'allait jamais la voir. Toujours est-il que c'est moi qui ai hérité de tout, à une seule condition...

Elle s'arrêta pour calmer Queenie qui s'agitait autour d'elle. Greenleaf restait suspendu à ses lèvres.

– Que Patrick et moi ne divorcerions jamais.

Seigneur ! pensa Greenleaf. Tout est clair à présent. J'ai retrouvé les pièces manquantes du puzzle.

– Comme si je voulais divorcer ! Je serais incapable de gagner ma vie. Je ne sais rien faire de mes dix doigts. Les études de Patrick avaient toujours passé avant les miennes.

Mais Patrick avait eu l'intention de demander le divorce, la laissant ainsi sans un sou. Et Oliver Gage n'aurait pas pu l'épouser puisqu'il était incapable de prendre à sa charge les frais d'un troisième divorce. Comme tout le monde, il avait fantasmé sur la fortune de sa maîtresse. Et puis il avait bien fallu qu'elle lui avoue la vérité. Et quand, tombant de haut, il s'était détaché d'elle, Tamsin, désespérée, s'était tournée vers Marvell, sa dernière chance. Mais celui-ci s'était défilé à son tour. Il ne lui restait plus qu'une solution.

– Quelqu'un était-il au courant ? demanda-t-il abruptement.

Pour une fois la curiosité l'emportait sur sa légendaire discrétion.

– Je me suis sentie tellement humiliée, dit-elle dans un murmure. Tout le monde à Linchester me croyait riche et indépendante. Mais si Patrick avait demandé le divorce, je me serais retrouvée à la rue.

Comme il détenait maintenant le mobile du crime, il n'hésita plus à révéler le véritable but de sa visite.

– Tamsin... commença-t-il. (La cigarette lui avait un peu tourné la tête. L'image de Tamsin se brouillait devant ses yeux.) Je voulais vous dire quelque chose. À propos de Patrick...

– Vous voulez parler de Freda Carnaby ? Je suis au courant, vous savez. Ils se ressemblaient tellement tous les deux. Au fond, ils étaient faits l'un pour l'autre. S'il y avait une femme qui aurait pu le rendre heureux, c'était bien Freda. Mais n'allez pas croire qu'il allait avec elle à cause de moi. C'est parce qu'ils étaient ensemble que... Oliver et moi... Oh ! Max, j'étais si seule. Si vous saviez !

Greenleaf était si horrifié qu'elle pût le croire intéressé par ce genre de ragots, qu'il entra directement dans le vif du sujet, oubliant sa discrétion habituelle.

– Non, Tamsin. Je voulais parler de la mort de Patrick. Je ne crois pas qu'il soit mort d'une crise cardiaque.

Était-il possible que, cloîtrée chez elle depuis son retour, elle n'ait pas eu vent de toutes ces médisances ? En la voyant serrer les poings, il se demanda si ce n'était pas le début du déferlement de violence auquel il s'attendait.

– Que voulez-vous dire ? s'exclama-t-elle. Max, je ne peux pas rester un jour de plus dans cet endroit ! Vous ne savez pas à quel point il me haïssait ! Je sens encore sa présence dans toute la maison.

Le ton de sa voix était si vibrant que Greenleaf recula d'un pas.

– Vous me comprenez, Max ? Quelquefois, lorsque je monte au premier, je me dis : et si je lisais un message tracé par son doigt sur la poussière de la coiffeuse ? Il faisait toujours ça. Je n'ai rien d'une femme d'intérieur, Max, vous le savez, et les femmes de ménage ne restaient jamais longtemps chez nous.

Queenie les terrorisait. Il vérifiait toujours tout derrière moi. Et quand j'avais oublié de nettoyer quelque chose, il traçait avec son doigt dans la poussière : « lave ici » ou « je fais mon travail, fais donc le tien ». Je vous jure, Max, que je ne mens pas.

Comment ce genre de mariage peut-il exister ? se demanda Max. Évidemment, quand on avait connu Patrick, cela n'avait rien d'étonnant. Greenleaf savait qu'il suffisait d'une petite contrariété pour qu'une personne fragile pique une crise d'hystérie, mais il resta stupéfait quand Tamsin se mit à hurler comme une folle :

– J'ai peur d'entrer dans cette pièce, Max ! ! ! Je sais qu'il est mort mais... supposez que je trouve un message au même endroit ?

– Tamsin, dit-il en coupant court à ses cris, combien de fois Patrick s'était-il fait piquer ce soir-là ?

Elle tremblait encore de tous ses membres, terrorisée par un homme mort et par la maison qu'il avait construite.

– Quatre fois. Mais qu'est-ce que cela peut faire ? Vous m'avez dit qu'il n'était pas mort à cause des piqûres.

La fraîcheur du soir n'avait pas encore pénétré dans la pièce mais Tamsin se leva pour fermer la porte. Il se sentit mal à l'aise tout à coup. Tamsin s'était rassise. Il s'aperçut qu'il se trouvait dans un endroit clos, face à un chien qui semait la panique dans tout le voisinage.

– Combien de piqûres avait-il, en revenant du jardin ?

– Eh bien... quatre. Je vous l'ai dit. Je n'ai pas fait très attention.

– Et après ? Quand il est mort ?

Il écrasa sa cigarette dans le cendrier tout en ne détachant pas son regard de Tamsin qui cajolait la chienne et lui enserrait le museau avec sa main.

– Queenie, ma belle...

Elle se pencha et frotta son visage bronzé contre la truffe humide.

– Patrick est mort d'une piqûre d'abeille, Tamsin.

Il suffisait qu'elle lui dise un mot pour que la chienne bondisse. Il n'y avait dans cette pièce, pour se protéger, que les grands rideaux dans lesquels il pourrait s'enrouler. Mais la chienne mettrait le tissu en pièces et...

– D'une piqûre d'abeille ?

– C'était peut-être un accident. Une abeille aurait pu entrer par la fenêtre.

– Oh ! non, sûrement pas, s'écria-t-elle.

Elle avait approché son visage de l'oreille de la chienne. Elle murmura quelque chose puis elle lâcha le museau de Queenie. Greenleaf sentit son cœur battre de plus en plus fort. C'était ridicule ! absurde ! Ce genre de chose n'arrivait que dans les films. La chienne s'élança. Il se rejeta en arrière et se protégea le visage avec ses mains. La chaise glissa sur le parquet ciré et il tomba lourdement à terre.

15

Pendant quelques secondes qui lui semblèrent une éternité, il resta allongé sur le sol, paralysé par la peur. Il avait fermé les yeux et attendait le contact de l'animal sur lui. Mais la voix de Tamsin s'éleva dans la pièce, douce et calme.

– Oh ! Max, je suis désolée. C'est une vraie patinoire, ce plancher.

J'aurais fait un bien mauvais policier, se dit Greenleaf en relevant sa chaise. Mais où était donc passée la chienne ? et pourquoi ne l'avait-elle pas mordu ? C'est alors qu'il la vit poursuivant un pince-oreille sous le buffet.

– Viens ici, Queenie ! Décidément, elle chasse n'importe quoi, même les insectes.

Tout allait bien. Ce qu'il voyait se terminer en tragédie n'était qu'un banal accident domestique. Une chaise qui glisse et un chien qui joue. Quant à Tamsin, elle avait mis sa frayeur sur le compte de la chute.

– En parlant d'insectes, dit-elle, c'est drôle ce que vous m'avez dit au sujet de l'abeille. Patrick avait été piqué par une abeille le jour où il avait vu le portrait de Salomé. Je ne l'avais jamais rencontré et je l'observais depuis le jardin. Il est sorti de la véranda en courant et il y avait une abeille sur un géranium Il a posé sa main dessus et il s'est fait piquer.

– Et ensuite, que s'est-il passé ? demanda Greenleaf d'une voix tremblante.

Tamsin haussa les épaules et attrapa la chienne par la queue.

– Oh ! rien de particulier. Je crois que j'ai éclaté de rire. Les enfants sont cruels, n'est-ce pas ? Ma tante et ma grand-mère en ont fait tout un drame. Elles l'ont mis au lit et elles ont appelé le docteur. Je me souviens bien ce que je leur ai dit à l'époque : C'est une vraie petite nature, ce garçon. Je parie que vous n'auriez pas fait la même chose pour moi. Alors, elles m'ont envoyée dans ma chambre. Je lui ai rappelé cette anecdote, bien plus tard, mais il n'a pas voulu m'en parler. Il m'a simplement dit qu'il n'aimait pas les abeilles et qu'il ne supportait pas le miel.

– Vous ne vous êtes jamais dit qu'il pouvait être allergique aux piqûres d'abeilles ?

– Je ne pensais pas qu'on pouvait l'être, dit-elle d'un air étonné.

Il aurait tant voulu la croire. Il aurait voulu lui dire : Oui, vous pouvez partir, Tamsin. Soyez heureuse. Partez loin ! Loin d'ici.

Tout compte fait, l'abeille avait très bien pu entrer dans la chambre par hasard. D'ailleurs, c'était lui qui avait ouvert la fenêtre... Les abeilles piquent quand on les provoque. C'était peut-être la même chose avec les abeilles. L'insecte-tueur s'était posé sur le bras du dormeur et l'avait piqué pendant un mouvement brusque de ce dernier. Si Tamsin était coupable, elle se raccrocherait à l'éventualité d'un accident.

– Pensez-vous qu'une abeille ait pu le piquer par hasard ? demanda Greenleaf.

– Je pense que oui.

Marvell a tort, se dit le doteur. Tamsin n'est pas intelligente. Elle est stupide, délicieusement stupide. Elle ne vit que pour elle-même et pour ses chimères. Mais les rêves peuvent se transformer en cauchemars. Il n'y a que l'argent qui puisse motiver cette femme, l'argent tombé du ciel.

Puis elle dit tout à coup quelque chose qui bouleversa entièrement l'opinion de Greenleaf. Non seulement Tamsin n'était pas une idiote, mais elle n'était pas non plus une criminelle

– Oh ! tout bien réfléchi, je pense que non... Je suis même sûre que non. Crispin m'a parlé des abeilles une fois. Elles sont différentes des guêpes car lorsqu'elles piquent, elles meurent. C'est une sorte de hara-kiri, qu'elles se font. En perdant leur venin, elles perdent un peu d'elles-mêmes. C'est horrible comme fin, non ? pauvres abeilles. Si cela avait été un accident, on aurait retrouvé le dard dans le bras de Patrick. Mais ce ne fut pas le cas, n'est-ce pas ?

Sans le vouloir, Greenleaf lui avait donné le moyen de se disculper. Une femme coupable aurait cherché une échappatoire. Tamsin, en confirmant l'assassinat de son mari, prouvait son innocence.

– Max, vous ne croyez tout de même pas que je...

– Non, Tamsin, non.

– Je suis contente qu'il soit mort, c'est vrai. J'ai tout essayé pour qu'il me pardonne ma liaison avec Oliver. Mais il n'a rien voulu entendre. Il m'a dit que cela tombait bien, que je lui donnais enfin l'occasion de demander le divorce, et que de son côté, personne ne pourrait prouver qu'il était l'amant de Freda. Comme ça, en apparence, il était très ami avec Oliver, mais en le faisant suivre par un détective, il avait rassemblé des preuves suffisantes pour m'accabler devant un tribunal. Il avait fait en sorte qu'Oliver et Nancy viennent à la soirée, et puis il aurait dévoilé notre liaison devant tout le monde. Il adorait faire souffrir les gens, Max. Même les Smith-King. Vous avez vu comme il tourmentait ce pauvre Denholm pendant la soirée ?

Comme Greenleaf ne répondait rien, elle continua d'une voix tremblante :

– Oh ! cette horrible soirée ! Il avait rendu visite à Freda, la veille au soir. J'étais désespérée. Je n'ai jamais autant pleuré de ma vie. Oliver est venu me voir mais je ne l'ai pas laissé entrer. Toutes les fois que nous nous sommes vus à son appartement, il m'a dit qu'il voulait divorcer. Il comptait sur mon argent, bien entendu. Alors il a bien fallu que je lui dise la vérité. Je lui ai tout avoué le soir de mon anniversaire.

C'est pour ça qu'ils avaient une mine lugubre, assis sur leur petit muret, se souvint Greenleaf. Ils n'avaient plus dansé, collés l'un contre l'autre comme au début de la soirée.

– Il a même cherché un moyen de détourner certaines clauses du testament, mais sans succès. De toute façon, il n'en voulait qu'à mon argent. J'étais horriblement déçue, Max. Je ne me marierai jamais plus. Toutes ces histoires m'ont dégoûtée mais ce soir-là j'aurais épousé n'importe quel homme pouvant subvenir à mes besoins. Vous m'imaginez travailler dans un bureau, Max ? entrer le soir dans une chambre meublée ? cuisiner sur un réchaud à gaz ? J'aurais même épousé Crispin.

– Marvell n'a pas un sou, dit Greenleaf. Sa maison tombe en ruines et son terrain ne vaut pas grand-chose.

On aurait dit que le ciel était tombé sur la tête de Tamsin. Elle laissa tomber son masque, le temps d'un instant, et ses grands yeux dorés lancèrent des éclairs.

– Mais ses livres ?

– Il ne les termine jamais, j'en ai peur.

Pour Greenleaf, le plus triste de l'histoire, c'était que Marvell allait devoir quitter la maison qu'il aimait tant, et que le cauchemar de Tamsin – la pièce meublée avec le réchaud – avait bien failli se concrétiser. Il ressentit alors le rire de Tamsin comme un affront. C'était un rire aigu qui sortait du fond du cœur et qui s'élevait en cascade dans toute la pièce. Un rire franc, cependant, qui balayait toutes les rancœurs, tous les soupçons. La chienne, en alerte, se dressa sur ses pattes.

– Je ne vois pas ce qu'il y a de drôle, dit Greenleaf.

Tamsin ne se soucia plus de ce qu'il pourrait penser ou dire.

– Oh ! Max ! si vous saviez ! C'est vraiment trop bête ! Crispin est resté avec moi, la nuit où Patrick est mort, toute la nuit... J'ai eu si peur quand vous m'avez fait entrer dans la chambre du fond pour m'annoncer la nouvelle. J'étais persuadée que vous alliez deviner que je n'avais pas dormi seule. Oh ! Max, Max. C'est tellement grotesque.

Greenleaf la contemplait, partagé entre la colère et la pitié. Mais le rire de Tamsin ne le blessa plus tout à coup, car il comprit que c'était d'elle-même qu'elle riait, c'était elle-même qu'elle méprisait.

– Je voulais l'épouser pour son argent, il voulait m'épouser pour le mien, et le plus drôle, c'était que nous n'avions pas un sou, ni l'un ni l'autre !

16

Elle le raccompagna jusqu'au portail. Greenleaf lui serra la main puis, comme il se sentait honteux d'avoir pu la soupçonner, il l'embrassa sur la joue, impulsivement.

– Je peux partir demain, Max ? Vous n'avez plus besoin de moi, n'est-ce pas ?

Elle lui parlait comme à un policier ou à un fonctionnaire du ministère de l'intérieur. En niant la possibilité d'un accident, elle avait insinué de façon implicite que Patrick avait été assassiné.

Mais Greenleaf savait qu'elle n'avait pas encore réalisé. Un jour, elle comprendrait, et peut-être que cette révélation la laisserait, tout compte fait, indifférente. Elle s'en allait donc vers une destination inconnue où l'attendait un autre jeune directeur d'entreprise prêt à succomber à son charme innocent.

– Au revoir, Tamsin.

– Au revoir, Max.

Arrivé à la grille du domaine, il se retourna pour lui faire signe. Elle se tenait immobile dans le crépuscule, la main posée sur le cou de Queenie. Puis elle remonta l'allée de saules, et disparut.

Greenleaf pénétra dans le jardin de Crispin Marvell par la porte du fond. Les abeilles étaient toujours en pleine activité, et il fit un grand détour pour éviter les ruches.

Il faisait presque nuit maintenant. Une chauve-souris lui frôla le visage et la silhouette de l'animal se découpa sur le ciel comme un ptérodactyle en miniature.

La maison était sombre et tranquille. Un moment, il pensa que Crispin n'était pas rentré. Mais en jetant un coup d'œil par la fenêtre, il aperçut derrière le dos d'un fauteuil la blancheur d'une manche de chemise.

Il frappa à la porte, sans résultat. Il entra, passa près de la table aux pots de miel et entra dans la salle de séjour. Crispin ne dormait pas. Les yeux grands ouverts, il regardait la cheminée, où finissaient de se consumer un tas de papiers noircis. Le médecin n'eut pas besoin de demander ce que c'était ; il comprit que c'était le manuscrit de l'abbaye de Chantefleur.

– Bonsoir, Max, dit enfin Crispin. Vous êtes venu chercher votre miel ? Il est prêt.

Mais Greenleaf savait qu'il ne mangerait plus jamais de miel, jamais plus. Il en avait mal au cœur, rien que d'y penser. Mais il n'avait pas peur. Bizarrement, il n'avait pas peur du tout....

Sans mot dire, il regarda son ami d'un air triste, et se mit à frotter ses lunettes contre son veston pour se donner une contenance.

– Vous avez tout compris, n'est-ce pas ? dit enfin Crispin. Je vois que oui.

Le cœur serré, Greenleaf s'assit sur le bord d'une chaise, lourdement.

– Mais pourquoi, pourquoi, Crispin ?

Bien qu'il chuchotât, sa voix semblait résonner dans le silence.

– Pourquoi, Max ?... À cause de l'argent, bien sûr. C'est la seule chose qui compte. La beauté, l'amour, le pouvoir ne sont rien à côté de l'argent.

Du fond de son coin sombre, Greenleaf haussa les épaules.

– Tamsin n'avait pas un sou en cas de divorce. Il y avait une disposition à ce sujet dans le testament de sa grand-mère. Le saviez-vous ?

– Non, je ne le savais pas.

Le ton de Crispin était sincère, mais, à la différence de Tamsin, cette révélation ne le fit pas rire.

– Je voulais tout, Max... La maison, sa fortune, celle de Patrick. Imaginez tout ce que j'aurais pu réaliser avec cet argent... Mais elle, que cherchait-elle en moi, dans ces conditions ?

– L'argent, évidemment. Elle aussi, elle vous croyait riche.

Crispin soupira.

– Je pensais qu'à mon âge, on savait reconnaître l'amour... mais c'est un genre de comédie dont les femmes ont le privilège. Voulez-vous savoir comment cela s'est passé ?

– Oui, dit le médecin.

– Il faut que je remonte au jour où Henry Glide m'a appris que ma maison était condamnée. Pour moi, vous comprenez, c'était la fin de tout, l'écroulement : *Le jour a disparu, survient la nuit obscure...*

Il se tut un instant et, dans l'ombre, Greenleaf le vit qui s'essuyait les yeux.

– Sur ce qui s'est passé la nuit de la mort de Patrick, je vous ai dit la vérité, mais je ne vous l'ai pas dite tout entière. Vous savez cela, n'est-ce pas ?

– Vous m'avez dit un mensonge, cependant.

– Un seul. Nous y arriverons tout à l'heure... Un jour, voici à peu près un an, Tamsin est venue m'aider à récolter le miel. Au cours de la conversation, elle m'a appris que Patrick n'aimait pas le miel, et elle m'a raconté comment il avait été très malade, étant enfant, pour avoir été piqué par une abeille, juste après avoir vu un tableau représentant une femme tenant une tête coupée sur un plat...

– Je suis au courant de l'incident, Crispin. Continuez.

– J'ai tout de suite compris qu'il devait s'agir d'une allergie. C'est un sujet que je connais bien, à cause de ce sacré rhume des foins.

– L'avez-vous dit à Tamsin ?

– Non. Je me demande pourquoi. Peut-être que déjà, inconsciemment... Je ne sais pas.

– Il y a des gens qui guérissent de leurs allergies.

– C'était une chance à tenter. Toute l'idée m'est venue en un instant, quand j'ai découvert le tableau dans la chambre d'ami de *Hallows*. Croyez-vous qu'elle l'avait mis là exprès ?

– Je pense que oui, pour éviter de donner un choc à Patrick. À ce moment-là elle tentait par tous les moyens de se réconcilier avec lui.

– La réaction de Patrick à la vue du tableau m'a remis en mémoire l'histoire de la piqûre d'abeille...Oh ! Max, quelle tentation, tout à coup ! J'ai à peine eu la force de redescendre au rez-de-chaussée.

– Je me rappelle, dit Greenleaf. Vous avez fait une citation : quelque chose à propos de l'enfant qui a peur du diable peint. Qu'est-ce que c'était ?

– *Macbeth*. Et puis, là-dessus, il y a eu l'invasion des guêpes, leur attaque sur Patrick. L'occasion rêvée... Mais je n'étais pas assez sûr de Tamsin pour agir. À ses yeux, je n'étais qu'un vieil ami, un confident. J'ai été stupéfait en la voyant arriver dans mon jardin en pleine nuit.

– Sans son sac de paille, n'est-ce pas ? Depuis le début, ce détail m'a étonné. Ce n'était pas son genre.

Crispin se leva pour aller ouvrir la fenêtre.

– Est-ce que l'air vous gêne ?

– Pas du tout. Vous ne vous sentez pas bien ?

– Un malaise, mais ça va passer. Je vais allumer la lampe. L'obscurité, c'est une sorte de pauvreté. Pardonnez-moi.

La lumière changea l'atmosphère de la pièce.

– Le sac de Tamsin..., reprit Crispin. Oui, c'est mon seul mensonge. À un détail près, tout s'est passé comme je vous l'ai raconté, sauf que, lorsqu'elle m'a fait sa proposition, je n'ai pas dit non. Je lui ai proposé de la raccompagner à *Hallows* et, sous prétexte d'aller chercher ma veste, je me suis glissé jusqu'au hangar ; j'ai pris mon masque, mes gants ainsi qu'une boîte grillagée, et j'ai été attraper une abeille au rucher. Vous vous rappelez qu'il faisait clair de lune, on y voyait comme en plein jour. Tamsin ne s'est aperçue de rien. Quand nous sommes arrivés à *Hallows*, je suis entré avec elle. Elle m'a dit que vous aviez donné un somnifère à Patrick et que ce n'était pas la peine d'aller le voir. Sans nous être concertés, nous savions que nous allions passer la nuit ensemble... Elle est allée dans la salle de bains ; quand j'ai entendu l'eau couler, je suis monté dans la chambre de Patrick. Il dormait. J'ai pris une épingle sur la coiffeuse et je la lui ai enfoncée dans le bras : il n'a pas bougé.

Greenleaf sentait un froid glacial l'envahir. Il frissonna violemment.

– J'ai posé l'abeille sur son bras et je... je l'ai excitée, Max, jusqu'à ce qu'elle pique. Vous ne pouvez pas savoir l'effet que ça m'a fait. Les abeilles sont mes amies. Elles travaillent pour moi depuis des années, elles me nourrissent... parfois je n'avais rien d'autre à manger que du pain et du miel... et maintenant je forçais l'une d'elles à mourir pour moi. Je l'ai vue enfoncer son aiguillon, et puis... elle a essayé de s'envoler, pauvre bête, et elle a agonisé. C'était horrible.

Greenleaf ouvrit la bouche pour parler, mais renonça. Que pourrait-il trouver à dire à cet homme capable de tuer son semblable sans broncher et qui pleurait sur la mort d'un insecte ?

– Après cela, continua Crispin, j'ai retiré l'aiguillon de la plaie. Et ensuite, il fallait que je reste, ne serait-ce que pour empêcher Tamsin d'entrer dans la chambre de son mari. Elle le détestait, mais je ne crois pas qu'elle l'aurait laissé mourir sans rien faire... Nous avons fait l'amour devant Salomé. Encore une qui savait utiliser à son profit les désirs des vieillards, celle-là ! Sur le moment, j'ai bien cru que c'était de l'amour... Je suis parti à 4 heures. Tamsin dormait. Je suis allé voir à côté ; Patrick était bien mort. La chienne est montée et je l'ai enfermée avec Tamsin.

Crispin parlait maintenant d'une voix sourde, le regard rivé au sol.

– J'avais cru que, après cette nuit d'amour, elle allait m'épouser. Mais le lendemain j'ai compris qu'elle se moquait pas mal de moi. J'ai 50 ans et elle en a 27. C'était l'argent qui l'intéressait, uniquement l'argent...

Marvell se redressa, subitement rajeuni.

– Oh ! peu importe ! Je ne suis plus responsable que de moi-même.

– Mais pourquoi ces confidences ? s'écria le médecin. Pourquoi m'avoir mis sur la piste ? Vous m'avez délibérément donné tous ces soupçons...

– Au début, j'espérais bien m'en tirer, naturellement. Mais quand j'ai compris que j'avais tué Patrick pour rien, j'ai voulu au moins finir en beauté. Vous comprenez, je n'ai plus rien à espérer désormais... Pour moi, la vie n'a pas d'autre but que la communion avec la nature, la culture, le jardinage, et l'apiculture. Le soir, j'écrivais des études historiques, je causais avec des gens qui se rappelaient comme moi le temps où les droits de succession ne dévoraient pas tout ce qui constitue le charme de la vie pour les gens de ma sorte...

– Je ne sais plus que faire, dit Greenleaf, accablé.

Inconsciemment, il reprenait la phrase classique du désespoir, celle qu'il entendait si souvent dans son cabinet de consultation quand on venait chercher conseil et réconfort auprès de lui.

– Vous n'avez pas le choix, Max. Vous n'êtes pas un prêtre en train d'écouter une confession. Vous avez connaissance d'un crime. Votre devoir est clair.

Greenleaf bondit sur ses pieds et fit face à son ami dans le cercle lumineux de la lampe.

– Pour l'amour du ciel, Crispin ! Cessez de vous prendre pour Dieu le Père !

– Je vais aller préparer mes affaires, et puis vous me conduirez à la police. Voulez-vous m'accompagner dans ma chambre ?

– Je ne suis pas un flic. Je vous attends au jardin.

Crispin hésita. Il esquissa un geste, puis renonça.

– Max... Me pardonnerez-vous ?

Le médecin resta silencieux. Alors Crispin prit la lampe et entra dans sa chambre.

Le jardin était un paradis de parfums. Les grands arbres frissonnaient, un hibou volait haut dans le clair de lune. À l'intérieur de la petite maison, la lumière de la lampe éclairait une seule fenêtre, celle de la salle de bains. Tout le reste était obscur et silencieux, comme si Henry Glide en avait déjà pris possession et que l'on n'attendît plus que l'arrivée des bulldozers.

La lumière ne bougeait pas.

« Je vais lui laisser encore quelques instants », se dit Greenleaf. Pauvre Crispin, qui a tant aimé sa solitude, et qui ne sera plus jamais seul désormais...

Évitant les ruches, le médecin fit le tour du jardin et revint lentement vers la maison. Toujours aucun bruit à l'intérieur. Il entra, tâtonnant, trébuchant contre les chaises. À la porte de la salle de bains, il s'arrêta pour écouter. Il pensa, malgré lui, à une autre salle de bains, où Tamsin s'était douchée pendant que son amant déposait sur le bras de son mari l'abeille qui allait causer sa mort.

– Crispin ! cria-t-il.

Le silence, maintenant, l'emplissait de panique.

– Crispin ! Crispin !

Il tambourina sur la porte, tenta vainement de l'ouvrir. C'était une porte ancienne, en bois massif, solide, inébranlable.

Greenleaf sortit précipitamment de la maison, assourdi par ses propres battements de cœur.

Il prit son courage à deux mains pour regarder par la fenêtre, pour ouvrir les yeux devant le spectacle qu'il redoutait...

La baignoire était pleine de sang.

Non, c'était impossible. Ce n'était pas que du sang. Il y avait aussi de l'eau, des litres d'eau, mais on aurait dit du sang, écarlate, immobile. Seule émergeait de la surface la tête de Crispin, pâle et sans âge, comme celle que portait Salomé sur son plateau d'argent.

Greenleaf entendit comme un sanglot. Il allait regarder derrière lui quand il s'aperçut que c'était lui qui pleurait. Il enleva sa veste et l'enroula autour de son poignet et brisa le carreau de la fenêtre.

Crispin était mort, mais son corps était encore chaud. Il portait aux poignets de longues estafilades ; le rasoir gisait au fond de l'eau rougie. Greenleaf ne s'y connaissait pas beaucoup en histoire mais il se rappela un cours donné par un professeur de médecine. Les Romains, avait-il dit, mettaient fin à leurs jours de cette façon, dans un bain chaud.

Qu'avait donc dit Crispin avant de mourir ? « Je ne suis responsable que de moi-même... » et « Max, me pardonnerez-vous ? »

Greenleaf laissa le corps comme il l'avait trouvé. Il prit la lampe, ouvrit le verrou et sortit de la pièce, abandonnant définitivement Crispin à l'obscurité qu'il avait choisie.

En passant par la salle à manger, il obéit à une impulsion et s'arrêta devant l'assiette en porcelaine avec la petite pomme sculptée. Il la décrocha du mur et l'emporta avec lui.

Cette nuit-là, Greenleaf n'eut pas le cœur de traverser le petit bois et d'affronter les ombres menaçantes des arbres. Il éteignit la lampe et fit un détour par Long Lane. Dans les maisons de Linchester, les lumières étaient encore allumées. La chaîne des Gage faisait un bruit assourdissant, les Gaveston recevaient des invités. En arrivant près de sa maison, il vit un taxi s'engager sur la Circulaire. Une femme lui fit un signe de la main, par la vitre arrière. C'était Mrs Miller, bronzée et souriante sous son chapeau de paille rose. Son mari, plus discret, était rouge comme une écrevisse. L'automne arrivait. Tout le monde rentrait de vacances, ne se doutant pas du scandale qui allait entacher le domaine pendant de nombreux mois.

Bernice ouvrit la porte avant qu'il eût sorti la clef.

– Chéri, que t'arrive-t-il ? Tu es malade ? s'écria-t-elle en le serrant très fort contre elle.

– Embrasse-moi, murmura-t-il.

Quand elle desserra son étreinte, il lui prit gentiment les mains.

– Je te raconterai tout, dit-il. Mais pas maintenant. Il faut d'abord que je donne un coup de téléphone.

Postface

La danse de Salomé *est le second roman publié de Ruth Rendell. Il ne s'agit en aucun cas d'une version remaniée d'un livre qu'elle aurait écrit avant le tout premier,* Un amour importun, *l'une de ces comédies de mœurs proposées sans succès aux éditeurs. C'est bel et bien le premier roman de suspense psychologique de l'auteur, son premier essai dans un genre ne bénéficiant pas du support structurel de la figure centrale du policier enquêteur. Le personnage évanescent du Dr Greenleaf ne suffit pas à créer ce support, on pourrait même dire qu'il contribue à faire du roman la forme réticente de ce que la fiction de Rendell s'efforcera toujours d'être. La romancière n'est pas tendre avec ses premiers romans. « J'ai conscience de n'avoir pas été très bonne, à cette époque, dans la création de personnages. En vérité, j'étais inhibée par le sentiment que la fiction criminelle se nourrissait de stéréotypes plutôt que de personnages. La plupart des auteurs de ce temps-là partageaient la même inhibition. Patricia Highsmith fut sans doute la seule exception, et, à un degré moindre, Julian Symons. » Dans son élan de modestie, Rendell ne tient bien sûr pas compte du fait que l'un des protagonistes de* La danse de Salomé, *et non des moindres, puisqu'il s'agit de la victime, nous confronte pour la première fois à l'exploration méthodique d'un caractère antipathique. « Pour autant que je me souvienne, dit l'auteur, j'ai seulement eu envie de faire de lui un être antipathique. »*

Le roman policier anglais des Sixties rougissait encore des audaces de son confrère américain, ayant, semble-t-il, oublié celles d'auteurs très britanniques comme Anthony Berkeley ou Josephine Tey. Il n'empêche qu'outre-Manche, la mode n'avait pour ainsi dire jamais cessé d'être au detective novel *et que si l'on fait exception de l'œuvre magistrale d'une Dorothy L. Sayers, lue et admirée par Ruth adolescente, le suspense psychologique à la Highsmith, voire à la Boileau-Narcejac, n'avait guère de supporters, hormis, très curieusement, Agatha Christie qui, dans un entretien, accordé en 1966 à Francis Wyndham, se dit passionnée par l'auteur de* L'inconnu du Nord-Express, *qu'elle qualifiait de « romancière merveilleusement sinistre ». Seul Simenon, avec ses romans « durs », avait su capter l'attention des lecteurs anglais. Mais le public de Simenon, qui était également celui de Graham Greene, dépassait largement le cadre strict des amateurs de romans criminels. Contrairement à une idée très répandue sur le continent, il a toujours existé en Angleterre un snobisme littéraire qui sévit d'abord chez les critiques et distingue soigneusement le bon grain de l'ivraie. Ruth Rendell, P. D. James et certains de leurs confrères comme Julian Symons, Gavin Lyall ou Nicolas Freeling ont dû se battre pied à pied pour accéder à une notoriété d'ordre littéraire. D'autres n'ont pas eu cette chance, parmi lesquels on peut citer notamment l'excellente romancière Celia Fremlin, que Rendell considère comme l'une des véritables révélations des années 60 en Angleterre.*

1966

FANTASMES

Traduit de l'anglais par
Erick Grisel

Ce roman a paru sous le titre original :
VANITY DIES HARD

Pour les Saville :
Patricia et Derek,
Mark et Caroline

La vanité meurt difficilement; quelquefois même, elle survit à l'homme.

R. L. STEVENSON

1

La pluie cessa lorsqu'ils arrivèrent en ville, mais il restait un peu partout des flaques d'eau fouettées par le vent. Des feuilles mouillées s'abattaient contre le pare-brise et recouvraient le trottoir comme un tas de guenilles.

– C'est bon si je te dépose là ? demanda Hugo.

Il arrêta la voiture sur un parking dont les marquages formaient un jeu inextricable de lignes blanches.

– Nous sommes un peu en retard, alors, si tu penses que tu peux...

– Tu pourrais l'accompagner jusqu'au bout, lui dit sa femme. Je te trouve mesquin de lâcher les gens dans la nature, comme si tu conduisais un bus. En plus, il va se remettre à pleuvoir.

– Je t'ai dit qu'on était en retard, répliqua Hugo d'un ton cassant.

Il se retourna vers sa sœur.

– Ça ira comme ça, Alice ? Bon, maintenant, voilà le programme. Je vais vite faire un tour avec Jackie à l'usine *Laques et Vernis* – il y a une sorte de cocktail d'affaires à 4 heures – mais on ne devrait pas en avoir pour longtemps. On se retrouve ici à 5 heures, O. K. ?

– Parfait, dit Alice.

Elle prit son sac et son parapluie et ouvrit la portière de la voiture.

– Ne fais pas attention à ce qu'il dit, intervint Jackie. Moi, je te promets qu'on viendra te chercher chez Nesta. Au fait, rappelle-moi son adresse.

– *Saulsby* – S, a, u, l, s, b, y –, Chelmsford Road, mais je peux très bien...

– Pas question. (Elle foudroya son mari du regard et ses

épaisses boucles brunes vibrèrent comme des antennes.) S'il avait une once de savoir-vivre... Oh ! et puis, à quoi bon, ajouta-t-elle voyant que son mari appuyait déjà sur la pédale d'embrayage.

Hugo, contenant avec peine sa colère, tendit ostensiblement son poignet gauche pour montrer le cadran de sa montre. Debout sur le trottoir, Alice leur fit un petit signe de la main.

– Mes amitiés à Nesta et tout le reste, cria Jackie. J'espère qu'elle ne sera pas encore en pleine crise de déprime, sinon, arrange-toi pour lui remonter le moral avant qu'on arrive.

Nesta, en pleine crise de déprime... C'était tout à fait probable. Cela expliquerait ce long silence et son refus apparent de répondre à la plupart des lettres d'Alice. Peut-être n'aurait-elle pas dû venir. En tout cas, elle aurait mieux fait de prendre sa propre voiture, au lieu de demander à son frère, sur un coup de tête, de la déposer sur son chemin. Chelmsford Road pouvait se trouver n'importe où, et pourquoi pas à l'autre bout de la ville.

Ainsi donc, c'était Orphingham, cette rue principale étroite à l'architecture soigneusement préservée, avec des maisons que l'on disait « d'époque » parce que la plupart d'entre elles avaient été construites avant le dix-neuvième siècle, quelques magasins nouvellement implantés et des platanes dont l'écorce partait en lambeaux, comme des écailles de peinture vert olive. Alice leva les yeux et vit un château perché sur les hauteurs verdoyantes. Les interstices, entre les bâtiments, laissaient voir l'Orph qui serpentait dans les prairies humides. Alice trouva que cette rivière avait peu changé depuis le temps où Constable en avait peint les méandres et les rives bordées de saules pleureurs. Un endroit charmant pour une femme de goût, ou un refuge pour un esprit fatigué.

Devant la mairie, il y avait un plan de la ville protégé par une vitre. Alice repéra aussitôt Chelmsford Road. Quand elle réalisa que la rue de Nesta était une de celles qui convergeaient vers le carrefour où elle se trouvait, elle ressentit une joie exagérée qui la fit sourire. Dès qu'elle s'engagea dans la rue, elle constata que celle-ci portait bien son nom puisqu'elle conduisait au quartier de Chelmsford. Cette rue, plus large que la précédente mais plus opulente que réellement belle, portait les caractéristiques de la riche banlieue. La plupart des maisons se dressaient à l'écart, à moitié dissimulées par de hauts murs dans lesquels s'encastraient des portails surmontés d'une voûte.

Ce n'était pas ce qu'Alice avait imaginé pour Nesta. Elle s'était représenté un cottage avec des pommiers en espaliers et un porche incrusté de coquillages. « Une petite maison avec un humble toit pour vous protéger de la pluie », aurait dit Herrick. Il n'y avait rien dans ce genre-là par ici, seulement d'immenses maisons à pignons avec des tourelles. Nesta avait probablement loué un appartement dans l'une d'entre elles.

Une légère bruine s'était mise à tomber. Alice enfila son imperméable en nylon qui se repliait dans une poche et ouvrit son parapluie. Tout en effectuant ces gestes, elle revit la silhouette élancée de Nesta et son allure impeccable. Elle se souvint aussi de son parapluie noir en forme de pagode, avec un manche fin qui devait être en onyx. Un soupir lui échappa. Elle n'avait pas besoin d'un miroir pour savoir exactement à quoi elle ressemblait : à une Anglaise aux yeux bleus, pas trop laide mais plus très jeune, et ne valant certainement pas un second coup d'œil. Au moment où elle leva sa main gauche pour repousser une mèche de ses cheveux blonds, une goutte de pluie tomba sur son alliance flambant neuf. Le soupir devint sourire. Qu'importait son âge, son physique anodin et la comparaison avec les autres femmes puisqu'elle avait Andrew.

Elle commença à descendre Chelmsford Road d'un pas alerte. Comme elle s'en était rendu compte en notant l'adresse de Nesta, les maisons ne portaient pas de numéro mais des noms. *Villa Orphingham* – sûrement la demeure d'un riche dentiste –, *El Kantara, Les Hêtres*... De l'autre côté, la même succession de noms distingués. La dernière grande maison jouxtait un bungalow entouré d'un jardin au sol aride et planté de cerisiers japonais dont les branches nues s'incurvaient vers le ciel comme celles d'un parapluie retourné par le vent.

Il ne restait, au-delà, qu'une rangée de maisons attenantes. Alice écarquilla les yeux de surprise. Ce bloc noirâtre de maisons victoriennes semblait tellement déplacé dans cette rue prospère qu'elle se demanda si elle ne rêvait pas. Petites et étriquées, les bâtisses contrastaient avec les collines vertes et rebondies qui s'élevaient en arrière-plan, évoquant ces habitations de mineurs noircies par le charbon.

Sous l'avant-toit de chacune, on pouvait distinguer une plaque de stuc avec un nom et la date de la construction : 1872. Le temps et la poussière avaient effacé les lettres. Pour lire la plaque de la première maison, Alice dut s'approcher et se pencher par-dessus une grille de fer.

Alice ressentit un léger pincement au cœur, comme une pointe de déception. La maison s'appelait *Kirby*. Celle de Nesta devait être une des suivantes, à coup sûr. Mais comment avait-elle pu *décemment* s'installer ici après avoir habité Salstead ? Helicon Lane était un endroit si charmant ! Des pins écossais abritaient la petite boutique de fleuriste aux marches escarpées et aux grilles en fer forgé. Dans l'avant-cour, près du trottoir, se dressait le fameux chêne de Salstead dont le tronc creux formait un tunnel assez large, disait-on, pour laisser passer un homme à cheval, et dont les branches croulaient sous le gui.

De tout ça, Alice se garda bien de tirer des conclusions trop hâtives. Le côté sombre de son caractère, cette tendance au pessimisme qui lui faisait toujours craindre le pire, ne s'étaient plus manifestés depuis son mariage. Andrew lui avait appris la gaieté, la frivolité, presque. Elle releva stoïquement la tête. *Kirkby, Garrowby, Sewerby* et... oui, *Revesby*. Ce n'était donc pas l'une d'entre elles. Alice poussa un soupir de soulagement.

Et pourtant... N'était-ce pas plutôt étrange de passer en revue quatre maisons dont le nom finissait de la même façon que *Saulsby* et de ne pas y trouver le nom de *Saulsby* ? Peut-être y en avait-il d'autres, plus jolies que celles-ci ou quelque peu rénovées, tout au bout de la rue. Mais les maisons se firent de plus en plus rares sur les vingt derniers mètres et les trottoirs se transformèrent en accotements herbeux souillés par la boue et le gas-oil. Dans cette direction, il ne restait plus que le château d'Orphingham dont les tours grises et décharnées se dressaient vers un ciel chargé de nuages. Elle était arrivée à la sortie de la ville.

– Excusez-moi...

Une femme vêtue d'un ensemble en tweed et d'un imperméable arrivait par un sentier coupant à travers champs. Elle descendit lourdement les deux marches qui donnaient sur la route et s'avança vers Alice avec cet air soupçonneux qu'ont les gens lorsqu'ils sont abordés par des étrangers.

– Pouvez-vous me dire où se trouve la maison *Saulsby* ?

– À Chelmsford Road ?

– Oui. Je ne la trouve nulle part.

La femme montra du doigt les maisons ratatinées qui semblaient se renfrogner sous leur chape de nuages. Alice se renfrogna, elle aussi.

– Non, là-bas, c'est *Sewerby*.

– Vous faites une campagne électorale ? Il y a souvent des erreurs sur vos listes d'adresses. Ça doit-être *Sewerby* que vous cherchez.

– Je ne fais pas de campagne électorale. Je vais voir une amie.

Alice sortit son carnet d'adresses.

– Regardez, *Saulsby*, c'est écrit là.

Piquée par la curiosité, la femme regarda par-dessus l'épaule d'Alice.

– Elle m'a envoyé une lettre avec son adresse.

– À mon avis, il a dû y avoir une erreur quelque part. Vous devriez suivre mon conseil et demander à *Sewerby*.

Suivre son conseil... Pourquoi pas, puisqu'elle le lui avait demandé ? Il n'y avait pas de sonnette sur la porte d'entrée délabrée de *Sewerby*, seulement un heurtoir en forme de soldat anglais. Alice frappa et attendit. Pendant trente secondes, aucun son ne lui parvint, puis elle entendit quelqu'un s'approcher d'un pas traînant et tirer le verrou. La porte s'ouvrit dans un grincement et un très vieil homme apparut. Son visage blême et son regard d'aveugle donnaient l'impression qu'il avait été enfermé dans le noir pendant des années. Une odeur de chou bouilli, de crasse et de camphre montait du hall plongé dans l'obscurité.

– Bonsoir, Monsieur. C'est bien ici qu'habite Mrs Drage ?

– Qui ça ?

– Mrs Drage. Mrs Nesta Drage.

– Il n'y a que moi ici, Madame.

Il portait un vieux costume trop large pour lui et sa chemise sans col était fermée au cou par un bouton en os. Sa peau avait pris l'aspect d'une croûte de fromage tant elle était épaisse et ridée.

– Je suis tout seul depuis que ma femme est partie, dit-il. Tout seul depuis 54.

– Mais Mrs Drage habitait là avant, insista Alice. Une jeune femme, vous ne voyez pas ? Très jolie, avec des cheveux blonds. Elle est arrivée de Salstead il y a environ trois mois. Je pensais qu'elle avait loué... (Elle eut un moment d'hésitation, ses illusions sur le niveau de vie de Nesta fondant comme neige au soleil :)... une chambre chez vous.

– Je ne loue jamais de chambres. Il faut vous adresser à Mrs Currie, à *Kirby*. Elle a une locataire qui travaille à l'hôpital et elle ne prend que des jeunes gens.

Ce n'était donc pas *Sewerby*. Elle avait eu raison. Elle vérifia encore une fois l'adresse dans son carnet : *Saulsby*. Nesta lui avait écrit deux fois et même si elle n'avait pas conservé les lettres, elle avait aussitôt recopié l'adresse. C'était incompréhensible, totalement absurde.

Elle refit, sans se presser, le trajet dans le sens inverse. *Les Hêtres, El Kantara, Beechwood, St Andrew, Villa Orphingham* et une vingtaine d'autres noms. Mais pas de *Saulsby*, pas le moindre *Saulsby* en vue.

Supposez que vous cherchiez une maison dont vous connaissez l'adresse exacte et que vous ne la trouviez pas. Comment orienter vos recherches ? « Vous faites une campagne électorale ? » C'était ça, la solution : la liste des électeurs !

Le commissariat de police se trouvait au centre de la ville entre un hôpital et un pub qui s'appelait *The Lion and the Lamb*. Évidemment, le policier, à l'accueil, n'avait jamais entendu parler de *Saulsby* mais il lui permit de regarder la liste des électeurs.

– Son nom ne figurera pas dessus si elle vient d'emménager, mais *Saulsby* devrait être indiqué quelque part... Tenez, regardez là, Chelmsford Road.

– *Kirby, Garroby, Sewerby, Revesby...*

Le visage d'Alice s'assombrissait au fur et à mesure qu'elle lisait à haute voix.

– Elle vous a écrit de cette adresse, Madame ?

– Bien sûr. Deux fois, même.

– Eh bien, je ne sais pas quoi vous dire. (Il hésita un instant puis ajouta, soudainement inspiré :) Que fait-elle dans la vie ?

– Elle est fleuriste. Elle avait un magasin de fleurs à Salstead. Oh ! Vous voulez dire que je devrais faire le tour des fleuristes ?

– Il n'y en a que deux. Ce n'est pas la mer à boire.

La visite à la première boutique se solda par un échec. La seconde boutique était plus grande et plus animée. À l'intérieur, l'air humide exhalait une bonne odeur de printemps. Ce parfum particulier où se mêlaient l'âcreté des chrysanthèmes, la fraîcheur des roses et la langueur tenace des œillets, raviva le souvenir de Nesta comme rien d'autre n'aurait pu le faire. Il s'alliait parfaitement avec son joli visage poupin, ses cheveux dorés et son babillage incessant.

La femme qui était devant Alice commandait des fleurs pour un mariage. Au mois de mai dernier, quand Alice et Andrew s'étaient mariés, Nesta leur avait offert toutes les fleurs de sa boutique, de l'orchidée blanche cousue à la main sur un ruban de satin qu'Alice avait conservé dans un livre de prières, jusqu'aux lilas blancs qui avaient décoré les murs du salon de l'oncle Justin à Vair Place.

– Est-ce qu'une certaine Mrs Drage ne travaillerait pas chez vous ?

Elle faillit sauter de joie quand la gérante de la boutique lui répondit :

– Tout à fait. Elle s'occupe d'une commande dans l'arrière-boutique. Vous la verrez dans une minute.

L'enquête était terminée. Tandis qu'elle attendait son amie, Alice se sentit subitement partagée entre la honte... et l'envie ? Il n'y avait qu'une femme oisive pour rendre visite, un jour de semaine, à une amie qui travaille, et s'attendre à la trouver chez elle. Naturellement, Nesta devait gagner sa vie et elle ne pouvait sûrement pas s'absenter du magasin pendant longtemps. Mais peut-être arriverait-elle à persuader sa patronne de la laisser partir plus tôt cet après midi ou de lui accorder une pause plus longue que d'habitude. Elle se promit de faire un geste pour Nesta – elle vérifia dans son sac si l'épaisse liasse de billets qu'elle avait toujours sur elle était bien là. Ces orchidées, peut-être, ou une douzaine de ces roses rouges avec des longues tiges.

– Je vais l'appeler. Je ne sais pas ce qui la retient.

Tout en faisant un tour dans le magasin, Alice imagina ses retrouvailles avec Nesta. Elle était tellement contente de la revoir « Pourvu qu'elle soit remise de sa dépression », pensa-t-elle. Le changement d'air et d'environnement lui aura sûrement fait du bien. Dans un instant, elle franchirait cette porte et éviterait d'un mouvement de tête la branche de lierre qui retombait d'un panier suspendu. Elle porterait une blouse noire en nylon et ses mains seraient encore humides avec des morceaux de feuilles accrochés aux doigts. Un faible sourire éclairerait son visage comme si on venait de la réveiller d'un mauvais rêve, et elle l'accueillerait avec une de ses petites phrases toutes faites mais qui, chez elle, étaient toujours sincères :

– Tiens ! Quelle bonne surprise. Il y a si longtemps que je ne t'ai vue.

Une surprise ? Non, ce n'est pas cela qu'elle dirait, car Alice lui avait écrit pour lui dire qu'elle venait. Dans cinq minutes, le mystère de la maison fantôme serait élucidé.

Un bruit de papier froissé, puis des pas montèrent du fond de la boutique. Alice s'avança, radieuse.

– Nesta...

Son sourire se figea sur ses lèvres et elle porta la main à sa bouche.

– Voici Mrs Drake. Désolée de vous avoir fait attendre.

Sa déception fut si grande que les traits de son visage s'affaissèrent, dans une grimace presque comique. Les larmes lui montèrent aux yeux. Mrs Drake était une femme d'un certain âge, maigre et rougeaude.

– Je vous avais dit Mrs *Drage !*

– Oh ! Excusez-moi, mais j'étais persuadée...

Alice secoua la tête et fit demi-tour. C'était plus qu'elle ne pouvait en supporter. Elle resta plantée sur le trottoir à dévisager les passants d'un air triste, son parapluie pendouillant à son poignet comme une baudruche dégonflée et ruisselante. Et si Nesta se trouvait parmi eux ? D'ailleurs... Elle s'élança sous la pluie battante, marqua un temps d'arrêt, puis se mit à courir derrière une silhouette menue habillée d'un imperméable et d'un chapeau en plastique noir d'où s'échappaient des mèches blondes. Mais au moment où elle allongeait la main pour lui saisir le bras, la femme se retourna et découvrit un visage porcin à la peau grêlée et aux lèvres trop maquillées.

Tout en se retenant pour ne pas pleurer, Alice se sentit submergée par une vague de panique. C'était une sensation familière, cette peur soudaine, ce pressentiment d'un danger imminent. Familière mais lointaine, car masquée en partie par une année de bonheur sans nuages. Et dire que les gens la voyaient calme, posée, prosaïque !

Elle se sentit brusquement très jeune et vulnérable. Elle avait envie de pleurer, envie d'appeler Andrew. Bizarre, car les deux réactions étaient incompatibles. Son mari la considérait comme une femme forte, calme et maternelle. Essoufflée, elle tourna les talons et surprit dans la vitrine d'un magasin son image brouillée par la pluie, une grande femme solide avec de larges épaules faites pour supporter le chagrin des autres au lieu d'être secouées par les sanglots.

Alice avait souvent séché les pleurs de Nesta. Quand vous êtes jeune et jolie, vous pouvez pleurer sans que quelqu'un s'en offusque ou vous en fasse le reproche. Mais à quoi bon ressasser tout ça, maintenant ? Ressaisis-toi, se dit-elle, utilisant une des expressions favorites de Nesta. Elle remonta sa manche pour jeter un coup d'œil sur sa montre de platine sertie de diamants. Bientôt 4 heures. Dans une heure, Hugo et Jackie viendraient la chercher et, ne trouvant pas la maison, commenceraient à perdre patience. Elle n'allait quand même pas les attendre sous la pluie, assise sur le petit muret de *Sewerby*. Vue sous cet angle, la situation devenait presque comique. En tout cas, il n'y avait pas de quoi fondre en larmes.

En trente-huit années d'existence, Alice n'avait pratiquement jamais utilisé un téléphone public. Pour appeler en dehors de la ville, il fallait faire précéder le numéro d'un code spécial. Quel était le nom de l'usine où devait se rendre Hugo ? Il ne l'avait cité qu'une fois. Laques... planchers... peintures quelque chose... Elle ouvrit l'annuaire et tomba tout de suite dessus : *Laques et vernis* SARL. Loin de Salstead et des gens qui l'entouraient, Alice se sentait toujours timide, mal à l'aise, peu sûre d'elle. N'ayant jamais eu à se battre pour réussir dans la vie, elle redoutait tout ce qui ne lui était pas familier. Après avoir consulté la notice explicative, elle finit par trouver le code et composa le numéro avec application. Dehors, il commençait à faire noir. La pluie tambourinait sur le toit de la cabine et ruisselait le long des parois vitrées.

– Pourrais-je parler à Mrs Whitaker, s'il vous plaît ?

Elle sentit qu'elle aurait dû fournir une explication. Elle entendit une série de déclics accompagnés de grésillements, comme si quelqu'un se débattait avec les fils du standard, puis la voix étonnée et légèrement inquiète de Jackie résonna à ses oreilles.

– Allô ? C'est toi, Maman ?

– Non, c'est Alice.

– Oh, mon Dieu ! J'ai cru qu'il était arrivé quelque chose aux enfants. Qu'est-ce qui se passe ?

Alice lui raconta son aventure. En fond sonore, elle entendait des voix et des rires étouffés.

– Tu as sûrement dû faire une erreur, lui dit Jackie d'un ton brusque. Ce n'est pas la bonne adresse que tu as. Est-ce que tu as les lettres avec toi ?

– Non, je ne les ai pas. Je les ai jetées.

– Ah ! C'est bien de toi. Et tu as mal recopié l'adresse.

– C'est impossible, Jackie. Nesta avait laissé une bague chez Cropper pour la faire élargir. Je la lui ai expédiée à *Saulsby* et je lui ai écrit plusieurs fois. Elle a reçu la bague et m'a répondu pour me remercier. Elle m'a même envoyé deux livres pour me rembourser la réparation.

– Tu veux dire que tu as envoyé des lettres et un paquet à une adresse qui n'existe pas et que tu as reçu une réponse ? (La voix de Jackie s'était radoucie mais certaines de ses intonations, haut perchées, trahissaient une sorte d'excitation.) Écoute-moi bien, je passe te prendre et nous retournerons chercher Hugo.

2

– Bon, récapitulons. Quand elle a quitté Salstead au début du mois d'août, elle s'est montrée très vague sur ses projets. Elle t'a dit que rien n'était encore décidé et qu'elle allait t'avertir dès qu'elle serait installée. C'est ça ?

Alice acquiesça.

– Je n'avais pas envie de l'embêter avec mes questions, Jackie. Elle était si déprimée, à cette époque. Cela faisait trois ans qu'elle tenait cette boutique à Salstead, et elle disait qu'elle en avait assez. Cela ne doit pas être drôle de se retrouver veuve du jour au lendemain et de devoir gagner sa vie. Elle est si jeune !

– Pas si jeune que ça, dit Jackie en étirant ses jambes. Elle est plus vieille que moi. Elle a vingt-huit ans bien sonnés. (Puis elle ajouta d'un air pensif :) Un croisement entre une vache normande et une poupée de porcelaine, voilà à quoi elle m'a toujours fait penser.

Alice ne trouva pas la remarque pertinente. En remontant deux années en arrière, elle revit sa première visite au magasin « Le Bouquet de la Mariée » que Nesta venait de prendre en gérance. Les couronnes de laurier et les plantes vertes avaient été remplacées par différentes espèces de fuchsias et des orchidées présentées dans des corbeilles d'osier. De nature indolente et romantique, Nesta avait toujours adoré les orchidées. Leur chair opaque et lustrée s'accordait avec son grain de peau, leurs pétales incurvés et nacrés reproduisaient la forme et la couleur de ses ongles. Alice la revit telle qu'elle était lors de leur première rencontre, vêtue de l'une de ses éternelles robes noires, seule tache sombre sous la masse de cheveux blonds qu'elle rassemblait en chignon bas et emprisonnait sous une résille.

– Cela faisait un mois qu'elle était partie quand je suis allée chez Cropper acheter la montre d'Andrew. Nesta y avait laissé sa bague de fiancailles pour la faire élargir.

– Ça ne m'étonne pas, l'interrompit Jackie. Elle avait grossi comme une malade. Je me rappelle avoir remarqué à quel point ses chevilles avaient enflé, un jour où je l'avais croisée en ville et qu'elle était juchée sur d'invraisemblables talons aiguilles.

– Toujours est-il qu'elle avait dû oublier de récupérer sa montre avant de partir. J'ai dit à Mr Cropper que je voulais bien la lui expédier par la poste mais que je ne connaissais pas son adresse.

– C'était avant que tu penses à mettre une annonce dans le *Times* ?

– Je savais pertinemment que Nesta ne lirait pas le *Times* mais je me disais qu'un de ses amis ou une de ses connaissances finirait bien par tomber sur l'annonce. J'étais donc en train de mettre tout ça au point quand j'ai reçu une lettre de Nesta. C'était juste quelques lignes, mais j'ai alors pu lui envoyer sa bague et elle m'a écrit une autre lettre pour me remercier. Enfin, tout ça, c'était il y a des semaines et des semaines.

Jackie sortit un paquet de cigarettes *Sobranie Cocktail* du sac de cuir tanné qu'elle ne quittait jamais, et en choisit une vert pâle qu'elle alluma d'un air réfléchi. La fumée s'éleva en spirales dans la voiture.

– Comment a-t-elle pu recevoir la bague si tu l'as envoyée à une fausse adresse ?

– Je ne sais pas, répondit Alice.

Au-dessus de leurs têtes, la pluie martelait un air monotone. On aurait dit le trottinement hâtif et régulier d'une paire de talons sur le pavé ou le pianotement nerveux de doigts aux ongles longs sur une plaque de métal.

– Tu devrais t'arranger un peu, dit Jackie en faisant démarrer la voiture. On se demande si tu as été happée par un cyclone ou si tu as été piétinée par les coureurs du marathon de New York.

Il y a un an, Alice aurait très mal pris ce genre de réflexion. Aujourd'hui, cela la faisait sourire.

– Je n'ai jamais été une *super nana*.

– D'où sors-tu cette expression ?

– Je n'ai pas besoin de séduire à tout prix. L'important, c'est que je plaise à mon mari.

– Ton Andrew est un homme très séduisant, dit Jackie d'un air espiègle.

– Je sais.

– J'ai toujours trouvé que les bruns étaient plus « sexy » que les blonds, pas toi ?

– Oh, Jackie, je ne me suis jamais posé la question.

– Et bien, moi, je peux t'assurer qu'ils le sont. Franchement, ma chérie, je sais que tu ne m'en voudras pas si je te dis ça, mais je te trouve parfois trop sage. Je me suis souvent demandé comment tu avais fait pour rencontrer Andrew. Tu l'a dégoté dans un bled paumé, pendant un match amical, ou quoi ?

– Ce n'était pas un match amical, mais le jour de la fête de l'école. Et je ne l'ai pas « dégoté ». J'étais avec une amie qui accompagnait son petit garçon. Nous étions en train de discuter avec le prof d'anglais...

– Et le prof d'anglais, c'était Andrew.

– S'il te plaît, Jackie. Je croyais que tous les Whittaker de la région étaient au courant de l'histoire. Nous nous sommes écrit, et puis il m'a invitée à dîner. C'est comme ça que la plupart des femmes rencontrent leur mari, non ?

– Moi, j'ai rencontré Hugo dans un pub.

– Oui, je me le rappelle, mais par pitié, arrange-toi pour qu'Oncle Justin ne le sache jamais.

Jackie pouffa de rire. Une fois sortie de la ville, la voiture tourna sur la gauche et s'engagea sur une petite route récemment goudronnée. L'usine où se trouvait Hugo ressemblait à un immense champignon caoutchouteux surgi par miracle au milieu des champs. Il arriva à leur rencontre et se lança immédiatement, avec force gestes et tics nerveux, dans un récit détaillé de son entretien, assurant que le contrat était « dans la poche ».

– Ça ne nous intéresse pas ! lui dit Jackie avec vigueur.

– C'est bien dommage, car ça mettra du beurre dans tes épinards, et dans ceux d'Alice, par la même occasion. Allez, pousse-toi et laisse-moi conduire. Vous n'êtes qu'une bande de parasites qui profitez de l'entreprise familiale.

Il poussa un grognement de rage. Jackie alluma une longue cigarette bleue avec un calme étudié. Hugo huma l'air en faisant la grimace.

– Donne-m'en une, veux-tu ? Mais pas une des tiennes, une

vraie cigarette. De toute façon, vous vous en fichez pas mal de l'entreprise, hein ? (Tous les Whittaker disaient « l'entreprise » en parlant de leur usine.) Vous n'en parlez jamais. Vous, vous menez une vie de cigale tandis que les fourmis font tout le boulot, les fourmis étant moi et Oncle Justin. (Il poussa un autre grognement.) Oh ! Et puis Andrew, bien sûr, ajouta-t-il après coup, dans une ultime concession faite à sa sœur.

Alice était habituée à ses sautes d'humeur, ses colères subites qui se dissipaient rapidement et ne portaient pas à conséquence.

– Je suis désolée d'avoir fait déplacer Jackie, dit-elle d'un ton pacifique. Comme tu as pu t'en douter, je n'ai pas trouvé Nesta. La maison n'était tout simplement pas là.

– Qu'est-ce que tu veux dire par : *elle n'était pas là ?* Oh ! Mais qu'est ce qu'il fout cet abruti devant ? !

Il freina brusquement, sortit la tête de la voiture, sous la pluie, et insulta copieusement le chauffeur d'un camion-citerne. La circulation était dense ; les voitures, collées pare-chocs contre pare-chocs, avançaient comme une chenille paresseuse et rutilante de lumières.

– On ne peut même pas te parler..., dit Jackie. Oh ! s'exclama-t-elle tout à coup, on aurait dû y penser plus tôt ! C'est au bureau de poste qu'il fallait aller.

La voiture faillit emboutir les feux arrière du camion, rendant encore plus menaçant l'avertissement peint sur la citerne : « danger, produit inflammable ».

– Hugo ! hurla Jackie, mais bon sang, regarde où tu vas ! Tu seras bien avancé quand je serai défigurée et qu'il faudra me payer le chirurgien esthétique !

– Oh ! Jackie, dit Alice piteusement. Pourquoi n'ai-je pas pensé au bureau de poste ? C'était pourtant évident. Je suis allée au commissariat de police et je n'ai pas pensé une seule seconde...

– Tu es allée voir la police ? demanda Hugo, estomaqué.

– C'était simplement pour consulter la liste électorale. Tu peux faire demi-tour, Hugo ? Tout ça me mine terriblement.

– Faire demi-tour ? C'est moi que ça va miner si je dois faire demi-tour dans cette pagaille. De toute façon, la poste va bientôt fermer.

– C'est vrai, je n'y avais pas pensé.

En fait, s'extraire de l'embouteillage relevait de l'impossible. La colonne sinueuse et vacillante demeura intacte jusqu'à l'embranchement de Brentwood où quelques voitures s'échappèrent au compte-gouttes.

– Dieu merci, la semaine prochaine, finis les bouchons avec l'ouverture de la nouvelle bretelle.

Le trafic s'immobilisa dans un dernier sursaut quand les premières voitures s'engagèrent dans le goulet étroit qui précédait la grand-rue de Salstead. À sa droite, Alice aperçut la gueule béante de la nouvelle route à quatre voies dont l'accès était barré par une rangée de bidons d'huile et des feux de signalisation rouges. Les nouveaux lampadaires ne fonctionnaient pas encore. C'était une route fantôme, une bande d'asphalte vierge sur laquelle les pneus n'avaient pas encore laissé d'empreintes. Silencieuse et vide, elle disparaissait au loin entre des remblais de terre argileuse. Alice pouvait juste distinguer à l'horizon l'immense panneau indicateur et l'embranchement à angle aigu d'où s'échappait la voie de dégagement rejoignant la rue principale du centre ville. C'était de l'autre côté de cette voie que se trouvait Helicon Lane. De cette rue, il ne restait plus qu'un moignon, la partie basse ayant été amputée pour laisser le passage à la rocade, mais la boutique de fleuriste était toujours là avec le chêne et le gui accroché à ses branches.

Arrivés au carrefour, ils quittèrent la rue principale et empruntèrent la rue de la gare. La lumière était encore allumée dans le cabinet du docteur et Mr Cropper déroulait le rideau de fer sur sa vitrine scintillante de bijoux. Quoi qu'il en soit, Nesta avait reçu sa bague. Quelque part dans un *Saulsby* imaginaire, elle la contemplait peut-être avec ravissement, la faisant jouer autour de son doigt pour que les facettes des petits diamants renvoient des éclats de lumière.

Les gens allaient au pub *The Boadicea*. Il devait être 6 heures passées. La voiture accéléra doucement, dépassa les deux rangées de maisons jumelles, le pont de chemin de fer et « l'Entreprise », *Whittaker-Hinton, 1856.* Les derniers ouvriers à quitter l'usine rentraient chez eux à bicyclette ou en voiture, quelques-uns même à pied. Hugo ralentit, leur fit un salut de la main, et Alice reconnut sa secrétaire qui sortait du bureau. Sur le parking du personnel, les emplacements réservés à la Bentley d'Oncle Justin et à la Sprite d'Andrew étaient vides. Pressée de rejoindre le bercail, la voiture s'enfonça à vive allure dans la campagne encore humide de pluie.

Vair House était beaucoup plus petite que *Vair Place*, mais les deux maisons, presque contiguës, dataient de la même époque et présentaient toutes les deux une façade en brique rouge. C'était comme si la maison mère avait donné naissance à un enfant qui, sans en être la réplique exacte, lui ressemblait énormément.

La grande maison dépassait toutes les autres d'environ trois mètres. Cet espace supplémentaire était occupé par un toit en pente percé de lucarnes. Par ces dernières, ainsi que par les fenêtres des étages supérieurs des deux maisons, on avait une vue imprenable sur les prairies environnantes. Justin Whittaker disait que tant qu'il habiterait *Vair Place*, il n'admettrait pas que quelque chose de laid ou d'incongru vienne dénaturer la beauté du domaine.

Même la nouvelle station service sur la route de Pollington était cachée par un rideau de tilleuls et de mélèzes. On apercevait seulement le clocher de l'église St Jude, fine aiguille de pierre dominant les arbres. En construisant leur usine tout près de la gare, les Whittaker avaient à jamais dissuadé le voyageur de visiter Salstead, mais cela ne les empêchait pas de veiller farouchement à la préservation de leur environnement.

Orphelins depuis l'enfance, Alice et Hugo avaient été élevés par le frère de leur père, aujourd'hui à la tête de la société. Mais lorsque Hugo se maria, il décida de se faire construire un bungalow à deux cents mètres de là. Après la mort de la tante Hilton, *Vair House* resta inoccupée jusqu'à ce qu'Oncle Justin en fasse cadeau à Alice pour son mariage avec Andrew.

Andrew... C'était tout à fait l'endroit qui lui convenait, pensa-t-elle après qu'Hugo l'eut déposée devant l'allée qui menait à sa maison. Autant qu'elle pût s'en souvenir, rien ne lui avait fait plus plaisir que le jour où elle lui avait montré *Vair House* en lui proposant de l'habiter plutôt que le logement de fonction destiné aux professeurs mariés de la Pudsey School. Sauf peut-être le jour où elle lui avait offert la petite voiture de sport rouge pour leur mariage... ou la montre en or pour son anniversaire... ou la bibliothèque de style pour ranger sa collection de livres d'Anthony Trollope en éditions originales.

La Bentley d'Oncle Justin était garée de l'autre côté de la haie, près de la Sprite qu'elle écrasait de toute sa masse. Andrew était certainement à la maison, à cette heure-ci. Alice regarda sa montre. Presque 6 heures et demie. Elle remonta l'allée et vit son mari qui l'attendait dans le salon.

Elle savait qu'il l'attendait, même s'il ne regardait pas par la fenêtre. Les rideaux n'étaient pas encore tirés et à travers les petits carreaux, elle voyait son visage et le livre qu'il lisait éclairés par la lumière rose du plafonnier. Tandis qu'elle traversait la terrasse sur la pointe des pieds car elle aimait lui faire la surprise de son arrivée, elle enregistra chaque détail de la scène qui s'offrait à elle par l'embrasure de la fenêtre : les longues mains d'Andrew qui lui rappelaient celles de *L'homme au gant* peint par Titien, la chevalière à son doigt, et même l'un de ses romans favoris du cycle de Palliser dont la couverture en cuir brun reproduisait un dessin d'Huskinson.

Elle entra dans la maison sans faire de bruit. En passant dans le hall, elle jeta un coup d'œil au miroir. À l'époque de son mariage et de son installation à Salstead avec Andrew, elle avait pris une ferme résolution. Elle ne changerait rien à son apparence. Les gens pouvaient toujours raconter que la riche Alice Whittaker avait enfin trouvé un mari – et quel mari ! Elle se souciait comme d'une guigne de leurs moqueries et de leurs cancans. Ils auraient ri et cancané dix fois plus, pensa-t-elle, si elle s'était mise à porter des talons hauts, des mini-jupes ou si elle s'était fait couper les cheveux à la garçonne.

Elle n'avait pas changé depuis ce jour où il l'avait vue dans le grand hall de Pudsey vêtue d'une robe en soie de chez Macclesfield et chaussée de sandales à talons plats, avec cette même coiffure adoptée à l'âge de dix-sept ans : deux nattes relevées de chaque côté du crâne. Andrew lui avait parlé, s'était assis à côté d'elle, l'avait aimée telle qu'elle était. Pourquoi changerait-elle ?

Pourtant... Les reproches de Jackie lui revinrent en mémoire et un léger doute l'assaillit. Peut-être devrait-elle arranger autrement son foulard autour de son cou et l'attacher avec une broche, ou simplement en nouer les deux bouts. Elle fit plusieurs essais, sans succès, puis trouvant ridicule cet accès de coquetterie, se débarrassa du foulard et accrocha de nouveau la broche à son pull. La porte s'ouvrit derrière elle et elle sut que c'était lui. Le visage d'Andrew apparut dans le miroir, derrière son épaule.

– « Elle connaissait le grand secret architectural qui consiste à décorer un édifice mais ne s'abaissait jamais à édifier un décor », cita-t-il d'un air enjoué.

– Andrew, mon chéri !

– Je commençais à m'inquiéter.

Il se jetèrent dans les bras l'un de l'autre comme s'ils ne s'étaient pas vus depuis un mois.

– Tu étais vraiment inquiet ?

– Je l'aurais été vraiment si tu avais tardé encore plus. Tu as faim ?

Elle acquiesça.

– J'ai envoyé Pernille au cinéma. Un chef-d'œuvre de Bergman s'est apparemment infiltré dans le programme du *Pollington Plaza.* Elle sera de retour pour préparer le dîner.

Il la suivit dans le salon. Sur la table basse, il avait disposé le service à thé, les toasts, le beurre et les gâteaux de la pâtisserie du York Street.

– J'attendais que tu sois là pour servir le thé.

– Oh ! Andrew. Tu t'es donné tout ce mal pour moi ?

– *Madame est servie.*

Le feu commençait tout juste à crépiter. Elle s'imagina qu'il l'avait laissé s'éteindre sans s'en rendre compte. Puis comme 6 heures avaient sonné et qu'elle n'était pas encore rentrée, il s'était précipité pour rajouter des bûches dans l'âtre. Elle réchauffa ses mains aux flammes naissantes, se rappelant la première fois qu'il lui avait offert une tasse de thé le jour de la fête de l'école, dans la salle des profs de Pudsey.

Peut-être Andrew avait-il lu dans ses pensées car il lui dit d'un air grave :

– Une goutte de lait, Miss Whittaker ?

Elle éclata de rire, leva son visage vers lui et lut dans ses yeux la promesse d'un amour partagé, la certitude qu'entre eux deux, un miracle s'était accompli. Il lui était encore impossible de croire qu'il l'aimait aussi fort qu'elle l'aimait, mais elle ne pouvait pas douter de sa sincérité, lorsqu'elle lui voyait cette expression à la fois étonnée et émerveillée. L'amour avait fondu sur Alice tardivement et sans crier gare. « C'est si romantique », avait dit Nesta dans un soupir. « Ça me donne envie de pleurer », et ses yeux bleu clair s'étaient emplis de larmes. D'ailleurs, peut-être pleurait-elle encore en ce moment même, attendant son amie qui ne viendrait pas. Alice se détacha d'Andrew tout en gardant sa main dans la sienne. Si Nesta l'avait vraiment attendue, elle avait dû certainement téléphoner.

– Raconte-moi ce que tu as fait, dit-elle. Que s'est-il passé pendant mon absence ? Est-ce que quelqu'un a appelé ?

– Harry Blunden est venu me voir, soi-disant pour me montrer quelque chose et pour me rendre un livre qu'il m'avait emprunté. Regarde, il a abîmé la couverture. (Il montra du doigt la jaquette déchirée et haussa les épaules.) Il est plutôt maladroit pour un médecin. J'espère qu'il n'aura jamais à me faire une piqûre.

Donc, Nesta, où qu'elle fût, ne se souciait pas de lui donner des nouvelles.

– Cela fait des semaines et des semaines que je n'ai pas vu Harry, dit-elle. (En tant qu'ancien médecin de Nesta, Harry savait peut-être quelque chose.) Au fait, que veux-tu dire par « soi-disant » ?

– Je veux simplement dire qu'il est venu ici pour te voir, Bell.

Il l'appelait toujours Bell, qui était le dimininutif de son deuxième prénom. « Je t'appellerai Bell », avait-il déclaré quand elle lui avait dit qu'elle s'appelait Alice Christabel. C'est trop dur pour toi, « Alice ». C'est un prénom de vieille fille, pas de jeune femme...

– Que voulait Harry ?

– Te voir, je suppose, dit-il en éclatant de rire. Il est resté planté là pendant une demi-heure, bras ballants et bouche cousue, puis il est parti en prétextant une visite à un malade.

– Tu n'as pas l'air de l'aimer beaucoup.

– En général, je n'apprécie pas les hommes qui sont amoureux de ma femme, dit-il d'un ton léger. Je n'aime pas ceux qui se rendent chez elle comme dans un lieu de pélerinage et qui mettent un point d'honneur à s'asseoir dans son fauteuil favori. C'est tout juste s'il n'allume pas un cierge devant chacune de tes empreintes digitales. (Il s'assit par terre et la regarda d'un air goguenard.) Enfin... Tous ces enfantillages nous amènent à ton amie Nesta. Comment va-t-elle ? Raconte-moi tout.

– Il n'y a rien à dire. Je ne l'ai pas vue. Ça peut paraître incroyable, mais je ne l'ai pas trouvée.

– Qu'est-ce que tu veux dire par là ?

Il l'écouta sans rien dire, immobile et parfaitement détendu, tandis qu'elle lui narrait son aventure.

– Comment tu dis que s'appelait la maison ?

Elle prit une grosse tranche de cake aux fruits qu'elle mordit à pleines dents.

– *Saulsby*. Je sais que Jackie croit que je me suis trompée, mais moi, je suis sûre que non. C'est dans mon agenda. Attends une minute, Je vais aller vérifier.

– Ne te dérange pas. Je sais très bien que tu ne fais jamais ce genre d'erreur.

Il changea de position et posa sa nuque sur les genoux d'Alice.

– Tu sais que tu as les genoux les plus confortables du monde.

– Tu en as testé beaucoup ?

– Des centaines.

Elle sourit mais elle plaignait secrètement toutes ces femmes qui n'avaient pas été choisies.

– Qu'est-ce que tu me conseilles de faire pour Nesta ?

– Rien. Pourquoi devrais-tu faire quelque chose ?

– Tout ça est tellement étrange.

– Il y a sûrement une explication toute simple.

– Je l'espère. Mais je sens au fond de moi-même qu'elle a des ennuis. Tu te souviens comme elle était déprimée quand elle est partie ?

– Je me souviens surtout qu'elle est allée dire au revoir à tout le monde en comptant bien récolter quelques billets.

– Oh ! Tu exagères.

– Elle s'est incrustée chez nous parce qu'elle avait tout empaqueté pour le déménagement et qu'elle avait la flemme de se préparer à manger.

– Pernille était malade et j'ai dû faire moi-même la cuisine, et je me rappelle que le soufflé au fromage était complètement raté. Il était retombé comme une crêpe.

– Il n'était pas si raté que ça. (Puis il ajouta d'un ton moqueur :) Tu aurais dû inviter Harry, ce soir-là... (Il marqua un temps d'arrêt pour concocter une méchanceté bien sentie.) Je suis sûr qu'il aurait englouti une soupe de limaces si c'était toi qui la lui avais préparée.

– Quelle horreur ! dit Alice en frissonnant. Ensuite, elle a eu un de ses coups de cafard et elle s'est mise à pleurer, alors, tu l'as reconduite à la boutique. Je me demande bien pourquoi, puisqu'elle devait passer la nuit chez les Feast. C'était la nuit où les ouvriers ont déménagé les vieilles tombes du cimetière pour commencer la construction de la bretelle. Nesta faisait une fixation là-dessus.

– L'imagination galopante du petit peuple, déclara Andrew avec un sourire jusqu'aux oreilles.

– Ne sois pas méchant. J'aurais bien voulu voir ta tête si tu avais dû dormir à quelques mètres de cadavres qu'on vient de déterrer. En tout cas, moi, je n'aurais pas été fière. Pour rendre les choses plus lugubres, un policier et un vicaire surveillaient le bon déroulement des opérations. Heureusement que Nesta n'était pas là. Mais je me demande bien où elle est à présent.

– Bell, dit-il en se redressant, on ne pourrait pas parler d'autre chose ?

Elle le regarda d'un air étonné.

– J'ai été bien content quand elle a déménagé, dit-il. Je n'ai jamais compris ce que tu pouvais lui trouver. Le jour où tu m'as dit qu'elle t'avait emprunté de l'argent, cela ne m'a pas beaucoup plu. (Voyant qu'Alice s'apprêtait à la défendre, il ajouta d'un ton apaisant :) D'accord, elle t'a rendu l'argent, mais ce matin, quand tu es partie pour Orphingham, je t'avoue que j'étais persuadé que tu allais revenir délestée de quelques centaines de livres, ou actionnaire d'une société condamnée à la faillite, comme la dernière fois. Je ne crois pas beaucoup en la providence, mais en repensant à ton aventure, je ne peux m'empêcher d'y voir un signe du destin.

– J'avais l'intention de retourner à Orphingham demain.

– Je n'irais pas si j'étais toi.

Alice n'avait jamais été très forte pour cacher ses sentiments. Elle sentit que la déception devait se lire sur son visage car il lui demanda spontanément :

– Tu t'inquiètes beaucoup pour elle, n'est-ce pas ?

Elle aquiesça.

Il se rassit sur ses talons et lui prit les mains en lui souriant tendrement.

– J'ai tellement peur que tu sois déçue. Pourquoi n'attends-tu pas jusqu'à samedi ? Comme ça, je pourrais venir avec toi.

– Oh, Andrew, je n'ai pas besoin d'un garde du corps !

Il continuait à la regarder d'un air à la fois attendri et amusé.

– Peut-être pas d'un garde du corps, dit-il et sa voix se fit plus grave. Il y a d'autres formes de danger.

– Tu connais le proverbe : « Qui ne risque rien n'a rien », dit-elle d'un ton léger.

– J'ai rarement entendu un proverbe aussi stupide.

Alice monta dans sa chambre pour se changer. Qu'est-ce qui prenait à Andrew d'être si protecteur ? Si quelqu'un de son entourage avait assisté à la conversation, il aurait éclaté de rire, connaissant sa force de caractère et son esprit d'indépendance. Ses amis disaient toujours qu'elle était très maternelle, et c'était l'adjectif idéal pour qualifier une femme qui avait épousé un homme plus jeune qu'elle de neuf ans.

3

– Et où vas-tu d'un si bon pas ? demanda Oncle Justin en sortant de sa Bentley. As-tu pris ton déjeuner ?

Il s'approcha de la haie et la regarda de la tête aux pieds. Ce qu'il vit ne dut pas lui plaire car son visage resta de marbre.

Alice se souvint qu'un homme d'esprit avait dit un jour en parlant de la famille Whittaker qu'elle était le fruit de l'union monstrueuse entre un cocker doré et une jument arabe, et que seuls les hommes avaient hérité de leur mère. Sans aucun doute, Justin Whittaker ressemblait à un cheval. Son front bas était sauvé de l'ignominie par sa largeur conséquente. Son visage tout en longueur semblait s'étirer encore plus lorsqu'il pinçait les lèvres et que deux profondes rides se creusaient de chaque côté de sa bouche. Ses grandes dents n'étaient pas en toc mais il les montrait rarement, préférant les cacher sous une moue qu'il croyait déterminée mais que les autres qualifiaient de belliqueuse.

– Je vais à mon déjeuner de charité, Oncle Justin, dit Alice bravement, se rappelant qu'elle était désormais une femme mariée. C'est une dégustation de fromages au profit d'Oxfam. Nous en organisons une tous les vendredis.

– Encore ces niaiseries catholiques.

Il était inutile de discuter. Elle préférait qu'il l'accusât de flirter avec l'Église de Rome plutôt qu'il lui jetât à la figure ce qui était pour lui la pire des insultes : « Socialiste ! »

– Ne me dis pas qu'il faut payer pour aller là-bas.

– Mais bien sûr qu'il faut payer. C'est là tout l'intérêt. (Elle prit une grande inspiration.) Tous les bénéfices vont à Oxfam, comme je te l'ai déjà dit. En ce moment, nous essayons de collecter assez d'argent pour envoyer du matériel agricole à des paysans indiens.

Il secoua la tête en fronçant les sourcils. Son nœud de cravate était toujours si serré qu'il devait garder le menton levé.

– Mais qu'allons-nous faire de tous ces gens que tu nourris sur le dos de l'Entreprise ? Je me demande quelle tête tu feras,

Alice, quand ils viendront s'installer ici et qu'ils construiront des baraquements autour de ta maison.

– Je n'ai pas le temps de discuter, Oncle Justin. Je vais être en retard.

– Tu vas rejoindre ta bande de vieilles bigotes, je suppose !

Son regard indiquait qu'il l'incluait dans ce lot et pas dans celui des jolies femmes. Selon Oncle Justin, une femme était faite pour qu'on la regarde et non pour qu'on l'écoute, mais pour cela, elle devait valoir le coup d'œil.

– Je parie qu'il n'y a aucun homme parmi vous.

– Si, si, il y en a, répondit Alice, sachant pertinemment qu'il n'avait pas tout à fait tort. (Elle cita le nom des quatre hommes qui fréquentaient assidûment leur petit cercle :) Mr Feast, le crémier – c'est lui notre trésorier –, Harry Blunden qui vient souvent nous voir, le vicaire qui, lui, est presque toujours là et le père Mulligan, de Notre-Dame-de-Fatima.

– C'est bien ce que je pensais ! Tu ferais mieux de venir déjeuner avec moi.

Alice trouva la proposition presque alléchante. Les déjeuners à *Vair Place* étaient toujours délicieux, même si le menu variait rarement. Un petit verre de Manzanilla précédait toujours le repas, puis un steack salade faisait son apparition, suivi par un morceau de camembert et une part de tarte aux pommes, le tout préparé par Mrs Johnson et servie par Kathleen.

– Je dois y aller, dit-elle. N'oublie pas que tu viens dîner chez nous ce soir.

Il était maintenant trop tard pour faire le chemin à pied. Le temps de se débattre dans les embouteillages de la pause déjeuner et de trouver une place sur le parking, il était déjà 1 heure et quart. Heureusement, les portes en chêne de St Jude Hall étaient encore ouvertes.

Le sol de l'entrée était recouvert d'un lino marron clair qui, n'ayant jamais été entretenu, ressemblait à une plaquette de chocolat au lait restée trop longtemps exposée à l'air. Près de la porte, un homme très maigre était assis derrière une table à tréteaux sur laquelle on avait disposé des affiches et des boîtes pour collecter l'argent. Son visage était encore plus émacié que celui des enfants affamés qui vous fixaient de leur regard fiévreux sur les photos exposées aux murs.

– Excusez-moi d'être en retard, Mr Feast.

Alice le connaissait depuis trop longtemps pour relever l'incongruité de son nom ou même pour en rire intérieurement.

– Mieux vaut tard que jamais.

Une pomme d'Adam de proportions monstrueuses s'agitait derrière son col. C'était la seule chose proéminente de toute sa personne. « Si seulement, avait un jour suggéré Andrew, on pouvait le convaincre de se tenir à l'entrée de la salle d'œuvre vêtu d'un seul pagne, je suis sûr qu'Oncle Justin se rallierait à sa cause. » Le plus réactionnaire d'entre tous rejoindrait le club des dégustateurs de fromage, sans peut-être même se rendre compte des véritables objectifs de leur association.

Alice traversa le hall sans s'attarder.

– Bonjour, miss Whit... euh, Mrs Fielding, pardon, dit le vicaire. (C'était lui qui l'avait mariée mais il lui faudrait encore plus de six mois pour rompre avec une habitude vieille de vingt ans.) Il y a longtemps que nous n'avons pas eu l'honneur de votre visite.

Il utilisait cette même formule pour accueillir ceux qui avaient délaissé l'église pendant quelques temps.

« Maintenant que je suis mariée, j'ai des obligations envers mon mari », faillit répondre Alice. Elle préféra sourire.

– Eh bien, vous voyez, je suis là.

– Nous en sommes ravis. Soyez la bienvenue.

Il la conduisit vers une des tables et hésita entre les nombreuses chaises vides. Le regard d'Alice passa rapidement sur un portrait de James Whittaker, fondateur de la paroisse, portant avec panache la redingote et la montre-gousset, avant de s'attacher à des œuvres différentes. Sous chaque fenêtre de style gothique était affiché le poster d'un enfant affamé tenant un bol vide à la main, si bien que de l'endroit où elle se tenait, Alice avait l'impression d'être entourée d'une horde de nourrissons sous-alimentés la regardant d'un air implorant.

– Alice ! Venez vous asseoir au soleil à côté de moi. (Harry Blunden se leva dans un bruit de chaise.) Installez-vous là, c'est l'endroit le plus confortable.

Elle leva la tête vers son visage laid et osseux, lui sourit, et s'efforça de ne pas monter son embarras en lisant dans ses yeux bleus tant d'amour mis à nu.

– Merci, Harry.

Sa taille hors normes avait toujours été pour lui un handicap. Alice se le représentait courbé en deux ou en quatre au-dessus des lits d'hôpitaux, selon la position du malade, et il n'était pas étonnant qu'il se tînt maintenant voûté en permanence.

– Alors, qu'allez-vous choisir, cette fois-ci, demanda-t-il en la débarrassant de son manteau, du fromage à souris ou du savon de Marseille ?

C'était toujours cette même blague sinistre qu'il lui ressortait tous les vendredis midi.

– Oh ! Du fromage à souris. Mais, par pitié, pas celui avec un gros trou au milieu !

La table était recouverte d'une nappe en toile cirée. Il y avait des petits pains ronds et des tranches de baguette française dans des bols en Pyrex, des blocs de fromages aussi durs et peu appétissants que le bois de la table et, dans un récipient, un maigre petit bouquet de cresson. Chacun avait une assiette, un couteau et un gobelet en verre.

– Bonjour, Mrs Fielding.

Alice leva les yeux et vit de l'autre côté de la table une femme mince avec de longs cheveux ébouriffés qui lui arrivaient jusqu'aux épaules.

– Ah ! Bonjour, Daphné, je voulais justement vous voir.

Daphné Feast souffla une mèche de ses cheveux et la regarda droit dans les yeux.

– Je sais. Je viens de discuter avec votre belle-sœur.

– Jackie ? Jackie est ici ?

Brandissant son long bras sous le nez d'une femme replète qui était à côté d'elle, Daphné montra Jackie assise tout au bout de la grande table entre deux enfants en bas âge.

– Elle m'a dit que vous recherchez Nesta Drage mais qu'elle vous a donné une fausse adresse ou quelque chose comme ça.

– Eh bien, ce n'est pas tout à fait ça...

Elle fut interrompue par Harry qui s'efforçait d'attirer son attention.

– Elle vous a donné une fausse adresse, mais vous êtes allée la voir, c'est ça ?

– Oui, mais...

Elle tendit son verre au vicaire qui s'approchait avec une carafe d'eau.

– Combien devons-nous payer pour ça ? demanda la femme replète d'un air soupçonneux.

Le vicaire lui décocha un sourire radieux.

– Le prix que vous auriez payé pour un déjeuner normal à la maison.

– Mais chez moi, je ne mange jamais le midi ! Ma belle-mère me l'interdit. Elle dit que si je prends encore du poids, j'attraperai un infarctus. Hein, que je n'aurai pas d'infarctus, Docteur Blunden ?

Harry se tourna vers elle de mauvaise grâce.

– Mieux vaut prévenir que guérir, dit-il.

– Asseyez-vous donc à côté de moi, Docteur, et dites-moi ce que je dois faire pour que je le dise à ma belle-mère.

Alice voyait bien qu'il n'avait pas envie de bouger. Il hésita un moment. Puis il se leva, afficha un sourire forcé et fit le tour de la table en emportant son assiette.

– Je pensais que vous saviez où était Nesta, dit Alice à Daphné. Vous étiez de si bonnes amies.

– Oh ! Pas tant que ça. Nous avons eu de bonnes parties de rigolade. C'est tout.

– Mais est-ce que vous avez une idée d'où elle peut être ? Elle a dû sûrement vous laisser une adresse.

– Elle savait que je n'étais pas du genre à écrire, Mrs Fielding. Nous étions... comment dit-on... des copines de sortie. Elle ne m'a même pas dit au revoir, mais je ne peux pas dire que ça m'ait fait de la peine.

Alice était abasourdie.

– Mais elle avait passé la nuit chez vous, la veille de son départ, non ? Le sept août, c'était un vendredi. Elle a dîné avec nous et puis après, elle est partie chez vous.

– Elle n'est jamais venue.

– Je pensais que vous vous étiez mises d'accord.

– Pas vraiment. Elle nous a dit qu'elle viendrait et Papa et moi l'avons attendue, mais il y avait une pièce de théâtre à la télévision et comme son téléphone était coupé, nous n'avons pas pu la joindre. Alors, vous comprenez....

Non, Alice ne comprenait pas. Elle notait tous ses rendez-vous dans son gros agenda, n'arrivait jamais en retard et aurait encore moins manqué à sa promesse d'aller passer la nuit chez une amie.

– Êtes-vous allée au « Bouquet de la mariée » pour voir si elle y était ?

La suggestion sembla presque choquer Daphné, laquelle grignotait un dernier bout de fromage.

– Comme je vous l'ai dit, il y avait cette pièce à la télé.

Ensuite, P'pa est allé boire une bière au *Bodicea* et je lui ai dit de demander aux gens si quelqu'un avait vu Nesta, mais personne ne l'avait vue et, vers 10 heures, elle m'est complètement sortie de l'esprit.

Elle se pencha vers Alice et continua sur le ton de la confidence :

– Très franchement, Mrs Fielding, ça ne me disait rien de me rendre à Helicon Lane en pleine nuit, avec tous ces morts qu'on déterrait.

Grands Dieux ! Alice dut faire un effort pour se ressaisir. Il y avait quelque chose de macabre dans le visage de Daphné, dévoré par deux grands yeux charbonneux et encadré par une rivière de cheveux traînant dans la corbeille de pain.

– Eh bien, dit-elle, en voilà un mystère ! Quand j'ai cherché l'adresse de Nesta pour lui envoyer sa bague, j'ai demandé à tous les gens de Salstead qui la connaissaient, mais personne ne l'avait.

– Vous me l'avez demandée à moi aussi, dit Daphné d'un air lugubre, et j'ai posé la question à P'pa et aux gens des boutiques.

De l'autre côté de la table, Harry était sur le point de perdre son sang-froid. La voix de la femme replète résonnait dans toute la salle.

– Je suppose que rien ne m'empêche d'aller prendre un vrai repas au *Bodicea* en sortant d'ici, n'est-ce pas ?

– Prenez vos responsabilités, dit-il en se levant.

Il vint se placer juste derrière Alice et lui tapota l'épaule.

– Alice, si j'étais vous, je ne me soucierais plus de cette histoire.

Sa voix avait baissé d'un ton et elle dut rapidement tourner la tête vers lui pour saisir les mots qui, à l'évidence, n'étaient destinés qu'à elle.

– Il faut que vous preniez de vrais repas. Je vous trouve une petite mine depuis quelques temps.

– Je me sens tout à fait bien, je vous assure.

Il chuchotait presque, maintenant, et elle dut tendre l'oreille pour le comprendre.

– Si vous avez le moindre problème, Alice, *n'importe quel genre de problème,* n'hésitez pas à venir me voir, d'accord ?

– Vous savez que je ne suis jamais malade, Harry.

Il hocha la tête, accentua la pression de sa main sur l'épaule d'Alice, puis la relâcha.

Interloquée, elle le regarda s'éloigner vers Mr Feast qui, assis à sa table, récoltait l'argent du déjeuner. Harry était un médecin, *son* médecin. D'où lui venait cette impression étrange qu'il ne se souciait pas uniquement de sa santé ?

– Vous avez parlé de mystère, tout à l'heure, dit Daphné Feast, eh bien, laissez-moi vous dire quelque chose. Il y en avait des mystères autour de Nesta.

À l'idée d'écouter des ragots, Alice avait envie de fuir à toutes jambes. Tout ce qu'elle voulait savoir, c'était où se trouvait Nesta et pourquoi elle se cachait.

– D'abord, elle avait une aventure avec un homme.

– Oh ! Je vous en prie...

Nesta avait été fidèle à la mémoire de son mari, à tel point que trois ans après sa mort, elle portait encore le deuil. Il était évident qu'un jour, elle se remarierait. C'était normal pour une aussi jolie femme qu'elle. Mais une simple aventure ? Nesta s'était sentie seule et abandonnée. C'était pour cette raison, et aussi dans l'espoir qu'elle cessât de fréquenter des gens comme les Feast, qu'Alice avait resserré ses liens avec Nesta.

– Elle n'a pas voulu me dire qui c'était, affirma Daphné avec assurance. Je sais seulement que c'était un homme important à Salstead et que certaines personnes auraient un sacré choc en apprenant la nouvelle. (Elle alluma une cigarette et jeta l'allumette dans son assiette, parmi les miettes de pain et les croûtes de fromage.) J'en ai conclu qu'il était marié et qu'il avait de bonnes raisons pour cacher sa liaison. Nesta m'a dit qu'un de ces jours, il allait divorcer pour la demander en mariage. Qu'est-ce qu'on a pu rire à ce sujet !

– C'est une histoire à dormir debout, ce que vous me racontez là, dit Alice d'un air sévère.

– Et puis il y avait un autre truc de bizarre. Ça n'avait rien à voir avec sa vie sentimentale, mais c'est quand même bizarre.

Elle envoya voler sa cendre d'une pichenette.

« Ça ne m'étonne pas que Nesta n'ait pas voulu rester chez les Feast », pensa Alice.

– Avez-vous remarqué ses *sourcils* ?

– Ses sourcils ?

– Vous me prenez pour une toquée, hein ? Non, vous n'avez pas dû remarquer. Elle était tellement obsédée par sa beauté. Eh bien, vous vous rappelez comme elle avait des longs cils et des sourcils épais quand elle est arrivée à Salstead ?

C'est vrai, Nesta avait des sourcils bien dessinés et des cils longs et soyeux. Sans parler de ses magnifiques cheveux blonds.

– Et naturellement, elle s'épilait les sourcils. Eh bien, un jour, elle a eu la main un peu forte et elle les a tous épilés. Elle disait qu'ils allaient repousser...

– Et alors ?

– Eh bien, ils n'ont jamais repoussé. C'est tout. Elle a été obligée de se les dessiner au crayon. Un jour, je suis passée chez elle à l'improviste... Elle ne m'attendait pas et, oh ! Mon Dieu, elle a sursauté en me voyant. Elle s'était démaquillée et elle n'avait pas de sourcils du tout. Je vous assure, Mrs Fielding, ça m'a donné la chair de poule. Juste des yeux et un front sans rien du tout.

« Daphné a raté sa vocation », pensa Alice. « Elle aurait pétrifié les foules en jouant la fiancée de Frankeinstein. D'abord, les tombes, et puis maintenant, ça... »

– Mais elle avait des cils... heu, plutôt fournis, non ?

– C'étaient des faux, dit Daphné. Et je ne plaisante pas.

Ainsi donc, la pauvre Nesta souffrait d'alopécie. C'était horrible, quand on savait à quel point elle était soucieuse de son apparence.

– Merci, Daphné. J'espère qu'elle reparaîtra un de ces jours, dit Alice en enfilant ses gants.

– Mais si vous retrouvez sa trace, vous pourrez lui dire de venir chercher ses affaires ?

– Quelle affaires ?

– Elle a demandé à Snow de déposer une malle chez nous la veille de son départ. Je ne sais pas ce qu'elle contient, sûrement son bric-à-brac avec les puzzles pour enfants dont elle raffolait. Bref, si vous pouvez lui dire que ça prend de la place et que j'aimerais qu'elle m'en débarrasse...

– Je le lui dirai.

L'inconvénient de s'appeler Whittaker était que les gens s'attendaient toujours à vous voir prodiguer des largesses. Priant pour qu'Oncle Justin ne connaisse jamais l'étendue de sa générosité, Alice prit deux billets de cinq livres dans son portefeuille et les posa sur la table devant Mr Feast.

– Ça a été un succès, votre (elle faillit dire « votre spectacle ») petite réunion, Mr Feast.

Ce fut le début d'une longue diatribe dans laquelle il se lança avec une ferveur lugubre.

– Toujours ce fossé entre la haute société et la classe laborieuse, vous noterez, Mrs Fielding. Quant à la bourgeoisie, elle met les pieds sous la table et ne pense qu'à se régaler. C'est pour ça que je dis, et je le répéterai toujours, le front populaire relève de l'utopie. La haute société et la classe laborieuse...

– Et moi, à quelle classe j'appartiens, Mr Feast ?

Reconnaissant la voix de Jackie, Alice se retourna.

– Je ne savais pas quoi faire des gosses, alors, je les ai amenés pour qu'ils voient comment vivent d'autres petits enfants moins chanceux qu'eux.

Alice se pencha et prit celui âgé de trois ans dans ses bras.

– Oh ! C'est qu'il devient lourd, ton fils, Jackie. Alors, que penses-tu de ce drôle de repas, mon chéri ?

Son neveu jeta ses bras autour de son cou.

– J'« adore » beaucoup le fromage, hein, Maman, que c'est vrai ?

– Tu « adores » ?

– C'est le dernier mot qu'il a appris. Repose-le, Alice. Tu vas te faire mal au dos.

– Je viens de changer d'avis, dit Alice. Je retourne à Orphingham cet après-midi.

– On peut venir avec toi ? demandèrent en chœur Mark et Christopher.

Alice s'accroupit devant eux et leur sourit.

– Vous voulez, les enfants ? D'accord. Vous me tiendrez compagnie. Ce sera plus gai !

– Eh bien, en attendant, dit Jackie, vous venez avec moi chez le dentiste.

Il s'ensuivit un concert de lamentations qui l'obligea à se boucher les oreilles.

– C'est dommage que tu n'aies pas d'enfants, Alice. Si tu t'étais mariée dix ans plus tôt, tu ne t'ennuierais pas une seconde aujourd'hui, crois-moi.

Il y a dix ans, Andrew avait dix-neuf ans et attaquait sa deuxième année à Cambridge. Alice se demanda si Jackie se rendait compte de ce qu'elle disait, mais tandis qu'elle sentait le rouge lui monter aux joues, elle vit que le visage de sa belle-sœur ne trahissait aucun embarras. Jackie, Hugo, Oncle Justin et tous les autres ne pensaient qu'à la chance d'Andrew, qu'à sa soudaine et rapide ascension dans la société. Jamais ils n'avaient songé à ce qu'il avait perdu en épousant une femme qui n'était plus toute jeune.

Elle prit la main de chacun des garçons.

– Si vous êtes bien sages chez le dentiste, je vous réserve une surprise à *Vair House*. Demandez à Maman de vous accompagner là-bas à... disons... 5 heures et demie.

– C'est un cercle vicieux, dit Jackie. On les bourre de sucreries et après, ils ont à nouveau des caries.

L'air s'étant rafraîchi, Alice se dirigea vers sa voiture d'un pas rapide. Si elle se dépêchait, elle arriverait à Orphingham pour 3 heures.

4

La poste était pleine à craquer. Alice dut se frayer un passage entre les landaus et les chiens en laisse. Derrière le guichet s'activaient trois employés, un jeune homme mince avec un visage si pâle qu'il en était presque verdâtre, une femme bien en chair et un autre homme plus âgé avec un air digne et une grosse moustache poivre et sel. Alice jeta un coup d'œil sur une affiche placardée au mur dont la légende – « Vite, vite, quelqu'un attend votre lettre » – lui sembla peu convaincante. Elle se mit au bout de la file d'attente la plus courte. Elle avançait très lentement. Les carnets de pension se succédaient avec une lente régularité sur le comptoir avant de regagner les sacs à main et les portefeuilles de leurs propriétaires.

– Au suivant, s'il vous plaît.

– J'ai envoyé du courrier à une amie qui habite Chelmsford, commença Alice. Mais lorsque j'ai voulu lui rendre visite hier, je n'ai pas trouvé sa maison. (Une petite vieille pointa le bout de son nez par-dessus son épaule pour mieux écouter) Le nom de la maison est *Saulsby* mais il n'y a pas un seul *Saulsby* dans toute la rue.

– Vous voulez dire que votre courrier s'est perdu, c'est ça ? (Occupé à fouiller dans un tiroir, le jeune homme gardait obstinément la tête baissée, mais sa voix trahissait déjà des signes d'impatience.) S'il a été envoyé à une fausse adresse, il vous sera retourné. À condition, évidemment, d'avoir mis votre adresse...

– Je ne pense pas qu'il se soit perdu. J'ai reçu des réponses.

Il consentit enfin à lever la tête.

– Dans ce cas-là, ce n'est pas de notre ressort. Allez voir au syndicat d'initiative. Ils vous donneront un plan de la ville. Au suivant, s'il vous plaît !

Refusant de s'avouer vaincue, Alice insista.

– Je connais le nom de la rue. Je vous l'ai dit. C'est Chelmsford Road. Je sais que vous avez beaucoup de monde...

– S'il y a autant de monde le vendredi après-midi, c'est pour éviter la cohue du samedi.

Ce flagrant délit d'illogisme acheva de la décourager. Elle avait à peine reculé d'un pas qu'une main surgissant d'un manteau en ocelot mité la poussait sur le côté pour déposer un livret sur le comptoir.

– Savez-vous à qui je pourrais exposer mon problème ? Il doit sûrement y avoir quelqu'un ici qui peut me renseigner ?

– Si vous voulez bien faire la queue de ce côté, vous pourrez en toucher un mot à Mr Robson. C'est lui le receveur.

Pour rejoindre l'autre file, elle dut retourner près de la porte d'entrée. Il y avait quinze personnes qui attendaient avant elle, sans compter la femme vêtue d'un sari orange que le receveur était en train de servir. Au bout de cinq minutes, la file n'avait pas avancé d'un centimètre. La femme indienne achetait une douzaine de timbres de chaque sorte pour les envoyer à un ami philatéliste à Calcutta. Les gens dans la queue commençaient à maugréer et à taper du pied.

« Et si je retournais à Chelmsford Road vérifier les noms des autres maisons ? », se demanda Alice. « Avec la pluie, je n'ai pas pu tout voir. » Elle sortit de la file d'attente et fonça tout droit vers le jeune homme pâle derrière son guichet.

– Est-ce qu'il y aura moins de monde si je reviens plus tard ?

– Pardon ?

– Si je reviens plus tard... ?

– Revenez plus tard si vous voulez. (Il était tellement absorbé par ses comptes qu'il la regarda à peine.) Ce sera un peu plus calme vers les 5-6 heures.

– Cela ne vous ferait rien d'attendre votre tour ? demanda une femme avec un enfant dans les bras.

Alice retourna à sa voiture et remonta la Grand-Rue avant de prendre Chelmsford Road. Même sous un ciel hivernal, l'endroit avait le charme apprêté et typiquement anglais d'une photo du calendrier des postes. De toute évidence, les habitants tiraient grande fierté de leurs portes d'entrée, chacune d'elles peinte dans une couleur de l'arc-en-ciel, de leurs murs blanchis à la chaux et de leurs allées recouvertes de gravillons. Connaissant le petit côté snob de Nesta et son attirance pour la beauté artificielle, Alice n'était pas étonnée qu'elle ait été séduite par cet endroit. Les gens de Chelmsford Road auraient fait la fine bouche devant certains aspects utilitaires de Salstead.

La rue était déserte. Des feuilles mortes tachées de brun, semblables à des vieilles mains ridées, voltigeaient dans les airs avant de s'abattre dans les caniveaux. Aucune des maisons ne portait de numéro et aucune se s'appelait *Saulsby.* Elle arpenta la rue en examinant toutes les plaques.

Il régnait dans Chelmsford Road un silence de cathédrale que vint troubler une femme balayant des feuilles devant la maison *El Kantara.* Le portail était ouvert et Alice put lire sur un panneau à l'intérieur : *Comité de direction de l'hôpital d'Orphingham, foyer des infirmières.*

– Je cherche une maison appelée *Saulsby*, expliqua Alice.

– *Saulsby* ? Ça ne me dit rien..., murmura la femme d'un air sombre en regardant furtivement derrière son épaule.

Elle leva son balai et les feuilles s'envolèrent, recouvrant en un instant la surface qui venait d'être balayée.

– Vous voulez parler de l'une de ces horreurs, là-bas ? reprit-elle d'une voie si basse qu'Alice dut faire un effort pour comprendre.

– Quelles horreurs ?

– Les quatre petits taudis. Vous avez dû passer devant en remontant la rue. Cela fait je ne sais combien de temps qu'on parle de les démolir.

Mais pourquoi chuchotait-elle ? Pourquoi n'arrêtait-elle pas de regarder vers les fenêtres aux volets fermés ? Impressionnée par le silence qui pesait sur le lieu, Alice sentit un léger frisson d'angoisse lui parcourir l'échine. Si seulement elle avait attendu jusqu'à demain, Andrew aurait pu l'accompagner.

– Non, ce n'est pas une de celles-là, dit-elle d'une voix faible.

Elle jeta un coup d'œil vers l'épaisseur des fourrés et sursauta quand la femme lui glissa dans l'oreille :

– Excusez-moi de vous parler si bas. (Elle sourit, ce qui eut pour effet de détendre l'atmosphère, et pointa le manche du balai vers le ciel.) Mais je ne veux surtout pas réveiller les infirmières de nuit.

Quand elle se retrouva dans la rue, Alice faillit éclater de rire. Elle s'était monté la tête inutilement. L'explication était toute simple. Pourquoi s'imaginer toujours des choses qui n'existent pas ?

Pendant qu'elle parlait avec la femme, un homme avait garé une bicyclette à côté de sa voiture, une bicyclette rouge. C'est sûrement celle du facteur, pensa-t-elle. Mais où était-il passé ? Elle observait les alentours, les murs blancs, la longue succession de portails, les branches de noyers et de lauriers qui projetaient leur ombre sur la chaussée, quand un coup de vent renversa la bicyclette dans le caniveau. Les roues se mirent à tourner dans le vide. Elle se baissa pour la ramasser. Le facteur avait dû entendre le bruit de la chute, car il arriva en courant après avoir claqué le portail de la maison *The Laurels.*

– Merci beaucoup.

C'était un jeune homme blond et fade avec un visage au teint étrange oscillant entre le rouge vermillon pour le menton, le nez et le front et le blanc cadavérique pour les lèvres et les joues.

– Vous avez dû vous salir les mains.

Il replaça son sac de toile sur le guidon et resta planté là à la regarder.

– C'est vous qui distribuez le courrier ici tous les matins ? demanda Alice.

– Ça fait deux mois que je m'occupe de ce secteur. Je peux vous aider ?

– Est-ce que vous auriez distribué des lettres, dernièrement, à une certaine Mrs Drage habitant *Saulsby* ?

– Distribué n'est pas le mot. Elle a déposé une demande à la poste pour faire suivre son courrier.

Alice le dévisagea, en proie à une vive émotion. Enfin, ces noms voulaient dire quelque chose pour quelqu'un.

– Qu'entendez-vous exactement par faire suivre ?

– C'est comme lorsque vous changez d'adresse, vous voyez ? Vous remplissez une fiche dans n'importe quelle poste – et heu... ça ne va pas à l'ancienne adresse. Ça va à la nouvelle. Celui qui trie le courrier et qui voit une lettre pour cette personne écrit sa nouvelle adresse sur l'enveloppe et la réexpédie. Comme ça, les lettres ne se perdent pas.

– Pouvez-vous me donner, s'il vous plaît, la nouvelle adresse de Mrs Drage ?

– Je ne peux pas, dit-il en secouant la tête. Ce serait une atteinte à la vie privée.

Le vent était devenu subitement glacial. La nuit commençait à tomber, en même temps qu'un froid léger mais pénétrant imprégnait l'atmosphère. Elle frissonna. Elle se mettait rarement en colère, mais elle se sentait frustrée d'échouer si près du but.

– Je suppose que vous ne vous êtes même pas rendu compte qu'il n'y a pas de *Saulsby* à Chelmsroad Road, que ce nom n'existe pas ?

– Bien sûr qu'il existe, dit-il, vexé. Je l'ai vu sur les lettres. C'était écrit noir sur blanc.

– Alors, où est-ce ? Montrez-moi.

– C'est plus haut.

Poussant sa bicyclette à côté de lui, il se dirigea vers le bloc de maisons noires, suivi par Alice

– *Sewerby*, vous voyez, dit-elle calmement.

Elle se félicita par la suite de ne pas avoir exprimé plus ouvertement sa petite victoire, car il regarda la plaque d'un air atterré, son visage devenant subitement rouge pivoine.

– Mais je n'ai jamais eu de courrier pour *Sewerby* !

– Pas étonnant. C'est un très vieux monsieur qui habite ici et il vit tout seul. Je suppose que personne ne lui écrit jamais et si vous ne travaillez dans ce quartier que depuis deux mois...

– Je ne sais pas ce qui m'arrive, dit-il d'une voix hachée. (Il prit un ton suppliant et s'approcha d'elle comme s'il allait s'agripper à ses vêtements. Alice recula d'un pas et leva la main pour le maintenir à distance.) J'ai dû mal lire le nom sur la plaque et entre mes allers et retours à *Kirkby* et les maisons qui n'ont pas de numéros... Mr Robson m'avait bien dit de vérifier, mais... je ne sais pas... ça m'est passé au-dessus de la tête.

Ses mains se crispèrent sur le guidon.

– Je vais me faire virer, c'est sûr, ajouta-t-il.

– Je ne veux pas vous causer d'ennuis. Je veux simplement savoir où vont mes lettres.

– C'est facile, dit-il avec empressement. Il y avait une lettre pour elle, mercredi.

Alice confirma d'un signe de tête. Elle l'avait postée elle-même le mardi soir.

– 193, Dorcas Street, Paddington. Je connais l'adresse par cœur car le nom de jeune fille de ma mère est Dorcas.

Alice copia l'adresse sur son agenda.

– Je jure que je ne dirai rien à Mr Robson, dit-elle sur le ton de la plaisanterie. Il faudrait d'abord que je puisse m'en approcher.

193, Dorcas Street, Paddington. Alice ne connaissait de Paddington que la gare et ce petit coin charmant appelé *Little Venice.* Mais lorsque, pour aller en Cornouailles, elle avait traversé en train cette partie de Londres, elle avait vu d'autres rues qui avaient l'air d'être bien moins accueillantes. Peut-être que Dorcas était l'une d'entre elles ? Le nom résonnait agréablement à ses oreilles, trop agréablement même. À notre époque, c'était toujours les rues sordides qui portaient de beaux noms tandis que des rues comme *The Boltons* ou *Smith Square* étaient tout ce qu'il y a de plus respectable.

L'explication la plus vraisemblable était la suivante : Nesta avait déménagé dans un quartier défavorisé de Londres mais elle n'avait pas osé l'avouer. Par snobisme ou par désir d'épater la galerie, elle s'était choisi une adresse plus distinguée.

Tandis qu'elle jetait à Chelmsford Road un dernier regard, le cœur d'Alice se serra. Nesta avait dû se rendre à Orphingham en espérant y trouver un refuge. Chelmsford Road aurait été pour elle l'endroit idéal si le destin n'en avait décidé autrement. La dépression et le mutisme de Nesta étaient peut-être dus à de trop fréquentes désillusions. Seule une idéaliste au cœur déçu aurait pu concevoir un tel plan, ou bien une femme en proie à de graves problèmes psychologiques. Une femme qui pour tromper son angoisse passait son temps à faire des puzzles pour enfants, des mots croisés et à regarder les jeux télévisés.

Alice se sentit soudain un regain d'énergie. Puis le doute et l'inquiétude l'envahirent à nouveau. Les motifs qui avaient poussé Nesta à s'enfuir n'avaient sans doute rien d'amusant. Il fallait à tout prix qu'elle s'en sorte. L'amitié qu'elle éprouvait pour Nesta devait aussi passer par une aide matérielle. Elle vérifia si son carnet de chèques était bien dans son sac. Mais pourquoi, pourquoi donc, au lieu de s'évertuer à sauver les apparences, Nesta ne s'était-elle pas confiée à elle ?

– Je préférerais que tu n'y ailles pas.

– Mais pourquoi donc, chéri ?

Alice se brossait les cheveux devant le miroir de sa coiffeuse quand Andrew avait fait irruption dans la chambre, déjà prêt et légèrement impatient. Dès qu'elle eut émis l'intention de se rendre à Paddington, il lui proposa de l'accompagner, ce qu'elle refusa immédiatement. Nesta avait sa fierté. Elle aurait à la rigueur toléré qu'Alice se mêlât de ses affaires, mais Andrew, jamais.

– Fais comme tu veux, Bell, mais tu risques d'avoir un choc en apprenant que Nesta vit avec un homme.

– *Nesta* ?

Elle le regarda s'approcher d'elle dans le miroir, puis elle sentit ses mains sur ses épaules.

– Tu te comportes quelquefois comme une vraie gamine. Je ne veux pas dire par là que tu es immature, et Dieu sait que tu nous rabâches sans arrêt ton âge, mais tu es un peu naïve. Je me demande comment tu réagirais si tu la trouvais dans une chambre minable avec un homme. Tu imagines, Nesta qui vient t'ouvrir en combinaison noire et son amant qui ne prend pas la peine de se cacher et qui meugle des insultes de son lit.

– Ce n'est pas drôle, Andrew.

– Dis-moi, mon ange, pourquoi ne laisserais-tu pas ton carnet de chèques ici, pour une fois ? L'argent ne guérit pas tous les maux, tu sais !

Alice fut blessée et elle le montra.

– Tu veux dire que j'ai une âme intéressée et que je vénère l'argent, c'est ça ?

– Tu ne le vénères pas... mais tu t'en sers comme d'une clef qui ouvre toutes les portes. Excuse-moi de te dire ça, Bell, mais c'est une réaction terriblement infantile. Au fait, dit-il en changeant brusquement de sujet, Jackie est venue ce soir avec les enfants.

La brosse resta en suspens dans la main d'Alice. Elle se souvint avec effroi qu'elle les avait complètement oubliés.

– Ne t'inquiète pas. Je leur ai donné des bonbons. J'en ai trouvé un paquet dans un tiroir. Mark ne voulait pas rentrer chez lui. Tu sais ce qu'il a demandé ? « Dis, Maman, on reste encore un peu ? Je te donnerai vingt pence si tu me laisses rester. »

– Et je suis comme ça, moi ?

– Non, toi, tu es un ange.

Il lui déposa un baiser sur le front. Troublée, elle leva la tête et rencontra son regard dans la glace.

Elle avait soulevé à deux mains sa lourde masse de cheveux et cherchait à présent une nouvelle façon de les coiffer quand il se détacha brusquement d'elle.

– Qu'est-ce que tu as ?

– Ne mets pas tes cheveux comme ça. Ça ne me plaît pas, dit-il d'un air gêné qui le rendit presque ridicule.

– Je pensais que ça me rajeunissait.

– Je t'en prie, Bell. Cesse de parler comme si tu allais bientôt prendre ta retraite !

– Excuse-moi.

Elle avait tordu ses cheveux en un chignon souple et s'était détournée du miroir pour lui faire face. À sa grande surprise, il laissa échapper un soupir.

– C'est pas mal, cette coiffure. Je crois que je pourrais m'y habituer.

– Cela ne sera pas la peine. C'est trop compliqué à faire.

Elle commença sans plus attendre à se faire ses nattes.

– Dis-moi, chéri, est-ce que cela te rassure si je te promets d'aider Nesta autrement qu'en lui donnant de l'argent, au cas où je la retrouve, bien entendu ?

– Mais comment pourrais-tu l'aider autrement ?

Il avait l'air encore nerveux et Alice se demanda pourquoi.

– Si elle est dans le besoin, je pourrais la ramener ici.

– La ramener *ici* ? Je préférerais que tu lui donnes de l'argent plutôt qu'elle s'installe ici. Je ne me sens pas encore l'âme d'un père adoptif.

– Andrew ! Mais pourquoi parles-tu d'adoption ? Qu'est-ce que tu veux dire ?

Il secoua la tête.

– Rien. Oublie ce que j'ai dit.

Alice promena ses mains sur son corps inutile et vieillissant. Jackie était venue ici avec ses deux enfants. Ce n'était pas difficile d'imaginer le cheminement de son subconscient.

– Voilà, je suis prête, dit-elle d'un ton volontairement neutre. Allons-y.

– Mon Dieu, s'exclama Oncle Justin, notre poste nationale est tombée bien bas ! Si tu avais le moindre sens civique, Alice, tu serais allée raconter toute l'affaire à ce monsieur-Machin ?... Robson ?

Il huma suspicieusement le contenu de son verre.

– Où as-tu déniché ce sherry, Andrew ? J'ai peut-être tort mais je crois y déceler un léger parfum d'hémisphère sud.

– Impossible, affirma Alice qui avait retrouvé son assurance. Il vient de Jerez. Que penses-tu que je devrais faire pour Nesta ?

– Ah ! oui, Mrs Drage ! (Alice se souvint avec agacement qu'il lui fallait connaître une personne depuis au moins vingt ans pour l'appeler par son prénom.) Une charmante femme, très agréable à regarder. Pas du tout le genre de personne que l'on s'attend à trouver dans une boutique. Mais je suppose qu'elle ne pouvait pas faire autrement.

– Savez-vous qu'une fois, elle a emprunté de l'argent à Alice ?

(Mais qu'est-ce qu'il lui avait pris de lui raconter ça ?) C'était avant notre mariage. Mais j'ai peur que cela se répète et c'est la raison pour laquelle je ne tiens pas à ce qu'Alice la revoie.

– Mais elle m'a rendu l'argent, plaida Alice, et en plus, c'était une petite somme.

– Cinq cents livres ! Tu appelles ça une petite somme.

– En tout cas, il n'y a pas de quoi en faire un fromage, dit Oncle Justin de façon inattendue. Je dois avouer qu'elle a bénéficié occasionnellement de mon aide.

Alice le regarda d'un air stupéfait. Il se tenait tout droit dans son fauteuil sans poser la tête contre le dossier. Avec son corps svelte et ses épaules carrées, il paraissait dix ans de moins que son âge. Ses cheveux étaient gris mais abondants. L'ossature de son visage et l'élasticité de sa peau avaient peu souffert des effets du temps. Ses joues s'étaient creusées, des poches s'étaient formées sous ses yeux, mais il n'était pas ridé.

Il dominait la population de Salstead d'une bonne tête. Juste au moment où elle se demandait si elle oserait poser la question qui lui brûlait la langue, Andrew la précéda :

– Et peut-on savoir si vous avez récupéré votre argent ?

Sa réponse allait être décisive. Tandis qu'elle attendait, partagée entre l'appréhension et la curiosité, la porte s'ouvrit et Pernille apparut, le sourire aux lèvres.

– Ah ! s'écria Oncle Justin, le dîner est prêt. J'espère que vous allez nous servir une de vos spécialités scandinaves. J'aime particulièrement ces petites choses croustillantes avec des asperges.

– Des *Krustaders*, Mr Whittaker.

– C'est ça, des crustatères. Il faut à tout prix que vous donniez la recette à Mrs Johnson.

Trop loin de son mari pour lui demander de ne plus poser de

questions indiscrètes, Alice lui lança un regard plein de reproche et de tendresse.

Mais il ne revint plus sur le sujet et l'oncle Justin semblait se réjouir à l'avance du festin. Alice se sentit soudain fébrile. Elle ne souhaitait maintenant qu'une chose : que ce dîner et cette nuit se terminent le plus vite possible pour qu'elle se rende au 193, Dorcas Street, Paddington.

5

Un kaléidoscope rose, gris et vert défila devant ses yeux, puis commença à tournoyer de plus en plus vite pour former un tourbillon de feu qui fut aspiré par un gouffre. Mais au moment où Alice sentit qu'elle perdait définitivement l'équilibre et qu'elle allait tomber dans le vide, les couleurs éclatèrent et se fondirent dans le décor de la salle de bain. Il ne resta que des carreaux gris, un rectangle de savon vert et trois serviettes roses suspendues à une barre métallisée aux reflets aveuglants. Avec ses croisillons blancs quadrillant le ciel noir du petit matin, la fenêtre formait un carré de tissu à damiers. Les images ne s'entrechoquaient plus dans sa tête et le brouillard de ses pensées s'était dissipé. Mais le malaise persistait. Alice s'assit sur le rebord de la baignoire. Jamais elle n'avait été aussi malade.

Il devait être encore très tôt. Le froid qu'elle ressentait n'avait rien à voir avec la température ambiante, car elle avait allumé le chauffage la première fois qu'elle était sortie de sa chambre en chancelant. Les frissons qui lui secouaient tout le corps semblèrent redoubler de violence quand elle posa ses mains sur le radiateur. Dans la glace de la salle de bain, elle vit son visage blême, vieilli par la souffrance, tandis que par à-coups, la bile lui remontait dans la gorge avec un goût amer. Elle se courba en deux au-dessus de la cuvette des WC et se força à vomir.

Puis quand les spasmes eurent cessés, la laissant faible et tremblante, elle se traîna jusqu'à son lit. Andrew dormait. La lumière bleu marine qui, en hiver, précédait l'aurore, éclairait son visage juvénile et sa main enroulée autour de l'oreiller comme celle d'un petit garçon. Elle se glissa à ses côtés sans faire de bruit, paniquée à l'idée qu'il puisse la voir dans cet état répugnant.

Alice n'était *jamais* malade. Quelque chose dans le dîner de Pernille ne lui avait pas réussi, la salade de crevettes, peut-être, ou bien les *Krustaders*. Andrew avait ouvert une bouteille de bordeau sec de l'*Entre deux mers,* mais elle n'en avait pris qu'un demi-verre. Ils avaient mangé ensuite les chocolats apportés par Oncle Justin. Elle s'écarta d'Andrew et dégagea sa tête des couvertures. À la seule pensée de la nourriture, elle fut reprise de nausées et une nouvelle vague de frissons la fit claquer des dents.

Elle pressa ses mains sur son diaphragme dans le but de calmer les nausées. C'était peut-être ce yaourt dont elle raffolait depuis quelque temps et qu'elle prenait chaque soir en fin de repas. En imaginant la masse gélatineuse et blanche, qui se décomposait en petit lait après avoir été touillée, elle rejeta brusquement les draps et se rua vers la salle de bain. Pourvu que j'arrive jusqu'aux toilettes, pensa-t-elle.

Bien sûr, cela avait réveillé Andrew. Elle se cramponna au rebord de la cuvette, consciente qu'il se tenait derrière elle.

– Retourne te coucher, dit-elle d'un ton dur. Je ne veux pas que tu me voies dans cet état.

– Ne sois pas stupide.

Elle savait qu'elle en aurait été malade s'il l'avait touchée, mais paradoxalement, parce qu'il ne la touchait pas, elle ressentait sa distance comme une blessure.

– Ça ira mieux dans une minute.

– Pourquoi ne m'as-tu pas réveillé, Bell ? Depuis combien de temps es-tu malade ?

Elle fit couler l'eau froide et s'en aspergea le visage et les mains.

– Des heures, répondit-elle, je ne sais plus.

– Viens, dit-il en la prenant par la taille et elle détourna aussitôt la tête. Je vais demander à Pernille de te préparer du thé.

– S'il te plaît, Andrew, laisse-moi seule.

Elle s'affala sur le lit et enfouit sa tête dans le creux tiède de l'oreiller d'Andrew.

– Tu es absurde, mon ange. N'es-tu pas supposée être la chair de ma chair et le sang de mon sang, dit-il en citant sur un ton mi-figue mi-raisin une phrase de l'un de ses romans victoriens favoris. Je vais appeler Pernille.

Elle fut incapable de boire le thé. Abandonné sur la table de nuit entre un tube de médicaments et une tasse de la veille, il se couvrait d'une mince pellicule jaunâtre.

– Pernille, dit-elle faiblement, d'où venait ce yaourt que j'ai mangé hier soir ?

La jeune Danoise secoua les oreillers et les tapota pour leur redonner du gonflant.

– J'en ai ramené un paquet hier de chez Mr Feast.

Alice était trop fatiguée pour lui corriger sa phrase. Elle ne saurait décidément jamais faire la différence entre « rapporter » et « ramener ».

– Est-ce que vous en avez mangé un ?

– Moi ? Non, merci bien. Il n'y a que vous qui en mangez.

Andrew arriva à pas de loup avec les journaux du matin. Elle pria pour qu'il la laisse dans la pénombre et qu'il n'allume pas le plafonnier.

– Ça va mieux, mon ange ?

– Je ne me sens pas bien du tout, Andrew. Est-ce qu'on ne pourrait pas appeler Harry ?

– Juste pour une petite indigestion ? (Il s'assit sur le bord du lit et écarta une mèche blonde qui lui barrait le visage.) Tu iras mieux dans un petit moment.

– Et moi qui voulais aller à Londres aujourd'hui, gémit-elle.

– Dans ce cas-là, je ferais mieux d'appeler Harry. Je suis sûr qu'il ne te laisserait pas sortir, mon ange. Il fait trop froid dehors.

Pour appuyer ses dires, il ouvrit les rideaux sur une matinée grise et venteuse. De gros cumulus noirs auréolés d'une lumière pourpre repoussaient des petits nuages blancs comme de la neige pilée. Le vent soufflait dans les pins écossais dont les branches garnies de bouquets d'aiguilles cliquetaient sans relâche contre les vitres.

– Il ne viendra pas avant d'avoir terminé ses visites.

– Ne t'inquiète pas pour ça, dit-il sèchement. Il viendra bien assez tôt.

Ce petit accès de jalousie était un bien meilleur tonique que n'importe quel autre médicament prescrit par Harry. Rencontrant le regard d'Alice, Andrew éclata de rire et ajouta d'un ton faussement lugubre :

– Tu sais pertinemment, mon ange, que si toute la population de Salstead était atteinte de peste bubonique, ce serait à ton chevet qu'il se rendrait en premier.

– Andrew !

Il devait à ce point l'aimer qu'il ne la regardait pas avec ses yeux mais avec son cœur.

– Va prendre ton petit déjeuner.

Il l'embrassa, prit le livre qu'il avait commencé la veille et descendit.

Harry déboula dans la chambre en fin de matinée. Elle rougit un peu en le voyant. La prophétie d'Andrew s'avérait exacte. L'exemple de la peste bubonique était exagéré, mais Harry devait avoir un nombre considérable de patients qui l'attendaient. Elle se représenta Andrew, installé confortablement dans son fauteuil, le sourire aux lèvres, savourant sa condition de mari. Cela lui fit chaud au cœur de savoir que, séparés l'un de l'autre par un plancher, ils partageaient les même pensées.

– Comment vous sentez-vous, Alice ?

– Un petit peu mieux que tout à l'heure.

Elle lui tendit sa main et il lui prit le pouls avec ses doigts.

– J'ai été très malade, ce matin. Est-ce qu'Andrew vous a dit ?

Son visage resta de marbre.

– Il m'en a touché un mot au téléphone. Mais je n'ai pas voulu le déranger quand je suis arrivé. (Retirant sa main, il ajouta sur un ton de reproche :) Il était en train de lire.

« Veut-il faire passer Andrew pour Néron jouant de la harpe pendant l'incendie de Rome ? » se demanda Alice, agacée. La jalousie d'Andrew était compréhensible, c'était la prérogative du mari amoureux. Celle d'Harry était pathétique.

– Je n'ai pas arrêté de vomir. Je crois que j'ai mal digéré quelque chose.

La suggestion n'eut pas l'air de le convaincre car il lui plaça le thermomètre dans la bouche avec un sourire incrédule.

– C'est vraisemblablement un de ces virus qui traînent en ce moment.

Au moment où elle se dit qu'elle allait sûrement vomir à nouveau si elle gardait ce tube de verre dans la bouche une seconde de plus, il le lui enleva et se dirigea vers la fenêtre.

– Est-ce que c'est grave, Harry ? J'avais l'intention d'aller à Londres aujourd'hui, à Paddington, plus exactement.

Il secoua le thermomètre d'un mouvement sec.

– Paddington ? Vous partez en voyage ?

C'était étrange comme tout le monde ne voyait en Paddington qu'une gare. Elle secoua la tête.

– Il n'est pas question que vous sortiez, dit-il. Vous feriez mieux de vous reposer. Je repasserai vous voir demain.

La maladie, chose nouvelle pour elle, l'avait immédiatement rendue hypocondriaque.

– Vous me le diriez, si c'était quelque chose de grave ?

Mais elle savait qu'il n'en ferait rien. Les médecins ménageaient toujours leurs patients.

– Je vous l'ai dit, Alice. Vous avez probablement attrapé un virus infectieux. Je vous avais d'ailleurs trouvée bien pâle, hier.

– C'est pour ça que vous m'avez dit de passer vous voir si j'avais un problème ?

Il devint aussi rouge que le petit facteur de Chelmsford Road.

– Bien sûr, lâcha-t-il abruptement.

Même au mieux de sa forme, Harry restait irrémédiablement gauche et vulnérable. Tandis qu'il rassemblait tant bien que mal ses instruments dans sa mallette, elle passa brièvement en revue leurs dix années passées à Salstead. Elle ne comptait plus le nombre de fois où il l'avait demandée en mariage. Et malgré tout cela, leur relation n'avait jamais été au-delà de l'amitié. Il ne l'avait jamais embrassée ni prise par la taille. Ils se contentaient d'être médecin et patient. Elle sourit presque en pensant que, malgré l'amour qu'il lui portait et ses demandes en mariage, il ne lui était jamais venu l'idée de changer la nature de leur relation. Ayant toujours été en parfaite santé, elle n'avait jamais eu affaire à lui professionnellement.

– J'espère que je ne vais pas être malade longtemps, dit-elle d'un ton maussade.

La situation deviendrait embarrassante s'il devait venir la voir quotidiennement.

– Voilà quelqu'un qui vient vous remonter le moral, dit-il

C'était Hugo. Emmitouflé dans une écharpe d'une équipe de rugby, il traversa la pièce sur la pointe des pieds et jeta un paquet mou sur l'estomac de sa sœur.

– Du raisin, dit-il, salut, Harry.

– Comment as-tu su que j'étais malade ?

– Les nouvelles vont vite dans notre bonne ville. Jackie a rencontré Pernille par hasard en faisant ses courses. (Il se frotta les mains et se laissa tomber lourdement sur le lit.) C'est toi qui as la meilleure place, tu sais. Il fait un froid à se geler...

– Nous avons compris, Hugo, dit Alice en riant faiblement. Au revoir, Harry. Merci d'être venu !

Il sembla hésiter, comme s'il attendait quelque chose.. mais quoi donc ? Qu'espérait-il qu'elle lui dise ? Que pourrait-elle lui dire qui soit à la fois gentil, chaleureux et anodin ?

– Ce n'est pas parce que je suis une amie que...

Voyant son sourire se figer, elle s'enfonça encore plus :

– Enfin... je veux dire... Il ne faut pas négliger vos patients pour moi...

Il avait gardé une main sur la poignée de la porte. En regardant attentivement, elle vit qu'il pressait, pressait la poignée tellement fort que ses ongles étaient devenus blancs.

– Qu'est-ce qui vous fait croire que vous êtes différente des autres, Alice ? dit-il d'un ton cassant.

En proie à une soudaine quinte de toux, Hugo fit de grands effets de manches pour retirer son écharpe.

– Est-ce que vous trouvez quelque chose à redire à mon travail ?

Ne sachant plus où se mettre, Alice bafouilla :

– Je ne voulais pas... c'est-à-dire... ne croyez pas que...

– Je suis désolé. N'en parlons plus. (Il s'éclaircit la voix et amorça un sourire.) Je vais laisser une ordonnance à miss Madsen. Bon rétablissement, lâcha-t-il du bout des lèvres avant de partir.

– Qu'est-ce qu'il lui a pris ?

– Je ne sais pas.

– Il a un gros faible pour toi. Ça se voit comme le nez au milieu de la figure.

– Je m'en contrefiche, dit Alice impatiemment. Oh ! Hugo, je voulais tellement aller à Londres aujourd'hui. Tu ne crois pas que...

– Je ne crois pas, non. Sauf si tu tiens à attraper une pneumonie.

– Tu ne voudrais pas y aller à ma place, par hasard ?

– Pour rien au monde. Nous recevons des gens à déjeuner. Mais pourquoi tiens-tu tant à aller là-bas ?

Quand elle lui raconta l'épisode du facteur, Hugo ne put s'empêcher de se moquer de la ruse de Nesta.

– Ça ne m'étonne pas d'elle. Les femmes donnent tellement d'importance aux adresses. Jackie choisit toujours nos hôtels de vacances d'après leurs noms. Et quand on arrive là-bas, on s'aperçoit que le *Miramar* en question est un taudis construit en haut d'un terrain vague.

– Oui, mais le plus étrange est que *Saulsby* n'existe pas !

– Je ne vois pas pourquoi elle a pris la peine de t'écrire. Elle aurait pu aussi bien disparaître sans donner signe de vie.

Oui, c'était vrai, pourquoi ? La seconde lettre s'expliquait par l'envoi du colis. Mais pourquoi Nesta avait-elle subitement écrit une première lettre, après avoir gardé le silence ? Elle ne pouvait pas savoir qu'Alice avait la bague en sa possession puisqu'elle ne lui en avait pas parlé. C'était bizarre qu'elle ne se fût manifestée qu'au bout d'un mois, juste au moment où Alice s'apprêtait à faire passer une annonce dans le journal. Quelle drôle de coïncidence !

– Je n'ai gardé aucune de ses lettres, mais je me souviens du contenu de chacune. La première disait quelque chose comme ça : *Chère Alice, juste un petit mot pour te dire que j'ai trouvé un endroit pour m'installer temporairement mais que je ne pense pas y rester longtemps. Je ne crois pas que nous nous reverrons, mais je te remercie pour le dîner et pour tout ce que tu as fait pour moi. Mes amitiés à Andrew et à ton oncle.*

– Rien d'original dans cette lettre, commenta Hugo. (Alice soupira, sachant par expérience que les siennes n'étaient guère plus explicites.) Elle ne nous dit que les chose essentielles.

– Moi, ça ne me dit rien du tout, dit Alice tristement. La seconde était encore plus expéditive. *Merci pour la bague. Je joins deux livres pour les frais...* Oh ! mais Hugo, ça aussi, c'est bizarre. Je viens juste d'y penser. J'ai payé Cropper mais je n'ai pas dit à Nesta combien cela m'avait coûté et je ne lui ai même pas demandé d'argent. Mais la réparation coûtait deux livres et Nesta m'a envoyé exactement deux livres.

– Autre coïncidence ?

– Cela m'en a tout l'air. Ensuite, elle écrivait : *Ne te fatigue pas à me répondre, je ne suis pas du genre à écrire des lettres...* Tout ça exprimé avec plus de tact, bien sûr. Pour terminer, elle me demandait de transmettre ses amitiés à Andrew et à Oncle Justin.

– Elle l'aimait beaucoup, n'est-ce pas ?

– De qui veux-tu parler ?

Elle sentit comme une boule au creux de l'estomac, quelque chose qui remonta dans la gorge avec un goût nauséeux.

– De Justin, bien sûr.

– Oh ! fit-elle soulagée. Qu'est-ce qui te fait dire ça ?

– Tous les matins, elle lui envoyait une fleur pour sa boutonnière.

– Tu brodes, Hugo. Il prenait les fleurs du jardin.

– Tu veux rire ! Pas depuis deux ans, en tout cas. Ta petite Nesta avait l'œil pour repérer les hommes. (Il sourit et ce sourire était empreint d'une vanité toute masculine.) Elle m'a même fait du gringue, une fois, dit-il d'un air pensif.

– Du quoi ?

– Allons, Alice. Tu sais aussi bien que moi ce que veut dire « faire du gringue ». (Il lui jeta un regard interrogateur.) Peut-être pas aussi bien que moi, c'est vrai. Un soir, elle avait fait du baby-sitting à la maison et je l'ai ramenée chez elle en voiture. Elle m'a demandé de la raccompagner jusqu'à sa porte parce qu'elle avait peur dans le noir. Tu te rappelles comme elle prenait des airs langoureux, quelquefois. Et bien, là... Tu me diras que c'est pas grand-chose mais... elle a trébuché sur le perron et quand je l'ai rattrapée, elle... eh bien... elle s'est accrochée à moi en disant qu'elle était malheureuse et que je ne devais pas la laisser seule. Une fois chez elle, j'ai allumé les lumière, j'ai pris mes jambes à mon cou et je suis parti.

Comme Alice le regardait fixement, il se hâta d'ajouter :

– Mais le plus drôle, c'est que par la suite, à chaque fois qu'on se retrouvait seuls... enfin... quand on se rencontrait par hasard dans la rue, elle me disait... nom d'un chien, comment t'expliquer ça ? Elle me parlait comme si nous avions eu une liaison et que nous devions à tout prix garder le secret. Elle n'arrêtait pas de dire qu'il ne faudrait jamais que Jackie le sache, alors qu'il n'y avait absolument rien à cacher. Je peux te le dire maintenant, puisque nous sommes entre nous, je me suis souvent demandé ce qu'elle aurait raconté à Jackie si elle s'était retrouvée seule avec elle, à l'époque où elle était maniaco-dépressive.

Le terme choqua presque Alice.

– Maniaco-dépressive ? Tu veux dire qu'elle avait l'esprit dérangé, c'est ça ? Oh ! Hugo, je crois surtout qu'elle se sentait seule et qu'elle enviait un peu le bonheur des autres. (Il haussa les épaules d'un air peu convaincu.) Je pense qu'aucun de nous ne s'est rendu compte à quel point elle était seule. (Elle regarda son frère avec appréhension, se demandant s'il n'allait pas lui reprocher sa sensiblerie.) Elle m'a dit une fois que perdre un mari, c'était comme perdre un bras ou une jambe. Qu'une partie d'elle-même était morte avec lui.

– Décidément, c'était la reine du cliché !

La porte s'ouvrit brusquement sur Andrew qui tenait un plateau avec du café. Alice sursauta, comme si elle avait vu une apparition surnaturelle.

– Oh ! chéri, c'est toi... Où en étais-je ?... Oui, je me souviens qu'elle disait...

– Moi, je me souviens qu'elle disait surtout des bêtises, coupa-t-il, provoquant ainsi l'hilarité d'Hugo.

Il s'approcha du lit et prit doucement le visage d'Alice entre ses mains.

– Tu as meilleure mine, Bell. Tu as repris des couleurs.

Il suffisait qu'il lui dise un mot ou qu'il lui sourie, pour qu'Alice se sente à nouveau belle et désirable. Le sang coulait avec plus de fluidité dans ses veines. Elle passa ses deux mains sur ce dont elle était la plus fière, son cou blanc et sans rides et ses longs cheveux défaits.

– Je crois que je boirais bien un peu de café.

– Je t'ai amené un autre visiteur.

Il effleura son front d'un baiser tendre. Mal à l'aise, Hugo s'agita sur le rebord du lit.

– Alors, qu'est-ce qui ne va pas ? demanda Oncle Justin dans l'encadrement de la porte.

Il fronçait les sourcils. Alice remarqua le chrysanthème accroché à sa boutonnière et se souvint des boutons de rose enveloppés dans une feuille d'argent qu'il avait portés tout l'été.

– Il paraît que l'ai attrapé un virus.

– Un virus ! Nous n'avons rien à faire ici, alors. Il ne manquerait plus qu'il se propage dans toute l'Entreprise.

Il déploya son mouchoir blanc avec ostentation et se l'appliqua sur le visage comme un voile de touareg.

– Je suppose que virus est le nom plus sérieux qu'on donne à la grippe.

– Je me lève dès que j'ai fini mon café, dit-elle, conciliante, pour qu'il ne l'accusât pas de se complaire dans la maladie.

Sa réponse l'étonna.

– Je resterais au lit, si j'étais toi. (Il s'assit le plus loin possible d'elle, sur le tabouret de la coiffeuse.) Tu as Andrew et je-ne-sais-plus-son-nom pour s'occuper de toi. (Il marqua un temps d'arrêt et conclut d'une manière digne de lui :) Ce n'est pas comme si tu avais quelque chose à faire.

Peut-être valait-il mieux qu'elle ne bougeât pas de chez elle puisque tout le monde tenait tellement à ce qu'elle restât au lit.

Le café avait un goût fort et amer. Elle les regarda par-dessus le bord de sa tasse.

Harry ne lui avait pas assuré que c'était un virus, il en avait simplement émis l'hypothèse. Il n'avait pas dit non plus qu'elle avait de la fièvre. Oncle Justin avait raison de remarquer que ce virus pouvait très bien être la grippe, mais elle n'avait jamais eu la grippe jusqu'à présent. De plus, les symptômes liés à son état n'avaient rien à voir avec ceux de la grippe, et elle récupérait très vite entre chaque crise.

Elle buvait son café par petites gorgées lorsqu'une étrange pensée lui traversa l'esprit. Nesta elle même avait oscillé entre des périodes de crise et d'accalmie, mais chez elle, bizarrement, seul le moral avait été atteint. Hugo avait qualifié Nesta de maniaco-dépressive. Pourquoi elle, Alice, avait-elle subitement développé cette étrange maladie, alors qu'elle était sur le point de retrouver Nesta ?

Le malaise revint comme une lame de fond, la submergeant tout entière tandis que le sang refluait de son visage. Elle se sentit blêmir puis un grand frisson la parcourut de la tête aux pieds.

Hugo et son oncle discutaient de certains changements survenus à l'usine. Seul Andrew remarqua sa pâleur. Il prit sa main et la garda dans la sienne jusqu'à ce que la crise fût passée. Elle se laissa retomber sur l'oreiller, épuisée, en proie à une terreur inexplicable.

6

Le lundi suivant, dès qu'Andrew fut parti, Alice se leva. Après avoir passé deux jours au lit, elle se sentait encore fatiguée, mais elle ne ressentait plus le besoin de dormir, seulement une faiblesse qui avait envahi tout son corps. Les nausées avaient disparu mais elle restait bizarrement portée à l'indolence et aux crises de larmes. Elle n'avait d'appétit que pour les aliments liquides, mais même les yaourts qu'elle aimait tant avaient un goût étrange, à la fois amer et insipide. Quant au thé, il lui brûlait la gorge.

Pourtant, elle n'était pas vraiment malade. Harry était revenu dimanche et il avait apaisé ses craintes. C'était juste un petit virus, avait-il dit, sans donner plus de précisions. Il s'était montré rassurant, mais elle n'avait pas aimé l'expression de ses yeux. Elle y avait lu le trouble, le doute et l'inquiétude.

L'air frais lui ferait du bien. C'était dommage que le vent fût si fort. Les cimes des arbres dénudés dessinaient à l'horizon comme le profil d'une mer noire et houleuse. Tant pis ! Elle s'emmitouflerait dans des vêtements chauds et se protégerait la tête avec une écharpe. De plus, il faisait toujours plus chaud à Londres qu'à la campagne, et les maisons servaient de rempart au vent.

À l'idée que dans moins de deux heures elle reverrait Nesta, elle se sentait toute ragaillardie. Sans doute, aurait-elle un choc en découvrant la maison de Dorcas Street. Nesta n'en était que locataire, évidemment, et encore, peut-être n'y louait-elle qu'un modeste appartement, ou pire, une misérable petite chambre de bonne. Alice se promit de rester stoïque. Si Nesta était au travail – elle devait être simple vendeuse dans un grand magasin à l'ouest de la ville –, elle demanderait simplement à la propriétaire l'adresse du magasin et le chemin pour y aller. Elle inviterait Nesta à déjeuner. Perdue dans ses rêves, Alice se voyait prendre un taxi, réserver une chambre au *Savoy*, se faire apporter une bouteille de vin par un serveur déférent.

– Quand je serai partie, dit-elle à Pernille, vous téléphonerez au Dr Blunden pour lui que je me sens beaucoup mieux et qu'il n'aura plus besoin de m'appeler.

– C'est difficile pour moi de parler au téléphone, Mrs Fielding.

La jeune Danoise avait une peau plus sombre que ses cheveux et des yeux bleus expressifs comme ceux des chats siamois.

– C'est parce que vous manquez de pratique, affirma Alice. Je vous promets de vous rapporter des timbres pour votre frère. Il en fait toujours collection ?

Le visage de Pernille, jeune fille dotée d'une heureuse nature, se fendit d'un large sourire.

– Oh ! oui, Knud est un fameux... (elle prononça le mot avec une pointe de fierté)...philatéliste !

– Je n'oublierai pas.

Elle devait aussi faire un cadeau à Nesta. Alice se demanda pourquoi elle n'y avait pas pensé plus tôt. Ce n'était pourtant pas son genre d'aller chez quelqu'un les mains vides. Elle se sentit honteuse, presque soulagée de ne pas avoir trouvé Nesta à Orphingham. Arriver sans le moindre petit cadeau alors que Nesta était peut-être dans le besoin... Elle était à la fois étonnée et effrayée par sa désinvolture.

Alice croyait sincèrement qu'elle connaissait Londres. Il est impensable de ne pas connaître une ville qui se trouve à une trentaine de kilomètres de chez vous. En vérité, elle connaissait moins bien la capitale que certains touristes. Elle n'avait vu les rues de Londres que par les fenêtres des taxis, et ses monuments, uniquement dans des guides touristiques feuilletés à la va-vite. Elle avait foulé quelques mètres carrés de sol londonien devant la plupart des théâtres, arpenté quelques rues pour s'acheter des vêtements et elle visualisait à peu près la partie de la Tamise située entre la Tour et le pont de Westminster. À l'âge de dix ans, elle pouvait citer dans l'ordre tous les ponts qui traversaient le fleuve, comme on peut compter jusqu'à vingt en français. En fait, elle connaissait sa capitale comme la plupart des Anglais la connaissent.

En prenant le métro à Liverpool Street, elle se souvint qu'elle avait souvent fait ce trajet avec Nesta. Elles descendaient toujours à Marble Arch et continuaient à pied en regardant les vitrines. Nesta avaient des goûts de luxe – les vêtements noirs qu'elle portait toujours ne supportaient pas la médiocrité –, et il était quelquefois arrivé à Alice de lui glisser quelques billets quand la vendeuse avait le dos tourné. C'est terrible de ne pouvoir s'acheter les robes noires dont on a besoin pour porter le deuil de son mari. Alice ne s'achetait jamais rien mais suivait Nesta partout où elle allait.

Aujourd'hui, elle n'avait pas de guide, mais c'était facile de trouver un cadeau pour une femme aussi jolie et aussi coquette que Nesta, une bouteille de parfum, une écharpe en soie imprimée noir et blanc. Alice sortit du magasin et héla un taxi. C'était la seconde fois de sa vie qu'elle se débrouillait toute seule dans Londres. Le conducteur suivit ses directives sans poser de questions. Elle se trouvait le courage et la sophistication des citadines. Londres était une ville comme une autre, un Salstead ou un Orphingham en plus grand.

Une fois passé Marble Arch, elle ne parvint plus à se situer. Elle se laissa aller contre le siège de la voiture et ferma les yeux. Elle pouvait être n'importe où, dans n'importe quelle grande ville. Tout en se sentant à nouveau gagnée par la fatigue, elle fut prise d'une sorte de vertige qui était encore trop faible pour annoncer un malaise. C'était simplement une gêne passagère qu'elle mit sur le compte de la nervosité et de l'appréhension. Elle se redressa et regarda par la vitre.

Ils étaient presque arrivés. Lorsque le taxi s'engagea dans une grande rue animée, elle aperçut une plaque portant le nom de Dorcas Street. Enfin, elle touchait au but.

L'endroit n'était ni sordide, ni romantique. En tout cas, ce n'était pas le taudis qu'elle s'était imaginé. C'était une longue rangée de maisons attenantes agrémentées de petits balcons en fer forgé et de porches soutenus par des piliers. L'ensemble avait pourtant un aspect négligé. La chaussée sans arbres et uniformément grise semblait réfléchir un ciel sombre et mobile, formant lui-même une avenue délimitée par le sommet des maisons.

Il lui était encore difficile de se faire une idée du numéro 193. Le taxi s'étant arrêté juste devant la porte, elle ne voyait que les deux gros piliers et les marches du perron. À Salstead, Alice n'aurait pas hésité longtemps sur le montant du pourboire qu'il fallait laisser à Mr Snow. Elle se retrouvait maintenant un peu embarrassée. Une livre suffisait-elle ? Vu le large sourire que le chauffeur lui adressa, cela devait suffire. Ce ne fut qu'en le voyant disparaître au coin de la rue qu'elle regretta de ne pas lui avoir demandé d'attendre.

Elle se dirigea vers les marches en soupirant. Sur le pilier où elle s'attendait à lire un numéro, il n'y avait qu'un rectangle vide, comme une tache pâle sur le ciment gris. Lentement, elle leva la tête et son regard erra un moment sur la façade. Plus haut, sur le fronton, s'inscrivaient en lettres de néon, seule et fragile concession faite à l'élégance, les mots : *Hôtel Endymion.*

Et voilà que tout recommençait. Pendant un bref instant où elle crut perdre la raison, son cerveau enregistra l'image folle d'un autre avis de réexpédition, de toute une série d'avis, même, qui la renvoyait d'une maison à une autre, l'obligeant à sillonner le pays en long, en large et en travers. Non, c'était impossible. Ce n'était qu'un mauvais concours de circonstances.

Plantée devant la porte, elle fixait d'un œil vide le petit rectangle de plâtre exempt de numéro, lorsque, sans prévenir, elle fut prise de violents haut-le-cœur qui l'obligèrent à s'appuyer contre le mur. La crise se calma au bout d'un moment qui lui parut interminable, mais ses jambes flageolaient encore.

Elle inspira une bouffée d'air pas très frais, puis elle franchit le seuil de la porte.

Parce qu'elle s'attendait au pire, Alice fut agréablement surprise. Le décor de la réception venait apparemment d'être rénové. On avait posé du lambris sur les portes d'époque victorienne. Les moulures du plafond avaient disparu sous des plaques en polystyrène et le plancher avait été recouvert de dalles plastifiées noires et blanches. De chaque côté du faux plafond dépassaient quelques feuilles d'acanthe en plâtre, vestiges d'une frisure corinthienne. Figés dans leur vase en faux marbre, des glaïeuls et des roses en plastique formaient un feu d'artifice de couleurs. Derrière un comptoir jaune citron, un jeune homme juché sur un haut tabouret se tenait penché sur un registre.

Elle avait franchi le pas de la porte sans faire de bruit et il resta un moment sans la voir. Elle attendit près des fleurs dont les pétales et les calices étaient incrustés de poussière et, tandis qu'elle hésitait, quelqu'un entra par la porte du fond.

La porte s'était refermée toute seule, et ce qu'elle vit par l'entrebâillement lui ôta ses dernières illusions. Le mur du couloir était tapissé d'un papier jaunâtre et le sol était recouvert d'un tapis usé jusqu'à la corde. Puis la porte battante se referma brusquement sur une femme dont elle ne vit que le dos et les cheveux blonds vaporeux.

Elle se précipita vers le bureau de réception, oubliant dans l'excitation ses nausées et sa timidité.

– Pouvez-vous me dire si Mrs Drage est là ?

– Pas pour le moment. Ce n'est pas une pensionnaire de l'hôtel.

Sa peau avait l'aspect blanc et luisant d'un filet de merlan. Il passa sa langue sur ses lèvres charnues et la dévisagea d'un air de profond ennui, balançant ses jambes comme s'il marquait le rythme d'une chanson qui lui trottait dans la tête.

– Mais vous la connaissez ? Elle est venue ici ?

Son regard enregistra le sac et les beaux gants de cuir puis les cadeaux de Nesta enveloppés dans du papier glacé.

– Je n'ai pas vu Mrs Drage depuis... environ trois mois. Oui, ce doit être ça... C'est drôle que vous me posiez cette question. Je ne me serais pas souvenu d'elle... (Il eut un sourire ironique et elle sentit que ce sourire lui était destiné.)... avec tous ces gens qui vont et qui viennent... (D'un signe de la main, Alice le pressa de finir sa phrase.) Je veux dire, je ne me serais pas souvenu d'elle si Mr Drage n'était pas venu lui-même il y a environ une demi-heure.

– Mr Drage ?

Alice s'agrippa au comptoir et chercha des yeux une chaise. Avant de pouvoir se ressaisir, elle éclata :

– Mais il ne peut pas y avoir de Mr Drage puisqu'elle est veuve !

Il ne broncha pas. Il étouffa un bâillement et haussa légèrement les épaules. Ils avaient beau ne pas être de la même classe sociale, ils n'en étaient pas moins deux êtres humains habitant le même pays.

– Ah, ouais ? Eh bien, soyons tolérants. Peut-être qu'elle s'est remariée. En tout cas, ce ne sont pas nos affaires.

Le téléphone sonna. Il baragouina des propos inintelligibles qu'il ponctuait de « ouais... ouais » à n'en plus finir. Alice le regarda d'un air découragé. Nesta n'était pas venue à l'hôtel *Endymion* depuis trois mois mais ses lettres l'avaient suivie depuis Orphingham jusqu'ici.

Pendant qu'il bavardait, elle feuilleta son agenda et s'arrêta aux pages du mois d'août. Nesta avait quitté Salstead le 8 août. Elle mit ses lunettes et chercha un endroit plus éclairé. *Vendredi, 7 août, Pernille malade. Harry dit que c'est psychologique, probablement mal du pays. Dois trouver moyen de lui remonter le moral. Peut-être un petit cadeau ? Nesta vient dîner. Temps très chaud.*

Samedi 8 août. Nesta s'en va aujoud'hui. Il pleut à verse.

– Est-ce que Mrs Drage est venue ici, le 8 août ?

Il raccrocha le combiné.

– Vous êtes de la police ?

– Est-ce que j'ai l'air d'un policier ?

Peut-être que les femmes-policiers s'habillaient comme elle, quand elle n'étaient pas en uniforme. Dès qu'elle eût posé la question, elle regretta de ne pas avoir eu le courage de bluffer. Au fait, combien pourrait-elle lui donner pour lui soutirer des renseignements ?

– Si c'est son adresse que vous voulez, dit-il brusquement, je ne peux rien pour vous. Mr Drage est simplement venu pour prendre son courrier.

– Son courrier ? (Sa voix résonna dans la pièce comme si quelqu'un avait parlé à sa place.)

– Ouais, eh bien, si vous le permettez, j'ai du travail à faire.

Elle sentit l'angoisse revenir au grand galop. Se ressaisissant immédiatement, elle lui demanda d'un ton autoritaire :

– S'il vous plaît, dites-moi...

Il ne fallait pas qu'elle lésine sur le prix. Elle ouvrit son sac et, chassant de son imagination les visages horrifiés d'Andrew et de l'Oncle Justin, posa un billet de dix livres sur le bureau.

Pendant un instant, son visage demeura inexpressif. Puis sa bouche rouge et humide esquissa un sourire mielleux.

– Qu'a-t-elle fait, hein ?

– Rien. J'ai besoin de lui parler et je n'arrive pas à la retrouver.

– Ouais, eh bien... (Sa petite main potelée et manucurée saisit prestement le billet et le fit disparaître dans la poche du veston, de laquelle dépassait une chaîne en or. Il ouvrit le registre qu'il compulsait lorsque Alice était entrée.) Le 8 août, vous dites ? Mrs Drage avait réservé une chambre pour la nuit mais elle n'est pas venue. Son mari a téléphoné pour annuler. Elle n'est jamais venue depuis mais nous avons reçu du courrier pour elle. Trois ou quatre lettres et un petit paquet...

– Que vous avez donnés à cet homme qui est venu ce matin.

– Je les ai donnés à Mr Drage, mouais... Pourquoi ?

Un personnage important de Salstead... S'il pouvait lui donner quelques petits détails sur le physique de ce « Mr Drage »... Il se dandina sur son tabouret et frotta ses ongles sur le revers de son veston.

– Vous le connaissez bien ? dit-elle d'un ton encourageant.

– Bien sûr. Lui et sa femme avaient passé des week-ends à l'hôtel, il y a déjà un sacré bout de temps de cela. Ils habitaient à la campagne, dans un bled paumé de l'Essex.

Le sang d'Alice ne fit qu'un tour. Cet homme pouvait être quelqu'un qu'elle connaissait.

– Alors, vous avez sûrement dû avoir l'occasion de l'observer de très près, suggéra-t-elle en s'armant d'un grand sourire. (« Mon Dieu, faites qu'il me donne quelques détails ! », implora-t-elle intérieurement.) Vous étiez seul avec lui, ce matin. Je suis sûre que...

Elle s'arrêta brusquement. Le visage de l'homme était défiguré par la haine. Il descendit de son tabouret avec une lenteur qui n'augurait rien de bon. Qu'avait-elle dit ? Avait-il des remords de s'être laissé acheter ? Il se pencha au-dessus du comptoir et rapprocha son visage du sien.

– Où voulez-vous en venir ? (Il ne mesurait pas plus d'un mètre soixante, les attaches de ses mains étaient fines et son corps ondulait comme celui d'une fille.) Qu'est-ce que vous insinuez ?

Alice n'avait aucune idée de ce qu'il voulait dire, mais elle sentit que quelque chose lui échappait, quelque chose de terrible et d'inconnu. Elle se recula brusquement en poussant un petit cri de frayeur et dérapa sur le sol glissant. Ses mains trouvèrent la poignée de la porte et elle sortit dans la rue en chancelant.

Un taxi. Il lui fallait trouver un taxi. Serrant contre elle les cadeaux de Nesta, elle remonta Dorcas Street en courant et rejoignit la rue principale. Les trottoirs étaient noirs de monde. Après cette rencontre peu banale, c'était réconfortant de se retrouver parmi des gens ordinaires, mais elle fut à la fois étonnée et effrayée de constater le nombre de femmes qui ressemblaient à Nesta. Les talons hauts claquaient sur le pavé, les jupes courtes volaient au vent, dévoilant des genoux bien enrobés. Les jolies figures de poupée maquillée s'animaient sous un flot de paroles. Les cheveux blonds permanentés, décolorés, choucroutés contrastaient avec les bouches rouge cerise. Elle prit conscience, mais cette révélation ne datait pas d'aujourd'hui, que c'était ce genre de femme qui était censé incarner l'idéal féminin. La blondeur, la fadeur, la peau de porcelaine, voilà ce qui attirait la majorité des hommes, voilà ce qui suscitait leur convoitise et déclenchait par la même occasion leurs plaisanteries égrillardes.

Elle s'élança sur le trottoir le plus large et se perdit dans la foule des petits fantômes blonds. Fantômes... Pourquoi avait-elle pensé à ce mot ? Elle frissonna.

Le premier taxi était pris, le second s'arrêta pile devant elle quand elle leva la main. La matinée avait été désastreuse et elle se sentait incapable de prendre le métro.

– Pouvez-vous me déposer à Liverpool Street ?

Les billets qu'elle sortit de son portefeuille étaient aussi réconfortants qu'une drogue.

– Ma pauvre Bell, dit Andrew en souriant, je regrette de ne pas avoir été là. J'aurais aimé voir ta tête quand il t'a prise pour une femme flic !

– C'était horrible ! dit-elle en fermant les rideaux sur le jardin éclairé par la lune orange. Je suppose que, maintenant, il ne me reste plus qu'à abandonner mes recherches...

Andrew poussa le canapé près du feu et installa un coussin sous la tête d'Alice.

– Tu supposes ? Je croyais que le mystère était résolu.

– Il ne l'est pas vraiment. Enfin, pas entièrement. Comment

a-t-elle pu m'écrire pour me remercier de lui avoir envoyé la bague, si elle ne l'avait pas encore reçue ? Et pourquoi cet homme a-t-il attendu ce matin pour venir récupérer le courrier ? C'est... enfin, c'est une coïncidence tellement incroyable.

– Ça le serait si tu n'avais pas oublié un détail.

Elle lui jeta le regard implorant d'une personne qui attend d'être rassurée. Il lui déposa un baiser rapide sur le bout du nez.

– Comment peux-tu être sûre que ces lettres et ce paquet étaient de toi ?

– Mais je... Andrew, je ne lui ai pas vraiment demandé d'où ils venaient. J'ai juste supposé...

– Tu as juste supposé. Si elle se servait de l'endroit comme d'une boîte aux lettres, elle a pu recevoir des dizaines de lettres. Son petit ami aurait pu venir prendre le courrier une fois par semaine.

– Ce n'est pas l'impression que j'ai eue, chéri. Je suis sûre qu'il voulait dire que c'était la première fois qu'il venait et qu'il a pris *toutes* les lettres.

Le visage d'Andrew se contracta. Il eut un geste d'impatience qu'il refréna aussitôt, puis il sourit et la regarda d'un air attentif.

– Comment peux-tu te fier à tes impressions quand tu dis toi-même que tu ne te sentais pas bien ?

Comme celle de la bougie, la lumière de l'âtre flatte le teint. Elle sentit les flammes danser sur son visage, puis elle réalisa avec un pincement au cœur qu'elle ne s'était pas repoudrée et qu'elle n'avait pas remis de rouge à lèvres depuis le matin. Était-ce pour cela qu'il la détaillait du regard ?

– Tu étais malade et nerveuse. Ne sous-estime pas ton imagination, Bell.

– Oui, tu as raison. Tu as toujours raison.

Elle replia ses jambes sous elle et posa sa tête sur son épaule. Il avait retourné son livre ouvert contre les coussins. La couverture était marron glacé et le titre gravé en lettres turquoise... Elle le vit avancer furtivement sa main pour le reprendre, et ce fut d'une manière à la fois caressante et empressée qu'il fit glisser le livre sur ses genoux.

– Vas-y, dit-elle en riant, tu peux lire si tu en as envie. Je ne te dérangerai pas.

Les gens qui lisaient en permanence cherchaient un moyen de fuir la réalité. Pourquoi avait-il tant besoin de s'évader et à quoi voulait-il échapper ? Il est fatigué, pensa-t-elle, c'est un réflexe naturel.

Une bibliothèque couvrait toute la surface du mur de chaque côté de la cheminée. Les œuvres politiques et religieuses d'Anthony Trollope avaient une place de choix sur la troisième étagère en partant du haut. Tous les livres de politique avaient cette même couverture bleue et marron. Elle sourit en réalisant qu'elle n'avait jamais vu la collection complète sur les étagères. Andrew avait toujours au moins un livre en main ou sur sa table de chevet.

Elle couvait Andrew du regard mais il était déjà trop absorbé par sa lecture pour y prêter attention. N'était-ce pas étrange qu'il lise et relise les mêmes romans ? Il devait les connaître par cœur. Elle n'avait qu'une vague idée de la place que prenait ce monde dans la vie d'Andrew. Cela devait être pour lui un monde réel ancré dans le quotidien, un monde qui élevait sa conscience, qui lui était source d'inspiration en même temps qu'un guide du langage.

Tout en réfléchissant à la question, elle eut soudain la conviction que pour être véritablement son âme sœur, elle devait s'ouvrir à ce monde. C'était ce qu'on appelait « avoir des choses en commun ». Il n'en fallait pas moins pour pallier certains obstacles insurmontables : la différence d'âge, par exemple, ou l'impossibilité d'avoir des enfants.

Elle se leva. Il tourna une page et sourit à une phrase qu'il appréciait particulièrement. En le voyant sourire de la sorte, sans complexe, inconscient du regard des autres comme peut l'être un enfant lorsqu'il joue, elle lui trouva un air terriblement juvénile. Jamais il n'avait paru aussi jeune. Elle sentit tout à coup le poids de ses trente-huit années.

La porte de la salle à manger était entrebâillée. En traversant le hall, elle vit le jardin de *Vair* et son massif d'arbustes qui se profilaient derrière les portes-fenêtres de la pièce plongée dans l'obscurité. Dire qu'il y a des années, alors qu'Andrew n'était même pas né, une enfant déjà grande pour son âge lisait des livres de grande personne sur cette pelouse et sous ces arbres.

Elle monta dans sa chambre et alluma la lumière au-dessus de sa coiffeuse. Puis elle prit dans son tiroir le seul rouge à lèvres qu'elle possédait.

Elle se tourna lentement vers la glace et ses yeux rencontrèrent son image. La pièce n'était pas très éclairée et le reste du mobilier se fondait dans l'obscurité. La glace ne réfléchissait que son propre visage et la forme vague d'un vase avec des fleurs.

L'applique au-dessus du miroir projetait une lumière translucide et dorée sur ses cheveux en désordre, retombant en mèches folles sur son front. Intriguée, légèrement angoissée, elle recula d'un pas et ferma les yeux. Elle les rouvrit au bout d'un instant. C'était toujours la même impression. Son visage lui était à la fois familier et étranger. Il avait l'air plus rond, plus pâle, comme dénué d'intelligence. D'une certaine façon, il avait l'air aussi plus jeune, car la peau était claire et veloutée et le regard était vif.

« Ressaisis-toi », dit-elle à voix haute mais la phrase rebattue qu'elle se vit et s'entendit prononcer comme un rituel ne fit qu'accentuer... quoi ? L'hallucination ?

Elle se recoiffa en un tour de main. Tandis qu'elle traçait deux traits rouge cerise sur sa bouche, l'illusion se dissipa. Elle poussa un soupir de soulagement et se redressa. Elle était à nouveau elle-même.

7

Un vent soufflant du nord-est balayait la route à quatre voies et s'engouffrait en mugissant sous les arcades du pont en béton. À l'entrée de la rocade, quelqu'un avait remplacé les bidons d'huile par un long ruban blanc tendu de part et d'autre de la route, comme sur une voiture de mariés.

Malgré le froid, une foule nombreuse s'était déplacée pour assister à l'inauguration officielle : les enfants de l'école primaire encadrés par des instituteurs dépassés, des vendeuses qui s'étaient échappées de leur boutique pendant la pause du déjeuner, quelques ménagères avec leur cabas à provisions. De l'autre côté du ruban, se tenaient la déléguée du ministre des transports, personne étonnamment féminine, comme si ce n'était pas déjà assez étonnant qu'elle soit une femme ; Justin Whittaker qui était président du comité de soutien à la construction de l'auroroute ; le président du conseil général ; et un invité d'honneur parasite qui se contentait de regarder et d'applaudir en attendant de se goinfrer de saumon fumé et de poulet rôti au *Bodicea*, en compagnie des autres invités.

– Il n'est pas un habitant de Salstead qui ne bénira l'ouverture de cette rocade, récitait Justin Whittaker. Au nom de la population tout entière, je déclare que ce n'est pas sans une certaine inquiétude et sans une réelle appréhension que nous assistons à la détérioration de nos monuments historiques par le passage quotidien...

Andrew saisit le bras d'Alice.

– Oh ! Abrège, abrège ! dit-il dans un bâillement.

– Chuuut !

– Elle ne constituera pas non plus un obstacle à la bonne marche de notre commerce florissant, car une voie adjacente donnera directement accès au centre ville. Nous tenons à rendre hommage à nos ingénieurs qui ont su mettre le meilleur de la technique moderne au service de notre ville, permettant ainsi à Helicon Lane de conserver sa beauté originelle dont nous pouvons à juste titre nous enorgueillir.

Une bruine glaciale s'était mise à tomber. Justin Whittaker releva le col de son manteau en cachemire et, après avoir reculé d'un pas, tendit une paire de ciseaux à la secrétaire parlementaire. Emmitouflée dans sa fourrure, elle coupa le ruban sans lâcher le petit bouquet de violettes offert par un écolier.

– Je déclare ouverte la nouvelle rocade de Salstead, dit-elle d'une voix lointaine et haut perchée.

Andrew poussa Alice du coude.

– Et que Dieu protège tous ceux qui l'emprunteront ! lui souffla-t-il à l'oreille.

Elle se mit à rire et se serra contre lui pour affronter les bourrasques de vent.

La secrétaire parlementaire se dirigea vers sa voiture à petits pas précipités. Son chauffeur lui ouvrit la porte puis la voiture s'engagea sur la nouvelle route, suivie par la Bentley de Justin Whittaker, la Rolls du président, et ainsi de suite jusqu'à la Mini Austin de l'inspecteur sanitaire. La secrétaire parlementaire salua gracieusement les écoliers, comme une dame de haut rang dans un cortège royal.

– Venez, les enfants, ironisa un maître d'école. Que les invités du grand dîner se mettent au premier rang.

– Allez-vous au repas ? demanda Alice à Harry Blunden.

– Je ne suis pas une haute personnalité locale. Rien de plus banal qu'un médecin généraliste, de nos jours.

– Nous avons deux invitations, dit Alice. Comme vous pouvez

vous en douter, j'ai eu droit à un régime de faveur en tant que membre de la famille Whittaker, mais Andrew doit retourner à l'usine...

Elle se rendit soudain compte de ce qu'elle disait et de ce qu'il pouvait en conclure. Mais il n'y avait aucune raison de lui refuser la place d'Andrew. Encadrée par les deux hommes, elle regarda tour à tour le beau visage de son mari et la tête ébouriffée du docteur. Puis elle sentit une légère pression de la main d'Andrew dans la sienne. C'était le signe qu'il n'apprécierait pas une substitution.

– Bien entendu, je n'irai pas non plus, dit-elle d'un ton trop emphatique.

– Comment allez-vous, Alice ? (Toujours cet air prévenant et ce ton plein de sollicitude.) Miss Madsen m'a appelé hier pour me dire que vous vous sentiez mieux.

– J'ai presque retrouvé ma forme.

– Je pourrais peut-être passer vous voir dans un jour ou deux ?

Andrew avait ouvert la porte de la Sprite pour Alice.

– Je ne crois pas que cela soit nécessaire, dit-il d'un ton neutre.

Harry se mit à rougir et tourna la tête face au vent.

– Nous vous contacterons... (Il marqua un temps d'arrêt et appuya ses dernières paroles :) quand ma femme aura besoin d'une nouvelle ordonnance.

Il poussa Alice dans la voiture sans autre ménagement.

– Nous allons nous aussi rendre hommage à la technique moderne.

La voie de dégagement se détachait peu à peu de la route à quatre voies en formant un angle aigu. De la fourche, on ne voyait que l'extrémité de Helicon Lane à cause des remblais qui s'élevaient de chaque côté du terre-plein. De loin, on aurait dit que les champs étaient balafrés de cicatrices boursouflées.

Se rappelant qu'elle n'était pas passée par Helicon Lane depuis le départ de Nesta, Alice se pencha pour regarder la rue en contrebas. Les branches du vieux chêne semblaient balayer le ciel comme les crins d'un immense balai. Elle eut le temps d'apercevoir l'ancien magasin de fleurs avec ses deux vitrines désormais remplies de canevas et de pelotes de laine. L'enseigne aussi avait changé de nom : « Le Bouquet de la Mariée » s'appelait maintenant « La Boîte à Couture ». Elle soupira et la buée exhalée par son souffle brouilla définitivement l'image de la boutique.

La route traversa une bande de terre aride. On avait dressé une barrière devant la nef de l'église St Jude et il ne restait plus rien du vieux cimetière. Cela lui fit froid dans le dos de penser qu'ils roulaient sur ce qui avait été une terre sacrée. Il y a encore quelques mois, des gens endeuillés avaient suivi les cortèges funèbres le long des allées ombragées. Des gens de la campagne avaient apporté des chrysanthèmes de leur jardin pour fleurir les tombes couvertes de mousse.

Alice chassa ces pensées morbides de son esprit et dit de façon prosaïque :

– Je me vois mal aller à ce déjeuner, maintenant.

– Et pourquoi ça ?

– Après ce que j'ai dit à Harry ! « Et après ce que tu as dit », faillit-elle ajouter.

– Tu peux très bien avoir changé d'avis au dernier moment, dit-il en prenant un air jésuite. Pernille n'aura rien préparé pour toi.

Il jeta un coup d'œil dans le rétroviseur.

– J'ai intérêt à accélérer si je ne veux pas me retrouver coincé dans le cortège officiel.

Lorqu'il la déposa dans la Grand-Rue, elle n'avait toujours pas pris de décision. Il y avait plein de gens sur les trottoirs et c'était pour la plupart des gens qu'elle connaissait. Mais qu'est-ce ça pouvait bien faire s'ils voyaient Andrew la prendre dans ses bras et l'embrasser sur la bouche ? Ils étaient encore en pleine lune de miel et cela durerait jusqu'à ce qu'ils soient vieux, si vieux qu'on ne remarquerait plus les neuf années qui les séparaient. Elle entra au *Bodicea* avec le goût du baiser qu'il lui avait donné.

Le bar était déjà noir de monde. Un serveur s'approcha d'elle avec un plateau. Elle prit un verre contenant un alcool jaune pâle dans lequel flottait un zeste de citron. À travers la porte vitrée de la salle à manger, tout au bout d'un couloir au plafond voûté, elle aperçut les tables dressées pour le déjeuner : nappes blanches, couverts en argent et bouquets de dahlias dans de longs vases fuselés. La porte s'ouvrit sur une serveuse qui apportait une soupe dégageant une forte odeur aillée.

Alice reposa brusquement son verre, l'estomac barbouillé. Elle sentit que les dernières gorgées de Martini blanc rencontrait la résurgence amère d'un je-ne-sais-quoi qui lui souleva le cœur. C'était comme si sa gorge et son estomac étaient ébouillantés de l'intérieur. Elle se retint à la table, détournant les yeux pour éviter le regard de Mrs Graham, la femme du tenancier, déjà sur le point d'accourir.

Comment pouvait-elle envisager de déjeuner avec tous ces gens dans l'état où elle se trouvait ? Avant même d'avoir avalé la moitié de cette soupe, elle aurait sauté de sa chaise pour se ruer vers la porte, une serviette pressée contre sa bouche. Il était plus sage de partir maintenant avant que les gens lui posent des questions et la soutiennent par le bras.

Elle se fraya un chemin jusqu'à la sortie, creusant un tunnel parmi les invités agglutinés. Les rires et les éclats de la conversation la faisaient souffrir comme autant de petits poignards. Le vent aussi se mit de la partie, lui cinglant le visage avec un regain d'énergie. Elle venait de trouver refuge sous le porche de la boutique de Mr Cropper, quand l'Oncle Justin et la secrétaire parlementaire sortirent de leur voiture. Son oncle ne l'avait pas vue. Elle resta le dos tourné pendant un moment, scrutant la masse poissonneuse des bagues et des broches jusqu'à ce qu'ils eussent traversé le trottoir.

Elle se mit alors à remonter la Grand-Rue. Le vent continuait de lui gifler le visage. Pas étonnant que sur les tableaux de l'époque, le vent fût peint sous les traits d'un dieu capricieux ou d'un chérubin farceur.

Elle se trouvait à deux kilomètres de *Vair House* et Andrew avait gardé la voiture pour se rendre à l'usine. L'autobus qui desservait le quartier avait été dévié pendant les travaux de l'autoroute et n'avait pas repris son service régulier. La seule personne qui pouvait l'aider était Harry mais elle n'allait quand même pas l'appeler maintenant. Je vais devoir marcher, se dit-elle, résignée.

Elle avait à peine parcouru une vingtaine de mètres qu'elle sentit soudain ses jambes se dérober sous elle. Elle n'avait plus aucune force et une vague de panique la submergea à nouveau. Le malaise resserra son étau autour d'elle comme un énorme serpent étouffe sa victime. Suffoquée, elle se dirigea en titubant vers la pelouse du monument aux morts et s'affaissa sur un banc de bois épais.

Il n'y avait plus qu'une chose à faire. Louer une voiture. Elle n'avait qu'à se reposer cinq minutes, puis elle irait chez Snow, juste à côté.

Petit à petit, ses oreilles cessèrent de bourdonner et l'étau se relâcha. C'était comme si on lui retirait un bandage autour d'un membre immobilisé, sauf que dans son cas, c'était tout son corps qui était bandé. Elle se leva avec difficulté et se remit en route.

Salstead Location. Voitures sans chauffeur et avec chauffeur. C'était là qu'ils avaient loué leur voiture de mariage. Elle se revit faire un signe à Mrs Johnson par la vitre d'une limousine noire au moment où elle s'apprêtait à partir pour l'église avec Oncle Justin.

Le bureau était une baraque en rondins devant laquelle étaient parquées de grosses voitures aussi noires et lustrées qu'un troupeau d'otaries. Perché sur un tabouret haut, le chapeau relevé au sommet du crâne, le propriétaire engloutissait deux sandwiches en lisant le *Daily Mirror.* Quand il vit Alice, il sauta sur ses pieds.

– Oh, Mr Snow, je crois que je ne me sens pas bien. J'ai eu comme un vertige et je me suis demandé si.... (Elle se força à sourire, tout en évitant soigneusement de regarder les tranches de pain et le corned beef.)

– Tenez... Asseyez-vous donc sur cette chaise, Mrs Fielding ! (Elle se laissa tomber lourdement sur une chaise cannée dont le fond était percé.) Vous êtes blanche comme un linge. Et maintenant, si j'étais vous, je prendrais une petite goutte de cognac...

– Du cognac ? Oh, non, merci, je ne pourrais...

– Il n'y a rien de mieux pour vous remettre l'estomac en place... (Coupant court à ses objections, il prit une petite bouteille sur l'étagère ainsi qu'un verre étonnamment propre.) Ça va vous requinquer, moi je vous le dis.

– Merci. C'est très gentil à vous.

Les effets furent immédiats. Contre toute attente, le cognac ne lui brûla pas l'estomac mais répandit dans tout son corps une tiédeur douce et réconfortante, comme lorqu'on respire un parfum de fleur fraîchement coupée. Il lui sembla que tous ses membres étaient à nouveau irrigués par une source bienfaisante.

Mr Snow mit les restes d'un sandwich dans son papier d'emballage et regarda par la fenêtre aux vitres sales en sifflotant doucement entre ses dents.

– Est-ce que vous avez eu des nouvelles de Mrs Drage ? demanda-t-il soudainement.

– Eh bien...

– Je vous demande ça parce que je sais que vous étiez amies... Vous vous sentez mieux ?

– Beaucoup mieux, oui... Mais pourquoi me parlez-vous de Mrs Drage ?

– Eh bien ! C'est à propos d'une affaire, Mrs Fielding. Mais je ne veux pas vous embêter avec ça maintenant...

– Oh ! mais non. Je vous écoute.

– Comprenez bien que je n'ai rien à lui reprocher. (Il prit un verre, l'essuya avec un morceau de papier journal et le retourna sur l'étagère. Elle ne put s'empêcher de frissonner.) C'est simplement que... nous avons fait une ou deux petites courses pour Mrs Drage et comme elle est partie sans laisser d'adresse....

– Vous voulez dire qu'elle vous doit de l'argent ?

Il ouvrit un grand livre de comptes sur son bureau.

– C'était le 7 août. Le 7 et le 8, exactement... (Alice, mal à l'aise, se mordit la lèvre inférieure.) Elle avait loué une de mes camionnettes pour apporter tout son bric-à-brac chez les Feast. (Elle remarqua que Daphné avait elle aussi employé le mot bric-à-brac.) Elle nous avait ensuite demandé de venir la prendre au « Bouquet de la Mariée » le lendemain matin à 8 heures pile pour l'accompagner à la gare. Elle devait passer la nuit chez les Feast et revenir très tôt le lendemain pour s'occuper du déménagement. Nous devions l'accompagner à la gare et prendre des affaires chez les Feast en passant. À 8 heures pile, avait-elle dit. Je suis allé la chercher moi-même en voiture mais elle n'était plus là. Elle s'était envolée. J'étais plutôt furax, inutile de vous le dire. Elle n'avait même pas laissé un mot.

– Vous en êtes sûre ?

– Quand je suis arrivé, ils étaient en train de déménager les meubles. C'était la société Cox de York Street qui s'occupait de ça. Les portes étaient ouvertes et je suis monté. J'ai demandé à Len Cox où elle était, car je ne pouvais pas attendre. On a toujours beaucoup de travail le samedi. « Partie, m'a-t-il répondu. Nous étions ici à 7 heures et la clef était sur la porte, alors, nous sommes montés. Tout était déjà empaqueté et prêt à partir. » « Vous ne pouvez pas prendre les meubles sans qu'elle soit là », je lui ai dit, mais Len était très pressé. « Tout ça part pour l'entrepôt », il m'a dit, et elle l'avait payé quand il lui avait donné le devis. « Je n'aime pas quand ces satanées bonnes femmes traînent dans mes pattes », a-t-il ajouté. Excusez-moi, Mrs Fielding, mais je répète simplement ses paroles. Moi, je n'avais pas envie de rire, je vous assure. J'avais refusé deux courses pour lui rendre service, dont une qui m'aurait rapporté dix biftons. Et puis c'est pas tout.

Elle me devait aussi de l'argent pour la location de la camionnette la veille, quand j'ai apporté ses affaires chez les Feast.

– Je vais vous régler ça tout de suite, Mr Snow.

Elle sortit son carnet de chèques et commença à écrire, surprise de constater que sa main ne tremblait plus.

– Je pense que Mrs Drage a eu un empêchement et qu'elle a complètement oublié par la suite qu'elle vous avait réservé une voiture.

– C'est sûrement ce qui a dû arriver, oui. Je ne crois pas qu'elle l'ait fait exprès.

Alice lui tendit le chèque.

– C'est bizarre comme les gens peuvent être parfois tête en l'air, hein ? Surtout qu'elle m'en avait parlé pendant l'après-midi. Elle m'a même téléphoné à 5 heures pour savoir si je n'avais pas oublié ! J'étais plutôt furax, Mrs Fielding, je peux vous le dire.

– Je vous comprends, dit Alice d'une voix faible.

L'incident de la voiture était un fait nouveau et inattendu. Bien sûr, il était possible que Nesta ait oublié. Sa dépression nerveuse pouvait tout expliquer. Mais Alice n'en était pas convaincue. Peut-être devenait-elle tête en l'air, elle aussi, car elle se rendit compte en traversant la rue qu'elle avait complètement oublié le véritable but de sa visite à Mr Snow.

Elle s'arrêta un instant sous l'auvent d'un magasin et sortit son agenda de son sac. *Samedi 8 août. Nesta s'en va aujourd'hui. Il pleut à verse.* Il pleut à verse. Elle remonta dans le temps jusqu'à ce matin d'été. Le vendredi 7 août avait été le dernier jour de la vague de chaleur. Elle s'était levée très tôt. Elle avait été réveillée par la pluie et en tirant les rideaux, elle avait dit à Andrew sans se retourner : « Il pleut des cordes. Le jardin est presque inondé. Il doit pleuvoir comme ça depuis des heures. »

Comment pouvait-elle être sûre que c'était le samedi matin ?...

Parce que Andrew lui avait répondu : « Les meubles de Nesta vont être tout mouillés. »

Si le jardin était inondé à 8 heures, c'est qu'il devait pleuvoir depuis des heures. Le chemin était long entre Helicon Lane et la gare. Nesta ne l'aurait pas fait à pied. Et pourtant, elle n'était plus chez elle quand Cox était arrivé à 7 heures.

Alice se mit à redescendre la Grand-Rue à pas lents. Elle essayait de reconstituer l'emploi du temps de Nesta la veille de son départ. En milieu d'après-midi, Mr Snow avait apporté des affaires à elle chez les Feast, et à 5 heures, Nesta lui avait téléphoné pour lui rappeler le rendez-vous du lendemain matin. Elle avait dû passer son après-midi à nettoyer l'appartement et à préparer les meubles pour Cox. Puis juste après ce coup de fil, elle était sortie pour faire sa tournée d'adieux. Mr et Mrs Graham au *Bodicea*, Harry probablement – il avait été son médecin –, Hugo et Jackie, puis Oncle Justin, et pour terminer *Vair House* où elle avait dîné avec eux.

Elle lui avait semblé très lasse, ce soir-là, et plus déprimée que jamais. La soirée était douce et elle n'avait pas mis de manteau sur sa robe plissée noire. Ses chevilles, se souvint Alice, étaient complètement enflées et disproportionnées par rapport à ses petits vernis noirs. Elle était montée pour dire au revoir à Pernille, puis elle était redescendue partager le soufflé au fromage avec eux. Il devait être 8 heures passées quand Andrew l'avait reconduite chez elle.

– Pourquoi ne restes-tu pas dormir ici ? avait proposé Alice en voyant que Nesta, les larmes aux yeux, tenait sa main crispée dans la sienne.

– Il est trop tard pour que je change mes projets maintenant. J'avais prévu de dormir chez les Feast.

C'était cette nuit-là qu'ils avaient déménagé les tombes. La très grande discrétion avec laquelle ce travail avait été effectué avait dû ajouter à l'atmosphère macabre. De sa chambre, Nesta aurait vu les bâches tendues autour du cimetière et elle aurait entendu le bruit des pioches. Mais le pire de tout, c'était qu'aux premières lueurs de l'aurore, les cercueils avaient été laissés sans surveillance jusqu'à l'arrivée des camionnettes. Bien sûr, elle n'était pas allée chez les Feast. Était-il possible qu'elle ait pu oublier d'aller chez eux comme elle avait oublié le rendez-vous avec Mr Snow, malgré le coup de fil qu'elle avait dû lui donner d'une cabine téléphonique ? Son propre téléphone, d'après Daphné, avait été coupé.

« J'avais prévu de dormir chez les Feast », avait dit Nesta en s'approchant d'elle pour l'embrasser. Alice avait remarqué que ses cheveux sentaient bon le jardin en été... Puis elle avait descendu l'allée d'un pas nonchalant, suivie par Andrew.

Mr Feast empilait des cartons de marchandise contre un mur tapissé de carreaux de faïence verts et blancs, comme la station de métro de Covent Garden. Dans son tablier d'épicier, il avait l'air plus maigre que jamais. Pour la première fois, en voyant son front bombé et ses joues creuses, elle lui trouva une ressemblance avec Abraham Lincoln. La même flamme combative brûlait dans son regard.

– Pourrais-je m'entretenir un instant avec Daphné, Mr Feast ?

– Si c'est pour parler de la faim dans le monde, dit-il en jetant un coup d'œil presque honteux à sa caverne d'Ali Baba, l'endroit ne me paraît pas idéal, si vous voyez ce que je veux dire.

– Non, ce n'est pas pour ça. J'ai quelque chose de personnel à lui dire.

– J'espère que vous avez apprécié mes yaourts. Nous avons dû changer de marque. Mais ils sont aussi très bons.

– Oh oui ! Ils sont délicieux ! (Dire qu'il y a à peine quelques jours, la seule nourriture qu'elle pouvait supporter était ces pots de lait fermenté emballés sous du carton blanc et vert.) Si je pouvais juste...

– Par ici, alors.

Il ouvrit la porte derrière lui et cria d'une voix plus forte qu'il était nécessaire :

– Daph ! Mrs Fielding voudrait te parler. Vous pouvez monter, Mrs Fielding. Vous nous excuserez pour le désordre... (Alice murmura une phrase de politesse et lui sourit.) Voulez-vous prendre des yaourts, aujourd'hui ?... Parfait... Je vous en mettrai dans votre sac quand vous redescendrez. Mangez léger et vous vivrez longtemps, c'est ce que je dis toujours.

Sa voix froide et mécanique, au débit infernal, la poursuivit jusqu'en haut de l'escalier :

– Quand on voit que tant de gens meurent de faim alors que d'autres, dénués de tout sentiment humain...

– Et voilà, il est reparti comme en quarante..., commenta Daphné en apparaissant sur le pas de la porte.

– Votre père me fait passer pour une sainte parce que je ne suis pas allée au déjeuner officiel.

– Vous voulez grignoter quelque chose avec moi ?

Alice secoua la tête. La vision du pâté de porc à moitié entamé lui souleva le cœur.

– Vous m'aviez dit que Nesta avait laissé des affaires chez vous... Je me demandais... Daphné, pourriez-vous me les montrer ? J'aimerais savoir ce qu'il y a dans ces valises...

– Ce ne sont pas des valises. C'est une espèce de grosse boîte. En fait, Papa l'a mise dans sa chambre. Il s'en sert comme table de nuit.

La chambre de Mr Feast était une longue cellule étroite donnant sur la Grand Rue. Alice regarda par la fenêtre. La rue était calme et la circulation inexistante. Bien sûr ! C'était ça ! La rocade était ouverte. Le plan fonctionnait comme prévu.

– La voilà, dit Daphné.

Alice se retourna. Elle ne vit qu'un divan à une place jouxtant une table recouverte d'une nappe sur laquelle on avait posé des magasines – *La Chine d'Aujourd'hui, Le Journal de la Paix, Le journal de l'Association des Nations Unies* –, des boîtes de médicaments, un réveil-matin et une lampe de chevet.

Alice avait à peine fait un pas qu'elle se rejeta violemment en arrière. Quelque part derrière elle, une sirène s'était mise à hurler. Le bruit strident résonna de plus en plus fort dans ses oreilles. Daphné jeta un coup d'œil par la fenêtre et haussa les épaules.

– Ce n'est rien. C'est juste une ambulance. Sûrement un fou du volant qui a voulu faire le malin sur l'autoroute.

Juste une ambulance... Mais pourquoi la sirène avait-elle rugi dans ses oreilles comme un avertissement ? Va-t-en ! Ne regarde pas ! Elle vit la longue voiture blanche prendre un virage sur la rocade, son gyrophare clignotant au loin. Alice s'était bouché les oreilles. Elle enleva ses mains en frissonnant légèrement, puis s'intéressa de nouveau à la table.

– Mais c'est une malle ! s'exclama-t-elle. Une énorme malle.

– Je vous avais prévenue qu'elle avait laissé beaucoup d'affaires.

C'était une vieille malle en bois dont la peinture verte s'écaillait sur les côtés. Alice distingua la forme d'un énorme cadenas caché sous un coin de la nappe.

– C'est fermé ?

– Je ne sais pas. (Daphné tira d'un coup sec sur le cadenas.) Oups ! Je n'arrive pas à l'ouvrir.

– On ne devrait peut-être pas... Enfin, ce n'est pas à nous...

Tandis qu'elle hésitait, toutes les choses qui l'avaient intriguée lui revinrent en mémoire : les lettres qu'elle n'avait pas reçues et auxquelles on avait répondu ; l'hôtel *Endymion* ; l'homme qui se faisait appeler Mr Drage ; la voiture qu'elle avait réservée avec tant d'insistance et qu'elle avait fait venir pour rien...

– Je suppose qu'elle n'a pas besoin de tout ça, dit Daphné avec empressement, sinon, elle ne l'aurait pas laissé ici. (Ses yeux brillaient de curiosité.) Je me demande bien ce qu'il y a dedans. (Elle remonta les manches de son pull en mohair qui ressemblait moins à un vêtement qu'à une extension de sa chevelure crêpée.) Oh, dites donc, qu'est-ce que c'est lourd !

Elle avait soulevé la malle par les deux poignées en cuir et l'avait laissé retomber en soufflant. Le tapis près du lit avait assourdi le choc contre le plancher.

– On pourrait appeler un serrurier, ou aller chercher votre père.

– P'pa ne peut quitter la boutique que si je le remplace. (Ce que Daphné ne semblait pas vouloir faire pour tout l'or du monde.) Mais je peux toujours essayer...

– Vous ?

À *Vair Place*, quand il fallait bricoler quelque chose, ils s'adressaient au jardinier ou au chauffeur de l'Oncle Justin. Si la chose était trop compliquée, ils faisaient alors appel à une personne qualifiée de Salstead. Personne, encore moins une femme, ne viendrait à bout de ce cadenas.

– Ce qu'il nous faut, dit Daphné, c'est un tournevis.

Alice s'assit sur le lit et la regarda fouiller dans une boîte à outils. Le regard de Daphné la troublait. Ses yeux de fouine, sans cesse en mouvement, lançaient des éclairs filtrés par de grands cils mouillés.

– Mais qu'est-ce qui a bien pu lui arriver ? (La première des trois vis venait de sauter. Alice haussa les épaules.) Elle a disparu, c'est ça, hein ? (Le tournevis tournait lentement.)... Peut-être que.. (Daphné s'arrêta et la regarda fixement.) Vous ne pensez pas qu'elle est là-dedans... ? Enfin... coupée en morceaux comme dans les films d'horreur ?

– Bien sûr que non, répondit Alice, agacée. Ne soyez pas stupide !

Elle se sentait maintenant barbouillée. L'appartement des Feast sentait le lait caillé.

– Et voilà ! dit Daphné. (Le moraillon dévissé pendait contre le couvercle en bois.) S'il y a quelque chose d'horrible, je vous préviens que je vais sûrement vomir. (Deux plaques rouges apparurent sur son visage au niveau des pommettes.) Vous aussi, vous avez l'air patraque.

Alice respirait de plus en plus vite et ses mains tremblaient. Mais où Daphné allait-elle chercher des idées aussi morbides ? Il ne pouvait rien y avoir d'« horrible » dans cette malle puisque Nesta était en vie quand elle l'avait envoyée chez les Feast.

Daphné retint son souffle et souleva le couvercle sans plus attendre.

8

Alice poussa un soupir de soulagement et avala sa salive pour chasser ce goût amer dans la bouche. Un petit rire nerveux lui échappa. La malle était pleine de vêtements.

Il y avait sur le dessus une robe de chambre noire qui cachait tout un lot de sous-vêtements. Daphné en prit une pleine brassée qu'elle jeta sur le lit. Dessous, il y avait des robes, des jupes, des pantalons écossais, un tailleur pied-de-poule noir et blanc et quatre manteaux.

– Ce sont tous ses vêtements, dit Alice. Mais ce n'est pas possible... !

Daphné avait la tête enfouie dans la malle.

– Vous avez vu toutes ces paires de chaussure ? dit-elle en émergeant, les bras chargés de chaussures enveloppées dans des sacs en tissus.

– Regardez, Mrs Fielding, elles sont toutes là... Toutes, sauf sa vieille paire de vernis noirs.

– Elles les portait le soir où elle est venue chez nous. Je les avais remarqués à cause des hauts talons et aussi parce que ses chevilles étaient enflées.

Daphné replongea dans la malle pour en sortir une malette en cuir noir avec les initiales N. D. gravées dessus. Avant qu'Alice ait pu l'en empêcher, Daphné avait soulevé le couvercle, libérant une délicieuse odeur de poudre qui vint chatouiller les narines d'Alice. Ensemble, elles recensèrent tout un choix de bouteilles et de flacons, les lotions, les crèmes, les fards à paupières verts et bleus, la laque pour les cheveux, les pinceaux à lèvres, le rimmel...

– C'est ce qu'on appelle un *vanity case* bien fourni.

– C'est drôle qu'elle ait laissé tout ça ! Ses plus belles chaussures et tous ses manteaux ! Vous trouvez ça normal qu'elle n'ait même pas emporté son manteau d'été ? Regardez, c'est ce truc blanc, là.

– Que portait-elle comme manteau, ce samedi-là ?

– Elle ne portait pas de manteau, Mrs Fielding, puisqu'ils sont tous là. Je connais la garde-robe de Nesta par cœur. On s'échangeait souvent nos vêtements.

– Alors qu'est-ce... Daphné, qu'est-ce qu'elle a bien pu prendre avec elle ?

– Si vous voulez mon avis, rien... Sauf ce qu'elle avait sur elle. Il manque sa petite robe noire. Je suppose qu'elle l'avait sur elle ce vendredi-là ? (Alice confirma d'un signe de tête.) Ce que je ne comprends pas, c'est pourquoi elle a laissé ses plus belles affaires. Elle avait économisé pour s'acheter ce tailleur à carreaux. Il lui avait coûté 40 livres.

– Mais alors, pourquoi vous a-t-elle envoyé tout ça ?

– C'est simple. Je vous ai dit qu'on s'échangeait souvent nos vêtements. Je suppose qu'elle voulait faire un dernier tri. Vous avez remarqué comme elle adorait le noir ?

– Enfin, Daphné ! Elle était en deuil.

– Mon œil, oui ! Elle m'a dit qu'elle ne s'était jamais trouvée aussi jolie que le jour de l'enterrement de son mari, et qu'elle avait décidé depuis de ne porter que du noir... Sans vouloir vous vexer, vous êtes un peu naïve, Mrs Fielding. Bon, comme je vous ai dit, elle voulait qu'on fasse un dernier tri. J'avais une petite robe noire en Lurex qu'elle lorgnait depuis un bon bout de temps, mais comme elle n'est pas venue, j'ai pensé qu'elle avait changé d'avis.

– Mais que peut-elle bien porter, maintenant ? Elle n'a quand même pas pu vivre pendant trois mois avec juste une robe en coton et une paire de chaussures !

Vivre ? Il fallait des vêtements pour vivre décemment, et si vous étiez Nesta, il fallait surtout le précieux *vanity case* d'où émanait un parfum de musc, de lilas et... de vanité. Elle referma brusquement le couvercle et se dit que lorsqu'on mourait, on avait seulement besoin d'un linceul, un linceul gris et fin.

– À moins qu'elle ne se soit trouvé un homme riche qui lui aura offert une nouvelle garde-robe, hasarda Daphné.

« Dans ce cas », se dit Alice, fataliste, « elle aurait tout donné à Daphné et elle n'aurait certainement pas fait des pieds et des mains pour obtenir cette malheureuse robe en Lurex. »

– C'est dans un sale état, ce qu'elle porte en-dessous, vous ne trouvez pas ? dit Daphné en fourrageant dans les sous-vêtements.

Alice avait déjà remarqué combien la lingerie de Nesta était abîmée : dentelles reprisées à la va-vite, quelques-unes carrément trouées, bretelles décousues, élastiques détendus, couleurs passées.

– Étonnant pour quelqu'un qui aimait autant parader, non ? Heureusement qu'elle n'est pas devenue ma belledoche, même si, au début, je trouvais cette idée plutôt marrante.

– Votre belle-mère ? demanda Alice, stupéfaite.

Elle avait toujours cru jusqu'à maintenant que Mr Feast appartenait à une autre génération que la sienne mais elle réalisait aujourd'hui, non sans un certain désarroi, qu'il avait à peine dix ans de plus qu'elle.

– Mais je ne savais pas...

– Personne ne savait. Nous avions rencontré Nesta à la chambre de commerce. P'pa avait pris l'habitude de la reconduire chez elle après les réunions. Il avait le béguin pour elle mais ça n'a pas marché. Je ne crois pas au mariage quand il y a une trop grande différence d'âge.

Se rendant compte tout à coup qu'elle était assise sur les dessous de Nesta, Alice se mit à rougir et baissa la tête pour que Daphné ne le remarque pas.

– Ça n'a pas gâché nos relations, vous savez. À mon avis, elle visait bien plus haut que P'pa. Et figurez-vous qu'il l'a bien senti. C'est drôle d'être aussi jaloux à son âge !... À votre avis, Mrs Fielding, qu'est-ce que je pourrais bien faire de toutes ces affaires ?

Elle jeta un regard rempli de convoitise sur le tailleur et le manteau de laine.

– Gardez-les ! Qu'est-ce que vous voulez que j'en fasse ?

Daphné avait dû mal comprendre. Elle enfila le manteau aussi sec.

– Non, ce n'est pas..., commença Alice, horrifiée.

Elle se tut et se leva brusquement. Une pile de soutiens-gorge et de jupons tomba par terre.

Mr Feast se tenait dans l'embrasure de la porte, le visage déformé par la colère.

– Vous trouvez que ça me va bien ? demanda Daphné.

Elle esquissa une pirouette maladroite et sursauta en voyant son père.

– Qu'est-ce que c'est que ce bordel ?

Alice se dit qu'il devait être vraiment furieux pour employer ce genre de vocabulaire.

– Qu'est-ce que tu fais avec ma table de nuit ?

– Ce n'est pas ta table de nuit, P'pa ! C'est la malle de Nesta. Nous l'avons ouverte et elle était pleine de fringues.

Il tomba à genoux au milieu des vêtements et commença à les entasser frénétiquement dans la malle.

– Tu n'as vraiment aucun respect pour le bien d'autrui, hurla-t-il. Quelqu'un nous avait confié cette malle et nous en étions responsables. C'est pour ça que nous vivons dans un monde comme le nôtre. Avec tous ces gros pontes qui piétinent les petites gens...

Glacée d'effroi, Alice recula d'un pas.

– Hitler et tous les autres..., continua-t-il de plus en plus hystérique. (Son visage était devenu cramoisi et ses veines saillaient sur ses tempes et sur son cou.) Qui salissent de leur mains ce qui ne leur appartient pas.

Daphné laissa retomber le manteau d'un air boudeur. Son père le saisit au vol et le pressa contre sa maigre poitrine.

– Tu n'as donc aucune moralité ? Tu n'es qu'une sale petite fasciste.

Il jeta le manteau dans la malle, rabattit le couvercle et replaça la nappe et les magazines.

– Tu voles ses vêtements, tu te déguises... Si nous vivions dans une véritable démocratie, crois-moi que...

– Je t'en supplie, calme-toi, dit Daphné d'une voix sourde. Que va penser Mrs Fielding ?

– Mrs Fielding ?

On aurait dit qu'il la voyait pour la première fois.

– Allons, viens. Tu sais que tu dois être au magasin d'Orphingham à 3 heures et demie.

Le nom pénétra le cerveau embrumé d'Alice comme une flèche enflammée. Elle perdit l'équilibre, voulut se rattraper mais ses mains battirent l'air en vain. Le sol se déroba sous elle et un voile d'obscurité et de silence tomba devant ses yeux et sur sa conscience.

La voix de Daphné, joyeuse et excitée, s'éleva dans la pièce :

– Regarde, on dirait qu'elle va s'évanouir.

Ce furent les derniers mots qu'elle entendit.

Assis dans un coin de la pièce en désordre, les enfants piochaient des Smarties dans un long tube coloré. Au-dessus de la cheminée, la gigantesque toile abstraite penchait bizarrement sur le côté. C'était peut-être un effet d'optique. La clarté qui régnait dans ce lieu familier lui fit mal aux yeux. Elle distingua les chaises jaunes et rouges, les plantes vertes en plastique, les jouets éparpillés sur le sol et le bout de pâte à modeler écrasé sur le tapis.

– Jackie ?

– Tout va bien. Mr Feast a téléphoné et je t'ai amenée ici parce que c'était tout près.

– Où est Andrew ?

– Au travail, bien sûr. Quoi d'autre ? Ah oui, j'ai voulu lui téléphoner mais tu as marmonné qu'il ne fallait surtout pas le déranger.

– Oui, oui, je sais. Je me le rappelle, maintenant. J'ai simplement pensé que... (Sa voix s'affaiblit. Elle essaya de sourire à Christopher qui l'observait d'un air timide. Elle avait trop chaud et elle se sentait serrée dans sa robe froissée. Elle eut soudain une envie folle de voir Andrew et ses yeux se mouillèrent de larmes.) Cet horrible bonhomme, Feast. Il s'est mis dans une rage terrible, Jackie, tout ça parce que nous avons ouvert la malle de Nesta. Je n'arrive pas à m'enlever son visage de l'esprit, avec ses yeux qui ressortaient et cette grosse boule qu'il a au cou.

– C'est la thyroïde, dit Jackie avec calme. (Mark secouait son tube de Smarties, indifférent à la scène.) Il a une glande thyroïde hyper-active. C'est pour ça qu'il est si maigre et qu'il s'emporte pour un rien. Je sais que je n'ai été infirmière qu'un an, mais je me rappelle quand même certains trucs. Si tu as une glande thyroïde trop active, tu deviens comme Mr Feast. Si elle est trop petite – on appelle ça le myxœdème –, tu deviens grosse et apathique.

– Il a dit qu'il allait à Orphingham, dit Alice. Tu savais qu'ils avaient un autre magasin là-bas ? Moi pas. Ça veut dire qu'il connaît très bien la ville. Oh, Jackie...

Elle s'arrêta et regarda les enfants.

– Va chercher un verre d'eau pour tante Alice, dit Jackie vivement à son fils aîné.

– Jackie, je crois que Nesta est morte. Non, ce n'est pas que je le crois. C'est que je sais qu'elle est morte. J'en suis sûre et certaine. Une femme ne s'en va pas de chez elle en pleine nuit avec une petite robe en coton pour tout vêtement. C'était une vieille robe, Jackie, et Nesta était tellement fière. Quelle que soit la situation financière dans laquelle elle se trouvait, elle n'aurait jamais pris un nouveau départ dans la vie habillée comme ça, alors qu'elle venait de s'acheter un tailleur. En plus, il pleuvait des cordes. Je ne pense pas qu'elle ait jamais quitté « Le Bouquet de la Mariée ».

– Mais les lettres, Alice.

– Ce n'est pas elle qui les a écrites. Premièrement, elles étaient dactylographiées. Je n'y avais jamais pensé avant, mais je crois que Nesta ne savait pas taper. D'accord, elle les a signées, mais c'est facile d'imiter la signature de son prénom si on a déjà reçu une lettre d'elle.

– Mais alors, ça veut dire...

Jackie hésita et se composa absurdement un visage radieux pour accueillir Mark qui apportait un gobelet d'enfant rempli d'eau.

– Merci, mon chéri. Maintenant, vous pouvez aller dans la salle de jeu pour... pour jouer.

Alice aurait éclaté de rire si elle n'avait pas été si angoissée.

– Tenez... (Alice fouilla dans son sac et les visages renfrognés des enfants s'illuminèrent à la vue de la pièce de cinquante pence.) Allez vous acheter quelque chose.

– Et faites attention en traversant la route.

Dès qu'ils eurent franchi le seuil de la porte, les deux femmes se jetèrent des coups d'œil surpris et consternés comme si elles venaient de réaliser la gravité de la situation. C'était impossible. De telles choses ne pouvaient pas arriver dans un monde rempli de gobelets d'enfant, de tableaux abstraits et de boîtes de Smarties vides.

– Suicide ? suggéra Jackie.

– On aurait retrouvé son corps, Jackie. Et puis si elle s'est tuée, pourquoi toutes ces lettres ?

– Tu veux dire que *quelqu'un* l'a tuée ?

Alice but une gorgée d'eau et concentra son regard sur le dessin deTom et Jerry qui ornait le verre en plastique.

– Daphné m'a dit que son père avait été amoureux de Nesta. Il était jaloux d'elle. Et s'il était jaloux, c'est qu'elle devait avoir des amants. J'ai l'impression qu'elle passait son temps à courir après les hommes. (Sa voix prit des intonations plus violentes.) Moi, je trouve ça dégoûtant. J'ai horreur de ce genre de femme mais je sais maintenant que Nesta était comme ça. J'ai découvert des choses tellement horribles à son sujet.

– Quel genre de choses ? demanda Jackie dans un souffle.

Elle n'arrêtait pas de jeter des regards inquiets vers la porte du salon.

– Elle était bien habillée, mais ses dessous étaient très mal tenus. Elle souffrait aussi d'alopécie, pourtant, on ne l'aurait pas cru en voyant ses cheveux. Toi qui insistais toujours pour que je me coiffe comme elle...

– Ne me dis pas que tu ne savais pas ? Le chignon qu'elle portait, ce n'était pas un vrai, c'était un postiche. On peut trouver le même chez *Boots.*

Alice ne répondit pas. Elle se demandait pourquoi elle avait toujours trouvé Nesta jolie. La beauté, ça ne reposait pas sur une perruque, des sourcils épilés puis redessinés, une peau dont les pores étaient bouchés par une épaisse couche de maquillage. Était-ce seulement parce que Nesta recherchait désespérément la beauté et qu'elle semblait si fière de son apparence – cette fierté avait pourtant quelquefois montré ses limites –, qu'Alice avait fini par y croire elle aussi ? En se surestimant elle-même, Nesta avait incité les autres à la surestimer.

– Alice... (Jackie chercha son paquet de cigarettes qu'elle trouva sur une étagère parmi les soldats en plastique et les cartes à jouer.) Qu'a-t-il pu lui arriver ?

– Elle ne voulait dire à personne où elle allait, dit Alice en pesant ses mots. Je n'avais pas trouvé ça bizarre à l'époque, mais maintenant, oui. Ça devait être parce qu'elle s'en allait avec un homme. Je suis sûre que quelqu'un l'a tuée par jalousie.

Tandis qu'elle cherchait ses mots, son regard tomba sur une photographie d'Hugo exposée sur le buffet. *Elle m'a même fait du gringue,* avait-il dit, mais supposons que cela ait été le contraire ? Oh ! C'était absurde, stupide !... Son propre frère ? Les gens mentaient toujours quand ils parlaient de leur sexualité. Elle avait lu ça quelque part et cela l'avait marquée. Peut-être qu'elle avait été choquée parce que c'était vrai.

– Jackie, dit-elle fermement, raconte-moi exactement ce qui s'est passé quand elle est venue vous dire au revoir.

– Je ne m'en souviens plus très bien, dit Jackie en fronçant les sourcils. J'étais montée coucher les gosses et elle était restée en bas avec Hugo.

Alice avala un peu d'eau. Avaient-ils décidé de s'enfuir tous les deux ? Hugo paraissait souvent exaspéré par sa femme et ses enfants. Son travail l'envoyait souvent à Orphingham. Elle se souvint qu'il avait refusé de retourner à la poste.

– Elle avait l'air bouleversé quand elle m'a dit au revoir, continua Jackie. Elle m'a embrassée – c'est drôle, car nous ne nous connaissions pas très bien –, et puis elle est partie en courant.

Avec son physique à la garçonne et son caractère simple et direct, Jackie était tout le contraire de Nesta.

– Je ne comprends pas pourquoi elle était dans cet état.

– Peut-être savait-elle que nous allions être déçus en apprenant ce qu'elle a fait.

Jackie haussa les épaules.

– Elle est ensuite passée chez Oncle Justin avant d'aller chez vous.

– Moi, je l'ai trouvée calme lorsqu'elle est arrivée à la maison. Pendant que je préparais le dîner, elle est montée voir Pernille avec Andrew. Elle est redescendue avant lui et j'ai remarqué qu'elle se tenait à la rampe. Je lui ai demandé si elle allait bien et elle m'a dit qu'elle avait pris deux aspirines. Je savais qu'elle était retournée consulter Harry pour sa dépression et qu'il n'avait rien voulu lui prescrire. D'après lui, tout était dans la tête, ou quelque chose comme ça. Elle a glissé une petite bouteille marron dans son sac mais je n'y ai pas fait attention. J'ai pensé que c'était de l'aspirine.

Jackie s'emballa tout à coup comme si elle était sur le point de faire une découverte.

– Je me demande si ce n'étaient pas des tranquillisants plutôt que de l'aspirine.

– Harry lui avait déjà donné des tranquillisants – du moins, c'est ce qu'elle m'a dit –, mais cela ne lui avait fait aucun bien et elle n'avait pas voulu continuer.

– Quelqu'un d'autre aurait pu très bien lui en donner. Les gens sont tellement stupides, quelquefois, Alice. Je m'en suis rendu compte quand j'étais infirmière. Ils ne feront pas confiance à leur médecin mais ils prendront n'importe quel truc conseillé par leur voisin. Ils ne savent pas que les médicaments n'ont pas les mêmes effets sur tout le monde. Je me souviens, par exemple, que Maman prenait des cachets quand elle est venue chez nous pendant l'été. Elle était terriblement déprimée depuis la mort de Papa. Elle avait oublié le flacon quand elle est partie. Eh bien, tu ne me croiras peut-être pas, mais Hugo a voulu en prendre deux, un jour, tout ça parce qu'il avait eu un problème au travail. Je l'en ai empêché juste à temps. D'abord, il ne faut surtout pas manger de fromage quand on prend ce médicament...

– Du fromage ? Jackie, es-tu bien sûre de ce que tu dis ?

– Je sais que ça paraît bizarre, mais c'est la vérité. C'est un médicament très connu. Beaucoup de gens l'achètent. Je ne me rappelle plus son nom, mais je sais qu'il fait monter la tension artérielle, comme le fromage.

– Mais nous avons mangé un soufflé au fromage, ce soir-là ! s'écria Alice. Nesta avait meilleur appétit, d'habitude. Elle n'en a pas beaucoup mangé. Il faut dire qu'il n'était pas très bon et j'avais un peu honte. Après le repas, elle s'est allongée sur le divan et elle a posé sa main sur son cœur. Elle m'a dit qu'elle avait l'impression qu'il battait trop vite.

– Tachycardie.

– Quoi ?

– C'est quand le cœur bat trop vite. Et ensuite ?

– Ensuite, ça s'est calmé. Je lui ai encore demandé où elle comptait aller, mais elle m'a simplement parlé de vacances, de « contrées lointaines et de nouveaux pâturages ». Je me rappelle ça parce que Harry m'a dit par la suite qu'elle s'était trompée dans la citation et qu'il fallait dire « des terres lointaines ». Pour finir, il l'a raccompagnée chez elle. Elle ne marchait pas très droit en descendant l'allée.

Alice ne savait pas trop comment formuler sa question mais elle était trop préoccupée pour prendre des gants.

– Où as-tu mis les cachets de ta mère, Jackie ?

– Je ne sais pas, répondit-elle d'un air désinvolte. J'ai dû les mettre à la poubelle. De toute façon, je ne les ai plus. En fait, je crois que c'est Hugo qui les a jetés. Tu connais la manie qu'a ta famille de tout ranger. Mais tu sais, Alice, je ne peux pas t'assurer qu'elle ait pris ce médicament précisément. J'essayais simplement de retrouver son nom. C'était une simple suggestion.

Alice s'efforça d'arrondir les angles.

– Je suppose que n'importe qui à Salstead peut se faire prescrire ce médicament. Il y a tant de gens névrosés, de nos jours.

Elle se tut un instant pour réfléchir.

– Mr Feast est terriblement nerveux et irascible, tu ne trouves pas ? (« Si seulement je pouvais demander à Harry », se dit-elle, mais elle se rappela qu'il était très à cheval sur le secret professionnel.) Non, Jackie, ça ne tient pas debout. Personne ne pouvait savoir que Nesta allait manger du fromage chez moi.

Jackie alluma une autre cigarette. Le briquet qu'elle prit sur la table avait la forme ridicule d'une théière. À la lumière de la flamme, le visage de Jackie avait l'air fatigué et tendu. Ne fumait-elle pas plus que d'habitude, enchaînant cigarette sur cigarette ?

– Une chose est sûre, c'est que la plupart des gens mangent du fromage à la fin d'un repas..., dit-elle doucement. Mon Dieu ! Alice, mais j'y pense, c'était *vendredi*. Nesta venait souvent à la dégustation de fromages. Elle disait à tout le monde que ça l'aidait à perdre du poids. On a pu lui donner les cachets le matin, et elle ne les a peut-être pris que plus tard dans la journée.

C'était malheureusement vrai, mais il était rassurant de penser que des trois hommes dont les noms étaient associés à celui de Nesta, seul Mr Feast aurait pu être succeptible de l'avoir rencontrée ce matin-là. Mr Feast était jaloux de Nesta, c'était sa propre fille qui l'avait dit. Il possédait un magasin à Orphingham et, en tant que commerçant, il devait connaître la ville comme sa poche. De plus, il était absurde de penser que des gens aussi normaux et sans histoires que Hugo et Oncle Justin puissent se transformer en dangereux psychopathes. Par contre, si l'hypothèse de Jackie s'avérait exacte, Mr Feast était un homme déséquilibré dont la maladie ne faisait qu'accentuer la nature agressive.

– Alors, Nesta a été empoisonnée, dit-elle.

Empoisonnée ? Le mot lui était venu naturellement. Elle avait voulu dire « droguée », bien sûr. C'était elle et non pas Nesta qui avait ressenti ces affreuses brûlures d'estomac, ces violentes nausées, comme si tout son être essayait constamment de rejeter un objet étranger.

Les enfants réapparurent, les bras chargés de paquets de chips.

– C'est au fromage et aux oignons, dit Mark joyeusement en brandissant un paquet sous le nez d'Alice. Tu peux en prendre, si tu veux.

L'odeur de graisse, et surtout d'oignon, était si écœurante qu'elle eut un geste de répulsion. Le petit garçon la regarda fixement. Puis sur un regard autoritaire de sa mère, il éloigna le paquet et resta planté sur une jambe. Alice comprit qu'il ressentait la tension entre les deux adultes. Le silence qui régnait dans la pièce était presque palpable, et on pouvait déceler une sorte de vibration dans l'air.

Mark ressemblait autant à son père qu'à son grand-oncle. On aurait dit que Jackie s'était contentée de contribuer à l'extension de la famille Whittaker, sans que ses gènes aient eu la moindre influence sur l'apparence de son fils. Parce qu'elle eut tout à coup honte de ses soupçons et qu'elle sentit qu'elle allait se mettre à hurler si personne ne bougeait, elle se précipita sur l'enfant et le prit dans ses bras. C'était une façon de se faire pardonner, mais Mark ne voulut rien savoir. Il se débattit et la repoussa brusquement. Cette réaction lui fit l'effet d'un coup de poignard.

À travers elle, c'était tout le mépris et le rejet de sa famille qu'elle ressentait.

– Pourquoi tante Alice est malade ? demanda Mark.

– Je ne sais pas, dit Jackie abruptement. Les gens sont parfois malades, tu le sais bien.

– Papy aussi a été malade et il est mort.

Alice voulut couvrir le petit gloussement gêné de Jackie par un rire franc et rassurant. Elle sentit que ses lèvres étaient aussi froides et dures que des silex.

– Je ferais mieux de te ramener chez toi, maintenant.

Andrew déposa soigneusement la pile de livres sur la table de nuit.

– Tu es sûre que tu veux lire tout ça ? À mon avis, tu vas trouver ces livres rébarbatifs.

– Tu les lis bien, toi.

– C'est vrai...

Il eut un sourire lointain. Ne voyait-il pas qu'elle essayait de créer un nouveau lien entre eux deux ?

– Est-ce que toutes les œuvres politiques de la collection Trollope sont là, Andrew ?

– Non, pas toutes. J'en ai gardé deux avec moi en bas.

En bas. Cela voulait dire qu'il n'allait pas rester avec elle. Mais il ne fallait surtout pas qu'elle montre sa déception. Un lecteur acharné comme Andrew avait besoin de sa dose de lecture comme d'autres avaient besoin de leur dose de drogue. De drogue... Elle frissonna. Elle avait du mal à comprendre qu'il préférât lire et relire les mêmes livres plutôt que de tenir compagnie à sa femme.

– Quels sont ceux qui manquent ? demanda-t-elle d'un ton enjoué.

– Ce sont les deux volumes de *Phinéas Finn*. Mais il te faudra des jours et des jours avant d'en arriver là.

– Mais je ne compte pas rester au lit pendant des jours et des jours, Andrew. Demain, je me lève pour aller à la police. Non, ne dis rien ! J'ai pris une décision. Je dois faire quelque chose au sujet de Nesta.

Il prit un air exaspéré qui lui contracta la bouche.

– Oh, Bell ! Qu'est-ce que tu vas leur dire ? Tu ne comprends donc pas que tu ne peux rien prouver sans ces lettres ? Nesta a simplement essayé de te faire croire qu'elle était à Orphingham alors qu'elle était à Londres...

Elle secoua la tête et voulut lui prendre la main, mais il se dégagea doucement.

– Mais bien sûr qu'elle est à Londres. Essaie d'être réaliste. Avoue simplement que c'est ton orgueil qui en prend un coup. Tu n'arriverais au mieux qu'à lui attirer des ennuis si la poste s'aperçoit qu'elle a donné une fausse adresse. Encore faudrait-il retrouver les lettres et l'avis de réexpédition.

Tout cela n'était que trop vrai. Et n'importe quel homme sensé réagirait comme Andrew. Il n'y avait donc qu'elle et Jackie pour se fier à leur intuition féminine et croire à la mort de Nesta.

Nesta était morte et... enterrée. La petite fleuriste qui composait de si beaux bouquets n'avait même pas eu de couronne à son nom. Où donc reposait-elle, maintenant ? La nuit où les tombes avaient été ouvertes, il aurait été facile d'aller au vieux cimetière en passant par le jardin du « Bouquet de la Mariée » Les cercueils les plus vieux ne devaient contenir aujourd'hui que de la poussière. Qui, parmi les ouvriers de nuit se déplaçant silencieusement entre les dalles, aurait remarqué que l'un d'entre eux était un peu plus lourd ?

S'il était trop risqué d'utiliser un cercueil, il n'en était pas de même pour les trous laissés dans la terre argileuse. Quelqu'un aurait pu déposer le cadavre dans l'une des fosses et la reboucher à la hâte. Une semaine plus tard, on avait coulé des tonnes de béton sur toute la surface du cimetière pour commencer la construction de la bretelle.

Elle hésitait encore, à la fois convaincue de sa thèse, et effrayée de traduire sa pensée par des mots. Il est à peu près certain que de tels propos, énoncés dans le cadre douillet de *Vair House*, auraient suffi pour la faire passer pour folle. En regardant ce jeune mari dont elle admirait tant la beauté, elle regrettait plus que jamais leur différence d'âge et appréhendait cette période où la femme devient facilement hystérique. Elle passa une main sur ces lèvres et sur ce front qui n'avaient plus la douceur et le velouté de la jeunesse.

Il s'en alla lentement, froidement, sans rien dire. Elle ferma les yeux. Quand elle les ouvrit à nouveau, Pernille se tenait devant elle avec un yaourt à la main.

– Mrs Fielding, je n'osais pas vous demander ça avant parce que vous êtes malade, mais je voulais savoir pour les timbres.

Elle avait complètement oublié. Elle refréna une irrépressible envie de rire. Des timbres ! Comment pouvait-elle penser à des détails aussi insignifiants alors que tant d'événements se précipitaient ?

– Je suis désolée. J'ai oublié. Mais je vous promets de vous en rapporter la prochaine fois.

– Knud sera si content. Ils sont de plus grande valeur quand ils n'ont pas le tampon de la poste, vous savez.

Le tampon de la poste... Elle n'avait ni les lettres, ni l'avis de réexpédition et elle n'avait même pas été fichue de vérifier sur l'enveloppe où la lettre avait été postée.

– Pernille, dit-elle pensivement, vous vous rappelez les deux lettre que m'avaient envoyé Mrs Drage ?

Pernille acquiesça en rougissant et leva vers Alice des yeux chargés d'appréhension.

– Vous n'auriez pas, par hasard, remarqué le cachet de la poste ? Vous auriez pu très bien regarder le timbre puisque vous avez eu les lettres entre les mains.

Si Pernille avait porté un tablier, elle l'aurait rendu sur-le-champ. Son visage portait le masque comique de la honte et de la culpabilité.

– J'ai gardé l'enveloppe de la deuxième lettre, Mrs Fielding, avoua-t-elle enfin. Vous l'avez jetée et quand je vide la corbeille à papier, il y a l'enveloppe avec le beau nouveau timbre. Je regarde la date et je sais tout de suite que... Oh ! je ne sais pas comment on dit en anglais !

Alice se revit trente ans plus tôt, lors d'un après-midi pluvieux à *Vair Place*. Elle jouait dans le grenier avec Hugo et il lui avait montré son nouvel album de timbres. Sans le faire exprès, elle avait déchiré un timbre qui avait une valeur particulière. Furieux, Hugo s'était précipité sur elle pour lui tirer les cheveux.

– Un timbre à tirage limité, s'écria-t-elle. Vous l'avez gardée pour votre frère parce que c'était un timbre à tirage limité, c'est ça ?

Pernille acquiesça.

– Vous êtes fâchée contre moi ?

– Oh ! mais non, au contraire ! Vous avez bien fait, très bien fait... (Son visage se décomposa tout à coup.) Mais vous l'avez envoyée à Copenhague ?

– Non, j'attends que Knud vient me voir. Il doit venir la semaine prochaine pour les vacances. Je vais donner tous les timbres que j'ai gardés. Je suis si pressée de son arrivée, Mrs Fielding ! (Ne prenant plus la peine de cacher son émotion, elle ajouta :) J'ai tellement... la maladie du pays !

– Le mal du pays, corrigea gentiment Alice.

Elle se mit soudain à plaindre de tout son cœur la jeune Danoise. Elle était si heureuse avec Andrew qu'elle ne se rendait même pas compte que les autres pouvaient être malheureux. Elle sauta hors du lit sans plus attendre et enfila sa robe de chambre.

– Nous allons chercher l'enveloppe, dit-elle, et je regarderai votre chambre. Nous verrons si nous pouvons faire quelque chose pour l'égayer un peu.

Peut-être aurait-elle dû choisir le mobilier avec plus de soin. C'était une chambre toute simple avec deux peaux de chèvres en guise de tapis. Les rideaux n'étaient pas assortis au couvre-lit et il n'y avait ni objets décoratifs, ni livres sur les étagères. Le mini transistor de Pernille trônait humblement sur la table de nuit entre une petite bouteille marron et un tube de crème pour les mains. La jeune Danoise sortit à regret l'enveloppe d'un sous-main qu'elle avait caché sous sous oreiller.

Alice la prit avec empressement et regarda. Elle lut distinctement le mot « Orphingham » sur le tampon. La personne qui avait posté la lettre était allée jusqu'au bout de sa supercherie. Le timbre violet, bleu et noir qui oblitérait la lettre venait d'être mis en circulation pour célébrer l'édification du pont suspendu de la quatrième rue. Le dessin représentant le pont et le profil de la reine était presque caché par le mot *Orphingham* qui s'enroulait à l'intérieur des cercles jumeaux imprimés par le tampon.

Demain matin, elle montrerait l'enveloppe à la police. Ils pourraient sûrement en déduire quelque chose, retrouver la marque de la machine à écrire ou relever des empreintes digitales. Elle tenait délicatement le papier entre ses doigts comme si c'était un objet précieux. Peut-être que ce jeune employé au teint verdâtre se souviendrait à qui il avait vendu les timbres, le premier jour de leur mise en circulation.

– Pernille, dit-elle, j'ai honte de vous laisser dormir dans une pièce aussi lugubre. (Elle allait se montrer prodigue envers la jeune fille qui lui avait redonné espoir.) Je pense que nous pourrions vous acheter un nouveau tapis et... aimeriez-vous avoir votre propre télévision ?

Les yeux de chat rencontrèrent les siens et se détournèrent aussitôt. Puis Pernille sourit et remercia du bout des lèvres. Alice se demanda si ce manque d'engouement ne devait pas être mis sur le compte d'une santé défaillante.

– Est-ce que vous mangez à votre faim, Pernille ? Prenez-vous suffisamment de lait, de viande, de fromage ?

– Oui, je mange de la viande, mais ce lait et ces yaourts que vous prenez, non, merci, dit-elle avec une moue de dégoût.

Alice lui souhaita un « bonne nuit » plein d'entrain et sortit de la chambre en souriant. C'était curieux qu'une Danoise détestât des produits qu'on associait naturellement à son pays. Elle s'était tellement retenue de rire au moment de quitter la pièce qu'elle n'avait pas entendu les derniers mots de Pernille. Quelque chose au sujet du fromage et de la chance qu'elle avait de ne pas aimer ça.

Alice retourna se coucher et entama son yaourt. Depuis ces derniers temps, elle trouvait un drôle de goût à tout ce qu'elle mangeait. Elle le reposa d'un geste las, ouvrit le premier des romans victoriens et le texte de la première page lui apparut à travers un brouillard épais.

La maison était parfaitement silencieuse mais au moment de tourner la première page, elle entendit comme de légers tapotements qui semblaient venir d'en bas. Elle tendit l'oreille. Non, cela ne venait pas directement de la pièce en dessous, mais de l'autre côté de la maison où se trouvaient le petit salon, la salle à manger et la cuisine. Il était toujours difficile de localiser un son inconnu. Puis quelqu'un ouvrit une porte et la referma discrètement. Les petits bruits de frappe devaient provenir d'un appareil électrique dans la cuisine car il n'y avait pas de machine à écrire dans la maison.

9

Le soleil brillait comme par une belle journée de printemps. Dans le jardin, les buissons au feuillage persistant semblaient aussi annoncer l'arrivée des beaux jours, mais à l'ombre des haies qui bordaient l'allée, la gelée blanche empêchait encore les brins d'herbe de s'épanouir.

Alice se détourna de la fenêtre et commença à descendre les marches de l'escalier. Le soleil projetait des taches de couleurs vives sur le tapis persan du hall. Arrivée sur le demi-palier qui amorçait la descente finale, elle entendit des voix monter de la cuisine. La porte était légèrement entrouverte.

– Bien sûr, elle a des années de plus que lui.

La voix était celle de Mrs Johnson et le sujet de conversation facile à deviner. Vexée, Alice se mordit les lèvres et attendit.

– Je ne savais pas – c'était Pernille, chère Pernille ! –. En tout cas, on ne le dirait pas. Je la trouve si jolie, et elle a un très beau corps.

– Il ne faut pas dire ça, malheureuse ! Parlez d'une jolie silhouette, ou d'un joli buste si vous voulez entrer dans les détails. (Alice faillit éclater de rire dans l'escalier.) Et elle a aussi de très beaux cheveux, je vous l'accorde. Elle a toujours eu de beaux cheveux, même quand elle était toute petite.

La conversation prenait une tournure plus favorable. Alice descendit une marche et s'apprêtait à signaler sa présence par un léger toussotement quand Mrs Johnson reprit :

– Remarquez que je n'ai rien contre lui...

– Mr Fielding ?

– Pas de nom, malheureuse ! Vous savez très bien de qui je veux parler. Ils ont beaucoup d'affection l'un pour l'autre, je n'en doute pas. Quant à l'avoir fait entrer dans l'Entreprise, là, c'est une autre histoire. Il n'est pas plus utile à Mr Whittaker qu'un garçon de course.

Alice se figea à nouveau.

– Ce n'est pas que Mr Whittaker se plaigne de lui, mais il a fait quelques allusions qui ne m'ont pas échappé. Je suis une fine psychologue à ma façon, miss Madsen, et je sais lire entre les lignes. À chaque fois qu'il lit dans le journal un article sur les revendications des professeurs, Mr Whittaker se fiche dans une de ces rognes ! Et il ne mâche pas ses mots, croyez-moi. Je le disais justement à Kathleen hier, mieux vaut ne jamais être pris dans son collimateur.

Alice ne put en supporter davantage. Sa grand-mère leur aurait volé dans les plumes. Les temps avaient changé. Alice remonta à l'étage et redescendit en s'efforçant de faire craquer les marches. La voix de Mrs Johnson résonna encore plus fort :

– Je suis juste venue apporter ce flan aux œufs pour Mrs Fielding. Quelque chose de léger et de consistant. Je n'ai rien contre la cuisine nordique, ma chère, mais elle est un peu trop lourde quand on a des problèmes de digestion.

Alice ouvrit la porte.

– Bonjour, Mrs Johnson.

– Oh ! Madame, quelle surprise !

Alice connaissait Mrs Johnson depuis trente ans. Elle lui avait servi à la fois de mère et de gouvernante pendant presque toute son enfance. Mais quand elle était revenue de pension à l'âge de dix-huit ans, Mrs Johnson avait remplacé « Alice » par « Miss » jusqu'au jour de son mariage où elle avait commencé à l'appeler « Madame ».

– Nous pensions que vous dormiez et vous voilà toute habillée. J'ai toujours dit que l'avenir appartient à ceux qui se lèvent tôt.

– Je me sens beaucoup mieux ce matin.

– Tant mieux. Il ne faut jamais se laisser aller. Quand j'ai eu tous ces ennuis à cause de mon cousin, j'étais dans un de ces états, vous ne pouvez pas savoir. Le Dr Blunden a voulu me donner des calmants, mais moi, je lui ai dit : « Non, Docteur, je continuerai avec mes habituels... »

– Je sors, Pernille, coupa Alice.

Maintenant qu'elle était sur le point d'aller voir la police, quelque chose la retenait : la peur de confier ses craintes à des inconnus, ou la timidité, peut-être. La conversation qu'elle venait de surprendre l'avait bouleversée et elle éprouva soudain un profond ressentiment envers son oncle. Comment osait-il parler d'Andrew de la sorte ? Comme si Andrew était un homme intéressé ! Malgré la fraîcheur matinale, la colère lui échauffait le visage. On aurait dit qu'on lui avait frotté les joues au gant de crin.

Remettant sa visite à plus tard, elle alla d'abord à la poste acheter des timbres, puis au magasin de tapis pour demander le nouveau catalogue. En sortant, elle vit Harry qui fermait la porte de son cabinet de l'autre côté de la rue. Il lui fit un signe de la main et lui sourit gentiment avant de monter dans sa voiture. Devant sa vitrine de bijoux, Mr Cropper prenait le soleil en compagnie de Mr Feast.

– Bonjour, Mrs Fielding, dit ce dernier d'un air gêné.

Il sembla vouloir ajouter quelque chose, peut-être voulait-il s'excuser, mais Alice passa devant eux sans s'arrêter. La vue de cet homme jaloux et violent était le coup d'aiguillon dont elle avait besoin. Elle entra au poste de police d'un pas décidé.

Elle connaissait le poste mais elle n'était jamais entrée dans cette petite pièce, dont la porte vitrée portait les initiales C.I.D. Un jeune homme aux traits réguliers mais creusés par la fatigue était assis derrière un bureau. Bizarrement, elle se dit qu'Andrew aurait pu lui ressembler si sa vie avait été différente, sans éducation ni pédagogie. Ce visage était semblable à celui d'Andrew, mais il était à la fois différent. Il n'était pas exempt de grâce et de séduction mais il était marqué par la vie, par les épreuves qu'il avait subies. Il se présenta et elle ressentit une légère déception en apprenant qu'il n'était que l'inspecteur-adjoint

Elle lui parla des lettres. Son visage resta impassible. Elle lui raconta combien elle s'était sentie diminuée par la maladie qui l'avait empêchée de mener à bien son enquête. Tout en ayant l'air de l'écouter attentivement, il lui proposa une cigarette. Elle secoua la tête avec impatience.

– D'après ce que j'ai entendu dire, je pense que Mrs Drage avait dû avoir des aventures avec plusieurs hommes. Voilà d'après moi ce qui s'est passé : l'un d'entre eux avait décidé de la tuer et il lui avait donné des cachets en lui disant que c'était de l'aspirine. Mais ce n'était pas de l'aspirine, vous savez. C'était une drogue dont les effets sont accrus quand on mange du fromage. Tout le monde savait qu'elle participait aux dégustations de fromage parce qu'elle voulait maigrir. Elle n'avait pas mangé de fromage ce jour-là, jusqu'à ce qu'elle vienne chez moi.

Elle s'arrêta net. Elle venait juste de se rendre compte que c'était chez elle que Nesta avait pris ce repas qui avait causé sa mort, et que c'était elle-même qui l'avait préparé. Cette découverte, aussi effrayante fût-elle, décupla son envie de connaître la vérité.

À l'expression de son visage, elle comprit qu'elle n'avait pas été convaincante. En désespoir de cause, elle serra les poings et, prenant un air important, les posa fermement sur le bureau. Ce fut une erreur.

– Ainsi donc, vous ne vous êtes pas sentie bien pendant toute une période, Mrs Fielding ?

– Je ne suis pas devenue folle pour autant.

– Je n'ai jamais dit cela. Mais ne pensez-vous pas que votre maladie ait pu vous rendre trop imaginative ?

– Je n'ai pas une imagination délirante et je ne lis pas de romans à sensation.

Elle pensa à l'austère roman victorien qu'elle avait laissé sur sa table de nuit mais elle n'avait plus assez le sens de l'humour pour s'en amuser.

– Eh bien... Voulez-vous me montrer les lettres que Mrs Drage vous a envoyées...

– Je vous répète que je ne les ai pas gardées. Je vous ai montré l'enveloppe. J'avais recopié l'adresse sur mon agenda. Vous voyez, cela ressemble à *Sewerby* mais...

– Oui, dit-il, c'est le genre d'erreur que tout le monde peut faire.

– Très bien. Supposons donc que j'ai fait une erreur. Mrs Drage n'a de toute façon jamais habité *Sewerby.* J'ai parlé au propriétaire de la maison et il n'en avait jamais entendu parler. Écoutez, si vous alliez vous-même... ou si vous envoyiez quelqu'un à Dorcas Street, je suis sûre que ce garçon à l'hôtel vous dirait que Mrs Drage n'était jamais passée prendre mes lettres et mon colis.

– *Les* lettres et *le* colis, corrigea-t-il. Mais parlons plutôt du fromage et des médicaments. Je m'intéresse beaucoup aux cas de décès causés par l'absorption de médicaments. J'ai tout un dossier sur le sujet. Puis-je vous montrer quelque chose ?

Il sortit un classeur rempli de coupures de presse qu'elle regarda sans rien dire.

– Le médicament dont m'avez parlé est en fait une pilule contenant de la tranylcypromine, dit-il lui montrant l'article qu'il cherchait.

– C'est bien possible mais je...

– Ils expliquent ici que si vous en prenez en mangeant du fromage, votre tension artérielle devient tellement élevée que vous pouvez en mourir.

Elle approuva avec fougue. Il arrivait enfin où elle voulait en venir.

– Mrs Fielding. Savez-vous combien de gens sont morts pour avoir ignoré cette contre-indication depuis 1960 ?

– Vous allez me le dire.

– Quatorze, dit-il en refermant le dossier.

– Elle est peut-être la quinzième.

Il secoua sa belle tête brune d'un air incrédule. Alice avait vraiment l'impression d'avoir Andrew en face d'elle, sauf qu'il était plus jeune et que ses traits étaient plus durs. En fait, plus elle le regardait, plus elle lui trouvait des points communs avec son mari. Ils avaient la même implantation et la même couleur de cheveux, le même front, le même petit sourire sceptique. Elle se demanda soudain s'il la prenait pour une folle. Il devait sûrement voir beaucoup de cinglés qui venaient lui raconter des histoires à dormir debout. Des femmes pâles et échevelées qui devaient le regarder avec des yeux fiévreux, comme elle maintenant.

– Elle m'a écrit pour me donner son adresse. Enfin... je crois que c'est quelqu'un d'autre qui a écrit à sa place. J'ai reçu une lettre d'Orphingham mais l'adresse était fausse.

– Mais si elle vous a écrit, Mrs Fielding, je ne comprends pas pourquoi vous pensez qu'elle a disparu.

– Est-ce que vous allez faire quelque chose ? demanda-t-elle d'un air implorant. Si vous pouviez simplement parler à ce Mr Feast, si vous pouviez faire expertiser l'enveloppe...

Il se leva et resta debout près de la fenêtre. Voyant qu'il avait l'air impressionné, elle se pencha par-dessus le bureau et s'apprêta à le supplier une dernière fois. Elle battit des cils. Soudain, elle se rendit compte que son attitude silencieuse n'était pas motivée par une conviction naissante, mais par la pitié qu'elle lui inspirait et le respect dû à son nom. Elle n'allait quand même pas s'abaisser à pleurer devant lui. Elle se redressa et commença à remettre ses gants.

– Mrs Fielding...

– Cela ne fait rien. Oubliez que je suis venue vous voir.

Elle mit l'enveloppe dans la poche de son manteau de fourrure.

– Nous avons une liste des personnes disparues. Je ne crois pas justifié d'y ajouter le nom de Mrs Drage pour le moment, mais nous resterons vigilants. Au cas où l'on retrouverait...

Un cadavre non identifié, allait-il dire. Devant tant de scepticisme, comment pouvait-elle lui suggérer d'exhumer les corps dans le nouveau cimetière ?

– Si j'étais vous, Mrs Fielding, je rentrerais tranquillement chez moi. Je peux demander à quelqu'un de...

Il s'arrêta net quand il vit les clefs de voiture dans la main d'Alice.

– Il y a toutes les chances..., dit-il soulagé qu'elle s'en aille, il y a toutes les chances pour que vous receviez très bientôt une lettre de votre amie.

Sa sollicitude était insupportable. Quand elle était célibataire, Alice n'avait jamais eu l'impression d'inspirer la pitié. Aujourd'hui, même mariée, elle sentait qu'elle présentait aux yeux de ce jeune homme toutes les caractéristiques de la vieille fille aigrie, frustrée et seule qui, avide de nouveaux amis, s'efforçait d'attirer l'attention.

Après son départ, il dirait à l'officier de police en pointant l'index sur sa tempe : « Un peu toquée, celle-là. » Et l'officier répondrait, fier de son expérience : « Elles deviennent toutes comme ça quand elles ne peuvent plus avoir d'enfants. »

Vers qui pouvait-elle se tourner, maintenant ? Sûrement pas vers Andrew. Sa réaction serait la même que celle du jeune inspecteur-adjoint, un mélange de pitié et de dédain. Oncle Justin et Hugo étaient à l'Entreprise. Il ne restait plus qu'Harry. Lui seul l'écouterait et la croirait. Et la police prendrait son avis en considération.

Elle devait aller à son cabinet et lui exposer toute l'affaire. Comme elle descendait les marches, elle entendit la cloche de St Jude sonner 13 heures. Il était aussi tard que cela ? Elle leva les yeux vers le clocher, espérant entendre les onze autres coups de midi, et son regard tomba sur la salle de réunion qui occupait un angle de l'église. Les portes étaient grandes ouvertes. Bien sûr ! C'était vendredi, le jour de la dégustation hebdomadaire de fromages. Harry serait là, Harry et Mr Feast. Elle devait prendre son courage à deux mains et affronter ce dernier si nécessaire.

Mais c'était le vicaire qui, assis à la table d'accueil, s'occupait de récolter l'argent.

– Bonjour, miss Whi... heu, Mrs Fielding. C'est un tel plaisir de vous avoir parmi nous.

Elle ne trouva absolument rien à lui répondre. Elle se contenta de sortir son porte-monnaie et de déposer un billet de cinq livres sur la table. « Je donne toujours trop d'argent », se dit Alice en entrant dans la salle. « Je paye pour obtenir ce que je veux et pour me débarrasser de ce que je ne veux plus. »

Daphné Feast était assise à côté de la femme du président du conseil. Alice la salua d'un signe de tête qu'elle fut incapable d'accompagner d'un sourire. Le père Mulligan fondit sur elle pour lui offrir un verre d'eau. Elle s'arrêta un instant et lui jeta un regard implorant dont il ne saisit pas la nuance. Est-ce que la Bible ne citait pas le meurtre comme l'un des quatre péchés qui déclenchaient les foudres de Dieu ? Le vicaire lui dédia un sourire de saint illuminé par la grâce.

Harry était assis tout seul à un coin de table. Il voulut lui retirer son manteau, mais elle referma le col sur sa poitrine d'un air frileux.

– Harry, dit-elle en entrant dans le vif du sujet, vous devez absolument me dire si vous avez déjà prescrit de la tranylcypromine à l'un de vos patients.

– Si j'ai prescrit quoi ? Alice, qu'est-ce que vous racontez là ?

– En avez-vous prescrit, oui ou non, c'est tout ce que je veux savoir.

– Oui, pour tout vous dire... (Il s'arrêta soudainement, hésitant à entamer le morceau de pain qu'il avait à la main.) Ma chère Alice, c'est un sujet sur lequel je ne peux absolument pas m'étendre. Vous devez comprendre qu'un médecin...

– En avez-vous déjà donné à Mr Feast ?

– Certainement pas. Ce serait le dernier des hommes à qui... S'il vous plaît, Alice, dites-moi où vous voulez en venir.

– C'est au sujet de Nesta, dit-elle calmement. Si vous ne me croyez pas, tant pis pour vous.

Il avait semblé ennuyé et irrité par ses questions indiscrètes. Tant qu'elle avait été suppliante, comme ces enfants devant leur bol vide, il s'était montré distant et réticent. Elle sentit tout à coup que les rôles s'inversaient. Le visage de Harry afficha soudain la mine angoissée qu'elle avait eue un moment plus tôt.

– Nesta ? dit-il d'un ton faussement désinvolte. Mais que vous a-t-elle dit ?

– Rien du tout, puisque je ne l'ai pas vue. Écoutez-moi, Harry, personne ne me croit, excepté Jackie. J'ai failli en devenir folle mais Andrew ne veut pas m'écouter. Il refuse de parler d'elle.

Elle allait continuer, elle allait décrire son enquête point par point, quand il l'interrompit par une réflexion si étrange qu'elle en oublia pendant un moment toutes ses questions sur les lettres, les médicaments et Mr Feast. Il prononça la phrase sur un ton effroyablement neutre.

– Ce n'est pas étonnant, vu les circonstances.

Elle sentit aussitôt qu'elle était sur le point de faire une horrible découverte, et que cela n'en serait une que pour elle. Pendant longtemps, la vérité avait été comme un serpent endormi dans sa boîte, un reptile qui hiberne en faisant provision de venin. Maintenant, il commençait à dérouler ses anneaux et il sifflait imperceptiblement.

– Que voulez-vous dire. ?

– Alice, je ne peux pas discuter de cela avec vous. Vous devez me comprendre. En vous mariant avec un homme bien plus jeune que vous, vous deviez bien vous douter que ce genre de problème arriverait tôt ou tard.

Les conversations montèrent d'un ton. Un verre tinta. Elle serra ses deux mains très fort l'une contre l'autre, soudainement réceptive au moindre bruit. Près de la table du vicaire, quelqu'un fit tomber une poignée de petite monnaie. Elle entendit les pièces rouler sur le sol et quelqu'un se précipiter pour les ramasser. Les yeux rivés sur la photo d'un enfant, elle murmura :

– Je ne comprends pas.

– Nous parlerons de Nesta tout à l'heure, dit-il, mais Alice, dans votre propre intérêt, vous ne devez plus associer leurs deux noms. Il y va de votre équilibre.

– Andrew et Nesta ? Vous pensez qu'il... Que je... ? (Elle entendit sa voix monter dans les aigus mais elle ne pouvait plus la contrôler.) Je ne savais pas, Harry.

– Je suis désolé, dit-il. Si j'avais su que vous ne saviez pas, je n'en aurais pas tant dit. Oubliez tout ça ! Ce n'est qu'un mauvais rêve.

Il avança sa main pour lui prendre le bras, mais ses doigts n'attrapèrent que la manche en fourrure.

– Oh ! Alice, murmura-t-il. Je donnerais n'importe quoi pour retirer ce que j'ai dit.

– Laissez-moi partir, dit-elle. Je veux rentrer chez moi.

Elle le repoussa violemment et s'élança comme une aveugle vers la sortie.

10

Les pneus crissèrent sur le gravier. Elle conduisait beaucoup trop vite, la voiture fit deux embardées sur le bas-côté, frôla dangereusement les haies et roula sur la pelouse. Enfin, elle était chez elle et elle se félicita d'avoir résisté à la tentation de faire irruption à l'Entreprise pour lui hurler son chagrin et sa colère.

– Vous vous sentez bien, Madame ?

Alarmée par ces vrombissements inhabituels qui venaient troubler la paix de *Vair Place*, Mrs Johnson avait cessé de nettoyer l'argenterie pour se pencher à la fenêtre.

– Vous êtes un vrai paquet de nerfs, depuis quelques jours.

– Je suis seulement fatiguée, et j'ai froid.

– Entrez vite et demandez à miss Madsen de vous préparer quelque chose de chaud. Ce n'est pas bon de vivre sur les nerfs, je peux vous en dire quelque chose.

Alice s'appuya contre le capot de la voiture, épuisée d'avance à l'idée d'écouter des propos stériles.

Mrs Johnson secoua son chiffon qui laissa échapper une poussière argentée.

– C'est dommage que vous ne vous décidiez pas à vous confier au docteur. Je peux vous assurer qu'il m'a été d'un grand réconfort.

Devant le comique involontaire de la situation, Alice ne savait plus trop s'il fallait rire ou éclater en sanglots hystériques.

– Attendez une minute, Madame, je vais vous donner quelque chose qui...

– Non, non ! s'écria Alice, paniquée. (Elle sentait qu'elle allait piquer une crise de nerfs si elle regardait une minute de plus ce visage de nounou au cœur sec.) Je vais m'allonger.

Elle ouvrit fébrilement la porte, monta l'escalier en trombe et se jeta sur son lit.

Jaloux. Celui qui avait tué Nesta était jaloux. Un homme important de Salstead, avait dit Daphné Feast. Pour quelqu'un de condition modeste comme Nesta, Andrew correspondait tout à fait à la description, compte tenu de son bagage universitaire, de sa maison et de ses liens avec les Whittaker. Mais Andrew l'aimait elle, Alice. Bien sûr qu'il l'aimait.

Elle repensa au jeune inspecteur qui, avec ses beaux cheveux noirs et sa patience occasionnellement poussée à bout, lui avait tellement rappelé son mari. Il avait mis le doigt sur quelque chose qu'elle avait toujours refusé d'affronter jusqu'à présent. Les jeunes hommes de cet âge plaignaient les femmes comme elle, celles qui approchaient de la quarantaine et qui n'avaient jamais été belles. S'ils étaient gentils, ils les prenaient en pitié. S'ils ne l'étaient pas, ils riaient derrière leur dos. Ils ne tombaient pas amoureux d'elles. Pourquoi n'y avait-elle jamais pensé avant ?

Mais Andrew m'aime, s'obstina-t-elle à penser. Je sais qu'il m'aime. « Dans votre propre intérêt », avait dit Harry, « vous devez cesser d'associer leurs deux noms. » Toutes ces fois où il avait raccompagné Nesta chez elle, tous ces week-ends avant leur mariage où il était trop occupé pour venir à *Vair*... Il connaissait déjà Nesta à cette époque.

Pourquoi l'avait-il épousée ? Pourquoi avait-il quitté ce travail qui était toute sa vie ? Pourquoi avait-il changé toute son existence s'il ne l'aimait pas ? « Parce que tu es une femme riche », disait une petite voix métallique au fond d'elle même. « Parce que Nesta vivait aussi à Salstead. »

Lorsqu'ils étaient sortis ensemble pour la première fois, il ne savait pas qu'elle était riche mais il s'était immédiatement montré tendre et attentionné. « Pauvre idiote », ricanait la voix vipérine qui résonnait de plus en plus fort en elle-même. « Tout en toi trahissait ta richesse : tes vêtements, tes bagues, les photos de *Vair Place* que tu lui montrais. » Dès leur deuxième rencontre, elle lui avait raconté la saga des Whittaker-Hinton. Elle revoyait parfaitement la scène et elle se souvenait plus précisément de ce moment où il avait levé les yeux de la photo, où il avait souri puis touché sa main, où il avait commencé à manifester les attentions d'un amoureux.

C'était lors de sa première visite à *Vair* qu'elle lui avait présenté Nesta. Au préalable, elle avait organisé une sortie au théâtre pour eux quatre, Andrew et elle, Harry et Nesta. Mais c'était Andrew et non pas Harry qui avait raccompagné Nesta chez elle. Tandis qu'elle parlait de tout et de rien avec Harry, elle avait trouvé qu'Andrew tardait un peu. À son retour, il avait parlé des fleurs que Nesta lui avait montrées et lui avait donné un pot de cyclamens. C'était un cadeau de Nesta, avait-il dit. Un cadeau ? Ou une récompense pour service rendu ?

Elle enfouit sa tête dans l'oreiller et étouffa un sanglot.

Il rentra à la maison plus tôt que d'habitude, pâle, fatigué, et ses cheveux décoiffés par le vent lui donnaient un air à la Lord Byron. Elle était étendue sur le dos, les yeux rivés au plafond.

– Pourquoi est-ce que cela devait arriver, Andrew ? demanda-t-elle stupidement.

Elle était tellement hantée par la vision de son mari avec Nesta qu'elle ne douta pas qu'il allait comprendre immédiatement ce qu'elle voulait dire.

Apparemment, il ne comprit pas. S'il ressentait une once de culpabilité, celle-ci fut entièrement balayée par son inquiétude devant l'état d'Alice. Il s'approcha du lit et se pencha vers elle.

– Qu'est-ce qui devait arriver ? Qu'est-ce qui ne va pas, Bell ?

– Toi et... (Prononcer son nom lui était devenu un supplice.) Toi et... Nesta ! (Elle s'humecta les lèvres et frissonna de tout son être.) Harry m'a tout dit.

– Nom d'un chien. Si j'avais ce salopard devant moi !

Elle ne l'avait jamais entendu jurer auparavant. Il était arrivé pâle mais il était maintenant blanc de rage.

– Tu étais amoureux d'elle, n'est-ce pas ? murmura-t-elle.

Il lui tourna brusquement le dos. C'était un homme mince, ni trop carré, ni trop musclé, mais ses épaules semblaient maintenant énormes, hostiles, empêchant presque la lumière de pénétrer dans la pièce. Elle se couvrit les yeux avec ses mains. Il se dirigea d'un pas souple et décidé vers l'autre bout de la pièce. Elle l'entendit fermer la porte et le petit déclic métallique, auquel elle ne faisait jamais attention d'habitude, retentit dans ses oreilles comme un coup de revolver. Le matelas s'affaissa lorqu'il se laissa tomber à ses côtés, comme écrasé par le poids du désespoir.

– Andrew..., gémit-elle.

Il allait maintenant se confesser et lui demander pardon ; il allait enfin avouer ce qu'elle ne lui pardonnerait jamais : sa passion pour une femme qui avait été sa meilleure amie et qui à présent était morte. Elle serra les poings, ouvrit les yeux et attendit.

– Si seulement tu pouvais savoir à quel point... (Alice retint son souffle.)... à quel point je la détestais ! Je la trouvais tout simplement répugnante. Mais toi, tu ne t'apercevais de rien. Je devais sans cesse supporter la présence de cette limace peinturlurée parce qu'elle était ton amie. Si tu savais, Bell, j'ai cru quelquefois que j'allais la battre si je l'entendais prononcer encore une seule fois le mot « anémôôône ».

Quand elle le vit tressaillir, elle comprit que son dégoût n'était pas simulé.

– Quand je pense à ses petits poignets grassouillets, avec des bourrelets qui formaient comme des bracelets... !

– Oh ! Chéri, pourquoi ne m'as-tu rien dit ? Mais Andrew... Il y a eu quelque chose entre vous, quelque chose que tu voulais cacher, n'est-ce pas ?

– S'il n'y avait rien eu, dit-il amèrement, je n'aurais jamais éprouvé une telle aversion.

– Raconte-moi, alors. Tu peux *tout* me raconter.

– Tu te rappelles cette soirée où nous sommes tous allés au

théâtre voir cette pièce, *Rain.* Tu semblais être pressée qu'elle me tombe dans les bras.

– Mais je l'avais invitée pour Harry.

– Ce n'est pas l'impression que j'ai eue, mon ange. Toi et Harry, vous sembliez si bien vous entendre. Je pensais que tu voulais me faire gentiment comprendre que c'était lui que tu avais choisi. Alors, tu vois, quand tu m'as demandé de raccompagner Nesta, j'ai accepté, et quand Nesta m'a entraîné parmi les tulipes et les violettes, eh bien, je me suis laissé faire. Oh ! Bell, mon ange, elle m'a bien fait sentir que cela ne lui aurait pas déplu que je l'embrasse. Je me suis dit : « Pourquoi pas ? » C'était bien pour ça qu'on m'avait invité, non ?

– Et ensuite ?

– Ensuite, il ne s'est rien passé, je te le jure. Quand je l'ai vue pour la deuxième fois, nous étions fiancés.

Pendant tout le temps qu'il avait parlé, il n'avait attendu qu'un signal de sa part. Maintenant, elle le lui donnait. D'abord, elle lui tendit les mains, puis elle esquissa un sourire qui finit par illuminer tout son visage. Il se tourna vers elle et la prit dans ses bras.

– Oh ! Bell, j'ai eu tellement peur pour nous deux, dit-il en la serrant très fort contre lui. Je voulais oublier tout ça, le peu qu'il y avait eu, mais ce n'était pas l'intention de Nesta. Lorsque nous nous retrouvions seuls, elle me parlait comme si nous avions été amants, comme si nous avions un secret que nous devions garder pour nous. Puis elle me disait qu'il valait mieux que tu saches. Je la voyais s'enfoncer de plus en plus profondément dans son état dépressif et je me demandais quand tout cela sortirait : les mensonges, les excuses, les confidences.

Alice hocha la tête et frotta tendrement sa joue contre celle d'Andrew.

– Elle s'est conduite de la même façon avec Hugo, Andrew, dit-elle. Et il y en avait combien d'autres ? Pourquoi était-elle comme ça et comment Harry a-t-il su ?

– Je ne sais pas, dit-il pensivement. Elle avait sûrement un immense besoin de séduire. Quant au nombre exact... Bell, il faut que je te dise quelque chose. Je ne pouvais pas t'en parler avant. (Il se redressa mais garda son bras autour de son épaule.) L'été dernier, j'étais dans le bureau de ton oncle à l'usine. Tu sais comme il me traite toujours, comme un sous-fifre. (Elle acquiesça. Mais un léger nuage venait tout à coup d'assombrir son nouveau bonheur.) Bon. Je dois avouer qu'il n'a pas tort, car je ne suis pas un collaborateur très brillant. Il devait signer un chèque pour quelqu'un. Il m'a simplement lancé son chéquier en me demandant de vérifier s'il restait des chèques, puis il est sorti. En fait, il n'en restait plus qu'un et je n'ai pas pu m'empêcher de lire les talons. Tu sais qu'un carnet de chèques lui dure environ quinze jours, eh bien, là, il y avait deux talons qui portaient l'inscription : « 20 livres pour N.D. »

Les initiales du *vanity case*...

– Mais Andrew, c'est horrible !

– Il est peut-être aussi peu fautif que moi, reprit-il d'un ton apaisant. (Il lui releva le menton et l'embrassa doucement sur les lèvres.) Ne t'inquiète pas, dit-il. Nous ne la reverrons plus jamais. (Il se leva d'un bond, plus insouciant qu'il ne l'avait jamais été.) Je vais chercher du thé.

Nous ne la reverrons plus jamais.

Pendant plus d'une semaine, elle avait consacré son temps et son énergie à retrouver Nesta puis à chercher qui l'avait tuée. Rien ne l'avait arrêtée, excepté sa maladie. Maintenant, elle était presque contente d'avoir été malade. Elle ne voulait plus jamais voir ou entendre parler de cette femme aux yeux mouillés de larmes de crocodile, au corps moulé dans un tailleur pied-de-poule trop serré.

Andrew revint plus vite que prévu.

– Oh ! mon ange, c'est la barbe, mais ton oncle est en bas avec Hugo. Apparemment, Mrs Johnson est allée leur raconter que tu avais eu encore un malaise.

– J'arrive.

Il fallait qu'elle se débarrasse de ses derniers soupçons, et c'était maintenant le moment ou jamais.

Le thé était déjà servi quand elle entra dans le salon. Justin Whittaker, dont la cravate était aussi raide qu'une épée menaçant de lui transpercer le menton, jeta un regard agacé sur ses yeux rougis.

– Qu'est-ce que c'est que cette histoire de nerfs en pelote ?

Hugo tendit à sa sœur une tasse de thé en en renversant un peu dans la soucoupe.

– Je revenais juste d'Orphingham avec Oncle Justin et m'apprêtais à le déposer devant la grille quand Mrs Johnson est arrivée toutes voiles dehors pour nous dire que tu avais failli emboutir la porte du garage.

Ne sachant pas quoi leur dire, elle s'assit à côté d'Andrew et but quelques gorgées de thé tiède. Oncle Justin contemplait le plafond.

– C'est dix mille ans de civilisation qui disparaissent en fumée, dès l'instant où une femme prend le volant. (Il regarda la tasse dans sa main comme s'il la voyait pour la première fois.) Pourquoi me faire boire du thé à cette heure de la nuit ? dit-il à la cantonade. (Puis il regarda Alice et secoua la tête.) Je me demande où tu as bien pu prendre ces habitudes de prolétaire.

Elle faillit lui répondre du tac au tac : « Qu'est-ce que vous venez faire ici ? Qu'est-ce qui vous permet de me juger ? » quand elle réalisa que les bougonnements de son oncle cachait une réelle inquiétude.

– J'étais préocupée par quelque chose, dit-elle calmement, et j'étais fatiguée. Ce n'est pas grave. Je n'ai même pas abîmé la porte du garage.

– Tu as besoin d'un fortifiant, dit-il, quelque chose qui te remette d'aplomb, une bonne fois pour toutes... (Puis s'efforçant de ne pas trahir ses émotions, il ajouta d'un ton sec :) J'aime autant de le dire, Alice, je me fais beaucoup de souci pour toi... Tu as une santé très fragile depuis quelque temps et si Andrew n'intervient pas rapidement, il va se retrouver avec une infirme sur les bras... ou pire.

Elle se leva d'un bond, indignée, et s'avança vers lui. Andrew n'avait pas bougé.

– Oncle Justin !

Jamais elle n'avait éprouvé une douleur plus vive que celle qui lui déchira tout à coup le diaphragme. Rien ne l'avait annoncée et elle envahit immédiatement tout son corps tandis qu'une gerbe de couleurs lumineuses éclatait devant ses yeux. Elle sentit ses membres inférieurs s'engourdir puis, au moment où elle avança ses mains pour se rattraper, un spasme lui souleva le cœur avec une telle violence qu'il vint rugir à ses oreilles comme une vague déferlante.

– Qu'est-ce qui se passe, Bell ? Tu ne te sens pas bien ?

Elle sentit qu'elle allait s'évanouir, comme dans l'appartement des Feast. Cette fois, les bras d'Andrew étaient là pour la soutenir, mais elle se laissa tomber si lourdement qu'ils perdirent tous les deux l'équilibre et entraînèrent dans leur chute la table et le service à thé. La porcelaine se brisa en mille morceaux, le lait se répandit sur le tapis et les jurons d'Hugo furent les dernières paroles qu'elle entendit.

Cela faisait un moment qu'elle avait repris connaissance, mais il n'y avait aucune raison pour qu'elle ouvrît les yeux. Tout ce qu'elle voulait, c'était qu'on la laisse tranquille dans l'obscurité. Elle avait entendu des va-et-vient autour d'elle et elle savait à présent qu'il n'y avait plus qu'Harry et Andrew dans la pièce. Les deux hommes réglaient leurs comptes à voix basse.

– Je sais très bien que je ne suis pas là parce que vous l'avez demandé, disait Harry, mais puisque Mr Whittaker m'a téléphoné et qu'Alice est ma patiente, vous auriez tout intérêt à vous en remettre à mes compétences.

– Étant donné que vous avez vu ma femme presque tous les jours depuis le commencement de sa maladie et que, jusqu'à présent, tout ce que vous avez réussi à diagnostiquer est un virus hypothétique, permettez-moi d'émettre un doute sur vos « compétences ».

– Écoutez-moi, Fielding. Le virus est la dernière des possibilités que j'envisage en ce moment. Je pencherais plutôt...

– Vous me fatiguez !

– Mais pour être certain de ce que j'avance, je dois examiner votre femme avec le plus grand soin et lui poser quelques questions ; je vous demanderai donc de bien vouloir m'aider à la monter dans sa chambre.

Il glissa une main sous le bras d'Alice mais Andrew l'écarta violemment. Harry garda cependant le contrôle de lui-même.

– Calmez-vous, Fielding. Alice ne verra aucun inconvénient à ce que nous parlions. Vous oubliez que nous sommes de vieux amis.

– J'en ai par-dessus la tête de cette prétendue « bonne vieille amitié » avec ma femme. J'ai toujours pensé qu'il était malsain qu'un médecin entretienne des rapports trop privilégiés avec ses clientes.

Il y eut un silence de mort. Lorsque Harry reprit la parole, sa voix était si grave qu'Alice dut faire un effort pour comprendre.

– Si vous n'étiez pas le mari d'Alice, j'aurais immédiatement porté plainte contre vous pour diffamation. (Elle l'entendit prendre une grande inspiration.) Pour l'amour du Ciel, laissons nos griefs personnels de côté. Il est indispensable qu'Alice voie un médecin. Il faut qu'elle suive un régime et qu'elle se fasse faire des analyses. (En reculant, il mit le pied sur un débris de porcelaine qui craqua sous son talon.) Mais que diable a-t-elle mangé aujourd'hui ? Est-ce qu'elle a déjeuné ?

Sa voix monta d'un ton et elle comprit soudain ce qu'il voulait dire et pourquoi sa voix avait pris des inflexions dramatiques.

– Fielding, ne devinez-vous pas ce qui lui arrive ou alors pratiquez-vous la politique de l'autruche ?

– Il se trouve que je suis un profane, et non pas un médecin de campagne qui officie dans les arrière-cours. Voulez-vous me faire le plaisir de partir, s'il vous plaît ?

Elle ouvrit les yeux et poussa un gémissement. Harry se tenait penché au-dessus d'elle.

– Alice, murmura-t-il en bougeant à peine les lèvres.

– Je comprends, souffla-t-elle. J'aurais dû m'en rendre compte plus tôt. Ne vous inquiétez pas, à partir de maintenant, je serai prudente.

– Je dois m'en aller. (Dévoré par l'inquiétude et le désespoir, il ne pouvait détacher ses yeux du visage d'Alice.) Promettez-moi d'appeler quelqu'un d'autre pour avoir son avis.

– Je vous le promets.

– Sortez ! dit Andrew.

Il s'en alla sans se retourner et elle remarqua que pour une fois, il ne se tenait pas voûté. Quand la porte fut refermée, elle se renversa sur le canapé, le visage ruisselant de larmes.

Maintenant que sa colère était tombée, Andrew se tenait près d'elle sans rien dire, les yeux baissés, presque honteux. Il s'attendait apparemment à ce qu'elle lui fasse des reproches mais elle ne pensait à rien d'autre qu'aux paroles de Harry qui prenaient à présent une terrible résonance.

Mais que diable a-t-elle mangé aujourd'hui ? Il faut qu'elle se fasse faire des analyses. Ne devinez-vous pas ce qu'elle a ou alors pratiquez-vous la politique de l'autruche ?

Harry était médecin. Harry avait vu, il avait deviné à ses symptômes de quoi elle souffrait.

Cela aurait dû être une surprise mais cela n'en était pas une. Inconsciemment, elle l'avait toujours su et cela expliquait la peur grandissante qui s'emparait d'elle à chaque fois qu'elle était prise de nausées. Les spasmes de douleurs lui étaient arrivés à chaque nouvelle étape de son enquête, ou plutôt juste avant qu'elle franchisse une nouvelle étape. La personne qui avait tué Nesta avait peur, elle avait tellement peur qu'elle était prête à lui faire du mal, à la tuer, même, pour éviter que la vérité éclate au grand jour.

Harry aurait pu l'aider mais Harry avait été écarté. Même s'il était resté, il n'aurait rien pu faire. Dans un éclair de lucidité, elle revit la scène, juste avant qu'elle ait bu sa tasse de thé. Tout en bavardant, Hugo et son oncle n'avaient cessé de la regarder, comme s'ils attendaient quelque chose. Quelqu'un avait versé le thé avant qu'elle arrive. L'un des deux aurait pu... Oh ! C'était horrible ! Elle n'allait quand même pas laisser Harry faire des analyses, identifier le poison – arsenic ? strychnine ? – et accuser ensuite son oncle ou son frère de tentative de meurtre. Non ! Ce n'était pas possible. Pourtant, Andrew lui avait dit que son oncle donnait de l'argent à Nesta. Une pension, peut-être ? Et s'il s'agissait d'un chantage ? Quant à Hugo, il avait avoué qu'il avait eu une brève aventure avec Nesta, mais peut-être qu'elle n'avait pas été aussi insignifiante qu'il voulait bien le laisser croire et qu'il aurait fait n'importe quoi pour que Jackie ne l'apprenne pas.

– Bell, nous allons faire venir un autre médecin, dit enfin Andrew, quelqu'un qui connaisse vraiment son affaire, un spécialiste.

– Je ne sais pas. J'ai si peur, Andrew.

Ce n'était peut-être ni l'un ni l'autre. D'autres hommes avaient fréquenté Nesta. Est-ce que cela n'avait pas été bizarre, la façon dont Mr Feast avait insisté pour qu'elle prenne les yaourts ? Il savait qu'elle était la seule à la maison à en manger. Mais pourquoi penser maintenant aux conséquences, à l'intrusion de la police dans sa maison, aux questions qu'on lui poserait, au procès où elle viendrait témoigner, alors qu'il s'agissait simplement de sauver sa propre peau ?

Peut-être qu'il était trop tard. Peut-être que les effets du poison étaient irréversibles et qu'elle n'avait plus aucune chance de s'en sortir. Comme pour confirmer ses pensées, une douleur lui déchira la poitrine et se propagea dans le reste de son corps avec une lente fluidité, et tandis qu'elle gémissait et qu'elle serrait ses bras engourdis contre elle, elle crut déceler la présence de la mort qu'elle concrétisa sous la forme d'un visage grimaçant.

– Si je meurs, Andrew... Non, écoute-moi, dit-elle, coupant court à ses reproches. Si je meurs, tout sera à toi. Cette maison, les actions dans l'Entreprise et ce qui est à la banque. J'ai fait un testament après notre mariage. Je t'ai tout laissé.

– Qui parle de *mourir* ? On ne meurt pas d'une intoxication alimentaire, mon ange. Tu es si fatiguée que tu ne sais plus ce que tu dis.

Si seulement elle pouvait se lever, les rappeler tous et leur crier qu'ils avaient tort, on ne peut plus tort, s'ils pensaient qu'elle voulait encore retrouver Nesta. Tout ce qu'elle voulait, c'était retrouver la paix, la vie normale de la semaine passée, un corps qui n'avait pas à lutter contre quelque chose de trop fort pour lui.

– Ne me laisse pas, dit-elle. Reste avec moi.

– Bien sûr que je vais rester. Essaie de dormir, maintenant.

Il fit alors une chose curieuse. Du bout des doigts, il lui effleura les paupières et elle ferma docilement les yeux. Ce ne fut qu'après, au moment où elle allait sombrer dans un sommeil réparateur, qu'elle se rappela que l'on faisait ainsi pour fermer les yeux des morts.

11

Le spécialiste viendrait demain. Cela faisait trois jours qu'elle était au lit et il lui semblait qu'il ne s'était pas écoulé une heure sans qu'elle ne se soit repassé l'entretien qui allait suivre, bien qu'elle n'eût pas encore décidé de ce qu'elle allait lui dire. Son implication dans un crime, même si elle n'en était que la victime, lui semblait dégradante et elle se sentait atteinte par les éclaboussures d'un monde qui lui faisait horreur. Elle imagina le dégoût qu'elle lirait sur le visage du grand médecin quand il apprendrait la vérité.

Il faisait frais dans la chambre – elle avait laissé les fenêtres ouvertes jour et nuit malgré le vent – mais il lui semblait que l'air était rempli de miasmes. Le poison s'était infiltré partout : dans l'atmosphère, dans l'esprit de quelqu'un et dans son propre corps. Elle avait choqué Andrew en refusant de manger toute chose qui n'ait été préparée par lui ou par Pernille, mais il avait été plus choqué encore quand elle avait refusé de lui dire pourquoi.

– Je ne veux pas les voir, je ne veux rien recevoir d'eux, disait-elle sans arrêt.

– Mais tu devrais au moins voir Jackie. Elle t'a préparé un gâteau et elle t'a apporté un magnifique bouquet de fleurs.

Elle s'était dressée dans son lit, prise d'un accès de rage incompréhensible, et Jackie était repartie, blessée et indignée, laissant derrière elle un bouquet de chrysanthèmes, dont les pétales frisottés ressemblaient à des petites perruques blondes. Alice avait toujours aimé les fleurs. et elle avait dit à Pernille de les mettre dans un coin de la pièce. Bien que leur parfum ne parvînt pas jusqu'à elle, son regard ne pouvait les éviter. Elles lui rappelaient ces grandes fleurs sombres avec lesquelles Nesta confectionnait des couronnes mortuaires en hiver. Elle imagina Nesta dans son atelier, avec son chignon gros comme une fleur géante, réplique exacte des chrysanthèmes qui l'entouraient.

Assise dans son lit, Alice passa l'après-midi à lire, ne retenant qu'un mot sur dix, mais continuant de tourner les pages pour faire bonne figure. Cependant, elle ne pouvait empêcher son regard de vagabonder vers le coin de la pièce où se trouvait le vase. Quelquefois, son corps semblait se cristalliser en bloc de glace lorsque, alertée par un bruissement, elle voyait bouger les douze têtes dorées sous la caresse du vent.

– Quand va-t-il venir ? ne cessait-elle de demander à Andrew, car elle espérait et redoutait à la fois l'arrivée du spécialiste.

– Sir Omicron Pie ? (Andrew l'appelait toujours comme ça, affectant d'oublier son nom et lui donnant à la place celui d'un éminant médecin, héros de l'un de ses romans favoris.) Demain, à 15 heures. On ne peut pas le convoquer sur un simple coup de fil comme n'importe quel charlatan de village, dit-il avec une moue dédaigneuse. Comment te sens-tu, ce matin ?

– Je ne sais pas, dit-elle, mais j'aimerais pouvoir te le dire.

Jusqu'ici ses malaises n'avaient été que physiques, mais il s'était opéré en elle un changement subtil depuis quelque temps. Ses crises de dyspepsie ressemblaient de plus en plus à celles qui accompagnent une névrose phobique. Tant de choses pouvaient les provoquer. La voix de son oncle qui débarquait à l'improviste dans le hall pour demander de ses nouvelles, les reflets mordorés d'une fleur au crépuscule, ses propres pensées lorsque celles-ci revenaient sur la femme morte. Mais quelquefois, elles pouvaient se déclarer sans qu'on les provoque, la plupart du temps le soir ou au réveil, et elles prenaient dans ces cas-là de telles proportions qu'elle savait qu'elles n'étaient pas dues à des troubles mentaux.

– Pernille, dit-elle quand la jeune fille vint lui apporter son déjeuner, voulez-vous enlever ces fleurs ?

N'ayant qu'une vague idée de ce qu'elle avait lu, elle tourna la dernière page du second volume de la série. Quand Pernille posa le plateau sur ses genoux, Alice remarqua la jolie robe bleue, les gants blancs et les escarpins noirs et brillants. Pendant un instant, la vue de ces petites chaussures pointues lui rappela tellement Nesta qu'elle se rejeta en arrière, ressentant comme une présence parfumée et languissante autour d'elle et captant une voix lointaine qui murmurait des paroles sur un ton triste mais pressant. Puis recouvrant ses esprits, elle demanda d'un air faussement enjoué :

– Vous sortez ?

– C'est ma journée de libre, Mrs Fielding, dit Pernille en soulevant le vase.

– Qu'est-ce que vous allez faire de beau ?

Elle ressentit comme une petite pointe d'envie en la voyant si libre, si joyeuse, si éclatante de santé.

– C'est aujourd'hui que mon frère arrive pour ses vacances et je vais aller le chercher à l'aéroport. (Ses yeux pétillaient de joie au-dessus des fleurs inclinées.) Je suis tellement contente de le revoir.

– Je vous comprends. Vous pouvez rentrer tard, si vous voulez.

– Quand je pense que je ne l'ai pas vu depuis un an ! (Elle hésita une seconde, puis elle se lança :) Knud habitera chez un ami qu'il a connu à l'université et...

– Oui ?

– Mr Fielding a dit que je peux sans doute rentrer que demain matin, mais vous êtes malade, alors...

– Oh ! Mais bien sûr, restez avec votre frère jusqu'à demain matin. (Une autre idée germa dans son esprit :) Écoutez, pourquoi ne prenez-vous pas deux ou trois jours de repos ? Mr Fielding s'occupera de moi.

– Oh ! Vous êtes un ange !

Que pouvait-elle faire d'autre pour la remercier de la laisser seule avec Andrew ?

– Passez-moi mon sac, voulez-vous ?

Elle fit claquer l'élastique sur les billets qui glissèrent entre ses doigts comme les pages d'un livre. Le visage de Pernille s'enflamma et elle saisit avidement les coupons verts. « Elle doit être trop émue pour me remercier », pensa Alice en la voyant disparaître dans un éclair bleu et doré.

Ce ne fut que lorsqu'elle fut partie qu'Alice se souvint de ce qu'elle voulait lui demander : « Voulez-vous descendre me chercher ce livre de Mr Fielding qui s'appelle *Phinéas Finn* ? » Ce n'était pas grave. Elle irait le chercher elle-même.

Pernille avait laissé la porte de sa chambre grande ouverte. Celle-ci était bien rangée malgré les signes d'un départ en catastrophe. Une écharpe froissée traînait sur la table de chevet. À côté, elle vit quelque chose qu'elle avait déjà remarqué, sans lui donner de signification particulière : une petite bouteille en verre de couleur marron. Elle avait vu Nesta avec cette même bouteille la nuit où elle était morte. « Cela ne veut rien dire, absolument rien dire », se dit-elle tandis que la bouteille prenait dans son esprit des proportions gigantesques, remplissant tout l'espace de la chambre comme une tour de verre ambré aux parois étincelantes. Pernille avait souffert du mal du pays... Elle tourna brusquement les talons et ferma la porte.

Bien que ce fût le début de l'après-midi, le hall était déjà plongé dans la pénombre. Les volets d'une ancienne fenêtre à guillotine grincèrent sur leurs gonds et une porte claqua. Alice n'avait pas vraiment froid mais les soupirs et les mugissements du vent la firent frissonner. La cuisine lui parut impeccablement propre... et déserte. Bien sûr, ce n'était pas la première fois qu'elle se retrouvait toute seule dans cette pièce, mais rarement quand il n'y avait personne d'autre dans toute la maison. Elle rit tout haut pour se rassurer mais elle se demanda aussitôt, en entendant l'écho de sa propre voix, pourquoi elle avait fait tout ce bruit alors qu'il n'y avait qu'elle ici.

Pernille n'avait pas fermé la porte de derrière. Alice donna un tour de clef. Elle voulait être seule, n'est-ce pas ? Pourvu que personne n'ait la mauvaise idée de lui rendre visite sous le prétexte de la distraire de sa maladie.

Le livre, maintenant. Elle traversa le salon à pas feutrés et s'approcha des étagères qui encadraient la cheminée. Andrew possédait la collection complète de Trollope qui occupait la troisième étagère en partant du haut. Oui, la série « religieuse » était bien là – à force d'en entendre parler, elle en connaissait les titres par cœur –, mais à l'endroit où aurait dû se trouver la série « politique », il n'y avait qu'un grand espace vide, juste une planche de bois poli et un pan de mur recouvert de papier peint. La plupart des livres de cette série étaient dans sa chambre mais où se trouvaient donc les deux volumes de *Phinéas Finn* ?

Le soin qu'apportait Andrew dans le rangement de ses livres

confinait à la maniaquerie. Il était peu probable qu'il ait mélangé les deux précieux volumes avec les romans contemporains ou les recueils de poésie sur les autres étagères. Elle vérifia quand même, murmurant les titres pour elle-même tandis que ses doigts effleuraient les reliures. Mais les deux livres n'étaient pas là. Et pendant tout ce temps où elle les avait cherchés, elle avait su qu'elle n'allait pas les trouver. Les couvertures marron glacé gravées de lettres bleues étaient trop reconnaissables pour qu'elle ne les remarquât pas au premier coup d'œil.

Il n'aimerait pas qu'elle touchât les éditions originales. Elle s'approcha cependant de l'ancienne bibliothèque qu'elle lui avait offerte pour les ranger. Ces livres verts et dorés, retranchés derrière leur rempart vitré, n'auraient suscité l'intérêt que d'un bibliophile. La clef était sur la serrure mais elle avait été tournée. Les livres semblaient dire : « Ne me touchez pas ».

Peut-être que les exemplaires manquants étaient dans la salle à manger ou dans le petit salon, qu'ils utilisaient rarement parce que les arbres du verger empêchaient la lumière d'y entrer. Andrew y allait quelquefois pour lire, seulement pour lire. Au moment où elle s'approcha de la porte, un bruit la fit sursauter. C'était une sorte de ronronnement à la fois lointain et distinct, entrecoupé de craquements secs.

Elle était pourtant seule dans la maison. Ses nerfs, déjà mis à rude épreuve par la découverte de la bouteille, la porte ouverte et les livres disparus, étaient maintenant à fleur de peau.

Les craquements continuèrent, déchirant ses tympans aussi fort que des hurlements. Elle ouvrit la porte de la cuisine d'un coup de pied et retint son souffle. Puis elle secoua la tête d'un air agacé et poussa un soupir de soulagement.

– Pauvre folle ! dit-elle à voix haute, car le bruit qui l'avait effrayé provenait seulement du réfrigérateur dont la pompe fonctionnait bruyamment une fois par heure afin de réduire la température.

C'était sûrement ce bruit qu'elle avait entendu l'autre nuit. Comment avait-elle pu confondre ce bruit si familier avec celui d'une machine à écrire ?

Le petit salon était vide. Aucun placard, bureau ou commode pouvant dissimuler un livre ne venait l'agrémenter. Elle alla dans la salle à manger. Une froide lumière hivernale tombait à l'oblique par la porte-fenêtre. Alice se sentit soudain plus à l'aise. Après tout, ce n'était qu'un jour de novembre ordinaire, et elle se trouvait toute seule chez elle, légèrement angoissée comme l'aurait été une autre femme dans la même situation.

Les livres restaient introuvables. La seule explication était qu'Andrew les avait emportés avec lui au travail. Elle ouvrit les tiroirs du buffet mais vit seulement les couverts en argent dans leur écrin de velours, le linge de table et leurs deux ronds de serviette gravés de la même initiale A. Elle jetterait donc son dévolu sur un journal ou un magazine. Il y en avait toute une pile sur un tabouret. Elle tria rapidement les exemplaires du dessus et, voulant en faire deux tas distincts, laissa échapper deux lourds volumes qui tombèrent sur le sol en même temps que des feuilles blanches et du papier carbone.

Des couvertures marron glacé et bleu, un petit dessin au trait représentant des hommes barbus réunis autour d'une table... *Phinéas Finn,* volumes Un et Deux. Comment se faisait-il qu'Andrew, d'habitude si soigneux, les ait cachés là ? Non, bien sûr, il était absurde de penser cela. Il avait dû les laisser sur la table, dans l'intention de les lui monter, mais il les avait oubliés et Pernille, pressée de partir, les avait mis sous les magazines.

Elle prit les livres sous son bras et se dirigea vers la fenêtre. Forteresse imprenable et lugubre, à l'image de son vieux propriétaire, *Vair Place* semblait la regarder d'un air de reproche. En contemplant les murs en briques rouges et les parements de ciment blanc battus sans relâche par les branches des arbres, elle se demanda s'il était possible que son oncle ait voulu lui faire autant de mal. Son oncle ou son frère ? Quand le spécialiste viendrait demain, il serait trop tard pour arrêter les mécanisme d'une procédure judiciaire. Ils seraient interrogés, tous les hommes qu'avait connus Nesta seraient interrogés...

Tous les hommes ? Une nouvelle vague d'angoisse l'assaillit, qui n'avait rien à voir avec Hugo ou Justin. Puis, comme une lumière douce venant éclairer les recoins sombres de son esprit, il lui vint à l'esprit une idée à laquelle elle avait déjà pensé quand elle parlait avec Pernille. Pourquoi ne partirait-elle pas avec Andrew ? Puisque rien ne les retenait à Salstead, pourquoi resteraient-ils dans un endroit qu'ils ne pouvaient plus supporter ni l'un ni l'autre ?

Elle monta dans sa chambre en rêvassant, rabattit les couvertures et se glissa dans son lit. Il était ridicule d'avoir passé tout ce temps à chercher un livre alors qu'elle était maintenant trop fatiguée pour lire. Elle allait dormir un peu pour être fraîche et dispose lorsqu'Andrew rentrerait.

– Prendrez-vous du lait dans votre thé, miss Whittaker ?

Elle se mit à rire, délivrée, follement heureuse de se retrouver seule avec lui. En y réfléchissant, il lui semblait que cette vilaine affaire avait commencé à l'heure du thé et qu'elle allait se terminer maintenant, à l'heure du thé.

– Andrew, et si nous partions d'ici ? Pour toujours, je veux dire ? Qu'est-ce que tu en penses ? J'ai pensé à tout. Nous pourrions nous en aller demain.

– Mais c'est demain que tu dois voir sir Omicron Pie.

– On pourrait annuler le rendez-vous, tu ne crois pas ? Je suis sûre que j'irais bien mieux si je pouvais seulement m'en aller d'ici.

– Mais qu'est-ce que nous ferions de Pernille, Bell ?

– Je... Oh ! Je lui donnerais six mois de salaire. De toute façon, elle meurt d'envie de rentrer chez elle. Son pays lui manque terriblement. Chéri, nous n'aurions qu'à faire nos bagages et nous partirions à l'hôtel ou autre part...

Il ne la regardait plus. Ses yeux détaillaient le dessus-de-lit en soie, le tapis moelleux et épais, le service en porcelaine sur le plateau. Ils avaient une expression tellement étrange que pendant un instant, elle ne sut dire s'ils exprimaient la joie ou la déception. Il serrait les poings si fort que des taches blanches étaient apparues sur ses phalanges.

– Andrew...

– Quand nous nous sommes fiancés, commença-t-il lentement, je suis venu ici passer un week-end. (Il s'éclaircit la voix et continua prudemment.) Quand je suis revenu la deuxième fois, j'avais l'intention de te dire que je voulais t'emmener avec moi, Bell, que je ne pouvais pas travailler à Salstead. Mais dès mon arrivée, tu m'as conduit dans cette maison. Tu me l'as fait visiter et tu m'as dit que nous allions habiter ici. Ton visage rayonnait comme celui d'une petite fille qui montre sa maison de poupée et je n'ai pas eu le cœur de te gâcher ta joie. Ensuite, nous avons déjeuné avec ton oncle. Lui, par contre, n'avait pas le visage radieux d'un petit garçon. Je connais les enfants, Bell, ils ont tenu une place importante dans ma vie... (Elle voulut parler mais il l'arrêta d'un geste de la main.) Il m'a servi du sherry. Mon Dieu, il était aussi sec qu'un coup de trique et moi qui ne l'aimais que sucré ! Mais il ne pouvait pas le savoir vu qu'il n'avait même pas demandé mon avis. Ensuite, il a dit – disons plutôt qu'il a aboyé – : « Il va falloir vous caser quelque part dans l'Entreprise. J'imagine que vous ne gagnez pas plus de cinquante livres par semaine, n'est-ce pas, dans cette école où vous travaillez ? » Ensuite, je me rappelle m'être retrouvé à cette énorme table avec Kathleen qui se penchait par-dessus mon épaule pour me servir des asperges.

– Oh ! Andrew, je ne savais pas... Je ne pouvais pas deviner que c'était aussi terrible que ça !

– Je me suis souvent demandé quel effet cela faisait d'être un roturier marié à une jolie princesse. Oh ! C'est très agréable de faire partie du grand monde, mais je t'avoue que ma fierté en a pris un coup lorsqu'un jour, à l'usine, le contremaître a fait un lapsus et m'a appelé Mr Whittaker.

– Comment as-tu pu le supporter ? Pourquoi ne m'as-tu rien dit ?

Il prit sa main et lui demanda presque durement :

– Tu ne devines pas ?

Elle hocha simplement la tête, trop honteuse pour répondre.

– Est-ce que tu parlais sérieusement quand tu disais que nous pourrions partir pour toujours ?

– Bien sûr. C'est ce que je souhaite plus que tout au monde.

Elle s'attendait à ce qu'il l'embrassât. Au lieu de cela, il lui tapota la main d'un air absent et s'éloigna d'elle. Il avait l'air hébété d'un homme qui, apprenant une grande nouvelle, en reste muet d'émotion.

Il allait garer la voiture, avait-il dit. Puis il irait voir ce que Pernille avait laissé pour le dîner et il lui monterait un plateau. À moins qu'elle ne se sente assez en forme pour descendre. Il pourrait même faire un feu dans la cheminée.

Quand il fut parti, elle se rappela ne pas avoir touché le thé qu'il lui avait servi. Il était presque froid et une pellicule s'était formée à la surface, mais elle l'avala quand même. Elle l'entendit ouvrir la porte du garage et mettre le moteur en marche. Que disait Mrs Johnson quand elle était petite ? « Une chose est sûre, c'est que je ne me sens jamais dans mon assiette quand le thé a un drôle de goût. » Elle reposa la tasse et ramassa le premier volume de *Phinéas Finn* qu'elle avait posé sur le plancher à côté du lit.

Tout à coup, la maison parut très silencieuse et sans vie. Un bruit qui avait fait partie de son existence depuis une semaine avait cessé. Puis elle comprit. Pendant qu'elle dormait, le vent était tombé.

Pendant un moment, se sentant légèrement barbouillée, elle garda le livre fermé entre ses mains. La couverture bleu et marron était légèrement déchirée. Elle demanderait à Andrew de lui apporter du ruban adhésif quand il monterait la voir.

S'ils devaient vraiment partir demain, il fallait qu'elle fasse un effort pour ne pas végéter toute la journée dans son lit. Cela ferait plaisir à Andrew de la voir lire. Il comprendrait qu'elle commençait à se détendre, à penser à autre chose qu'à sa propre santé.

Comment ces femmes victoriennes pouvaient-elles être attirées par des hommes portant une barbe et des favoris ? Elle contempla en souriant les délicats dessins d'Huskinson. L'un d'entre eux représentait une femme en crinoline posant devant une demeure de style gothique, un autre, une scène de chasse particulièrement réaliste. Les images étaient amusantes mais le texte avait l'air trop axé sur la politique. Allait-elle vraiment s'intéresser à ces histoires d'élections et de réforme irlandaise ? Et puis les illustrations étaient peu nombreuses et le texte très long : près de 360 pages pour le premier volume. Elle soupira, regrettant qu'il n'y ait pas plus d'images et de dialogues.

Blottie dans la chaleur de son lit, elle parcourut la table des matières. Les titres des chapitres ne l'inspiraient pas beaucoup. *Phinéas Finn au Parlement*, *Dîner chez Lord Brentford*, *Le Nouveau Gouvernement*, *Perspectives Automnales*. Elle commençait à s'assoupir lorsqu'elle se redressa brusquement sur son lit, totalement éveillée, et se frotta les yeux en rapprochant le livre pour mieux voir.

Non, c'était impossible. C'était un mauvais rêve, une hallucination. Elle ferma les yeux mais effrayée par l'obscurité et les battements de son cœur qui résonnaient dans sa tête, elle les ouvrit pour regarder encore une fois. Sur la page ouverte, parmi les titres se diluant devant ses yeux pour ne plus former qu'une mare d'encre, se détachaient quatre mots imprimés en italiques : *La forêt de Saulsby.*

Une bouffée de chaleur moite, comparable à celle que dégage un fourneau, lui monta au visage tandis que ses oreilles bourdonnaient de plus en plus fort. Puis une sueur froide la recouvrit de la tête aux pieds comme une seconde peau.

Saulsby.

Elle regarda de nouveau la page et les caractères se mirent à danser devant ses yeux. Cela ne servait à rien de les fixer avec autant d'intensité. Croyait-elle pouvoir leur jeter un sort pour qu'ils se transforment en d'autres mots ?

Saulsby. Elle ferma en même temps les yeux et le livre. Son corps était trempé, ruisselant de sueur, et ses doigts avaient laissé des empreintes humides sur la couverture.

Les noms des maisons de Chelmsford Road existaient vraiment, mais *Saulsby* n'existait pas. C'était un nom imaginaire inventé par un auteur. Ce livre n'était pas un roman populaire que tout le monde avait lu. C'était un livre obscur, inconnu du grand public. Seul un spécialiste, un passionné de littérature pouvait s'y intéresser. La vitesse à laquelle s'enchaînaient ses pensées l'effraya. La folie n'est pas loin qui guette celui... Elle se prit la tête entre les mains.

D'autres personnes à Salstead à part... oui, à part Andrew pouvaient l'avoir lu. Elle commença à se sentir de plus en plus mal. « Essaie d'être détachée », se dit-elle, « essaie de faire abstraction de toi-même et de considérer la situation comme le ferait un étranger. » Mais qui savait mieux que lui son intention de faire paraître une annonce ? Habitant *Vair House*, il avait été aux première loges pour suivre le déroulement de toute l'affaire.

« Tu n'as aucune preuve », pensa-t-elle. « C'est ton mari et c'est aussi l'homme que tu aimes. » Elle se rappela le jour où elle était revenue d'Orphingham. Elle avait remonté l'allée et elle l'avait vu par la fenêtre qui lisait ce livre. Ne lui avait-il pas ensuite montré la couverture en disant qu'elle était déchirée ? Tout avait commencé à l'heure du thé et finirait à l'heure du thé... Il lui avait demandé le nom de la maison de Nesta.

– *Saulsby*. J'ai noté l'adresse dans mon agenda. Je vais aller le chercher.

– Ne te dérange pas. Je sais que tu ne fais jamais ce genre d'erreur.

Dix minutes plus tôt, il lisait ce livre. Peut-être même lisait-il ce nom.

Mais comment avait-il fait, et qu'avait-il fait exactement ? Dans toutes les théories qu'elle avait élaborées sur la disparition de Nesta, elle n'avait jamais été capable de mettre un visage convaincant sur l'amant qui se faisait passer pour Mr Drage. Elle avait été stupide de soupçonner Oncle Justin, Hugo ou Mr Feast. Comment aucun d'eux aurait-il pu aller à Londres tous les week-ends ? Andrew le pouvait, lui, pendant cette période précédant leur mariage où ils avaient été séparés l'un de l'autre par une centaine de kilomètres. Andrew. Le choc de cette révélation avait annihilé toute souffrance. Elle avait maintenant l'impression d'avoir reçu un coup de couteau en plein cœur.

Une partie de son esprit agonisait, blessée à mort, tandis que l'autre restait étonnamment claire et analytique. Cela avait été un jeu d'enfant pour un homme aussi intelligent qu'Andrew. Quelqu'un avait donné des tranquillisants à Pernille – la petite bouteille marron qui se trouvait dans sa chambre. Rien ne ressemble plus à un cachet qu'un autre cachet. Quand ils étaient montés ensemble voir Pernille, et que Nesta lui avait demandé de l'aspirine, il avait été facile de lui donner deux comprimés – ou trois – de cette bouteille. Et Andrew savait qu'ils allaient manger du fromage. « Seulement quatorze morts », avait dit le jeune inspecteur, un sur cinq cent mille habitants. Mais il avait dit aussi que ce mélange particulier faisait monter la tension artérielle. Supposons que la tension de Nesta ait déjà été élevée ? Elle réalisa, consternée, que tous les faits accablaient Andrew. Oh ! Andrew, Andrew... Elle mordit le drap pour ne pas pleurer.

Il avait fait cela pour elle. Il avait tué Nesta pour l'empêcher de dévoiler leur liaison. L'avait-elle menacé cette nuit-là d'aller tout raconter à sa femme ? Pouvait-elle encore l'aimer, en sachant ce qu'il avait fait ?

Il devait l'avoir aimée plus que Nesta. Ce qu'il avait éprouvé pour Nesta n'était pas de l'amour. Mais supposons qu'il l'ait aimée, que sa tentation pour l'argent et pour une belle situation ait été plus forte ? Il avait parlé de prince consort et de bottin mondain, mais il ne l'avait peut-être épousée que pour cela. Plutôt que de perdre ces privilèges, il aurait fait – et avait fait – n'importe quoi. S'il m'aime pour mon argent, pensa-t-elle avec tristesse, c'est parce que je *suis* cet argent. Je suis ce que cet argent m'a faite. Il fait partie intégrante de moi, on ne peut m'en dissocier. Une femme peut aimer un homme parce qu'il est riche et puissant. Le principe reste sûrement valable quand les rôles sont inversés.

Elle ne lui ferait jamais comprendre qu'elle savait la vérité. À chaque heure, chaque minute, elle y penserait. Mais pas toujours. Le temps effacerait ses blessures. Au bout de quelques années, elle serait peut-être capable de ne plus y penser plusieurs jours d'affilée. Pour le moment, il fallait qu'elle se reprenne en main et qu'elle s'apprête à faire bonne figure pendant le dîner.

Le dîner... Ces mots provoquèrent une autre bouffée de chaleur et elle sentit la sueur lui couler le long du dos. Les frissons qui la secouèrent ensuite firent vibrer le lit et la tasse de thé. Il lui avait apporté ce thé et il s'était penché vers elle en souriant. Un homme pouvait sourire et tuer avec le sourire. Il avait commis un meurtre parce qu'il l'aimait. Elle rejeta les draps et se rua hors du lit en claquant des dents. Son raisonnement ne tenait pas debout. L'homme qui avait tué Nesta avait aussi essayé de la tuer. Le meurtrier de Nesta avait essayé de tuer ou au moins de neutraliser la femme qui le recherchait.

Des chocolats, un yaourt, un flan aux œufs, une compote... Quelle idiote elle avait été ! Personne de l'extérieur n'aurait osé empoisonner des plats que n'importe qui ici pouvait manger. Mais Andrew lui avait apporté lui-même ses repas, sachant que personne d'autre ne les toucherait.

Elle se jeta contre la porte et ses mains moites glissèrent sur la poignée. Son cœur se souleva à nouveau tandis que, pliée en deux sous la douleur, elle se rappelait le goût amer du thé. Et si elle mourait cette nuit ? Harry avait été écarté après une querelle savamment orchestrée. Dans sa naïveté, elle avait même demandé à Andrew de décommander le rendez-vous avec le spécialiste.

Pernille était partie. C'était Andrew qui, en premier, lui avait donné congé jusqu'au lendemain matin, pour pouvoir rester seul avec sa femme.

– Je dois m'en aller, dit-elle à haute voix, il faut que je m'en aille.

Mais le mal subsistait, se répandant dans tout son corps avec une lenteur insupportable. On aurait dit qu'il s'était engouffré par sa bouche, qu'il avait glissé le long de son œsophage pour aller se nicher dans ses jambes où il commençait son lent travail de paralysie. Elle tituba jusqu'à la fenêtre et écarta violemment les rideaux. La lumière du salon éclairait faiblement l'allée humide de pluie. Les lauriers et les chênes verts, de nouveau tranquilles après une semaine de turbulences, dressaient leurs têtes immobiles. Dieu merci, Oncle Justin était chez lui.

Elle s'habilla avec difficulté car ses mains tremblaient. Elle n'avait pas le temps de faire ses nattes. Elle attrapa ses cheveux et les tordit en chignon qu'elle maintint sur la nuque en plantant des épingles au hasard. Un manteau, maintenant. Il devait faire froid dehors, à cette heure. Elle enfila son manteau de fourrure et mit les mains dans ses poches pour se réchauffer. Ses doigts accrochèrent la surface d'un papier : l'enveloppe de Nesta avec le timbre au tirage limité. Ce contact lui remémora son humiliation au poste de police.

S'il la voyait dans l'escalier, il essaierait de l'arrêter.

Qu'est-ce que tu fais, Bell ?

Plus personne ne l'appellerait ainsi. Pour toujours, elle associerait ce diminutif au sourire subtil et à la douceur feinte d'un empoisonneur. Un petit cri de souffrance lui échappa.

Mais il était inutile de penser à cela maintenant. Elle aurait toute la vie pour ce faire. Pour le moment elle devait sortir d'ici. Elle ouvrit la porte sans faire de bruit. Toute la maison était éclairée. Elle descendit les marches aussi vite que ses jambes pouvaient la supporter. La porte d'entrée. Pourrait-elle atteindre la porte d'entrée sans qu'il l'entende ?

La lumière était allumée dans la salle à manger et elle pensa à la porte-fenêtre donnant sur *Vair Place*. De la cuisine lui parvint un bruit de vaisselle. Elle pénétra dans la pièce et tira les rideaux.

Quelque chose avait changé depuis cet après-midi. Il lui sembla que des objets manquaient ou qu'on les avait changés de place. Elle se tourna vers la table et s'immobilisa tout à coup. Sur la table trônait une machine à écrire. Cinq ou six feuilles de papier étaient engagées dans le rouleau. Elle s'approcha de la machine en tremblant, comme si elle était en face d'un être vivant capable de renseigner son propriétaire sur le moindre de ses mouvements. Les feuilles vibrèrent sous son souffle. Où avait-elle déjà vu des caractères aussi parfaits ? Méthodiquement, comme un détective sur le point de trouver une pièce à conviction, elle sortit l'enveloppe de sa poche.

Les caractères, l'espacement, l'empattement, tout était rigoureusement identique.

Elle ressentit le choc comme une brûlure superficielle, beaucoup moins vive que celle éprouvée à la lecture du mot *Saulsby*. Ce qu'elle avait sous les yeux ne faisait que confirmer ses soupçons. Avait-il déjà pensé à l'amadouer par un autre moyen que par le poison ? Était-il sur le point de lui envoyer une nouvelle lettre signée Nesta ? Elle resta plantée devant la machine, complètement tétanisée.

Elle ne sursauta même pas quand elle entendit des pas derrière elle.

– Bell, mon ange !

– Je voulais descendre pour te faire une surprise, articula-t-elle avec effort comme si elle parlait une langue étrangère. (Pourquoi ce rire soudain, ce rire strident qui monte en cascade dans la maison ?) Oui, je voulais te faire une surprise, Andrew.

Était-ce parce que son rire sonnait faux qu'il la dévisageait ainsi ? Ou était-ce parce qu'il avait vu la machine à écrire ? Il arracha d'un geste furtif les feuilles qui dépassaient du rouleau.

Alice était au paroxysme de l'hilarité. Elle ne pouvait plus s'arrêter, bien que le sentiment qu'elle éprouvait se rapprochât plus de la souffrance que du plaisir.

– Ça suffit, Bell, dit-il sèchement. Viens t'asseoir.

Elle fit un tel effort pour ne pas reculer que tout son corps se raidit. Puis elle fut à nouveau prise d'un fou rire nerveux qui s'arrêta net lorqu'il posa ses mains sur ses épaules, à la base du cou, et qu'il la poussa vers le fauteuil.

– Je vais t'aider à t'asseoir.

Elle ne put s'empêcher de tressaillir. Elle se dégagea et son manteau glissa sur ses épaules. Il se pencha pour le récupérer.

– Tu n'en auras pas besoin ici.

Bien qu'elle s'efforçât de rester calme, elle communiqua une partie de sa peur à Andrew. Elle décela dans ses yeux une lueur d'appréhension, mais il se ressaisit aussitôt. Sa voix se fit caressante.

– Tu ne pensais quand même pas partir ce soir ?

– Non. Oh ! non, non, non...

Quand il posa la main sur son front, une main sèche et calme, elle serra les dents et contracta ses muscles. S'il ne la retirait pas immédiatement, elle allait se mettre à hurler.

– Nous allons dîner ici. Je t'ai à l'œil, maintenant. (Alice se mit à claquer des dents.) Qu'est-ce qui ne va pas ?

Son visage s'assombrit et il se détacha d'elle sans la quitter des yeux.

– J'ai si froid.

Il ne lui rendit pas son manteau, qui pendait à son bras comme un animal agonisant, comme une proie qu'il viendrait d'abattre. Elle s'identifia à l'animal et cacha son visage dans ses mains tandis qu'il se dirigeait vers la porte.

– Je vais chercher une couverture pour la mettre sur tes genoux.

Quelques mètres seulement le séparaient du vestiaire. Dès qu'il eut quitté la pièce, elle se leva du fauteuil pour se précipiter vers la porte-fenêtre et tira le verrou en faisant claquer ses phalanges contre les carreaux. Dans la lumière oblique projetée par le lampadaire, elle vit se profiler une ombre démesurée qui annonçait le retour de son mari. Elle n'eut que le temps de se jeter dans le fauteuil auquel elle se cramponna désespérément. Il étendit la couverture sur ses genoux.

– Tu vas rester là, dit-il d'un ton qui n'admettait pas de réplique. Tu ne vas plus bouger, tu m'entends ?

Elle hocha la tête, terrifiée. Ses mouvements de tête prirent une cadence de moins en moins rapide, comme ceux d'une poupée mécanique que l'on a remontée dans le dos et qui finit par s'essouffler.

– Plus vite on aura réglé cette histoire, mieux cela vaudra.

Une fois seulement, elle avait vu cet éclair de haine briller dans ses yeux : le jour où il avait renvoyé Harry.

– Je vais allumer le feu, dit-il d'un air réfléchi.

Il frotta une allumette et les bûches se mirent à flamber immédiatement.

Tout ce qu'il fait, il le fait bien, pensa-t-elle en frissonnant. La flamme claire s'éleva, projetant sur les murs sombres de petits éclats lumineux.

– Je reviens dans un instant.

Elle l'entendit décrocher le combiné dans le couloir et composer un numéro. Il poussa la porte qui se referma après qu'elle eut capté ses premières paroles.

– Je suis bien au cabinet du Dr Welbeck... ?

Il téléphonait au spécialiste pour lui dire de ne pas venir.

Il devait faire terriblement froid dans le jardin. Elle s'enroula dans la couverture et s'approcha de la fenêtre. La clef tourna lentement dans la serrure. Alice étouffa un sanglot, mais ce n'était pas le moment de se laisser aller. La porte s'ouvrit sans un grincement et elle sentit l'air froid et humide s'infiltrer en elle par tous les pores de sa peau.

13

Les feuilles noires et menaçantes ruisselaient de pluie. Elle se fraya un chemin parmi les buissons, protégeant son visage avec ses mains, pour éviter les branches de houx. En passant devant la serre, elle vit dans une tache de lumière projetée par sa propre maison des fleurs jaunes éparpillées sur un tas d'engrais. C'étaient les chrysanthèmes de Jackie. Pernille avait dû les jeter là avant de s'en aller. S'arrêtant pour reprendre son souffle, elle leur lança un coup d'œil à la fois horrifié et fasciné. Chacune des petites têtes frisées et dorées lui rappelaient Nesta dont on s'était débarrassée parce qu'elle était devenue gênante.

De toutes les pièces de *Vair House*, seul le hall était éclairé. Elle ne se rappelait pas avoir jamais sonné à la porte d'entrée car elle entrait toujours par-derrière ou par une des portes à deux battants. Elle distingua par la petite fenêtre le tapis flamboyant, les meubles polis et la porcelaine blanche. Elle fut prise d'une irrépressible envie de rire en voyant son visage déformé dans les carreaux de la porte d'entrée.

Ce fut Mrs Johnson qui ouvrit la porte. Alice resta muette de stupeur en la voyant vêtue d'un manteau d'hiver et coiffée d'un chapeau de feutre à l'intérieur de la maison.

– Où est mon oncle ?

– Qu'est-ce qui vous arrive, Madame ?

Curieusement, elle parvint à lui sourire sans difficulté mais elle eut du mal à ne pas lui rire au nez.

– Où est mon oncle ?

– Mr et Mrs Hugo ont invité Mr Whittaker à fêter chez eux leur anniversaire de mariage.

Ce fut un choc soudain et brutal, aussi salutaire qu'une gifle que l'on donne à une personne hystérique pour la calmer. Les gens avaient leurs occupations, leurs loisirs. La vie continuait. Un anniversaire de mariage... Comme c'était drôle ! Elle n'en connaîtrait jamais... Elle s'appuya contre le chambranle de la porte, n'ayant plus du tout le cœur à rire.

Mrs Johnson papillota des yeux en voyant la couverture.

– Qu'est-ce qui vous prend de sortir sans manteau à cette heure-ci ?

– Je vais attendre mon oncle. Quelle heure est-il ?

– Sept heures passées.

Elle se sentit obligée de la laisser entrer.

– C'est à dire... que je m'apprêtais à sortir avec Kathleen pour aller voir mon cousin Norman à Pollington. Mais si vous voulez attendre ici, nous pouvons toujours y aller un autre jour...

Les grosses bottines en daim reculèrent de quelques pas.

– Non, non, pas du tout. Si vous avez prévu de vous amuser, je ne...

– Il n'est pas question d'amusement, Madame, dit Mrs Johnson d'un air choqué. Avec ce pauvre Norman, alité depuis des mois, et Mr Whittaker qui a été si bon pour lui, je pense que c'est le moins que je puisse faire. Dieu sait pourtant que les parents Dawson sont totalement inconscients et que Norman ne l'est pas moins ; mais il est atteint d'une grave maladie...

– Cela ne fait rien...

Elle s'interrompit et visualisa les deux initiales de Norman Dawson : N. D. Oncle Justin avait versé une pension au cousin malade de sa gouvernante. Une autre porte se refermait, une autre énigme était résolue.

– Vous pouvez y aller, bien sûr. J'attendrai toute seule.

– Ici ? Mais Kathleen vient d'arrêter la chaudière pour qu'on puisse la ramoner demain matin. Dans une demi-heure, il fera aussi froid que sur la banquise.

– Cela ne fait rien ! Cela ne fait rien ! s'écria Alice.

Elle pouvait aller chez Hugo. Ce n'était pas loin, à moins de trois cents mètres d'ici. Elle tourna les talons et dodelina faiblement de la tête, épuisée d'avoir parlé. La porte resta ouverte juste assez longtemps pour éclairer son chemin jusqu'à la route. Elle se mit à courir sur le trottoir, trébuchant sur les cailloux et se cognant au passage contre les barrières.

Il n'oserait jamais la poursuivre dans la rue. Non, il n'oserait pas. Si seulement ses jambes étaient moins faibles et le trottoir mieux entretenu.

Son mari voulait la tuer. Il avait tué une autre femme et, parce qu'elle le savait et qu'il convoitait sa fortune, il essayait aussi de la tuer. À quoi bon ressasser tout ça ? Ce n'étaient que des mots, des mots qu'elle avait dû lire dans un livre, il y a longtemps. Mais les faits étaient là, irréfutables, et l'énormité d'une telle situation agissait sur elle comme un anesthésiant. Son mari voulait la tuer. Sa bouche se tordit dans un rictus.

La maison de Hugo était la première d'une série de grandes villas modernes qui s'alignaient le long d'une route de campagne bordée de peupliers. Des lumières filtraient à travers un enchevêtrement de branches d'arbres qui formait comme une toile d'araignée. Elle allait gâcher la soirée en surgissant comme une folle au milieu d'un groupe de personnes qui s'apprêtaient à porter un toast en l'honneur de leurs hôtes. Comment faire autrement ?

Au moment où elle posa la main sur le portail, les phares d'une voiture balayèrent les arbres du jardin. Le grondement du moteur résonna si fort dans ses tympans qu'elle s'aplatit contre la haie et retint son souffle, s'attendant à voir un train déboucher d'un tunnel. Ce n'était qu'un break de chasse qui l'aspergea de boue au passage. « Voilà ce que doit ressentir un lapin pris dans les phares d'une voiture », pensa-t-elle.

Elle remonta l'allée qui menait à la maison en évitant les ornières et les flaques d'eau. C'était la fin de son parcours du combattant. Dans un dernier sursaut d'énergie, elle s'engouffra sous le porche et tambourina contre la porte.

Elle entendit les pas de Jackie. Dieu merci ! Jackie serait la première personne qu'elle verrait. La proximité d'une présence humaine la ramena à la dure réalité. Andrew avait tué Nesta, Andrew essayait de la tuer... Avant d'affronter le regard des hommes, elle irait se réfugier dans la chambre de Jackie pour se reposer et se calmer. Que ferait-elle après ? Elle n'osait pas y penser.

La porte s'ouvrit brusquement.

– Oh, Jackie, j'ai cru que jamais...

Elle poussa un cri de surprise. Sur le pas de la porte apparut Daphné Feast, tenant Christopher dans les bras.

Des cartes d'anniversaire avaient été disposées sur toute la longueur de la cheminée. Une grande carte, plus originale que les autres, avait été punaisée sur le cadre en bois d'une nature morte. Le miroir lui renvoya l'image d'une paysanne en exode, la tête dépassant d'une couverture écossaise. Christopher s'était mis à brailler.

– Ils sont allés au *Bodicea*, dit Daphné. Vous ne le saviez pas ? Je comprends qu'elle n'ait pas voulu faire la cuisine le jour de son anniversaire de mariage !

Le visage dans le miroir sembla s'animer.

– Qu'est-ce que vous faites ici ?

– Du baby-sitting. Et je peux vous assurer que ça ne m'amuse pas des masses. Il pleure toutes les larmes de son corps depuis qu'ils sont partis.

Elle planta l'enfant dans les bras d'Alice en lui disant :

– Voilà, prenez-le un peu. Vous me rendrez bien service.

Par miracle, une chaise se trouvait derrière elle. Alice s'affala dedans sans se retourner. Elle serra l'enfant contre elle, reprenant des forces à son contact. Intéressé par le nouveau visage, il s'arrêta de pleurer. Elle retira un peigne de ses cheveux et le lui donna. Il tripota ses joues mouillées avec sa main libre et caressa celles d'Alice où des larmes de fatigue s'étaient mises à couler. Il rit aux éclats, ravi d'avoir inventé un nouveau jeu.

– Y a-t-il quelque chose à boire ?

Sa voix éraillée lui donna l'impression d'être une alcoolique en manque.

– Je ne sais pas. Ce n'est pas chez moi, ici.

– Il doit y avoir du cognac dans le buffet.

Daphné la regarda avec des yeux ronds comme des soucoupes puis se dirigea vers le buffet et revint avec une bouteille et un verre. Alice reposa Christopher sur le sol et le laissa peigner les franges du tapis. Elle se versa du cognac et le but d'une seule traite. Elle se sentit fondre sous la chaleur réconfortante.

– Vous devriez appeler votre mari pour qu'il vienne vous chercher.

– J'y vais tout de suite, mentit Alice.

Heureusement, le téléphone était dans le hall. Elle ferma la porte au nez de Daphné. Cela faisait près d'un an qu'elle n'avait pas composé ce numéro, mais elle le connaissait par cœur. Elle prit une grande inspiration et attendit qu'il décrochât.

Il y avait sans doute du vrai dans ce que Jackie lui avait dit. Si elle s'était coiffée comme cela depuis des années, si elle s'était maquillée, peut-être que tout cela ne serait jamais arrivé. La coiffeuse de Jackie présentait un large éventail de produits de beauté qu'Alice n'avait jamais pensé à acheter.

Elle se brossa vigoureusement les cheveux mais hésita à se faire des nattes. Pour une fois, elle les releva en chignon souple au sommet du crâne, puis, tout excitée par sa trouvaille, recula d'un pas pour juger de l'effet. Elle se mordit les lèvres et reproduisit la moue boudeuse qu'elle avait vu faire maintes et maintes fois. C'était donc ça l'explication.

Elle commença à se maquiller avec le sentiment de s'adonner à une pratique honteuse. Ses paupières étaient fardées de bleu, ses lèvres peintes en rose brillant. Pour la touche finale, elle redessina ses sourcils avec un crayon brun. La transformation était presque complète.

Elle ne pouvait pas sortir dans la rue drapée dans une couverture de voyage. La garde-robe de Jackie regorgeait de manteaux. Elle se haussa sur la pointe des pieds pour décrocher un manteau en laine bouclée noire et l'enfila sans se regarder dans la glace.

Le décor était planté, le rideau pouvait se lever. Elle ouvrit les yeux et pivota sur elle-même. Oui, c'était exactement ce à quoi elle s'attendait. Nesta Drage avançait à sa rencontre.

Elle s'assit lourdement sur le lit, son euphorie étant retombée sous le choc de la révélation. S'en étaient-ils tous rendu compte, sauf elle ? Était-ce pour cela que Jackie avait dit : « Tu devrais te coiffer comme Nesta » ? Parce qu'il suffisait d'un détail pour qu'elle ressemblât à Nesta ? Son front était plus haut, ses yeux plus grands que ceux de la fleuriste, mais elles avaient la même silhouette épanouie, la même bouche pulpeuse. Malgré sa maladie, elle avait pris des joues, ce qui accentuait leur ressemblance.

Justin Whittaker s'en était aperçu. Son affection pour Nesta était celle d'un oncle admirant chez une jeune femme la féminité que sa propre nièce ne posséderait jamais. Andrew s'en était aperçu. Il l'avait épousée parce qu'elle lui rappelait Nesta. Une douleur aiguë lui déchira le cœur et le miroir lui renvoya le regard mélancolique de Nesta.

La voix de Daphné la sortit de son cauchemar.

– Vous allez bien, Mrs Fielding ?

Elle répondit sur ce ton autoritaire et distingué qui pouvait être le sien :

– J'ai emprunté un des manteaux de Mrs Whittaker. Elle ne m'en tiendra pas rigueur.

Elle éteignit la lumière avant de descendre dans le hall.

– Est-ce que vous n'allez pas attendre Mr Fielding ?

– Je vais aller à sa rencontre.

– Oh, mais dites donc, vous êtes d'un chic !

Si Daphné avait remarqué la ressemblance, elle n'en laissa rien paraître. Son visage exprimait un léger regret, car elle savait qu'elle avait joué un petit rôle dans cette affaire mais qu'elle n'aurait pas le plaisir d'assister au dénouement.

– Vous aviez l'air morte de trouille quand vous êtes entrée, toute à l'heure. J'ai pensé que quelqu'un vous avait suivie dans la rue. C'était un homme, n'est-ce pas, Mrs Fielding ?

– Oui, c'était un homme.

Elle n'avait rien dit à Harry au téléphone. Encore sous l'effet de l'alcool, elle s'était dit que tout s'arrangerait lorqu'il serait près d'elle. Amoureux transi et fidèle, il avait suivi de si près sa relation avec Andrew qu'il avait réussi à percer les véritables desseins de son mari. Il n'attendait plus que l'inévitable pour tenter sa chance. Il l'emmènerait quelque part, et un jour, quand tout serait fini...

Elle descendit la rue de la gare, franchit le pont et passa devant l'Entreprise sans éprouver la moindre peur. Dans un instant, la voiture de Harry apparaîtrait et ferait demi-tour pour s'arrêter à sa hauteur. « Si vous avez des problèmes, Alice, n'importe quel genre de problème, n'hésitez pas à m'appeler, d'accord ? » Mais il était son médecin aussi bien que son ami ; elle ne pouvait pas le compromettre. Pour le moment, elle ne pouvait espérer qu'une oreille attentive, une amitié fidèle que les autres n'avaient pas su lui prouver.

Les choses se passent rarement comme on voudrait qu'elles se passent. Mais juste au moment où elle se disait qu'il allait arriver, sa voiture déboucha de la Grand-Rue et fit demi-tour pour se garer à sa hauteur. Son cœur se mit à battre la chamade comme lorsqu'on tombe amoureux pour la première fois. Tout se déroulait exactement comme elle l'avait imaginé, ce qui acheva de dissiper ses doutes. Comment avait-elle pu le trouver gauche et maladroit ?

Elle attendit d'être assise à côté de lui pour le regarder. La vue de ce grand échalas aux traits grossiers et marqués par la fatigue lui inspira la même répulsion que la dernière fois. Elle ne put s'empêcher de le comparer avec Andrew. Andrew... Le reverrait-elle jamais ? Dans un futur lointain, assise peut-être à côté de Harry comme aujourd'hui, elle apercevrait dans la foule la silhouette élancée d'un homme qui ne serait plus pour elle qu'un étranger.

– Je suis ravi que vous m'ayiez téléphoné, dit Harry doucement. Je pensais bien que vous le feriez. Nous avions commencé une discussion, vous vous souvenez, dans la salle de réunion ? Peut-être que nous pourrions la continuer maintenant.

Il parut soudain réaliser qu'il faisait nuit, qu'il avait plu et qu'elle avait marché seule dans la rue.

– Andrew ne vous a quand même pas laissée...

– Je l'ai quitté.

Elle savait qu'il ne serait pas surpris. Depuis le début, il s'attendait à cette séparation. Il s'engagea dans la Grand-Rue sans prononcer une parole. Les feux de signalisation de la nouvelle route éclairaient le ciel d'une lumière orange. C'était comme si toute la ville à l'horizon était en feu.

– Harry, je ne peux pas parler de cela maintenant. Je pensais que j'allais pouvoir le faire juste avant votre arrivée, mais c'est encore trop frais, trop récent. Si vous pouviez simplement me parler, me tenir compagnie, en attendant qu'Hugo vienne me chercher. Je ne veux surtout pas vous embêter, Harry. Peut-être vaudrait-il mieux que j'aille à l'hôtel. Je ne sais plus quoi faire.

Ils passèrent devant *The Bodicea*. Hugo est à l'intérieur, pensa-t-elle, Hugo et mon oncle. Si elle ne pouvait pas en parler à Harry, comment pourrait-elle le dire aux autres ?

– J'aimerais que vous me fassiez confiance, dit Harry dans un souffle. (Elle se mit à pleurer.) Vous vous sentiriez mieux si vous m'en parliez.

Il l'aida à descendre de voiture et lui donna le bras jusqu'à la porte sur laquelle brillait une plaque de cuivre. Dans la salle d'attente, les fauteuils étaient alignés contre le mur et les magazines étaient soigneusement empilés. Il ne prit pas la peine d'allumer ni de fermer la porte à clef derrière lui.

– Vous pouvez vous allonger là si vous voulez, je vais vous donner quelque chose qui vous calmera.

En pénétrant dans la salle de consultation, elle vit son propre reflet venir au-devant d'elle dans la vitre foncée battue par la pluie. À la vue de la silhouette emmitouflée de noir, elle mit une main devant ses yeux et s'écroula dans un fauteuil. Il se dirigea sans rien dire vers le placard aux médicaments et en sortit deux comprimés qu'il lui donna avec un verre d'eau rempli aux trois-quarts. Il appuya sur l'interrupteur et elle fut aveuglée par la lumière.

– Voulez-vous m'en parler maintenant ? demanda-t-il avec douceur.

Elle avala les comprimés et prit une profonde inspiration :

– Je regrette de vous avoir interrompu, ce jour-là, à l'église. Vous alliez tout me dire, n'est-ce pas, Harry ?

Si seulement elle l'avait laissé continuer au lieu de bondir comme une furie et de s'enfuir, elle aurait su la vérité et n'aurait pas échafaudé des projets pour elle et Andrew, des projets qui l'avaient fait rêver et qui lui semblaient maintenant si dérisoires.

– J'aurais sans doute mieux supporté le choc.

Il parut déconcerté.

– Je ne vous comprends pas très bien, Alice.

– Vous ne vous rappelez pas ? Vous m'aviez dit qu'il ne fallait pas que j'associe Andrew à Nesta.

– Vous ne l'avez pas quitté à cause de *ça* ? dit-il en laissant échapper un rire bref.

Surprise, elle leva la tête vers lui.

– Pour ça... et pour d'autres raisons.

Il s'assit à côté d'elle, subitement alarmé.

– Alice, je ne connais pas les autres raisons – et je ne tiens pas à les connaître – mais je n'avais pas l'intention de faire le procès de votre mari.

– Que vouliez-vous me dire, alors ?

– Je pensais seulement que le moment était venu de vous parler de Nesta Drage. Dieu sait que j'avais su tenir ma langue jusqu'alors, mais quand vous avez commencé à parler d'elle, j'ai pris mon courage à deux mains pour vous avouer la vérité, Alice.

– Pourquoi avoir attendu si longtemps ? Tout le monde savait que je me faisais un sang d'encre pour elle.

Harry eut l'air de tomber des nues.

– Pourquoi ne m'en avez-vous rien dit ?

Cette question lui fit l'effet d'une douche froide. Il avait raison. Elle ne lui avait jamais fait part de ses craintes au sujet de Nesta. Parmi tous les gens qui auraient pu la renseigner, elle ne s'était jamais adressée à Harry parce qu'elle avait eu peur de sa mise en garde, le jour de la réunion, et qu'elle savait qu'un médecin ne parlait jamais de ses patients.

– Mais... Harry..., bafouilla-t-elle, Nesta n'était pas malade. Pourquoi vous aurais-je parlé d'elle ?

Il eut à nouveau un petit rire amer.

– Nesta, en bonne santé ? Trouvez-vous normal qu'une femme de son âge prenne du poids, perde ses cheveux et se laisse aller à une telle déprime ?

– Non, mais...là n'est pas le problème, Harry. Je vous demande simplement de me dire quel est le rôle d'Andrew dans toute cette histoire.

Elle se sentait plus calme. Les comprimés avaient agi rapidement sur son organisme. Elle s'appuya contre la table et se pencha vers lui.

Elle lui trouva soudain l'air d'un homme qui, n'en ayant plus pour longtemps à vivre, pouvait tout dire, tout admettre, parce que plus rien n'avait d'importance.

– Il n'y avait que deux hommes dans la vie de Nesta, dit-il. Feast.. et je ne pense pas qu'il soit resté seul avec elle plus de cinq minutes à chacune de leurs rencontres... et quelqu'un d'autre.

– Andrew ? chuchota-t-elle.

– Alice, je vous ai déjà dit qu'il n'y avait aucun rapport entre lui et Nesta, et je le pense sincèrement. Andrew, Hugo, votre oncle, elle attendait seulement d'eux qu'ils flattent son ego. Croyez-moi, lorsque vous êtes jeune et jolie et que, tout à coup, une vilaine maladie vous défigure, vous vous raccrochez aux gens. Vous cherchez du réconfort auprès d'eux et, c'est l'une des conséquences de la maladie, vous voulez qu'ils vous disent sans arrêt que vous êtes encore belle et désirable.

– Mais de quelle maladie souffrait-elle ? Que pouvait-elle bien avoir ?

– Elle a tout fait pour cacher sa maladie, dit-il à voix basse. Mais je pense que Feast l'avait deviné. Cela explique peut-être cette attirance, le rapprochement de deux êtres aussi différents, l'un manquant de ce que l'autre avait en trop. Je ne pense pas que vous connaissiez le nom de cette maladie...

Une peinture abstraite sur un mur, deux enfants que l'on envoie faire une course pour qu'ils n'écoutent pas...

Le mot compliqué utilisé par Jackie lui revint en mémoire et elle le prononça avec application :

– Myxœdème ?

– Vous en savez des choses, dit-il avec l'ombre d'un sourire.

– Et vous, comment savez-vous tout ça, sur Feast, sur Andrew et sur mon oncle ?

– Maintenant que j'ai commencé, je peux bien vous dire toute la vérité. Eh bien, voilà, l'autre homme dans la vie de Nesta, c'était moi.

Instinctivement, elle avait tendu la main vers le combiné du téléphone. Elle ne pensait qu'à une seule chose : téléphoner à Andrew. Mais il arrêta son geste. Elle se sentit soudain faible et elle eut l'impression que sa force, à lui, était décuplée.

– Laissez-moi terminer, Alice. Ne vous sauvez pas une fois de plus comme une voleuse. Elle me faisait un peu penser à vous, vous savez. Il y avait quelque chose d'indéfinissable... C'était comme si je vous voyais dans un miroir déformant. Je ne pouvais pas vous avoir mais je devais continuer à vivre, vous comprenez ?

– Je veux voir Andrew. J'ai absolument besoin de lui parler.

La colère le fit trembler. Il lui saisit les poignets.

– Ne pouvez-vous pas l'oublier un instant ? Est-ce trop vous demander de me consacrer une demi-heure de votre temps ?

– Très bien, mais...

– Nous nous retrouvions dans un endroit qu'elle connaissait. Cet hôtel minable de Paddington. Je sais que je vais vous choquer, Alice...

Elle secoua la tête d'un air las.

– ... Cela ne pouvait se passer qu'ainsi, à l'abri des regards, dans des conditions sordides... parce que j'étais son médecin, qu'elle était veuve depuis peu de temps, et que si cela s'était su, j'aurais perdu toute ma clientèle. Ce n'est pas bien beau tout ça, n'est-ce pas ? Oh, j'ai cessé de l'aimer il y a longtemps mais elle avait besoin de moi. Elle disait toujours que si je la laissais, elle ne serait plus responsable de ses actes et de ses paroles. Je savais qu'elle souffrait de myxœdème, comment aurais-je pu l'ignorer puisque j'étais son médecin et que je vivais près d'elle ? Je savais que si elle ne se faisait pas soigner, elle finirait par devenir une sorte de retardée mentale obèse, incapable de subvenir à ses besoins. Mais elle était imbue d'elle-même et j'avais beau lui dire que sa vanité n'était qu'un autre symptôme de sa maladie, cela ne changeait rien à son comportement. Elle me disait toujours : « Laisse-moi tranquille. Je vais bientôt guérir. Tu me harcèles parce que tu veux te débarrasser de moi ».

Se débarrasser d'elle. Les mots grouillaient dans son

cerveau comme des vers. Elle eut soudain envie qu'il s'arrête de parler, envie de prendre l'air dans la fraîcheur de la nuit.

– S'il vous plaît, ne partez pas !

La voix suppliante, aux intonations aiguës lui fit l'effet du crissement d'une craie sur un tableau noir. Elle sentit des perles de sueur humidifier sa lèvre supérieure.

– Laissez-moi tout vous raconter.

Il marqua un temps d'arrêt puis continua d'une seule traite.

– Elle m'a annoncé un jour qu'elle en avait assez de travailler, qu'elle ne tiendrait pas le coup. Avec l'argent du magasin, elle comptait rester pendant quelque temps dans cet hôtel de Paddington avant de prendre une décision définitive. Je pourrais venir la voir quand j'en aurais envie, m'avait-elle dit. D'un côté, j'étais soulagé, mais de l'autre, j'étais encore plus angoissé. J'étais même terrorisé. Je savais que tôt ou tard elle serait obligée de consulter un autre médecin, elle ne pouvait faire autrement, et que lui raconterait-elle ?

– Je ne veux plus écouter ! Je ne veux pas savoir.

– Asseyez-vous, Alice. Je vous en prie

– Je sais ce que vous allez me dire, que vous lui avez donné un médicament, qu'elle a mangé du fromage et...

– Pas du tout, dit-il avec étonnement. Cela ne lui aurait fait aucun mal. Sa tension aurait grimpé et les gens qui souffrent de myxœdème ont une tension artérielle basse. Oh ! Alice, ma pauvre Alice, que vous êtes-vous imaginé ?

– Que s'est-il passé alors ?

– J'avais la clef de son magasin. Je devais la retrouver là-bas la veille de son départ, après qu'elle aurait dit au revoir à tout le monde. Je voulais la convaincre une dernière fois de suivre un traitement...

Il hésita un moment :

– Si vous saviez, Alice. J'ai tout fait pour qu'elle prenne les extraits thyroïdiens dont elle avait besoin pour que sa glande thyroïde fonctionne normalement. Je lui en avais même donné sous la forme de comprimés en lui disant que c'étaient des euphorisants. Mais elle n'a jamais voulu les prendre. À cette époque, elle refusait systématiquement tout ce que je lui prescrivais.

L'édifice qu'il construisait prenait les proportions d'une maison de cauchemar, une maison remplie de pièces qui se succédaient d'étage en étage jusqu'au toit abritant un mystérieux grenier. Alice voulait dévaler les marches des escaliers et sortir de la maison en hurlant mais il la forçait à grimper toujours plus haut.

– S'il vous plaît, Harry...

– Je ne suis arrivé chez elle qu'à 21 heures 30. Je l'ai appelée mais elle n'a pas répondu. Alors, je suis monté jusqu'à son appartement et je l'ai trouvée allongée sur son lit. Les draps et les couvertures avaient été rangées dans un carton et elle était allongée à même le matelas.

Il s'arrêta encore une fois comme s'il avait peur de continuer. Alice poussa un petit cri inarticulé.

– Elle était... elle était inconsciente. Je ne savais ce qui lui était arrivé, mais elle avait pris... Mon Dieu, j'aimerais tellement que vous compreniez ce que j'ai ressenti à ce moment-là. Pour retrouver enfin ma liberté.. un minuscule coup de pouce aurait suffi... même pas... simplement ne rien faire et la laisser mourir. Personne n'en aurait rien su. À quoi bon la sauver puisqu'elle allait sombrer dans la déchéance ? Dehors, la terre venait d'être fraîchement retournée. Je l'ai regardée, étendue là, avec son faux chignon qui se détachait de ses cheveux, puis j'ai regardé par la fenêtre les fosses vidées de leurs cercueils.

Elle laissa échapper un véritable cri de terreur.

– Qu'est-ce que vous essayez de me dire ? (Son regard tomba sur le verre vide devant elle.) Non, non, Harry. Non !

Elle était arrivée tout en haut de sa maison de cauchemar et il se tenait juste derrière elle, la poussant pour qu'elle aille plus vite. Les portes s'étaient ouvertes l'une après l'autre et elle avait vu au passage des meubles et des objets qui avaient pris des formes de plus en plus en plus terrifiantes au fur et à mesure qu'elle s'approchait du but. Ils étaient maintenant arrivés au sommet et il ne restait plus qu'une porte à ouvrir.

Les portes... Elle s'était cassé le nez sur beaucoup d'entre elles, ces dernières semaines. Certaines s'étaient entrouvertes sur une lueur d'espoir, sur l'apparition fugitive d'une silhouette vêtue de noir. D'autres s'étaient refermées sur le désespoir. C'était la dernière et dans un moment, elle allait s'ouvrir.

Elle recula d'un pas, à deux doigts de crier à l'aide. Il s'approcha d'elle et murmura quelque chose entre ses dents, sa silhouette prenant des proportions de plus en plus gigantesques devant l'embrasure de la fenêtre. Elle entendit des bruits étouffés derrière la porte, puis des pas résonnèrent distinctement. Elle devait à tout prix s'enfuir, rejoindre Andrew au plus vite.

Est-ce que la porte s'ouvrait vraiment, ou était-ce le fruit de son imagination ? Il y eut un faible déclic et le loquet commença à se soulever. C'était une vieille porte avec une plaque de propreté noire et une poignée chromée, de forme oblongue, qui bougea lentement vers le bas comme un lézard sur un mur.

Alice voulut se voiler la face mais elle ne put s'empêcher de voir, entre ses doigts écartés, la porte s'ouvrir doucement, s'immobiliser un instant, puis s'ouvrir à nouveau.

Un petit courant d'air frais s'engouffra par l'ouverture, précédant l'apparition d'une mèche de cheveux blonds et d'un bout de chaussure noire.

Tout son corps ne formait plus qu'un nœud inextricable de muscles et de nerfs contractés au maximum. Un cri monta à l'intérieur d'elle-même avant de mourir dans le fond de sa gorge. Son regard enregistra dans un éclair le chignon blond, le tailleur pied de poule noir et blanc et les mains gantées tenant un *vanity case* sur lequel brillaient les initiales bien connues.

– Tiens, Alice, quelle bonne surprise ! Il y a longtemps que je ne t'ai pas vue.

14

Recroquevillée dans son fauteuil, la tête sur ses genoux, elle se remettait peu à peu de ses émotions. Elle se cogna les dents contre le rebord du verre qu'Harry avait approché de sa bouche et l'eau éclaboussa le manteau de Jackie.

Il régnait dans la pièce un silence de mort. Les battements de son cœur soulevaient sa poitrine. Puis Harry rompit le silence en toussotant nerveusement et en traînant les pieds jusqu'à l'évier où il rinça le verre à grande eau.

Le regard qui la fixait n'étaient pas celui de Harry. Elle leva la tête et le rencontra. Une vache normande, une poupée de porcelaine, une limace peinturlurée, aucune de ces appellations ne correspondait à la jeune femme assise sur le bureau, qui la contemplait en balançant ses longues jambes fuselées. Nesta était belle. Ses cheveux dorés, tombant en cascade autour de son visage, ressortaient d'autant plus que les murs et la porte matelassée étaient vieux et délavés. Son teint n'avait jamais été aussi éclatant. Alice se souvenait d'une peau terne recouverte d'une épaisse couche de maquillage. Nesta avait perdu du poids. Au lieu de la mouler comme une seconde peau, son tailleur pied-de-poule lui allait à ravir.

Elles se dévisageaient sans rien dire. Les lèvres de Nesta étaient entrouvertes commes si elle voulait parler mais qu'elle en était incapable et son mutisme renforçait l'impression qu'elle n'était qu'un mirage. Ce fut Harry qui brisa la glace. Quand il vit qu'Alice recouvrait ses esprits, il s'approcha de Nesta et lui siffla dans les oreilles.

– Tu aurais pu t'annoncer au lieu d'entrer ici comme un rat d'hôtel. Et puis d'abord, qu'est-ce que tu viens faire ? Je croyais qu'ils ne te laisseraient sortir que la semaine prochaine.

Nesta battit des cils. Dès qu'elle fut en mesure de parler, les mots se bousculèrent dans sa bouche.

– Je me porte comme un charme. Ils en avaient assez de me voir, alors, ils m'ont laissée sortir. J'ai pensé que c'était la moindre des choses de rendre visite à mon dévoué médecin.

Alice pouvait à peine en croire ses yeux. C'était bien Nesta. C'était bien elle qui prononçait ces mots. Mais c'était la Nesta qu'elle avait connue à son arrivée à Salstead, pas celle qui s'était enfuie sans laisser d'adresse. Son rire cristallin résonna dans la pièce et ses mains gantées frappèrent le rebord du bureau.

– Je suis allée chez Feast dès mon arrivée à Salstead pour récupérer mes affaires et me refaire une beauté. Je n'allais pas rester une minute de plus dans cet horrible imperméable rouge que tu m'as offert, Harry.

Elle se tourna vers Alice et lui adressa un sourire complice.

– Un imperméable rouge, non, mais tu te rends compte !

Sans savoir pourquoi, peut-être par soulagement ou pour lui signifier son pardon, Alice posa sa main sur celle de Nesta qui pressa la sienne à son tour. Nesta pencha la tête pour respirer le bouton de rose accroché à sa boutonnière.

– Je reconnais que je te dois des excuses, Alice. (Elle avait l'air si désolé qu'Alice secoua la tête avec véhémence.) Oh ! si, je t'en dois ! J'ai été odieuse avec toi et j'ai l'impression que tu t'es fait beaucoup de souci à mon sujet.

– Ça, c'est le moins qu'on puisse dire, s'exclama Harry.

– Mais où étais-tu passée ? J'ai cru que tu étais morte, dit Alice en rougissant.

– Il s'en est fallu de peu. Les dernières semaines que j'ai passées à Salstead ont été un enfer, tu sais.

Elle hésita et réajusta nerveusement une mèche de cheveux. Puis elle continua rapidement tout en regardant Harry du coin de l'œil.

– J'ai été très malade. Quelque chose n'allait pas... dans mon métabolisme. Cela ne se voyait pas *physiquement*. Tout se passait dans ma tête.

– N'importe quoi ! intervint Harry.

Elle lui lança un coup d'œil indigné.

– J'étais dans un tel état la veille de mon départ... (Elle esquissa un sourire douloureux qui accentua l'arc de ses sourcils.) Crois-moi, cela ne m'a pas remonté le moral de voir la famille Graham en pleine effervescence dans son restaurant, puis Hugo et Jackie avec leurs gamins. En arrivant chez ton oncle, j'étais au trente-sixième dessous. Je suis allée dans la cuisine pour dire au revoir à Mrs Johnson...

– Cette vieille toquée lui a dit qu'elle avait un truc pour calmer les nerfs et elle lui a donné une petite bouteille avec trois comprimés de Tofranil, continua Harry. Elle ne trouve rien de mieux à faire que de distribuer à tout venant les médicaments que je lui prescris.

– À moi aussi, elle a essayé de m'en donner l'autre jour, dit Alice.

– Nesta, elle, a été assez stupide pour accepter.

– Quand je suis monté voir Pernille, j'ai fait un arrêt dans votre salle de bain pour prendre un peu d'eau dans un verre à dents et avaler les comprimés.

– Le Tofranil fait baisser la tension, ce qui est très dangereux pour quelqu'un qui souffre de myxœdème.

Nesta tressaillit en entendant le mot et Alice lui prit la main.

– Ce médicament provoque d'autres effets secondaires, continua Harry sans s'attendrir. Tremblements nerveux, tachycardie, perte d'appétit.

– Et puis je me suis sentie tellement mal en point quand je suis rentrée que je me suis allongée pour me reposer un peu. J'ai dû m'évanouir car il paraît que Harry a essayé de me réveiller, mais je ne m'en souviens même pas. Il m'a sauvé la vie et je lui en serai toujours reconnaissante. Il n'y avait plus de place à la clinique de Pollington, alors, il m'a envoyée d'urgence à l'hôpital d'Orphingham.

– *Orphingham* ? Tu veux dire que tu es restée là-bas pendant tout ce temps ?

C'était incroyable, mais cela effaçait d'un coup toutes ses hypothèses. Pendant qu'elle courait du poste de police à la poste, pendant qu'elle poursuivait une ombre chez la fleuriste ou dans la rue, Nesta était couchée cent mètres plus loin dans un lit d'hôpital.

– Harry venait me voir deux ou trois fois par semaine. Je m'étais mise d'accord avec lui pour que personne à Salstead ne sache que j'étais là. Puis il m'a conseillé de t'écrire un mot. Il paraît que tu allais mettre un avis de recherche dans le journal local et tu aurais par conséquent découvert où j'étais. Les infirmières auraient pu lire l'annonce, ou même l'un des malades. Bien sûr, j'ai hésité avant de t'envoyer cette lettre mais je savais que tu aurais été bouleversée en me voyant dans cet état.

– Ne dis pas n'importe quoi, dit Harry avec humeur. Elle était surtout terrifiée à l'idée que vous puissiez la voir sans maquillage, Alice. Ils lui avaient interdit d'en mettre à l'hôpital et ils lui avaient même retiré son faux chignon. Il ne fallait surtout pas cacher les symptômes. Elle ne voulait pas que vous constatiez l'état de décrépitude où son orgueil l'avait conduite.

– Ça suffit, dit Alice. (Elle se leva et mit un bras protecteur autour des épaules de Nesta.) Ne retournez pas le couteau dans la plaie.

– Je m'étais habituée aux infirmières, murmura Nesta, mais c'était quelquefois pénible de les entendre plaisanter sur mon compte. Il n'y en avait qu'une avec qui je rigolais de temps en temps.

Elle soupira et releva la tête.

– C'était une chic fille. Ce n'était pas comme Harry qui n'arrêtait pas de m'envoyer des piques à chaque fois qu'il venait me voir. Dès que je me suis sentie un peu mieux, il m'a apporté une cargaison de livres ennuyeux comme la pluie en me disant que ce serait une excellente thérapie. Il voulait aussi que je fasse une formation par correspondance. Heureusement que l'infirmière m'achetait des magazines pour me changer les idées.

– Bref, j'ai fini par lui prêter ma machine à écrire, dit Harry avec impatience, On ne sait jamais, elle pourrait se lancer dans le secrétariat. Ça rapporte plus que de vendre des fleurs.

Nesta lui lança un regard noir avant d'enchaîner :

– J'ai tellement honte de moi, Alice. Je ne sais pas comment t'expliquer. Tu vois, je ne voulais pas que tu te fasses du souci pour moi, mais en même temps, je ne voulais pas que tu me voies. Bon, je vais essayer d'être claire. Cette infirmière dont je t'ai parlé, miss Curry, elle m'a dit qu'elle trouvait drôle que je ne reçoive aucune lettre. Peut-être qu'on ne savait pas où j'étais ? Elle m'a proposé de déposer un avis de réexpédition à la poste pour qu'on m'envoie mon courrier à l'hôpital. Elle m'a dit qu'elle trouvait ça triste, les gens qui ne recevaient jamais de lettres. Cela lui rappelait un vieil homme qui habitait une maison appelée *Sewerby* dans Chelmsford Road, tout près de chez sa mère. Personne ne lui écrivait jamais, m'a-t-elle dit, et quand il se rendait à la poste pour toucher sa pension, il tombait toujours sur cette affiche qui disait : « Vite, vite, quelqu'un attend votre lettre », et cela lui faisait mal au cœur. Elle a ajouté en riant que ceux qui recevaient du courrier à Chelmsford Road pouvaient s'estimer heureux, tellement le nouveau facteur était peu dégourdi.

– Oh, Nesta ! s'exclama Alice avant de rire faiblement.

– Tu me connais, Alice. J'ai toujours adoré les puzzles, les mots croisés, les rébus, tous les jeux un peu compliqués qui occupent l'esprit.

– Continue, dit Harry.

– D'accord, mais laisse-moi raconter à ma façon. J'ai rempli une fiche et j'ai mis *Sewerby* comme dernière adresse. (Alice leva la tête mais ne l'interrompit pas.) Je pensais que le courrier arriverait directement à l'hôpital... Je ne te raconte pas d'histoires, je te le jure... Mais après, je me suis dit : « Zut ! L'infirmière verra sûrement que j'ai mis une fausse adresse en m'apportant le courrier et qu'est-ce qu'elle pensera de moi ? » Alors, j'ai décidé de le faire suivre à l'hôtel *Endymion*. Je connaissais bien cet endroit et je savais que je pourrais y récupérer mes lettres à ma sortie de l'hôpital. Ils me disaient toujours : « Vous sortirez dans une semaine ou deux, Mrs Drage ». Comment je pouvais savoir que tu continuerais à m'écrire et que tu te mettrais dans tous tes états ?

– Le moins qu'on puisse dire, c'est que tu as tout fait pour que je ne t'écrive pas. Tes lettre étaient plutôt succinctes.

– Oui, je sais, mais ce n'était pas ma faute. Je n'arrivais pas très bien à me servir de la machine. Au bout de quatre lignes, j'étais complètement épuisée. Mais tu sais, Alice, il ne faut pas en vouloir à Harry. Il n'était pas au courant de mon petit manège au sujet des adresses.

– Je me demande comment tu as pu croire que ton plan marcherait. Enfin, le facteur aurait très bien pu s'apercevoir que tu n'avais jamais habité *Sewerby* et j'aurais aussi bien pu ne pas envoyer la bague...

– C'est là qu'intervient Harry. Tu ne lui avais pas parlé de cette histoire mais il en avait eu vent par la rumeur publique.

Harry la coupa brutalement.

– Laisse-moi lui raconter la suite, veux-tu ? J'ai rencontré votre belle sœur, Alice. Elle m'a dit que vous aviez écrit à Nesta. Je ne connaissais pas les détails de votre lettre et je ne tenais pas à les connaître. Je m'en suis tenu à ce qu'elle m'a dit, c'est tout. Vous comprenez ?

Alice comprenait. Il aurait eu trop peur d'en connaître le contenu.

– Nesta ne voulait plus taper, continua-t-il. Alors, j'ai repris la machine. Andrew m'avait dit en avoir besoin d'une et je la lui ai apportée le jour où vous étiez à Orphingham. Vous savez que ne peux pas le supporter – inutile de prétendre le contraire – et l'idée qu'il allait encore dépenser votre argent m'était intolérable. Après cette voiture et cette montre que vous lui aviez offertes, je n'allais tout de même pas le regarder dépenser des centaines de livres pour un autre de ses caprices.

Alice réussit à ne pas laisser éclater sa colère mais on pouvait la deviner au léger vibrato de sa voix.

– Décidément, vous ne comprendrez jamais, Harry...

– Je suis désolé. Je n'aurais pas dû vous dire ça. N'en parlons plus. Andrew m'avait dit que vous étiez allée à Orphingham pour chercher Nesta. Il m'a dit qu'elle vivait là-bas dans une maison individuelle. Je ne comprenais plus rien du tout. Je lui avais rapporté un livre que je lui avais emprunté et que Nesta venait de terminer. Je l'ai posé sur la table et je me suis sauvé en prétextant une visite urgente. Le lendemain, nous nous sommes vus à la dégustation de fromages. Vous m'avez dit que vous recherchiez Nesta et vous avez commencé à poser des questions à Daphné Feast. J'étais sur le point de vous révéler où elle se trouvait, mais il y avait trop de monde autour de nous – et cette satanée bonne femme qui me cassait la tête avec son régime... Je vous ai dit que vous pouviez passer me voir si vous aviez un problème quelconque. C'était un prétexte pour vous parler entre quatre yeux, mais vous n'êtes pas venue et...

– Alors, je lui ai tout raconté, dit Nesta. J'ai vidé tout mon sac, ajouta-t-elle en gloussant. Mon Dieu, j'ai bien cru qu'il allait me battre tellement il était fou de rage. Quand, en plus, je lui ai dit que le courrier allait être expédié à l'hôtel *Endymion*, il a failli avoir une attaque.

– Je suis allé récupérer les lettres, dit Harry entre ses dents. Mais après cela, je ne pouvais plus rien vous dire, Alice. Vous l'auriez répété à Andrew et il se serait fait une joie de me faire passer devant le Conseil de l'Ordre des médecins. Vous imaginez le tableau ? Mr Drage, alias Mr Blunden, entraîne ses clientes dans un hôtel, et quel hôtel !

Nesta baissa les yeux sur ses gants d'un air faussement désolé.

– Pauvre Harry ! Il aurait été rayé de l'Ordre des médecins. Tu l'imagines, Alice, faisant du porte à porte comme visiteur médical ? C'est ce qui arrive aux médecins déchus. J'ai vu ça à la télé.

– Oh, tais-toi ! dit Harry. (Il se tourna vers Alice.) Une fois que j'ai pu mettre la main sur les lettres, j'ai commencé à respirer. Mais quand vous avez commencé à soupçonner une liaison entre Andrew et Nesta, j'ai cru bon de mettre les choses au point.

– Ce n'est même pas la peine de continuer, dit Alice. Tout me paraît clair, sauf une chose. Si tu voulais faire croire que tu habitais *Sewerby*, Nesta, pourquoi ne l'as-tu pas fait ?

– Mais bien sûr que je l'ai fait.

Nesta mit un moment avant de réagir.

– Tu as aimé *Phinéas Finn* ? demanda-t-elle abruptement.

– J'ai aimé... quoi ?

– Un roman victorien avec une couverture marron et bleu.

– Tu veux parler du livre d'Andrew ? Écoute, Alice, ma bonne volonté a des limites. Je suppose qu'Harry s'était mis dans la tête de m'instruire. J'ai feuilleté quelques pages, j'ai regardé les images et crois-moi, ça m'a suffi.

– Cela a suffi, en tout cas, pour que tu fasses une confusion et que tu écrives *Saulsby* à la place de *Sewerby*.

Se souvenant des paroles du jeune inspecteur, elle ajouta doucement :

– C'est le genre d'erreur que tout le monde peut faire.

Nesta porta la main à sa bouche. Puis elle dit au bout d'un moment :

– Pas étonnant que je n'arrive jamais à finir mes mots croisés.

– Je vais vous reconduire, Alice, dit Harry d'un air las.

Il fouilla dans sa poche et tendit quelque chose à Nesta. C'était un anneau serti de petits éclats de diamants qui étincelèrent sous la lumière.

– Au fait, j'ai ça dans ma poche depuis une semaine. J'ai complètement oublié de te le donner.

Nesta retira lentement le gant de sa main gauche puis elle montra fièrement son annulaire.

– Eh bien, je crois que je n'en aurai pas besoin.

Le gros diamant noir qui brillait à son doigt devait coûter une fortune.

– C'est un cadeau de mon fiancé. – Oh, vous ne le connaissez pas ! – C'est un homme important dans son domaine. Il a eu un accident avec sa Jaguar le jour de l'ouverture de la rocade. Il est rentré dans un camion, mais heureusement, il s'en est sorti avec seulement une jambe cassée.

Elle éclata de rire en voyant leurs regards médusés. Alice se souvint qu'elle avait entendu une sirène d'ambulance alors qu'elle était chez les Feast. Le puzzle se reconstituait peu à peu. C'était ce jour-là qu'elle avait conclu que Nesta était morte, alors que l'ambulance était l'instrument du destin qui allait faire renaître Nesta à la vie.

– Bien sûr, il avait une chambre individuelle à l'hôpital, continua Nesta. Mais il y avait une ravissante salle de repos commune aux passagers de première et deuxième classes.

Elle rit de sa propre plaisanterie.

– Je ne le connais que depuis une semaine. C'est ce qu'on appelle un coup de foudre. Ne fais pas cette tête-là, Harry. Je ne lui parlerais jamais de toi, promis.

Elle enfila son gant et croisa les doigts pour conjurer le sort.

– Je ne tiens pas à le perdre, lui...

– Je ne comprends pas pourquoi j'étais persuadée qu'elle était morte.

– C'était peut-être ce que vous espériez, répondit tranquillement Harry.

– Moi ? Espérer la mort de Nesta ? Mais comment pouvez-vous dire une chose pareille ? J'ai passé des jours et des jours à la chercher. J'ai failli en devenir folle. J'ai dépensé je ne sais combien d'argent pour la retrouver.

– Pourquoi vous-êtes vous habillée et maquillée comme elle ?

– Je...

Oui, au fait, pourquoi ? Elle prit son mouchoir et commença à frotter le bleu sur ses paupières.

– Vous ne lui ressemblez pas, vous savez, dit-il avec impatience. Ce que vous voyez dans le miroir n'est pas la véritable image. C'est une inversion latérale. Ce n'est pas ce que les autres voient, Alice. Je crois qu'en vous regardant dans le miroir, vous avez cru quelquefois y voir Nesta et qu'une partie de vous-même s'est identifiée à elle.

Quand il arrêta la voiture après s'être engagé dans Station Road, elle le regardait toujours fixement. Puis il tourna la tête vers elle et planta son regard dans le sien.

– Vous voyez, Alice, Nesta avait réussi là où vous aviez échoué. Vous étiez encore vieille fille à trente-sept ans, vous étiez riche mais vous n'aviez pas de métier. Nesta, elle, s'était mariée jeune. Elle travaillait pour gagner sa vie et elle savait s'y prendre pour plaire aux hommes. Vous n'avez commencé à l'apprécier vraiment que lorsqu'elle est tombée malade.

– Je la plaignais de tout mon cœur.

– Peut-être bien. Vous aviez cessé de vous plaindre de votre sort parce que vous aviez rencontré Andrew et que vous alliez vous marier. Puis Nesta a disparu de la circulation. Entre temps, les rôles s'étaient inversés, mais vous ne vouliez pas perdre cette autre partie de vous-même qui se retrouvait seule comme vous l'aviez été. L'argent vous l'aurait ramenée comme il vous restituait tout ce qui vous échappait.

– Non ! cria-t-elle. Non, Harry. Ce n'est pas vrai !

– Pourquoi n'acceptez-vous pas la vérité ? Nous agissons tous de cette façon. Vous avez commencé à découvrir des choses sur elle, la façon dont elle avait attiré Andrew dans ses filets, par exemple. Peut-être avait-elle séduit d'autres gens de la même façon ?

Alice cacha son visage dans ses mains.

– Chacune des facettes de Nesta que vous avez découvertes contribuait à détruire cette autre image, jusqu'au coup de grâce : la prétendue infidélité d'Andrew.

Puis il ajouta, guidé par son intuition :

– Vous avez cloué cette image sur un cercueil et vous vous en êtes débarrassée. Peut-être même l'avez-vous tuée. Qui vous a mis dans la tête cette histoire de fromage et de médicament ? Ou alors, si vous ne l'aviez pas tuée vous-même, Andrew s'en était chargé à votre place. Il avait détruit ce qui était beau, jeune et désirable.

– Comme vous devez me détester, Harry !

– La haine, vous dirait Nesta, est souvent proche de l'amour.

– Pas ce genre de haine. Vous étiez prêt à tout pour empêcher Nesta de parler. (Elle éclata en sanglots et se cramponna à la portière de la voiture.) J'aurais pu vous pardonner si vous vous étiez contenté de me rendre malade, mais... pourquoi avez-vous essayé de m'empoisonner, pourquoi ?

Elle respirait difficilement, hoquetant entre deux sanglots. Ce qu'il allait faire, elle n'en savait rien. Après cette débauche de terreur qu'elle avait connue à *Vair* puis au cabinet de consultation – terreur qui, même si elle s'avérait maintenant sans fondement, n'en avait pas été moins réelle –, elle se sentait incapable d'en reculer les limites.

Au moment où elle ouvrit la portière, il lui toucha le bras.

– Comment vous sentez-vous ?

La question lui parut à la fois tellement anodine et tellement déplacée, étant données les circonstances, qu'elle la ressentit comme une insulte.

– Qu'est-ce qui vous prend de vous préoccuper de ma santé ? Comment croyez-vous que je me sois sentie jusqu'à présent ? Dois-je vous rappeler que j'étais malade, terrifiée à l'idée de manger et que je soupçonnais tous les gens que j'aime de vouloir me tuer ?

– Vous n'êtes pas malade, dit-il, et personne n'a essayé de vous empoisonner. Vous attendez un enfant, Alice.

Elle sortit de la voiture sans dire un mot. L'air était vif et frais. Elle s'appuya contre une aile et se mit à pleurer. Harry vint la rejoindre.

– Je ne le savais pas au début, dit-il, mais je m'en suis douté quand je vous ai vue dans cet état, le jour de la dégustation de fromages. Cela s'est confirmé par la suite lorsque vous vous êtes évanouie à *Vair* mais Andrew n'a pas voulu que je vous examine.

Il poussa un profond soupir.

– Cela m'arrangeait, d'une certaine façon. Vous savez, quand vous êtes amoureux d'une femme et qu'elle épouse quelqu'un d'autre, le seul moyen de ne pas sombrer est de se réfugier dans les rêves. Vous perdez pied avec la réalité et vous vous persuadez qu'il s'agit d'un mariage de raison. Au fond de vous-même, vous savez que ce n'est pas vrai, que c'est un mariage dans tous les sens du terme, mais vous continuez de vous leurrer, vous vous noyez dans des chimères et vous finissez par vous prendre au jeu.

Il la regarda et fit un geste comme s'il voulait lui prendre la main, mais tout son corps se raidit et elle vacilla sur place, le vent soufflant dans ses cheveux.

– Puis il est arrivé quelque chose d'autre, quelque chose qui vous concernait. Je ne pouvais me leurrer plus longtemps. J'ai souffert dix fois plus que je n'avais souffert le jour où vous m'avez dit que vous étiez fiancée. C'est à ce moment-là que votre mariage a pris sa véritable signification. Mais je ne voulais pas vous annoncer la nouvelle. Un spécialiste le ferait à ma place. (Il eut un petit rire amer.) Comme si vous aviez besoin d'un spécialiste. N'importe qu'elle sage-femme aurait pu le deviner, rien qu'à la façon dont vous marchiez, à vos joues rebondies qui vous donnaient tout à coup dix ans de moins que votre âge, à vos malaises, aussi. Pourquoi, d'après vous, vous êtes-vous fait tout ce film sur Nesta ? Ne vous est-il jamais venu à l'esprit – mais peut-être que cela vous saute aux yeux, maintenant – que vous étiez victime de votre imagination débordante, stimulée par votre grossesse ?

Elle continua de le regarder sans rien dire. Une pluie fine s'était mise à tomber, à peine plus dense qu'un épais brouillard. L'air humide était devenu irrespirable. Au contact de sa peau, il se transformait en gouttelettes d'eau.

– Laissons quelqu'un d'autre leur apprendre la nouvelle, me suis-je dit. Je savais que le spectacle de votre bonheur me serait insupportable.

Sa voix se brisa et il dut s'éclaircir la voix.

– En être le témoin et savoir que je n'y étais pour rien...

– Je suis heureuse, dit-elle.

Elle referma le col de son manteau et pressa ses mains sur sa taille. Son visage était radieux. Le bonheur s'épanouissait en elle comme une fleur.

– Partons, dit-il.

– Non.

Harry baissa les yeux et son visage se couvrit tout à coup d'un masque inexpressif.

– Je vais téléphoner à Andrew pour lui dire de venir me chercher.

– Andrew ! dit-il amèrement. Toujours Andrew. C'est drôle, mais je n'ai jamais cessé d'espérer. Je pensais que le temps jouerait en ma faveur. Il vous quitterait un jour et alors... vous vous tourneriez vers moi.

– Andrew ne me quittera jamais, dit-elle avec fermeté.

Elle s'éloigna de lui d'un pas rapide et ne se retourna même pas. La cabine téléphonique située à l'angle de la Grand-Rue était libre. Une bande de jeunes s'attardait à la sortie du *Bodicea*. Bien qu'elle fût décoiffée et que son rouge à lèvres fût presque effacé, un des garçons lui lança un sifflet admiratif. Elle s'engouffra dans la cabine et ferma la porte avec cet air à la fois amusé et faussement modeste qu'elle avait déjà remarqué chez d'autres femme et qu'elle prenait aujourd'hui pour la première fois de sa vie.

Ce ne fut qu'en décrochant le combiné qu'elle s'aperçut qu'elle n'avait pas d'argent. Oui, *elle n'avait pas d'argent*. Pendant toutes ces années où elle avait dépensé sans compter, elle avait toujours eu une liasse de billets sur elle. Mais aujourd'hui qu'elle voulait simplement faire quelque chose que les plus pauvres pouvaient se permettre, elle n'avait pas la moindre petite pièce de monnaie.

Cela ne faisait rien. Elle pouvait marcher. L'indépendance lui donnait des ailes. Elle agissait comme un tonique, revigorant et joyeux, qui paradoxalement la renvoyait à Andrew.

En sortant de la cabine, elle fut éblouie par les phares d'une voiture. Elle crut un instant que c'était Harry qui revenait et elle se sentit partagée entre la pitié et la colère. Elle leva la main pour se protéger les yeux et avança dans la lumière. La petite voiture rouge brillait d'un éclat presque joyeux.

– Andrew, dit-elle calmement comme s'ils se retrouvaient pour un rendez-vous arrangé depuis longtemps.

– Bell, mon ange !

Il bondit hors de la voiture et la prit dans ses bras. Un concert de sifflements accompagna leur étreinte. Andrew ne sembla pas les remarquer.

– Je t'ai cherchée partout. Je croyais que tu voulais me quitter. Je suis allé au *Bodicea* pour voir si tu étais avec Justin. Mais avec qui étais-tu ?

– Avec des fantômes !

« Je te raconterai plus tard », faillit-elle ajouter. Elle se contenta de sourire. Elle ne pouvait pas lui dire qu'elle l'avait soupçonné de l'avoir trompée et d'avoir organisé un plan machiavélique aboutissant à un meurtre. Aucun mariage, même aussi récent que le sien, n'y survivrait. L'amour se construisait avec de la patience, une confiance mutuelle... et du temps. Oui, le temps dissiperait les quelques mystères qui subsistaient.

La fatigue s'abattit sur elle comme une chape de plomb, éteignant sa dernière étincelle d'énergie. Elle monta dans la voiture avec précaution, ménageant son corps qui abritait un embryon de vie. En arrivant chez eux, il ne manquerait pas de lui demander des explications qu'elle serait obligée de lui donner. Elle savait maintenant ce qu'elle allait lui dire. À qui s'adresse une femme lorsqu'elle croit qu'elle est enceinte, sinon à son médecin ? Sa fuite dans la nuit, son état fébrile, tout cela était compatible avec les craintes et les espoirs qu'engendrait son état.

Pendant un moment, elle ne décrocha pas une parole. Il la regardait tendrement.

– Je viens de rencontrer quelqu'un que nous connaissons bien, dit-il après une courte hésitation. Elle sortait de chez les Feast et montait dans une énorme Jaguar avec une aile emboutie.

– Je sais.

– Tu l'as vue, toi aussi ? Je ne lui ai pas parlé. Je te cherchais.

Épilogue

Alice arrangea la couverture dans le landau. Le bébé dormait maintenant à poings fermés et en regardant son petit visage serein, elle lui trouva déjà une ressemblance avec son père. Ils avaient le même teint mat et la même couleur de cheveux

Elle poussa le landau à l'ombre du petit porche. Andrew aimait le voir quand il rentrait du collège en fin d'après-midi. Elle allait pouvoir consacrer les deux heures qu'elle avait devant elle à la lecture du livre. Il était arrivé de chez l'éditeur par le courrier du matin et elle avait lu le titre pour la centième fois : *Trollope et la Chambre des Communes* par Andrew Fielding.

Son regard tomba sur le nom de *Saulsby* dans le chapitre deux. Elle sourit en se souvenant de sa réaction, la dernière fois qu'elle avait lu ce mot. Elle avait résolu de ne jamais avouer à Andrew ce qu'elle avait soupçonné mais il était cependant resté un point à éclaircir.

– Pourquoi n'as-tu pas réagi au mot de *Saulsby* quand tu m'as entendue le prononcer ? Tu te souviens ? Je revenais d'Orphingham et tu avais tout préparé pour le thé.

Il avait ri et l'avait serrée très fort contre lui pour atténuer sa moquerie.

– À quoi ressemble le mot *Saulsby* quand on le prononce la bouche pleine de cake aux fruits ?

– Oh, Harry ! Ne me dis pas que tu avais compris *Salisbury* !

– Il doit y avoir une maison portant ce nom dans tous les villages d'Angleterre.

Elle tourna la page en souriant, émerveillée qu'un mot de sept lettres, cause de tant d'angoisse, n'ait été, après tout, qu'une minuscule pièce d'un immense puzzle enfin reconstitué.

Postface

Ruth Rendell se dit très surprise à l'idée qu'on puisse encore éprouver quelque intérêt à la lecture de ce deuxième roman « sans Wexford », paru en Angleterre la même année que La danse de Salomé. *Elle tient même à préciser que ses éditeurs américains qui, dès 1965, publièrent* Un amour importun *avec succès – le critique Anthony Boucher le remarqua et prédit aussitôt une longue carrière à son auteur – « hésitèrent avant de le sortir ». Qu'elle nous permette pour une fois de douter de son jugement.* Fantasmes *apparaît aujourd'hui, avec le recul de l'œuvre accomplie depuis lors, comme une réussite non seulement d'ordre structurel – Rendell s'y moque absolument des règles du roman criminel orthodoxe –, mais comme une œuvre de fiction très attachante et superbement rendellienne. « Je suppose qu'il s'agissait d'une sorte de répétition générale de tout ce que je projetais de faire », reconnaît tout de même l'auteur avant de faire cet aveu d'importance : « C'est avec ce livre que j'ai commencé à apprendre comment tromper le lecteur en trichant. J'ai beaucoup pensé aux œuvres romanesques du XIXe siècle en l'écrivant – Andrew, bien sûr, est un éminent spécialiste des romans de Trollope – et c'est sans doute la raison pour laquelle ce livre ressemble à une parodie de roman victorien. »*

Le couple que forment Andrew et Alice obéit aux lois particulièrement subtiles, et rouées, qui régiront beaucoup de duos des romans à venir. Fascination, répulsion, doute et dépression alternent au cours de l'étrange ballet que Rendell les oblige à exécuter sous nos yeux. Nous sommes effectivement bernés par la malice avec laquelle l'auteur, en pleine possession déjà de ses moyens, mêle une vision sarcastique du réel à un « second regard », quasi halluciné sur le monde et conduit son intrigue jusqu'à un dénouement tragi-comique.

« Aujourd'hui, dit Ruth, je trouve plutôt ridicule l'idée d'avoir rendu Alice ignorante du fait qu'elle était enceinte. » Cet autre aveu, qui témoigne d'ailleurs d'une lucidité très grande de l'auteur sur son œuvre, nous rappelle que le personnage d'Alice constitue lui aussi une figure évolutive du monde de Rendell. Les lecteurs attentifs savent l'importance que jouera par la suite le rapport mère-enfant dans l'œuvre qui nous intéresse. L'attitude singulière d'Alice, hypnotisée par la disparition de son amie, déborde le cadre d'une intrigue soigneusement ourdie. Elle implique déjà la fiction tout entière dans une démarche résolue, qui fera, de livre en livre, passer les héroïnes innocentes de l'hypnose coupable de leur condition petite-bourgeoise à une sorte de libération douloureuse mais sans regrets. Ainsi, plus encore que dans la forme, c'est dans le fond que la détermination de l'auteur s'exprime, nous déroutant et nous hypnotisant nous-mêmes avec brio.

1968

LA MAISON DE LA MORT

Traduction de Kitty Swanson
revue et complétée

Ce roman a paru sous le titre original :
THE SECRET HOUSE OF DEATH

À Douglas Blass

Est-ce donc un péché
De nous jeter dans la secrète Maison de la Mort
Avant que la Mort vienne à nous ?

SHAKESPEARE, « Antoine et Cléopâtre »,
acte V, sc. II

1

C'était sa troisième visite à la maison qu'on appelait Braeside, dans Orchard Drive, Matchdown Park, et, comme d'habitude, il gara sa Ford verte sur le carré de gazon du trottoir. Il avait une trentaine d'années ; il était brun, plutôt massif, mais pas vilain garçon. Il portait une serviette. Il ne restait jamais très longtemps, mais Louise North, qui habitait Braeside avec son mari, était toujours contente de le voir et le recevait avec un sourire.

Voilà les faits et, à présent, tout le voisinage les connaissait. L'airedale des Winter, qui habitaient en face, les tenait obligeamment au courant des visites de l'inconnu. Toute la journée, posté en sentinelle derrière sa palissade, l'airedale aboyait après les étrangers, mais gardait le silence au passage des voisins. Il aboya furieusement lorsque l'homme remonta l'allée des North, frappa à la porte et, trente secondes plus tard, après avoir échangé quelques mots avec Louise, disparut à l'intérieur. Son devoir accompli, le chien dénicha un os et entreprit de le ronger. Une à une, les femmes alertées par l'animal quittèrent leur fenêtre et se mirent à méditer sur ce qu'elles avaient vu.

Le terrain était prêt, le grain semé. Maintenant, ces jardinières enthousiastes n'avaient plus qu'à faire leur récolte de ragots et à la distribuer, accoudées aux clôtures ou assises devant une tasse de thé.

Parmi elles, une seule, Susan Townsend, qui habitait à côté de Braeside, tenait à rester étrangère à ces échanges. Assise tous les après-midi à sa machine à écrire, devant la fenêtre, elle ne pouvait se garder de lever les yeux quand le chien aboyait. Elle se posait des questions sur les visites de cet homme, mais, contrairement à ses voisines, elle n'éprouvait nulle curiosité malsaine. Son propre mari l'avait abandonnée exactement un an auparavant, et les visites que recevait Louise North réveillaient une souffrance qu'elle croyait en partie guérie. L'adultère, qui excite et chatouille l'imagination des voyeurs, l'avait plongée, à vingt-six ans, dans un sombre abîme de solitude. Ses voisines pouvaient bien se demander pourquoi l'homme venait, ce que désirait Louise, ce qu'en pensait Bob et ce qui sortirait de tout cela. Son expérience personnelle lui donnait toutes les réponses, et tout ce qu'elle voulait, c'était continuer à travailler et élever son fils sans se mêler de rien.

L'homme s'en alla quarante minutes plus tard et l'airedale se remit à aboyer. Il se tut brusquement à l'arrivée de sa maîtresse et, debout sur ses pattes de derrière et frétillant comme une danseuse du ventre, accueillit avec enthousiasme les deux petits garçons qu'elle était allée chercher à l'école. Susan Townsend entra dans sa cuisine et mit la bouilloire à chauffer. La porte claqua.

– Excusez-moi d'être en retard ! fit Doris Winter tout en retirant ses gants et en se réfugiant contre le plus proche radiateur. Mais votre petit Paul ne trouvait pas sa casquette et nous avons bien dû fouiller cinquante casiers.

– Roger Gibbs l'avait jetée dans la cour des petits, dit le fils de Susan d'un air vertueux. Je peux avoir un biscuit ?

– Certainement pas. Tu vas en mettre plein ta tasse.

– Richard peut rester ?

Comment répondre non à une telle requête quand la mère de l'invité est à côté de vous ?

– Bien sûr, répondit Susan. Allez vous laver les mains.

– Je suis gelée, dit Doris. J'étais bien faite pour m'appeler Winter.

On était en mars et il faisait doux, mais Doris avait toujours froid. Elle entassait toujours sur son dos des couches de chandails, de vestes et d'écharpes. Elle se dépouilla graduellement de ses enveloppes, se débarrassa de ses chaussures et pressa contre le radiateur ses pieds couverts d'engelures.

– Vous ne savez pas combien j'envie votre chauffage central, ce qui m'amène à ce que je voulais vous dire. Vous savez ce que j'ai vu ? Le flirt de Louise lui rend encore une fois visite.

– Vous ne savez pas s'il est son flirt, Doris.

– Elle prétend qu'il est venu au sujet du chauffage central. Je lui ai posé la question. Quel toupet, hein ? Mais quand j'en ai parlé à Bob, on voyait bien qu'il n'avait pas la moindre idée de ce que je voulais dire. « Nous ne faisons pas installer le chauffage central », voilà ce qu'il m'a dit. « C'est au-dessus de mes moyens. » Là, que pensez-vous de ça ?

– C'est leur affaire. À eux de se débrouiller.

– Oh, certainement ; je suis bien de votre avis. Je ne m'intéresse pas à la vie privée des autres et à ce qu'elle a de sordide. Mais je me demande quand même ce qu'elle peut trouver à cet homme-là ! Ce n'est pourtant pas un prince charmant, et puis Bob est un garçon idéal. J'ai toujours trouvé que c'était l'homme le plus séduisant du quartier. Et ce charme qu'il a !

– Vous en parlez comme d'un déodorant, dit Susan, en souriant malgré elle. Si on passait à côté ?

À regret, Doris s'arracha au radiateur, et, portant à la main ses chaussures, elle suivit Susan dans le salon.

– Quand même, je suppose que la beauté n'est pas vraiment importante, poursuivit-elle avec obstination. Quelle drôle de chose que la nature humaine. Je sais cela depuis le temps où j'étais infirmière.

Susan eut un soupir étouffé. Dès qu'elle évoquait son passé d'infirmière et les innombrables facettes de la psychologie humaine que l'on a tout loisir d'observer dans un hôpital, Doris avait toute chance de continuer pendant des heures. Susan prêtait une oreille distraite à l'inévitable flot d'anecdotes.

– Et ce n'est là qu'un exemple. C'est fou ce qu'il y a de gens mariés à des êtres splendides qui vont tomber amoureux de véritables horreurs. Je suppose que tout ce qu'ils veulent, c'est du changement.

– Je le pense aussi, dit Susan d'un ton égal.

– Mais imaginez ce que ça peut être d'avoir confiance dans quelqu'un, d'avoir en lui une foi totale, et puis de découvrir qu'il vous trompe depuis toujours, qu'il se paie votre tête avec une autre. Oh ! pardonnez-moi. Qu'est-ce que j'ai dit ? Je ne pensais pas à vous, je parlais simplement en général – j'étais...

– Ça n'a pas d'importance, coupa Susan.

Elle était habituée au manque de tact ; ce n'est pas cela qu'elle redoutait, mais le moment où ses interlocuteurs s'apercevaient brusquement qu'ils avaient gaffé. Ils s'embarquaient alors dans d'interminables justifications maladroites pour assurer à Susan qu'elle était un cas à part. En se tordant les mains nerveusement, Doris ne fit pas exception.

– Je veux dire – bien sûr, Julian s'en payait quand vous aviez le dos tourné. Il retrouvait – comment s'appelle-t-elle déjà ?... Elizabeth ! – quand il était censé travailler, et vous aviez une nature confiante, comme ce pauvre Bob. Mais Julian n'a jamais fait ça sur le pas de sa porte, n'est-ce pas ? Il n'a jamais amené ici Elizabeth. (Doris ajouta naïvement :) Ça, j'en suis sûre. Je l'aurais vu.

– Je n'en doute pas, dit Susan.

Les deux garçons dévalèrent les escaliers, les mains pleines de petites voitures. Susan les fit asseoir, tout en espérant que Doris comprendrait la situation et s'en irait. Peut-être Susan couvait-elle trop son fils, mais Paul était l'enfant d'un mariage brisé et c'était à sa mère de veiller à ce qu'il grandisse sans avoir une vision trop négative des relations entre les deux sexes. Elle lança un regard noir à Doris et hocha discrètement la tête.

– Écoutez donc mon chien, dit Doris avec une gaieté forcée. C'est étonnant que les voisins ne se plaignent pas. (Elle trottina jusqu'à la fenêtre et montra le poing à l'airedale.) Tais-toi, Pollux ! (Susan se demandait souvent pourquoi le chien avait hérité du prénom de l'un des deux jumeaux mythiques. Orchard Drive pouvait remercier le Ciel que les Winter n'aient pas eu l'idée d'offrir à Pollux la compagnie de Castor.) C'est le nouveau livreur de la boulangerie qui l'a excité cette fois-ci, ajouta-t-elle d'un air sagace. Il n'aboie jamais après nous, ni après vous, ni après les Gibbs ou les North. Ce qui montre bien qu'il aboie par peur, et non par agressivité, quoi qu'on en dise.

Elle lança à son fils un regard sévère et s'écria, comme si, au lieu de manger placidement son pain beurré, il avait insisté pour la retenir :

– Eh bien, allons ! Je ne peux pas rester à traînasser ici toute la nuit. Il faut que je prépare le dîner de papa.

Susan s'assit avec les enfants et mangea un sandwich. Si l'on n'avait pas à préparer « le dîner de papa », on ne préparait évidemment rien pour soi, et le goûter devenait une nécessité. Paul enfonça dans sa bouche un dernier biscuit au chocolat et se mit à pousser sur la nappe une minuscule pompe à incendie rouge.

– Pas à table, chéri.

Paul la regarda de travers et Richard, dont les mains brûlaient d'envie de saisir un camion-benne, les cacha sous la table.

– S'il vous plaît, est-ce que je peux quitter la table, Mrs Townsend ?

– Je pense que oui. Tes mains ne sont pas poisseuses ?

Déjà les deux petits garçons, installés maintenant sur le plancher, faisaient rouler leur convoi de véhicules et imitaient le bruit des moteurs de façon exagérée, mais réaliste. Ils traversèrent le tapis sur le ventre, et se dirigèrent vers le bureau de Susan.

C'était un meuble en acajou, de l'époque victorienne, plein de niches et de recoins. Susan avait assez de compréhension pour mesurer la fascination qu'il exerçait sur un enfant de cinq ans, passionné de véhicules lilliputiens, et elle essaya de rester indulgente lorsque Paul transforma ses rayons en garages, ses boîtes de papier à lettres en plans inclinés et ses boîtes à rubans de machine en plaques tournantes. Elle se versa une deuxième tasse de thé et sursauta quand la boîte de trombones tomba sur le parquet, au milieu d'une pluie d'agrafes métalliques. Tandis que Richard, en invité qui veut se faire bien voir, courait çà et là pour les ramasser, Paul fourra une main poisseuse de confiture sur le manuscrit de miss Willingale et commença à s'en servir comme d'un autodrome.

– Maintenant, ça suffit, dit sèchement Susan. Dehors, tous les deux, jusqu'à l'heure du coucher.

Elle fit la vaisselle et monta au premier. Les enfants avaient traversé la route et agaçaient Pollux avec des jouets qu'ils lui présentaient à travers la grille en fer forgé. Susan ouvrit la fenêtre.

– Il faut rester de ce côté-ci ! cria-t-elle, il va passer beaucoup de voitures dans une minute.

L'airedale remua la queue et donna, pour jouer, des coups de dent au capot d'un camion que Paul agitait sous son museau. Susan, qui, depuis quelque temps, pensait beaucoup moins à Julian, se rappela soudain qu'il disait que Pollux ressemblait à un jouet mécanique en peluche. C'était l'heure où Julian, le premier des maris à revenir de la ville, avait l'habitude de rentrer à la maison. Comme de coutume, Pollux était là, égal à lui-même, les enfants jonchaient de leurs jouets le jardin devant la maison ; les cerisiers commençaient à fleurir et les premières lumières du soir apparaissaient dans les maisons. Une seule chose avait changé : Julian ne reviendrait jamais plus. Il avait toujours détesté Matchdown Park, cette odieuse ville dortoir, comme il l'appelait – et maintenant il avait un appartement à dix minutes de son bureau, dans New Bridge Street. En ce moment, il devait être en train de rentrer chez lui, pour infliger à Elizabeth ses reparties brillantes, ses mots dédaigneux, ses réflexions à n'en plus finir sur la cuisine et ses opinions sentencieuses. Elizabeth serait heureuse et captivée – exaspérée aussi – jusqu'au jour où Julian trouverait quelqu'un d'autre. « N'y pense plus, se morigéna Susan, n'y pense plus. »

Elle se mit à brosser sa chevelure blonde et lumineuse – moins abondante et moins brillante depuis son divorce. Elle se demandait parfois pourquoi elle prenait cette peine. Il n'y avait personne pour la voir, sauf un petit garçon, et la possibilité d'une visite amicale était presque inexistante. Les gens mariés voulaient voir d'autres gens mariés, et non pas une divorcée qui ne présentait même pas l'avantage d'être le conjoint coupable, donc intéressant.

C'est à peine si elle avait revu depuis son divorce un des couples chic et sans enfants qui avaient été leurs amis – Minta Philpot avait téléphoné un jour, et se fit distante en apprenant que Susan n'avait pas d'homme en vue et ne nourrissait aucun projet de remariage. Qu'était-il advenu de Lucius et de Mary, de la belle, de l'aristocratique Dian et de Greg, son mari ? Peut-être Julian les voyait-il ; mais lui, c'était Julian Townsend, rédacteur en chef de *Certainty*, toujours recherché, toujours un grand personnage.

Les enfants s'amusaient sans danger sur la pelouse, à présent, et le premier mari à rejoindre son toit était arrivé : Martin Gibbs, avec un bouquet de fleurs pour Betty. En tout cas, ce spectacle ne risquait pas d'éveiller de douloureux souvenirs. Julian avait toujours pensé à lui offrir des fleurs à chaque anniversaire.

Et maintenant, parfaitement à l'heure, arrivait Bob North.

Il était grand, brun et très beau garçon. Ses vêtements n'avaient rien d'extraordinaire, mais il les portait avec une grâce qui semblait inconsciente, et, sans son air viril, il aurait eu l'air d'un mannequin. Ses traits étaient d'une perfection trop classique pour satisfaire aux critères modernes, mais il n'avait pas pour autant un visage de gigolo. Il n'avait rien de latin : c'était un visage anglais, celtique, à la peau claire et à l'expression franche.

Susan avait été leur voisine depuis qu'ils s'étaient installés, lui et sa femme, à Braeside, deux ans auparavant. Mais Julian avait méprisé ses voisins, qu'il traitait de bourgeois, et, parmi eux tous, seule Doris avait été suffisamment sûre d'elle et insensible aux vexations, pour imposer son amitié aux Townsend. Susan connaissait Bob tout juste assez pour justifier le simple salut de la main qu'elle lui adressa de sa fenêtre.

Il lui rendit son salut avec la même indifférence aimable, retira de sa voiture la clé de contact, et gagna le trottoir d'un pas nonchalant. Là, il resta immobile pendant quelques secondes, fixant les ornières laissées sur le gazon par la Ford verte. Son visage s'était légèrement troublé, mais, quand il se retourna et leva les yeux, Susan battit en retraite ; elle ne voulait pas rencontrer son regard. Elle-même avait été trompée et savait combien la compassion pourrait grandir vite en elle à l'égard de Bob, mais elle tenait à ne pas se trouver mêlée aux problèmes des North. Elle descendit l'escalier et cria à Paul de rentrer.

Lorsqu'il fut couché, elle s'assit à son chevet, et lui lut un chapitre de Beatrix Potter. Avec ses traits marqués et ses cheveux d'un blond de lin, il ressemblait à sa mère et moins que jamais à Julian.

– Maintenant relis-moi tout ! demanda-t-il quand elle ferma le livre.

– Tu plaisantes : il est 7 heures moins 10. *7 heures moins 10 !*

– J'aime bien cette histoire, mais je ne crois pas qu'un chien puisse prendre le thé avec un chat ou lui offrir un bouquet de fleurs. C'est idiot d'offrir des fleurs aux gens. Elles meurent.

Il s'enroula dans ses couvertures avec un petit rire méprisant. « Peut-être, pensa Susan en le bordant à nouveau, peut-être qu'il n'est pas si différent de Julian, après tout. »

– J'ai mis de l'ordre dans tous tes papiers, annonça-t-il, ouvrant un œil, je peux poser mes voitures sur ton bureau si je range les choses après, hein ?

– Je pense que oui. Mais je parie que tu n'as pas mis de l'ordre dans le jardin.

Immédiatement, il feignit d'être épuisé, et tira les couvertures par-dessus sa tête.

– Un service en vaut un autre, dit Susan, et elle sortit dans le jardin pour ramasser les petites voitures éparpillées entre la pelouse et les plates-bandes.

Sur la rue, maintenant déserte, la nuit tombait. Les lampes s'allumaient une à une, et la grille des Winter projetait sur la route l'ombre fantasque d'une dentelle tissée par une main géante.

Susan cherchait à tâtons les jouets dans l'herbe humide quand elle entendit une voix derrière la haie.

– Je crois que ceci appartient à votre fils.

Avec l'impression d'être un peu ridicule ainsi à quatre pattes, elle se releva pour prendre le camion que lui tendait Bob North.

– Merci, dit-elle. Il ne faudrait surtout pas perdre celui-ci !

– Qu'est-ce que c'est ?

– Une espèce de balayeuse. Il l'a eue pour Noël.

– C'est une bonne chose que je l'aie repérée.

– Oui, en effet.

Elle s'éloigna de la grille. Jamais elle n'avait eu de conversation aussi longue avec Bob North, et elle devinait qu'il était sorti exprès pour lui parler. Il regardait à nouveau l'ornière sur le gazon. Elle ramassa un autre camion sous le lilas.

– Mrs Townsend... euh... Susan ?

Elle soupira pour elle-même. Non qu'elle fût gênée par l'emploi de son prénom, mais il impliquait une intimité que Bob pourrait chercher à faire grandir entre eux. « Voilà que je suis pire que Julian », pensa-t-elle.

– Pardon, dit-elle, comme je suis impolie !

– Pas du tout. Je me demandais simplement... (Il avait des yeux d'un bleu sombre, d'un bleu pailleté comme le lapis-lazuli. Il les détourna pour éviter son regard.) Vous tapez à la machine devant la fenêtre, n'est-ce pas ? Enfin vous écrivez ou quelque chose comme ça ?

– Je tape des manuscrits, oui. Mais pour un seul écrivain. (Évidemment, ce n'était pas ce qu'il demandait. Il fallait trouver n'importe quoi pour l'éconduire.) Je ne verrais pas la possibilité...

– Je voulais vous demander, interrompit-il, si jamais... eh bien, si aujourd'hui... Non, ne faites pas attention.

– Je ne regarde pas beaucoup par la fenêtre, mentit Susan.

Elle était extrêmement gênée. Durant peut-être une demi-minute, ils demeurèrent face à face, par-dessus la haie, les yeux baissés, sans parler. Susan tripotait la petite voiture qu'elle tenait dans sa main. Puis Bob North dit soudain :

– Vous avez de la chance d'avoir votre petit garçon. Si nous, ma femme et moi...

Ça ne sert à rien, faillit crier Susan. Les enfants ne sont pas un lien. Vous ne lisez donc jamais les journaux ?

– Il faut que je rentre, dit-elle en lui lançant un rapide sourire embarrassé, bonsoir, Bob.

– Bonsoir, Susan.

Ainsi donc, Doris avait raison, pensa Susan avec dégoût. Il se passait quelque chose et Bob commençait à deviner. Comme elle-même, dix-huit mois plus tôt, lorsque Julian, qui avait toujours des heures de bureau très strictes, avait commencé à téléphoner à 5 heures, pour annoncer qu'il rentrerait tard.

- Elizabeth ? avait-il dit quand elle avait pris ce coup de téléphone. Oh, *celle-là* ? C'est juste une fille qui n'arrête pas de me casser les pieds pour que je passe ses articles sur la cuisine dans le magazine.

Et que répondait Louise ? « Oh, *celui-là* ? C'est juste un type qui n'arrête pas de me casser les pieds pour que je fasse installer le chauffage central. »

Pour en revenir à miss Willingale, Paul n'avait pas exagéré en déclarant qu'il avait mis de l'ordre dans le secrétaire. Tout y était parfaitement rangé, tous les papiers bien empilés et les deux stylos à bille placés à gauche de la machine. Il avait même vidé le cendrier.

Soigneusement, elle remit les petites voitures dans leurs boîtes avant de s'asseoir. C'était le douzième manuscrit qu'elle préparait en huit ans pour Jane Willingale, transformant chaque fois un vilain petit canard de griffonnages pleins de ratures en un cygne parfait, immaculé, clair et soigné. Oui, de véritables cygnes ! Quatre d'entre eux avaient été des best-sellers et les autres n'en avaient pas été loin. Elle travaillait déjà pour miss Willingale lorsqu'elle n'était encore que la secrétaire de Julian, puis elle avait continué après leur mariage et après la naissance de Paul. Elle n'avait aucune raison de laisser tomber, maintenant qu'elle était divorcée. D'ailleurs, outre la satisfaction que donne un travail bien fait, ces romans lui apportaient un immense amusement, mêlé d'incrédulité. Tel avait du moins été le cas jusqu'à ce qu'elle s'embarque dans le dernier, et se trouve dans la même situation que l'héroïne...

Cela s'appelait *Chair fétide* – titre ridicule pour commencer. Encore une histoire d'adultère. L'infidélité avait déjà constitué le thème de *Vendetta*, mais dans ce temps-là, elle n'éprouvait pas le besoin de s'identifier aux personnages.

Ce soir, elle devait être particulièrement sensible, car elle tiqua en relisant la page dactylographiée : trois fautes en vingt-cinq lignes. Elle alluma une cigarette et gagna lentement le vestibule où elle contempla son image dans la grande glace. Doris la gaffeuse était tombée juste en disant que peu importait la beauté du mari ou de la femme. Ce devait être la variété et la distraction que recherchaient les gens comme Julian et Louise.

Elle était plus mince à présent, mais elle avait gardé une silhouette harmonieuse et se savait jolie. Des yeux bruns et des cheveux clairs étaient un mélange peu commun. Le blond naturel de ses cheveux était toujours le même depuis son enfance. Julian disait qu'elle lui rappelait la fille d'un tableau de Millais.

Tout cela ne changeait rien. Elle avait fait de son mieux pour être bonne épouse et bonne mère, et cela en pure perte. Elle se détourna du miroir, sentant qu'elle commençait à établir un lien entre elle et son voisin. Cela la rendit mal à l'aise, et elle essaya de ne plus penser à lui.

2

Susan venait de quitter Paul et Richard à la porte de l'école lorsque la voiture de Bob North la dépassa. C'était le genre de chose qui arrivait presque tous les jours. Cependant, ce matin-là, au lieu de suivre la longue file de voitures qui s'engageaient dans High Street pour rejoindre North Circular Road, la voiture se rangea le long du trottoir quelques mètres plus loin. La tête à la portière, Bob se lança dans le sketch de l'automobiliste qui offre à une jeune femme de la déposer quelque part. Elle se dirigea vers la voiture, un peu inquiète de cette soudaine manifestation d'amitié.

– J'allais faire des courses à Harrow, dit-elle, certaine que ce n'était pas sur le chemin de Bob.

– Parfait, répondit-il, il se trouve justement que je vais à Harrow. Je vais faire vérifier la voiture. Il faudra que j'aille travailler demain par le train ; espérons que le temps sera meilleur.

Pour une fois, c'est avec un immense plaisir que Susan se lança sur ce sempiternel et fastidieux sujet. Elle s'assit à côté de lui et se souvint d'un éditorial de Julian, où il soulignait que les Anglais, bien qu'habitués au climat le plus capricieux du monde, ne s'habituent jamais à ses extravagances et sont capables d'en disserter à loisir sur le ton aigri de ceux qui sont condamnés à passer leur vie sous une inévitable mousson. Et malgré les conseils qu'y distillait Julian, Susan avait embrayé sur la question. Oui, hier, il avait fait un temps plutôt doux, et aujourd'hui, cela s'était rafraîchi avec ce vent glacial et humide. Le printemps allait se faire attendre, à n'en pas douter. Il l'écouta jusqu'au bout, répondant sur le même ton, jusqu'à ce qu'elle sente chez lui un embarras égal à celui qu'elle éprouvait. Regrettait-il déjà d'en avoir dit un peu trop la veille au soir ? Peut-être lui avait-il offert de la déposer pour la remercier de sa discrétion. Peut-être ne voulait-il pas revenir à l'indifférence polie qui avait été leur lot jusqu'à présent, mais créer entre eux une amitié de voisinage plus étroite. Elle devait essayer de maintenir la conversation à ce niveau-là, sans faire allusion à Louise.

Ils entrèrent dans North Circular Road, où la circulation était dense, et Susan se creusa la tête pour trouver quelque chose à dire :

– Je vais acheter un cadeau à Paul, un circuit automobile électrique, pour son anniversaire jeudi.

– Jeudi, vraiment ? dit-il.

Elle se demanda pourquoi, quittant brièvement la route des yeux, il lui jeta un regard rapide et indéchiffrable. Peut-être avait-elle été mal avisée en parlant de son fils. La veille au soir il avait exprimé son chagrin de n'avoir pas d'enfant.

– Jeudi, répéta-t-il, mais cette fois sans intonation interrogative.

Ses mains se crispèrent sur le volant et ses phalanges blanchirent.

– Il va avoir six ans.

Elle sut alors qu'il allait parler, que le moment était venu. Elle percevait en lui cette respiration curieusement retenue et cet effort presque surhumain pour dominer une inhibition, qui précèdent le flot des aveux ou des confidences.

L'autobus de Harrow se rapprochait de l'arrêt ; elle allait le lui faire remarquer, et lui dire qu'elle pouvait descendre là pour le prendre, quand il lança avec une brusquerie qui n'allait pas avec son propos :

– Vous êtes-vous sentie très seule ?

C'était là une question inattendue, la dernière à laquelle elle fût préparée.

– Je ne sais pas très bien ce que vous voulez dire, murmura-t-elle, hésitante.

– Je vous ai demandé si vous vous étiez sentie très seule ? Je voulais dire, depuis votre divorce.

– Eh bien, je...

Ses joues s'empourprèrent et elle baissa les yeux. Posée sur ses genoux, sa paire de gants noirs ressemblait à des mains inertes. Ses mains se crispèrent, mais elle s'efforça de se détendre.

– Je m'en suis sortie, répondit-elle brièvement.

Elle n'allait pas lui faire des confidences.

– Mais lorsque ça s'est passé, juste après ? insista-t-il.

La première nuit avait été la pire. Non pas la première nuit où ils n'avaient pas dormi ensemble, mais celle qui avait suivi le départ de Julian. Elle était restée à la fenêtre pendant des heures à regarder les passants. Elle avait eu l'impression que personne d'autre n'était aussi seul qu'elle. Tout le monde avait un compagnon, un partenaire, un conjoint. Tous les couples mariés qu'elle voyait passer ne lui avaient jamais semblé aussi tendres et aussi liés. Elle se souvint alors très clairement que cette nuit-là, Bob et Louise étaient rentrés tard d'une soirée ou d'un dîner et qu'ils avaient ri ensemble sur la pelouse avant de rentrer la main dans la main.

Elle n'allait pas lui raconter tout cela.

– Bien sûr, il a fallu que je m'habitue à un tas de choses, dit-elle, mais quantité de femmes sont abandonnées par leurs maris. Mon cas n'était pas unique.

De toute évidence, il n'avait aucunement l'intention de gaspiller pour elle sa pitié.

– Et des maris sont abandonnés par leur femme, continua-t-il.

Et voilà, le mot était lâché. Il n'y avait plus qu'à espérer arriver à Harrow avant dix minutes.

– Nous sommes dans le même bateau, Susan.

– Vraiment ?

Elle ne cilla pas pour ne pas l'encourager davantage.

– Louise est amoureuse de quelqu'un d'autre.

Les mots semblaient froids, bien pesés, mais, Susan ne répondant rien, il éclata soudain et cria d'une voix discordante :

– Vous êtes discrète, vous êtes prudente, hein ? Louise vous doit des remerciements ? Ou peut-être bien que vous êtes de son côté. Oui, c'est ça, j'imagine. Vous en voulez aux hommes à cause de ce qui vous est arrivé. Ce serait autre chose, n'est-ce pas, si une femme venait me voir en l'absence de Louise ?

– Vous avez été très aimable de m'offrir de me déposer, répondit-elle très calmement, bien que ses mains tremblent. Je ne savais pas que j'étais censée vous en remercier en vous racontant ce que fait votre femme quand vous n'êtes pas là.

Il prit une profonde inspiration.

– Peut-être que c'est ce que j'aurais voulu.

– Je ne tiens en aucune façon à me mêler de votre vie privée, à vous et à Louise. Maintenant je voudrais descendre, s'il vous plaît.

Il réagit d'une façon curieuse. Susan avait cru impossible un refus de sa part, mais, au lieu de ralentir, il accéléra et s'engagea dans la file rapide. La voiture qui les suivait pila et klaxonna. Il écrasa l'accélérateur et Susan vit sa bouche esquisser un sourire de triomphe. Elle avait beau être indignée, pendant un moment elle eut vraiment peur. Il y avait dans le visage de Bob quelque chose de sauvage et de forcené que certaines femmes auraient pu trouver séduisant, mais aux yeux de Susan, il avait simplement l'air d'un enfant qui joue au casse-cou.

L'aiguille montait sur le cadran. Il y a des hommes qui pensent que conduire vite et dangereusement est une preuve de virilité et c'était peut-être cela qu'il voulait démontrer. Il avait été blessé dans son amour-propre et il ne fallait pas le vexer davantage. Aussi, au lieu de protester, bien qu'elle se sentît mal à l'aise, elle se contenta de dire ironiquement :

– Je n'aurais pas cru que votre voiture avait besoin d'une révision.

Il eut un petit rire bas, malheureux.

– Vous êtes une fille bien, Susan. Pourquoi n'ai-je pas eu assez de bon sens pour épouser quelqu'un comme vous ?

Puis il mit le clignotant et ralentit.

– Je vous ai fait peur ? Pardon. (Il se mordit la lèvre.) Je suis si malheureux.

Il soupira et porta la main à son front. Une boucle noire tomba entre ses yeux et, de nouveau, Susan vit en lui le petit garçon perdu.

– Je suppose qu'il est avec elle en ce moment ; il a laissé sa voiture dehors au vu et au su de tout le monde. Je vois la scène d'ici. Ce sale chien aboie et ils vont tous regarder par la fenêtre. Ce n'est pas vrai, Susan ?

– Je suppose que si.

– Pour un rien je rentrerais déjeuner, un jour, et je les surprendrais.

– Voici le magasin où je veux aller, Bob, si ça ne vous fait rien...

– Et voilà mon garage.

Il descendit pour lui ouvrir la portière. Julian n'avait jamais eu ce genre d'attention délicate. Son visage n'avait jamais trahi la moindre émotion. Bob était beaucoup plus séduisant que Julian, plus franc, plus avenant – et pourtant. Il n'avait pas un visage tendre, pensa Susan. On y décelait de la sensibilité, mais une sensibilité égoïste, une sensibilité tournée sur elle-même, sourde aux peines d'autrui et qui ne s'éveillait que lorsque son propriétaire était malheureux.

Elle sortit de la voiture et resta sur le trottoir à côté de lui. Le vent glacé avivait la couleur de ses joues si bien qu'il eut tout à coup l'air sain et insouciant. Deux filles passèrent à côté d'eux et l'une d'elles lança à Bob par-dessus son épaule un regard appuyé et appréciateur, de ceux que les hommes lancent aux jolies femmes. Lui aussi avait surpris ce coup d'œil, et Susan fut choquée de le voir faire discrètement la roue et s'accouder contre la voiture avec une élégance calculée. Elle ramassa son panier en disant vivement :

– Merci. À un de ces jours.

– Il faudra que nous recommencions, dit-il avec un rien de sarcasme dans la voix.

La voiture était encore garée le long du trottoir et lui au volant lorsqu'elle ressortit du magasin de jouets. Combien l'année qui avait passé l'avait endurcie ! Autrefois, elle aurait éprouvé tant de peine pour quelqu'un dans sa situation, celle qu'elle avait vécue douze mois plus tôt. Elle ne pouvait se débarrasser de l'impression qu'il jouait un rôle, qu'il mettait toute son énergie à se présenter comme un objet de pitié. Il se disait malheureux, mais il n'en avait pas l'air. Il donnait simplement l'impression de vouloir que chacun sût qu'il était malheureux. Où étaient les rides causées par la tension, la réserve poignante et silencieuse ? Leurs regards se croisèrent pendant une seconde et elle aurait pu jurer qu'il donnait à sa bouche un pli amer à son intention à elle. Il leva la main dans un bref salut, mit le moteur en marche, et s'éloigna le long de l'allée cimentée, entre les pompes à essence.

Dans un autre de ses éditoriaux pour *Certainty*, Julian Townsend avait fait remarquer que les seuls espaces verts qui subsistaient dans le nord-ouest de Londres étaient presque tous des cimetières. L'un d'entre eux, cimetière débordant d'une banlieue quelconque, séparait les arrière-cours d'Orchard Drive de North Circular Road. De loin, il avait un côté pimpant, presque campagnard, avec ses ormes qui dressaient sur le ciel leurs maigres branches noires où nichaient des corneilles. Mais si d'aventure on le traversait pour rentrer chez soi, il fallait beaucoup d'imagination pour oublier qu'on se trouvait dans une banlieue, à la bordure d'une grande ville. Au lieu du parfum de l'herbe et des épines de pin, on sentait l'odeur âcre de l'usine chimique voisine et on apercevait entre les arbres les voitures passer comme sur un tapis roulant perpétuellement en marche, d'innombrables voitures, des semi-remorques qui transportaient encore des voitures, et des bus rouges.

Susan descendit de l'un d'eux et prit le raccourci à travers le cimetière. Des obsèques avaient eu lieu la veille et sur une tombe fraîchement remblayée gisaient une dizaine de couronnes dont une nuit de gel et un vent âpre avaient noirci les fleurs. Il faisait encore froid. Le vent déchiquetait les nuages informes, couleur de serpillière sale. C'était, pensa Susan, un jour à déprimer le plus enjoué. Tandis qu'elle traversait la partie la plus sinistre du cimetière, elle se dit qu'avec son col relevé sur ses joues, elle devait ressembler à la mère d'Oliver Twist en chemin vers l'orphelinat. Cette pensée la fit sourire. Au moins, elle n'était ni enceinte ni démunie ni sans abri.

Elle arrivait maintenant à Matchdown Park; elle voyait l'arrière des maisons d'Orchard Drive. La sienne et celle des North étaient absolument identiques et cette constatation lui serra le cœur de tristesse et de découragement. Il lui semblait que la vie de leurs occupants était destinée à suivre un chemin parallèle : amour, méfiance, amertume, rupture et encore méfiance...

Deux hommes descendaient le chemin qui menait à la porte de service de Louise. Ils tenaient à la main des tasses de thé et la vapeur s'élevait dans l'air glacé en légers flocons. Il s'agissait sans doute des ouvriers occupés à creuser des tranchées sur la route située immédiatement en contrebas. Cela faisait maintenant des semaines qu'ils s'acharnaient sur ce morceau de macadam pour poser des câbles ou des conduites – qui sait ? Mais il n'était jamais venu à l'esprit de Susan de leur offrir le thé. À ses yeux, ils ne représentaient que des ennuis : Paul rapportant de la boue sur ses chaussures et le vacarme crispant de leurs marteaux-piqueurs.

Elle sortit du cimetière et traversa la route. Dans la cabane des ouvriers brûlait un feu rougeoyant dans un brasero fait d'un seau percé de trous. Comme elle s'approchait de sa propre clôture, la chaleur de ce feu lui parvint, réconfortante, telle une brise chaude et âcre.

Les hommes qui tenaient les tasses pleines de thé s'approchèrent du feu et s'accroupirent devant. Susan s'apprêtait à leur dire bonjour quand un troisième ouvrier émergea de la tranchée, dont la profondeur ne semblait jamais varier, et émit un sifflement admiratif. Les femmes se moquent bien qu'on les siffle, n'est-ce pas ? D'ailleurs, y en a-t-il qui répondent à de telles avances ? Susan vida son visage de toute expression, comme elle le faisait en de telles occasions et pénétra dans son propre jardin.

Du coin de l'œil, elle vit l'homme qui avait sifflé remonter le chemin vers la maison de Louise pour aller chercher son thé. La clôture faisait 1,80 m de haut entre les deux portes de service. Susan ne voyait rien, mais elle entendit Louise rire et badiner avec son visiteur.

Susan traversa la maison et sortit sur le pas de la porte afin de prendre le lait. Contrairement à ce qu'avait prédit Bob, il n'y avait aucune Ford verte sur le carré de gazon, mais, enfoncée dans le sol, tout au bout du jardin, elle aperçut sa reproduction en miniature. Par inadvertance, elle avait laissé toute la nuit dehors un des modèles réduits de Paul. Comme elle se baissait pour le ramasser, Doris apparut. Elle sortait de chez Betty Gibbs et Betty la suivait, afin de prolonger leur conversation jusqu'à la grille. Susan entendit Betty qui disait :

– C'est un vrai défilé ! Pourquoi est-ce qu'ils ne font pas leur propre thé ? Ils ont du feu... Oh ! bonjour ! fit-elle.

Elle avait repéré Susan, qui se dirigea vers les deux femmes à contrecœur.

– Doris et moi regardions la façon dont notre voisine tient sa buvette, expliqua Betty.

– Le petit ami n'est pas venu aujourd'hui, coupa Doris, voilà la raison.

– Mais il y a des semaines et des semaines que Louise fait du thé pour ces hommes, protesta Susan.

Elle se mordit les lèvres : au nom de quoi devait-elle se poser en défenseur de Louise ? Cette femme ne lui était rien, moins que rien. Comme elle devait avoir l'air suffisant vis-à-vis de ces voisines si honnêtes et si ordinaires ! Suffisante, sévère et réprobatrice. Elle avait de la terre sur les mains et elle se surprit à se les essuyer comme pour se débarrasser d'une nouvelle souillure.

– Voyons, reprit-elle en s'efforçant de sourire d'un air incrédule, vous ne pensez pas vraiment que Louise s'intéresse à un de ces ouvriers ?

– Je sais que vous ne le croyez pas, vous. Vous êtes tellement discrète.

– Excusez-moi, Doris. Je ne voudrais pas avoir l'air prude, fit Susan en respirant profondément. J'espère simplement que les choses s'arrangeront pour les North, voilà tout, et qu'ils ne seront pas trop malheureux.

Les deux autres femmes semblèrent prises au dépourvu. C'était comme s'il ne leur était jamais venu à l'esprit que les difficultés du ménage North puissent avoir pour résultat de les faire souffrir. Elles n'y voyaient qu'une situation excitante, qui pouvait soulever un énorme scandale, ou continuer à fournir un sensationnel sujet de ragots, mais rien d'aussi tangible que la douleur. Doris rejeta la tête en arrière et Susan attendit qu'elle lui répondît vertement. Au lieu de quoi, Doris dit gentiment, mais d'une voix trop forte :

– Je vous ramènerai Paul à l'heure habituelle.

C'est un bruit caractéristique qui l'avait fait changer d'attitude et de sujet : derrière elle, sur le chemin qui menait à Braeside, on entendait le claquement sec des hauts talons de Louise. Entraînée malgré elle dans ces conspirations de commères, Susan ne bougea pas. Elle tournait le dos à Louise, mais les autres lui faisaient face et ce fut à la fois comique et pénible de voir comment elles se redressèrent de toute leur taille, avant que Betty, la moins audacieuse des deux, ne parvienne à esquisser un pâle sourire et à faire un signe de tête.

Susan se serait sentie moins lasse et moins dégoûtée si elles avaient réservé le même traitement à Julian, un an auparavant. Mais dès que le désaccord entre elle et son mari était devenu visible, ces mêmes femmes l'avaient accablé d'amabilités. À Matchdown Park, dernier bastion de la mentalité victorienne, on trouvait encore fascinant l'homme infidèle, mais la femme adultère restait une créature déchue. Ostensiblement, elle rentra dans son propre jardin et adressa à Louise un large sourire et un cordial : « Bonjour ! » qui ne lui était pas habituel.

Sa voisine était descendue dans le jardin pour la même raison qu'elle et tenait à la main deux bouteilles de lait, dont le couvercle en papier d'aluminium avait été percé de trous par les moineaux.

– Bonjour ! dit Louise de sa voix de petite fille, qui paraissait toujours plaintive.

– Bob m'a emmenée à Harrow, ce matin.

– Ah oui ?

Elle semblait on ne peut plus indifférente, mais elle s'approcha quand même de la clôture en se frayant un chemin dans l'herbe détrempée. Ses talons s'enfonçaient dans le carré de gazon tout comme les roues de la voiture de son amant. Louise portait toujours des hauts talons, sans quoi elle aurait eu l'air d'une petite fille de douze ans, avec son mètre soixante, mais, comme la plupart des femmes minuscules, elle se perchait continuellement sur des échasses et coiffait ses cheveux en un périlleux chignon haut. Dessous, sa petite figure pâle avait l'air fripée et ratatinée. Bien sûr, il faisait particulièrement froid ce matin et, comme d'habitude, Doris s'était mise à se plaindre à pleins poumons des rigueurs de la température et rentrait à petits pas chez elle en affirmant son impatience de retrouver un bon feu.

– On gèle ! s'écriait-elle. Je n'ai jamais vu un pareil temps. On se demande comment on fait pour rester ici au lieu d'émigrer tous en Australie !

– Il ne fait pas si froid que cela, murmura Louise.

Maintenant, elle s'appuyait à la palissade. Elle y posa ses coudes et dévisagea Susan d'un air mélancolique.

– Il y a des choses plus graves qu'un peu de froid, dit-elle.

– Il faut que je sois folle pour rester ici, cria Doris, toujours immobile sur le trottoir, les yeux fixés sur Louise. Je ne suis qu'une masse d'engelures, voilà ce que je suis.

– Eh bien, moi, je rentre, répondit fermement Susan, et elle referma la porte derrière elle. Pendant un instant, elle avait eu la désagréable impression que Louise aussi voulait se lancer dans des confidences, mais c'était impossible. Elle connaissait à peine cette femme. L'idée que pût naître de l'intimité entre elle et les North l'effrayait complètement. La veille encore, ils ne représentaient que de simples connaissances, tandis que maintenant... C'était à croire que Julian ne se trompait pas lorsqu'il disait qu'on choisit ses amis, mais que les voisins s'imposent à vous et que la seule protection qu'il vous reste, c'est de vous tenir à distance. À n'en pas douter, elle avait été trop indulgente. Peut-être que sa réputation de discrétion, à laquelle Doris avait fait allusion, était parvenue aux oreilles des North, si bien que séparément ils avaient décidé de chercher en elle une confidente ?

Susan cessa de s'attendrir, haussa les épaules et s'installa devant son bureau. Tout cela était bien ennuyeux, mais il n'y avait rien à craindre. Oui, mais pourquoi éprouvait-elle ces sensations contradictoires, ce désir d'être à des lieues d'ici et en même temps de ressortir et de contempler Braeside, cette maison étrangement secrète dont les fenêtres s'ouvraient si rarement et sur la pelouse de laquelle ne jouait aucun enfant ? C'était comme si elle avait cherché à se rassurer, à chasser un doute ou une crainte.

Au bout d'un moment, elle posa les doigts sur le clavier et fit le vide dans son esprit.

À 3 heures et demie elle alla dans la cuisine. Une résolution s'était inconsciemment formée en elle, pendant qu'elle travaillait. À l'avenir elle aurait aussi peu que possible de relations avec les North. Elle n'accepterait plus de place dans la voiture, n'aurait plus de conversations dans le jardin. Il pourrait même être prudent d'observer leurs allées et venues pour éviter de les rencontrer.

Susan entendait le vacarme des marteaux-piqueurs qui lui parvenait de derrière la maison. Elle mit la bouilloire à chauffer, contemplant les grands ormes qui oscillaient dans le vent avec la souplesse de grandes herbes. Elle pouvait tout juste apercevoir le brasero rougeoyant des ouvriers, qui allumait des reflets écarlates sur le visage des hommes, « de pâles visages qu'obscurcissaient les flammes » lorsqu'ils franchissaient le seuil de leur cabane. La vue d'un feu dont d'autres profitent donne toujours une impression d'exclusion et de solitude. Avec ses vives flammes bleues qui dansaient sur les braises rouges, le brasero incandescent évoquait les fourneaux de fortune des marchands de châtaignes, et elle se rappela que Julian et elle s'arrêtaient parfois sur le chemin du cinéma pour acheter des marrons et s'y réchauffer les mains.

Le ciel était devenu d'un bleu de glace et les nuages qui le traversaient ressemblaient à des icebergs à la dérive. La bouilloire tressautait sur la flamme et les marteaux-piqueurs poursuivaient leur vacarme, quand soudain, par-dessus le bruit, Susan entendit distinctement frapper à la porte d'entrée.

Pollux n'avait pas aboyé. Ce devait être un voisin. Il était trop tôt pour que Doris ramène Paul. En outre, Doris passait toujours par-derrière et s'annonçait de toute sa voix en donnant de grands coups sur la porte.

Le bruit des marteaux-piqueurs s'éteignit. Susan traversa le hall, et, de nouveau, on frappa légèrement. Elle ouvrit la porte et sentit son cœur se serrer en découvrant la personne qui attendait sur son seuil.

À quoi cela servait-il de décider d'éviter les gens lorsqu'ils s'imposaient à vous ? Louise North avait jeté son manteau de petite fille sur ses frêles épaules. Elle entra frissonnante, avant que Susan ait pu l'en empêcher, et ses talons claquèrent sur le parquet. Louise tremblait, elle tenait à peine debout.

– Vous avez bien cinq minutes, Susan. Pour parler.

Elle leva les yeux pour regarder Susan en face. Ces yeux, du bleu pâle et fade des perles en verre, étaient pleins de larmes, sans doute dues au froid. Mais elle vient de la maison voisine ! pensa Susan. À moins qu'elle ne soit en train de pleurer. Elle pleurait, en effet.

– Vous permettez que je vous appelle Susan ? Appelez-moi Louise, je vous en prie.

Vous êtes au bout du rouleau, faillit dire Susan. Deux larmes coulaient sur la maigre figure de Louise. Elle les essuya de la main et trottina vers le living-room.

– Je connais le chemin, murmura-t-elle. C'est exactement la même maison que la mienne.

Ses talons laissèrent une piste jumelle de petits creux qui marqueraient à jamais le parquet.

Susan la suivit, impuissante. Le visage de Louise était couvert d'un mélange de larmes et de maquillage appliqué sur celui de la veille. Dans le living-room tiède et silencieux, Louise laissa tomber sa tête entre ses mains et des larmes filtrèrent à travers ses doigts jusque sur ses poignets.

3

Susan resta debout près de la fenêtre et attendit que Louise s'arrête de pleurer. Elle tenait à ne pas former de jugement hâtif, mais elle éprouvait de l'impatience. Louise n'avait pas de mouchoir. À présent, d'un air languissant et embarrassé, elle fouillait dans les poches de son manteau et cherchait vaguement autour d'elle le sac à main qu'elle n'avait pas emporté.

Dans la cuisine, la bouilloire faisait un bruit de ferraille martelée. Susan y avait mis un morceau d'éponge il y avait des années pour absorber les dépôts de calcaire. Avec le temps, l'éponge s'était pratiquement pétrifiée et c'était elle qui faisait tout ce bruit. Susan alla dans la cuisine, éteignit le gaz et rapporta un mouchoir propre à Louise.

– Je suis désolée, hoqueta Louise.

Les larmes avaient gonflé et rougi son visage puéril. Elle porta une main à ses cheveux, attrapa des mèches et les enfonça de nouveau dans l'édifice laqué qui lui donnait cinq centimètres de plus.

– Vous devez trouver que je ne sais pas très bien me dominer pour me laisser aller comme ça, alors qu'on se connaît à peine. Mais, voyez-vous, mes amis sont tous des catholiques et je ne peux pas leur en parler. Je veux dire : l'abbé O'Hara, Eileen et des gens comme ça – je sais ce qu'ils me répondraient.

Susan avait oublié que Louise était catholique. Maintenant elle se rappelait l'avoir vue parfois aller à l'église en compagnie d'Eileen O'Donnell, avec les mantilles de dentelle noire qui dissimulaient leurs visages durant la messe.

– Bien sûr, je ne peux pas demander le divorce, continua Louise, mais je croyais... Oh ! je ne sais comment dire... Je vous ai fait perdre votre temps pendant que je me mettais dans cet état, et maintenant j'ai l'impression que je ne peux rien dire. Je suis comme vous, voyez-vous, plutôt réservée.

Susan ne trouva pas la comparaison entièrement de son goût. La réserve ne consiste pas à entrer chez une voisine pour pleurer et emprunter des mouchoirs.

– Eh bien, si vous restiez ici à vous remettre pendant que je fais du thé ?

– Vous êtes très gentille, Susan.

Les marteaux-piqueurs avaient repris leur assourdissant vacarme. Tandis que Susan préparait des toasts, elle commença à penser à ce qu'elle dirait à Louise quand elle retournerait dans le living-room. Mais, elle en avait bien peur, les conseils qu'elle pourrait lui donner ressembleraient fort à ceux d'Eileen ou du prêtre. Quant à ce que Louise lui répliquerait, elle n'éprouverait aucune difficulté à le deviner. Ce serait une tirade provocante : « L'amour donne le droit de faire ce qu'on veut. Il vaut mieux gâcher une vie qu'en briser deux à jamais. Il faut profiter de la vie pendant qu'on est jeune... » Julian lui avait déjà dit tout cela et probablement en le formulant bien mieux que ne le pourrait Louise. Si jamais la pauvre avait des difficultés, se dit Susan amèrement, je serais même capable de lui souffler des pans entiers de la froide et logique tirade de Julian. Elle revint avec la nappe et le service à thé. Louise, maintenant debout, le visage douloureux, se perdait dans la contemplation des ormes frémissants et du ciel froid où couraient des nuages.

– Vous vous sentez un peu mieux ? demanda Susan. (Et elle ajouta comme pour se défendre :) Paul sera là dans un moment.

Elle espérait faire comprendre une chose à sa visiteuse : elle ne voulait pas que son fils, enfant d'un mariage malheureux, déjà témoin de la souffrance des adultes, soit mis au courant une fois encore de leurs problèmes conjugaux et voie pleurer une grande personne.

Mais Louise, comme son mari, s'intéressait peu aux tourments d'autrui.

– Oh ! mon Dieu, s'exclama-t-elle d'un air pathétique, et Doris Winter qui va arriver avec votre fils. Susan, j'ai passé tout l'après-midi à rassembler mon courage pour venir vous trouver. Il m'a fallu des heures avant d'oser venir. Vous avez été si gentille et si cordiale avec moi dans le jardin et je... Ecoutez, Bob va rentrer tard ce soir et je serai toute seule. Voudriez-vous venir chez moi ? Rien que pour une heure ?

La grille claqua. Pendant une seconde les regards des deux femmes se croisèrent et Susan pensa : comme elle a l'air innocente, elle ne pourrait pas faire de mal à une mouche ! Mais pourquoi s'occuper de mouches, quand on peut torturer les gens ?

– Salut ! cria Doris de la porte, nous sommes encore en retard. J'ai follement envie d'une tasse de thé.

Louise prit son manteau sur la chaise, le visage encore marbré et taché par les larmes. Elle leva les yeux à l'arrivée de Doris et un petit sourire pathétique trembla sur ses lèvres.

– Oh ! je ne savais pas que vous aviez du monde ! dit Doris, autrement je ne serais pas entrée comme ça.

Ses yeux s'agrandissaient d'excitation à l'idée qu'elle était peut-être par hasard tombée sur « l'événement » à l'heure et à l'endroit le plus improbables. Elle retira ses gants de laine de ses doigts rougis par le froid et leva vers Susan un sourcil interrogateur. Susan ne broncha pas, amusée de voir combien l'avide impatience de Doris se muait peu à peu en humeur chagrine, jusqu'à ce que, finalement, comme une batterie qui cherche à se recharger, elle se colle contre le radiateur et déclare d'un air boudeur :

– Il y en a qui aiment ce temps-là. Moi, j'ai été gelée toute la journée.

Alors Louise parla. Par la suite, Susan devait souvent penser que, si sa voisine avait gardé le silence, ou avait simplement fait quelque remarque inoffensive, toute la tragédie qui allait suivre aurait pris un tour différent, ou même aurait pu être complètement évitée. Malgré sa décision de ne se mêler de rien, elle aurait accepté l'invitation de Louise pour ce même soir, par faiblesse et par compassion. Elle aurait appris et compris, elle aurait été à même de la protéger.

Mais Louise, tripotant son manteau et ne sachant si elle devait empocher le mouchoir de Susan ou le laisser sur le bras du fauteuil, tourna vers Doris ses yeux larmoyants, et dit :

– J'aurai mon chauffage central l'hiver prochain ; on va l'installer bientôt. (Une minuscule étincelle d'enthousiasme colora ses joues.) Je suppose que vous avez vu le représentant chez moi.

Les sourcils toujours mobiles de Doris s'écarquillèrent brusquement et faillirent disparaître sous sa frange.

– Je vais vous reconduire, dit froidement Susan.

La rage lui fit supprimer le prénom qui aurait adouci cette formule de congé. Que Louise vienne ici pleurer sur ses amours et s'obstine ensuite à user du subterfuge qu'elle avait employé pour abuser tout le monde, cela la remplissait de colère. Cette duplicité devenait insoutenable.

Louise trébucha en traversant le hall et son talon laissa une longue rayure sur le parquet, ciré avec tant d'amour par Susan et sa femme de ménage, Mrs Dring. Aussi illogique que cela pût paraître, cette dernière bévue excéda bien plus Susan que le peu de sang-froid et les pauvres ruses de Louise. Arrivée à la porte, la visiteuse s'arrêta pour chuchoter :

– Vous viendrez ce soir ?

– Je crains bien de ne pouvoir laisser Paul tout seul.

– Alors venez demain prendre le café, supplia Louise. Venez dès que vous aurez conduit Paul à l'école.

Susan soupira. Elle avait envie de lui dire qu'elle ne viendrait jamais et que les problèmes de Louise et de son mari lui étaient tout à fait étrangers. Bob serait parti et c'est pourquoi Louise voulait, comme la petite fille qu'elle était, s'épancher sur l'épaule de Susan. Mais ne se rendait-elle pas compte que Susan était perpétuellement toute seule, que Julian était parti pour toujours ? Tout cela était la faute de Julian. S'il avait été là, il n'aurait pas laissé les North se servir d'elle comme conseillère et comme intermédiaire. Mais en même temps, s'il avait été là, les confidences n'auraient même pas commencé. Ce n'était que parce qu'il l'avait abandonnée et contrainte au divorce que les North voyaient en elle la conseillère idéale. Ce qu'elle avait subi lui en donnait toutes les qualifications : elle serait capable de comprendre les raisons du mari comme de la femme. C'était un avantage par rapport à des gens comme le prêtre ou les grenouilles de bénitier.

– Louise... commença-t-elle, ouvrant la porte, et laissant l'air froid et humide baigner son visage brûlant.

– S'il vous plaît, Susan ! Je sais que c'est laid, que c'est dégoûtant, mais je n'y peux rien. Je vous en prie, dites que vous viendrez.

– Je viendrai à 11 heures, dit Susan.

Elle ne pouvait plus résister à cet air de supplication angoissée. Encore exaspérée mais presque résignée, elle suivit Louise au-dehors afin de crier aux garçons de venir goûter.

Le cliquetis des talons s'éloigna et Louise rentra chez elle. Louise portait des chaussures pointues dont le bout, que ses orteils ne pouvaient atteindre, était tordu et crevassé. Dans son long manteau flottant, avec ces absurdes souliers trop hauts, elle avait l'air d'une petite fille qui aurait mis les vêtements de sa mère.

Pendant un moment, Susan laissa son regard errer sur la façade de Braeside. De toutes celles de la rue, c'était la seule que ses occupants n'avaient pas cherché à décorer. Susan n'était pas une fanatique des nains de jardin, des lanternes de fiacre et des bassins à pigeons montés sur colonnes doriques, mais elle percevait dans le laurier en pot des Gibbs le souci de se distinguer et dans les bacs à fleurs des O'Donnell un mélancolique besoin de beauté.

Braeside était restée dans l'état où elle était depuis qu'elle avait été construite, dix ans auparavant. Elle n'avait jamais été repeinte et on avait l'impression que les fenêtres perpétuellement fermées ne s'ouvriraient jamais. La maison appartenait aux North et cependant on aurait dit qu'elle avait été louée à court terme, comme si ses propriétaires y voyaient un lieu de séjour provisoire plutôt qu'un foyer.

On n'avait planté aucun arbre dans le jardin. Presque toutes les autres demeures possédaient un ou plusieurs cyprès, ou bien un prunier. Le jardin de Braeside était juste un grand carré de terrain entièrement planté de jonquilles et entouré d'une bordure de gazon. Plantées en rangées rectilignes, les jonquilles avaient l'air de ces plates-bandes qu'on trouve chez les pépiniéristes. Louise ne les coupait jamais. Susan revoyait les printemps passés, quand Louise passait précautionneusement entre les fleurs pour caresser les longues feuilles lisses et se penchait pour respirer les boutons jaunes au parfum frais et légèrement âcre. Aujourd'hui, les jonquilles n'étaient pas encore écloses et semblaient, scellées comme la maison, dissimuler un secret.

Susan appela les enfants. Les fenêtres de Braeside étaient obscures, aussi efficaces que des volets si une femme voulait se cacher derrière et y pleurer à se briser le cœur.

Faire face à la curiosité de Doris, essayer de donner à Paul une réponse satisfaisante, mais pas forcément inexacte, quand il avait demandé pourquoi Mrs North pleurait, tout cela avait laissé Susan épuisée et de mauvaise humeur. Elle avait bien besoin de quelqu'un avec qui parler de la crise qui avait surgi dans la vie des North et elle pensa, non sans mélancolie, que Doris régalait maintenant John du récit de ce dernier épisode. Un homme aurait vu toute la question de façon plus directe – et moins subtile – qu'elle ne le faisait. Un homme l'aurait conseillée sur la manière d'éviter toute compromission avec tact et bonté.

Quand le téléphone sonna à 7 h 30, elle sut que l'appel devait venir de Julian, et, pendant un moment, elle songea à se décharger sur lui de ses soucis. Si seulement Julian avait été plus humain, avait moins ressemblé à un acteur en train de jouer dans une éternelle comédie de salon ! Et depuis son remariage il était devenu encore plus onctueux, plus spirituel, en un sens plus inconsistant. Il avait toujours été méprisant, misanthrope, exclusif, bizarrement convaincu que les habitants d'une banlieue étaient des sous-êtres qui végétaient dans une existence de troglodytes. Il restait indifférent à leurs activités, alors que les faits et gestes de son petit cercle éveillaient chez lui une curiosité presque féminine. Dès que Susan entendit sa voix, elle sentit ses espérances s'évanouir. Consulter Julian équivaudrait à s'attirer une rebuffade cinglante.

– Tu as dit que cette heure était la plus commode pour toi, dit la voix précieuse, donc, puisque je m'efforce de te faire plaisir, je me suis arraché à mon cocktail de crevettes.

– Bonjour, Julian.

L'habitude qu'il avait de plonger au cœur du sujet sans salut ni préambule irritait toujours Susan. Bien sûr, on pouvait s'attendre à ce qu'une ex-épouse reconnaisse au moins la voix de son ex-mari. Mais Susan savait qu'il agissait ainsi avec tout le monde, y compris de vagues connaissances. À ses propres yeux, il était unique, et il n'imaginait même pas que les gens puissent ne pas l'identifier, fussent-ils sourds.

– Comment vas-tu ?

– Je me porte bien.

Cette réponse parfaitement correcte mais peu usitée était un autre « julianisme ». Il ne disait jamais : je vais bien.

– Comment se porte Matchdown Park ?

– Comme d'habitude, dit Susan prête à affronter le sarcasme.

– C'est ce que je craignais. Maintenant écoute, ma chère. Je crois bien que dimanche, je ne pourrai pas voir Paul. La maman d'Elizabeth nous a invités pour le week-end, et, naturellement, je ne peux pas y couper, même si j'en avais envie, ce qui n'est d'ailleurs pas le cas.

– Tu pourrais l'emmener.

– Lady Maskell n'est pas exactement ravie d'avoir des gosses chez elle.

Susan avait toujours trouvé bizarre que Julian, rédacteur en chef d'une revue de gauche, se soit remarié avec la fille d'un baronet, et, ensuite, ait éprouvé tant de respect pour l'aristocratie terrienne à laquelle appartenait sa belle-famille.

– C'est la deuxième fois depuis Noël que tu le laisses tomber, dit-elle. Inutile que le juge te recommande de le voir un dimanche par mois si tu es toujours trop pris pour cela. Paul avait hâte de venir te voir.

– Oh ! tu peux l'emmener quelque part. Emmène-le au zoo.

– C'est son anniversaire après-demain. Peut-être que ce serait utile de te le rappeler.

– Ne t'agite pas, ma chère. Elizabeth l'a noté sur la liste des courses pour être sûre que nous ne l'oublierons pas.

– Tout va bien alors, fit-elle d'une voix tremblante d'énervement.

Sa journée avait été infernale.

– Tu ferais mieux de retourner à ton steak ou à la suite du menu, conclut-elle du ton agacé qu'il détestait, mais qu'il avait le don de susciter chez les gens.

Elizabeth avait noté sur sa liste des courses ! Susan voyait la liste d'ici : crevettes en boîte, poivrons, biscuits salés, cadeau d'anniversaire pour le « gosse », filet de bœuf, chocolats pour maman... Comme Julian était exaspérant ! Cela semblait curieux... Le souvenir des paroles ou des expressions qu'il affectionnait pouvait attrister Susan et la faire souffrir, mais ces conversations hebdomadaires, jamais.

Il enverrait sûrement à Paul quelque chose de ridicule, une guitare électrique ou un équipement pour la chasse sous-marine ; ni l'un ni l'autre ne serait, aux yeux de Julian ou d'Elizabeth, un cadeau déplacé pour le sixième anniversaire d'un enfant de la classe moyenne, vivant dans la banlieue. Susan fit le tour de la maison et verrouilla les portes pour la nuit. D'ordinaire, lorsqu'elle s'acquittait de cette tâche, elle ne prenait jamais la peine de lever les yeux vers Braeside, mais ce soir, elle le fit, et fut inquiète de voir la maison non éclairée. Louise ne pouvait tout de même pas être déjà couchée à 8 heures ? Une simple curiosité, un besoin de savoir, aussi peu excusable que chez Doris, s'emparèrent d'elle, la poussant à se rendre au jardin pour regarder la maison voisine : tache de nuit au milieu de ses voisines brillamment éclairées. Louise était sans doute sortie, probablement pour retrouver son amant et elle était maintenant installée avec lui dans un pub quelconque de North Circular Road, ou en train de lui tenir la main dans un café à moitié vide. Mais Susan ne pensait pas que ce soit la réponse, et elle se sentait déprimée à l'idée que Louise, allongée, veillait dans cette maison, les yeux ouverts dans l'obscurité.

Elle tendit l'oreille, sans savoir vraiment ce qu'elle cherchait à écouter. Elle n'entendit rien et, un peu déconcertée, elle écouta le silence. Julian disait que Matchdown Park était un dortoir et la nuit, c'était rien de moins que la vérité, avec tous ses habitants pelotonnés dans leurs maisons comme des chenilles dans leurs cocons. Et pourtant, c'était incroyable qu'il puisse y avoir tant de gens qui vivent et respirent autour d'elle, et cela dans le plus complet silence.

Mais ce silence-là n'était rien en comparaison de l'épais silence feutré qui régnait derrière la maison. Susan vérifia le verrou de la porte de derrière et remarqua que le vent était tombé. Excepté le flot de voitures qu'on apercevait au loin entre les branches immobiles, rien ne bougeait ni ne brillait à part les trois lanternes rouges qu'avaient laissées les ouvriers sur un tas de terre.

4

David Chadwick n'avait pas vu Bernard Heller depuis des mois et puis, tout à fait par hasard, il tomba dessus un mardi soir dans Berkeley Square. Heller avait les bras chargés de cartons. « C'est sans doute pour le chauffage, pensa David, il va les déposer à Hay Hill dans les bureaux d'Equatair. »

Heller n'eut pas l'air particulièrement content de le voir, bien qu'il s'efforçât de sourire. David, lui, était heureux de cette rencontre : l'été précédent il avait prêté à Heller son appareil à diapositives, et, maintenant, il trouvait qu'il était temps de le récupérer.

– Comment vont les affaires ?

– Oh ! comme ci comme ça.

Les boîtes montaient jusqu'au menton de Heller, et peut-être était-ce cela qui donnait à son visage cette expression figée.

– Que diriez-vous d'un verre si vous avez fini votre travail ?

– J'ai encore tout ça à déposer.

– Je vais vous donner un coup de main, dit fermement David.

– Allons à la voiture, alors.

Il possédait toujours la même Ford Zéphyr verte, remarqua David en sortant les trois derniers cartons du coffre d'Heller. Le couvercle de l'un d'eux était déchiré et David aperçut un bout de réchaud à gaz.

– Merci, dit Heller. (Puis, dans un effort d'amabilité :) Merci beaucoup, David.

Les portes des bureaux d'Equatair étaient ouvertes. Deux secrétaires en bottes blanches et manteaux en fausse fourrure les croisèrent. Heller déposa ses cartons dans un petit couloir et David en fit autant. Sur les murs étaient punaisées des photos de radiateurs et de chaudières. L'une d'entre elles, qui montrait un luxueux intérieur, rappela à David les décors qu'il réalisait pour la télévision. C'était comme cela qu'il avait rencontré Heller. Equatair fabriquait aussi des cheminées et David en avait emprunté une pour le décor d'une série policière.

– Et si on le prenait, ce verre ?

– Très bien, je ne suis pas pressé de rentrer chez moi.

Heller détourna la tête et ajouta en marmonnant quelque chose que David distingua à peine. Cela aurait pu être « Ah ça, non », mais David n'en était pas sûr.

Ce représentant en chauffage, grand et massif, à la tête ronde et hirsute, était d'ordinaire d'une gaieté presque irritante : il donnait aux gens des bourrades dans le dos tout en les régalant de laborieuses plaisanteries qui, malgré tout, n'étaient pas dépourvues d'un certain gros comique ingénu... Ce soir il avait l'air déprimé, et David trouva qu'il avait maigri. Ses grosses joues semblaient flasques et grisâtres, et peut-être n'était-ce pas seulement dû au fait que Heller, normalement soucieux de son apparence, avait oublié de se raser.

– Il y a dans Berwick Street un petit endroit agréable où je vais quelquefois, dit David.

Il n'avait pas pris sa voiture, et ils s'y rendirent dans celle de Heller. « Pour un représentant, il conduit bien mal », pensa David. À deux reprises, ils faillirent emboutir l'arrière d'un taxi. C'était la première fois qu'il voyait Heller au volant, car jusqu'ici, ils ne s'étaient rencontrés généralement que pour boire un apéritif ou manger un sandwich. Heller avait été l'amabilité même et s'était montré d'une embarrassante générosité. Impossible de l'empêcher de régler les consommations. Et puis, en juillet, par hasard, il avait parlé de son frère jumeau qui avait séjourné en Suisse chez des parents – ils étaient suisses, ou à moitié suisses, ou quelque chose comme cela – et n'avait pu, faute de projecteur, leur montrer les diapositives qu'il avait prises. Depuis longtemps, David désirait lui témoigner sa gratitude. En lui prêtant son projecteur, il avait réglé cette question.

Rembourser ses dettes était une chose ; mais il n'avait pas pensé que l'autre garderait le projecteur pendant huit mois sans donner signe de vie.

– Je me demande si je pourrais ravoir mon appareil ? dit-il tandis qu'ils traversaient Regent Street.

– Oh ! bien sûr, répondit Heller sans enthousiasme, je le déposerai aux studios si vous voulez ?

– S'il vous plaît. (Ça ne lui aurait pas fait mal de dire merci – mais, de toute évidence, quelque chose le préoccupait.) Voilà l'endroit... *Le Masque de Fer*. Si vous êtes doué, vous pourrez vous glisser entre la camionnette et la Mercedes.

Heller n'était pas très doué. Deux fois, il rata sa marche arrière. Le pub était niché entre un restaurant indonésien et un club de strip-tease. Heller lança un regard dégoûté vers les photos de femmes nues couchées sur des peaux de léopard.

L'enseigne du pub représentait, en toute logique, un homme

au visage emprisonné dans une cage. David entra le premier. L'endroit était confortable et surchauffé. Avec son dallage noir et blanc et ses murs aux boiseries sombres, le pub évoquait un intérieur hollandais, mais les lithographies représentant des scènes de chasse ne pouvaient être qu'anglaises, ainsi que les caricatures fixées aux murs par des punaises.

L'arrière-salle était baignée d'une lumière rougeoyante qui la faisait ressembler à l'intérieur d'un fourneau et colorait les visages d'un homme et d'une femme, les seuls clients qui s'y trouvaient. Lorsqu'elle posait la main sur l'épaule de son compagnon, hors de ce halo rouge, on voyait qu'elle avait du vernis à ongles mauve. Quant à l'homme, un œil averti aurait identifié son blouson comme la veste dépareillée d'un uniforme de l'armée confédérée.

– Qu'est-ce que vous prenez ? demanda David, s'attendant à la réponse habituelle : « Non, c'est ma tournée. »

– Citron vert et lager, dit simplement Heller.

– Rien que ça ? En quel honneur ?

– De rien. Je conduis.

David alla passer la commande au bar. Il essaya de se rappeler où habitait Heller. Quelque part dans le sud de Londres. S'il devait assurer à lui seul la conversation avec cet homme à moitié endormi, il valait mieux qu'il prenne quelque chose de costaud.

– Un double scotch et un citron vert et lager, s'il vous plaît, demanda-t-il au barman.

– Vous voulez dire une lager citron vert.

– Je ne savais pas qu'il y avait une différence.

Il revint avec les verres.

– Vous venez souvent ici ? lui demanda Heller en frottant son grand front comme s'il lui faisait mal.

– De loin en loin. C'est tranquille. On y voit des personnages intéressants.

Tandis qu'il parlait, le Confédéré embrassa la bouche peinte en vert de sa compagne. La porte s'ouvrit brusquement et deux barbus firent leur entrée.

Ils s'avancèrent jusqu'au bar et, comme il n'y avait personne pour servir, donnèrent un coup sec sur le comptoir. Le plus grand des deux, ayant commandé sa consommation d'un air rogue, entreprit d'achever une histoire.

– Alors j'ai dit à ce gars qui dirigeait la banque : « C'est très joli de vous lamenter sur mon découvert. Mais où seriez-vous s'il n'y avait pas nos découverts ? C'est ce qui fait vivre vos banques. Vous seriez chômeur sans nous, mon vieux. »

– Ça... fit l'autre.

Heller n'eut même pas un sourire. Il avait les yeux cernés et une moue déprimée.

– Comment va le boulot ? demanda David en désespoir de cause.

– Toujours pareil.

– Vous couvrez toujours le secteur Wembley-Matchdown Park ?

Heller fit oui de la tête et marmonna dans son verre :

– Pas pour longtemps.

David leva un sourcil.

– Je pars pour l'étranger. Pour la Suisse...

– Eh bien voilà, on fête quelque chose. Si mes souvenirs sont exacts, vous disiez un jour que c'était ce que vous vouliez. Est-ce qu'Equatair n'a pas une succursale là-bas ?

– À Zurich.

– Quand partez-vous ?

– En mai.

Les manières de Heller étaient presque grossières. S'il s'y prenait de cette façon, ce serait un miracle qu'il vende un thermostat de rechange, encore bien plus qu'il place une installation complète de chauffage central. Il vint brusquement à l'esprit de David que mai, c'était seulement dans deux mois. S'il voulait revoir son projecteur, il ferait bien de se dépêcher.

– Vous parlez couramment allemand, n'est-ce pas ?

– J'ai fait mes études en Suisse.

– Vous devez être content de retourner là-bas.

C'était aussi ridicule que de demander à un type qui grelotte s'il a chaud.

– Oh, je ne sais pas trop, dit Heller. Dans le temps, peut-être, oui.

Il finit son verre et une étincelle féroce s'alluma brièvement dans ses yeux sombres.

– Les gens changent, on vieillit, conclut-il. Et puis on s'aperçoit qu'il n'y a pas grand-chose de motivant nulle part.

Sans offrir à son tour de consommation à David, Heller se leva et demanda :

– Est-ce que je peux vous déposer quelque part ? Vous êtes sur la Northern Line, non ?

David vivait seul, en célibataire. Il n'allait nulle part ce soir-là et il avait l'intention de dîner en ville.

– Ecoutez, je ne voudrais pas déranger, dit-il gauchement, mais si vous rentrez chez vous, est-ce que ça vous ennuierait que j'aille reprendre mon projecteur ?

– Vous voulez dire maintenant ?

– Eh bien, oui. Vous partez au mois de mai et j'ai l'impression que vous avez d'autres soucis en tête.

– Très bien, répondit Heller de mauvaise grâce.

Ils montèrent en voiture et David s'égaya un peu quand l'autre reprit, avec un sourire qui rappelait celui d'autrefois :

– Excusez-moi, mon vieux. Je ne suis pas très agréable, ces temps-ci. C'était bien aimable à vous de me prêter le projecteur. Je n'avais pas l'intention de le garder si longtemps.

– Je le sais bien, répondit David, se sentant beaucoup mieux.

Heller prit un itinéraire compliqué, par des petites rues ; il semblait connaître son chemin, mais il ne faisait pas très attention aux feux, et, à un certain moment, il s'engagea sur un passage clouté alors que des piétons le traversaient.

Heller rompit le silence tombé entre eux seulement pour dire : « On est presque arrivés. » La rue était sillonnée de bus qui allaient dans des endroits que David ne connaissait que de nom : Kennington, Brixton, Stockwell. Sur le côté gauche, un grand mur nu percé de petites fenêtres s'étendait sur environ deux cents mètres. Ç'aurait pu être une caserne ou une prison. Il n'y avait pas un arbre en vue, pas un carré de gazon... Non loin d'un cinéma brillamment éclairé, Heller prit à droite et ils débouchèrent dans un carrefour typique du sud de Londres, avec son église à colonnade qu'on appelle toujours style Wren – sauf que Wren était mort un siècle et demi avant que ce style ne voie le jour. En face se trouvait une station de métro que David ne réussit pas à identifier. Tout ce qu'il vit, c'était le rond traversé d'une barre horizontale du logo. Des gens se déversaient par la bouche du métro sur la rue, leurs visages rendus verdâtres sous l'éclairage public.

Certains coupaient par un parc dénudé où se dressaient un pavillon de cricket et des toilettes publiques. Heller s'engagea nerveusement dans l'une des rues. Ce n'était ni une rue résidentielle ni une rue commerçante. La plupart des maisons étaient livrées aux démolisseurs. Il y avait bien des magasins, mais tous de la même espèce, serrés pauvrement les uns contre les autres, interminablement dans le même ordre : milk-bar, café, magasins d'animaux, boutique de bookmaker, milk-bar, café... À la place de Heller, il n'aurait pu attendre le mois de mai. Penser à Zurich, c'était le paradis. Dans quelle espèce de taudis habitait cet homme ?

Ce n'était pas un taudis, mais un immeuble assez convenable qui pouvait dater de dix ans. Les appartements se distribuaient en trois étages autour d'un espace de béton et de verre : *Hengist House*. Heller gara sa voiture.

– Nous sommes au rez-de-chaussée, dit-il, numéro 3.

Le vestibule semblait avoir un peu souffert. Quelqu'un avait écrit : « Foutez le camp à Kingston ! », sur un mur, entre deux portes vertes. David supposa qu'il ne pouvait pas s'agir du Kingston qui se trouve dans le Surrey.

Heller mit sa clé dans la serrure du numéro 3. Ils étaient arrivés.

Un étroit couloir traversait l'appartement jusqu'à la porte ouverte d'une salle de bains. Heller n'appela pas sa femme, et, quand elle apparut, il ne l'embrassa pas.

En la voyant, David eut un sursaut. Heller n'avait guère que trente-cinq ans, mais ressemblait déjà à un homme entre deux âges. Cette femme paraissait très jeune. David n'avait jamais songé à elle, aussi n'avait-il jamais eu l'occasion d'imaginer à quoi elle pouvait ressembler. En tout cas, il fut saisi en la voyant et, lorsque leurs regards se rencontrèrent, il comprit qu'elle s'attendait à sa réaction et qu'elle en était ravie. Elle portait un jean et un pull-over moulants du genre dont on se demande ce qu'ils servent à cacher. Sa silhouette évoquait ces photos trop grandes et trop tentantes que publient les journaux populaires. De longs cheveux noirs, qu'un coup de brosse aurait rendus luisants, tombaient sur ses épaules.

– Je ne crois pas que vous vous connaissiez, grommela Heller, et ce fut toutes les présentations qu'il fit. Mrs Heller se décolla du mur et son regard prit une expression indifférente.

– Faites comme chez vous, poursuivit Heller, je reviens tout de suite avec le projecteur. (Il regarda sa femme.) Ce projecteur à diapositives, dit-il, où l'as-tu mis quand Carl l'a rapporté ?

– Dans l'armoire de la chambre, je crois.

Heller le fit entrer dans le living-room, si pousser une porte en marmonnant peut s'appeler inviter quelqu'un à entrer. Puis il s'éloigna. Un seul mur était peint, en rouge, et pour toute décoration, on y avait accroché un instrument à cordes au-dessus d'un radiateur *Equatair*. Un petit morceau de ruban à cheveux traînait au milieu du plancher. Mrs Heller entra et, avec une certaine ostentation, mit la table pour deux personnes. David eut un petit sourire en pensant que dans les films et les pièces pour lesquels il faisait des décors, l'appartement d'un cadre commercial était toujours spacieux, avec des moquettes, des cloisons mobiles décorées de lierre et des sièges en cuir.

– Excusez-moi de venir comme cela à l'improviste, dit-il, tandis qu'elle posait deux verres d'eau sur la table.

(Dans ses films, il y avait toujours du romanée-conti couché dans des porte-bouteilles en osier.) Le hasard a voulu que je rencontre Bernard et je me suis rappelé mon projecteur...

Elle se retourna vers lui, relevant le menton.

– Vous l'avez rencontré par hasard ? Ça ne vous ferait rien de me dire où ?

Elle avait une façon de prononcer les « r » dont il ne pouvait préciser l'origine.

– À Berkeley Square, répondit-il, surpris.

– Vous êtes sûr que ce n'était pas Matchdown Park ?

– Tout à fait sûr.

Qu'est-ce que cela voulait dire ? Son mari avait des affaires légitimes à traiter à Matchdown Park. Il l'observa pendant qu'elle finissait de mettre la table. Un visage d'orchidée, pensa-t-il. Horrible mot, mais qui décrivait exactement cette peau fraîche et veloutée, ce petit nez, ces lèvres pleines, d'un rose nacré. Elle avait des yeux verts pailletés d'or.

– Je viens d'apprendre que vous alliez en Suisse. Il vous tarde de partir ?

Elle haussa les épaules :

– Rien n'est encore décidé.

– Mais Bernard disait...

– Il ne faut pas écouter tout ce qu'il dit.

David la suivit dans la cuisine parce qu'il ne pouvait plus rester là, en compagnie des verres d'eau et de cette... mandoline ou Dieu sait quoi. Mrs Heller se pencha pour allumer sa cigarette au réchaud à gaz. Il se demanda quel âge elle avait. Pas plus de vingt-quatre ou vingt-cinq ans. Dans la pièce voisine il entendait Heller qui bousculait des affaires sur une étagère.

Une casserole d'eau chauffait sur la cuisinière. Deux petites côtelettes trop cuites étaient déjà posées tristement sur une assiette. Quand l'eau se mit à bouillir, la jeune femme l'enleva du gaz et y jeta le contenu d'un sachet portant une inscription : « Le souper du villageois - Une délicieuse purée prête en 30 secondes. » David n'était pas fâché à l'idée qu'on ne l'inviterait pas à en manger sa part.

– Magdalene !

Dans la voix de Heller perçaient la fatigue, l'énervement. Ainsi, elle s'appelait Magdalene. Elle leva les yeux avec humeur.

– Je me demande bien où il est passé, dit Heller d'un air soucieux, avec un regard embarrassé à ses mains couvertes de poussière.

– Laissez cela, dit David. Je vous empêche de vous mettre à table.

– Il est peut-être là-haut, fit la jeune femme en désignant un placard au-dessus du buffet.

David fut surpris : jusqu'à présent, elle n'avait pas manifesté le moindre intérêt pour leurs recherches et semblait ne pas se soucier qu'il reste ou qu'il parte.

Heller tira à lui un tabouret de dessous la table et le plaça contre le buffet, sur lequel était posée une pile de linge à repasser. Sa femme le regarda ouvrir le placard et fouiller à l'intérieur.

– On t'a demandé au téléphone, dit-elle soudain avec une moue, la North. (Comme Heller marmonnait quelque chose, elle continua :) J'ai trouvé qu'elle avait un de ces toupets de téléphoner ici. (Cette fois, son mari ne répondit pas.) Un sacré culot ! ajouta-t-elle, comme pour allumer en lui une étincelle de colère.

– J'espère que tu as été polie au téléphone.

David était plutôt choqué : mal élevée, peu aimable, Magdalene pouvait l'être – et jalouse, aussi. Elle n'avait quand même pas mérité d'être réprimandée de cette façon devant un étranger. Elle était visiblement en train de reprendre son souffle pour lancer une réponse appropriée, mais David ne sut jamais laquelle. Heller dont les bras et les épaules avaient disparu à l'intérieur du placard, recula, et, au moment où il réapparaissait à l'air libre, quelque chose de lourd tomba sur le linge.

C'était un revolver.

David ne connaissait à peu près rien aux armes à feu. Il savait seulement que ce qu'il voyait était une espèce d'automatique : posé là, brillant, sur les caleçons de Heller et les petites culottes roses de sa femme.

Ni lui ni elle ne pipèrent mot. Pour rompre un silence plutôt sinistre, David dit sur le ton de la plaisanterie :

– C'est votre arsenal secret ?

Heller se mit alors à parler très vite.

– Je sais que je ne devrais pas l'avoir, c'est illégal. En fait, je l'ai rapporté des Etats-Unis sans le déclarer. J'avais fait là-bas un voyage d'affaires. La douane ne regarde pas toujours, vous savez. Magdalene avait peur de rester ici toute seule. On a de drôles de gens dans ce quartier, il y a des bagarres, des choses comme ça.

– Ça ne me regarde pas, dit David.

– Je pensais que vous pourriez trouver drôle que j'aie ce revolver.

Soudain Magdalene tapa du pied.

– Dépêche-toi. On va au cinéma à 7 h 30 et il est 10. Et il faut faire la vaisselle avant de sortir.

– Je la ferai.

– Tu ne viens pas, alors ?

– Non, merci.

Elle éteignit le four et porta les assiettes dans le living-room. David pensa qu'elle allait revenir, mais elle ne reparut pas. La porte se ferma, et, faiblement, de l'autre côté, il entendit la musique d'un film d'espionnage.

– Le voilà enfin, dit Heller. Il était au fin fond, derrière le séchoir à cheveux.

– Je vous ai donné bien du mal.

Heller lui passa le projecteur.

– C'est toujours un souci de moins, dit-il.

Il ne referma même pas le placard et laissa le revolver là où il était.

Peut-être était-ce la présence de l'arme, vaguement menaçante, dans cet appartement lugubre et laid, qui fit dire impulsivement à David :

– Ecoutez, Bernard, si je peux faire quelque chose...

– Personne ne peut rien faire, répliqua Heller d'un ton froid. Vous n'êtes pas magicien, n'est-ce pas ? Vous n'êtes pas Dieu ? On ne ramène pas en arrière les aiguilles de l'horloge.

– Vous serez mieux quand vous serez à Zurich.

– Si j'y arrive.

Tout cela avait secoué David. Une fois sorti de la cour, il trouva un pub, plus grand et plus clinquant que le *Masque de Fer*. Il prit un autre whisky puis alla jusqu'à la station de métro, et découvrit qu'elle s'appelait East Mulvihill. Tout en pénétrant dans l'entrée, il aperçut Magdalene Heller de l'autre côté de la rue ; elle courait presque vers le grand cinéma devant lequel il était passé avec Heller. Elle regarda brusquement à droite et à gauche avant d'entrer. Il la vit ouvrir le gros sac pendu à son épaule, acheter un billet et monter seule l'escalier qui menait au balcon.

La cause des malheurs de Heller ne faisait plus aucun doute. Son mariage n'avait pas réussi. Mal assortis, de toute évidence, ils ne s'entendaient pas, et l'un des deux avait manqué à ses devoirs ; d'après les allusions de Magdalene au coup de téléphone, David soupçonnait le coupable d'être Heller. Selon toute apparence, il avait déniché une autre femme. Est-ce que le joyeux luron d'autrefois était devenu cette ombre taciturne parce qu'il devait emmener Magdalene et non pas l'autre avec lui en Suisse ?

5

En allant à l'école, ils dépassèrent le facteur.

– Je ne suis pas obligé d'aller en classe demain avant qu'il soit passé, hein ? demanda Paul.

– On verra, dit Susan.

– Non, je n'irai pas, s'écria-t-il d'un air de rébellion, pour impressionner Richard. Il sera en avance, de toute façon, reprit-il d'un ton plus conciliant, en prenant la main de sa mère, papa va m'envoyer une montre, il me l'a promis.

– Une montre ! Oh ! Paul... Tu y feras attention, n'est-ce pas ?

C'était là un cadeau bien fragile, bien fait pour causer du chagrin à un enfant de six ans qui, comme lui, tombait dans la cour de récréation deux ou trois fois par semaine !

Ils atteignirent les grilles de l'école et les deux petits garçons se fondirent dans la foule. Susan voyait les enfants d'un tout autre œil, ce matin. Elle les voyait comme de futurs adultes, sources de tracas. Un froid lugubre s'abattit sur elle. Puis elle se ressaisit, fit un petit signe à Paul et repartit sur Orchard Drive.

Il était 9 heures moins 10, l'heure où elle apercevait habituellement Bob North. Sa voiture passait devant la porte de l'école à peu près à cette heure-là. Susan ne voulait pas le voir. Elle se rappelait avec un frisson leur dernière rencontre. Il ne lui offrirait pas une place dans sa voiture aujourd'hui, car il comprendrait qu'elle avait l'intention de rentrer tout droit chez elle, mais elle était sûre qu'il s'arrêterait. Il avait probablement découvert que Louise était venue la voir et qu'elles avaient rendez-vous ce matin, et il aurait à cœur de lui présenter sa propre version des faits avant que Louise puisse noircir sa réputation. Les gens dans la situation de Louise rejetaient toujours les torts sur leur conjoint. Julian avait passé longtemps à souligner les insuffisances de sa femme, l'accusant de le harceler de réflexions désagréables, de n'éprouver qu'antipathie pour ses amis « dans le vent », d'observer une moralité démodée, avant de se lancer dans le récit de sa propre infidélité.

Tandis qu'elle rentrait chez elle par la rue bordée de cerisiers, elle avait l'impression exaspérante qu'à tout moment la voiture de Bob allait surgir de l'allée en marche arrière. Elle caressa un instant l'idée extravagante de se mettre précipitamment à genoux pour renouer un lacet ou de s'engouffrer dans la première maison venue. Seulement, elle ne connaissait personne dans cette rue.

C'était une journée calme, humide, sans brouillard, mais le ciel était uniformément gris. La pluie menaçait de tomber. Susan hâta le pas en s'approchant de Braeside, puis elle se rappela que la voiture de Bob était en révision. Il devait prendre le train, aujourd'hui, pour se rendre au travail, donc il avait dû s'en aller bien plus tôt qu'à l'ordinaire : il était certainement parti maintenant. Elle éprouva un soulagement absurde. Vraiment, c'était stupide de se mettre dans un état pareil parce que dans deux heures une de ses voisines allait lui confier quelque chose de pas très convenable – et rien de plus.

Braeside avait l'air sombre, mort. Tous les rideaux du premier tirés, comme si les North étaient en voyage. Peut-être Louise était-elle encore au lit ? C'est ce que font toujours les gens quand ils sont déprimés. Jane Willingale aurait attribué un tel comportement à un désir de retrouver le milieu fœtal, mais Susan avait une explication plus simple : parfois on n'est pas suffisamment motivé pour se lever.

Comme d'habitude il n'y avait pas une seule fenêtre ouverte, pas même un vasistas soulevé. Cela devait sentir le renfermé, là-dedans, l'air devait y être vicié par la colère, les larmes et les disputes.

Mrs Dring allait arriver d'un moment à l'autre. Susan s'enfonça dans la tiédeur de sa propre maison, et commença à graisser des moules et à préparer la pâte pour les gâteaux du goûter d'anniversaire de Paul. La pendule, dans le vestibule, sonna 9 heures et, au dernier tintement, les marteaux-piqueurs entrèrent en action.

Les aboiements caverneux de l'airedale se joignirent à ce bruit perçant. Habitué maintenant à Mrs Dring, il ne se manifestait plus à son arrivée. Ce n'était pas la première fois que Susan se demandait pourquoi l'on ne pouvait pas résister à l'envie de se précipiter à la fenêtre lorsque ce chien aboyait. Personne de vraiment intéressant ne venait jamais dans Orchard Drive. Elle était aussi sensible à ce signal que ses voisines, même si un nouveau facteur ou une nouvelle contractuelle la laissaient indifférente. Elle ne se souciait pas de la raison pour laquelle une camionnette de chez Fortnum & Mason était garée devant chez les Gibbs ou des motifs de la visite de deux religieuses chez les O'Donnell. Parfois, elle se disait qu'elle se précipitait à la fenêtre lorsque Pollux aboyait, parce que, même si l'expérience lui avait prouvé le contraire, elle espérait qu'il annoncerait l'arrivée de quelqu'un qui transformerait sa vie et lui apporterait espérance et joie.

Combien tout cela était pathétique et enfantin, pensa-t-elle, tandis qu'à son corps défendant, elle courait jusque dans le living-room pour écarter un des rideaux. La grille des Winter se ferma bruyamment entre les piliers de ciment qui l'encadraient, et Pollux qui, dans sa rage, l'avait à moitié escaladée, se laissa retomber sur le sol avec un bruit sourd.

Susan écarquilla les yeux. Sur le carré de gazon du trottoir, ses pneus enfoncés dans les ornières qu'ils avaient creusées le lundi précédent, stationnait la Ford verte.

Une fois encore, Louise North recevait son amant.

– Bonjour. Vous croyiez que je ne viendrais pas ?

Mrs Dring claironnait toujours cette question d'une voix triomphante si elle avait plus d'une minute de retard. C'était une grande rousse massive de quarante-cinq ans, qui avait une très haute opinion d'elle-même, certaine que ses patrons, si elle venait à manquer, seraient réduits à l'impuissance et au désespoir comme des enfants abandonnés.

– Je fais le rez-de-chaussée, annonça-t-elle en passant la tête par l'entrebâillement de la porte. Il faut que tout brille pour le goûter du petit.

Nettoyer une pièce avant d'y réunir des enfants paraissait inutile à Susan, mais ce n'était pas la peine de discuter avec Mrs Dring.

– Vous voulez que je vienne demain vous donner un coup de main ? Organiser un goûter pour des gosses, c'est ma spécialité.

Mrs Dring n'expliqua pas comment il se trouvait qu'elle en sache si long sur l'organisation des réunions enfantines. Elle-même n'avait pas d'enfants. Mais elle faisait constamment ce genre de déclaration d'un ton mystérieux, comme pour insinuer que toutes ses connaissances étaient au courant de ses divers talents et y faisaient appel à chaque instant. Elle n'avait rien à dire de bon sur qui que ce soit, sauf sur son mari, dont la compétence dans les domaines les plus inattendus rivalisait avec la sienne propre et qui jouissait d'un quotient intellectuel à la hauteur de ses talents les plus divers.

– Il sait tout, cet homme-là, avait-elle coutume de dire.

Maintenant elle s'avançait dans la chambre et allait tout droit à la fenêtre où elle restait debout à recouvrir d'un foulard ses cheveux.

– Je voulais vous demander, dit-elle, les yeux sur la voiture verte, qu'est-ce qui se passe à côté ?

– Comment, qu'est-ce qui se passe ?

– Vous savez ce que je veux dire. J'en ai entendu parler par mon amie qui fait le ménage chez Mrs Gibbs. Je vais vous dire, cette amie, c'est une menteuse patentée et il faut bien avouer que quiconque croit un mot de ce que Mrs Gibbs raconte a forcément des problèmes.

Et après avoir repris son souffle, Mrs Dring entreprit de se placer d'elle-même dans cette nouvelle catégorie d'aliénés :

– Elle dit que Mrs North s'amuse avec le gars du chauffage central.

– Vous le connaissez ? ne put s'empêcher de demander Susan.

– Je l'ai vu par ici. Mon mari pourrait vous dire son nom. Vous savez quelle merveilleuse mémoire il a. Nous aussi, on pensait au chauffage central et j'y ai dit : « Tu devrais parler à ce gars-là – Heffer ou Heller ou quelque chose comme ça – qui est tout le temps à rôder par ici dans une voiture verte. » Mais en fin de compte mon mari a posé les tuyaux tout seul. Y sait tout faire.

– Pourquoi est-ce qu'il ne viendrait pas voir Mrs North simplement pour affaires ?

– Ouais, de drôles d'affaires ! Bien sûr, il a exactement le genre de travail qui convient, si ça lui chante. C'est elle qui me dégoûte.

Voyant que Susan n'était pas intéressée, Mrs Dring laissa retomber le rideau et tira sur deux accroche-cœurs, d'un rouge fluorescent, qui bouclaient sur son front.

– Qu'est-ce que vous pensez de mes cheveux ? Flamant rose, qu'ils appellent cette couleur. C'est mon mari qui me l'a faite hier soir. J'y dis tout le temps qu'il aurait dû être coiffeur. Il aurait un salon dans les quartiers chics, depuis le temps.

Susan commença à taper distraitement. Mrs Dring ne gardait jamais le silence longtemps, et, ces jours-ci, la jeune femme était nerveuse et se laissait constamment détourner de son travail par des remarques insignifiantes. Mrs Dring, engagée à l'origine pour s'occuper du « gros ouvrage », lui avait rapidement fait comprendre qu'elle préférait, aux travaux pénibles, le nettoyage et le polissage de l'argenterie, et ses tâches favorites étaient celles qui lui permettaient de rester à son poste d'observation près d'une des fenêtres.

Maintenant, ayant noté tout ce qu'il y avait à voir dans Orchard Drive, elle s'était installée devant les portes-fenêtres, avec la poudre pour l'argenterie et un plateau qui contenait les bibelots. Il était 9 h 30. Bien qu'il ait commencé à pleuvoir, c'est à peine si les marteaux-piqueurs s'étaient arrêtés depuis une demi-heure. Susan ne croyait guère qu'il y ait quelque chose d'intéressant à voir de cette fenêtre, mais Mrs Dring ne cessait de tendre le cou et de presser sa figure contre la vitre ruisselante.

– Ils n'auront pas de thé ce matin, finit-elle par dire.

– Mmm ?

Susan leva les yeux de sa machine.

– Ces hommes. Regardez, il est en train de descendre l'allée.

On ne pouvait sans impolitesse refuser de se rendre à cette invite. Susan la rejoignit à la fenêtre. Un ouvrier de haute taille, en duffle-coat, son capuchon rabattu sur la tête, traversait le jardin des North ; il allait de la porte de service vers la grille située à l'autre extrémité.

– Je l'ai entendu cogner à la porte de derrière. Il veut son thé, que je me suis dit... La buvette est fermée ce matin, mon vieux. Madame a autre chose en tête. C'est quand même drôle que le chien des Winter n'ait pas aboyé. Est-ce qu'ils l'ont bouclé, pour cette fois ?

– Non, il est dehors.

Il pleuvait sans relâche. L'ouvrier ouvrit la barrière. Ses compagnons étaient au fond de leur tranchée où l'un d'entre eux faisait toujours fonctionner son marteau- piqueur. L'homme solitaire se chauffa les mains au brasero pendant un instant. Puis il retourna, les épaules voûtées, et s'éloigna au pas de promenade le long de la rue qui bordait le cimetière.

Hochant la tête d'un air sombre, Mrs Dring le regarda disparaître.

– Il est allé chercher une tasse de thé au café, dit-elle. (Puis, comme Susan s'était remise à travailler :) Est-ce que la voiture verte est toujours là ?

– Oui.

La pluie ruisselait contre ses vitres fermées et sur sa carrosserie vert pâle. Quelqu'un d'autre la regardait aussi : Eileen O'Donnell, qui ouvrait son parapluie après être sortie au trot du jardin de Louise.

– Voilà Mrs O'Donnell qui s'approche de la porte de service, Mrs Dring, dit Susan. Voulez-vous voir ce qu'elle veut ?

Elle était sûre d'être appelée à la conférence qui allait s'ensuivre, mais après une courte conversation à la porte de service, Mrs Dring revint seule.

– Mrs North lui avait demandé de lui rapporter du poisson surgelé pour le déjeuner, au cas où son mari rentrerait pour manger. Elle dit qu'elle a frappé comme une sourde à la grande porte, mais personne ne l'entend. Tous les rideaux du premier sont tirés. Il paraît que Mrs North ne veut pas que le soleil fasse jaunir les tapis. Il y en a qui croient n'importe quoi ! Le soleil, que j'y ai dit, quel soleil ? Un gosse de cinq ans pourrait vous dire pourquoi elle a tiré ces rideaux.

Susan prit le paquet, remarquant avec amusement qu'il était enveloppé dans le dernier numéro de *Certainty*. Comme Julian aurait été peiné ! Son cher journal utilisé pour emballer un poisson surgelé !

– Qu'est-ce que je suis censée en faire ?

– Mrs O'Donnell a dit que vous iriez là-bas prendre le café... Vous pourriez peut-être lui porter le poisson, juste au cas où ce pauvre malheureux reviendrait chez lui pour déjeuner ?

Mais Susan se demandait si on l'attendait encore dans la maison d'à côté. Quand Mrs Dring, ayant fini le living-room, se rendit dans l'ancien bureau de Julian, il était 10 h 30 et la voiture était toujours dehors. On aurait dit que Louise avait oublié l'invitation. L'amour est censé venir à bout de tout, et même, Susan le savait par expérience, des promesses solennelles. Curieux, tout de même ! Louise avait tellement insisté...

Mais entre 10 h 30 et 11 heures, le temps passa lentement. Il n'y avait aucun besoin de surveiller la fenêtre. L'airedale, maintenant réfugié sous le porche des Winter, l'avertirait du départ du représentant. 11 heures sonnèrent et, au dernier coup, Susan cessa de se sentir oppressée. La pluie commençait à remplir les ornières d'une eau boueuse et jaunâtre qui faisait des flaques autour des roues de la Ford. Son propriétaire devait être encore dans la maison et Susan poussa un soupir de soulagement. Elle ne serait plus tenue d'y aller maintenant. Il ne serait pas nécessaire de déployer tact et bonté ou de prodiguer des conseils de fermeté. Par sa faute, Louise avait annulé le rendez-vous.

Mrs Dring s'enveloppa dans un imperméable en plastique bleu et partit sous la pluie en trottinant, non sans s'arrêter un instant pour observer la voiture et les rideaux fermés. Susan essaya de se rappeler combien de fois et pendant combien de temps à chaque visite la voiture avait été garée là. Certainement pas plus de trois fois et en tout cas, l'homme n'était jamais resté aussi longtemps. Il fallait bien qu'il aille travailler, non ? Comment pouvait-il se permettre de rester si longtemps – toute une matinée – avec Louise ?

Elle ouvrit le réfrigérateur afin de se préparer des sandwiches. Le paquet de poisson était posé sur les lames de métal. Bob rentrait-il parfois à la maison pour déjeuner ? Eileen O'Donnell avait semblé le croire et, maintenant, Susan réfléchissait, et se rappelait que Bob lui-même lui avait dit qu'il pourrait bien un jour revenir à midi chez lui.

Eh bien, qu'il rentre ! Qu'il les trouve ensemble ! Il se pourrait qu'une bonne scène soit pour eux tous la meilleure façon de sortir de ce gâchis. Mais Susan prit le paquet dans le réfrigérateur et fit le tour de la maison pour se retrouver devant la façade de Braeside.

Personne dans la pièce du devant ni dans celle de l'autre côté de l'entrée. Ils devaient être encore dans la chambre à coucher, derrière ces rideaux tirés. Susan jeta un coup d'œil à sa montre et vit qu'il était midi et demi passé. Qu'aurait-elle ressenti si elle avait surpris Julian au lit avec Elizabeth ? Elle en serait morte ! Julian avait été autrement discret que Louise – il était bien plus intelligent – et, cependant, la découverte s'était révélée affreusement douloureuse pour sa femme. Si Bob North arrivait maintenant, ce serait une souffrance bien plus grande encore qui l'attendrait, lui.

Cette idée la décida. C'était très bien de vouloir rester le plus possible en dehors des affaires des North. Mais chaque situation a des circonstances différentes et celle-ci était pour le moins difficile. En tout cas, les circonstances étaient aussi différentes du quotidien habituel de Susan que sa vie actuelle l'était par rapport à l'année dernière. Elle retourna chez elle enfiler un imperméable puis elle revint et frappa énergiquement à la porte d'entrée des North. Pas de réponse. Ils devaient dormir.

À contrecœur, elle contourna la maison. Ce qu'elle s'apprêtait à faire sauverait Louise, du moins pour un temps, de la honte et peut-être de la violence. Mais Louise ne lui en serait même pas reconnaissante. Comment une femme pourrait-elle supporter d'être surprise par sa voisine « en flagrant délit », comme disent les hommes de loi ? Mieux valait n'y pas songer. Il fallait entrer, les réveiller et s'en aller. Peu importait à Susan ce que Louise penserait d'elle. Elle tâcherait d'éviter d'avoir à rencontrer les North à l'avenir.

La porte de service n'était pas fermée à clé. Si Louise devait prolonger ce genre de relation, se dit Susan, elle avait beaucoup à apprendre. Julian lui aurait prodigué d'excellents conseils. La cuisine était en désordre et on y gelait. Louise avait entassé la vaisselle du petit déjeuner dans une bassine mais ne l'avait pas lavée. Une faible odeur de graisse refroidie provenait d'une poêle remplie d'eau...

Sur la table de cuisine se trouvait la serviette que Susan avait vue aux mains de l'amant de Louise, quand il remontait l'allée, et sur le dossier d'une chaise, il y avait un imperméable. Susan posa le paquet et alla dans le vestibule en appelant doucement Louise.

Personne ne répondit. Aucun bruit ne parvenait du premier étage. Dans le cabinet de toilette du rez-de-chaussée, un robinet fuyait. Susan s'avança au pied de l'escalier et s'approcha d'une niche où souriait une Madone à l'Enfant. Grotesque.

On n'avait pas allumé de feu dans la maison, ce matin, et les cendres de la veille étaient restées dans l'âtre du living-room. Toutes les fenêtres ruisselaient, si bien qu'il était impossible de voir à travers. Une pluie aussi forte que celle-ci isolait les gens comme des animaux en train d'hiberner, blottis bien au sec. Il en allait de même pour Louise et son amant : ils échangeaient des baisers, ils chuchotaient, ils faisaient des projets, tandis qu'au-dehors la pluie tombait et suspendait le cours du temps.

Susan monta l'escalier. La porte de la salle de bains ouverte laissait voir le tapis de bain, violet, avec, au centre, un motif jaune, posé de travers sur le carrelage. On n'avait procédé, semblait-il, à aucune espèce de nettoyage matinal. Toutes les chambres étaient ouvertes sauf une. Elle s'immobilisa devant la porte close et écouta.

Sa répugnance à les surprendre n'avait fait que croître à chacun de ses pas, et elle éprouvait maintenant un sentiment de profonde répulsion. Ils étaient peut-être tout nus. Elle porta la main à son front et sentit qu'il était légèrement moite. Il devait être au moins 1 heure moins 10 et Bob était peut-être en train de tourner le coin d'Orchard Drive en ce moment même.

Elle saisit la poignée et ouvrit lentement la porte.

Ils étaient tous les deux sur le lit, mais l'homme semblait habillé. De Louise, on ne voyait que les pieds chaussés de bas nylon, car son amant était étendu sur elle, les bras et les jambes écartés. Il avait la tête tournée légèrement de côté, comme s'il était tombé endormi les lèvres pressées contre la joue de Louise. Ils étaient tous deux absolument immobiles.

Personne ne dormait de cette façon-là.

Susan passa entre le lit et la coiffeuse, et, ce faisant, trébucha sur quelque chose de métallique, qui traînait sur la carpette. Elle baissa les yeux et tout d'abord, elle crut qu'il s'agissait d'un jouet d'enfant. Mais les North n'avaient pas de petits garçons pour courir dans les escaliers en criant : Bang ! bang ! tu es mort !

Pendant quelques secondes, elle se couvrit le visage des mains. Puis elle s'approcha du lit et se pencha sur le couple. L'une des épaules de Louise était visible. Susan la toucha, et la tête de l'homme se mit à pendre sur le côté. Là où aurait dû être son oreille, on voyait un trou bien rond d'où avait coulé quelque chose qui avait séché ensuite. Le mouvement révéla une quantité de sang, en partie coagulé, qui collait ensemble les deux visages et recouvrait le devant de la chemise et du peignoir de Louise.

Susan s'entendit crier. Elle porta la main à sa bouche et recula, pendant que le mobilier vacillait, et que le plancher basculait sous ses pieds.

6

La police lui demanda de ne pas bouger. La voix de Susan avait tellement tremblé pendant qu'elle téléphonait qu'elle s'étonna d'avoir réussi à se faire comprendre. Elle était dans un état de choc, et, longtemps après que s'était tue la voix aimable qui lui disait de ne rien faire et de ne rien toucher, elle resta assise, regardant fixement la Madone, le combiné à la main.

Un bruit d'eau qui giclait devant la maison annonça l'arrivée de la voiture. Susan s'étonna de pouvoir se mettre debout. Elle se dirigea vers la porte d'entrée, se cramponnant aux meubles et tâtonnant comme une aveugle.

L'airedale n'avait pas aboyé, mais dans son état actuel, elle ne comprit pas pourquoi. Puis, avec une espèce d'horreur, elle regarda le loquet tourner sous l'action de la clé qu'on introduisait dans la serrure. Bob venait déjeuner à la maison. De sa voiture, qu'on venait de vérifier au garage, il n'avait fait qu'un saut à travers la pluie, jusqu'à la porte, et entrait en secouant les gouttes qui étaient dans ses cheveux ; alors seulement il reconnut celle qui l'attendait dans le vestibule sombre et froid.

– Susan ?

Elle ne put parler. Ses lèvres s'entrouvrirent et elle respira profondément. Il la regarda, puis son regard alla, derrière elle, aux cendres mortes du foyer, à la serviette posée sur la table de la cuisine.

– Où est Louise ?

– Bob, je... Elle est en haut, je... j'ai téléphoné à la police, bafouilla-t-elle.

– Racontez-moi ce qui s'est passé.

– Elle est morte, ils sont morts tous les deux.

– Vous étiez venue prendre le café, dit-il stupidement, avant de bondir dans la direction de l'escalier.

– Il ne faut pas aller là-haut ! cria Susan.

Elle l'attrapa par les épaules, mais il lui saisit les poignets pour se libérer. Au même instant, Pollux se mit à aboyer, d'abord sans conviction, puis avec fureur. La voiture de la police arrivait, faisant jaillir des gerbes d'eau. Bob se laissa tomber mollement sur une marche et resta assis, la tête dans les mains.

Il y avait trois policiers, un petit inspecteur basané qui s'appelait Ulph, un sergent et un constable. Ils restèrent longtemps au premier et interrogèrent Bob dans la cuisine avant de venir auprès d'elle. Le sergent passa devant la porte ouverte du living-room avec, à la main, des papiers qui ressemblaient à des lettres. Susan entendit Bob lui dire :

– Je ne sais pas qui c'est. Je ne connais même pas son nom. Demandez aux voisins. Ils vous diront qu'il était l'amant de ma femme.

Susan frissonna. Elle ne pouvait se rappeler avoir jamais eu aussi froid. À présent, ils fouillaient dans la serviette. Elle les voyait par l'ouverture du passe-plat, et elle voyait Bob, assis pâle et raide, à côté de la table.

– Non, je ne savais pas qu'il était marié, dit-il, pourquoi le saurais-je ? Bernard Heller ? C'est le nom que vous avez dit ? Bien sûr que je n'ai jamais commandé une installation de chauffage central. (Sa voix monta et se brisa.) Vous ne comprenez pas ? C'était simplement un prétexte.

– Qu'avez-vous fait ce matin, Mr North ?

– Ma voiture était au garage, pour une révision. Je suis allé au travail à pied, vers 8 h 30. Ma femme semblait normale à ce moment-là. Elle faisait le lit en robe de chambre quand je suis parti. J'exerce la profession de métreur et je suis allé à Barnet regarder un terrain à bâtir. Ensuite j'ai pris ma voiture à Harrow, où on avait procédé à sa révision, et je suis revenu. Je croyais... je croyais que ma femme m'attendait pour déjeuner.

Susan détourna la tête. Le sergent referma la porte. Le manteau que portait Louise la veille encore était posé sur le dossier d'une chaise. On avait l'impression qu'il avait été posé là juste pour un instant et que Louise allait entrer et envelopper son corps juvénile dans ce confortable vêtement. Susan sentit les larmes lui monter aux yeux et elle étouffa un sanglot.

Au premier étage, la police s'activait. Puis Susan entendit quelqu'un descendre l'escalier, et le petit inspecteur au visage brun fit son apparition. Il ferma la porte derrière lui et dit à Susan d'une voix douce :

– Essayez de vous remettre un peu, Mrs Townsend. Je sais que vous avez éprouvé un grand choc.

– Je vais très bien. Seulement il fait froid ici.

Elle se doutait bien qu'il n'allait pas croire qu'elle pleurait à cause du froid. Il avait un regard compatissant. Ce n'était pas le genre de policier, pensa-t-elle, qui devait arborer un air insouciant ou faire des plaisanteries avec ses collègues quand il y avait un mort dans les parages.

– Saviez-vous que Mrs North était intime avec ce Heller ? demanda finalement l'inspecteur Ulph.

– Je... eh bien, tout le monde était au courant, commença Susan, je sais que cela la rendait très malheureuse. Elle était catholique et ne pouvait pas divorcer. (Sa voix trembla.) Elle m'a paru dans un état de grande détresse quand elle est venue me voir hier.

– Dans un état de détresse suffisamment grave pour se suicider, ou pour accepter de se suicider avec lui ?

– Je ne sais pas. (Susan s'effrayait d'assumer une telle responsabilité. Ses mains étaient glacées et tremblantes.) Un catholique ne se suiciderait pas, n'est-ce pas ? Mais elle se trouvait dans un état terrible. Je me rappelle que je me suis dit : elle est au bout du rouleau.

Il l'interrogea avec calme sur les événements de la matinée, et Susan, essayant de garder une voix ferme, lui raconta qu'elle avait vu la voiture de Heller stationner peu après 9 heures ; elle avait attendu que Heller s'en aille ; puis Mrs O'Donnell était passée chez elle, enfin, elle était venue ici, à Braeside, afin d'alerter Louise et Heller, qu'elle croyait endormis.

– Personne d'autre n'est venu dans la maison au cours de la matinée ?

Susan secoua négativement la tête.

– Avez-vous vu quelqu'un s'en aller ?

– Seulement Mrs O'Donnell.

– Eh bien, c'est tout pour le moment, Mrs Townsend. Je crains bien que vous ne soyez forcée d'assister à l'enquête judiciaire. À votre place, je téléphonerais à mon mari, en lui demandant s'il peut rentrer à la maison de bonne heure. Il ne faut pas rester seule.

– Je ne suis pas mariée, dit gauchement Susan, enfin, je suis divorcée.

L'inspecteur Ulph ne répondit pas, mais accompagna Susan jusqu'à la porte, en la soutenant.

En se retrouvant dans le jardin, elle cligna des yeux et recula. La foule qui se tenait sur le trottoir lui faisait le même effet qu'une lumière vive au sortir d'une pièce obscure. Emmitouflées dans des manteaux, Doris, Betty et Eileen étaient massées devant le jardin de Doris avec la vieille voisine de Betty, la jeune fille du Shangri-La et le vieux couple qui habitait au bout de la rue. Tous ceux qui n'étaient pas allés travailler s'étaient rassemblés là et observaient la maison en silence.

Même Pollux était devenu muet sous le choc de ces allées et venues inhabituelles. Il était allongé aux pieds de sa maîtresse, la tête posée sur ses pattes de devant.

La pluie avait cessé, transformant la rue en miroir scintillant. L'eau s'égouttait des bourgeons des cerisiers sur les parapluies et les cols de manteaux. Doris paraissait plus gelée et plus malheureuse que ne l'avait jamais vue Susan, mais pour une fois elle ne parlait pas du froid. Elle s'avança, entoura de ses bras les épaules de Susan et l'inspecteur Ulph demanda :

– L'une de vous, Mesdames, veut-elle être assez bonne pour s'occuper de Mrs Townsend ?

Susan se laissa conduire par Doris et elles passèrent devant la Ford verte, avant d'entrer dans sa propre maison. Durant tout ce temps-là, Susan s'attendait à entendre le bavardage de ses voisins s'élever derrière, mais il n'y eut qu'un lourd silence, à peine interrompu par le buit des gouttes qui tombaient des arbres.

– Je vais rester avec vous, Susan, déclara Doris, je resterai toute la nuit. Je ne vous quitterai pas.

Elle ne fit pas allusion à son expérience professionnelle d'ex-infirmière qui la rendait si qualifiée, et elle ne s'accrocha pas aux radiateurs. Son visage était gris, ses yeux écarquillés.

– Oh ! Susan, Susan !... Cet homme, est-ce qu'il l'a tuée et s'est tué après ?

– Je ne sais pas. Je pense que c'est ce qu'il a dû faire.

Et les deux femmes, rendues amies par le seul voisinage et le besoin qu'elles avaient l'une de l'autre, restèrent étroitement enlacées pendant un instant.

Il était curieux, pensait Susan, de voir à quel point la tragédie paraissait susciter chez tout le monde les plus grandes qualités : tact, bonté, compassion. Par la suite, la seule fausse note qu'elle se rappelât fut l'arrivée de Roger Gibbs au goûter d'anniversaire de Paul avec, en guise de cadeau, un revolver joujou.

– Je crois qu'il y a des femmes vraiment écervelées, dit Mrs Dring, vous imaginez, un revolver ! On était en droit d'attendre de Mrs Gibbs un peu plus de jugeote. Et elle a envoyé son fils avec un rhume terrible ! À quoi est-ce que je les fais jouer ?

Dans Orchard Drive, jouer à se tuer était la distraction favorite des moins de dix ans quand ils se trouvaient à une réception. Nul n'ayant proposé ce passe-temps, Susan comprit que les enfants avaient dû être chapitrés par leurs mères. Qu'est-ce qu'elles avaient raconté à leurs fils ? Ce qu'elle avait dit à Paul ? – que Mrs North avait eu un accident et qu'on l'avait emmenée ? Que raconte-t-on à quelqu'un en âge de se poser des questions et d'avoir peur, mais trop jeune, beaucoup trop jeune, pour comprendre ?

– J'espère de tout cœur, dit Mrs Dring, que le petit Paul n'aura pas d'accident avec la montre que son papa lui a envoyée. (Elle était remarquablement discrète, cet après-midi, avec une voix plus douce et plus gentille.) Est-ce que Mr Townsend a pris contact avec vous ?

La montre était arrivée par le premier courrier et, en même temps, une carte où on voyait une reproduction de *Van Gogh : Les Moulins à Dordrecht* – paysage lugubre que Julian avait préféré à l'ours en peluche en train de grimacer un : « Bonjour, tu as six ans aujourd'hui ! » Il était partisan d'initier les enfants à la culture dès leur plus jeune âge. Mais il n'avait pas ajouté le moindre mot pour Susan et n'avait pas téléphoné.

– Il a dû l'apprendre par les journaux, quand même, dit Doris d'un ton indigné en apportant les saucisses-cocktail.

Mrs Dring fronça les sourcils.

– Peut-être qu'il en parlera dans son journal à lui.

– Ce n'est pas le genre de son journal, dit Susan

C'est seulement parce qu'elle voulait détourner l'attention de Paul de la tragédie survenue dans le voisinage qu'elle avait décidé de continuer à préparer ce goûter, comme prévu. Mais maintenant, tandis que les petits garçons criaient et gambadaient au son de la bruyante musique du tourne-disque, elle se demandait jusqu'à quel point ce vacarme parvenait aux oreilles de Bob. Depuis qu'on avait trouvé Louise et Heller, il n'avait quitté Braeside que pour deux visites au commissariat. Tous les rideaux demeuraient tirés, et non plus seulement ceux du premier. La nouvelle était maintenant connue des ouvriers et, aujourd'hui, aucun d'entre eux ne s'était présenté à la porte de service pour demander du thé. Susan n'aimait pas penser que Bob était tout seul là-bas, dans la maison où sa femme avait été tuée. Prendrait-il les bruits joyeux des enfants pour un témoignage d'indifférence à son chagrin ?

Elle espérait que non. Elle espérait qu'il comprendrait aussi qu'elle ne lui avait pas encore rendu visite parce qu'elle sentait qu'il était mieux tout seul. Aussi ne s'était-elle pas mêlée au défilé des femmes qui, sur la pointe des pieds, frappaient presque toutes les heures à la porte de Braeside, certaines avec des fleurs, d'autres avec des paniers de provisions comme pour un malade alors qu'il n'était que malheureux.

Doris alla attendre Susan après l'enquête judiciaire et l'emmena déjeuner dans la pièce surchauffée que les Winter appelaient « la grande salle ». Un immense feu y brûlait. Susan vit que la douceur et la compassion de Doris avaient maintenant disparu. Sa curiosité et sa soif de commérages étaient revenues, et Susan reconnut, dans le plateau soigneusement préparé et dans l'aspect élégant de la pièce, une tentative de séduction pour la garder là tout l'après-midi. En échange de ces préparatifs, elle devrait fournir à son hôtesse tous les juteux petits détails donnés à l'enquête.

– Parlez-moi du revolver, dit Doris, tout en servant à Susan une grosse part de salade de fruits.

– Apparemment ce Heller l'a rapporté d'Amérique en fraude. Son frère jumeau est venu témoigner devant le tribunal ; il a identifié le revolver et a dit que Heller avait essayé de se suicider en septembre. Pas avec le revolver : son frère l'a trouvé en train de s'asphyxier au gaz. (Comme Doris l'encourageait à poursuivre, elle continua :) Il a tiré deux fois sur la pauvre Louise, les deux fois en plein cœur, et puis il s'est tiré une balle dans la tête. Le médecin légiste a trouvé plutôt étrange qu'il ait laissé tomber l'arme, mais il a vu des cas semblables. On m'a demandé si j'avais entendu les coups de feu et j'ai dit que non.

– On n'entend rien avec ces marteaux-piqueurs.

– Je suppose que c'est la raison pour laquelle je n'ai rien remarqué. À propos, le verdict a été : meurtre suivi d'un suicide. Il ne cessait de menacer de se suicider. Son frère et sa femme ont confirmé le fait.

– Comment était sa femme ? demanda Doris en se resservant de la salade.

– Assez belle. Pas plus de vingt-cinq ans.

Susan se rappelait comment Carl Heller et Magdalene avaient l'un et l'autre essayé de parler à Bob pendant qu'ils attendaient le début de l'enquête. Le gros homme massif s'était approché de Bob et avait tenté de lui parler dans son anglais au fort accent étranger ; Bob avait répondu par un grognement menaçant. Elle n'allait pas raconter cela à Doris ; elle passa sous silence l'explosion de colère de Bob devant le jury, lorsque Magdalene Heller l'avait accusé d'avoir poussé sa femme, parce qu'il la négligeait, dans les bras d'un autre. Elle ne parla pas de l'hébétement horrifié de la jeune femme, qui avait enfin éclaté en invectives à l'encontre de Bob.

– Elle savait que son mari avait une maîtresse, dit Susan. Heller avait promis de renoncer à Louise et d'essayer de raccommoder son ménage, mais il n'avait pas tenu sa promesse. Il était très malheureux et avait des idées de suicide à cause de cela. Il était ainsi depuis des mois.

– S'étaient-ils déjà rencontrés, elle et Bob ?

– Bob ne savait même pas que Heller était marié. Tout le monde ignore comment Louise et Heller s'étaient rencontrés. Heller travaillait pour une compagnie appelée *Equatair* et le directeur assistait à l'enquête. Il a déclaré que Heller allait partir pour Zurich au mois de mai afin d'y représenter cette société ; apparemment il avait toujours eu envie de retourner en Suisse. Pourtant, il n'avait pas semblé très enthousiaste quand on lui avait offert le poste, sans doute parce qu'il pensait à la séparation. Le directeur d'*Equatair* a dit qu'il recrutait des clients en envoyant des cartes de publicité avec réponse payée, mais il n'en avait pas adressé à Louise. Pourtant, il aurait pu le faire. Cela aurait donné à ses visites un air d'innocence.

Doris accueillit tous ces renseignements avec satisfaction. Elle attisa le feu, puis remarqua :

– Je me demande pourquoi ils ne partaient pas tous les deux ?

– J'ai cru comprendre, d'après les lettres, que Heller voulait le faire, mais que Louise n'y tenait pas. Il semble qu'elle n'en avait même jamais parlé à Bob, en tout cas, pas de façon nette.

– Des lettres ? répéta Doris, très excitée, quelles lettres ?

La police les avait trouvées dans un tiroir de la coiffeuse de Louise, deux lettres d'amour de Heller, écrites en novembre et en décembre de l'année précédente. Carl Heller avait identifié l'écriture de son frère, et son témoignage avait été confirmé par un examen des notes prises par Heller au cours de son travail. Quand on les avait lues dans la salle d'audience, le visage de Bob était devenu tout pâle, et la veuve de Heller avait enfoui sa tête au creux de l'épaule massive de son beau-frère.

– Des lettres d'amour, dit Susan, dégoûtée de tant d'insistance, on n'en a lu que des passages.

Chose étrange, on avait choisi les fragments qui attaquaient le plus cruellement Bob. Elle décida de mentir.

– Je ne me rappelle pas ce qu'il avait écrit.

Son expression avait dû montrer qu'elle n'était pas disposée à continuer, car Doris laissa tomber le sujet et devint pleine de sollicitude pour le bien-être de Susan.

– Ce sera dans les journaux, sûrement. Je suis une peste, pas ? s'écria-t-elle. Me voilà en train de vous assommer, après tout ce que vous avez supporté. Vous n'avez pas bonne mine du tout, on dirait que vous couvez quelque chose.

– Je vais bien.

En fait, Susan sentait que la tête lui tournait et qu'elle avait un peu la nausée. Les nerfs, probablement, et la température de serre qui régnait dans cette pièce. Elle serait mieux chez elle.

– J'espère qu'il fait bon chez vous, gazouilla Doris en la raccompagnant dans l'entrée, qui était glaciale. Je sais que vous chauffez bien. Le tout, dans des moments de choc et d'agitation comme celui-ci, c'est de garder une température constante. (Elle leva les épaules et se croisa les bras pour se réchauffer.) Une température constante, c'est ce que m'a enseigné la chef, à l'hôpital.

Pour le voisinage, l'enquête avait été un événement. Maintenant qu'elle était terminée, l'excitation soulevée par l'inquiétude et le scandale était retombée. Ceux qui étaient directement impliqués comme les simples témoins, tous ressentaient le besoin de retourner à leurs préoccupations habituelles. Susan avait découvert deux cadavres, mais elle ne pouvait s'attendre à être indéfiniment un pôle d'attraction, une personne à combler de sympathie et d'attentions...

Mais malgré tout, elle eut un léger choc en se rendant compte que Doris n'allait pas la reconduire chez elle. Mrs Dring était restée avec elle la nuit précédente, mais n'avait pas dit qu'elle y passerait une deuxième nuit. Tranquillement et aussi gaiement qu'elle le put, Susan dit au revoir à Doris et la remercia pour son invitation à déjeuner. Puis elle traversa la route, sans regarder Braeside.

On recommande généralement le travail comme remède à la plupart des maux, et Susan alla droit à sa machine et au manuscrit de miss Willingale. Ses mains tremblaient et elle avait beau s'assouplir indéfiniment les doigts, elle se trouva absolument incapable de taper. Pourrait-elle jamais travailler de nouveau dans cette maison ? Elle ressemblait si affreusement à Braeside. De tout son cœur elle regrettait de n'avoir pas su s'occuper de ses propres affaires ce mercredi-là. Tant pis pour Bob s'il avait découvert le crime...

La vision qu'elle gardait de l'intérieur des North lui laissait dans l'esprit l'image d'une maison de mort, et la sienne, qui en était la reproduction exacte, lui semblait contaminée. Pour la première fois, elle se demanda pourquoi elle était restée ici après son divorce. Comme Braeside, c'était une maison où des gens heureux avaient vécu ensemble et où ce bonheur s'était graduellement mué en souffrance. Dorénavant, les murs ne refléteraient plus que le chagrin dont ils avaient été témoins.

Susan entendit arriver la voiture de Bob. Maintenant que tout était fini, il avait besoin de quelqu'un pour le conseiller dans sa solitude, et elle était là, seule elle-même. Mais Susan savait qu'elle ne possédait ni la force physique ni la volonté nécessaires pour sortir et aller frapper à sa porte. Qu'il était froid et laid, ce coin de banlieue où un jeune homme et une jeune femme pouvaient habiter l'un à côté de l'autre dans deux maisons identiques, séparés seulement par un mur, et être malgré tout incapables, à force de réticences et sous le poids des conventions, de se parler le plus humainement du monde.

Maintes fois, elle avait maudit l'arrivée quotidienne de Doris à l'heure du thé, mais, quand Paul entra seul, elle sentit que sa voisine lui manquait profondément. Un besoin de société tel qu'elle n'en avait pas ressenti depuis des mois lui donnait envie de se coucher et de pleurer. Un bambin de six ans, si aimé qu'il soit, n'est pas une compagnie pour une femme qui se sent aussi troublée et privée de sécurité qu'un enfant. Susan se demanda si on voyait dans ses yeux à elle la même détresse, masquée par un effort pour garder bonne contenance, qu'elle voyait dans ceux de son fils.

– Roger Gibbs dit que Mrs North a été tuée par un homme, laissa tomber Paul d'un air négligent, tandis qu'un large sourire éclairait son visage pâlot, et elle était toute couverte de sang, continua-t-il, et il y a eu une enquête comme à la télé.

Susan lui rendit son sourire d'une façon naturelle, un sourire aussi brave et rassurant que le sien. D'une voix claire et égale, elle se lança dans une explication expurgée.

– Il dit que cet homme voulait l'épouser et qu'il ne pouvait pas, alors il l'a tuée. Pourquoi ? Papa n'a pas tué Elizabeth et lui aussi il voulait l'épouser.

– Ce n'était pas tout à fait la même chose. Tu comprendras quand tu seras plus grand.

– Tu dis toujours ça.

Il cessa de sourire et lui lança un regard noir avant de se diriger vers son coffre à jouets. Le revolver que lui avait offert Roger Gibbs était sur le dessus des petites voitures dans leurs boîtes multicolores. Il s'en empara, le regarda un instant puis le laissa tomber avec indifférence.

– Je peux mettre ma montre ? demanda-t-il.

– Bien sûr, mon chéri.

– Je peux la garder jusqu'à ce que j'aille me coucher ?

Susan entendit la voiture de Bob gagner la route en marche arrière. Cette fois, elle alla à la fenêtre pour la regarder. Longtemps elle demeura là, immobile, fixant la rue vide en se rappelant ce qu'elle lui avait dit du sentiment de solitude qu'elle avait éprouvé la nuit où Julian était parti.

7

Le compte rendu de l'enquête s'étala sur quatre colonnes en deuxième page de l'*Evening Standard*. David Chadwick en acheta un exemplaire et le lut tout en marchant jusqu'à l'endroit où il avait garé sa voiture. L'édition du mercredi soir avait donné les photos de Magdalene Heller, de Robert North et de la jeune femme, une voisine, qui avait découvert le corps. Mais ce soir, il n'y avait qu'un instantané de Mrs Heller en train de quitter la salle d'audience au bras d'un homme. La légende disait que c'était le frère jumeau de Bernard, et, d'après ce que David pouvait voir de son visage partiellement masqué par un magazine tenu en l'air, la ressemblance était frappante.

Ce devait être pour lui que le projecteur à diapositives avait été emprunté. David l'avait déballé le soir du mardi, un peu amusé du soin qu'en avait pris Heller en l'emmitouflant de journaux. Et puis il ne s'était plus senti tellement amusé, mais ému et attristé. Car l'un des journaux, un hebdomadaire du sud de Londres, à présent jauni et froissé, contenait un minuscule paragraphe annonçant le mariage de Heller avec une certaine miss Magdalene Chant. David le remarqua uniquement parce qu'il était entouré d'un trait à l'encre. Heller avait écrit, juste à côté, la date : 6.7.62.

Il avait gardé ce journal en souvenir, songea David, comme le font les gens simples. Il l'avait conservé jusqu'à l'échec final de son mariage, jusqu'à sa rencontre avec Mrs North. Alors il l'avait pris, peut-être dans une pile d'autres journaux gardés précieusement, pour s'en servir comme emballage.

À la lumière de ces réflexions, et quand il apprit par les journaux la mort de Heller, David avait de nouveau regardé les feuilles qui enveloppaient son projecteur et il avait trouvé, comme il le prévoyait, des articles célébrant le succès de Heller à un championnat de natation, ou rappelant qu'il figurait parmi les invités à un dîner annuel donné par un club de joueurs de fléchettes. Visiblement, à un moment donné, Heller avait tiré, de ces coupures de presse, une satisfaction comparable à celle d'un personnage important qui vient d'être décoré et auquel le *Times* consacre un article. Tout cela avait tant représenté pour lui, et puis, tout à coup, parce que sa vie avait pour ainsi dire capoté, cela n'avait plus rien voulu dire du tout.

David réfléchissait à tout cela en remontant Oxford Street et pensait que c'était vraiment étrange que lui, simple relation, se soit trouvé avec Heller la veille de sa mort et ait passé plus de temps avec lui en une seule soirée que pendant les deux ou trois ans qui s'étaient écoulés depuis leur première rencontre. Il se demanda s'il aurait dû assister à l'enquête judiciaire, mais il n'aurait rien pu apporter de nouveau. Maintenant, comme chacun en pareilles circonstances, il se posait des questions : n'avait-il pas trahi Heller durant ses dernières heures ? N'aurait-il pu lui montrer plus de sympathie, lui dire un mot d'espoir ou d'encouragement qui, peut-être, aurait détourné le malheureux de son projet ?

Qui aurait pu le dire ? Qui aurait pu soupçonner ce que Heller avait en tête ? Malgré tout, David se sentait glacé et déprimé. Il trouvait toujours qu'il était quelqu'un d'indécis et d'hésitant. Certains hommes, d'une espèce plus cordiale et téméraire, certes, bien que plus rare, auraient perçu l'étendue du malheur de Heller et, sans se décourager de son refus de s'abandonner, seraient restés et l'auraient soulagé de sa peine. D'autres, bon samaritains, mais plus avisés, auraient fait le lien entre ce revolver et le mal-être de Heller. Lui n'avait rien fait, et même moins que rien, puisqu'il s'était enfui avec soulagement de l'appartement.

Et le lendemain, Heller s'était suicidé. David se sentit déprimé. Il conduisait sa voiture, mais il avait besoin de boire un verre et ce n'étaient pas tous les alcootests du monde qui l'en empêcheraient. Pliant son journal, il mit le cap sur Soho et sur le *Masque de Fer*.

Il était tôt, et le pub était presque vide. David n'y était jamais venu un vendredi. En général, il rentrait chez lui de bonne heure ce jour-là. Souvent, il avait un rendez-vous et, de toute façon, pour lui, le week-end commençait le vendredi soir à 5 heures.

Il ne voulait pas rester seul. Il jeta un coup d'œil autour de lui, au cas où il y aurait eu quelqu'un à qui il puisse parler, mais, parmi les visages familiers, il ne vit aucun ami. Un homme et une femme d'une cinquantaine d'années se promenaient dans la salle, regardant silencieusement de nouvelles caricatures que le gérant avait fixées aux boiseries. Un vieil homme qui avait l'air d'un acteur au chômage sirotait un Pernod au bar. Des barbus étaient assis à une table près de la porte. L'un d'eux disait :

– Mais vous placez des valeurs douteuses, lui ai-je répondu de mon air naïf. Appelez ça comme vous voudrez, voilà ce qu'il m'a répliqué, mais il semblait très mal à son aise.

– Je vois, dit l'autre.

– Il y a des gens qui feraient n'importe quoi pour de l'argent... L'argent ce n'est pas tout.

– C'est une question d'opinion, Charles...

Le couple qui avait regardé les caricatures s'assit, et David vit que, derrière eux, dans le coin le plus mal éclairé, il y avait une jeune femme seule. Elle lui tournait le dos et n'avait que le mur comme horizon. Il commanda une bière.

– Acheter avec une marge pareille, disait l'homme prénommé Charles, moi je le ferais pas. Outre les questions d'éthique, personnellement, je préfère dormir sur mes deux oreilles. On y va ?

– Quand tu veux.

Ils sortirent et, tout en attendant sa monnaie, David observa la jeune fille solitaire avec curiosité. Il ne voyait que son dos, rendu informe par le blouson en vinyl qu'elle portait, mais ses cheveux étaient d'un noir brillant et elle avait de longues jambes fines, moulées dans un pantalon de velours. Elle fixait la boiserie brune avec l'attention de quelqu'un qui suit un programme passionnant à la télévision.

Il était surpris de voir une femme seule dans cet endroit. Naguère, une espèce de loi non écrite parmi les propriétaires de pubs, dans le West End, voulait qu'on ne serve pas les femmes seules. Tel est probablement toujours le cas. Cependant, cette fille ne semblait pas consommer.

Il y avait quelque chose de familier dans la ligne de ses épaules, et il se demandait où il l'avait rencontrée, lorsque la porte s'ouvrit pour livrer passage à quatre ou cinq jeunes gens. Elle tourna la tête nerveusement. Tout de suite, et non sans incrédulité, David la reconnut.

– Bonsoir, Mrs Heller, dit-il.

Son visage prit une expression difficile à analyser. Peur ? Prudence ? Effroi ? Ses curieux petits yeux verts, piquetés d'or, vacillèrent, puis retrouvèrent leur assurance. David se demanda ce qu'elle pouvait bien faire, toute seule ainsi dans un pub du West End, le jour même où avait eu lieu l'enquête sur la mort de son mari.

– Vous avez l'habitude de venir ici ? demanda-t-elle d'une voix peu encourageante.

– J'y viens quelquefois. Est-ce que je peux vous offrir quelque chose ?

– Non ! (Elle refusa avec tant de force que plusieurs personnes se retournèrent.) Je veux dire, non merci. Ne prenez pas cette peine. Justement je m'en vais.

David s'était demandé s'il devait lui écrire la conventionnelle lettre de condoléances, mais parce qu'il semblait déplacé d'offrir sa sympathie à une femme délivrée d'un mariage visiblement malheureux, il avait jugé bon de s'abstenir. À présent, malgré tout, il sentait qu'il ne pouvait se dispenser de dire quelque chose, quand ce ne serait que pour montrer qu'il était au courant de la mort de Heller ; et il se lança dans un petit discours ampoulé exprimant ses regrets. Mais après avoir murmuré « oui, oui », avec impatience, elle l'interrompit sans logique apparente.

– J'attendais une amie, mais elle n'est pas venue.

David pensa à tous les lieux de rendez-vous possibles pour deux femmes à Londres le soir. Le bureau où travaillait l'autre ? Un des magasins qui restent ouverts tard ? Un café ? Une station de métro ? Mais jamais un pub de Soho. Magdalene Heller se leva et boutonna sa veste.

– Est-ce que je peux vous conduire au métro ? Ma voiture n'est pas loin d'ici.

– Ne prenez pas cette peine. Ce n'est pas nécessaire.

David finit sa bière.

– Ce n'est pas prendre de la peine, dit-il, je regrette que votre amie ne soit pas venue.

La politesse n'était pas le fort de cette femme, mais les conventions interdisent à tout un chacun, sauf les sauvages, de planter là une connaissance et de lui claquer la porte au nez. Et pourtant, c'est ce qu'elle avait visiblement envie de faire.

Ils se rapprochèrent de la porte, et elle fouilla dans son sac avec des doigts qu'il jugea mal assurés. La cigarette qu'elle cherchait apparut finalement. David sortit son briquet.

Derrière eux, la porte s'entrouvrit. Magdalene Heller aspira en détournant la tête. David ne savait pas pourquoi il gardait le doigt pressé sur le briquet, la flamme toujours allumée. L'homme qui avait ouvert se tenait sur le seuil, regardant fixement à l'intérieur.

De nouveau Magdalene Heller lui fit face.

– Merci beaucoup, David. Je suis heureuse que nous nous soyons rencontrés, dit-elle d'un ton soudain excessivement chaleureux.

David fut tellement pris au dépourvu par cette soudaine volte-face qu'il regarda fixement, lui aussi, ce beau visage envahi soudain par la rougeur. La cigarette s'était éteinte ; il la ralluma. L'homme recula brusquement et repartit dans la direction d'où il était venu.

Ils étaient prêts à s'en aller, mais elle continuait à fouiller dans son sac.

– Connaissez-vous cet homme ? s'enquit David, et puis, sentant qu'il avait été impoli, il ajouta, sincère : Moi je suis sûr de le connaître. Ça pourrait être quelqu'un avec qui j'ai eu des contacts à la télévision, bien sûr...

– Je n'ai pas remarqué.

–... ou j'ai pu voir sa photo dans un journal. C'est ça ! je crois...

– C'est plus probablement à la télévision, dit-elle négligemment.

– Il avait l'air de vous connaître.

Mais cette femme était si étonnamment belle que, même dans le West End, où les jolies femmes ne sont pas rares, tous les hommes la dévisageaient. Elle lui posa la main sur le bras. Oui, elle était belle, son visage près du sien, tandis qu'ils traversaient la rue, sans défaut, avec sa peau d'orchidée et ses yeux pailletés d'or. Pourquoi, alors, son contact l'affectait-il étrangement, comme si un serpent avait frôlé sa manche ?

– David, si vous n'avez rien de mieux à faire, voudriez-vous... voudriez-vous me reconduire chez moi ?

Durant tout le trajet, elle babilla fébrilement, et resta collée au bras de David. Elle avait un accent qu'il ne pouvait situer. Ce n'était pas celui de Londres, ni celui du Nord.

Elle n'avait pas l'air d'une jeune veuve. Les vêtements qu'elle portait n'étaient pas ceux qu'il avait vus sur la photo qui accompagnait le compte rendu de l'enquête. Maintenant elle portait des habits râpés et – il le remarqua pour la première fois quand elle monta en voiture – provocants. Il n'aimait guère les pantalons moulants et ceux-là étaient particulièrement collants. Elle enleva sa veste brillante et la posa sur le siège. Ses seins, bien que certainement « vrais », avaient l'air en caoutchouc gonflé. Elle les portait si haut que cela avait l'air pénible et inconfortable, mais on sentait que cet inconfort valait la peine, en regard de l'attrait qu'ils exerçaient. Tout cela était compréhensible de la part d'une jeune fille de vingt-cinq ans, tout ce maquillage excessif, ces cheveux soyeux, tout ce qui pouvait la rendre encore plus séduisante. Seulement elle n'était pas une simple jeune fille de vingt-cinq ans. C'était une veuve qui le matin même avait assisté à l'enquête sur la mort de son mari et qui était censée être, sinon rongée de chagrin, du moins en état de choc.

Ils roulaient depuis peut-être un quart d'heure quand elle lui posa la main sur le genou. Il n'eut pas le courage de l'écarter et se mit à transpirer quand les doigts caressèrent sa cuisse. Elle fumait continuellement, baissant la glace toutes les deux minutes pour faire tomber la cendre dans la rue.

– Est-ce que c'est tout droit ? demanda-t-il. Ou à gauche ?

– Prenez par-derrière, c'est plus court. (Elle baissa sa glace et jeta son mégot sur le trottoir, manquant de peu un passant.) Prenez la prochaine file de sortie, je vous guiderai.

David lui obéit, prenant à gauche, à droite, à gauche de nouveau, et s'enfonçant dans un dédale de rues peu engageantes. Ils arrivèrent à un pont arc-bouté sur d'énormes piliers de béton ornés qui évoquaient vaguement le style égyptien et qu'on aurait pu croire surgis de la vallée des Rois. Au-dessous il y avait une espèce de gare de triage, dominée par des usines et des immeubles d'habitation.

– Là-bas, dit Magdalene Heller.

C'était une rue étroite, bordée de taudis. Au loin se dressait la haute cheminée d'une centrale.

– Vous êtes pressé ? demanda-t-elle.

– Ce n'est pas précisément un lieu de tourisme, n'est-ce pas ? Pas le genre d'endroit où on a envie de traîner.

Elle soupira, puis lui toucha légèrement la main du bout du doigt.

– Voudriez-vous vous arrêter un moment, David ? Il faut que j'achète des cigarettes.

Pourquoi n'en avait-elle pas acheté à Londres ? De toute façon, les trois ou quatre qu'elle avait fumées étaient sorties d'un paquet presque plein. Il y avait bien un magasin au coin, mais il était fermé.

De mauvaise grâce, il stoppa au bord du trottoir. Ils étaient tout seuls et nul ne les observait.

– Je suis tellement seule, David, dit-elle, soyez gentil avec moi.

Elle tenait son visage tout contre le sien, et il distinguait les pores de cette peau d'éponge, de cette peau de mousse, élastique, comme devait l'être aussi celle de ce corps trop parfait. Il y avait un point brillant sur ses lèvres, là où elle avait passé sa langue.

– Oh ! David, murmura-t-elle.

C'était un cauchemar. Cela ne pouvait être vrai. Comme dans un cauchemar, il se sentait contracté et impuissant. Elle lui toucha la joue, puis lui entoura le cou de ses mains tièdes. Il se dit qu'il s'était trompé, qu'elle était désespérément solitaire, avide de réconfort, et il la prit dans ses bras. Il évita les lèvres pleines et humides, pour presser sa joue contre celle de Magdalene.

Il demeura ainsi peut-être trente secondes, mais quand elle referma sa bouche sur son cou, avec une espèce de succion comme celle d'une anémone de mer, il retira ses bras.

– Allons, dit-il, on pourrait nous voir. On va vous ramener chez vous, hein ?

Il fut obligé de l'arracher de lui. Elle respirait fortement et sa bouche avait un pli pathétique.

– Venez dîner avec moi, dit-elle d'une voix plaintive et apeurée, je vous en prie. Je peux vous faire la cuisine. Je suis bonne cuisinière, c'est vrai, je vous assure ! Il ne faut pas me juger d'après ce que je donnais à Bernard ce soir-là. Ça lui était égal, ce qu'il mangeait.

– Je ne peux pas, Magdalene.

Il était trop embarrassé pour la regarder.

– Je veux vous parler.

Chose incroyable, la main retourna sur son genou.

– Ne me laissez pas toute seule.

Il ne savait que faire. D'un côté, elle était jeune, son mari mort depuis deux jours seulement. Aucun homme ne pouvait décemment l'abandonner. Il avait déjà laissé tomber l'époux, et ce dernier s'était tué. Mais d'un autre côté, il y avait cette attitude scandaleuse, cette gauche tentative de séduction. Ce n'était nullement se montrer cynique que de voir dans son offre de dîner un coup monté. Mais avait-il raison de refuser ? Un homme comme lui savait se défendre, et dans ces circonstances spéciales, il savait le faire avec tact. Qui plus est, il se demanda pourquoi il avait besoin de se défendre. Etait-elle nymphomane ou à ce point détraquée par le choc ? La folle idée qu'il pourrait tout d'un coup être devenu irrésistible lui traversa l'esprit, et il la chassa immédiatement ; c'était impensable.

– Je ne sais pas, Magdalene, dit-il d'un air de doute.

Ils passèrent devant le mur de la prison – ou de la caserne – et devant le cinéma éclairé. Il y avait une longue file de gens qui attendaient à l'arrêt d'autobus. David s'entendit pousser une exclamation étouffée. Bernard Heller était le dernier de la queue, en train de lire son journal du soir.

Bien sûr, il ne s'agissait pas de Bernard. Cet homme était encore plus massif, sa figure plus bovine, moins intelligente que celle de Bernard. Si David n'avait pas été déjà nerveux et désorienté, il aurait tout de suite compris qu'il se trouvait en présence du frère jumeau, Carl. Mais ils se ressemblaient étrangement. Cette ressemblance donnait à David un léger malaise.

Il arrêta la voiture, et Carl Heller monta à l'arrière. Magdalene avait un peu pâli. Elle les présenta avec humeur, son accent devenant plus prononcé.

– David va dîner avec moi, Carl, et elle ajouta comme si elle était partiellement propriétaire de la voiture de David : on va d'abord vous déposer chez vous.

– Je ne peux pas rester à dîner, Magdalene, dit David avec fermeté.

La présence du jumeau de Bernard le décontenançait et en même temps lui donnait des forces. Il pouvait la lui confier. Avec lui, elle serait en sûreté.

– Je crains bien de ne pas savoir où vous habitez.

Magdalene répondit quelque chose qui ressemblait à Copenhagen Street, et avait commencé à se lancer dans un flot de directives, lorsque David sentit une lourde main se poser sur son épaule.

– Elle n'est pas en état d'avoir de la compagnie ce soir, Mr Chadwick.

La voix était plus gutturale que celle de Bernard. Il y avait dans cette phrase autre chose qu'une manière polie de dire à quelqu'un qu'on ne voulait pas de lui. David crut y surprendre quelque chose de possessif, de l'orgueil, du chagrin, et – oui, peut-être de la jalousie.

– Je m'occuperai d'elle, dit Carl. C'est ce qu'aurait voulu mon pauvre frère. Elle a passé une mauvaise journée ; mais elle peut compter sur moi.

David se dit qu'il n'avait jamais entendu personne parler aussi lentement en pesant autant les mots. L'anglais et les tournures de Carl étaient corrects, mais il donnait l'impression d'une langue étrangère un peu difficile à parler. Ce devait être ennuyeux, exaspérant, même, de devoir écouter ce type parler pendant longtemps.

Magdalene avait renoncé. Elle ne dit plus rien jusqu'à ce qu'ils arrivent à Hengist House.

– Merci de m'avoir amenée jusqu'ici.

– Je suis heureux de vous avoir rencontrée, mentit David.

Le visage de Carl était celui de Bernard, insupportablement pathétique, abruti de chagrin, et David s'entendit prononcer des paroles inutiles qui faisaient écho à celles qu'il avait adressées naguère au mort :

– Ecoutez, si je peux faire quoi que ce soit...

– Personne ne peut rien faire, dit Carl. C'est le temps qui arrangera les choses.

Magdalene s'attardait en arrière.

– Alors, bonsoir, dit David.

Il regarda Carl prendre le bras de la jeune femme et la pousser devant lui.

8

Julian et Susan avaient essayé de se comporter en personnes extrêmement civilisées et éclairées. Il leur fallait se rencontrer pour que Julian voie son fils. Il leur avait donc semblé plus sage d'essayer de maintenir une amitié de commande, et Susan avait compris que ce serait difficile. Mais elle n'avait pas imaginé que cela deviendrait presque insoutenable. Quand tout allait bien, elle préférait que rien ne lui rappelle l'existence de Julian, et ses coups de téléphone – parfois nombreux – troublaient désagréablement la paix de la jeune femme. Mais quand elle était malheureuse, ou nerveuse, elle aurait aimé qu'il se comporte avec elle en mari, séparé de sa femme à cause de ses affaires, peut-être, et forcé, pour cette raison, de vivre loin d'elle.

Elle savait cet espoir impossible, totalement déraisonnable ; Julian avait maintenant sa vie à lui.

Mais était-ce tellement déraisonnable d'attendre, dans les circonstances actuelles, un signe d'intérêt de sa part ? La nouvelle de la mort de Louise avait été annoncée dans tous les journaux ; les deux feuilles du soir contenaient un compte rendu de l'enquête. Julian lisait avidement la presse ; les deux *Evening*[1] maintenant ouverts sur la table devant elle, rappelaient une habitude de son mariage, car Julian attendait de sa femme qu'elle soit bien informée.

Mais il n'avait pas encore téléphoné, et son silence témoignait d'une indifférence vis-à-vis d'elle qui changeait la solitude où elle se trouvait en une dépression croissante, pis encore, en une terreur panique : nul au monde ne se souciait de savoir si elle était morte ou vivante ! Passer la soirée et la nuit toute seule ici lui paraissait tout à coup une épreuve plus pénible que tout ce qu'elle avait déjà surmonté depuis son divorce. Pour la première fois, elle éprouvait de l'hostilité à l'égard de Paul. Sans lui, elle aurait pu sortir ce soir, aller au cinéma, réveiller une amitié surgie du passé. Ici, dans cette maison il n'y avait rien d'autre que Louise pour alimenter ses pensées, et la seule conversation possible était un dialogue avec elle-même. Comment allait-elle supporter les jours, les semaines, les mois qu'il lui faudrait passer

1. L'*Evening News* et l'*Evening Standard*. (N.d.T.)

dans cette maison ? Surtout, comment allait-elle résoudre le problème de Paul ?

Il avait longuement parlé ce soir-là de Louise et de « l'homme ». Parce que quelqu'un lui avait dit que Louise avait aimé cet homme, son esprit enfantin découvrait un curieux parallélisme entre son cas et celui de ses parents. Susan avait elle aussi découvert ce parallélisme et elle ne pouvait lui répondre. Elle s'en sentit coupable, mais elle fut contente quand il se tut enfin, et sortit de leurs boîtes ses modèles réduits, avec lesquels il s'amusa, très absorbé par son jeu, jusqu'à l'heure du coucher.

Elle était donc impardonnable de sentir la colère monter en elle lorsqu'elle alla dans son bureau et vit l'état où il l'avait laissé : celui d'un parking à plusieurs étages, avec des capots et des garde-boue minuscules, sortant de chaque fente et de chaque petite cavité. Des pneus avaient laissé des marques noires en travers des trois premières feuilles de son manuscrit. Elle était inexcusable d'être fâchée ; et cruelle peut-être de ne pas maîtriser sa colère.

Son sang ne fit qu'un tour et elle était à peine arrivée à la moitié de l'escalier qu'elle le grondait déjà.

– Combien de fois t'ai-je dit de laisser mes affaires tranquilles ? Il ne faut pas que tu recommences, jamais ! Si je t'y reprends, je t'empêcherai de porter ta montre pendant toute une semaine.

Paul poussa un gémissement à fendre le cœur. Il saisit la montre d'un geste vif, la retira de son écrin doublé de velours, et la tint contre son visage. Proche des larmes, Susan tomba à genoux à côté de lui et le prit dans ses bras.

– Ne pleure pas. Il ne faut pas pleurer.

– Je ne recommencerai plus, seulement il ne faut pas que tu me prennes ma montre.

Comme les larmes d'un gamin avaient vite fait de s'évaporer : aucune trace, aucune vilaine enflure rouge. Celles qu'avait versées Louise l'avaient laissée le visage boursouflé, vieilli et déformé de chagrin.

Paul observait sa mère avec l'intuition aiguë d'un enfant.

– Je ne peux pas dormir, Maman, dit-il, je n'aime plus cette maison. (Il parlait d'une toute petite voix étouffée, contre son épaule.) Est-ce qu'ils vont attraper l'homme et le mettre en prison ?

– Il est mort aussi, mon chéri.

– Tu es sûre ? La maman de Roger a dit qu'il était parti, mais elle a dit que Mrs North était partie aussi. Et s'il n'était pas mort et revenait ici ?

Susan laissa la lumière allumée dans la chambre de Paul ainsi que sur le palier. Quand elle redescendit, elle prit sa vingtième cigarette de la journée, mais on aurait dit que la fumée l'étouffait, et elle eut une longue quinte de toux qui la laissa toute frissonnante. Elle l'écrasa, remonta le chauffage et prit le téléphone pour appeler Julian.

Ce soir, tout allait de travers : comme de bien entendu, c'est Elizabeth qui décrocha.

– Allô ! Elizabeth, ici Susan.

– Susan ?...

Le nom resta suspendu en l'air. On avait l'impression qu'elle connaissait bien dix Susan, dont toutes avaient des chances de lui téléphoner et de s'annoncer par un simple prénom, sans autre précision.

– Susan Townsend. Est-ce que je peux dire un mot à Julian ?

– Bien sûr. Il est en train de finir sa mousse au chocolat. (Comme ces deux-là aimaient parler cuisine ! Ils avaient beaucoup en commun ; un jour, sans aucun doute, ils auraient aussi l'obésité en partage.) Cela tombe bien que vous téléphoniez maintenant. Nous partons passer le week-end avec maman.

– Amusez-vous bien.

– On s'amuse toujours avec maman. Tous ces assassinats à Matchdown Park sont vraiment horribles, surtout quand on sait que vous êtes plongée dedans jusqu'au cou. Mais je suppose que vous n'avez rien perdu de votre sang-froid. Je vais chercher Julian...

On avait l'impression qu'il parlait la bouche pleine.

– Comment vas-tu, Julian ?

– Je me porte bien.

Susan se demanda s'il entendit à l'autre bout du fil le soupir d'exaspération qu'elle poussa.

– Julian, je suppose que tu as lu ce qui est arrivé ici. Est-ce que tu vois un inconvénient à ce que nous vendions cette maison ? Je veux déménager le plus tôt possible. Je ne me rappelle pas comment est arrangée la communauté, mais je sais que c'est compliqué et que notre accord à tous les deux est indispensable.

– Il faut faire exactement comme tu veux, ma chère. (Est-ce qu'il avait apporté sa mousse avec lui ? On avait l'impression qu'il mangeait en parlant.) Tu es absolument libre ; je ne me mêlerai de rien. Seulement, n'accepte pas un chiffre au-dessous de dix mille livres, et, où que tu choisisses de t'installer ensuite, veille à te trouver à proximité d'une école convenable pour mon fils. (Il avala, et ajouta d'un ton léger :) Confie la maison à un agent immobilier, et laisse-le s'occuper de tout. Et si je rencontre quelqu'un désireux d'aller végéter dans la salubre atmosphère de Matchdown Park, je te l'enverrai. Dis-moi, accordions-nous un peu plus que l'habituel « bonjour-au revoir » à ces North ?

– Il serait plus juste de dire que tu leur accordais un peu de ton mépris.

L'espace d'un instant, elle crut l'avoir vexé.

– Tu sais, Susan, tu es devenue beaucoup plus caustique depuis notre séparation. Cela te va plutôt bien. J'en viendrais presque... non, je ne dirais pas cela. C'était un gars plutôt sexy, ce North, si j'ai bon souvenir ; et il exerce une profession quasi libérale, non ?

– Il est métreur-vérificateur.

– Je ne sais pas très bien ce que ça veut dire. Mais je suppose que vous vous trouvez maintenant souvent ensemble, et même que vous êtes perpétuellement fourrés l'un chez l'autre ? Ce n'est pas étonnant que tu aies envie de déménager.

– Je crois que je ne lui adresserai jamais plus la parole, dit Susan.

Julian marmonna quelque chose sur la nécessité de finir son dîner et de faire les bagages pour leur week-end chez Lady Maskell. Elle lui dit précipitamment au revoir, parce qu'elle sentait qu'elle allait pleurer. Les larmes lui coulaient déjà sur les joues, et elle ne prit pas la peine de les essuyer. Chaque fois que Julian lui adressait la parole, elle espérait de lui gentillesse et sollicitude, oubliant un instant que c'était la manière dont il avait toujours parlé aux autres, sur un ton ironique, léger, frivole. Elle faisait partie des *autres*, maintenant, et la bonté et la tendresse étaient réservées à Elizabeth.

Et pourtant elle n'aimait plus cet homme. Ce qui lui manquait, c'était d'être l'épouse qui tient toute la place dans la vie d'un homme. Quand on est marié, on ne se sent jamais vraiment seul. On peut être indépendant, ce qui est différent. Et ceux à qui elle demandait de l'aider, désormais, ne pouvaient que la considérer comme un obstacle qui les séparait de la personne avec qui ils désiraient demeurer.

Elle pensa à appeler Doris ou même Mrs Dring. Sa fierté l'empêcha de le faire au moment même où ses doigts se dirigeaient lentement vers le téléphone.

Paul était endormi. Elle le couvrit, fit un brin de toilette et se remaquilla un peu. Cela n'avait pas de sens, mais elle sentait que, si elle allait se coucher maintenant, à 7 h 30, elle pourrait ainsi créer un précédent. On se couche de bonne heure parce qu'on n'a rien à attendre. On reste tard au lit parce que se lever signifie faire face à la vie.

Elle allait déménager. Cramponne-toi à cette idée, pensa-t-elle, cramponne-toi. Ne plus jamais voir les cerisiers en fleur, les ormes ondoyer au-dessus du cimetière, les trois points d'un rouge sombre brûler près de la tranchée qui barrait la route de séparation. Ne plus jamais courir à la fenêtre parce qu'un chien aboyait, ne plus suivre des yeux la lumière des phares de Bob qui balayaient le plafond.

À ce moment, le faisceau des phares illumina la pièce. Susan tira les rideaux. Elle ouvrit un nouveau paquet de cigarettes et cette fois la fumée ne la fit pas tousser. Sa gorge était sèche et enflammée. Ce devait être à cause de la chaleur intense. Pourquoi ne cessait-elle pas d'avoir froid, puis trop chaud ? Elle sortit pour régler encore une fois le chauffage, mais s'arrêta, tressaillant de surprise, quand retentit la sonnette de la porte d'entrée.

Qui pouvait venir la voir à cette heure ? Des amis du temps de son mariage ? Dian, Greg, Minta, pris de remords après avoir lu les journaux du soir ? Le chien n'avait pas aboyé. Ce devait être Betty ou Doris.

L'homme qui se tenait sur le seuil s'éclaircit la gorge quand elle mit la main sur le loquet. Le son de cette petite toux nerveuse, embarrassée, lui dit qui était là avant même qu'elle ouvre la porte. Elle eut un désagréable frisson de crainte qui se mua rapidement en pur soulagement à l'idée que quelqu'un était passé la voir. Puis, elle se mit à tousser de nouveau, et, aussi tendue que lui, elle fit entrer Bob North.

Tout de suite, il montra qu'il ne s'agissait pas là d'une simple visite faite sur le pas de la porte, et Susan, qui avait dit à Julian qu'elle ne serait sans doute jamais qu'en termes très distants avec son voisin, se sentit étrangement heureuse quand Bob entra tout droit dans le living-room comme un vieil ami. Puis elle se reprocha sa dureté et se dit que Bob avait beaucoup plus de raisons qu'elle de se sentir seul et malheureux.

Il ne portait sur son visage aucune trace de la souffrance et de l'amertume qu'il avait exprimées dans la salle d'audience, et, bien qu'il s'excusât de nouveau d'avoir mêlé Susan à ses affaires, il ne lui donna pas la raison de sa visite.

Susan lui avait déjà exprimé sa sympathie et son chagrin avec des mots maladroits, et, maintenant, elle ne trouvait rien à ajouter. Bien évidemment sa visite avait un but précis ; on le sentait au regard aigu, calculateur, qu'il lui lança au moment où ils se trouvèrent face à face dans la pièce tiède et en désordre.

– Vous étiez occupée ? Je vous dérange ?

– Bien sûr que non.

Son deuil le rendait différent des autres hommes. Il fallait le traiter avec ménagement, tout en restant naturelle. Elle voulait se comporter à la fois comme si la tragédie n'était jamais arrivée et comme s'il méritait la plus grande sollicitude. Une réflexion bizarre lui traversa l'esprit : il était impossible de ressentir beaucoup de pitié pour quelqu'un d'aussi beau que Bob. Son apparence suscitait une jalousie envieuse chez les autres hommes et une admiration curieusement humiliante chez les femmes. Si la tragédie n'avait pas eu lieu, et s'il était venu la voir ainsi, elle se serait sentie mal à l'aise, toute seule avec lui.

– Vous ne voulez pas vous asseoir ? dit-elle avec raideur. Est-ce que je peux vous offrir à boire ?

– C'est très gentil à vous. (Et lui prenant des mains la bouteille et les verres :) Laissez-moi faire.

Elle le regarda verser du gin dans un verre et le remplir de bitter lemon.

– Qu'est-ce que je vous offre ? Non, ne refusez pas... (Il lui adressa un léger sourire en coin, le premier qu'elle lui avait vu esquisser depuis la mort de Louise.) Ma visite va être longue, Susan, si vous voulez bien me supporter.

– Bien sûr, murmura-t-elle.

C'était donc là le but de sa visite : parler à quelqu'un qui soit assez aimable pour écouter, mais assez indifférent pour qu'on puisse s'en aller, une fois délivré. Louise avait essayé d'agir de même, mais Louise était morte avant. Quelque part au fond de tout cela, il y avait une étrange ironie du sort. Les yeux bleu sombre de Bob la fixaient tranquillement, mais on y lisait le doute, comme s'il avait encore besoin de réfléchir, comme s'il se demandait s'il avait fait un choix judicieux.

Elle alla s'asseoir et le sofa parut tout d'un coup curieusement moelleux et attirant. L'instant d'avant, elle avait été heureuse de voir Bob ; maintenant elle n'avait plus conscience que d'une fatigue profonde. Bob traversa la pièce et, sortant un rouleau de papier de sa poche, le laissa tomber sur la table basse qui les séparait. Il avait la grâce d'un acteur. D'un acteur, se surprit à penser Susan, car il donnait l'impression d'avoir étudié et appris ces gestes-là. Puis elle se demanda si ce n'était pas parce qu'il avait du mal à les contrôler que ses gestes lui semblaient calculés.

Elle tendit la main vers les papiers et le regarda en levant les sourcils. Il hocha brusquement la tête. Ces feuilles étaient-elles liées à des questions juridiques ? Tenait-il là le testament de Louise ?

Susan déplia la première page sans grande curiosité. Puis elle la laissa tomber avec un cri soudain, comme si cette feuille avait été enroulée autour de quelque chose de brûlant ou de visqueux et de répugnant.

– Non, je ne peux pas ! Je ne peux pas lire ces lettres !

– Vous les reconnaissez donc ?

– On en a lu des extraits dans la salle d'audience. (Les joues de Susan étaient en feu.) Pourquoi... (Et, s'éclaircissant la gorge, qui avait commencé à lui faire mal et lui donnait l'impression d'être enflée :) Pourquoi voulez-vous que je les lise ? demanda-t-elle farouchement.

– Ne me parlez pas durement, Susan. (Son front se plissa comme celui d'un petit garçon et elle pensa tout d'un coup à Paul.) La police m'a donné ces lettres. Elles *appartenaient* à Louise, voyez-vous, et j'ai... enfin j'en ai hérité. Heller les lui avait envoyées l'année dernière. *L'année dernière*, Susan ! Depuis que je les ai lues, je n'ai pas pu songer à autre chose. Elles me hantent.

– Jetez-les au feu.

– Je ne peux pas. Je n'arrête pas de les lire. Elles ont empoisonné tous les bons souvenirs que j'ai d'elle. (Il se prit la tête dans les mains.) Elle voulait se débarrasser de moi. Je n'étais qu'un gêneur. Est-ce que je suis tellement repoussant ?

Elle évita de répondre directement à cette question absurde. C'était comme si un milliardaire lui avait demandé si elle le trouvait assez riche.

– Vous êtes à plat, Bob. C'est naturel. Quand les gens ont une liaison, ils disent des choses qu'ils ne pensent pas, des choses qui, de toute façon, ne sont pas vraies. Je suppose que la femme de Julian a dit sur moi un tas de choses désagréables, exagérées.

Cette pensée ne l'avait jamais effleurée auparavant. Elle dut faire un effort pour la formuler.

Il hocha la tête.

– C'est pourquoi je suis venu vous voir. Je savais que vous comprendriez.

Il se leva vivement. Les lettres étaient écrites sur un papier rigide et elles s'étaient enroulées de nouveau. Il les lissa du plat de la main et les brandit devant le nez de Susan.

Elle lui avait dit qu'Elizabeth avait peut-être pu écrire des choses désagréables sur elle. Si tel était le cas, et si jamais une telle lettre venait en sa possession, rien n'aurait pu l'amener à la montrer au premier venu. Et pourtant, la plupart des gens auraient été ravis d'une pareille occasion. Elle devait être incroyablement scrupuleuse, pour ne pas dire timorée. Doris, par exemple, aurait rampé pour pouvoir se repaître des lettres de Heller, si, au lieu d'être venu voir Susan, Bob avait traversé la rue !

Susan étendit la main pour prendre une cigarette. Elle se rendit compte qu'elle n'avait jamais lu de lettres d'amour. Durant ses fiançailles avec Julian, ils avaient rarement été séparés, et, quand ils l'étaient, ils se téléphonaient. Et en tout cas, elle n'avait jamais lu les lettres d'amour des autres. Bob, qui la créditait d'une grande expérience, aurait été surpris d'une telle innocence.

Peut-être était-ce cette innocence même qui continuait de la retenir. La liaison de Louise, celle d'une ménagère et d'un représentant de commerce, une histoire sale et furtive, lui semblait simplement sordide, sans même l'excuse d'une vraie passion. Les lettres étaient peut-être obscènes. Elle jeta un coup d'œil à Bob et, tout d'un coup, elle fut certaine qu'il ne l'exposerait à rien de déplaisant. Avec un petit soupir, elle concentra son attention sur l'écriture penchée, agrémentée de boucles, qui était celle de Heller, et elle regarda l'adresse : *3, Hengist House, East Mulvihill, S. E. 29* ; la date : *6 novembre 67* ; puis elle se mit à lire.

Ma chérie,

Tu es nuit et jour dans mes pensées. En fait, je ne sais pas où finit le rêve, où commence la réalité, car tu remplis mon esprit et je vis dans un état second. Même dans mes meilleurs moments, je suis un garçon un peu lent, ma chérie. Je te vois d'ici en train de sourire en lisant ces mots, et peut-être (je l'espère) que tu n'es pas d'accord ; mais c'est vrai, et maintenant, je suis en plus à moitié aveugle et sourd. Mon amour pour toi m'a rendu aveugle, mais je ne le suis pas au point de ne pas lire dans l'avenir. Il me fait peur, quand je sens que nous aurons peut-être à vivre ainsi des années durant, à ne nous voir que de loin en loin, furtivement, pour quelques heures seulement.

Pourquoi ne pas te décider à lui dire la vérité ? Cela ne sert à rien de croire qu'à tout moment peut arriver quelque chose qui résoudra notre problème. Que veux-tu qu'il arrive ? Ce n'est pas un vieillard et il peut vivre encore des années. Je sais, tu dis que tu ne souhaites pas sa mort, mais je ne peux le croire. Tout ce que tu dis, l'expression même de ton visage me le montrent : tu sens bien qu'il est pour toi uniquement un fardeau. Il n'a sur toi aucun droit qu'on puisse de nos jours considérer comme valable.

Tout cela revient à dire – et c'est le sens de tes paroles – que nous n'avons qu'à nous armer de patience et attendre sa mort. Non, je n'essaie pas de te pousser à mettre quelque chose dans son thé. Je te le dis pour la centième fois : il faut lui faire comprendre que tu as le droit de vivre ta vie ; qu'il doit te la rendre pour que tu la confies à ton

Bernard
(très épris mais bien malheureux).

Non, cette lettre n'inspirait aucun dégoût, en tout cas, si on ne connaissait pas les circonstances. Et si on ne connaissait pas Heller, on pouvait même trouver poignant le contenu de la deuxième lettre, à condition de ne pas être la voisine de la femme mariée qui avait commis les infidélités dont parlait Heller.

L'adresse était la même, la date, celle du 2 décembre 1967. Susan la lut également :

Ma douce chérie,

Je ne peux pas continuer à vivre sans toi. Je ne peux pas continuer à exister et à travailler à des kilomètres de toi, tout en pensant que tu es avec lui, et que tu gâches ta vie dans cet esclavage. Il faut lui parler de moi, lui dire que tu as trouvé quelqu'un qui t'aime vraiment et qui va enfin te donner un vrai foyer. Tu m'avais à moitié promis de le faire quand nous nous sommes retrouvés la semaine dernière, mais je sais à quel point tu peux être faible en sa présence.

A-t-il vraiment besoin de tous ces soins, de toutes ces attentions ? Est-ce qu'une gouvernante ne pourrait pas faire tout ce que tu fais en ce moment ? Il a toujours été dur et, tu me l'as dit, parfois violent. Parle-lui ce soir, chérie, pendant que tu seras avec lui dans ce que je ne peux appeler autrement que ta prison.

Le temps passe si vite ! À quoi ressembleras-tu, dans quelques années, vieillissante et toujours liée à lui ? Il n'en viendra jamais à t'apprécier et à t'aimer. Tout ce qu'il désire, c'est une servante. Tu deviendras amère et aigrie, et crois-tu vraiment que notre amour puisse durer dans ces conditions ? Quant à moi, je pense quelquefois que, sans toi, je ne peux que mettre fin à mon existence. Je ne peux absolument pas supporter plus longtemps une vie qui continue à se traîner de cette façon.

Ecris-moi, ou, mieux encore, viens me retrouver. Tu ne m'as encore jamais vu heureux, en tout cas, pas comme je le serai quand j'apprendrai que tu l'as enfin quitté.

Bernard

Susan replia les lettres et ils se regardèrent avec lassitude. Puis elle brisa le silence en se forçant à aborder le sujet des lettres et demanda d'un ton neutre :

– Il n'y avait que celles-ci ? Il n'en a pas écrit d'autres ? dit-elle.

– Elles ne suffisent pas ?

– Ce n'est pas ce que je voulais dire. Seulement, je me serais attendue qu'il y en ait toute une collection.

– S'il y en a eu d'autres, elle ne les a pas gardées.

– Elle en a peut-être eu honte, dit Susan avec amertume, ce ne sont pas des merveilles de littérature.

– Je n'avais pas fait attention. Je ne suis pas très bien placé pour en juger. Mais leur sens est suffisamment clair. Louise me haïssait tellement qu'elle était prête à raconter sur moi n'importe quels mensonges.

Il lui enleva les lettres et garda sa main dans la sienne. Oubliant tout, il la serra comme on serre une bouée : avec désespoir.

– Susan, dit-il, vous ne croyez pas, n'est-ce pas, que je sois violent, dur, tyrannique ?

– Bien sûr que non. C'est pourquoi je ne pense pas qu'il y ait la moindre raison de conserver ces maudites lettres. Vous ne ferez que les relire et vous torturer.

Pendant une horrible minute, elle eut l'impression qu'il allait pleurer. Son visage se contracta et sembla presque laid.

– Je ne peux pas me résoudre à les détruire, dit-il. Susan, voudriez-vous le faire, si je les laissais ici ?

Lentement elle les lui reprit. Elle s'attendait à ce qu'il lui saisisse encore une fois la main. Elle éprouvait un peu la même impression que lorsqu'elle retirait furtivement, tous les soirs, la montre des mains de Paul endormi. Elle prenait les mêmes précautions, retenant son souffle, elle ressentait la même peur de provoquer un cri de protestation. Paul adorait sa montre. N'y avait-il pas de l'amour curieusement mêlé à la haine que Bob vouait à ces lettres ?

Il la laissa faire sans broncher.

– Je vous le promets, Bob, dit-elle, tremblante et épuisée, je vous promets de le faire dès que vous serez parti.

Elle pensait alors qu'il allait s'en aller. Il était encore tôt, mais elle avait oublié la lassitude déprimée qu'elle avait ressentie plus tôt dans la soirée. Maintenant, elle ne désirait plus qu'une seule chose : dormir.

– Mais je ne devrais pas vous assommer avec toutes ces histoires, dit-il du ton de quelqu'un qui a l'intention de le faire.

De toute évidence, elle n'avait pas manifesté suffisamment sa fatigue.

– Il faut pourtant que je parle à quelqu'un, poursuivit-il. Je ne peux pas supporter de garder tout cela pour moi.

– Continuez, Bob, je comprends.

Elle l'écouta lui raconter le grand amour qu'il avait naguère éprouvé pour Louise, leur mariage, leur déception de ne pas avoir d'enfants. Il se perdit en conjectures sur la façon dont Louise et Heller avaient pu se rencontrer, sur ce qu'ils pouvaient avoir en commun et les raisons qu'avait eues Louise de se laisser aller à cette infidélité. Il parla avec violence, avec passion, avec incrédulité. Mais au lieu de l'épuiser comme elle épuisait Susan, sa fureur semblait lui insuffler de nouvelles forces. Remonté comme il l'était, il parla pendant près d'une demi-heure, tandis que Susan l'écoutait, enfoncée dans le sofa, hochant la tête de temps à autre pour l'assurer de sa compréhension. Les mégots s'empilaient dans le cendrier. Elle sentait sa gorge brûler, comme si on l'avait passée au papier de verre.

– Mon Dieu, excusez-moi, Susan, dit-il enfin, je vous ai fatiguée. Je m'en vais.

Elle n'avait plus le courage d'insister poliment pour qu'il reste. Il lui saisit impulsivement les mains et se pencha vers elle. Son visage était si près du sien qu'elle ne distinguait plus ses traits.

– Promettez-moi que je ne reverrai jamais ces horreurs, dit-il.

Elle acquiesça de la tête.

– Ne me reconduisez pas. Je n'oublierai jamais ce que vous avez fait pour moi.

La porte d'entrée se referma et le bruit continua de retentir dans sa tête, comme un martèlement régulier. De longs frissons la parcouraient maintenant, et elle commençait à avoir mal au dos. Elle ferma les yeux et revit le visage de Bob, mêlé aux pattes de mouche de Heller, tandis que l'écho qui résonnait encore devenait lentement le claquement des talons de Louise.

Quand elle s'éveilla, il était minuit. L'air empestait la fumée. Le chauffage s'était arrêté et c'était le froid qui l'avait réveillée en s'insinuant jusque dans ses os. À un moment donné, avant de s'endormir, elle avait dû porter les verres dans la cuisine et vider le cendrier. Elle ne se souvenait de rien, mais, quand elle se remit sur pied, elle comprit très bien que son inertie, et la douleur aiguë qu'elle ressentait à la gorge n'avaient pas grand-chose à faire avec les chocs nerveux subis ces derniers jours.

Des symptômes de ce genre avaient une cause physique. Elle avait la grippe.

9

Depuis le départ de Julian, Susan dormait dans l'une des deux chambres d'amis qui donnaient derrière, une petite pièce exposée au nord, mais qu'elle était heureuse aujourd'hui d'avoir choisie. Être malade dans une pièce identique à la chambre de Louise, être couchée dans un lit placé exactement au même endroit que le sien aurait été pour Susan la pire épreuve imaginable.

Elle avait passé une nuit exécrable, ne dormant que par à-coups. Au matin, elle prit sa température et trouva qu'elle avait 39°4.

– Va chez Mrs Winter, mon chéri, dit-elle à Paul quand il entra dans sa chambre à 8 heures, demande-lui de te donner ton petit déjeuner.

– Qu'est-ce que tu as ?

– J'ai un gros rhume.

– C'est Roger Gibbs qui te l'a passé au goûter, dit Paul, comme s'il était en train de louer un ami pour son remarquable altruisme. Il donne ses rhumes à tout le monde.

Le docteur arriva, en même temps que Doris qui se tint debout au pied du lit, confirmant le diagnostic du praticien et y ajoutant sans cesse son grain de sel.

– Je ne veux pas que vous attrapiez ma grippe, Doris, dit faiblement Susan après le départ du médecin.

– Oh ! je ne l'attraperai pas. Je n'attrape jamais rien.

C'était vrai. Elle avait beau être sensible aux basses températures et s'emmitoufler dans des vestes, Doris n'avait jamais le moindre rhume.

– Je me suis immunisée contre tout cela quand j'étais infirmière, dit-elle, en donnant des coups de poing dans les oreillers avec l'énergie d'un boxeur. Écoutez un peu mon chien. Il est en train de faire un boucan du diable parce que toutes les voitures de l'enterrement sont arrivées à côté. (Elle pencha la tête et prêta l'oreille aux bruits de pas étouffés des employés des pompes funèbres.) Au moins, j'ai une excuse pour ne pas y aller et pour vous, ce serait un suicide. (Elle mit sa main devant sa bouche.) Oh, ma chère, ça c'est un mot à ne pas employer ces temps-ci. J'ai entendu dire que les catholiques ne veulent pas de Louise dans leur cimetière. C'est vraiment une honte, puisque c'est Heller qui a tout fait.

Le chien poussa un aboiement caverneux, une porte claqua.

– J'ai vu Bob et il vous envoie ses vœux de prompte guérison. Imaginez ! Avec tous ses ennuis, il voulait savoir s'il pouvait faire quelque chose. J'ai dit à John, Bob a pour Susan une admiration formidable, et John a été de mon avis. J'ai réglé votre chauffage au maximum, ma chère. J'espère que cela ne vous gêne pas, mais vous savez comme je suis frileuse. Je me demande s'il se remariera...

– Qui ?

– Bob, naturellement. Le mariage, c'est une habitude, n'est-ce pas ? et je pense que ce serait une drôle d'expérience que de devoir s'habituer au célibat. Mon Dieu, me voilà repartie ! Les deux pieds dans le plat (Doris rougit et se pelotonna dans sa grande veste tricotée.) Est-ce que ça vous ferait plaisir de manger une petite tranche de rôti ? Non, après tout, il vaut mieux pas. À propos, j'ai mis de l'ordre et j'ai épousseté partout.

– Vous êtes très, très gentille.

– Je suis simplement autoritaire et active, mon chou.

La manière soudaine et inattendue dont Doris s'analysait la rendit chère à Susan bien plus que tous ses soins éclairés. Elle aurait voulu que sa gorge douloureuse et son immense lassitude lui permettent d'exprimer sa gratitude. Elle croassa quelque chose au sujet de Paul, et Doris répondit :

– Il est sorti avec Richard. Vous pouvez nous le laisser pour le week-end. Qu'est-ce que vous allez devenir, vous ? On pourrait peut-être apporter la télé.

– Non, vraiment, Doris, il se peut que je lise dans la journée.

– Eh bien, si vous vous ennuyez, vous pouvez toujours regarder trimer les ouvriers, et, remuant légèrement les rideaux, Doris rit bruyamment. Ils sont tout comme moi, il leur faut leur feu et leur thé.

Regarder trois ouvriers combler une tranchée et en creuser une autre deux mètres plus loin, voilà qui n'aurait pas semblé à Susan une distraction bien captivante, lorsqu'elle était en bonne santé. Elle avait souvent pensé, comme la plupart des gens, que si jamais elle se trouvait alitée, elle en profiterait pour lire un classique. Aussi, quand Doris passa la voir à l'heure du déjeuner, elle lui demanda d'aller prendre *À La Recherche du temps perdu* dans la collection de livres que Julian avait laissée en partant.

Mais Proust vint à bout de sa résolution. Personne ne risquait de l'interrompre, mais sa capacité de concentration semblait très diminuée. Dans son esprit flottaient comme dans un brouillard des soucis à demi oubliés, des craintes sans lien entre elles, mêlées à des idées de déménagement. Elle posa son livre après avoir scruté pendant dix minutes une page dont les caractères dansaient devant ses yeux, et, bien qu'irritée de céder à la sotte suggestion de Doris, elle finit par tourner les yeux vers la fenêtre.

Dans le ciel d'un bleu pâle, elle pouvait tout juste distinguer le soleil, flaque jaune au milieu des nuées. On avait l'impression qu'il faisait très froid et elle comprenait que les ouvriers aient besoin d'un brasero. Ils faisaient cercle autour du feu, tous les trois, et remuaient leur thé dans des tasses grossières et ébréchées. Louise, au moins, leur apportait leur thé dans des tasses et des soucoupes en porcelaine.

Elle se redressa sur ses oreillers pour mieux voir. C'était curieux, mais il y avait quelque chose de divertissant dans le fait d'observer trois inconnus qui allaient et venaient. Elle ne pouvait entendre ce qu'ils se disaient, mais cela rendait les choses encore plus piquantes. Il y avait un homme assez âgé, un autre plus jeune, et un adolescent. Les deux aînés taquinaient apparemment le garçon, mais celui-ci prenait avec bonne humeur leurs bourrades et leurs plaisanteries. Susan le vit secouer les feuilles de thé sur le trottoir et essuyer avec un journal l'intérieur des tasses.

Au bout d'un moment, ils redescendirent dans leur tranchée, et le plus vieux se pencha sur le large manche du marteau-piqueur. Le jeune ouvrier avait empoigné un rouleau de câbles couverts de boue et sautillait avec son chargement ; son compagnon fit semblant de se battre avec lui. On ne voyait que leurs têtes et leurs mains qui gesticulaient au-dessus du bord de la tranchée, mais le rire du garçon était si perçant que, malgré la distance, Susan l'entendit par-dessus le bruit du marteau-piqueur.

C'est alors qu'une fille en manteau rouge apparut au coin de la rue près du portail des O'Donnell. Immédiatement, les deux plus jeunes ouvriers cessèrent leur bagarre et la sifflèrent. Elle était obligée de passer près du chantier et fit semblant de ne pas les voir. Le plus jeune la regarda avec insistance et cria quelque chose.

Susan se renfonça dans ses oreillers. Elle avait oublié Louise et Bob, les craintes de Paul, la désinvolte indifférence de Julian. Une femme plus âgée traversa la rue, mais malgré son âge, elle eut elle aussi droit à des sifflements. Susan sourit pour elle-même, un peu honteuse de s'amuser de choses aussi puériles. Quel âge fallait-il qu'atteigne une femme pour qu'on cesse de la siffler ? 35 ans ? 40 ? 50 ? Certes, il y avait une certaine générosité dans cette absence de discrimination. Peut-être qu'on n'était jamais assez vieille ou peut-être que le plus âgé des trois, qui était resté silencieux alors que les deux autres saluaient le passage des femmes, réservait-il ses sifflements aux femmes de son âge ?

À 3 heures, le garçon alla chercher une bouilloire dans la cabane et la mit sur le feu. Savaient-ils que Louise était morte ? Avaient-ils appris la nouvelle par quelque rumeur ou l'un d'eux s'était-il présenté innocemment à la porte de service, jeudi dernier, pour se trouver face à face avec le regard fixe et amer de Bob, et se voir congédier brusquement par lui ?

Le thé était prêt, les tasses remplies à nouveau. Etant donné la consommation qu'ils en faisaient, ils préféraient évidemment le préparer eux-mêmes, au lieu d'aller au café, à deux cents mètres. Sans aucun doute, ils avaient éprouvé une grosse déception lorsque leur commissionnaire était allé frapper à la porte de Louise, le mercredi, et n'avait pas obtenu de réponse. Cette fois-là, ils n'avaient pas envoyé le plus jeune, pensa Susan, mais l'homme d'environ vingt-cinq ans qui, accroupi près du feu, enlevait un chandail bleu.

La tranchée tenait maintenant la moitié de la largeur de la route. Ayant ramassé les tasses vides, le garçon monta sur un tas de débris, un drapeau à la main, pour diriger la circulation peu importante. Il se donnait des airs, se prenant pour un agent de police, mais, au bout d'un instant, l'homme au chandail bleu lui fit signe, avec force gestes, de regagner la tranchée. Susan avait l'impression de regarder un film muet qui allait bientôt déboucher sur le burlesque ou peut-être le symbolisme, comme dans ces films où les gestes et les expressions du visage ont une signification profonde alors que la voix n'est plus qu'une intrusion vulgaire.

C'est ainsi que Doris la trouva lorsqu'elle ramena Paul à 6 heures pour le coucher. Les ouvriers étaient partis et Susan se reposait en contemplant rêveusement les lumières rouges qu'ils avaient laissées allumées derrière eux. Elle était absurdement déçue que le lendemain soit un dimanche, aigrie comme le spectateur impatient qui sait qu'il doit attendre deux jours pour la suite de son feuilleton.

– Je vous ai amené une visite, dit Doris le dimanche après-midi. Devinez qui !

Cela ne pouvait être Julian, car il se trouvait à la campagne chez Lady Maskell, sans aucun doute en compagnie d'une joyeuse bande qui comprenait Minta Philpott, Greg et Dian et Dieu sait qui d'autre. En outre, Julian détestait les chambres de malades.

– C'est Bob. (Doris jeta un regard anxieux par-dessus son épaule tandis que les pas de Bob résonnaient dans l'escalier.) C'est *lui* qui a voulu venir. Je lui ai dit que, dans son état de fatigue, il était réceptif à tous les germes, mais il a insisté.

Il avait des jonquilles plein les bras. Susan était sûre qu'elles venaient du jardin de Braeside, et, maintenant, elle se représentait la grande plate-bande couverte de tiges brisées. Louise avait raffolé de ses fleurs ; le geste de Bob rappelait à Susan l'histoire des jardiniers de Lady Jane Grey qui avaient décapité tous les chênes de ses terres le jour de sa mise à mort. Tout d'abord, elle se sentit gênée en le voyant, et elle se demanda s'il regrettait d'avoir manqué de réserve le vendredi soir. Mais il ne montra aucun embarras, bien qu'il restât sur son quant-à-soi jusqu'à ce que Doris fût partie.

– Je pensais que vous partiriez, dit Susan, pas précisément pour vous amuser, mais pour vous changer les idées.

– Je n'ai envie d'aller nulle part. Tous les endroits qui me plaisent, je les ai déjà visités avec elle. (Il prit un vase et y arrangea les jonquilles, d'une manière bien maladroite pour un homme aussi gracieux : il les entassait n'importe comment et cassait les tiges qui étaient trop longues.) Je me sens mieux ici. J'ai à m'occuper de beaucoup de choses, ajouta-t-il lorsque Doris passa la tête par la porte avec un grand sourire.

– De toute façon, vous n'avez pas de chance en vacances, dit Doris. Je me rappelle l'année dernière, Louise était alitée et vous vous êtes trouvé mêlé à un accident, à bord d'un bateau. (Bob ne dit rien, mais son visage s'assombrit dangereusement.) La pauvre Louise était exactement malade comme vous, Susan, et Bob a été forcé de se distraire comme il a pu. La malheureuse m'a dit que ces vacances avaient été complètement ratées, en ce qui la concernait. Oh ! Seigneur ! Aimeriez-vous mieux que je ne parle pas d'elle, Bob ?

– Si vous le voulez bien, dit Bob, l'air tendu.

Il s'assit au chevet de Susan, dissimulant à peine son impatience, tandis que Doris continuait à jacasser : Paul avait refusé de se laver les dents ; il insistait pour garder sa montre neuve sous son oreiller.

– Dieu merci, elle est partie, dit-il quand la porte se referma enfin. Elle ne vous fatigue pas ?

– C'est une amie dévouée, Bob, extrêmement gentille.

– Elle ne rate rien de ce qui se passe dans cette rue. Son chien a failli me rendre fou à l'arrivée du convoi.

Il poussa un soupir douloureux et Susan éprouva soudain pour lui ce qu'il avait semblé désirer depuis le commencement : un sentiment de camaraderie. La pitié monta en elle à tel point que, si elle avait été en bonne santé, elle aurait voulu le prendre dans ses bras et le tenir serré contre elle, comme elle aurait tenu Paul. Éprouvait-elle cela parce qu'il lui semblait si jeune, si vulnérable ? Pourtant il était son aîné de quatre ou cinq ans. Pendant un instant, elle se sentit gênée, presque consternée que cette pensée l'ait effleurée.

Il alla vers la porte, l'entrouvrit, puis la referma avec précaution. Elle pensa qu'il se déplaçait comme un chat. Non, comme quelque chose de plus sauvage. Comme un fauve.

– Vous vous êtes bien débarrassée de ces lettres, n'est-ce pas ? dit-il d'un ton faussement dégagé. Les lettres de cette ordure de Heller, vous aviez dit que vous alliez les brûler.

– Bien sûr, c'est chose faite, dit Susan d'un ton ferme.

Mais la question l'agita. De nouveau, sa tête bourdonnait, comme si sa température avait recommencé à s'élever. Elle avait complètement oublié les lettres. Elle les avait regardées avec dégoût, pensa-t-elle, et peut-être que s'était formé dans son esprit ce que Julian appelait un blocage psychologique. À présent, en dépit de ses paroles rassurantes à l'adresse de Bob, elle ne pouvait absolument pas se rappeler si elle avait ou non brûlé ses lettres. Avait-elle, avant, après, ou même pendant ce sommeil pareil à un coma et peuplé de rêves, jeté les lettres dans la cheminée ? Ou bien étaient-elles encore sur la table, exposées aux regards de Doris et de Mrs Dring ?

– Je savais que je pouvais vous faire confiance, Susan, dit Bob. Je regrette de vous avoir assommée l'autre soir. (Et ramassant le livre qu'elle avait laissé ouvert :) Vous avez des lectures savantes ! Quand je suis malade, moi, tout ce que je demande, c'est de rester allongé sans bouger et de regarder par la fenêtre.

– C'est ce que j'ai fait hier. J'ai simplement observé les ouvriers travailler pendant la plus grande partie de la journée.

– Captivante distraction, dit-il. Vous menez une vie sacrément solitaire, Susan. Tous ces derniers mois, vous avez dû vous sentir affreusement seule et je n'y ai jamais pensé.

– Pourquoi l'auriez-vous fait ?

– J'habitais à côté. J'aurais dû comprendre... Louise aussi. (Il s'arrêta et dit, la voix pleine d'une sourde colère :) Seulement, elle était trop occupée. Quel âge avez-vous, Susan ?

– Vingt-six ans.

– Vingt-six ans ! Et vous restez dans une chambre, au fond d'une maison de banlieue, sans personne pour vous soigner, et sans autre distraction que quatre ou cinq ouvriers qui font des trous dans la route !

Cela ne servirait à rien de lui expliquer que, pendant quelques heures, cette chambre avait été comme une loge de théâtre d'où elle avait regardé se jouer une comédie sur une scène lointaine. Bob était tellement matériel, si terre-à-terre. Certes, il était sensible à l'émotion, mais ce n'était pas le genre d'homme qui peut prendre plaisir à regarder tranquillement les comportements des autres. À voir son allure et son attitude extravertie, il avait probablement rarement pris le temps de prendre le poste de l'observateur. Il la regardait maintenant avec un air tellement soucieux qu'elle se demanda comment elle avait pu le trouver égoïste. Elle tenta de rire, mais sa gorge lui faisait trop mal.

– Je ne suis pas tout le temps seule, dit-elle, d'une voix qui tournait rapidement au croassement, et Doris me soigne très bien.

– Oui, vous me l'avez dit, elle vous a prouvé son amitié. Je regrette que les choses n'aient pas été différentes et que vous n'ayez pas pu dire cela de *moi*.

Elle ne trouva rien à répondre. Il se leva brusquement et, quand il revint, Paul était avec lui, sa montre toujours attachée à son poignet, visible sous sa manche de pyjama.

– Je ne peux pas t'embrasser, chéri, je suis pleine de microbes.

– Tu n'as pas de pendule ici, dit Paul. Tu aimerais avoir ma montre, juste pour ce soir ?

– C'est bien aimable à toi, mais je ne veux pas t'en priver.

Il eut un air de soulagement évident pour lui souhaiter une bonne nuit.

– Attends, voyons un peu si je peux te soulever. (Bob avança les mains pour saisir l'enfant par la taille.) Comme tu as grandi ! Je parie que tu pèses une tonne !

Susan vit ce visage dur et amer s'attendrir subitement. Il n'avait pas d'enfants, mais maintenant... naturellement il se remarierait. Peut-être était-il prématuré de l'espérer pour lui ? Toujours est-il que cette idée était vaguement déplaisante.

Paul laissa Bob le soulever, mais quand les bras de l'homme essayèrent de le balancer, très haut, comme s'il était un tout petit enfant, il se débattit.

– Pose-moi par terre ! Pose-moi ! dit-il.

– Allons, voyons, ne fais pas la bête, dit Susan.

Maintenant, elle se sentait fatiguée. Elle souhaitait que tout le monde s'en aille et la laisse tranquille. Paul mettrait du temps à s'endormir ce soir. Il valait mieux laisser croire à Bob que l'enfant avait protesté parce qu'il ne voulait pas être traité en bébé. Elle savait qu'il existait une autre raison, plus mystérieuse.

– Bonne nuit, Susan.

La rebuffade de Paul ne l'avait nullement démonté. Il adressa à la malade son charmant sourire de petit garçon. Bien que son visage fût très franc et serein, elle eut l'étrange impression qu'il avait fait ces avances au bambin pour lui plaire à elle, bien plus que par amour des enfants.

– Bonne nuit, Bob. Merci pour les fleurs.

– Je reviendrai bientôt, dit-il, ne croyez pas que vous en avez fini avec moi. (En se dirigeant vers la porte, il eut une hésitation.) Vous avez été ma bouée de sauvetage, Susan. Une lumière dans la nuit.

Moins d'une semaine plus tôt, elle était prête à tout pour éviter cet homme. Maintenant une telle attitude lui paraissait lâche. Loin d'être égoïste, il était bon, prévenant et impulsif, tout ce que Julian n'avait jamais été. Mais elle ne savait pas pourquoi elle le comparait comme cela à Julian. Ils étaient si totalement différents ! Par les traits, le tempérament, leur attitude à son égard... Etait-ce parce que son ex-mari était le seul homme qu'elle avait vraiment jamais connu ?

Quand se fut arrêtée la petite chanson que Paul, dans sa chambre, psalmodiait toujours avant de s'endormir, Susan passa un peignoir, et descendit l'escalier. Elle tenait mal sur ses jambes et, à chaque pas, un élancement lui traversait tout le corps et se répercutait jusque dans la tête.

Le living-room avait meilleure apparence qu'après avoir été « fait » par Mrs Dring. Les yeux de Susan allèrent immédiatement vers la table à thé où elle se rappelait avoir vu pour la première fois les lettres de Heller, mais la surface ronde et polie n'offrait aux regards qu'un cendrier propre. Elle se déplaça lentement dans la pièce, feuilleta machinalement une pile de magazines, ouvrit des tiroirs.

Doris aurait donné cher pour lire ces lettres... C'était là une pensée impardonnable au sujet d'une amie si dévouée. En outre, Doris ne les aurait jamais emportées. Susan écarta le pare-étincelles et scruta la grille du feu. Il n'y avait, sur les barreaux propres, aucun reste de papier réduit en cendres.

Cependant, elle avait dû les brûler. Maintenant, elle se reportait à ces heures embrumées par la fièvre ; elle croyait bien se rappeler qu'elle avait tenu ces lettres au-dessus de l'âtre : elle voyait encore la flamme de son briquet dévorer les pages, anéantir les mots tracés par Heller. Elle assistait à la scène, tout comme elle avait sous les yeux Doris, pelle et brosse en main, occupée à nettoyer la grille.

Elle éprouva un immense soulagement, et, si elle frissonnait à nouveau, c'était parce qu'elle était encore malade, et avait désobéi au médecin qui lui avait enjoint de rester au lit.

10

La voix douce se faisait curieusement insistante à l'autre bout du fil.

– Bernard vous estimait beaucoup, David. Il parlait souvent de vous. Ce serait dommage de perdre le contact et je sais que Carl désire vous rencontrer à nouveau. Nous avons été déçus tous les deux quand vous n'avez pas pu rester à dîner avec nous vendredi, aussi je me demandais si vous seriez libre une autre fois. Disons demain ?

– Je ne peux pas du tout cette semaine. Je vous donnerai un coup de fil, voulez-vous ?

David lui dit au revoir avec fermeté et raccrocha. Puis il retourna dans la pièce en désordre, encombrée, mais curieuse qu'il appelait son studio, et réfléchit à la question. Elle avait un visage qui rappelait celui de la *Maja nue* peinte par Goya : lèvres pleines, sensuelles. Mais elle ne l'attirait pas. Il trouvait toujours des ressemblances entre les gens qu'il rencontrait et les personnages des peintures classiques. Il y avait des portraits punaisés partout sur ses murs. Des reproductions, des cartes postales de musées, des pages découpées dans les suppléments des journaux du dimanche. La *Marie-Antoinette* de Vigée Le Brun, était scotchée non loin d'un *Pape* peint par Le Greco. Quant à *L'Homme aux gants* du Titien, il lui avait accordé un cadre plus prestigieux que celui qu'il avait offert aux paysans de Van Gogh ou à sa Maja.

Quelle femme curieuse, versatile, pensait-il. D'abord désagréable avant la mort de son mari, elle avait paru réellement effrayée en le voyant au *Masque de Fer*. Et puis, pendant cinq minutes, à ses politesses conventionnelles, elle avait répondu par des paroles distraites, avant d'essayer de le vamper. Pourquoi ? Nul homme, paraît-il, ne peut résister à une jolie femme qui se jette à sa tête. L'homme est tel qu'il succombe toujours, trop heureux de croire à sa bonne fortune. Et s'il n'a même pas eu à faire le premier pas, il se félicite de son charme irrésistible tout en méprisant la femme. Mais les choses se passent rarement ainsi, songea David. Cela ne lui était jamais encore arrivé. Il n'avait eu aucun mal à ne pas céder à Mrs Heller. Dès le début, il s'était senti déconcerté.

Et pourtant, il était prêt à oublier cet incident, à le reléguer au fin fond de son esprit, avec bien d'autres mystères apparemment insolubles. Il fallait accepter la bizarrerie des gens, les perpétuelles énigmes de la nature humaine.

Seulement, elle venait de lui téléphoner, lui parlant comme une vieille amie qui nourrissait en toute légitimité l'espoir de devenir beaucoup plus que cela. Au début, il avait ressenti un vague malaise, puis, son état de confusion avait grandi jusqu'à lui faire oublier le reste. Il avait beau réfléchir, revivre les événements du vendredi soir, il ne pouvait s'expliquer la conduite de Magdalene sinon par un petit grain de folie. Mais il savait qu'une telle conclusion est toujours le recours d'une imagination paresseuse et lâche. Elle était peut-être folle, mais sa folie n'était pas dépourvue de méthode. Les jeunes veuves ne vont pas dans les pubs du West End le jour où a eu lieu une enquête judiciaire sur la mort de leur mari. Elles ne mettent pas de pantalon collant et de pull-over moulant. Surtout, elles ne font pas d'avances inexplicables à des gens qu'elles connaissent à peine.

Elle lui avait dit, sans le convaincre, qu'elle attendait une femme. Puis il se rappela l'homme qui était entré, l'avait dévisagée, puis avait battu en retraite. C'est à ce moment précis qu'elle avait changé d'attitude avec David.

Tout à coup David eut la certitude que Magdalene Heller avait rendez-vous avec cet homme-là. Mais cette rencontre devait rester secrète. Pourquoi donc, autrement, n'avait-elle pas fait les présentations d'usage, pourquoi avait-elle déclaré ne pas connaître ce visage ? Un visage qui – David s'en souvenait – avait, au moment de la rencontre, une expression de satisfaction, de joyeuse anticipation ? Elle le connaissait. Elle avait deviné que la curiosité de David était éveillée. Voilà pourquoi elle avait mis au point sa grande scène de la voiture, afin de l'aveugler, de le séduire, et, en fin de compte, de lui faire oublier ce qu'il avait vu.

Ce devait être terriblement important pour elle, pensa-t-il en se rappelant son babillage inquiet et ses caresses pressantes. Elle l'avait retenu dans le pub après le départ de l'homme. Tout cela parce que, ayant réfléchi à son identité, il aurait pu essayer de le retrouver dans la rue et le reconnaître.

Mais lui et les Heller n'avaient, d'après ce qu'il savait, aucune relation commune. Comment aurait-il pu reconnaître un ami de Magdalene ? Et, même s'il l'avait fait, pourquoi cela était-il si grave pour elle ?

Le temps s'était radouci. Il faisait trop chaud pour avoir du feu, même dehors. Les ouvriers qui travaillaient sur le chantier avaient apporté avec eux un réchaud à alcool et le plus jeune y posait leur bouilloire à l'intérieur de la cabane. Pour la première fois, comme si le beau temps l'avait attiré dehors, l'homme au chandail bleu travaillait en surface, et, pour la première fois aussi, Susan le vit debout.

Elle fut étonnée par sa petite taille ou, plus exactement, par ses jambes courtes. Peut-être était-ce la longueur de son torse qui l'avait induite en erreur. Mais pourquoi aurait-il été plus grand, après tout ?

Et puis, il lui vint à l'esprit qu'elle avait eu précédemment l'occasion, une seule fois, de voir cet homme marcher sur le sol. Elle l'avait vu dans le jardin de Louise, le jour de la mort de cette dernière, et maintenant, plus elle y pensait, plus elle avait la certitude que l'homme était bien plus grand que celui-ci. L'ouvrier de l'autre jour mesurait bien 1,80 m et il était moins athlétique que celui au chandail bleu.

À ce moment-là, il devait y avoir plus de trois ouvriers en train de travailler sur ce chantier. Quand il lui avait apporté les jonquilles, Bob avait parlé de quatre ou cinq hommes, et, sans aucun doute, il était mieux informé qu'elle de cette question, car elle les avait à peine regardés avant de tomber malade. À présent elle allait mieux, et, quand arriva le milieu de la semaine, Susan avait cessé de s'intéresser aux terrassiers. C'est à peine si, en lisant Proust, elle se laissait distraire par le marteau-piqueur.

– Mr North est venu avec des livres. (Mrs Dring empila sur le lit un tas de magazines récents.) Je crois que c'est la meilleure chose qui pouvait lui arriver de vous savoir malade. Ça l'a sorti de lui-même, il s'est arrêté de broyer du noir. Il va venir encore ce soir, hein ? Faites attention que vos voisines ne se mettent à jaser ! Mrs Gibbs a une langue aussi longue que votre bras.

– Oh ! quelle bêtise ! dit Susan avec humeur, vous l'avez dit vous-même, il vient pour s'occuper l'esprit.

– Et c'est le genre d'homme qui s'occupe l'esprit en pensant aux femmes. Vous n'avez pas besoin de faire cette tête. Je pense pas qu'y ait du mal à ça. Les hommes sont des hommes, après tout. Mon mari n'est pas comme ça, mais je l'ai toujours dit, y en a pas deux comme lui. Et tant qu'on parle d'hommes, si vous vous tenez assise dans votre lit, faudrait voir à faire attention que ces ouvriers sur le chantier vous voient pas avec rien sur le dos.

Mrs Dring se comportait davantage en gouvernante qu'en femme de ménage. Susan la laissa tirer les rideaux de façon à masquer la moitié de la fenêtre et accepta, avec un haussement d'épaules résigné, la liseuse jetée sur son oreiller.

– Combien y a-t-il d'hommes sur la route, Mrs Dring ?

– Toujours les trois mêmes.

– Je croyais que la semaine dernière il y en avait quatre ou cinq.

– Y en a jamais eu plus de trois, dit Mrs Dring. C'est la fièvre qui vous faisait voir double. Y a jamais eu que ces trois-là.

Magdalene Heller téléphona de nouveau à David le mercredi soir. Elle était bien seule, dit-elle, ne connaissant pas une âme en dehors de Carl.

– Et l'ami que vous attendiez au pub ?

– Je ne le connais pas assez.

–... Mais sûrement mieux que moi, tout de même ?

Est-ce qu'elle se rendait compte de ce qu'elle avait dit ? Il murmura un rapide adieu. Elle avait eu, après cette phrase fatale, la voix de quelqu'un qui suffoque de surprise. Il ne s'agissait pas de la peur de voir découvrir une aventure clandestine, de la peur du scandale. David flairait qu'elle était mortellement effrayée. Il était tombé juste, il avait identifié la cause de son brusque changement d'attitude, des avances qu'elle lui avait faites, et il en éprouva une brève jubilation. Elle ne l'importunerait plus de sitôt.

Bien sûr, devant le coroner, elle s'était présentée comme le modèle même de la femme trahie. Ce serait assez drôle s'il s'avérait qu'elle avait elle-même une liaison, et David se rappela son impression quand il l'avait regardée aller au cinéma : elle avait rendez-vous avec un homme. Il pourrait être intéressant de relire le compte rendu de l'audience pour reprendre précisément les dires de Magdalene.

Un moment après, il dénicha le vieux journal qu'il cherchait – il gardait toujours les journaux pendant des semaines et des semaines – mais on ne citait que très peu des déclarations faites par Magdalene. Haussant les épaules, il replia le journal, et alors, son regard fut attiré par une photo de première page sur l'*Evening News* du mercredi précédent. La légende disait : « Mr Robert North et sa femme Louise, qui a été aujourd'hui trouvée morte en même temps que Bernard Heller, un représentant de commerce âgé de trente-trois ans. Cette photographie a été prise l'an dernier pendant que les North étaient en vacances dans le Devon. Tous les détails en page 5. »

David scruta avec attention le visage qui apparaissait sur la photographie. Puis il se précipita sur la page 5.

« Je n'avais jamais entendu le nom de Heller, avait déclaré North au coroner, jusqu'à ce que quelqu'un, dans la rue où j'habite, me dise qu'un représentant de la firme *Equatair* était venu plusieurs fois chez moi. Je ne l'ai jamais vu avant sa mort, et j'ignorais qu'il était marié. »

Mais, six heures plus tard, il entrait dans un pub de Soho, où il avait rendez-vous avec la veuve de cet homme.

Une rubrique hebdomadaire de *Certainty* consistait en une sorte de journal entièrement rédigé par Julian Townsend et intitulé « Événements ». En réalité, comme il arrivait peu de choses à Julian et qu'il était d'une paresse sans nom, ce journal détaillait moins des événements auxquels il avait assisté qu'il n'étalait ses opinions sur les sujets les plus divers. Julian trouvait toujours une guerre à condamner avant de suggérer des négociations pacifiques, une loi débattue au Parlement à déplorer, un politicien quelconque dont la façon de vivre lui déplaisait et lui donnait l'occasion de médire. Quand il n'avait rien d'autre à se mettre sous la dent, ce qui arrivait parfois, Julian lâchait sa bile sur les institutions traditionnelles, qu'il s'agisse de la Famille Royale, de l'Église d'Angleterre, des courses de chevaux, des comédies musicales ou même des horaires d'ouverture des pubs.

Comme chaque semaine, « Événements » portait en en-tête et en gros caractères le nom de son auteur dans un cartouche sous lequel figurait une photo de l'auteur sur la largeur d'une colonne. L'air sévère, le front haut, où perlait la sueur de l'intellectuel, les lunettes rondes à monture de métal, la bouche dédaigneuse : tout cela était familier à David, lecteur assidu de *Certainty*, mais aujourd'hui c'est à peine s'il y fit attention. Pamela Pearce, une amie à lui, prétendait connaître le rédacteur en chef de *Certainty*, et menaçait régulièrement de le présenter à David. Mais, jusqu'à maintenant, celui-ci avait évité cette rencontre, préférant conserver ses illusions. Townsend ne pouvait guère être dans la réalité aussi pompeux, aussi attaché à ses opinions et aussi pédant que ses articles le donnaient à penser au lecteur. David sentait qu'il n'aurait plus envie de lire la chronique « Evénements », si son auteur se révélait être un homme effacé et sans prétentions.

Un des sujets traités était toujours la gastronomie et, aujourd'hui, Julian s'était livré à fond, consacrant toute sa première colonne à des recettes de plats aphrodisiaques émaillées de références et la première moitié de l'autre à une violente diatribe contre l'hôtel de campagne où il avait déjeuné pendant qu'il passait le week-end avec son aristocratique belle-famille.

Souriant, David continua sa lecture. Apparemment, l'autre allait remplir le reste de son article avec une attaque contre la banlieue de Londres. « Evénements » n'était pas un titre qui convenait à ce jet de vitriol. « L'Angleterre rurale est castrée par le marteau-piqueur », lut David, non sans amusement. Julian quittait ensuite les ravages infligés à la campagne pour s'occuper de la métropole. « Matchdown Park, où jamais ne s'est écoulé un mois sans qu'on y démolisse un joyau de l'architecture georgienne... »

C'était plutôt bizarre. Les années passaient sans que l'on fasse mention de Matchdown Park, et, maintenant, cet endroit défrayait la chronique. David fut surpris de découvrir que Townsend habitait là. « L'auteur de cet article est au courant des faits rapportés ci-dessus, concluait le paragraphe, pour avoir habité cinq ans à cet endroit. »

David consulta l'annuaire des téléphones et lut : « Julian M. Townsend, 16 Orchard Drive, Matchdown Park ». Il hésita, pesant le pour et le contre. Mais quand il commença à composer le numéro, ce ne fut pas celui que donnait la page placée devant lui.

– Julian Townsend ? dit Pamela Pearce. Tu as de la chance, mon chou. Je vais chez des gens demain soir et il y sera sûrement aussi. Pourquoi ne pas venir ?

– Sa femme sera là ?

– Sa femme ? Je pense que oui. Il ne va jamais nulle part sans elle.

Une certaine Susan Townsend avait trouvé le corps de Heller, et elle habitait à côté des North dans Orchard Drive. Il l'avait lu dans le journal ; il devait s'agir de la même femme. Ce qu'il dirait en la rencontrant, David ne le savait guère, mais ce devait être facile d'amener la conversation sur le drame. Ce sujet serait pour elle d'une brûlante actualité. Elle avait été l'amie de Mrs North. Les journaux n'avaient-ils pas rapporté qu'elle avait trouvé les corps en lui rendant l'une de ses visites habituelles ? Elle saurait si North et Magdalene Heller s'étaient connus avant l'enquête, et, puisqu'elle avait assisté à l'audience, elle pourrait lui dire si les déclarations faites par North (« Je ne savais même pas qu'il était marié », etc.) avaient été inexactement rapportées, ou bien si, entendues dans leur contexte, elles étaient susceptibles d'être interprétées de façon innocente. Si elle acceptait de le renseigner, il retrouverait sa sérénité.

Car pour le moment, il était bien troublé. North était venu retrouver Magdalene au *Masque de Fer* six heures après l'enquête. Cela, c'était explicable : il pouvait très bien retrouver quelqu'un sans l'avoir rencontré avant l'enquête. Mais, si ce que David soupçonnait était exact, il avait froidement et immanquablement menti à la police.

Ils étaient convenus de se retrouver là-bas. Cela, c'était certain. Mais se connaissaient-ils avant ?

11

– C'est une honte, l'état où on met ces planchers, dit Mrs Dring, ces trous, on pourrait y passer le doigt.

Les talons de Louise, pensa Susan avec un pincement de cœur. On ne pourrait probablement jamais enlever les marques, mais, du moins, le nouvel occupant ne saurait-il pas comment elles étaient venues là. Elle commençait à compter sur cet acheteur en perspective, car, une fois guérie, elle avait eu pour premier souci de passer à l'agence immobilière. Elle regardait distraitement Mrs Dring essuyer les traces de boue quand celle-ci fit une remarque qui attira son attention.

– Espérons qu'on en a fini avec toute cette boue. Vous savez qu'ils ont tout de même fermé leur chantier ? Ces trois lascars ont bouché leur trou hier soir. Bon débarras !

Susan avait donc vu le dernier acte de leur pièce. S'installant devant sa machine, elle se demanda pourquoi ils avaient bien pu creuser cette suite de tranchées et si ces marteaux-piqueurs et le remplacement de ces câbles avaient été aussi indispensables que cela. Elle était ravie d'avoir recouvré sa faculté de concentration. Elle avait l'impression que cette maladie avait marqué la fin d'une période sombre de sa vie et qu'elle avait puisé durant ces quelques jours de nouvelles forces qui l'avaient enfin déterminée à quitter Matchdown Park et se lier d'amitié avec Bob North. Mais, tandis qu'elle travaillait, heureuse de se sentir à nouveau en pleine forme, un doute s'insinua en elle. Pour une raison inconnue, elle était troublée par le souvenir des terrassiers : elle aurait dû partager le soulagement de Mrs Dring et, au lieu de cela, elle commençait à éprouver un curieux effroi.

Il n'y avait jamais eu plus de trois hommes, avait affirmé Mrs Dring, et, pourtant, au moment où Louise gisait morte à côté de Heller, elle, Susan, avait vu un quatrième homme dans le jardin des North. Cet homme avait frappé à la porte de service de Louise – Mrs Dring l'avait entendu – puis il était parti, non pas rejoindre les autres, mais tout seul le long de la route. Elle revoyait la scène, et, levant les yeux du texte qui se brouillait devant elle, se rappelait très nettement que les trois hommes, le plus âgé, l'ouvrier au chandail bleu et le jeune garçon se trouvaient dans leur tranchée pendant que l'autre restait un moment debout, encapuchonné, anonyme, à se chauffer les mains devant leur feu.

– Mrs Dring ! (Elle se leva, en proie à un léger malaise.) Je viens de me rappeler quelque chose d'assez troublant. Je suppose que j'étais en train d'attraper cette grippe quand j'ai assisté à l'enquête. Seulement on m'a demandé si j'avais vu quelqu'un aller chez les North au cours de la matinée, et j'ai répondu que non. J'ai dit...

Elle s'arrêta, effrayée devant la curiosité, presque l'avidité, qui se lisait sur le visage levé de Mrs Dring.

– Eh bien, vous n'avez vu personne, n'est-ce pas ?

– J'avais oublié. Cela ne peut plus avoir d'importance, maintenant. Nous savions tous ce que serait le verdict, mais tout de même...

Et Susan se mordit la lèvre, non pas à cause de ce qu'elle avait dit, mais parce qu'elle l'avait dit à cette femme, tout juste bonne à colporter des commérages. Elle se força à sourire.

– Vous allez pouvoir garder les planchers propres, dit-elle, maintenant, Paul ne rapportera plus d'argile sous ses chaussures.

Du gin et de l'eau gazeuse, les tasses à café sur un plateau, les dernières jonquilles en évidence dans un vase ; Susan n'avait fait qu'une fois ces préparatifs, mais déjà, ils se muaient en rite. Bob serait en retard ce soir : il ne pourrait la rejoindre qu'à 10 heures, car il avait au programme un rendez-vous d'affaires. Mais elle avait cessé de se coucher de bonne heure : elle avait maintenant une raison de veiller.

– Il fait toujours délicieusement chaud ici, Susan, dit-il en pénétrant dans le living-room. Il y a beaucoup à dire en faveur du chauffage central. Je ne sais pas pourquoi je ne l'ai pas fait installer il y a des années.

Elle détourna la tête pour dissimuler qu'elle rougissait, mais, tout en comprenant l'allusion, elle se sentit soulagée. En disant cela il lui montrait que, si la mort de Louise restait présente à sa mémoire, les circonstances qui l'avaient amenée s'estompaient dans le passé.

Serait-ce une bonne chose de le troubler maintenant avec la question qu'elle avait eu toute la journée l'intention de lui poser ? Dans toutes leurs conversations, ils n'avaient encore guère discuté d'autre sujet que celui de Heller et de Louise, et cependant elle hésita, attendant qu'il se mette à parler, comme toujours, des menus détails qui l'obsédaient.

Elle éprouva donc un vrai soulagement quand il lui demanda négligemment si elle connaissait une femme de ménage pour s'occuper de Braeside.

– Mrs Dring pourrait accepter. Je lui poserai la question.

– Vous avez tant fait pour moi, Susan, et me voici encore en train de vous demander une gentillesse !

– Une bien petite gentillesse. Il se peut qu'elle ne puisse pas accepter.

– Je crois qu'elle dira oui si c'est vous qui le lui demandez. Vous êtes de ces personnes qui arrangent toutes les situations. Savez-vous, cette semaine, je me suis dit souvent que, si nous avions seulement pris la peine de faire connaissance, si vous et Louise étiez devenues des amies, rien de tout cela ne serait jamais arrivé.

Voilà qu'il recommençait !

– Si j'ai tant de pouvoir que cela, dit Susan, et sa voix insistait, si je peux réellement tout arranger, j'aimerais commencer par vous dire de chasser toutes ces pensées, Bob.

Il lui prit les deux mains dans une étreinte chaude et robuste. Pour une consolatrice, refuge des affligés, elle se sentit tout à coup étrangement faible.

Pamela Pearce était une jolie petite blonde qui avait un certain penchant pour tout ce qui brille. La plupart de ses vêtements avaient toujours une broderie scintillante, elle raffolait des paillettes, des perles, du strass, bref : peu importait du moment que cela brillait. Ce soir-là, elle portait une robe en lamé qui la faisait ressembler, sur le fond de briques grisâtres de South Kensington, à un poisson scintillant dans son aquarium.

– Ne pourrais-tu pas me dire chez qui nous allons ? lui demanda David en fermant sa voiture à clé. Je n'ai pas envie d'arriver comme ça chez les gens.

– Greg est photographe mondain. Tu as dû voir les superbes portraits qu'il a faits de la princesse Alexandra. Sa femme s'appelle Dian et c'est une vraie beauté. Tu vas tomber follement amoureux d'elle rien qu'en la voyant. Tu peux me croire, tu ne serais pas le premier.

David n'eut pas l'occasion de tomber amoureux fou, puisque nul ne prit la peine de le présenter. Pamela lui fut enlevée immédiatement et emmenée à l'étage et il se retrouva seul sur une île déserte, représentée par une étendue de moquette, entouré d'indifférents qui lui tournaient le dos.

Au bout d'un moment, il réussit à se frayer un chemin entre tous ces gens, agitant les bras comme un nageur, et finit par se glisser sur une petite chaise au dossier en forme de lyre. Le paravent qui était dressé à côté d'elle était chargé d'une dangereuse quantité de bougies qui laissaient couler de la cire sur un petit bar improvisé.

Au bout de quelques minutes, personne ne lui avait encore prêté la moindre attention et Pamela n'avait toujours pas réapparu. Puis il entendit une voix derrière lui qui dit cette phrase incompréhensible :

– Vous en voudriez ?

David regarda par-dessus son épaule et vit tout d'abord le jeune homme blond qui lui avait posé cette question, puis le bar, où était posé un grand bol à punch plein d'un liquide doré où flottaient des cerises et des tranches de concombre. Avant qu'il n'ait pu refuser, il se retrouva avec un grand verre de la mixture.

Cela avait un goût de jus de fruits qu'on aurait versé par erreur dans une bouteille de sirop pour la toux. David posa son verre à côté d'une assiette de canapés à l'anguille fumée et s'aperçut qu'à peu près tout le monde avait fait la même chose.

Dans cette pièce trop petite pour une telle foule, les invités étaient cependant parvenus à se serrer les uns contre les autres jusqu'à former des groupes distincts. Le plus important s'agglutinait autour d'un homme de haute taille, au front immense, qui se tenait sous la lampe centrale, en pleine lumière. David n'eut aucune difficulté à reconnaître Julian Townsend.

Les lèvres du journaliste ne cessaient de s'agiter tandis qu'il faisait de grands gestes d'une main qui tenait un petit four. Les cinq femmes qui faisaient cercle autour de lui ne perdaient pas une miette de ce qu'il racontait.

L'une d'elles doit être sa femme, pensa David, sa femme, l'innocente voisine de la maîtresse d'Heller, celle qui avait découvert les cadavres. Il y avait une sculpturale brune qui fumait le cigare, deux blondes qu'on aurait pu croire jumelles, une adolescente en brun et une femme plus âgée qui avait sans aucun doute l'intention de passer le reste du week-end à la campagne, car elle portait une veste en tweed, des bas de laine et de hautes bottes. Pamela était toujours invisible, bien qu'il pût l'entendre de temps à autre glousser à l'étage. Il commençait à être agacé. Comme il ne pouvait se présenter à lui comme un lecteur fervent admirateur, il ne voyait pas comment aborder Townsend sans l'aide de Pamela.

C'est alors qu'une adolescente se détacha du cercle d'admiratrices et se dirigea vers le bar. Pour l'éviter, David recula dans le paravent de bambou.

– Attention ! vous avez failli mettre le feu à vos cheveux !

Le barman lui avait saisi le bras et David s'écarta des bougies.

– Vous avez besoin de quelqu'un qui s'occupe de vous, n'est-ce pas ? dit le barman. Cela m'ennuie de vous voir là avec cet air perdu. Prenez-le sous votre aile, Elizabeth.

– Je m'appelle Elizabeth Townsend, dit sèchement la jeune femme en refusant le breuvage étrange et en prenant un brandy. Et vous ?

– David Chadwick.

Il était très surpris. Dans sa robe très courte et informe, avec ses longs cheveux bruns mal coiffés, elle semblait avoir à peu près dix-sept ans. Sans doute parce qu'elle était habituée à la compagnie d'un homme jamais à court de mots, elle dévisagea David d'un air incrédule.

– Je crois que vous habitez Matchdown Park, s'entendit-il dire de la voix admirative et respectueuse de celui qui s'adresse à quelqu'un qui jouit du privilège d'un appartement dans le palais d'Hampton Court.

– Sûrement pas ! Qu'est-ce qui vous a donné cette idée ?

– Je l'ai lu dans *Certainty*, répondit David avec indignation, vous êtes bien Mrs Julian Townsend ?

– Bien sûr. (Elle eut l'air profondément offensé. Puis son front, jusque-là courroucé, s'éclaira.) Oh ! je comprends maintenant. Vous avez gaffé. (David prit un air confus et son interlocutrice éclata de rire.) C'est à son « ex » que vous pensez, à ma..., à ma..., comment l'appelleriez-vous ? Ma collègue ? Ce ne serait pas mal, non ? (Elle gloussa, tout heureuse de sa sortie.) Je n'habiterais pour rien au monde à Matchdown Park. (Elle prononça ces mots d'un air de défi, mais presque aussitôt, une expression rusée passa sur son visage.) Pourquoi me demandez-vous cela ? Avez-vous envie de vivre là-bas ?

– Ce n'est pas impossible, murmura David, ne sachant à quoi tendaient ces paroles.

Jamais il n'avait rencontré quelqu'un d'aussi brutalement direct, d'aussi à l'aise que cette fille. Il se demanda d'où lui venait son aplomb, laide, boulotte et dépourvue de charme comme elle l'était.

– Ma collègue... (elle eut un sourire, ravie de sa trouvaille), ma « collègue » veut déménager, et Julian a maintenant sur les bras cette maison de Matchdown Park. C'est une maison très bien. (Elle semblait complètement inconsciente du fait que, deux minutes plus tôt, elle avait eu un haut-le-corps scandalisé en lui parlant du quartier.) Julian serait absolument aux anges si je lui trouvais un acheteur.

Porte à porte avec les North ? Une maison habitée par la femme qui connaissait les North, qui avait découvert le corps de Heller ?...

Les bougies qui luisaient derrière David dansaient en reflets fuligineux et jaunâtres dans le verre d'Elizabeth Townsend.

– Elle est grande ? demanda David prudemment.

– Venez faire connaissance avec Julian. Il vous donnera tous les détails. (Elle lui saisit le bras.) Julian, tais-toi une seconde ! Écoute ! J'ai trouvé un type qui veut habiter Matchdown Park !

Susan n'avait pas averti Paul que Bob viendrait passer la soirée. Elle ne voulait pas qu'il se réveille ; s'il entendait, au rez-de-chaussée, une voix d'homme, cela pourrait aggraver les peurs, les fantasmes qui le hantaient déjà. Dans son univers actuel, les hommes qui rendaient visite à des femmes seules avaient tous une arme à feu dans leur poche...

Murmurant une excuse à l'adresse de Bob, elle se rendit dans la chambre de Paul, le borda de nouveau, poussa légèrement, sur la table de nuit, la montre qui risquait de tomber, et ressortit en laissant la lumière allumée. Elle avait à moitié descendu l'escalier quand le téléphone sonna.

– Je ne pense pas que tu aies déjà vendu la maison ?

La voix de Julian était empreinte d'un enthousiasme forcé et se détachait sur un fond de musique et d'éclats de rire.

– Sûrement pas, répondit ironiquement Susan.

– C'est bien ce que je pensais. Cependant, ne t'inquiète pas. Maintenant, dis-moi, est-ce que tu as quelque chose au programme ce soir ?

– Pourquoi ?

– J'ai dit à un type qu'il pouvait venir jeter un coup d'œil à la maison. Chadwill, Challis... quelque chose dans ce genre. En fait, il est ici avec moi – enfin pas exactement avec moi, mais nous sommes tous chez Dian, et Elizabeth a lié conversation avec lui.

– Je peux à peine t'entendre à cause du vacarme. Comment va Dian ?

– Elle est comme d'habitude : ravissante.

Susan s'éclaircit la gorge.

– À quelle heure est-ce que cet homme veut venir ?

– Vers 8 heures. À propos... (Il baissa la voix.) À ta place, je ne lui parlerais pas de ce qui s'est passé chez les voisins. Cela pourrait refroidir son désir d'acheter.

– Julian, il faut vraiment que tu sois naïf si tu t'imagines qu'on peut faire l'achat de cette maison sans entendre parler du suicide de Louise.

Elle s'arrêta, horrifiée. Toutes les portes étaient ouvertes et Bob avait dû entendre. Trop tard.

– Il se pourrait qu'il ne découvre rien du tout, dit Julian, avant d'avoir signé l'acte de vente. Ne me dis pas que tu es indifférente à la perspective de toucher cinq mille livres. Maintenant, il faut que je rejoigne les autres. Tu es seule, je pense ?

– En fait, répondit Susan, ce n'est pas le cas. J'ai un ami avec moi, et, si tu veux bien m'excuser, Julian, je ferais bien d'aller le retrouver.

Bob était resté assis là où elle l'avait laissé. Il avait le visage sans expression de celui qui n'a pu s'empêcher d'entendre une conversation privée, mais doit feindre, par politesse, d'être temporairement sourd.

– Excusez-moi, dit vivement Susan, vous avez dû entendre.

– Je n'ai pas pu faire autrement. Je crois comprendre que vous pensez à déménager, Susan ?

– L'atmosphère d'ici ne convient pas à Paul, et en outre... Je me trouvais au bord de l'hystérie à la fin de la semaine dernière. Je voulais partir aussitôt que possible, mais c'était avant...

Avant quoi ? Qu'avait-elle été sur le point de dire ? Confuse, elle détourna la tête. Elle avait cru qu'il allait finir pour elle la phrase commencée, mais il la considérait d'un œil détaché, calculateur.

– Quand pensez-vous partir ?

– Dès que je le pourrai, dit-elle d'un ton égal.

Elle se força à sourire, à dominer son absurde déception. Avait-elle réellement supposé que ce veuf venait la voir parce qu'il était en train de s'attacher à elle ? Il avait simplement besoin de pleurer sur une épaule, et il avait trouvé la sienne.

– Je comprends que vous désiriez quitter cet endroit, dit-il, et laisser derrière vous toute cette souffrance. Vous nous aurez vite oubliés, Louise et moi, n'est-ce pas ?

Et comme un obsédé, il recommença à passer en revue chaque mot, chaque geste, chaque soupçon qui l'avait conduit à deviner la liaison de Louise. Il se perdit à nouveau dans les circonstances de sa mort.

– Bob, dit Susan avec vivacité, il faut que vous arrêtiez, sinon vous allez tomber dans la névrose. Qu'est-ce que vous espérez gagner à ressasser tout cela ? Ils sont morts tous les deux. Tout est fini !

Il la regarda, choqué, réduit au silence. Pour la première fois, elle se demandait pourquoi il restait à ce point hanté par la mort de sa femme. Un petit frisson la parcourut devant l'énormité de ce qu'elle allait dire.

– Ce n'est pas parce que... commença-t-elle lentement, ce n'est pas parce que vous doutez que ce soit réellement un suicide ?

Il ne répondit pas. Ses yeux bleus avaient perdu toute expression et, sur son visage qui paraissait mort, la lumière du salon semblait glisser comme sur un masque de cire.

Les paroles de Susan l'avaient surprise elle-même, et, maintenant qu'elle les avait prononcées, elle se dit qu'elle aurait mieux fait de se taire. Rien ne pouvait étayer de tels propos, hormis cette vague sensation inconfortable qui l'avait forcée toute la journée à rester, songeuse, ou à monter à l'étage pour regarder, pensive, par la fenêtre. Pourtant, elle éprouvait un vague malaise.

– C'est simplement que, pendant ma maladie... (Une rougeur brûlante envahit son visage. Était-ce là ce que sentait Doris quand elle faisait une de ses gaffes ?) Il y a une ou deux choses, dit-elle, une ou deux choses qui ont fait que je me posais des questions.

– Vous aviez le délire.

– Allons donc, je n'étais pas malade à ce point.

– Je ne voudrais pas... dit-il, je ne supporterais pas... Susan, c'était son revolver à lui, on a trouvé sur sa main des traces de poudre. Comment pourrait-il y avoir...

– Si vous ne le croyez pas, dit-elle, il ne peut pas y avoir de doute, bien sûr.

Et elle se sentit glacée et malade, parce qu'il s'était levé. Elle avait été sa consolatrice, et maintenant il devait la trouver comme toutes les autres, prête à lui causer des ennuis et à se servir de lui pour alimenter des spéculations sans fin. Sans un mot, il était allé dans le hall et se tenait à l'endroit où les talons de Louise avaient laissé des marques dans le parquet.

– Bob, dit-elle, venant à lui.

– Susan ?

– J'avais le délire.

Il posa sa main sur son épaule, se pencha et effleura de ses lèvres la joue de la jeune femme. Il semblait que depuis des siècles nul ne l'avait embrassée, sauf Paul, et, quand elle sentit le léger contact de cette bouche, elle crut entendre encore très nettement le rire et la musique de la lointaine réception chez Dian, comme si le téléphone avait été encore décroché. Un sentiment de solitude insondable et le désir d'y mettre fin à tout prix la poussèrent à lui prendre la main.

– Vous me pardonnez ?

Il hocha la tête, encore trop ébranlé pour sourire.

Elle l'entendit pénétrer rapidement dans Braeside. Cependant, après un moment, lorsqu'elle sortit à son tour dans le jardin, elle s'aperçut qu'il n'y avait pas de lumières allumées dans cette maison aux fenêtres toujours closes.

12

Les arbres qui étaient plantés sur le trottoir étaient de ceux que David détestait le plus : des cerisiers et des pruniers purement décoratifs et stériles qui ne donnent aucun fruit. Ils étaient en fleurs et il se dit qu'il avait probablement dû choisir pour sa première visite le seul jour où Orchard Drive méritait vraiment son nom. Les boutons étaient tous éclos, pas un pétale n'était tombé et les fleurs ressemblaient à du papier crêpon. Derrière les floconneux bouquets roses, les réverbères brillaient avec un éclat de quartz laiteux.

David conduisait lentement, suivant l'itinéraire emprunté par Heller quand il venait voir sa bien-aimée. Ces maisons ne devaient paraître imposantes qu'aux gens qui n'en avaient pas connu d'autres. Elles n'étaient pas toutes semblables – il en dénombra quatre types différents – mais elles étaient toutes indépendantes, chacune possédant son propre garage et un assez grand jardin, qu'il s'agisse d'une pelouse ou de plates-bandes fleuries. Il passa devant des portes peintes en lilas, et d'autres en vert tilleul. Il remarqua çà et là l'inévitable laurier-rose prétentieux et l'habituelle paire de lanternes décoratives anciennes produites en série. Rien ne troublait le silence : ni éclats de voix, ni musique, ni bruit de pas. Il commençait à comprendre pourquoi Elizabeth Townsend n'aurait voulu vivre là pour rien au monde.

Après leur conversation chez Dian, elle l'avait traîné vers un groupe. Au centre, le rédacteur en chef de *Certainty* pérorait. Tout en criant : « Excuse-moi, Minta », et : « Attention à votre dos ! », elle avait poussé David, sans cérémonie, jusque sous le nez de son mari.

Julian Townsend avait haussé les sourcils et opposé à sa femme une main impérieuse, pour la prier de lui laisser finir son discours :

–... et puis il faut l'indispensable goutte de Cointreau, avait-il conclu. Voilà toute la différence entre un potage ordinaire et de la *haute cuisine*[1]. Maintenant, qu'est-ce que tu voulais me dire, chérie ?

La cour des auditrices se dispersa. Mal à l'aise, David dévisagea le visage de cet homme qui, chaque semaine, vitupérait dans les colonnes de *Certainty*. Le front bombé de Townsend, luisant de sueur, se plissa et se détendit pendant que sa femme lui présentait David en écorchant son nom.

– Une vente de particulier à particulier serait naturellement une bonne chose, dit enfin le grand homme. Bien que je ne puisse prendre en considération un chiffre inférieur à dix mille livres.

– Ce n'est pas exorbitant par les temps qui courent.

Cette remarque lancée d'un air négligent décontenança Townsend. De toute évidence, on voyait qu'il s'était mis à réfléchir rapidement, peut-être même regrettait-il d'avoir énoncé une somme aussi insignifiante. Mais son visage dédaigneux retrouva bien vite une expression impassible et il sembla changer de tactique et demanda, presque humblement :

– C'est un endroit ravissant... *Rus in urbe*, la ville à la campagne, aurait dit Virgile. Connaissez-vous bien ce quartier ?

David, qui y était à l'occasion passé en métro et avait entendu Bernard Heller en parler à deux reprises, répondit par l'affirmative. Townsend le regarda, rayonnant.

– Je crois que la situation est de celles qui s'arrosent.

Il ne fit aucun mouvement pour aller chercher des verres, mais une sorte de télépathie semblait exister entre lui et la femme appelée Minta. Elle partit au trot et revint avec un plateau chargé de whiskies. Townsend leva son verre et cria quelque chose qui ressemblait à : *Terveydeksenne !*

– C'est un toast en finnois, fit Minta avec une respectueuse admiration.

Townsend était allé chercher Dian et lui avait demandé la permission de se servir de son téléphone.

– J'espère bien que vous l'achèterez, dit sa femme en glissant son bras sous celui de David. Nous n'aurions aucune difficulté à utiliser ce qui nous revient de ces dix mille livres. Faites mes amitiés à cette pauvre vieille Susan.

... Eh bien, dans une minute, il allait voir cette pauvre vieille Susan, dans la maison contiguë à Braeside, où Heller avait trouvé

1. En français dans le texte. (N.d.T.)

quelque chose que sa Magdalene aux yeux verts ne pouvait lui donner, et dans laquelle il avait amené la mort.

À moins que ce ne soit la mort qui l'y ait rejoint ?

Voilà, pensa David, la raison même qui l'avait amené ici. Il voulait essayer de découvrir la vérité, de soulever cette chape étouffante de silence. Les pâles fleurs roses qui ressemblaient tant à du papier lui caressèrent le visage lorsqu'il descendit de sa voiture. Il claqua la portière et, derrière lui, rompant le calme écrasant, éclata un hurlement frénétique, effrayant. Il eut un sursaut et pivota sur ses talons. Mais ce n'était qu'un chien, un grand animal roux et noir, au poil frisé, qui faisait des bonds désordonnés dans le jardin d'en face. David remarqua qu'une solide grille en fer le séparait de la bête. Voilà qui réglait la question : ce bruit mettait fin à toute velléité de renoncer et de revenir sur ses pas. Cette pauvre vieille Susan devait maintenant être alertée et elle le regardait sans doute entre les rideaux tirés.

Il suivit l'allée, dans l'appréhension soudaine de leur rencontre. Serait-elle une autre Elizabeth, criarde et indiscrète, ou une femme d'intérieur pleine de tabous et bien élevée dont Townsend avait fui avec soulagement la perfection ? La fureur du chien le poursuivait, l'embarrassait aussi. Il sonna. C'était une vraie sonnette et non un carillon Westminster, ce qui lui fit plaisir. La lumière de l'entrée s'alluma, la porte s'ouvrit et il se trouva face à face avec la femme qui avait découvert le cadavre de Heller.

Des cheveux blonds, un large front et un petit nez retroussé ; il sut tout de suite qu'il avait déjà aperçu ce visage. À la National Gallery. Effie Ruskin, pensa-t-il, Millais ! *L'Ordre de mise en liberté*. Elle lui adressa un sourire impersonnel.

– Je regrette que ce chien fasse autant de bruit, dit-elle. Il nous casse les oreilles. Il aboie toujours comme ça après les étrangers.

– Seulement après les étrangers ?

– Oui. Vous n'avez pas besoin de vous faire du souci ; il n'aboiera pas après vous si vous venez habiter ici. Entrez ! J'ai bien peur qu'il ne soit trop tard pour que vous voyiez le jardin.

Un scrupule lui vint. Jouer un tour à Julian Townsend et à sa femme, c'était très bien. Superficiels, incapables de sincérité, ils l'avaient bien mérité ! Mais cette femme qui le recevait avec tant de confiance lui donnait une première impression de complète honnêteté. Il se faisait l'effet d'être un espion. Au cours des derniers jours, il avait vraiment vécu dans un univers de film d'espionnage où tout était permis, même ce qui ne se fait pas. Et de se retrouver devant elle, c'était un brutal retour à la réalité.

Il la suivit à l'intérieur et la regarda faire face à sa propre image, grande, harmonieuse et élégante, dans la haute glace murale. Quand il évoqua celle qui l'avait supplantée, Julian Townsend descendit encore dans son estime. Il était très probable qu'il n'achèterait plus *Certainty*.

– Voici le living-room, dit-elle, avec un coin pour les repas, vous voyez, et cette porte mène à la pièce qui servait de bureau à mon... enfin, à Julian. Je vous la montrerai tout à l'heure.

Il y avait quelque chose qui ressemblait à un manuscrit (peut-être écrivait-elle) sur un bureau ; à côté un cendrier plein (elle fumait trop), et, sur le bras du sofa un exemplaire de *Dans un bosquet.* Intelligente, en plus. Pour un acheteur en puissance, il regardait tout ce qu'il ne fallait pas. Après tout, ce n'était pas elle qui était à vendre.

– Je suis sûre que vous comprendrez que je vous demande de ne pas faire trop de bruit quand nous irons au premier. Mon petit garçon dort.

– Je ne savais pas que vous aviez un enfant.

– Pourquoi le sauriez-vous ?

Sa voix calme le refroidit. Elle commença à lui expliquer le fonctionnement du chauffage central et il pensa à Heller. Sur la desserte il voyait un plateau avec une bouteille de gin, de l'eau minérale gazeuse et deux verres. Elle attendait quelqu'un, probablement un homme. Deux femmes ensemble boiraient du café ou du thé, ou peut-être du sherry.

Au bout d'un moment, elle l'emmena au premier. L'enfant dormait dans une chambre éclairée par une veilleuse, et il fut touché de la façon dont elle s'approcha du lit, avec douceur et tendresse, pour arranger les couvertures en désordre. En revanche, il apprécia moins la grimace agacée qu'elle fit à ce moment-là et, pour la première fois, il remarqua combien elle avait le visage creusé.

Personne ne dormait plus dans la grande chambre. Il avait beau être célibataire, il savait reconnaître un lit dont on ne se sert pas. Elle avait dû déménager quand Townsend l'avait quittée. Ce fichu Townsend ! Cela lui faisait vraiment plaisir de se représenter la déception du journaliste quand les cinq mille livres qu'il espérait lui fileraient sous le nez. Déjà, il le ferait patienter sous prétexte de réfléchir. Cela pourrait prendre des semaines, voire des mois.

Seulement, il y avait cette jeune femme. Tandis qu'elle lui parlait et soulignait les agréments de la maison, il commençait à se sentir mal à l'aise. Il était en train de la tromper de façon monstrueuse, d'autant plus répréhensible qu'elle avait sans doute besoin de vendre.

Elle ferma la porte de la chambre et dit tranquillement :

– Je trouve qu'il y a une chose que vous devez savoir avant d'aller plus loin. Je ne sais pas si la maison vous plaît, mais je ne pourrais pas vous laisser faire une offre sans vous dire qu'il y a eu un double suicide dans la maison voisine. La nouvelle était dans tous les journaux, mais vous n'avez peut-être pas fait le rapprochement.

Elle était si honnête et lui si machiavélique qu'il en rougit.

– Mrs North et un certain Heller se sont tués dans sa chambre à coucher. Cette chambre-ci. Toutes les maisons sont construites sur le même modèle. (Elle eut un petit haussement d'épaules fataliste.) Enfin, maintenant, vous êtes au courant.

Il s'appuya sur la rampe de l'escalier.

– Le fait est que je le savais déjà, dit-il ; puis il ajouta très vite : je connaissais Bernard Heller.

Le silence tomba, lourd et presque effrayant.

– Je ne comprends pas. Vous étiez au courant et pourtant, vous...

Il commença à descendre les marches. Il se sentait mal à l'aise et les mots lui manquaient. Elle le suivit lentement. Il n'osait pas se retourner pour la regarder en face. Il se sentait absurdement peiné d'avoir détruit la cordiale confiance qui avait régné jusque-là entre eux. Arrivée au bas des escaliers, elle resta à quelque distance de lui.

– Vous voulez acheter une maison contiguë à celle où est mort votre ami ? Je ne comprends vraiment pas.

– Je connais également Mrs Heller et je vais essayer de vous expliquer.

Elle regarda la porte d'entrée, puis son regard revint sur lui.

– Tout ce qui m'intéresse, c'est de savoir si vous désirez ou non acheter cette maison. Si vous êtes journaliste ou détective privé, vous devriez être à côté et non pas ici.

– Mrs Townsend...

Ses yeux s'agrandirent – des yeux gris, d'une insoutenable clarté – et sa bouche se plissa, exactement comme dans le portrait d'Effie Ruskin.

– Que *croyiez*-vous au juste ? Que je bavarderais, que je vous ferais des révélations ? Je ne sais rien sur Mrs Heller, je ne l'ai vue qu'une fois, mais est-ce que Mr North n'a pas assez souffert déjà ?

Elle jeta un regard vers le haut de l'escalier, puis, essayant de prendre un air dégagé, elle passa rapidement à côté de lui. Elle avait peur. Il n'avait jamais prévu qu'elle pourrait être effrayée, car il ne s'était jamais mis à la place d'une jeune femme seule qui se retrouve enfermée chez elle avec un inconnu qui se révèle être un imposteur. Il se sentit pâlir de honte en la voyant regarder le téléphone, et il s'éloigna, le cœur battant à grands coups.

Aux yeux de Susan Townsend il était le représentant qui coince la porte avec son pied, le plombier trop entreprenant, le démarcheur de contrats d'assurances au sadisme latent. Elle avança une main furtive vers le téléphone, en disant :

– Mr North est un ami à *moi*. Tout ce que je sais, c'est qu'on ne va pas recommencer à le faire souffrir. Dites cela à Mrs Heller.

Il ouvrit la porte d'entrée. Les fleurs roses dissimulaient le réverbère comme un abat-jour. En le voyant sortir, le chien se remit à aboyer. Il devait lui faire comprendre qu'elle n'avait rien à craindre.

– Peut-être que Mrs Heller le lui a déjà dit, lança-t-il d'une voix forte pour dominer le vacarme.

– Elle ne lui a jamais parlé. (Elle quitta le téléphone et haussa la voix.) Maintenant voudriez-vous, s'il vous plaît, vous en aller ?

– Oh ! mon Dieu ! dit-il en bégayant, je ne veux pas vous faire de mal. Je m'en vais et vous pouvez téléphoner à la police si vous voulez. Mais croyez-moi, Mrs Townsend, ils se connaissent bel et bien. Le jour même de l'enquête judiciaire ils avaient rendez-vous dans un pub de Londres. Je les ai vus.

La porte lui claqua à la figure, si près qu'il dut se rejeter en arrière. Le chien était maintenant dans une telle rage que ses bonds faisaient trembler et résonner la grille. Il monta dans sa voiture, les mains tremblantes.

Alors qu'il s'éloignait, une autre automobile passa à côté de lui et prit le virage qui débouchait dans Braeside. David ralentit. L'homme mit pied à terre et David vit sa tête dans son rétroviseur. Robert North.

David freina et stoppa. Il continua à observer North. L'autre était maintenant occupé à soulever sa porte de garage, puis il s'approcha de sa voiture, changeant d'avis. David se demanda pourquoi le silence paraissait insolite, et se rendit compte que le chien avait cessé d'aboyer. Personne ne l'avait fait rentrer dans la maison. Son ombre gigantesque se détachait sur le mur entre les barreaux de la grille comme le Chien des Baskerville et frétilla lorsque North s'approcha pour le caresser. Leurs deux ombres se confondirent, puis North s'éloigna. Le chien ne broncha pas. Susan Townsend avait dit qu'il aboyait seulement après les étrangers...

North traversa la route. Son ombre démesurée était bien plus menaçante que son propriétaire. David le regarda marcher jusqu'à la porte de Mrs Townsend et sonner.

Ils sont très amis, ces deux-là, pensa-t-il, tout en s'éloignant. Le gin et l'eau gazeuse étaient pour lui. Pas étonnant que la jeune femme ait réagi comme elle l'avait fait ! Elle éprouvait quelque chose pour lui. D'ailleurs, pourquoi employer un tel euphémisme ? Elle devait être amoureuse de lui. Et lui, David, qui avait cru pouvoir la sonder au sujet de l'attitude de North...

Il avait fallu qu'il soit fou pour s'imaginer qu'il pourrait s'entendre avec une étrangère et conspirer avec elle pour confondre North. Il ne s'agissait plus d'un de ces feuilletons télévisés dont il dessinait les décors, mais de la réalité, dépourvue de romantisme. Avait-il réellement supposé que, sur un seul mot de lui, elle allait oublier toute loyauté pour discuter des actes, des motifs d'un ami ?

Apparemment, il avait été assez stupide pour le croire. Il avait sincèrement pensé pouvoir jouer avec Mrs Townsend au détective amateur et en avait fait son associée dans son entreprise sans même lui avoir demandé son avis.

Bob passa doucement le bras autour des épaules de Susan et la conduisit jusqu'à une chaise.

– Qu'est-il arrivé, Susan ? On dirait que vous avez eu un choc.

– Quelqu'un est venu ici, dit-elle, respirant vite, un homme. Il a dit – il a insinué – que vous aviez rencontré secrètement Mrs Heller le jour de l'enquête.

– C'est vrai, dit-il avec calme, je l'ai retrouvée dans un pub de Londres, mais il n'y avait rien de secret là-dedans.

– Vous n'êtes pas obligé de me le dire. (Susan eut un léger mouvement afin de se libérer du bras qui l'enserrait.) Cela ne me regarde pas, seulement je croyais que vous ne la connaissiez pas. J'avais l'impression que vous ne vous étiez jamais rencontrés avant l'enquête.

– C'est exact. Mais ensuite je lui ai parlé. En fait, c'est elle qui m'a fait des excuses, pour la façon dont elle s'était comportée à l'audience. Je la plaignais. Elle était presque dans le dénuement, vous savez. Ce cochon de Heller ne lui avait pas laissé un penny pour vivre. Je sentais que je ne pouvais me dispenser de l'aider et voilà pourquoi nous nous sommes rencontrés. Seulement, quand je suis arrivé, je l'ai trouvée avec un homme.

– Ce Chadwick qui est venu ici ?

– Oui. Susan, c'était bien la dernière chose que je voulais : parler à des inconnus. J'ai bien peur d'avoir décampé, et, ensuite, je suis venu vous voir. Bien sûr, j'ai vu, depuis, Mrs Heller chez elle. J'en arrive à l'instant même.

– Comme les gens sont cruels, dit-elle avec étonnement.

– Certains le sont. Et puis on trouve une personne douce, et bonne, et belle, comme vous, Susan.

Elle leva sur lui des yeux incrédules.

– Je suis sincère, dit-il avec douceur. Approchez-vous, Susan. Vous avez habité à côté de moi des années et des années et je ne vous ai jamais vue. Et maintenant, je suppose que c'est trop tard. Je me le demande... Voudriez-vous m'embrasser, Susan ?

Il allait toucher son front, lui effleurer la joue, comme l'autre jour à la porte. Elle leva passivement son visage et puis, tout d'un coup, ce ne fut plus du tout comme l'autre jour. Elle était dans ses bras, collée à lui, les yeux fermés, enfin, sur leur solitude et leur commune misère d'époux trahis.

13

L'inspecteur Ulph savait que Robert North avait tué sa femme et l'amant de sa femme. Il le savait, non pas comme il savait qu'il était James Ulph, quarante-deux ans, divorcé, sans enfants, mais il le savait comme le sait un juré, au-delà de tout doute raisonnable.

Il n'y pouvait rien. Le superintendant s'était moqué de lui, quand il lui avait dit que North avait un mobile et l'occasion de commettre le meurtre. Que valaient mobile et occasion si l'on ne pouvait prouver que North était présent sur le lieu du crime et que le revolver se trouvait dans sa main ?

– Vous n'avez pas songé à ce détail, par hasard ? lui avait demandé le superintendant d'un ton mordant.

Ulph y avait pensé. D'où la perplexité où il se trouvait. Arrivé à la moitié de son interrogatoire, son regard avait croisé celui de North et il y avait lu, sous le chagrin simulé, un défi qui semblait dire : « On ne pourra jamais rien prouver ! » Dans un match, il vient un moment où l'un des adversaires sait que l'autre va gagner de toute façon la manche ou la partie. De la même manière, Ulph savait que North avait toutes les bonnes cartes, subtilement préparées à l'avance.

Le revolver appartenait à Heller. Sa femme et son frère juraient qu'il était en sa possession, le soir précédant le meurtre. North n'aurait pu mettre la main sur cette arme qu'au prix d'invraisemblables prouesses et en pénétrant par effraction dans un appartement dont il ignorait jusqu'à l'existence. Ulph avait cherché des traces de poudre sur la main de Heller et avait soumis la main de North au même examen. Heller avait tiré ; pas North. Heller avait été vu en train de pénétrer dans Braeside à 9 h 10 par une certaine Mrs Gibbs et une certaine Mrs Winter et, durant le reste de la matinée, nul n'avait quitté la maison. North, sans voiture, était à Barnet.

Et pourtant, Ulph savait que North avait tué sa femme. Il avait vu dès le début de l'enquête la scène du meurtre se dérouler devant lui avec la précision et la netteté d'une séquence de film et depuis, elle le hantait comme un rêve obsédant.

Personne n'avait vu North quitter sa maison ce matin-là. Cependant, ce fait, ce simple fait était plus une dénégation grotesque et risible qu'une preuve véritable. « Je ne l'ai pas vu sortir, avait dit Mrs Gibbs, mais souvent je ne le vois pas partir... Mais le fait de ne pas l'avoir vu, ça ne doit pas vous être d'une grande utilité, n'est-ce pas ? En revanche, j'ai vu entrer Heller. »

Parce que le chien avait aboyé. North savait, bien sûr, que personne, dans Orchard Drive, ne voyait jamais rien si le chien n'aboyait pas. À ce moment de ses réflexions, le film commençait à défiler dans son esprit : North avait tué sa femme pendant qu'elle faisait le lit et ensuite, quand le chien avait aboyé, il avait descendu l'escalier pour faire entrer l'amant.

Ulph n'avait vu qu'un cadavre, mais il imaginait ce gros visage sérieux quand la porte avait été ouverte, non par sa maîtresse mais par le mari. North s'était tenu en arrière si bien que les voisines aux aguets n'avaient vu que la porte tourner sur ses gonds. Et qui se serait étonné de cette façon furtive et clandestine de faire entrer Heller, de la part d'une femme qui avait une liaison secrète ?

Puis, après le premier choc, Heller s'était repris. L'histoire qui servait de couverture était toute prête. Mais North l'avait devancé en lui disant gentiment qu'il s'intéressait maintenant à cette idée de chauffage central et qu'il était resté à la maison pour en discuter avec lui. Et Heller, dissimulant sa consternation, l'avait suivi au premier...

Ulph voyait la morte étendue sur le lit et entendait le cri alarmé de North. Sa femme avait dû s'évanouir. Quoi de plus naturel pour Heller que de le rejoindre près du lit, de se pencher avec une réelle inquiétude sur le corps de Louise ? North l'avait alors abattu, d'une balle dans la tête. Avait-il des gants de caoutchouc ? Peut-être était-il venu à la porte avec ces gants, tenant un torchon à vaisselle ? Ulph se représentait ces mains gantées refermant les doigts du mort autour du revolver, visant le cœur de la morte et pressant la détente pour la troisième fois. Le film s'arrêtait là ; comme si le projecteur était brusquement tombé en panne. North avait dû quitter la maison, mais comment admettre qu'on ne l'ait pas vu ! Tous les yeux étaient fixés sur Braeside, dans l'attente de voir Heller sortir. Et puis North était revenu, à 1 h 15, dans sa voiture révisée... Et le revolver ? Quelquefois Ulph jouait avec l'idée que North l'avait pris à Heller, dans la serviette posée sur la table de la cuisine ; mais Heller gardait toujours ce revolver dans son appartement. Il ne l'aurait apporté que dans l'intention de se suicider.

En tant que policier, Ulph voulait que North soit amené devant la justice ; mais en tant qu'homme, il avait pour lui une secrète sympathie. Lui-même avait été abandonné et avait demandé le divorce. Il y avait des jours où il rêvait de jouer le même rôle que North. Il savait ce que c'était, le désir de tuer... Les agissements de North montraient une longue et minutieuse préparation, mais, pour Ulph, cela restait un crime passionnel. North s'était montré calme, mais ce calme-là n'était qu'un mince vernis cachant une brûlante rage d'humiliation, une intolérable jalousie... Et le chagrin dont il avait fait preuve et qu'Ulph avait d'abord cru simulé, était peut-être l'authentique horreur d'un autre Othello, mais qui, contrairement à celui-ci, avait pour accomplir son crime un motif véritable.

Ulph n'avait donc aucun désir de servir à la société d'instrument de vengeance. Son intérêt pour North relevait de la curiosité professionnelle plus que du sentiment. Il voulait simplement savoir comment l'assassin avait commis ces meurtres, et dans une moindre mesure pourquoi il avait agi ainsi, alors que dans un tel cas, le divorce représentait la solution facile et toute trouvée.

Mais l'affaire était close. Le coroner et le superintendant en avaient décidé ainsi.

Par la suite David regretta de lui avoir téléphoné pour s'excuser. Il entendait encore la voix de Susan.

– Mr North a pris des dispositions pour prêter de l'argent à Mrs Heller. Il est dommage que certains amis de plus longue date n'aient pas songé à le faire.

Elle l'avait lardé de phrases pointues, prononcées calmement, mais sciemment pour le blesser. Tandis qu'il l'écoutait sans oser répondre, il la revoyait telle qu'elle était au début de leur première rencontre. Elle lui avait laissé l'impression d'une femme extrêmement sincère. Aussi ne lui en voulait-il pas. Son visage continuant de le hanter, il alla à la Tate Gallery en sortant de son bureau et acheta une reproduction en carte postale de *L'Ordre de mise en liberté*. Il ne s'était pas trompé en lui trouvant une ressemblance avec Effie Ruskin, mais, tandis qu'il redescendait vers l'Embankment et hélait un taxi, il s'aperçut que la carte qu'il avait à la main ne lui procurait pas le moindre plaisir, pas même la satisfaction de tenir la preuve qu'il ne s'était pas trompé. Il se dit que cela le déprimerait peut-être même de la punaiser sur son mur avec les autres.

Quand il arriva au *Masque de Fer*, les deux barbus se tenaient à leur table habituelle.

– Covenanting's marche tout à fait bien, Sid, entendit-il dire celui qui s'appelait Charles. Enfin, pour le type qui fait des bénéfices. Parce que pour l'autre, c'est un calvaire.

– Je pense bien, fit Sid.

– On se demande bien pourquoi, d'ailleurs ? Ça n'est pas grand-chose, à moins de trouver exaltant de jouer ça en Bourse.

Le barman dévisagea David avec curiosité, tandis que celui-ci, l'air anxieux, feignait de scruter la salle vide.

– On dirait que vous avez perdu quelque chose.

– Quelqu'un, corrigea David, une jeune dame. J'espérais la trouver ici.

– Elle vous a posé un lapin, c'est ça ?

– Pas exactement.

Charles et son ami n'allaient pas mordre à l'hameçon. Pourquoi y mordraient-ils ? Les choses n'allaient pas être aussi faciles que cela. Il se dirigea sans grande assurance vers leur table. Charles lui lança un regard peu encourageant que David jugea bien agressif.

– Excusez-moi, mais est-ce que vous êtes là depuis l'ouverture ?

– Oui.

Charles semblait sur le point d'ajouter : Et alors ? Qu'est-ce que vous y trouvez à redire ? Ou peut-être que David se faisait des idées.

– Je me demandais si vous aviez par hasard vu entrer une jeune femme, une jolie brune. Vous m'avez vu ici avec elle il y a quinze jours.

– Ça me rappelle quelque chose. (L'air maussade de Charles s'adoucit et il commença à moins ressembler à Raspoutine.) Attendez un peu. Une belle petite en pantalon très étroit, ce serait ça ?

– Allons, Charles, dit l'autre.

– Soit dit sans vous offenser, mon vieux. En fait, c'est un compliment.

– Il n'y a pas de mal. (David s'efforça de rire d'un air naturel.) Elle a été ma secrétaire, celle que j'ai me quitte, alors j'ai pensé... Je crois qu'elle est souvent ici, et, comme je ne sais pas où elle habite...

– Elle n'est pas venue ce soir, dit Charles. Je regrette de ne pouvoir vous aider. Si seulement j'avais eu la bonne idée, continua-t-il en s'adressant à Sid, d'acheter une centaine d'Amalgamated Steel la semaine dernière. Ils ont pris 38 points 6 ce matin.

– Je vois.

– Est-ce que je peux vous offrir un verre ? demanda désespérément David.

– J'en suis resté assis. Six mois, six mois ils sont restés à 25 et... Est-ce que quelqu'un n'aurait pas prononcé le mot magique, verre ? C'est bien aimable à vous, mon vieux.

– Brandy, dit Sid, parlant apparemment pour tous les deux.

David alla chercher deux brandy et une bière pour lui. Le

barman serrait les lèvres. Son expression semblait donner à entendre quelque chose, mais David ne comprit pas quoi.

– *Salud y pesetas*, dit Charles. Non pas que je tienne la peseta en grande estime pour le moment. Vous êtes encore en train de vous faire du souci pour cette fille, mon vieux ?

Abandonnant toute prudence, David demanda :

– L'avez-vous vue ici avec un homme ?

Charles cligna de l'œil d'un air lugubre dans la direction de Sid.

– Bien des fois. Un grand type brun. Il buvait toujours du gin avec quelque chose de gazeux, hein, Sid ?

L'excitation prit David à la gorge et le fit bégayer. Peu importait que ces deux-là le prennent pour l'amant délaissé de Magdalene Heller.

– Toujours ? dit-il. Vous voulez dire qu'ils sont souvent venus ici ?

– À peu près une fois par semaine pendant les six derniers mois. Non, je me trompe. Ça fait plutôt huit mois. Non, je me trompe. Tu peux m'éclaircir les idées là-dessus, Sid. Quand est-ce que nous avons laissé tomber *La Rose* pour commencer à venir ici ?

– En août.

– En août. Je me rappelle le mois parce que c'était le lendemain de mon retour de Majorque. Sid et moi, nous sommes allés comme d'habitude à *La Rose* et voilà qu'ils m'ont volé en me rendant la monnaie. Je commence à en avoir vraiment assez, j'ai dit à Sid, et c'est comme ça que nous sommes venus ici. Votre petite amie et son gars étaient là au moment de notre arrivée.

– Je vois. Et ils se sont toujours retrouvés régulièrement depuis ?

– Jusqu'à il y a quinze jours. (Charles jeta un regard vers le barman et se pencha vers David d'un air confidentiel.) Je crois qu'ils en ont plein le dos de cet endroit. Ce sont des fripouilles ici... Juste avant que vous n'arriviez, on a essayé de me refaire le coup. Il prétendait que je lui avais donné un billet d'une livre alors que c'était un billet de cinq. C'est d'un mesquin.

Il fronça les sourcils et se caressa la barbe.

– Eh bien, j'ai comme l'impression qu'il va falloir que je me résigne à passer une annonce pour trouver une secrétaire.

Sid le dévisagea d'un air goguenard et, se levant d'un seul

coup, se lança dans la plus longue tirade que David l'ait jamais entendu prononcer.

– Épargnez-moi ça, vos histoires de secrétaire, si ça ne vous fait rien. Je ne suis pas né de la dernière pluie et je n'aime pas qu'on me prenne pour un gamin. Tu n'as pas envie d'un autre verre, Charles ? (Il ouvrit la porte.) Secrétaire ! Et puis quoi encore ? dit-il en sortant.

– Je vois, dit Charles, lui empruntant sa réplique favorite.

Il sortirent tous les deux.

David se tourna vers le bar et haussa les épaules.

– Quel cinéma ! fit le barman. Enfin, si on aime ce genre d'humour.

Très excité et même transporté de joie par sa découverte, David sentit qu'il ne pouvait supporter de rester davantage dans ce pub. Il débordait d'énergie et perdait patience à bavarder avec le barman. Il ne voulait pas non plus boire davantage, parce que cela pourrait obscurcir ses facultés de raisonnement. Il sortit donc dans la rue et se mit à marcher sans but.

Son enthousiasme retomba au bout de dix minutes. Jusqu'alors, il s'était senti fier, comme dans les moments les plus intenses de sa vie, lorsqu'il avait remporté son diplôme ou lorsqu'il avait été embauché, par exemple. Durant ces dix minutes, il n'avait cessé de se féliciter. Il avait complètement oublié Heller, submergé qu'il était d'une fierté et d'une excitation qui n'avaient rien à voir avec le désir de justice, la moralité ou l'indignation. Il avait réussi, il avait fait ce qu'il avait prévu et maintenant, il s'extasiait sur ses prouesses.

Mais ce n'était pas quelqu'un de particulièrement vaniteux et, le temps qu'il arrive à Soho Square après un détour, il avait déjà moins envie de parader. Peut-être était-ce parce qu'il avait croisé quelqu'un qui la lui avait rappelée, une fille aux cheveux blonds et raides comme les siens, dont les yeux gris avaient rencontré brièvement son regard. Son image lui revint à l'esprit avec une cruelle netteté et il reprit brutalement contact avec la réalité. Il s'assit sur l'un des bancs du parc et le contact de l'accoudoir en métal glacé le fit frissonner.

Il fallait lui parler. On ne pouvait la laisser là-bas, sans personne pour la protéger, proie facile pour North. Il semblait absurde de voir en elle la classique victime des romans policiers, celle qui, parce qu'elle en sait trop, doit être réduite au silence et cependant, n'était-ce pas son cas ? Déjà elle avait mis North en alerte en l'informant de ses premiers soupçons à lui, David. On ne pouvait savoir ce qu'elle avait vu, ni quelles minuscules erreurs elle avait pu relever dans le comportement de son voisin. David n'avait pas cru une seule minute que North puisse rechercher la compagnie de Susan à cause d'une honnête affection. Elle était en danger.

Il savait qu'il ne pouvait l'avertir. Il était le dernier homme au monde qu'elle écouterait. Malgré tout, il se dirigea lentement vers une cabine téléphonique. Il y avait quelqu'un à l'intérieur et il attendit impatiemment en faisant les cent pas. Enfin il y pénétra. Il avait déjà commencé à composer le numéro quand le courage lui manqua. Il avait quelque chose de mieux à faire, quelque chose de plus responsable, de plus adulte. Il se demanda pourquoi il n'y avait pas songé plus tôt. Il s'empara de l'annuaire, prit une profonde inspiration et, pianotant nerveusement sur la paroi de la cabine, attendit que lui réponde le commissariat de Matchdown Park.

L'inspecteur Ulph était un petit homme fluet au nez crochu et au teint olivâtre. David adorait trouver des ressemblances entre les personnages des peintures et ceux qu'il rencontrait. Il avait déjà assimilé Susan Townsend au portrait d'Effie Ruskin par Millais, Magdalene Heller avait quelque chose d'un Lely ou même d'un Goya, et ce policier lui rappelait les portraits qu'il avait vus de Mozart. Il retrouvait la même bouche sensible, l'air de souffrance atténué par une force intérieure et le regard qui laissait deviner un esprit espiègle et pénétrant. Bien sûr, il n'avait pas les cheveux aussi longs que ceux de Mozart, mais ils étaient plutôt longs pour ceux d'un policier et, lorsqu'il était enfant, ils devaient avoir été du même brun pâle et soyeux que la boucle que David avait pu voir au musée de Salzbourg.

Pour sa part, l'inspecteur Ulph avait devant lui un homme grand et mince, l'air intelligent, pas spécialement beau, que son regard ardent rajeunissait de dix ans, qui se lança avec véhémence dans une histoire qu'Ulph écouta, sans laisser paraître l'intérêt qu'avait tout d'abord éveillé en lui le nom de North. Après tout, à quoi s'attendait-il ? Pas à cela. Son enthousiasme fit place à la déception, mais tandis qu'il questionnait son visiteur, un peu de son excitation subsistait.

– Vous m'affirmez qu'à votre connaissance Mr North et Mrs Heller se sont retrouvés dans un pub de Londres ? Ils s'y seraient rencontrés régulièrement avant la mort de leurs conjoints respectifs ?

David hocha la tête. Il avait espéré une réaction plus marquée.

– Oui, j'en suis sûr. C'est peut-être une théorie tirée par les cheveux, mais je pense qu'ils s'y donnaient rendez-vous pour comploter. Si vous préférez, ils cherchaient comment s'y prendre pour tuer les autres et camoufler leur mort en suicide.

– Vraiment ?

Ulph leva les sourcils. À le voir, nul n'aurait cru qu'il n'avait cessé de penser à cette histoire de revolver et de sortie discrète du meurtrier. On aurait plutôt dit que la simple idée que North eût pu être coupable était une révélation pour lui.

– Je suis sûr qu'il est coupable, dit David en s'animant, et s'il est coupable, elle seule a pu lui donner le revolver. J'étais dans l'appartement de Heller la veille de sa mort ; et j'ai vu ce revolver. Et après, je l'ai vue, elle, entrer dans un cinéma. Je pense que North était à l'intérieur, et attendait qu'elle lui passe l'arme dans l'obscurité.

Le revolver. C'était en effet, se dit Ulph, la seule façon pour North de se le procurer. Non pas par effraction, ni en le dérobant d'une façon improbable à Heller lui-même, mais grâce à la complicité de la femme d'Heller elle-même. Tout de suite, il entrevit les difficultés.

– Vous dites que Mrs Heller et North se sont retrouvés dans ce pub pour la première fois au mois d'août ?

– Oui, je pense que les choses se sont passées ainsi : Heller avait rencontré Mrs North, était devenu son amant, et North avait tout découvert. Il s'est donc mis en rapport avec Magdalene Heller. (David fit une pause pour reprendre sa respiration. Il commençait à être à nouveau fier de lui. Il élaborait sa théorie au fur et à mesure qu'il parlait et elle lui semblait tout à fait plausible.) Ils se sont arrangés pour se retrouver et parler du mal qui leur était fait. Pendant un certain temps, ils ne sont pas allés plus loin. Puis Bernard a essayé de se suicider en septembre – je l'ai vu dans le journal – et cela a dû les secouer. Mais quand il a repris ses relations avec Louise, ils ont décidé de les tuer.

Tout cela était si plein de lacunes, si dépourvu de toute vraisemblance, qu'Ulph faillit éclater de rire. Mais il songea qu'aussi absurde et privée de logique que pût sembler cette théorie, elle lui apportait malgré tout une solution quant à la manière dont North s'était procuré l'arme. Aussi se contenta-t-il de soupirer.

Le sujet d'étude le plus évident, pensa-t-il, ce sont les autres. Et il se demanda comment un homme aussi intelligent et cultivé que celui qui était en face de lui avait pu vivre pendant trente ans sans voir toutes les précautions dont s'entourent les hommes et mesurer le poids que les conventions exercent sur eux.

– Écoutez-moi, Mr Chadwick, dit-il avec douceur. (Oui, écoutez-moi, car cela risque d'être long, pensa-t-il.) Un Anglais moyen découvre que sa femme le trompe. Il a plusieurs possibilités : il en discute avec elle ; il en discute avec l'autre homme ; il divorce. (Il sentit ses mains se crisper sous son bureau et s'efforça de se détendre. N'était-il pas lui même passé par là ?) Il peut exercer des violences sur l'un ou l'autre, ou les deux, la tuer, les tuer. Il peut aussi se contenter d'entrer en contact avec la femme de son rival et lui révéler ce qu'il a découvert. Cette dernière solution est une possibilité. Vous et moi ne le ferions peut-être pas, mais c'est ce qui s'est passé en l'occurrence. Les deux conjoints trompés rencontrent ensemble leurs conjoints infidèles. D'où de nouvelles discussions ou de nouvelles violences. Mais les deux conjoints trompés ne se rencontrent pas dans un pub pour comploter un meurtre. Des gens qui ne se connaissent pas ! qui ignorent mutuellement ce qu'ils sentent, ce qu'ils désirent, ce qu'ils sont ! Vous imaginez, vous vous représentez cela ?

Ulph poursuivit d'un ton qui ne lui était pas habituel, un ton presque enfantin. Etait-ce ainsi que parlait North ? David n'en avait pas la moindre idée. Il ne l'avait jamais entendu parler. « Nous les haïssons tous les deux, Mrs Heller, et nous voulons nous en débarrasser. Et si nous élaborions un plan pour les tuer ? Si nous l'élaborions ensemble ? » Mais il connaissait la voix de Magdalene et il tressaillit lorsqu'il entendit Ulph faire une imitation presque irréelle de son accent : « Quelle merveilleuse idée, Mr North ! Me permettrez-vous de vous aider ? »

David sourit malgré lui.

– Non, je ne voyais pas leur dialogue comme ça, évidemment, mais l'idée y est.

– Vous ne pensez pas qu'elle aurait fui devant ses propositions ? Qu'elle aurait appelé la police ? Imaginez-vous que deux personnes, que seule rapproche l'infidélité de leurs conjoints, se sont trouvé la même envie meurtrière ? Vous êtes bien innocent. On voit que vous n'avez jamais essayé de persuader un inconnu de se joindre à une conspiration.

C'était pourtant ce qu'il avait essayé de faire deux jours plus tôt avec Susan Townsend. Il était allé voir une inconnue dans l'espoir absurde qu'elle l'aiderait à coincer North. Pourquoi cette erreur ne l'avait-elle pas affranchi ? Cette expérience toute fraîche aurait dû lui enseigner que les gens ne se comportent pas ainsi.

– Et si je retournais à ce pub, demanda-t-il, mal assuré (Etait-ce une lueur d'amusement, qu'il percevait dans le regard d'Ulph ?), pour prendre le nom de mes témoins ?

– Tant que vous ne vous créez pas d'ennuis, Mr Chadwick, vous pouvez essayer.

David sortit lentement du commissariat. Il se sentait humilié par le savoir-faire d'Ulph. Et pourtant, Ulph s'était contenté de lui montrer que son raisonnement n'était pas sans faille. Il n'avait rien tenté pour changer sa conviction concernant la culpabilité de North, ni pour diminuer sa certitude croissante que North recherchait la compagnie de Susan Townsend à seule fin de découvrir ce qu'elle savait.

14

C'était bien sa chance : ce soir Sid et Charles ne se trouvaient pas au *Masque de Fer*. Peut-être qu'ils ne venaient jamais le jeudi. Il ne se rappelait pas s'il était lui-même dejà venu ici un jeudi. En tout cas, il ne se rappelait pas être venu une seule fois sans les y trouver. Il resta là jusqu'à 8 heures et ensuite il rentra chez lui.

Le lendemain soir, tous les habitués étaient là – le couple entre deux âges, le vieil acteur, la fille aux ongles mauves et son petit ami, qui portait cette fois un tricorne façon Waterloo – mais pas Sid et Charles. David attendit, en surveillant l'horloge et la porte, et, à la fin, il se renseigna auprès du barman.

– Vous voulez parler de ces deux barbus ?

– C'est cela, répondit David. Je voulais leur demander quelque chose.

– Je doute que vous les revoyiez ici. (Le barman lui jeta un regard qui en disait long et posa le verre qu'il était en train d'essuyer.) Gardez ça pour vous, mais j'ai eu des mots avec eux hier. Tout ce dont ils savent parler c'est d'argent, d'argent, toujours d'argent. Une vraie obsession. Ils avaient commencé à rouspéter la première fois qu'ils étaient venus ici. Il paraît que je les avais volés en leur rendant la monnaie. (Il baissa la voix.) Vraiment, ils insinuaient des choses incroyables. Eh bien, hier, j'en ai eu assez. « Allez cherchez la police si vous voulez. On a rien à cacher, ici. J'ai le droit de refuser de vous servir, que je leur ai dit, et si vous revenez demain, c'est ce que je ferai. »

– La même chose leur est déjà arrivée au mois d'août à *La Rose*, dit David d'un air désespéré.

– Ça ne m'étonne pas du tout. Je suis dans le vrai en pensant que ce ne sont pas vos amis, n'est-ce pas ?

– Je ne connais même pas leur nom.

– La tournée des pubs ? dit Pamela Pearce. Je n'ai pas très envie, chéri, ça risque d'être assommant.

– Il y a deux types qu'il faut absolument que je retrouve.

– Ils te doivent de l'argent, c'est ça ?

– Non, pas du tout, dit David, agacé. C'est beaucoup plus important que ça, mais ce serait trop long à expliquer. Viens, ça peut être amusant de faire le tour de tous les pubs de Soho.

– Fatigant pour le foie, tu veux dire. Enfin, si ce n'est que Soho, pourquoi pas ? Mais enfin, chéri, il pleut à verse !

– Et alors ? Ce sera une excellente occasion de montrer ton nouvel imper.

– C'est une bonne idée, dit Pamela, et quand il vint la chercher, elle resplendissait dans un imper en imprimé crocodile argenté.

Arrivé à Tottenham Court, David lui dit :

– Ils sont tous les deux barbus et ils ne parlent que d'argent.

– C'est tout ce que tu as comme indice ?

Il hocha la tête sans oser la regarder. Il venait de se rappeler que, s'il retrouvait Sid et Charles, ces deux-là allaient probablement mentionner qu'il cherchait une belle brune, son ancienne secrétaire. Et Pamela savait pertinemment qu'il n'avait jamais eu la moindre secrétaire. Pourtant, ça lui était égal.

D'abord, ils iraient au *Masque de Fer*. Peut-être que les autres habitués se souviendraient d'avoir vu North et Magdalene. Mais David en doutait. Lui aussi était un habitué des lieux et il ne se souvenait pas d'y avoir jamais vu le couple – fallait-il les appeler les complices ou les amants ? – jusqu'au jour de l'enquête. Sid et Charles ne se souvenaient-ils d'eux que parce que, comme la majorité des hommes, ils étaient sensibles à la beauté de Magdalene ?

Il fallait les retrouver.

Pamela l'accompagnait en silence tandis que la pluie tombait doucement, implacable, dans une vapeur grisâtre.

C'était dimanche et Julian Townsend emmenait son fils avec lui pour la journée. La main dans la main, ils descendirent l'allée et Susan les suivit des yeux, amusée parce que l'airedale s'était soudain mis à donner de la voix en apercevant Julian. Lui aussi était devenu un étranger.

Elle haussa les épaules et rentra. Elle vit dans la haute glace de l'entrée son reflet s'avancer à sa rencontre et elle s'arrêta pour s'admirer. Ses cheveux clairs étaient à nouveau brillants, ses yeux gris étincelaient d'impatience et elle s'était acheté un nouveau tailleur qui avait sérieusement entamé son compte en banque. Elle n'avait plus que quatre chapitres à terminer et les honoraires de miss Willingale allaient tomber à point.

Les pas de Bob résonnèrent sur la contre-allée. Il ne venait plus, cérémonieusement, lui rendre visite par la grande porte. Susan se regarda une dernière fois et constata sur son visage le plaisir que lui causait cette nouvelle intimité qui commençait à aller de soi.

Elle alla l'accueillir un peu timidement. Il entra et la prit dans ses bras... Son baiser fut long, lent, savant. Il eut sur elle un effet presque choquant. Mais ils étaient seulement amis, se dit-elle, des amis dans le besoin, qui se consolaient mutuellement. Elle s'arracha à son étreinte, tout émue, évitant son regard.

– Bob, je... Attendez une minute, il faut que je prenne mes gants, mon sac.

Au premier, gants et sac étaient prêts, là où elle les avait laissés, sur la coiffeuse. Elle se laissa tomber sur le lit et regarda pensivement le ciel d'un bleu cru, les ormes qui ondoyaient paresseusement. Ses mains tremblaient. Elle les serra, comme pour essayer de se maîtriser. Jusqu'à maintenant elle avait cru que cette année, passée sans homme, avait été presque intolérable à cause de la solitude, de la douleur laissée par la trahison. À présent elle le savait : l'amour physique lui avait manqué tout autant.

Il l'attendait au bas de l'escalier. Elle se souvint de la fille, sur Harrow Road, qui s'était retournée sur son passage, de la façon dont Doris parlait de son charme et de son allure, et les opinions de ces femmes, muettes ou clairement énoncées, accrurent la beauté qu'il avait à ses yeux. Toutes, sauf la sienne, étaient subjuguées par cet homme qui incarnait tout ce qu'un homme doit être. Elle eut une pensée fugitive pour Louise, tout en descendant à sa rencontre. Pourquoi Louise était-elle restée indifférente devant un tel homme ?

Il lui sourit. Il y avait quelque chose de honteux à désirer quelqu'un parce qu'il était beau et plus simplement – vilaine pensée – parce qu'on avait besoin d'un homme. Elle se rapprocha, et, cette fois, ce fut elle qui lui tendit les bras et leva le visage vers son baiser.

– Nous déjeunerons, dit-il, dans un petit pub que je connais à la campagne. J'ai toujours aimé les petits pubs.

Elle lui tint la main et lui sourit :

– C'est vrai, Bob ? lui demanda-t-elle dans un sourire.

– Pourquoi dis-tu ça sur ce ton ? lui répondit-il nerveusement. Pourquoi tu me regardes comme ça ?

– Je ne sais pas. Je n'avais pas de raison particulière. (Elle ignorait pourquoi elle venait brusquement de penser à Heller et à sa veuve.) Prenons l'engagement, dit-elle rapidement, de ne parler ni de Heller ni de Louise au cours de notre sortie d'aujourd'hui.

– Mon Dieu, dit-il (et elle le sentit soupirer tandis qu'il l'attirait à lui), je ne tiens pas à parler d'eux.

Il lui effleura les cheveux, et elle trembla un peu quand elle sentit ses doigts effleurer légèrement sa peau. Elle aurait dû se sentir aussi soulagée que lui, mais elle se sentait vaguement triste. Avaient-ils un autre sujet de conversation ? Avaient-ils même la moindre chose en commun ? Elle s'avoua non sans un remords humiliant qu'au lieu de sortir avec lui elle aurait préféré rester là, joue contre joue, dans un éternel moment de chaleur et de désir. Hors de cette maison, elle avait l'impression qu'ils n'existeraient plus comme amis, comme couple.

L'air ensoleillé l'arracha à son rêve. Elle précéda Bob dans la direction de la voiture et elle eut une impression étrange, comme quelqu'un qui s'est mal conduit lors d'une soirée et qui, en plein jour, redoute d'affronter ses voisins et son partenaire, qui ont été témoins de sa disgrâce. Doris regarda par la fenêtre et agita la main. Betty leva les yeux de son jardinage pour leur sourire. C'était comme si elle et Bob partaient en voyage de noces, pensa Susan, et les pétales roses des cerisiers tombèrent sur sa tête et ses cheveux comme des confetti sur une mariée. Elle monta en voiture à côté de lui et se rappela combien il avait été désagréable avec elle le jour où il l'avait conduite à Harrow, presque violent, même, au point de conduire à toute vitesse pour l'effrayer. C'était pourtant le même homme qui maintenant lui prenait la main et lui baisait les doigts. Mais elle ne le connaissait pas davantage, elle ne savait rien de lui.

Elle pouvait dire ce qu'elle voudrait, la conversation arriverait bien vite sur Heller. Il en était toujours ainsi. Elle avait juré de ne pas parler de Heller ni de Louise, mais elle se rendait compte maintenant que si Bob trouvait un étrange réconfort à revenir sans cesse sur le drame, il se sentait mal à l'aise quand elle prenait la même initiative. On aurait dit que le double suicide constituait son bien personnel. Nul n'avait le droit d'y jeter les yeux sans sa permission.

Cette idée était désagréable à Susan. Il y pensait en ce moment même, c'était évident, elle le lisait sur son visage. Pour la première fois, elle avait mis le doigt sur ce qu'elle avait compris depuis la première fois qu'ils s'étaient parlé. Il y pensait jour et nuit, sans repos.

Il lui fallait parler de quelque chose.

– Vous vous entendez bien avec Mrs Dring ? demanda-t-elle en désespoir de cause.

– Ça va. C'était aimable à vous, Susan, de la persuader.

– Elle ne peut venir que le samedi ?

– Oui, quand je suis là.

Il lâcha le volant d'une main et la posa sur son bras, non pas par affection, peut-être simplement pour s'assurer qu'elle était bien là, avec lui. Puis il ajouta d'une voix très basse, comme s'ils n'avaient pas été dans une voiture mais au beau milieu d'une rue où tout le monde aurait pu l'entendre :

– Elle m'en parle. J'essaie de l'éviter ; mais toutes les fois qu'elle peut, elle m'en parle.

– Elle est assez écervelée, dit Susan avec douceur.

Il serra les lèvres, non pas par méfiance, mais pour les empêcher de trembler.

– Elle ouvre les fenêtres, dit-il.

Et, ce faisant, elle exposait à l'air pur et au bruit, le secret qu'il cachait à l'intérieur. Susan eut froid, tout à coup. D'un ton monocorde, il se mit à répéter les questions que Mrs Dring lui avait posées, à décrire les marques larmoyantes et dépourvues de tact de sa pitié.

– Je lui parlerai.

Mais c'est à peine s'il semblait l'entendre. Une fois de plus, il était revenu à ce matin, à son arrivée à Braeside, au couple mort sur le lit. Et, saisie de pitié, soucieuse malgré tout de ne pas lui montrer qu'elle était aussi un peu effrayée, Susan posa sa main sur son bras et l'y laissa.

– Je n'ai pas pu les trouver, dit David.

L'expression d'Ulph était celle d'un père indulgent qui écoute un enfant lui raconter des histoires de brigands. Peut-être n'avait-il jamais cru à l'existence de Sid et Charles. Devant lui, David se faisait l'effet d'un névrosé, du genre de ceux qui harcèlent la police d'accusations fantasques à l'égard de tout le monde, simplement parce qu'ils veulent attirer l'attention sur eux-mêmes. Aussi n'insista-t-il pas sur les recherches qu'il avait menées en compagnie de Pamela Pearce, de leur visite à dix-huit pubs différents et de la dispute qui s'était naturellement ensuivie quand ils avaient perdu patience à cause de la pluie incessante et de leurs échecs répétés.

– Je crois qu'ils travaillent dans la City, dit-il. (Il se sentit bête.) On pourrait essayer le *Stock Exchange* ou *Lloyd's*.

– Certainement, *vous* pouvez essayer, Mr Chadwick.

– Vous voulez dire que vous ne ferez rien ? Vous ne mettrez pas un de vos hommes sur l'affaire ?

– Pourquoi ? Aucun des habitués de ce pub ne se souvient d'avoir vu Mr North et Mrs Heller, n'est-ce pas ? (David secoua la tête.) D'après ce que vous m'avez dit, vos deux barbus ne brillent pas par leurs scrupules. Mr Chadwick, êtes-vous bien sûr qu'ils n'étaient pas en train de vous faire marcher ?

Cette fois, David hocha la tête d'un air obstiné. Ulph haussa les épaules et pianota nerveusement sur son bureau. Lui aussi avait dans l'esprit beaucoup de choses que la discrétion professionnelle l'empêchait de révéler. Il n'y avait pas de raison de dire à cet entêté que, depuis sa dernière visite, North et Mrs Heller avaient été questionnés séparément, et avaient catégoriquement nié s'être connus avant les suicides. Ulph les croyait. Désormais, le beau-frère et les voisins de Mrs Heller connaissaient Robert North. Ils le connaissaient comme le bienfaiteur qui était venu à East Mulvihill cinq jours après la tragédie.

Et, à cause de cela, Ulph avait perdu sa foi en la théorie de David sur le revolver. Il continuait de croire à la culpabilité de North, il le voyait accomplir tous ces gestes ce fameux mercredi matin. Mais il s'était procuré le revolver d'une autre façon. Ulph ne savait pas comment – pas plus qu'il ne savait comment North était sorti de la maison. Seule, la réponse à ces questions l'aiderait à faire rouvrir l'affaire et non pas de fumeuses théories sur une complicité entre les deux.

– Voyez-vous, Mr Chadwick, dit-il patiemment, non seulement vous ne possédez aucune preuve qu'il y a eu complicité et préméditation, mais encore vous ne pouvez même pas prouver que rien ne se serait produit s'ils ne s'étaient pas rencontrés. Mrs Heller avait proposé à son mari de divorcer, après avoir découvert son infidélité, et, si elle s'est abstenue de commencer les formalités, c'est parce que, pendant un certain temps, il a essayé de sauver leur mariage. Il n'aurait pas pu l'empêcher de divorcer puisqu'il était coupable. Ce n'est pas comme s'il avait cherché à lui cacher la vérité... Il aimait Mrs North, il était adultère, et il l'avait dit à sa femme. Quant à North, il aurait pu commettre un crime passionnel par jalousie, ou parce que son orgueil était blessé. C'est là quelque chose de bien différent d'un complot à deux, mis au point des mois durant. Au cours de cette période, il aurait vu tomber sa colère. Pourquoi prendre l'énorme risque d'un meurtre, alors qu'il possédait toutes les preuves voulues, et n'avait qu'à demander le divorce ?

Il n'en dit pas davantage. Prouvez-moi, pensait-il, prouvez-moi comment un homme saisi d'une jalousie et d'une fureur que je peux très bien comprendre, est entré en possession d'une arme qui ne lui appartenait pas et a pu quitter la maison sans se faire voir.

Elle l'avait invité bien souvent, et pourtant, se dit-il, elle allait avoir peur en le voyant. À présent, North avait dû lui parler de sa visite à Matchdown Park. David resta immobile sur le seuil pendant une ou deux secondes avant de sonner. Le néon jaune et rouge qui clignotait et les bus qui passaient dans la rue se reflétaient sur le mur humide couvert de graffitis.

Ce fut le beau-frère qui vint lui ouvrir. Dans la demi-obscurité, David aurait très bien pu prendre Carl pour Bernard Heller, un Bernard Heller avec un vague sourire qui se serait écarté pour le laisser entrer. L'appartement sentait la cuisine. Ils avaient pris leur repas ensemble et les assiettes sales se trouvaient encore sur la table. Magdalene Heller était debout contre le mur, sous la mandoline, avec aux doigts une cigarette non allumée.

– J'ai pensé que le moment était venu de vous rendre visite, dit David, et il s'avança, avec l'impression d'être la main de la justice, du châtiment, du destin, même, en tendant son briquet.

La flamme projeta des ombres violettes sur le visage de la jeune femme, et ses yeux s'agrandirent. Elle ne dit rien pendant un instant et David sentit qu'elle aussi était frappée par le parallélisme entre cette scène et une autre ; elle aussi avait une impression de déjà vu. Il s'attendait presque à la voir regarder par-dessus son épaule, cherchant le visage de North. Elle s'assit, croisa ses belles jambes.

– Comment allez-vous ?

– Ça va.

Son air maussade, presque impudent, lui rappela quelque peu Elizabeth Townsend. Mais alors que l'attitude de Mrs Townsend provenait de l'assurance que procurent la naissance, l'éducation et les relations, celle de Magdalene était l'attitude d'une femme qui est consciente de sa beauté, du lis qui n'a besoin d'aucun ornement superflu.

– Les gens ont été très bons, déclara Carl. Mr North surtout. (David eut l'impression que la fille s'était raidie en entendant ce nom.) Il a prêté de l'argent à Magdalene pour la dépanner. (Carl eut un sourire bovin qui voulait dire « Qu'est-ce que vous dites de ça, hein ? ».) Il s'est conduit comme un vieil ami. (David haussa légèrement les sourcils.) La police est même venue ici demander à Magdalene si elle le connaissait déjà avant.

Il sembla à David que son cœur battait plus vite. Ainsi donc Ulph s'intéressait bien à la question.

– Mais ce n'était évidemment pas le cas, dit-il innocemment.

Magdalene écrasa sa cigarette.

– Pourquoi ne fais-tu pas le café, Carl ?

Pendant que le jumeau de Bernard se dirigeait d'un pas lourd vers la cuisine, elle fixa David de ses yeux verts où dansaient des paillettes d'or.

– Dites-moi... (Son accent était fort, ce soir.) Est-ce que Bernard vous a jamais raconté comment il avait rencontré cette femme ?

– Il ne m'a rien dit. Comment se sont-ils rencontrés ?

– Au mois d'août, à Matchdown Park. Elle était chez une amie, et il est venu remplacer une pièce du chauffage central. Elle avait été malade et elle a eu un étourdissement. Alors il a dit qu'il allait la reconduire chez elle. C'est comme ça que tout a commencé.

Pourquoi me raconter cela ? se demandait David. Elle avait débité cela d'un ton mécanique, froid.

– Il m'a tout dit, continua-t-elle. Bob North ne savait rien. J'ai été obligée de le mettre au courant. Ce n'est pas étonnant, n'est-ce pas, que nous nous soyons vus après l'enquête ? Nous avions des tas de choses à nous dire.

– Mais la police croit tout de même que vous et North vous étiez déjà rencontrés avant ?

La haine à l'état pur brilla une seconde dans les yeux verts. Elle savait pourquoi la police l'avait questionnée et qui l'avait prévenue, mais elle n'osait pas le dire.

– J'ai vu Bob pour la première fois il y a trois semaines, dit-elle en rejetant d'un brusque mouvement de la tête ses cheveux noirs, je ne me tourmente pas. Quelle raison aurais-je de le faire ?

– Pas de café pour moi, dit David lorsque Carl entra avec le plateau.

Il éprouvait un fort sentiment de répulsion à l'idée de manger ou de boire dans cet appartement, et il se leva.

– Je suppose qu'*Equatair* vous a donné quelque chose ? dit-il sèchement, car il n'était plus question, entre elle et lui, d'impertinence ou de tact.

Il gardait encore vivace à l'esprit le souvenir écœurant de sa bouche pressée contre son visage.

– Pas grand-chose, dit-elle.

– J'imagine que ça n'a pas été facile pour eux de trouver quelqu'un qui aille en Suisse à la place de Bernard. (David se retourna vers Carl.) Ce n'est pas dans vos cordes, je suppose ?

– Je parle la langue, Mr Chadwick, mais je ne suis pas intelligent comme l'était Bernard. Je vais aller en Suisse, comme d'habitude, pour passer mes vacances. J'y suis né et c'est là qu'habite ma famille.

Magdalene se servit son café très lentement, comme si elle avait craint que ses mains ne tremblent et la trahissent. Soudain David eut la certitude qu'il lui fallait garder le contact avec le beau-frère. Une fois déjà, il avait essayé en vain de se procurer l'adresse de Carl. David adressa un signe de tête à la veuve, avant de suivre Carl dans le hall.

– Il se peut que j'aille moi aussi en Suisse, dit-il quand ils furent dans l'étroit couloir une fois qu'ils furent hors de portée de son oreille, au cas où j'aurais besoin de quelques conseils... eh bien, voudriez-vous me donner votre adresse ?

Le visage triste de Carl s'éclaira de plaisir. Il avait l'air d'un homme à qui on demande rarement conseil. David lui passa un stylo et une vieille enveloppe sur laquelle il nota d'une grande écriture penchée son adresse et le numéro de téléphone de sa propriétaire.

– Quand vous voudrez, Mr Chadwick. (Ouvrant la porte, il regarda au-dehors.) Je croyais que nous aurions peut-être le plaisir de voir ce soir Mr North. Une ou deux fois je me trouvais ici quand il est passé voir Magdalene. Mais c'est un homme occupé et ses voisins lui prennent beaucoup de temps.

Ses voisins. Une voisine en particulier, pensa David. Il traversa la rue et, en glissant l'enveloppe dans sa poche, sa main effleura la carte postale qu'il avait achetée à la National Gallery. Il s'arrêta sous un réverbère pour la regarder. North était-il avec elle, en ce moment ? North était-il en train de lui faire l'amour, tout comme Magdalene avait tenté de le faire avec lui, David, et pour des raisons identiques ?

Elle était très belle, cette jeune fille qu'avait peinte Millais. Elle avait fini par échapper à Ruskin et se marier. Susan Townsend lui ressemblait vraiment, tout comme Carl ressemblait à Bernard. Cette peinture aurait très bien pu être une photographie d'elle, froissée et un peu tachée, que David portait sur lui. Il se demanda ce qu'il aurait éprouvé si elle la lui avait offerte au lieu qu'il ne l'achète.

Arrivé à la station de métro, il prit un billet et soudain, avant même de réfléchir à ce qu'il allait faire, il entra dans une cabine téléphonique.

15

– Mrs Townsend, ici David Chadwick. Je vous en prie, ne raccrochez pas ! Je voulais vous parler, je ne pouvais absolument pas laisser les choses ainsi.

– Bien.

C'était un mot qu'on utilise généralement avec chaleur, pour donner son opinion sur quelque chose. Mais dans sa bouche, il sembla le plus froid du monde. Il ouvrait un abîme d'eaux glacées et sombres.

– Je ne téléphone pas pour revenir sur les choses que je vous ai dites la semaine dernière. Je n'ai pas l'intention de vous entretenir de Mr North.

– Voilà qui tombe bien, parce que je n'accepterais pas de vous écouter.

Elle n'était ni cassante ni autoritaire. Nul n'aurait pu dire ce qu'elle était. Implacable, distante, peut-être.

– Ce que j'ai fait la semaine dernière était abominable et je vous présente toutes mes excuses. Me comprenez-vous si je vous dis que je désire vous voir et vous expliquer que je ne suis ni un butor ni un mauvais plaisant ? Mrs Townsend, voulez-vous dîner avec moi ?

Comme il ne pouvait la voir, il ne put interpréter son silence. Enfin, elle répondit, mais sans la moindre trace de mépris.

– Bien sûr que non, dit-elle en riant.

Dans son rire, il ne discerna ni moquerie ni révolte. Elle restait incrédule, tout simplement.

– Un déjeuner, alors, insista-t-il dans un grand restaurant plein de monde où je ne pourrai pas vous faire peur.

– Vous m'avez effectivement fait peur.

À ce moment-là, il tomba amoureux d'elle. Jusque-là, ce n'avait été qu'un rêve absurde. Pourquoi avait-il eu la sottise de téléphoner et de se donner en cinq minutes des raisons de souffrir cruellement ?

– Vous m'avez fait peur, répéta-t-elle, parce que j'étais seule et qu'il faisait sombre.

À nouveau le silence retomba et il entendit le bip insensible du téléphone. Il tenait sa pièce prête à la main. Puis il demanda :

– Vous m'écoutez ?

– Ne trouvez-vous pas cette conversation plutôt ridicule ? (Sa voix s'était faite un peu sèche.) Je suppose que vous avez agi en toute bonne foi et de toute façon, cela n'a plus aucune importance. Nous ne nous connaissons pas du tout, et la seule chose dont nous pourrions parler – eh bien, je ne veux pas en parler.

– Ce n'est pas la seule chose, s'écria-t-il ardemment, je pourrais en trouver cent autres tout de suite !

– Adieu, Mr Chadwick.

Il descendit l'escalator et, une fois arrivé sur le quai, il jeta la carte postale pour que la foule des voyageurs matinaux la piétine.

Elle était presque sûre que Bob n'avait pas entendu cette conversation, mais quand elle retourna au living-room, il leva les yeux. Il avait un regard d'homme traqué. Devait-elle lui mentir, lui dire que c'était un éventuel acheteur que l'agence lui envoyait ?

– J'ai entendu, dit-il, c'était ce Chadwick.

– Il m'invitait simplement à dîner, dit-elle d'un ton apaisant. Bien entendu, je n'irai pas.

– Qu'est-ce qu'il veut, Susan ? Où veut-il en venir ?

– À rien. Arrêtez, Bob, vous me faites mal. (Ses mains, si douces quand elles lui caressaient la joue, semblaient vouloir lui briser les os des poignets.) Asseyez-vous. Qu'étiez-vous en train de me dire, avant ce coup de téléphone ?

Ses doigts relâchèrent leur emprise.

– Je parlais de Louise. Je vous racontais comment elle et Heller se sont rencontrés et comment il l'a ramenée chez elle. Après cela, ils ont pris l'habitude de se retrouver quand je travaillais tard, poursuivit-il d'une voix fiévreuse, désespérée... dans les cafés, les pubs... Il est tombé dans un tel état de dépression qu'il a essayé de se tuer. Que n'a-t-il réussi à ce moment-là ! Il s'est mis à lui écrire ces horribles lettres... Susan, vous les avez réellement brûlées, n'est-ce pas ?

Elle ne se souciait plus de savoir si elle lui disait ou non la vérité. De toute façon elle l'ignorait.

– Je les ai brûlées, Bob.

– Pourquoi ne puis-je donc pas oublier tout ça ? Vous devez penser que je deviens fou, Susan. Si, ne mentez pas, je le vois dans vos yeux.

Elle cacha son visage dans ses mains et ses cheveux glissèrent entre ses doigts.

– Ne revoyez pas Mrs Heller, si cela vous fait du mal, dit-elle enfin. Vous en avez assez fait pour elle.

– Qu'est-ce que vous voulez dire ?

– Vous lui avez donné de l'argent, n'est-ce pas ?

Le soupir qu'il poussa donna à Susan l'impression qu'il était vraiment épuisé, à bout.

– J'aimerais partir, partir loin. Oh ! Susan, si seulement je n'étais pas obligé de retourner ce soir dans cette maison... ou de revoir Magdalene Heller ! (Il s'arrêta et dit, comme s'il faisait une déclaration capitale et effrayante :) Je ne veux plus jamais revoir Magdalene Heller.

– Ni moi, Bob ? demanda Susan avec douceur.

– Vous ? il aurait mieux valu que je ne vous aie jamais rencontrée, jamais vue... (Il se leva, le visage pâle et tendu comme celui d'un malade ou d'un dément.) Je vous aime, Susan. (Il l'enlaça et ses lèvres touchèrent presque les siennes.) Un jour quand je serai... quand je serai mieux et que tout cela sera passé... voudrez-vous m'épouser ?

– Je ne sais pas, dit-elle, décontenancée.

Mais elle l'embrassa dans un long soupir et il lui sembla qu'elle n'avait jamais connu baiser aussi doux et aussi agréable.

– Ce n'est pas encore le moment, n'est-ce pas ? reprit-elle en écartant ses lèvres des siennes et en levant les yeux vers ce visage tendu et ravagé.

– Il y a le petit, je sais, dit-il d'un ton pressant, comme s'il lisait dans ses pensées. Il a peur de moi. Ça passera. Nous pourrions nous en aller tous les trois, n'est-ce pas ? Ne plus revoir Mrs Dring, ni ce Chadwick, ni... ni Mrs Heller.

Le téléfilm dont David avait dessiné les décors était fini et le générique défila sur l'écran. Il se dit qu'il allait regarder les nouvelles. La première partie concernait les résultats d'une élection régionale qui ne l'intéressait pas du tout, et il s'était levé pour tourner le bouton quand il s'arrêta, intrigué par la voix d'un speaker qui venait de remplacer son collègue. Ces intonations chantantes, ces « r » roulés lui semblaient familiers. Il les avait entendus ce soir même sur les lèvres de Magdalene Heller. L'accent de la jeune femme, bien moins fort que celui du commentateur, l'avait toujours déconcerté, et, maintenant, il l'avait enfin identifié. C'était l'accent du Devon !

Immédiatement il se rappela la photo de Louise et de Robert North qui avait paru dans le journal. On l'avait prise dans le Devon pendant qu'ils y étaient en vacances l'année précédente. Cela signifiait-il quelque chose ?

Très soigneusement, il se répéta la conversation qu'il avait eue avec Magdalene deux heures auparavant et il lui parut étrange qu'elle ait pris tant de peine pour lui raconter la première rencontre entre son mari et Louise North. Etait-ce parce que les circonstances de cette rencontre lui avaient causé un réel chagrin, ou parce que en réalité ils n'avaient pas du tout fait connaissance de cette manière ?

Bien sûr, Bernard aurait pu ramener Louise chez elle en voiture, parce qu'elle se sentait souffrante ; il aurait pu promettre de prendre ensuite de ses nouvelles, et leur amour aurait pu naître ainsi. Mais une rencontre en vacances n'était-elle pas plus probable encore ?

Une fois de plus, David sentit l'excitation le gagner. Et si les deux couples avaient noué des relations à l'hôtel ou sur la plage ? Ensuite, quand Louise et Bernard avaient regagné, l'une Matchdown Park, l'autre East Mulvihill, avec l'intention de céder à une attirance déjà née entre eux, la dernière chose à faire aurait été de parler à leurs amis ou à leurs voisins de cette rencontre, apparemment sans lendemain ; mais North et Magdalene, eux aussi, se connaissaient, dès lors, et partageaient des souvenirs peut-être d'une extrême banalité, mais susceptibles de rendre naturelles leurs rencontres ultérieures.

Dans ce cas, North aurait très bien pu prendre contact avec Magdalene pour lui révéler la conduite de Louise ; Magdalene avait pu entrer en rapport avec North pour lui révéler la liaison de Bernard. Même Ulph ne trouverait à cette hypothèse rien d'invraisemblable.

Il hésita un moment, puis il composa le numéro de téléphone de Carl Heller.

– Il ne se passe rien, j'espère, Mr Chadwick ?

– Non, non, répondit David. Je pensais me rendre en Suisse à Pâques, et il m'est venu à l'esprit que vous pourriez peut-être me recommander un endroit où aller ?

Carl commença à débiter une kyrielle de noms. Il exagérait son obligeance, tout comme Bernard quand on lui demandait un service. David se souvint que, lorsqu'il lui avait demandé de lui conseiller une cheminée pour ses décors, Heller lui avait montré une dizaine de modèles différents. Et Carl, au lieu de citer deux ou trois hôtels, se lançait dans une liste exhaustive de tous les hôtels possibles, passant en revue chaque canton et ne s'arrêtant que pour laisser David prendre des notes – ou du moins faire semblant.

– Voilà qui ira très bien, dit David lorsque Carl marqua une pause pour reprendre haleine, je suppose que votre frère et sa femme séjournaient souvent à cet endroit ?

Et il nomma un hôtel modeste à Meiringen.

– Mon frère n'est jamais retourné en Suisse après son mariage. Il a essayé de devenir un Anglais, et a abandonné toutes ses habitudes continentales. Lui et Magdalene prenaient leurs vacances en Angleterre, dans le Devon, dont Magdalene est originaire.

– Vraiment ?

– C'est pourquoi j'étais si content pour eux lorsqu'il a été nommé à Zurich. Je disais à Magdalene : attendez, vous allez voir de vraies montagnes ! Mais voilà que mon frère a fait cette horrible chose et... (Carl poussa un gros soupir qui résonna à l'oreille de David.) C'est drôle, Mr Chadwick, ça va vous amuser, et pourtant dans un sens c'est triste. Dans le Devon, ils allaient toujours au même endroit, à Bathcombe Ferrers, dans une petite pension appelée, tenez-vous bien, *Le Chalet Suisse*. Souvent mon frère et moi nous avons ri de cette coïncidence. Mais vous êtes, je le sais, un grand voyageur, et vous ne vous contenteriez pas d'un endroit de ce genre. Non, il faut que vous alliez à Brunnen ou peut-être à Lucerne. Vous avez le nom...

Tout ce que David avait à la main, c'était l'enveloppe sale sur laquelle Carl avait écrit son adresse. À côté de cette adresse, David, un peu honteux de sa duplicité, inscrivit tout juste cinq mots.

16

Une enseigne rustique lui apprit qu'il était arrivé à destination. Hormis cela, rien dans son apparence n'indiquait pourquoi on avait baptisé l'endroit *Le Chalet Suisse*. C'était une maison de style edwardien de trois étages et comme telle, avec un toit en terrasse. Une surabondance de tuyaux de gouttières, emmêlés comme des plantes grimpantes, escaladaient sa façade.

David ouvrit la porte vitrée et se trouva dans un hall plein de plantes qui, par la couleur et la décoration, évoquait les photographies sépia du XIXe siècle. Il s'approcha d'une niche pratiquée dans le mur qui lui rappelait un guichet de gare. Sur une étagère se trouvait une cloche en bronze décorée d'edelweiss peints. L'honneur était sauf. Dans le *Chalet Suisse*, il y avait au moins un objet suisse.

Son coup de sonnette strident fit surgir d'un bureau dont la porte indiquait « Privé » une petite femme rondelette. David passa la tête par l'ouverture, en se demandant si les condamnés au carcan éprouvaient la même impression. La femme fonça vers lui d'un air agressif comme si elle s'apprêtait à lui jeter quelque chose à la figure.

– Chadwick, se dépêcha-t-il d'annoncer, de Londres. J'ai retenu une chambre.

L'air furibond s'adoucit, mais elle ne sourit pas pour autant. Elle devait avoir un peu plus de soixante ans. Elle avait les cheveux teints d'une nuance qui rappelait les tapis en coco – dont ils avaient d'ailleurs la texture – et portait un twin-set mauve, un véritable exemple de toutes les erreurs que commettent les débutantes qui tricotent.

– Heureuse de vous connaître, dit-elle, je suis Mrs Spiller, je vous ai eu au téléphone.

Elle n'était pas d'ici. Peut-être s'y était-elle retirée dans l'espoir de faire fortune. Il jeta un coup d'œil aux lambris qui réclamaient un bon coup de vernis, à la lampe à l'abat-jour défraîchi et au registre des voyageurs qu'elle poussa vers lui, et dont les pages blanches montraient que les affaires n'allaient pas. « Chambre 8 ». Il tendit la main pour recevoir sa clé. L'horreur se peignit sur le front de la femme.

– On n'a pas de clés ici, déclara-t-elle, vous pouvez mettre le loquet si vous voulez. Petit déjeuner à 8 heures pile, déjeuner à 1 heure et dîner à 6 heures.

David prit sa valise.

– Vous avez deux étages à monter. Première porte à gauche. Les W.-C. sont dans la salle de bains, alors ne passez pas trop de temps à votre toilette. Il y a une chose qu'on appelle la politesse.

De la politesse ? À l'égard de qui ? La saison avait à peine commencé et l'endroit semblait complètement vide. Il était 11 h 10, mais Mrs Spiller semblait avoir oublié sa dernière recommandation car, tandis qu'il montait l'escalier, elle beugla :

– Vous ne m'avez pas dit qui m'avait recommandée à vous.

– Une amie, dit David, une certaine Mrs Heller.

– Vous ne voulez pas parler de la petite Mag ?

– Mrs Magdalene Heller. C'est cela.

– Alors pourquoi ne me l'avez-vous pas dit ?

Parce qu'il avait cru qu'il fallait amener le sujet avec subtilité petit à petit.

– Vous êtes un petit cachottier. Je parie que vous ne m'auriez rien dit si je n'avais pas demandé. J'ai lu le récit de toute la tragédie dans les journaux. Je peux vous dire que ça m'a donné un fameux choc. J'ai la bouilloire sur le feu. Laissez vos sacs et je les ferai monter par le garçon.

Les choses s'annonçaient bien, mieux qu'il n'aurait pu l'espérer. Il fallait tout de même qu'il lui demande quelque chose. C'était la réponse qui conditionnerait la durée de son séjour ici.

– Bien sûr, elle était ici l'année dernière encore, n'est-ce pas ?

– C'est ça, en juillet. Maintenant vous n'avez qu'à entrer dans le salon et vous mettre à votre aise.

La petite pièce, minable, sentait les feuilles de géranium et le Fly-Tox. Mrs Spiller ferma la porte sur lui et s'en alla chercher le thé. Il s'assit en se demandant combien de fois Magdalene avait pris la même chaise. Et si les Norths étaient venus séjourner ici eux aussi et si la rencontre entre Bernard et Louise avait eu lieu dans cette pièce même ? Il examina la décoration avec l'œil critique du professionnel, les plantes en pot, la statuette sur le piano droit, la boule tempête de neige. Deux tableaux lui faisaient face : une aquarelle qui représentait Plymouth et une ignoble petite lithographie d'une quelconque ville d'Europe Centrale. Il y avait un autre tableau dans le coin, à demi caché par une sellette en acajou. Il se leva pour le regarder de plus près et il eut un petit coup au cœur. Quel tableau pouvait mieux convenir à cette pièce victorienne que *L'Ordre de mise en liberté* de Millais ? Susan Townsend le regardait, les yeux froids, lointaine, indifférente.

Avant de venir ici il avait fait une chose étrange, peut-être sotte. Il lui avait envoyé une douzaine de roses blanches. Aurait-elle cette expression-là quand elle les recevrait ? Cesserait-elle d'éprouver autre chose à son égard qu'une politesse glaciale ?

– Du sucre ? lui cria Mrs Spiller dans l'oreille.

Il sauta en l'air et faillit faire tomber la tasse qu'elle tenait à la main.

– Vous êtes plutôt nerveux, hein ? Deux jours ici, ça va vous remettre d'aplomb. Le climat de Bathcombe est très tonique.

– Il fait toujours énormément de bien à Magdalene, répondit-il.

– Heureusement, il faut une belle santé pour supporter ce qu'elle a supporté. Quelle chose terrible ! Comment est-ce qu'il a pu se tuer comme ça ? Je me suis souvent demandé ce qu'il y avait là-dessous. (Pas aussi souvent que moi, se dit David tout en sirotant son délicieux thé bien chaud.) Vous qui êtes un ami à eux, vous devez savoir ce qui a déclenché tout ça. N'ayez pas peur de me le dire. Je n'exagère pas en disant que j'étais plus ou moins de la famille. Tous les ans Mr Chant amenait ici la petite Mag pour les vacances et Mag m'appelait toujours tante Vi.

– Elle le fait encore, dit David avec force. Elle parle souvent de sa tante Vi.

– Oui, dit Mrs Spiller, perdue dans ses souvenirs, elle est venue ici avec son papa depuis qu'elle était haute comme ça, et elle connaît tous les gens d'ici. Vous pouvez demander à n'importe qui s'il se rappelle la petite Mag Chant qui poussait son père dans sa chaise roulante. Enfin, pas la sienne. Elle empruntait celle du vieux Lilybeer et elle emmenait son père se promener le long de la mer. Elle et Bernard, ils sont venus ici passer leur lune de miel et ensuite ils sont revenus à peu près tous les ans.

– Je suppose que Mrs North n'est pas descendue ici ?

– North ? (Mrs Spiller réfléchit et son visage devint rouge.) Est-ce que vous voulez parler de cette femme qui était la bonne amie de Bernard ? Certainement pas. Qu'est-ce qui vous a donné cette idée ?

– Rien, vraiment.

– Rien ? J'espère bien. Il devait être fou pour courir après une femme pareille quand il en avait une à lui, si jolie ! Tous les gars du coin étaient après Mag quand elle était gamine ou du moins, ils auraient bien voulu, si son père les avait laissés faire.

– J'imagine, dit David d'un ton apaisant.

Cependant, il se rendait compte que, pour l'heure, il avait gâché des relations qui avaient bien commencé avec Mrs Spiller. C'était une farouche partisane de Magdalene, comme si elle avait vraiment été sa tante et elle avait pris cette allusion à Louise North comme une critique de sa nièce adoptive, de sa beauté, de son charme. Aussi ajouta-t-il :

– Je trouve que Magdalene est d'une beauté exceptionnelle.

Mais Mrs Spiller n'était pas du genre qu'on amadoue aussi facilement.

– Je vais aller me coucher, dit-elle en lui lançant un regard lourd de reproches. Regardez la télé si ça vous dit.

– Il fait un peu froid.

La pièce était glaciale et on avait placé un bouquet de fleurs artificielles dans l'âtre.

– Je n'allume jamais le feu après le 1er avril, dit Mrs Spiller d'un ton sec.

David avait découvert une chose : non seulement les North n'avaient pas séjourné au *Chalet Suisse* en même temps que Bernard et Magdalene, mais ils n'y étaient jamais venus. Plus à l'aise que les Heller, peut-être étaient-ils descendus dans un hôtel du village.

David prit seul un petit déjeuner composé de cornflakes, d'œufs, de bacon et d'un toast aussi épais que mal grillé. Il venait de terminer et quittait la salle-à-manger lorsque les deux autres clients de l'hôtel firent leur apparition : un homme à l'allure austère et une femme entre deux âges qui portait des pantalons collants. La femme dévisagea David en silence tout en s'emparant sur la desserte de quatre flacons de condiments différents.

La matinée s'annonçait nuageuse, fraîche et sans soleil. David trouva un sentier entre des pins et fut en dix minutes au sommet d'une falaise. La mer était calme, d'un gris argenté. Entre deux promontoires il vit une île allongée, qui surgissait de la mer, et il la reconnut d'après le tableau de Turner : la Mewstone. Cette nouvelle association entre l'art et la réalité lui rappela à nouveau le visage de Susan Townsend et c'est vaguement déprimé qu'il revint au village.

Au *Grand Hôtel de l'Ouest* il commanda du café et on le fit entrer dans un salon glacé. L'endroit n'était pas encore tout à fait prêt à recevoir des visiteurs. Par une grande baie vitrée, il voyait un bac manœuvré à la main par un seul homme qui faisait le service entre la rive de Bathcombe, et une plage minuscule située de l'autre côté.

– Un ami à moi, un certain Mr North, dit-il à la serveuse qui venait lui apporter l'addition, a séjourné ici à la fin du mois de juillet, l'année dernière, et, quand il a su que je venais moi-même, il m'a demandé de me renseigner au sujet d'un livre qu'il avait oublié dans sa chambre.

– Si c'est le cas, il l'a laissé un bon bout de temps, répondit la serveuse d'un ton effronté.

– Ça n'avait pas beaucoup d'importance, il ne s'en serait pas soucié si je ne lui avais pas dit que je venais ici.

– Et quel serait le titre de ce livre ?

– *Sesame et les lys*, de Ruskin, dit David qui ne cessait d'associer Susan Townsend à la femme de Ruskin.

Avec un sourire qu'il trouva après coup celui d'un dément, il laissa dans la soucoupe un pourboire royal.

– Je vais voir, dit la fille d'un ton déjà plus aimable.

David regarda le passeur arriver sur la rive de Bathcombe. Il déchargeait une pleine caisse de bouteilles vides. Peut-être l'unique cottage situé de l'autre côté était-il une pension de famille. Au fait, pourquoi écarter l'éventualité que les North aient loué un cottage ou un appartement, ou qu'ils soient descendus chez des amis, ou même qu'ils ne soient jamais venus du tout dans cette partie du Devon ?

La servante revint, l'air revêche.

– Ce n'est pas ici que votre ami a laissé son bouquin, déclara-t-elle. Il n'est même pas descendu dans l'hôtel. J'ai consulté le registre. Vous feriez bien d'essayer le *Palace* ou le *Rocher*.

Mais les North n'étaient descendus dans aucun de ces deux endroits. David traversa le bras de mer au moyen du bac et découvrit que la maison isolée était une auberge de jeunesse.

Pour le déjeuner au *Chalet suisse*, David eut droit à un pâté à la viande.

– Eh bien, avez-vous rencontré quelqu'un qui connaisse Mag ? demanda Mrs Spiller en lui servant du café soluble et un fromage inidentifiable.

– Je n'ai vu à peu près personne.

La tignasse couleur tapis sursauta et le tricot mauve en trembla sur place.

– Si vous vouliez un endroit animé, je me demande pourquoi vous n'avez pas choisi Plymouth. Les gens viennent à Bathcombe pour y trouver un peu de calme.

Et si les North avaient choisi Plymouth ? Ils auraient pu venir à Bathcombe passer la journée. Mais une liaison passionnée aurait-elle pu résulter d'une seule rencontre sur la plage ? David n'arrivait pas à se représenter Bernard, si lent, si flegmatique, installé dans un transat à côté de Louise, et procédant avec elle à un furtif échange d'adresses.

– Je ne me plains pas, dit-il, cet endroit est charmant.

Mrs Spiller s'assit et posa ses coudes sur la table.

– C'est ce que Mr Chant disait toujours : « Quel endroit charmant, Mrs Spiller. C'est vraiment paisible et tranquille, ici », qu'il faisait, lui qui venait d'Exeter, qui est pourtant pas un endroit du genre animé. Tiens, tant que j'y suis, je voulais vous demander : comment va la tante Agnès ?

– Tante Agnès ?

– J'aurais cru que Mag vous avait parlé d'elle. On ne peut pas en vouloir à Mag si elle ne l'a pas fait ; elle était toute gosse à ce moment-là, mais j'ai toujours pensé qu'elle devait beaucoup à la tante Agnès. Sans elle, la petite ne se serait jamais mariée.

Distraitement, David fit la remarque que cela aurait peut-être mieux valu.

– Vous n'avez pas tort. (Mrs Spiller lui offrit des biscuits qu'elle sortit d'un paquet.) Mais elle ne savait pas comment allaient tourner les choses, hein ? Je me rappelle que j'ai pensé : cette pauvre gamine, elle n'aura jamais de vie à elle, rivée comme elle l'est à un vieillard.

– Vous voulez parler de Mr Chant ? demanda David d'un air absent.

– Eh bien, ce n'était pas vraiment un vieillard. Je crois qu'il n'avait pas plus de cinquante-cinq ans. Mais vous savez comme c'est avec les infirmes : on pense toujours à eux comme à des vieillards. Surtout quand ils ne peuvent pas bouger.

– Il avait de l'arthrite ou quelque chose de ce genre ?

– Non, là vous vous trompez. De la sclérose en plaques, voilà ce que m'avait dit la tante Agnès. Elle est venue ici avec eux en 1960 et il était bien mal à ce moment-là. Mag ne pouvait pas suffire à tout.

– Je comprends.

David voulait continuer son enquête. Peu lui importaient les maladies du système nerveux central et il attendait l'occasion pour échapper à l'envahissante Mrs Spiller.

– Ce sont des maladies qui se développent très lentement, continuait son interlocutrice, vous pouvez avoir de la sclérose en plaques pendant vingt ou trente ans. Notez, il avait ses bons jours. Il y avait des moments où il se sentait presque aussi bien que vous et moi. Mais d'autres fois... Ça m'allait droit au cœur, je peux vous le dire, de voir cette belle jeune fille le pousser dans un fauteuil roulant, une fille qui n'avait pas vingt ans.

– Sa mère était morte, je suppose ? questionna David qui s'ennuyait.

– C'est ce qu'ils racontaient aux gens. (Mrs Spiller approcha son visage de celui du jeune homme et baissa la voix. Le couple était assis à une dizaine de mètres d'eux et regardait par la fenêtre, mais les extrêmes précautions de Mrs Spiller impliquaient que c'étaient des espions dont la seule mission en s'introduisant dans son établissement était de toute évidence de résoudre les mystères irrésolus de l'histoire familiale des Chant.) J'ai tout appris par la tante Agnès, souffla-t-elle, Mrs Chant était partie avec un autre homme quand Mag était gosse. On n'a jamais su où elle avait fini. Elle avait prévu ce que serait sa vie avec Chant, je pense, et elle s'était éclipsée au bon moment.

– Comme Magdalene.

– C'est une chose d'être l'épouse, rétorqua Mrs Spiller, se hérissant, et c'est tout autre chose d'être la fille. Quand la tante Agnès a écrit que Mag allait chercher du travail à Londres, je me suis dit : voilà ce qui pouvait lui arriver de meilleur. Qu'elle vive un peu pendant qu'il en est temps. Bien sûr, la tante Agnès n'était pas jeune, vu qu'elle était en réalité la tante de Mr Chant, et ce n'est pas drôle de s'occuper d'un infirme quand on a soixante-dix ans passés.

– Sans aucun doute elle y est arrivée.

– Evidemment, elle ne pouvait pas prévoir que Mag rencontrerait Bernard, et écrirait pour annoncer ses fiançailles. Notez bien, je n'ai jamais rien su de tout ça avant que Mag et Bernard viennent ici passer leur lune de miel. C'était deux ans plus tard et Mr Chant n'était plus de ce monde. Voilà pourquoi je vous demandais ce qu'était devenue la tante Agnès. Morte aussi, je suppose. Avec le temps, on finit tous comme ça, pas vrai ?

– Tout dépend du temps qu'on a, dit David en pensant à Bernard qui s'était retrouvé avec une balle dans la tête pour avoir été imprudemment amoureux.

Susan venait d'aborder le dernier chapitre de *Chair fétide* lorsque Bob ouvrit la porte de derrière et entra doucement. Elle cessa tout de suite de taper, un peu alarmée devant l'expression qu'avait prise le visage de Paul. Il s'était amusé jusqu'alors à pousser ses petites voitures entre les pieds d'une chaise, mais maintenant, il restait accroupi sans bouger.

– D'où viennent ces fleurs, Susan ?

Paul se chargea de la réponse :

– Un monsieur qui s'appelle David Chadwick les a envoyées. Les roses sont les fleurs les plus chères qu'on puisse donner à quelqu'un en avril.

– Je vois ! (Bob, le dos tourné, regardait par la fenêtre les ormes dépouillés.) Chadwick... et les jonquilles sont les fleurs les moins chères, c'est bien ça ?

– Vous avez cueilli vos jonquilles dans votre jardin.

– Ça va, Paul, ça suffit, dit Susan. Il n'y a pas si longtemps tu m'as dit que c'était stupide d'envoyer des fleurs. (Elle adressa un sourire à Bob qui continuait à lui tourner le dos.) Et tu avais parfaitement raison, ajouta-t-elle d'un air catégorique. J'aperçois Richard dehors ; il doit se demander où tu es.

– Alors pourquoi il m'appelle pas ?

Mais Paul s'en alla, et s'arrangea pour éviter au passage la main que Bob tendit soudain vers lui dans un geste pitoyable. Susan la prit dans la sienne, et elle sentit à nouveau l'attirance qu'il exerçait sur elle, attirance qui lui vidait l'esprit et la laissait alanguie.

– Avez-vous réfléchi à ce que je vous ai demandé ? dit-il.

Pendant un instant, elle se contenta de presser plus fortement la main qu'elle tenait. Et puis il lui vint à l'esprit une rapide et déplaisante révélation. Le contact physique et puis encore le contact physique, toujours plus étroit, c'était la seule façon pour elle d'arriver jusqu'à lui. S'ils se mariaient, cette pression de mains serait simplement changée en un contact plus intime, l'accouplement désespéré et sans âme de deux créatures perdues dans un désert.

Elle leva les yeux vers lui.

– C'est trop tôt, Bob.

Il avait un visage gris, aux traits tirés, et c'était par tendresse, plus que par désir, qu'elle aurait voulu l'embrasser. Elle s'écarta, car soudain la réponse évasive qu'elle venait de faire rendait coupables les baisers.

– Venez vous asseoir, dit-elle. Vous n'êtes pas ennuyé parce que j'ai reçu ces roses ? Je ne sais pas pourquoi il les a envoyées.

– Parce qu'il désire faire plus ample connaissance avec vous, naturellement. Susan, le monde est rempli d'hommes qui auront le même désir. C'est pourquoi il faut que je... Il faut que vous... Susan, si je vous avais vue comme je vous vois maintenant du vivant de Louise, auriez-vous ?...

– Du vivant de Louise ?

– Si j'étais tombé amoureux de vous à ce moment-là, seriez-vous partie avec moi ?

Elle fut soudain saisie d'une peur irraisonnée.

– Bien sûr que non, Bob. Même si vous aviez désiré m'épouser, Louise n'aurait pas divorcé. Elle était catholique.

– J'en sais quelque chose ! cria-t-il.

– Alors cessez de vous tourmenter. (Elle hésita avant de poursuivre.) Je suppose que vous auriez pu divorcer d'elle. (Mais est-ce que cela aurait été différent, une véritable complicité aurait-elle pu naître entre eux sans le spectre de la mort de Louise et de Heller, qui était leur seul sujet de conversation ?) Oui, vous auriez pu, dit-elle avec lassitude.

– Mais non, je n'aurais pas pu, dit-il. (Ses yeux s'étaient assombris, de bleus ils étaient devenus presque noirs, d'un noir impénétrable et effrayant.) Oh, Susan, à quoi bon tout cela ? C'est du passé. Heller aimait ma femme, il l'a tuée et j'ai le droit d'être libre... Susan, je ne serai jamais libre ! (Il se tut, frissonna et, progressivement, son visage retrouva l'expression qui était la sienne quand il remâchait son idée fixe.) Tout le monde me persécute. La police est revenue chez moi. Vous n'avez pas entendu le chien ? Toute la rue a dû être au courant.

– Mais pourquoi, Bob ?

– Je suppose que votre ami Chadwick a de nouveau alerté les policiers. (Un léger rictus déformait sa bouche tandis qu'il regardait les roses blanches.) Ils voulaient savoir si j'avais connu Magdalene Heller au mois d'août dernier.

Il se retourna pour fixer sur elle des yeux sombres, et pour la première fois, elle eut peur de lui.

– Elle aussi me persécute, dit-il d'une voix morne et étouffée.

– Je ne comprends pas, s'écria Susan, prise de court.

– J'espère que vous ne comprendrez jamais ! Et puis, il y a votre Mrs Dring. (Il prit une brusque inspiration.) Je l'ai mise à la porte ce matin. J'en avais déjà assez qu'elle me serine avec Louise, mais là, c'était trop.

– Qu'est-il arrivé, Bob ?

– Je l'ai trouvée en train de fouiller dans la coiffeuse de Louise. Je crois qu'elle cherchait ces lettres. Elle avait dû lire quelque chose là-dessus dans les journaux, et elle pensait pouvoir se régaler en les lisant. Nous avons eu une scène, je lui ai dit des choses que je regrette et elle aussi. Je suis désolé, Susan. Tout va de travers, en ce moment, n'est-ce pas ?

Il étendit lentement la main vers elle et elle se leva, ensorcelée et mal à l'aise, prête à la serrer, quand le téléphone sonna. Il baissa la tête avec un soupir de désespoir.

Susan souleva le combiné et s'assit brusquement quand elle entendit la voix mondaine de Julian.

– J'ai trouvé un acheteur pour la maison, ma chère. Notre vieil ami Greg.

Susan, qui connaissait ses coquetteries, devina qu'il marquait un temps d'arrêt afin de s'entendre prodiguer louanges et compliments. Comme quelqu'un qui fait ses premiers pas dans une langue étrangère, elle pensa qu'elle devait dire quelque chose. Peu importait quoi.

– Pourquoi veut-il habiter ici ?

– Tu as raison de poser la question. Quand on pense au délicieux petit appartement qui est le sien !... Le fait est que Dian joue les épouses légères, et il trouve qu'à Londres elle a trop de tentations. Alors je te l'envoie, veux-tu ?

– J'espère pouvoir le reconnaître.

Elle entendit Julian faire une fine réponse à ces derniers mots, mais ses paroles n'avaient aucune importance, aucune signification. Elle entendit du bruit dans le living-room et leva les yeux. Elle vit Bob dans l'encadrement de la porte. Son visage restait dans l'ombre ; seule était visible une silhouette noire et immobile, comme celle d'un homme debout au bord d'un abîme. Elle couvrit le micro avec sa main.

– Bob...

Il fit un petit geste bizarre, comme s'il repoussait quelque chose. Puis il disparut et elle entendit se refermer la porte du jardin.

– Tu es encore là, Susan ?

– Oui, je...

Comme cette conversation aurait été différente si elle avait pu, par la même occasion, lui annoncer qu'elle allait se marier ! À ce moment, elle sut de façon absolument certaine qu'elle ne pourrait jamais épouser Bob.

– Je verrai Greg à l'heure qui lui conviendra, dit-elle calmement. (Puis, polie comme on l'est avec une relation d'affaires, elle ajouta :) C'est très aimable à toi de m'avoir téléphoné. Au revoir.

Elle resta longtemps assise à côté du téléphone, se disant qu'elle et Bob étaient maintenant séparés uniquement par deux minces cloisons et un peu d'air. Elle frissonna légèrement ; quand ils s'embrassaient ou bien restaient assis en silence l'un près de l'autre, elle se laissait gagner par un bonheur qui ne durait pas, car, par éclairs, elle devinait en lui des abîmes de ténèbres.

17

Pendant l'après-midi du samedi, David répéta son histoire de livre perdu dans tous les hôtels situés sur la côte méridionale du Devon, entre Plymouth et Salcombe, et partout il échoua. À Plymouth même, ses recherches ne donnèrent aucun résultat. Il compta douze hôtels et pensions de famille rien que dans le guide de l'Automobile Association, et, après en avoir essayé quatre, il renonça. Les North avaient dû louer une maison ou rester à l'intérieur des terres.

Et pourquoi cela ? Ils pouvaient très bien être allés dans le Nord, ne venir qu'en mai ou en juin. Et Magdalene avait peut-être dit la vérité. Bernard avait pu rencontrer Louise, non sur une plage ou dans un restaurant du bord de mer, mais dans une cuisine de banlieue, en buvant du thé.

– Vous avez passé une bonne journée ? demanda Mrs Spiller en déposant bruyamment une assiette de feuilleté au porc et de salade devant lui. Dommage que ce soit trop tôt dans l'année pour que vous fassiez la traversée en bateau. Ces sorties n'ont pas lieu avant le mois de mai. Mag faisait toujours des promenades en bateau. Mais j'ai l'impression que ça ne vous plairait pas, à vous ; vous êtes trop nerveux.

– Est-ce un voyage dangereux ? demanda ironiquement David.

– Pas plus que ça. Et cependant il y a eu la *Nymphe océane*, n'est-ce pas ?

Ce nom lui rappela quelque chose et il se souvint vaguement d'avoir lu de gros titres à sensation dans les journaux qui racontaient une catastrophe maritime, façon *Titanic*, mais avec une fin plus heureuse. Un regard jeté à Mrs Spiller lui révéla qu'elle ne refuserait pas la conversation.

– C'était un bateau de plaisance, dit-il. Est-ce qu'il ne s'est pas échoué par ici ?

– Il transportait les gens de Torquay et de Plymouth et faisait escale ici et à Newton. Il devait rentrer à 6 heures. Et la radio nous a appris sa disparition. (Quelques gouttes de thé vinrent souiller le tricot mauve et elle s'empara d'une serviette en papier pour s'essuyer vigoureusement.) Ah, ce thé ! Qu'est-ce que je disais ? Ah, oui : Mag s'ennuyait et se trouvait un peu seule, aussi je lui ai dit « Pourquoi ne pas faire une sortie en bateau ? ». Et elle a dit oui. Je lui ai préparé un bon déjeuner, bien emballé, et je l'ai conduite moi-même au bateau, sans penser qu'il allait manquer de fuel et s'échouer dans la nuit. Tout ce qu'elle avait sur le dos, c'était un pantalon et un T-shirt très léger. Ce qu'elle a dû avoir froid ! Eh bien, les 6 heures sont arrivées, et puis les 7 heures ; elle ne rentrait toujours pas, et alors on a entendu les nouvelles. J'étais dans un bel état, prête à téléphoner à Bernard. On ne sait pas quoi faire dans un cas de ce genre, n'est-ce pas ? Surtout que j'avais poussé Mag à aller là-bas, que je lui avais même pris son billet et tout. Je me faisais de fameux reproches.

– Il n'était donc pas sur le bateau.

– Sur le bateau ? Il était à Londres !

– Mais je croyais que vous aviez dit...

– Vous êtes vraiment bien loin, ce soir, Mr Chadwick ! C'était l'année *dernière*, en juillet. Mag était toute seule. Vous confondez avec les autres années, où Bernard l'accompagnait. De toute façon, comme je vous le disais, je ne lui ai pas télégraphié, tout s'est arrangé, et la pauvre petite Mag ne s'en est pas plus mal portée pour autant. Ça ne l'a pas empêchée de sortir pendant le reste de son séjour ici. Elle m'a dit qu'elle était devenue très copine avec des gens rencontrés sur le bateau, et elle sortait avec eux tous les jours. J'étais bien contente de ne pas avoir fait venir Bernard pour rien. Vous êtes devenu tout pâle, Mr Chadwick. Vous ne vous sentez pas mal, j'espère ?

Magdalene n'avait pas menti. Bernard avait bien rencontré Louise comme il le lui avait dit. Peut-être était-ce vrai aussi qu'elle n'avait jamais vu North avant l'enquête, n'avait jamais comploté avec lui, ne lui avait jamais passé le revolver. N'était-il pas également possible que Sid et Charles ne les aient jamais aperçus ensemble, mais aient inventé une bonne histoire pour passer une demi-heure, tout en buvant les consommations offertes par David ?

Le dimanche matin il fit sa valise et quitta *Le Chalet Suisse*. Quand il eut fait cinq kilomètres à l'intérieur des terres, il s'arrêta pour prendre de l'essence dans un village.

– Je nettoie votre pare-brise, monsieur ?

– Merci. Et pendant que vous y êtes, voulez-vous vérifier les pneus ?

– Pouvez-vous attendre cinq minutes pendant que je m'occupe de ce client ?

David acquiesça et traversa d'un pas nonchalant la rue du village. Un jour, pensa-t-il, il se souviendrait de ce week-end et il rirait de lui-même. Il avait fait deux cent cinquante kilomètres et posé à peu près autant de questions pendant deux jours pour apprendre que Bernard Heller n'était pas venu cet été-là.

Il n'y avait qu'une seule boutique, et, bien qu'on soit dimanche, la porte était ouverte. David y pénétra sans but précis, jetant un œil sur les autocollants multicolores, les statuettes de lutins et les animaux en bois sculpté, semblables à ceux qu'ils avait pu déjà voir dans des boutiques semblables à Vienne, à Lacock, à Edimbourg et sur le trottoir d'Oxford Street. Sur un rayon, au beau milieu de tout ce bric-à-brac produit en série, se trouvaient des chopes et des cruches en poterie du Devon, peintes à la main en crème et marron et non dépourvues de charme. Il ne voyait personne, sauf Susan Townsend, à qui il aurait désiré faire un cadeau, et s'il lui achetait un souvenir, elle le lui renverrait sans doute. En ce moment même, il était bien possible que les roses blanches qu'il lui avait envoyées soient en train de se faner, devant chez lui, sur le pas de sa porte.

Certaines des poteries portaient des proverbes sans intérêt, mais les chopes, simples et joliment modelées, portaient toutes un prénom écrit à la main. Il lui en fallait une pour Susan, naturellement. Qu'avait-il donc ? Quelle folie sentimentale s'était emparée de lui ?

Au bout du rayon, une chope ne portait aucune inscription. Ce serait un cadeau idéal pour sa mère, qui buvait un chocolat chaud tous les soirs au coucher. Il la souleva, la retourna et vit qu'en fait elle était décorée d'un nom tracé en brun : Magdalene.

Se pouvait-il que Bernard l'ait commandée pour Magdalene au cours d'une visite précédente, et qu'il ait ensuite négligé de venir la chercher ? Il était en train de la remettre pensivement à sa place, quand une voix dit derrière lui :

– Ce n'est pas un nom ordinaire, n'est-ce pas, monsieur ? J'ai souvent dit à ma femme : celle-ci, on ne la vendra jamais, avec, dessus, un nom comme Magdalene. (Et, élevant la voix, il cria à quelqu'un qui se trouvait dans l'arrière-boutique :) Je disais à ce monsieur que nous ne vendrions jamais la chope commandée par Mr North.

– *Mr North* ?

– Je me le rappelle, parce que les circonstances étaient un peu – enfin – un peu drôles, dit le marchand. C'était en août dernier, en pleine saison de vacances. Mais ça ne vous intéresse pas, monsieur. Le gentleman ne reviendra plus la chercher maintenant, donc, si vous en avez envie... Mais non, pas avec un nom comme Magdalene.

– Je la prends, dit David d'un air absorbé.

– Je trouve ça bien gentil de votre part, monsieur. Dix shillings six pence, s'il vous plaît.

– Vous disiez qu'on l'avait commandée dans de drôles de circonstances...

Le jeune homme s'arrêta, son papier d'emballage à la main.

– Puisque vous l'achetez, je pense que vous avez le droit de le savoir. Le monsieur était descendu au *King's Arms*. C'est l'auberge qui se trouve de l'autre côté du pré communal et l'aubergiste est mon oncle. Mr North avait donc commandé cette chope pour sa femme, c'est ce qu'il disait, mais, comme il ne venait pas la chercher, j'en ai touché un mot à mon oncle. Sa femme est Mrs *Louise* North, voilà ce qu'il m'a dit. Elle ne s'appelle pas Magdalene. Nous avons pensé : voilà qui est bizarre. On dirait que son cadeau est destiné à une amie, et que ce monsieur n'est pas tout à fait franc du collier.

– Et vous n'avez pas voulu le gêner en portant cette chope à son hôtel ?

– Ç'aurait été joliment embarrassant, monsieur, vu que la dame, enfin sa vraie femme, était tombée malade – elle avait attrapé un sale virus – le lendemain de son arrivée. Ça l'aurait fait rechuter de savoir que son mari lui faisait des entourloupettes.

– Est-ce que le *King's Arms* est ce pub élégant qu'on voit sur le pré communal ?

– Exactement, monsieur.

North avait du goût pour les petits pubs chic...

– C'était de la malchance que Mrs North tombe malade comme ça, dit David d'un air négligent. (Et, tout en parlant, il se remémorait les paroles de Magdalene Heller : « Quand Bernard l'a rencontrée, elle venait d'être malade. » C'était donc après ces vacances qu'ils s'étaient rencontrés.) Leur séjour ici a dû en être gâché.

– Mr North ne s'est pas laissé abattre, monsieur. Il a fait sans sa femme cette sortie en bateau, sur la *Nymphe océane*. Vous avez dû lire ce qui s'est passé dans les journaux de Londres. Il m'avait raconté toute l'histoire quand il est venu commander cette petite chope ; ils ont dérivé pendant des heures, ne sachant jamais à quelle distance ils étaient des rochers. Ça nous dégoûterait complètement des vacances, vous et moi, n'est-ce pas, monsieur ? Mais ce Mr North, ça ne lui a fait ni chaud ni froid. Je l'ai dit à ma femme à ce moment-là : on voit qu'il en faudrait beaucoup pour le mettre à plat, celui-là.

Susan regrettait presque d'arriver à la fin de *Chair fétide*. Son travail lui avait permis de moins penser à la tragédie survenue chez ses voisins et à Bob lui-même. Maintenant les problèmes rejetés dans l'oubli allaient reparaître rapidement et emplir les heures laissées libres par l'achèvement du manuscrit. L'écriture de Jane Willingale avait commencé à se détériorer dans les cinquante dernières pages et même pour Susan, qui y était cependant habituée, certains mots étaient presque illisibles. Elle essayait d'interpréter quelque chose qui ressemblait à un obscur symbole de sténo lorsque Doris frappa à la porte et entra avec Richard.

– Ça ne vous gêne pas que je vous le laisse un moment ? Juste le temps pour nous d'aller prendre un verre chez les O'Donnell. Ils ont invité Bob, mais il ne veut aller nulle part en ce moment. Si vous voulez mon avis, il a la maladie de la persécution. La police est restée chez lui des heures la semaine dernière. Vous avez vu ?

– Bob m'en a parlé.

– Et je l'ai entendu qui hurlait après Mrs Dring quand je passais hier. Bien des fois j'en ai vu comme lui dans le service des maladies nerveuses. Je pense que vous savez ce que vous avez à faire, mais si j'étais vous, je n'aimerais pas rester seule avec lui. C'est dommage qu'on gèle toujours tellement chez les O'Donnell...

Ce que Susan avait pris pour un sténogramme était en réalité le mot « meurtre ». Elle le tapa avec une inexplicable impression de malaise. Elle entendit Richard monter à l'étage et bientôt, elle entendit au-dessus de sa tête le bruit des petites voitures. Encore sept pages. Pour déchiffrer les derniers jets, presque hystériques, de miss Willingale, elle allait avoir besoin de toute sa concentration.

Les enfants jouaient maintenant dans l'escalier. Il fallait qu'elle reste sereine et qu'elle se maîtrise pour ne pas les gronder tant que le bruit était tolérable. Ah ! Ça, c'était le nouveau tank qui piquait une tête du haut de l'escalier pour faire une marque de plus dans le parquet du vestibule.

– Quel vacarme ! cria-t-elle, vous ne pourriez pas aller un peu dehors ?

– Dehors il pleut, répondit Paul, d'une voix indignée.

– Vous savez que de toute façon vous ne devez pas jouer dans l'escalier.

Elle arriva au bout d'une longue phrase et tourna la page. L'écriture s'était améliorée subitement.

Ma chérie,

Tu es nuit et jour dans mes pensées. Je ne sais vraiment pas où finit le rêve et...

Cela n'avait pas de sens. Ce n'était même pas l'écriture de miss Willingale : les caractères étaient plus inclinés, les majuscules plus grandes, l'encre différente.

Susan fronça les sourcils, prit une cigarette et aspira profondément la fumée. Puis, levant les feuilles vers la lumière, elle contempla les lettres d'amour de Bernard Heller.

18

– Est-ce qu'on peut emmener le circuit dehors ? demanda Paul. Puis il ajouta vertueusement : Il ne pleut plus, mais l'herbe est toute mouillée, alors je me suis dit qu'il fallait te demander.

Susan l'avait à peine entendu.

– Quoi, chéri ?

– Est-ce qu'on peut emmener le circuit dehors ?

– L'électricité ne marche pas dehors et il fait trop froid pour laisser la porte ouverte.

– C'est pas juste. On n'a pas le droit de s'amuser sur les marches de l'escalier ni de venir ici parce que tu travailles. Tu as encore mis la pagaille dans tes papiers et tu as fourré plein de cendre dessus. Mais si c'est moi qui y touche, tu es en colère.

Ainsi elle n'avait jamais brûlé ces lettres. Mais elle ne les avait certainement pas glissées dans le manuscrit de miss Willingale, juste l'avant-dernière page.

– Paul, tu as encore joué avec mes papiers, n'est-ce pas ?

– Non, c'est pas vrai !

– Tu en es bien sûr ?

– Sûr ! Je te le jure ! J'ai pas approché de ton bureau depuis le jour où tu as été obligée d'assister au jugement sur la mort de Mrs North. (Le courroux du juste persécuté donnait à son visage une teinte rouge vif qui annonçait les larmes.) Tu as dit que si j'y touchais encore tu me laisserais plus porter ma montre et je les ai pas touchés !

– Tu n'as pas besoin d'en faire une histoire, je te crois.

– Excepté une fois, ajouta-t-il d'un air de défi. Le premier jour de ta maladie. Je voulais te *rendre service*. Tes papiers étaient tout en désordre. Tu en avais laissé sur la table à thé et je les ai remis avec les autres, bien rangés. Je croyais que tu serais contente !

David jubilait. Aucun doute n'était plus possible : Robert North et Magdalene Heller se connaissaient depuis l'été dernier.

Il jubilait, mais il ne comprenait pas certaines choses. Il avait toujours supposé que leur première rencontre, leur amour peut-être, avaient été les conséquences d'une liaison amoureuse entre leurs conjoints. Or, semblait-il, le veuf et la veuve s'étaient connus les premiers. North était parti seul faire une promenade en mer et, quand tout donnait à penser qu'ils allaient rester échoués toute la nuit, il avait noué connaissance avec Magdalene, qui était sans doute la seule autre passagère de cette croisière. David se la représentait, un peu effrayée peut-être, mais continuant à mettre en valeur son corps moulé dans son pantalon et son T-shirt, et il imaginait North en train de la réconforter, de lui prêter sa veste.

Alors que Bernard, pendant ce temps-là, se trouvait à Londres, et que Louise était au lit.

Était-il croyable que, revenus chez eux, North et Magdalene aient pris l'initiative de réunir leurs conjoints ? Non, pensait David, ce n'était pas possible. North avait commandé pour elle cette poterie ; il avait certainement retrouvé Magdalene tous les jours pendant le reste des vacances. D'après Mrs Spiller, Magdalene était « devenue très copine » avec quelqu'un qu'elle avait rencontré sur le bateau. À la fin de leurs vacances, David en était sûr, ils s'aimaient déjà. North n'aurait donc jamais présenté Magdalene à sa femme et Magdalene ne l'aurait pas présenté à son mari.

Comment, alors, s'étaient-ils arrangés pour que se connaissent les deux autres ?

David passa la matinée du lundi à Knightsbridge, dans les magasins d'antiquités, à la recherche de mobilier Chippendale pour le décor de *Mansfield Park.* Ses recherches furent couronnées de succès, et, à midi et demi, il traversa la rue pour gagner l'entrée de la station de métro au coin de Hans Crescent.

Une jeune femme dont le visage lui parut familier sortit de chez Harrod's à ce moment-là et fonça vers lui. L'ironie du sort voulait qu'il rencontre la seconde Mrs Townsend alors qu'il désirait, plus que tout au monde, voir la première. Cette absurde coïncidence le fit sourire, et elle prit ce sourire pour une marque de joie.

Avec une exclamation, elle laissa tomber sur le trottoir un énorme sac rempli de ses achats.

– Ainsi, vous n'avez pas acheté cette maison ? lança-t-elle avec cette façon vulgaire d'entrer dans le vif du sujet. Saviez-vous que Greg s'y intéresse ? Seulement il ne veut pas cracher plus de huit mille livres et Dieu sait que nous sommes fauchés comme les blés. On dépense des fortunes en pension alimentaire pour l'autre et son gamin à Matchdown Park et tout ce qui nous reste suffit à peine pour les courses. Vous ne croiriez jamais ce que peut coûter un homard.

David la dévisagea avec méfiance. Elle paraissait plus jeune que jamais, ce matin, avec sa tenue particulièrement bizarre. Le vêtement qu'elle portait – une robe ? un manteau ? – était fait d'un épais tissu et s'ornait de franges à l'ourlet et aux poignets. On aurait dit une squaw.

– Mon mari adore manger, dit-elle. Tenez, vous pouvez porter ce sac. Il pèse une tonne.

En fait, il devait peser près de vingt-cinq kilos. Quand David le souleva, un emballage en papier glissa, et une grande pince rouge surgit par l'ouverture. Elizabeth Townsend avança jusqu'au bord du trottoir.

– Voulez-vous que je vous cherche un taxi ?

– Vous plaisantez ? Je prends l'autobus. (Elle lui lança un regard noir.) Vous savez ce que je vais manger en fait de déjeuner ? Du yaourt. Voilà à quoi j'en suis réduite. Et moi qui adore manger. (Elle soupira et dit d'un air maussade :) Oh ! venez, les feux vont passer au vert.

Il la suivit, le sac sur les bras.

– Je pensais que je pourrais déjeuner avec Dian, dit-elle avec irritation.

Il faillit lui demander qui était Dian, et puis il se rappela l'appartement aux bougies.

– Pourquoi n'allez-vous pas chez elle ? C'est juste en bas de la rue.

– Eh bien, je n'y tiens pas. Peu m'importent généralement ces choses-là, Julian dit toujours que je suis capable d'aller dans les pires endroits, mais le fait est que Dian a un amant. Ça ne lui ressemble pas, n'est-ce pas ?

David acquiesça chaleureusement.

– J'aurais cru Dian une vraie prude. Une femme frigide. Mais Minta m'a téléphoné ce matin et, quand j'ai dit que j'allais passer chez Dian, elle m'a répondu : « Je ne ferais pas ça à ta place, parce que son petit ami est en train de lui rendre visite. »

Tout en repoussant dans le sac la pince rouge du homard, David dit qu'il comprenait.

– Je ne veux pas les déranger. Vivre et laisser vivre, c'est ma devise. Dian n'a rien dit à Minta, bien sûr. Il n'y a pas de raison pour qu'elle le fasse.

– Certainement.

– Mais l'appartement de Minta est en face du sien. Alors Dian ne risquait pas de s'en tirer comme ça. Minta m'a dit qu'elle a vu la voiture de ce type garée là une demi-douzaine de fois en quinze jours et elle a vu le type entrer Greg à peine parti à son atelier. Naturellement, Minta en a touché un mot à Greg, et c'est pourquoi il veut mettre Dian à l'abri de la tentation.

Chaque pas les éloignait devantage de la station de métro. Comme Elizabeth Townsend continuait à passer devant les arrêts d'autobus sans s'arrêter, David s'était mis à chercher une excuse pour planter là son sac et prendre la fuite. Effectivement, il le posa par terre, mais ce n'était plus dans l'intention de s'enfuir.

– Minta n'a pas d'autres renseignements ? demanda-t-il en essayant de garder une voix calme. Tout ce qu'elle a vu, c'est la voiture d'un homme devant la porte de Dian ?

– Elle l'a vu entrer, dit vivement Elizabeth.

– Mais, Mrs Townsend...

– Oh ! appelez-moi Elizabeth. Vous me donnez l'impression que j'ai quatre-vingt-quinze ans.

– Mais, Elizabeth... (Il fut soulagé de l'appeler par son prénom : « Mrs Townsend » lui rappelait trop quelqu'un d'autre.) Ce pourrait être un représentant, un décorateur, n'importe qui.

– Sans blague ? Je vous dis que c'est un beau garçon d'une trentaine d'années et Dian est une sacrée jolie fille. Vous savez très bien que Dian et Greg ne couchent plus ensemble depuis deux ans maintenant. Vous pouvez me croire, elle en pince pour ce gars. Vous êtes innocent, David, toute la question est là. Mais ce n'est pas le cas pour Minta, ni pour moi non plus, et quand on nous dit qu'un type vient en douce voir une femme dès que son mari a débarrassé le plancher, nous savons bien ce qu'il faut en penser.

– Même quand il s'agit de la fidèle Dian, de la frigide Dian ?

– Vous la défendez, hein ? Eh bien non, elle n'est pas fidèle et elle n'est pas frigide. La preuve en est faite.

À ce moment, le sac se déchira. David regarda les aubergines, les citrons et les boîtes de foie gras qui roulaient dans le caniveau et s'exclama joyeusement :

– Elizabeth, je suis rudement content de vous avoir rencontrée. Dites-moi, si on vous donnait le choix, quel est l'endroit où vous aimeriez le mieux aller déjeuner ?

– *L'Écu de France*, répondit-elle en le regardant avec espoir.

– Je ne peux pas supporter la pensée que vous mangiez du yaourt, déclara-t-il, je n'ai jamais aimé le yaourt.

Il héla un taxi, et, ouvrant la portière, jeta en vrac légumes, fruits et boîtes de conserve sur la banquette.

– Jermyn Street, dit-il au conducteur. *L'Écu de France*.

Il entendit remuer une chaise à l'intérieur du bureau et, quand il entra, la femme qui l'attendait était assise avec, sur le visage, une expression d'austère vertu. Ulph eut la certitude qu'elle avait essayé de lire les papiers posés sur son buvard. Pas de chance pour elle, c'était le premier jet du programme du gala de la police. Ulph sourit intérieurement.

– Bonjour, dit-il, vous vouliez me voir ?

– Peu m'importe qui je vois, répondit la femme, pourvu que ce soit quelqu'un de haut placé. (Elle tapota ses cheveux rouges et frisés de sa main gantée et elle regarda l'inspecteur d'un air déçu, comme si elle s'était attendue à trouver un homme grand, agressif, autoritaire.) Vous ferez l'affaire, déclara-t-elle. Je suppose que vous vous intéressez à un type qui s'appelle North.

– Puis-je savoir votre nom, madame ?

– À condition que ça n'aille pas plus loin. Mrs Dring. Mrs Leonard Dring. Mon prénom est Iris. (Elle enleva ses gants et les posa sur le bureau à côté de son sac à main.) Je travaille pour ce North, comme qui dirait à faire le ménage, ou plutôt je travaillais pour lui jusqu'à ce qu'il me saque samedi dernier. Ce que je voulais vous dire, c'est que je travaille aussi dans la maison voisine et que j'y faisais le ménage le matin où Mrs North a été zigouillée.

Ulph hocha la tête, impassible. Ce n'était pas la première fois qu'il avait affaire à une domestique pleine de dépit d'avoir été congédiée.

– Y avait trois types qui faisaient des trous dans la route. Mrs North leur donnait leur thé, comme qui dirait régulièrement. Eh bien, y pouvait être 9 h 30, et j'étais dans la cuisine de Mrs Townsend quand j'ai entendu taper à la porte de service de la maison à côté. Ben, j'y fais pas attention et je nettoyais mes vitres dans le salon, quand je vois un homme descendre l'allée du jardin. Un grand type en duffle-coat. Mrs Townsend et moi, on a cru que c'était un des ouvriers. Il a ouvert la grille et est parti sur la route.

– Peut-être pour aller chercher son thé dans un bar ?

– C'est ce qu'on a cru sur le moment. Je pense que c'est ce qu'y voulait qu'on croie. L'important, c'est qu'y a jamais eu plus de *trois* ouvriers sur ce chantier. Je vais vous dire comment je le sais. « Combien qu'y avait de types sur ce chantier ? » que j'ai demandé à mon mari. Et y m'a répondu : « Trois, jamais plus de trois. » Et y se trompe jamais, mon mari, y sait tout ! J'y ai dit : « Tu es copain avec ce vieux type, le contremaître, tu lui demanderas. » Et c'est ce qu'il a fait. Trois types, qu'y avait, tout le temps. Le vieux, l'homme et le gamin. Et y a autre chose : quand j'ai entendu taper à la porte de Mrs North, le chien n'a pas aboyé. Comme dit toujours mon mari, ces animaux-là ont plus d'esprit que nous. Y se laissent pas berner par les duffel-coats et les gens qui se déguisent en ouvriers.

– Vous avez bien tardé à venir me voir, Mrs Dring, dit tranquillement Ulph, serait-ce parce que vous avez de la rancune à l'égard de Mr North que vous venez seulement maintenant ?

– Si vous me croyez pas, demandez à Mrs Townsend. Elle le sait, c'est elle qui m'a mis cette idée en tête.

Elle supposait sans doute qu'après son départ Ulph allait mobiliser toutes les forces de la police, et cela sur-le-champ. Ulph demeura immobile, assis, à réfléchir. Sa propre version de la scène du meurtre avait changé. North avait fait les choses, somme toute, très simplement. Ulph voyait qu'il y avait eu absence presque totale de préméditation : North avait agi impulsivement et s'était contenté d'effacer ensuite ses traces. Il était resté chez lui ce matin-là, non pour arranger un faux suicide, mais pour régler la question avec Heller. Il avait dû en parler à Louise et la laisser libre d'avertir ou non son amant. Ulph sentit tressaillir un muscle juste au-dessus de son œil, signe, chez lui, de nervosité. N'avait-il pas, lui-même, mis en présence sa propre femme et l'homme qu'elle aimait ? N'avait-il pas, lui aussi, essayé de discuter avec eux, d'une manière calme et rationnelle ? Sa femme s'était enfermée dans sa chambre et jetée sur le lit en répandant un flot de larmes.

Très probablement, les choses s'étaient passées de même pour Louise North, et les deux hommes étaient montés la voir ensemble. Mais Heller avait commencé par jeter son imperméable et sa lourde serviette sur la table de la cuisine, gardant le revolver dans sa poche de veston. Ulph savait très bien que si un homme, même doux et paisible, possède un revolver, il a des chances de s'en servir dans un moment de tension. Louise avait fait croire à Heller, à tort ou à raison, que son mari était violent et tyrannique. Connaissant le genre de scène qui l'attendait, Heller avait dû apporter son revolver. Juste pour faire peur à l'autre.

Et North ? Peut-être Heller était-il arrivé plus tard que prévu, et le mari, las d'attendre, était-il prêt à partir à son travail, en veston et les mains gantées. Ainsi ils étaient entrés ensemble dans la chambre à coucher. Y avait-il eu une lutte au cours de laquelle le revolver était parti tout seul ? Ulph le pensait. Pendant la lutte, Louise avait été accidentellement tuée par Heller, et quand celui-ci, plein d'horreur devant ce qu'il avait fait, s'était penché sur elle, North avait pris le revolver – de ses mains gantées, mais peut-être pas gantées parce qu'il avait prévu de tuer sans laisser de traces – et l'avait tué à son tour. Ensuite, l'instinct de conservation avait joué, il avait replié les doigts de Heller sur le revolver, et, chose terrible, il lui avait fallu tirer une troisième balle. Il pleuvait. Il ne s'agissait plus que de mettre un duffle-coat, d'en relever le capuchon, de s'arrêter un moment pour frapper à la porte de service, comme le faisaient toujours les ouvriers, et de s'en aller ensuite d'un pas volontairement nonchalant, mais le cœur battant, le sang lui cognant aux tempes, vers la grille.

North avait été véritablement traité de la pire façon. Sa femme avait transformé leur toit en maison de rendez-vous et avait dit de lui pis que pendre à son amant. C'est alors qu'Ulph se rappela tout à coup que North avait dit combien sa voisine avait été charmante avec lui, comme s'il la considérait comme bien plus qu'une simple âme charitable. Elle était divorcée, se souvint-il. Est-ce que par hasard, elle n'attendait pas North ?

Ulph se leva et se traita d'imbécile sentimental. Aucune femme ne l'avait attendu lorsqu'il s'était retrouvé seul et libre. Il regarda sa montre. North devait encore être à son bureau, et ne rentrerait chez lui que dans trois heures au plus. Tandis qu'il préparait mentalement ce qu'il allait faire et dire, Ulph pensa avec amusement à David Chadwick et aux théories qu'avait élaborées sa fertile imagination. À quoi fallait-il s'attendre d'autre de la part d'un décorateur de cinéma ? Et pourtant, pendant un jour ou deux, Ulph lui-même avait cru à la possibilité d'une complicité. Il en eut honte.

19

De nouveau, il regarda la photo des North prise pendant leurs vacances et cette fois, le décor derrière leurs visages souriants lui était familier. L'enseigne de l'hôtel était trop floue pour qu'on puisse la lire, mais il reconnaissait les poutres qui décoraient les pignons du *King's Arms* et la barrière blanche qui entourait le pré communal de Jillerton.

David avait rangé ce journal avec d'autres souvenirs, déprimants et un peu macabres, de Bernard Heller. Il y avait là des articles qui rendaient compte de ses brèves incursions dans la vie publique, comme le faire-part de son mariage avec la fille qui promenait son père malade le long des plages de Bathcombe. Les caractères d'imprimerie étaient pâles, mais il n'en était pas de même pour l'écriture de Heller ; les chiffres indiquant la date de son mariage étaient restés bleu vif, avec la petite barre très caractéristique, très continentale, qui traversait la partie montante du 7. Pendant un instant, il regarda pensivement toutes ces choses, puis il se dirigea vers le téléphone. L'inspecteur Ulph était sorti et personne ne put lui dire quand il rentrerait. David hésita, écarta ses réticences et sa crainte d'être éconduit et composa un numéro. Ce fut l'enfant qui lui répondit.

– Est-ce que je peux parler à ta maman ?

C'était un enfant intelligent, qui donnait une impression de maturité bien différente de ce que David avait pu entrevoir jusque-là, une tête blonde qui dormait dans son petit lit.

– Qui est à l'appareil ?

– David Chadwick.

– On a mis vos fleurs dans un vase. (Il ne pouvait se douter du plaisir qu'il causait en disant ces simples mots.) Attendez une minute, je vais la chercher.

S'il avait fallu, David aurait attendu toute la nuit.

– Merci pour les fleurs, dit-elle. J'allais vous écrire, seulement les choses – enfin – n'ont pas été très faciles.

Il avait eu l'intention d'être doux, plein de tact, rusé dans son approche. Mais en entendant sa voix il ne put que dire brusquement :

– Il faut que je vous voie ce soir. Est-ce que je peux venir maintenant ?

– Pourquoi ?

– Il faut que je vous voie, et, je vous le dis franchement, c'est de North que je veux vous entretenir. Ne raccrochez pas.

– Vous êtes incroyable, vous. (Il y avait comme l'écho d'un petit rire dans la voix de la jeune femme.) Je n'aurai pas peur cette fois, dit-elle avant d'ajouter : Peut-être que cela purifiera l'atmosphère.

Paul tomba endormi très vite ce soir-là. Peut-être, se dit Susan, parce que la maison était pratiquement vendue. Il faisait encore jour en cette douce soirée de printemps et elle n'avait pas besoin de manteau pour aller dans la maison voisine.

Les fenêtres de Braeside restaient toutes hermétiquement closes. Quelle maison secrète, isolée derrière ses volets, pensa-t-elle. Elle se força à ne pas lever les yeux tandis qu'elle se dirigeait vers la porte de derrière. Bob s'était arrogé le droit d'entrer chez elle sans frapper et elle sentait qu'elle pouvait désormais elle aussi se permettre d'en faire autant. La porte céda à sa poussée et elle eut devant les yeux la cuisine vide. La pièce semblait-elle nue parce que le manteau et la serviette de Heller n'étaient pas sur la table ?

– Bob ?

Elle avait crié le nom de sa femme de la même façon avant de monter au premier. Et si l'histoire allait se répéter ? La niche où se trouvait la madone était vide, maintenant, on aurait dit une bouche ouverte.

– Bob ?

Le living-room sentait le renfermé, comme si personne n'y vivait plus depuis longtemps. Pendant une seconde elle ne le vit pas, tant il se tenait immobile, assis sur la chaise où elle-même s'était assise pour parler avec l'inspecteur de police. Un rai de lumière dorée s'étalait obliquement en travers de ses yeux, mais il ne cillait pas, il regardait droit devant lui, comme un aveugle.

Elle alla vers lui, s'agenouilla à ses pieds et lui prit les mains. Elle éprouvait pour lui le même sentiment que pour son enfant : pitié, tendresse, et surtout la conscience de ne pas le comprendre. Mais elle aimait Paul. Avait-elle jamais été assez proche de Bob pour l'aimer ?

– Susan, c'est la fin, dit-il. La police est venue aujourd'hui à l'endroit où je travaille, mais peu importe. Peu importe maintenant. Je suis devenu fou. Si on m'a influencé, eh bien, je suis un homme adulte et je ne veux accuser personne. (Il lui tint les mains serrées dans les siennes.) Je suis content qu'on ne puisse arrêter personne d'autre pour tout cela. On ne peut rien découvrir. Vous ne savez pas ce que je veux dire, n'est-ce pas ?

Elle secoua négativement la tête.

– C'est tout aussi bien. Je ne veux pas que vous sachiez. Dites-moi, avez-vous jamais pensé que je pourrais vous faire du mal ?

Incapable de dire un mot, elle le regarda.

– Quelqu'un a suggéré cela, dit-il d'une voix rauque, et, pendant un certain temps – seulement un jour ou deux, Susan – j'ai ignoré ce que vous saviez, ce que vous aviez vu. Je vous aime vraiment, je vous aime, Susan.

– Je sais, dit-elle, je sais.

– Et Louise aimait Heller, n'est-ce pas ? Vous savez cela, tout le monde sait cela. Ce que j'ai fait, je l'ai fait par jalousie. Je ne pouvais pas supporter... Elle avait multiplié les provocations, n'est-ce pas, Susan ? Et peut- être que je ne m'en irai pas pour bien longtemps et je reviendrai vers vous. (Il se prit la figure dans les mains.) Vous comprenez ce que je suis en train de vous dire ?

– Je crois, balbutia-t-elle.

Et elle resta où elle était, agenouillée, parce qu'elle pensait que si elle se levait, elle pourrait tomber. Elle était venue lui dire qu'elle avait encore les lettres de sa femme, qu'elle ne les avait pas brûlées. Ses mains couraient sur son visage. Un instant plus tôt, il avait l'air d'un aveugle, mais désormais, il ressemblait à un sourd qui ne peut discerner les paroles des autres qu'au contact des mouvements de leur bouche. Peut-être était-il réellement devenu sourd, car il ne montra par aucun signe qu'il avait entendu le chien aboyer avec fureur lorsqu'une portière de voiture claqua.

– Vous avez pleuré, dit David.

– Oui, je ne savais pas que cela se voyait.

Les traces de ses larmes ne l'enlaidissaient pas, elles trahissaient seulement une insoutenable vulnérabilité. Elles avaient gonflé ses yeux, mais comme s'il s'était agi d'un traitement de beauté, elles l'avaient rajeunie.

– J'ai été impoli au téléphone, dit-il, je suis toujours impoli avec vous.

– Ça n'a pas d'importance, dit-elle avec indifférence, en ce moment j'ai l'impression que rien n'a d'importance. Vous êtes venu me parler de... de quelqu'un que nous connaissons tous les deux. Je crois que vous êtes venu trop tard. Je... je ne crois pas qu'il reviendra ici.

– Vous voulez dire qu'on l'a arrêté ?

– C'est ce que vous vouliez, n'est-ce pas ? s'écria-t-elle durement. (Elle détourna la tête et s'assit comme si elle ne pouvait faire autrement, comme si elle ne tenait plus sur ses jambes.) Oh ! je n'excuse pas ce qu'il a fait, il est encore trop tôt. Je ne peux pleinement réaliser la situation. (Elle rejeta en arrière une mèche de cheveux blonds qui tombait sur son front.) Mais savez-vous ce qu'est la jalousie ? L'avez-vous jamais ressentie, dites-moi ?

– C'est ce qu'il vous a dit ? demanda David, qu'il avait agi par jalousie ?

– Bien sûr, dit-elle d'une voix dure, il a perdu la tête. Il a cédé à une impulsion, il était fou à ce moment-là.

– Comme vous vous trompez, Susan ! (Elle n'avait rien dit en s'entendant appeler par son prénom. Simple indifférence, pensa-t-il avec amertume.) Je veux vous confier quelque chose, continua-t-il, cela pourrait vous réconforter. Je ne dis pas que cela changerait vos sentiments pour North, bien que... Mais ça pourrait vous donner de moi une meilleure opinion. Je peux vous le dire ?

– Si vous voulez. Je n'ai rien d'autre à faire, ça m'aidera à passer le temps.

Il mourait d'impatience de dire ce qu'il avait découvert et si Ulph n'avait pas été absent, c'est à lui qu'il l'aurait raconté. C'était une affreuse histoire, à mesure que la vérité se faisait jour, il en était venu à éprouver une véritable horreur. D'une certaine manière, c'était comme s'il l'avait inventée lui-même, comme s'il avait été l'auteur d'un roman noir qui se trouve dégoûté de la morbide fécondité de son imagination. Mais David savait que l'histoire était vraie et qu'on ne pouvait la changer. Et parce qu'elle était vraie et qu'elle éclairait d'un jour totalement différent la personnalité et les mobiles de North, il fallait qu'il la raconte. Seulement, cette jeune femme était le pire public qu'il pût trouver – même si à bien d'autres égards, c'était aussi le meilleur. Il éprouvait déjà pour elle la tendresse qui veut sauver son objet de cruelles déceptions, mais il se rendait également compte qu'elle risquait de vouloir attendre North et que, durant cette longue attente, elle pourrait en arriver à excuser un geste qui pour elle n'avait été commis que sous l'empire d'une incontrôlable jalousie.

– North a rencontré Magdalene Heller en juillet dernier, dans le Devon, où ils se trouvaient en vacances, commença-t-il. Ils se sont épris l'un de l'autre. (Susan ne le regardait pas et son visage restait sans expression.) Revenus à Londres, continua-t-il, ils ont commencé à se retrouver, parfois dans un pub, et sans doute parfois ailleurs. Magdalene tenait à lui parce qu'il est beau et, aux yeux d'une femme comme elle, financièrement à l'aise. Je vous ai dit pourquoi il tenait à elle. Peut-être aussi désirait-il avoir des enfants, je l'ignore. (Il la vit faire faiblement un geste de la main.) Je crois que c'est elle qui a eu l'idée que vous savez ; c'est elle peut-être qui, pour employer une expression dramatique, fut le mauvais génie de North. Magdalene possédait un revolver, et, au mois de septembre, son mari avait essayé de se suicider au gaz parce qu'il savait qu'elle ne l'aimait plus. Un homme qui tente de se donner la mort peut très bien recommencer et réussir. Je ne sais pas quand ils ont pour la première fois commencé à faire ce projet. Peut-être pas avant Noël. Probablement vers janvier ou février. Magdalene a donné à North une des cartes de son mari. Celle-ci comportait une partie à détacher où le client indiquait son désir de faire installer chez lui le chauffage central. North a remis cette carte à Louise. Justement Heller travaillait dans ce secteur de Matchdown Park. Magdalene a profité de cette circonstance quand elle a mis au point son plan.

– Quel plan ? dit Susan d'une voix basse, à peine audible.

– Louise a rempli et signé la carte-réponse ; puis elle a commencé à parler de ce projet de chauffage central avec ses voisines. Heller est venu seul en voiture pour discuter la question avec elle ; chaque fois qu'il apparaissait, le chien aboyait, si bien que tout le voisinage était au courant de ses visites. Louise North, auparavant, s'était montrée très malheureuse, parce qu'elle aussi connaissait son infortune conjugale. Elle n'en avait parlé à personne, mais son chagrin se lisait sur son visage. Le seul événement nouveau dans sa vie, c'était maintenant l'installation du chauffage central. Mais quand les voisins ont demandé à North ce qu'il pensait de la question, il a joué l'ignorance. Moyen sûr de faire croire aux voisines que les visites de Heller étaient celles d'un amant.

Susan tourna enfin les yeux vers son interlocuteur :

– Mais c'est complètement absurde ! (La stupeur avait fait place sur son visage à l'indignation.) Les gens demandaient à Bob s'il allait faire poser le chauffage central et, bien sûr, il répondait négativement. Il a dit à l'une de mes amies que cette installation était au-dessus de ses moyens. Votre idée est ridicule, je ne vois vraiment pas où vous voulez en venir. Supposons que Bob ait menti, que serait-il arrivé, à votre avis, si des gens avaient questionné Louise en sa présence ? Cela s'est produit, vraisemblablement.

– Et après ? Est-ce qu'ils n'auraient pas cru encore plus fermement à l'infidélité de Louise en l'entendant confirmer la chose ? Pendant ce temps-là, ils auraient vu North se détourner d'un air gêné. Ils auraient plaint le mari trompé qui faisait de son mieux pour cacher la trahison de sa femme.

– Louise North était amoureuse de Heller, dit Susan avec obstination. Il est venu ici trois ou quatre fois et Bob savait très bien pourquoi il venait. Ecoutez, vous n'habitez pas ici. Vous ne connaissez pas les personnages de cette tragédie. La veille de sa mort, Louise est venue chez moi tout en larmes pour tout me raconter, pour me supplier de lui rendre visite le lendemain et d'entendre toute l'histoire.

L'espace d'un instant, David resta pris de court. Et si sa théorie était complètement fausse et rien d'autre que le fruit de son imagination ? Susan Townsend refuserait de lui parler à jamais.

– Elle vous a réellement dit qu'elle était amoureuse de Heller ?

Une ride se dessina sur le front de Susan.

– Non, mais... je... bien sûr, elle est venue pour ça ! Sinon pourquoi serait-elle venue ?

– Peut-être bien pour vous dire que son mari la trompait et qu'elle désirait vous demander conseil.

Elle le regarda sans expression, puis elle rougit.

– Vous voulez dire qu'elle aurait vu en moi une bonne conseillère parce que mon mari m'avait trompée, moi aussi ?

C'était affreux qu'il ait fallu que ce soit lui qui doive la blesser ainsi. Il se sentait la gorge sèche, et, pendant un instant, il ne put parler. Puis il murmura :

– Si elle s'était présentée comme la femme infidèle, elle n'aurait pas attendu de vous une grande sympathie. Et cependant vous la voyez toujours sous les traits de la femme coupable.

– C'est vrai, je n'ai pas changé d'avis, cria Susan avec passion, j'ai la conviction que Bob était malheureux.

– Oui, je suppose que c'est vrai. On ne peut pas être très heureux quand on est poussé à commettre un crime affreux par une femme comme Magdalene Heller. Ils se sont insultés au cours de l'enquête, n'est-ce pas ? Etait-ce de la comédie, ou peut-être un accès de rage de la part de lady Macbeth ?

– Qu'est-ce que vous essayez d'insinuer ?

– Que Bernard Heller et Louise North n'étaient pas du tout des amants. Ils avaient les simples rapports d'un représentant et de sa cliente.

20

Elle prit une cigarette et l'alluma avant qu'il ait pu le faire pour elle. Ses mains ne tremblaient pas. L'enflure sous ses yeux avait presque disparu, laissant à sa place des cernes bleuâtres.

– Vous avez pris ça très calmement, murmura-t-il. J'en suis heureux.

– C'est seulement parce que je sais que c'est faux.

Il soupira, mais sans exaspération.

– Je sais que c'est difficile à accepter, dit-il avec calme.

– Oh ! non, ce n'est pas ça. Quand vous avez commencé, j'avais peur que tout soit vrai, et maintenant je suis sûre du contraire et je me sens, disons, plus à l'aise. Je ne vous tiens pas rancune. Je sais que vous vouliez faire ce qui est juste, j'aime ça. (Elle lui adressa un sourire froid et rapide.) Vous êtes vraiment bon, plein d'attentions. C'est vrai que... (Elle baissa les yeux.) Je n'ai pas pu m'empêcher de m'attacher à Bob. Nous avions besoin de nous réconforter mutuellement, parce que... (Elle parlait maintenant d'une façon presque détachée.) Parce que nous étions tous les deux au plus bas. Je suis en train de me remettre du choc. J'ai l'habitude. Il a fait une chose horrible et nous ne nous reverrons jamais. Ce n'est pas comme si nous avions eu beaucoup de choses en commun. Je vais bientôt déménager et il faut que je pense à mon petit garçon. Je n'oublierai jamais Bob, je n'oublierai jamais à quel point il avait peur, à quel point il était hanté... (Elle s'arrêta pour s'éclaircir la gorge.) Mais vous voulez savoir pourquoi je suis tellement sûre que vous vous trompez ?

– Oui, dit-il avec lassitude, oui.

– Heller et Louise s'aimaient. Je le sais. Voyez-vous, Heller écrivait des lettres d'amour à Louise dès le mois de novembre dernier. Je les ai ici, Bob me les avait laissées, et vous pouvez les voir si vous voulez.

– Fausses, déclara David en les retournant dans ses mains.

Pourtant il savait qu'elles ne l'étaient pas. Il se les rappelait maintenant, ces lettres, identifiées au cours de l'enquête, par Magdalene, par le directeur d'*Equatair* et par le frère de Bernard. Il les lut tandis qu'elle allumait une seconde cigarette et le regardait d'un air doux et triste.

– Vous voyez, elles sont toutes les deux datées de 1967, l'année dernière.

Il les lut à nouveau, lentement et soigneusement, et il regarda les dates, 6 novembre 67 et 2 décembre 67. Les dates correspondaient bien, mais, tout de même, quelque chose clochait. « Ce n'est pas un vieillard et il peut vivre encore des années. Il n'a sur toi aucun droit qu'on puisse de nos jours considérer comme valable. »

– Quel âge a North ? demanda-t-il.

– Je n'en sais rien. Environ trente ans, peut-être un peu plus.

– Bizarre, dit David, que Heller emploie ces termes pour parler de lui.

– Mais c'est vrai, il n'est pas vieux.

– Non, il est même si jeune que c'était absurde pour qui connaissait son âge de s'exprimer à son sujet d'une pareille façon. C'est ainsi qu'on parlerait d'un homme entre deux âges, disons, d'un homme de cinquante-cinq ans. C'est comme si Heller discutait avec une personne très jeune en faisant valoir son point de vue à lui, plus sensé, plus réaliste. Et que pensez-vous de ceci ? : « Nous n'avons qu'à nous armer de patience et attendre sa mort. » Pourquoi North serait-il mort ? Non seulement il est jeune, mais il est fort et sain, n'est-ce pas ? Et ce passage où il est dit qu'il n'a aucun droit qu'on puisse de nos jours reconnaître comme valable. Il me semble qu'un mari et sa femme ont des droits l'un sur l'autre, légalement et moralement, et ils sont solides !

– Oui, et il en faut beaucoup pour les briser, dit-elle ironiquement, mais vous oubliez que Heller se trouvait dans un état d'instabilité ; il écrivait avec exagération.

– Pourtant ces lettres ne sont pas hystériques. Certains passages sont pleins de calme et de tendresse. Puis-je vous demander pourquoi North vous les avait données ?

– Il voulait les brûler, mais il n'avait pas assez de volonté pour le faire.

David faillit se mettre à rire. North avait certainement pensé à les brûler, parce que, si elles paraissaient authentiques au premier abord, quand on les examinait plus sérieusement, certaines bizarreries risquaient d'apparaître, prouvant qu'elles n'avaient jamais été envoyées à Louise. Alors, pourquoi les avait-il montrées à Susan ? Parce qu'il voulait s'assurer sa sympathie, sa pitié, fortifier en elle la conviction qu'il était la partie lésée. Il y a réussi, pensa David, non sans amertume.

– Savez-vous ce que je pense ? (Elle ne le savait pas et ne semblait pas désirer le savoir. Il continua pourtant :) Je crois que l'homme dont on parle ici n'était pas du tout le mari. La femme qui a reçu ces lettres était liée à quelqu'un, mais pas par le mariage. (Il leva les yeux et remarqua sa lassitude.) Pardonnez-moi, dit-il, est-ce que je peux emporter ces lettres ?

– Je ne vois pas pourquoi vous ne le pourriez pas. Personne d'autre n'en veut.

Elle lui tendit la main et le précéda dans le hall.

– Vous ne devriez pas rester toute seule, dit-il impulsivement, je voudrais ne pas vous quitter, seulement ma vue doit vous faire horreur.

– Bien sûr que non, mais je suis tout à fait habituée à rester seule. Ça n'allait pas du tout après l'enquête, mais à ce moment-là j'étais malade. (Elle ouvrit la porte d'entrée, et le chien se mit à hurler.) Je regrette que nous ne nous soyons pas rencontrés dans des circonstances différentes, dit-elle.

– Mais ce qui est fait est fait.

Il n'attendit pas sa réponse car elle aurait peut-être anéanti toute espérance.

Jusqu'à son mariage, Magdalene Heller avait vécu avec son père, qui avait à peu près cinquante-cinq ans et était atteint de sclérose en plaques. Elle s'était conduite en garde-malade très dévouée jusqu'à son départ pour Londres et sa rencontre avec Bernard. Mais elle ne pouvait se marier et abandonner son père ; il fallait qu'elle attende sa mort. Mr Chant devait avoir besoin de beaucoup de soins et d'attentions. Qui les aurait prodigués, sinon une fille pleine de compréhension ? Le malade, dur et ingrat, gardait rancune de sa bonne santé à la jeune fille qui le soignait ; il se montrait parfois violent avec elle. Mais elle avait le devoir de rester avec lui et de voir son fiancé de temps en temps seulement, quand il pouvait venir passer quelque temps près d'elle à Exeter ou qu'elle parvenait à se rendre à Londres pour une journée.

David ruminait tout cela, et, en arrivant à East Mulvihill il avait mis au point une deuxième théorie. Carl Heller lui ouvrit la porte de l'appartement. Est-ce que Magdalene l'avait engagé comme portier ? Ce soir sa face d'endormi paraissait plus triste que d'habitude avec ses grosses joues tremblotantes comme celles d'un épagneul.

– Vous avez vu les journaux du matin ? demanda-t-il. Ils ont arrêté Mr North pour le meurtre de mon frère. (Jamais encore David n'avait vu quelqu'un se tordre très littéralement les mains.) Oh ! le mal qu'a causé mon frère ! (Il saisit le bras de David d'un mouvement maladroit.) Je ne peux pas le croire ; Magdalene est malade, elle est couchée. Hier, North n'est pas venu, il n'a pas téléphoné, et j'ai cru qu'elle allait devenir folle. (Il secoua la tête et leva les bras au ciel.) Elle va mieux maintenant, elle est plus calme. Et tous ces malheurs nous sont tombés dessus à cause de mon frère et de son inconduite.

– Je ne crois pas qu'il ait fait quoi que ce soit de mal, Mr Heller. Il a écrit à un moment donné des lettres à Mrs North, n'est-ce pas ?

– D'affreuses lettres. Je n'oublierai jamais comment, en pleine salle d'audience, j'ai dû déclarer qu'elles avaient bien été écrites à cette femme par mon frère.

– Mais il les lui a vraiment écrites, n'est-ce pas ?

David le suivit dans le salon. Carl s'assit, mais immédiatement se releva d'un bond et commença à se promener lourdement dans la pièce.

– Je ne peux pas dire qu'elles ne sont pas de lui, s'écria-t-il. Ça m'a fait honte au contraire de reconnaître qu'il en était l'auteur. Pensez donc ! Mon frère a écrit du pauvre Mr North : « C'est un inutile sur la terre et il vaudrait mieux qu'il soit mort. »

– Mr Heller... (David savait qu'il était inutile d'expliquer les choses à cet homme dont la lourdeur d'esprit et la stupidité étaient encore intensifiées par le chagrin.) Voulez-vous me préciser un point ? Cela peut vous paraître dépourvu de sens, mais dites-moi, comment Bernard faisait-il ses 7 ?

L'étonnement et même la colère devant l'apparente frivolité de cette question plissèrent le front de Carl, tandis que son visage devenait rouge brique. Mais il s'arrêta de faire les cent pas, et, saisissant le crayon que lui tendait son interlocuteur, il en lécha le bout et traça un 7 avec une barre.

– C'est bien ce que je pensais, il était allé en classe en Europe, en Suisse. Maintenant dessinez-moi un 1 comme les faisait Bernard.

L'espace d'un instant, il sembla que Carl refuserait d'obéir à cette suggestion. Son froncement de sourcils s'accentua, il regarda fixement David, puis, haussant les épaules, il traça sur le papier quelque chose qui ressemblait beaucoup à un 7 anglais. David prit le papier, le regarda attentivement. Magdalene avait épousé Bernard en 1962, l'avait connu en 1961. Tout correspondait, et pourtant...

Pourquoi la police ne s'était-elle aperçue de rien (elle avait accès aux agendas de Bernard), pourquoi le directeur d'*Equatair* ne s'était-il aperçu de rien, lui non plus (il connaissait l'écriture de Bernard et sa façon de former les chiffres), pourquoi Carl n'avait-il lui-même rien remarqué ?

– Vous m'avez dit un jour que, pour mieux réussir dans sa profession, Bernard voulait paraître aussi anglais que possible. Avait-il changé sa façon continentale de tracer les 1 et les 7 ?

– Je crois que oui. Il y a cinq ans il m'a dit qu'il voulait se donner l'air tellement anglais que personne ne devinerait son origine étrangère

– Donc il y a cinq ans, il a commencé à faire les 7 sans barre et les 1 comme des bâtons...

Il parlait doucement parce qu'il avait entendu derrière eux s'ouvrir une porte et il y avait un bruit de pas dans l'étroit corridor.

Elle était en robe de chambre ; une longue robe en tissu matelassé noir, où passaient des fils rouge sang. La lumière s'y accrochait comme à une armure. Elle avait un visage blanc, froid. Une des reines du jeu de cartes, la Dame de Pique.

– Encore vous ? dit-elle. (Elle essayait de mettre du défi dans sa voix, mais elle avait trop peur pour parler assez fort.) Je veux un verre d'eau, dit-elle à Carl.

Celui-ci alla lui en chercher un en acquiesçant de la tête d'un air soumis. Elle saisit le verre ; un peu d'eau coula sur son menton et mouilla sa robe noire. Maintenant elle avait retrouvé sa voix.

– En fin de compte c'est Bob North qui les a tués. C'est une bonne chose que nous ne l'ayons pas mieux connu. Il faut être un imbécile pour se laisser prendre comme ça.

– Il faut que les assassins se fassent prendre, dit stupidement Carl.

– Seuls les faibles échouent, insista-t-elle.

– Je me demande si vous seriez vous-même tellement forte... remarqua David, et il ajouta, tout en se levant : ce serait intéressant de le savoir.

Ce sera intéressant, pensa-t-il, ce soir, ou demain, de voir comment elle se comportera. Les yeux verts posèrent sur lui un regard vide, puis elle retourna dans la chambre à coucher, le verre à la main ; les longs pans raides de son peignoir bruissaient sur le plancher. Il franchit le seuil et écouta, mais derrière lui régnait un silence profond, plus effrayant que n'importe quel bruit.

– Je voulais savoir, dit David, si vous alliez bien.

– Mais vous avez déjà téléphoné hier soir, protesta-t-elle, et de nouveau ce matin. Je vais très bien. C'est vrai. Seulement la police est tout le temps là.

– Je dois moi-même parler aux policiers, mais ensuite est-ce que je peux venir vous voir ?

– Si vous voulez, David, dit-elle. Mais pas d'histoires, pas de théories. Je ne pourrais pas en supporter davantage.

– C'est promis, répondit-il.

Elle serait obligée d'assister au procès et, à ce moment-là, elle le connaîtrait assez bien pour lui permettre de l'accompagner. Là, elle entendrait tous les détails, et elle aurait besoin de lui à ses côtés, quand seraient exposées les preuves condamnant les deux inculpés.

David raccrocha. Il allait dire à Ulph ce qu'avaient fait Magdalene Heller et Robert North. Il allait lui raconter comment ils avaient inventé une liaison amoureuse entre deux êtres doux et bons qui n'avaient jamais fait de mal à personne, à qui on ne pouvait reprocher que de vivre ; comment ils avaient répandu tant de boue sur la réputation de leurs victimes que tout le monde, amis, voisins, et même un frère jumeau, avaient cru coupables ces deux malheureux ; comment ils avaient machiné tout cela uniquement parce que Louise North ne voulait pas divorcer et parce que Heller allait emmener sa femme en Suisse.

Mais avant de pénétrer dans la station de métro, il s'arrêta un moment pour regarder le grand mur de béton percé de petites fenêtres. Ils étaient passés en voiture devant ce mur, Bernard et lui. David le revit soudain, mais non pas tel qu'il était ce jour-là ; ce que David se rappela, ce fut la grosse figure joviale d'un bon vivant aux plaisanteries agaçantes, mais plein de gentillesse et de générosité.

Peut-être commencerait-il par informer Ulph de sa dernière découverte. David n'était pas un homme vindicatif, mais il voulait voir la figure d'Ulph quand celui-ci la connaîtrait : Magdalene Heller avait gardé ses propres lettres d'amour, les lettres que Bernard lui avait écrites en 1961, et les avait utilisées comme preuve d'un adultère qui n'avait jamais eu lieu. Il voulait voir l'expression d'Ulph, et, pour finir, celle d'un juge et d'un jury.

Postface

Ruth Rendell est infiniment moins réticente à s'exprimer sur l'intrigue de La maison de la mort *qu'elle ne l'est en général pour tout ce qui concerne ses « débuts » dans le genre policier. « Je considère que j'avais entre les mains une magnifique idée – et que je l'ai dilapidée ! Depuis lors (ajoute-t-elle avec mélancolie), j'ai souvent pensé que j'aurais dû inverser la mise en place de cette intrigue, en dévoilant d'entrée de jeu les plans de Robert et Magdalene, bref en faisant en sorte que le lecteur sache tout dès le début. J'ai conçu mon livre comme un* whodunit *et ce fut sans doute une grave erreur. »*

En 1991, répondant aux questions du critique américain Dale Salwak, la romancière apportait une précision d'un autre ordre, mais qui nous intéresse tout autant : « La jeune femme de La maison de la mort *est la dernière de mes héroïnes à l'ancienne manière, l'épouse délaissée, blessée, menant une existence stoïque en dactylographiant des romans. » Elle l'opposait à Benet Archdale, la jeune romancière d'*Un enfant pour un autre *(1984), « qui a décidé d'en finir avec l'obsession de trouver à tout prix un mari ». Susan Townsend offre en effet le spectacle d'une passivité qui s'associe de manière habile au déroulement de l'intrigue et la sert en quelque sorte. Le caractère dépressif du livre, qui découle tout naturellement du comportement résigné de Susan, rend en vérité très supportable la construction de l'intrigue, moins « gâchée » sans doute que ne le dit la romancière. Celle-ci pense que « le personnage de Julian est bon », remarque dont nous pouvons tirer profit en constatant que ce yuppie avant la lettre, plutôt snob et doué d'un égoïsme à toute épreuve, s'inscrit dans la lignée de ces personnages masculins dont Rendell fera plus tard et de façon beaucoup plus élaborée* *les victimes de sa plume acérée. Lui-même incarne « l'amour physique » perdu, il est devenu un « étranger », mais sa présence bientôt estompée par le dénouement de l'histoire n'en fait encore que l'esquisse d'un protagoniste à venir dans l'œuvre de l'auteur.*

La peinture sociale – Londres vu de la banlieue oppressante et incolore – avec ce que cela implique de résignation dans le comportement d'êtres qui évoluent dans des décors sans âme, rend ce livre attachant, voire même émouvant. On y retrouve un écho de la nostalgie qui se dégageait déjà des pages du Petit été de la Saint-Luc. *L'émotion naît essentiellement de l'évocation d'un ratage existentiel considéré comme un faux pas, mais dont tout espoir n'est pas exclu. On peut penser que la résignation de Susan Townsend ne sera que temporaire.*

1971

MORTS CROISÉES

Traduction de Jane Fillion
revue et complétée

Ce roman a paru sous le titre original :
ONE ACROSS, TWO DOWN

À mon fils

Viens au jardin, Maud,
Car la nuit, cette chauve-souris, s'est envolée,
Viens au jardin, Maud,
Je suis seul et t'attends au portail.

TENNYSON

PREMIÈRE PARTIE

LA GRILLE

1

Vera Manning était épuisée. Trop épuisée même pour répondre à sa mère lorsque celle-ci la pria de servir au plus vite le dîner.

– Inutile de bouder, fit Maud.

– Je ne boude pas, maman. Je suis fatiguée.

– Évidemment ! Ça va sans dire. C'est visible à l'œil nu que ton travail t'épuise. Si Stanley s'était débrouillé pour obtenir un bon poste et toucher un salaire normal, t'aurais pas besoin de t'échiner ainsi. Ça s'est jamais vu, une femme comme toi, approchant de son retour d'âge, sur ses jambes toute la journée dans une teinturerie. Je te l'ai déjà dit, et je le répéterai jamais assez, si Stanley était un homme...

– Ça va, maman, ça suffit, coupa Vera. Parlons d'autre chose, tu veux bien ?

Mais Maud, qui parlait sans fin quand il se trouvait quelqu'un pour l'écouter, et qui se parlait à elle-même quand elle était seule, s'extirpa de son fauteuil, et saisissant sa canne, suivit Vera en boitillant jusqu'à la cuisine. Se perchant non sans peine sur un tabouret, car elle était forte et lourde, elle lança autour d'elle un regard dégoûté. La cuisine, bien tenue, certes, était vieillotte. Rien n'avait été fait depuis le jour où il avait été prévu d'installer toute la tuyauterie et le mobilier adéquat. Une fois qu'elle eut trouvé une nouvelle inspiration dans ce spectacle, Maud poussa un profond soupir et reprit :

– J'ai travaillé et économisé toute ma vie pour que tu aies quelque chose quand je serai plus là. Sais-tu ce que m'a dit Ethel Carpenter ? Maud, qu'elle m'a dit, pourquoi tu donnes pas ton argent à Vera pour qu'elle en profite pendant qu'elle est jeune ?

– C'est quand même comique, fit Vera, qui, tournant le dos

à sa mère, coupait le pâté en tranches et écalait des œufs durs. Suivant comment ça t'arrange, je suis tantôt vieille, tantôt jeune.

– Pourquoi tu le donnes pas à Vera ? qu'elle m'a fait, répéta Maud ignorant l'interruption. Ah, ça non, alors, que je lui ai dit. C'est pas elle qui en bénéficierait, mais son bon à rien de mari. S'il met le grappin sur mon argent, que je lui ai dit, il se tournera les pouces jusqu'à la fin de ses jours.

– Pousse-toi un peu, maman. Je peux pas atteindre la bouilloire.

Maud s'écarta à peine.

– Tant qu'il me restera un souffle de vie, fit-elle en tapotant de sa main blanche de femme inactive ses épaisses boucles grises, mes économies resteront où elles sont, c'est-à-dire à la banque, en titres qui rapportent. Quand tu auras une dépression nerveuse, et tu en prends le chemin, ma fille, Stanley se décidera peut-être à relever ses manches et à entreprendre un travail digne d'un homme et non d'un gamin. Voilà comment je vois les choses, et c'est ce que je dis à Ethel dans ma dernière lettre.

– Si tu veux passer à table, maman, le dîner est prêt.

Vera aida sa mère à s'asseoir à la table de la salle à manger et accrocha sa canne au dossier de sa chaise. Maud glissa sa serviette dans le décolleté de sa robe de soie bleue et se servit abondamment de pâté, d'œufs, de salade verte et de purée de pommes de terre. Avant de se mettre à manger, elle avala deux petits comprimés blancs qu'elle fit descendre d'une gorgée de thé fort et sucré. Puis elle saisit d'un air satisfait couteau et fourchette, prenant un plaisir visible à entamer son repas. Maud adorait manger. Elle ne se taisait d'ailleurs que lorsqu'elle mangeait. Comme elle attaquait sa deuxième tranche de pâté, la porte donnant sur l'arrière de la maison claqua et son gendre entra.

Stanley Manning se contenta d'adresser à sa femme un petit signe de tête et un vague grognement. Quant à sa belle-mère, qui s'était arrêtée de manger pour le foudroyer du regard, il l'ignora purement et simplement. La première chose qu'il fit, après avoir jeté sa veste sur le dossier de sa chaise, fut d'ouvrir le poste de télévision.

– Tu as passé une bonne journée ? demanda Vera.

– J'ai eu du boulot par-dessus la tête depuis ce matin à 9 heures, fit Stanley qui, s'asseyant face à la télévision, attendait que Vera lui verse son thé. J'en ai plein le dos, ça j'peux t'le dire. C'est pas drôle de rester dehors toute la journée par un temps pareil. Je sais pas si je tiendrai le coup.

– Quand je lui ai dit comment vous gagniez votre vie, si on peut appeler ça gagner sa vie, fit Maud en reniflant de mépris, Ethel Carpenter voulait pas me croire. Pompiste ! Je vous demande un peu ! C'est ce que fait le fils de sa logeuse pendant les vacances. Il a tout juste dix-huit ans et ça lui permet d'avoir un peu d'argent de poche.

– Cette vieille pouffiasse d'Ethel Carpenter ferait mieux de pas fourrer son nez dans mes affaires.

– Je vous interdis d'employer des mots pareils en parlant de mon amie.

– Oh, ne recommencez pas, fit Vera, excédée. Je croyais que vous vouliez voir le film qu'on passe à la télé, ce soir ?

Stanley et Maud n'avaient qu'un goût en commun, leur amour des vieux films, et après avoir échangé des regards furibonds, ils s'installèrent, les coudes sur la table, pour admirer Jeanette Macdonald dans *La Fille du Far West.* Vera, un peu remontée par deux tasses de thé bouillant, poussa un soupir de soulagement et se mit à débarrasser. La dispute reprendrait, elle le savait d'avance, vers 8 heures, lorsque l'émission de jeux préférée de Stanley tomberait en même temps que le feuilleton que Maud suivait avec ferveur sur une autre chaîne. Vera redoutait les mardis et jeudis soir. C'était normal que Stanley, qui avait la passion des mots croisés, tienne à cette émission ; normal aussi que Maud, tout comme cinq millions de femmes d'un certain âge, attende avec impatience les derniers rebondissements de son feuilleton. Mais pourquoi n'arrivent-ils pas à un arrangement à l'amiable, comme les gens raisonnables ? se dit Vera tout en lavant la vaisselle. Parce qu'ils ne sont pas raisonnables. En ce qui la concernait, la télévision n'avait aucun intérêt et elle espérait parfois qu'elle tombe en panne. Et, les choses étant ce qu'elles étaient, ils ne pourraient sûrement pas se permettre de la faire réparer.

Quand elle revint à la salle à manger, Jeanette Macdonald chantait un Ave Maria que Maud fredonnait mélancoliquement d'une voix cassée. Pourvu que Stanley n'explose pas, comme il le faisait si souvent, pensa Vera qui, exténuée, appuya sa tête contre un coussin et ferma les yeux.

Quatre ans que maman habite avec nous, se dit-elle, quatre longues années d'un véritable enfer. Comment avait-elle pu se laisser embobiner ainsi ? Maud n'était ni malade ni impotente. Elle s'était remarquablement remise de son attaque. Il ne lui en restait qu'une légère faiblesse de la jambe gauche et la bouche un peu de travers. Pour une femme de soixante-quatorze ans, elle se débrouillait fort bien toute seule. Mais à quoi bon revenir sur le passé ? Maud avait vendu sa maison et ses meubles, et Stanley et elle l'auraient sur les bras jusqu'à sa mort.

– Pourquoi changez-vous de chaîne ? s'exclama Maud d'un ton furieux qui fit sursauter Vera. Moi qui attendais depuis ce matin de voir la suite de mon feuilleton. Vous et vos stupides jeux pour écoliers !

– Qui c'est qui paie la redevance ? répliqua Stanley.

– Je paie ma part. Chaque semaine je remets intégralement l'argent de ma retraite à Vera. Je ne garde que dix shillings d'argent de poche.

Sans se donner la peine de répondre, Stanley vint s'asseoir devant le poste et s'arma d'un bloc et d'un crayon.

– Toute la journée, j'ai attendu mon feuilleton, marmonna Maud entre ses dents.

– Maman, pourquoi ne regardes-tu pas celui qui passe l'après-midi, quand nous sommes tous deux au travail, fit Vera d'un ton conciliant. Il paraît qu'il est excellent.

– Tu sais bien que l'après-midi je fais la sieste. Voilà pourquoi. Et je vais pas changer mes habitudes.

Là-dessus Maud se mura dans un silence morose. Mais elle n'allait pas laisser Stanley jouir de son programme alors qu'on la privait du sien. Au bout de cinq minutes pendant lesquelles Stanley, tout excité, avait fiévreusement griffonné sur son bloc, elle se mit à fredonner un hymne, tapant du bout de sa canne contre le garde-feu pour marquer le rythme. Stanley tint bon pendant trente secondes, puis lui lança :

– Vous la bouclez, oui ou non ?

Maud poussa un lugubre soupir.

– C'est l'hymne qu'on a joué à l'enterrement de ton père, Vera.

– Je m'en fiche. Et même si on l'avait joué au mariage de la Reine Victoria, dit Stanley, j'aurais pas envie de l'entendre *maintenant.* Là ! vous m'avez fait manquer une question.

– J'en suis navrée, fit Maud maniant lourdement l'ironie. Je sais que vous voudriez me voir déguerpir, Stanley. Vous me le faites assez sentir. Vous tenteriez n'importe quoi pour vous débarrasser de moi. Graisser une marche de l'escalier ou verser quelque chose dans mon thé, par exemple.

– Pas impossible. Y a toujours du vrai dans les plaisanteries.

– Tu l'entends, Vera ? Tu entends ce qu'il ose me dire ?

– Il n'en pense pas un mot, maman.

– Et tout ça parce que je suis vieille et impotente et que j'essaie de me réconforter en pensant au bon vieux temps.

Stanley se leva d'un bond, laissant échapper son crayon.

– Vous la bouclez ou faut que je vous bâillonne ?

– Je vous défends bien d'élever la voix avec moi, Stanley Manning !

Maud, ravie de lui avoir gâché son émission, se leva avec dignité et, se tournant vers Vera, dit d'un ton offensé :

– Je monte me coucher, Vera, je te laisse avec ton mari. Serait-ce trop te demander que de me préparer mon Viandox et de me le monter dans ma chambre ?

– Bien entendu, maman. Comme tous les soirs.

– Inutile d'ajouter « comme tous les soirs ». Je préférerais m'en passer si tu devais le faire à contrecœur.

Maud se mit à tourniquer dans la pièce, prenant son tricot sur une chaise, ses lunettes sur une autre, son livre sur le buffet et s'arrangeant chaque fois pour passer entre Stanley et l'écran.

– Il faut pas que j'oublie mon verre d'eau, fit-elle. (Puis elle ajouta, comme s'il s'agissait d'une louable habitude de santé, salutaire pour l'organisme mais requérant une grande force de caractère :) J'ai toujours eu un verre d'eau sur ma table de chevet depuis que je suis toute petite. Ah, ça, je pourrais pas dormir sans mon verre d'eau.

Elle alla se servir et repartit en laissant dégouliner l'eau sur son passage. Puis elle monta l'escalier en frappant chaque marche de sa canne.

Stanley éteignit la télévision et sans adresser la parole à sa femme ouvrit son recueil de mots croisés niveau expert. Vera, rompue comme une bête de somme, le cerveau vide, n'ayant plus qu'un désir, dormir, le regarda un moment en silence. Puis elle se rendit à la cuisine, prépara le bol de Viandox et le porta à sa mère.

À Croughton, dans la banlieue nord de Londres, le 61 Lanchester Road était un pavillon de deux étages en brique rouge, anonyme au milieu d'une rangée de constructions bâties comme lui en 1906 et agrémenté, comme ses voisins, d'un jardin tout en longueur.

Au rez-de-chaussée, un couloir de dalles rouges et blanches desservait le salon, la salle à manger, la minuscule cuisine, un cabinet de toilette et une remise à charbon. L'escalier montait droit à un palier sur lequel s'ouvraient quatre portes, celles de trois chambres à coucher et d'une salle de bains. La plus petite de ces chambres contenait tout juste un lit à une place, une coiffeuse et une penderie. Vera l'avait baptisée la chambre d'ami.

Stanley et elle occupaient la vaste chambre à deux lits qui donnait sur la rue, tandis que Maud habitait celle qui donnait sur le jardin. Calée contre ses oreillers, dans sa liseuse de laine angora tricotée main, elle offrait l'image même de la santé et si ce n'était la trentaine de pinces métalliques qui retenaient ses boucles, elle aurait pu remporter le prix du concours de la plus jolie grand-mère.

C'était sans doute aux boîtes de médicaments qui s'entassaient sur sa table de chevet qu'il fallait attribuer sa vitalité, pour ne pas dire son rajeunissement, songea Vera en tendant à Maud son bol de Viandox. Il y avait vraiment de tout : des anticoagulants, des diurétiques, des calmants, des somnifères, des vitamines.

– Merci, ma chérie. Ma couverture électrique ne marche plus. Il faudrait la faire réparer.

Se détournant de la désolante image d'elle-même qu'elle voyait se refléter dans le miroir de la coiffeuse, Vera promit de s'en occuper le lendemain.

– Parfait, et pendant que tu y es, demande-leur aussi de venir vérifier mon poste de radio. Et rapporte-moi un écheveau de laine rose... Assieds-toi, Vera, reprit Maud tout en buvant son Viandox. J'ai quelque chose à te confier et je ne veux pas qu'il entende.

– Ça ne peut pas attendre jusqu'à demain, maman ?

– Non. Demain ce serait peut-être trop tard. Tu l'as entendu dire ce qu'il me ferait s'il en avait l'occasion.

– Voyons, maman, tu ne crois tout de même pas qu'il pensait ce qu'il disait.

– Stanley me hait et je le lui rends bien, dit Maud posément. Et maintenant, Vera, écoute-moi.

Vera savait d'avance ce que sa mère allait lui dire. Elle lui servait la même rengaine chaque semaine, à quelques variantes près.

– Je ne quitterai pas Stan, un point c'est tout. Je te l'ai répété vingt fois. Je ne le quitterai pas.

– Imagine un peu la vie que nous pourrions mener toi et moi, Vera, dit Maud d'un ton enjôleur. J'ai assez d'argent pour nous deux. En fait, je suis riche. Tu n'aurais pas besoin de lever le petit doigt. Nous nous installerions dans une jolie maison. J'ai lu dans le journal qu'on construit de ravissants bungalows du côté de Chigwell. Mes moyens me permettraient d'en acheter un aujourd'hui même.

– Si tu veux me donner un peu de cet argent, maman, ne te gêne pas. Je ne le refuserai pas. Dieu sait que ce pavillon a besoin de réparations.

– Stanley Manning ne touchera pas un sou de ma fortune, dit Maud. (Elle ôta son dentier et le mit dans un verre avant de faire à Vera un sourire édenté.) Tu es tout ce que j'ai au monde, Vera, et ce qui est à moi est à toi, tu le sais. Mais tu ne partageras pas avec lui. Que t'a-t-il jamais apporté cet escroc, ce gibier de potence ?

Vera se maîtrisa à grand-peine.

– Stanley n'a fait qu'une seule fois de la prison, et tu le sais parfaitement, maman. C'était quand il avait dix-huit ans. C'est bien cruel à toi de le traiter de gibier de potence.

– Possible qu'il n'ait fait qu'une seule fois de la prison, mais combien de fois il y serait retourné si tous ses employeurs avaient été moins indulgents ? Il a été renvoyé à deux reprises pour s'être servi dans la caisse.

– Je suis fatiguée, maman, dit Vera en se levant. J'aime mieux aller me coucher que de rester là à t'entendre déblatérer sur mon mari.

– Vera, fit Maud en lui tendant une main qu'elle s'efforça de rendre tremblante, ne sois pas fâchée contre moi. J'avais mis de tels espoirs en toi et regarde où tu en es maintenant, esclave d'un homme qui se fiche bien que tu vives ou meures. Tu sais que je dis vrai (et Maud serra tendrement la main inerte de sa fille). Nous aurions une adorable maison, chérie, avec de la moquette partout, le chauffage central, et une femme de ménage tous les jours. Tu es encore jeune. Tu apprendrais à conduire et je t'achèterais une voiture. Nous pourrions voyager. Aller à l'étranger, même, si ça te plaît.

– J'ai épousé Stanley, et tu m'as toujours dit qu'un mariage, c'est pour la vie.

– Vera, je t'ai jamais confié combien j'avais à la banque. Je vais te le révéler maintenant, mais promets-moi de ne pas le répéter à Stanley.

Vera ne répondit pas et Maud, bien qu'âgée de soixante-quatorze ans et jadis elle-même mariée, sembla oublier qu'il vaut mieux ne pas révéler de secret à quelqu'un qui est marié quand on veut que cela reste un secret. Car le mariage a beau battre de l'aile et les époux ne plus s'entendre, la femme raconte toujours les secrets des autres à son mari et réciproquement. Maud reprit.

– Mon capital s'est étoffé au cours des années. Il se monte aujourd'hui à vingt mille livres. Qu'est-ce que tu dis de ça !

Sous le choc, Vera fut comme étourdie. Jamais, dans ses rêves les plus fous, elle n'avait imaginé que sa mère puisse être à la tête d'une somme pareille. Et elle était sûre que Stanley ne s'en doutait pas davantage.

– Ça fait beaucoup d'argent, dit-elle simplement.

– Surtout, ne le lui raconte pas. S'il savait ce que je vaux, il commencerait à échafauder des plans pour se débarrasser de moi.

– Je t'en prie, maman, ne recommence pas. Si quelqu'un t'entendait, il te prendrait pour une folle. Vraiment, je t'assure.

– Oui, mais voilà, personne ne m'entend. Et maintenant, bonne nuit, chérie. Nous reparlerons de tout ça demain.

– Bonne nuit, maman.

Vera n'attachait plus aucune importance aux tentatives de sa mère pour la détacher de Stanley. Cela durait depuis trop longtemps. Et que Maud croie Stanley capable de nourrir à son égard des intentions meurtrières ne la frappait pas davantage. Sa mère se faisait vieille et les personnes âgées se mettent souvent de drôles d'idées dans la tête, des idées idiotes et fantasques dont il n'y avait pas lieu de se soucier.

En revanche, elle se demanda ce que dirait Stanley en apprenant que Maud avait une telle somme à la banque. Elle le lui dirait quand elle serait moins fatiguée. Vingt mille livres ! Une véritable fortune. Tout en songeant que le vingtième de cette somme lui simplifierait la vie, Vera se déshabilla et tomba, exténuée, dans son lit.

2

Maud avait beau être vieille et faire de la tension, elle n'en conservait pas moins toute sa tête. L'idée que son gendre pourrait bien l'expédier dans l'autre monde n'était pas le fruit d'une imagination sénile, mais de la conception qu'elle s'était forgée de l'humanité dès son adolescence.

Domestique dès l'âge de quatorze ans, elle écoutait avec avidité les ragots qu'échangeaient ses collègues, tant à la cuisine qu'à l'office, sur les gens sans scrupules et mus par l'appât du gain, qu'ils soupçonnaient de meurtre ou d'intentions meurtrières. La cuisinière racontait que le valet de chambre de la grande maison d'en face empoisonnerait son maître dès qu'il en aurait l'occasion, afin d'empocher les cent livres qu'il lui léguait dans son testament, tandis que le maître d'hôtel se lançait dans des histoires de fils de famille pressés d'hériter. Maud écoutait cela avec la même naïveté et la même crédulité que les sermons du vicaire à l'office du dimanche.

C'était à croire que, du maître d'hôtel à la fille de cuisine, tout le monde connaissait quelqu'un qui, à un moment ou à un autre, avait envisagé de verser de l'arsenic dans le thé d'une quelconque riche tante. Et la phrase qui revenait le plus souvent à l'office était : « Je suis convaincu que c'est le vieux qui l'a dessoudée. »

C'est pourquoi elle croyait sincèrement Stanley Manning capable de la trucider si l'occasion s'en présentait.

Elle n'avait pu résister à la tentation de révéler à Vera le montant de sa fortune, mais en se réveillant, le lendemain matin, elle se demanda si elle avait été bien avisée. Il y avait toutes chances pour que Vera mette Stanley au courant, et Maud ne pouvait l'en empêcher.

Non, elle ne pouvait pas empêcher Vera de parler. Mais elle pouvait démontrer à Stanley que s'il l'assassinait, il ne tirerait aucun profit de son crime. Ruminant cette idée, Maud avala le petit déjeuner que Vera lui avait apporté au lit et à peine sa fille et son gendre partis au travail, elle se leva, s'habilla et alla en boitillant prendre l'autobus pour se rendre chez un notaire dont elle avait trouvé le nom et l'adresse dans l'annuaire professionnel de Stanley. Elle aurait très bien pu s'occuper d'acheter elle-même sa pelote de laine et d'apporter sa couverture chauffante chez le réparateur, mais elle ne voyait aucune raison d'épargner de la peine à sa fille, alors que celle-ci était si têtue.

De retour à la maison vers midi, elle mangea avec appétit le jambon, la salade, les toasts beurrés et la tarte aux pommes que lui avait préparés Vera, puis elle s'installa au salon pour écrire à Ethel Carpenter sa lettre hebdomadaire. Comme d'habitude, il y était principalement question de la paresse, de la grossièreté et du sale caractère de ce bon à rien de Stanley Manning.

Il n'y avait personne en qui Maud pût avoir plus confiance qu'Ethel. Sur Vera, aveuglément dévouée à ce vaurien de Stanley, elle ne pouvait pas compter comme sur sa vieille confidente. Sans mari ni enfants, la pauvre Ethel n'avait d'autres amies que sa logeuse, propriétaire du cottage de Brixton où elle occupait une pièce, et Maud elle-même.

Et lorsqu'on a passé par où elles avaient passé toutes les deux, se dit Maud en posant sa plume, on est amies à la vie et à la mort. Voyons, elles se connaissaient depuis combien de temps ? Cinquante-quatre ans ? Cinquante-cinq ? Non, cinquante-quatre exactement. À vingt ans, Maud était seconde femme de chambre, tandis que cette petite innocente d'Ethel, qui n'en avait que dix-sept, était fille de cuisine et le souffre-douleur du cordon bleu.

Maud fréquentait George Kinaway, le chauffeur, et il était entendu qu'ils se marieraient dès qu'ils auraient amassé un petit pécule. Maud avait toujours été économe, ça oui, et elle était bien décidée, pécule ou pas, à être mariée à trente ans. En attendant, George et elle passaient leurs dimanches à se promener la main dans la main à Clapham Common et elle portait sa bague de fiançailles, ornée de petits grenats, suspendue à son cou par un ruban, car elle n'aurait pu la garder à son doigt lorsqu'elle nettoyait les grilles des foyers.

Elle au moins avait George et le mariage en perspective, alors que la pauvre Ethel n'attendait rien de la vie. Personne ne lui connaissait d'amoureux ni ne l'avait vue s'entretenir avec un garçon, à part George et le maître d'hôtel. Mais un beau jour, elle fut dans les ennuis et Madame la mit à la porte. Ethel fut recueillie par sa tante, et à l'exception de George et Maud, tous la traitèrent comme la boue de leurs souliers. Eux au contraire lui rendaient visite, leur jour de congé, et quand l'enfant vint au monde, George persuada la tante de s'en occuper et s'engagea à lui verser chaque semaine quelques shillings pour contribuer à l'entretien du bébé.

– C'est quand même une charge pour nous, objecta Maud. Si au moins elle cessait de faire l'idiote et nous disait qui est le père...

– Elle te le dira jamais, déclara George. Elle est bien trop fière.

– De toute façon, c'est notre devoir de l'aider, et nous ne la laisserons jamais tomber, n'est-ce pas, mon chéri ?

– Non, jamais.

Et en effet George obtint de Madame qu'elle reprenne Ethel à son service comme si rien ne s'était passé.

La vie était dure, en ce temps-là, se dit Maud, s'adossant à sa chaise et fermant les yeux. Elle touchait comme gages douze livres par an jusqu'à ce qu'éclate la Grande Guerre qui obligea les maîtres à réviser leurs conceptions. Mais même lorsqu'elle eut une petite augmentation, ils étaient encore loin du compte et ce fut finalement le physique avantageux de George et ses bonnes manières qui leur mirent le pied à l'étrier. Non qu'il y ait jamais eu quoi que ce soit entre Madame et lui – Dieu me pardonne ! – mais elle avait couché George sur son testament et, grâce à un legs de deux cent cinquante livres ajouté aux économies de Maud, ils purent acheter un excellent petit commerce près de l'Ovale, le terrain de cricket.

Ethel passait chez eux tous ses jours de congé et quand Vera vint au monde, Ethel fut sa marraine. C'était le moins qu'on puisse faire pour elle, déclara Maud à George. La pauvre avait dû abandonner sa fille et n'avait aucune chance de se marier, discréditée comme elle l'était.

Grâce au charme de George et au travail assidu de Maud, leur commerce prospéra. Ils envoyèrent leur fille dans une école privée qu'elle fréquenta jusqu'à l'âge de seize ans – un record. Après quoi, Maud se refusa absolument à ce qu'elle cherche une situation ou travaille au magasin. Elle avait élevé Vera comme une princesse et la voyait déjà épouser un gentleman, par exemple un employé de banque ou quelqu'un dans les affaires – c'était toujours ce que Maud disait de son mari : qu'il était « dans les affaires » – et avoir sa maison à elle. Vera ne manquait ni de robes ni d'argent de poche, et une fois par an, ils partaient tous les trois pour Brayminster-on-Sea – notre bien-aimé Bray, comme ils disaient – où ils passaient de merveilleuses vacances dans une excellente pension avec vue sur la mer. Ils emmenaient parfois Ethel et elle se montra aussi satisfaite qu'eux lorsque James

Horton, le neveu de la propriétaire, se mit à faire les yeux doux à sa filleule.

James était le gendre idéal de Maud : il travaillait à Brayminster dans une succursale de la Barclay. L'hiver, lorsqu'il lui arrivait de monter à Londres, il emmenait Vera au cinéma ou faire une promenade au bord de la Tamise. Maud discuta alors avec George de ce qu'ils pourraient faire pour le jeune couple une fois que les fiançailles seraient fixées. Ethel Carpenter proposa l'ouverture d'un compte-épargne pour l'achat d'une maison et deux cents livres pour les meubles et Maud trouva que c'était très raisonnable.

De quatre ans l'aîné de Vera, James, qui avait été sous-officier dans la Marine pendant la guerre, possédait déjà une somme rondelette à son compte, se montrait un fils dévoué et allait régulièrement à l'église. C'était vraiment le gendre rêvé !

Maud, qui avait encore des idées d'autrefois, estimait que les jeunes ne pouvaient se fréquenter que s'ils avaient été présentés l'un à l'autre ou si leurs parents respectifs étaient de vieux amis. C'est donc avec stupeur qu'elle apprit de la bouche de Mrs Campbell, la femme du poissonnier, que Vera avait été vue en compagnie du jeune barman du Relais. D'après elle, ils s'étaient rencontrés à un bal.

C'était la faute de George, dit Maud à Ethel. S'il n'avait pas été aussi indulgent avec sa fille, elle ne serait jamais allée à ce bal. Elle avait bien essayé de s'interposer, mais George avait déclaré qu'il n'y avait aucun mal à ce que Vera s'y rende avec une amie. Et puis, qu'est-ce qu'il y avait de plus respectable que le bal annuel des Jeunes Conservateurs ?

– Je me demande bien ce qu'en pensera James quand il l'apprendra, lança Maud indignée à Vera.

– Je m'en moque éperdument. J'en ai plein le dos, de James ! Il m'ennuie. Il ne pense qu'à se coucher tôt, se lever tôt et mettre de l'argent de côté. Stanley, lui, dit qu'on n'est jeune qu'une fois, qu'il faut profiter de la vie et que l'argent est fait pour être dépensé.

– Surtout l'argent des autres, j'imagine. Un barman ! Ma fille fréquente un barman !

Bien qu'autorisant parfois George à aller prendre une bière au pub voisin le vendredi soir, Maud, de sa vie entière, n'avait jamais voulu mettre les pieds dans ce genre d'endroit.

– Il faut que ça cesse, Vera. Dis-lui que tes parents t'interdisent de le revoir.

– J'ai vingt-deux ans, déclara Vera qui, si elle ressemblait physiquement à son père, était têtue comme sa mère. Vous ne m'empêcherez pas de le voir. Vous dites toujours que je dois me marier, mais comment y arriverai-je si je ne rencontre jamais de garçons ? C'est ce qui arrive quand on ne travaille pas et qu'on reste cloîtrée à la maison.

– Tu as quand même fait la connaissance de James, lui rappela Maud.

Elle se demanda quel avait été le pire moment de sa vie, celui où Mrs Campbell lui avait appris que Stanley Manning avait écopé de deux ans de prison pour vol avec voies de fait, ou celui où Vera lui avait déclaré qu'elle était amoureuse de Stanley et voulait l'épouser.

– Comment oses-tu parler d'épouser ce criminel ! lui cria Maud. Tu passeras sur mon cadavre avant que cela n'arrive. Je me tuerai. Je mettrai ma tête dans le gaz. Et je m'arrangerai pour que tu ne touches pas un sou de mon argent.

Seulement elle ne réussit pas à empêcher Vera de continuer à fréquenter Stanley. Pendant un certain temps, il ne fut plus question de mariage ni même de fiançailles, mais Vera et Stanley continuaient de se voir en cachette et Maud se tourmenta au point de friser la dépression nerveuse. Elle ne comprenait pas ce que Vera pouvait bien trouver à ce garçon.

Maud n'avait aimé qu'un homme dans sa vie, son mari, et elle jugeait tous les autres à son aune. George Kinaway, qui mesurait un mètre quatre-vingts, incarnait le bel Anglo-Saxon par excellence, excepté un menton un peu fuyant, alors que Stanley, plutôt gringalet, n'était pas plus grand que Vera. Ses cheveux, toujours gras, commençaient déjà de s'éclaircir. Il avait le teint foncé, comme passé au brou de noix, et d'après Maud, son visage se riderait rapidement. Quant à ses yeux noirs, ils ne vous regardaient jamais en face. Bien conscient que c'était elle qui portait la culotte dans le ménage, il ne ménageait pas à Maud ses sourires lorsqu'il la croisait dans la rue. Il lui adressait chaque fois un mielleux « Bonjour, Mrs Kinaway » et hochait tristement la tête devant le silence glacial qu'elle lui opposait en échange.

Il était hors de question qu'il vienne chez elle ou à la boutique et elle se rassurait en se disant que Stanley passait ses soirées à son comptoir. Seulement, comme Vera ne travaillait pas, ils avaient toute licence de se rencontrer le matin ou même l'après-midi. Maud se disait qu'on ne faisait « les saletés » qu'entre 22 heures et minuit – préjugé fondé sur son expérience personnelle et qui dans son cas méritait un terme moins méprisant –, heures auxquelles Stanley était au moins occupé à travailler. Ce fut cependant avec un mélange d'horreur et d'incrédulité qu'elle entendit Vera, en larmes, lui avouer qu'elle était enceinte de plus de deux mois.

– L'histoire de la pauvre Ethel recommence ! gémit Maud entre deux sanglots. Et il faut qu'une chose aussi affreuse arrive à ma propre enfant !

Mais si folle et si dévergondée que se soit montrée Vera, elle ne souffrirait pas ce qu'avait enduré Ethel. Elle aurait un mari, une maison, un foyer pour son bébé. On allait la marier.

Au lieu de la grande cérémonie dont rêvait Maud, Vera et Stanley furent unis presque à la sauvette, devant une douzaine de proches parents et d'amis, et s'installèrent aussitôt dans le petit pavillon de Lanchester Road. Maud faisait tout pour humilier Stanley. Lorsque George et elle achetèrent le pavillon, ils eurent soin de mettre l'acte de propriété au nom de Vera et laissèrent comprendre à leur gendre qu'ils entendaient qu'il les rembourse jusqu'au dernier centime.

Il n'y avait pas trois semaines qu'ils étaient mariés lorsque Vera fit une fausse couche.

– Oh, mon Dieu, soupira Maud au chevet de sa fille, à la maternité, pourquoi nous sommes-nous pressés ainsi ? Ton père disait bien qu'il fallait attendre un peu et il avait raison.

– Que veux-tu dire ?

– Si nous avions attendu trois petites semaines...

– J'ai perdu mon bébé, fit Vera en se redressant dans son lit, et tu voudrais maintenant me priver de mon mari.

Une fois rétablie, Vera travailla pour rembourser l'argent qu'elle devait à ses parents. Sur ce chapitre-là, Maud se montrait inflexible. Elle donnait de temps à autre un chèque à sa fille pour qu'elle s'achète une robe, ou l'emmenait faire un bon déjeuner, mais Stanley Manning ne verrait pas la couleur de son argent. Qu'il relève ses manches, gagne sa vie comme un homme et Maud réviserait peut-être sa position...

Dès qu'elle comprit que c'était son intention, elle mit tout en œuvre pour détacher Vera de Stanley, ce qui lui fut facilité lorsqu'elle vint habiter chez sa fille. Elle s'y prit de deux manières :

en lui rappelant constamment sa condition misérable – qu'elle rendit d'ailleurs plus difficile encore en menant contre son gendre une lutte sourde – et en lui faisant miroiter la vie agréable et aisée qu'elles pourraient avoir toutes les deux.

Jusqu'à présent elle n'avait guère remporté de succès. Vera avait toujours été têtue comme une mule, le portrait de sa mère, se disait Maud avec attendrissement. Ni les petits cadeaux ni les promesses mirifiques n'avaient entamé son armure. Il lui fallait mettre le paquet. Que Vera ait pâli en entendant parler des vingt mille livres n'avait pas échappé à Maud. Elle devait ruminer ça à la teinturerie, tout en glissant des couvertures ou des complets dans des sacs de plastique. Et ce soir, Maud abattrait son atout.

En pensant à l'effet qu'il produirait, elle poussa un soupir de contentement, se renversa contre les coussins et de son pied valide alluma la seconde rampe du radiateur électrique. Vera se rendrait compte que cette fois elle ne plaisantait plus. Quant à Stanley... Stanley comprendrait qu'il ne gagnerait rien à faire passer sa belle-mère de vie à trépas.

C'était comique, quand on y pensait. Stanley rêvait de se débarrasser d'elle, et elle n'avait qu'un but, se débarrasser de lui. Mais elle agirait la première, le battant ainsi d'une coudée. Maud sourit, ferma les yeux et sombra aussitôt dans un profond sommeil.

3

Sur les quelque cinquante automobilistes qui vinrent ce jour-là faire le plein à la station-service, Stanley n'accorda son attention qu'à cinq d'entre eux, restant sourd aux appels et coups de klaxon des autres. Installé dans sa cage de verre, il tournait le dos à la route, se voyant déjà l'heureux propriétaire des vingt mille livres que Maud avait en banque et dont Vera lui avait parlé au petit déjeuner.

À la mort de George Kinaway, Stanley, tout frétillant, avait attendu avec impatience la lecture du testament. Quand Vera lui dit que tout revenait à sa mère, il n'en crut pas ses oreilles. Rongeant son frein, il se prépara à une longue et amère attente et son caractère s'aigrit.

Après avoir cédé le débit de tabac, Maud s'installa plus que confortablement dans une jolie villa à Eltham. Stanley n'y avait jamais mis les pieds, pour la bonne raison qu'il n'y était pas invité, et il ne se sentait guère d'humeur à compatir lorsque Vera, ayant déjeuné chez sa mère, lui parlait de sa trop forte tension. Ces ennuis de santé représentaient cependant le seul espoir de Stanley et, en homme d'une intelligence supérieure à la moyenne qui aurait pu faire une carrière brillante s'il s'en était donné la peine (ou du moins s'il avait eu sa chance, comme il disait), il se documenta sérieusement sur les méfaits d'une tension trop élevée et du durcissement des artères. À l'époque, il travaillait comme veilleur de nuit dans une usine. Personne n'essayait jamais de s'introduire dans ce bâtiment délabré où il n'y avait rien à voler, aussi Stanley passait-il son temps à lire des ouvrages médicaux qu'il empruntait à la bibliothèque.

Il ne fut donc pas surpris, en rentrant un jour chez lui, d'apprendre de la bouche de Vera que sa mère venait d'avoir une thrombose cérébrale.

Prenant une mine de circonstance et se montrant, contrairement à son habitude, plein d'attentions pour sa femme, Stanley se mit à supputer le montant de l'héritage. Maud avait dû tirer au moins huit mille livres de la vente de sa villa, sans compter ses économies. Il commencerait par s'acheter une grosse voiture, rien que pour épater les voisins.

Mais Maud se remit de son attaque.

Stanley, qui ne perdait pas espoir, accepta qu'elle vînt vivre avec eux à Lanchester Road. Après tout, c'était à Vera qu'incomberait cette surcharge de travail, et si les huit mille livres ne lui tombaient pas immédiatement entre les mains, il en recueillerait quand même quelques bribes. On ne vient pas s'incruster chez sa fille sans payer sa part, et si Maud se faisait tirer l'oreille, Stanley se chargerait de lui lancer de transparentes allusions.

Le lendemain de son arrivée, Maud révéla ses intentions. À l'exception des dix shillings d'argent de poche qu'elle conserverait chaque semaine, elle verserait le montant de sa retraite à Vera, mais son capital, judicieusement placé, resterait où il était, à la banque.

– Un culot pareil, ça s'est jamais vu ! s'exclama Stanley.

– Ce qu'elle me verse paie sa nourriture, Stanley.

– Et le toit que nous lui offrons ? Et le travail qu'elle te donne ?

– C'est ma mère, Stan.

Le moment était venu de mettre cette phrase au passé. Mais

en douceur, bien sûr. Depuis qu'à dix-huit ans, Stanley avait frappé une vieille femme à la tête pour lui arracher son sac à main, il ne s'était plus jamais livré à des violences sur qui que ce soit et, lorsqu'il lisait dans les journaux des histoires d'assassinat, il était aussi scandalisé que Vera et aussi véhément que Maud pour exiger le rétablissement de la peine de mort. Comme dans l'affaire où un officier de police avait été tué en essayant d'empêcher des voyous de faire un hold-up à la poste de Croughton le mois dernier. Non, il n'envisageait pas de commettre un meurtre. Il voyait plutôt un accident, une fuite de gaz ou encore un échange de ces comprimés dont se gorgeait Maud.

Comme l'idée de la fuite de gaz prenait forme dans son esprit, Stanley rentra chez lui en sifflant gaiement. Il se contenta, sans l'embrasser, de tapoter l'épaule de Vera et alla immédiatement tourner le bouton de la télévision.

Pensant que les jours de Maud étaient comptés, Stanley était disposé à se montrer un peu plus aimable envers elle. Mais à peine la vit-il, installée à table, attaquant sa seconde platée d'œufs et de frites, le visage rouge et l'air agressif, qu'il se prépara à la bataille.

– Vous avez eu une journée bien remplie, maman ?

– Mieux remplie que la vôtre, riposta Maud. J'ai bavardé cet après-midi, par-dessus la haie, avec Mrs Blackmore. Il paraît que son mari a voulu prendre de l'essence au garage et qu'il n'y avait personne pour le servir. Il vous a vu dans votre cage de verre en train de dormir.

– Je vous interdis de cancaner par-dessus la haie ! Compris ? fit Stanley la foudroyant du regard. Envahir mon jardin et écraser mes plantes !

– C'est pas votre jardin. C'est celui de Vera.

Maud ne pouvait rien dire de plus vexant à son gendre. Né et élevé à la campagne, Stanley avait toujours aimé jardiner. Il disait volontiers que c'était là son unique distraction, oubliant sa passion pour les mots croisés et son intérêt tout particulier pour certaines questions médicales. Mais cet amour du jardinage ne lui allait pas : on associe toujours ce genre de passion aux gens civilisés et respectueux de la loi et Maud se refusait à le prendre au sérieux. Elle ne voulait voir en Stanley qu'un dévoyé, un hors-la-loi aux occupations condamnables, tout en considérant le jardinage comme l'un des passe-temps les plus respectables qui soient. Aussi lorsque après avoir soigné ses bruyères ou arrosé ses glaïeuls, il rentrait dans la maison pour se laver les mains, elle ne manquait jamais de lui rappeler que le jardin, tout comme le pavillon d'ailleurs, appartenait à Vera qui pouvait le vendre sans son accord le jour où ça lui chanterait.

Satisfaite d'avoir piqué son gendre au vif, Maud se tourna vers Vera et lui demanda si elle avait pensé à lui rapporter sa pelote de laine.

– Je suis désolée, maman, ça m'est complètement sorti de la tête.

– Ce qui veut dire que ce soir je ne pourrai pas tricoter, fit Maud avec aigreur. Si j'avais su, je l'aurais achetée moi-même quand je suis descendue en ville.

– Qu'es-tu allée faire en ville ?

– Voir mon notaire, cria Maud pour dominer le son de la télévision.

– Depuis quand vous avez un notaire ? demanda Stanley.

– Depuis ce matin, gros malin. Une pauvre veuve comme moi a besoin de la protection d'un homme de loi. Il s'est montré charmant, ça je peux vous le dire, un vrai gentleman. Ça m'a bien réconfortée. Désormais je peux dormir sur mes deux oreilles.

– Je ne comprends pas à quoi ça rime, fit Stanley vaguement mal à l'aise. Bon Dieu, baissez donc le son de cette sacrée télévision, lança-t-il, oubliant que c'était lui qui l'avait ouverte. Là, ça va mieux, on peut s'entendre maintenant. Encore une fois, ça rime à quoi, tout ça ?

– Figurez-vous que j'ai fait mon testament, ce matin, et que j'ai chargé mon notaire de le rédiger selon mes désirs. Si je vivais seule avec Vera, il n'en serait pas question. Tout ce que je possède lui reviendra, je vous l'ai dit cent fois. Mais voilà la clause que j'ai tenu à insérer. Si je meurs d'une attaque, vous hériterez, mais si mon décès est dû à une autre cause, tout mon argent ira à Ethel Carpenter. Vous voilà prévenus.

– Prévenus de quoi, maman ? fit Vera lâchant sa fourchette. Je ne comprends pas où tu veux en venir.

– C'est pourtant clair, non ? fit Maud. Réfléchis un peu.

Leur lançant un regard ironique, elle mit le son de la télévision à plein volume.

– Ça, déclara Stanley lorsqu'ils furent couchés, c'est bien la pire des insultes qu'elle m'ait jamais lancée à la tête. Insinuer que je serais capable de lui faire son affaire. Pour moi, elle est devenue cinglée.

– En admettant que ce qu'elle nous a raconté soit vrai, objecta Vera.

– Je me fous que ce soit vrai ou pas. Qu'elle soit ou non allée voir ce notaire, qu'il ait ou non inséré cette clause, elle nous tient.

– Mais non, mon chéri. Ce n'est pas comme si nous avions de mauvaises intentions à son égard. Elle ne peut mourir que d'une attaque, d'ailleurs. Mais ce qui me fait mal, c'est que maman ait pu penser à une chose pareille.

– Et si elle meurt d'autre chose qu'une attaque, qu'est-ce qui se passera ?

– Tu veux mon avis ? Aucun notaire au monde n'insérerait une clause pareille dans un testament, fit Vera en poussant un profond soupir. (Et se tournant sur le côté :) Il faut que je dorme. Je suis morte de fatigue.

En somme, se dit Stanley, Vera a raison. Un notaire n'accepterait pas de faire figurer une telle clause dans un testament. Ça doit pas être légal, mais tout de même...

Vera travaillait toute la journée le samedi, et Stanley et Maud restaient en tête à tête. Quand il faisait beau, Stanley jardinait, et quand il pleuvait, il filait au cinéma.

Mars avait été plutôt clément. L'amandier était en fleur, les narcisses en bouton, mais dans la rocaille, la bruyère n'était pas très fraîche. C'était le moment de la nourrir au terreau, car à Croughton le sol était lourd et argileux. Stanley alla chercher dans la cabane à outils un sac de terre qu'il répandit au pied des plantes, puis se mit à creuser une tranchée qu'il remplirait de terreau en piquant les nouveaux plants de bruyère qu'il avait commandés.

Si ça le dérangeait que Maud cancane avec Mrs Blackmore, du 59, ou Mrs Macdonald qui habitait au 63, Stanley ne détestait pas, à l'occasion, bavarder avec l'une ou l'autre de ses voisines. Ce jour-là, quand Mrs Blackmore vint suspendre des chemises de son mari à la corde à linge, il aurait bien aimé se répandre sur les méchancetés et les insultes de Maud, comme c'était son habitude, mais il ne pouvait plus se le permettre maintenant. Il fallait au contraire se poser en gendre attentionné et affectueux.

– Elle va bien, dit-il comme Mrs Blackmore lui demandait

des nouvelles de sa belle-mère. Ou du moins aussi bien qu'elle peut aller, vu son état.

– C'est ce que je dis toujours à John, Mrs Kinaway est extraordinaire quand on pense par où elle a passé.

Mrs Blackmore était une petite femme maigrichonne aux cheveux teints en blond qui portait des couettes comme une petite fille, bien que le reste de sa personne évoquât une femme résignée à rester entre deux âges. Elle avait l'œil dur et vif et la sale manie de fixer ses interlocuteurs. Stanley s'efforça de soutenir sans ciller son regard scrutateur.

– C'est bien vrai, dit-il en secouant la tête. On peut pas s'empêcher de l'admirer.

– Je sais que vous lui êtes attaché, fit Mrs Blackmore, mais sous la surprise son regard vacilla. Est-ce qu'elle a vu le docteur, ces derniers temps ?

– Le vieux Dr Blake a pris sa retraite, et elle ne veut pas entendre parler du nouveau. Elle dit qu'il est trop jeune.

– Le Dr Moxley ? Il a au moins trente-cinq ans ! Évidemment, pour elle, c'est jeune.

– Vous savez comment sont les personnes âgées, dit hypocritement Stanley. Il ne faut pas les contrarier.

Leurs regards s'affrontèrent, et cette fois ce fut Stanley qui remporta la victoire. Mrs Blackmore marmonna qu'elle avait quelque chose sur le feu et s'engouffra dans son pavillon.

Le samedi, Maud et Stanley devaient se contenter d'un déjeuner froid qu'ils avalèrent ce jour-là en silence. Puis Stanley s'attaqua aux mots croisés du *Daily Telegraph* tandis que sa belle-mère s'apprêtait à faire sa sieste.

Quand elle était seule, elle se contentait de s'installer tout simplement dans un fauteuil pour piquer un somme, mais le samedi, à l'intention de Stanley, elle en faisait toute une affaire. Elle disposait tous les coussins qu'elle pouvait rafler sur le canapé, puis montait à sa chambre, en tapant chaque marche de sa canne, chercher une brassée de couvertures qu'elle rapportait en gémissant sous l'effort. Enfin, retirant ses lunettes et ses chaussures, elle s'étendait haletante sur le canapé et s'enfouissait sous les couvertures.

Son gendre se garda bien de lui prêter la moindre attention. Il continua de remplir la grille de ses mots croisés, en souriant de temps à autre de la naïveté de leur auteur et en réfléchissant à voix basse. Maud, n'y pouvant plus tenir, dit d'un ton acide :

– Dans mon jeune temps, un « monsieur » se faisait un honneur d'aider une dame âgée.

– Seulement voilà, je suis pas un monsieur. Pour être un monsieur, faut avoir du fric.

– Oh, que non, on l'est de naissance.

– Et vous êtes quoi, vous, de naissance ? Une dame ? Laissez-moi rire.

Ravi d'avoir cloué le bec à sa belle-mère, Stanley inscrivit le vingt-huit horizontal, achevant ainsi sa grille.

Maud ferma les yeux, les lèvres pincées. Stanley qui la guettait du coin de l'œil vit sa bouche se détendre et ses mains lâcher la couverture. Elle dormait. Pliant son journal, il sortit de la pièce sur la pointe des pieds et monta à la chambre à coucher de Maud.

Elle avait dû passer le plus clair de sa matinée à écrire à Ethel Carpenter, et la lettre, qu'elle n'avait pas encore mise sous enveloppe, était posée sur sa table de chevet. Stanley s'installa sur le bord du lit pour la lire plus à son aise.

Il s'était toujours douté être le principal sujet de conversation des deux vieilles, mais jamais il n'aurait cru que Maud consacrerait trois pages et demie à le dénigrer. Il en fut outré et blessé. Après tout, c'était une faveur qu'il lui accordait, en la laissant habiter sous son toit, et l'ingratitude dont elle faisait preuve dans cette lettre le fit bouillir de colère.

Le sourcil froncé, il lut ce que pensait Maud de sa paresse et de sa grossièreté. Elle poussait même le culot jusqu'à raconter à son amie que la veille il avait emprunté cinq livres à Vera pour jouer aux courses. C'était ce que Stanley avait eu l'intention de faire, mais il avait employé l'argent pour acheter de l'engrais et des boutures pour le jardin. La vieille salope ! Quelle langue de vipère ! Qu'est-ce qu'elle avait encore inventé ?

« Bien entendu, ma pauvre petite ne reverra jamais son argent, écrivait Maud. Il n'y a pas de danger, avec lui. Elle travaille comme une esclave et si je n'étais pas là, elle n'aurait rien à se mettre sur le dos. Ce n'est plus qu'une question de temps pour que je la persuade de le quitter. Elle lui est trop fidèle pour me dire "Oui, maman, je le quitte", et elle sait trop bien la scène qu'il lui ferait. Peut-être même qu'il la battrait. Il est capable de tout, Ethel. L'autre jour, je lui ai dit que je lui achèterais tout ce qu'elle veut à condition qu'elle le plaque et elle a tout de suite eu les larmes aux yeux. Ça m'a brisé le cœur, ça je peux le dire, de voir ma pauvre petite fille aussi désespérée. Mais je me dis que si je suis si dure, c'est pour son bien, et je suis sûre qu'elle me remerciera à genoux quand elle s'en sera débarrassée et que nous vivrons ensemble dans la belle petite maison que j'ai l'intention de lui acheter. J'ai relevé une annonce dans le journal de dimanche. On construit de beaux petits pavillons à Chigwell et quand Vera aura son après-midi de congé j'ai l'intention de louer une voiture pour l'emmener en visiter une. *Sans lui, évidemment...* »

Furieux, Stanley faillit déchirer la lettre. Jusque-là, tout en se doutant qu'elle concoctait quelque chose, il ignorait les projets de Maud. Vera avait eu trop peur de lui en parler. Si seulement j'avais de l'argent, fulminait-il, je ferais un procès à cette vieille salope pour ça. C'est ce que je ferais, je la traînerais devant les tribunaux pour avoir essayé de séparer une fidèle épouse de son mari.

La main crispée sur les feuillets, il prit brusquement conscience du danger qui le menaçait. Si Vera le quittait, il pouvait dire adieu aux vingt mille livres. Il serait obligé de gagner son pain à la sueur de son front pendant qu'elle se pavanerait dans le luxe. Bon Dieu, pensa-t-il, dire que tout lui appartient, même ce pavillon ! Alors comme ça la mère et la fille mèneraient la belle vie, elles loueraient des voitures, elles en achèteraient peut-être une, et elles s'installeraient à Chigwell dans une maison pourvue de tout le confort. Ça, il ne le supporterait pas, et il se rappela soudain pour quelle raison il était monté dans la chambre de Maud.

Remettant la lettre où il l'avait trouvée, il se mit à examiner les trois flacons de comprimés posés au pied de la lampe de chevet. Les bleu pâle, des somnifères, ne l'intéressaient pas ; pas plus que les jaunes... des vitamines auxquelles Maud devait probablement son agressivité. En revanche les minuscules anticoagulants, du Mollanoïde – Maud en prenait six par jour – retinrent son attention. Ils avaient pour fonction d'empêcher le sang épaissi de former des caillots dans les artères fragiles des personnes âgées. Il en sortit un du flacon et l'enveloppa dans son mouchoir.

Lorsqu'il redescendit, Maud dormait toujours. Un autre samedi, il l'aurait laissée se reposer, mais se souvenant de cette lettre infâme il mit la télévision à plein volume et prit un malin plaisir à voir sa belle-mère se réveiller en sursaut.

À la station-service, Stanley n'avait pas le droit d'abandonner sa cage de verre entre 9 heures du matin et 5 heures de l'après-midi, mais il ne s'en privait pas et vivait sous la menace d'être renvoyé. À 5 heures, la pharmacie, de l'autre côté de la rue, serait fermée et il ne pouvait pas attendre jusqu'au samedi suivant pour exécuter son plan.

Il attendit 1 heure, le moment le plus creux de la journée, et traversa en douce la rue. Mais le pharmacien, derrière son comptoir, observait de si près Stanley qui examinait les flacons les uns après les autres, qu'il jugea plus prudent de filer jusqu'au drugstore, cinq cents mètres plus loin.

Là tout était exposé et l'on pouvait examiner à son aise pilules et comprimés... de couleur blanche, bien entendu. Aspirine, codéine, phénacétine n'avaient pas la dimension voulue. Seules les sucrettes qu'emploient les gens pour maigrir correspondaient par leur aspect aux anticoagulants de Maud.

Ça, ça devrait faire l'affaire. Elles avaient exactement la taille voulue. Regardant autour de lui, il dévissa le flacon et posa un comprimé sur sa langue. C'était horriblement sucré, mais Maud avalait toujours ses cachets avec du thé fort et sucré et elle ne s'apercevrait probablement de rien.

– Ça ne vous ennuierait pas de payer avant de goûter ? lui dit la vendeuse.

– Si vous m'accusez de voler, appelez le directeur.

– Oh la la, calmez-vous, c'est pas la peine de crier. Ça fera cinq shilling et six pence, s'il vous plaît.

– Si ça c'est pas du vol, dit Stanley.

Il acheta quand même un flacon et revint en vitesse au garage. Trois voitures attendaient devant les pompes à essence et le patron de Stanley, tenant délicatement le tuyau aussi loin que possible de son complet immaculé, faisait de son mieux pour servir le premier de ses clients. Stanley fila droit dans sa cage de verre et l'observa. À peine les autos reparties, le patron fit irruption dans la cage en essuyant ses mains graisseuses :

– Ça commence à bien faire, Manning. Je n'en supporterai pas davantage. Dieu sait combien de clients j'aurais perdus si l'un d'entre eux ne m'avait téléphoné pour me demander ce qui se passait. Je vous avais prévenu. Vous finirez la semaine, et vendredi vous irez vous faire pendre ailleurs.

– Avec plaisir, fit Stanley. Je serais parti de toute façon avant que votre foutu garage fasse faillite.

Être renvoyé ne le frappait nullement. Il y était habitué, et savourait d'avance les quelques semaines de liberté durant lesquelles il toucherait le chômage avant de reprendre un autre boulot. En revanche, il n'était pas très heureux de devoir annoncer la nouvelle à Vera et il ferait tout au monde pour que Maud n'en sache rien. Elle s'empresserait de le crier sur les toits et de le servir tout chaud à Ethel Carpenter.

Mais Maud n'avait plus beaucoup de temps devant elle pour colporter des ragots ou écrire des insanités, se dit Stanley en caressant du doigt le flacon qu'il avait fourré dans sa poche. Que de fois Maud avait-elle répété que, si elle était encore en vie, c'était grâce au Mollanoïde. D'ici quelques jours, son organisme réagirait violemment au manque d'anticoagulants, adroitement remplacés par la saccharine.

Stanley rentra chez lui d'un pas nonchalant et s'arrêta longuement devant la vitrine du hall d'exposition des Jaguar, fixant son choix sur un magnifique modèle couleur bordeaux.

4

– Ces cachets ont un drôle de goût, dit Maud. Je les trouve sucrés. Tu ne t'es pas trompée d'ordonnance, Vera ?

– J'ai présenté la même que d'habitude, maman. Celle que le Dr Blake t'a faite avant de prendre sa retraite. Et le pharmacien la connaît bien.

Vera prit l'emballage de carton pour s'assurer que Maud n'avalait pas, par erreur, des vitamines ou un diurétique. Non, il s'agissait bien du Mollanoïde et l'on pouvait lire, sur l'étiquette : « Mrs Kinaway, deux comprimés trois fois par jour. » Il y avait même la trace du doigt du pharmacien, qui n'attendait jamais que l'encre soit sèche.

– Mais si tu préfères, maman, je peux prendre rendez-vous pour toi avec le Dr Moxley. Il paraît qu'il est charmant.

– Je ne veux pas entendre parler de lui. Moi, ces jeunots, je m'en méfie, répliqua Maud en avalant une gorgée de thé pour faire descendre son second comprimé. J'ai dû trop sucrer mon thé. D'ailleurs ces comprimés, quels qu'ils soient, doivent être inoffensifs. Pour dire la vérité, il y a des mois que je ne me suis sentie aussi bien. Tiens, voilà le facteur. Sois gentille et descends voir s'il y aurait par hasard une lettre de ta tante Ethel.

Vera ramassa le relevé de téléphone et une lettre timbrée de Brixton. Elle décida de n'ouvrir la facture qu'à son retour. D'accord, c'était se comporter comme une autruche. Et alors ? Peut-être que les autruches se cachent la tête dans le sable, mais elles galopent à toute vitesse et elles ne vieillissent pas avant l'âge. Ça me déplairait pas d'être une autruche, tiens, pensa Vera, au moins ça me changerait de ce que je suis.

Elle attrapa son manteau au passage et commença de l'enfiler tout en remontant l'escalier. Maud, qui entre-temps s'était levée, faisait briller ses ongles à l'aide d'un polissoir à monture d'argent.

– Il n'est que moins dix, dit-elle à sa fille. Tu as encore le temps d'écouter ce que raconte tante Ethel.

Vera n'allait pas se mettre en retard pour apprendre que le cyclamen d'Ethel Carpenter était en pleine floraison ou que la petite-nièce de sa logeuse avait les oreillons. Mais elle attendit quand même, en trépignant d'impatience. Elle était prête à subir n'importe quoi pour avoir la paix et ne pas indisposer sa mère.

– Non, mais écoute ça ! s'exclama Maud. Ta tante Ethel déménage et vient s'installer tout près d'ici. Voici ce qu'elle m'écrit : « Ayant appris qu'il y avait une jolie chambre à louer à Green Lanes, à dix minutes de chez toi, je suis allée la voir samedi. » Je me demande pourquoi elle n'en a pas profité pour me rendre visite. Ah, voilà l'explication. « Je serais bien passée chez toi, mais j'avais peur de te déranger. » Je la reconnais bien, Ethel, toujours pleine d'égards.

– Il faut que je file, maman.

– Une minute... « Et puis je ne voulais pas venir en l'absence de Vera, qui comme tu me l'as dit, travaille le samedi, etc. » Oh ! Attends, Vera, ce n'est pas tout. « Ma logeuse a loué ma chambre à un étudiant qui vient s'y installer le 10 avril, un vendredi, et comme elle a toujours été très bonne pour moi, je ne voudrais pas la mettre dans l'embarras. Mais voilà, ma nouvelle logeuse, à Green Lanes, Mrs Paterson, ne peut me recevoir avant le lundi, alors je me demandais si Vera accepterait de m'accueillir pendant le week-end. J'aurais tant de joie à vous revoir toutes les deux et à évoquer le bon vieux temps ! » Je vais tout de suite lui répondre que c'est entendu. Tu es d'accord, Vera ?

– Je ne sais pas quoi dire, maman, fit Vera, l'air malheureux.

Qu'est-ce que Stanley va en penser ? Si vous devez être toutes les deux après lui...

– Enfin, tout de même, cette maison est à toi !

– Il faut encore que j'y réfléchisse. Et maintenant je me sauve.

– Je tiens à lui répondre le plus vite possible, cria Maud alors que Vera dégringolait l'escalier. Montre à Stanley que tu es maîtresse chez toi. Il n'a rien à dire.

Il avait dû l'entendre, pensa-t-elle, vautré comme il l'était dans son lit à côté. La perspective d'une dispute l'excita et elle sentit monter en elle une bouffée de plaisir semblable à celles qu'elle éprouvait dans le temps quand arrivait le dimanche matin avec sa promenade tant attendue en compagnie de George.

Bien sûr, ce n'était pas bien d'aimer les disputes. George lui aurait dit de ne faire d'histoires à aucun prix. Mais si George avait vécu dans la même maison que Stanley Manning, il l'aurait approuvée. Il aurait compris qu'elle faisait cela pour sauver Vera.

Maud alla à sa coiffeuse et prit la photographie de George dans un tiroir. La légère mélancolie qu'elle ressentit à sa vue se teintait de l'exaspération qu'elle avait si souvent éprouvée envers son mari de son vivant. Il lui manquait, ça, il n'y avait pas de doute, et si on avait pu le faire revenir, elle aurait été heureuse, mais quand même, il fallait bien avouer qu'il avait été parfois pénible, trop faible, trop scrupuleux et beaucoup trop enclin à laisser faire les choses. Ethel, en revanche, c'était pas du tout le même genre. Dans la vie, elle avait dû se battre tout autant que Maud.

Elle rangea la photographie. Rien n'aurait pu la réjouir autant que la nouvelle qu'elle venait d'apprendre dans la lettre. Puisque Ethel allait habiter à dix minutes, elle ferait sûrement un saut tous les jours et à elles deux, elles entreprendraient Vera et parviendraient bien, en quelques semaines, à la convaincre de quitter son mari. Ethel avait une telle emprise sur les choses et une telle conviction. Elle parlerait à Vera, et quand celle-ci verrait que quelqu'un d'extérieur et d'impartial partageait les opinions de sa mère, elle s'inclinerait comme George avait si souvent dû le faire.

Stanley resterait seul. Maud glousse de joie à l'idée qu'il lui faudrait vivre de son maigre salaire, préparer lui-même ses repas et se laisser aller à sa pente naturelle, c'est-à-dire tomber toujours plus bas. Et pas question de l'autoriser à demeurer dans le pavillon. Il n'aurait qu'à se louer une chambre. Mais pour en arriver là, il fallait d'abord soustraire Vera à son influence. Par la suite, ce serait peut-être Ethel qui viendrait s'installer dans le pavillon. La vie avait été dure pour cette pauvre Ethel. Quelle joie ce serait de lui donner une maison à elle, de la voir sourire et peut-être même pleurer de gratitude ! Maud se sentit fière à l'avance de ce geste plein de générosité.

Le montant de l'allocation de chômage que touchait Stanley dépassait, et de loin, la somme qu'il avait mentionnée à Vera. Il avait bien besoin de la différence, car il se ruinait en sucrettes et en places de cinéma où il se rendait tous les jours pour éviter le tête-à-tête avec Maud. Espérant la voir décliner rapidement, il fut déçu de constater que, loin de s'affaiblir, elle semblait plus forte, plus vive et plus jeune que jamais. Décidément, avoir remplacé le Mollanoïde par des sucrettes n'avait jusqu'à présent servi à rien. Si au moins elle se fatiguait avec de longues promenades ou en portant des paquets ! Ce n'était pas d'écrire des lettres qui ferait monter sa tension.

En rentrant chez lui, ce soir-là, après avoir passé un plaisant après-midi à voir deux films d'épouvante, il sentit qu'il se tramait quelque chose. Ces deux idiotes complotaient peut-être ce qu'il redoutait le plus, la reddition de Vera. Elles s'étaient tues à la seconde même où il entrait dans la pièce et Vera semblait avoir pleuré.

– J'ai battu le pavé tout l'après-midi à la recherche d'un travail, dit-il.

– Pas facile de se caser quand on n'a aucune qualification, lança Maud. Et on ne vous a rien trouvé, à l'agence ?

Stanley prit la tasse de thé que lui tendait Vera et secoua lugubrement la tête.

– Tu finiras bien par trouver quelque chose, mon chéri, fit Vera.

– Il est pas pressé, rétorqua Maud. Du moment que sa femme l'entretient... Au fait, avez-vous rendu à Vera l'argent qu'elle vous avait avancé ?

Depuis qu'il avait remplacé le Mollanoïde par des sucrettes, Stanley s'était adouci envers Maud, allant même jusqu'à l'appeler « mère », et à lui laisser choisir les émissions à la télévision, mais cette fois il vit rouge.

– Occupez-vous de vos affaires, Maud Kinaway. Cette question ne regarde que ma femme et moi.

– Quand ça concerne Vera, ça me concerne aussi. C'est

l'argent qu'elle a gagné. Vous êtes pas marié sous le régime de la communauté des biens, que je sache. Ça fait plus d'un siècle que le Parlement a voté la loi et que les femmes ont droit à cette indépendance.

– Ouais, c'est ça, même que vous aviez vingt ans à l'époque.

– Vas-tu laisser ton mari me parler sur ce ton, Vera ? fit Maud en s'empourprant.

– J'y suis tellement habituée, à vos chamailleries, dit Vera qui faisait la navette entre la salle à manger et la cuisine, un plat de saucisses et de purée de pommes de terre à la main, que je ne vous entends même plus. Passez à table, que vous ayez fini de dîner avant que ne commence le feuilleton.

Rongeant leur frein, Maud et Stanley prirent place. Ni l'un ni l'autre n'avait levé le petit doigt tout au long de la journée. Ils avaient de l'énergie à dépenser et un solide appétit à satisfaire. Vera chipota sa saucisse et laissa la moitié de sa purée. Décidément, depuis quelque temps, elle n'avait pas d'appétit et elle se demanda si sa mère ne voyait pas juste en la disant menacée d'une dépression nerveuse. Le sommeil même ne la reposait pas et elle se levait le matin aussi fatiguée que lorsqu'elle se couchait le soir. Recevoir tante Ethel pendant un long week-end n'arrangerait rien, car Maud exigerait qu'on mette les petits plats dans les grands en l'honneur de sa meilleure amie. Il faudrait changer de nappe tous les jours, confectionner des gâteaux et bien entendu préparer la chambre d'ami. Maud avait dû lire dans ses pensées ou y réfléchir toute la journée, car elle lança, en se servant généreusement et pour la seconde fois de purée :

– Tu l'as dit à Stanley ?

– Si tu crois que j'ai eu le temps. Je ne suis rentrée que depuis une demi-heure.

– Dire quoi ? demanda Stanley.

– J'ai invité Ethel Carpenter à séjourner ici, déclara Maud, avalant deux comprimés en faisant la grimace.

– Quoi ? s'exclama Stanley, en réalité soulagé, car il craignait de s'entendre annoncer que Vera le quittait.

– Seulement pour deux ou trois jours, se hâta d'ajouter Vera.

– *Seulement ?* Seulement pour deux ou trois jours ? Je suis dans les ennuis jusqu'au cou, sans travail, constamment harcelé à la maison et tu m'annonces le plus tranquillement du monde qu'il faudra que je me coltine cette vieille pouffiasse ?

– Comment osez-vous ! Comment osez-vous employer un tel

langage en ma présence ? s'écria Maud, se dressant, crispée sur sa canne. Ethel séjournera ici, un point c'est tout. Vera et moi on a décidé. Et c'est pas vous qui nous en empêcherez. Vera pourrait vous jeter à la rue demain si ça lui chantait, avec pour tout bien juste ce que vous avez sur le dos.

– Et moi, fit Stanley s'approchant d'elle à la toucher, c'est dans un asile de vieillards que je pourrais vous envoyer. Vous n'avez rien à foutre ici et personne peut m'obliger à vous supporter.

– Voyou ! Gibier de potence ! Bandit !

– J'en ai autant à votre service, Maud Kinaway. Vieille harpie ! Langue de vipère !

– Vaurien ! Feignasse !

Les observant du bout de la table, Vera se dit que dans un instant ils allaient en venir aux mains, mais cela ne lui fit ni froid ni chaud. Qu'ils se battent, qu'ils se tuent si ça leur chante, pensa-t-elle, vidée de tout sentiment et désespérée. Avec une dignité dont elle n'avait jamais témoigné jusqu'alors, elle se leva et dit du ton calme et uni d'un juge rendant sa sentence :

– Taisez-vous et asseyez-vous.

Ils se tournèrent vers elle, stupéfaits.

– Merci. Ça me change de vous voir m'obéir au doigt et à l'œil. Et maintenant écoutez-moi bien. Ou vous vous conduisez correctement l'un envers l'autre...

Et comme Maud commençait à taper du bout de sa canne...

– Tais-toi, maman. Je n'ai pas fini. Comme je viens de vous le dire, ou vous vous conduisez à l'avenir en gens civilisés, ou je m'en vais.

Voyant s'allumer une lueur de triomphe dans l'œil de Maud, elle ajouta :

– Non, maman, ce n'est pas avec toi que je partirai, pas plus qu'avec Stanley d'ailleurs. Je partirai seule. Cette maison ne représente rien pour moi. Je suis capable de gagner ma vie. Dieu sait que je le fais depuis longtemps. Donc voilà où vous en êtes. Une dispute de plus et je pars. Et ce n'est pas une menace en l'air.

– Tu ne m'abandonnerais pas, Vera, gémit Stanley.

– Oh, mais si ! Tu ne m'aimes pas. Si je ne touchais pas un salaire et s'il n'y avait l'argent que me laissera ma mère un jour, tu ne te soucierais pas plus de moi que de ta première pantoufle. Et toi non plus, maman, tu ne m'aimes pas. Ce que tu aimes, c'est dominer, jouer les bienfaitrices et étouffer les gens. Tu as toujours fait tes trente-six volontés et tu ne peux pas supporter que quelqu'un piétine tes plates-bandes.

Vera se tut, le temps de reprendre haleine, et de jouir de la stupéfaction de ces deux êtres qui avaient tant abusé d'elle.

– Vous n'en revenez pas, hein ? Rappelez-vous bien ce que je viens de vous dire. Une scène de plus et je m'en vais. Et ce n'est pas tout. Tante Ethel séjournera ici non parce que tu le veux, maman, mais parce que j'y tiens. Elle est ma marraine et je l'aime bien, et comme tu l'as répété cent fois, cette maison est à moi. Et maintenant allumez la télévision. C'est l'heure du feuilleton. Tu pourras le regarder tout à ton aise, maman. Stanley ne te dérangera pas. Il sait que je ne plaisante pas.

À la cuisine, bien qu'elle les ait vus s'asseoir, matés, l'air maussade, devant l'écran, Vera enfouit sa tête dans ses mains et se mit à sangloter. Elle n'avait pas la dureté de cœur de Maud ni sa force de caractère et elle se demanda si le cas échéant elle aurait le courage de mettre sa menace à exécution.

Séchant ses larmes elle lava la vaisselle et monta au premier. Assise devant sa coiffeuse, elle s'examina sans indulgence. Certes, pleurer n'avait rien arrangé. Son visage n'était pas, en temps ordinaire, bouffi et congestionné, mais ses rides, ses cernes, ses cheveux autrefois d'un blond roux et maintenant ternes et striés de blanc, les larmes n'y étaient pour rien.

Pas étonnant que Stanley n'éprouve même plus de tendresse pour elle et qu'il ne l'embrasse que lorsqu'ils faisaient l'amour, et encore, pas toujours. Elle évoqua ces après-midi qu'ils passaient à la campagne, couchés dans la bruyère, avant d'être mariés, cette lande où elle avait conçu son enfant mort avant d'être né. Il lui sembla que tout cela appartenait à une autre vie, que le garçon et la fille qui s'étreignaient, haletants, à l'ombre des arbres, n'avaient rien de commun avec Stanley et elle.

Curieux que les jeunes se laissent ainsi entraîner par la passion, et ne comptent pour rien la prudence et la sécurité. S'étaient-ils assez moqués, Stanley et elle, de James Horton avec son compte en banque et ses modestes ambitions. Il devait être maintenant directeur d'une succursale de la banque, vivre dans une belle maison, avoir une gentille et jolie femme dans la quarantaine, alors que Stanley et elle... Elle avait gâché sa vie. Si James la voyait maintenant, il ne la reconnaîtrait pas. Abattue, elle contempla longuement son visage fané, son corps qui n'avait plus rien de désirable.

En bas, Maud et Stanley regardaient le feuilleton, la vieille dame avec un petit sourire de triomphe aux lèvres, son gendre, l'air impassible, rongeant son frein.

5

Chacun de nous s'évade à sa manière, qu'il fasse appel à l'alcool, au tabac, à la drogue, même, ou de façon plus innocente et moins nocive à des lectures faciles. Stanley aimait boire et fumer, et il avait toujours beaucoup lu, mais il puisait ses plus grandes joies dans les mots croisés.

Sur l'étagère de la chambre conjugale s'alignaient brochures et recueils de mots croisés ainsi qu'un exemplaire mille fois consulté du Dictionnaire du XXe siècle de Chamber. Mais toutes les grilles de ces recueils étaient remplies depuis longtemps. Rien ne lui donnait autant de plaisir que de trouver une grille vierge à la dernière page du *Daily Telegraph* et de devoir attendre le lendemain, le cœur battant, certaines solutions qui lui échappaient.

Cela faisait maintenant vingt ans qu'il remplissait fidèlement chaque jour la grille des mots croisés du *Daily Telegraph* ; il n'était plus question pour lui de ne pas arriver à la terminer. Et elle était toujours juste. Quelques années plus tôt il avait adopté, comme la plupart des cruciverbistes acharnés, le système qui consiste à abandonner un problème pendant quelques heures pour s'apercevoir, en le reprenant, que les mots qui lui avaient échappé venaient d'eux-mêmes au bout de son crayon. Mais il avait dépassé ce stade-là. Il s'installait avec son journal – ne se donnant même pas la peine de lire les nouvelles – et ne mettait en général pas plus de vingt minutes pour trouver toutes les solutions. Il se sentait pénétré alors d'une immense satisfaction. Ce qu'il considérait comme une performance le faisait remonter dans sa propre estime et, plongé dans ces jeux d'esprit, il oubliait ses échecs les plus cuisants.

Peu lui importait que sa femme et sa belle-mère ne prennent pas le moindre intérêt à son dada. Il préférait même qu'il en soit ainsi. Rien de plus irritant pour le véritable cruciverbiste que l'imbécile bien intentionné qui tient à étaler ses connaissances en étymologie et vous demande, du fond de son fauteuil, combien de lettres comporte le 15 vertical et pourquoi le 4 horizontal serait plutôt « affable » qu'« aimable ».

Stanley n'avait jamais oublié les efforts pitoyables de George Kinaway et les réponses terre à terre qu'il donnait à des définitions pleines de subtilité. Comment expliquer à un type aussi fruste que « elle impose sa volonté » est « testatrice » et non « volontaire » ? Ou que, « dans un sens comme dans l'autre, chef des Musulmans » est « aga » et non « bey » ?

Maud et Vera, au moins, connaissaient leurs limites. Elles estimaient ce jeu tout juste bon pour des gosses (ou plutôt elles le disaient parce que pour elles c'était de l'hébreu) mais elles ne s'en mêlaient pas. Or, ces derniers jours, Stanley avait plus que jamais besoin de ses mots croisés. Le moment le plus heureux de sa journée était la demi-heure qu'il consacrait à son passe-temps favori ; penché sur sa grille, il oubliait sa femme, sa belle-mère et tous ses soucis.

Le reste du temps, il le passait à remâcher ses ennuis. Il se rendait parfaitement compte que les choses en étaient arrivées à un point crucial et que c'était Maud ou lui. Il avait pour lui la jeunesse, une relative jeunesse, mais c'était à peu près tout. La chance jouait nettement en faveur de Maud. Elle vivait dans l'idée fixe de lui arracher Vera et à la longue, elle y parviendrait probablement. C'était même à se demander comment elle n'y avait pas réussi plus tôt.

Et maintenant Maud allait avoir dans la place une alliée. Si la lettre qu'il avait lue était un exemple typique de celles que sa belle-mère expédiait chaque semaine à Ethel Carpenter, cette vieille carne arriverait montée contre lui. Il frissonnait d'avance à l'idée qu'Ethel entraînerait Vera dans un coin pour lui distiller son venin, bien plus efficacement que Maud, puisqu'elle aurait l'apparence d'un observateur extérieur et impartial qui considère une situation sans états d'âme. Or, il ne pouvait rien pour empêcher cela. Ethel allait passer trois jours pleins à tenter d'influencer Vera. De plus, si elle n'y réussissait pas, comme elle allait bientôt habiter à deux pas, elle viendrait deux ou trois fois par semaine et Vera, ébranlée par ces deux femmes, finirait par se laisser convaincre de l'abandonner.

Non, il ne pouvait rien pour empêcher cela, sauf... se débarrasser de Maud.

Le peu de succès des sucrettes avait fortement ébranlé la confiance de Stanley. Il potassa à nouveau ses manuels de médecine et en déduisit qu'il était impossible d'établir une règle quant aux causes des attaques. Maud pouvait aussi bien en subir une seconde que ne jamais plus avoir la moindre alerte. Parfois les soucis en étaient la cause. Mais quels soucis avait Maud ? Les anticoagulants pouvaient éloigner le risque, tout comme une vie calme et paisible. Mais nul n'était en mesure d'affirmer que le manque d'anticoagulants et une vie hérissée de soucis pouvaient être fatals. Stanley conclut avec amertume que ce que les médecins ignoraient sur les thromboses cérébrales remplirait des bibliothèques. Ils n'étaient même pas capables de prévoir quand une attaque pouvait arriver.

Et voilà qu'il y avait maintenant cette histoire de testament. Stanley était presque sûr qu'aucun notaire ne consentirait à y insérer la clause exigée par Maud. Après tout elle pouvait passer sous un autobus. Et dans ce cas Vera n'hériterait rien ? Cela ne tenait pas debout, mais comment faire pour s'en assurer ? Évidemment, il pouvait se renseigner auprès d'un homme de loi, mais si Maud mourait accidentellement, ou de sa main, ses questions seraient aussitôt rapportées à la police. Elle était rusée, cette Maud, et la balance penchait drôlement en sa faveur.

Si seulement il avait pu avoir une idée. On était déjà en avril et dans une semaine, Ethel Carpenter allait rappliquer. Qu'il la laisse débarquer, il pourrait dire adieu à tous ses espoirs, et se préparer à finir ses jours dans la misère.

Cependant il continua de substituer les sucrettes au Mollanoïde, vidant les flacons d'anticoagulant à mesure que Vera les achetait sur ordonnance à la pharmacie. Mais il n'en attendait plus grand-chose et, sans ses mots croisés, il aurait vraiment désespéré de tout.

– Nous ne pouvons pas recevoir tante Ethel dans la chambre d'amis telle qu'elle est, déclara Maud. Il faut remplacer le couvre-lit et acheter draps et serviettes de toilettes.

– Ne compte pas sur moi pour ça, maman, dit Vera. J'ai la note du téléphone à payer.

– Je ne comptais pas sur toi, ma chérie, dit vivement Maud. Tu iras les choisir et je te signerai un chèque.

Souriant affectueusement à sa fille, elle l'aida à débarrasser la table, car pour rien au monde elle ne voulait se la mettre à dos en ce moment. Et si elle avait vraiment été assez méchante pour la laisser toute seule avec Stanley ? Maud aurait été réduite à cuisiner pour ce vaurien et lui servir de bonne.

– D'ailleurs, reprit-elle, nous avons toutes les deux besoin de robes neuves. Quand tu auras ton après-midi de congé, nous irons chez Lucette choisir quelque chose d'élégant.

– On dirait vraiment que vous vous préparez à accueillir la reine, lança Stanley avec ironie.

– Je suis tout excitée, fit Maud ignorant les sarcasmes de son gendre. Je crois que je vais faire venir à la maison la petite coiffeuse. J'ai besoin d'une permanente et toi tu pourras aller au salon à l'heure du déjeuner. Et il ne faudra pas oublier de mettre des fleurs dans la chambre de tante Ethel. Elle aime tellement les fleurs !

Elle s'assit et commença à tricoter en se remémorant ce qu'elle avait écrit le matin même à Ethel. « Ne t'inquiète pas trop de l'état de la maison, ma chérie. C'est une vraie pitié que Vera ait dû vivre là-dedans pendant si longtemps, mais tout cela va changer. Quand je te verrai, je te montrerai les renseignements que j'ai obtenus de l'agence sur les maisons que j'ai en vue. Celle qui m'intéresse a la cuisine équipée et une superbe salle de bains. Voilà qui va nous changer ! Et je me suis dit que ça te plairait d'emménager dans celle que nous laisserons. Bien entendu, je la ferai repeindre et je ferai faire des travaux. Nous en parlerons dès que tu seras arrivée. Je sais que je peux compter sur toi pour m'aider à convaincre Vera. » Maud vit que Stanley avait surpris son sourire. Son visage s'assombrit. Ah, s'il avait pu savoir !

– C'est l'heure de mon feuilleton, dit-elle, sûre de son fait.

Stanley, renonçant à ironiser, jeta son journal, les mots croisés achevés, et, ouvrant la porte-fenêtre, sortit dans le jardin qui déjà s'assombrissait.

– Y a une vieille taupe qui vient en visite chez nous, annonça Stanley à Mr Blackmore. Une copine de ma belle-mère. Elle recevrait une altesse royale qu'elle ferait moins de foin.

– Faut bien dire que Mrs Kinaway reçoit pas souvent du monde, fit Mr Blackmore qui, appuyant son échelle contre le mur de sa maison, y grimpa, un pot de peinture et un pinceau à la main.

– Oui, mais toute cette excitation, c'est pas bon pour elle, rétorqua Stanley en se mettant à bêcher. Si elle continue comme ça, elle aura une nouvelle attaque.

– J'espère bien que non !

– Qui vivra verra.

Là-dessus Stanley creusa sa tranchée avec ardeur. Il avait commandé un sac de terreau qu'on devait lui livrer dans un jour ou deux. Il essayerait ensuite de soutirer de l'argent à Vera pour acheter les pieds de bruyère pourpre qu'il convoitait. En admettant qu'il lui reste du fric. Dieu seul savait ce que ces deux idiotes avaient dépensé pour recevoir Ethel Carpenter !

En tout cas, pour une fois, la vieille avait un peu participé aux préparatifs. Pas grand-chose, évidemment, le genre de ceux que ses anciennes patronnes étaient très capables de faire elles-mêmes. Stanley se mit en colère lorsqu'il s'aperçut qu'elles avaient saccagé sa plate-bande de narcisses, ne se donnant même pas la peine de les couper proprement. Elles pouvaient bien massacrer ses fleurs, la vieille carne les aimait tant !

La chambre elle-même avait été transformée. Stanley, furieux de voir son héritage gaspillé ainsi, avait d'un œil morne regardé Maud signer des chèques. Un pour Lucette d'où venaient les robes ; un pour le traiteur où elle avait commandé toutes sortes de plats raffinés et un troisième pour le magasin de blanc qui avait livré une paire de draps de nylon jaune citron, des taies d'oreillers assorties et des serviettes noires et jaunes. Mais c'était bien entendu Vera qui avait lessivé les boiseries, retourné le matelas et amidonné les petits napperons que Maud tenait à disposer sur la coiffeuse.

Le saccage de sa plate-bande de narcisses avait à ce point déprimé Stanley qu'il cessa de jardiner à 11 heures et se mit à traîner dans la maison. Mais il n'entra pas dans la salle à manger. Maud s'y faisait faire une permanente par une malheureuse qui coiffait de temps à autre des clientes à domicile pour arriver à joindre les deux bouts. Malgré la porte fermée, une odeur d'ammoniaque et d'œufs pourris s'était répandue dans toute la maison.

Le courrier de 11 heures était arrivé. Une quinzaine de jours plus tôt, Stanley avait écrit au rédacteur en chef d'un important journal, pour lui proposer de créer pour lui des mots croisés, un boulot qu'il se voyait bien faire et qui lui permettrait de laisser libre cours à son talent. Le rédacteur n'avait pas répondu et Stanley avait pratiquement perdu tout espoir. Il ramassa le courrier et le regarda d'un œil morne. Comme d'habitude, il n'y avait rien pour lui. Il n'y avait que la facture de gaz et une longue enveloppe adressée à Maud.

L'enveloppe n'était pas cachetée. Stanley l'emporta dans la cuisine en se demandant qui pouvait bien adresser à Maud une lettre dont l'adresse était tapée à la machine. Son notaire, peut-être ?

À travers la mince paroi, il entendit Maud dire : « Si c'est le dernier bigoudi, ma petite, pourquoi vous iriez pas à la cuisine nous faire une bonne tasse de café ? » Stanley prit la lettre et monta dans sa chambre.

Là, il sortit de l'enveloppe un unique feuillet. Non, ce n'était pas une lettre de notaire, mais en la lisant Stanley eut froid dans le dos.

« 64, Rosebank Close, Chigwell, Essex. Ce ravissant bungalow donnant sur Green Belt, libre immédiatement, est vendu au prix avantageux de 7600 livres. Il comprend un magnifique living-room avec cheminée de pierre, deux grandes chambres à coucher, une luxueuse cuisine climatisée avec broyeur à ordures, une spacieuse salle de bains et des W.C. indépendants. Voici le plan détaillé :... »

Stanley s'arrêta là. Il en savait assez. Maud devait être bien sûre de son affaire pour avoir déjà contacté des agents immobiliers. Tel un général, elle déployait ses troupes et progressait inexorablement en détruisant tous les obstacles qui se dressaient sur son passage. Tandis que lui... sans hommes ni armes... ses efforts pour envelopper l'ennemi étaient bien pathétiques. Tôt ou tard il serait acculé et contraint à l'exil. Et ce ne serait pas Sainte-Hélène, mais une pauvre chambre meublée ou – horreur suprême ! – un foyer d'ouvriers.

Mais elle ne mettrait en tout cas pas la main sur ce bungalow-là. Stanley brûla la lettre et jeta les cendres dans l'âtre, mais il ne tira que peu de joie de son geste. C'était le geste ultime du général défait brûlant la dépêche qui lui annonce que ses troupes ont été dispersées et que la capitulation est inévitable. Et comme en pareil cas, ce n'était que le commencement de la fin : détruire la missive n'empêcherait pas la défaite.

Il descendit au rez-de-chaussée et s'abandonna à son unique consolation. Mais il ne mit pas plus d'un quart d'heure pour terminer les mots croisés du *Daily Telegraph,* et n'éprouva pas le plaisir qu'il ressentait d'habitude à deviner les définitions les plus difficiles telles que « Il faut courir pour arriver à la dernière », qui ne pouvait être que « minute », évidemment ; et « où la sagesse va se nicher », une « dent », bien entendu. Il se répéta pour lui-même les solutions qu'il avait trouvées et cela le calma. Quel dommage, se dit-il en soupirant, que ce journal ne publie pas deux grilles par jour. Et s'il écrivait à la rédaction pour le suggérer ? Bah, on ne lui répondrait même pas. Rien ne lui réussissait en ce moment.

La petite coiffeuse s'en était allée. Il avait entendu la porte se refermer. Maud entra dans la cuisine, la tête couverte d'épaisses boucles gris fer, qui rappelèrent à Stanley les tampons dont on se sert pour nettoyer les casseroles. Elles avaient le même aspect métallique et indestructible. Mais il s'abstint de tout commentaire et se contenta de lui lancer un regard noir.

Depuis l'éclat qu'avait fait Vera, ils s'étaient bien gardés de se disputer devant elle, se montrant distants plutôt que polis et évitant soigneusement les scènes. Mais pendant la journée ils continuaient leur petite guerre plus meurtrière que jamais. Stanley s'attendait à ce qu'elle lui arrache le journal en lui lançant une gentillesse dans le genre de : « Vous n'avez donc rien à faire, espèce de feignant ! », mais elle se contenta de dire : « Elle m'a vraiment bien coiffée, hein ? Je ne voudrais surtout pas qu'Ethel s'imagine que je me laisse aller. »

Des réponses insolentes ou grossières montèrent aux lèvres de Stanley qui se demandait laquelle serait la plus insultante et ferait monter le sang au visage de sa belle-mère, mais en la regardant il se rendit compte qu'il perdrait son temps et sa salive. Maud n'avait pas lâché négligemment cette petite remarque parce qu'elle faiblissait ou s'adoucissait avec l'âge ou parce qu'il faisait beau. Elle ne cherchait nullement à signer une trêve. Elle avait parlé ainsi parce qu'il n'y avait plus lieu de faire la guerre. Pourquoi écraser une mouche quand il suffit d'ouvrir une fenêtre pour la faire partir ? Elle avait le dessus et elle le savait.

Réduit au silence, Stanley la regarda fouiller le garde-manger et considérer d'un air vaguement amusé les tranches du pâté que Vera leur avait laissé pour tout déjeuner.

6

Lorsque Stanley était au chômage, ni Maud ni lui ne descendaient le matin avant 9 heures et demie. Il arrivait même à Maud de rester dans sa chambre jusqu'à 11 heures, à se faire les ongles, à mettre de l'ordre sur sa coiffeuse et sur l'étagère où s'alignaient ses médicaments, ou à ajouter un paragraphe à la lettre qu'elle envoyait chaque semaine à Ethel Carpenter. Mais en ce vendredi 10 avril, jour de l'arrivée d'Ethel – le Jour J, comme disait Stanley non sans amertume – tous deux surprirent Vera en faisant leur apparition à la table du petit déjeuner.

Ils s'étaient éveillés de bonne heure, Stanley tourmenté par l'arrivée imminente d'Ethel, incapable de rester au lit et Maud, trop excitée pour dormir.

Tout en s'installant et en se servant généreusement des céréales, Maud se félicitait d'avoir réussi à faire marcher en si peu de temps sa fille et son gendre au doigt et à l'œil. Cela faisait une bonne quinzaine de jours que Stanley ne lui avait pas lancé une insulte à la tête. Le dos rond, les coudes sur la table, le regard morne, tout en lui trahissait la défaite. Quant à Vera... Maud n'était pas près d'oublier son expression lorsqu'on avait livré draps, taies d'oreillers et serviettes de toilette assorties, et son émerveillement devant la robe imprimée bleu et blanc de chez Lucette. Quelques paroles bien senties de sa tante Ethel et elle céderait enfin à leurs efforts conjugués. Maud en avait la quasi-certitude. Il suffirait d'un mot d'Ethel et elle céderait. Évidemment : telle était la nature humaine.

– Un œuf ou deux, maman ? cria Vera de la cuisine.

Maud poussa un soupir de satisfaction. Son oreille fine n'avait pas été longue à saisir que sa fille n'employait plus le ton maussade et résigné qui l'irritait tant, et qui était maintenant réservé à Stanley.

– Deux, s'il te plaît, ma chérie.

Maud avala ses deux comprimés et les fit descendre d'une bonne gorgée de thé. Un thé fort et sucré comme elle l'aimait. Elle avait besoin de sucre pour affronter la longue journée qui l'attendait, oui, de sucre et de protéines.

Vera entra, un plat d'œufs au bacon à la main, et s'arrêta pour couper à sa mère une épaisse tranche de pain. Stanley buvait son thé à petits coups, comme un malade.

– Tâche de rentrer tôt, ce soir, ma chérie.

– J'essaierai d'être à la maison à 5 heures. Tu m'as bien dit que tante Ethel n'arriverait pas avant 5 heures ?

Maud se contenta d'acquiescer de la tête. À peine Vera partie, elle se mit au travail avec énergie. Elle passa sur les tapis le vieil aspirateur, fit briller le parquet de l'entrée et prépara le festin destiné à réjouir le cœur d'Ethel. Cela faisait des années qu'elle n'avait pas donné le moindre coup de main au ménage. Elle aurait préféré voir la maison se transformer en taudis plutôt que de manier le plumeau devant Stanley Manning. Pour le moment Stanley errait de pièce en pièce comme une âme en peine et ne lui adressait pas la parole. Maud, qui s'en moquait éperdument, s'activait en fredonnant ses airs préférés, comme lorsqu'elle était domestique.

Tous deux déjeunèrent à midi.

– Je vais débarrasser et laver la vaisselle, dit Maud lorsqu'ils eurent terminé leur pudding au riz. Je ne voudrais pas qu'Ethel trouve la maison sens dessus dessous.

– Vous en faites des histoires, Vera et vous !

– La propreté est quelque chose de naturel pour certaines personnes, fit Maud profitant de l'absence de Vera pour lui lancer une pointe. Et maintenant je vais aller enfiler ma robe neuve, me préparer et m'étendre un moment sur mon lit.

– Le sofa ne vous suffit plus ? demanda Stanley en indiquant du pouce la salle à manger.

– La table du dîner y est déjà mise et je ne peux pas m'installer au salon, la pièce où nous allons recevoir Ethel.

– Bon Dieu ! s'exclama Stanley.

– Je vous interdis de blasphémer devant moi ! riposta Maud.

Elle attendit une insolence et comme rien ne venait, elle ajouta :

– Surtout ne faites pas de désordre et ne laissez pas traîner partout vos recueils de mots croisés.

– Ne vous occupez pas de moi, fit Stanley piqué au vif, mais qui n'était pas au meilleur de sa forme. De toute façon, je vais aller promener ma carcasse de vaurien. Ça vous arrangerait, hein, que je m'absente pendant tout le week-end ?

Et comme Maud se contentait de renifler de mépris avant de s'éloigner, il tenta la flèche du Parthe :

– Ne ronflez pas jusqu'à ce soir. Vous voyez d'ici *Mademoiselle* Carpenter faire le pied de grue sur le perron ?

– J'ai le sommeil très léger, rétorqua Maud d'un ton allègre. Un rien me réveille.

La vie n'allait pas être gaie pour lui ces jours-ci. Elles le harcèleraient toutes les trois pour qu'il s'essuie les pieds en arrivant, se lave les mains avant de se mettre à table et Dieu sait quoi encore. Ethel Carpenter resterait jusqu'au lundi au plus tard, mais elle s'installerait à l'angle de Green Lanes, à dix minutes de là et combien de fois par semaine la trouverait-il ici, les pieds sous la table ?

Ça en minerait plus d'un, se dit Stanley qui, les coudes sur la toile cirée, se prit la tête à deux mains. Il tiendrait un moment, mais un beau jour, en rentrant du cinéma, ou même de son travail – il faudrait bien qu'il en trouve un, ne serait-ce que pour ne pas tourner à longueur de journée entre ces murs – il trouverait la maison déserte et sur la table un billet portant un numéro de téléphone à Chigwell et le priant de déménager dans les plus brefs délais.

Une fois Ethel dans la place, l'issue était inévitable. Stanley consulta la vieille pendule de la cuisine. 1 heure et demie. Encore trois heures et demie et elle serait là.

Il entra dans la salle à manger à la recherche d'un siège plus confortable, mais l'extrême propreté qui y régnait avait quelque chose de réfrigérant. Le couvert déjà dressé sur une nappe d'une blancheur immaculée était dissimulé sous un linge tout aussi blanc. On aurait dit un paysage couvert de neige. Stanley le souleva puis l'ôta carrément.

Au milieu de la table, était préparé un plat de saumon qui gardait encore la forme cylindrique de la boîte dont il sortait. Il était garni de fines rondelles de concombre et de radis découpées en fleurs. À côté, des betteraves à la vinaigrette voisinaient avec un plat de salade de chou blanc et carottes à la mayonnaise. Trois différentes sortes de pains attendaient l'invitée de Maud et le beurre, dans des raviers en verre, avait été décoré de dessins à la fourchette. À un bout de la table trônait un poulet rôti et un plat de langue froide, et à l'autre deux gâteaux glacés et un cake. Enfin, il y avait des biscuits au chocolat qui alternaient avec d'autres au gingembre et une demi-douzaine de petits ramequins contenant de la pâte d'anchois, du miel, de la crème de citron et trois sortes de confitures.

Et tout ce train, se dit Stanley, pour une vieille bonne femme qui n'était rien de plus qu'une ancienne bonniche qui méritait pas plus que des saucisses et des croquettes de poisson. Alors c'était comme ça qu'elles avaient prévu de vivre une fois qu'elles auraient mené leur projet à terme ? Il replaça le linge et se demanda à quoi il pourrait bien s'occuper pendant le reste de l'après-midi. N'ayant pas un sou en poche, il n'avait d'autre ressource que d'aller au jardin.

C'est là qu'il se souvint d'avoir vu Vera glisser sa monnaie dans son imperméable la veille. Elle ne l'avait pas pris aujourd'hui, car la journée s'annonçait ensoleillée. Stanley monta au premier et ouvrit l'armoire de sa femme. Il fouilla les poches dans l'espoir de trouver trois ou quatre livres pour pouvoir aller au cinéma. En vain. Il jura à mi-voix.

Une petite pluie fine s'était mise à tomber. Vera serait trempée et ce serait bien fait ! 2 h 05. Un long et morne après-midi se présentait à lui avec pour toute perspective un repas avec deux vieilles biques, sans compter sa femme. Ça ne vaut pas la peine de vivre, se dit-il en se jetant sur son lit.

Il resta allongé, les mains derrière la tête, avec pour tout spectacle une mouche qui traversait le plafond fendillé et écaillé du pas mesuré mais décidé d'un astronaute en mission sur la lune. Il prit le *Telegraph* qu'il avait laissé sur la table de chevet. Il n'avait pas envie de faire les mots croisés – il valait mieux garder cela pour la soirée qui s'annonçait sinistre – et entreprit la lecture du carnet des décès, qui se trouvait sur la même page.

Comme sa vie aurait été plus agréable si, au beau milieu des faire-part qui annonçaient les obsèques de Keyes, Harold, Konrad et autres Franz Wilhelm était soudain apparu le nom de Maud Kinaway, épouse bien-aimée de George Kinaway... Il s'absorba mornement dans sa lecture. Tu parles si les gens avaient une espérance de vie limitée à soixante-dix ans ! Il y en avait de plus en plus qui atteignaient allégrement les quatre-vingts. Stanley en compta trois sur les dix qui avaient plus de quatre-vingt-dix ans. Maud pouvait encore tenir le coup vingt ans de plus. Et dans vingt ans, lui aurait soixante-cinq ans. Bon Dieu, c'était insupportable !

Stanley sursauta en entendant la sonnette de l'entrée. Le releveur du compteur de gaz, sans doute. Qu'il sonne. Dans la chambre à côté, Maud ronflait à faire trembler le mur. Dire qu'elle se vantait d'avoir le sommeil léger...

Elle en avait trop fait et devait être épuisée. Stanley sentit naître en lui un faible espoir. Peut-être l'effort avait-il été trop violent. Passer le balai, se baisser, se relever...

La sonnerie retentit de nouveau.

Peut-être qu'on venait lui livrer son sac de terreau. Stanley s'approcha de la fenêtre. La pluie avait cessé de tomber. Il n'aperçut dans la rue aucun camion de livraison. Il allait s'étendre de nouveau sur son lit lorsqu'il vit surgir du porche couvert une silhouette massive.

Stanley n'avait pas revu Ethel Carpenter depuis son mariage, mais il ne douta pas une seconde que ce ne fût bien elle. Les cheveux frisés qui dépassaient sous sa cloche de feutre rouge étaient presque blancs et non plus grisonnants, mais à part ça elle n'avait pas tellement changé.

– C'est Stanley ? cria-t-elle en pointant vers lui son parapluie. J'ai eu peur pendant un moment qu'il n'y ait personne dans la maison.

Stanley ne se donna même pas la peine de lui répondre et referma bruyamment la fenêtre tout en jurant entre ses dents. Il pensa d'abord entrer chez Maud et la secouer jusqu'à ce qu'elle se réveille, mais cela la mettrait de mauvaise humeur et Dieu sait comment elle le traiterait devant cette grosse dondon au chapeau rouge. Mieux valait encore recevoir lui-même Ethel Carpenter. Deux ou trois heures de tête-à-tête avec elle lui donneraient un avant-goût de l'enfer, mais d'un autre côté, il pourrait peut-être en profiter pour essayer de s'en faire une alliée.

Passant devant la chambre de Maud, il colla son oreille contre le battant. Elle ronflait toujours, sans doute la bouche grande ouverte. Il descendit à pas lents l'escalier et ouvrit la porte.

– Vous en avez mis du temps, fit Ethel.

– Vous êtes en avance, non ? On ne vous attendait qu'à 5 heures.

– Le nouveau pensionnaire de ma logeuse est arrivé plus tôt qu'on ne pensait et je me suis dit que je ferais aussi bien de me mettre en route. Je sais que Maud se repose l'après-midi, inutile de la réveiller. Vous vous décidez à me faire entrer, oui ou non ?

Stanley haussa les épaules. Cette vieille bourrique était encore moins commode que Maud. Ça promettait ! Ethel Carpenter passa devant lui en laissant ses deux énormes valises sur le seuil. Ma parole, mais elle me prend pour un porteur, se dit Stanley en les empoignant. Et elles pèsent une tonne ! Je me demande bien ce qu'elle y a fourré. Des lingots d'or ?

– Elles sont lourdes, hein ? Je me suis tuée à les porter moi-même depuis la gare. Avec ma tension je devrais jamais soulever quelque chose de lourd, mais comme vous n'avez pas de voiture et que de toute façon vous n'êtes pas venu m'attendre, j'avais pas le choix.

Stanley posa les valises sur les dalles étincelantes.

– J'avais bien l'intention de venir vous chercher, dit Stanley, mentant effrontément. Je pouvais pas deviner que vous arriveriez avant 5 heures.

– Bon, on va pas en faire toute une histoire. On me l'a assez dit que vous cherchiez querelle à tout le monde. Et voilà mon vertige qui me reprend. Tout tourne autour de moi.

Ethel Carpenter, portant la main à son front, pénétra d'un pas moins assuré dans la pièce que Maud et Vera avaient baptisée salon et où elles n'allaient presque jamais.

– Sur le trajet j'ai été prise par deux fois d'étourdissements. (Et d'un air fier, comme si cela représentait une performance elle ajouta :) À ma dernière visite chez le médecin, j'avais près de vingt-quatre de tension.

Encore une, se dit Stanley, qui se plaint d'un mal dont on ne voit pas trace et qui en profite pour se faire servir. Pour sa part, en dépit de tout ce qu'il en avait lu dans ses manuels, il commençait à se demander si la tension, ça existait réellement.

– Vous ne voulez pas vous mettre à votre aise ? proposa-t-il d'un ton maussade. Monter dans votre chambre ?

S'il la persuadait de grimper au premier, Maud se réveillerait peut-être. Quant à la gagner à sa cause, mieux valait y renoncer tout de suite.

– Je ferais aussi bien, dit Ethel retirant sa main de son front et se redressant. Mon étourdissement est passé. Ouf, ça va mieux. Autant monter mes valises du même coup... Allez, passez devant, mon gars.

Stanley, lourdement chargé, grimpa avec peine l'escalier non devant mais derrière elle. À en juger d'après le poids de ses valises, elle était là pour une quinzaine. Peut-être même que... Bon Dieu ! se dit-il.

Arrivée dans la chambre d'ami, Ethel enleva son chapeau et son manteau qu'elle posa sur le lit. Puis elle se débarrassa de son écharpe et apparut dans une robe de lainage d'un bleu criard. Elle était à peu près de la taille de Maud, mais plus grosse, et plus rouge de figure.

Elle inspecta la pièce du regard et renifla les narcisses.

– Je suis déjà venue dans cette maison. Tiens, vous saviez pas ça, hein ? J'y suis venue avec Maud et George au moment où ils ont décidé de l'acheter pour Vera.

Stanley grinça des dents à cette allusion cousue de fil blanc, mais ne dit rien.

– Je pensais que vous y auriez apporté des embellissements, depuis le temps.

– Qu'est-ce que vous lui reprochez à ce pavillon ? Je le trouve très bien comme ça.

– Des goûts et des couleurs... fit Ethel en se tapotant les cheveux. Je vais entrouvrir la porte et jeter un coup d'œil sur Maud, et après on descendra. Il ne faut surtout pas la réveiller.

– La réveiller ! s'exclama Stanley. Faudrait faire éclater une grenade dans la pièce. Elle dort ses trois heures d'affilée.

Un sourire attendri aux lèvres, Ethel regarda dormir son amie, puis referma la porte avec précaution. Son visage se figea de nouveau et son expression se fit dure et réprobatrice.

– En voilà une manière de parler de la mère de Vera, lança-t-elle, l'air indigné. Quand on pense que vous lui devez tout ! Je savais que vous traîneriez à la maison puisque vous êtes une fois de plus au chômage et je me suis dit qu'on pourrait avoir une petite conversation tous les deux.

– Ah, oui ? À quel sujet ?

– On va pas rester sur le palier. Allons bon, voilà que je suis de nouveau prise d'un étourdissement ! Venez, descendons.

– Si vous vous sentez pas bien, vous devriez peut-être vous étendre. De toute façon faut que je sorte. J'ai des choses à faire.

Arrivée au salon, Ethel Carpenter se laissa lourdement tomber dans un fauteuil, et se renversant en arrière, se mit à respirer avec peine. Stanley l'observait, persuadé qu'elle lui jouait la comédie, probablement pour se faire apporter une tasse de thé.

Ethel poussa un profond soupir et sortit de son vaste sac à main un mouchoir bordé de dentelle dont elle se tamponna le visage. Elle semblait avoir renoncé à entreprendre Stanley. Son attention fut arrêtée par une photo de Vera et Stanley posée sur la cheminée. Le cliché avait été pris le jour de leur mariage et Vera, qui ne l'aimait pas, l'avait relégué au fond d'un tiroir. Mais Maud, bien décidée à rendre plus vivante cette pièce lugubre, l'en avait exhumé pour le disposer sur la cheminée, flanqué de deux vases de fausse opaline verte.

– J'ai la même sur ma table de chevet, dit Ethel d'une voix soudain faible et tremblante. Enfin, plus maintenant. Je l'ai emballée avec d'autres objets dans la malle que j'ai fait expédier directement.

– À Green Lanes ? demanda Stanley, soulagé.

– Oui, au 52 de Green Lanes, chez Mrs Paterson. (Puis, regardant de nouveau la photo :) Non, ce n'est pas la même. Sur la mienne, si je me souviens bien, il y a aussi les demoiselles d'honneur. Attendez que je l'examine de plus près.

À peine debout, elle fut reprise de vertiges. Bien qu'il n'en eût aucune envie, Stanley se leva à son tour pour la soutenir. Mais Ethel ébaucha le geste de le repousser. Elle avança d'un pas, son visage se convulsa et elle fit entendre une sorte de râle, un sourd grognement qui n'avait rien d'humain. Stanley, cette fois, s'élança, bras tendus, mais Ethel Carpenter, râlant de plus belle, chancela et s'écroula sur le sol avant qu'il n'ait pu la retenir.

– Bon Dieu ! fit Stanley tombant à genoux à côté d'elle.

Il lui prit le poignet, chercha son pouls. Sa main était sans vie. Il colla son oreille sur la poitrine de la vieille femme. Le cœur ne battait plus. Elle avait les yeux vitreux et grands ouverts. Stanley se releva. Pas le moindre doute. Elle était morte.

Il était exactement 3 heures moins 25.

La première pensée de Stanley fut d'aller chercher Mrs Blackmore. Il frappa vainement au 59. Quant au 63, inutile d'essayer, car Mrs Macdonald avait fixé sur sa porte un billet disant : « Suis partie faire des courses. Serai de retour à 3 heures et demie. » Dans la rue, pas une âme.

Rentré au pavillon, Stanley fut frappé par une idée. Personne, à part lui, ne savait qu'Ethel Carpenter était arrivée en avance. C'est alors qu'une autre idée lui vint, une idée folle, dangereuse, merveilleuse.

Maud allait dormir au moins jusqu'à 4 heures. Il regarda d'un œil froid le corps d'Ethel Carpenter. Elle était morte d'une attaque. Ça ne faisait pas le moindre doute. Elle avait abusé de ses forces. Porter de lourdes valises sur plus d'un kilomètre avec une tension aussi élevée l'avait achevée. Quelle déveine ! Sa mort ne profiterait à personne, alors que si c'était arrivé à Maud...

Et d'une attaque ! La seule mort qui lui permettrait de s'emparer des vingt mille livres. Si seulement c'était Maud qui gisait là ! Stanley serra les poings. Pourquoi ne pas oser ? Pourquoi pas ? Il avait une heure et demie devant lui.

Et si ça ne marchait pas ? Et si quelqu'un survenait au moment où il faisait ses préparatifs ? Maud, ou Vera, ou quelque voisin. Il risquait gros, mais ça valait la peine. Au pire, il ferait un peu de prison. Mais tout valait mieux que la vie qu'il menait. S'il réussissait son coup, il serait riche, libre et heureux.

Lors de sa dernière année d'école, quand il avait quinze ans, Stanley avait joué dans la pièce de théâtre de fin d'année. Aucun des élèves qui la jouaient n'avait vraiment compris le sujet, ni d'ailleurs le public. Stanley avait complètement oublié de quoi il s'agissait lorsque soudain une réplique lui revint en mémoire, non pas comme quelque chose d'appris par cœur et qui n'aurait eu aucun sens, mais comme un véritable oracle qui s'appliquait à sa situation.

Il est aux affaires des hommes un vent favorable
Qui, s'ils le prennent à temps, les mène à la fortune
Et s'il est ignoré, les échoue sur le sable.
Nous voici désormais sur cette mer ouverte
Il faut saisir la brise qui souffle dans la hune
Afin que nos vaisseaux ne courent à leur perte.

S'il y avait bien quelqu'un qui se trouvait au beau milieu de la mer, c'était Stanley Manning. Cette strophe s'était insinuée dans son esprit comme un conseil et, s'il avait été d'un tempérament religieux, il y aurait vu la main de Dieu.

Le téléphone était dans la pièce où gisait Ethel Carpenter. Stanley monta l'escalier quatre à quatre pour s'assurer que Maud dormait toujours. Puis il redescendit au salon, prit son courage à deux mains et forma le numéro du cabinet du Dr Moxley. Il était possible que le médecin soit en visite. Dans ce cas on lui dirait d'appeler une ambulance et tout serait fichu.

Mais le Dr Moxley était là. Son dernier malade venait tout juste de partir. Le sort en est jeté, se dit Stanley tout tremblant. La réceptionniste le lui passa.

– Je vais venir immédiatement, avant de commencer ma tournée, lui dit-il. C'est bien Mr Manning ? Au 61, Lanchester Road ? Qui est mort ?

– Ma belle-mère, dit Stanley d'une voix ferme. La mère de ma femme. Mrs Maud Kinaway.

DEUXIÈME PARTIE

HORIZONTAL

7

En raccrochant, Stanley tremblait des pieds à la tête. Il lui fallait maintenant franchir un nouveau pas avant que le médecin n'arrive, et le courage faillit lui manquer. Il y avait dans le buffet une bouteille de brandy presque pleine. Frissonnant, il alla la chercher et en avala au goulot une bonne rasade. Peu importait que le Dr Moxley devine à son haleine qu'il avait bu. Quoi de plus naturel qu'un homme ait envie de se réconforter lorsqu'il voyait sa belle-mère tomber morte à ses pieds ?

Il faudrait montrer le corps à Vera, ou du moins un corps. Il lui fallait donc agir. Jamais il n'y arriverait. Ses mains tremblaient tellement qu'il aurait été incapable d'écraser une mouche, alors à plus forte raison... Et si Maud descendait pendant que le médecin était là...

Stanley avala encore une gorgée d'alcool et s'essuya la bouche sur sa manche. Puis il sortit dans l'entrée et tendit l'oreille. Maud ronflait avec la régularité d'un métronome. Le cœur de Stanley battait la chamade.

On sonna à la porte et il faillit s'évanouir de surprise.

Impossible que ce soit déjà le Dr Moxley. Bon Dieu ! et si c'était Vera qui avait oublié sa clef ? Il se dirigea en chancelant vers la porte. Si ça continuait comme ça, c'est lui qui aurait une attaque...

– Bonjour monsieur. J'apporte le sac de terreau que vous avez commandé.

Muet de soulagement, Stanley fixa le sac de plastique vert. Puis son regard se posa sur le livreur.

– Ça va pas, monsieur ? Vous avez pas l'air dans votre assiette ?

– Si, si, ça va, marmonna Stanley.

– Bon. C'est payé. Je vous le porte dans votre cabane à outils ?

– Non, je le ferai moi-même. Merci.

Traînant le sac dans le jardin, Stanley entendit Mrs Blackmore marcher de l'autre côté de la haie. Il s'arrêta net et attendit que claque sa porte, puis alla vider le terreau dans la cabane et la recouvrit du sac vide.

Cette confrontation à deux personnes dans une situation aussi proche de la sienne – le livreur, qui devait vivre dans une HLM sordide et Mrs Blackmore, qui était absolument incapable d'entretenir correctement sa maison – fit reprendre à Stanley le contact avec la réalité. Il fallait cesser ces hésitation et agir maintenant. S'il avait dû apprendre Hamlet au lieu de Jules César, il se serait dit que ses scrupules n'étaient dus qu'à la réflexion qui fait chanceler l'action.

Il rentra et remonta l'escalier, les poings serrés. Maud avait cessé de ronfler. Et si elle était levée, habillée, prête à descendre ?... Il s'agenouilla, regarda par le trou de la serrure. Elle dormait toujours.

Stanley eut l'impression de n'avoir jamais autant ressenti aussi nettement le silence. La rue était calme, les oiseaux se taisaient et son cœur même semblait avoir cessé de battre jusqu'à ce qu'il eût accompli son forfait. Ce silence lourd et surnaturel était celui qui précède un tremblement de terre. Il frissonna. Il se retint de crier pour le briser, pour s'assurer que lui et Maud n'étaient pas seuls dans un monde déserté.

Les gonds de sa porte avaient été huilés une semaine auparavant, Maud s'étant plainte qu'elle grinçait, et il l'ouvrit sans faire le moindre bruit. Il s'approcha du lit et la dévisagea. Elle dormait comme un enfant. Il éprouvait des sentiments si violents qu'il craignit de les lui communiquer et de la réveiller. Il respira un bon coup et avança la main pour retirer l'oreiller de dessous la tête de sa belle-mère.

Le Dr Moxley ne sonna pas. Il se servit du heurtoir qui résonna dans toute la maison avec un bruit métallique. Maud se tourna sur le côté, émit un petit soupir comme si elle comprenait qu'elle venait d'échapper à un danger. Stanley se dit que tout était perdu, que son plan avait échoué. Cependant Maud dormait toujours. S'efforçant de dominer les battements de son cœur, Stanley descendit ouvrir au médecin.

C'est vrai qu'il avait l'air jeune, très jeune avec sa tignasse de cheveux noirs.

– Où est-elle ?

– Là, fit Stanley d'une voix rauque. J'ai cru préférable de ne pas la bouger.

– Ah, oui ? je ne suis pas policier, vous savez.

Cette remarque déplut à Stanley, qui ne se sentait pas sûr de lui. Il suivit le médecin dans la pièce, conscient d'avoir le visage couvert de sueur.

Le Dr Moxley s'agenouilla, examina le corps d'Ethel Carpenter, lui tâta la nuque.

– Ma belle-mère a déjà eu une attaque il y a quatre ans et...

– Oui, je le sais. J'ai consulté avant de venir le dossier du Dr Blake. Aidez-moi à l'étendre sur le canapé.

Ce qu'ils firent, puis le Dr Moxley ferma les yeux de la morte, et demanda :

– Vous n'auriez pas quelque chose pour la recouvrir ? Un drap ?

– Elle est bien morte d'une attaque, docteur ? fit Stanley qui n'y tenait plus.

– Heu... oui. Plus exactement d'une thrombose cérébrale. Elle avait bien soixante-quatorze ans ?

Stanley acquiesça de la tête. Ethel Carpenter était en réalité plus jeune de trois ou quatre ans, mais le médecin n'y verrait que du feu. Il était d'ailleurs en train de faire ce que Stanley attendait avec impatience, ayant pris dans sa trousse son bloc à ordonnances et dans sa poche de poitrine un stylo.

– Alors, ce drap ? demanda-t-il.

– Je vais le chercher, marmonna Stanley.

– Pendant ce temps je vais rédiger le permis d'inhumer.

Les draps se trouvaient dans l'armoire à linge de la salle de bains. Stanley en tira un de la pile, mais comme il allait redescendre, il fut pris de nausées et vomit dans le lavabo.

En revenant au salon, la première chose qu'il remarqua fut la main gauche pendante d'Ethel, veuve de toute alliance. Or elle était supposée être une femme mariée... Le médecin, tournant le dos à la morte, écrivait fébrilement. Stanley en profita pour déplier le drap, en couvrir le corps et ramener la main sous les plis.

– Voilà, fit le Dr Moxley d'un ton radouci. Un mauvais

moment à passer pour vous, Mr Manning ? Et votre femme, où est-elle ?

– À son travail, répondit Stanley tout en pensant : « Donne-le-moi, ce permis d'inhumer ! Donne-le-moi, bon Dieu, et fous le camp ! »

– Ça vaut peut-être mieux. Dites-vous bien que la défunte avait déjà atteint un bel âge et qu'elle n'a pas dû se voir partir.

– Aucun de nous n'est immortel, pas vrai, docteur ?

– Tenez, voici les papiers nécessaires, dit le Dr Moxley en lui tendant deux enveloppes collées. Vous en remettrez une à l'entrepreneur des pompes funèbres et vous emporterez l'autre en allant déclarer le décès. Compris ?

Stanley faillit lui demander s'il le prenait pour un idiot, mais il se contenta d'acquiescer de la tête et posa les deux enveloppes sur la cheminée. Le Dr Moxley lança un dernier regard au corps recouvert du drap et sortit de la pièce, son stéthoscope se balançant à son cou. Arrivé à la porte, il s'arrêta et dit d'une voix forte qui résonna jusque dans l'escalier :

– Ah, encore une chose... J'ai oublié de vous demander si vous comptiez la faire enterrer ou incinérer.

Stanley, qui n'avait même pas envisagé la question, aurait aimé prier ce toubib de malheur de parler moins fort, mais il se contenta de répondre à voix basse, presque en un murmure :

– Incinérer. C'était là son désir, je puis vous l'affirmer.

(Réduire Ethel en cendres était la solution rêvée.)

– En cas d'incinération le décès doit être constaté par deux médecins. C'est la loi. Je demanderai à mon associé...

– Le Dr Blake ? laissa échapper Stanley.

– Le Dr Blake ne pratique plus, dit Moxley non sans une certaine froideur.

Il lança à Stanley un regard scrutateur et sortit en claquant bruyamment la porte derrière lui.

De quoi réveiller un mort, se dit Stanley. 4 heures moins le quart. Il aurait encore le temps de se rendre chez Wood, l'entrepreneur des pompes funèbres après avoir caché le corps d'Ethel et s'être occupé de Maud... Le cadavre, sous son linceul, pouvait tromper un médecin qui ne connaissait pas Maud, mais il ne tromperait pas Vera. C'était Maud que devait voir Vera, et bien entendu, une Maud morte.

Stanley retira le drap et le roula, puis il passa les mains sous les aisselles d'Ethel Carpenter et la tira à moitié sur le sol. Petit et maigre comme il l'était, elle pesait bien trop pour lui. Il se redressa, haletant, et à cet instant son regard tomba sur le sac à main de cuir noir posé à côté du fauteuil où Ethel s'était laissée tomber. Ce sac aussi il fallait le cacher.

Il l'ouvrit et une odeur pénétrante, douceâtre et écœurante monta à ses narines, l'odeur des bonbons à la violette. Stanley se souvint d'en avoir vu de semblables dans les bocaux des confiseurs, avant la guerre, alors qu'il était encore enfant. Il pensait qu'on n'en trouvait plus, tout comme les bonbons à l'anis ou au coquelicot et ils lui rappelèrent des images de son enfance, lorsqu'il pêchait dans la rivière, et de son village enfoui entre les collines.

Il prit un bonbon et renifla le violent parfum sucré et fleuri. Dix-sept ans, c'était l'âge qu'il devait avoir lorsqu'il était parti de chez lui, abandonnant ses parents, ses frères et la rivière. Il partait faire fortune, c'est ce qu'il avait dit, il était jaloux de ses frères qui étaient, l'un à l'université, l'autre en apprentissage. Je reviendrai il leur avait dit, et vous verrez que je serai quelqu'un. Mais il n'était jamais revenu et la dernière fois qu'il avait vu son père, c'était lorsqu'il était venu comme témoin au tribunal.

Les choses étaient différentes, désormais. Cette fameuse fortune avait mis trente ans à arriver, mais elle était à portée de sa main. Il n'avait plus qu'un pas à faire... Et quand il aurait l'argent, la semaine prochaine, peut-être, il monterait les voir. « Et si on allait à la pêche ? », qu'il dirait à son frère, l'imprimeur, en sortant son équipement flambant neuf. « Laisse, c'est pour moi », qu'il dirait à l'autre, le professeur, au moment de payer l'addition. Maintenant, ce serait eux qui seraient jaloux quand sa mère raconterait aux voisins que son fils avait réussi.

Stanley remit le bonbon dans le paquet et sa vision disparut. Ce qui l'intéressa beaucoup plus, ce fut une liasse de billets de banque retenus par un élastique. L'argent qu'avait préparé Ethel pour payer d'avance sa chambre à sa nouvelle logeuse.

Ceux-là, inutile de les détruire comme leur propriétaire.

Il était en train de compter les billets lorsqu'il crut entendre une marche craquer. Le visage inondé de sueur il recula d'un pas, tremblant comme un petit rongeur prêt à défendre sa proie contre un redoutable carnassier.

La porte s'ouvrit et Maud entra, s'appuyant sur sa canne.

8

Maud poussa un cri perçant.

Elle ne prit le temps ni de discuter avec Stanley ni de le questionner. Le spectacle qui s'offrait à ses yeux était suffisamment éloquent. Depuis vingt ans elle s'attendait à ce que son gendre répète le forfait qui lui avait déjà valu la prison. Une fois de plus il s'était attaqué à une vieille femme, et une fois de plus c'est à son argent qu'il en avait. Mais aujourd'hui il était allé jusqu'au crime.

La canne levée, Maud fonça sur lui. Stanley laissant tomber la liasse de billets recula, le dos au piano, et prit appui des mains sur le clavier, d'où s'éleva un accord dissonant. Maud le visa à la tête mais Stanley se baissa et le coup l'atteignit entre la nuque et l'omoplate. Il se releva presque aussitôt en chancelant et lança sur Maud un des vases d'opaline qui vint s'écraser contre le mur dans une pluie de débris verts et brillants.

– C'est moi qui vais vous tuer ! hurla Maud. Et de mes propres mains !

Stanley se glissa entre le canapé et le piano à la recherche d'un second projectile, mais avant qu'il ait pu s'emparer du deuxième vase Maud le frappa de nouveau, sur le crâne cette fois, et comme il vacillait elle lui assena de sa canne une grêle de coups sur tout le corps. Un voile noir tomba devant ses yeux. La pièce se mit à tourner et sous ses paupières passèrent des zébrures rouges et une cascade d'étoiles.

Maud était bien décidée à le battre à mort et elle puisait dans l'horreur et la rage une force inattendue. Secoué de sanglots nerveux, accroupi dans un coin, Stanley remonta l'épaule et au moment où elle s'abattait sur lui saisit le bout de sa canne.

La canne tressautait dans sa main comme quelque chose de vivant. Stanley s'y cramponna des deux mains. Il n'allait pas se laisser faire, lui un homme, et de trente ans plus jeune qu'elle. Se redressant, il lui fit face.

Ils luttaient silencieusement. Qu'auraient-ils pu se dire ? Tout avait été dit entre eux pendant ces quatre ans de vie commune, et ils avaient atteint au paroxysme de la haine et du mépris. Ils s'affrontaient, Maud haletante, Stanley, la respiration sifflante.

L'un et l'autre n'avaient plus qu'une idée, s'emparer de la canne, et ils se livrèrent une lutte acharnée mais silencieuse.

Stanley, feignant de reculer, lança un violent coup de pied dans les tibias de Maud. Poussant un cri, elle lâcha la canne qui rebondit sur le sol.

Stanley s'en saisit et l'envoya voler à travers la pièce. Bondissant sur Maud, il la prit à la gorge des deux mains. Elle émit un râle et comme les doigts de Stanley pressaient sa carotide, levant le genou, elle lui porta un coup à l'entrejambes. Tous deux poussèrent un cri et Stanley, gémissant de douleur, tomba à la renverse.

Il s'accroupit, prêt à bondir de nouveau, mais Maud, privée de la canne sur laquelle elle s'appuyait depuis des années, n'était plus qu'une infirme. Elle étendit les bras, ne trouva rien à quoi se retenir et, comme elle perdait l'équilibre, sa tête vint heurter l'arête tranchante de la cheminée de marbre.

Stanley s'approcha d'elle à quatre pattes, et constata, le cœur battant, que ses espoirs étaient enfin réalisés.

Lorsqu'il lui apprit la nouvelle, Vera ne dit pas un mot, mais pâlit jusqu'aux lèvres. Elle hocha la tête d'un air résigné comme il lui expliquait que Maud s'était approchée de la cheminée pour regarder de plus près la photo de leur mariage et, se sentant brusquement mal, avait porté la main à son front avant de s'écrouler sur le sol.

– Ça devait arriver un jour ou l'autre, dit-il après avoir achevé son récit.

– Je vais monter la voir.

– À condition que ça ne te bouleverse pas trop, fit Stanley qui, s'y attendant, avait pris ses dispositions et la suivit dans l'escalier.

Devant le corps inanimé de Maud, Vera versa quelques larmes puis dit :

– Comme elle a l'air paisible !

– Oui, je me suis fait la même réflexion. Elle repose en paix, maintenant.

Tous deux parlaient à voix basse comme si Maud pouvait les entendre.

– Pourquoi ne m'as-tu pas téléphoné au magasin ?

– J'ai jugé que c'était inutile, puisque de toute façon tu ne pouvais plus rien pour elle.

– Si au moins j'avais été ici, gémit Vera qui, se baissant, posa un baiser sur le front glacé de sa mère.

– Viens, dit Stanley. Je vais te préparer une tasse de thé.

Il tenait à l'entraîner hors de la pièce le plus rapidement possible. Il avait tiré les doubles rideaux et dans la pénombre seul un rai de lumière éclairait les traits de Maud et tombait sur les innombrables fioles qui encombraient sa table de chevet. Mais si par malheur Vera déplaçait légèrement l'oreiller, elle verrait la profonde plaie, dissimulée sous ses boucles grises, que portait Maud à la tête.

– Je devrais la veiller, cette nuit. Ça se fait.

– Quoi ! s'exclama Stanley qui, alarmé, en oublia de parler à voix basse. J'ai jamais entendu une bêtise pareille !

– Ça se faisait autrefois. Pauvre mère ! Elle m'aimait sincèrement. Elle croyait agir pour le mieux. Alors, le médecin dit qu'elle est partie d'une attaque ?

– Oui, fit Stanley. Allez, viens, Vera, descendons. Ça ne sert à rien de t'attarder ici.

Il prépara le thé. Vera le regardait faire en répétant cent fois les mêmes choses, comme tous les gens qui perdent un être cher. Elle avait peine à y croire, et pourtant, elle aurait dû s'y attendre. Nous sommes tous mortels, mais quand la mort frappe ça nous fait un choc. Ce qui la consolait, c'était de penser que sa mère avait eu une mort paisible, et qu'elle n'avait pas souffert.

– Allons dans la salle à manger. Il fait froid ici.

– D'accord, fit Stanley.

À peine verrait-elle la table que tout lui reviendrait et qu'elle le bombarderait de questions. À cela aussi il s'était préparé, et il la suivit, portant leurs tasses.

– Mon Dieu ! s'exclama Vera en ouvrant la porte. Tante Ethel ! J'ai complètement oublié tante Ethel ! (Elle consulta sa montre, se laissa tomber lourdement sur une chaise, puis reprit :) Il est près de 6 heures. Elle devait arriver à 5 heures. Ça ne lui ressemble pas d'avoir du retard.

– Je suppose qu'elle ne viendra plus.

– Elle viendra certainement. Elle nous l'a écrit. Oh, Stan, dire qu'il faudra que je lui apprenne la nouvelle ! Ça va la peiner. Elle était tellement attachée à maman !

– Peut-être qu'elle a renoncé à venir.

– À quoi bon répéter ça ? fit Vera. Elle est en retard, voilà tout. Je ne vais rien pouvoir avaler. Et toi ?

Stanley était affamé. L'odeur du saumon et du poulet le faisait saliver, mais il secoua la tête d'un air accablé.

Il était aussi épuisé qu'affamé et il ne se détendrait qu'une fois le danger écarté. Vera était montée voir sa mère et ne nourrissait aucun soupçon. Elle n'avait, grâce à Dieu, aucune raison de se rendre dans la chambre d'ami où le corps d'Ethel Carpenter gisait sous le lit, dissimulé par les plis retombants du couvre-pied. Donc, pour le moment, rien à craindre.

– Je me demande quand même ce qui est arrivé à tante Ethel, fit Vera qui s'énervait. Tu crois que je devrais téléphoner à sa logeuse, à Brixton ?

– Tu sais bien qu'elle n'a pas le téléphone.

– Non, mais je pourrais appeler le café en bas de chez elle et leur demander de lui porter un message.

– À ta place, moi je me tourmenterais pas pour ça. Tu as déjà assez de chagrin pour ne pas encore t'en faire au sujet d'Ethel Carpenter.

– Oui, tu as peut-être raison. Je vais attendre encore un peu. À quelle heure viennent les pompes funèbres, demain matin ?

– À 10 heures et demie.

– Il faut que je téléphone à Doris pour l'avertir que je n'irai pas travailler. Mais je ne sais pas comment ils feront, avec ma collègue qui est en vacances.

– Pour les pompes funèbres, je m'en occuperai, Vera, fit Stanley qui faillit avaler son thé de travers. Tu ne tiens pas spécialement, je suppose, à assister à la mise en bière ?

– Non, pas spécialement, mais... c'est ma mère, Stan.

– Si tu crois qu'il vaut mieux que tu ailles à ton travail, vas-y. Je me charge de tout.

À ce moment, on sonna à la porte, ce qui mit fin à leur discussion. Vera revint en compagnie de Mrs Blackmore qui, bien que Stanley n'eût annoncé la nouvelle à personne, était déjà au courant. Peut-être avait-elle entendu les quelques paroles prononcées par le docteur sur le perron. Quoi qu'il en soit, elle avait déjà, dit-elle à Vera, fait part de la « triste nouvelle » à Mrs Macdonald et autres commères du voisinage. Ayant hâtivement enfilé un manteau noir sur sa blouse fleurie, elle venait rendre un dernier hommage à Mrs Kinaway. En d'autres termes, elle voulait voir le corps.

– Quand je pense que pas plus tard qu'hier, j'ai bavardé avec elle par-dessus la haie. Ah, on peut bien dire que la mort nous fauche comme l'herbe.

Considérant non sans inquiétude le petit visage pointu et l'œil inquisiteur de Mrs Blackmore, Stanley songea que mieux valait encore qu'elle voie Maud maintenant plutôt qu'au moment où les croque-morts viendraient chercher le corps qu'il y aurait substitué. Sur ses gardes, prêt à retenir une main trop tendre voulant repousser une boucle sur le front de la défunte, il accompagna les deux femmes.

Cinq minutes après que Mrs Blackmore fut partie, non sans avoir claironné à plusieurs reprises : « N'hésitez pas à faire appel à moi, ma pauvre, je suis là. », les deux Macdonald arrivèrent, un bouquet de violettes à la main.

– J'ai apporté les violettes pour elle, fit Mrs Macdonald d'une voix bêlante.

Leur parfum rappela à Stanley l'odeur qui se dégageait du sac à main d'Ethel Carpenter.

– Nous ne demandons pas à la voir, Mrs Manning. Nous préférons nous souvenir d'elle telle qu'elle était.

Les voisins repartis, Vera et Stanley se retrouvèrent seuls. Sentir que Vera continuait d'attendre Ethel Carpenter exaspérait Stanley, mais qu'y pouvait-il ? Sans dire un mot, Vera retira le couvert mis pour sa mère et dit :

– Tu devrais manger quelque chose.

À 10 heures du soir, Ethel Carpenter n'étant toujours pas arrivée, Vera débarrassa la table et tous deux montèrent se coucher. Du seuil de la porte, elle jeta un dernier regard sur Maud mais n'entra pas dans la chambre. Ils éteignirent la lumière et restèrent étendus côte à côte, sans se toucher, parfaitement éveillés.

Vera s'endormit la première. Les nerfs de Stanley étaient tendus à se rompre. Que ferait-il si Vera décidait de ne pas se rendre à son travail le lendemain matin ? Il lui faudrait trouver un moyen de l'éloigner de la maison. Peut-être pourrait-il lui demander d'aller déclarer le décès à la mairie... Mais cela lui laisserait peu de temps pour tout ce qu'il avait à faire.

Peu après minuit, il sombra dans le sommeil lui aussi et se mit aussitôt à rêver, ou du moins il eut cette impression. Il rentrait chez lui, depuis Londres, un balluchon sur l'épaule. Il lui semblait marcher depuis des années, mais il se rapprochait du but maintenant. Bientôt il arriverait à cet endroit où la rivière décrivait un grand méandre et où il apercevrait le village, d'abord le clocher de l'église, puis les arbres et les maisons. Il hâta le pas. Il savait, tout pauvre qu'il était, avec son balluchon et ses souliers ruinés, qu'il serait accueilli avec des larmes de joie.

Le soleil se levait à peine et Stanley traversait une prairie, trempant son pantalon jusqu'à mi-cuisse dans l'herbe couverte de rosée. Tout le monde dormait encore au village. Mais sa mère serait déjà levée. Elle avait toujours été une lève-tôt. Il poussa la porte du pavillon et l'appela.

Allant jusqu'au pied de l'escalier, il leva la tête. Sa mère descendait. Elle avait vieilli et s'appuyait sur une canne. Il vit d'abord ses jambes, le bas de sa jupe, son corsage, et enfin son visage. Il recula en hurlant. Ce n'était pas le visage de sa mère qui lui apparaissait, mais celui de Maud, d'un jaune cireux, les dents découvertes, le sang coulant d'une blessure qu'elle avait au crâne...

Ses propres cris le réveillèrent. En réalité, il ne criait pas mais poussait des râles sourds. Il mit quelques minutes à se rendre compte qu'il avait rêvé et que Maud était morte, mais il ne put se rendormir. Il se leva, erra dans la maison, entrant d'abord dans la chambre où gisait Maud, puis dans la chambre d'ami. Les narcisses que Maud avait cueillis pour Ethel brillaient au clair de lune d'un éclat argenté.

Il descendit au rez-de-chaussée et alluma la lumière. Toute la pièce sentait le poisson et la viande froide et les plats seraient gâtés le lendemain. Il s'était ressaisi et déjà son rêve s'effaçait, mais il fut soudain pris d'inquiétude à l'idée qu'il avait omis d'accomplir un acte important. Oui, il avait oublié quelque chose d'essentiel, mais ne se rappelait plus quoi. Il s'assit, enfouit sa tête dans ses mains.

Puis brusquement, cela lui revint. Ce n'était pas si important que ça, après tout. Mais pour la première fois depuis vingt ans la journée s'était écoulée sans qu'il fasse les mots croisés du *Daily Telegraph*.

Il trouva le journal et un stylo. La vue de la grille vierge le réconforta un peu. C'était drôle que le simple fait de voir cette mosaïque régulière le calme ainsi. Il avait déjà dû en faire des milliers, se dit-il. Six par semaine, multiplié par cinquante-deux et encore multiplié par vingt. Bon Dieu, ça faisait trois mille sept cent quarante-quatre grilles, sans compter toutes celles des revues spécialisées.

Stanley prit le stylo.

Un horizontal : « Vide les baignoires et remplit les lavabos » en huit lettres. Stanley réfléchit un moment avant d'inscrire : « Entracte ». Il se détendit comme s'il était en train de prendre un bon bain chaud et sourit.

9

Le réveil sonna à 7 heures.

Vera était déjà sur le chemin de la salle de bains lorsqu'elle se souvint. Elle revint sur ses pas, hésitant à réveiller Stanley, mais il ne dormait pas et regardait le plafond d'un œil fixe.

– Puisque je suis levée, lui dit-elle, je ferais aussi bien d'aller travailler.

– Je crois que tu as raison. Ça te changera les idées.

Mais elle hésitait encore et traînait tellement que Stanley ne fut pleinement rassuré qu'en la voyant descendre la petite allée. À peine avait-elle disparu qu'il alla chercher le sac en plastique qui avait contenu le terreau et l'emporta au premier étage. Mieux valait enlever à Maud son alliance et la glisser au doigt d'Ethel. Mais pourquoi éprouva-t-il à la toucher une impression si pénible ? Encore heureux qu'il n'ait pas avalé la platée d'œufs au bacon que lui avait préparée Vera.

Ethel portait une bague au petit doigt de la main droite. D'un geste mal assuré Stanley la lui retira. C'était une curieuse bague, un fin jonc d'or, ornée en place de pierre de deux minuscules mains jointes, en or également. Stanley la glissa au doigt de Maud puis fourra le cadavre dans le sac de plastique.

Il n'y avait personne dans le jardin des Blackmore. Ils se levaient tard, le samedi, et leur chambre donnait en façade. Haletant sous le poids, Stanley traîna le sac et son macabre contenu sur l'étroit chemin cimenté qui menait à la cabane à outils. Il alla chercher ensuite les deux valises d'Ethel. L'une d'elles n'était pas complètement pleine. Stanley y fourra le manteau et le chapeau d'Ethel, ainsi que son parapluie qui par chance était pliant. Puis il les descendit au rez-de-chaussée et les déposa dans la cabane, à côté du corps. Jamais personne ne venait mettre le nez ici, mais pour plus de sûreté, il recouvrit cadavre et valises de pelletées de terreau. Si quelqu'un entrait pour jeter un coup d'œil, il s'imaginerait que Stanley ne s'en était pas fait livrer cent kilos mais au moins une tonne.

En somme, jusque-là, tout allait bien.

À 9 heures et demie, Ethel avait pris sur le lit la place de Maud. À la réflexion, Stanley se dit que les croque-morts apprécieraient de voir quelques fleurs dans la chambre. Il alla donc chercher le vase de narcisses qu'il posa sur la table de chevet parmi les médicaments.

À 10 heures pile, les employés des pompes funèbres arrivèrent, et après avoir fait remplir à Stanley le formulaire autorisant l'incinération, ils emportèrent le corps d'Ethel Carpenter.

Pendant l'heure du déjeuner, après être allée déclarer à la mairie le décès de Maud, Vera téléphona au café proche du meublé où avait habité Ethel.

– Je m'excuse de vous déranger, dit-elle. Mon père était dans le commerce et je sais ce que c'est, mais auriez-vous l'obligeance de demander à Mrs Huntley de me rappeler ?

Le téléphone sonna dix minutes plus tard, alors que Vera était en train de glisser des couvertures de laine, fraîchement nettoyées, dans des sacs de plastique.

– Je voulais simplement savoir, dit-elle à Mrs Huntley, si miss Carpenter est encore chez vous. Nous l'attendions hier et elle n'est pas venue.

– Pas venue ? Mais elle est partie d'ici... voyons... vers 1 heure moins 20. Elle portait ses deux valises et m'avait chargée d'expédier sa malle à sa nouvelle adresse, au 52 Green Lanes, à Croughton. Les camionneurs sortent d'ici.

Vera, les jambes coupées, se laissa tomber sur une chaise et demanda :

– Elle vous a bien précisé qu'elle venait chez nous ?

– Mais oui ! Je l'entends encore me dire : « Ils ne m'attendent pas si tôt, Mrs Huntley, mais puisque je suis prête, autant partir. Mr Manning est sûrement là et j'en profiterai pour avoir une petite conversation avec lui. » Elle a ajouté qu'elle ne se presserait pas parce que ses valises étaient très lourdes.

– Et elle vous a quittée à 1 heure moins 20 ?

– Oh, peut-être moins le quart.

– Mais dans ce cas, elle aurait dû arriver à 2 heures !

– Elle a sûrement changé d'idée. Elle est sûrement allée directement à Green Lanes.

– Oui, vous avez sans doute raison, fit Vera.

Mais tout de même, ça ne ressemblait pas à Ethel. Annoncer son arrivée par lettre, sachant qu'on se dérangerait pour la recevoir et ne pas venir, c'était une drôle de manière de se conduire. Or Ethel, si elle avait parfois la dent dure et n'était pas toujours facile à vivre, n'était ni mal élevée ni désinvolte. Elle appartenait encore à la vieille école. Vera n'arrivait pas à comprendre.

À 5 heures, les clients se faisant rares et les boutiques de High Street se vidant, Vera laissa la teinturerie aux soins de Doris et attrapa l'autobus qui la mènerait à Green Lanes.

Le N° 52 était un pavillon bien plus joli que celui de Lanchester Road, avec sa façade à moulures, sa vaste pelouse et son garage. Une femme maigre, d'un certain âge, vint lui ouvrir, flanquée de deux gosses, un garçon et une fille, qui pouvaient aussi bien être ses enfants que ses petits-enfants.

– Entrez donc, dit-elle lorsque Vera se fut présentée.

– Je n'ai pas le temps. Mon mari s'inquiétera si je suis en retard. (Jamais Stanley ne s'était inquiété lorsqu'elle rentrait tard, mais il se montrait si gentil avec elle depuis la mort de Maud, si attentionné qu'après tout, la chose n'était pas impossible.) Je voulais simplement savoir si miss Carpenter était arrivée.

– Je ne l'attends pas avant lundi, dit Mrs Paterson d'une voix lasse. Oui, elle a bien précisé lundi. Heureusement d'ailleurs. On a emmené d'urgence ma fille à l'hôpital et elle m'a confié les enfants... Si j'avais su ça, jamais je ne lui aurais loué la chambre.

– J'étais sûre de la trouver chez vous, fit Vera accablée. Elle a disparu.

– Bah, elle réapparaîtra. Si vraiment vous ne voulez pas entrer, alors excusez-moi, mais faut que j'aille faire manger ma marmaille.

Stanley l'attendait sur le seuil, l'image même d'un mari inquiet, à laquelle elle avait peine à croire.

– Mais où étais-tu donc ? Je me tourmentais à ton sujet.

Vera retira son manteau. L'idée que Stanley s'était fait du souci pour elle lui causait une telle joie qu'elle faillit se jeter à son cou.

– Les pompes funèbres sont venues, lui dit-il, et l'incinération aura lieu jeudi. Il faudra avertir la famille. Ça ne te dérange pas qu'on ne dîne pas tout de suite ? J'ai un formulaire à te faire signer.

Il avait été ravi, mais un peu effrayé de le remplir. Il n'avait guère apprécié le passage qui demandait de certifier qu'il ne soupçonnait aucune négligence. Et il n'avait pas été non plus tellement rassuré d'appeler le docteur Moxley pour lui demander le nom du contre-expert. Cependant, il avait été soulagé d'apprendre que c'était un certain Diplock. Il n'avait pas été question de Blake.

– Signe là, dit-il en lui mettant un stylo dans les mains.

– Oh, Stan, fit Vera après avoir apposé sa signature à l'endroit indiqué, tu es vraiment merveilleux. Je ne peux te dire quel réconfort cela a été pour moi que tu me décharges de tout.

– C'est normal.

– Mais je me tracasse à propos de tante Ethel.

En quelques mots, Vera raconta à Stanley son coup de téléphone à Mrs Huntley et sa démarche auprès de Mrs Paterson, puis elle ajouta : Tu ne crois pas qu'on devrait signaler sa disparition à la police ?

– À la police ! fit Stanley changeant de couleur.

– Stan, c'est mon devoir. Il lui est peut-être arrivé quelque chose.

– La police ne s'intéresse pas aux femmes qui disparaissent.

– Quand il s'agit d'adolescentes ou de femmes encore jeunes qui s'enfuient avec un homme, non, mais tante Ethel a soixante-dix ans.

– Oui, je comprends ce que tu veux dire... Écoute, attendons jusqu'à lundi. Si ça se trouve, elle débarquera chez Mrs Paterson. Si elle ne se montre pas, on appellera la police. D'accord ?

– D'accord, fit Vera à contrecœur.

Pendant toute la journée, John Blackmore était resté perché sur son échelle à peindre la façade arrière de son pavillon. À peine était-il rentré dans la maison que Vera arrivait. Aussi, dès qu'il le put, Stanley alla jeter un regard dans la cabane à outils, et constata que personne n'avait touché au tas de terreau. Il verrouilla la porte, fourra la clef dans la poche de son pantalon. Puis il alla jusqu'à sa rocaille où s'ouvrait toujours la profonde tranchée. Dans cette fraîche soirée d'avril, les bruyères se détachaient en blanc sur le brun foncé du terreau. « La bruyère blanche... pensa-t-il. Il paraît que ça porte bonheur. »

Le lendemain, un dimanche, il faisait beau et chaud. Vera sortit du garde-manger un morceau du bœuf et le renifla. Comme à l'habitude l'odeur en était douteuse. Dès que les beaux jours arrivaient, la viande tournait.

– Tu pourras t'acheter un réfrigérateur maintenant, lui dit

Stanley, et voyant qu'elle ne savait que répondre, il lui tapota l'épaule, ce qui fit monter les larmes aux yeux de Vera. Je vais aller chercher le journal. Mes mots croisés me manquent.

Cela faisait des années qu'il ne s'était senti aussi léger et aussi heureux. Tout s'était passé le mieux du monde. Avait-il commis une erreur ? Non, pas la moindre. Ça lui aurait déplu de se voir dans l'obligation de... liquider Maud, mais ça n'avait pas été nécessaire. Elle était morte par sa propre faute. Il ne lui restait plus, pour couper court à des questions embarrassantes, qu'à aller voir Mrs Paterson.

Il sauta dans l'autobus de Green Lanes qui s'arrêtait juste devant chez elle et, quelques minutes plus tard, Stanley souriait d'un air engageant à cette brave femme qu'il catalogua immédiatement parmi les grand-mères épuisées, les ménagères submergées trop heureuses de se voir déchargées d'une partie de leur fardeau.

– Je m'appelle Smith, lui dit-il, et je viens de la part de miss Ethel Carpenter.

– Ah oui, fit Mrs Paterson, lançant par-dessus son épaule : Taisez-vous, les enfants, on ne s'entend plus. Une dame est déjà venue la demander hier.

– Bon, voilà ce qui se passe. Elle va loger chez moi. J'avais une chambre à louer qu'elle a visitée la semaine passée. Et elle arrivait pas à se décider entre la vôtre et la mienne.

– Ces petites vieilles, elles sont toutes les mêmes, fit Mrs Paterson visiblement soulagée.

– Ouais. C'est rudement gentil de votre part de le prendre comme ça. Elle est arrivée chez moi vendredi après-midi et s'est tout de suite installée. Et après, elle a pas osé venir vous le dire elle-même. (À contrecœur Stanley tira de sa poche la liasse de billets qu'il avait prise dans le sac d'Ethel.) Elle veut pas que vous en soyez de votre poche. Alors elle a pensé que cinq livres couvriraient les petits frais que vous avez pu faire.

– C'était vraiment pas la peine, fit Mrs Paterson qui n'en empocha pas moins les billets. Maintenant je peux vous l'avouer, ça m'arrange plutôt que les choses aient tourné ainsi. Je pourrai donner cette chambre à mon petit-fils.

– Vous recevrez une malle un de ces jours. Je viendrai la chercher.

Allait-elle lui demander son adresse ? Non, heureusement pas.

– Vous inquiétez pas. Je la garderai en attendant. C'est bien aimable à vous de vous être dérangé, je vous remercie.

– De rien, fit Stanley.

Il acheta le journal au kiosque du coin, et quand l'autobus arriva en haut de Lanchester Road, il avait déjà fait mentalement la moitié des mots croisés. « Fait rire les perroquets et pleurer les Japonais », c'est évidemment « harakiri ». Quel dommage que j'aie pas mon stylo sur moi. Ce qu'ils vont chercher quand même ! Et tout ragaillardi, Stanley s'engagea dans l'allée en sifflotant.

10

Pendant toute la journée du dimanche, John Blackmore, juché sur son échelle, peignit la façade latérale de son pavillon et à chaque fois que Stanley mettait le nez dehors, il lui faisait des signes avec son pinceau. À 8 heures le jour déclinait et Blackmore maniait encore la brosse.

– Ne te tourmente pas si je rentre tard, demain, dit Vera comme ils montaient se coucher. En sortant du magasin j'irai jusque chez Mrs Paterson voir si tante Ethel est enfin arrivée.

– Et puis il faudra qu'un de ces jours nous rendions visite au notaire de ta mère, ajouta Stanley d'un air dégagé.

– Ça peut attendre jusqu'après l'enterrement.

– Bien sûr, répondit vivement Stanley.

Cette nuit-là, il dormit paisiblement et, quand il se leva, il constata que Vera était déjà partie. Le ménage était fait et Vera, comme à l'habitude, lui avait préparé son petit déjeuner sur un plateau, les flocons d'avoine dans une assiette creuse, le lait dans la tasse et l'eau dans la bouilloire. La voiture de Blackmore n'était plus là. Il était donc parti à son travail lui aussi. Stanley fut considérablement soulagé. Il commençait à s'inquiéter que son voisin ait pris toutes ses vacances et se consacre à repeindre entièrement la maison.

Comme tous les lundis, la lessive de Mrs Blackmore claquait au vent et elle s'activait, des pinces à linge à la main, lissant les draps qui, sous l'effet du vent, s'enroulaient autour de la corde.

– Par un temps pareil, ça va sécher en un clin d'œil.

– Ouais, fit Stanley.

– Vous avez repris votre vie, à ce que je vois. Votre femme tient le coup, j'ai l'impression.

Stanley se contenta d'acquiescer de la tête en s'efforçant de ne pas regarder du côté de sa cabane à outils et la voisine reprit :

– Bon, je vais encore étendre quelques petites choses et ensuite j'irai voir ma sœur.

Rassuré, Stanley se mit à jardiner. Il arracha entre les rosiers quelques pieds de séneçon et de laiteron mais il n'était pas d'humeur à se livrer, ce matin-là, à la chasse aux mauvaises herbes, et son attention était sans cesse attirée par ses bruyères et la tranchée béante qu'il avait préparée. Il sursauta en entendant Mrs Blackmore lui demander :

– Qu'est-ce que vous allez mettre dans ce grand trou ?

– Je vais le remplir de terreau, répondit Stanley sentant la sueur lui mouiller le front. Oh, il faudra bien tout un sac pour le combler.

– C'est bien ce que je pensais, fit Mrs Blackmore. John et moi on en a parlé, de ce trou, et John a dit...

Elle gloussa, l'air gêné, et se mordit la lèvre.

– Oui, je vais le remplir de tourbe, répéta, mal à l'aise, Stanley, qui avait parfaitement deviné ce qu'avait dû dire Blackmore.

Il les entendait, ces deux mauvaises langues, lancer en ricanant : « Ils vont y fourrer Mrs Kinaway. Ça leur évitera les frais d'enterrement. »

Il s'approcha de la haie qui séparait son jardin de celui des Macdonald. Mrs Macdonald, dont le mari avait une bien meilleure situation que Blackmore, suspendait sa lessive sur un fil métallique enrobé de plastique, et les pinces à linge qu'elle employait étaient en plastique elles aussi. Elle lança un regard à Stanley, déjà tout heureuse de lui faire la causette, mais il se contenta de la saluer d'un petit signe de tête.

Les deux commères bavardèrent un moment, haussant la voix pour s'entendre par-dessus la pelouse des Manning. Stanley rentra dans la maison et s'attaqua à ses mots croisés.

Finalement, par un vrai coup de chance, les voisines partirent ensemble. De son poste d'observation, derrière le piano du salon, Stanley vit Mrs Macdonald sortir de chez elle avec son caddie et aller attendre devant chez Mrs Blackmore. La porte d'entrée des Blackmore claqua et la voisine sortit dans son manteau d'été rose assorti d'un chapeau fleuri. Les deux femmes chuchotèrent en regardant la maison de Stanley. Encore à dire des saloperies sur moi, pensa-t-il en les regardant s'éloigner vers l'arrêt de bus.

Lorsqu'elles eurent disparu, il monta à l'étage et, de l'ancienne chambre de Maud, il scruta les jardins environnants. Partout, comme des étendards claquant au vent, flottait le linge étendu. Il était d'un blanc immaculé encore plus pur que celui des nuages déchiquetés qui glissaient dans le ciel et Stanley eut l'impression qu'il pourrait rester des heures à contempler cette blancheur presque hypnotique. Il se sentait les membres lourds à la perspective de la tâche qui l'attendait. Jusqu'à présent, tout s'était passé entre quatre murs ou presque. Maintenant, il allait falloir opérer à découvert, presque en public (même s'il n'y avait personne dans les jardins environnants pour l'épier). Peut-être que ce qu'il s'apprêtait à faire était la première chose vraiment illégale et passible d'un châtiment. Mais il fallait le faire et le faire maintenant, tant que Mrs Macdonald était partie faire ses courses.

Mais les deux pavillons qui flanquaient le sien étaient déserts, ça, il en était sûr. Les Blackmore n'avaient pas d'enfants, et ceux des Macdonald étaient à l'école. Pourtant, ça l'énervait de se mettre au travail sous le regard aveugle de la fenêtre. Pour qui ils se prenaient, ces gens-là, pour avoir fait construire une aile supplémentaire qui donnait pile sur son jardin à lui ? Il leur aurait bien collé un procès aux fesses pour avoir négligé de lui demander l'autorisation, seulement il n'avait pas d'argent à l'époque pour s'offrir les services d'un avocat... Cette foutue fenêtre n'avait même pas de rideaux. Mais il n'y a personne j'en suis sûr, se répéta-t-il pour se rassurer, tout en ouvrant avec sa clef la porte de la cabane à outils et en se mettant à disperser le terreau avec ses mains.

Le vent faisait voler la terre friable et légère, poudrant de brun les vêtements de Stanley. Il sortit d'abord les valises et, ayant scruté les alentours pour s'assurer que personne ne l'observait, les tira jusqu'à la tranchée où il les laissa tomber. Elles prenaient beaucoup plus de place qu'il ne l'avait prévu, ne ménageant qu'un espace assez restreint pour enfouir le sac contenant le cadavre de Maud.

Le cadavre de Maud... Jusque-là Stanley avait ressenti une immense fatigue allant jusqu'au vertige, et une terrible inquiétude, mais jamais encore de malaise. Or, brusquement, il fut pris de nausées. Du pied, il poussa un peu de tourbe sur les valises, puis respira profondément. La nausée s'atténua.

Il rassembla son courage à deux mains, retourna dans la cabane et attrapa le sac par le col. Ses doigts humides de sueur glissèrent sur l'épais plastique vert. En le voyant, nul n'aurait pu imaginer que ce sac contenait du terreau. Mais personne ne l'observait. Non, personne, sauf un oiseau perché sur une branche et la pupille aveugle de la fenêtre des Macdonald.

Si seulement il n'y avait pas eu tout ce bruit. Le linge étendu claquait au vent et sifflait. Stanley avait l'impression d'être entouré par des fantômes blancs qui ricanaient à chacun de ses gestes.

Emprisonné dans le sac, le corps de Maud tressauta sur la petite allée cimentée. Stanley, incapable de le soulever, était obligé de le traîner. Un poids mort pensa-t-il. Oui, c'est le cas de le dire, un poids mort... Pourvu qu'il ne se mette pas à vomir.

Le moment le plus éprouvant fut celui où il laissa tomber le corps sur les valises. Il avait espéré ne pas être obligé de toucher Maud, mais cela se révéla impossible. Sous les plis humides du plastique, ses chairs étaient glacées et raidies. Stanley s'entendit pousser un sanglot de détresse. Le sac était presque à niveau du terrain. Stanley s'accroupit et le pressa des deux mains. Il crut un instant qu'il n'aurait plus la force de se relever. Les paumes ruisselantes de sueur comme s'il les avait trempées dans l'eau, il prit une pelle et se mit à déverser le terreau seau après seau.

L'opération terminée, la fosse comblée avait exactement l'air de ce qu'elle était... une tombe. Stanley s'efforça de l'aplanir, mêlant à la tourbe fraîche pour la rendre moins apparente des brins de bruyère et des pétales de fleurs. Puis il fut à nouveau pris de nausée. Mais cette fois, il ne put lutter. Il tomba face contre terre et vomit tout ce qu'il pouvait.

– Qu'est-ce qu'y a, Mr Manning ? Vous ne vous sentez pas bien ?

Stanley eut l'impression que Mrs Macdonald se tenait juste derrière lui. Il se releva d'un bond et faillit trébucher sur le tas de tourbe. Elle était bien à dix mètres et l'observait avec curiosité par-dessus la haie, sa lessive claquant au vent comme une bande de spectres sur des balançoires.

– Je suis revenue de mes courses, et je vous ai vu là couché de tout votre long sur le sol. Qu'est-ce qui vous est arrivé ?

– J'ai dû manger quelque chose qui ne m'a pas convenu, marmonna Stanley qui, le visage et les mains maculés de poussière de terreau, pénétra en chancelant dans la maison.

Lorsque Vera revint de chez Mrs Paterson, elle avait un poids de moins sur les épaules, mais à son soulagement se mêlait une certaine irritation. Comment tante Ethel pouvait-elle agir avec une telle désinvolture ? Écrire à Maud pour lui annoncer qu'elle viendrait passer le week-end et changer d'idée. Pire encore, louer une chambre chez Mrs Paterson et s'installer ensuite chez quelqu'un d'autre... Elle avait de la chance, se dit Vera, d'être tombée sur quelqu'un d'aussi accommodant que Mrs Paterson. Peu de logeuses se seraient contentées de cinq livres de compensation. Dommage qu'elle n'ait pas eu l'idée de demander son adresse à ce Mr Smith.

Après tout, puisque Ethel se conduisait de manière aussi cavalière, bon débarras. Et qu'elle ne vienne pas se plaindre, après ça, qu'on ne l'ait pas prévenue de la mort de Maud. Où la joindre, puisqu'elle avait disparu aussi mystérieusement ?

– Votre mari est remis de son malaise ? lui demanda Mrs Macdonald alors que Vera poussait le portillon.

– Un malaise ?

– Ah, vous l'avez pas encore vu ? Si j'avais su, j'en aurais pas parlé.

– Dites-moi ce qui s'est passé, Mrs Macdonald.

– Oh, rien de grave. Mais quand je suis rentrée de commissions, ce matin, j'ai vu ce pauvre Mr Manning affalé au milieu de ses bruyères. Il venait de vomir.

– Je me demande bien pourquoi.

– Quelque chose qu'il aurait pas digéré, il m'a dit. Mon Michael, qui était rentré plus tôt de l'école à cause de son mal de gorge, m'a raconté qu'il avait vu, par la fenêtre de notre chambre, Mr Manning en train de jardiner, puis qu'il est tombé tout d'un bloc.

Vera se précipita dans la maison, s'attendant à voir Stanley étendu sur le canapé. Mais non. Assis sur une chaise, il était plongé dans un recueil de mots croisés, et elle ne lui trouva pas le teint plus jaune qu'à l'habitude.

Mieux valait ne pas lui répéter ce que venait de lui dire Mrs Macdonald. Stanley avait horreur d'être espionné par les voisins. Elle se contenta de lui rapporter sa conversation avec Mrs Paterson.

– Je t'avais bien dit qu'y avait pas de quoi t'inquiéter.

– Je le sais, mon chéri. C'était stupide de ma part. Le mieux est de ne plus penser à tante Ethel et à son étrange conduite. Tu te sens capable d'avaler un bifteck ?

– Pourquoi pas ? fit Stanley ne lui accordant plus aucune attention.

Vera soupira. Évidemment, il venait de passer de durs moments, avec Maud morte comme ça, sous ses yeux. Mais si au moins il se donnait de temps à autre la peine de lui parler gentiment, de la remercier de ce qu'elle faisait pour lui, de lui prouver par un regard ou un sourire qu'il l'aimait toujours... Peut-être était-ce trop demander après vingt ans de mariage. Vera mangea en silence. Stanley eut un geste d'impatience, mais ne leva même pas les yeux lorsqu'elle lui ôta son assiette vide. La vaisselle terminée, Vera monta à l'ancienne chambre de Maud.

Elle s'assit devant la coiffeuse, mais avant d'ouvrir le tiroir où Maud rangeait ses papiers, elle jeta machinalement un regard au miroir et poussa un soupir. Si elle se laissait aller c'était autant par manque de temps que par manque d'argent... Elle se demanda comment réagirait Stanley si elle parlait de cesser de travailler. Puis, détournant les yeux, elle ouvrit un des tiroirs et en versa le contenu sur le lit.

Sur le dessus de la pile, elle trouva un paquet de lettres d'Ethel Carpenter. Venaient ensuite le chéquier de Maud, son certificat de naissance, de mariage, l'attestation de baptême de Vera. Il était pénible de trier tous ces papiers, mais il fallait le faire, et le plus vite possible.

Enfin elle tomba sur un courrier du cabinet Finbow & Craig, de High Street, Croughton : « Chère madame, à votre demande nous vous avons fixé un rendez-vous avec Mr Finbow afin que vous puissiez discuter avec lui de vos dispositions testamentaires... » Vera décida de contacter Mr Finbow après l'enterrement.

Entre deux liasses de papiers, Vera découvrit un écrin à bijoux, long et plat, plein de broches, de chaînes et autres bimbeloteries. À l'exception d'un médaillon renfermant la photo de son père et de sa mère, rien ne lui plaisait et elle décida de distribuer le tout aux membres de la famille qui arriveraient le jeudi.

Vera ouvrit ensuite l'album de photos familial, relié de cuir rouge. Sur la première page se trouvait la photo de mariage de ses parents, prise sur les marches de l'église. Suivait une série de photos d'elle enfant, chacune portant une légende de la main de Maud : Vera bébé, Vera à un an, Vera fait ses premiers pas,

Vera à six ans, Vera et tante Ethel, Vera sur la plage de Brayminster-on-Sea...

Notre bien-aimé Bray ! C'était l'en-tête qui courait sur la double page suivante. Maud appelait ainsi cette station balnéaire tant elle l'adorait. On voyait une photo d'Ethel Carpenter en costume des années 30, tenant par la main Vera à dix ans. Sur la photo voisine, Maud portait des lunettes de soleil et George un mouchoir sur la tête comme on faisait à l'époque pour se protéger du soleil.

Et cela continuait. Bray en 1946, après la guerre, Vera à dix-huit ans avec ses longs cheveux bouclés et du rouge à lèvres, puis deux ans plus tard, le New Look. En petit tailleur de coton et en jupe longue. Avait-elle vraiment porté ces chaussures à brides et à talons aiguilles ? James Horton lui tenant la main, leurs deux silhouettes se détachant sur la mer scintillante. James Horton. Si c'était lui qui avait eu un malaise, lui auquel elle avait prodigué ses soins... Lui aurait-il souri, l'aurait-il remerciée, embrassée ?

Il n'y avait pas une seule photo de Stanley dans tout l'album, pas même celle de leur mariage. Vera le referma. Il faisait d'ailleurs trop sombre pour continuer à le feuilleter. Elle baissa la tête et ses larmes roulèrent sur la reliure fanée.

– Qu'est-ce tu fais là dans l'obscurité ?

Vera se retourna en entendant Stanley entrer dans la pièce et, croyant discerner dans sa voix un soupçon de tendresse ou d'inquiétude, elle lui prit la main et la pressa contre sa joue.

11

Debout entre Walter, le frère de George Kinaway, et Louisa, la sœur de Maud, Stanley regarda le cercueil glisser lentement derrière l'écran doré vers le four crématoire. Le pasteur les invita à élever vers Dieu une ultime prière. Vera se mit à pleurer sans bruit tandis que Stanley, baissant la tête, contemplait fixement le bout de ses souliers.

– Toujours aucun signe d'Ethel Carpenter ? demanda tante Louisa lorsqu'ils se retrouvèrent dans la cour pavée devant les fleurs. Je m'attendais à la voir ici. Oh, celles-là, ce sont les nôtres,

Stanley. Les couronnes coûtent un tel prix, maintenant, quand on pense que ça se fane si vite, hein ? Alors on s'est dit qu'une gerbe avec du lierre, ce serait mieux.

– C'est des fougères, fit Stanley sèchement.

C'était bien le genre des Macdonald d'avoir envoyé une énorme croix faite de lis. À tous les coups, ils l'avaient fait exprès pour que les fleurs des autres aient l'air de rien du tout, tiens.

Ils montèrent dans les voitures de louage et rentrèrent à Lanchester Road. Stanley faillit exploser en voyant Mrs Blackmore se gaver de sandwiches et de sherry. Ces gens n'avaient pas eu la décence d'envoyer des fleurs. L'air réprobateur, il déjoua toutes les tentatives de la commère pour connaître le montant de la fortune que laissait Maud. Mais une fois les invités partis, il téléphona à l'étude Finbow & Craig.

– Cela me paraît prématuré, lui dit Vera lorsqu'il lui annonça qu'il avait pris rendez-vous pour elle pour le lendemain.

– Que ce soit demain ou la semaine prochaine, qu'est-ce que ça change ?

– Je me sentirai mieux quand tout ça sera fini. Ça a été un bel enterrement.

– Très beau, fit Stanley avec élan.

Il ne se souvenait pas avoir pris tant de plaisir à une réunion de famille. S'il n'y avait pas le problème de cette foutue malle à récupérer...

– Mon chéri, lui dit soudain Vera, cela fait des années que nous n'avons pas pris de vacances. Quand les questions matérielles seront réglées, pourquoi n'irions-nous pas passer une semaine à Bray ?

– Vas-y, toi. Moi j'ai des choses à faire.

– Tu as retrouvé du travail ?

– Oui. J'ai quelque chose en vue.

Stanley détourna la tête pour ne pas voir le regard encourageant que lui adressait Vera. Du travail ! Le malheur, c'est qu'elle ne savait pas voir grand. Il se versa un verre de sherry et se mit à penser à Pilbeam.

En disant à sa femme qu'il avait un travail en vue, Stanley n'avait pas totalement menti. L'affaire n'était pas seulement en vue, mais dans le sac et il n'avait pas de quoi en être fier. Il n'avait accepté que parce qu'il disposerait à sa guise d'un camion.

Un fleuriste d'Old Village cherchait un chauffeur-livreur et la veille de l'enterrement Stanley s'y rendit à pied. Old Village était autrefois, avant que Londres ne s'étende dans cette direction, un hameau et il en restait quelques vestiges. Stanley fut embauché et promit de prendre son travail dès le lundi matin.

Ravi de voir que tout s'arrangeait pour le mieux, il flâna dans le parc, puis alla s'asseoir au pied du monument aux morts et alluma une cigarette.

Il n'y a peut-être rien de plus agréable pour un homme dont les projets ont porté leurs fruits que de songer à ce qu'il va faire de l'argent qu'il a gagné. Il rêvait de voitures, de vêtements, d'alcool à gogo et de tout ce à quoi on peut dépenser sa fortune pour flamber, mais il ne se faisait pas d'illusions. Il ne pourrait pas vivre jusqu'à la fin de ses jours de vingt mille livres. Et il s'en croyait trop, maintenant, pour envisager d'être l'employé de quelqu'un, sauf peut-être du rédacteur en chef d'un journal où il tiendrait la rubrique des mots croisés. Mais ça viendrait plus tard. Il lui fallait d'abord entrer dans les affaires. Comme, ayant traversé la rue, il passait devant une rangée de boutiques, il se dit qu'il ne serait pas indigne de sa nouvelle situation de devenir commerçant. Après tout, l'affreux vieux George Kinaway s'était bien débrouillé, très bien même, et ce qu'un George Kinaway pouvait faire, il pouvait y arriver les yeux fermés.

Les boutiques occupaient le rez-de-chaussée de vieilles maisons de style Tudor ombragées de grands arbres qui leur donnaient un air luxueux. Venait d'abord une galerie de tableaux avec en vitrine de la peinture abstraite, puis une boutique de colifichets, une autre de bijoux de fantaisie et entre celle-ci et un bouquiniste, une boutique vacante à la porte barrée d'une planche et surmontée de l'écriteau « À louer ».

Le nez collé contre la vitre maculée de traces de doigts, un type trapu scrutait l'intérieur poussiéreux. Stanley s'approcha et vit dans la pénombre des piles de cartons qui s'entassaient. Le type poussa un soupir.

– Belle journée, fit Stanley gaiement.

– Vous trouvez ? répondit l'autre tournant vers lui un visage poupin surmonté d'une houppe de cheveux filasse.

Il fumait une cigarette visiblement roulée à la main et lorsqu'il la porta à ses lèvres, Stanley remarqua qu'il lui manquait le bout de l'index. Son doigt se terminait par une extrémité calleuse qui le faisait ressembler à une saucisse.

– Disons que ça va pour certains, ajouta-t-il.

Comme Stanley souriait, il reprit d'un ton bougon :

– Dites donc, l'ami, vous avez gagné à la loterie ?

– C'est un peu ça, répliqua Stanley, sans se compromettre.

Le type resta silencieux un moment, puis lança lugubre :

– Je suis menuisier, et même ébéniste. Ça fait trente ans que je suis dans l'métier et voilà que la maison fait faillite.

– Pas de veine !

– Cette boutique, fit le type en frappant contre la glace, bien exploitée, ça pourrait être une mine d'or.

– Ah, oui ? Comment ça ? demanda Stanley sur ses gardes.

– Avec les antiquités, pardi ! Ce que je connais pas sur les antiquités, ça tiendrait sur un timbre-poste. Tenez, on achète deux authentiques fauteuils Hepplewhite et on en fabrique – c'est-à-dire j'en fabrique – une douzaine, en incorporant dans chacun un morceau des deux fauteuils authentiques. Vous voyez ce que je veux dire. Et après ça on vend le tout pour de l'Hepplewhite. Les clients s'y laissent prendre. Faudrait être un expert de première pour s'y reconnaître. Ou bien on prend le plateau d'une table de marqueterie 1830, on y colle des pieds... et par ici la monnaie !

– Et où vous le trouvez, ce plateau ?

– En fouinant du côté de Barnet et même plus loin, à Hadham et dans d'autres villages. Y a des vieilles filles qui gardent des trésors dans leurs greniers.

– Et qui achèterait tout ça ?

– Non, mais vous voulez rire ? Y a pas une seule boutique d'antiquités à Croughton et des gens qui ont du fric à pas savoir qu'en faire. Seulement voilà, pour commencer faut un petit capital.

– Je pourrais peut-être me le procurer, fit Stanley toujours sur ses gardes.

– Venez, mon petit pote, on va boire un verre. Je m'appelle Pilbeam, Harry Pilbeam.

– Et moi Stanley Manning.

Pilbeam offrit la première tournée et ils discutèrent ferme. Lorsque ce fut au tour de Stanley de payer un verre, il s'excusa en disant qu'il ne pouvait s'attarder, mais ils prirent rendez-vous pour le mercredi suivant.

Stanley ne tenait pas à régaler Pilbeam, du moins pas pour le moment, et le whisky était hors de prix. Bien sûr il lui restait encore le plus gros de l'argent qu'il avait pris dans le sac d'Ethel Carpenter, mais il répugnait à s'en servir.

Seul dans la maison, le matin qui suivit l'enterrement, il sortit de sa poche la liasse de billets de banque et l'examina. Comparé à ce qu'il allait toucher, c'était une goutte d'eau dans l'océan. Portant la liasse à son nez, il fronça le sourcil. Les billets sentaient fortement la violette. Peut-être aurait-il été plus sage de les brûler, mais il ne put s'y décider. Après tout il ne risquait rien en les conservant encore une dizaine de jours. Il monta dans la chambre à coucher conjugale et prit sur l'étagère le recueil de mots croisés de 1954. Il y glissa entre les pages les billets d'Ethel, puis le remit en place.

En ce moment, se dit-il en consultant le vieux réveil, Vera est chez le notaire. Il était presque décidé à s'associer avec Harry Pilbeam, mais comme il se sentirait plus sûr de lui si le mercredi suivant il se rendait au bar de l'Écluse en homme riche d'argent et non d'espérances.

– Le testament de votre mère est des plus simples, Mrs Manning, dit Mr Finbow. Et je ne vois pas ce que vous entendez par « clause spéciale ».

– Ma mère... balbutia Vera qui ne savait comment présenter la chose, ma mère... m'a dit un jour qu'elle avait fait figurer dans son testament une clause précisant que je n'hériterais d'elle... (Dieu que c'était difficile à expliquer) que je n'hériterais d'elle que si elle succombait à une attaque.

– Mais cette clause n'existe pas ! s'exclama Mr Finbow. Mrs Kinaway a en effet rédigé son testament le 14 mars et pour autant que je sache elle n'en a pas fait d'autre.

– Oh... Dans ce cas, elle devait plaisanter, j'imagine. Nous avons réellement cru... Et je vous avoue que nous étions, mon mari et moi, très peinés.

– Une telle clause serait des plus irrégulières, Mrs Manning, pour ne pas dire illégale.

Que doit-il penser de moi ? se demanda Vera. Que Maud craignait que nous n'attentions à sa vie ? C'est bien cruel de sa part de m'avoir mise dans une situation aussi embarrassante !

– J'ai ce testament sous les yeux, reprit Mr Finbow. Tous les biens de feu Mrs Kinaway vous reviennent, à vous son unique héritière. Elle aurait d'ailleurs pu se passer de tester, mais cela facilite les choses. Au cas où vous l'auriez précédée dans la mort, ses biens auraient été répartis à parts égales entre Mrs Louisa

Bliss, sa sœur, et miss Ethel Carpenter. Ces biens se montent à, voyons... environ vingt-deux mille livres en titres et actions.

– Quand pourrai-je ?...

– Très rapidement, Mrs Manning. Disons dans une semaine ou deux. Si vous me donnez l'ordre de vendre le tout, je vous remettrai un chèque. Et bien entendu, si vous avez besoin dans l'immédiat d'argent liquide, je puis vous verser aujourd'hui même cent ou deux cents livres.

– Merci, mais ce n'est pas nécessaire.

– Une semaine ou deux, dit Stanley d'un ton rêveur, lorsque Vera lui raconta son entretien avec le notaire. C'est ce que je pensais.

Maud s'était bien moquée d'eux, se dit-il, avec sa prétendue clause. Mais qu'importait, maintenant ? Dans l'ensemble, tout marchait comme sur des roulettes.

12

La camionnette peinte en vert portait sur l'un de ses flancs une couronne de roses. Stanley la gara au bord du trottoir, le flanc décoré côté rue, poussa dans le fond les bouquets qu'il devait livrer afin qu'ils ne soient pas visibles de la portière, puis frappa.

À peine Mrs Paterson avait-elle ouvert qu'il vit la malle entreposée dans l'entrée.

– Oh, Mr Smith, je me demandais si vous m'aviez oubliée.

– J'ai pas pu venir avant.

– Vous voulez que mon gendre vous donne un coup de main ?

– Non, inutile, fit Stanley qui ne tenait pas à ce qu'on voie les fleurs.

Qu'est-ce qu'il pouvait transbahuter comme trucs depuis quelques jours ! Il finirait bien par se déplacer une vertèbre.

– Et si vous la mettiez sur la poussette de mon petit-fils ?

Au grand soulagement de Stanley, Mrs Paterson ne l'accompagna pas jusqu'à la camionnette. Et elle ne pensa même pas à lui demander son adresse.

Il emprunta une petite rue pavée qui de Old Village menait dans High Street, à Croughton, et se gara. Puis s'assurant que personne ne l'observait, il grimpa à l'arrière du véhicule et examina la malle d'Ethel Carpenter, une de ces vieilles malles de bois, peinte en noir, qu'elle avait dû traîner derrière elle toute sa vie. Elle devait être, bien entendu, fermée à clef. Or, Stanley ne voulait pas s'en débarrasser sans en avoir inspecté le contenu. Il chercha donc dans la boîte à outils de la camionnette un marteau et un ciseau.

Après qu'il eut peiné pendant dix minutes, la serrure céda. Soulevant le couvercle, Stanley vit, posée sur une pile de vêtements d'hiver, une boîte qu'il ouvrit. Elle contenait les missives adressées par Maud à sa meilleure amie. Il les parcourut. Comme il s'y attendait, elles étaient émaillées de passages fielleux le concernant. Encore une chance qu'elles ne soient pas tombées dans d'autres mains que les siennes. Il ne lui restait qu'une chose à faire, les brûler. Il les fourra dans sa poche.

Rien d'autre ne retint son attention, à part une photo de Vera et de lui le jour de leur mariage, et une de George Kinaway. Celle-ci portait au dos ces quelques mots : « Cette photo et ta bague sont tout ce que j'ai de toi. » Stanley la fourra également dans sa poche, puis inspecta la malle à la recherche de linge marqué au nom d'Ethel. Il n'en trouva point, mais comme il fouillait parmi les lainages puant la naphtaline, sa main heurta un objet dur et froid.

Il découvrit au fond de la malle plusieurs petits paquets enveloppés de papier de soie. L'objet que sa main avait rencontré était une figurine de porcelaine, une bergère tenant une houlette et serrant contre elle un agneau noir. Tout excité, Stanley déballa successivement une pendulette, une coupe et un pot de crème en argent. Pensant à son futur magasin d'antiquités, il roula le tout dans le *Daily Telegraph.*

Une eau bourbeuse venait clapoter contre les parois de brique jaune du canal. Deux péniches attendaient à l'écluse et une femme promenait son chien sur le chemin de halage. Stanley se rendit compte que ce n'était pas le moment de jeter la malle dans le canal.

Il revint à la boutique et déclara au fleuriste qu'il lui faudrait livrer une gerbe de l'autre côté de Croughton et ceci à 10 heures du soir. Le patron commença par grommeler, mais lorsque Stanley offrit de faire lui-même la livraison il retrouva le sourire. Comme il n'était pas question d'envoyer une facture à des gens qui n'existaient pas, Stanley décida, bien à contrecœur, de régler le prix de la gerbe sur ce qui restait de l'argent d'Ethel.

En rentrant dîner, il gara la camionnette devant le pavillon, la malle toujours dissimulée à l'intérieur. Mais il prit avec lui, enveloppés dans le journal, les trésors d'Ethel Carpenter qu'il cacha dans sa penderie, puis il brûla les lettres et la photo dans la cheminée de la chambre à coucher.

Les averses s'étaient succédé toute la journée, mais maintenant il tombait des trombes d'eau, et la pluie crépitait contre les fenêtres. Vera ferma les doubles rideaux, fit de la lumière, et alla chercher un bloc. Puis elle s'installa et regarda, découragée, la feuille vierge. Quelle idiote elle était ! Depuis le matin elle se réjouissait à l'idée de passer ses vacances à Brayminster et elle ne savait même pas comment s'y prendre pour réserver une chambre dans un hôtel.

C'est pourtant à la portée du premier venu, se dit-elle, déprimée. Du premier venu sauf moi. Elle se rendit brusquement compte qu'elle avait mené jusque-là une vie dure mais confinée et qu'à quarante-deux ans elle hésitait devant une chose qui à d'autres devait sembler toute naturelle. Je serais incapable, se dit-elle, de retenir une table dans un restaurant, de prendre des billets de théâtre ou d'avion ou d'acheter une voiture. Je suis plus désarmée qu'un petit enfant.

Les gens ont des guides, des dépliants touristiques. Ils savent à quelle adresse écrire ou téléphoner, moi je n'aurais jamais le courage d'appeler un hôtel. Rien à faire, elle était trop vieille et trop lasse pour s'y mettre.

À moins que... Mais bien sûr ! Pourquoi elle n'y avait pas pensé plus tôt ? Elle connaissait une pension de famille à Bray, celle de Mrs Horton, à Seaview Crescent.

Cela faisait plus de vingt ans qu'elle y avait séjourné pour la première fois. Mrs Horton qui lui paraissait vieille à l'époque n'était probablement pas plus âgée alors que ne l'était Vera aujourd'hui. Elle frisait sans doute la soixantaine maintenant. James n'habitait certainement plus chez sa tante. Elle ne risquait donc pas de l'y rencontrer et de lire dans ses yeux à quel point elle avait changé. Rassurée, Vera écrivit la lettre.

La pluie avait singulièrement ralenti la circulation, mais Stanley n'en renonça pas pour autant à son expédition. Les roues de la camionnette faisaient jaillir des gerbes d'eau. Il allait cependant à une allure d'escargot, car, malgré les essuie-glaces il avait peine à voir à travers le pare-brise.

Un véritable déluge ! se dit-il. Tiens, déluge, ce serait un mot intéressant à caser dans une grille. Quelle définition pourrait-il bien en donner ? « Fait déborder les rivières » ? Non, ce serait trop facile. Ah, j'ai trouvé : « Après moi ». Et comme pour l'expliquer à un profane, il dit tout haut : « Après moi le déluge ». Ça, ça serait un boulot amusant, créer des mots croisés ! Lorsque leur commerce tournerait bien il en aurait peut-être le temps. Quand on a de l'argent toutes les portes s'ouvrent devant vous et il n'y a plus de problèmes.

En somme le temps était idéal pour la tâche qu'il avait à accomplir. À la façon dont les gens s'étaient calfeutrés chez eux on aurait pu croire que c'était la fin du monde. Stanley roula lentement jusqu'à l'écluse et constata que dans la maison de l'éclusier tous les rideaux étaient tirés. Le niveau du canal avait commencé à monter et la pluie, de plus en plus violente, crépitait et rebondissait sur la surface de l'eau comme sur de la tôle et en faisait monter comme une sorte de brume.

Stanley n'avait jamais vu le canal aussi désert. Habituellement, il y avait des péniches, des enfants qui pêchaient et les inévitables promeneurs qui sortaient leur chien. Circulant à travers des espèces de champs – en fait des terrains vagues couverts de détritus où se dressaient çà et là quelques arbres maladifs – ce canal était ce qui se faisait probablement de plus hideux dans le genre. Au lieu d'un paysage de bois et de campagne, tout ce qu'on apercevait, c'étaient des arrières de taudis de banlieue, des usines à moitié en ruines et des hangars désaffectés presque écroulés.

Mais cette nuit-là, l'obscurité dissimulait tout cela. On ne distinguait pas la silhouette des immeubles, dont seules quelques lumières trahissaient la présence entre les masses noires des bâtiments d'usines. Et du coup, avec toute cette pluie et ces petites lumières éparses, l'endroit avait pris un air presque campagnard qui rappela à nouveau à Stanley son village natal où, lorsqu'on marchait sur les berges de la rivière, on voyait une brume épaisse s'élever de l'eau, tandis que les villages voisins n'étaient plus que des taches de lumières qui brillaient au creux des collines.

À cette pensée, il fut saisi d'une nostalgie où se mêlait une pointe d'irritation, tandis qu'il conduisait très lentement sur le chemin de halage, se crispant chaque fois que les roues s'enfonçaient dans les ornières remplies d'eau boueuse.

Lorsqu'il se fut suffisamment éloigné de la maison de l'éclusier, Stanley éteignit ses codes et roula sur quelques mètres dans une totale obscurité, percevant sur sa gauche le clapotement du canal gonflé par la pluie torrentielle qu'il avait pendant un instant pris sottement dans ses rêveries pour une rivière. S'il s'était vraiment agi de sa rivière, là il y aurait en une courbe et il aurait fallu prendre à gauche. Et là, si on continuait, on voyait apparaître les lumières dans les collines. Enfin, ce n'était pas son village, mais le canal de Croughton et il fallait faire gaffe. Ce serait du propre si lui, la camionnette et la malle d'Ethel piquaient une tête dans l'eau.

Il manœuvra de manière à placer l'arrière du véhicule à l'extrême bord du canal et, de l'intérieur, abaissa le panneau. Jurant contre la pluie qui l'aveuglait, il regagna en l'enjambant le siège avant et se mit à pousser la malle qui glissa lentement sur le tapis de caoutchouc. Attrapant la gerbe qui le gênait il la jeta sur le siège avant. Encore un dernier effort... Prenant appui des pieds sur le tableau de bord il donna une ultime poussée.

La malle jaillit brusquement de la camionnette, rebondit sur le muret, puis tomba dans le canal avec un énorme plouf. Stanley, assis sur ses talons, voulut reculer mais déjà l'énorme vague qu'avait provoquée la malle en s'enfonçant dans l'eau l'inondait des pieds à la tête. Il jura copieusement.

À la surface du canal des cercles concentriques allaient s'agrandissant. Trop mouillé pour se soucier d'enfiler son imperméable, Stanley s'accroupit sur le parapet et scruta l'eau boueuse. Puis remontant ses manches trempées, il y enfonça le bras. Mais il eut beau se pencher à tomber, ses doigts ne rencontrèrent pas la malle. Parfait ! se dit-il. Du bon boulot !

À peine sa lettre envoyée, Vera se traita d'idiote. En vingt ans bien des choses pouvaient arriver et Mrs Horton avait probablement déménagé. Mais au milieu de la semaine elle reçut une lettre timbrée de Brayminster. Elle s'attendait un peu à une missive amicale pleine d'allusions au passé, mais Mrs Horton se contentait en quelques lignes d'informer Mrs Manning qu'elle serait heureuse de la recevoir et qu'elle lui retenait une belle chambre avec vue sur la mer.

Le prix qu'elle demandait était tout à fait dans les moyens de

Vera. Elle disposait de toute façon de ses congés payés et de la prime que les teinturiers accordaient à leurs employés aux vacances d'été. De plus elle n'avait pas à s'inquiéter de Stanley, qui miraculeusement semblait s'accommoder parfaitement de son nouveau travail et vivrait en son absence de son salaire.

– Alors tu ne seras pas là pour toucher le chèque de Finbow & Craig, marmonna-t-il quand elle l'informa de la date de son départ.

– Mr Finbow a parlé d'une semaine ou deux, chéri, et je reviens dans quinze jours.

Elle lui sourit tendrement en pensant à la magnifique gerbe de fleurs qu'il lui avait apportée la nuit où il pleuvait si fort et où il avait dû travailler si tard. Quel dommage qu'il ne puisse pas partir avec elle !...

– Si tu veux, je te conduirai demain matin à la gare dans la camionnette.

– C'est gentil à toi d'y penser, mon chéri.

– Et au cours de la semaine qui suivra ton retour, j'aurai ma propre voiture.

– C'est promis, Stan, et moi je m'offrirai une machine à laver et un réfrigérateur.

– Faudrait voir à ne pas perdre la tête, dit froidement Stanley qui en était arrivé à la dernière définition de sa grille.

« Sur l'ongle » (en cinq lettres), « Rubis » évidemment. C'est d'ailleurs comme ça que dorénavant nous payerons nos achats, pensa-t-il.

– J'espère que tu sauras te débrouiller sans moi.

– Ne t'inquiète pas, dit Stanley, tout ira bien.

13

Seul dans le pavillon, Stanley fit le bilan des jours passés et se vota des félicitations. Tout s'était bien passé. Maud était soigneusement enterrée et la bruyère commençait à fleurir sur sa tombe. Dans quelques mois il ferait construire un garage à cet endroit pour y abriter sa Jaguar. Ethel Carpenter n'était plus qu'une poignée de cendres qui trônaient dans une urne sur la cheminée du salon entre la photographie de leur mariage et une statuette.

Sa malle et ses vêtements gisaient au fond du canal et les « objets d'art » qu'il en avait retirés puis dissimulés dans sa penderie seraient mis en vente dès que Pilbeam et lui ouvriraient leur boutique.

Il avait retrouvé Pilbeam comme prévu au pub de l'Écluse où ils avaient trinqué pour célébrer leur future association. Pilbeam s'était montré moins cordial lorsque Stanley lui avait avoué qu'il ne disposait pas encore de son capital, mais l'ombre s'était vite dissipée. Dès le retour de Vera, Finbow allongerait l'argent et dans une dizaine de jours Stanley serait en mesure d'apporter à Pilbeam la preuve tangible de sa bonne volonté.

En somme tout marchait admirablement.

Là-dessus, Stanley se rendit à Old Village, déclara au fleuriste que tout compte fait ce travail ne lui convenait pas et sourd aux reproches dont son ex-patron, indigné, l'accablait, toucha l'argent de sa semaine. Il traversa le parc, s'assit pour fumer une cigarette au pied du monument aux morts en contemplant la boutique qui serait bientôt la sienne. Doué d'une vive imagination il voyait déjà l'enseigne en lettres gothiques dorées, la porte vitrée à petits carreaux avec une poignée en bronze et la vitrine regorgeant d'autant d'objets de valeur que la boutique où se presseraient des clients prêts à dépenser leur argent sans compter.

Ah, que la vie était belle !

Il entra au pub de l'Écluse et s'acheta une demi-bouteille de whisky et six boîtes de bière. Ainsi paré contre la soif, il rentra chez lui et s'installa sur le sacro-saint canapé de la salle à manger qui pendant quatre ans avait été réservé exclusivement à Maud.

Il se versa un plein verre de whisky, et porta un toast à la photographie encadrée de Maud que Vera avait tenu à accrocher au mur. « Aux amis absents ! » lança-t-il. Il sourit et prit à la télévision l'émission consacrée aux sports. Combien de fois l'avait-il manquée parce que le bruit empêchait sa belle-mère de faire la sieste !

Comme elle n'avait qu'une valise, Vera avait décidé de prendre l'autobus pour aller de la gare jusque chez Mrs Horton. C'était toujours le même autobus vert que James et elle prenaient autrefois pour faire des balades dans le pays. Rien n'avait changé sur le front de mer. Elle retrouva le kiosque à musique, la petite jetée et les falaises couvertes de lavande de mer et et de ces petites marguerites orange dont Vera ne se rappelait jamais le nom.

Grâce à Dieu il ne s'était pas ouvert la moindre salle de jeux avec tous ces flippers et ces machines à sous, pas plus que des éventaires de *fish'n'chips*. La vieille confiserie où on trouvait de la barbe à papa était toujours là avec ses bocaux de bonbons et la petite fille blonde qu'elle y vit entrer, tenant à la main son seau et sa pelle, aurait pu être la petite Vera des années passées.

Vera descendit en bas de Seaview Crescent avec l'impression qu'elle vivait un rêve. Il était impossible que Brayminster ait échappé au progrès et à la folie actuelle qui faisait démolir tout pour reconstruire en neuf. C'était impossible, et pourtant c'est ce qui s'était produit. C'était un samedi sur la riviera anglaise et on n'entendait pas le moindre juke-box, ni la moindre moto, et nulle part on ne voyait de cars chargés de vacanciers ni d'ânes exténués tirant des chariots d'enfants hurlants le long de la plage. Vera écouta le silence tranquille. Dans le jardin de la grande maison au coin de la rue, il y avait toujours le même hêtre rouge où chantait un oiseau. Elle était sur la riviera en plein mois de juin et tout ce qu'elle entendait, c'était le chant d'un oiseau !

Elle remonta lentement la rue, sonna à la porte de la pension de famille et lorsque Mrs Horton vint lui ouvrir, l'émotion qui étreignit Vera la rendit presque muette. L'intérieur de la pension n'avait pas changé, lui non plus. Vera regarda, tout émue, le ballon qu'un enfant avait laissé près du porte-parapluies, tout comme elle le faisait autrefois.

– Cela vous rappelle le passé ? lui dit Mrs Horton avec gentillesse. Vous avez l'air fatiguée. Voulez-vous monter dans votre chambre et vous reposer un moment ?

– Non, je ne suis pas fatiguée, dit Vera en lui souriant. Je suis simplement frappée de voir que tout ici est exactement comme avant.

– Nous n'aimons guère les changements, à Bray.

– Moi non plus, mais comment l'éviter ? dit Vera. Tout a tellement changé partout depuis la guerre.

Mrs Horton la précéda dans l'escalier.

– Eh bien, ici, voyez-vous, nous aimons rester entre nous. Un peu comme les gens de Frinton, dans l'Essex. Il y a des endroits où les gens veulent faire de l'argent, mais ici, ça ne nous intéresse pas tellement. Nous préférons éviter les cars de voyages organisés et la mairie veille à ce que l'on ne construise pas à tort et à travers. Nous avons un bon maire. Et j'espère que les choses ne changeront pas.

– Moi non plus, dit Vera tandis que Mrs Horton la faisait entrer dans la chambre qu'avaient si souvent partagée Maud et George.

– Votre mère adorait cette chambre. Comment va-t-elle, Mrs Manning ?

– Décédée.

– Oh, je suis navrée de l'apprendre, dit Mrs Horton qui après avoir lancé un regard scrutateur à Vera, ajouta avant de la quitter : De durs moments que vous avez dû passer. Une perte après l'autre...

Stanley resta vautré sur le canapé tout le samedi après-midi. N'ayant pas l'habitude de boire du whisky, il dormait profondément. Ce fut la sonnerie du téléphone qui le réveilla, mais elle s'arrêta avant qu'il ait décroché. Dix minutes plus tard, elle retentit à nouveau. C'était Pilbeam. Stanley était-il d'accord pour le retrouver à 8 heures au pub de l'Écluse pour boire un pot et discuter affaires ?

– D'accord, dit Stanley. C'est vous qui m'avez appelé tout à l'heure ?

– Non, mon petit pote. Ça doit être votre agent de change.

Et si c'était ça ? C'est-à-dire le notaire qui leur annonçait qu'ils pouvaient enfin toucher leur argent ? Mais non, un notaire, ça ne travaille pas le samedi. Stanley hésita un instant à appeler l'étude pour plus de sûreté, puis y renonça. C'était encore trop tôt.

Pour son dîner il ouvrit une boîte de haricots et il était en train de se faire griller un toast lorsque le téléphone sonna de nouveau. Sans doute Vera qui lui annonçait qu'elle était bien arrivée. Comme s'il avait craint que son train ne déraille...

Il décrocha et entendit une voix féminine demander :

– Mr Manning ? Mr Stanley Manning ?

– Lui-même, fit Stanley croyant que c'était la secrétaire de Finbow.

– Mon nom ne vous dira rien, Mr Manning. Je m'appelle Caroline Snow. C'est une certaine Mrs Huntley qui m'a donné votre numéro de téléphone.

Mrs Huntley ? Mrs Huntley ? Où diable avait-il entendu ce

nom-là ? Il éprouva une vague inquiétude. Rien de précis encore, mais il pressentait que la suite serait désagréable.

– Vous désirez ? demanda-t-il après s'être éclairci la voix.

– Je voudrais m'entretenir avec vous ou avec votre femme. Je me livre à une petite enquête au sujet de miss Ethel Carpenter.

Stanley, les jambes coupées, se laissa tomber dans le fauteuil qu'avait occupé Ethel quelques minutes avant sa mort. Étourdi, il était incapable d'articuler un mot.

– Puis-je venir vous voir ? reprit l'inconnue. Auriez-vous l'amabilité de me recevoir demain soir ?

– Non... c'est-à-dire... de quoi s'agit-il exactement ? fit Stanley d'une voix que lui-même ne reconnut pas.

– Entendu, alors ? Vers 8 heures, ça vous va ? Parfait ! Je vous expliquerai de quoi il retourne à ce moment-là. Et merci mille fois.

– Attendez !... Pouvez-vous me dire en quelques mots ? – mais déjà l'inconnue avait raccroché.

Il s'aperçut qu'il tremblait autant que la fois où il avait attendu assis dans ce même fauteuil, le téléphone encore à la main, qu'arrive le Dr Moxley. À ce moment-là, il s'était trouvé au cœur, au sommet de ses ennuis, mais désormais, tout était terminé.

Il essuya sur son pantalon ses paumes moites de sueur. Il s'attendait à tout sauf à des complications venant de ce côté-là. C'était quand même rudement intelligent d'avoir joué sur la solitude d'Ethel Carpenter, sur le fait qu'à part Maud elle n'avait pas un ami au monde et que, Vera exceptée, personne ne s'inquiéterait de sa disparition. C'était la dernière chose à laquelle il s'attendait. Il retourna à la salle à manger, vida son verre de whisky mais incapable d'avaler quoi que ce soit jeta la boîte de haricots dans la poubelle.

Le whisky le réconforta quelque peu mais lui donna la nausée. Et si cette fille était de la police ? Non, sûrement pas. Elle avait l'air trop jeune, impatiente et pleine d'ardeur. Qui diable pouvait donc être cette Caroline Snow ? Elle ne devait pas avoir plus de vingt-cinq ans. Ça ne pouvait pas être une amie de Mrs Huntley, car dans ce cas elle n'aurait pas dit « une certaine Mrs Huntley ». Peut-être était-ce la fille d'anciens maîtres d'Ethel.

Oui, ça devait être ça. Si seulement il avait prêté attention lorsque Maud débitait l'interminable liste des gens chez qui elles avaient toutes les deux travaillé. Mais il était trop tard, désormais.

Malgré tout, plus il y pensait, plus cela lui semblait plausible. Ce devait être une petite de la haute qui cherchait à retrouver sa vieille bonne. Elle était venue passer des vacances à Londres et s'était mis en tête de retrouver le personnel de sa famille. Mrs Huntley devait lui avoir dit que les Manning étaient des amis d'Ethel et qu'elle devait s'y trouver. Mais alors, pourquoi ne l'avait-elle pas plutôt envoyée à Green Lanes ?

Elle le lui expliquerait sûrement. Rasséréné, Stanley décida de lui raconter qu'Ethel était allée habiter chez des dénommés Smith dont il ignorait l'adresse. Une gosse de riche, habituée à ce que tout cède devant elle, ne pousserait pas les choses plus loin. Il rota bruyamment, chercha du regard ses mots croisés quotidiens puis se rappela qu'il les avait déjà faits.

L'estomac barbouillé, Stanley partit un peu avant 8 heures pour le pub de l'Écluse. Il ne se munit que d'une livre, car ne pouvant emprunter de l'argent à Vera il devait faire durer sa paie jusqu'à son retour.

Pilbeam, accoudé au bar, lui donna l'impression d'avoir déjà pas mal bu. Le whisky semblait le rendre agressif. Il avait également de la mémoire, car il lança :

– C'est votre tournée !

Bien à contrecœur, Stanley commanda deux doubles whiskies et Pilbeam reprit :

– Alors, mon petit pote, c'est pour quand ce premier versement ?

– Le quoi ? demanda Stanley.

– Eh, essayez pas ce truc avec moi, brailla Pilbeam. Vous avez très bien compris. Le premier versement de ce foutu capital dont vous parlez tout le temps.

– Mon avocat a été cambriolé.

– Bon, vous avez qu'à lui forcer un peu la main, alors.

– Ça va pas tarder. D'ici une semaine ou deux on pourra mettre l'affaire en train.

– Bon. Mais rappelez-vous que je suis pas patient. J'ai signé le bail et j'ai dû emprunter le fric à ma bourgeoise. Elle va me mener la vie dure jusqu'à ce que je le lui rende. Mettez-vous bien ça dans le crâne.

– D'accord, dit Stanley d'une voix faible. (Puis plus fermement :) Votre tournée, cette fois.

– On va boire à notre succès, fit Pilbeam radouci, et là-dessus il alla chercher lui-même deux verres de whisky.

– Au fait, lança Stanley, continuant à se demander si Caroline Snow ne s'amènerait pas chez lui avec un mandat de perquisition, j'ai quelques petites bricoles à vous montrer, des trucs qu'on pourrait vendre facilement.

– Bravo ! Quel genre de bricoles ?

– Une pendulette et des bibelots en argent et en porcelaine.

– Où ils sont ?

– Chez moi.

– Vous savez quoi ? On file chez vous et vous me les montrez. Votre femme est là ?

– Non, elle est en voyage.

– Sans blague ! Alors, mon petit pote Stan, vous allez nous acheter une bouteille de Haig et on va passer tous les deux une bonne petite soirée.

Stanley dut avouer qu'il n'avait pas assez d'argent sur lui et Pilbeam, de nouveau renfrogné, décida qu'il l'achèterait lui-même, mais qu'arrivé à Lanchester Road, Stanley devrait le rembourser.

D'une humeur de chien, Pilbeam ne desserra pas les dents pendant le trajet et ne parut pas ébloui par le pavillon.

– Vous roulez pas sur l'or, à ce que je vois, fit-il en jetant un regard méprisant sur le tapis usé jusqu'à la corde. Je comprends pourquoi vous avez de l'argent en banque. Vous en avez pas trop dépensé pour vous installer.

– Je vais chercher les bricoles dont je vous ai parlé. Elles sont là-haut.

– C'est ça, mon gars. Et pendant que vous y êtes, amenez aussi le fric que vous me devez pour la bouteille.

Rien à faire. Il lui fallait piocher dans la liasse d'Ethel. Stanley ouvrit le recueil de mots croisés de l'année 1954 et en retira deux billets d'une livre. Puis il prit les objets qu'il avait dissimulés dans sa penderie et redescendit auprès de Pilbeam qui sifflait déjà du whisky dans un des verres à sherry de Vera.

– Ce qu'elles puent ! fit-il en reniflant les billets. Où vous les planquez ? Dans une vieille boîte de talc parfumé ? Vous avez l'air drôlement pingre, Stan.

Et là-dessus il empocha les deux livres sans rendre la monnaie.

– Alors, vous jetez un œil sur ces bricoles ?

Pilbeam examina la bergère, la coupe, le petit pot à crème et la pendulette et finit par déclarer que ça se vendrait, mais pas cher. Puis il s'étendit, avec ses souliers sales, sur le canapé et entreprit de raconter à Stanley l'histoire de sa vie.

Le récit, très édifiant, était plein des démêlés de Pilbeam avec la police, de ses succès auprès des femmes et des fortunes qui lui avaient échappé au dernier moment. Mais Stanley, obsédé par Caroline Snow, ne l'écoutait que d'une oreille et buvait verre sur verre sans même s'en apercevoir.

La dernière chose dont il se souvint c'est de Pilbeam qui, se levant enfin du canapé, lui dit :

– Je vous téléphone dans un jour ou deux.

– Non, pas avant la semaine prochaine, grogna Stanley d'une voix pâteuse.

– C'est moi qui décide, mon petit pote. Comme ça, ça vous forcera à tirer l'oreille à votre notaire.

Le lendemain Stanley ne se réveilla qu'à midi et s'aperçut qu'il avait dormi tout habillé sur son lit. Lorsqu'il descendit il constata que Pilbeam avait emporté la bouteille de whisky mais qu'il avait laissé les bibelots d'Ethel.

Stanley, qui n'avait pas l'habitude de boire, avait un mal de tête à hurler. L'idée de manger lui souleva le cœur. Il s'efforça d'ouvrir le paquet de viande que Vera lui avait laissé et qu'il avait oublié de faire tremper dans de l'eau salée. Évidemment, elle avait commencé à tourner et il n'était pas question de manger ça dans l'état où il était. De toute façon, il était incapable de manger quoi que ce soit. Il avala deux comprimés d'aspirine et alla errer dans le jardin.

Il prit brusquement conscience qu'il faisait une chaleur suffocante, inhabituelle pour la saison. Le genre de journée qui reste marquée dans les annales et qui donne aux journaux l'occasion de faire des articles sur les accidents dus à la chaleur et le goudron qui fond sur les routes. Il n'y avait pratiquement pas d'ombre dans le jardin. Comme il n'avait jamais été un adorateur du soleil, Stanley regarda d'un œil mauvais les MacDonald qui déjeunaient dehors sous un auvent. Les gens ne savaient vraiment pas quoi faire de leur argent, pensa-t-il, en détaillant avec mépris et dégoût leurs meubles de jardin et le bikini de sa voisine. Elle avait au moins cinquante-cinq ans et elle aurait pu avoir un peu de pudeur, elle qui avait un môme de quinze ans. Le gamin, qui ne portait lui non plus rien d'autre qu'un maillot de bain, lança un regard noir à Stanley, qui rentra dans la maison.

La salle à manger, qui n'avait pas été aérée depuis la veille, et où le soleil tapait depuis 7 heures du matin, était une véritable fournaise et puait le cigare refroidi. Stanley eut la nausée et alla se réfugier dans la cuisine. Il aurait pu tirer un fauteuil à l'ombre, dans l'arrière-cour, mais il ne tenait pas à faire la conversation avec John Blackmore qui, toujours perché sur son échelle, continuait de peindre son pavillon.

Il se prépara une tasse de thé et monta la boire dans sa chambre. Étendu sur son lit à moitié défait, il se mit à transpirer abondamment mais il n'arriva pas à se détendre. Dans sept heures exactement il aurait affaire à Caroline Snow.

Il était beaucoup moins optimiste que la veille. C'était difficile de comprendre comment ces quelques mots au téléphone et la révélation de certains traits du caractère de Pilbeam avaient pu ainsi assombrir autant et aussi vite son humeur, alors que la veille à peine, il était encore plein d'entrain à traîner dans le parc.

Il sombra enfin dans un sommeil agité et rêva qu'il entendait ronfler Maud dans la chambre à côté. Il comprit, en se réveillant, qu'il s'agissait de la tondeuse à gazon des Blackmore, mais le fait que son subconscient transformait les bruits les plus simples pour le ramener à sa belle-mère l'angoissa. C'était la deuxième fois depuis sa mort qu'il rêvait d'elle.

Le soleil avait tourné et, pénétrant maintenant à travers les épais rideaux, remplissait la chambre d'une lumière ardente. Il avait l'impression que ses vêtements lui collaient à la peau. Vers 6 heures il se leva, enfila une chemise propre et descendit envelopper de nouveau les bibelots d'Ethel qu'il fourra dans le buffet.

Il n'avait rien mangé de la journée, mais la pensée même de manger lui donnait la nausée. Et s'il allait faire un tour ou voir un film ? Caroline Snow trouverait la maison vide et ça serait très bien. Mais il savait parfaitement qu'il n'en ferait rien. Il ne supporterait pas d'attendre pour savoir qui elle était et ce qu'elle lui voulait.

À 7 heures et demie il s'aperçut qu'il n'avait cessé d'arpenter la pièce. Il faisait plus frais maintenant, mais il n'ouvrit pas les portes-fenêtres. Les Macdonald, dans leur jardin, riaient, jouaient au ballon, échangeaient des plaisanteries avec John Blackmore, toujours perché sur son échelle. Ceux-là étaient totalement insouciants et s'imaginaient sans doute que tout le monde était comme eux. Stanley s'obligea à s'asseoir. Au coin de sa bouche, un muscle se mit à tressauter.

Et si elle s'amenait avec son mari ? Ou avec Mrs Huntley ?

Ou pire encore, avec un agent ? Elle doit être à la gare, se dit-il en consultant sa montre, et prête à sauter dans un autobus. Elle pouvait arriver dans les dix minutes. Il monta à l'étage et scruta la rue. Hormis un pauvre type qui lavait sa voiture, elle était déserte. Je ferai pareil dans une semaine ou deux, se réconforta Stanley. Sauf que j'aurai une Jaguar et une camionnette. Et dans deux semaines, Caroline Snow serait du passé, un mauvais rêve oublié...

Que risquait-il, au fait ? De quoi pouvait-on l'accuser ? Ethel Carpenter n'était plus qu'une poignée de cendres et aucune analyse n'en tirerait le moindre indice. D'ailleurs, il ne l'avait pas touchée, cette femme. Qu'est-ce qu'il y pouvait, lui, si elle était tombée raide morte dans son salon ? Il lui avait organisé un sacré bel enterrement, bien plus beau que celui qu'elle aurait eu si elle était morte chez Mrs Huntley. Il n'avait lésiné sur rien et l'incinération s'était déroulée avec pompe. Non mais, à s'angoisser comme ça, c'était à croire qu'il l'avait assassinée.

8 h 05. L'heure cruciale passée, Stanley se sentit le cœur plus léger. Il descendit et ouvrit les portes-fenêtres du salon. Les Macdonald rentraient leurs meubles de jardin et leurs jeux stupides. Stanley était maintenant assez détendu pour tondre sa pelouse. Il marmonna entre ses dents en réponse au salut de Blackmore et sortit la tondeuse de la cabane à outils. Il fit par deux fois un aller et retour, faisant jaillir les brins d'herbe tranchés. Peut-être qu'il ferait bien d'aller jeter un coup d'œil à l'intérieur pour voir si elle n'était pas passée, après tout.

Stanley monta tranquillement à l'étage en laissant une traînée d'herbe derrière lui. La rue était toujours aussi déserte. Même l'homme qui lavait sa voiture avait fini et était rentré chez lui. Une belle soirée calme. Stanley n'était pas du genre qui trouve l'apaisement et la tranquillité en communiant avec la nature, mais il sentit que rien de grave ne pourrait arriver par une nuit aussi calme et sereine. Les ombres s'allongeaient déjà sous le ciel mauve. Ce qu'elle allait être belle, sa pelouse, une fois tondue et les bords égalisés à la cisaille.

Réconforté, il se remit au travail. La tondeuse coupait l'herbe sans bruit et Stanley la poussait régulièrement, méthodiquement car il aimait faire de son gazon un véritable tapis de velours vert. Sa bruyère, plongée dans l'ombre, dormait sous sa couche de terreau. Un aller, un retour... Un aller, un retour... 8 h 25 ! Quel imbécile il avait été de se mettre dans un état pareil !

Il se dirigea vers la maison, toujours poussant la tondeuse. Qu'est-ce qu'il avait, ce bon Dieu de Blackmore à lui faire des signes ?

– Y a quelqu'un à votre porte, vieux !

– Quoi ? fit Stanley, la bouche sèche.

– Une jolie fille en train de sonner.

– Ça va, ça va, j'y vais, fit Stanley.

De nouveau ses paumes ruisselaient de sueur, et de nouveau il les essuya sur son pantalon avant d'entrer dans la salle à manger. Un instant il fut tenté de ne pas ouvrir. Mais Blackmore avait vu la fille et lui dirait que Stanley était au jardin.

– Oh, mon Dieu ! gémit Stanley. (Puis tout haut il cria :) J'arrive, j'arrive.

La sonnerie s'arrêta. Il ouvrit la porte.

– Mr Manning ? Bonsoir. Caroline Snow. Je suis désolée d'arriver en retard, mais j'ai eu un mal de chien à trouver votre maison.

Stanley resta bouche bée et pendant un instant il en oublia d'avoir peur. Des créatures pareilles, il en avait déjà vu au cinéma, à la télévision, sur la couverture des magazines qu'achetait parfois Vera, ou encore de pâles imitations arriver au garage où il travaillait. Mais aucune n'avait jamais sonné au 6l Lanchester Road.

– Quelle chaleur ! Puis-je entrer ? Oh, merci. Je crains de vous déranger.

– Mais non, pas du tout, marmonna Stanley, tout en la conduisant à la salle à manger.

Une créature de rêve. Aussi belle vue de derrière que de devant. Ses longs cheveux retombaient sur ses épaules comme un voile d'or. Jamais il n'avait vu un dos aussi droit, des jambes aussi longues et lisses, si belles qu'elles vous faisaient presque mal à regarder.

Arrivée dans la pièce, elle se retourna vers lui et il se demanda comment l'arrière avait pu lui faire oublier le devant. Elle avait un visage bronzé, à la peau satinée, plus foncée que ses cheveux. Une Suédoise, se dit Stanley. Ses yeux, d'un vert de mer, étaient aussi purs et calmes que les fjords de son pays et il se sentit défaillir en humant une bouffée de son parfum.

– Puis-je vous offrir une tasse de thé ? demanda-t-il.

– Quelle bonne idée !

Il se rendit à la cuisine et mit la bouilloire sur le feu. Ce n'était pas seulement parce qu'elle était belle qu'il la fixait ainsi, mais parce que son visage ne lui était pas entièrement inconnu. Il lui semblait l'avoir déjà vu, mais changé, vieilli, et cela tout récemment. Dans un film ? Dans un journal ? Impossible de s'en souvenir.

– Que je vous explique avant tout, fit Caroline Snow comme il revenait auprès d'elle, la raison de ma visite.

– Oui, je me posais la question.

– Cela ne m'étonne pas. Mais je me suis sentie incapable de parler au téléphone de quelque chose d'aussi personnel... Je crois bien que l'eau bout.

Stanley se leva et alla éteindre le gaz sous la bouilloire. Il avait l'intention de se montrer plein de tact et de courtoisie, mais il s'entendit lancer tout à trac :

– Qui êtes-vous ?

– C'est bien ce qu'il y a de plus gênant à dire, fit la jeune fille en souriant. Mais je me jette à l'eau. Je suis la petite-fille d'Ethel Carpenter.

14

– Impossible, rétorqua Stanley. Elle n'a jamais été mariée.

– Je sais, mais ça ne l'a pas empêchée d'avoir un enfant à dix-sept ans.

Stanley, qui était resté la bouche ouverte depuis la révélation de Caroline Snow, la ferma pour avaler sa salive. Puis il dit :

– Ça me revient, en effet. Ma femme a dû m'en parler.

– Je crois que je ferais mieux de tout vous raconter, fit Caroline Snow.

– Bon, soupira Stanley. Je vais aller chercher le thé.

Sa petite-fille ! se dit-il, effondré, en versant l'eau bouillante dans la théière. C'est presque aussi grave que si elle était de la police.

Comme il revenait auprès d'elle, elle lui sourit, et Stanley la trouva soudain moins jolie, avec ses dents mal plantées. Elle ressemblait davantage à Ethel Carpenter ainsi, et Stanley comprit enfin pourquoi son visage lui paraissait familier.

– Je vous écoute, fit-il.

– Mes parents habitent Gloucester, mais je suis des cours de pédagogie à Londres. Je me destine au professorat et j'en suis déjà à ma seconde année. Nous devions faire, ce semestre, un travail soit sur la mythologie grecque, soit sur la généalogie, et j'ai choisi la généalogie.

Stanley la regarda d'un air soupçonneux. Il savait très bien ce qu'était la généalogie, car sa passion des mots croisés lui avait permis d'acquérir un vaste vocabulaire et, en tout cas, il adorait les mots. Mais il ne voyait pas ce que la généalogie avait à faire avec l'enseignement de la lecture et du calcul à des gamins et il se demanda si Caroline n'était pas en train de lui mentir.

– À dire vrai, continuait-elle, j'aurais opté pour la mythologie si j'avais su dans quoi je m'engageais. Notre professeur exige que nous dressions deux arbres généalogiques, l'un pour la branche paternelle, l'autre pour la branche maternelle. Vous voyez ce que je veux dire ?

– Naturellement, fit Stanley, vexé. Vous me prenez pour un ignare ?

– Qu'allez-vous chercher là ? C'est juste que c'est un peu compliqué. Pour l'ascendance de mon père, cela a été tout seul. Sa famille était originaire d'un village proche de Gloucester et j'ai pu consulter les archives de la paroisse. Au milieu du semestre, cet arbre-là était terminé. Mais quand j'en suis arrivée à celui de ma mère, elle s'est montrée très réticente et s'est refusée à me donner le moindre renseignement, ce qui ne lui ressemble pas. Maman est une femme merveilleuse, sensationnelle. Si vous la connaissiez, vous ne pourriez pas vous empêcher de l'adorer.

– J'en suis persuadé, fit poliment Stanley se demandant quand elle se déciderait à en venir au fait – la dernière personne dont il avait envie d'entendre parler, c'était bien de cette merveilleuse et adorable maman qu'il étair sûr de détester si jamais il la voyait.

– Bref, dit Caroline Snow en croisant ses longues jambes et en allumant une cigarette, je l'ai tellement harcelée qu'elle a fini par tout me raconter. Elle m'a avoué qu'elle était une enfant illégitime. Moi je croyais que ses parents étant morts, elle avait été élevée dans un orphelinat. La vérité, c'est que sa mère vit toujours et qu'elle n'a jamais su qui était son père.

« Sa mère, Ethel Carpenter, entrée très tôt en maison comme domestique, l'a eue à l'âge de dix-sept ans. Jusqu'à sept ans ma mère a été élevée par une tante d'Ethel, mais cette tante s'étant mariée, son mari et elle ont envoyé ma pauvre petite maman à l'orphelinat. N'est-ce pas affreux ? Maman n'a jamais connu sa propre mère et le seul membre de la famille qui soit venu la voir à l'orphelinat était un cousin d'Ethel.

« Mais ma mère, Dieu merci, avait la tête sur les épaules. Elle est allée au collège – celui où j'étudie actuellement – suivre des cours de pédagogie, et alors qu'elle enseignait dans une école de Gloucester elle a fait la connaissance de mon père. Ils se sont mariés et sont parfaitement heureux. Mais c'est quand même une histoire triste, vous ne trouvez pas ?

– Ouais, fit Stanley la regardant écraser sa cigarette dans le cendrier, mais je ne vois pas où vous voulez en venir.

– J'ai ma grand-mère sur la conscience. On a été trop dur avec elle. Maman n'a jamais voulu la connaître. Elle redoutait une rencontre tant pour elle-même que pour sa mère. Mais maintenant que j'ai tiré les choses au clair, je veux absolument la retrouver. Imaginez, Mr Manning, ce que ce sera pour cette vieille femme solitaire, de se trouver brusquement à la tête d'une véritable famille.

Stanley n'avait aucune peine à comprendre ce qu'éprouvait la maman adorée, mais toute sa compassion allait à Mr Snow. Ça aurait été ce qui s'appelait pas de chance que d'épouser une orpheline et de se retrouver avec une belle-mère vingt ans plus tard. Il aurait probablement fallu l'entretenir. Si j'étais son père, je lui botterais le train, à cette petite emmerdeuse qui fout son nez partout.

– Moi, si j'étais vous, je laisserais tomber, fit-il. Si elle avait tenu à revoir sa fille, elle aurait fait le nécessaire il y a longtemps.

C'était un bon argument, ça. Et en plus, ça lui permettait de s'en tirer. Il continua sur sa lancée.

– Elle ne veut probablement pas revivre le passé, se rappeler sa faute, sa honte. Non, encore une fois, laissez tomber. Je suis persuadé que votre père vous donnerait le même conseil. C'est toujours une erreur que de déterrer de vieilles histoires. Comme on dit, ne réveillez pas le chat qui dort.

– Je regrette, mais je ne suis pas d'accord avec vous, rétorqua Caroline Snow. Vous devez savoir comme moi quel terrible problème posent, dans notre société, les personnes âgées. À quel point elles se sentent seules et désemparées. Si je renonçais, je ne me le pardonnerais jamais. (Puis lui adressant un sourire désarmant :) D'ailleurs, vous n'en croyez rien vous-même. Je sais par Mrs Huntley que votre belle-mère, qui avait besoin de soins, a vécu chez vous pendant des années. Ce n'est pas vous qui l'auriez abandonnée et maintenant qu'elle est morte, vous n'avez aucun reproche à vous faire. Je ne veux pas avoir, un jour, de reproches à me faire.

Ce petit discours laissa Stanley sans voix. Bouche bée, le sourcil froncé, il regarda cette enfant dont l'ardeur et la candeur dépassaient son entendement.

– Qui vous a dirigée sur Mrs Huntley ? demanda-t-il simplement.

– Le cousin qui allait de temps à autre voir maman à l'orphelinat est toujours de ce monde, mais c'est un très vieil homme... Je suis allée le trouver. Il m'a avoué avoir perdu tout contact avec ma grand-mère, mais il se souvenait qu'elle avait travaillé en dernier chez des dénommés Kilbride. Je me suis mise en rapport avec eux et ils m'ont dit qu'elle logeait chez une Mrs Huntley.

– Et c'est elle qui vous a renvoyée sur nous ?

– Oui, elle m'a assuré que vous sauriez où habitait ma grand-mère, la meilleure amie de Mrs Kinaway. Elle m'a également raconté que ma grand-mère devait passer quelques jours chez vous, mais qu'ayant changé d'avis, elle était allée directement chez sa nouvelle logeuse, une Mrs Paterson dont elle ignorait l'adresse. Alors si vous voulez bien me la donner, cette adresse, je m'y rendrai en sortant d'ici, je me présenterai à elle et... Oh, rien que d'y penser, je suis dans tous mes états ! Vous imaginez, Mr Manning, ce qu'elle ressentira en me voyant ? Je lui dirai qu'elle ne sera plus jamais seule. Nous habitons à Gloucester une grande maison et je demanderai à Papa de lui installer un appartement au dernier étage. Je l'emmènerai moi-même visiter son nouveau foyer et j'aurai la joie de voir la tête qu'elle fera à ce moment-là.

J'aimerais bien voir la tête de Papa, surtout, pensa Stanley. Le pauvre bougre. C'était une chose que cette petite idiote joue les âmes charitables. Mais elle ne serait pas là pour voir la vieille Ethel tambouriner avec sa canne et monopoliser la télé. Elle serait dans sa chambre à Londres, elle. Le pauvre diable, pensa-t-il avec indignation. C'était de son devoir, à lui, Stanley, d'empêcher qu'arrive une chose pareille... Il était à ce point outré que l'espace d'un instant il en oublia que la maison des Snow ne risquait pas d'être envahie par une belle-mère. Puis tout à coup, il se rappela. Ethel était morte et ses cendres reposaient dans l'urne trônant sur la cheminée du salon, à quelques mètres d'eux. Caroline Snow pouvait toujours continuer ses démarches. Elle ne retrouverait jamais Ethel Carpenter.

– Mrs Paterson habite au 52 Green Lanes, dit-il, mais je crains bien que votre grand-mère n'y soit pas. Ma femme m'a raconté qu'elle s'était installée ailleurs.

– Merci de ce renseignement, dit Caroline Snow en inscrivant l'adresse dans son carnet. Je suis sûre maintenant d'être sur la bonne piste. Mais n'est-ce pas étrange qu'après avoir dit à Mrs Huntley qu'elle venait chez vous, elle ait si brusquement changé d'idée ?

Stanley fronça les sourcils.

– Quand vous aurez comme moi vécu avec des personnes âgées, fit-il d'un ton pénétré, vous saurez qu'avec elles il ne faut jamais s'étonner de rien.

Caroline Snow se leva, se regarda dans le miroir, puis dit :

– Je me demande si je lui ressemble ? Je suis l'image même de ma mère qui, paraît-il, tient d'elle.

– Ouais, vous lui ressemblez un peu.

– Mais alors vous la connaissez ? Vous l'avez vue ? fit la jeune fille se tournant vivement vers lui.

– Oui, elle a assisté à notre mariage, marmonna Stanley qui se serait battu d'avoir eu la langue trop longue.

– Ah, oui, je comprends. (Et comme Stanley l'accompagnait jusqu'à la porte, elle ajouta :) Je vous tiendrai au courant de mes recherches.

Il la regarda s'éloigner vers Green Lanes depuis la fenêtre de sa chambre. Il avait lu quelque part que la plupart des choses dont les gens s'inquiètent n'arrivent jamais. Lorsque Caroline Snow eut disparu, il se remit à tondre sa pelouse dans le crépuscule et se rendit brusquement compte que l'air qu'il sifflotait n'était autre que Maud, un poème de Tennyson mis en musique.

Vera jouissait pleinement de ses vacances. Elle avait fait la connaissance de gens charmants, un couple à peu près de son âge, qui séjournaient également à la pension de Mrs Horton. Ils insistaient pour l'emmener faire des balades en bord de mer ou des excursions à l'intérieur du pays, et quand elle exprimait la crainte de les déranger, ils lui demandaient en riant si elle les croyait encore en voyage de noces. Ils allèrent jusqu'à lui proposer de partager leur table, mais Vera s'y refusa. (Elle préférait prendre seule ses repas, savourant tout ce qu'on lui servait pour la simple raison qu'elle ne l'avait pas préparé elle-même.)

Une seule chose la contrariait. Ni ses nouveaux amis, les Goodwin, ni Mrs Horton ne l'avaient questionnée sur Stanley. De toute évidence personne ne désirait savoir où il se trouvait ni pour quelle raison il ne l'avait pas accompagnée. Vera en était vexée. Elle en arrivait à penser que Maud qui, les premières années de leur mariage, venait seule passer ses vacances à Bray, avait dû monter Mrs Horton contre Stanley. Puisque c'est comme ça, se dit-elle, je n'en parlerai pas. D'ailleurs elle n'éprouvait guère le besoin d'en parler. Séparée de lui, elle y pensait peu, et se sentant coupable, elle lui envoyait tous les jours une carte postale.

Un après-midi de pluie où elle ne savait trop à quoi s'occuper, Mrs Goodwin l'entraîna dans sa chambre, lui fit une mise en plis, la maquilla et pendant qu'elle était sous le casque, raccourcit de cinq centimètres l'ourlet de sa robe imprimée bleu et blanc.

– Vous avez de jolies jambes, lui dit-elle. Pourquoi ne pas les montrer ?

– À mon âge ?

– Ma chère, la vie commence à quarante ans. Vous verrez. Quand j'en aurai fini avec vous, vous aurez dix ans de moins.

Ce fut le cas. Vera contempla, à la fois émerveillée et confuse, la femme nouvelle, aux cheveux souples et brillants, aux paupières ombrées de bleu, à la bouche soulignée de rouge qu'avait créée de toutes pièces Mrs Goodwin. La robe lui arrivait tout juste aux genoux. Se sentant à demi nue, elle descendit dîner, se dissimulant aux yeux des autres pensionnaires dans le renfoncement de la fenêtre où se trouvait sa table.

La serveuse lui passait le second plat lorsqu'elle vit entrer dans la salle à manger un nouveau venu visiblement à la recherche de quelqu'un. Vera, qui contemplait son reflet dans la vitre, sursauta en sentant une main se poser sur son épaule. Elle leva la tête et rougit légèrement.

L'inconnu devait avoir la cinquantaine. Il était grand, maigre, le visage creusé, les cheveux plus blancs que blonds, il avait l'air soucieux, triste même. Vera esquissa le geste de se lever. Qu'avait-elle fait ? Oublié peut-être de payer son transat, sur la plage ?

– Je suis désolée, bégaya-t-elle, mais je ne...

– Bonjour, Vera, dit l'inconnu en souriant, ce qui le rajeunit considérablement.

– Je crains... de ne pas vous connaître.

– Vous me connaissiez autrefois. Je sais que j'ai beaucoup changé. Vous pas. Je vous aurais reconnue n'importe où. Puis-je m'asseoir à votre table ?

– Bien sûr, je vous en prie.

Il prit une chaise, offrit à Vera une cigarette qu'elle refusa d'un signe de tête.

– Ma tante m'a dit que vous étiez ici. Je voulais venir hier, mais... je n'ai pas osé. Cela fait si longtemps ! Comment allez-vous ?

Vera fut soudain emplie d'une confiance en elle et d'une assurance dont elle n'avait guère l'habitude.

– Très bien, James, merci. C'est bon de vous revoir.

– Oh, Vera, vous ne pouvez pas savoir à quel point je suis heureux de vous retrouver, dit James Horton.

15

À mesure que la semaine s'écoulait, les craintes de Stanley s'apaisaient. Les premiers soirs, il restait assis à côté du téléphone, ses mots croisés sur les genoux, dans l'attente d'un appel de Caroline Snow. Mais elle ne téléphona pas. En fait, il ne recevait pas le moindre signe de l'extérieur, à part la carte postale quotidienne de Vera. Elle lui écrivait qu'elle s'amusait beaucoup et qu'elle avait rencontré des gens avec qui elle sortait tous les jours. Stanley l'enviait et lui en voulait.

Dès qu'elle serait de retour, il l'expédierait chez Finbow lui faire cracher l'argent de Maud. C'est odieux cette manie qu'ont les notaires de lanterner pendant des semaines lorsqu'il s'agit de verser aux héritiers ce qui leur revient.

– Elle va mieux, ta tête ? lui demanda Pilbeam quand il lui téléphona, le jeudi.

– Ma tête ? Elle va très bien.

– C'était pourtant pas le cas dimanche. Un petit coup de trop et hop ! Y a plus personne.

– Je vous ai dit que ça servait à rien de m'appeler cette semaine. J'aurai pas l'argent avant mardi.

– Mardi ? Promis ?

– C'est juré.

– Je suis bien content d'entendre ça, Stan. J'ai fait une tournée aujourd'hui – je me suis fait prêter une camionnette. J'ai rapporté des trucs... vous en resteriez assis.

Ce qui était drôle, avec Pilbeam, pensa Stan, c'est qu'il suffisait qu'il entende sa voix pour voir sous son nez ce doigt coupé qui ressemblait à une saucisse.

– Si on allait boire un pot demain soir à l'Écluse, qu'on parle un peu de vos finances ? continua Pilbeam.

Stanley n'osa pas refuser. Hélas Pilbeam aurait une triste idée de l'état de ses finances quand il lui avouerait qu'il lui restait en tout et pour tout cinq shillings sur sa dernière paye.

Quand Stanley sortit pour aller à son rendez-vous, les Macdonald au grand complet et les deux Blackmore étaient groupés dans la rue, en admiration devant la nouvelle voiture de Fred Macdonald. Il aurait préféré de beaucoup passer sans s'arrêter, mais le jeune Michael Macdonald lui barra le chemin de ses bras étendus en s'écriant :

– Regardez la chouette bagnole que mon papa a achetée, Mr Manning !

– Elle est superbe, fit Stanley.

Mais les autres ne le laissèrent pas s'en tirer à si bon compte. Macdonald descendit de voiture, invita Stanley à prendre sa place et à admirer le changement de vitesse automatique. Ne sachant comment se dérober, Stanley s'exécuta, l'air maussade, et examina le tableau de bord.

– Finies les crampes du pied gauche à force d'appuyer sur l'embrayage, dit Macdonald en jubilant. Confortable, hein ? Tellement que quand je m'y assois, je m'endors.

Les femmes jacassaient comme des pies en tournant autour de la voiture et en admirant la carrosserie brillante, le vaste coffre et les chromes étincelants. Mrs Macdonald était submergée de fierté. Attends de voir ma Jag', pensa Stanley, tu riras jaune quand tu verras ce que c'est, à côté de ton tas de ferraille.

– Il suffit de l'effleurer pour ajuster le rétroviseur, lui dit Macdonald passant la tête par la portière.

Stanley abaissa légèrement le rétroviseur et ce qu'il y vit le fit transpirer. Descendant Lanchester Road, Caroline Snow se dirigeait vers son pavillon. Elle portait d'énormes lunettes de soleil aux verres teintés en mauve et une jupe infiniment plus courte que celle qu'elle arborait la première fois. Stanley détourna les yeux, tripota nerveusement des boutons, des manettes, et déclencha brusquement le jet d'eau destiné à laver le pare-brise.

– Hé là, hé là, s'exclama Mrs Macdonald. Faites attention ! Faut que j'aille chercher la peau de chamois maintenant ! (Et ouvrant la portière, l'air mauvais :) D'ailleurs vous avez une visite. Y a quelqu'un qui attend devant chez vous.

Stanley descendit lentement de voiture et Macdonald lui tapa sur l'épaule en disant :

– Quand le chat n'est pas là, les souris dansent, hein mon petit pote ? Félicitations ! Vous avez bon goût.

– Je comprends pas ce que vous voulez dire, marmonna Stanley.

Six visages le scrutèrent, les mômes avec curiosité, les femmes, avec indignation, les hommes avec envie. John Blackmore lui lança un clin d'œil complice.

– Excusez-moi, reprit Stanley au supplice, il faut que je rentre.

Il remonta la petite allée, rejoignit Caroline Snow qui patientait sur le perron. Et derrière lui il entendit Mrs Blackmore s'exclamer : « Ça alors ! C'est une honte ! »

– Il fallait absolument que je vous revoie, Mr Manning. J'espère que je ne vous dérange pas ?

Dans la maison, ça sentait le renfermé. Stanley ouvrit toutes grandes les portes-fenêtres.

– On pourrait peut-être s'installer dehors ? proposa la jeune fille qui l'avait suivi. Il fait une telle chaleur ! Et votre jardin est ravissant.

– Je n'ai pas beaucoup de temps, grogna Stanley en consultant sa montre. J'ai un rendez-vous à 6 heures et demie.

– Si je suis revenue, dit Caroline Snow ne tenant nullement compte de son peu d'enthousiasme, c'est parce que dimanche vous vous êtes montré très gentil pour moi. De plus, vous êtes le seul à qui je puisse parler. Jusqu'à présent je me suis toujours appuyée sur mon père, mais il est si loin...

– Qu'attendez-vous exactement de moi, miss Snow ?

– Eh bien voilà. Je suis allée chez Mrs Paterson qui m'a appris que miss... enfin, ma grand-mère a loué une chambre chez un certain Mr Smith dont elle ignore l'adresse. Or les cours reprennent mardi et je suis obligée de rentrer, alors je me suis demandé... Ma grand-mère reviendra certainement vous voir, votre femme et vous. Peut-être auriez-vous la gentillesse de lui parler de moi... et de m'écrire afin que je puisse venir auprès d'elle quand je retournerai à Londres.

– Oui, c'est une idée, dit Stanley.

Une excellente idée en effet. Il pourrait lui écrire qu'il avait vu Ethel, qu'elle avait de nouveau déménagé et qu'elle ne désirait nullement renouer avec les siens. Et brusquement il eut une illumination. D'un air protecteur, il ajouta :

– Pourquoi ne demanderiez-vous pas conseil à votre père ? L'avez-vous mis au courant de vos recherches ?

– À vrai dire... non. J'ai simplement raconté à mes parents qu'il me fallait le nom de famille de ma grand-mère pour dresser l'arbre généalogique de la branche maternelle.

Merveilleux. Il n'en espérait pas tant. Il voyait déjà d'ici la tête de Snow quand il apprendrait qu'elle recherchait sa belle-mère et son soulagement quand il apprendrait qu'elle était introuvable.

– Votre père est certainement un homme d'expérience qui vous indiquera la ligne de conduite à suivre. Il risque de le prendre mal si vous passez ainsi par-dessus sa tête. Après tout, il s'agit de sa belle-mère. Et il ne souhaite peut-être pas...

– Oh, mon père est un homme merveilleux. Il a le sens de ses responsabilités et l'idée que...

– En êtes-vous certaine, miss Snow ? fit Stanley en se penchant vers elle. Ce que vous avez appris intéressera certainement votre père, mais ne croyez-vous pas qu'il voudra prendre les choses en main ? Votre mère et lui estiment peut-être préférable de respecter la réserve qu'a observée jusque-là votre grand-mère. Et je suis persuadé que votre père serait extrêmement mécontent que vous mêliez trop de gens à cette histoire ou que vous fassiez appel à la police.

– Vous avez peut-être raison, fit Caroline Snow à moitié convaincue. Vous m'avez montré les choses sous un angle tout différent, Mr Manning. D'ailleurs, cela me rappelle quelque chose. Un jour, il y a des années, une bohémienne est venue sonner quand Maman était sortie et je lui ai donné des vêtements et offert une tasse de thé. Quand Papa l'a appris il a été furieux. Il disait que c'était à l'État de s'occuper de gens comme ça et qu'il avait bien assez à faire lui-même avec sa propre famille.

L'homme avait une conscience sociale ! Stanley faillit éclater de rire.

– Bien sûr, dans le cas présent, cela n'a rien à voir, mais je crois que je ferais bien, en effet, de consulter mon père. (Elle se leva.) Merci de vous être montré si compréhensif. (Et lui tendant la main :) J'espère que vous n'arriverez pas trop tard à votre rendez-vous.

– Mieux vaut tard que jamais, dit Stanley tout ragaillardi. Je vous fais un bout de conduite. Cela ne me détourne pas de mon chemin.

Ils quittèrent ensemble la maison et John Blackmore qui taillait sa haie lança de nouveau à son voisin un clin d'œil complice. Pour lui sortir Ethel Carpenter de la tête, Stanley parla à Caroline Snow de la voiture qu'il allait s'acheter et de l'affaire qu'il était en train de monter.

– Je ne sais pourquoi, mais je me suis mis dans la tête qu'il était arrivé malheur à ma grand-mère, dit la jeune fille. Peut-être parce que Mrs Huntley m'a raconté qu'elle avait sur elle cinquante livres en billets de banque.

– Elle doit être en train de les dépenser le plus agréablement du monde, fit Stanley d'un ton rassurant.

Caroline Snow lui sourit et à cet instant il revit l'expression ironique d'Ethel qui le regardait tout en brandissant son parapluie.

Ils se séparèrent sur un au revoir amical non sans que la jeune fille lui ait donné l'adresse de son père.

Cette fois, se dit Stanley, j'en ai fini avec elle. N'ayant même pas de quoi se payer l'autobus, il se rendit à pied au pub de l'Écluse. Des planches aveuglaient encore la vitrine de leur future boutique, mais l'écriteau « À louer » avait disparu.

Il trouva Pilbeam entouré d'une bande de types, de véritables malabars. Pilbeam ne lui en présenta aucun et les congédia d'un geste. Stanley en fut désagréablement impressionné.

Sans consulter son associé, car maintenant il connaissait ses goûts, il commanda deux chopes de bière brune et lui brossa un tableau des plus fantaisistes de ses possibilités financières.

– Alors, la semaine prochaine, mon petit pote ? se contenta de lui répondre Pilbeam. C'est bien entendu, hein ? Au tout début de la semaine prochaine.

Certaines des idées que Vera s'était faites sur James Horton étaient justes et d'autres totalement fausses. Il dirigeait effectivement la succursale de la Barclay à Brayminster. Il était plus qu'à son aise, ayant hérité et de son père et de son oncle, et il habitait une belle maison. Mais il n'était pas l'époux d'une jolie femme dans la quarantaine, ni le père d'une bande d'adolescents. Sa femme était morte d'un cancer cinq ans auparavant et leur unique fils étudiait à l'université.

– Vous devez mener une vie bien solitaire, James, lui dit Vera, alors que la veille de son départ ils buvaient un cocktail au bar du Métropole.

– Oui, je me sens seul parfois.

– Vous n'avez jamais envisagé de vous remarier ?

– Jusqu'à ces derniers jours, non. Vera, vous ne m'avez rien dit de vous. Nous sommes sortis ensemble tous les soirs – la plupart du temps avec les Goodwin, c'est vrai – et j'ai bien peur de n'avoir parlé que de moi. J'ai dû vous paraître bien égoïste.

– Non, tout ce que vous m'avez raconté m'a vraiment intéressée.

– Je pense qu'à force de vivre seul on éprouve le besoin de se confier. Mais vous devez mener, me semble-t-il, une vie aussi solitaire que la mienne.

– Qu'est-ce qui vous fait dire ça ? demanda Vera, interloquée.

– Ne sommes-nous pas embarqués sur le même bateau, Vera ? Je suis veuf, vous êtes veuve, vous n'avez pas d'enfants et moi...

– James, s'exclama Vera, d'où tenez-vous que je suis veuve ?

– Ma tante m'a dit... fit Horton, blêmissant, que vous étiez arrivée seule et que jamais vous ne...

– Mrs Horton s'est trompée. Je ne suis pas veuve. Si mon mari ne m'a pas accompagnée, c'est qu'il était retenu par son travail... Je m'étonnais moi-même... Je comprends mieux, maintenant.

– Vous vivez donc avec votre mari ?

– Mais bien entendu. Et je vais le retrouver demain.

– Ah oui, je vois... fit James Horton. Comment ai-je pu être aussi fou et aussi aveugle ?

16

Les cartes postales que lui avait envoyées Vera étaient empilées sur la cheminée, derrière un vase. Stanley ne lui demanda même pas si elle avait passé d'agréables vacances et elle en fut profondément blessée.

– Et ton travail, comment ça marche ? lui demanda-t-elle, résignée.

– Je l'ai plaqué, si tu veux savoir. Je monte une affaire d'antiquités. Y a des montagnes de fric à gagner dans la brocante et j'ai loué avec mon associé une boutique à Old Village.

– Ton associé ? Quel associé ? Qui est-ce, Stan ? Où l'as-tu rencontré ?

Vera semblait tellement pétrifiée que Stanley n'osa pas lui avouer qu'il avait fait la connaissance de Pilbeam dans la rue. Il se contenta de marmonner qu'un ami commun les avait mis en rapport, un client du garage où il avait travaillé. Il savait que Vera n'en croirait pas un mot et gêné il détourna les yeux. Deux heures auparavant il avait téléphoné à l'étude Finbow & Craig pour s'entendre répondre par une secrétaire que Mr Finbow désirait discuter d'une question urgente avec Mrs Manning. Elle recevrait à ce sujet une lettre dès le lundi matin. Encore des délais ! Dieu sait ce que dirait Pilbeam s'il ne lui apportait pas le fric à l'Écluse dès le mardi soir.

– Cet homme dispose donc d'un capital ? demanda Vera jouant les innocentes.

– Mais voyons ! Naturellement ! Il est plein aux as. Tu crois que je m'associerais avec lui si c'était pas le cas ?

– Ça, je n'en sais rien, Stan. Quand il s'agit d'affaires, tu es un véritable enfant. J'en sais plus long que toi sur ce chapitre. Promets-moi de ne pas commettre d'imprudences.

Stanley ne répondit même pas. La lettre du notaire le tracassait. Plus il y pensait, plus il sentait tressauter sa paupière. Dans la nuit du dimanche au lundi il eut un sommeil agité et Maud hanta ses rêves ou plutôt ses cauchemars.

À son réveil, Vera lui apporta une tasse de thé et la fameuse lettre qu'elle lui lut à haute voix.

« Chère Mrs Manning,

Concernant la succession de feu Mrs Maud Kinaway dont vous êtes l'unique héritière, je me suis mis en rapport avec son agent de change. La tendance étant actuellement à la baisse, j'estime de mon devoir de vous déconseiller de vendre pour le moment les actions dans lesquelles votre mère avait placé son capital. Je tiens de source sûre que lesdites actions ne tarderont pas à remonter et qu'il serait par conséquent préférable de les conserver encore quelques semaines.

Sans doute voudrez-vous discuter le plus vite possible de cette question avec moi. Je me hâte cependant d'ajouter qu'au cas où vous désireriez vendre sans plus attendre, je donnerai l'ordre à l'agent de change de votre mère de prendre des dispositions en ce sens. Peut-être pourriez-vous venir me voir à mon étude au début de la semaine.

Sincèrement vôtre,

Charles H. Finbow. »

– J'espère qu'il est régulier, ce type, grommela Stanley, et qu'il est pas en train de jongler avec notre argent. Tu vas lui donner l'ordre de vendre ces actions sur-le-champ.

– Ne fais pas l'idiot, chéri, dit Vera d'un ton conciliant. Mr Finbow agit au mieux de nos intérêts. Il pense simplement que si nous vendions maintenant nous perdrions plusieurs centaines de livres. Mieux vaut patienter quelques semaines.

– Quoi ? fit Stanley s'étranglant en avalant son thé de travers. Cet argent, il nous le faut ! Dieu sait qu'on l'a attendu assez longtemps ! Tu iras chez ce foutu notaire aujourd'hui même, à l'heure du déjeuner, et je viendrai avec toi.

– Impossible, Stan. Doris est en vacances et je ne peux pas m'absenter.

– Comme tu voudras, Vera. Mais dans ce cas moi j'irai seul. Et cet argent, je le lui ferai cracher, même si je dois pour ça lui flanquer mon poing dans la gueule.

– Je tâcherai de m'arranger, fit Vera en soupirant.

Resté seul au pavillon, Stanley se mit à arpenter la pièce. Le vendredi, à l'Écluse, il avait promis à Pilbeam de lui apporter assez d'argent pour acheter une camionnette, payer le décorateur qui remettrait la boutique en état et constituer un stock. Fallait absolument que Finbow lâche le fric. À nouveau il ressentit ce petit tiraillement à la paupière qui commençait à devenir douloureux, et pour se calmer il se plongea dans ses mots croisés.

Il venait de remplir le 26 horizontal : « Il en existe de longs et de moyens », en huit lettres, « courrier », bien entendu, lorsqu'on sonna à la porte avec insistance.

Stanley n'était pas de ceux qui ouvrent leur porte innocemment comme la majorité des gens. Il se demandait toujours s'il était sage de répondre.

Aussi alla-t-il sur la pointe des pieds dans la chambre et lorgna entre les rideaux. Pilbeam était sur le perron en compagnie d'un malabar, un de ceux qu'il avait congédiés sans un mot le vendredi à l'Écluse.

Stanley laissa retomber le rideau mais Pilbeam l'avait vu. Il ne lui restait plus qu'à aller ouvrir la porte. Aussitôt Pilbeam inséra son pied dans l'entrebâillement pour l'empêcher de la lui refermer au nez.

Il ne lui présenta pas son compagnon et d'ailleurs Stanley ne s'y attendait pas. Tous trois savaient parfaitement la raison de sa présence, alors inutile de jouer les hypocrites.

– Je vous avais dit pas avant mardi, fit Stanley.

– Bien sûr, vieux, mais un jour de plus ou de moins... On sait tous que le fric rappliquera demain. Ce qu'il me faut c'est un acompte de cinquante livres.

Sur quoi les deux hommes pénétrèrent de force dans le pavillon.

– Cinquante livres, je ne les ai pas, protesta Stanley, en lançant un regard inquiet à l'acolyte de Pilbeam.

– Trente, alors. D'ailleurs c'est dans votre intérêt, Stan. Mon petit pote et moi on a en vue deux vases chinois, je vous dis que ça ! Ce serait un péché de se les laisser filer entre les doigts.

– Oui, je comprends, fit Stanley cédant autant à ces paroles qu'à une pression d'épaule du malabar. Asseyez-vous. Je vais chercher l'argent. Il est en haut.

Il monta l'escalier quatre à quatre et alla droit à l'étagère. Tandis qu'il sortait les trente billets d'une livre glissés entre les pages du recueil de mots croisés, il entendit marcher derrière lui. Pilbeam, du seuil de la chambre, l'observait avec intérêt et amusement.

– C'est ça, ton coffre-fort ? s'exclama-t-il. Parole, il pue la violette à plein nez !

Sans dire un mot, Stanley lui tendit l'argent. Il ne restait plus maintenant entre les pages du recueil que treize livres.

– Je vous présente mon mari, dit Vera dès qu'ils furent introduits dans le bureau de Mr Finbow.

Elle n'avait guère l'occasion de prononcer ces mots : Stan et elle vivaient dans un univers où on présente rarement les gens. Mais à chaque fois qu'elle devait le faire, elle éprouvait un sentiment de gêne qu'accrut encore, ce jour-là, l'air agressif de Stanley et son regard soupçonneux.

– Il a souhaité m'accompagner, ajouta-t-elle.

– Enchanté, Mr Manning. Asseyez-vous, je vous en prie. Je vous ai, dans ma lettre, exposé les données du problème, mais si vous désirez de plus amples détails, je me ferai un plaisir de vous les fournir.

– C'est pour ça que nous sommes venus, dit Stanley.

Mr Finbow haussa légèrement le sourcil et se tourna ostensiblement vers Vera.

– Voici la situation telle qu'elle est, Mrs Manning. Le capital que vous a légué feu votre mère est investi principalement dans l'Euro-American Tobacco et dans l'Universal Incorporated Tin. Ce sont des placements absolument sûrs. Mais vous n'êtes pas sans savoir, je suppose, l'effet qu'a eu sur la Bourse la récente crise israélo-arabe.

Sur un vague signe d'acquiescement de Vera, il reprit :

– Comme je vous l'ai écrit, vendre ces actions en ce moment aboutirait à une perte de quelques centaines de livres, étant donné qu'elles sont en baisse.

– Mais, fit Vera, croyez-vous que... qu'elles retrouveront leur cours précédent ?

– On me l'a affirmé. Il est absolument hors de question qu'elles perdent de leur valeur de façon définitive. Si nous attendons disons... six semaines environ, elles auront certainement remonté.

– Six semaines ! s'exclama Stanley. Et les dividendes que ces actions rapportent ? Qu'en sera-t-il ?

– Comme je viens de vous l'expliquer, fit le notaire qui commençait à s'énerver, les actions en elles-mêmes ont baissé mais cela n'affecte en rien les dividendes que touche votre femme.

– Ouais, grogna Stanley. Enfin, c'est vous qui le dites. Et qui nous garantit qu'y aura pas une nouvelle crise ? Vous pouvez nous faire poireauter comme ça pendant des mois. Après tout, c'est avec notre argent que vous jouez ce petit jeu !

– Je vous demande pardon ?

– Vous avez bien entendu. Ma femme vous avait donné l'ordre de vendre. Et ça depuis des semaines. Maintenant, parce que vous avez lanterné, le capital a diminué. C'est pas difficile à comprendre.

Mr Finbow se leva et tournant carrément le dos à Stanley s'adressa à Vera d'un ton courtois mais froid.

– Si la façon dont je gère vos intérêts ne vous satisfait pas, Mrs Manning, peut-être souhaiteriez-vous vous adresser à une autre étude.

– Non ! Non, il n'en est pas question ! fit Vera qui, rouge de honte, n'osait pas regarder Stanley. Je pense que mon mari n'a pas très bien...

– J'ai parfaitement saisi, rétorqua Stanley nullement démonté. Mais ce sont des explications à la noix. Nous vous avions demandé de liquider ces actions. Nous n'avons pas changé d'avis. Vous allez me faire le plaisir de vendre le tout cet après-midi même. C'est notre argent et c'est ce qu'on veut. Compris ?

Pendant un instant Mr Finbow parut sur le point d'avoir une attaque, puis il dit enfin d'une voix glaciale :

– Je ne tiens pas un étal sur le marché, monsieur. Je suis le plus ancien des associés d'une firme à la parfaite réputation. Personne... non personne ne s'est jamais permis de me parler en ces termes dans mon propre bureau. (Et se tournant vers Vera :) Veuillez, je vous prie, me donner vos instructions.

– Je suis navrée, Mr Finbow, vraiment navrée, balbutia Vera, les yeux baissés sur ses mains tremblantes. Faites ce que vous considérez le mieux. Nous n'avons pas un besoin urgent de cet argent. Il y a simplement... une ou deux choses...

– Plusieurs des polices d'assurance de votre mère sont venues à échéance, Mrs Manning, fit vivement Finbow d'un ton radouci. Si disons... cinq cents livres peuvent vous être agréables, je puis vous remettre immédiatement un chèque.

– Cinq cents livres suffiront amplement, répondit Vera soulagée.

Elle attendit, toujours en évitant de regarder Stanley, que Finbow ait rempli le chèque, puis ajouta :

– Et je vous en prie, ne vendez ces actions que si l'agent de change estime le moment venu.

– Parfait, fit le notaire lui serrant la main et ignorant jusqu'à la présence de Stanley. Permettez-moi de vous dire, Mrs Manning, que vous avez pris là une sage décision. Au revoir.

– Oh, Stan, comment as-tu pu te conduire ainsi ! s'exclama

Vera alors qu'ils venaient de s'engager dans l'escalier. Quelle opinion doit avoir de toi Mr Finbow !

– Je m'en fous complètement ! Il peut bien penser ce qui lui plaît, ce connard prétentieux. Maintenant si tu veux bien endosser ce chèque, je l'apporterai à la Barclay et j'ouvrirai un compte. Tiens, installe-toi là, à cette table. Et après il te faudra filer au magasin, sinon tu seras en retard.

– Je n'ai pas besoin d'y retourner avant 2 heures, répliqua Vera sans ouvrir son sac à main. J'ai bien envie de me passer de déjeuner et d'aller voir des réfrigérateurs au Comptoir d'Électricité.

– Bonne idée, mais en attendant, file-moi le chèque, fit Stanley, la main tendue.

– Quand je dis aller voir, je veux dire acheter. J'en ai envie depuis si longtemps ! Mais pour l'acheter il me faut de l'argent, et pour avoir de l'argent il faut un chéquier. Allons tous les deux à la banque. Tu ne trouves pas que ce serait plus agréable d'avoir un compte joint ?

« Agréable » n'était nullement le mot qui venait à l'esprit de Stanley, mais il s'inclina devant l'inévitable et ils entrèrent ensemble dans l'agence Barclay de Croughton.

Le directeur, petit et bedonnant, ne ressemblait en rien à James Horton mais Vera ne put s'empêcher de penser à lui. Elle n'en avait guère eu le temps depuis son retour, mais brusquement elle revit devant elle cet homme gentil, courtois, attentionné et ne put s'empêcher de comparer son comportement avec la grossièreté inqualifiable dont Stanley avait fait montre à l'étude Finbow & Craig.

– Voilà, Mrs Manning, lui dit un des chefs de service. Votre chéquier et celui de Mr Manning.

Le directeur les raccompagna jusqu'à la porte.

– Ça, c'est ce que j'appelle un monsieur ! s'exclama Stanley.

Après avoir rêvé un moment sur la définition « courant » ou « percutant », en cinq lettres, il venait d'écrire le mot « chien », achevant ainsi sa grille, lorsque Vera rentra, rouge d'excitation.

– J'ai acheté un magnifique réfrigérateur, chéri, avec un bac à légumes. Et puis, je sais que c'est une folie, mais j'ai également acheté une machine à laver. On me les livre demain.

– Ça a coûté combien, tout ça ? marmonna Stanley en coiffant son stylo de son capuchon.

– Un peu plus de cent livres. Je crois que d'avoir tant d'argent m'est monté à la tête. Mais je suis bien décidée à ne plus dépenser un centime avant que Mr Finbow nous verse le reste.

– C'est ton héritage après tout, fit Stanley. Pas le mien. Fais-en ce que tu veux.

– Il ne faut pas dire ça, chéri. Tu sais très bien que cet argent est à nous deux. J'aimerais que tu t'achètes un costume neuf et les petites choses dont tu peux avoir envie. D'ailleurs tu as ton propre chéquier.

Stanley fourra la main dans sa poche et tâta du bout des doigts le chéquier vert dans son étui de plastique. C'était très généreux de prendre les choses ainsi et de lui laisser carte blanche. Il aurait de toute manière puisé largement dans le compte mais ce serait plus agréable de le faire avec la bénédiction de Vera.

La machine à laver et le réfrigérateur furent livrés le lendemain matin à 9 heures et demie. Cela irrita Stanley encore au lit, d'être obligé de se lever, mais en y réfléchissant il se dit que ce mardi était pour lui un bon jour à tous points de vue. Il allait satisfaire aux exigences de Pilbeam et Caroline Snow repartait pour Gloucester. À 1 heure, il alluma la radio pour écouter les nouvelles en se disant que l'un de ses problèmes du moment serait réglé si le train de Gloucester déraillait. C'était incroyable le nombre de trains qui déraillaient, ces derniers temps. Ça devenait aussi dangereux que de prendre l'avion. Mais il ne fut question que des négociations au Moyen-Orient et on ne parla même pas des trains.

Vera était bien trop occupée à s'amuser, à la cuisine, avec ses nouveaux jouets pour lui demander pourquoi il sortait à 8 heures moins le quart. Il se contenta de lui dire qu'il avait un rendez-vous d'affaires, sans ajouter pour autant que c'était dans un pub, précision qui risquait d'ôter aux yeux de Vera tout le vernis respectable dont il voulait revêtir son affaire.

Pilbeam était arrivé avant lui. Il arrivait toujours avant lui.

– Désolé de m'être montré un peu brusque hier, Stan, mais j'avais diablement besoin de cet argent ! J'ai pu acheter les vases et quelques très jolies pièces d'argenterie ancienne. Faut absolument que vous veniez à la boutique, que je vous montre tout ça. Pour ce qui est de la camionnette, un de mes copains m'en propose une d'occasion, un vrai bijou. Deux cent cinquante livres et elle est à nous demain.

– C'est pas impossible à trouver, fit Stanley.

– J'y compte bien, mon petit pote, j'y compte bien. Après toutes les promesses que vous m'avez faites... et puis y a ce fric qu'il faut que je rende à ma bourgeoise. Et si demain on veut pousser jusqu'à Barnet...

– Vous pouvez compter sur moi, assura Stanley.

Le lendemain matin, ils achetaient la camionnette. Stanley remit le chèque au copain en question et en libella un autre pour Pilbeam.

En fait de bijou, la camionnette était en fichu état avec ses pare-chocs défoncés et sa peinture qui s'écaillait. Mais elle démarra du premier coup et les conduisit sans encombre à Old Village.

Pendant le trajet Pilbeam ne desserra pas les dents et Stanley se demanda s'il était en rogne. Mais arrivés devant la boutique il comprit qu'il s'était trompé. C'était l'excitation qui rendait Pilbeam muet et en descendant de la camionnette, il dit avec fierté :

– Eh bien, qu'est-ce que vous en dites, mon petit pote ? Pour une surprise, c'est une surprise, hein ? On peut dire que j'ai pas mis les deux pieds dans le même soulier.

Stanley n'en croyait pas ses yeux. Lorsqu'il avait vu la boutique, la dernière fois, elle était crasseuse et des planches aveuglaient toujours sa porte. La vitrine brillait maintenant de tous ses feux, mettant en valeur les objets qui y étaient exposés, et elle était surmontée d'une enseigne en lettres dorées : « Au Vieux Village ». Sur la porte ornée d'une poignée en bronze étincelait une autre inscription en lettres dorées.

Pilbeam la poussa et Stanley franchit lentement le seuil. Les murs étaient recouverts d'un papier à rayure de style Regency et le sol d'une moquette bordeaux. Sur une table ovale trônaient une paire de chandeliers et une coupe de cristal taillé. Écarquillant les yeux, Stanley se haussa sur la pointe des pieds pour regarder de plus près des gravures de chasse et des assiettes de porcelaine Crown Derby accrochées aux murs, sans parler des autres bibelots disposés un peu partout. Il en fut tout ragaillardi, car il commençait à perdre confiance en Pilbeam depuis quelque temps.

– Qui a décoré la boutique ? demanda-t-il.

– Deux de mes copains. Ils en ont mis un coup pour me rendre service. Ça vous plaît ?

– C'est magnifique, s'exclama Stanley.

– Je leur ai dit de vous envoyer la facture. Ça vous va ?

– Ouais, fit Stanley sans enthousiasme. Ça se montera à combien... à votre idée ?

– Oh, dans les cinquante livres. Pas de quoi vous ruiner. Puis y a aussi la moquette. Mais pas besoin de la régler avant l'automne. Alors, on ouvre demain ?

– Pourquoi pas ?

Ils fêtèrent d'avance l'inauguration au pub de l'Écluse, puis remontant dans la camionnette ils allèrent faire une tournée dans quelques villages du Hertfordshire. Partout où ils s'arrêtaient c'était Pilbeam qui se chargeait du baratin. Son choix se portait de préférence sur les plus délabrées des vieilles maisons ou sur celles qu'occupaient des femmes seules et âgées.

Il leur demandait d'abord si elles avaient quelques bricoles dans leur grenier et pendant qu'elles y farfouillaient il examinait les meubles, surtout ceux qui n'étaient pas trop encombrants. Il payait sans marchander les babioles qu'elles redescendaient de leur grenier, puis sur le pas de la porte offrait dix ou vingt livres pour le fauteuil à bascule ou le petit secrétaire qu'il convoitait.

– Je vous en offre vingt livres ma bonne dame, mais il m'en coûtera autant pour le remettre en état et je devrai m'estimer content si je le revends quarante-cinq. Vous voyez, je vous cache rien.

– Mais alors je pourrais le faire réparer moi-même et empocher le bénéfice.

– Ça me coûterait vingt livres à moi, parce que je suis dans la partie, mais vous il vous faudrait en débourser au moins trente ou quarante.

– C'est bon, emportez-le. De toute façon je l'ai assez vu. Je suis contente que vous le preniez. La dernière fois que j'ai mis de l'ordre dans mon grenier, j'ai dû payer pour qu'on me débarrasse d'un tas de vieilleries.

Bien entendu, pour ces achats, c'est Stanley qui devait mettre la main à la poche.

– C'est pas de l'argent perdu, mon petit pote, lui assura Pilbeam. Et maintenant si vous m'allongez encore vingt-cinq livres pour ma bourgeoise, ça ira.

Stanley qui n'avait plus d'argent liquide rédigea un chèque au nom de Mrs Pilbeam.

– Écrit simplement H. Pilbeam, lui susurra son associé. Elle s'appelle Hilda, cette enquiquineuse.

Stanley se dit qu'il avait épuisé les quatre cents livres qui restaient sur le compte joint. Le décorateur devrait attendre. Pour le moment il n'envisageait pas d'autres dépenses et Vera avait déclaré ne plus vouloir retirer un centime de son côté. D'ailleurs, à la fin de la semaine, il commencerait probablement à toucher des bénéfices sur les ventes.

Le lendemain il apporta à la boutique les petits trésors d'Ethel Carpenter et les disposa avec goût sur la table ovale.

17

Inutile que Stanley fasse des tournées dans les environs avec la camionnette. Il était incapable, comme le disait Pilbeam, de distinguer un vase de Meissen d'un pot de chambre, c'est pourquoi, tandis que son associé courait le pays, il prit l'habitude de rester à la boutique. Tous les objets à vendre étaient étiquetés et Pilbeam lui avait bien recommandé de ne baisser les prix marqués sous aucun prétexte. C'était à prendre ou à laisser.

Les gens préféraient visiblement laisser. Le premier jour Stanley ne fit qu'une vente, et encore une cuillère d'argent de quinze shillings qu'une future marraine destinait à son filleul. Il rentra chez lui ulcéré pour trouver une Vera aux yeux rougis qui ne répondit que par des hochements de tête au récit qu'il lui fit de sa journée.

– Qu'est-ce qui t'arrive ?

– Tu le sais parfaitement.

– Non. Tu étais de bonne humeur, ce matin. Dis-moi ce que tu as. Je peux pas le deviner.

Vera s'assit, chipota dans son assiette et éclata en sanglots.

– Pour l'amour du ciel ! s'exclama Stanley. Qu'est-ce qui ne va pas ?

– Toi ! Et ta manière de te conduire avec moi. Il paraît que tu as reçu des filles dans cette maison en mon absence. (Et levant sur lui ses yeux pleins de larmes et de reproches :) Stan, comment as-tu pu me faire une chose pareille ?

– Des filles ! s'écria Stanley. Qu'est-ce que tu racontes ? J'ai jamais amené de filles chez nous ! Ma parole, tu perds la boule !

– Une fille, alors, et c'est encore pire. Tous nos voisins en parlent. Je suis la risée du coin. D'ailleurs c'est bien connu. Une épouse est toujours la dernière à savoir que son mari la trompe.

Caroline Snow, bien sûr ! Quel poison, celle-là. Mise au monde pour porter la poisse.

– C'est au moins la Macdonald qui t'a raconté ça.

– Eh bien non, c'est Mrs Blackmore, mais évidemment tout le monde parle de cette grande blonde qui est venue te voir le lendemain de mon départ pour Bray. Tu étais content que je prenne des vacances : ça te laissait les coudées franches. Et elle est revenue le vendredi. Mrs Blackmore m'a raconté qu'elle était restée des heures et que vous étiez repartis ensemble.

– Allons ! Calme-toi, fit Stanley, je vais te dire ce qu'il en est. C'est... c'est une fille que nous pensons engager, mon associé et moi, pour tenir la comptabilité. Fallait bien que je m'entende avec elle.

– Admettons. Mais si c'est vrai, pourquoi m'as-tu dit que personne n'était venu en mon absence ? Je ne te demandais rien.

– J'ai oublié.

– D'ailleurs, personne ne vient jamais nous voir, reprit Vera d'un air las. Nous n'avons pas d'amis. À part nos voisins, nul n'a mis le pied ici depuis des années. Tu amènes cette fille et tu oublies de me le dire. Curieux *oubli* ! Qu'est-ce que je dois en penser ?

– Tu devrais me faire confiance, dit Stanley, et ne pas écouter les ragots des voisins. Ce que je te raconte, c'est la vérité, Vera.

– La vérité ? Sais-tu seulement ce que c'est, Stan ? Vérité, mensonge, c'est pareil pour toi. Et si je téléphonais à ton associé, à ce Pilbeam, pour lui demander si vous avez réellement l'intention d'engager une jeune fille pour tenir votre comptabilité ?

– Il n'a pas le téléphone, marmonna Stanley en se disant qu'il faudrait qu'il prévienne Pilbeam au cas où elle viendrait le voir. Mais vraiment, tu pourrais me faire confiance, Vera.

– Et pourquoi ? M'as-tu jamais donné des raisons, depuis le jour de notre mariage, de te faire confiance ?

Cette nuit-là, Vera dormit dans le lit qu'elle avait préparé pour Ethel Carpenter.

À mesure que les semaines s'écoulaient, les affaires du « Vieux Village » se redressaient. Parce qu'ils manquaient de fonds, Pilbeam, au lieu de parcourir la contrée à la recherche des trésors cachés, restait à la boutique les jeudis et vendredis, et la vente s'en ressentait. Stanley était obligé de reconnaître que son associé était un vendeur hors ligne. Il vendit la table ovale et les quatre chaises Hepplewhite – trafiquées comme il l'avait dit – en les certifiant authentiques à une femme qui affirmait qu'elle n'aimait que le bois blanc et les chandeliers à quelqu'un qui voulait faire un cadeau. Comme il le disait lui-même, il aurait été capable de fourguer des frigos à des Eskimos. Mais quand Stanley lui réclama sa part sur les bénéfices, Pilbeam lui répondit qu'il n'en était pas question et que pendant un bon bout de temps encore, tout l'argent devrait être réinvesti dans le stock.

Stanley revint chez lui les mains vides.

Ses rapports avec Vera s'étaient légèrement améliorés sans pour cela être redevenus normaux. Un soir où il se sentait plus détendu et mieux disposé, il la prit par les épaules mais elle s'écarta vivement de lui comme si sa main était un fer rougi au feu.

– Tu trouves pas que ça commence à bien faire ? lui demanda-t-il.

– Peux-tu me jurer qu'il n'y a jamais rien eu entre cette fille et toi ? Qu'elle cherchait simplement du travail ? Peux-tu me jurer que tu ne l'as jamais touchée ?

– J'irai même plus loin, je peux pas la blairer, fit Stanley avec une telle conviction que Vera, vaguement rassurée, se radoucit.

Par la suite, elle se mit à le questionner sur la boutique, à discuter avec lui de l'usage qu'ils feraient de l'héritage dont ils disposeraient bientôt. Mais parfois, alors qu'ils regardaient la télévision, ou que Stan faisait des mots croisés, il lui arrivait, en levant la tête, de surprendre Vera en train de l'observer d'un air songeur. Et aussitôt que leurs regards se croisaient, elle détournait les yeux sans dire un mot.

Elle commençait à s'impatienter de recevoir l'argent et, tandis que Stanley faisait les mots croisés du *Telegraph*, elle lui emprunta la page économique et étudia les cours de la Bourse. Elle fut heureuse de constater que les actions d'Euro-American Tobacco et International Tin remontaient nettement de jour en jour. Maud aurait voulu qu'elle ait cet argent, pensait-elle. Et plus que tout, elle aurait voulu qu'elle puisse s'acheter tout ce qu'elle voulait. Elle regarda la photo de Maud qu'elle avait fait agrandir et accrocher dans le salon et se dit combien sa mère avait été perspicace : elle avait la première percé Stanley à jour. L'argent n'arrangerait rien à leurs relations, Maud l'avait bien deviné, mais sa vie à elle s'améliorerait malgré tout. C'était quelque chose d'en être arrivée là et de vivre dans le confort tout en restant malheureuse.

C'était agréable de s'asseoir à la table de la salle à manger pendant que Stanley faisait ses mots croisés et de faire des chèques pour payer le gaz et l'électricité au lieu de vider les bocaux qu'elle gardait à la cuisine pour aller payer ses notes avec toutes ces pièces de monnaie. Merveilleux, vraiment d'avoir juste à écrire « huit livres, neuf shillings et trois pence » et à signer sans se demander si on arriverait à joindre les deux bouts en faisant bien attention d'éteindre la lumière dès qu'on sortait d'une pièce.

Cette semaine, Stanley rentra chez lui avec dix livres en poche.

– Tu aurais pu en toucher cinq fois plus, mon petit pote, lui avait dit Pilbeam si on n'avait pas besoin de garder tout notre fric pour acheter du stock. On est sur la corde raide tant que tu amènes pas ton pognon.

Stanley qui avait nourri des doutes sur son associé avant l'ouverture du magasin se rendait compte maintenant que toutes les prévisions de Pilbeam s'étaient révélées exactes. Il savait de quoi il parlait et il était vraiment expert en antiquités. Cette boutique deviendrait une véritable mine d'or s'il pouvait y investir un capital. Et il fallait que ce foutu capital reste placé dans les tabacs et l'étain jusqu'à ce que Finbow donne le feu vert !

Il avait les nerfs en fichu état. Ses mains ne tremblaient plus et il ne souffrait plus d'étourdissements, mais il lui arrivait quelque chose de bien pire. Son tic nerveux à la paupière ne le quittait plus.

C'était la discussion à propos de Caroline Snow qui avait tout déclenché. Le tic avait ensuite gagné l'œil droit. Sa paupière clignait convulsivement à plusieurs reprises, spécialement quand il était fatigué. Il se rendit à la bibliothèque municipale et chercha dans le dictionnaire médical la signification de ce symptôme. Il y lut que cette contraction musculaire était signe de fatigue ou de nervosité et qu'elle disparaissait au bout d'un certain temps. Si le phénomène persistait, il pouvait s'agir de quelque chose de plus sérieux, comme d'un dérèglement du système nerveux.

Un certain temps, ça voulait dire quoi ? Des heures, des jours, des semaines ? Ça faisait maintenant quinze jours qu'il devait supporter ce tic. Il ne cessait que lorsqu'il était plongé dans un problème de mots croisés. Oui, mais voilà, comme remède, c'était un peu court, car il ne lui fallait plus que dix minutes désormais pour remplir une grille. En ce cas, pourquoi ne créerait-il pas lui-même des mots croisés ?

Il l'avait tenté, deux ou trois ans auparavant, mais le soir. Maud était toujours là à l'asticoter et il y avait renoncé. Maintenant, c'était différent. À la boutique, entre deux clients, il dessina des grilles sur le bloc qu'il avait toujours à portée de la main. Pilbeam était parfois en tournée. Ou alors il maniait le ciseau et le marteau dans le petit atelier aménagé dans l'arrière-boutique. Tandis que Stanley inventait des définitions et inscrivait les mots dans les cases, ses yeux le laissaient tranquille, car cette occupation l'absorbait tout entier. C'est ainsi qu'il passa des heures à chercher un mot qui corresponde à un blanc, ROT, deux blancs, S, un blanc, et trouva enfin « prothèse ».

Cela tournait presque à l'obsession, mais Stanley savait que cela passerait, tout comme son tic, lorsqu'il toucherait l'argent de l'héritage. Il s'occuperait alors de la boutique avec entrain et assurance, sachant que Pilbeam ne surgirait pas à tout instant de l'atelier pour lancer des allusions transparentes aux gens qui ne tiennent pas leurs engagements. En attendant, ses mots croisés ne faisaient de mal à personne.

Près d'un mois s'était écoulé depuis l'ouverture de leur compte joint lorsque arriva une lettre de la banque. Elle était adressée à Mr et Mrs Manning. Vera hésita d'abord à l'ouvrir en l'absence de Stanley, puis elle finit par s'y décider et, d'abord incrédule, fut comme pétrifiée.

« Chers Mr et Mrs Manning, J'ai le regret de vous informer que votre compte joint est débiteur d'une somme de trente-cinq livres. Je suis persuadé que vous tiendrez à remédier à cet état de fait aussi vite que possible et que vous effectuerez dans les jours qui suivent un versement couvrant cette somme.

Sincèrement vôtre,

Le directeur,

Arthur Frazer. »

Mais c'était impossible ! Elle n'avait tiré des chèques que pour payer le réfrigérateur, la machine à laver et le mazout. Leur crédit se montait à cinq cents livres à l'origine. Il devait donc en rester au moins trois cent soixante-dix. Elle avait dit à Stanley de s'acheter un complet veston, mais il n'en avait rien fait. Se pourrait-il qu'il y eût une erreur ? Oui, ça devait être ça. Tout le monde en commet, des erreurs, alors pourquoi pas une banque ?

Une fois encore, Vera fut frappée par son ignorance des choses les plus élémentaires. Aurait-elle ajouté un zéro de trop à un des chèques qu'elle avait libellés ? Mais les gens du gaz et de l'électricité le lui auraient signalé, non ? Ils n'en auraient pas profité pour tout garder, comme Stanley, le jour où l'épicier lui avait rendu la monnaie sur cinq livres au lieu d'une.

La banque allait-elle la poursuivre ? Elle se rappelait avoir entendu dire qu'émettre un chèque sans provision constituait un délit. Si au moins elle pouvait demander conseil à quelqu'un.

Maud aurait su quelle attitude adopter. Maud était une remarquable femme d'affaires, qui gérait parfaitement sa fortune, mais Maud n'était plus là. Il y avait bien Doris, au magasin, ou encore Mrs Blackmore ou Mrs Macdonald, mais Vera ne tenait pas à les mêler à ses soucis. C'était déjà bien suffisant qu'elles cancanent sur les infidélités de Stanley.

Non, elle ne voyait personne à qui s'adresser, à moins que... Après tout, pourquoi pas ? « Rappelez-vous, Vera, lui avait dit James, que je suis votre ami, et ne perdons plus le contact. » Évidemment c'était avant de savoir qu'elle avait un mari bien vivant et ils ne s'étaient ni écrit ni téléphoné depuis son retour de Bray.

Mais si elle ne s'adressait pas à James, qu'allait-elle faire ? Se laisser dépouiller de ces trois cent soixante-dix livres ? Plus même, puisque le compte était à découvert de trente-cinq livres. Au désespoir, Vera téléphona à la teinturerie et dit à Doris qu'elle ne viendrait pas, qu'elle ne se sentait pas bien – ce qui était la vérité. Ça ne servait à rien d'hésiter plus longtemps, d'arpenter la pièce et de relire pour la centième fois la lettre. Vera prit son carnet d'adresses et composa la longue suite de chiffres qui la mettrait en communication directe avec Brayminster.

La banque n'était pas encore ouverte aux clients et James put lui parler librement. Il sembla tout heureux d'entendre sa voix alors qu'à leur dernière entrevue il avait manifesté tristesse et déception.

– Non, vous ne me dérangez absolument pas, Vera. Et je suis

à votre entière disposition pour tout conseil dont vous auriez besoin.

D'une façon assez incohérente, et s'excusant entre chaque phrase d'abuser ainsi de lui, Vera lui exposa la situation.

– Oui, je vois. Et qu'en pense votre mari ?

– Je ne lui en ai pas encore parlé, dit Vera à qui n'était pas même venue l'idée de joindre Stanley.

Il y eut un silence, à l'autre bout de la ligne, puis James demanda enfin :

– Il s'agit bien d'un compte joint ?

– Oui, mais Stanley n'a pas besoin d'argent. Il s'occupe d'affaires qui marchent bien.

Pourquoi James se montrait-il soudain si affectueux et si gentil ?

– Je crois que vous devriez en parler à votre mari, Vera. Mais de mon côté, voici ce que je vais faire. Je connais Mr Frazer pour l'avoir rencontré une ou deux fois. Je vais lui téléphoner sur-le-champ, lui dire que vous êtes une de mes amies et que vous irez le voir, disons... vers 11 heures. Ça vous va ? Vous aurez ainsi le temps de vous mettre en rapport avec votre mari.

– Vous êtes vraiment trop gentil, James.

– Je ferais n'importe quoi pour vous, Vera, et vous le savez. Me permettez-vous de vous avancer ces trente-cinq livres pour vous dépanner ?

– Il n'en est pas question, fit vivement Vera. Ce n'est pas dans ce but que je vous ai téléphoné.

– Mais si vous en avez besoin, encore une fois je suis à votre disposition. Et surtout, Vera, ne vous faites aucun souci. Frazer se montrera des plus arrangeants. Demandez-lui simplement de vous montrer votre relevé de compte afin que vous voyiez les chèques qui ont été tirés. Vous avez bien compris ?

– Oui, naturellement.

– Parfait ! Personne ne vous adressera le moindre reproche ou la moindre menace. En ma qualité de directeur de banque, je ne devrais pas vous le dire, mais il arrive à chaque fin de mois à des milliers et des milliers de gens d'avoir leur compte à découvert, et ils ne s'en font pas pour autant. Je souhaiterais même qu'ils s'en fassent un peu plus. Appelez-moi demain matin, vous voulez bien ?

– Oh, je ne veux pas vous déranger !

– Alors c'est moi qui vous téléphonerai. J'ai eu tant de plaisir à entendre votre voix, Vera ! Faites-moi encore cette joie demain, je vous en prie.

Vera se sentit infiniment mieux après avoir parlé avec James et elle se félicita d'avoir eu le courage de solliciter son aide. Mais il lui était impossible d'atteindre Stanley avant d'aller à la banque. Il l'avait prévenue qu'il ferait une tournée avec la camionnette et ne serait pas de retour avant midi.

Elle se maquilla soigneusement comme le lui avait montré Mrs Goodwin et mit sa robe imprimée bleu et blanc. À 11 heures moins 5 elle était dans la salle d'attente, à la banque, et quelques minutes plus tard, Mr Frazer lui-même, passant la tête par l'entrebâillement de la porte, l'invita à entrer dans son bureau.

– J'ai reçu un coup de téléphone de votre ami, Mr Horton, lui annonça-t-il d'un ton aimable, mais vous ne devez jamais hésiter à venir me voir, Mrs Manning.

Ils doivent me prendre tous les deux pour une idiote, se dit Vera en s'empourprant.

– Je crois que vous désirez consulter votre relevé de compte ?

En attendant qu'on le lui apporte, il lui parla du temps qu'il faisait, de Brayminster où il avait passé une fois ses vacances. Vera ne lui répondait que timidement.

Une secrétaire apporta enfin le relevé. Le directeur le tendit à Vera avec la liasse de chèques. Puis il alluma une cigarette après en avoir offert une à Vera qui la refusa d'un signe de tête.

C'était la première fois qu'elle voyait un relevé de compte et tout d'abord, elle ne sut pas comment il fallait le lire. Affolée, elle prit alors la liasse de chèques et examina le premier, s'attendant à ne rien comprendre non plus. Mais elle fut rassurée en reconnaissant sa propre écriture. C'était celui qu'elle avait envoyé au Gaz. Sûrement qu'ils doivent donner le chèque à leur banque, pensa-t-elle, et puis après leur banque met l'argent à leur crédit et ensuite le chèque arrive ici et on enlève le montant de mon compte. Après tout, c'était pas si difficile que ça.

Elle revint au relevé. Le Gaz avait reçu la somme, mais c'était parce que la banque avait payé, pas parce qu'elle avait de l'argent sur son compte. Elle n'avait déjà plus d'argent au moment où elle avait fait ce chèque-là.

Là, c'était le chèque pour le réfrigérateur et la machine à laver, là un autre qu'elle avait envoyé à la Compagnie d'Électricité, mais à l'avant-dernier, elle étouffa une exclamation. Libellé à l'ordre de la Maison Verity, véhicules en tous genres, pour la somme de deux cent cinquante livres, il était signé Stanley G. Manning. Et sur le dernier elle lut : « À moi-même, cent cinquante livres, Stanley G. Manning. »

– Mon mari, balbutia-t-elle. J'avais complètement oublié... Il m'avait dit... Oh, mon Dieu, je suis désolée...

– Nous sommes heureux d'apprendre que nous n'avons pas fait d'erreur, Mrs Manning.

– C'est moi qui en ai commis une, fit Vera et ces mots étaient plus lourds de sens que ne le soupçonna le directeur. J'essaierai de combler ce découvert... disons, la semaine prochaine. Je ne sais pas comment je m'y prendrai, mais je ferai tout mon possible.

– Chère Mrs Manning, nous ne sommes pas des vampires. Ne le prenez pas tellement à cœur. Si vous réglez cette petite affaire vers la fin du mois...

– Vous êtes vraiment très aimable, dit Vera.

Tous se montraient bons avec elle, compréhensifs, prêts à lui faciliter les choses, et pourquoi ?... Parce qu'ils la plaignaient. Bien entendu ils avaient compris ce qui s'était passé. James l'avait deviné dès le début. Mr Frazer ne s'était pas laissé prendre à sa petite comédie. Ils la savaient mariée à un homme en qui elle ne pouvait avoir aucune confiance.

À peine eut-il vu Vera que Stanley comprit, à son expression, que ça allait barder. Cette fois, elle n'allait pas se contenter de l'ignorer. Il jeta son manteau sur le dossier d'une chaise, lança un regard noir au portrait de Maud – tu parles si ça avait été la peine de la tuer, celle-là, pour tout ce que ça lui avait apporté – et demanda :

– Ces sacrées commères t'ont donné de nouveaux détails sur ma prétendue petite amie ?

– Je n'ai vu aujourd'hui ni Mrs Blackmore ni Mrs Macdonald.

– Alors qu'est-ce qu'il y a ?

Vera se versa une tasse de thé et poussa un soupir. « Soupir », se dit Stanley. On pourrait donner comme définition « Demi-pause musicale »... Bon Dieu, il faut que je perde l'habitude de tout voir sous l'angle des mots croisés. Ça devient chez moi une véritable obsession. Pour la première fois, depuis qu'ils étaient mariés, Vera se servait une tasse de thé sans lui en offrir une.

– Qu'as-tu ? reprit-il, les nerfs à vif.

Vera tourna vers lui un visage brusquement vieilli, aux yeux cernés, marqué de deux rides profondes qui descendaient du nez jusqu'aux commissures des lèvres.

– Autant te le dire tout de suite. Je suis allée à la banque ce matin. J'avais reçu une lettre du directeur.

– Ah, c'est ça ?

– Eh bien oui, c'est ça ! C'est tout ce que tu trouves à me répondre ?

– Écoute, Vera, tu m'as déclaré toi-même que je pouvais utiliser ce compte. Achète-toi tout ce que tu voudras, tu m'as même dit.

– J'ai dit : Achète-toi un complet-veston ou les petites choses dont tu pourrais avoir envie. Je ne pensais pas que tu retirerais quatre cents livres, Stan. Ce n'est pas d'avoir pris cet argent que je te reproche, c'est de ne pas m'en avoir parlé. Tu en avais besoin pour tes affaires, je suppose ? Dans ce cas, tu aurais pu me mettre au courant. Par ta faute, j'ai eu l'air d'une idiote devant le directeur de la banque et je me suis rongé les sangs à m'en rendre malade.

– Tu m'as affirmé toi-même que tu ne tirerais plus de chèques sur ce compte. Comment pouvais-je deviner que tu réglerais des factures ?

Pourquoi diable le regardait-elle ainsi ? Au point qu'il fut obligé de détourner la tête.

– Qu'est-ce que tu as à l'œil ? lui demanda-t-elle sèchement.

– Rien. Un petit muscle qui saute, c'est tout. Ça doit être les nerfs.

Vera se tut un moment, puis dit :

– Nous ne pouvons pas continuer à vivre ainsi. Dieu sait que je n'ai pas désiré la mort de ma mère, mais lorsqu'elle a disparu je n'ai pu m'empêcher de penser qu'entre nous les choses iraient mieux. Que nous serions vraiment un couple uni. Mais ça a tourné tout autrement.

– Je ne vois pas où tu veux en venir, fit Stanley.

Il alla jusqu'à la salle à manger, s'installa sur le canapé et se mit à griffonner sur une feuille de papier. Comme Vera l'avait suivi, il reprit :

– Écoute, je regrette, pour cette histoire, mais y a pas de quoi en faire un drame. Je peux très bien réalimenter le compte avec l'argent que me rapporte la boutique.

– Vraiment, Stan ? On n'en a pas souvent vu la couleur, de cet argent ? Et puisque nous en parlons, j'ignore tout de ton affaire. Tu ne m'as jamais emmenée à la boutique ni présenté ce Pilbeam...

– Il me semble que tu pourrais me croire sur parole, fit Stanley vexé, sa paupière plus agitée que jamais.

– Te croire sur parole ! s'exclama Vera avec un rire amer. Voyons, Stan, tu n'es pas sérieux ? Je ne peux croire un mot de ce que tu me racontes. Tu dis la première chose qui te passe par la tête. En fait, j'ai l'impression que tu ne distingues plus le mensonge de la vérité. Et ça, je ne le supporte plus, Stan. Je ne supporte plus d'être laissée dans l'ignorance, d'être humiliée, bafouée, simplement parce qu'il t'est plus facile de me mentir que de dire les choses telles qu'elles sont. Plutôt que de continuer comme ça, j'aimerais mieux mourir... ou te quitter.

Stanley n'écoutait les récriminations de Vera que d'une oreille. Mais sa remarque au sujet de son œil l'avait frappé. Ayant dessiné une grille, il commençait d'y inscrire des mots lorsque sa dernière phrase le fit sursauter.

– Me quitter ! s'exclama-t-il, effrayé.

– Quand des époux en arrivent où nous sommes, ils n'ont pas d'autre solution.

– Voyons, Vera, ne dis pas de bêtises ! Tu es ma femme... et d'ailleurs les torts sont pas tous de mon côté. Si je te tiens pas au courant de mes affaires, c'est que tu arrêtes pas de me critiquer et de me harceler. Les hommes aiment pas ça.

Ni non plus de ne pas pouvoir contrôler ce fichu tic. Stanley porta la main à son œil et sentit la paupière tressauter sous ses doigts.

– Je viens de te le dire, tu es ma femme, et depuis vingt ans. L'avenir s'annonce bien, Vera. Vers la fin de l'année, nous serons pleins aux as, tous les deux et...

– Tu m'aimes ? l'interrompit Vera en le fixant droit dans les yeux.

En voilà une question à poser à un homme exténué, dévoré de soucis et qui était peut-être déjà atteint de la maladie de Parkinson !

– Évidemment que je t'aime, marmonna-t-il.

Vera, touchée, lui prit la main. Stanley lâcha son crayon à contrecœur. Son œil le faisait souffrir. Vera resta un long moment silencieuse, puis vint s'asseoir à côté de lui, et dit :

– Nous allons prendre un nouveau départ, tu veux bien ?

Stanley poussa un soupir de soulagement. « Un nouveau

départ »... dans ce monde ou dans l'autre ? Il y avait là une idée à creuser... pour une définition, bien entendu. Et déjà il tâtonnait à la recherche de son crayon.

– Oui, un nouveau départ, reprit Vera. Mais il faudra que nous y mettions tous les deux du nôtre, Stan. D'ailleurs les choses nous seront facilitées grâce à l'argent que nous allons bientôt toucher.

Stan lui sourit, son œil redevenu normal.

– Nous vendrons ce pavillon et tout ce qu'il contient et nous achèterons un autre tout neuf que nous meublerons en moderne. C'est ce que maman souhaitait pour nous. Nous aurons une voiture et nous passerons nos vacances ensemble. Je te promets de ne plus jamais te critiquer ni te harceler si de ton côté tu me promets de ne plus me faire de cachotteries. J'ai besoin d'avoir confiance en toi, Stan. Tu ne comprends pas ?

– Vera, je te jure de ne plus jamais te mentir aussi longtemps que je vivrai.

Elle le regarda, espérant qu'en cet instant au moins il était sincère. Stanley soutint son regard, puis se plongea à nouveau dans ses mots croisés.

18

La facture des décorateurs arriva et dans le haut quelqu'un avait écrit : « Un règlement rapide serait le bienvenu. » Stanley, pour sa part, ne trouvait nullement bienvenue une addition de cent soixante-quinze livres alors que Pilbeam lui avait parlé d'une cinquantaine de livres. Vera et lui, toujours pour prendre un nouveau départ, étaient installés côte à côte sur le canapé et étudiaient la page financière. L'Euro-American Tobacco avait baissé de deux nouveaux points en un jour. L'œil de Stanley fut agité d'un tic d'abord léger puis frénétique.

– Tu voudrais investir de l'argent dans ton affaire, Stan, si je comprends bien ? Mais crois-tu vraiment que ce soit un placement sûr ?

– Tu m'as promis de ne plus me harceler, lui rappela Stanley.

– Je ne songe ni à te harceler ni à te critiquer. Mais avez-vous fondé une société ? Avez-vous fait les choses en bonne et due forme, Stan ?

– J'ai confiance en mon associé tout comme il a confiance en moi. Je ne peux pas en dire autant de ma femme et c'est bien dommage.

Il chercha une feuille de papier sur laquelle il pourrait commencer une grille plus grande et plus ambitieuse.

– Tu ne crois pas que tu devrais consulter un médecin au sujet de ton œil ? demanda Vera qui l'observait.

James était un homme de parole. Il appela Vera à son domicile et n'obtenant pas de réponse, téléphona à la teinturerie.

– Vous voyez, Vera, je vous avais bien dit que mon collègue ne vous mangerait pas. De quoi s'agissait-il ? D'une erreur, je suppose ?

– Mon mari avait oublié de me signaler qu'il avait tiré un chèque important, expliqua Vera. Dès que ses affaires le lui permettront il alimentera de nouveau notre compte.

– Parfait, soupira James qui visiblement ne trouvait pas cela parfait du tout. (Et il le prouva en ajoutant :) Vera, si vous avez le moindre ennui, promettez-moi de m'en faire part.

– Mais j'ai Stanley, fit Vera.

– Oui, bien entendu. Je ne l'oublie nullement. Mais il peut arriver un moment où... Au revoir, Vera. Et surtout, ne vous tourmentez pas inutilement, et pensez un peu à vous.

Il a raison, se dit Vera lorqu'elle eut raccroché. C'est ridicule de ma part, étant donné l'héritage que je vais toucher, de continuer de travailler comme je le fais. Elle tendit à un client deux paires de pantalons fraîchement nettoyés puis s'assit pour rédiger sa lettre de démission.

C'était jeudi, son jour de congé. Vera quitta le magasin à 1 heure et se rendit à l'agence immobilière la plus proche. L'agent qui la reçut l'assura qu'il ferait le nécessaire pour vendre son pavillon dans les meilleures conditions possibles. Quel prix en voulait-elle environ ? Vera n'y avait pas pensé, mais l'agent immobilier lui suggéra le chiffre de quatre mille cinq cents livres. Puis il lui promit de se rendre dans l'après-midi à Lanchester Road pour visiter les lieux.

Vera se prépara des œufs pour le déjeuner et termina la mousse au chocolat qu'ils pouvaient désormais, grâce à leur réfrigérateur, conserver un jour ou deux. L'agent ne viendrait probablement pas avant 3 heures, ce qui lui laissait une bonne heure pour aller mettre de l'ordre à l'étage.

Puisqu'elle avait décidé de vendre le pavillon, il lui fallait procéder à un grand nettoyage. Elle commencerait par débarrasser la chambre de Maud des vêtements dont tante Louisa n'avait pas voulu, de tous ses papiers, et des boîtes et tubes dont le contenu avait maintenu Maud en bonne santé pendant les quatre ans qu'elle avait vécu chez eux.

Après l'enterrement, Vera s'était contentée de les enfermer dans un des tiroirs de la coiffeuse. Elle l'ouvrit et resta un moment à examiner tous ces médicaments : anticoagulants, diurétiques, sels minéraux, vitamines, somnifères et calmants. Puis elle se demanda si le pharmacien les lui reprendrait. Cela lui semblait du gaspillage que de les jeter.

Elle passa ensuite aux vêtements. Elle les emballait dans une vieille valise d'osier lorsqu'on sonna à la porte. Vera qui s'attendait à voir l'agent immobilier fut surprise de trouver sur le seuil une jeune femme.

– Bonjour, je m'excuse de vous déranger, mais je quête pour les Chappell.

Vera crut entendre « pour la chapelle » et allait répondre qu'elle appartenait à l'Église anglicane lorsqu'elle se souvint du jeune officier de police tué au cours du hold-up qui avait eu lieu récemment contre le bureau de poste de Croughton. Elle ouvrit aussitôt son porte-monnaie.

– Merci infiniment. Ce que nous voudrions, c'est réunir à titre privé une somme de mille livres pour Mrs Chappell et nous avons l'intention de monter quelques stands lors de la fête de la police qui a lieu la semaine prochaine. Vous n'auriez pas, par hasard ?...

– Des vêtements usagés, est-ce que cela vous intéresserait ? demanda Vera. J'ai perdu ma mère récemment et ses robes et ses manteaux sont encore en très bon état. Je ne sais à qui les donner et vous me rendriez service en m'en débarrassant.

La jeune femme parut ravie. Vera monta à l'étage et revint avec la valise d'osier qu'elle lui tendit.

– Ces vêtements appartenaient à votre mère ?

– Oui, et réellement je n'en ai pas l'usage.

– Encore une fois, merci infiniment. Vous êtes bien aimable, madame.

Stanley n'avait plus qu'un souci en tête, l'argent. Une fois qu'il aurait mis la main dessus, la vie serait belle. Il était sûr, maintenant, de ne plus jamais entendre parler de Caroline Snow.

Savourant la scène, il imaginait son retour fracassant à Gloucester pour raconter toute l'histoire à son père, ce pauvre homme qui avait passé sa journée à trimer pour entretenir sa femme et sa fille. À tous les coups il était en train de regarder la télé ou même de faire ses mots croisés. Stanley voyait d'ici la tête du type en entendant qu'elle était à la recherche d'une belle-mère qu'il croyait disparue et qu'elle s'attendait à ce qu'il l'accueille chez lui.

– Il faut la retrouver, Papa, n'est-ce pas ? Tu es tellement merveilleux quand il s'agit de résoudre les problèmes. J'étais sûre que tu saurais quoi faire.

Stanley sourit en imaginant le dialogue. Et Snow, qu'est-ce qu'il dirait ?

– Laisse-moi m'en occuper, ma chérie. (d'un ton apaisant, tout en réfléchissant à cent à l'heure.) J'aimerais d'abord en parler en tête à tête avec ta mère.

Stanley passa à la scène avec cette merveilleuse et adorable maman. Tête-à-tête, lumières tamisées et Caroline partie promener le chien ou avec son petit ami.

– Cette enfant est vraiment impétueuse.

– Je sais, mais je ne peux pas décevoir la confiance qu'elle met en moi.

– Elle t'adore, mon chéri. Pour ma part, je dois avouer que je ne suis pas très enthousiaste à l'idée de revoir une mère que je n'ai pas vue depuis quarante ans.

– Il n'en est pas question. Rien ne me pousserait à vouloir accueillir la vieille dame. Dieu m'est témoin que je ne suis pas masochiste.

– Pourquoi ne pas lui raconter que tu es allé voir la police, mon chéri, et qu'on t'a promis de faire une enquête. Caroline aura tout oublié à la fin de la semaine.

– Bien entendu, qu'elle aura oublié. Tu es tellement merveilleuse, ma chérie.

Stanley éclata de rire en arrivant au terme de sa petite saynète. Il les voyait d'ici, dans leur petit intérieur bourgeois. Dommage qu'il ne puisse raconter l'histoire à personne. Il s'essuya les yeux et son tic le reprit.

Il s'efforçait de dominer sa paupière lorsque Pilbeam entra

dans la boutique, tenant à la main un sac plein de médaillons de cuivre provenant d'anciens harnais pour chevaux.

– Tu devrais faire soigner ton œil, mon petit pote. J'avais une tante qui avait le même genre d'ennuis.

– Et qu'est-ce qui lui est arrivé ?

– Ça a fini par la danse de Saint-Guy, fit Pilbeam en déversant sur le sol son chargement de cuivre. C'était gênant d'être assis à côté d'elle. Elle lançait ses membres de tous les côtés. Pourquoi t'irais pas voir un toubib ? Je peux me passer de toi aujourd'hui.

Il y avait consultation trois fois par semaine, l'après-midi, au dispensaire. Stanley était à ce point obsédé par l'héritage que le rôle qu'il avait joué dans la mort de Maud lui était complètement sorti de la tête. C'est pourquoi, après une attente d'une quarantaine de minutes, il entra sans aucune crainte dans le cabinet du Dr Moxley.

– Qu'est-ce qui vous amène ? lui demanda le médecin.

Si ce salaud se donnait la peine de me regarder, il ne me poserait pas cette question, se dit Stanley avec aigreur. Là-dessus il exposa son cas et par un heureux hasard, comme il parlait, son tic le reprit de plus belle.

– On dit que ça finit parfois par la maladie de Parkinson, ajouta-t-il.

– On dit, on dit... Qui ça « on » ?

– Je l'ai lu dans un dictionnaire médical.

– Si seulement les profanes voulaient bien ne pas se plonger dans des livres de médecine ! Ils n'y comprennent rien et se croient atteints de tous les maux. Vous croyez souffrir d'une dystrophie musculaire, j'imagine ?

– Et ce n'est pas le cas ?

– Je ne le pense pas, fit le Dr Moxley d'un air amusé. Avez-vous des soucis en ce moment ?

– Oui, pas mal.

– Cessez de vous tourmenter et votre tic disparaîtra.

Mais voyons donc ! C'est pas plus difficile que ça, se dit Stanley, indigné. Ces salopards de médecins ! Tous les mêmes ! Il prit l'ordonnance lui prescrivant un calmant et était presque arrivé à la porte lorsque le Dr Moxley ajouta :

– Comment va votre femme ? Est-elle remise de la mort de Mrs Kinaway ?

De quoi il se mêlait, celui-là ? Stanley marmonna qu'en somme

Vera avait surmonté le premier choc et le médecin reprit en souriant :

– Je suis tombé l'autre jour sur le vieux Dr Blake. Il a été bouleversé d'apprendre la triste nouvelle. Bouleversé et surpris. Il m'a raconté qu'il avait rencontré Mrs Kinaway deux jours avant son attaque et qu'elle lui avait paru tout à fait bien.

Stanley resta sans voix. La curiosité de Caroline Snow dont il ne soupçonnait pas l'existence lui avait déjà fait assez peur. Et voilà que maintenant on se posait des questions sur la mort de Maud.

– Il semblait persuadé que son traitement à base de Mollanoïde avait écarté le danger, reprit Moxley. En réalité, ce sont des choses qui arrivent, mais le Dr Blake est terriblement consciencieux. Je lui ai fortement conseillé de n'y plus penser.

Stanley sortit du dispensaire comme en rêve. Qui aurait pu imaginer que le médecin de Maud hantait encore le voisinage ? Mais après tout cela ne voulait peut-être rien dire. Il avait déjà assez de soucis sans s'en créer d'autres.

Son ordonnance à la main, Stanley se rendit à la pharmacie et il se rappela soudain qu'il restait encore dans les emballages de Mollanoïde deux tubes et demi de sucrettes. La première chose qu'il ferait en rentrant serait de jeter ces comprimés puis de brûler les boîtes au cas où Moxley et ce vieux Blake si consciencieux auraient l'idée de venir au pavillon et de fouiller dans les tiroirs.

– Qu'as-tu fait des médicaments de ta mère ? demanda-t-il à Vera.

– Je m'en suis débarrassée. J'ai vidé les tiroirs. L'agent immobilier m'a expliqué que nous tirerions un meilleur prix de la maison si elle était en bon état, c'est pourquoi j'ai l'intention de donner un coup de pinceau.

Pour Stanley, ça ne présageait rien de bon. Il regarda d'un œil mauvais sa femme descendre laver son pinceau et refermer la boîte de peinture.

– Alors comme ça tu as tout jeté ? dit encore Stanley d'un ton dégagé.

– Tout sauf ses vêtements. Une jeune femme est venue faire une quête au bénéfice de la police.

– De la quoi ? fit Stanley dont la lèvre supérieure se couvrit de sueur.

– Qu'est-ce qui t'arrive ? Tu es tout secoué de mouvements nerveux.

Stanley, incapable de répondre, serra les poings pour empêcher ses mains de trembler.

– Je me suis mal exprimée, mon chéri, reprit Vera, navrée, car elle savait à quel point Stanley craignait la police. Une jeune femme est venue quêter pour Mrs Chappell, la veuve du policier qui a été tué en service commandé et elle a été ravie que je lui donne les vêtements de maman. Stan, mon chéri, je vais te préparer une tasse de thé. Tu as l'air épuisé et je suis sûre que tu te tourmentes au sujet de ton œil. Allons viens. Tu pourras t'attaquer à tes mots croisés pendant que je mettrai l'eau à chauffer.

– Je les ai déjà faits.

– Alors, crée toi-même une grille. Tu sais bien que ça te détend.

Stanley, encore tout agité de tics et de frissons, en dessina une d'une main tremblante. Au un horizontal, il écrivit « Police » et au un vertical « Prévenu », mais ses pensées étaient ailleurs. Possible que cette jeune femme n'ait eu aucune arrière-pensée. Possible aussi que Moxley n'ait rien voulu insinuer. Mais si au contraire la police avait envoyé la quêteuse sur une dénonciation du médecin ? Que pourraient-ils bien découvrir dans les vêtements de Maud ? Peut-être était-il concevable de retrouver, après analyse de la sueur, si une personne prenait du Mollanoïde ou des sucrettes.

Les policiers feraient alors la tournée des pharmacies et découvriraient qu'un homme répondant à son signalement avait acheté une importante provision de sucrettes... Et si, pris de soupçons, ils se mettaient à creuser des tranchées dans son jardin ?... Et s'ils exhumaient Maud ?... Sa plaie au crâne ne devait plus être très visible. Mais ils étudieraient ses viscères qui révéleraient la présence d'une forte quantité de saccharine et pas la moindre de Mollanoïde. Maud avait en effet cessé d'en prendre dès le début du mois de mars.

Son tic le reprit de plus belle, l'aveuglant à moitié, au point qu'il fut incapable de lire les mots qu'il avait déjà inscrits dans la grille.

TROISIÈME PARTIE

VERTICAL

19

C'était maintenant le plein été, un splendide, un magnifique été. Il faisait immuablement beau et la vie des Manning avait elle aussi quelque chose d'immuable. Rien n'avait changé, ni en mieux, ni – et Stanley s'en félicitait – en pis. La police ne semblait pas s'intéresser à lui et bien que son tic continuât de le tourmenter, il n'était pas retourné chez le Dr Moxley. Et cet argent qui ne venait pas continuait de l'obséder.

Vera et Mr Finbow échangeaient de nombreuses lettres, mais rien dans celles du notaire ne laissait entendre qu'on pourrait bientôt se risquer à vendre les fameuses actions dans l'étain et les tabacs. Vera se refusait obstinément à les négocier contre l'avis de Mr Finbow, ou même à demander une nouvelle avance. Stanley avait beau lui montrer les lettres de relance des ouvriers qui avaient aménagé la boutique, elle ne cédait pas. Et Pilbeam faisait de la vie de Stanley un enfer en lui rappelant sans arrêt qu'il s'était engagé à financer leur entreprise.

Sur la façade du pavillon figurait l'écriteau « À vendre », mais personne encore n'était venu le visiter. Il manquait, expliqua à Vera l'agent immobilier, certains aménagements que les gens estiment aujourd'hui indispensables.

– Nous pourrions peut-être faire construire un garage, Stan, mais cela nous obligerait à sacrifier ton jardin de bruyère.

– Aucune importance, déclara Stanley.

Sous un garage, Maud serait enfouie à jamais. Seulement, à quelle profondeur faudrait-il creuser pour couler la dalle de béton ?

– Je vais m'en occuper, reprit Vera et je vais continuer à rafraîchir un peu les chambres. Nous ne devrions pas tarder à recevoir des offres. L'agent m'affirme qu'il y a une forte reprise dans l'immobilier. Qu'en penses-tu, mon chéri ?

– Hein ? fit Stanley qui déjà cherchait une définition pour « immobilier ».

– Décidément, Stan, en ce moment, tu ne penses qu'à tes mots croisés.

C'était vrai. En inventer ou en résoudre était devenu chez lui une obsession. Au magasin il se réfugiait dans ses grilles quand Pilbeam était sorti, si bien que lorsque son associé rentrait, il avait la tête pleine de mots et il ne prêtait qu'une oreille distraite aux éternelles jérémiades de Pilbeam.

– Tu te souviens de cette vieille peau à qui on a fourgué la table ? disait-il. Eh bien elle veut meubler toute sa baraque dans le même style. Si je me mettais à chercher et si tu amenais le blé, on pourrait sans problème se faire chacun cinq cents livres.

Ou encore :

– On a les mains liées, Stan. Ça me rend malade de voir toutes les occasions qu'on manque.

Et cela finissait immanquablement par :

– Il faut qu'on récupère ce fric. Et maintenant, Stan, pas à la saint-glinglin.

Stanley avait bien trop peur de Pilbeam pour oser davantage que des promesses apaisantes. Et c'est sur Vera qu'il passait ses nerfs.

– Je te le dis, il faut cet argent pour ma boutique. Il est à nous et on ne peut même pas y toucher. On est aussi pauvre aujourd'hui que du temps de ta foutue mère. On va faire faillite si j'ai pas l'argent. Est-ce que tu peux te coller ça dans le crâne ?

Vera s'écarta de lui, effrayée par la cupidité et la méchanceté qu'elle lisait dans son regard. Quand Stan se mettait ainsi en colère, son visage tout agité de tics se convulsait. Mais ce qui l'alarmait le plus, c'est qu'au lieu de lui répondre de façon sensée, il se déchaînait et disait n'importe quoi.

Un jour, à la fin de juillet, Vera entreprit de nettoyer à fond ce qu'elle appelait la chambre d'ami et elle tomba sur les médicaments qu'elle y avait entreposés tandis qu'elle passait une couche de peinture dans la chambre de Maud. Elle ne se résignait pas à les jeter. Certaines boîtes n'étaient même pas ouvertes et d'autres encore aux trois quarts pleines. Lorsqu'elle irait faire ses courses, elle demanderait au pharmacien s'il voulait les lui reprendre.

En sortant de la maison elle tomba sur les maçons qui apportaient des sacs de ciment et une petite bétonnière.

– Pas besoin de rester pour nous, madame, lui dit le contremaître. Votre garage, on le commencera pas avant la semaine prochaine, avec les briquetiers qui se sont mis en grève. Ça vous fait rien qu'on laisse tout notre barda ici ? Comme ça on l'aura sous la main.

Vera l'assura que cela ne faisait rien du tout et se rendit droit chez le pharmacien.

– Je regrette, madame, lui dit-il en souriant. Nous conseillons à tous nos clients de jeter les médicaments qui n'ont pas été utilisés. Simple mesure de sécurité.

Tout en parlant il avait soulevé le couvercle d'un des flacons et en examinait le contenu.

– C'est du Mollanoïde, non ?

Les pharmaciens, tout comme les médecins, préfèrent laisser les profanes dans l'ignorance de leurs arcanes. Celui-ci ne faisait pas exception. Il fronça le sourcil, roula un des comprimés entre deux doigts et demanda :

– Qu'est-ce qui vous fait croire que ce sont des comprimés de Mollanoïde ?

– C'est à vous que j'ai apporté l'ordonnance de notre médecin et c'est vous-même qui avez écrit le mot Mollanoïde sur l'étiquette. Ma mère en prenait de façon continue pour lutter contre sa tension.

– En effet, je me le rappelle fort bien. Mais ces comprimés ne sont pas ceux que j'avais mis dans le flacon. Le Mollanoïde est un anticoagulant. Ces comprimés n'en sont pas.

– Mais alors ce sont des comprimés de quoi ?

Le pharmacien renifla le comprimé, le posa sur sa langue et dit enfin :

– Principalement de saccharine, à mon avis.

– De *saccharine* ?

– Oui, ce que les gens qui veulent maigrir emploient pour sucrer leur thé et leur café, expliqua le pharmacien comme s'il s'adressait à un enfant arriéré.

Vera le quitta l'esprit en déroute. Serait-il possible qu'il ait commis une erreur et que le flacon n'ait jamais contenu autre chose que de la saccharine ? Cela semblait peu probable. Mais il était encore plus difficile d'imaginer que Maud prenait en cachette de la saccharine. Et dans ce cas qu'aurait-elle fait du

Mollanoïde ? Elle n'aurait pas cessé le traitement. Sa vie même en dépendait, car elle disait souvent que sans ces comprimés elle aurait certainement eu une seconde attaque.

Choisir un papier mural bon marché, mais joli, et décider de la couleur des boiseries fit oublier un moment à Vera ses préoccupations, mais elle prit néanmoins la résolution d'en parler à Stanley. Il rentra ce soir-là plus tard que d'habitude et Vera se rendit compte immédiatement qu'il n'était pas d'humeur à se pencher sur le problème qui la tourmentait.

– Mon œil me rend fou, lui dit-il.

Pour la première fois depuis qu'ils étaient mariés il laissa intacts dans son assiette sa côtelette d'agneau, ses frites et ses petits pois, mais Vera n'avait plus la force de se montrer pleine de sollicitude. Si elle lui conseillait de retourner chez le médecin, il l'enverrait promener. Impossible de discuter avec lui. Bien des fois, ces derniers temps, elle avait pensé à James Horton, si compréhensif, si gentil et toujours prêt à l'écouter avec sympathie.

– Qu'est-ce qui t'arrive encore ? lui demanda-t-elle en s'efforçant de maîtriser son exaspération.

– Rien ! dit Stanley. Rien ! Fiche-moi la paix !

Sa paupière s'abaissait et se relevait, comme tirée de l'intérieur par un fil invisible. Et celui qui tirait ce fil semblait s'amuser du bon tour qu'il lui jouait. Mais ce quelqu'un, c'était lui-même. Bon Dieu, se dit-il, si je continue comme ça je vais devenir dingue !

Vera le fixait tel un faucon prêt à s'abattre sur sa proie. Il ne pouvait évidemment pas lui expliquer qu'il était incapable d'avaler une bouchée parce qu'il mourait de peur. Il s'était passé quelque chose qui l'avait plus effrayé encore que la visite de la prétendue quêteuse. Redoutant de claquer des dents, il crispa les mâchoires, comme s'il était atteint de contractions tétaniques.

Dans l'après-midi, alors qu'il effectuait une tournée en camionnette, un policier était venu à la boutique d'Old Village.

Il s'était rendu à Hatfield pour soulager une vieille femme d'une commode du XVIIIe qu'il lui avait payée le cinquième de sa valeur, et pendant le trajet du retour, il s'était efforcé de calmer son tic en remplissant mentalement une grille. Il parvenait maintenant à faire ses mots croisés de tête tout comme certains joueurs d'échecs font des parties sans échiquier. Il gara la camionnette dans l'arrière-cour et marmonnait entre ses dents « commode »,

« a-t-elle été baptisée ainsi par un empereur romain ? », lorsqu'il vit sortir de la boutique un policier en uniforme qui monta dans une voiture garée au bord du trottoir. Et aussitôt son œil reprit sa danse infernale.

– Qu'est-ce qu'il est venu foutre ici, ce flic ? demanda-t-il à Pilbeam d'une voix étranglée.

– Jeter un coup d'œil sur notre stock, vieille branche, pour s'assurer qu'on recèle pas de la marchandise volée.

– Mais c'est la première fois qu'on est contrôlé. Est-ce qu'il a demandé à me voir ?

– Toi ? Pourquoi il aurait demandé à te voir ? dit Pilbeam en souriant.

Stanley était sûr qu'il mentait. Il avait toujours quelque chose derrière la tête quand il souriait comme ça.

– On a fait une bonne journée, mon petit pote, continuait Pilbeam. Ce soir on pourra se farcir chacun dix livres.

– J'ai vu que les objets que j'avais apportés ont été vendus.

– Une bonne femme du Texas. Dingue de tout ce qui fait anglais, qu'elle était. Elle était prête à payer n'importe quel prix.

Pilbeam posa sa main sur le bras de Stanley et brandit son doigt sous son nez.

– J'ai promis à ma femme de la rembourser la semaine prochaine. L'argent, Stan, le blé, le fric. Ma patience commence à avoir des limites.

Stanley aurait aimé poser d'autres questions sur la visite du policier, mais il n'osa pas. Il voulait désespérément croire à l'explication de Pilbeam. D'ailleurs si ce policier avait tenu à le voir, il se serait rendu directement à Lanchester Road. Mais peut-être y était-il allé et n'avait-il trouvé personne.

Et s'il avait vu juste et qu'ils aient analysé les vêtements de Maud ? Si Moxley s'était mis à parler à tort et à travers ? Si Vera avait clamé dans le voisinage qu'ils allaient faire construire un garage, et si... La police avait peut-être monté contre lui une accusation basée sur des suppositions et des on-dit... Rentrer chez lui lui faisait peur, mais où aller ?... Il sentit pendant toute la soirée que Vera avait envie de lui dire quelque chose, mais que pour une raison ou une autre, elle ne s'y décidait pas. Peut-être la police l'avait-elle contactée, elle aussi.

Il ne ferma pas l'œil de la nuit. Tout secoué de spasmes nerveux, il en arrivait à regretter d'avoir fait ne fût-ce qu'un problème de mots croisés de toute sa vie, si impératif était devenu chez lui le besoin d'inventer des définitions et d'inscrire des mots horizontalement et verticalement. Au cours de cette nuit d'insomnie et de la nuit suivante, il ne cessa d'avoir une grille devant les yeux.

Il se sentait au bord de la dépression nerveuse.

Quand il était à ce point agité de soubresauts, Vera ne pouvait partager son lit. Le dimanche soir, il s'endormit, d'épuisement, mais tout son corps se contractait par saccades. Au petit matin, Vera fit du thé mais ne le réveilla pas. Elle s'en versa une tasse et alla la boire dans la chambre d'ami.

Elle alluma la lumière, enjamba des pots de peinture et se glissa dans le lit. Mais à peine son regard se porta-t-il sur les médicaments de Maud, qu'elle fut à nouveau en proie à un malaise. Elle prit le flacon de Mollanoïde encore à moitié plein de comprimés, l'ouvrit.

Je me demande, se dit-elle, si ma mère avait décidé de se priver de sucre parce que le Dr Blake lui conseillait de perdre un peu de poids. Possible qu'elle ait acheté des sucrettes et qu'elle les ait mises dans un flacon vide de Mollanoïde.

Le jour se levait. Vera entendait une grive chanter dans le jardin des Blackmore. Ce trille presque discordant la déprima. Elle eut brusquement froid et s'enfouit sous les couvertures jusqu'au menton.

Comme elle se préparait à dormir encore une ou deux heures, son regard se posa une fois de plus sur le flacon qu'elle avait ouvert. Mollanoïde ? Ça ne pouvait être que du Mollanoïde. Ils avaient exactement l'aspect des comprimés que Maud prenait trois fois par jour depuis quatre ans. Mais ils ressemblaient aussi à ceux qu'elle avait rapportés la veille au pharmacien. Elle se redressa dans son lit.

Ces comprimés-là, Maud n'y avait pas touché. En revanche, ce flacon aux trois quarts vide était bien celui qui se trouvait à côté de son assiette lors de son dernier petit déjeuner. Vera le reconnut à une petite tache sur l'étiquette. Évoquant ce petit déjeuner – comment pourrait-elle oublier l'humeur enjouée de Maud ce matin-là ? – elle revit nettement sa mère avaler deux de ces comprimés après avoir abondamment sucré son thé.

Son cœur se mit à battre à coups sourds. Délibérément, tel un médecin prêt à goûter à un poison au risque de sa vie, elle prit un des comprimés et le posa sur sa langue.

Elle ne lui trouva, au début, aucun goût et déjà les battements de son cœur commençaient de s'apaiser, mais ne voulant pas rester dans l'incertitude, elle pressa de la langue le comprimé contre son palais. Elle perçut aussitôt sur sa langue et contre ses dents une saveur sucrée.

Elle cracha le comprimé dans sa soucoupe et se coucha sur le ventre, glacée, paralysée, le visage enfoui dans l'oreiller.

Stanley se réveilla à 10 heures. Il lança un regard à la pendulette, sauta du lit. Il était déjà au milieu de la pièce quand tout lui revint. Ce matin-là, il devait aller chez le médecin. Il avait prévenu Pilbeam qu'il n'irait à la boutique que l'après-midi.

Rien que le mot médecin déclencha son tic. Jurant entre ses dents, il entra dans la chambre de Maud pour voir si les maçons s'étaient déjà mis au travail. Il était de toute importance qu'il garde un œil sur eux au cas où ils se mettraient à creuser la terre avec trop d'ardeur. Mais le jardin était désert et la bétonnière au repos.

Ça ne ressemblait pas à Vera de ne pas lui avoir apporté une tasse de thé. Peut-être n'avait-elle pas voulu le réveiller. Elle n'avait rien préparé pour le petit déjeuner d'ailleurs. Et qui plus est, elle n'était pas dans la maison qui puait la peinture. Stanley commençait à avoir un sérieux mal de tête. Il avait raté la consultation du matin au dispensaire, mais il irait à celle de 2 heures et il verrait Moxley à ce moment-là. Le pavillon reluisait de propreté. De toute évidence, Vera avait fait le ménage à fond avant de sortir faire les courses.

Stanley retourna à la cuisine en traînant la savate. Son œil tressautait de façon pénible, douloureuse. Vera n'avait même pas sorti la boîte de cornflakes. Il la prit dans le garde-manger, s'en versa une pleine assiettée et chercha du regard le *Daily Telegraph*. Autant attaquer ses mots croisés. Il n'était plus question maintenant de se demander s'il pourrait terminer la grille d'un seul coup. S'efforcer de battre son propre record – sept minutes – était le seul amusement qu'il en tirait encore.

Le journal, plié, était posé sur le réfrigérateur. En le prenant, Stanley vit qu'il recouvrait une lettre à demi sortie de son enveloppe. Elle était adressée à Vera, mais ce n'était pas pour le gêner. Les doigts tremblants, il saisit les feuillets et les parcourut.

L'argent allait enfin leur être versé.

Mr Finbow priait Vera de se rendre dès qu'il lui conviendrait à son étude où il lui remettrait un chèque.

Stanley se frotta les yeux. Non pas parce que son tic l'avait repris, mais parce qu'ils étaient remplis de larmes.

20

Cela faisait des années et des années qu'il attendait ce moment-là. Depuis qu'il avait appris que Maud avait de la fortune, il n'avait cessé de rêver au jour béni où tout ce qu'elle possédait lui appartiendrait. Vingt-deux mille livres !

Dès l'instant où il prit connaissance de la lettre, son œil cessa de le tourmenter. Il se dit qu'il avait été fou d'attribuer de sombres desseins à la jeune quêteuse ou au policier venu faire à la boutique une inspection toute normale. Décidément, l'argent guérissait tous les maux aussi bien physiques que psychiques. Plus besoin de voir le docteur. Il prit le bus pour se rendre à la boutique.

Pilbeam était en train d'astiquer une bassinoire de cuivre.

– Te voilà déjà ? fit-il d'un ton peu aimable. Alors, il a dit quoi, le toubib ?

Stanley s'assit sur le bord de la table ovale. Il se sentait l'âme d'un magnat.

– Je mets mille livres à ta disposition, dit-il d'un ton dégagé. Pendant que j'y suis je vais signer un chèque pour le décorateur. Et s'il nous en faut encore, la semaine prochaine, la source est pas tarie. C'est la belle vie, cette fois, hein mon petit pote ? On a plus de souci à se faire, et finie la corde raide.

– Tu n'auras pas à regretter ton geste, Stan. Ça je peux te le dire, tu le regretteras pas. Hein, on a eu du nez en créant cette petite affaire ! fit Pilbeam en lui assenant une bonne tape dans le dos et en empochant les deux chèques. Et maintenant, écoute ma proposition. On va à l'Écluse se rincer la dalle au whisky et ensuite je t'invite à faire un bon gueuleton.

Quatre doubles whiskies tombant sur un estomac vide, un somptueux déjeuner de côte de bœuf, garnie de frites, haricots verts, carottes et champignons, suivie d'une tarte aux framboises nappée de crème et Stanley rentra à 2 heures et demie à Lanchester Road d'un pas mal assuré. Il aurait bien aimé chanter à tue-tête tandis qu'il zigzaguait dans les rues bordées de petits pavillons qui se ressemblaient tous, mais ce n'était vraiment pas le moment de se faire emmener au poste pour ivresse, et de finir ainsi un jour aussi glorieux.

Le ciel, qui était nuageux quand il s'était levé, s'était dégagé pendant qu'il déjeunait. Il faisait extrêmement chaud. L'une des journées les plus belles de l'année, se dit Stanley, ravi que le temps soit assorti à son humeur. Il passa devant la vitrine de chez Jaguar et se demanda s'il pourrait acheter une voiture cet après-midi même. Tiens, celle-là, la rouge, par exemple. Pourquoi pas ? Ça n'était pas comme s'il avait voulu une de ces petites cochonneries produites en série comme celle de Macdonald et que les pauvres malheureux salariés doivent attendre des mois. Il fallait qu'il désoûle. Il prendrait une tasse de thé et il reviendrait l'acheter pour emmener Vera faire un tour dedans. Peut-être qu'ils pourraient aller à la forêt d'Epping et déjeuner dans un pub de village.

Tout à ses agréables pensées, il entra dans la maison par la cuisine et cria :

– Vera, où es-tu ?

Pas de réponse. Elle devait faire la tête parce qu'il n'était pas rentré tout de suite lui raconter ce qu'avait dit le docteur. Le docteur ! Tu parles s'il en avait besoin, maintenant !

Il l'entendait marcher à l'étage. Elle devait être en train de peindre la chambre à coucher. Il faudrait qu'elle se sorte ces idées de la tête et qu'elle ait un peu plus d'ambition. Quand on hérite d'une telle fortune on ne repeint pas les chambres soi-même. Il passa de la cuisine à l'entrée en s'efforçant de marcher droit. Inutile qu'elle s'aperçoive qu'il avait trop bu.

Il l'appela à nouveau. Cette fois une porte claqua et Vera surgit sur le palier. Pour une femme qui venait d'hériter vingt mille livres elle n'avait pas l'air particulièrement heureuse.

– Je te croyais à ta boutique, dit-elle.

– Le docteur m'a dit de m'arrêter une journée. Allez, descends, faut que je te parle.

Il crut l'entendre lui répondre : « Moi aussi, j'ai à te parler », puis elle descendit lentement l'escalier. Elle portait sa robe imprimée bleu et blanc et n'avait pas trace de peinture sur les doigts. Une brusque inquiétude l'assombrit. Quelle femme maussade et difficile à vivre ! Lui chercher noise un jour comme celui-ci ? Car il sentait qu'elle allait lui chercher des crosses. Il le devinait au pli amer de sa bouche et à son regard froid.

– Tu as l'argent ? dit-il avec entrain. En prenant le journal, je suis tombé sur la lettre de Finbow. Il s'est quand même décidé, hein ?

Elle va me dire qu'elle l'a pas touché. Qu'elle a prié Finbow de le réinvestir, ou un truc de ce genre, mais non, ce n'est pas possible !

– Tu l'as cet argent ? répéta-t-il.

– Oui, je l'ai.

Jamais il ne l'avait entendue lui parler sur ce ton empreint de froideur et de désespoir.

– Et tu l'as versé à la banque ? Alors qu'est-ce qu'il y a, chérie ? C'est pas ce qu'on attendait depuis si longtemps ? Ce sur quoi reposent nos plans d'avenir ?

– Ne m'appelle pas chérie, dit Vera, glaciale. Quant aux plans d'avenir, c'est toi qui en faisais, mais tu n'as pas su les mener à bien. Tu aurais dû faire disparaître les sucrettes après avoir tué ma mère.

Sur le moment, Stanley crut rêver. Il avait trop bu, il s'était endormi et tout cela se passait en rêve. Mais il n'eut pas besoin de se pincer pour savoir que ce n'était pas le cas. Vera avait prononcé ces paroles. Ils se trouvaient dans leur cuisine, au 61 Lanchester Road, et tous deux parfaitement éveillés. Oui, il avait bien entendu, mais il lui demanda néanmoins :

– Qu'est-ce que tu as dit ?

– Tu lui disais parfois qu'un beau jour tu la tuerais et elle te répondait qu'elle t'en savait capable. Je ne vous croyais ni l'un ni l'autre jusqu'au moment où j'ai découvert ce que contenaient en réalité ses flacons de comprimés.

On a beau prévoir le pire, quand il se présente c'est encore plus désastreux que tout ce qu'on avait imaginé. Stanley s'était vu cent fois accusé par un médecin ou un policier, mais ce qui se passait maintenant il ne l'avait pas envisagé. Il avait l'impression d'avoir reçu un coup sur la tête. Un sacré coup, mais pas suffisant pour le plonger dans une bienheureuse inconscience. D'une voix faible et tremblante il s'entendit répondre, comme au cours d'un interrogatoire :

– Je ne l'ai pas tuée, Vera. Ce n'est pas de prendre de la saccharine qui l'a tuée.

– Elle est bien morte d'une attaque, non ? Tu le sais puisque le Dr Moxley a constaté à son arrivée que cette dernière attaque l'avait terrassée.

– Elle en aurait eu une de toute façon, marmonna Stanley.

– Qu'en sais-tu ? Tu as fait des études de médecine ? Tu souhaitais sa mort. Alors tu as remplacé son Mollanoïde par des sucrettes et elle en est morte. Tu l'as assassinée ! Tu l'as assassinée aussi sûrement que si tu lui avais tiré une balle dans la tête.

Sur ce Vera sortit de la cuisine en claquant la porte derrière elle. Resté seul, Stanley sentit son cœur battre à coups sourds. Pourquoi n'avait-il pas pensé à faire disparaître cette foutue saccharine le jour même de la mort de Maud ? Comment diable Vera avait-elle découvert la chose ? Ça n'avait d'ailleurs plus d'importance maintenant. Il ouvrit l'eau froide, pencha la tête sur l'évier et but à même le robinet, puis il monta à l'étage.

Vera, dans leur chambre à coucher, remplissait deux valises. Il se creusa la tête, cherchant les mots qui pourraient la toucher.

– Tu ne vas tout de même pas aller raconter ça à la police, Vera ?

Elle ne répondit rien. Elle pliait machinalement ses vêtements, glissant entre chaque pile du papier de soie, et bourrant les vides avec des paires de bas roulées. Stanley la regardait, l'air hébété. Le sens de ce qu'elle faisait lui apparut enfin.

– Tu t'en vas ?

Elle acquiesça. Des gouttes de sueur perlaient sur sa lèvre supérieure. Il faisait vraiment très chaud.

– Puis-je te demander où ? fit Stanley essayant encore de crâner.

– Je te l'aurais dit, que tu me le demandes ou pas. Je te quitte. Tout est fini entre nous, Stanley. D'ailleurs, tout était fini depuis des années. Je pourrais encore admettre que tu me traites comme une servante, que tu aies reçu une fille ici, et que tu vives à mes crochets, mais je refuse de côtoyer l'homme qui a tué ma mère.

– *Je n'ai pas tué ta mère !* hurla-t-il. Je n'ai jamais tué personne. On croirait à t'entendre que cela te faisait plaisir qu'elle habite chez nous. Bon Dieu, tu désirais autant que moi en être débarrassée.

– C'était ma mère, et je l'aimais, malgré tous ses défauts. Je ne pourrais pas vivre un jour de plus avec toi, Stanley, même si j'essayais d'oublier. Ta seule présence me fait horreur. Après ma découverte de cette nuit me trouver dans la même pièce que toi me rend malade. Tu es un être bas, méprisable... Non, je t'en prie, ne t'approche pas. (Elle s'écarta de lui, tremblant des pieds à la tête.) Ma mère me pressait de te quitter et c'est ce que je vais faire. C'est comique quand on y pense. Ce qu'elle a tant désiré, c'est après sa mort qu'elle l'obtient. Tu dois te dire qu'en somme c'est elle qui a le dessus.

– Ne sois pas idiote, grommela Stanley qui sentait monter un atroce mal de tête.

– Tu m'as toujours prise pour une idiote. Oh, je ne suis pas d'une grande intelligence, mais je sais lire, et j'ai lu quelque part qu'il est inadmissible qu'un criminel profite de son crime. Et je ne pourrais pas supporter que tu profites de l'argent de ma mère alors que tu l'as tuée. Jusqu'à ce matin je considérais que cet argent était à nous deux, autant à toi qu'à moi, peut-être même plus à toi si tu le désirais, mais cette fois il n'en est plus question. C'est à moi que ma mère a légué son argent et je le garde.

– Tu ne peux pas ! s'exclama Stanley croyant déjà triompher. Tu oublies que nous avons un compte joint. Je peux dès demain retirer tout cet argent si l'envie m'en prend. Et c'est ce que je vais faire.

– Ce n'est pas à notre compte joint que j'ai versé le chèque, dit Vera d'un ton calme. Il était d'ailleurs clos puisque par ta faute nous étions à découvert. J'en ai ouvert un autre, ce matin, et à mon nom.

21

Vera prit ses deux valises et les descendit au rez-de-chaussée. Stanley resta assis sur le bord du lit, le soleil lui frappant durement la nuque à travers la vitre. De nouveau il éprouva une impression d'irréalité, de cauchemar. Il répéta ce mot à plusieurs reprises. Cauchemar, cauchemar, cauchemar... Quelle définition pourrais-je bien lui trouver ? Oh, et puis assez avec ces mots croisés.

Sa paupière gauche tressautait frénétiquement. Stanley jura entre ses dents et serra les poings. Il tendit l'oreille. Elle n'était pas encore partie. Il allait lui parler, essayer de la raisonner.

Postée devant le miroir de la salle à manger, elle se mettait du rouge aux lèvres.

Il est difficile de dire des choses gentilles à quelqu'un que l'on hait. En cet instant Stanley haïssait Vera plus qu'il n'avait haï

Maud. Mais il lui fallait trouver des paroles persuasives. Que ne ferait-on pour vingt-deux mille livres ?

– Il n'y a jamais eu dans ma vie une autre femme que toi, Vera. Ça fait vingt ans que je te suis attaché. Pour toi j'ai tout supporté, que tes parents me méprisent, que Maud vienne s'installer chez nous. Je ne suis plus très jeune et sans toi je ne serai plus qu'une épave.

– Tu as toujours été une épave. Dieu sait que j'ai tout tenté pour faire de toi un homme, mais maintenant c'est fini, j'en ai assez.

Il se mit à la supplier. Il serait tombé à ses genoux s'il n'avait craint qu'elle s'en aille et le plante là à faire le beau comme un chien.

– Vera, fit-il, la retenant par la manche, je t'assure que cette fois c'est sérieux. Cette boutique, c'est une bonne affaire, mais il me faut un petit capital pour démarrer. (Il comprit, à son expression méprisante, que c'était exactement ce qu'il ne fallait pas dire, et se mettant dans la peau du mari aimant et bouleversé, il gémit :) Vera, tu es tout ce que j'ai au monde.

– Appelons un chat un chat. Tu veux dire que tout ce que tu as au monde, c'est mon argent. (Elle enfila des gants bleu marine et s'assit sur une chaise comme si elle attendait quelque chose ou quelqu'un, puis reprit :) J'ai pensé à tout ça. J'ai tourné et retourné cette question dans ma tête, et j'ai estimé que je ne pouvais pas te laisser absolument démuni. (Et poussant un profond soupir :) Tu es un incapable, Stan. À l'exception de tes mots croisés, tout ce que tu entreprends rate. Tu n'as jamais pu conserver un emploi et cette boutique d'antiquités te claquera entre les doigts, comme tout le reste. Mais je n'ai pas le cœur de te laisser sans un sou et sans même un toit sur la tête, c'est pourquoi je t'abandonne ce pavillon. Tu peux à ta guise le garder ou le vendre. Si tu es assez stupide pour le vendre et pour confier l'argent à ce Pilbeam... c'est ton affaire.

– Tu es trop bonne ! ricana Stanley.

Elle allait lui laisser ce taudis. Lui prendre tout ce qui lui appartenait et lui laisser cette cage à lapin. Et brusquement la signification de ses paroles lui apparut dans toute son horreur. Vera, sa femme, le seul être au monde dont il avait toujours disposé, qu'il manœuvrait à sa guise et à qui il faisait prendre des vessies pour des lanternes, Vera le jetait aux chiens.

– Tu ne t'imagines tout de même pas, hurla-t-il, que tu vas t'en tirer à si bon compte et partir comme ça !

– Tu n'as pas le choix, fit Vera avec le plus grand calme. (Et comme à cet instant on frappait à la porte :) Ce doit être le taxi que j'ai demandé.

Elle se baissa pour soulever ses valises. De rage, Stanley l'aurait tuée. Comme elle se redressait, il lui allongea un aller et retour, de toutes ses forces. Elle poussa un gémissement, des larmes ruisselèrent sur ses joues marquées comme au fer rouge, puis elle sortit de la pièce sans dire un mot.

Lorsque le taxi se fut éloigné, il se mit à pleurer lui aussi. Il arpenta la pièce, puis se laissant tomber sur le canapé se mit à bourrer de coups de poing les accoudoirs. Il aurait voulu hurler, tout casser, mais se retint de peur que les voisins ne l'entendent.

Pleurer avait accentué le tic de son œil gauche. Il s'efforça de maintenir sa paupière en place à l'aide de deux doigts mais elle continua d'être agitée de tressautements comme si elle était une partie indépendante de son corps, un insecte animé d'une vie propre.

L'argent lui échappait. *Il n'en verrait pas la couleur.* Il ne toucherait pas un sou. Il comprit brusquement, le visage tout convulsé, qu'en épousant Vera il n'avait eu qu'une chose en vue, qu'un seul but, mettre un jour la main sur cet argent... cet argent qui transformerait sa vie. Au début, il n'avait imaginé toucher que mille ou deux mille livres ; puis Maud restée veuve, huit ou neuf, et la somme s'était finalement montée à vingt-deux mille livres. C'était pour se les approprier qu'il était resté avec Vera, qu'il avait supporté Maud, sans même chercher à se faire une situation. Il avait complètement gâché sa vie.

À tourner ces pensées dans sa tête, la panique le reprit et il s'entendit pousser des sortes de râles. Il ne laissait derrière lui que des ruines et n'avait rien à attendre de l'avenir. Rien ou peut-être le pire. Vera, sachant maintenant qu'il avait attenté à la vie de Maud, avait peut-être alerté la police. Et bientôt Pilbeam saurait que le capital tant promis consistait en tout et pour tout en un toit sur sa tête. Comment pourrait-il vivre une heure de plus, une minute de plus ?

Il regarda la pendule en essayant en vain de discerner le mouvement des aiguilles. Voilà ce qu'avait été sa vie : une lente et insensible désintégration jusqu'à cet effondrement final. Et chaque instant, tout en laissant apparemment la situation intacte, le menait inexorablement jusqu'à la chute, quelque chose qui serait bien pire que ce qu'il endurait en ce moment même.

Seul l'alcool l'aiderait à supporter l'insupportable. D'une main tremblante il fouilla dans sa poche. Il lui restait huit livres sur les dix qu'il avait rapportées le vendredi de la boutique. Si les pubs n'étaient pas encore ouverts, la boutique du marchand d'alcools de High Street, elle, le serait. Il alla à la cuisine se passer de l'eau froide sur le visage.

Il faisait encore plus chaud dehors que dans la maison et pourtant l'air le fit frissonner. Il marchait comme un vieil homme relevant de maladie. Il n'y avait que peu de gens dans la rue et personne ne lui prêtait attention, mais il avait l'impression que des yeux épiaient ses moindres mouvements. Au magasin, il s'entendit parler d'une voix haut perchée et s'aperçut qu'il ne pouvait s'empêcher de porter constamment les mains à son visage sillonné de tics.

Mais l'employé devait être habitué à servir des ivrognes. Il empocha, imperturbable, cinq livres pour deux bouteilles de whisky et une autre pour des cigarettes.

De retour à la maison, Stanley se versa un plein verre de whisky qu'il avala sans aucun plaisir. Au lieu de lui remonter le moral ça ne fit que l'abattre davantage. Emportant une des bouteilles et un paquet de cigarettes, il monta s'étendre sur son lit et se prit à souhaiter que ce fût l'hiver afin que la nuit vînt plus vite.

Des mots se présentèrent alors en désordre à son esprit et il s'efforça de leur trouver des définitions qu'il se mit à énoncer tout haut d'une voix pâteuse. Son tic s'apaisa. Il discuta avec lui-même, tendant de temps à autre la main vers la bouteille et s'énervant parce que, sous l'emprise de l'alcool, il ne savait plus comment orthographier les mots et s'embrouillait dans la grille qu'il essayait de construire de tête.

Il aurait eu besoin d'une nuit de profond sommeil et de total oubli. Il se réveilla à 9 heures du soir, la tête prise dans un étau. La nuit n'était pas encore tombée.

Il avait encore devant les yeux le rêve qu'il venait de faire. Cela avait été ce qu'on appelle un mauvais rêve, non pas dans le sens d'effrayant ou de douloureux, mais c'était néanmoins un rêve de l'espèce la plus pénible. Quand nous sommes malheureux, nous ne le sommes pas pour autant davantage en rêvant de notre malheur : il n'augmente que lorsque nous rêvons des temps heureux qui l'ont précédé et des gens qui naguère nous aimaient et nous abandonnent dès lors.

Tel avait été le cauchemar de Stanley. Il avait rêvé qu'il était à la boutique, distribuant ses largesses à un Pilbeam tout heureux. Maintenant, complètement réveillé, il se rendit compte que croyant avoir atteint le fond, quatre heures auparavant, il avait encore sous-estimé l'ampleur du désastre. Non seulement ses espérances étaient réduites à néant, mais il restait sans un sou. Et il y avait le chèque de mille livres qu'il avait remis à son associé sans compter celui de cent soixante-quinze à l'intention du décorateur. Ces deux chèques seraient sans provision puisque Vera avait déposé l'argent à un compte ouvert à son propre nom.

À quoi bon se lever ? Autant rester couché jusqu'à l'heure du déjeuner. Il entendait couler de l'eau quelque part, ou du moins il en eut l'impression. Il avait fait de tels cauchemars au cours de la nuit qu'il ne distinguait plus le rêve de la réalité.

Il avait oublié de remonter la pendule. Les aiguilles marquaient 6 h 10, mais il devait être bien plus tard que cela. Pilbeam se demandait sans doute pourquoi il n'était pas allé à la boutique, mais Stanley ne se sentait pas le courage de lui téléphoner.

Une douleur lancinante lui vrillait les tempes. En revanche, pour le moment, son tic le laissait tranquille et il se forçait à ne pas y penser de peur qu'il ne le reprenne. Il était en train de se demander s'il allait descendre chercher le *Daily Telegraph* lorsqu'on frappa vigoureusement à la porte. Il se redressa en jurant entre ses dents. Ce ne pouvait être que la police ou Pilbeam qui venait lui jeter à la tête ses chèques sans provision.

Il sauta hors de son lit et glissa un œil entre les rideaux, mais l'auvent lui dissimulait le porche. Pas de camion en vue, mais ça pouvait tout de même être un des maçons. On frappa de nouveau.

La bouche pâteuse, il glissa ses pieds dans ses chaussures et descendit sans les lacer, puis ouvrit prudemment la porte. Sur le seuil se tenait Mrs Blackmore.

– Je vous tire pas du lit, à ce qu'il me semble, dit-elle le voyant tout habillé, en dépit de ses vêtements froissés. Je venais simplement vous dire que le tuyau de votre réservoir déborde. Votre flotteur doit être coincé.

– Oh, merci, fit Stanley qui, préférant en rester là, s'apprêtait à refermer la porte.

Sa voisine était déjà près du portillon lorsque, se retournant, elle lui cria :

– J'ai vu partir Mrs Manning hier. Elle était dans tous ses états. Elle avait le visage plein de larmes. Vous avez eu un nouveau deuil dans la famille ?

– Non.

– Tiens, moi je croyais. J'ai dit à John : « Qu'est-ce qui a bien pu mettre Mrs Manning dans un état pareil ? »

– Eh bien puisque vous voulez le savoir, fit Stanley ouvrant toute grande la porte, elle m'a quitté, plaqué. Je lui ai collé une gifle et c'est pour ça qu'elle s'est transformée en fontaine.

Que des femmes quittent leurs maris et que leurs maris les battent, ça n'avait rien de nouveau pour Mrs Blackmore. C'était même le sujet des longues conversations qu'elle tenait par-dessus la haie, mais aucun acteur d'un tel drame ne lui en avait jamais parlé avec autant d'insolence. Elle en resta bouche bée.

– Voilà. Comme ça, vous et la mère Macdonald, vous aurez de quoi aiguiser vos griffes sur moi.

– Vous osez me parler comme ça à moi !

– Et comment !

Et là-dessus Stanley lui lança un chapelet d'injures dont il savoura chaque mot et qui se conclut par salope et langue de vipère.

– C'est à mon mari que vous aurez affaire ! lui lança Mrs Blackmore suffoquée. Il est plus fort que vous, espèce de voyou, et il s'est pas démoli la santé à force de se soûler. Vous puez l'alcool à plein nez !

– Avec un nez aussi long que le vôtre, rien d'étonnant ! fit Stanley, en claquant la porte si fort qu'un morceau de plâtre se détacha du plafond.

Cette prise de bec lui avait fait du bien. Depuis la mort de Maud il n'en avait pas eu d'aussi réussie.

Maud... mieux valait n'y pas penser, sinon il allait de nouveau se mettre à biberonner. Plus jamais il ne penserait à elle... à moins que la police ne l'y oblige. Son tic l'avait repris, mais il s'y habituait. Curieux d'ailleurs que les flics ne soient pas encore venus. Fouilleraient-ils la maison avant de s'attaquer au jardin ? Probablement. Mais dans la maison ils ne trouveraient rien. Vera avait certainement emporté la boîte de sucrettes. Toutefois mieux valait s'en assurer...

Il monta à la chambre où Vera avait passé sa dernière nuit

sous ce toit. La boîte était toujours sur la table de chevet. Stanley n'en crut pas ses yeux. Quelle idiote, cette Vera ! Sans les sucrettes, aucune preuve contre lui. La police n'obtiendrait même pas un mandat de perquisition pour creuser dans le jardin.

Stanley vida le contenu de la boîte dans la cuvette des W.C. Il actionna la chasse d'eau et ouvrit tout grands les robinets du lavabo et de la baignoire. Cette simple manœuvre réussissait parfois à débloquer la soupape du moteur. Il tendit l'oreille. Effectivement le tuyau d'écoulement avait cessé de déborder.

La sonnerie du téléphone le fit sursauter, mais il lui fallait répondre. Sinon il se rongerait pendant des heures en imaginant le pire. Il décrocha. C'était bien Pilbeam et il en eut froid dans le dos, mais un Pilbeam bien disposé.

– Alors, mon petit pote, toujours dans les vapes ?

– Oui, je suis dans un fichu état.

– Tu as l'air plutôt déprimé, dis donc, mon petit pote. Tu as pas trop envie de travailler, si je comprends bien. T'en fais pas. Je peux m'en tirer tout seul. Repose-toi pendant cette semaine. Je passerai te voir un de ces jours, ça te va ?

– D'accord.

Stanley n'avait nulle envie de voir Pilbeam s'amener, mais il ne pouvait pas l'en empêcher. Cependant ce coup de fil et l'idée qu'il s'était débarrassé des comprimés lui avaient redonné du cœur au ventre. Après tout, l'histoire des chèques s'arrangerait peut-être. Le directeur de la banque, ce Frazer, était plutôt un chic type. Ça ne lui plairait sans doute pas, mais il donnerait quand même l'ordre de payer. Onze cent soixante-quinze livres, c'était rien pour lui. Tout au plus il lui écrirait de faire attention à l'avenir. Il avait vu les choses trop en noir, la veille. Il avait été pris de panique. Qui sait, peut-être même que Vera allait revenir en lui demandant pardon.

On frappait de nouveau à la porte. John Blackmore venait venger l'honneur de sa femme. Stanley, bien décidé à ne pas ouvrir, le laissa tambouriner et le vit rentrer chez lui. Descendant au rez-de-chaussée il trouva un billet sur le paillasson.

« Je t'apprendrai à parler comme ça à ma femme. Tu sors d'un taudis et tu y retourneras. Ça te coûtera cher de l'avoir insultée. J. Blackmore. »

À la lecture de ce billet, Stanley se mit à rire. Un taudis ! La ferme de son père était loin d'être un taudis. Une fois de plus il revit cette région verdoyante qu'est l'East Anglia, mais il n'y rentrerait plus en héros. Non, il y retournerait, tel le fils prodigue, pour y trouver abri, amour et pardon...

Par la fenêtre de la cuisine, il vit que le tuyau d'écoulement débordait de nouveau. Cette fois il était bon pour monter au grenier. Vera s'était toujours occupée de ces choses-là, mais grâce à ses explications, il avait acquis quelques notions de plomberie. Il alla chercher la petite échelle, y grimpa et poussa la trappe. Ça sentait la poussière et il faisait noir comme dans un puits. Il redescendit chercher une torche.

C'était la première fois qu'il montait au grenier et il fut surpris de le voir si vaste, si calme et si obscur. Vera lui avait bien recommandé de marcher sur et non entre les poutres, pour ne pas passer le pied au travers du plâtre du plafond. Stanley suivit ce conseil et comme il se dirigeait vers le réservoir il vit un oiseau mort, raidi dans ses plumes. Et il se demanda combien de temps prenait un corps pour se transformer en squelette.

Il souleva la bâche qui recouvrait le réservoir, y plongea le bras. Le flotteur était effectivement bloqué. Il le dégagea et entendit la soupape se refermer.

Après s'être lavé les mains à la cuisine dans un filet d'eau – il ne voulait pas que le flotteur se bloque de nouveau – il alla chercher le journal et l'emporta dans sa chambre pour faire les mots croisés. Jouant les malades il dormit presque toute la journée. En fin d'après-midi, alors qu'il somnolait, il crut à plusieurs reprises entendre frapper à la porte, mais il se garda bien d'aller ouvrir. Lorsque enfin il descendit de sa chambre, à 6 heures et demie, il ne vit personne. Le matériel des maçons était toujours là. La faim lui donnait le vertige et il mangea un peu de pain et de jambon. Ma parole, se dit-il, comme on frappait de nouveau, cette baraque est pire qu'une gare aux heures de pointe. Il avait entendu une voiture. Blackmore ?... S'il voulait la bagarre, il l'aurait. Mais il fallait d'abord s'assurer que c'était bien Blackmore.

Il se posta une fois de plus à la fenêtre et glissa un œil entre les rideaux. Il vit une voiture, mais non la vieille bagnole de Blackmore. Stanley continua à guetter. Un grand type brun dans la trentaine s'éloigna du porche. Stanley ne le connaissait pas, mais l'avait vu nombre de fois entrer au commissariat de Croughton.

Bon Dieu ! se dit-il. Vera n'a pas perdu de temps.

Stanley pria le ciel que l'inspecteur remonte dans sa voiture, mais celui-ci se dirigea vers le côté, sortant ainsi de son champ de vision. Tremblant de tout son corps, Stanley se glissa sans bruit dans la chambre de Maud. De là, il put voir le policier faire le tour de la pelouse. Il dépassa le jardin de bruyère et s'arrêta devant la bétonnière. Il tourna autour en la regardant d'un air intrigué sous toutes les coutures, comme un visiteur qui examine une statue dans une exposition. Puis il porta son attention sur les sacs de ciment, en crevant un d'un coup de pied. Un filet de poussière grise s'en échappa.

Retournant dans sa propre chambre, Stanley s'efforça de dominer ses spasmes nerveux. Il tremblait de peur. De plus, son tic aux paupières l'avait repris et il eut toutes les peines du monde à suivre des yeux le policier qui retournait à sa voiture. Au lieu d'y monter, il ouvrit le portillon menant au pavillon des Blackmore et s'engagea dans la petite allée.

Stanley, paniqué, sentit que l'alcool ne l'aiderait pas. S'il avalait ne serait-ce qu'une goutte de whisky, il le vomirait aussitôt. Des pensées incohérentes se bousculaient dans sa tête. Les Blackmore allaient raconter tout ce qu'ils savaient sur ses rapports avec Maud. Mrs Macdonald raconterait qu'elle l'avait découvert un jour couché de tout son long à même la terre après avoir comblé la tranchée préparée d'avance. Quant à s'être débarrassé des comprimés ça ne l'avançait guère. Il en restait sans aucun doute une pleine boîte que Vera avait dû remettre à la police. Ce qui leur suffirait pour obtenir un mandat de perquisition, creuser dans le jardin et exhumer le corps de Maud, racorni dans ses vêtements comme au grenier l'oiseau dans ses plumes.

Le grenier ! Il allait se cacher dans le grenier ! Ils pouvaient toujours enfoncer la porte, ils ne le trouveraient pas. L'échelle était encore au pied de la trappe. Une provision de cigarettes dans une poche, une bouteille de whisky dans l'autre, il gravit les échelons et se hissa sur une poutre. Regardant au-dessous de lui, il se rendit compte que ça ne marcherait pas. Même s'il refermait la trappe, ils repéreraient l'échelle... à moins qu'il ne la hisse jusqu'à lui.

Stanley se coucha à plat ventre, les pieds calés contre le flanc galvanisé du réservoir. Il crut, en agrippant l'échelle, qu'il n'y parviendrait pas, mais penser aux policiers lui donna des forces. Se servant du bord de la trappe comme d'un levier, il tira lentement l'échelle à lui, puis la traîna en la couchant. Mais prudemment. Il ne fallait pas laisser de traces sur le plâtre. Lorsqu'il en eut fini il haletait et avait les poumons en feu.

Refermant la trappe, il alluma sa torche, mais il ne tarda pas à l'éteindre. Il n'avait pas besoin de lumière et s'aperçut qu'il entendait mieux dans l'obscurité. Il se sentait aussi plus à l'abri. Il ne percevait d'autre bruit que le léger clapotement du réservoir.

Assis là dans le noir il sentit de nouveau ses tressaillements le reprendre, comme si des doigts légers effleuraient ses paupières, ses genoux, et doucement, comme une caresse, la peau de son ventre. Portant une cigarette à sa bouche, sa main frôla sa joue mouillée et il comprit qu'il pleurait.

Il essuya ses larmes du revers de la manche puis se mit à énumérer, sans les voir, les objets que contenait le grenier : poutres, bouteille, allumettes, échelle, réservoir. Des définitions se présentèrent aussitôt à lui. « Poutre », « on l'a parfois dans l'œil ».

Seigneur, se dit-il, je deviens fou. Je suis là dans le noir à chercher des définitions pour des mots croisés que personne ne fera jamais. Et appuyant la joue contre le flanc métallique et humide du réservoir, désespéré, il éclata en sanglots.

QUATRIÈME PARTIE

LA DERNIÈRE DÉFINITION

22

Lorsque Stanley redescendit du grenier, tout dormait dans le voisinage et pas une lumière ne brillait. Il s'écroula sur son lit défait, persuadé qu'il ne fermerait pas l'œil, mais il dormit profondément et ne s'éveilla qu'un peu après 9 heures du matin. Chancelant, il se traîna au rez-de-chaussée, toujours vêtu de ses vêtements fripés et humides de sueur, et trouva de nouveau une lettre sur le paillasson.

Elle était adressée de la pension de famille de Brayminster.

« Stanley, Après la façon dont tu t'es conduit avec moi, tu as dû penser que j'avais changé d'avis au sujet du pavillon. Ne te tourmente pas. Il est à toi. Je te l'ai promis mais je pense que tu ne te fies pas à ma parole : je te fais donc une donation par écrit. Je reste ici en attendant de m'installer je ne sais encore où. N'essaie surtout pas de venir me rejoindre. Si tu le tentais j'aurais le droit de me placer sous la protection de la police avec autorisation du tribunal. Je n'ai qu'un désir, ne jamais te revoir.

Vera. »

Stanley se répandit en jurons et froissa la lettre entre ses doigts. Cette salope s'était rendue à la police. Qui d'autre aurait pu lui dire qu'elle pouvait se mettre sous sa protection par ordre du tribunal ? Mais après tout, mieux valait conserver cette lettre. Il la défroissa soigneusement. Une fois sorti d'affaire, il vendrait le pavillon. Il en tirerait bien quatre mille livres qu'il investirait dans la boutique. Peut-être qu'à la longue il se ferait autant d'argent que s'il avait mis la main sur celui de Maud, et il s'arrangerait pour que Vera le sache.

Après un casse-croûte de pain et de confiture, il prit un bain et mit des vêtements propres. Comme il l'avait prévu, de nouveau le tuyau d'écoulement débordait, mais il était devenu un expert en la matière. Il ne lui fallut que quelques minutes pour monter au grenier et arranger le flotteur, le tout sans même se salir. Il passa une journée en somme très supportable, étendu sur le canapé, sirotant du whisky et traçant sur un échantillon de papier mural une énorme grille de mots croisés de près de cinquante centimètres de côté.

Pilbeam arriva vers 8 heures. S'étant d'abord assuré qu'il ne s'agissait pas d'un flic lancé sur ses traces par Vera, Stanley fit entrer son associé. À eux deux ils finirent la bouteille de whisky.

– Dis donc, mon petit pote, t'as pas l'air trop flambant, fit Pilbeam qui l'observait avec le froid détachement d'un biologiste examinant un microbe au microscope. T'as maigri. Ça doit être tuant, ton œil.

– Le docteur dit que ça passera tout seul.

– À moins que ça soit toi qui y passes, fit Pilbeam en rigolant à gorge déployée de sa plaisanterie. Mais pas avant qu'on ait fait fortune, hein ?

– Ça t'ennuierait, fit vivement Stanley, que je prenne quelques jours de repos ? J'irai peut-être rejoindre ma femme qui se trouve sur la côte Sud.

– Pourquoi pas ? Possible que moi aussi je m'absente. Rien ne nous empêche de fermer la boutique pendant une semaine ou deux. Ça ouvrira l'appétit de nos clients. Bon, maintenant, faut que je me tire. Ça te fait rien si je te pique une vingtaine de tes clopes de luxe ? J'ai pas un rond sur moi et toi et moi on est plus ou moins de la même chair, comme on dit dans la cérémonie du mariage.

Et Pilbeam riait encore en descendant la petite allée.

Le chèque était donc couvert, pensa Stanley. Il l'avait remis à Pilbeam le lundi et on était jeudi, ce qui prouvait que tout allait bien. Dès le lendemain matin, il partirait. Non rejoindre Vera, mais retrouver son père et sa mère. Je rentre chez moi, se dit-il. Même si je dois faire de l'auto-stop tout le long de la route, même si j'arrive sans un sou, je rentre chez moi. Mais il pleurait en s'endormant et les larmes mouillèrent son oreiller froissé et sali.

Le vendredi matin à la première heure on avisa Vera de se rendre de toute urgence au commissariat de police de Croughton. Elle se disposait à sauter dans un train, mais entre-temps

Mrs Horton avait alerté son neveu et, en sortant de la pension, Vera le trouva qui l'attendait dans sa voiture. Ils arrivèrent à Croughton vers 10 heures et demie.

Pilbeam était depuis deux heures déjà aux prises avec la police. Comme on introduisait Vera dans le bureau du commissaire, elle croisa Pilbeam qui en sortait, mais ni l'un ni l'autre ne se reconnurent pour l'excellente raison qu'ils ne s'étaient jamais vus. Le commissariat grouillait de gens que Vera soupçonna d'être liés d'une façon ou d'une autre aux accusations portées contre son mari. Elle évita les yeux scrutateurs de Mrs Blackmore et le regard étrangement fasciné du jeune Michael Macdonald. Le commissaire lui fit subir pendant près d'une heure un interrogatoire serré avant de la laisser retourner auprès de James pleurer tout son soûl sur son épaule.

Dès qu'il ouvrit les yeux, Stanley se sentit taraudé par un atroce mal de tête. Encore une journée torride. Mais mieux valait encore attendre au bord de la route sous un soleil ardent que sous une pluie battante. Son miroir lui renvoya l'image d'un homme vieilli, aux traits creusés, à la paupière agitée d'un tic violent. Son air pitoyable éveillerait peut-être la compassion de ces salauds d'automobilistes qui daigneraient alors le prendre à leur bord.

Il fourra dans une petite mallette un pantalon de rechange et les deux chemises propres qui lui restaient. Il n'était pas loin de midi. C'est fou ce qu'il pouvait dormir ces derniers jours ! Assis sur le bord du lit, il se passait un peigne dans les cheveux lorsqu'il entendit arriver une voiture. Probablement Blackmore qui rentrait déjeuner. Sans se lever il risqua un œil entre les rideaux.

Le souffle lui manqua. Il écrasa nerveusement le peigne entre ses doigts et une poignée de dents lui restèrent dans la main. Une voiture de police s'était garée devant le portillon. En plus du policier venu la veille, il en descendit trois autres. L'un d'eux ouvrit le coffre et en sortit deux pelles. Les autres remontèrent la petite allée.

Stanley gravit l'échelle à toute allure en cramponnant sa valise. Au moment même où ses doigts effleuraient la trappe, les policiers actionnèrent bruyamment le heurtoir. Il en eut froid dans le dos. Au martèlement du heurtoir succéda une sonnerie ininterrompue. Stanley s'étendit de tout son long sur les solives et entreprit de soulever l'échelle. Il ne comprit jamais comment il était parvenu à la hisser, sans heurter la rampe, puis à l'attirer jusqu'à lui tant son corps était agité de mouvements convulsifs. Mais il réussit quand même, et par miracle, la coucha à côté de lui sans faire le moindre bruit. Il essuya ses paumes humides de sueur à son pantalon pour ne pas laisser d'empreintes sur la face extérieure de la trappe qu'il referma silencieusement.

Puis il roula sur le dos et resta étendu dans l'obscurité, répétant sans fin d'une voix étouffée : « Seigneur, Seigneur, Seigneur... »

Stanley pressa son oreille contre une fente, ou plutôt une fissure de la trappe et écouta. Quelqu'un forçait la porte de service. Il entendit céder la serrure et des pas résonner dans la cuisine. Mais eux, pouvaient-ils l'entendre ? Le moindre mouvement qu'il communiquerait à ces vieilles poutres se répercuterait-il jusqu'au rez-de-chaussée ?

Ils montaient l'escalier. Les marches craquèrent, puis une voix déclara :

– Pour moi, Ted, il est plus là. Pilbeam nous a bien dit qu'il allait les mettre, et Pilbeam nous mentirait pas. On en sait trop sur lui.

Un Judas, se dit Stanley, oui un Judas, un vendu, avec ses « mon pote », et ses « Stan » par ci et « Stan » par là. Ils étaient arrivés maintenant sur le palier. Ils entraient dans la salle de bains.

– Ils ont commencé à creuser, chef, fit la voix de Ted. Y a tout le quartier qui s'est massé dans le jardin des Macdonald. Est-ce que je dois faire dresser des paravents ?

– Ils grimperont aux arbres.

Ils se turent. Stanley se demanda qui pouvait être celui qu'on appelait « chef ». Un inspecteur ? Un commissaire ? Ils pénétrèrent dans les chambres à coucher avant de redévaler l'escalier.

Ainsi ils savaient. Stanley, serrant les poings, s'efforça de rester aussi immobile que possible. Ils savaient. Vera leur avait tout raconté. Le vieux Dr Blake s'en était mêlé et Moxley avait étayé leurs déclarations. Dans quelques minutes, ils allaient creuser dans le terreau et découvrir le cadavre de Maud.

S'il grattait une allumette, personne ne l'entendrait. D'ailleurs ce n'était pas lui qu'ils voulaient mais la preuve qu'il avait tué Maud. Sans se redresser, il tâtonna à la recherche de la boîte, en sortit une allumette qu'il gratta tout contre son visage. La flamme dessina d'étranges et longues ombres sur les poutres soutenant le toit. Il consulta sa montre. Il n'était que midi et demi. S'en iraient-ils lorsqu'ils auraient trouvé ce qu'ils cherchaient, ou laisseraient-ils un de leurs hommes dans la maison ? Quant à lui, il ne pouvait que rester couché là, emmuré dans du bois comme dans un cercueil.

Stanley n'aurait pu dire combien de temps s'était écoulé avant que le « chef » et ses hommes reviennent sur le palier. Il avait l'impression que c'étaient des heures. À intervalles réguliers il ressentait dans les genoux, les épaules, les poignets comme des coups de poignard. Il aurait aimé hurler, oui hurler pour laisser la peur s'échapper de lui. Il plaqua ses mains contre sa bouche afin d'étouffer les cris qui gonflaient sa poitrine.

Quelqu'un claqua la porte de service.

Des pieds, de nombreux pieds gravissant les marches de l'escalier envoyèrent des vibrations dans tout son corps. Il ne doit pas y avoir plus de deux mètres cinquante entre le palier et le plafond, se dit-il, et moi je suis à quelque trente centimètres au-dessus de ce plafond. La tête du « chef » se trouve donc à moins d'un mètre de la mienne. Il pressa sa bouche contre le bois mal équarri, plein d'échardes, pour assourdir le bruit de sa respiration haletante.

– Treize livres en billets d'une livre, chef, dit un des hommes. Je les ai découverts entre les pages de ce recueil de mots croisés.

Sur le moment ces mots n'eurent pour Stanley aucune signification. Il attendait autre chose. Pourquoi ne parlaient-ils pas de Maud ? Maud, Maud, marmonna-t-il, la bouche collée contre le bois. Dire qu'elle était couchée là, parmi les ruines de son jardin de bruyère défoncé.

La voix du chef interrompit Stanley qui se raidit.

– Ils sentent la violette, tout comme l'intérieur du sac à main.

– Et tout comme les trente livres qu'Harry Pilbeam nous a remises, chef.

– Ouais. Si on m'avait dit qu'un jour je serais reconnaissant à Harry Pilbeam !... Mais ce gars-là sait de quel côté sa tartine est beurrée. Si elle ne l'avait pas quitté depuis dix ans il aurait été prêt à vendre sa propre femme pour une livre. Lorsque je lui ai dit que nous avions découvert qu'il bricolait des meubles anciens pour leur faire des petits, il s'est empressé de nous remettre la pendulette et la bergère de porcelaine.

Un des hommes se mit à rire.

– J'avoue que j'ai éprouvé quelque satisfaction en apprenant qu'il avait roulé Manning dans les grandes largeurs. Ce pauvre crétin a remis à Pilbeam – à Pilbeam, je vous demande un peu ! – près de deux mille livres. Dieu sait d'où il les sortait !

– Qu'est-ce qu'il avait en tête, Pilbeam ?

– À mon avis, le saigner à blanc et ensuite changer d'air.

Puis ce fut le silence. Stanley, d'une immobilité de cadavre, digéra ce qu'il venait d'entendre. Il n'y comprenait rien. Que faisaient-ils dans le pavillon ? Qu'espéraient-ils trouver ? Comment se pouvait-il qu'ayant défoncé le jardin ils n'aient pas découvert Maud ? Une lueur d'espoir l'effleura. Et s'ils recherchaient non pas Maud mais des marchandises volées, lancés par Pilbeam sur une fausse piste ?

Une voix s'éleva, de très loin lui parut-il. Ils étaient dans la chambre de Maud et revenaient maintenant sur le palier. Les sons diffus se firent plus distincts.

– Ça doit être la chambre de la belle-mère, Ted.

– Qu'est-ce qu'elle est devenue, celle-là ? Partie avec l'épouse ?

– Non, non. Elle est morte, la vieille. D'une attaque, à peu près au moment où Manning...

De nouveau les paroles se fondirent en un magma incompréhensible, puis les pas s'éloignèrent. Stanley qui avait retenu son souffle l'exhala enfin longuement. Son cœur battait à se rompre. C'était donc vrai. Ils n'avaient pas retrouvé Maud. Ils n'avaient en somme découvert qu'une mince liasse de billets d'une livre. Il s'était donc caché pour rien dans ce grenier. Ils voulaient tout simplement le questionner sur Pilbeam. Il leur dirait tout et il en rajouterait même. Œil pour œil... Il était ravi à l'idée de se venger de ce salaud. Ils n'avaient rien trouvé contre lui. Par miracle, ils n'avaient rien deviné et ils étaient persuadés que Maud était morte de sa belle mort.

Il alla jusqu'à avancer la main et à la poser sur la poignée intérieure de la trappe. Ses doigts raidis se refermèrent sur elle, puis il hésita. S'il apparaissait maintenant, ils penseraient qu'il s'était caché parce qu'il avait quelque chose à dissimuler. Mieux valait attendre qu'ils s'en aillent. Il irait ensuite les voir de son gré. Le chef et ses hommes se trouvaient maintenant directement au-dessous de lui et déjà l'un d'eux descendait l'escalier. Visiblement ils partaient. Une fois de plus, Stanley retint son souffle.

Ce qu'il souhaitait le plus au monde c'est qu'un des policiers prononce les paroles qui lui feraient comprendre qu'il était libre, lavé de tout soupçon, qu'il n'était qu'un imbécile qui s'était laissé embobiner par un escroc. Que l'un d'eux dise simplement : « Ce qu'il nous faudrait, c'est le témoignage de Manning », ou encore « Ça a déjà coûté assez cher à Manning de faire confiance à Pilbeam ». Il croyait presque les entendre, ces mots.

Les hommes s'engageaient dans l'escalier.

– Je pense que nous serons obligés de faire appel à Mrs Huntley pour l'identification, chef ?

Et le chef répondit calmement, en détachant chaque syllabe :

– Oui, mais il n'y a aucun doute : il s'agit bien du cadavre de miss Ethel Carpenter.

23

– Ma pauvre enfant ! dit Mrs Huntley qui, en attendant avec Vera dans l'antichambre du commissariat, vint s'asseoir à côté d'elle et lui prit la main. C'est encore plus pénible pour vous que pour nous autres.

– Heureusement ils ne m'ont pas demandé de l'identifier. Cela a dû être affreux.

– Si ça n'avait été sa petite bague, fit Mrs Huntley, en frissonnant, je ne l'aurais pas reconnue. Elle gisait là depuis... Oh, je préfère n'en plus parler.

– Et dire qu'il l'a tuée – lui, mon mari – pour cinquante livres ! Elle avait le crâne défoncé à l'endroit où il l'a frappée. Une seule chose me console, que ma mère n'ait rien su de tout cela. Je vais vous dire une chose que je n'avouerais à personne d'autre... (Sauf à James, bien entendu, pensa-t-elle.) Je le croyais capable d'assassiner ma mère pour s'approprier sa fortune. Hé bien, c'était faux. Il y a là pour moi un mystère qui ne sera jamais éclairci. S'il avait tué ma mère, il n'aurait pas eu besoin de ces malheureuses cinquante livres. Encore une fois je remercie le ciel que ma mère n'en ait rien su.

– Il y avait bien des choses que la pauvre Mrs Kinaway ignorait, reprit Mrs Huntley d'un ton pensif. Elle n'a jamais su, par exemple, qui était le père de l'enfant qu'a eu miss Carpenter. Elle m'en a parlé un jour qu'elle se sentait particulièrement déprimée. Mais vous l'avez deviné, maintenant, j'imagine ?

– Oui, je l'ai supposé en voyant cette jeune fille, ce matin. Ce doit être ma nièce. Si ma mère avait fait sa connaissance, ce qui n'aurait pas manqué d'arriver si...

Comme Caroline Snow pénétrait à son tour dans la salle d'attente du commissariat, Vera se leva. Et en dépit du cauchemar qu'elle vivait, elle ne put s'empêcher de sourire à ce visage qui lui rappelait singulièrement le sien à vingt ans.

– Je vous présente mon père, dit Caroline Snow. Il m'a été d'une grande aide. C'est lui, comme elle restait introuvable, qui a alerté la police. Papa est merveilleux. Il m'avait promis, quand nous la retrouverions, qu'elle viendrait vivre auprès de nous, mais le sort en a décidé autrement.

Le regard du père de Caroline rencontra celui de Vera. On sentait en lui un homme calme, solide et bon sur qui on pouvait s'appuyer. C'était son beau-frère. En somme, elle se découvrait toute une famille.

– Je suis désolée, absolument désolée, ne sut-elle que répéter.

– Vous n'y êtes pour rien, lui assura le père de Caroline. Mrs Manning, vous êtes seule au monde, maintenant. Venez vivre auprès de nous. Promettez-nous que vous le ferez.

– Je viendrai certainement un jour, dit Vera, lorsque tout sera fini et oublié. (Et je ferai connaissance de ma sœur, pensa-t-elle.) Mais je ne suis pas aussi seule que vous le pensez. Je sais où aller et j'ai quelqu'un qui m'attend.

Cependant la police n'en avait pas terminé avec elle. On la questionna longuement dans l'espoir de découvrir où se cachait Stanley, mais Vera ne put que secouer la tête d'un air impuissant. Il y avait tellement de monde dans ce commissariat, tant de visages qui lui rappelaient la vie malheureuse qu'elle avait menée à Lanchester Road ! Mrs Paterson, Mrs Macdonald et son jeune fils qui s'était révélé un témoin de première importance, Mrs Blackmore, l'homme qui était venu livrer le terreau. Il n'y avait qu'un seul être qu'elle désirât voir et quand les policiers en eurent fini avec elle, elle se précipita vers la voiture où il l'attendait.

– Un jour, lui dit-il, en écho à ses propres paroles, un jour quand tout sera fini et oublié, tu divorceras et...

– Tu sais, James, que moi aussi je le désire plus que tout au monde.

Stanley resta dans sa cachette, au grenier, jusqu'à 10 heures du soir. Il avait gratté sa dernière allumette pour consulter sa montre, mais plus que le manque de lumière, ce fut la douleur qui le poussa à en sortir. Tout son corps, toutes ses articulations le faisaient souffrir et il serait descendu, se dit-il, même si la maison avait été pleine de flics.

Il comprenait maintenant qu'il avait foncé tête baissée dans le piège qu'il s'était tendu à lui-même. Il n'avait tué personne, mais le corps qu'il avait enfoui dans le jardin portait une blessure au crâne. En enterrant les valises d'Ethel, en passant au doigt de Maud la bague d'Ethel, en se servant de l'argent d'Ethel, il s'était fait passer aux yeux de tous pour un voleur et un assassin. Puis il y avait son casier judiciaire, démontrant que tout jeune déjà il s'était montré capable d'actes de violence. Impossible de demander que l'on procède à l'autopsie du corps de la véritable Ethel, réduite en cendres par sa faute à lui.

Debout sur le palier, dans la demi-pénombre de cette nuit d'été, Stanley brossa ses vêtements. Il aurait aimé prendre un bain, se changer pour se débarrasser de cette poussière qui lui rappelait les cendres d'Ethel. Pendant des mois Maud l'avait hanté et lui était apparue en rêve, mais Maud avait disparu à jamais. C'était Ethel, maintenant, qui le hantait. Il eut l'impression qu'elle se tenait à ses côtés comme le jour de sa mort, écoutant ronfler Maud, prête à lui faire la leçon. Il gémit, passa sur son visage ses mains tremblantes et s'efforça de chasser Ethel de ses pensées.

De son propre corps émanait une odeur de mort. Il n'osa prendre de l'eau, de crainte de faire déborder de nouveau le tuyau d'écoulement. Ses articulations retrouvaient quelque souplesse et la douleur s'atténuait. La vie revenait dans ses membres et avec elle, la peur. Il lui fallait fuir.

La maison n'était que craquements et chuchotements. Dans l'obscurité Stanley se cogna contre les meubles, heurta le téléphone et fit tomber le récepteur. Ethel était dans la pièce. Elle le guettait de la cheminée. L'unique réverbère de la rue remplissait la pièce d'une lueur blafarde. Il saisit l'urne d'une main qui tremblait et la jeta de toutes ses forces sur le sol. La poudre grise de ce qui avait été un jour Ethel se répandit sur le tapis. Il ne lui restait plus qu'à s'échapper, qu'à laisser Ethel maîtresse du pavillon.

Dehors personne ne l'attendait. Il se mit à courir, le cœur lui tapant contre les côtes. Il arriva à l'extrémité de Lanchester Road, traversa High Street, puis se perdit dans un dédale de petites rues. Rares étaient les fenêtres où brillaient encore des lumières. N'en pouvant plus, il s'arrêta, la poitrine en feu, et attendit d'avoir retrouvé son souffle.

D'avoir pu s'échapper du pavillon, de s'en être libéré sans qu'on se lance à sa poursuite l'emplit d'un sentiment proche de l'espoir. S'il pouvait récolter un peu d'argent et se procurer un moyen de transport... il rentrerait chez lui, à Bures, au bord de la rivière. Ils n'iraient pas l'y rechercher, car Vera leur avait sûrement dit qu'il ne s'entendait pas avec ses parents, qu'il s'était enfui de chez eux et ne leur avait jamais donné signe de vie. Il s'adossa à un mur, s'efforçant de mettre un peu d'ordre dans ses pensées, de réfléchir calmement et logiquement. Je rentre chez moi, se dit-il enfin, je rentre chez moi. Et traînant d'abord les pieds, puis hâtant le pas, il prit la direction d'Old Village.

La boutique était plongée dans la plus totale obscurité. Plus serein et plus lucide, maintenant qu'il s'était fixé un but, Stanley gagna la cour, s'assura que la camionnette y était garée et pénétra dans le magasin par la porte de derrière. Une veine, se dit-il, que j'aie toujours dans la poche de ma veste la clef de la boutique et la clef de contact de la camionnette. En son absence Pilbeam avait liquidé presque tout le stock et à part quelques pièces hideuses et probablement invendables, le magasin était vide. La lueur diffuse d'un vieux réverbère à monture de fer forgé se reflétait sur une immense table d'acajou et par flaques sur le sol.

Deux voitures passèrent dans la rue et l'une d'elles s'arrêta, mais il ne s'agissait pas d'un car de police. Stanley lui lança un vague regard puis ouvrit le tiroir-caisse. Il renfermait vingt livres en billets et environ cinq en pièces de monnaie. Il fourrait le tout dans sa poche lorsqu'il perçut un bruit de pas dans l'arrière-cour. Où se cacher ? De grandes tentures de velours marron – que Pilbeam appelait des portières – étaient fixées au mur sur des tringles de bois. L'espace d'un instant le corps de Stanley refusa de lui obéir, tant il était terrifié et las de l'être, mais il parvint finalement à se glisser derrière les tentures et à s'aplatir contre le mur.

La porte du fond s'ouvrit et il entendit Pilbeam s'exclamer :

– Alors ça, mon petit pote, j'aurais juré que j'avais fermé cette porte à clef !

– T'as laissé du fric dans la caisse ?

– T'es cinglé ou quoi, Dave ? C'est pour ça qu'on est venu, non ? Y doit pas y avoir loin de trente livres.

Stanley se mit à trembler. Il ne voyait pas les deux hommes, mais il les sentait tout près de lui. Qui donc était ce Dave ? Le malabar que Pilbeam avait amené un jour avec lui à Lanchester Road ? Il entendit le tiroir-caisse s'ouvrir en grinçant comme un violon mal accordé.

– Bon Dieu ! s'exclama Pilbeam. Il est vide.

– Manning, fit Dave.

– Impossible voyons ! Il est en taule.

– Tu crois ça ? fit Dave en écartant violemment une des tentures, révélant ainsi Stanley qui les regardait, pétrifié. Allez, vide tes poches !

– Et pourquoi que je les viderais ? rétorqua Stanley avec le courage du désespoir. J'ai au moins droit à ça après tout ce qu'il m'a soutiré.

Dans la pénombre, immobile avec ses bras pendants, Dave ressemblait à un gorille.

– Oh non, mon petit pote Stan, fit Pilbeam. T'as droit à rien. T'as jamais eu d'argent à toi. C'est facile de faire le généreux avec ce qui vous appartient pas.

– Ça veut dire quoi, ça ? répliqua Stanley se glissant derrière la table sans que les deux hommes l'en empêchent.

– Ça veut dire que j'ai pas pu toucher les chèques, voilà ce que ça veut dire. Mais je crois que je t'ai pas présenté mon ami. Dave, mon petit pote, voici Stan, mon associé. Stan, voici Dave, le... directeur de la maison qui a décoré la boutique.

– Qu'est-ce que tu attends de moi ? fit Dave. Que je lui serre la pince ? Que je serre la pince de cette petite frappe d'assassin ?

– C'est ce que tu vas faire dans une minute, et moi aussi, ricana Pilbeam. Mais auparavant je tiens à informer mon cher ami Stanley que ses deux chèques, le mien et le tien, me sont revenus avec la mention « sans provision ». Moi j'aurais peut-être passé là-dessus, mon petit Stanley, copains comme on est, mais Dave... Dave, il voit pas les choses comme ça. Il aime pas, après avoir sué sang et eau, qu'on se foute de sa gueule.

– Tu m'as roulé depuis le début, espèce de sale indic, lança Stanley d'une voix étranglée qui alla s'affermissant. Qu'est-ce que tu as pu dégoiser aux flics derrière mon dos ! Et tu m'as raconté que des craques. Ta femme, ça fait au moins dix ans qu'elle t'a quitté. Tu...

Les mots lui manquèrent. Pilbeam le regardait presque gentiment, l'air indulgent, un petit sourire au coin des lèvres. Et ce fut d'un ton affable qu'il dit :

– Et maintenant, on la lui serre, sa pince ?

Stanley plongea, renversa la table, dressant ainsi une barricade entre les deux hommes et lui. Dave flanqua un formidable coup sur le plateau au vernis étincelant. La table glissa et ses pieds vinrent donner contre le mur, enfermant Stanley comme dans une cage de bois.

Puis ils avancèrent sur lui en le cernant. Stanley essaya de se rappeler sa bataille avec Maud. Il lui semblait qu'elle avait eu lieu des siècles auparavant. Il tâtonna dans son dos à la recherche de quelque objet lourd qui lui servirait de projectile, mais les étagères étaient vides. Se recroquevillant sur lui-même, il se protégea la tête de ses bras, mais Dave l'arracha à son abri en l'empoignant par les revers de sa veste.

Le malabar le traîna jusqu'au milieu de la boutique et comme il ruait et se débattait, Pilbeam lui flanqua son poing sur la figure. Haletant, gémissant, Stanley rua de plus belle. Dave lui envoya un coup de pied dans les tibias qui le fit hurler de douleur et reculer en chancelant. Les trois hommes exécutèrent alors une ronde silencieuse autour de la table retournée, Stanley guettant l'occasion de la saisir par les pieds pour la projeter dans les jambes de Dave. Mais des ondes de douleur se propagaient de ses tibias à tout son corps et de plus il boitait. Lorsqu'il se retrouva dos au mur, il s'y appuya pour donner à ses deux adversaires l'impression d'être à bout de force, et comme Pilbeam avançait sur lui pas à pas, il pivota, tira des deux mains sur les tentures de velours. La tringle de bois céda dans un craquement et rassemblant ses dernières forces Stanley projeta la lourde masse sur ses assaillants, les ensevelissant sous les plis de l'épais tissu.

Au fond de la boutique, tout près de la porte, Stanley découvrit une arme, une longue et lourde clef anglaise que Pilbeam avait laissée sous le comptoir. Dave, hurlant des jurons, se dépêtrait enfin de son piège mouvant. Stanley, le visant à la tête, lança la clef aussi fort qu'il le put, mais ne l'atteignit qu'à la poitrine, juste sous la clavicule. Dave poussa un cri de douleur et fonça sur Stanley qui déjà arrivé à la porte se bataillait avec la poignée.

Pendant une quinzaine de secondes les deux hommes s'agrippèrent l'un à l'autre. Dave, plus grand et plus fort, était handicapé par sa douleur à la poitrine et Stanley aurait sans doute pu s'échapper si Pilbeam, qui rampait sur le sol, ne l'avait saisi aux chevilles et projeté face contre terre.

Dave le releva et le maintint tandis que Pilbeam lui martelait le visage de ses poings et, le tenant par les épaules, lui frappait la tête contre le mur. Les genoux de Stanley se dérobèrent sous lui et il s'écroula, râlant sur l'épaisse masse de velours.

Lorsqu'il revint à lui il crut être devenu aveugle. Un de ses yeux se refusait à s'ouvrir et de l'autre il ne distinguait qu'une épaisse obscurité. Il passa sa main sur son visage et l'en retira humide. De sang ou de larmes ? Comment s'en rendre compte puisqu'il ne voyait rien ? Ses doigts, qu'il porta à sa bouche, avaient un goût salé.

Puis peu à peu une vague forme obscure se dessina devant lui. C'était la table, remise sur ses pieds. Stanley pleura de soulagement. Il n'était donc pas aveugle. Et si l'obscurité régnait, c'est que le réverbère s'était éteint.

Le tissu sur lequel il était allongé était doux et chaud. Il avait l'impression d'être dans les jupes de sa mère. Il voulait s'y pelotonner, y enfouir son corps épuisé qui le faisait souffrir le martyre. Mais c'était impossible : il devait rentrer chez lui. La rivière l'attendait, et l'or des champs de blé et le vert émeraude des prés.

Il resta assis par terre, dans ce qui lui semblait être une boutique vide. Qu'est-ce qu'il faisait là ? Pourquoi y était-il venu, et d'où ? Il aurait été incapable de le dire. Il savait seulement qu'il venait de vivre des moments terrifiants emplis de douleur et de violence.

Était-il toujours agité ainsi de tremblements et de sursauts, comme s'il était atteint d'une maladie incurable ? Cela n'avait d'ailleurs plus aucune importance. L'appel de la rivière se faisait de plus en plus pressant. Il lui fallait atteindre sa rive, s'y coucher et laver dans ses eaux ses larmes et son sang.

Lorsqu'il se mit debout, il s'aperçut qu'il marchait difficilement. Mais il s'obstina, traînant les pieds, étendant les bras pour se diriger à tâtons. Il doit y avoir dehors, se dit-il, une voiture, une voiture qui m'appartient puisque j'ai la clef de contact dans ma poche. Il la trouva, cette voiture – il se cogna contre elle – et il ouvrit la portière avec sa clef.

Assis au volant, il alluma les lumières du tableau de bord et se regarda dans le rétroviseur. Sur son visage tuméfié le sang séchait par plaques. Sous une profonde entaille de son sourcil gauche son œil s'ouvrait et se fermait convulsivement.

« Je m'appelle George Carpenter, dit-il à l'étranger qu'il voyait dans le miroir et j'habite à... » Impossible de s'en souvenir. Il tenta alors d'évoquer un épisode de son passé, n'importe lequel, mais il ne voyait que des visages de femmes, hargneux et menaçants, surgissant de l'obscurité. En dehors de cela, rien... Pas tout à fait, cependant... Il se souvenait de son identité. Il s'appelait George Carpenter, il était un expert en mots croisés, mais tombé gravement malade, il avait dû y renoncer. Ce devait être ses nerfs ou son cerveau qui étaient atteints et c'est pourquoi il était tout agité de tics. Il mit la clef de contact et la camionnette démarra.

Stanley conduisait depuis si longtemps qu'il le faisait de façon toute machinale comme si la camionnette était un prolongement de son corps. Les rues qu'il suivit lui semblèrent familières, mais il n'aurait pu les situer. Il s'arrêta à l'entrée du pont, devant la maison de l'éclusier, et plongea son regard dans les eaux du canal. Il n'était plus très loin de chez lui maintenant, car il reconnaissait la Stour, coulant limpide entre les saules, sa verte rivière, fraîche, profonde et poissonneuse. Elle n'était pas verte en cet instant, mais noire, et ses eaux plates avaient un reflet métallique.

Il y avait à l'autre extrémité du pont une voiture blanche, une voiture de police, dont les phares n'étaient pas dirigés sur lui. Un barrage, se dit-il. Ils doivent guetter quelque bandit en fuite.

Lui, ils ne l'auraient pas, car il n'allait pas dans cette direction. Il allait emprunter le chemin de halage, rouler lentement jusqu'à ce que le jour se lève et dès que les eaux de la rivière deviendraient vertes et scintillantes, il s'étendrait sur la rive et y baignerait son visage tuméfié.

Le chemin était inégal et caillouteux. À chaque cahot de la camionnette, il grimaçait de douleur. Il pourrait bientôt s'arrêter et se reposer. Déjà le jour se levait et le ciel obscur s'ouvrait pour laisser apparaître les pâles couleurs de l'aube. Bures n'était plus qu'à une faible distance et déjà il le voyait se profiler à l'horizon.

Il éteignit ses phares et s'aperçut qu'une voiture le suivait, mais à distance. Sans doute venaient-ils le prévenir de s'éloigner de la rivière. Peut-être avaient-ils le droit de pêche et s'imaginaient-ils qu'il était braconnier. S'était-il jamais préoccupé des droits des gens ?

D'ailleurs ils ne pouvaient plus le voir maintenant qu'il roulait tous phares éteints. Cette rivière, il la connaissait mieux qu'eux. Chacune de ses courbes, chacun des saules qui la bordaient lui était aussi familier qu'une grille de mots croisés à peine terminée.

Quand il serait chez lui, en sécurité, il en créerait, des mots croisés, de plus en plus grands, de plus en plus compliqués et il serait champion du monde des cruciverbistes. Même en cet instant, faible et tremblant comme il l'était, il pouvait encore en inventer. Il s'aperçut qu'il avait oublié son propre nom, mais qu'importait, puisqu'il était encore maître de son art ? Pour lui les mots étaient le sel même de l'existence, la panacée.

« Panacée », « le remède à tous mes maux », non qu'est-ce que je dis, « le remède de tous les maux ». Oui, décidément il n'avait pas perdu la main.

Il allait y avoir une courbe maintenant. La rive allait s'incurver vers la gauche en suivant les méandres de la rivière et quand il distinguerait son village natal, qui ne serait encore qu'une masse noire se détachant sur la grisaille des champs, il lui faudrait freiner pour épouser ces méandres. « Méandre », quel mot merveilleux ! Quelle définition lui donner ? « Anagramme en sept lettres et en deux mots » ou mieux encore « Amender dans le désordre ».

Tout son corps lui faisait mal et les yeux lui brûlaient de fatigue. Craignant de s'endormir au volant, il se secoua et s'obligea à regarder droit devant lui. Et soudain il le vit, son village natal, baignant dans une brume grise, paisible, accueillant. Et c'est là que la rivière décrivait un méandre. Il gémit de douleur et d'impatience et donna un faible coup de volant pour s'engager dans la courbe.

La camionnette glissa, piqua du nez, échappant à son contrôle, mais graduellement, lentement. Les mains de Stanley lâchèrent le volant. Tout irait bien maintenant, il était chez lui. Plus besoin de fuir, plus besoin de conduire. Il était revenu au pays et dévalait doucement la colline jusqu'à son village natal qui s'étendait devant lui.

Le jour se levait, étincelant, rose, vert, de toutes les couleurs de l'arc-en-ciel, s'engouffrant par la portière ouverte de la camionnette dans un formidable grondement. Stanley s'étonna de s'entendre crier et de se sentir se débattre contre cette aube mouillée alors qu'il était enfin rentré chez lui.

La voiture de police s'arrêta sur la rive du canal dans un grincement de freins. Deux hommes en bondirent, faisant claquer les portières derrière eux, mais quand ils parvinrent sur le bord, plus rien n'indiquait l'endroit où la camionnette s'était enfoncée, si ce n'est les remous jaunâtres qui allaient s'élargissant en cercles toujours plus grands. L'aube se leva, d'un rouge sale, au-dessus des entrepôts, et les premières gouttes de pluie se mirent à tomber.

Postface

« J'ai écrit ce livre, dit Rendell, parce que j'ai la passion des mots croisés, même si je ne fais plus aujourd'hui que ceux du Times. *» À maintes reprises, la romancière s'est expliquée sur l'origine de cette passion, qui fut d'abord celle d'Arthur Graseman, son père. « Il empruntait chaque jour le métro pour traverser l'East End londonien, et il s'ingéniait à compléter la grille du* Daily Telegraph *à raison d'une définition entre chaque station. Il lui est arrivé de remplir une grille en l'espace de dix minutes, un record qu'il n'a jamais battu. J'essayais de faire la même chose et je me suis prise d'une telle passion pour les mots croisés que cela m'a donné une idée. »*

Mis à part ce passe-temps, Stanley Manning diffère en tout du père de Ruth Rendell – il a été dit par ailleurs ce que l'Inspecteur Wexford doit à l'auteur des jours de la romancière. « Stanley Manning est à la fois un être maléfique et une victime. L'ennui avec lui c'est que, à l'instar de sa belle-mère, il est peut-être davantage une caricature qu'un véritable personnage. Mon éditeur chez Hutchinson m'a dit un jour, ce qui dans sa bouche était tout à fait désagréable, que j'avais réécrit le roman de C. S. Forester, Payment Deffered[1]. *Un amateur de mots croisés devenu héros de roman policier, c'est ce que nous a proposé depuis Colin Dexter, avec son Inspecteur Morse. Mais, à l'époque, Morse n'existait pas encore. Si j'écrivais ce livre aujourd'hui –*

1. Ce livre, paru en 1926, publié pour la première fois en France en 1949, fut sans doute l'ancêtre du roman criminel inversé, dans lequel le lecteur suit pas à pas, non pas l'enquête du policier, mais le parcours du criminel. Les romans d'Anthony Berkeley, alias Francis Iles, qui usent de la même stratégie, lui sont largement postérieurs.

ou même si je l'avais écrit dix ans plus tard –, j'aurais fait de Stanley Manning un personnage beaucoup plus sympathique. J'aurais fait en sorte qu'il aime quelqu'un, voire même éventuellement sa femme. »

1974

LE JEUNE HOMME ET LA MORT

Traduit de l'anglais
par Jean-Michel Alamagny

Ce roman a paru sous le titre original :
THE FACE OF TRESPASS

Avant

À la fin du banquet, son discours terminé, le nouveau député se rassit. Il était habitué à parler en public, bien sûr, mais les applaudissements de ces hommes qui avaient été ses camarades d'école l'émurent. Le cigare que lui offrit le président de l'Amicale des Anciens de Feversham vint à point pour masquer un moment son embarras: le temps qu'on le lui allume, il avait quelque peu repris contenance.

– J'ai été bien, Francis ? demanda-t-il au président.

– Parfait. Pas de platitudes, pas d'histoires cochonnes : ça change tellement, d'entendre quelqu'un partir en croisade contre les fléaux de la société ! Dommage que la peine de mort n'existe plus, tu aurais pu l'abolir.

– J'espère que je n'ai pas trop fait père-la-vertu, glissa le député.

– Mon vieil Andrew, vous l'êtes toujours un peu, vous autres gens de gauche. Mais ne t'inquiète pas pour ça et reprends plutôt un verre de brandy. À moins que tu ne préfères, euh... circuler un peu ?

Andrew Laud refusa le brandy et se dirigea vers la table où son ancien maître d'internat était assis. Mais avant d'y être parvenu, il sentit quelqu'un lui taper sur l'épaule.

– Félicitations, Andy. Pour le discours et pour ton succès aux dernières partielles.

– Jeff Denman, fit le parlementaire après un instant de réflexion. Enfin quelqu'un que je connais. Dieu merci, car je me voyais déjà obligé de me coltiner le vieux Scrimgeour, là-bas, et cette horreur de Francis Croy. Comment vas-tu ? Qu'est-ce que tu deviens ?

– Ça va, répondit Jeff avec un large sourire. Maintenant

que je vais sur la trentaine, ma famille commence à se remettre de la honte de me voir conduire une camionnette pour gagner ma vie. Alors s'il te prend un jour l'envie de vivre parmi tes administrés, à ton service pour le déménagement.

– Ça se pourrait, en effet. On va boire un coup ? Il n'y a que des jeunots, ici ! Pas le moindre visage familier. Je pensais que Malcolm Warriner viendrait peut-être, ou ce type, là, David quelque chose, avec qui je n'arrêtais pas de m'enguirlander pendant les débats contradictoires du club.

– Mal est au Japon, répondit Jeff en le suivant au bar. Ce serait un de tes électeurs, sinon. Ce qui me fait penser à un autre qui n'est pas ici ce soir mais qui est aussi dans la circonscription de la forêt de Waltham : tu te rappelles Gray Lanceton ?

Le député, quand on l'eut servi, se retourna et émergea de la cohue avec une chope de bière blonde dans chaque main.

– Il devait être une année après nous. Un grand type brun qui n'avait pas supporté le remariage de sa mère et qui avait menacé de se suicider, c'est ça ? Il paraît qu'il a écrit un roman.

– *Le Vin de l'étonnement*, dit Jeff. Un ouvrage manifestement autobiographique sur une sorte d'Œdipe hippie. Pendant quelque temps, il a partagé l'appartement dans lequel j'étais à Notting Hill avec Sally, mais il s'est arrêté d'écrire. Et quand il a commencé à tirer le diable par la queue, il est allé chez Mal pour ne pas payer de loyer. Une déception amoureuse est venue se greffer par là-dessus, je crois.

– Il habite dans ma circonscription ?

Jeff esquissa un sourire.

– Tu dis « ma » circonscription comme un jeune marié parle de *sa* femme, avec un mélange de timidité et de fierté.

– Je sais. Mais pendant des semaines, j'ai frémi à l'idée d'être battu à l'élection et quand même obligé de venir vous parler, à vous autres : j'aurais eu l'air fin ! Ça lui plaît, d'habiter là-bas dans la forêt ?

– Il dit que ça le déprime. J'y suis allé : c'est dingue de penser qu'il existe encore des trous pareils à moins de trente bornes de Londres. Il vit dans un petit cottage en bois, tout au fond d'un chemin forestier en cul-de-sac, Pocket Lane.

– Je crois que je connais. Je me demande s'il a voté pour moi, ajouta le député d'un air pensif.

– Gray ? Il ne devait même pas être au courant qu'il y avait une partielle, alors aller voter, tu parles ! Je ne sais pas ce qui lui est arrivé, mais c'est devenu une sorte d'ermite. Il n'écrit plus. Dans un sens, il fait partie de ces gens que tu t'es engagé à aider : les inadaptés, les paumés.

– Il faudra que j'attende qu'il sollicite cette aide.

– Sûr que tu auras déjà assez de pain sur la planche sans t'occuper de Gray Lanceton. Bon, je vois Scrimgeour qui rapplique avec le principal à sa suite. Il est peut-être temps que je m'éclipse ?

– Mon Dieu. Oui, hélas ! Je te passerai un coup de fil, Jeff. On pourrait déjeuner ensemble au Parlement, un de ces quatre ?

Le député posa son verre. Il prit cet air pénétré, un peu niais même, qu'on réserve d'ordinaire aux enfants en bas âge ou aux vieillards séniles, mais qui semblait également de mise pour ces deux enseignants sous la redoutable autorité desquels il avait autrefois dû ployer.

1

C'était début mai, aux alentours du 5. Gray n'était jamais sûr de la date. Il n'avait pas de calendrier, n'achetait jamais le journal et avait revendu son poste de radio. Pour se repérer, il demandait au laitier qui passait régulièrement à midi pile. L'heure n'était pas un problème, pourtant, car il possédait toujours la montre qu'elle lui avait donnée. Il avait revendu un tas de choses, mais pas celle-là.

– Quel jour est-on ?

– Mardi 4 mai, répondit le laitier en lui tendant une pinte de lait homogénéisé. Une aussi belle journée, ça vous rend heureux de vivre. (Il décocha un coup de pied en direction des pousses de fougère qui pointaient par centaines, recroquevillées comme des points d'interrogation vert pâle.) Vous devriez débarrasser votre jardin de tout ça et mettre des plantes annuelles. Des capucines, tenez, c'est joli et ça prolifère comme de la mauvaise herbe.

– Autant garder la mauvaise herbe, alors.

– Toutes ces fougères, moi, ça me filerait le bourdon. Mais chacun ses idées, hein ? Le monde serait triste, si on était tous pareils.

– Il l'est déjà assez comme ça.

Le laitier, toujours prêt à rire, se tordit.

– Vous êtes un rigolo, vous, Mr Lanceton. Bon, faut que je poursuive mon chemin, même s'il ne mène pas à Rome. Au revoir.

– Au revoir, répondit Gray.

Les arbres de la forêt, qui s'avançaient jusqu'à la lisière du jardin, en pleine feuillaison, faisaient miroiter leur chatoiement vert comme un voile de lumière contre le ciel. Il faisait anormalement chaud, pour la saison. Sous le soleil, le tronc luisant des hêtres prenait des couleurs de peaux de phoques. Tiens ! L'image est bonne, se dit-il en songeant que du temps où il était écrivain, il l'aurait notée pour la réemployer. Un jour peut-être, quand il arriverait à se ressaisir, à avoir un peu d'argent, quand il se serait définitivement débarrassé d'elle... Bon, mieux valait ne pas penser à ça maintenant.

Il venait juste de se lever. Laissant la porte ouverte pour faire entrer un peu d'air et de chaleur dans cet intérieur humide et froid, il apporta le lait jusqu'à la cuisine et mit la bouilloire sur le feu. La pièce était petite et très sale. Le dallage, légèrement affaissé, était recouvert d'un morceau de lino dont les bords se relevaient comme une tranche de pain de mie rassis. En attendant que son eau chauffe, il jeta un coup d'œil autour de lui. Les installations avaient dû constituer le summum du confort à la fin du siècle dernier : un évier en grès, un fourneau hors d'usage, une baignoire en émail recouverte d'un couvercle en bois. La bouilloire mit longtemps à bouillir car elle était prise dans une gangue de crasse calcinée, et le brûleur du gaz n'était pas très propre lui non plus. À l'intérieur du four, c'était encore pire. Quand il en ouvrait la porte, une caverne noire bâillait devant lui. Combien de fois ne l'avait-il pas allumé, cet hiver, et n'était-il pas resté devant, dans son fauteuil Windsor, à regarder les petites flammes bleu et or trembloter, avec la tentation de les éteindre, de glisser sa tête dans la bouche béante et d'attendre. D'attendre simplement la mort – « de faire quelque chose de fou », comme dirait Isabel.

Et puis non, le moment était passé, pour cela. Il ne se tuerait pas davantage pour elle qu'il ne l'avait fait pour sa mère et Honoré, et le temps viendrait où il ne penserait plus à elle que comme il pensait à eux : avec une indifférence ponctuée d'irritation. Ce qui n'était pourtant pas encore le cas : elle hantait toujours ses souvenirs, partageait sa couche la nuit, s'éveillait avec lui le matin, s'accrochait à lui pendant les longues journées vides. Souvenirs qu'il essayait de noyer dans les tasses de thé et les livres de la bibliothèque de prêt, mais qu'il était loin d'avoir exorcisés.

L'eau se mit à bouillir. Il prépara son thé, versa du lait sur des galettes de Weetabix et s'installa sur le couvercle de la baignoire pour prendre son petit déjeuner. Le soleil était au zénith. Dans l'air confiné de la cuisine – les fenêtres n'avaient pas été ouvertes depuis des lustres –, des grains de poussière dansaient et transformaient l'unique rayon en une hampe de lumière quasi tangible qui lui brûlait le cou et les épaules. Il prenait son déjeuner à midi, à l'heure où s'estompent les humeurs destructrices.

C'est à ce moment qu'elle téléphonait le plus souvent. Et aussi le jeudi soir, bien sûr. Alors qu'il s'était plus ou moins fait à l'idée de ne plus la voir, il n'arrivait pas à résoudre le problème du téléphone. C'était une hantise, le téléphone, plus encore que le reste. Car il ne voulait pas lui parler, surtout pas, et en même temps il le désirait passionnément. Il redoutait qu'elle appelle tout en sachant qu'elle ne le ferait pas. Quand il se sentait trop déchiré entre son désir et son refus, il décrochait. Le téléphone vivait dans cette horrible petite pièce qu'Isabel appelait le « salon ». « Vivait », et pas seulement se trouvait ou était, car, bien qu'il restât sans sonner pendant des jours d'affilée, il lui paraissait animé, vibrant, presque frémissant de vie. Et lorsqu'il laissait le combiné décroché, le jeudi soir, l'appareil semblait contrarié, frustré, fâché de se voir ainsi neutralisé, bouche et oreilles pendantes, inutiles, au bout de leur fil. Gray ne se rendait au « salon » que pour répondre aux appels – il ne pouvait se permettre d'en donner lui-même – et encore lui arrivait-il de laisser décroché plusieurs jours de suite.

À la fin de son petit déjeuner, il se versa une seconde tasse de thé et se dirigea vers la porte du « salon » pour vérifier qu'il avait décroché. Oui. Il avait dû le faire samedi ou dimanche, sans doute. Le téléphone le contemplait comme un petit bouddha accroupi et béat. Sa mémoire lui jouait des tours, depuis cet hiver. Tel un vieillard, il parvenait à se rappeler le passé, mais pas les événements les plus récents. Tel un vieillard, il oubliait quel jour on était et ce qu'il avait à faire. Non qu'il fût débordé : il restait pratiquement inactif toute la journée.

Il ouvrit la fenêtre. La forêt verdoyait, éclaboussée de soleil. Il but son thé, assis dans un fauteuil tapissé d'un des premiers – sinon du tout premier – tissus en plastique, un skaï marron et luisant usé jusqu'à la trame. Il n'y avait qu'un seul autre fauteuil. Entre les deux, une table basse aux pieds en fonte, dont le plateau était marqué de brûlures de cigarette – du temps où il pouvait s'en acheter – et de ronds blanchâtres laissés par le fond de la bouilloire. Un tapis turc couvert de taches, si mince qu'il plissait au moindre pas, s'étalait au milieu du sol. Outre cela, il n'y avait guère que les clubs de golf de Mal, appuyés contre le mur sous la tablette du téléphone, et le poêle à mazout sur lequel elle avait brisé son flacon de parfum, et qui, tout l'hiver, à chaque fois qu'il était allumé, avait mêlé cette odeur si lourde de souvenirs à ses propres effluves.

Il chassa cette idée et prit son thé. Il aurait aimé avoir une cigarette ou, mieux encore, un paquet de vingt king size. Presque entièrement dissimulée par le sac de golf sous lequel il l'avait remisée, il apercevait la housse de sa machine à écrire. Il serait faux de dire qu'il ne s'en était pas servi depuis son arrivée dans ce cottage que Mal appelait sa « bicoque ». Il l'avait utilisée dans un but auquel il tenait encore moins à penser qu'à elle, bien que les deux fussent indissociablement liés. Évoquer l'un était évoquer l'autre. Mieux valait songer à la boum de Francis, à quitter ce trou pour aller à Londres, ne serait-ce qu'un week-end, à y rencontrer une fille pour la remplacer, une fille « au regard aussi sensé mais plus tendre, aux lèvres aussi douces mais fidèles : celle-là, par ma foi, fera l'affaire ». À rassembler un peu d'argent, aussi, à trouver une chambre, à sortir enfin de cet abattement, de ce néant, peut-être même à se remettre à écrire...

Le téléphone émit ce mauvais petit déclic qui annonce une communication, une dizaine de secondes à l'avance. En dix secondes, il avait le temps d'espérer que l'appareil allait effectivement sonner tout en priant le ciel que le bruit vînt d'ailleurs – des lames vermoulues du parquet ou de quelque chose de l'autre côté de la fenêtre. Il sursautait toujours lorsque la sonnerie retentissait. C'était plus fort que lui, bien qu'il fût parvenu à considérer un peu sa réaction avec l'esprit d'un convalescent devant ses maux de tête et frissons résiduels : ça passera ; sa raison et son médecin l'en ont convaincu ; en attendant, il lui faut les supporter comme d'inévitables séquelles au sortir d'une longue maladie.

Bien sûr, ce n'était pas elle. La voix n'avait pas la même raucité ni la même lenteur, elle était aiguë, au contraire. C'était Isabel.

– Tu as l'air fatigué, mon grand. J'espère que tu manges normalement. J'appelais juste pour voir comment ça allait.

– Comme d'habitude.

– Tu travailles beaucoup ?

Là, il ne répondit pas. Elle savait bien qu'il n'avait pas travaillé un seul jour, une seule heure. Personne ne l'ignorait, il était piètre menteur. Mais même raconter des bobards et prétendre qu'il bossait n'avançait à rien : on s'enquérait alors de « sa » date de sortie, de « son » sujet, et on s'extasiait. S'il disait la vérité et avouait qu'il ne faisait rien, on le conjurait de ne pas se laisser aller et on lui proposait de l'aider à trouver du boulot. Il préféra donc rester silencieux.

– Tu es encore là, dis ? fit Isabel. Ah ! tant mieux, je croyais qu'on nous avait coupés. J'ai reçu une délicieuse lettre d'Honoré, ce matin. Il est formidable avec ta mère, non ? Parce que, d'une certaine manière, ça paraît toujours plus difficile quand c'est un homme qui s'occupe d'une invalide.

– Je ne vois pas pourquoi.

– Tu comprendrais si tu l'avais sur les bras, Gray. Tu as eu une sacrée chance que ta mère se remarie, et avec un homme aussi merveilleux. Imagine un peu que tu aies dû t'occuper d'elle.

C'était presque comique : il n'arrivait déjà pas à s'occuper de lui-même.

– Tu ne pousses pas un peu, Isabel ? J'avais quinze ans quand elle a épousé Honoré. Je pourrais imaginer aussi que mon père ne soit pas mort, que je ne sois pas né ou que ma mère n'ait jamais eu d'attaque, à ce compte-là.

Comme toujours lorsque la conversation devenait « sérieuse », selon son expression, elle changea de sujet.

– Au fait, je ne t'ai pas dit : je pars pour l'Australie.

– C'est bien. Pour quoi faire ?

– Mon amie Molly, celle avec qui je tenais mon agence de dactylographie, elle vit à Melbourne, maintenant. Elle m'a écrit pour me demander d'y aller, alors autant le faire avant que je sois trop vieille. J'ai fixé mon départ au début de la première semaine de juin.

– Je suppose que je ne te verrai pas avant ton départ, alors ? fit Gray non sans espoir.

– J'essaierai quand même de faire un saut si je trouve un moment. C'est si beau, si paisible, là où tu es. Tu ne peux pas savoir comme je t'envie. (Bon sang ! songea Gray, elle qui habite un appartement situé au-dessus des boutiques d'une rue passante de Kensington. Peut-être que...) Je n'aime rien tant que passer un après-midi au calme dans ton jardin. Je devrais plutôt dire dans ta jungle, ajouta-t-elle gaiement.

– Ton appart va être inoccupé, alors ?

– Tu parles ! Il va être investi par les décorateurs qui devront y abattre un boulot monstre.

Il regretta d'avoir posé sa question, car Isabel se lança avec force adjectifs dans le détail des transformations, travaux d'électricité et de plomberie qui allaient être entrepris en son absence. Pendant ce temps au moins, se consola-t-il en posant délicatement le combiné sur l'étagère, elle ne le tarabusterait pas et ne ressasserait pas les souvenirs du temps où son avenir semblait si prometteur. Elle ne l'avait pas encore interrogé sur l'état de ses finances, ni sur la longueur de ses cheveux. S'assurant qu'il entendait toujours à distance son babil sortir imperturbablement du téléphone, il se regarda dans le miroir victorien, carré de glace aussi opaque que si on venait de souffler ou même de cracher dessus. Raspoutine jeune, se dit-il. Entre ses cheveux qui retombaient sur ses épaules et sa barbe hirsute – il avait arrêté de se raser à Noël –, ses yeux apparaissaient mélancoliques et sa peau était marquée de rougeurs, résultat probable d'un régime qui aurait mené droit au scorbut n'importe quel individu de santé moins robuste.

Le visage reflété par le miroir avait fort peu de ressemblance avec la photo qui figurait sur la jaquette du *Vin de l'étonnement*. Cette dernière montrait plutôt celui d'un Rupert Brooke des derniers jours. De Brooke à Raspoutine en cinq mois, songea-t-il en reprenant le téléphone pour attraper au vol la fin de la dernière phrase d'Isabel.

– ... et double vitrage dans chacune de mes pièces, mon petit Gray.

– Je suis impatient de voir ça. Dis, ça ne t'ennuie pas, si je te quitte maintenant ? Je dois sortir.

Elle n'aimait pas qu'on la coupe dans son élan, alors qu'elle était partie pour des heures.

– Bon, très bien, mais je voulais juste te dire...

En arrière-plan dans l'écouteur, il entendit sa chienne aboyer. Voilà qui la détournerait.

– Au revoir, Isabel, fit-il d'une voix ferme.

Avec un soupir de soulagement lorsqu'elle eut enfin raccroché, il fourra dans un sac les bouquins qu'il avait empruntés à la bibliothèque et partit pour Waltham Abbey.

Tirer un chèque en liquide était l'événement le plus traumatisant de la semaine. Pendant six mois, il avait vécu – au rythme de quatre livres hebdomadaires – des droits qu'il avait perçus en novembre : deux cent cinquante misérables livres sterling. Si on ajoutait à tout ça les factures de gaz et d'électricité, plus les dépenses du Noël passé chez Francis, il ne devait plus rester grand-chose sur son compte. Peut-être même était-il déjà à découvert, ce qui expliquait pourquoi il s'attendait, crispé et mal à l'aise, à ce que l'employé se lève et, après lui avoir décoché un regard méprisant, se retire dans les entrailles de quelque bureau pour consulter ses supérieurs.

Cela ne s'était encore jamais produit, et ne se produisit pas cette fois non plus. Le chèque fut tamponné et on lui tendit ses quatre billets d'une livre. Gray en dépensa un au supermarché pour s'approvisionner en pain, en margarine, en boîte de viande en gelée et en pâtes alimentaires. Puis il se rendit à la bibliothèque.

À son arrivée à la « bicoque », il avait décidé, comme le font ceux qui se retirent momentanément du monde, de s'attaquer à tous ces pavés qu'il n'avait jamais eu le temps de lire : Gibbon et Carlyle, l'*Histoire de Rome* de Mommsen et *Grandeur de la République de Hollande* de Motley. Mais au début, il en avait manqué, de temps, car elle avait occupé toutes ses pensées. Et quand elle était partie, quand il l'eut éconduite, il était retombé dans le ronron de ses bons vieux bouquins préférés. Après quatre mois d'abstinence, il arriverait tout juste à relire *Autant en emporte le vent*. Il le prit donc, ainsi que les histoires de fantômes du Dr James. La semaine prochaine, ce serait sans doute au tour de *Jane Eyre*, de Sherlock Holmes et du Dr Thorndyke.

La fille de l'accueil était nouvelle. Au regard qu'elle lui adressa, il comprit qu'elle aimait les barbus mal lavés qui n'avaient rien d'autre à faire que de glander dans les bibliothèques. Gray risqua un regard en retour, mais s'arrêta à mi-course. Ce n'était pas la peine. Ce n'était jamais la peine. Elle avait les doigts boudinés, les ongles rongés, un bourrelet de graisse autour de la taille et – il l'entendit pendant qu'elle s'activait entre les étagères – le rire strident. Ses lèvres étaient douces, mais celle-là ne ferait pas l'affaire.

Les livres et les boîtes de conserve étaient lourds, et il avait du chemin à faire pour rentrer. Pocket Lane était une trouée dans la forêt, un long tunnel ne menant nulle part. Un panneau, en sens inverse, indiquait « Londres 25 km ». Cela le surprenait toujours, que le cœur de Londres ne se trouve qu'à vingt-cinq bornes de ce trou perdu au fin fond de la campagne. Trou d'ailleurs plus calme encore que la campagne proprement dite, car ici, personne ne travaillait dans les champs, aucun tracteur ne passait et nul mouton ne broutait. Un silence de lumière figée régnait autour de lui, rompu seulement par le gazouillement des oiseaux. Il trouvait extraordinaire que des gens puissent venir vivre ici de leur plein gré, y acheter des maisons, payer des impôts locaux, s'y *plaire*. En balançant son sac, il passa devant la première de ces habitations, la ferme des Willis – qui n'avait de ferme que le nom car ils ne cultivaient rien – avec ses délicieuses pelouses et ses plates-bandes de devanture de fleuriste, où les tulipes en uniforme rouge et or étaient alignées comme pour la parade. Venait ensuite le cottage de miss Platt, le petit frère de la « bicoque », mais en chic, qui montrait ce qu'une bonne couche de peinture et un peu d'entretien pouvaient faire sur des bardeaux. Enfin, avant que ne commence le sentier argileux sillonné d'ornières qui s'enfonçait dans la forêt, la demeure retirée, aux volets clos, de Mr Tringham. Personne avec qui échanger deux mots, pas le moindre mouvement de rideau. Ils auraient aussi bien pu être tous morts, qui le saurait ? Il lui arrivait parfois de se demander combien de temps on mettrait à le retrouver s'il lui arrivait malheur. Bon, il y avait toujours le laitier...

Les haies d'aubépine, ruisselantes du vert tendre des bourgeons, s'arrêtaient à la fin de la rue empierrée. Elles cédaient la place à la futaie dont la voûte se refermait au-dessus de Pocket Lane. Rien, sauf les fougères et les ronces, n'avait la force de pousser à l'ombre de ces grands arbres et dans cette gangue de feuilles moisies recouvrant la terre argileuse que leurs racines avaient épuisée. C'est juste à cet endroit qu'elle garait la voiture, qu'elle la glissait sous les branches afin de la dissimuler aux regards de voisins pourtant bien peu curieux. N'avait-elle pas redouté quelque espion ou autres observateurs qui n'existaient que dans son imagination mais qui s'apprêtaient, elle en était persuadée, à rapporter le moindre de ses mouvements à Microbe ! Or, personne n'avait rien su. Pas la moindre preuve. Comme si leurs rencontres, leur amour, n'avaient jamais existé. L'herbe drue du printemps avait recouvert la trace de ses pneus, et les fragiles rameaux brisés par le passage de la voiture, maintenant ressoudés, étaient en pleine feuillaison.

Un simple coup de téléphone, et elle lui reviendrait. Mais il ne voulait pas penser à ça. Il penserait à *Autant en emporte le vent*, à se faire une tasse de thé, à ce qu'il mangerait pour dîner. Lui téléphoner, il vaudrait mieux y songer après 6 heures, quand le retour de Microbe interdirait toute tentative, alors que maintenant, c'était possible.

La fougère fait un lit confortable, paraît-il. C'était vrai : il s'allongea sur les moelleuses pousses vertes et lut, rentrant de temps à autre pour se faire du thé, jusqu'à ce que le soleil se couche et que le ciel prenne une douce teinte dorée par-dessus l'entrelacs des branches. Les oiseaux cessèrent leur ramage avant le crépuscule, et le silence devint profond. Un écureuil se laissa glisser de sa branche jusqu'à terre où il se mit à grignoter la tige d'un malheureux rejet qui ne lui avait pourtant rien fait. Gray avait depuis longtemps cessé de se croire fou parce qu'il parlait aux écureuils et aux oiseaux, parfois même aux arbres. Fou ou pas, il s'en moquait, d'ailleurs : quelle importance ?

– Je parie, fit-il à l'animal, que tu ne resterais pas là à boire du thé – ou dans ton cas, à bouffer des plantes – si tu savais qu'une jolie dame écureuil soupire après toi à six kilomètres d'ici. Tu te dépêcherais d'aller décrocher le téléphone. Tu n'es pas torturé dans ta tête comme les humains et tu ne laisserais pas un fatras de principes à la gomme s'interposer entre toi et le plus beau coup de Waltham et de tout l'Essex. Surtout si la dame en question avait engrangé un arbre entier de succulentes noisettes, n'est-ce pas ?

L'écureuil se figea, les mâchoires toujours serrées autour de la tige, puis il bondit sur le tronc d'un hêtre. Gray ne s'approcha pas du téléphone. Il se plongea dans le Sud historique jusqu'à ce qu'il fît trop sombre pour lire et trop froid pour rester plus longtemps allongé sur le sol. Le ciel avait viré à l'indigo, mais un rougeoiement plombé apparaissait au sud-ouest, au-dessus de Londres. Il resta quelques minutes au portail comme il le faisait toujours à cette heure-là, lorsque la soirée était belle, pour contempler l'embrasement muet de la capitale.

Il rentra bientôt et ouvrit une boîte de spaghetti en sauce. La nuit, le bois endormi semblait s'ébrouer dans sa torpeur et envelopper la bicoque tout entière dans ses grands bras feuillus. Gray s'installa dans le fauteuil Windsor, sous la lampe nue de la cuisine. Il laissa malgré lui son esprit somnolent vagabonder vers elle, puis finit par lire un tiers d'*Autant en emporte le vent* avant de glisser dans le sommeil. Une souris l'éveilla en lui trottant sur les pieds. Il monta se mettre au lit dans un cocon de ténèbres. La journée avait été ordinaire. Elle ne différait des quelque cent cinquante autres qui l'avaient précédée que par sa chaleur et son ensoleillement.

2

La Poste, songea Gray, aurait bien dû lui verser une gratification à titre d'usager peu exigeant : ce n'était guère plus d'une fois par semaine que le facteur se voyait imposer la longue trotte de Pocket Lane jusqu'à la bicoque. Et encore n'avait-il à apporter que quelques factures, et la lettre hebdomadaire d'Honoré. Cette dernière était arrivée le jeudi précédent, accompagnée d'une note de gaz de neuf livres que Gray n'était pas disposé à payer avant d'en savoir plus sur sa situation financière. Et il en saurait beaucoup plus lorsqu'il recevrait de son éditeur le relevé de droits qu'il espérait. On devait être, calcula-t-il, aux alentours du 12 ou du 13 mai : le relevé lui parviendrait donc d'un jour à l'autre.

En attendant, il faudrait envoyer un mot à Honoré avant d'aller faire les courses. *M. Honoré Duval, le Petit Trianon* – bon sang ! il ne pouvait jamais écrire ce mot sans frémir – *Bajon*, précédé du code postal, *France*. Il rédigea l'enveloppe en premier pendant qu'il cherchait quoi dire, ce qui n'était jamais une mince affaire. Deux tasses de thé furent avalées avant qu'il ne commence. *Cher Honoré, je suis très content de recevoir votre lettre de jeudi dernier, y inclus les nouvelles de maman...* Son français n'était pas bon, mais pas pire que l'anglais de son beau-père. Puisque celui-ci s'entêtait – juste pour l'embêter, c'était sûr – à écrire dans une langue dont il écorchait horriblement la grammaire et la syntaxe, eh bien il recevrait la monnaie de sa pièce. Quelques considérations sur le temps suivirent. Qu'y avait-il d'autre à raconter ? Ah oui ! Isabel. *Imaginez-vous, Isabel va visiter Australie pour un mois de vacances... Donnez mes bons vœux à maman, votre Gray.*

Voilà, ça lui clouerait le bec pendant quelque temps. Gray prit *Autant en emporte le vent*, ses histoires de fantômes, et partit en ville où il posta sa lettre, acheta une demi-livre de thé, un paquet géant de céréales (l'offre spéciale de la semaine) et deux boîtes de boulettes de viande. *Jane Eyre* était « en main » et ils n'en avaient qu'un seul exemplaire. Il décocha un regard furibond à la grosse fille, se sentant presque persécuté. Ne réalisaient-ils pas qu'il était l'un de leurs meilleurs clients ? Si Charlotte Brontë était encore de ce monde, elle perdrait des revenus à cause de leur incompétence.

Il choisit *L'Homme au masque de fer* et le premier tome des

Chroniques de Herries, jeta un regard dégoûté en direction de la masse grisâtre de l'Abbaye et reprit d'un air sombre le chemin de Pocket Lane. Une cigarette aurait grandement atténué le supplice de ces marches. Peut-être devrait-il ne plus boire de lait, réduire sa consommation de thé et consacrer l'argent ainsi économisé à l'achat de deux paquets par semaine. Bien sûr, cette vie était absurde, et il pourrait facilement y remédier. *Facilement*, peut-être pas, mais y remédier, oui. Se faire engager comme ouvrier quelque part, ou effectuer un stage pour devenir standardiste dans les Postes. La moitié des standardistes de Londres étaient des auteurs ratés, des amoureux au cœur brisé, des poètes incompris, des intellectuels manqués. Il ne lui faudrait qu'un petit peu d'énergie, un soupçon de dynamisme...

Il faisait anormalement chaud pour la saison et, en raison de l'humidité de la forêt, cette touffeur avait quelque chose de désagréable. Des nuées de moucherons bourdonnaient dans les taillis. Les moineaux piaillaient en s'ébattant dans les ornières. Un geai criait parfois. Ce sentier traversait les bois d'une région encore préservée, mais on s'y sentait comme dans une pièce poussiéreuse. Et quelle que soit la période de l'année, des feuilles mortes recouvraient tout, marron à la surface, en décomposition au-dessous.

C'était vendredi, le jour où le laitier se faisait payer. Il était donc en retard et, son travail fait, remontait cahin-caha Pocket Lane.

– Belle journée, hein, Mr Lanceton ? Ça vous rend heureux de vivre. Je peux vous demander quarante-deux *pence* ?

Gray le régla, ce qui le laissait lui-même avec une livre quatre-vingts pour tenir jusqu'à ce qu'il retourne à la banque, la semaine prochaine.

– C'est des bouquins sérieux que vous avez là, fit le laitier. Vous étudiez ? Vous passez un diplôme en auditeur libre ?

– C'est ça. À la Polytechnique de Waltham, rigola Gray.

– La Polytechnique de Waltham ! Vous êtes un petit marrant, vous, il faudra que je la ressorte à ma femme. Vous voulez pas savoir quel jour on est ?

– Bien sûr que si, vous êtes mon calendrier.

– Eh bien, nous sommes le vendredi 14 mai. Et je suppose qu'il vaut mieux vous rappeler que vous avez un rendez-vous : il y a une voiture garée devant chez vous, une Mini rouge. Une belle nana, j'imagine ?

Isabel.

– Ma bonne fée de marraine, répondit-il d'un air lugubre.

– Alors bonne chance, Cendrillon. À la prochaine.

– Au revoir – et merci.

Satanée Isabel. Qu'est-ce qu'elle voulait ? Voilà qu'il fallait lui trouver quelque chose pour le thé, maintenant : on ne peut décemment pas offrir des raviolis ou des céréales à une femme du monde de soixante-deux ans qui débarque à 3 heures de l'après-midi ! Voilà des mois qu'il n'avait pas eu chez lui la moindre tranche de cake. En plus, elle avait sûrement amené Didon. Non que Gray n'aimât point la chienne labrador d'Isabel – en fait, il la préférait à sa maîtresse –, mais sa marraine avait la détestable habitude d'oublier la pâtée de l'animal et de piller sa maigre réserve de corned beef.

Il trouva Isabel assise sur le siège passager de la Mini, portière ouverte, en train de fumer une king size, cependant que le labrador creusait un trou dans les fougères, s'interrompant parfois pour claquer des crocs en direction des mouches.

– Ah ! te voilà enfin, mon grand. J'ai essayé de passer par-derrière, mais tu n'avais même pas laissé une fenêtre ouverte et je n'ai pas pu entrer.

– Bonjour, Isabel. Bonjour, Didon : quand tu auras fini de creuser ici, tu pourrais peut-être planter des capucines, comme disait le laitier.

Isabel le considéra d'un air bizarre.

– Je me demande parfois si la solitude ne te pèse pas un peu.

– Ça se pourrait, répondit Gray. (Didon s'approcha de lui et se dressa pour lui lécher le visage, plaquant ses grosses pattes pleines de terre sur ses épaules. Elle avait vraiment une jolie tête, bien plus belle, songea-t-il, que la plupart des visages humains – sauf un, toujours sauf un. Sa truffe toute fraîche était rose comme une crevette, ses yeux marron respiraient la bonté, ce qui semblait drôle à dire d'un chien.) Bon, je vais faire du thé.

Et Didon, qui était fort intelligente en matière de nourriture, remua sa longue queue en panache.

Isabel le suivit. Elle fit mine de ne remarquer ni la vaisselle sale ni les mouches et préféra arrêter son regard sur Gray.

– Je ne te demanderai pas pourquoi tu ne te fais pas couper les cheveux, pouffa-t-elle en s'asseyant – après l'avoir époussetée avec son mouchoir – sur la marche de la porte de derrière.

– Tant mieux, fit-il en mettant la bouilloire sur le feu.

– Enfin quand même, mon grand, tu n'as plus dix-huit ans. Ta tignasse te tombe sur les épaules.

– Puisque tu as décidé de ne pas me poser de question, si on passait à autre chose ? Je n'ai pas de cake, au fait. Par contre, il y a du pain... (il réfléchit un instant) avec de la margarine.

– Oh ! mais j'ai apporté un gâteau.

Isabel se hissa sur ses articulations craquantes et trottina vers la voiture. C'était une petite femme grassouillette, vêtue d'un pantalon turquoise et d'un pull rouge. Gray trouva qu'elle ressemblait aux statuettes de nains du jardin d'Honoré. Lorsqu'elle revint, elle fumait une nouvelle cigarette.

– Je ne t'en offre pas : tu m'as dit que tu avais arrêté, si je me souviens bien.

Il aurait dû savoir par expérience que ledit gâteau ne serait pas le gros cake écossais fait maison, avec plein de pâte d'amande et un beau glaçage, qu'il avait si avidement espéré, mais une tarte de fabrication industrielle. Il la sortit de son emballage : elle était déjà présentée sur une barquette d'alu, ce qui lui économisa une assiette. La chienne entra et vint glisser son museau entre sa main et le couvercle de la baignoire.

– Allons, ma chérie, reste tranquille, fit Isabel – qui appelait toujours ses chiens « chéri », tendre expression pour elle à destination exclusivement canine. Si nous allions dans ton salon ? J'aime bien être confortablement installée pour prendre mon thé.

Le téléphone était encore décroché de la nuit précédente. Microbe allait à son truc maçonnique, le jeudi soir, et si elle voulait appeler, ce serait presque sûrement à ce moment-là. Peut-être avait-elle essayé, peut-être essayait-elle souvent, le jeudi soir. Il reposa le récepteur sur les genoux du bouddha. Que ferait-il, que dirait-il si elle téléphonait pendant que sa marraine était là ? Il crut percevoir une légère odeur d'*Amorce dangereuse*, aujourd'hui, sans doute dégagée par la chaleur. Isabel vit son manège. Elle eut le tact de ne rien dire, mais avec un air tellement inquisiteur que son silence était à peine plus supportable que ses questions. Elle s'était munie d'une boîte de mouchoirs en papier, comme si elle souffrait d'un rhume de cerveau. Mais Isabel n'avait pas de rhume de cerveau. Elle épousseta le fond du fauteuil avec l'un de ses mouchoirs, en étala un autre sur ses genoux et demanda enfin à Gray où il en était.

Gray avait renoncé à essayer d'être conciliant avec les vieux. Cela exigeait trop de mensonges, trop de faux-fuyants compliqués. La vie aurait peut-être été plus simple, pour lui, s'il avait fait croire à Isabel et Honoré qu'il écrivait un autre roman, que la maison était en désordre parce qu'il ne trouvait pas de femme de ménage et qu'il vivait à Pocket Lane parce qu'il s'y sentait bien. Mais à quoi bon chercher à plaire à des gens qui ne lui plaisaient pas ? Il répondit qu'il n'en était nulle part, au sens où elle l'entendait.

– Quel dommage ! Tu étais un si mignon petit garçon, tu ramenais toujours de si bons livrets scolaires ! Et quand tu as eu ton diplôme, à l'université, nous avons fondé tant d'espoirs sur toi, ta mère et moi ! Je ne voudrais pas te faire de peine, mais si on m'avait demandé comment je voyais ton avenir, à l'époque, j'aurais répondu que tu serais aujourd'hui en haut de l'échelle.

– Ça me fait pas de peine, répondit Gray en toute sincérité.

– Et puis tu as écrit ce roman. Non pas qu'il m'ait plu, à moi, je ne cours pas après les livres où il n'y a pas d'histoire. Mais tous les gens qui s'y connaissent te prédisaient une merveilleuse carrière. Tout ça pour en arriver où, mon pauvre Gray ?

– À Pocket Lane et aux boulettes en boîte, répondit-il, ravi que Didon vienne faire diversion en donnant un grand coup de langue dans son assiette.

– Veux-tu bien t'éloigner de la table, ma chérie ? La tarte, ce n'est pas bon pour les toutous. (Isabel alluma une nouvelle cigarette et inhala avec délectation.) Ce qu'il te faut, dit-elle, c'est un intérêt extérieur, quelque chose qui te fasse un peu sortir de toi-même.

– Comme quoi, par exemple ?

– C'est justement la raison de ma venue. Non, pour être honnête, disons que je voudrais que tu me rendes un service, mais un service qui te ferait du bien à toi aussi. Tu admets que tu as besoin de t'occuper ?

– Je ne veux pas prendre de boulot, Isabel. Pas ton genre de boulot, en tout cas. Je ne tiens pas à me retrouver employé de bureau, vendeur ou représentant.

– Rien à voir. Il ne s'agit pas d'un travail au sens *rétribué* du terme, mais de faire quelque chose pour moi. Inutile de tourner autour du pot : j'aimerais que tu gardes Didon pendant que je serais en Australie.

Gray ne répondit pas. Il observait une mouche qui mangeait une miette de tarte tombée sur le tapis – ou qui pondait dessus.

Didon la regardait aussi et roula des yeux lorsque la mouche s'éleva lourdement de la miette et vint folâtrer devant sa truffe.

– Tu comprends, je ne l'ai jamais quittée depuis qu'elle était jeune chiot, et elle a cinq ans maintenant. Impossible de la mettre au chenil : elle s'angoisserait, et moi, de la savoir mal, je ne profiterais pas de mon séjour.

Londres. Kensington. Bonne occasion pour dégager.

– Tu veux dire de la garder dans ton appartement ?

– *Non*, mon grand : je t'ai déjà expliqué que j'avais des ouvriers chez moi. Tu la garderas ici, bien sûr. Elle s'y plaît beaucoup, et puis comme tu ne travailles pas, elle ne restera pas toute seule. Tu pourras l'emmener faire de longues promenades.

Pourquoi pas, après tout ? Il aimait davantage Didon que la plupart des gens, et puis Isabel pourvoirait à sa nourriture avec, peut-être, possibilité d'une petite rallonge financière.

– Pour combien de temps ?

– Juste quatre semaines. Je pars le lundi 7 juin. Mon avion décolle de Heathrow à 3 heures et demie. Je pensais t'amener la chienne le dimanche au soir.

– Le dimanche 6 ?

– Exactement.

– Désolé, Isabel, fit Gray avec fermeté. Pas possible. Il faudra que tu trouves quelqu'un d'autre.

Pas question de louper la boum de Francis, surtout pour Isabel. Cette soirée était sa seule perspective agréable, la seule chose qui lui permettait de tenir. Il s'était déjà organisé, avait décidé de monter le dimanche matin pour pouvoir se balader dans Hyde Park, voir les marchands ambulants de Bayswater Road et arriver chez Francis vers 4 heures. Ce qui impliquerait d'aider à préparer la bouffe et à charrier des caisses de bouteilles, mais ça ne l'ennuyait pas, d'autant qu'il se ferait ainsi bien voir de Francis qui ne manquerait pas de lui offrir un lit pour la nuit. Ou du moins de 5 heures du matin jusqu'à ce qu'il émerge, aux alentours de midi. Il avait fantasmé sur cette soirée : de vrais gens à qui parler, de l'alcool et des cigarettes à volonté, de nouvelles filles dont l'une pourrait bien être celle qui lui ferait oublier, avec laquelle même il pourrait peut-être partager ce lit, ou le canapé, un coin de tapis ou de plancher. La seule idée de sacrifier cela pour une raison moins cataclysmique qu'une maladie grave ou le décès de sa mère le rendait fou.

– Désolé, mais je serai occupé, ce dimanche-là.

– Ah bon ? À quoi ? Tu ne fais jamais rien.

Gray hésita. Décider de ne plus être conciliant avec les vieux, c'était bien beau. Mais difficile à appliquer de manière systématique. Invoquer un dîner avec son éditeur ? Peu plausible, un dimanche soir. Et comme Isabel savait qu'il n'avait rien publié depuis trois ans, elle ne goberait sans doute pas. Il opta donc encore pour la vérité.

– Je vais à une party.

– Un *dimanche* ? Je trouve vraiment ça étrange, mon vieux Gray. À moins que tu n'ailles là-bas pour rencontrer quelqu'un vers qui tu pourrais – enfin, qui pourrait te donner un coup de main ?

– C'est bien possible, répondit-il en pensant à la fille imaginaire. (Puis, ne voulant pas paraître trop jésuitique, il ajouta :) Cette soirée, c'est juste pour le plaisir, il n'y a aucune obligation. Mais je tiens à y aller, Isabel, je suis désolé. Je vois bien que tu trouves ça égoïste, immoral, même – si, si, je le vois – mais tant pis : je ne la manquerai ni pour toi, ni pour Didon, ni pour personne.

– C'est bon, mon grand, va à ta soirée. Je pourrai t'amener la chienne le lendemain matin, après tout : je viendrai à midi, et je repartirai d'ici pour l'aéroport.

Sacré bon dieu ! songea-t-il, voilà de l'obstination ou je ne m'y connais pas. Pas étonnant qu'elle ait fait fortune en fourguant à des patrons ses tarées de dactylos illettrées.

– Isabel, expliqua-t-il avec patience, ce ne sera pas un cocktail où de vieux encroûtés de cinquante ans sirotent leur gin au vermouth avec des petits gâteaux entre 6 et 8, mais plutôt le genre nuit d'orgie. Je ne me coucherai pas avant 5 ou 6 heures du mat, alors tu penses bien que je n'aurai pas envie de me dépieuter aux aurores pour rentrer vous attendre ici, ton clébard et toi.

– C'est ce qu'on appelle parler franc ! fit Isabel avec un mouvement de tête et en toussotant, dans un effort inutile pour lui masquer combien elle avait rougi. Je crois qu'un peu de pudeur naturelle sur des agissements de ce genre ne serait pourtant pas superflue : tu aurais pu avoir la décence d'inventer une bonne excuse.

Allons bon, il ne fallait même pas être honnête ! On savait que tu aimais les femmes et l'alcool – bien au-delà de la réalité –

mais tu étais tenu, par pudibonderie victorienne, de faire passer la moindre petite bringue à Westbourne Grove pour un congrès au *Hyde Park Hotel.*

– Je peux avoir une de tes cigarettes ?

– Bien sûr. Je ne t'en ai pas offert parce que je croyais que tu avais arrêté. Bon, est-ce qu'il ne me serait pas possible d'amener Didon à midi et de la laisser à la maison – en l'enfermant dans la cuisine, disons – jusqu'à ce que tu rentres ?

– D'accord, tu peux faire ça. (Il n'y avait vraiment aucune échappatoire possible.) Je serai là vers 3 heures. Elle tiendra toute seule jusque-là ?

– Evidemment, qu'elle tiendra. Je lui mettrai de l'eau, et je te laisserai ce qu'il faut de boîtes et d'argent pour la viande fraîche jusqu'à mon retour. (Isabel se lança dans une longue liste de recommandations tandis que Didon, à l'insu de sa propriétaire mais pas de Gray, nettoyait la table des restes de tarte.) Maintenant, comment fait-on, pour la clef ?

Lorsqu'il était arrivé à la bicoque, il y avait eu trois clefs : celle qu'il gardait toujours sur lui, une autre pendue à un clou au-dessus de l'évier de la cuisine, et une troisième qu'elle avait dû jeter, depuis, avec tout ce qui pouvait lui rappeler Gray. Il alla chercher la deuxième clef.

– Je l'enfermerai dans la cuisine parce que, bien qu'elle soit *normalement* très propre, elle pourrait avoir un petit accident, seule dans un endroit qui lui est étranger.

Gray répondit que les petits accidents ne feraient pas grande différence, vu la saleté ambiante, mais qu'il était d'accord. Il précisa à Isabel que la fenêtre de la cuisine n'ouvrait pas.

– Ce ne sera pas grave, trois heures, du moment que tu te mets aux petits soins pour elle dès que tu rentres et que tu l'emmènes faire une bonne promenade. Je remettrai la clef à son clou, n'est-ce pas ?

Gray fit signe que oui. Tandis qu'Isabel s'essuyait la bouche et époussetait ses genoux avec des kleenex neufs, il tendit la main vers la chienne qui vint lui lécher les doigts avec force cabrioles, s'assit à ses pieds et appuya son pelage doré contre ses jambes. Il laissa son bras reposer sur elle, comme s'il enserrait les épaules d'une femme. La chaleur de ce corps, les pulsations du sang provoquaient une sensation étrange, nouvelle. Ce n'était certes pas un corps humain, pas du sang humain, une infinité de pensées ne roulaient pas sous ce crâne bien dessiné, mais le contact même de cette chaleur, l'expression de ce qui semblait être une véritable affection lui causèrent une douleur aiguë, soudaine, ravivèrent en lui la détresse de sa solitude. Il se trouva alors prêt à pleurer, à verser des larmes sur son désarroi, sur son insurmontable apathie, sur tout ce gâchis, et sur sa pauvre petite personne si faible.

Ce fut pourtant d'une voix normale qu'il s'adressa à la chienne :

– C'est chouette, hein, Didon ? Tu vas voir comme on s'entendra bien tous les deux, mon vieux toutou.

Didon leva la tête et lui balaya le visage d'un grand coup de langue.

3

À une heure où il somnolait encore, vers 8 heures peut-être, il entendit une lettre tomber sur le paillasson. Ce ne pouvait en être une d'Honoré, pas déjà. La facture d'électricité, trop modeste pour mettre son compte bancaire en péril, avait été réglée et le dernier avertissement pour le gaz ne viendrait sûrement pas si tôt. Ce devait donc être son relevé de droits. Enfin ! Non que cela pût annoncer une manne extraordinaire, mais si ça se chiffrait déjà à une petite centaine de livres, même une petite cinquantaine... Un minuscule capital de cet ordre suffirait à le motiver pour partir d'ici, trouver une chambre à Londres et un boulot de barman ou de plongeur jusqu'à ce qu'il se requinque et puisse se remettre à écrire.

Une lumière pâle emplissait la chambre et ondoyait au rythme du balancement des branches de hêtre dans le vent. Il resta allongé, pensant à Londres, à Notting Hill, à Ladbroke Grove qui montait en lacet jusqu'à Kensal Green, aux rues grouillant de monde toute la nuit. Finis les branchages, la boue, le bruissement des feuilles sous vos pas ; plus de ces journées interminables et vides. Bien qu'il ne comptât pas se rendormir, il s'assoupit en rêvant. Non pas de Londres comme on eût pu s'y attendre, mais d'elle. Dans les semaines qui avaient suivi leur séparation, elle avait hanté toutes ses nuits, il redoutait même le soleil à cause de ces cauchemars. Ils lui revenaient encore souvent, une ou deux fois par semaine. Et maintenant, elle était dans la chambre avec lui, dans cette chambre, le vent jouait avec ses cheveux qui n'étaient ni roux, ni blonds, ni châtains, mais d'une couleur renard, mélange des trois. Et ses yeux, avec leur teinte de cristal fumé, le fixaient.

Elle tendit une petite main aux doigts encombrés de bagues.

– On va en parler. Ça ne peut pas faire de mal.

– Pas de bien non plus.

Elle n'écouta pas sa réponse. Peut-être ne l'avait-il pas prononcée tout haut ? Qui peut savoir, dans les rêves ?

– Ce ne sera pas la première fois, dit-elle. Des tas de gens dans notre situation l'ont fait avant nous. Tu me diras qu'ils se sont fait prendre. (Il ne répondit pas, fasciné par ses yeux.) D'accord, mais on ne connaît pas tous ceux qui s'en sont tirés. Et nous, on appartiendra à cette catégorie.

– Nous ? répéta-t-il. À cette catégorie ?

– Oui, Gray, mon chéri, oui...

Plus proche, maintenant. Ses cheveux qui lui frôlent la peau. Il tendit les bras pour la saisir, mais sa chair était ardente, ses mèches folâtres devenues flammes. Il se recula, repoussa ce feu, cria tandis qu'il émergeait du rêve.

– Je ne peux pas faire ça ! Je ne pourrais même pas tuer une mouche... !

Pas question de rester au lit après cela. Encore frissonnant du choc de sa présence – car une femme serait-elle moins présente en songe qu'en réalité ? –, il se leva, passa un jean et un tee-shirt délavé. Peu à peu, son corps cessa de trembler. Il se trouva replongé dans le monde du réel, dans sa lumière crue, dans sa solitude, dans cette sécurité monotone et désespérante d'être sans elle. Il regarda sa montre : 11 heures et demie. Mais de quel jour ?

L'une des premières choses qu'il vit lorsqu'il descendit fut la tête d'une vache, tachée de blanc et de marron roux, qui le regardait par la fenêtre de la cuisine. Il ouvrit la porte de derrière et sortit dans ce carré d'orties, de pousses de bouleau et d'aubépine qui était censé être un jardin. Les vaches l'avaient envahi et tournaient en rond sous la lessive grisâtre qu'il avait laissée pendue au fil depuis le dimanche précédent. Les clôtures étaient interdites dans la forêt, et les fermiers avaient le droit de laisser paître leurs troupeaux où bon leur semblait, au grand dam des amateurs de jardins. Gray s'approcha des vaches, donna de petites tapes sur le mufle de plusieurs d'entre elles – qui évoquait, au toucher, la truffe de Didon – et les harangua sur les bienfaits de l'anarchie et les méfaits de la propriété. Puis il se souvint de la lettre, du relevé de droits, et alla la chercher. Mais avant même de l'avoir ramassée, le timbre – cette bêcheuse de Marianne qui semait ses fleurs ou Dieu sait quoi ! – lui indiqua qu'il s'était trompé.

L'anglais d'Honoré donnait à peu près ceci :

Mon cher fils... (Gray avait fini par s'habituer à cette appellation, mais elle le faisait toujours tiquer.) *Mon cher fils, J'ai essayé de téléphoner toi jeudi soir dernier, mais la ligne était occupée, et encore vendredi mais la ligne toujours était occupée. Comme tu dois avoir la bonne vie avec tous tes amis ! Tu ne dois pas être inquiet, mais Maman n'est pas bien et le Dr Villon dit qu'elle va avoir encore une attaque de paralyse. Il y a beaucoup de travail ici et je m'ai habitué à être juste un pauvre infirmier en service le jour et la nuit pour faire les soins de ta maman.*

Maintenant ça sera bon si tu viens. Pas aujourd'hui, bien sûr, mais sois prêt à venir si Maman va pire. Pour ça quand tu dois venir je parlerai avec toi au téléphone pour te dire c'est le moment de venir mon fils. Si tu répondras tu n'as pas d'argent pour payer le train ou l'avion, alors j'enverrai l'argent à toi. Pas dans une lettre – c'est contre la loi, donc je ferai pas – mais à ta banque qui est Midland à Waltham Abbey, puisque tu as dit que tu peux le prendre là quand tu dois venir. Pour ça je fais arrangements. Oui, tu te dis c'est drôle, Honoré paie de l'argent à moi, pourtant il fait tellement attention à ses petites économies. Mais le vieux Honoré il connaître les devoirs d'un fils pour sa maman, et pour ça il casser la règle de pas envoyant argent à un fils qui ne pas travaille et il fait arrangements pour la banque avoir trente livres.

Ne sois pas inquiet. Le Dr Villon, il dit que le Dieu ne pas prend maman encore et qu'il n'y a pas besoin chercher le Père Normand, mais qu'il faut prévenir toi qui est son unique enfant. Sois calme mon garçon. Ton papa qui t'aime,

Honoré Duval.

P.S. J'ai prêté au maire la translation du livre que tu m'as donné et il le lire quand il a des loisirs. Tu aimeras avoir la critique d'un homme raisonnable comme il est le maire. H.D.

Gray savait que le seul lien avec la littérature dont ledit maire de Bajon puisse se targuer était que sa grand-tante avait été bonne chez un cousin de Baudelaire. Il chiffonna la lettre et la jeta derrière la baignoire. Honoré savait parfaitement bien qu'il lisait le français sans difficulté, mais il s'obstinait à lui écrire dans cet horrible anglais de cuisine qu'il avait appris lorsqu'il était serveur à Chaumont. Gray ne pensait pas que la vie de sa mère soit véritablement en danger : il n'accordait que peu de crédit aux diagnostics du Dr Villon, un autre – avec le maire – des copains d'Honoré au bistrot du cru, l'*Écu d'Or*.

Il n'irait pas jusqu'à affirmer que le sort de sa mère lui importait peu, et il avait bien l'intention de prendre l'avion pour la France si elle était réellement sur son lit de mort, mais il ne lui restait guère d'attachement pour elle. Dire qu'il l'aimait serait faux. Cela avait été un grand choc pour lui quand, lors d'un voyage touristique en France avec Isabel, elle s'était amourachée – Gray ne pouvait se résoudre à l'expression « tombée amoureuse » – d'un des serveurs de l'hôtel de Chaumont. Il avait quinze ans, à l'époque, sa mère quarante-neuf et Honoré dans les quarante-deux. Même à présent, il ne révélait jamais son âge véritable, se faisant juste passer pour un vieil homme sur lequel la tâche d'infirmier pesait bien lourd. Ils s'étaient mariés très rapidement, après cela, Honoré s'étant rendu compte que sa future était propriétaire de la voiture dans laquelle elle voyageait et, bien plus important encore, d'une assez grande maison à Wimbledon. Quels que fussent ses effets sur la famille de la mariée, le mariage avait apparemment été heureux. La maison de Wimbledon avait été vendue et Honoré avait construit un petit pavillon dans son village natal de Bajon-sur-Lone, où ils avaient vécu depuis. Mme Duval était, le jour de ses noces, devenue catholique, autre désertion que Gray trouvait difficile à pardonner. Lui-même n'avait pas de religion, en grande partie parce que sa mère l'avait élevé dès le berceau dans l'agnosticisme. Balayé, tout cela, depuis son remariage : maintenant, elle invitait le curé pour le thé et se faisait marquer le front le mercredi des Cendres. Avant sa maladie, du moins. La première attaque l'avait frappée quatre ans plus tôt. Gray avait alors effectué le déplacement et payé sa traversée avec l'argent de la publication de ses nouvelles. De même après la seconde attaque, grâce cette fois à l'avance substantielle perçue pour son roman. Il s'était parfois demandé comment il ferait lorsqu'une nouvelle attaque, peut-être fatale celle-là, surviendrait. Maintenant, il savait : Honoré casquerait.

Honoré *avait* casqué. Délicieuse pensée que celle de se dire que l'argent était là, qui l'attendait, et qui rendait l'attente du relevé moins chargée d'angoisse. Il versa un sachet de curry d'agneau lyophilisé dans une casserole, ajouta une dosette d'eau tiède, tourna jusqu'à l'ébullition et alla manger le tout sur le seuil. Les vaches avaient commencé à s'éloigner, en quête de pâturages plus riches que les parterres d'orties de Mal. À midi juste, le laitier arriva.

– J'ai mon lait sur pattes, dit Gray qui se sentait parfois obligé d'être fidèle à sa réputation de joyeux drille. Attention à la concurrence.

– Votre lait sur pattes ? Vous êtes vraiment un comique, vous ! Ces vaches-là, c'est tous des bœufs, au cas où vous auriez pas remarqué.

– Je ne suis qu'un pauvre Londonien, et fier de l'être.

– Ben, il faut de tout pour faire un monde. Ça irait pas si on était tous pareils, pas vrai ? Juste pour vos tablettes, on est jeudi 20 mai.

– Merci, dit Gray. À bientôt.

– À bientôt, fit le laitier.

Gray fit une vaisselle géante, la première depuis quatre ou cinq jours, lut le dernier chapitre de *Rogue Herries* et partit sur le chemin. Il avait plu en début de semaine. Et la terre était lourde d'avoir été piétinée par la vingtaine de bœufs qui avaient laissé sur leur passage des bouses fumantes d'où s'exhalait une odeur âcre. Il les rattrapa devant le portail de la ferme. Il ne savait pas grand-chose de Willis, sauf qu'il avait une femme au visage en lame de couteau et une Jaguar rouge. Mais les vaches, ça vit dans des fermes, et ces vaches-ci voulaient manifestement pénétrer dans cette ferme-là. C'était de toute évidence l'endroit qui leur convenait le mieux. Il ouvrit donc le portail, un assemblage fantaisiste de roues de charrettes entre des barres, et regarda les bovins entrer de ce trot maladroit qui leur est si particulier, remonter l'allée de gravier et traverser la pelouse de Mr Willis. Celle-ci était une étendue luisante de velours vert sur laquelle un arroseur faisait retomber une pluie fine. Il s'adossa au montant du portail, captivé par les bestiaux et amusé de leurs ébats.

Trois d'entre eux se mirent immédiatement à dévorer des tulipes. Les tiges et les calices vermillon dépassaient comiquement de leurs mâchoires – comme dans un dessin animé de Disney. Les autres se bousculaient à qui mieux mieux sur la pelouse et il y en eut un qui commença à se diriger vers l'arrière de la maison. Gray changea ses livres de bras et s'apprêtait à repartir lorsque la fenêtre de la ferme s'ouvrit à la volée.

– C'est vous qui avez ouvert le portail ? cria une voix.

Le visage en lame de couteau de Mrs Willis.

– Oui. Ils voulaient entrer. Ils ne sont pas à vous ?

– À *nous* ? Depuis quand avons-nous des troupeaux ? Vous voyez ce que vous avez fait, espèce d'idiot ? Regardez-moi ça !

Gray regarda. Le délicieux gazon bien moelleux était haché menu par quelque quatre-vingts sabots fendus.

– Je suis désolé, mais ce n'est que de l'herbe. Ça va se cicatriser, quel que soit le terme exact.

– Se cicatriser ! glapit Mrs Willis, le buste à moitié sorti, agitant les bras dans sa direction. Vous n'êtes pas un peu malade ? Vous savez ce que ça a coûté à mon mari, une pelouse comme ça ? Des années de travail et un argent pas possible ! On devrait vous envoyer la facture, espèce de... de vaurien chevelu ! Je vais le dire à mon mari, qu'il vous fasse payer même s'il faut vous faire un procès !

– Ta gueule, vieille folle, fit Gray par-dessus son épaule.

Des hurlements de réprobation, des menaces de sanctions et des condamnations de son langage le poursuivirent tout au long du chemin. Il était d'une humeur noire qui ne fut en rien apaisée lorsqu'il s'aperçut, arrivé à la banque cinq minutes avant la fermeture, qu'il ne restait plus que deux livres et quarante-cinq *pence* sur son compte. Il les sortit, puisque les trente livres d'Honoré devaient arriver d'un jour à l'autre. Ce qui, cependant, n'autorisait guère de folies pour les boîtes de conserve. Il rendit *Rogue Herries* et *L'Homme au masque de fer* et prit *Anthony Absolute, Le Prisonnier de Zenda* et *Pas d'orchidées pour Miss Blandish*, tous des livres de poche reliés par la bibliothèque. Ils n'étaient pas lourds, et ce fut précisément le jour où il n'avait pas besoin qu'on le ramène qu'on le lui proposa. Il venait juste d'entrer dans Pocket Lane lorsque la voiture de miss Platt s'arrêta à côté de lui.

– Je suis heureuse de vous voir, monsieur Lanceton, parce que je voudrais savoir si vous pourriez venir à ma petite soirée de mardi en quinze.

Il monta dans la voiture.

– Votre quoi ? s'écria-t-il, non par impolitesse car il aimait bien miss Platt pour ce qu'il connaissait d'elle, mais parce que l'idée qu'une dame de soixante-dix ans puisse organiser une soirée, en cet endroit qui plus est, lui parut originale au point d'en être saugrenue.

– Juste une réunion entre amis et voisins autour d'un verre et de quelques sandwiches, le 8 juin vers 7 heures. Je vais déménager, voyez-vous. J'ai vendu la maison et je pars le 9.

Gray marmonna quelques paroles de regret de la voir partir. Ils passèrent devant la ferme, que les vaches avaient désertée à présent, et virent Mrs Willis en train de damer le gazon défoncé avec le plat d'un râteau.

– Oui, elle s'est vendue le jour même où j'ai fait passer l'annonce. À vrai dire, je trouvais insensé le prix que l'agent me conseillait d'en demander. Rendez-vous compte, quinze mille livres pour un cottage ! Mais l'acheteur n'a pas tiqué.

– Ça fait une belle somme, dit Gray.

Il n'en croyait pas ses oreilles. La maison de miss Platt était du même type que la bicoque, en plus pimpant. Quinze mille...

– Le prix des maisons a triplé, par ici, ces dernières années. La forêt est zone inconstructible, voyez-vous, alors que nous sommes si près de Londres. J'ai acheté l'appartement au-dessus de chez ma sœur, à West Hampstead, parce qu'elle n'arrive plus à se débrouiller toute seule. Mais ça va être dur de s'y faire, après avoir vécu dans un endroit aussi délicieux, n'est-ce pas ?

– Je ne suis pas de votre avis, dit Gray en toute sincérité. Vous vous y plairez beaucoup.

– Espérons. Alors, vous viendrez ?

– Ça me ferait plaisir. (Une pensée le frappa soudain.) Au fait, les Willis seront là ?

– Je ne leur ai pas demandé. Ce sont des amis personnels à vous ?

– Mrs Willis serait plutôt mon ennemie personnelle : j'ai fait entrer les vaches dans leur jardin.

– Seigneur ! s'esclaffa miss Platt, vous ne devez pas être en odeur de sainteté, alors. Non, il y aura seulement ma sœur et moi, Mr Tringham et quelques amis de Waltham Abbey. Vous avez souvent des nouvelles de Malcolm Warriner ?

Gray répondit qu'il avait reçu une carte postale, une vue du Fuji-Yama, pour Pâques. Il remercia miss Platt de l'avoir raccompagné et sortit de voiture. Il prépara un pot de thé, s'assit dans la cuisine et se plongea dans *Le Prisonnier de Zenda* tout en grignotant des tartines de margarine. Le vent s'était levé et charriait des nuages qui créaient la pénombre bien qu'il fût encore tôt. Il alluma le four et l'ouvrit pour se donner un peu de chaleur.

Il fallut que le téléphone sonne pour qu'il se souvienne : jeudi, avait dit le laitier. Le soir où il décrochait toujours. Sa montre indiquait 7 h 10 : Microbe devait être parti à son truc maçonnique depuis une heure. Elle essayait de le joindre tous les jeudis soir, mais n'y parvenait jamais parce que la ligne était toujours occupée. Comme ce n'était pas le cas maintenant, elle avait réussi. Ce ne pouvait être qu'elle, bien sûr. Elle allait lui parler, il allait lui répondre, et dans une demi-heure, elle serait ici. Il se dirigea vers le téléphone, dans le « salon », sans se précipiter, d'un pas lent mais déterminé, comme un homme qui sait qu'il s'avance vers un destin inéluctable, redouté et désiré à la fois. Son cœur cognait à lui faire mal. Elle était dans ce téléphone comme le génie dans la lampe, attendant d'être libérée par le contact de sa main, pour se couler dans la pièce, l'emplir de blond roux, de vert cristal, d'*Amorce dangereuse*.

Il était tellement certain que c'était elle qu'il ne prit même pas la peine de dire bonjour ou d'annoncer le numéro de Mal. Il ne fit que murmurer « Salut » d'une voix triste, résignée, nostalgique, comme toujours quand il savait qu'elle était au bout du fil.

– Gray ? demanda Francis. Oh ! excusez-moi, je voudrais parler à Graham Lanceton.

Soulagement ou désespoir ? Gray ne savait ce qu'il ressentait, à moins que ce ne fût le début d'un infarctus.

– C'est moi, imbécile, qui veux-tu que ce soit ? Tu crois que j'entretiens des domestiques ?

– Je ne te reconnaissais pas.

– C'était pourtant moi. C'est moi.

– Dis, ça devient sérieux : à t'entendre, on dirait que tu perds complètement la boule, dans ton trou. Écoute, j'appelais au sujet de la boum. Est-ce que tu pourrais te débrouiller pour venir samedi ?

Dix minutes plus tôt, il aurait bondi de joie à cette seule pensée.

– Si tu veux, dit-il.

– Parce qu'il faut que j'aille chercher une vieille parente à la gare Victoria le matin, et je voudrais qu'il y ait quelqu'un ici quand les mecs viendront brancher une installation électrique spéciale pour la soirée. Un système de spots clignotants qui a un effet psychédélique dément.

– J'y serai. J'arriverai chez toi vers 10 heures.

Son cœur avait cessé de cogner. Lorsqu'il raccrocha, il se sentit abattu, pris de nausée. Il s'assit dans le fauteuil en skaï marron, dans la pénombre, les yeux fixés sur ce téléphone silencieux, secret, ce téléphone qui, avec une superbe indifférence, avait rétracté ses organes comme une anémone de mer, ignorait son regard et semblait s'être enfermé dans le sommeil, accroupi sur son support.

Bon Dieu ! il ne fallait pas commencer à investir cet objet d'une personnalité, ou il allait tomber en pleine névrose : ce serait l'hôpital psychiatrique assuré, avec électrochocs ou autres trucs de ce genre à la clef. Tout mais pas ça. Plutôt l'appeler tout de suite, lui parler, établir une bonne fois pour toutes qu'il ne devait jamais plus y avoir le moindre contact entre elle et lui.

Seulement ils se l'étaient déjà promis, ça. À Noël, n'est-ce pas ?

– Si tu me téléphones, je raccrocherai.

– C'est à voir, avait-elle répondu. Tu n'en aurais pas le courage.

– Inutile d'essayer, alors. Je te l'ai dit et répété : si tu ne peux pas arrêter de me harceler avec cette idée fixe que tu as, ça ne vaut plus la peine. Or, tu ne peux pas, manifestement.

– Je fais ce que je veux. Je fais toujours ce que je veux.

– Peut-être, mais je ne suis pas obligé de te suivre, moi. Au revoir. Pars tout de suite, je t'en prie. Nous ne nous reverrons pas.

– Pour ça, tu peux y compter, avait-elle dit.

Ils avaient donc bien conclu un pacte, n'est-ce pas ? Nous nous sommes aimés fidèlement pendant deux ans ou presque, ça n'a pas marché... Mais s'il y avait eu pacte, pourquoi continuait-il à espérer et à redouter ? Pourquoi décrochait-il le téléphone ? Parce qu'elle avait raison : si elle avait appelé, il n'aurait pas eu la volonté de résister. Parce qu'il était intimement, orgueilleusement convaincu que cinq mois de séparation seraient insuffisants pour qu'elle cessât de l'aimer. Mais peut-être, en tant que femme, ne voudrait-elle pas risquer l'humiliation de se faire raccrocher au nez. Il pouvait appeler, lui...

Microbe ne rentrerait pas avant 11 heures. Elle était seule, là-bas. C'était idiot : il se rendait malade, il se gâchait la vie. Il bondit de son fauteuil et alla au téléphone.

Cinq-zéro-huit... Il fit ces premiers chiffres rapidement, mais hésita avant les quatre derniers. Il reprit plus lentement, en composa trois, mit son doigt dans le trou du neuf, l'y laissa, immobile, tremblant, puis l'ôta. « Bon dieu ! » lâcha-t-il en abattant le tranchant de sa main sur la fourche du combiné, qu'il laissa choir et aller heurter les clubs de golf en se balançant au bout de son fil.

Cela n'apporterait rien de bon : pendant un soir, une semaine peut-être, il serait tranquille avec elle, et puis tout recommencerait, ce harcèlement, ce seul et unique sujet de conversation pendant les moments où ils ne faisaient pas l'amour. Et il ne pourrait pas continuer à se dérober comme en été et en automne derniers car il serait bien obligé de lui dire, à la fin, qu'il ne pouvait pas le faire. De lui dire, comme à Noël, que si c'était ça ou ne pas la voir, il choisirait de ne pas la voir.

Il sortit par la porte de devant et resta planté parmi les fougères que les vaches avaient aplaties en une litière hirsute. Des branches noires fouettaient les nuages qui se ruaient dans le ciel. Là-bas, derrière lui, se trouvaient Loughton, La Petite Cornouailles, Combe Park. C'était quand même un comble, songea-t-il avec lassitude : ils étaient dévorés par l'envie de se voir, lui ici, elle là-bas ; seulement six kilomètres les séparaient ; le téléphone pouvait les relier en une seconde ; ni l'un ni l'autre n'éprouvait de scrupule à tromper Microbe ou de répulsion pour l'adultère ; et pourtant ils ne pourraient plus jamais se revoir parce qu'elle ne cessait de lui demander ce qu'il ne voulait – ce qu'il ne pouvait en aucune circonstance – accepter de faire.

4

Il ne dormit guère, cette nuit-là. Probablement pour ne pas avoir suivi la méthode par laquelle il trouvait habituellement le sommeil, la ressource de l'écrivain, celle de se raconter une histoire dès qu'il mettait la tête sur l'oreiller. Au lieu de cela, il fit ce qu'il avait fait pendant ces nuits d'insomnie de janvier : penser à elle et à leur première rencontre.

Et pourtant, il n'avait pas vraiment voulu aborder le sujet. Il méditait, allongé, sur les curieux effets du hasard, comme un infime changement d'intention, un mot prononcé par un ami, un retard, un léger accroc à la routine quotidienne peuvent inéluctablement décider du sort d'une vie. C'est ce qui s'était produit lorsque sa mère et Isabel, réveillées aux aurores par la sonnerie du téléphone – une erreur, bien sûr – et incapables de se rendormir, étaient parties plus tôt que prévu et avaient atteint Douvres à temps pour prendre le premier bateau. C'est ainsi qu'elles étaient arrivées à Chaumont avant la tombée de la nuit alors qu'elles n'auraient dû s'y trouver que le lendemain soir, date à laquelle Honoré n'était pas de service. Qui avait téléphoné ? Quel étourdi, en se trompant de numéro à 4 heures du matin, s'était fait involontairement l'instrument du destin et avait provoqué un mariage et un changement de nationalité ?

Dans son cas à lui, il connaissait l'instrument du destin. Jeff s'était servi des vingt dernières feuilles de papier machine – pour quoi faire ? taper des factures de déménagement ? des inventaires de meubles ? – et il avait dû aller chez Ryman en chercher une rame neuve. Il n'en restait plus en stock au magasin de Notting Hill. Pourquoi alors n'avait-il pas traversé Hyde Park à pied pour aller à celui de Kensington High Street ? Parce qu'à ce moment précis, le feu était passé au rouge, le bus – le 88 – s'était arrêté, et il avait pu y monter. Etait-ce donc ce feu rouge qui avait scellé son destin ? ou le commerçant qui n'avait pas fait rentrer sa commande de papier ? ou Jeff ? ou le client qui avait besoin de son inventaire de tables et de chaises avant de pouvoir déménager ? Inutile de continuer : on peut remonter jusqu'à Adam et Eve, quand on essaye de savoir qui tient, qui déroule et qui coupe le fil du destin.

Le 88 l'avait emmené au bout d'Oxford Street et il était allé au Ryman de Bond Street. Il avait toujours aimé le contact d'une rame neuve, sous son bras. Pour lui, loin de le décourager, les feuilles vierges étaient un stimulant : il les remplirait de richesses. Et c'est parce qu'il était plongé dans ces pensées, les yeux baissés au lieu de regarder où il marchait, qu'il percuta, avant même d'avoir eu le temps de l'apercevoir, la fille qui arrivait en face, si bien que tous les paquets qu'elle tenait dégringolèrent sur le trottoir et que son flacon de parfum se brisa sur le rebord d'une vitrine de magasin.

Il en sentait encore l'effluve, celui-là même qui avait si longtemps persisté dans la bicoque après s'être volatilisé en un nuage de vapeur entêtante dans le petit froid vif de janvier.

– Pourriez pas regarder où vous marchez ?

– C'est valable pour vous aussi, avait-il répondu sur un ton peu amène. (Devant sa beauté, il s'était radouci :) Désolé pour votre flacon de parfum.

– Je veux, oui ! La moindre des choses serait que vous m'en achetiez un autre.

– D'accord, fit-il avec un haussement d'épaules. Où est-ce qu'on en trouve ?

Il pensait qu'elle refuserait, alors. Elle dirait que ça n'avait pas d'importance. Elle lui donnait l'impression, tandis qu'ils se tenaient côte à côte pour ramasser les paquets, de ne pas être dans le besoin, loin de là : un manteau en renard roux de la même couleur que ses cheveux, des bottes de cuir crème, des bagues qui saillaient sous les gants en chevreau.

– Ici, avait-elle répondu.

Ça ne le mettrait pas dans la gêne. Sans être riche, il avait davantage d'argent que jamais auparavant – ou depuis. Il la suivit dans la chaleur du magasin bondé, sa rame de papier toujours sous le bras.

– Comment il s'appelle, votre machin ?

Il y avait toute une série de comptoirs de cosmétiques. Le sien avait un nom français.

– *Amorce dangereuse.*

Il lui en coûta près de six livres. Le prix était si exorbitant, et elle accepta avec une candeur tellement enfantine – elle s'amusa à lui en mettre une goutte sur le poignet en même temps que sur le sien – qu'il éclata de rire. Rire qui se figea aussitôt sur ses lèvres lorsqu'elle approcha son visage, lui posa une main sur le bras et demanda tout bas :

– Vous savez ce que ça signifie, le nom de ce parfum ?

– Appât dangereux, séduction dangereuse.

– Oui. Tout à fait approprié.

– Allons, venez : je vous offre un café, ou un verre de ce que vous voudrez.

– Impossible, je dois partir. Appelez-moi un taxi.

Il n'avait guère apprécié de se faire ainsi commander, mais il héla un taxi et donna au chauffeur une adresse dans la Cité qu'elle lui avait indiquée. Tandis qu'il lui tenait cérémonieusement la portière pour ironiser sur la façon de tout prendre pour acquis – de prendre, de séduire et de se dérober ensuite – elle l'interloqua en jetant négligemment par-dessus son épaule, en guise d'adieu :

– Demain 7 heures, New Quebec Street. D'accord ?

Et comment, d'accord ! C'était fantastique. Insensé, aussi. Le taxi démarra et se perdit dans la circulation. Sa main sentait l'*Amorce dangereuse*. Demain 7 heures, New Quebec Street. Il ne savait pas où c'était, mais il trouverait et y serait. Une petite aventure ne lui ferait pas de mal.

Avait-il vraiment cru cela, avant que les choses ne commencent : que ce serait une petite aventure ? Il se souvint que oui, et aussi qu'il n'y aurait sans doute pas de suite. Ce genre de rendez-vous qui laisse aux intéressés une trentaine d'heures de réflexion ne débouche généralement sur rien... Mais c'est ainsi que c'était arrivé. Jeff, en lui piquant le reste de son papier, l'avait, telle une main divine, envoyé à Bond Street et jeté dans les bras de cette fille. Jeff lui avait gâché sa vie, ce brave Jeff qui ne ferait pas de mal à une mouche. À Jeff il incombait de le sauver, donc, même s'il était évident que son salut ne pouvait venir que de lui-même.

Car c'était bien un gâchis. La rame de papier avait été entamée, certes, mais seulement d'une centaine de feuilles. Le moyen d'achever un roman sur les complexités de l'amour telles que vous les connaissez, lorsque vous vous apercevez, au beau milieu, que toutes vos conceptions étaient erronées ? Que l'idée sur laquelle vous le fondiez est insipide et fausse parce que vous venez de découvrir sa véritable signification ?

Toute cette nuit de rêve et de pensées l'avait comme purgé d'elle, au matin. Mais il savait que la catharsis n'était pas complète, que son succube viendrait à nouveau le posséder pendant la journée et la nuit suivante.

La tempête s'était déchaînée et hurlait, autour de la masure. Il n'y avait pas eu de courrier depuis des jours. Repoussant son obsession hors de son esprit excorié, il commença à s'inquiéter de son relevé de droits. Pourquoi n'était-il pas arrivé ? Le dernier datait de début novembre, portait sur les droits comptabilisés jusqu'en juin précédent, et le chèque lui était parvenu à la fin du mois. Voilà belle lurette qu'il aurait dû recevoir le relevé de ses gains de juin à décembre. *Peut-être n'y avait-il plus rien à venir.* Au temps où les chèques s'élevaient à plusieurs centaines de livres, il n'avait jamais songé à se demander si on prendrait la peine de le prévenir lorsque ses droits seraient épuisés. Peut-être que non. Peut-être les comptables, caissiers ou Dieu sait quoi suivaient-ils juste froidement une liste de noms et, arrivés à lui, disaient : « Graham Lanceton ? Terminé. Aux oubliettes, celui-là. »

Il partit chercher le relevé de novembre, qu'il avait rangé dans un coffret de sûreté de la chambre d'ami. Un numéro de téléphone figurait sur l'en-tête : celui des services de comptabilité, quelque part dans le Surrey, à des kilomètres de leur siège de Londres. Gray savait que tout écrivain sérieux et sensé composerait tout bonnement ce numéro, demanderait à parler à un responsable et s'enquerrait de ce qui avait bien pu arriver à ses sous. Mais cela ne le tentait guère : il ne pensait pas qu'il supporterait, à ce moment de sa vie, après la nuit qu'il venait de passer, d'entendre la voix bourrue d'un vague comptable lui annoncer, du haut de ses trois mille livres annuelles, que son compte à lui était vide. Non, décida-t-il, il attendrait encore une semaine, et s'il n'y avait toujours rien, il appellerait Peter Marshall. Peter était son directeur littéraire, un très brave type qui s'était montré adorable quand *Le Vin de l'étonnement* était – dans l'impatience générale – venu au monde, et tout aussi adorable, quoique navré, quand il devint clair que ledit *Vin de l'étonnement* n'aurait pas de petits frères. Bien sûr, il ne manquerait pas de demander si Gray écrivait quelque chose et de lui rappeler qu'ils avaient priorité sur tout roman qu'il pourrait produire, mais il ne se montrait ni harcelant ni désagréable. Il promettait gentiment, sur un ton rassurant, de s'occuper de ça. Peut-être même l'inviterait-il à déjeuner.

Cette décision prise, il inspecta son garde-manger. Il était évident que même lui ne pourrait pas tenir jusqu'à la fin du mois avec deux boîtes de compote, un paquet de gelée à la fraise et un morceau de pain viennois dur comme pierre. Il fallait se procurer de l'argent. Il songea vaguement à taper Francis mais c'était sans espoir, à s'adresser à l'Aide Sociale mais il devrait alors plier bagage et aller à Londres, à vendre sa montre à la boutique, près de l'Abbaye, mais ils étaient déjà en possession de son briquet et il ne voulait pas se séparer de cette montre. Une seule solution : piocher dans l'argent d'Honoré, du moins en partie. La simple pensée d'avoir à utiliser des fonds destinés à rejoindre une mère mourante l'horrifiait, mais il se persuada de ne pas être stupide : Honoré lui-même ne voudrait sûrement pas le laisser crever de faim.

La pluie s'était mise à tomber. À verse. Il prit le ciré de Mal à la cave, l'enfila et sortit en pataugeant pour se rendre à la banque. Là, il retira dix livres, bien décidé à les dépenser avec la plus grande parcimonie, prêt à s'astreindre au besoin à un régime de lait, pain et fromage jusqu'à l'arrivée du chèque. Il avait fourré l'argent dans une poche du ciré, et lorsqu'il fouilla dedans pour prendre un billet, une feuille de papier toute froissée vint avec. Il la lut et n'en crut pas ses yeux. Il n'avait pas mis ce ciré depuis près de six mois – il restait en général à la maison quand il pleuvait – et il devait y avoir enfoui la lettre du directeur des contrats de sa maison d'édition aux alentours du mois de décembre. Datée de juste avant Noël – oh ! Drusilla, ce Noël ! – elle l'informait que *Le Vin de l'étonnement* avait été vendu pour parution en feuilleton dans les périodiques yougoslaves et que les droits s'élevaient à cinquante livres. Une misère, mais de l'argent quand même. Il allait donc recevoir un chèque, on ne l'avait pas oublié. Bon, alors plus besoin de se priver. Il acheta de la viande fraîche, des légumes surgelés, du pain, du vrai beurre et deux paquets de cigarettes – il en alluma une aussitôt sorti du magasin.

Elle lui donna un peu la nausée. À part celle qu'il avait tapée à Isabel, c'était la première qu'il fumait depuis l'automne, lorsqu'il se servait toujours dans les paquets de king size de Drusilla.

– Il faut que j'arrête, avait-il dit alors. J'ai mauvaise conscience à me faire entretenir en clopes par Microbe. Parce que ça revient à ça, en fait.

– Débrouille-toi pour que ce ne soit plus le cas.

– Tu ne vas pas recommencer. Laisse-nous un jour de répit.

– C'est toi qui as ramené la conversation sur Microbe.

Ils n'avaient pas parlé de Microbe, la première fois. Pas de chamailleries sur un surnom ridicule, seulement une vague allusion à un mari en arrière-plan.

– Mrs Harvey Janus ? Eh bien si j'étais Mr Harvey Janus, je n'apprécierais pas trop cette situation, mais puisque je ne le suis pas...

Lorsqu'il l'avait attendue sur New Quebec Street, dans ce complexe qui s'étend derrière Marble Arch, il ne connaissait même pas son nom. Elle était en retard, et il commençait à penser qu'elle ne viendrait pas. Son taxi arriva à 7 h 20, au moment où il était sur le point d'abandonner et de se dire que ce n'était plus la peine de se demander où il l'emmenerait, faire une balade, dans un pub – quoi d'autre ? Une main s'agita par la vitre ouverte et lui fit signe de venir. Elle était assise au milieu de la banquette et portait un pantalon blanc, une veste en fourrure, un immense chapeau noir et de non moins immenses lunettes de soleil. Des lunettes de soleil en janvier...

– Bonjour. Montez.

Il jeta un coup d'œil vers le chauffeur qui gardait son regard inexpressif obstinément braqué devant lui.

– Allez, montez. (Elle tapota du doigt sur la vitre de séparation.) À l'hôtel *Oranmore*, Sussex Gardens. Vous ne connaissez pas ? Rien d'étonnant. Descendez Sussex Gardens, c'est à peu près à mi-chemin sur la droite.

Dire que Gray était interloqué serait une litote. Il monta, l'interrogea du regard et referma la vitre de séparation entre le chauffeur et eux.

– Vous pourriez me mettre un peu au courant ?

– Pourquoi, il faut te faire un dessin ? C'est un endroit tenu par une vieille bonne femme et son mari. Tu n'auras qu'à signer le registre quand on arrivera, et elle te dira que tu préfères sûrement payer tout de suite au cas où on voudrait partir tôt le matin.

– Mais, euh... (Il avait du mal à suivre une entrée en matière aussi rapide, sans le moindre préambule.) Rien ne nous pressera, demain matin, n'est-ce pas ?

– Nous devrons être partis à 9 heures et demie ce soir, mon mignon. On a juste deux heures à nous. Elle nous demandera de laisser la clef sur la commode quand nous sortirons. Eh bien, t'as pas l'air trop dégourdi, pour ce genre de truc.

– Mes maîtresses ont généralement des appartements ou des chambres.

– Je suis une femme mariée, moi. Et juste pour ton information, sache que je suis censée prendre un cours de yoga, en ce moment. (Elle gloussa d'un rire niais dans lequel il crut discerner une touche de triomphalisme enfantin.) C'est pas pour tout le monde que je le sacrifierais.

– Je ferai mon possible pour que vous ne le regrettiez pas.

L'*Oranmore*, une maison du début du dix-neuvième, avait jadis dû être un bordel. Son nom s'étalait en lettres de néon bleu au-dessus de la porte, mais les deux O étaient éteints. Ils s'enregistrèrent sous le nom de Mr et Mrs Browne, et on leur donna la clef de la 3. La vieille femme se comporta exactement comme prévu.

– Vous avez un prénom, Mrs Browne ? demanda Gray dans les escaliers.

– Drusilla, répondit-elle.

Il tourna la clef dans la serrure et ils pénétrèrent dans une petite chambre à lits jumeaux, avec un mobilier de brocante, un lavabo et un réchaud à gaz. Drusilla baissa le store.

– Drusilla comment ? fit-il en s'approchant d'elle. (Il lui posa les mains sur la taille, qu'elle avait très fine et délicate. Elle répondit instantanément à son contact par une pression du bassin.) Drusilla comment ?

– Janus. Harvey Janus.

– Eh bien si j'étais Mr Harvey Janus, je n'apprécierais pas trop cette situation. Mais puisque je ne le suis pas...

Il lui dégrafa sa veste de fourrure. Elle était nue, en dessous. Il s'était plus ou moins attendu à cela, et il commençait déjà à essayer de la jauger, de prévoir le genre de choses osées, provocantes, directes qu'elle lui réservait. Il n'en recula pas moins d'un pas avec un sursaut de surprise.

Elle se mit à rire. Elle ôta son chapeau, son collier de perles et sa veste, certaine, pensa-t-il, qu'elle dominait la situation et que tout se passerait comme elle l'entendait. Mais il en avait assez de la voir diriger la manœuvre.

– Tais-toi, dit-il en la saisissant à bras-le-corps. (Elle s'arrêta de rire, mais ses lèvres restèrent entrouvertes et ses yeux pâles s'arrondirent.) Voilà, c'est mieux, comme ça. Tu as dit deux heures, je crois ?

Elle n'ouvrit pratiquement plus la bouche, durant ces deux heures. Ce soir-là, elle ne lui révéla rien de sa vie et ne lui demanda son nom que lorsqu'ils furent redescendus, avant de passer devant la vieille femme qui, fidèle à son rôle, leur souhaita une bonne soirée et leur rappela de ne pas oublier la clef. Il la raccompagna à la station de métro de Marble Arch.

– Jeudi prochain ? Même heure, même endroit ? suggéra-t-elle devant les kiosques à journaux de l'entrée.

– Un baiser ?

– Tu as vraiment une obsession buccale, fit-elle en tendant néanmoins ses lèvres fines, délicates et non maquillées.

Il avait acheté un paquet de cigarettes. Il en alluma une et entama à pied le chemin qui le séparait de Notting Hill. Quel goût avait-elle eu, cette cigarette ? Il ne se rappelait pas. Celle qu'il fumait maintenant sentait la cendre, lui paraissait brûlante et âcre. Il la jeta dans les fougères, espérant presque qu'elle déclencherait un incendie qui embraserait tout Pocket Lane, consumerait son silence, sa solitude.

Il n'avait même pas vu le laitier, ce jour-là, et il ne vit personne d'autre à qui parler de tout le week-end. Pas le moindre pique-niqueur ne s'aventura aussi avant dans le chemin. Seul le vieux Mr Tringham passa devant la bicoque, lors de sa balade du samedi soir – la seule qu'il semblait faire de toute la semaine. Par la fenêtre, Gray le vit déambuler lentement, plongé dans la lecture d'un petit livre noir, et avancer sans lever la tête ni regarder autour de lui.

Le téléphone, toujours décroché, pendait au bout de son fil, muet.

5

Au milieu de la semaine, il reçut le dernier rappel de la Compagnie du Gaz et, par le même courrier, une carte de Mal. *De retour en août. Ne t'inquiète pas, on pourra partager la bicoque jusqu'à ce que tu trouves un autre toit.* Mal n'apprécierait pas de trouver le gaz coupé, ce qu'ils feraient certainement si la facture n'était pas réglée ce week-end. Or, aucun relevé de droits n'était encore arrivé.

Le vendredi matin, il faisait aussi froid qu'en novembre. Il avait gardé une cigarette, et il l'alluma en composant le numéro de son éditeur, à Londres.

– Mr Marshall est absent pour la journée, répondit la fille qu'on lui avait passée. Puis-je vous être utile ?

– Pas vraiment. Je le rappellerai lundi.

– C'est que Mr Marshall part en vacances lundi, Mr Lanceton.

Aïe ! Il passa le reste de la journée à se demander s'il devait appeler les bureaux de Surrey, mais à 5 heures et demie, il ne l'avait toujours pas fait, et il était trop tard à présent. S'il leur écrivait, à la place ? Bonne idée, il se demanda même pourquoi il n'y avait pas songé plus tôt. Quand il eut terminé la lettre, avec sa copie carbone, il resta assis devant la machine à écrire, les doigts posés sur le clavier, cherchant à se rappeler quand il s'en était servi pour la dernière fois. Le ruban était usé jusqu'à la corde, à force de taper toutes ces lettres à Microbe. L'absurdité, le grotesque de cette histoire le fit grimacer de dégoût. Comment avait-il pu être assez fou pour accepter de se laisser dicter par elle, debout à côté de lui, des horreurs pareilles ? Il aurait intérêt à ne pas oublier ça, la prochaine fois qu'il serait tenté de l'appeler.

Le téléphone était raccroché, mais il paraissait engourdi, comme tombé en léthargie. Il n'avait pas émis le moindre son depuis qu'il avait transmis la voix de Francis, plus d'une semaine auparavant, et Gray n'avait plus eu les doigts démangés par l'envie de composer ce numéro de Loughton. Il posa sa lettre sur le rebord de la fenêtre du couloir. Demain, il achèterait un timbre.

Le samedi, c'était le jour du bain. Avant de venir à la bicoque, il n'avait pratiquement jamais passé un jour sans en prendre un. Maintenant, il comprenait pourquoi les pauvres sentent mauvais. Ils ont beau jeu, les propriétaires de salle de bains, de refuser de compatir avec les crados sous prétexte que ça ne coûte rien de se laver et que le savon est bon marché. Pour prendre un bain à la bicoque, il fallait faire chauffer de l'eau dans deux casseroles et dans un seau, et encore n'était-ce pas suffisant pour recouvrir les genoux. Au temps où il était l'amant de Drusilla, il sacrifiait souvent à ce rite, ou alors il se lavait entièrement au lavabo et à l'eau froide. Mais on ne faisait pas cela sans être motivé. Et motivé, il ne l'était plus guère après la séparation : le laitier ne s'approchait jamais très près de lui, et il n'en était plus à se préoccuper de ce que pensait la bibliothécaire. Aussi ne prenait-il maintenant de bain que le samedi. Il en profitait pour se laver les cheveux et passait ensuite dans la même eau son jean et son tee-shirt.

Le restant de la semaine, la baignoire servait à entreposer ses draps sales. Quand il prenait son bain, il les mettait par terre pour en faire une sorte de tapis absorbant. Il n'était pas allé à la laverie automatique depuis des lustres et ils commençaient à moisir. Il était juste en train de se rincer les cheveux, en les plongeant dans l'eau écumante de crasse, lorsque le téléphone dégorgea son déclic avertisseur. Dix secondes plus tard, la sonnerie retentit. Impossible que ce soit Drusilla, qui allait faire ses courses avec Microbe, le samedi. Il le laissa donc sonner jusqu'à ce qu'il se fût extirpé du bain et enveloppé dans une serviette grisâtre.

Il se dirigea vers le « salon » en maugréant et en laissant des empreintes de pieds humides sur le dallage du couloir. Il décrocha. Honoré.

– Je te dérange, il me semble, mon fils.

Pour une fois, il avait choisi le mot approprié. Gray resserra les plis humides de la serviette autour de lui.

– Comment va maman ?

– Justement, elle va mieux. Alors j'ai voulu t'appeler tout de suite et t'apprendre la bonne nouvelle pour que tu ne te fasses pas de souci.

C'est surtout qu'il veut récupérer son pognon, pensa Gray.

– Que vous êtes gentil, Honoré. Votre argent est arrivé à la banque. Il semble que je n'en aurai pas besoin, mais...

Honoré ne se fit pas faute de l'interrompre juste avant qu'il n'ait eu le temps de demander s'il pouvait garder les sous un peu plus longtemps.

– Justement, Grahamme, tu n'en as plus besoin, et le vieux Honoré il te connaît bien. (Gray pouvait le voir brandir son doigt décharné, avec un sourire de rapiat sur les lèvres.) Oh ! que oui il te connaît ! Alors ce sera mieux pour tous les deux que tu le renvoies avant de le gaspiller sur le vin et les femmes.

– Mais ce coup de téléphone, dit Gray, il va vous coûter cher.

– Très juste, aussi je vais te dire au revoir. Renvoie le tout aujourd'hui, je te rappellerai si l'état de Maman s'aggrave.

– Bon. Mais ne téléphonez pas le week-end prochain, parce que je serai chez Francis Croy. Vous comprenez ?

Honoré répondit qu'il comprenait très bien et raccrocha. Gray vida la baignoire. Il était évident que sa mère n'était pas à l'article de la mort et qu'il n'y aurait plus de voyage en France à payer, mais l'empressement d'Honoré à revoir son fric était absurde. Quelle différence pour lui de le récupérer, disons, quinze jours plus tard ? N'avait-il pas acquis une maison et une voiture grâce à l'assurance-vie du père de Gray ? Maintenant qu'il savait l'alerte passée, il se laissa aller à réfléchir à un sujet qu'il refusait d'habitude d'évoquer : le testament de sa mère. Honoré et lui devaient avoir des parts égales. Quand elle mourrait... Et puis non, il s'était déjà suffisamment enfoncé dans le sordide. Elle avait encore des années à vivre, et quand elle disparaîtrait, il aurait son propre appartement à Londres et un chapelet de romans à succès derrière lui.

La pluie s'étant remise à tomber, il étendit ses vêtements mouillés sur un fil, dans le « salon », et se plongea sans enthousiasme dans la lecture d'*Anthony Absolute* jusqu'à l'arrivée du laitier. Le chemin, détrempé, avait pris la teinte ocre jaune d'une boîte de peinture, et les roues de la fourgonnette en étaient toutes recouvertes.

– Beau temps pour les escargots. Dommage qu'on n'en soit pas.

– Bon Dieu que je déteste cet endroit ! s'écria furieusement Gray.

– Soyez pas comme ça, Mr Lanceton. Y en a qu'aiment bien, vous savez.

– Où habitez-vous ?

– À Walthamstow, avoua le laitier d'un air résigné.

– Eh bien moi, je préférerais habiter à Walthamstow. Que des gens puissent choisir de vivre ici, ça me dépasse.

– Mais la forêt d'Epping, c'est très recherché comme lieu de résidence. Du côté de Loughton, il y a des baraques qu'atteignent des prix, je vous dis pas. C'est vraiment de la banlieue ultra-chic.

– Mince, alors ! fit Gray d'un air convaincu.

Il n'aimait pas voir le laitier l'air aussi déconcerté, surtout à cause de lui. Mais ses paroles semblaient être entrées comme une lame dans une blessure déjà ouverte.

– Où habites-tu ? avait-il demandé à Drusilla en faisant glisser son doigt sur ce corps à la peau douce, d'une blancheur de lis et veinulé de bleu. Je ne sais rien de toi.

– À Loughton.

– Bon Dieu ! où ça se trouve, ça ?

Avec une mimique amusée, elle s'était tournée vers lui en gloussant de rire.

– Dans une banlieue ultra-chic. Tu prends la Ligne Centrale, et tu files jusqu'au bout sans t'arrêter.

– Et ça te plaît, de vivre là-bas ?

– Bien obligée d'être là où se trouve Microbe, pas vrai ?

– *Microbe* ?

– Juste un surnom, tout le monde l'appelle comme ça. (Elle posa son bras sur son épaule.) Vous me plaisez bien, Mr Browne. On va continuer à se voir, d'accord ?

– Pas dans ce bouge, en tout cas. Je ne pourrais pas aller dans ta banlieue ?

– Pour que tous mes voisins fassent des allusions devant Microbe pendant les parties de bridge ?

– Alors il faudra que tu viennes à Tranmere Villas. C'est pas grave, qu'il y ait d'autres gens dans l'appart ?

– Je vais te dire : je crois même que ça me plaira.

Gray arqua les sourcils.

– Ça ne cadre pas avec ton image de femme rangée, ça.

– T'en as de bonnes, toi ! Je l'ai épousé à dix-huit ans, c'est-à-dire il y a six ans. Je ne savais pas, à l'époque. Je ne savais rien de rien.

– Rien ne t'oblige à rester avec lui.

– Si, répliqua-t-elle. Et puis qui vous a demandé de critiquer mon style de vie, Monsieur le Juge Browne ? Ce n'est pas pour ça que je loupe mes cours de yoga, ce n'est pas pour ça que je me fous à poil devant vous. Si ça ne vous plaît pas, je trouverai vite quelqu'un qui ne sera pas de cet avis.

Cette affectation de dureté, son maniérisme lui seyaient aussi mal qu'un déshabillé vaporeux de call girl à une ingénue. Car c'est ce qu'elle était, une ingénue, une fille inexpérimentée qui se lance tardivement : il n'était que son second amant. Elle se garda bien d'avouer qu'elle ne connaissait l'*Oranmore* que pour y être venue avec son premier, ou New Quebec Street parce qu'elle y avait acheté un vase dans un magasin de céramiques. Elle le tut, mais il était écrivain et il devina. Il devina que cette hâblerie narquoise sortait tout droit des livres, ses vêtements de la publicité de Harrods dans les magazines de son coiffeur, ses airs cassants des films de cinémas de quartier. Il voulait découvrir la petite fille enfouie quelque part sous tous ces masques, petite fille dont elle cherchait, avec une force égale, à lui celer l'existence.

Lorsqu'il la retrouva à la station de métro, il comprit tout de suite qu'elle n'était jamais allée à Notting Hill auparavant : s'il ne l'avait pas arrêtée, elle aurait traversé pour aller du côté de Campden Hills. Nul autre que lui n'aurait pu, en la voyant, percevoir toute la naïveté qui se dissimulait sous cette longue robe pourpre, ces chaînes argentées, ce rouge à lèvres – car elle s'était maquillée, cette nuit-là. Il la conduisit à l'appartement et ce fut lui, pas elle, qui se sentit le plus gêné lorsque la porte de la chambre fut accidentellement ouverte et aussitôt refermée. Il l'emmena alors faire une promenade dans les rues grises, décrépites et exotiques de Kensington Nord, dans les petits pubs tapissés de panne rouge, avec leurs bars dorés. Ils virent un jeune garçon squelettique, aux yeux tristes, se piquer dans une cabine téléphonique. Ce spectacle ne sembla pas l'émouvoir. Elle voulait s'emplir les yeux de ce qu'elle appelait la vie, et y parvenait si bien qu'elle en oubliait presque toute son innocence.

– Dans ce cinéma-là, dit Gray, ils fument tous. L'air en est tout bleu.

– Et alors ? On a le droit de fumer dans les cinémas, en Angleterre.

– Mais je parle d'herbe, voyons, Drusilla.

La petite fille se tourna vers lui, furieuse.

– Et alors ? Qu'est-ce que j'y peux, s'il y a des trucs que je sais pas ? Je demande que ça, moi, de savoir. C'est pour apprendre que je veux être libre, et toi, tu trouves rien de mieux que de te foutre de moi. Ramène-moi à la maison.

Là, il avait effectivement ri d'elle, pauvre enfant qui, dans ses défroques de grande personne, voulait à la fois être libre et en sécurité à la maison. Petite fille bien à l'abri, à la vie bien protégée. Ensorcelé par cette innocence dénuée de la pruderie qui aurait dû l'accompagner, ne pensant qu'au plaisir qu'elle lui donnait, il n'avait pas saisi tout ce que cela signifiait, d'avoir une âme d'enfant dans un corps d'adulte, d'avoir la subtilité, le langage et la sensualité d'un adulte, mais pas sa dimension humaine.

– Je ne savais pas que tu avais une maison à toi, dit Gray lorsque Mal débarqua un soir à Tranmere Villas, une quinzaine de jours avant son départ pour le Japon.

– Ce n'est qu'une bicoque, tu sais : pas d'eau chaude, aucun confort. J'ai hérité d'une obligation qui est arrivée à échéance, il y a environ cinq ans, et on m'a conseillé d'investir dans l'immobilier, alors j'ai acheté ça. J'y vais quelquefois le week-end.

– Mais où diable se trouve-t-elle ?

– Dans la forêt d'Epping, près de Waltham Abbey. Je suis né tout près. Je te parle de ça parce que je me demandais si tu ne voudrais pas t'en occuper pendant que je serai parti.

– Moi, tu sais, je suis londonien. Alors c'est pas mon décor favori.

– Ce serait pourtant l'endroit idéal pour écrire ton chef-d'œuvre : isolé de tout, calme total. Je ne demanderais pas de loyer, je veux juste quelqu'un dans la baraque pour l'empêcher de s'écrouler.

– Désolé, mon vieux. Tu sonnes à la mauvaise porte.

– La bonne porte, ce serait peut-être celle d'une agence immobilière, alors : je ferais mieux d'essayer de vendre. Je vais chercher du côté d'Enfield ou de Loughton.

– *Loughton* ?

– C'est à environ six kilomètres de là. Tu connais ?

– En quelque sorte, oui.

C'est ainsi qu'il avait accepté de s'occuper de la bicoque : parce qu'elle n'était qu'à six kilomètres de Loughton...

– Un drôle de petit sentier à l'est de Waltham Abbey ? dit Drusilla lorsqu'il la mit au courant.

– « Les lits sont toujours plus doux à l'est », comme dit le poète.

– Sur le lit, par terre, dans l'escalier, ou sur la table de la cuisine, c'est tout bon pour moi, mon chou. Je pense pouvoir y passer assez souvent.

Doux, il ne l'était plus, son lit. Rien n'est aussi dur qu'un lit déserté par un amant ou une maîtresse. C'est pour elle qu'il était allé là-bas, et maintenant il n'y avait que sa pauvreté pour l'y retenir.

Il régla sa facture de gaz, se rendit à la bibliothèque *(Le soleil est ma perte, Le Chapeau vert, Les Mines du Roi Salomon)* mais oublia d'acheter un timbre. Bon, il le ferait lundi, il posterait la lettre, et dès que l'argent arriverait – dès qu'il serait sûr de son arrivée – il s'en irait pour toujours traîner ses guêtres ailleurs.

Mr Tringham passa à 6 heures et demie en lisant son livre. Gray frémit. Dire qu'il pourrait un jour devenir comme ça, lui aussi : un ermite qui a appris à chérir sa solitude et la préserve jalousement. Il était temps de mettre les bouts.

6

Il posta finalement sa lettre le mercredi. Il ne lui restait plus, à ce moment-là, que sept livres de l'argent d'Honoré, et il devait les économiser pour les faux-frais qui, à Londres, ne manqueraient pas : il faudrait prévoir une bouteille pour Francis, des cigarettes et sans doute un repas dehors. Lundi, il serait à sec, mais son relevé et son chèque auraient eu le temps d'arriver, d'ici là. Il se donnerait alors une semaine pour nettoyer un peu la bicoque – faire disparaître ces taches sur le tapis de la chambre, par exemple – puis il demanderait à Jeff de l'aider à emporter ses affaires le week-end d'après. Avec un peu de doigté, il convaincrait peut-être Francis de l'héberger une semaine ou deux. Le plus chouette, bien sûr, serait de rencontrer à la boum une fille qui aurait une piaule à elle et à qui il plairait assez pour se mettre à la colle avec lui. Le hic, c'est qu'il faudrait qu'elle lui plaise aussi : Drusilla avait brûlé le terrain derrière elle.

– Après moi, avait-elle dit, les autres femmes seront comme du mouton froid.

– Tu sors ça d'un bouquin. On dirait du Maugham.

– Et alors ? C'est vrai quand même.

– Peut-être. Et les autres mecs, ils seront comment, pour toi ?

– T'as peur que je retourne avec Ian ?

Ian était son prédécesseur. Un sportif, prof de tennis ou quelque chose dans ce goût-là. C'est lui qui l'avait initiée aux charmes de l'*Oranmore*. Gray ne pouvait pas jouer avec elle au petit jeu de l'indifférence : il commençait à être vraiment accroché.

– Oui. J'ai peur de te perdre, Dru.

Au début, elle s'était moquée de la bicoque. Elle avait fouiné partout, riant d'un air incrédule, ébahie qu'il n'y eût pas de salle de bains ou de toilettes intérieures. Mais il lui fit comprendre que jouer les mijaurées sur des choses matérielles n'était plus de saison. Elle se mit vite au diapason et ne tarda pas à devenir aussi désordonnée que lui, à utiliser les soucoupes en guise de cendrier et à poser ses tasses de thé à même le sol.

– Qui est-ce qui fait le ménage, chez toi ? avait-il demandé.

– Il y a une bonne femme qui vient tous les jours, avait-elle répondu.

Mais il ne réalisait pas encore combien elle était riche.

Lors de sa première venue à la bicoque, il l'avait raccompagnée tout au long du chemin jusqu'à l'endroit où elle avait laissé sa voiture. Il s'attendait à une mini, il se trouva devant une Jaguar Type E.

– Arrête, tu me charries ! s'écria-t-il.

– Tu crois ? Tiens, regarde la clef : c'est la bonne.

– Mais à qui appartient-elle exactement ? À Microbe ?

– Non, elle est à moi. Il me l'a offerte pour mon dernier anniversaire.

– Bon Dieu ! il doit être bourré de fric. Qu'est-ce qu'il fait ?

– Marchand de biens, répondit-elle. Il touche à des tas d'affaires très lucratives.

Il comprit alors qu'elle n'avait pas menti quand elle lui avait dit que sa robe venait de chez Dior, que les bagues qu'elle ôtait avant de faire l'amour étaient en platine serti de diamants. Microbe n'était pas seulement à l'aise, du genre revenu confortable de cinq mille par an : il était riche, ce que tout le monde appelle riche – même les riches. Mais il n'était jamais venu à l'idée de Gray d'essayer de mettre la main sur la moindre parcelle de cette fortune. Il en faisait d'ailleurs un sujet tabou pour éviter de profiter de quoi que ce soit par son intermédiaire à elle. Il aurait trouvé abject que celui qui avait volé – au moins temporairement – sa femme à Microbe pût tant soit peu s'enrichir à ses crochets.

Elle avait lu et aimé son livre, mais ne le harcelait jamais pour qu'il continue à écrire. C'est une des choses qu'il appréciait en elle : elle ne lui faisait pas la morale. Pas de « Tu devrais te mettre au travail, songe à ton avenir, range-toi ». Les sermons n'entraient pas dans sa nature. Hédoniste dans l'âme, elle s'octroyait du bon temps, prenait de quiconque était prêt à donner, mais donnait amplement d'elle-même en retour. Et, précisément, elle lui offrait tant de sa personne, de son corps, de ses pensées, sans rien garder pour elle, lui confiant avec la simplicité d'une enfant les moindres de ses besoins et de ses émotions – même ceux que la plupart des filles auraient cachés –, que l'amourette se mua pour lui en amour. Il comprit qu'il l'aimait un jour où elle ne lui avait pas téléphoné : il passa la journée à l'imaginer morte, ou repartie avec Ian, et ne put fermer l'œil de la nuit, jusqu'au lendemain où elle l'appela enfin. Alors le monde lui parut transformé.

Elle venait parfois le matin, parfois l'après-midi. Mais le jeudi, c'était leur soir, le seul où elle était sûre d'être débarrassée de Microbe. Depuis, il ne se passait plus un jeudi qu'il ne l'imaginât, solitaire, laissant peut-être son téléphone décroché comme lui maintenant. Il resta un moment immobile à regarder l'appareil assourdi. Sans bouger, juste à le regarder. Maudit soit Alexandre Graham Bell ! Il y avait quelque chose de sinistre, d'effrayant, de terrible, dans un téléphone. Comme si toute la magie qui, dans l'ancien temps, s'était manifestée dans la divination, dans d'étranges communions par-delà les terres et les océans, dans les sorts oppresseurs d'âme, dans les incantations, dans les fétiches qui tuaient par le pouvoir de la peur, se trouvait à présent condensée, concentrée dans le corps compact et noir de cet instrument. Une nuit de sommeil, des jours de bonheur pouvaient dépendre de lui, sa sonnerie briser une vie ou déclencher le rire, réveiller les agonisants, apaiser les tensions qui envahissent le corps. On ne pouvait échapper à son omnipotence. Si vous possédiez – ou vous laissiez posséder par – l'une de ses formes allotropiques, votre sujétion était permanente, car bien qu'on pût le désarmer comme Gray venait juste de le faire, il n'était jamais complètement bâillonné : il recelait toujours une dernière arme secrète, le hurlement, le long cri interminable, sans cesse croissant, d'un animal certes encagé, mais toujours dangereux, qui était son ultime recours : ne l'avait-elle pas, une fois, fait mettre sous tonalité d'urgence[1] lorsqu'il avait par mégarde – il ne le faisait pas délibérément, à l'époque – mal raccroché le combiné ?

– Eh bien, mon mignon, on joue à cache-cache ? Tu n'arriveras pas à te débarrasser de moi aussi facilement, tu sais.

Il lui avait échappé, malgré tout, pour se réfugier dans les grands principes de sa liberté de misère. Facile, ça ne l'avait certes pas été, oh non ! Cela le serait-il un jour ? Il claqua la porte sur tout ce désordre poussiéreux et sur le téléphone bâillonné, puis monta à l'étage pour voir ce qu'il pourrait mettre à la soirée de Francis. Son seul pantalon et son seul veston potables étaient roulés en boule au fond de l'armoire de la chambre, où il les avait expédiés après ce fameux week-end à Londres avec Drusilla. Il sortit sa chemise en soie crème, sale et froissée, qui exhala des relents d'*Amorce dangereuse* lorsqu'il la déplia. Dans la pénombre de cette chambre au plafond bas, tandis que la pluie crépitait sur les ardoises du toit, il s'agenouilla sur le tapis en corde, avec ses taches de thé, et pressa la soie contre son visage pour s'imprégner de son odeur.

– Si je portais ta chemise pour sortir ? Elle me va ?

– Super, avait-il répondu. (Les cheveux, couleur renard doré, cascadaient sur la soie, les taches rouge sang de ses ongles paraissaient autant de rubis éparpillés dessus. Ses seins nus gonflaient le voile fin, presque transparent.) Mais moi, alors, qu'est-ce que je suis censé mettre ? Ton corsage ?

– Je t'achèterai une autre chemise, mon chou.

– Avec l'argent de Microbe ? Pas question.

Celui-ci était parti en voyage d'affaires en Espagne, ce qui leur avait laissé le week-end à eux alors que jusque-là, Gray n'était jamais parvenu à passer une nuit entière avec elle. Il aurait aimé faire une balade en Cornouailles, mais elle avait imposé Londres – et l'*Oranmore*.

1. Sifflement aigu émis par le Central lorsqu'un téléphone est signalé décroché de façon anormalement longue. (N.d.t.)

– Je veux aller dans des endroits excentriques et décadents. Je veux explorer le vice.

– Doriana Gray, va !

– Tu ne veux pas comprendre, sacré nom ! Depuis dix ans, toi, tu es libre de faire ce que tu veux. Moi, mon père m'a toujours vissée, et je suis passée directement de lui à Microbe. J'ai toujours eu quelqu'un sur le dos, et je ne peux pas sortir sans raconter où je vais ou inventer des histoires. Il va falloir que je l'appelle à Madrid, tout à l'heure, pour qu'il se tienne tranquille. Tu ne sais pas ce que c'est de ne *jamais* pouvoir faire les choses que les autres font.

– Mais, chérie, fit-il tendrement, elles ne sont rien, ces choses, quand tu y es habituée. Elles deviennent ennuyeuses, ordinaires. Beaucoup de gens pensent que vivre où tu vis, avoir ton genre de fringues, ta voiture, tes vacances, est le summum du raffinement. Or, pour toi, tout ça doit être d'un banal...

– Je veux aller dans les endroits mal famés, fumer des joints, voir des mecs à poil et des films pornos.

Bon Dieu ! elle est pourtant si *jeune* ! Voilà ce qu'il s'était dit, à l'époque, et que tout cela n'était que fanfaronnade. Ils s'étaient querellés parce que son Londres à lui ne correspondait pas à celui qu'elle affirmait vouloir connaître. Parce que plutôt qu'à Soho ou à ce spectacle de travestis dont elle avait vu l'annonce, il avait voulu l'emmener dans ces petits cinémas au décor kitsch des années trente, dans les pubs de style Belle Epoque, à l'Orangerie de Kensington Gardens, au Théâtre Mercury, aux écuries et au canal de la Petite Venise. Mais elle s'était bien amusée, finalement, elle l'avait fait rire avec ses commentaires pleins d'esprit et ses réactions inattendues. Lorsqu'il se retrouva à la bicoque, une fois le week-end terminé, il ressentit son absence de façon si aiguë, si cruelle, que ce ne fut pas simple paresse s'il ne lava pas la chemise : il voulait préserver l'odeur qui l'imprégnait, sachant déjà, alors que leur aventure, après un an, approchait de son zénith, que le temps viendrait où il aurait besoin d'objets pour en évoquer le souvenir, de ces morceaux de vie pétrifiée où l'existence – il avait lu cela quelque part – est plus présente que dans son véritable vécu.

Eh bien il était venu, le temps du souvenir, et celui de l'oubli. Il emporta les vêtements, lava la chemise et descendit à la cave pour la repasser car il y avait là un vieux fer à charbon – à défaut d'un électrique – abandonné par les prédécesseurs de Mal.

Les marches de la cave étaient abruptes et plongeaient jusqu'à environ cinq mètres dans les entrailles de la forêt. C'était un local aux murs de brique, au sol dallé, où il entreposait son mazout et où les précédents propriétaires avaient abandonné un vélo cassé, une antiquité de machine à coudre, des carcasses de valises et des piles de vieux journaux jaunis. Le fer gisait avec son trépied – on appelait ça ainsi, semblait-il à Gray – parmi ces journaux. Il le remonta à la cuisine et le mit sur le réchaud.

À présent qu'il s'était décidé à quitter la bicoque, il n'avait plus à essayer de se convaincre que cette cuisine, où il avait passé la plus grande partie des deux dernières années, était moins sordide, moins immonde qu'il n'y paraissait. Il ne l'avait jamais vraiment nettoyée, depuis son arrivée, et toutes les fumées grasses s'étaient accumulées sur la peinture vert pomme. Sous l'évier recouvert de striures brunâtres, des torchons sales pendaient à un nœud de tuyauteries recouvertes d'une gangue de crasse. Une ampoule sans abat-jour, qui pendait du plafond craquelé et plein de toiles d'araignée, projetait une lumière maussade dans la pièce et faisait ressortir brûlures de cigarettes et taches de thé sur le lino. Mal lui avait demandé de veiller à ce que la bicoque « ne s'écroule pas », il était donc normal de la lui rendre propre. La semaine prochaine, ce serait le grand nettoyage.

Il faisait nuit noire, et le silence était total, hormis le crépitement menu de la pluie. Il s'extirpa du fauteuil Windsor et étendit son pantalon en velours sur le dessus de la baignoire. Il n'avait jamais manipulé de fer à repasser auparavant – uniquement des fers électriques à poignée isolante. Pourtant, il savait fort bien qu'il fallait se protéger avec un torchon ou une vieille chaussette avant d'empoigner un fer chaud. Mais là, il agit impulsivement, sans réfléchir. La douleur fut violente, fulgurante. Il lâcha le fer en hurlant des jurons, attrapa sa main brûlée et se laissa retomber dans le fauteuil.

Une large zébrure rouge lui traversait la paume. La douleur lui remontait jusqu'au poignet, jusqu'au bras, douleur presque assourdissante dans ce silence. Au bout d'un moment, il alla se passer la main sous le robinet d'eau froide. Le saisissement fut tel que les larmes lui vinrent aux yeux, des larmes qui ne se tarirent pas après qu'il eut fermé le robinet et se fut essuyé. Il se mit à pleurer pour de bon, emporté par une onde de chagrin. Il sanglotait sur ses bras repliés. Non pas à cause de sa brûlure, il le savait bien, même si c'est elle qui avait provoqué ses premières larmes. Mais parce qu'il ne s'était jamais entièrement libéré de toute cette souffrance accumulée. Il pleurait à cause de Drusilla, de cette incoercible obsession, de sa solitude, de cette sordidité, de ce gâchis.

Sa main était ankylosée et douloureuse. Pesante comme un morceau de chair inerte au bout de son bras, elle lui paraissait énorme. Il la laissa pendre hors du lit et des draps imprégnés de l'odeur aigre de transpiration, puis resta allongé, à se tourner et se retourner, jusqu'à ce que les oiseaux entament leur chant auroral et qu'une lumière d'un gris délavé vînt filtrer à travers les rideaux fanés. Alors il bascula enfin dans le sommeil et se mit instantanément à rêver de Microbe.

Il n'avait jamais vu le mari de Drusilla, et cette dernière ne le lui avait jamais décrit. C'eût été inutile, d'ailleurs : il savait fort bien à quoi un riche marchand de biens de quarante-deux ans pouvait ressembler, un homme que des parents facétieux ou des camarades d'école malintentionnés avaient par dérision appelé Microbe parce que, même enfant, il était déjà immense et gras. Un homme massif aux cheveux noirs et clairsemés, qui buvait sec et fumait comme un pompier, un homme vulgaire, taciturne et jaloux.

– De quoi te parle-t-il ? Qu'est-ce que vous faites quand vous êtes seuls ensemble ?

Elle eut un gloussement.

– C'est un homme, hein ? Alors devine un peu.

– Drusilla, c'est pas de ça que je parle (trop pénible à évoquer ou imaginer, même maintenant), mais de ce que vous avez en commun.

– On invite des voisins à venir prendre un verre, on va faire les courses le samedi et puis après, voir sa vieille maman – quelle barbe ! Ah ! il collectionne aussi les monnaies anciennes.

– *Chérie*, je t'en prie !

– Ben quoi ! c'est pas ma faute. Et puis il a sa Bentley rouge, qu'on prend pour se coltiner le restau avec ses vieux birbes de copains.

Microbe était dans cette voiture, la Bentley rouge que Gray n'avait jamais vue, lorsqu'il rêva de lui. Lui-même se tenait sur le bas-côté d'une de ces routes de la forêt qui aboutissent au rond-point Wake Arms lorsque la Bentley arriva par la A 11. Il reconnut Microbe, au volant, à sa masse et à ses vêtements criards

– ce sont d'ailleurs des choses qui se sentent, dans les rêves. Avec un crissement de pneus, la voiture qui faisait du cent trente ralentit brusquement, puis repartit dans un grondement de moteur. Mais au lieu de contourner le rond-point, Microbe fonça sur le monticule gazonné du centre : la voiture cahota, bondit en l'air et retomba, s'écrasa en prenant feu de l'autre côté, déclenchant la panique et un concert d'avertisseurs affolés parmi les véhicules qui venaient en face.

Gray s'approcha avec d'autres gens qui firent cercle autour du brasier. Dans la voiture en flammes, Microbe brûlait comme une torche vivante. Mais il était toujours conscient. Il souleva un visage carbonisé, léché par les flammes, en direction de Gray et cria :

– Assassin ! Assassin !

Gray essaya de l'arrêter, plaqua sa main sur les braises incandescentes de cette bouche, plongea ses doigts dans cette caverne de feu pour en étouffer les paroles. Il se réveilla, gesticulant dans le lit, le regard hébété sur la paume de sa main qui portait la marque des lèvres ardentes de Microbe.

7

Une longue cloque ovale lui traversait la paume, de l'index jusqu'au poignet. Il resta au lit presque tout le jeudi, dormant par intermittence, ne s'éveillant que pour jeter un regard obsessionnel sur sa blessure. Sa main était marquée comme d'un stigmate, et il lui sembla, impressionné par ce rêve terrible, que cette brûlure était une punition envoyée par Microbe.

Lorsqu'il se leva enfin, le soir tombait – le soir du jeudi. Il décrocha le combiné en le prenant délicatement entre le pouce et l'index. Le miroir embué et piqué lui renvoya une image cadavérique de son visage, les yeux enfoncés dans les trous sombres de leurs orbites. Un vers d'une pièce à demi oubliée, de Shakespeare probablement, lui revint en mémoire lorsqu'il vit son reflet et la main brûlée qu'il avait levée pour faire écran. Il le récita à mi-voix : « Montrez-moi mon offense, que je voie son visage. Montrez-moi mon offense... » Car offense il y avait eu contre Microbe, contre elle et, peut-être plus grave encore, contre lui-même.

Il dormit d'un sommeil profond, cette nuit-là, glissant de rêve en rêve sans retour au conscient. Au matin, sa main l'élançait et palpitait comme un cœur surmené. Le pansement qu'il se confectionna avec des bandelettes déchirées dans un drap n'étant guère efficace, il dut préparer son thé et faire son repassage de la main gauche. Un petit trou apparaissait juste au-dessous du genou droit du pantalon – souvenir d'une cigarette de Drusilla : il resterait tel quel, vu que Gray n'était plus en état de se mettre au raccommodage.

– Je sais pas réparer ça, avait-elle dit. Je suis nulle, en couture.

– Comment tu fais, alors, quand tes vêtements ont besoin d'être reprisés ?

– Je les balance. J'ai une tête à porter des vêtements reprisés ?

– Je peux pas les balancer, moi. J'ai pas les moyens.

Elle fit quelque chose de très rare, chez elle : elle l'embrassa. Elle avança ses lèvres délicates comme des pétales de fleur, d'orchidée peut-être, et lui déposa un baiser juste sur le coin de la bouche. C'était un geste tendre, et quelque chose en lui, quelque chose dont elle s'était trop souvent moquée pour qu'il ne fût pas méfiant devant la tendresse, lui fit dire :

– Fais gaffe, Drusilla, tu vas finir par m'aimer, si ça continue.

– Va te faire voir ! Et puis j'en ai rien à foutre, que tu crèves la dalle. Je voulais te donner de l'argent, mais t'en veux même pas.

– Pas celui de Microbe, non.

Son pantalon n'avait donc jamais été réparé, pas plus que sa montre qui s'était arrêtée cette même semaine et refusait de se remettre en marche. Le jeudi soir, quand ils s'installèrent enfin dans le « salon » devant le feu qu'ils avaient préparé après avoir fait l'amour dans la bicoque et être rentrés d'une promenade, elle lui en offrit une nouvelle. C'était celle qu'il portait maintenant et qu'il ne revendrait jamais quoi qu'il arrive.

– Elle est superbe et je t'adore, mais je ne peux pas accepter.

– Il n'y a pas un sou de Microbe là-dedans : mon père m'a donné un chèque pour mon anniversaire.

– C'était un peu apporter de l'eau à la mer, non ?

– Peut-être, mais de l'eau propre. Elle ne te plaît pas ?

– Si, beaucoup. J'ai l'impression de me faire entretenir, mais elle me plaît beaucoup.

Ces yeux gris-bleu, comme un nuage laissant transparaître l'azur du ciel, cette peau blanche veinulée de bleu sur les tempes, ces cheveux semblables aux flammes de la cheminée...

– J'aimerais bien que tu te fasses entretenir, que Microbe meure et qu'on ait tout ce magot rien que pour nous.

– Quoi, tu veux m'épouser ?

L'idée ne lui était jamais venue à l'esprit.

– Au diable le mariage ! Ne parle pas de ça. (Elle frissonna à ce mot, comme d'autres à l'évocation du cancer.) Tu ne veux pas te marier, dis ?

– Je voudrais vivre avec toi, Dru, être avec toi tout le temps. Marié ou pas, ça m'est égal.

– La maison toute seule va déjà chercher une fortune. Il a des centaines de milliers de livres à la banque, en actions, des trucs comme ça, je ne sais quoi. Ce serait chouette qu'il ait un infarctus, hein ?

– Pas pour lui, avait-il répondu.

La montre qu'elle lui avait offerte juste dix mois avant la fin de leur liaison lui indiqua qu'il était maintenant midi. Midi de vendredi, le laitier ne passerait donc pas avant 3 heures. Il se rendit à la bibliothèque de Waltham Abbey pour rapporter ses bouquins sans en prendre de nouveaux, puis à la banque où il sortit ses sept dernières livres et ferma son compte. Sur le chemin du retour, il rencontra le laitier qui lui proposa de le ramener à la bicoque dans sa fourgonnette.

– J'ai l'impression que le soleil va taper, demain. Vaudrait mieux que je mette le lait à l'ombre si vous êtes pas là quand je passe, d'accord ?

– Je n'aurai pas besoin de lait jusqu'à lundi, merci. Et même plus besoin du tout, d'ailleurs, parce que je déménage la semaine prochaine. (Cela l'inciterait à partir. Il pourrait toujours acheter du lait à Waltham Abbey, les derniers jours.) Je m'en vais pour de bon.

Le laitier en parut tout retourné.

– Evidemment, ça me fera moins de boulot, de ne pas avoir à venir jusqu'ici. Mais vous allez me manquer, Mr Lanceton, parce que même quand ça allait pas, je pouvais toujours compter sur vous pour me remonter le moral.

C'est ça, pensa Gray, le clown triste. Tout ce temps où il avait traîné sa misère, le laitier n'avait vu en lui qu'un amuseur toujours prêt à la rigolade. Il aurait aimé trouver une dernière petite blague

– vraiment pas besoin de se casser la tête – mais il n'y parvint pas.

– Oui, on a toujours trouvé à se marrer, tous les deux.

– C'est ça qui fait tourner le monde, dit le laitier. Euh... ça ne vous ennuie pas si je vous rappelle que vous me devez quarante-deux *pence* ? (Gray le paya.) Vous partez quand ?

– Demain, mais je reviendrai pour quelques jours.

Le laitier lui rendit sa monnaie puis, de façon inattendue, lui tendit la main. Gray ne put que la lui prendre et se faire atrocement serrer sa brûlure.

– Bon, eh bien au revoir, alors.

– Au revoir, répondit Gray, bien que la probabilité pour qu'ils se revoient fût pratiquement nulle.

Il n'avait rien à lire, et sa cloque l'empêchait d'entreprendre son grand nettoyage. Il passa donc le restant de cette chaude journée à trier ses papiers. Certains se trouvaient dans le coffret, les autres entassés pêle-mêle sur le fourneau inutilisé. Cette tâche ne fut guère de nature à le réjouir : dans la pile du fourneau, il retrouva quatre vieux relevés de droits, chacun porteur d'une somme plus maigre que le précédent, un rappel pour un arriéré d'impôt impayé, et – plus déplaisant encore – une douzaine de brouillons ou d'ébauches de lettres à Microbe.

Les relire lui donna presque la nausée. Ce n'étaient que des morceaux de papier froissés, défraîchis, marqués de traces de doigts et dont certains ne portaient que deux ou trois lignes dactylographiées, mais ils avaient été rédigés pour détruire, pour immoler un homme que les flammes n'avaient finalement dévoré qu'en rêve.

Chacune des lettres était datée, et la série s'étalait sur une période allant de juin à décembre. Bien qu'il n'ait jamais véritablement eu l'intention d'en envoyer aucune, bien qu'il ne les ait tapées que sur son insistance à elle, il se sentait là devant un aspect totalement inconnu de lui-même, devant un autre moi cruel et rusé qui, profondément enfoui sous des couches d'inactivité, de talent, d'humanité et d'équilibre mental, n'en était pas moins réel. Pourquoi ne les avait-il pas brûlées depuis longtemps ? Eh bien il allait le faire maintenant.

Dans un espace dégagé d'orties, près de la palissade du fond, il alluma un feu et y jeta les lettres. Une fine colonne de fumée, pailletée d'étincelles rouges, s'éleva dans l'air nocturne. Tout fut consumé en quelques minutes.

Il était si rare pour lui de se lever aussi tôt qu'il n'avait jamais vu la forêt drapée dans le manteau doré des brumes matinales. L'écureuil était assis sur l'emplacement du feu.

– Viens t'installer à l'intérieur si tu veux, dit Gray. Je t'invite. Tu pourras entasser tes noisettes à la cave.

Il prit un bain, enfila un tee-shirt, et son pantalon de velours en espérant que le trou ne se verrait pas. Il fallait préserver la chemise en soie pour le dimanche soir, aussi la rangea-t-il dans son sac, avec sa brosse à dents et un pull. Inutile d'aller dans le « salon » ou de changer ses draps répugnants avant de partir. Il fit la vaisselle, par contre, et la mit à égoutter. À 9 heures, il était en route pour la gare de Waltham Cross.

Le métro ne venait pas jusque-là. Il fallait prendre un train qui reliait Hertford, ou quelque patelin aussi éloigné, à la station de Liverpool Street. Les sempiternels pouvoirs publics avaient eu une vue particulièrement restrictive des besoins en transports des habitants de Pocket Lane et de ses environs. On pouvait aller à Londres, à Enfield, ou dans des endroits du Hertfordshire qui n'intéressaient personne, mais très difficilement se rendre du côté de Loughton, si ce n'est en voiture ou à pied. La seule fois où il y était allé, il avait marché jusqu'au rond-point de Wake Arms et pris le bus 20 qui venait de Epping.

– Je ne comprends pas pourquoi tu tiens tant à voir où j'habite, avait-elle dit, mais tu peux si ça te chante. Passe jeudi soir, par exemple. Cette fois seulement, hein ? Si des voisins te voient, je dirai que tu vendais des encyclopédies. Ils sont persuadés que je m'envoie en l'air avec les fournisseurs, de toute façon.

– Eh bien j'espère que tu t'enverras en l'air avec celui-ci.

– Tu me connais.

La connaissait-il vraiment ? Le jeudi qu'ils avaient choisi se situait au début du printemps, à l'époque où les arbres de la forêt, encore sans feuilles, s'étaient parés des atours brun doré de leurs bourgeons, où les prunelliers étaient en fleurs et les cenelles des houx encore rouges. Il prit le bus jusqu'à l'un des étangs situés en bordure de forêt, une carrière immergée, dominée par les villas qui, dans ce secteur, surgissaient de terre sur la moindre parcelle de terrain constructible. Il y avait partout des arbres, si bien qu'en été, les maisons paraissaient se trouver dans la forêt elle-même. Ce devait être là, se dit-il, dans une de ces immenses villas de style Tudor, qu'elle habitait sûrement.

Elle lui avait fait un plan et expliqué le chemin à suivre. Le soleil s'était couché, mais la nuit ne tomberait pas avant une heure. Il suivit une route qui longeait une petite vallée verdoyante, parsemée de buissons, au-delà de laquelle s'élevaient les ondulations bleu sombre de la forêt. De l'autre côté, de vieux cottages en bois avec le toit en ardoise, comme la bicoque, des maisons neuves et un pub. On appelait le district dont il approchait – celui où elle habitait – la Petite Cornouailles, en raison de son profil extraordinairement vallonné. Du haut de ces collines, disait-elle, on pouvait voir Loughton au fond d'une cuvette, et, plus loin, les « belles » banlieues de l'Essex métropolitain, les docks, parfois même les reflets de la Tamise.

Il faisait trop noir pour cela lorsqu'il parvint au sommet de la colline. Les lumières s'allumaient partout. Il bifurqua sur Wintry Hill et se retrouva dans une impasse avec portails et hautes palissades, grands arbres en surplomb, allées interminables disparaissant au creux des taillis pour mener aux maisons masquées par la végétation. Derrière elles, la forêt tirait son rideau sombre contre l'or pâle du ciel. Il sentit combien cet endroit différait du quartier de l'étang : ici, c'était une grandeur, une magnificence presque inquiétantes. Sa maison – celle de Microbe – s'appelait Combe Park, un nom qu'elle avait prononcé d'un air hautain et affecté, et qui l'avait fait rire, tellement il le trouvait grotesque et prétentieux.

Mais il ne l'était pas, prétentieux. Au bout de l'impasse, il se trouva face à un portail en fer forgé qui était ouvert. Le nom de Combe Park y était inscrit, et Gray réalisa tout de suite qu'il ne s'agissait pas d'une appellation pompeusement attribuée à un simple pavillon de trois ou quatre pièces. Le parc était immense. Il comprenait, outre les pelouses et parterres de fleurs, un verger qui n'était qu'un tapis de jonquilles, et un étang, aussi vaste qu'un petit lac, entouré de rocailles sur lesquelles des cyprès, deux fois hauts comme un homme, paraissaient nains à côté des saules et des cèdres qui les dominaient. Les voisins auraient eu besoin de périscopes, en même temps que de jumelles, pour apercevoir la maison à travers l'écran de ces arbres. Elle était pourtant de dimensions respectables : il vit une énorme bâtisse carrée à toit plat avec balcon, recouverte en partie de stuc blanc et en partie de bois de cèdre, et une sorte de solarium vitré sur le toit. Une terrasse dallée en pierres d'York s'étendait devant la porte d'entrée et les immenses baies vitrées panoramiques. Des tables et des chaises en métal blanc y étaient disposées, ainsi que des plantes à feuilles persistantes dans des vasques de marbre.

Impossible que tout cela fût à elle, avait-il d'abord cru. Comment aurait-il pu connaître – et encore plus aimer – quelqu'un d'aussi riche ? C'était bien Combe Park, pourtant, pas de doute. Les portes grandes ouvertes du garage à trois – ou quatre ? ou cinq ? – places, déjà une belle maison à lui seul, laissaient voir la Type E réduite à l'échelle d'une Mini dans l'immensité de son abri. La Bentley rouge n'était pas là pour lui tenir compagnie, mais il resta néanmoins pétrifié devant le portail. Il ne voulait pas entrer. Non, il n'entrerait pas. Oubliée, son insistance pour se faire inviter. Il ne songeait qu'à sa misère à lui et à sa richesse à elle : s'il posait le pied sur cette allée, s'il avançait vers elle qui le suivrait du regard, il aurait l'impression d'être le jouvenceau du village envoyé quérir par la châtelaine. Et puis cela risquait d'éveiller sa propre convoitise. De lui faire penser à cet infarctus qu'elle avait souhaité à Microbe.

Il était donc retourné vers l'arrêt du bus, qu'il attendit une demi-heure, puis à pied jusqu'à Pocket Lane. Il n'était pas rentré depuis cinq minutes que le téléphone s'était mis à sonner.

– Non mais, ça va pas ? Je te vois au portail, et le temps que je descende ouvrir, plus personne. T'as eu la trouille ?

– Seulement de ton argent, Drusilla.

– C'est-pas-vrai ! avait articulé cette voix de petite fille aux accents traînants de femme habituée à chasser le mâle. Tout pourrait être à toi s'il avait un infarctus ou un accident de voiture. À toi et à moi. Ce serait super, non ?

– Pas la peine de fantasmer comme ça, avait-il répondu.

Il prit le métro à Liverpool Street Station et descendit à Bayswater. L'animation de Queensway, avec ses magasins de vêtements et de fruits, la Coupole de Whiteley, les gens habillés dernier cri, tout cela le ragaillardit. Et le temps était parfait : avec ce ciel d'un bleu éclatant, Porchester Hall avait presque l'air d'un tableau classique à ses yeux affamés de Londres.

Francis habitait une de ces vieilles rues du nord de Westbourne Grove bordées de maisons victoriennes, toutes différentes les unes des autres, chacune avec son jardinet de massifs et de fleurs des villes dont le rose et l'or sont comme affadis par la poussière et le soleil. L'appartement de Francis avait été aménagé dans le jardin d'hiver de l'une de ces maisons, véritable Crystal Palace de verre rouge et bleu cloisonné en deux pièces, avec salle de bains et cuisine attenantes.

Il ouvrit la porte en verre pourpre devant Gray.

– Bonjour, dit-il. T'es pas en avance. Heureusement que je n'aie pas à aller chercher ma tante, en fin de compte. Bon, on n'a qu'à commencer à bouger les meubles. Je te présente Charmian.

– Salut, fit Gray en le regrettant aussitôt, car c'est ainsi qu'il s'adressait à Drusilla.

Charmian, sans doute la chasse gardée de Francis, n'était pas de toute façon le genre de fille qui le débarrasserait de Drusilla : elle était disgracieuse, avec sa taille pleine et son nez camus. Le visage encadré d'une cascade de boucles blondes, elle portait une mini-jupe qui découvrait des cuisses épaisses. Assise jambes croisées sur un rebord de fenêtre, elle mangeait une banane tout en regardant Gray aider Francis à transporter les énormes meubles victoriens, un buffet et une commode, du salon dans la chambre, puis à sortir les lits qui serviraient de divans pour les invités fatigués, lascifs ou défoncés. Il portait un épais bandage à la main, mais sa brûlure lui élançait et la douleur irradiait dans tout son bras.

– J'ai essayé de te téléphoner pour te dire de ne pas te déranger avant demain, fit Francis d'un air las, mais ça sonnait toujours occupé. Pas possible, tu dois laisser décroché. T'as peur de quoi ? De tes créanciers ?

Charmian partit d'un rire aigu.

Gray réalisa qu'il n'avait pas raccroché. Depuis jeudi soir.

Les électriciens vinrent bientôt installer les lumières clignotantes. Ils y passèrent des heures, buvant du mauvais thé en sachets préparé par Charmian. Gray se demanda quand le repas viendrait, Francis et la fille ayant dit qu'ils étaient au régime. Les électriciens s'en allèrent enfin et tous trois descendirent au pub, le *Redan*, où Francis et Charmian prirent du jus d'orange – régime oblige – et Gray de la bière. Il était près de 6 heures.

– J'espère que tu as de l'argent sur toi : j'ai laissé le mien dans mon autre veston.

Gray dit que oui. Il trouva que Francis avait de la chance de posséder un autre veston.

– Mais quand tu auras fini ton jus d'orange, tu devrais peut-être retourner le chercher pour qu'on puisse aller manger quelque part.

– Euh, en fait, on va dîner chez des gens qu'on ne connaît pas très bien, Charmian et moi. Alors on peut difficilement emmener quelqu'un d'autre avec nous.

– Pas très bien, répéta Charmian qui regardait fixement Gray depuis quelques minutes et se lança soudain dans tout un sermon. J'ai lu votre livre, Francis me l'a prêté. Je trouve que c'est vraiment dommage que vous n'écriviez plus – enfin, que vous ne fassiez plus rien. Je sais que ça ne me regarde pas, mais...

– Non, ça ne vous regarde pas.

– Allons, du calme, dit Francis.

Elle poursuivit, sans leur prêter la moindre attention.

– Vous vivez dans cet horrible trou comme une sorte de hippie de campagne et vous êtes déphasé, vous planez complètement. Parce qu'enfin, vous laissez votre téléphone décroché pendant des jours, et quand vous vous trouvez avec des gens, la moitié du temps, vous êtes ailleurs, si vous voyez ce que je veux dire, on dirait que vous êtes toujours en plein trip. Personne ne pourrait *croire* que c'est vous qui avez écrit *Le Vin de l'étonnement.*

Gray haussa les épaules.

– Je vais manger un morceau, dit-il, et puis j'irai au cinéma. Bonne soirée avec les gens que vous ne connaissez pas.

Elle a raison, se dit-il en partant de son côté à la recherche d'un restaurant chinois pas trop cher. Sûr que c'est pas ses oignons, à cette connasse, mais elle a raison. Il va falloir faire quelque chose, et vite.

Les gens assis aux tables voisines, et ce qu'elle avait dit sur son trip, ravivèrent des souvenirs que Londres n'avait pas contribué à exorciser comme il l'avait espéré. Il prit un morceau de sucre dans le bol en porcelaine fine comme du papier à cigarette qui se trouvait en face de lui et se mit à le sucer. Ce n'était que du sucre, ça ne pourrait donc pas déformer la réalité plus qu'il ne pouvait la déformer lui-même...

Drusilla au printemps, Drusilla avant que les lettres ne commencent :

– Tu connais un tas de gens un peu à part, n'est-ce pas ? avait-elle dit. Dans cette bande de Westbourne Grove et Portobello Street ?

– Quelques-uns, oui.

– Gray, tu ne pourrais pas nous trouver un peu de sucre ?

Il s'attendait si peu à l'entendre parler de cela qu'il répondit :

– Du sucre ? En morceaux ou en poudre ?

– Je ne te parle pas de cuisine, idiot ! Du LSD, je veux dire, de l'acide. Tu ne pourrais pas nous dégoter un peu d'acide ?

8

D'abord au Classic, le cinéma de Praed Street, où il vit un vieux film suédois plein de pâles personnages strindbergiens dans les forêts des contes de Grimm. Puis, comme la nuit était belle et douce, il traversa Sussex Gardens vers le sud.

L'*Oranmore* n'était plus là. Ou plutôt si, mais repeint en un blanc immaculé. Une nouvelle enseigne, en néon vert cette fois, s'étalait au-dessus du porche : *Grand Europa*. Dans le genre pompier, au contraire de Combe Park, on ne faisait pas mieux. Un grand car de tourisme allemand, garé juste devant, dégorgeait ce qui ressemblait au voyage organisé des dames du Centre Communautaire de Heidelberg. Lesquelles dames, grasses et lasses, portant toutes chapeau, se dirigèrent d'un air éberlué vers l'entrée, sous les injonctions pressantes de guides polyglottes. Gray se demanda si la vieille leur remettrait à chacun une clef en leur disant de la laisser sur la coiffeuse puisqu'elles devaient partir tôt le matin. Il éprouva un sentiment de compassion pour ces braves Allemandes auxquelles on avait dû promettre un hébergement au cœur des quartiers chics de Londres, dans un petit hôtel au charme désuet à deux pas d'Oxford Street et de Hyde Park, et qui se retrouvaient à l'*Oranmore*. Car aucune d'entre elles ne pourrait y voir, comme lui, les vestiges d'une splendeur passée.

Un jeune porteur descendit le perron pour venir les aider, suivi d'une radieuse jeune femme. Les anciens occupants semblaient avoir disparu en même temps que l'ancien nom. Il obliqua sur Edgware Road avec, au fond de lui-même, l'envie douloureuse, dévorante, d'entendre sa voix encore une fois, juste une fois.

Les lettres glissèrent derrière le rideau sombre d'un recoin de sa mémoire tandis que jaillissait en pleine lumière – lumière aussi vive que celle qui illuminait cette rue – toute la joie qu'elle lui avait donnée. Que ne pouvait-il la posséder sans exigences, sans complications ! Non, impossible. Et pourtant... Entendre sa voix, une fois, une fois seulement...

À supposer qu'il appelle maintenant : il était près de minuit, elle serait dans l'un des lits de la chambre qu'elle partageait avec Microbe – celle qui donnait sur les vagues sombres de la forêt. Microbe devait être là aussi, peut-être déjà couché, peut-être dans son fauteuil, plongé dans un de ces bouquins dont il était friand, les mémoires de quelque gros industriel ou général en retraite. Elle, elle lirait un roman. Bien qu'il ne fût jamais allé dans cette chambre, il les voyait, lui, fruste et bouffi, des boucles de poils bruns dépassant du col ouvert de son pyjama de soie rouge et noir, et elle, frêle jeune fille dans ses franfreluches blanches, son ardente chevelure défaite, tous deux dans le luxueux décor d'une chambre de richards : carpettes aux longs poils blancs, rideaux de brocart blanc, mobilier Pompadour ivoire et or. Entre eux, blanc également, silencieux, menaçant : le téléphone.

L'appeler, d'accord. Mais pas lui parler. De cette façon, il entendrait sa voix. Quand, faute du « Salut » habituel, elle ne savait pas qui était au bout du fil, elle jetait un « Oui ? » froid et distant. Elle dirait donc « Oui ? » puis, en l'absence de réponse, « Alors ! qui c'est ? ». Mais il ne pouvait pas téléphoner maintenant, pas à une heure pareille.

Il poursuivit son chemin vers Marble Arch et passa devant le cinéma Odeon. Les derniers spectateurs entraient pour la séance de minuit. Il y avait encore beaucoup de monde dehors. Il savait qu'il ne pourrait se retenir de l'appeler. Comme s'il était trop tard pour faire machine arrière, alors qu'il n'avait encore rien fait de décisif, si ce n'est dans son esprit.

Il descendit dans la station de métro de Marble Arch, entra dans une cabine téléphonique. Pour deux *pence*, il s'offrirait sa voix, un mot ou deux, quelques phrases avec un peu de chance, prix d'ami. Son cœur cognait fort dans sa poitrine, il avait les mains moites de sueur. Et si c'était quelqu'un d'autre qui répondait ? S'ils avaient déménagé ? Ils pouvaient être partis en vacances, avoir pris le premier des deux ou trois congés annuels qui, dans le passé, lui avaient apporté cartes postales et solitude. De sa main humide, il souleva le combiné et plaça son index sur le numéro cinq du cadran.

Cinq, zéro, huit, puis les quatre autres chiffres, y compris le neuf final. Il s'adossa au mur, le contact du combiné glacial contre sa paume stigmatisée. Je suis dingue, se dit-il, je suis en train de craquer... Ils sont peut-être à l'auberge avec leurs amis... Le bip-bip aigrelet de la sonnerie. D'un geste mal assuré, il poussa la pièce dans la fente : elle tomba dans l'appareil avec un bruit creux.

– Oui ?

Pas la voix de Microbe. Pas celle d'un nouvel occupant. Bien la sienne. Le monosyllabe fut répété avec impatience.

– Oui ?

La promesse qu'il s'était faite de ne pas répondre ne fut guère difficile à tenir : il n'aurait pas pu parler. Seulement ce halètement lourd des hommes qui appellent les femmes la nuit pour les effrayer. Elle ne se laissa pas démonter.

– Alors ! qui c'est ?

Il écouta, non pas comme si elle s'adressait à lui – ce qui n'était d'ailleurs pas le cas – mais comme si on lui passait une bande magnétique.

– Si c'est une blague, ça y est, t'as pris ton pied, espèce de détraqué ! Alors, va te faire foutre !

Le téléphone fut raccroché avec un claquement de coup de fusil. Il alluma une cigarette de ses doigts tremblants. Bon, il avait eu ce qu'il voulait, sa voix, le dernier souvenir qu'il aurait d'elle. Plus jamais elle ne lui parlerait, et il pourrait toujours se rappeler ses paroles d'adieu, les adieux de la prima donna, les vrais : « Va te faire foutre, espèce de détraqué ! » Il remonta dans la rue et s'éloigna en titubant comme un homme ivre.

Il était à peu près 10 heures du matin lorsque Francis apparut à côté de son lit avec – attention inattendue – une tasse de thé à la main. Francis avait dormi dans la chambre et Gray dans l'un des lits qui avaient été amenés au salon, où le soleil pénétrait à présent en rayons rouges, bleus et dorés à travers les verres teints pour dessiner des formes dansantes sur le sol.

– Je te dois des excuses pour la petite scène d'hier, au pub. Charmian est une fille super, mais impulsive.

– C'est pas grave.

– Je lui ai dit deux mots, fit pompeusement Francis. Après tout, ce qui est acceptable dans la bouche d'un vieux copain comme moi passe plus difficilement dans celle de quelqu'un que tu viens de rencontrer. Mais avoue qu'elle est chouette ?

Gray eut un sourire neutre.

– Elle et toi, vous... ?

– On n'a pas de rapports sexuels, si c'est ce que tu veux dire. Charmian attache beaucoup d'importance à ce genre de choses, alors qui vivra verra. Il faudra peut-être d'ailleurs que je songe bientôt à me marier.

– Bientôt ? répéta Gray, inquiet que cela ne vienne contrecarrer ses plans. Tu comptes te marier bientôt ?

– Bon Dieu, non ! et puis pas forcément avec elle. Je veux seulement dire que le mariage devrait être la prochaine grande étape à prévoir dans ma vie.

Gray but son thé. C'était le moment, il fallait saisir l'occasion.

– Francis, je veux revenir à Londres.

– M'étonne pas, ça fait belle lurette que je te le dis.

– Je vais être bientôt payé, et quand je le serai, euh... est-ce que je ne pourrais pas rester un peu ici, le temps de trouver quelque chose ?

– Ici ? Avec moi ?

– Pas plus d'un mois ou deux.

Francis ne parut guère enchanté.

– Ce ne sera vraiment pas commode. Et puis il faudra m'aider avec le loyer : je débourse pour dix-huit livres par semaine, ici, tu sais.

Avec le chèque à venir, il en récolterait bien une cinquantaine...

– Je ferai fifty-fifty.

Peut-être par remords du sermon auquel il avait exposé Gray la veille au soir, Francis oublia le scepticisme avec lequel il accueillait d'habitude les promesses de contribution financière de son ami.

– Bon, dans ce cas..., concéda-t-il bon gré mal gré. Disons que tu resteras six semaines. Quand veux-tu venir ? Charmian et moi partons demain passer quelques jours dans le Devon chez ses parents. Samedi, ça t'irait ?

– Impeccable, répondit Gray.

Quand il eut pris un bain – dans une vraie salle de bains avec de l'eau chaude coulant directement du robinet – il sortit et se dirigea vers Tranmere Villas. Jeff était encore couché et ce fut le nouveau locataire de l'ancienne chambre de Gray – celle où il avait, juste une fois, fait l'amour avec Drusilla, qui le fit entrer dans l'appartement.

– Sally n'est pas là ? demanda-t-il lorsque Jeff apparut, l'air endormi, lugubre et complètement myope sans ses lunettes.

– Elle m'a quitté. Partie il y a juste quelques semaines.

– Mince, je suis désolé. (Il connaissait ce genre d'épreuve.) Ça faisait longtemps que vous étiez ensemble.

– Cinq ans. Elle a rencontré un autre mec et s'est tirée avec lui dans l'île de Mull.

– Vraiment, je suis navré.

Jeff fit du café et ils parlèrent de Sally, du mec, de la solitude, de l'île de Mull, d'un type avec lequel ils avaient été en classe et qui était maintenant député de la circonscription de Gray, puis d'autres gens qu'ils avaient jadis connus et qui semblaient s'être dispersés aux quatre coins du monde. Gray lui parla de son déménagement.

– Oui, je pourrais trimbaler tes affaires samedi. Il n'y a pas grand-chose, n'est-ce pas ?

– Quelques bouquins, une machine à écrire, des fringues.

– Disons en milieu d'après-midi, alors ? S'il y avait du changement, tu pourrais toujours me passer un coup de fil. Au fait, une lettre est arrivée ici pour toi il y a un mois, au moment où Sally est partie. Ça ressemblait à une facture, et puis, avec cette histoire de séparation, j'ai plus pensé à te la faire suivre. Je sais bien que j'aurais dû, mais j'étais au trente-sixième dessous. Dieu merci, je reprends du poil de la bête, maintenant.

Gray aurait aimé pouvoir en dire autant. Il prit l'enveloppe et comprit de quoi il s'agissait avant même de l'avoir ouverte. Comment pouvait-il à ce point oublier l'essentiel alors qu'il se rappelait tout de ce passé mort et inutile ? Quand elle l'avait quitté, il était allé passer Noël chez Francis et avait alors décidé de ne plus jamais remettre les pieds ni à la bicoque ni dans un rayon de moins de quinze kilomètres autour de Drusilla. Il avait donc écrit à son éditeur pour demander qu'on envoie son prochain relevé de droits à Tranmere Villas, sa seule adresse véritablement permanente. Pourquoi cela lui était-il sorti de l'esprit ? Parce qu'il s'était senti tellement désespéré et déboussolé que, tel un animal blessé cherchant l'abri de sa tanière, il était reparti pour fuir à Pocket Lane les membres plus endurcis de sa tribu ?

Il déchira le dessus de l'enveloppe. *Le Vin de l'étonnement* : Ventes en métropole : £ 5. 75 % ventes en France : £ 3.50. 75 % ventes en Italie : £ 6,26. Total : £ 14,76.

– Puisque vous ne faites rien, dit Charmian, vous pourriez peut-être me donner un coup de main pour préparer le repas. Ce ne sera pas un vrai déjeuner, on n'aura qu'à piquer des trucs là-dedans. (Lequel « là-dedans » désignait un amas de feuilles de laitue, de tomates, de tranches de viande et de fromage sous plastique et du pain français.) À moins que ça vous dise de nous inviter quelque part.

– Voyons, ma chérie ! intervint Francis.

Gray ne faisait pas attention à elle. Il était trop anéanti par son relevé de droits pour pouvoir réagir. En allant chez Jeff, il avait acheté une bouteille de Chablis espagnol pour la boum, si bien qu'il ne lui restait plus que deux livres sur les sept.

– Il y a bien assez ici pour tout le monde, poursuivit Francis sur un ton bienveillant. Allons bon ! voilà le téléphone qui remet ça.

Lequel téléphone n'avait cessé de sonner depuis que Gray était rentré : des gens se décommandaient, d'autres voulaient savoir s'ils pouvaient amener des amis, d'autres encore ne se souvenaient plus où Francis habitait.

– Alors comme ça, vous vous installez ici ? fit Charmian en lavant vigoureusement des tomates.

Gray eut un haussement d'épaules. Allait-il s'installer ou non ?

– Juste pour quelques semaines.

– Un jour, ma mère a invité une amie pour le week-end : elle est restée trois ans. Dites, vous avez vraiment les nerfs détraqués : j'ai remarqué que vous sursautiez à chaque sonnerie de téléphone.

Gray se coupa une tranche de fromage. Il était en train de penser à la lettre de derrière les fagots qu'il allait expédier à son éditeur au sujet de ses droits pour la Yougoslavie, lorsque Francis revint dans la cuisine, l'air soucieux et embarrassé. Il s'approcha de Gray et lui posa une main sur l'épaule.

– C'est ton beau-père : il paraît que ta mère est très malade. Tu veux aller lui parler ?

Gray se rendit au salon. La voix d'Honoré jaillit du combiné : quelques mots d'anglais chaotique puis, devant la difficulté de l'entreprise, il revint au français.

– Mon fils, j'ai essayé de te joindre chez toi, mais ton téléphone est toujours occupé. Alors je me suis souvenu que tu allais chez Francis et j'ai trouvé son numéro... pas sans mal, d'ailleurs !

– Qu'est-ce qui se passe, Honoré ?

– Maman... C'est la fin.

– Vous voulez dire qu'elle est *morte* ?

– Non, non, pas du tout, mais elle a eu une nouvelle attaque. Le Dr Villon, qui est auprès d'elle maintenant, dit qu'elle n'en a plus pour longtemps. Jusqu'à demain peut-être, il ne se prononce pas. Il voudrait la mettre à l'hôpital de Jency, mais moi je dis non, pas tant qu'il restera un souffle au vieil Honoré, pas tant qu'il aura la force de s'occuper d'elle. Tu vas venir, hein ? Aujourd'hui ?

– Bien sûr, fit Gray avec une sensation de vide au creux de l'estomac. Bien sûr que je vais venir.

– Tu as toujours l'argent avec toi ? Je t'ai envoyé de quoi prendre l'avion pour Paris, et de là, le car de Bajon. Alors file tout de suite à « Hissereau », et rendez-vous ce soir au Petit Trianon.

– D'accord. Je rentre juste chez moi prendre mon passeport et j'arrive.

Il retourna dans la cuisine. Francis et Charmian étaient attablés, silencieux, le visage grave, comme il sied dans ce genre de situation.

– Navrée pour votre maman, fit Charmian sur un ton bourru.

– Oui, moi aussi, poursuivit Francis. S'il y a quoi que ce soit qu'on puisse faire...

Il y avait bien quelque chose, mais Gray préféra attendre quelques minutes avant d'en parler, sachant fort bien que ceux qui font ce genre de proposition en période de deuil – ou de malheur imminent – n'offraient généralement guère plus que leur compassion et un coup à boire.

– Je ne pourrai pas rester pour la boum. Il vaudrait mieux que je parte maintenant, si je dois passer à la bicoque avant d'aller à l'aéroport.

– Laisse-moi te donner un coup à boire.

Le whisky, dans son estomac plus ou moins vide, donna du courage à Gray.

– Si, il y a une chose que tu pourrais faire.

Francis ne demanda même pas de quoi il s'agissait. Il poussa un petit soupir.

– Je suppose que tu n'as pas l'argent pour ton voyage !

– Tout ce qui me reste avant la soupe populaire, c'est deux livres.

– Mon Dieu, murmura Charmian, mais sans malveillance.

– Combien il te faudrait ?

– Écoute, Francis : j'ai un chèque qui doit arriver d'un jour à l'autre, ce ne serait donc que pour peu de temps. Je sais que je vais avoir de l'argent parce que j'ai vendu des droits en Yougoslavie.

– On ne peut pas sortir d'argent des pays communistes,

rétorqua aussitôt Charmian. Impossible, pour les écrivains, de toucher leurs droits. D'après un ami de ma mère – un type très connu, *lui* –, les éditeurs ont tellement de taxes, de trucs et de machins à payer qu'ils préfèrent laisser le fric en banque, derrière le rideau de fer.

Ce fut pour Gray comme une douche glacée. Elle disait sûrement vrai : il se rappelait à présent que Peter Marshall avait fait une remarque analogue, lors d'un de leurs petits gueuletons. Mais il avait ajouté : « Si vous vendez en Yougoslavie, admettons, nous laisserons l'argent sur notre compte de Belgrade. Peut-être y passerez-vous un jour vos vacances et aurez-vous l'occasion de le dépenser. » Dommage qu'Honoré ne soit pas yougoslave...

– Mince, je suis pas dans la merde, tiens.

– Combien il te faudrait ? répéta Francis.

– À peu près trente-cinq livres.

– Gray, je ne voudrais pas que tu me croies indifférent, mais où vais-je trouver trente-cinq livres ? J'en ai que cinq en liquide dans l'appart. Et toi, ma chérie, tu as quelque chose sur toi ?

– À peu près deux et demie, répondit Charmian qui, estimant passé le moment des condoléances émues, s'était remise à manger son jambon et sa laitue.

– Eh bien, il ne me reste plus qu'à descendre chez le marchand de tabac pour voir s'il peut me changer un chèque, dit Francis.

Gray appela l'aéroport : il y avait un vol à 8 heures et demie. Il se sentait comme foudroyé. Que se passerait-il à son retour de France ? Quand le chèque arriverait, il aurait environ seize livres mais il en devrait trente-cinq à Francis, plus neuf par semaine pour partager cette vacherie de serre. Malgré la présence de Charmian, il plaça sa tête contre ses mains et ferma les yeux...

Sa situation serait bien différente, commença-t-il inévitablement à songer, s'il avait accepté de faire ce que Drusilla lui avait demandé un an auparavant. Il serait quand même sur le départ pour Bajon, bien sûr, mais la comparaison s'arrêtait là : il n'aurait pas eu à quémander, à devenir un objet de mépris pour cette fille et pour Francis, à toujours se ronger les sangs pour avoir deux sous...

Le contact d'une main sur son épaule le fit sursauter et le tira de sa mélancolie.

– Allons, secoue-toi, dit Francis : j'ai eu tes trente-cinq livres.

– Merci. Je te suis très reconnaissant, Francis.

– Je ne veux pas te mettre le couteau sous la gorge en un

moment comme celui-ci, mais ça ne me laisse plus grand-chose devant moi, surtout avec ce voyage dans le Devon, le loyer à payer, et tout le reste. Alors si tu pouvais...

Gray répondit par un hochement de tête. Jurer ses grands dieux qu'il rembourserait rapidement lui parut vain : il n'arriverait pas à se montrer convaincant et, même s'il y parvenait, Francis ne le croirait pas.

– Amusez-vous bien, à la boum.

– On boira à ta santé, dit Francis. À nos amis absents.

Charmian leva la tête et força un vague sourire d'adieu. L'expression de Francis, pour indulgente qu'elle fût, montrait une certaine impatience, aussi. Ils seraient tous deux bien contents de se débarrasser de lui. La porte en verre rouge en claqua de soulagement lorsqu'il sortit dans l'allée.

S'il avait fait ce qu'elle avait demandé, songea-t-il, il serait dans un taxi, en ce moment, entre son luxueux appartement et sa place de première, dans l'avion. Ses bagages en peau de porc installés là, à côté du chauffeur, il aurait les poches bourrées de fric, comme Microbe qui, avait-elle dit une fois, se promenait toujours avec de grosses sommes sur lui pour pouvoir se payer cash ses fantaisies. Et à Bajon, on lui préparerait la plus belle chambre de l'*Écu d'Or*, avec bain privé. Et surtout, il serait dégagé de tout souci.

L'impression le gagna, tandis qu'il attendait son train, que tous ses ennuis venaient de là, de son refus de faire ce qu'elle voulait : l'aider à tuer son mari.

9

Bien que préoccupé par ses soucis d'argent tout au long du trajet, ce ne fut guère avant son retour à la bicoque qu'il se souvint que sa mère, dans son testament, lui léguait la moitié de ses biens. Allons ! il ne fallait pas se mettre à penser à ça, c'était trop abject. Il en repoussa donc l'idée, avec son cortège de désirs et de scrupules, rassembla quelques frusques, rangea son relevé de droits dans le coffret et sortit son passeport. Il rabattit juste le couvercle – à quoi bon verrouiller – en laissant la clef dans la serrure. N'avait-il donc rien d'autre à faire, avant de partir en

France, que de raccrocher son téléphone ? Il remit le combiné à sa place avec l'impression d'oublier quelque chose, mais quoi ? Pas décommander Jeff, puisqu'il serait rentré le samedi suivant et que Francis l'accueillerait à bras ouverts quand il saurait qu'il avait hérité la moitié de l'argent de sa mère. Non, il s'agissait d'une promesse ; il avait donné sa parole d'aller quelque part... Il se rappela soudain : la soirée de miss Platt. En repassant devant chez elle, tout à l'heure, il lui dirait qu'il avait un empêchement.

Vue du portail, la bicoque paraissait ne pas avoir été habitée depuis des années. Ses bardeaux, détrempés par des saisons de pluie, écaillés et blanchis par le soleil, avaient pris l'apparence de coquilles d'huîtres. Engoncée dans son nid de fougères, ce n'était qu'une cabane pourrie derrière les fenêtres de laquelle pendaient des haillons de rideaux en coton défraîchi. Des bouleaux argentés, des hêtres au tronc gris acier empiétaient dessus pour en masquer la décrépitude. Avec son air délaissé, abandonné, on eût dit un tas d'ordures jetées par des promeneurs en plein milieu de la forêt. Mais elle valait quinze mille livres, c'est ce que miss Platt avait dit. Si Mal avait l'intention de la vendre, il s'en débarrasserait dans la journée pour cette somme énorme, incroyable.

L'heureuse ex-propriétaire était en train de couper des roses précoces dans son jardin de devant.

– N'a-t-on pas des journées splendides, en ce moment, Mr Lanceton ? Ça me rend d'autant plus triste de partir.

– J'ai bien peur de ne pas pouvoir venir à votre soirée d'adieu, répondit Gray. Je dois aller en France : maman, qui y habite, est tombée gravement malade.

– Oh, mon Dieu ! je suis vraiment navrée. Y a-t-il quoi que ce soit que je puisse faire ? (Miss Platt posa son sécateur.) Voulez-vous que je jette un œil sur le Cottage Blanc ?

Sans les lettres à Microbe, Gray aurait pu oublier qu'il s'agissait là du vrai nom de la bicoque.

– Pas la peine, merci : il n'y a rien d'intéressant à me faucher, là-bas.

– Comme vous voudrez, mais ça ne me dérangerait pas du tout, et je suis certaine que Mr Tringham prendrait le relais, de temps en temps. J'espère que vous trouverez votre maman en meilleure santé : une mère, c'est irremplaçable, surtout pour un homme, n'est-ce pas ?

Tandis qu'il redescendait le chemin, en passant devant la

pelouse ravagée des Willis, puis devant la nouvelle propriété avant de rejoindre High Beech Street, il réfléchit à ces paroles de miss Platt. Une mère, c'est irremplaçable... Depuis l'appel d'Honoré, il avait surtout pensé fric, à l'argent de Drusilla, à celui de sa mère, mais pas vraiment à sa mère elle-même. Eprouvait-il de l'affection pour elle ? Lui importait-il qu'elle vive ou qu'elle meure ? Il y avait deux mères dans son esprit, deux femmes séparées et bien distinctes : celle qui avait rejeté son fils, son pays et ses amis pour un horrible petit serveur français, et celle qui, depuis la mort de son premier mari, avait tenu un intérieur pour son fils, lui avait donné son amour, avait accueilli ses amis. C'est vers cette femme-là, perdue pour lui, morte depuis quatorze ans, que Gray essayait de tourner ses pensées à présent. Elle avait été une amie, une compagne plus qu'une mère, et il l'avait pleurée avec l'amer désespoir d'un adolescent de quinze ans incapable de comprendre – il comprenait maintenant, ô combien ! – le pouvoir obsessionnel de l'amour-passion. Mais une telle compréhension ne permet que le pardon glacé de l'esprit, pas celui du cœur.

Il l'avait donc pleurée, à l'époque. Mais comme ces deux femmes ne formaient malgré tout qu'une seule et même personne, il ne pouvait éprouver de chagrin, maintenant, pour cette créature brisée qui entrait enfin dans la mort, qui n'était plus à lui, mais à Honoré et à la France.

Pour Microbe, prendre l'avion pour Paris ne représentait guère plus que de conduire sur la grand-route de Loughton. Il était allé en Amérique, à Hong-Kong, en Australie, parti déjeuner à Copenhague et revenu dîner à la maison. Une fois, se souvint Gray, il était resté tout un week-end à Paris...

– Comme ça, tu pourras venir le passer à la bicoque avec moi, Dru, avait-il dit.

– Oui, et ça nous donnera l'occasion de prendre de l'acide.

– Je croyais que t'avais oublié.

– Tu me connais bien mal. Je n'oublie jamais rien. Alors, tu vas nous en avoir ? Tu as dit que tu pouvais : j'espère que c'était pas de la frime.

– Je connais un gus qui peut m'en refiler, c'est vrai.

– Mais tu vas la ramener avec ta morale et tes grands principes, hein ? Tu m'écœures ! Où est le mal, d'abord ? Il n'y a pas d'accoutumance possible, au contraire. J'en connais un rayon, là-dessus.

À coups de lecture d'articles du genre *L'herbe*, ou *Le club des haschichiens*, ou encore *Une nouvelle perception* dans les magazines pop, songea-t-il.

– Ecoute, Dru, je crois seulement que c'est mauvais d'utiliser une drogue comme le L.S.D. pour s'amuser, pour chercher des sensations. C'est différent quand on l'emploie en psychothérapie sous surveillance médicale.

– Tu as déjà essayé ?

– Oui, une fois, il y a quatre ans environ.

– Merveilleux ! Alors tu es comme ces petits saints de mes fesses qui se paient des orgies toutes les nuits jusqu'à quarante ans, et qui, passé cet âge, s'excitent contre tout le monde en braillant que le sexe est un péché, tout ça parce qu'ils peuvent plus y arriver eux-mêmes ! Chapeau !

– Ça n'a pas été une expérience agréable. Il y en a peut-être avec qui ça marche, c'est pas mon cas.

– Et pourquoi je n'essaierais pas, moi ? Pourquoi toi et pas moi ? Je n'ai jamais rien pu faire et tu m'empêches toujours d'avoir des expériences. Eh bien, si tu ne dégotes pas d'acide, je ne mettrai pas les pieds ici. J'irai à Paris avec Microbe et je te jure que je ne m'ennuierai pas, pendant qu'il sera à sa connerie de séminaire : je ramasserai le premier mec qui me fera du gringue. (Elle se pencha vers lui, se fit câline.) Gray, on pourrait le prendre ensemble. Il paraît que c'est fabuleux, quand on fait l'amour. Ça ne te plairait pas, de me voir encore plus merveilleuse que je suis ?

Et bien sûr, il s'était procuré l'acide : il aurait fait presque n'importe quoi pour elle – sauf une chose. Seulement il n'en prendrait pas, lui. C'était dangereux. Un pour consommer, l'autre pour surveiller, diriger la manœuvre, au besoin mettre le holà. Car, si le seul effet, chez une personne stable, peut n'être qu'une vision déformée (ou réelle ?) des choses et une hypersensibilisation de certains sens, l'instable peut devenir violent, fou, hystérique. Et Drusilla, pour autant qu'il l'aimât, n'était pas une personnalité stable.

C'était début mai, juste un peu plus d'un an auparavant. Une bise aigrelette et pénétrante soufflait. Le samedi matin, ils étaient allés dans sa chambre, et il lui avait donné l'acide pendant que le vent hurlait autour de la bicoque et que Microbe, quelque part au-dessus d'eux, s'envolait pour la France. Le gros Microbe qui, avec son costume à quatre-vingts guinées, confortablement installé dans son siège de première, plongé dans la lecture de son *Financial Times* en sirotant le double scotch servi par l'hôtesse, n'avait pas idée, mais alors pas du tout, de ce qui se passait à quelques milliers de mètres au-dessous de lui. Serein et innocent Microbe, qui n'aurait jamais soupçonné un seul instant...

Bien de ces hommes, même à présent,
Qui tiennent femme, amoureusement,
Bras dessus bras dessous, langoureusement,
Quand ils s'en vont, sereinement,
Leur bon voisin, Maître Charmant,
S'en vient pêcher dans leur étang...

Gay sentit un frisson le parcourir. Décrit de cette manière, c'était horrible, car il avait été le voisin de Microbe, au sens géographique et éthique du terme. Il l'avait d'ailleurs fait remarquer, dans la première de ces fameuses lettres. Il avait été le Maître Charmant, le bon voisin, qui avait pêché dans son étang en son absence – grossières et froides images, que celles du XVIIe siècle – et ne s'était soucié de sa personne que lorsqu'il avait fallu dresser une barrière infranchissable.

Mais c'était du passé, maintenant, et Microbe et lui, la victime et le bourreau – victime épargnée par son bourreau – avaient peut-être tous deux été doublés en leur absence par un voisin, ce joueur de tennis charmant...

Gray bloqua le flot de ses souvenirs. En dessous de lui, il pouvait voir les lumières de Paris. Il s'attacha sa ceinture, éteignit sa cigarette et se prépara aux épreuves qui l'attendaient.

L'avion avait du retard et le seul car disponible ne put l'emmener que jusqu'à Jency, à une quinzaine de kilomètres de Bajon. Il fit en stop le restant du chemin. Les seules lumières encore allumées à Bajon étaient celles de l'*Écu d'Or*, repaire d'Honoré, du maire et de M. Reville, le maître verrier. Honoré, cependant, n'y serait sans doute pas maintenant. Gray craqua une allumette pour regarder sa montre et vit qu'il était près de minuit : il trouva étrange de songer que, vingt-quatre heures auparavant, il était dans la station de métro de Marble Arch en train de téléphoner à Drusilla.

Il passa devant le groupe de châtaigniers, puis devant la maison dénommée Les Marrons et descendit la ruelle transversale qui, après les pavillons, viendrait se perdre aussi misérablement que Pocket Lane dans les champs, les bois et le domaine d'une ferme. Le pavillon d'Honoré était le quatrième. Une des pièces de façade était allumée, de sorte qu'on pouvait distinguer, sur le devant, les plaques de béton vert qui condamnaient à l'étouffement toute plante qui aurait eu quelque velléité de pousser, l'étang artificiel recouvert de plastique avec, tout autour, la troupe bigarrée des statuettes de nains, grenouilles en train de pêcher, chérubins nus, lions au regard jaune, et autres canards dodus, qui faisaient la fierté d'Honoré... Heureusement, la lumière était trop faible pour laisser voir l'alternance de briques roses et vertes dont le pavillon était construit.

Ce n'était pas la première fois que Gray relevait cette contradiction de la nation française : elle qui, plus peut-être que toute autre, avait contribué à l'art mondial en musique, en littérature, en peinture, ce parangon de raffinement, possédait en même temps la bourgeoisie la plus fruste de toute la terre. Après s'être étonné que la France, qui avait compté des Gabriel et des Le Nôtre, ait pu ainsi produire un Honoré Duval, il s'avança vers la porte et sonna.

Honoré courut lui ouvrir.

– Ah ! mon fils, te voilà enfin ! s'écria-t-il en l'embrassant sur les deux joues. (Il sentait toujours autant l'ail.) Tu as fait bon voyage ? Ne t'inquiète pas, elle est toujours là, elle est vivante. Elle dort. Tu viens la voir ?

– Dans une minute, Honoré. Est-ce que vous avez quelque chose à manger ?

– Je vais te préparer un petit en-cas, répondit-il avec enthousiasme. (Cette chaleur s'estomperait vite, Gray le savait, pour laisser place à une attitude de défiance roublarde.) Une omelette.

– Je voudrais juste un morceau de pain et de fromage.

– Comment ! Après être resté trois ou quatre ans sans te voir ? Tu me prends pour un père indigne ? Viens dans la cuisine, que je m'occupe de toi.

Gray regretta d'avoir parlé de nourriture. Bien que Français et ancien serveur, qui avait évolué pendant les deux tiers de sa vie dans l'ambiance et les traditions de la haute gastronomie, Honoré était un abominable gâte-sauce. Pourtant conscient du fait que l'excellence de la cuisine française dépend en grande partie d'une subtile utilisation des herbes, il abusait du romarin et du basilic d'une manière incroyable. Il savait aussi que la crème fraîche jouait un rôle important dans la plupart des plats, mais il était trop pingre pour en utiliser le moindre soupçon. C'eût été moins insupportable s'il s'en était tenu aux œufs sur le plat, aux frites et aux simples ragoûts, seulement il méprisait cela : il s'attaquait aux recettes de la grande tradition, c'était ça ou rien, ces merveilles de délicatesses que le monde entier vénère et copie, mais sans crème, sans vin et avec des herbes en sachet jetées à pleines cuillerées.

– Coupe la lampe, veux-tu, fit Honoré, tandis que Gray le suivait avec lassitude dans la cuisine.

C'était sa façon de lui demander d'éteindre la lumière, ce qu'il fallait faire avant de quitter chaque pièce par mesure d'économie. Gray coupa donc et s'assit sur une des chaises bleu vif, munies d'un coussin en plastique coquelicot et bleu. Il régnait un calme total, presque comme à la bicoque.

Un faux géranium rose trônait au milieu de la table dans un pot en plastique blanc. Le rebord de la fenêtre était hérissé de fleurs synthétiques, la pendule murale en verre orangé avec des aiguilles chromées, et des assiettes décorées de châteaux en relief et d'éclatantes vues en technicolor l'entouraient. Toutes les teintes d'un plumage d'oiseau exotique étaient représentées dans cette cuisine, immaculée jusqu'au moindre centimètre carré et baignée de la lumière suave d'un éclairage rose fluorescent.

Honoré, qui s'était noué un tablier autour de la taille, commença à battre les œufs et à y jeter des pincées de persil et de ciboulette séchés jusqu'à ce que la mixture prenne une teinte verdâtre. Faire la cuisine demandait de la concentration et un silence religieux, aussi ne soufflèrent-ils mot ni l'un ni l'autre pendant quelques instants. Gray regardait son beau-père d'un air pensif.

C'était un homme maigre et sec, d'une taille plutôt en dessous de la moyenne, au teint mat et dont les cheveux bruns commençaient à grisonner. Ses lèvres minces, même au repos, s'incurvaient en un sourire permanent, mais ses petits yeux noirs ne se départaient jamais de leur rouerie. Il avait le physique de ce qu'il était : un paysan français ou, plus encore, la caricature d'un paysan français vu par un Anglais.

Ce que sa mère avait pu lui trouver était toujours demeuré un mystère pour Gray, mais maintenant, après quatre ans de séparation, il commençait à comprendre. Peut-être parce qu'il avait pris de l'âge, ou parce que ce n'était que dans ces années-là qu'il avait réellement découvert le pouvoir du sexe. Pour une femme comme sa mère, protégée, raffinée même, ce diable de petit homme brun, avec ses yeux vifs et son sourire madré, pouvait avoir représenté ce que Drusilla avait représenté pour lui, Gray : l'incarnation de l'érotisme. Il lui rappelait toujours l'un de ces marchands d'oignons itinérants auquel sa mère achetait régulièrement lorsqu'il s'arrêtait chez eux à Wimbledon. Se pouvait-il qu'Enid Lanceton, pourtant apparemment équilibrée et cultivée, eût été subjuguée par ces petits bonshommes aux chapelets d'oignons attachés à la bicyclette, au point de n'avoir eu de cesse que de s'en trouver un pour elle ? Eh bien, elle y était parvenue, songea Gray en regardant Honoré, ses fleurs en plastique et ses rideaux à motifs jaunes de pots et de casseroles, et elle avait payé sa trouvaille au prix fort.

– Voilà ! s'écria Honoré en faisant glisser l'omelette sur une assiette à carreaux rouges et verts. Dépêche-toi vite de la manger avant qu'elle refroidisse.

Gray se dépêcha vite. Ladite omelette avait plutôt l'aspect d'une feuille de chou trempée dans une légère pâte à frire, et le goût d'une plâtrée d'humus. Il l'engloutit donc aussi rapidement qu'il put afin d'éviter ces intervalles entre les bouchées qui permettent aux aliments de dégager toute leur saveur. Il y avait un très léger bruit, dans le pavillon, qui lui rappelait le ronronnement régulier, croissant et décroissant, d'une machine. Il n'arrivait pas à en déterminer l'origine, mais c'était le seul bruit ambiant, à part les tintements de vaisselle qu'Honoré faisait dans l'évier.

– Et maintenant, un bon café français.

Un bon café était la dernière chose qu'on pouvait obtenir au Petit Trianon. Honoré dédaignait le café soluble que tout le monde employait à présent mais, par avarice, il rechignait à en préparer de frais en toute occasion. Une fois par semaine, il faisait donc bouillir une casserole d'eau avec un mélange de café et de chicorée et ce breuvage, saumâtre et amer, était réchauffé et servi jusqu'à la dernière goutte. L'estomac de Gray, pourtant habitué à digérer en toute impunité les boîtes de boulettes de viande, de ravioli et de paupiettes de bœuf, se retournait devant le jus de chaussette d'Honoré.

– Non merci, ça m'empêcherait de dormir. Je vais aller voir maman, maintenant.

La chambre d'Enid – leur chambre – était la seule pièce qu'elle avait réussi à préserver du goût de son mari. Les murs étaient blancs, les meubles en noyer massif, les carpettes et couverture bleu outremer. Sur le mur, au-dessus de la tête de lit, pendait une icône en bois peint et doré de la Vierge à l'Enfant.

La mourante reposait sur le dos, les mains sur la courtepointe. Elle ronflait de sa respiration stertoreuse, et Gray comprit alors d'où venait le son plaintif et régulier qu'il avait entendu. Cette machine, c'était celle du souffle d'Enid Duval. Il s'approcha du lit et baissa son regard sur le visage blême et décharné. Il avait vu deux femmes en elle, mais il en voyait trois, à présent : sa mère, la femme d'Honoré, et cette troisième et ultime image qui absorbait les deux premières.

– Embrasse-la, mon fils, dit Honoré. Embrasse-la.

Gray ne lui prêta pas attention. Il prit une des mains de sa mère et la maintint dans la sienne. Elle était très froide. Elle ne bougea pas, son rythme respiratoire ne fut pas modifié.

– Enid, fit Honoré, c'est Grahamme. Voilà enfin ton fils.

– Pas de grandes phrases, dit Gray, ça ne sert à rien.

Son anglais continuant à le déserter, Honoré se lança dans une tirade en langue française. Gray n'en put saisir que le sens général, selon lequel les Anglo-Saxons étaient des sans-cœur.

– Je vais me coucher. Bonne nuit.

Honoré eut un haussement d'épaules.

– Bonne nuit, mon fils. Tu sauras bien retrouver ta chambre, hein ? Je passe mes journées à monter et à descendre, ça n'en finit jamais, mais j'ai pris le temps de rhabiller ton lit.

Habitué au langage parfois un peu particulier d'Honoré, Gray comprit qu'il avait mis des draps propres. Il rejoignit donc « sa » chambre, qu'Honoré avait meublée comme il sied au fils de la maison, à dominante bleue – garçon oblige : carpette bleue à motif de roses magenta, rideaux bleus parsemés de jonquilles jaunes. Le seul tableau – qui remplaçait une *pietà* que Gray avait un jour dit détester à son beau-père – montrait Mme Roland en robe bleue, debout sur les marches d'une guillotine rouge et argent, en train de s'écrier, selon la citation qui figurait en dessous : « Ô Liberté, que de crimes on commet en ton nom ! »

C'était vrai. Bien des crimes étaient commis au nom de la liberté. Le mariage de sa mère, par exemple. Toujours au nom de la liberté, Drusilla avait envisagé un crime bien plus affreux encore. Gray crut que ses pensées allaient le tenir éveillé mais – c'était l'avantage du Petit Trianon – le lit était le plus confortable dans lequel il ait jamais dormi, bien meilleur que celui de la bicoque, que celui de Francis ou celui de l'*Oranmore*, à côté de la fenêtre. Il s'endormit presque instantanément.

10

Il fut réveillé à 7 heures par un tel tintamarre qu'il crut que sa mère était morte pendant la nuit et qu'Honoré avait ameuté tout le village pour défiler devant le cercueil. Car on ne pouvait décemment faire autant de barouf en préparant un petit déjeuner pour trois. Puis, derrière cette cacophonie, il entendit qu'elle ronflait paisiblement. Il comprit alors qu'Honoré, qui ne paraissait jamais fatigué, utilisait cette méthode pour sonner le réveil. Il se tourna dans son lit et, bien qu'incapable de se rendormir, mit un point d'honneur à rester couché jusqu'à ce que, à 8 heures, la porte s'ouvrît à la volée et qu'un aspirateur fît irruption dans la chambre.

– « Tôt couché, tôt levé, trouveras richesse, sagesse et santé ! » énonça joyeusement Honoré. Tu vois, je connais les proverbes anglais.

Gray remarqua qu'il avait cité « richesse » en premier. Très révélateur.

– Je ne me suis pas couché tôt. Je peux prendre un bain ?

Au Petit Trianon, il ne fallait pas compter avoir de l'eau chaude. Il y avait bien une salle de bains, avec des carreaux ornés de petits poissons et une moelleuse garniture couleur pêche sur l'abattant des toilettes, il y avait aussi un chauffe-eau électrique, mais Honoré le laissait éteint et faisait la vaisselle avec l'eau chaude des bouilloires. Pour prendre un bain, il fallait réserver des heures, voire des jours à l'avance.

– Plus tard, répondit-il avant de s'emporter dans un français fort relâché contre les factures d'électricité et la sottise de prendre trop de bains, et d'ajouter – un comble, pensa Gray – qu'il n'avait pas le temps d'allumer le chauffe-eau pour l'instant.

– Pardon, euh, je n'ai pas bien compris.

– Ah ! tu vois, s'écria son beau-père qui pointa un doigt vers lui tout en continuant à passer énergiquement l'aspirateur dans la chambre, je ne crois pas que tu comprennes le français aussi bien que tu dis. Ben maintenant que t'es là, va falloir t'y mettre. Allons, le petit déjeuner est prêt. Amène-toi.

Gray se leva et fit sa toilette avec l'eau chaude d'une casserole. Le savon de Marseille grisâtre que lui donna Honoré piqua tant sa main brûlée qu'il faillit lâcher un cri. Il y avait du café dans une autre casserole et une demi-baguette sur la table. Les Français ont coutume d'acheter leur pain frais chaque matin, mais Honoré, jamais : il ne pouvait supporter de jeter le moindre quignon, et les baguettes rassises restaient là jusqu'à ce qu'elles fussent entièrement consommées, même si elles finissaient par avoir l'air et le goût de luffas pétrifiés.

Après la visite du Dr Villon qui avait déclaré stationnaire l'état de la malade, Gray descendit au village pour aller chez le boulanger. Bajon n'avait guère changé, depuis son dernier passage. L'*Écu d'Or* avait toujours besoin d'un coup de peinture, les bâtiments brun-gris de la ferme ressemblaient toujours à de vieux pachydermes assoupis. Sur la place, quatre boutiques – un marchand de vins, une boulangerie, une boucherie et l'alimentation générale tenant office de poste – étaient toujours tenues par les mêmes personnes. Il marcha jusqu'au bout de la rue pour voir si la réclame de soutiens-gorge existait encore. Oui. C'était un immense panneau d'affichage. Sous deux montagnes arrondies enserrées dans des bonnets de dentelle, on pouvait lire : *Désirée : votre soutien-gorge*.

Il rebroussa chemin, dépassa l'embranchement de chez Honoré, puis deux nouvelles boutiques, puis un salon de coiffure au nom ambitieux de *Jeanne Moreau, Coiffeur pour dames*, et arriva au panneau de signalisation *Nids de poule*. Lorsqu'il était venu à Bajon pour la première fois, il avait cru que cela avertissait de la présence sur la route de vrais nids de vraies poules, et non de fondrières, mais Honoré l'avait détrompé, avec un grand éclat de rire moqueur.

La journée passa lentement sous cette chaleur somnolente. Gray retrouva quelques-uns des livres que sa mère avait apportés avec elle de Wimbledon, et il s'assit dans le jardin de derrière pour lire *La Nymphe au cœur fidèle*. Le jardin en question était une pelouse de dix mètres sur huit sur laquelle Honoré avait érigé trois objets étranges, des trépieds verts surmontés chacun d'un visage en plâtre, avec trois chaînes qui, fixées aux montants, supportaient une sorte d'urne ou de seau rempli de soucis. Gray n'arrivait pas à se faire à ces instruments compliqués et hideux, installés avec tant de peine et de soin pour de si petites grappes de fleurs. Mais par ce chaud soleil, l'endroit était agréable pour passer le temps.

Vers 8 heures, Honoré déclara qu'un pauvre vieil homme qui s'escrimait du matin au soir comme cuisinier, infirmier et maître de maison méritait bien une petite récréation en fin de journée. Gray, il en était sûr, saurait veiller sur Enid le temps qu'il aille prendre un verre de fine à l'*Écu*. Plusieurs voisins étaient venus pendant la journée lui proposer leurs services de garde-malade, mais Honoré avait refusé en expliquant que Gray aimerait rester auprès de sa maman.

Le ronflement régulier d'Enid se poursuivit tout le temps qu'il fut assis à côté d'elle. Il termina *La Nymphe au cœur fidèle* et s'attaqua au *Lagon bleu*. Honoré rentra à 11 heures, avec de fortes émanations de cognac et un message du maire, impatient de rencontrer l'auteur du *Vin de l'étonnement*.

Le matin, la massive et lugubre silhouette noire du Père Normand fit son apparition, et Honoré le reçut comme s'il s'agissait – au moins – d'un archevêque. Il resta longtemps enfermé avec la mère de Gray et ne quitta la chambre qu'à l'arrivée du Dr Villon. Ni le prêtre ni le médecin n'adressèrent la parole à Gray. Ils ne parlaient pas anglais et Honoré leur avait affirmé que Gray ne comprenait presque pas le français. La mixture vieille d'une semaine qu'il nommait café fut servie, et les deux respectables personnages la burent avec un plaisir apparent. Ils firent force compliments à Honoré pour la façon dont il se dévouait à sa femme, l'assurant – le Père Normand – qu'il trouverait sa juste récompense au Ciel, et – le Dr Villon – qu'il la trouverait sur terre sous la forme du Petit Trianon et des économies d'Enid. Gray n'était pas censé saisir un traître mot de tout cela, ils discutèrent librement devant lui de la mort imminente de sa mère et de la bonne fortune d'Honoré d'avoir réalisé un mariage qui, s'il n'était pas d'argent, n'en était pas dépourvu.

Gray ne le croyait pas incapable d'aider Enid à aller vers sa fin si elle végétait encore longtemps. Il ne montra aucune affliction, juste un peu de gêne à l'évocation de l'argent. Le prêtre et le médecin le félicitèrent pour son courage stoïque, mais Gray ne pensait pas qu'il s'agissait de courage : un éclair de dégoût passait dans les yeux d'Honoré quand il nourrissait Enid ou lui épongeait le front et croyait que Gray ne regardait pas.

Combien de maris et de femmes seraient capables de meurtre,

en certaines circonstances ? Bon nombre, à n'en pas douter. Gray n'avait guère pensé à Drusilla, depuis qu'il était arrivé en France. Rien, ici, ne l'évoquait. Et comme il n'y était pas revenu depuis leur liaison, il ne pouvait même pas associer Bajon à un souvenir d'elle, qui n'était d'ailleurs jamais passée dans la région : avec Microbe, les vacances ne se concevaient qu'à Saint-Tropez ou Saint-Moritz, ces saints patrons du tourisme, ou dans des pays plus lointains ou plus exotiques. Mais il pensait à elle, à présent. Lorsqu'il abordait le sujet des épouses meurtrières, il ne pouvait pas ne pas penser à Drusilla.

Quand en avait-elle parlé pour la première fois ? En mars ? En avril ? Non, car elle n'avait pas pris d'acide avant mai...

Cela avait mis environ une demi-heure à faire effet. Alors elle commença à lui raconter ce qu'elle voyait. La vieille chambre à poutres apparentes s'agrandissait au point de prendre les dimensions d'une demeure seigneuriale, et les nuages, au-dehors, devenaient pourpres et s'enflaient comme elle n'avait jamais vu nuages le faire. Elle s'était levée pour les regarder de plus près, désemparée que la fenêtre fût à deux mètres et non à vingt.

Elle portait une bague d'améthyste dont la pierre était un éclat de cristal de roche brut, et elle le lui décrivit comme une montagne pleine de grottes où elle voyait des petits personnages entrer et sortir. Il refusa de faire l'amour – il aurait trouvé cela déplacé et artificiel – mais elle ne parut pas s'en offusquer. Ils descendirent donc au rez-de-chaussée et il prépara le déjeuner. La vue des aliments l'effraya : elle prit les légumes du potage pour des sortes de monstres marins qui se débattaient dans une piscine. Après quoi elle resta assise sans mot dire pendant un long moment.

– J'aime pas, articula-t-elle enfin, ça me déforme l'esprit.

– Bien sûr, qu'est-ce que tu croyais ?

– Je ne me sens pas sensuelle. Comme si j'avais plus de sexe. Tu te rends compte, si ça ne revenait pas ?

– Mais si, ça reviendra. Les effets vont bientôt se dissiper, et après, tu dormiras.

– Qu'est-ce qui se passerait si je prenais la bagnole, maintenant ?

– Tu te planterais, bon dieu ! Tes notions des distances sont complètement faussées.

– Je veux essayer. Juste dans le chemin.

Il dut la retenir de force. Il savait qu'une réaction de ce genre pouvait se produire, mais il ne l'aurait pas crue aussi vigoureuse. Elle se débattit, le frappa, lui décocha des coups de pied dans les jambes. Il finit néanmoins par lui prendre les clefs de la voiture et, lorsqu'elle se fut calmée, ils partirent faire une promenade.

Ils marchèrent dans la forêt et croisèrent des gens sur des poneys. Drusilla vit en eux une troupe de cavaliers aux visages farouches et tristes. Il s'assit avec elle sous un arbre, mais les oiseaux l'effrayèrent : elle prétendait qu'ils essayaient de la déchiqueter avec leur bec. Au début de la soirée, elle s'endormit et se réveilla une fois : elle avait rêvé que des oiseaux attaquaient l'avion de son mari pour y faire des trous jusqu'à ce que Microbe tombe. Elle était elle-même un de ces oiseaux, sorte de harpie avec des plumes et une queue, mais des seins et un visage de femme et de longs cheveux flottant au vent.

– J'arrive pas à comprendre qu'il y en ait qui prennent ça pour *s'amuser*, dit-elle au moment de repartir chez elle, le lendemain soir. Pourquoi diable m'as-tu refilé de ce truc ?

– Tu n'as pas arrêté de me tarabuster. Je regrette.

Il le regretta souvent, d'ailleurs, car il n'avait pas fini d'être tarabusté. Ça ne faisait que commencer, au contraire. Mais quelle importance, à présent, quelle importance...

– *Stand yourself, my son. Your are dreamingue ?*

Honoré lui avait parlé sur un ton jovial, mais quelque peu réprobateur, malgré tout. Pour lui, les jeunes – surtout ceux qui n'avaient pas les moyens de subsistance – devaient se lever lorsque des gens plus âgés entraient et sortaient. Or, le Dr Villon et le Père Normand prenaient congé, éblouis par les compétences linguistiques d'Honoré. Gray dit poliment au revoir mais resta où il était. Il entendit, dans le hall, son beau-père détourner les compliments en expliquant que quand on avait tenu pendant des années un poste à responsabilité dans la grande hôtellerie internationale, on était bien obligé d'avoir plusieurs langues à son arc.

Après le repas du soir – boîte de bisque de homard, boîte de crevettes avec morceaux de poisson blanc qu'Honoré baptisait *bouillabaisse* –, il sortit faire une promenade sur la route jusqu'à la ferme des Fonds. Mouches et moucherons y étaient presque aussi nombreux qu'à Pocket Lane. Tout ici lui rappelait Pocket Lane, d'ailleurs, à part les hurlements du chien enchaîné du fermier. Gray savait qu'en France, les gens de la campagne aimaient garder leurs chiens attachés. Sans doute les bêtes s'y habituaientelles, sans doute celui-ci serait-il détaché pour la nuit. Mais pour quelque obscure raison, voir et entendre cet animal le troubla profondément. Il ne comprit pas pourquoi ce maigre chien de berger qui tirait sur sa chaîne et émettait sans arrêt cet aboiement caverneux et vain lui donnait la chair de poule.

Quand il revint, Honoré s'était fait tout beau – veston sombre, cravate sombre et béret. Il était prêt à aller prendre sa fine.

– Mes amitiés au maire.

– Il passera ici demain. Il parle bien anglais – pas aussi bien que moi, mais bien quand même. Il faudra que tu te lèves quand il entrera, Grahamme, comme un jeune homme bien élevé doit le faire devant un monsieur plus âgé et respectable. Bon, maintenant, je te charge d'apporter son café à Maman.

Gray avait horreur de ça, horreur d'avoir, d'une main, à soutenir Enid qui sentait mauvais et qui bavait, et de l'autre à insérer de force entre ses lèvres tremblantes le bec de cette obscène tasse à embout. Mais il ne pouvait guère récriminer : c'était sa mère, c'étaient ces lèvres qui, il y a bien longtemps, avaient dit : « Comme je suis heureuse de te revoir à la maison, mon chéri », ces mains qui avaient caressé son visage quand elle l'embrassait pour lui dire au revoir, qui avaient cousu son nom sur ses vêtements d'écolier, apporté le thé au lit quand il faisait la grasse matinée pendant les vacances.

Tandis qu'il lui donnait le lait chaud avec un soupçon de café, et que, pour un quart de bu, les trois quarts du liquide dégoulinaient sur le couvre-lit, il la trouva plus faible que la veille au soir, le regard plus vague et plus lointain, les membres encore plus gourds. Elle ne le reconnaissait pas, le prenant sans doute pour quelqu'un qu'Honoré aurait fait venir du village. Lui non plus, il ne la reconnaissait pas. Ce n'était ni la mère qu'il avait aimée ni celle qu'il avait haïe, juste une vieille Française pour laquelle il n'éprouvait que répulsion et pitié.

Les liens entre mère et fils sont les plus forts qui puissent exister entre deux êtres humains. Qui avait dit cela ? Freud, pensa-t-il. Mais peut-être les plus faciles à détruire, aussi. Elle-même, Honoré et la vie en avaient eu raison, et maintenant, il était trop tard.

Il la débarrassa de la tasse puis la réallongea sur ses oreillers. Sa tête bascula sur le côté et elle se remit à ronfler, mais de façon irrégulière, cette fois, le souffle court. Même s'il n'avait jamais vu quelqu'un mourir, il savait, quoi qu'Honoré et le médecin puissent dire, et en dépit des fausses alertes et des rémissions passées, qu'elle était au bout du rouleau. Le lendemain ou le surlendemain, tout serait fini.

Il s'assit à côté du lit et acheva *Le Lagon bleu*, soulagé qu'elle fût encore en vie lorsque Honoré revint.

Enid continua à entrer dans la mort toute la journée suivante du mercredi. Même Honoré l'avait compris. Le Dr Villon et lui, assis dans la cuisine, attendaient en buvant du café. Honoré ne cessait de répéter quelque chose que Gray interpréta comme un désir de ne pas voir la situation se prolonger. Cela lui rappela Theobald Pontifex qui, dans *Le Destin de toute chair*, avait utilisé les mêmes mots lorsque sa propre femme, épouse délaissée, fut sur son lit de mort. Gray dénicha *Le Destin de toute chair* parmi les livres de sa mère et le commença, bien qu'il fût très éloigné de ses lectures habituelles : c'était un grand roman, tel qu'il les aimait auparavant.

Le Père Normand vint administrer l'extrême-onction à Enid et repartit sans prendre de café, soit qu'il jugeât le moment inopportun, ou que la dose de la veille eût été trop dure à avaler. Le maire ne se déplaça pas. Tout le village savait, à présent, qu'Enid mourait enfin. On ne l'avait guère aimée : comment auraient-ils pu apprécier une étrangère, une Anglaise ? Honoré était très populaire, par contre : c'était un enfant du pays qui, fortune faite, était tout simplement rentré au bercail.

Cette nuit-là, Honoré n'alla pas à l'*Écu* bien qu'Enid parût dormir un peu plus paisiblement. Il passa de nouveau toute la maison à l'aspirateur, refit des omelettes vertes et alluma enfin le chauffe-eau électrique pour Gray. Celui-ci sortit de la salle de bains vers 11 heures, enveloppé dans une robe de chambre à motif de dragon appartenant à son beau-père, espérant pouvoir filer directement au lit. Mais Honoré l'intercepta dans le hall.

– Il faut qu'on cause un peu tous les deux, il me semble. On n'a pas encore eu l'occasion.

– Si vous voulez.

– Oui, Grahamme, je veux. Coupe la lumière, s'il te plaît, ajouta-t-il tandis que Gray le suivait au salon.

Gray éteignit dans le hall. Son beau-père alluma une Disque Bleu et reboucha la bouteille de cognac dont il avait bu pendant que Gray prenait son bain.

– Assieds-toi, mon fils. Bon, tu es au courant au sujet des, euh – comment dis-tu ça en anglais ? – des *legs* de Maman ?

Gray écarquilla les yeux : les jambes de sa mère ? Puis il comprit qu'il voulait parler de l'héritage.

– Oui, répondit-il avec circonspection.

– Moitié pour toi, moitié pour moi, c'est ça ?

– Je préférerais ne pas en parler. Elle n'est pas encore morte.

– Mais c'est pas pour ça que j'en cause, c'est pour toi. Je m'inquiète seulement de ce que tu vas devenir, sans argent.

– Je ne serai pas sans argent, après que... Bon, passons à autre chose.

Honoré tira une longue bouffée de sa cigarette. Il sembla méditer un moment, le regardant par en dessous d'un air embarrassé. Puis il se mit tout d'un coup à parler, très fort et très vite.

– Il faut absolument que tu te remettes à écrire. Tu peux le faire parce que tu as du talent. Moi, je le sais, foi d'Honoré Duval. Je ne suis qu'un pauvre vieux serveur d'hôtel, tu me diras, mais je suis français, et les Français, ils savent. (Il se frappa la poitrine du poing.) C'est en nous, c'est de naissance.

– Ça reste à prouver, fit Gray.

Il avait souvent remarqué qu'Honoré n'était qu'un pauvre vieux serveur d'hôtel quand il voulait quelque chose, et dans l'hôtellerie internationale pour l'épate.

– Alors t'écris d'autres bouquins, comme ça tu te referas du fric et tu redeviendras indépendant. D'accord ?

– Peut-être, louvoya Gray qui se demandait où il voulait en venir mais n'était nullement disposé à aller où que ce fût. Encore une fois, je ne veux pas parler. Je vais me coucher.

– D'accord, d'accord, on verra ça une autre fois. Mais je te le dis : c'est mal, très mal de compter sur l'argent des autres. Le travail, y a que ça de vrai.

Ceux qui habitent des maisons de verre ne doivent pas jeter de pierre, songea Gray.

– Je croyais qu'on changeait de conversation ?

– Bon, très bien. Parlons de l'Angleterre, alors. J'y ai été qu'une fois. J'ai eu très froid, il a plu tout le temps, mais je m'y suis fait beaucoup d'amis : tous ceux de maman m'adorent. Alors dis-moi, comment vont Mme Palmaire, Mme Arcourre et Mme Ouarrinaire ?

Avec résignation, Gray lui expliqua que les deux premières, Mrs Palmer et Mrs Harcourt, ne faisaient plus partie de son cercle

de relations, et que, pour autant qu'il sache, Mrs Warriner, la mère de Mal, vivait toujours heureuse et en bonne santé à Wimbledon. Honoré, qui avait repris contenance, hocha la tête d'un air solennel. Il écrasa sa cigarette et en alluma une autre.
– Et comment va cette bonne Isabel ? demanda-t-il.

11

Gray avait lui aussi allumé une cigarette. Il avait pris une allumette à Honoré, l'avait tenue baissée pour stabiliser la flamme, puis jetée dans le cendrier. Il ôta la cigarette de ses lèvres.
– Isabel ?
– Qu'est-ce qui t'arrive, Grahamme ? On dirait que t'as vu un fantôme. Peut-être que ton bain était trop chaud ? Va prendre une couverture sur ton lit, sinon tu vas t'enrhumer.
– J'ai pas froid, articula machinalement Gray, sans même penser à ce qu'il disait.
Honoré haussa les épaules devant cet entêtement des jeunes à ne jamais écouter les conseils. Il se lança dans un panégyrique d'Isabel, s'extasiant sur sa force de caractère typiquement anglaise et sur son intrépidité : partir seule en Australie, à son âge !
Gray se leva avec raideur.
– Je vais me coucher, dit-il.
– En plein milieu de notre conversation ? Comme tu voudras, mon fils, mais c'est à ses manières qu'on reconnaît un homme. Encore un proverbe anglais. C'est drôle qu'ils semblent n'avoir aucun sens pour les Anglais eux-mêmes.
Gray sortit en claquant la porte, négligea de couper la lumière du hall comme Honoré le lui avait demandé, puis s'enferma dans sa chambre et s'assit sur le lit. Il commençait vraiment à sentir le froid, à présent, et avait la chair de poule.
Isabel, sacré bon sang ! comment avait-il pu l'oublier ? Et pourtant, il avait failli se rappeler en quittant la bicoque. Il savait que quelque chose le turlupinait, et il avait pensé à la soirée de miss Platt. Qu'est-ce que ça pouvait foutre, qu'il y aille ou non ! Alors que c'était Isabel qui lui trottait dans la tête. De vagues et fugaces

réminiscences l'avaient mis mal à l'aise, comme lors de sa promenade vers la ferme des Fonds. À moins qu'il ne se soit trompé de week-end ?

Il y avait un vieux numéro du *Soir* dans la cuisine, celui de vendredi. Il s'y rendit donc et le trouva qui doublait l'intérieur de la poubelle rouge écarlate. *Vendredi 4 juin*, puis la photo des inondations d'une quelconque ville des antipodes qui avait dû constituer la grande nouvelle du jour. Si vendredi était le 4, aujourd'hui, le mercredi suivant, devait être le 9 et lundi avait été le 7. Pas la peine de chercher, d'ailleurs : le jour d'Isabel était celui où il devait rentrer de la boum de Francis.

Il s'assit à la table et resta prostré, se tenant si fort la tête dans les mains que sa paume brûlée recommença à lui élancer. Que pouvait-il faire, bon dieu ! coincé ici à Bajon, sans un rond, avec sa mère à l'agonie ?

Il essaya d'imaginer calmement et logiquement la scène. Lundi 7 juin à midi, Isabel avait dû débarquer dans Pocket Lane avec sa Mini, entrer dans la bicoque avec la clef qu'il lui avait donnée, ouvrir la porte de la cuisine, déposer sur le couvercle de la baignoire une douzaine de boîtes de viande, mettre par terre une petite gamelle d'eau et, après moult caresses d'adieu et promesses de prompt retour, laisser Didon, la chienne labrador, seule dans la place.

Gray va bientôt rentrer, il va s'occuper de toi. Sois un bon toutou et dors jusqu'à ce qu'il arrive. Après quoi elle avait dû pendre la clef à son clou, refermer la porte de la cuisine et aller à Heathrow, prendre son avion pour l'Australie...

C'était effarant, mais les choses avaient dû se dérouler ainsi. Qu'est-ce qui aurait pu l'empêcher ? Isabel savait qu'elle trouverait la maison vide, fermée, dans un état lamentable. Il n'avait pas laissé de message pour la prévenir qu'il était parti pour la France, n'en avait parlé à personne sauf à miss Platt qui, même si elle se trouvait dans son jardin à ce moment-là, ne connaissait pas Isabel et n'était pas du genre à cancaner sur ses voisins avec une étrangère.

La chienne. C'est ça qui était grave : Didon, avec sa bonne tête et ses yeux qu'il avait trouvés si doux. Bon sang ! ils devaient être beaucoup moins doux, maintenant qu'elle était restée enfermée plus de deux jours dans ce trou avec, en tout, un fond de casserole d'eau, mais affolés, terrorisés. Et la nourriture qu'il y avait à côté d'elle, ironie du sort, était protégée par du métal que même les crocs et les griffes les plus opiniâtres ne sauraient entamer. En ce moment, lesdits crocs et griffes devaient être en train de labourer la porte verrouillée de la cuisine, celle du garde-manger, celle de la cave, jusqu'à ce que, de guerre lasse, elle se contente de hurler à la mort, en proie à une détresse bien plus grande que celle du chien enchaîné de la ferme.

Personne ne l'entendrait, là-bas, personne ne passerait dans le chemin avant Mr Tringham, samedi soir... Gray se leva et retourna au salon où Honoré était toujours assis, la bouteille de cognac une nouvelle fois débouchée.

– Honoré, est-ce que je peux me servir du téléphone ?

Requête beaucoup plus considérable que de demander un simple bain. Honoré n'utilisait le téléphone que pour appeler son beau-fils, peut-être trois fois dans l'année, pour des questions urgentes et, presque aussi rarement, pour faire venir le Dr Villon. Il était plus difficile de mettre la main sur un téléphone ici que de se le faire apporter sur un chariot dans un hôpital surpeuplé.

Après lui avoir lancé un regard étonné et réprobateur, Honoré s'ingénia à lui faire comprendre que l'appareil se trouvait dans la chambre d'Enid, que ce serait criminel de la déranger à minuit moins 10, et que, d'ailleurs, il croyait Gray en train de dormir.

– C'est urgent, lâcha-t-il sans explication.

Honoré n'était pas disposé à se contenter de cette réponse. Qui voulait-il appeler et pourquoi ? Une femme, certainement, à qui Gray avait donné un rendez-vous qu'il se voyait à présent dans l'impossibilité de respecter. Ce n'était pas inexact, dans un sens, mais Gray se garda d'en rien dire. Honoré poursuivit en lui disant qu'une communication avec l'Angleterre coûtait horriblement cher et que, secundo, une femme qu'on pouvait déranger à minuit devait être de trop petite vertu pour que la relation qu'il supposait que Gray avait avec elle fût morale. Lui, Honoré Duval, refusait de favoriser le dévergondage, surtout à une heure pareille.

Gray songea – ce n'était pas la première fois – combien il était absurde que les Français, considérés par les Anglais comme portés sur le sexe et cavaleurs, s'érigent en moralisateurs et prennent les Anglais pour des débauchés.

– C'est quelque chose que j'ai oublié de faire dans la précipitation du départ, expliqua-t-il en essayant de garder son calme. Quelque chose qui concerne Isabel.

– Isabel est en Australie, fit Honoré. Alors va au lit, Grahamme, et on verra ça demain. D'accord ?

Inutile d'insister, se dit Gray. À qui aurait-il pu téléphoner, de toute façon ? Il n'avait pas pensé à ça, dans son affolement : il ne pourrait joindre personne à cette heure de la nuit et il comprit, à son grand désarroi, qu'il n'y avait rien à faire avant le lendemain matin.

Il ne parvint pas à trouver le sommeil. Il ne cessa de se tourner et se retourner jusqu'à l'aube, se leva même parfois pour aller à la fenêtre. Le chien enchaîné commença à aboyer. Gray se jeta alors à plat ventre sur le lit. Vers 5 heures, il sombra – plus qu'il ne s'endormit – dans une somnolence hantée par ce rêve obsessionnel dans lequel Drusilla lui disait qu'elle voulait l'épouser.

– Tu vas demander à Microbe de divorcer ? avait-il répondu, comme il le faisait maintenant dans le rêve.

– Comment le pourrais-je ? Il refuserait, de toute façon.

– Si tu le quittais pendant cinq ans, il serait bien obligé, qu'il le veuille ou non.

– *Cinq ans ?* Où on sera, dans cinq ans ? Et puis qui va me faire vivre ? Toi ?

– Il faudrait qu'on travaille tous les deux. On parle de chômage, mais du boulot, il y en a si on n'est pas trop difficile.

Ses mains blanches chargées de bagues, qui n'avaient sans doute jamais accompli tâche plus lourde que d'arranger des fleurs dans un vase, fouetter de la crème, laver de la soie... Elle le regarda fixement, ses fines lèvres roses esquissèrent une moue dédaigneuse.

– Gray, je ne peux pas vivre sans argent. J'en ai toujours eu. Même avant de me marier, j'ai toujours eu tout ce que je voulais. Je n'ose pas imaginer ce que serait l'existence si je ne pouvais pas entrer dans un magasin et m'acheter ce qui me fait envie quand j'en ai envie.

– Alors on continue comme on est.

– Il pourrait mourir, dit-elle. Tout me reviendrait, dans ce cas. C'est dans son testament, je l'ai vu. Il a des centaines de milliers de livres en actions. Pas un million, mais des centaines de milliers.

– Et alors ? C'est à lui. D'ailleurs, qu'est-ce que t'en ferais, si tu les avais ?

– Je te les donnerais, répondit-elle simplement.

– Ça ne te ressemble pas, ma petite Dru.

– Puisque je te dis que je te les *donnerais*, sacré nom !

– Et qu'est-ce que tu veux que je fasse ? Que je le tue pour toi ?

– Oui.

Il s'éveilla, agité, trempé de sueur, marmonnant : « Je ne pourrais tuer ni homme ni bête. Pas même une mouche, pas même une guêpe... » Puis il se souvint. Une bête, il était en train d'en tuer une à ce moment précis, un chien. Vint alors, simultanément, un immense soulagement : la certitude soudaine et apaisante que tout s'était arrangé, qu'Isabel n'avait pas laissé Didon, en fin de compte. Parce qu'elle aurait rencontré le laitier. Elle avait dit midi et elle était toujours à l'heure. Le laitier aussi l'était toujours, et il passait à midi sauf le vendredi où il venait plus tard. Lui savait que Gray était parti, et il aurait prévenu Isabel. Elle se serait fichue en rogne, mais elle n'aurait pas laissé la chienne.

Il sombra aussitôt dans un profond sommeil sans rêve, dont il ne fut tiré que vers 8 heures par les intonations pompeuses et pontifiantes du Dr Villon. Le ronflement n'était plus audible. Gray se leva et s'habilla à la hâte, honteux d'éprouver ce soulagement et cette joie alors que sa mère était en train de mourir – sinon déjà morte.

Mais non : une étincelle de vie s'accrochait à ce corps inerte et se manifestait dans le faible mouvement respiratoire de sa poitrine sous les draps. Il fit le geste auquel Honoré l'avait exhorté, mais qu'il ne voulait pas accomplir en présence de son beau-père : il déposa doucement un baiser sur la joue hâve et jaunâtre. Puis il se rendit à la cuisine où Honoré répétait qu'il ne voulait pas que la situation se prolonge.

– Bonjour, fit Gray. Je crois qu'il va faire chaud aujourd'hui. Bon, je sors chercher du pain.

Bajon baignait dans la dure lumière blanche du soleil. Au bout de la route poussiéreuse, sous le panneau publicitaire *(Désirée : votre soutien-gorge)*, des mirages frémissants miroitaient au-dessus des ornières. Il acheta deux baguettes et rentra, croisant au passage un laitier avec sa carriole. Malgré sa chemise noire, son béret basque et son air typiquement gaulois, il n'était pas sans une certaine ressemblance avec le laitier de Gray. Impression encore accrue quand l'homme leva la main et lui lança : « Bonjour, m'sieur ! »

Gray répondit par un petit signe. Il ne verrait plus jamais son laitier à lui, qui lui manquerait plus que n'importe qui d'autre à

Pocket Lane. Sympa et même émouvante, la façon dont il lui avait serré la main lorsqu'ils s'étaient dit au revoir et...

Bon dieu ! Il avait oublié ! Isabel ne pourrait pas avoir vu le laitier puisqu'il ne passait plus. Gray l'avait réglé et lui avait fait ses adieux, il ne descendrait donc pas jusqu'à chez lui. Il avait même dit que c'était sa seule consolation à la perte de la clientèle de Gray : il n'aurait plus à aller tout au bout du chemin. Bon dieu de bon dieu ! Il ne devait qu'à une illusion d'avoir resquillé ces quelques heures de sommeil. La situation était la même que la nuit dernière, en pire : Didon *était* à la bicoque depuis maintenant – il était 9 heures et demie – près de soixante-dix heures.

Il se sentit presque défaillir sous cette chaleur, ses baguettes à la main, devant l'énormité de la chose. Il aurait voulu fuir, se cacher quelque part, longtemps, à l'autre bout de la terre. Mais c'était ridicule de se dire ça : il fallait rester, téléphoner à quelqu'un, tout de suite.

Mais à qui ? À miss Platt, bien sûr. C'est elle qui habitait le plus près et c'était une brave femme qui adorait sans doute les bêtes, pas une de ces vieilles ronchonneuses qui se feraient un plaisir de stigmatiser sa cruauté et d'aller ensuite la crier sur les toits. C'était une femme pratique, débrouillarde. Elle n'aurait pas peur de la chienne qui, affamée et affolée, devait être sûrement beaucoup moins commode. Quel idiot il avait été de refuser la proposition de miss Platt d'aller jeter un coup d'œil sur la bicoque ! Si seulement il avait dit oui, rien de tout cela ne serait arrivé. Bon, inutile de se lamenter, maintenant. La seule chose à faire était de chercher à se procurer son numéro.

– Comme tu es pâle ! s'écria Honoré quand il le vit poser le pain sur la table de la cuisine. Ce doit être le choc, expliqua-t-il au Dr Villon. Pourvu qu'il ne soit pas patraque, qu'est-ce que je ferais avec deux malades sur les bras ?

– Il me faudrait le téléphone, Honoré. S'il vous plaît.

– Ah ! pour appeler cette mauvaise femme, hein ?

– Cette mauvaise femme a soixante-dix ans et habite à côté de chez moi, en Angleterre. Je veux qu'elle aille voir quelque chose dans ma maison.

– Mais le téléphone se trouve dans la chambre de Mme Duval ! s'exclama le Dr Villon.

Gray répondit qu'il le savait, mais que le fil était assez long pour pouvoir le transporter dans le hall. Tout en grommelant sur l'énormité de la dépense, Honoré alla le chercher et le posa d'un geste brusque sur le plancher. Gray composait le numéro des renseignements lorsqu'il se souvint que miss Platt ne serait plus là-bas : c'était jeudi et elle avait déménagé.

Allons ! ne pas se laisser abattre. Il y avait d'autres recours. Francis, par exemple. Il n'apprécierait pas, mais il le ferait. À moins d'être un monstre, on ne pouvait pas refuser une chose pareille. Et puis non, se souvint-il, impossible : Francis était dans le Devon avec Charmian. Jeff, alors ? Il serait sur place en un rien de temps, avec la fourgonnette. Excellent. Au bout d'un long moment, Gray entendit le lointain dring-dring du téléphone à Tranmere Villas. Jeff était le type parfait, pour ça : pas emmerdeur, pas con, pas du genre à demander des explications à n'en plus finir ou à faire toute une histoire pour entrer par effraction dans la bicoque. Parce que c'est ce qu'il faudrait faire, vu que lui, Gray, avait une clef, que l'autre était suspendue au clou et que la troisième...

Au bout de vingt dring-dring sans réponse, il abandonna. Pas de temps à perdre : Jeff devait être sorti avec la fourgonnette. Qui d'autre, alors ? Il y en avait des centaines : David, Sally, Liam, Bob... David devait être au travail et Dieu sait où il travaillait. Sally était partie à Mull. Liam faisait partie de ces douzaines d'amis qui, selon Jeff, avaient quitté Londres et Bob serait en cours. Il y avait bien Mrs Warriner, dont il avait eu des nouvelles par Mal, mais il n'était plus en contact avec elle depuis trois ans et il se voyait mal imposer à une sexagénaire de Wimbledon, sans voiture, un déplacement de trente kilomètres.

Non, il fallait revenir à Pocket Lane et passer les effectifs en revue. Dommage qu'il n'ait pas baratiné la fille de la bibli ou lié connaissance avec des gens du coin. Mr Tringham n'avait pas le téléphone. Ne restaient plus que les Willis. Son courage l'abandonna presque, mais il n'y avait pas d'échappatoire possible. Une image éclair de Didon gisant sur le sol, babines retroussées, langue gonflée entre les crocs serrés, et il se retrouva en train de demander aux renseignements le numéro des Willis.

– Ouilisse, répéta l'opératrice, apparemment déroutée par ce nom imprononçable pour une bouche française. Comment vous écrivez ça ?

Gray le lui épela. Dring-dring, dring-dring... Elle aussi serait sortie ou en vacances. Le monde entier était aux abonnés absents. Il se laissa choir à terre et passa sa main sur son front moite. Un déclic dans le combiné. Elle répondit.

– Pocket Farm.

– Un appel pour vous de Bajon-sur-Lone, en France, fit l'opératrice.

– Très bien. Qui est à l'appareil ?

– Mrs Willis ? Ici, Graham Lanceton.

– *Qui ?*

– Graham Lanceton. Nous avons malheureusement eu un petit différend, la dernière fois que nous nous sommes rencontrés. J'habite au Cottage Blanc et il se trouve que...

– Êtes-vous l'individu qui a eu l'impudence de faire entrer les vaches dans mon jardin et de m'insulter avec les mots les plus orduriers qu'on m'ait jamais...

– Oui, oui, et je suis vraiment désolé. Je vous en supplie, ne raccrochez pas !

– Vous ne manquez pas de toupet ! s'écria-t-elle en fracassant le combiné sur sa fourche.

Gray poussa un juron et décocha un coup de pied au téléphone. Il se retourna vers Honoré et vers le docteur et se servit une tasse de café.

– Alors, ça a marché ? demanda son beau-père avec un sourire en coin.

– Non.

Il brûlait d'envie de se confier à quelqu'un, d'avoir un avis extérieur, même d'un personnage aussi désespérément inadéquat qu'Honoré. Il avait l'esprit obtus et bourgeois, mais les bourgeois savent souvent quoi faire en cas d'urgence. Il s'assit donc et expliqua ce qui s'était passé et comment il avait échoué à y remédier.

Un voile de perplexité s'abattit sur le visage d'Honoré. Il resta un moment muet de stupéfaction, puis traduisit au médecin tout ce que Gray avait dit. Ils débattirent quelques instants de la question – trop rapidement pour être compris de Gray – avec force hochements de tête, haussements d'épaules et gestes des mains.

– Ta maman est en train de mourir et tu t'inquiètes pour un chien ? fit enfin Honoré.

– Je vous ai expliqué.

– Pour un *chien* ! répéta Honoré en levant les bras au ciel. (Il eut un petit rire sec et s'adressa au Dr Villon, plus lentement et en un français plus compréhensible cette fois.) Je sais que c'est un cliché de dire ça, mais ils sont tous fous, ces Anglais. Moi qui en ai épousé une, je suis bien obligé de le reconnaître. Ils aiment plus les bêtes que les gens.

– Je retourne veiller sur ma malade, fit le médecin en lançant à Gray un regard lourd de reproches.

Gray regagna le hall. Toute la chaleur semblait s'être enfuie de son corps et il frissonnait, à présent. Il fallait sauver ce chien et il devait téléphoner à quelqu'un de le faire pour lui. Il ne restait plus qu'une seule personne.

Elle, bien sûr. Et, étrangement, elle semblait la plus appropriée pour cette tâche. Elle n'hésiterait pas, elle n'aurait pas peur, elle avait une clef et elle habitait suffisamment près pour être sur place en un quart d'heure.

C'était jeudi. C'était un jeudi qu'ils étaient devenus amants, un jeudi qu'ils s'étaient séparés. Le jeudi avait toujours été leur jour, le jour de Jupiter, le plus puissant des dieux.

Il s'assit par terre, sans toucher au téléphone, pas encore, face à face, comme pour un appel perdu d'avance. Un téléphone immobile, expectant, suffisant, qui attendait sa reddition. Et qui, bien que silencieux, semblait dire : « Je suis le magicien, le sauveur, le briseur de cœurs, le lien entre les amants, le dieu qui redonnera vie à un chien et te replongera dans l'esclavage. »

12

Un flot de soleil se déversait par le verre dépoli de la porte d'entrée, l'aveuglant presque. C'est par une semblable lumière de début d'été qu'elle s'était tenue, ce matin-là, dans la cuisine de la bicoque où Didon se trouvait actuellement. Elle était si belle, et la lumière si éclatante, qu'il avait eu de la peine à supporter un tel éblouissement.

– Exactement, avait-elle dit en ouvrant de grands yeux que le soleil ne gênait pas, eux, puisqu'il était dans son dos. Pourquoi pas ? Pourquoi ne pas le tuer ?

– Tu rigoles. T'es pas sérieuse.

– Non ? Eh bien j'ai même réfléchi comment faire. Tu l'attires ici et tu lui donnes de l'acide comme à moi l'autre fois, sauf que lui, il saura pas : tu le mets dans son thé. Et quand il s'en ira

– il faudra bien calculer le temps – il passera direct par-dessus le rond-point de Wake.

– En plus du fait que je ne ferais jamais un truc pareil, ça ne tient pas debout. C'est vieux comme le monde, de défoncer les gens à l'acide pour rigoler.

– Mais je rigole pas, sacré nom ! Ça marcherait.

Il avait souri d'un air embarrassé comme on sourit des extravagances des autres puis, avec un haussement d'épaules, faisant retraite de la lumière vers une ombre plus pondérée et apaisante, avait répondu :

– Fais-le toi-même, alors. C'est ton mec. Donne-lui de l'acide et laisse-le se planter sur la route de Loughton si ça te chante, mais ne compte pas sur moi pour t'en procurer.

– Gray... (Cette main dans la sienne, l'effleurement de ses fines lèvres parfumées sur son cou, son oreille.) Je t'en prie, parlons-en. Juste pour rire, si tu veux, pour voir si on y arriverait. On n'a qu'à jouer à l'épouse malheureuse et son amant, comme dans les histoires de meurtre : Mrs Thomson et Bywaters, ou Mrs Bravo et son vieux toubib. Rien que pour causer, Gray.

Il se releva d'un coup et s'éloigna de cette lumière flamboyante tandis qu'un autre vieux toubib, celui de sa propre mère, sortait de la chambre de la malade. Il leva les bras au ciel, poussa un soupir et se dirigea vers la cuisine. Gray s'accroupit de nouveau, décrocha le combiné et le reposa tout de suite. Il ne pouvait pas lui parler. Comment avait-il seulement pu l'envisager ? Il devait bien y avoir d'autres gens, quelqu'un... Mais il avait déjà cherché. En vain.

La seule chose à faire, c'était d'examiner la situation en termes purement pratiques, d'oublier tous ces rêves qu'il avait eus d'elle, tous ces rappels de souvenirs, d'oublier même ce qui s'était passé et où il en était maintenant. Bon, il avait eu une liaison amoureuse, une liaison qui l'avait comblé, comme cela arrive à la plupart des gens à un moment de leur existence. Elle avait pris fin parce qu'ils n'étaient pas vraiment faits l'un pour l'autre. Mais il n'y avait aucune raison de ne pas rester amis, n'est-ce pas ? S'il devait passer sa vie à avoir la trouille de rencontrer toutes les femmes avec lesquelles il avait eu une quelconque relation, il n'était pas au bout de ses peines. Parler à une vieille amie, il n'y avait pas de quoi en faire une maladie.

Une vieille amie ? *Drusilla ?* Allons, suffit... Il n'allait pas épiloguer là-dessus toute la journée alors que le chien était là-bas, affamé, en train de devenir fou, peut-être. Il fallait appeler, juste une fois. Ce qui pourrait d'ailleurs lui faire du bien, en un sens : entendre sa voix s'adresser à lui – pas en monologue comme à Marble Arch –, écouter les idioties qu'elle lui sortirait le guérirait très probablement d'elle une bonne fois pour toutes.

Avec le demi-sourire blasé et un peu mélancolique du tombeur donnant à sa maîtresse répudiée une bague en souvenir du bon vieux temps, il décrocha et composa le numéro. L'indicatif régional et les sept chiffres. C'était si simple. Sa main tremblait – absurde, n'est-ce pas ? Il s'éclaircit la gorge, écouta la sonnerie, une fois, deux fois, trois fois...

– Oui ?

Son cœur chavira. Il y porta la main, bêtement, comme s'il pouvait en apaiser la turbulence à travers sa chair et ses côtes. Et maintenant, il était presque tenté de faire ce qu'il avait fait samedi soir, respirer seulement, écouter sans parler. Il ferma les yeux. Derrière ses paupières closes, la lumière du soleil se mua en un lac écarlate, ardent, traversé de météores.

– Oui ?

Il racla de nouveau sa gorge qu'il sentait à la fois sèche comme de l'étoupe et encombrée de mucosités.

– Drusilla.

Il ne put proférer que ce seul mot, mais il fut suffisant. Suffisant pour causer un profond silence, rompu enfin par le long soupir qu'elle poussa. Un son rêche, semblable au crissement d'un ongle sur la soie.

– T'en auras mis, du temps, fit-elle avec lenteur, articulant chaque mot avec soin. (Puis d'un coup, sur ce ton dur qu'elle avait auparavant.) Qu'est-ce que tu veux ?

– Dru, je... (Où était-il, le tombeur qui passait un coup de fil désinvolte à une ancienne copine ? Gray essaya de se raccrocher à l'image insaisissable de ce Don Juan qui n'avait jamais véritablement été un *alter ego*, de prendre sa voix.) Comment tu vas, depuis tout ce temps ?

– Bien. Je vais toujours bien, moi. Mais t'appelles pas pour me demander ça ?

– Non, répondit Don Juan. Je t'appelle parce que tu es une vieille amie.

– Une vieille quoi ? Tu manques pas d'air !

– Dru... (La voix ferme, à présent, ne se préoccupant plus que de la chienne.) Je voudrais que tu me rendes un service.

– Pourquoi je le ferais ? Tu ne m'en as jamais rendu, toi.

– Je t'en prie, Dru, écoute. Je sais que je n'ai pas à te demander quoi que ce soit, et je ne le ferais pas si ce n'était pas terriblement urgent. Il n'y a personne d'autre à qui je puisse m'adresser. (Ce n'était pas si dur, après tout, le premier choc passé.) Je suis en France. Ma mère est... disons en train de mourir.

Il lui expliqua, comme il l'avait fait avec Honoré, mais de façon plus succincte.

Une sorte de gémissement, de trémulation douce lui parvint dans l'écouteur. L'espace d'un instant, il crut qu'elle était en train de pleurer. Non point à cause du tragique de l'histoire, mais sur eux deux, sur ce qu'ils avaient perdu. Puis un halètement. De rire.

– Ce que tu peux être couillon ! T'en rates jamais une.

– Mais tu vas y aller, dis ?

Un silence. Un éclat de rire étouffé. Il lui parlait normalement, comme si de rien n'était, et elle riait aussi normalement, comme si de rien n'était. Incroyable.

– J'irai, fit-elle. J'ai pas tellement le choix, hein ? Bon, qu'est-ce que j'en fais, une fois que je l'aurai sortie ?

– Tu pourrais l'amener chez un véto ?

– J'en connais pas, moi, des vétos ! Enfin, j'en trouverai un. Mais je crois que t'as perdu la boule.

– Tout à fait possible. Dru, est-ce que tu pourrais... tu veux bien me rappeler à ce numéro ? Je ne peux pas, moi, parce que mon beau-père m'en fera un flan si j'utilise trop son téléphone.

– Je te rappellerai dans la soirée. Ça m'étonne pas, ce que tu dis de ton beau-père. T'es toujours fauché. C'est ça, ton problème : celui qui n'a pas de ronds, les autres le traitent comme un gamin. C'est la loi de la vie.

– Dru...

– Oui ?

– Rien, fit-il. Tu me rappelles, alors ?

– Faudra que je le répète combien de fois ?

Elle lui raccrocha au nez. Il n'avait même pas eu le temps de dire au revoir. Elle ne le disait jamais, elle. Il ne se souvenait pas l'avoir une seule fois entendue prononcer ces mots. Il se releva en titubant, fila dans la salle de bains et vomit dans les toilettes.

Mis à part le ronflement irrégulier d'Enid, le silence régnait dans la maison. Gray était allongé sur son lit dans la chambre bleue dont les rideaux tirés ne parvenaient pas à faire écran au flamboiement de la lumière de midi. En face de l'échafaud, Mme Roland, le regard lointain, lui jetait d'un ton méprisant : « Ô liberté, que de crimes on commet en ton nom ! »

Enfin, il l'avait fait et ça ne s'était pas trop mal passé. Sa nausée était un contrecoup normal, après s'être déchargé d'une telle tension. Il avait parlé à sa maîtresse répudiée et le chien serait sauvé. Il avait fait montre de calme et de sens pratique, il était presque devenu ce que son beau-père ou Isabel auraient appelé une personne mûre, un adulte. Bon. C'est le premier pas, il l'avait fait. Mais ça ne lui ferait pas de mal, à ce moment précis, de garder à l'esprit, par une autre de ces évocations, l'horreur à laquelle il avait échappé et le précipice qui pourrait encore s'ouvrir sous ses pas.

– Sérieusement, avait-il dit, je ne vois pas comment on pourrait l'attirer ici.

– Facile : tu lui écris une lettre.

– Quel genre de lettre ? « Cher Microbe, si vous vouliez vous pointer un après-midi, je vous refilerais de l'acide pour que vous vous plantiez en bagnole. Bien à vous, G. Lanceton. » ?

– Arrête tes conneries. Il collectionne les pièces de monnaie, n'est-ce pas ? Il passe toujours des annonces pour en avoir dans une espèce de canard qui s'appelle *Nouvelles Numismatiques*. Tiens, prends donc ta machine.

Il avait joué le jeu, pour lui faire plaisir.

– Bon, je dicte. Mets ton adresse et la date, le 6 juin. (Elle regardait par-dessus son épaule. Il sentait ses cheveux lui effleurer le visage.) Ecris, maintenant : « Monsieur, En tant que confrère numismate... » Non, ça ne va pas. « Monsieur, Suite à votre annonce... » Quelquefois, il en passe dans le *Times*. Zut ! prends une nouvelle feuille.

Au bout de combien de tentatives étaient-ils parvenus à un texte qui lui convenait ? Trois ? Quatre ? Ce fut enfin la version définitive, parfaite : « *Monsieur, Suite à votre annonce parue dans le* Times, *j'ai le plaisir de vous informer que je pense disposer exactement de ce que vous cherchez. Comme ma maison n'est pas très éloignée de la vôtre, le mieux serait peut-être que vous veniez la voir sur place ? Samedi 4 heures me conviendrait très bien. Salutations distinguées...* »

– Et maintenant, je suis censé signer ?

– Vaudrait mieux pas mettre ton vrai nom.

Il signa *Francis Duval*. Elle plia la lettre et lui fit taper l'enveloppe : *Mr Harvey Janus, Combe Park, Wintry Hill, Loughton, Essex*.

Le sourire complaisant de Gray s'était fait plus crispé, plus grimaçant.

– Mais, Dru, avait-il dit, je n'ai pas de vieilles pièces, moi.

– Je t'en passerai une. Il a une pleine boîte de rogatons, des trucs qu'il croyait avoir de la valeur quand il a commencé sa collection. Je te refilerai un denier romain.

– Mais il verra tout de suite que c'était du bidon ?

– Bien sûr, et après ? Il comprendra que tu ne t'y connais pas, il te dira que ce n'est pas ce qu'il cherche, tu répondras que tu es désolé mais que, puisqu'il est là, il acceptera peut-être une tasse de thé ?

– Dru, je commence à en avoir assez, de ce petit jeu.

Ô liberté, que de crimes... On sonnait à la porte d'entrée. Gray se leva de son lit car personne n'allait ouvrir. Il y avait un petit mot sur la table du hall : *Parti au village faire des courses. Prends soin de Maman. Honoré.* Il ouvrit la porte : un homme d'un certain âge, bedonnant, en complet et feutre gris, était planté sur le seuil. Gray reconnut le maire qu'Honoré lui avait une fois désigné de l'autre côté de la rue.

– Entrez, monsieur, je vous en prie.

– Monsieur Graham Lanceton ? fit le maire dans un anglais presque parfait. J'ai vu votre beau-père, au village, et il m'a dit que je pouvais passer. Comment va votre pauvre mère ?

Gray répondit que son état était stationnaire et le fit entrer au salon. Il fut ébahi de la maîtrise que le maire avait de l'anglais, après les commentaires d'Honoré. C'était bien de lui : avec une prétention démesurée, il avait dû s'autopersuader qu'il était le meilleur linguiste. Devinant son étonnement, le maire eut un sourire.

– Il y a bien longtemps, j'ai passé une année chez vous. J'étais dans une société de Manchester. Une jolie ville.

Gray avait plutôt entendu des avis contraires, mais se garda de le dire.

– Je crois que vous, euh... vouliez me donner votre opinion sur mon livre.

Autant se débarrasser de ça tout de suite.

– Je ne me permettrais pas, monsieur Lanceton, je ne suis pas critique littéraire. J'ai lu votre roman. Il m'a rappelé de bons souvenirs de Manchester.

Ce que Gray ne comprit pas très bien, vu que *Le Vin de l'étonnement* se déroulait exclusivement à Notting Hill, mais il fut soulagé de couper à l'épreuve de la critique. Le maire restait assis en silence, souriant, l'air tout à fait détendu.

– Voudriez-vous du café ? proposa Gray.

– Non merci. Mais vous auriez peut-être du thé ?

Si seulement il y en avait ! Pas le moindre brin de thé n'avait jamais franchi la porte du Petit Trianon.

– Je crains que non, malheureusement.

– Aucune importance. Ce n'est ni pour cela ni pour discuter littérature contemporaine que je suis venu.

Pourquoi donc, alors ? Le maire resta installé dans son silence béat pendant une bonne minute. Puis il se pencha en avant.

– Votre beau-père, dit-il, est un homme plein d'allant. Pétulant, même, je crois que c'est le mot ?

– Enfin, c'est *un* mot.

– Un homme spontané qui, je pense pouvoir le dire, montrerait quelque propension à notre vice national : faut-il nommer l'avarice si répandue dans la paysannerie. Mais qu'est-ce qu'un petit vice parmi tant de vertus ?

L'anglais du maire se faisait à chaque phrase de plus en plus sophistiqué et sémantiquement recherché. Il rappelait à Gray le discours des notaires dans les romans victoriens. Il l'écoutait, déconcerté mais fasciné.

– Il a toujours voulu engranger pour rien ou presque, et semer des miettes pour récolter du pain.

– Je crains de ne pas bien vous suivre, monsieur.

– Ah ! c'est possible. Alors trêve de métaphores, j'en viens au fait. Je suppose que vous vous attendez, lorsqu'il arrivera quelque chose à votre mère – j'adore le tact de cet euphémisme anglais – à devenir son héritier ?

Gray en resta interloqué.

– Pour moitié, oui.

– Mais la moitié de quoi, monsieur Lanceton ? Écoutez-moi, si vous voulez bien, je vais vous expliquer. La moitié de ce que votre pauvre mère laissera lorsqu'elle partira – vous voyez, je sais que les Anglais n'aiment pas utiliser le mot direct et froid – se résumera, disons-le tout net, à la moitié de ce pavillon !

Gray écarquilla les yeux.

– Je ne comprends pas : ma mère avait investi une grosse somme d'argent lorsqu'elle s'est remariée, et...

– « Avait », l'interrompit le maire sur un ton affable, voilà le mot-clé. Je vous parlerai sans détour : M. Duval a réinvesti cet argent – il a spéculé, si vous voulez. C'était une affaire en or, je crois, une voie ferrée qui devait être construite et qui, hélas ! ne l'a pas été. Je vous laisse imaginer.

Gray imagina. Il ne connaissait rien à la Bourse, sauf ce que tout le monde sait : qu'il est plus facile d'y perdre que d'y gagner. Mais il n'éprouva ni écœurement, ni colère, ni même trop de déception. Comment avait-il pu croire qu'il lui viendrait jamais de l'argent de quelque source que ce soit ?

– Alors vous voyez, Mr Lanceton, fit le notaire victorien, si vous réclamiez votre part d'héritage – comme vous seriez en droit de le faire –, vous ne feriez que priver un homme vieillissant de son toit. Vous ne voudriez pas une chose pareille, je suis sûr ?

– Non, répondit tristement Gray, je ne voudrais pas.

– Bien. Excellent. (Le maire se leva, toujours souriant.) Je savais que mes paroles ne seraient pas vaines. On parle le même langage, tous les deux, ajouta-t-il avec un petit rire pédant.

– De quoi vivra-t-il ? demanda Gray en lui serrant la main.

– Il avait eu la prévoyance, le pauvre homme, de se constituer une petite rente viagère.

Pas étonnant de sa part.

– Au revoir, dit Gray.

– Je ne suis pas assez optimiste pour espérer que votre mère recouvre la santé, monsieur Lanceton. Souhaitons seulement que ses souffrances ne se prolongent pas trop.

Il avait dû prévoir de retrouver Honoré quelque part pour rendre compte de l'entrevue car, lorsque ce dernier rentra avec un grand sac plein de provisions, il était d'humeur pétulante, pour reprendre l'expression du maire. Au point d'étreindre Gray.

– Mon fils, mon fils ! Comment va-t-elle, la mauvaise femme ? Tu as pu la joindre ? Et le pauvre chien ?

Gray répondit, avec un grand effort d'imagination, que tout était arrangé, maintenant.

– Alors je vais nous faire à déjeuner. Au menu : des croque-monsieur.

– Non, c'est moi qui m'en occupe. (Même ce plat si simple, malgré son nom grandiloquent, n'était pas en sécurité entre les mains d'Honoré, qui n'aurait pas manqué d'ajouter des herbes et de l'ail au fromage.) Allez tenir compagnie à maman, vous.

Pauvre Honoré. Pauvre, c'était le cas de le dire. En coupant les tranches de fromage, Gray réfléchit à l'étrange sensation de calme qui l'habitait. Il se sentait le cœur léger, même. Honoré riche, il l'avait détesté, un peu comme un roi son Hamlet. Mais pour Honoré pauvre, il éprouvait une compassion confraternelle. Ces restrictions sur l'eau du bain, cette obsession à faire « couper l'électricité », cette surveillance frénétique du téléphone, n'étaient-elles pas seulement, après tout, le genre d'économies auxquelles lui aussi était obligé de s'astreindre ? Il trouva amusante l'idée de ces deux personnages, Honoré et le maire, prenant leur courage à deux mains pour lui dire la vérité, redoutant sa légitime colère. Mais cela ne l'avait pas du tout courroucé. Il aurait sans doute fait la même chose, à la place d'Honoré : il aurait claqué tout son fric dans une affaire tordue, puis délégué un ambassadeur plus brave que lui pour avouer la chose à son juge.

Non, il n'était pas en colère. Juste un peu honteux d'avoir accusé mentalement Honoré de vouloir supprimer sa femme. Tous les gens mariés n'étaient pas des Drusilla, quand même.

– Drusilla, avait-il dit, j'en ai assez. C'est aussi stupide que de rêver à ce qu'on ferait si on gagnait au loto.

– Pas du tout. On ne peut pas intervenir sur le loto, tandis que là, si. Laisse-moi poster cette lettre : je l'ai toujours.

– La date est passée.

– Ecris-en une autre, alors. Quel jour est-on ? Le 1er juillet. « Monsieur, Suite à votre annonce... »

– Je sors me promener. C'est pas marrant de rester avec toi, si tu sais rien faire d'autre que jouer à ce jeu idiot

– C'est pas un jeu, c'est sérieux.

– Bon, c'est sérieux. Alors, une bonne fois pour toutes, écoute-moi. Même en dehors de toute considération morale, ça ne marcherait pas. Il ne mourrait sans doute pas. Il se sentirait bizarre, il s'apercevrait des distorsions de sa vision et il garerait la voiture sur le bas-côté. Il demanderait au premier automobiliste venu de l'emmener à la police. Et la première personne qu'ils viendraient trouver, c'est moi.

– Tu ne le connais pas : il conduit toujours comme un fou, il n'arriverait pas à s'arrêter à temps. Et les flics ne remonteraient pas jusqu'à toi parce que je récupérerais la lettre et je la brûlerais.

– Brûle-la tout de suite, avait-il dit.

Il s'ébroua et regarda Honoré qui, assis de l'autre côté de la table, mangeait son croque-monsieur. Une lueur intense jaillissait de son regard mais, Gray le comprit soudain, ces yeux malicieux n'avaient pas la malignité de ceux d'un meurtrier potentiel. Il n'était pas assez intelligent pour être méchant. Gray réalisa aussi que depuis son arrivée au Petit Trianon jusqu'à aujourd'hui où il s'était décidé à préparer le déjeuner, il n'avait pas donné le moindre coup de main. Honoré s'était occupé de tout, et plutôt bien.

– Pourquoi ne sortiriez-vous pas un peu ? dit-il. Vous avez besoin de vous changer les idées. Allez faire un tour en voiture.

Il n'utilisait presque jamais la Citroën qui passait son temps au garage, sous une housse de nylon, et n'était sortie qu'une fois par semaine pour aller au lavage. Mais cela aussi, Gray le comprenait, à présent.

– Et où j'irais ?

– Voir des amis, au cinéma... je ne sais pas, moi.

Honoré leva les bras au ciel et esquissa son petit sourire espiègle.

– Moi non plus, Grahamme.

Ils s'installèrent donc tous deux dans la chambre d'Enid et attendirent qu'elle meure. Gray lut par intermittence *Le Destin de toute chair*. Il tenait la main de sa mère, très calme, très tranquille. Elle était en train de mourir mais il n'avait plus rien à espérer de sa mort, plus d'argent qui lui éviterait de travailler, qui le maintiendrait dans un cocon d'oisive sécurité. La chienne était sauvée, maintenant. Drusilla allait bientôt lui téléphoner, il la remercierait et ils se feraient solennellement des adieux définitifs. Même elle lui dirait au revoir. C'était merveilleux de se sentir ainsi dégagé, de savoir qu'aucun crime ne serait à commettre au nom de la liberté.

La soirée était étouffante, comme si un orage menaçait. Peut-être pas pour cette nuit ou pour demain, mais pour bientôt. Honoré était parti à l'*Écu*, convaincu par Gray que cela lui ferait du bien et que sa présence au chevet d'Enid n'apporterait rien de plus.

Gray, en paix avec lui-même depuis la mi-journée – à croire que son malaise physique lui avait aussi purgé l'esprit – sentit la tension monter peu à peu en lui. Il avait pensé s'installer dehors parmi les nains et les tripodes : en laissant les portes ouvertes, il entendrait le téléphone sonner car il avait placé l'appareil par terre dans le hall, près de la cuisine. Mais même dans le jardin, il ne parvint pas à se concentrer sur les derniers chapitres de son livre.

C'était jeudi, et Microbe partait pour sa réunion maçonnique tous les jeudis vers 6 heures. Elle aurait donc pu appeler à ce moment-là. Pourquoi ne l'avait-elle pas fait ? Il se dit que c'était uniquement le sort de la chienne qui le préoccupait. La chienne et Isabel. Drusilla n'était rien de plus que ce qu'il avait dit ce matin-là : une maîtresse répudiée. Il ne s'intéressait à elle que comme à une vieille amie qui lui rendait un service.

C'était jeudi. Sûr qu'elle ne devait toujours pas s'embêter, le jeudi soir. Peut-être avec le mec du tennis, ce Ian quelque chose. Possible qu'elle soit avec lui en ce moment et qu'elle attende qu'il s'en aille pour téléphoner. Gray médita sur cette idée, la trouva particulièrement déplaisante et retourna dans la maison. Le chien du fermier avait cessé d'aboyer : on avait dû le détacher de sa laisse. Il faisait presque trop sombre pour distinguer la silhouette du téléphone, lui aussi attaché comme un animal à sa longe : le fil qui passait par l'interstice de la porte.

10 heures. Il jeta un coup d'œil sur sa mère. Elle ne ronflait plus, était allongée sur le dos, bouche ouverte. Et si Drusilla ne téléphonait pas ? Si, pour se venger de lui, elle avait promis de s'occuper de la chienne et fait exprès de ne pas y aller ? Il pouvait la rappeler, lui, mais alors il faudrait faire vite car dans une demi-heure, ce serait trop risqué. Non, elle allait téléphoner. Elle ne changeait jamais d'avis et allait toujours jusqu'au bout de ce qu'elle avait entrepris.

Il se tint immobile au-dessus du téléphone, concentra toute sa volonté sur lui pour qu'il sonne, qu'il sonne. Il serra les poings, ses muscles se contractèrent.

– Sonne, salopard, sonne !

L'appareil obéit instantanément. Il sonna.

13

Quand il eut réussi à émerger du flot de français très « couleur locale » qui se déversait du combiné, et à faire comprendre à M. Reville, l'artisan verrier, que l'état de sa mère restait stationnaire et qu'Honoré était à l'*Écu*, il se versa un peu de cognac et en but un peu. Honoré allait hériter de tout, il ne pourrait guère lui reprocher une goutte d'alcool.

Si elle ne téléphonait pas, il ne trouverait pas le sommeil. C'était ridicule, pourtant, parce que si elle n'était pas allée à la masure, Didon serait morte, à cette heure-ci, et il ne servait plus à rien de s'inquiéter. Honoré parti, il pouvait appeler à son aise. Il restait une bonne demi-heure avant le moment dangereux, celui du retour de Microbe. Ce serait la troisième fois, en comptant Marble Arch, et il n'y avait que le premier pas qui comptait.

Allons, il ne craignait plus de retomber amoureux d'elle ? Ou craignait-il de *ne pas* retomber amoureux d'elle ? Rappelle-toi ce qu'elle est, se dit-il, et rappelle-toi ce qu'elle voulait te faire faire...

– « Monsieur, Suite à votre annonce... ! » Mets la date, le 21 novembre. Oh ! je t'en prie, Gray. Lève-toi, alors, je vais le faire moi-même. Pas besoin d'être grand clerc pour taper à la machine, je suppose. La vache, on se gèle, ici. Quand il sera mort et qu'on sera ensemble pour de bon, on n'aura plus jamais froid. On aura un appart à Kensington, et si le chauffage central ne monte pas au moins à vingt-cinq, on le fera enlever et remplacer par un neuf.

– On ne sera jamais ensemble pour de bon, tu le sais bien. On va continuer comme ça jusqu'à ce qu'il y en ait un qui se fatigue de l'autre.

– Ça veut dire quoi, ça? J'ai pas vu le moindre signe de fatigue, au pieu, tout à l'heure.

Il s'était détourné pour se réchauffer les mains sur le poêle à mazout en regardant d'un air las vers la fenêtre bordée de givre. Au-delà, les arbres squelettiques semblaient enracinés dans les flaques recouvertes d'une fine couche de glace. Elle avait jeté sur ses épaules son renard, au pelage d'un roux plus agressif que celui de ses cheveux.

– Il y a d'autres choses que le sexe dans la vie, dit-il.

– Quoi, par exemple ? Vivre dans un taudis où on se pèle ?

Se lamenter sur les bouquins que t'écris pas et le pognon que t'arrives pas à gagner ? Je vais la faire, cette lettre, et au printemps – disons en mars – on pourrait habiter ensemble et avoir tout son fric déposé sur un compte joint. Zut ! j'ai les doigts trop froids pour taper. Fais-le, toi.

– Dru, tu viens de dire que tu ne voyais aucun signe de fatigue. C'est sûr, je ne me lasse pas de faire l'amour, et je crois que je ne m'en lasserai jamais avec toi. Mais j'en ai par-dessus la tête de t'entendre délirer pour tuer ton mari. C'est grotesque.

Elle avait abattu ses mains sur le clavier, si bien que les touches s'étaient emmêlées et bloquées en l'air. Ses yeux lançaient des éclairs.

– Qui, moi ? Moi, je suis grotesque ?

– J'ai pas dit ça, mais... oui, tu es grotesque, débile et un peu fêlée quand tu parles de lui faire avoir un accident de bagnole, à ce pauvre mec.

– Salaud ! Fumier !

Il avait dû la repousser, lui maintenir les bras derrière le dos pour l'empêcher de lui lacérer le visage. Elle s'était radoucie, l'étole de fourrure était tombée de ses épaules, la laissant, vulnérable, dans l'étroite robe moulante si peu appropriée à la bicoque. Et là, évidemment, l'inévitable s'était produit. Parce que c'était Drusilla, parce que, nue, chaude et ondoyante sous l'amoncellement de couvertures, elle n'avait rien de grotesque, rien de débile...

Le film qui se déroulait dans son esprit s'interrompit tout net. Stop, arrête, rappelle-toi les mauvais moments. Oublie que les mauvais moments s'étaient toujours bien terminés – sauf la dernière fois. 10 h 20. Elle n'appellerait pas. Cette saleté de truc, au bout de sa laisse électrique, ne se manifesterait plus cette nuit.

Il se trouvait à mi-chemin du placard au cognac lorsque la sonnerie retentit, assourdissante. Il se rua sur le téléphone, s'accroupit.

– Oui, Dru, oui ? haleta-t-il.

– Salut, fit-elle.

La froideur de sa voix glaça les souvenirs, balaya tout sentiment de langueur ou de crainte.

– Alors, qu'est-ce qui s'est passé ? Tu l'as trouvée ?

– Oui, je l'ai trouvée. (Il y eut un long silence.) Mon Dieu, Gray, fit-elle avec une retenue dans le dégoût qui ne lui ressemblait pas. Mon Dieu, comment as-tu pu ?

– Elle est morte ?

Il était assis par terre, la tête appuyée contre le mur.

– Non, elle vivait encore – tout juste.

Il exhala un long soupir.

– Qu'est-ce qui s'est passé ? demanda-t-il de nouveau.

– J'ai emporté du lait et du poulet. J'avais un peu la trouille d'ouvrir la porte de la cuisine, mais il n'y avait vraiment pas de quoi : elle était trop faible pour bouger, pauvre bête. Bon sang ! la puanteur et la saleté, là-dedans ! Elle avait grimpé sur l'évier et barbouillé la fenêtre d'excréments et de salive – je te dis pas le mélange.

– Oh ! Dru...

Sa tête avait commencé à cogner. En partie à cause du cognac, mais aussi du choc de l'émotion, malgré le soulagement qu'il aurait dû éprouver car c'était le meilleur dénouement possible.

– On devrait t'enfermer dans une cellule trois jours sans boire et sans manger, fit-elle sur un ton rude, on verrait ce que tu dirais. Pourquoi n'as-tu pas téléphoné à la police, d'abord ?

Effectivement, pourquoi ? C'était pourtant la première chose à faire.

– Je n'y ai pas pensé.

– Aujourd'hui non plus ?

– Bien sûr que non.

– Tu m'as juste laissée me démerder, quoi ? C'est bien de toi. Tu veux entendre la suite ? Je l'ai portée dans la bagnole – tu parles d'un poids ! Là, je lui ai donné du lait, mais elle n'a pas pu bouffer le poulet. Après, je l'ai emmenée chez le véto.

– Lequel ?

– Un mec à Leytonstone.

– À *Leytonstone* ? Pourquoi diable...

– Parce que j'allais à Londres.

– Je vois, dit-il. (Elle laissait toujours sa voiture au parking de la station de métro de Leytonstone quand elle allait à Londres. Mais y être allée justement aujourd'hui, le moment paraissait vraiment mal choisi. Qu'avait-elle été y faire ? Acheter des fringues ? Ou... rencontrer quelqu'un ?) Tu as été à Londres ?

– Pourquoi pas ? C'est pas mon clébard, et je me suis dépêchée de le dire au véto : je voulais pas qu'il me croie capable de faire une chose pareille. Bon, je te file son adresse, que tu puisses passer le voir dès que tu rentreras : 21, George Street. T'as noté ?

– Oui, merci. Je te suis vraiment reconnaissant, Dru. J'aurais dû appeler la police, c'est sûr. J'aurais dû... (Il s'interrompit, cherchant les mots appropriés pour mettre fin à la conversation. Elle lui avait rendu le service qu'il lui avait demandé, et maintenant, il était temps de les faire, ces adieux solennels. Merci, sans rancune, peut-être qu'on se reverra un jour, en tout cas merci encore...) Bon, Dru, peut-être qu'après tout ce ramdam, on arrivera à se revoir, un de ces jours, etc. Bref, tu sais ce que je veux dire. Je n'oublierai jamais ce que tu... enfin, jamais...

– Quand je suis rentrée de Londres, poursuivit-elle comme s'il n'avait rien dit, je suis repassée à la bicoque et j'ai fait un peu de ménage.

– Du ménage ? (Il se souvint lui avoir dit, une fois, que la seule brosse qu'elle ait jamais maniée était celle de sa boîte de rimmel. Or, voilà que ces petites mains immaculées avaient astiqué sa porcherie de cuisine. Il n'arrivait pas à y croire.) Mais pourquoi ?

– Et pourquoi je suis allée chercher la chienne ? Ce que je fais pour toi, pourquoi est-ce que je le fais ? Tu ne le sais pas encore ?

Au revoir, Drusilla. Bonne nuit, douce amie, bonne nuit. Allez, dis-le, mais dis-le donc, souffla Don Juan. Une trémulation s'éleva dans sa gorge, l'étouffa, lui ôta le pouvoir de la parole. Il pressa sa joue contre le mur pour rafraîchir son visage brûlant.

– Tu ne sais pas, hein ? (Sa voix se fit caressante.) Mes sentiments à moi, tu n'y penses pas. Quand t'as besoin de quelqu'un pour te sortir du pétrin, là je suis bonne. Mais pour le reste, tu as tiré un trait.

– Et tu sais bien pourquoi j'ai tiré, murmura-t-il. (Il se raccrocha à un dernier lambeau de raison.) Il fallait qu'on se sépare, je ne pouvais plus le supporter.

– Ah ! tu parles de *ça* ? J'ai laissé tomber, ça n'aurait pas marché. Je m'en rends compte, maintenant. (Elle s'interrompit avant d'ajouter d'une toute petite voix d'enfant, presque comme à regret :) J'ai essayé de t'appeler un tas de fois.

Il sentit son cœur cogner dans sa poitrine.

– Les jeudis soir ?

– Bien sûr.

– Je laissais le combiné décroché.

– Grand imbécile, soupira-t-elle. Moi qui, depuis janvier, essayais de te dire que j'avais abandonné l'idée. Dieu que je me suis sentie seule, j'avais tellement envie de te parler. Et cette ligne, toujours occupée, toujours occupée... Je pensais que... Bref, peu importe.

– T'aurais pu venir me voir ?

– Pour te trouver avec une autre nénette ?

– Il n'y a pas eu d'autre nénette. Personne. J'étais seul, moi aussi.

– Eh bien, on a tous les deux été une paire de grands imbéciles, pas vrai ? Avoir la trouille l'un de l'autre, alors qu'en fait... Oh ! et puis à quoi bon ? Tu es en France, moi ici, et Microbe va rentrer d'une minute à l'autre. On ferait mieux d'en rester là avant d'en dire trop.

Il retrouva soudain toute la puissance de sa voix et hurla presque dans le téléphone.

– En dire trop ? Comment pourrait-on en dire trop ? Tu ne comprends pas qu'on est restés séparés tout ce temps sur un malentendu ridicule ? On s'est torturés pour rien.

– Il faut que je raccroche. J'entends la voiture de Microbe.

– Non, je t'en supplie, ne raccroche pas. Enfin si, il faut bien. Écoute, je te rappellerai demain matin à 9 heures, dès qu'il sera parti. Dru, si tu savais comme je suis heureux.

Un soupir l'interrompit.

– À demain, donc, chuchota-t-elle.

Un déclic, et le téléphone se coula délicatement dans le silence. Dans la chaleur sombre du hall, Gray resta assis par terre, tenant le combiné dans le berceau de ses mains. L'écho, le prolongement de la voix de Drusilla résonnait encore à son oreille. Les battements de son cœur s'apaisèrent, son corps se détendit comme un ressort trop longtemps comprimé. À mesure qu'il sentait le bonheur, la joie à l'état pur, le pénétrer, il eut envie de danser, de crier, de courir dehors et de chanter, d'embrasser les trépieds, de hurler à tout Bajon endormi qu'il avait retrouvé son amour.

Au lieu de quoi il se rendit dans la chambre de sa mère. Enid était toujours allongée sur le dos, la respiration brève, les yeux clos. Un jour où il n'avait pas eu grand-chose à raconter, il était parvenu à tout lui dire, et elle l'avait écouté et compris. Comprendrait-elle si elle était consciente maintenant, si elle avait tout son esprit ? Son expérience passionnelle ne la pousserait-elle pas à l'empathie ?

Il se pencha sur elle.

– Maman, je suis tellement heureux. Tout s'est arrangé, pour moi.

Il vit les paupières parcheminées et cernées de noir s'entrouvrir, découvrir les yeux à demi. Dans son euphorie, il imagina qu'elle le reconnaissait, le comprenait, même. En cet instant, il lui redonna tout son amour, lui pardonna. Il prit son visage dans ses mains, effleura de ses lèvres le coin de sa bouche, puis l'embrassa comme jamais il ne l'avait fait depuis qu'il n'était plus un petit garçon.

Mme Roland le dévisageait de son regard cynique : il la retourna contre le mur. Il en avait assez de l'entendre sortir son ânerie d'avant-décapitation sur la liberté. La liberté, il en avait eu sa dose, ces dix derniers mois. Sa liberté, il l'avait reprise pour éviter de commettre un crime, et maintenant il pensait en avoir commis un contre Drusilla et contre lui-même. Mme Roland, elle pouvait en faire ce qu'elle voulait, de sa philosophie de salon.

Il se coucha nu à cause de la chaleur. Combien de temps allait-il devoir rester ici ? Des jours ? Des semaines ? Des mois ? Si seulement il avait eu de l'argent, il aurait pu aller la voir en avion et puis revenir. Mais ce n'était pas possible. Comment supporter d'attendre, de se morfondre, elle en Angleterre et lui ici ? Quel dommage, songea-t-il, que les joies simples soient si brèves qu'elles doivent toujours s'effacer devant les détails pratiques. Demain matin, quand elle téléphonerait, ils seraient bien obligés de s'organiser. Il faudrait aussi qu'il appelle Jeff pour lui dire de ne pas passer samedi : peut-être ne déménagerait-il pas tout de suite, après tout.

Dans une quinzaine de jours, peut-être moins, elle passerait le voir à la bicoque, comme elle le faisait avant Noël. Ils parleraient de ces mois morts en riant de leur propre folie et ils ne se souviendraient plus de Noël que comme d'une banale prise de bec, d'un éphémère froncement de sourcils sur le visage de l'amour.

Dans l'atmosphère étouffante de la chambre, où pas un souffle ne venait soulever les rideaux de la fenêtre ouverte et où l'air restait chaud et sec à minuit, il était difficile d'imaginer la neige. Elle était pourtant tombée avant Noël et, la veille du réveillon, Drusilla, la dame au renard roux, l'avait bombardé de boules en riant tandis qu'ils se promenaient dans la forêt glacée. Il l'avait prise dans ses bras et, bouche contre bouche, des cristaux fondant sur leurs lèvres tièdes, ils s'étaient affalés parmi les congères et avaient fait l'amour sous les branches de hêtres luisantes comme des peaux de phoque.

C'était un bon souvenir, un souvenir auquel il pouvait se raccrocher, maintenant, un souvenir qu'il n'aurait pas osé évoquer avant ce soir, avant qu'elle ne lui soit revenue. Mais la dispute qui avait suivi ? Combien de fois, en se promettant que ce serait la dernière, avait-il passé et repassé dans son esprit le film de ce qui avait suivi leur acte d'amour final ? Eh bien il n'y aurait plus de dernière fois, à présent, ce film cesserait même d'être associé avec la querelle, et la querelle se perdrait dans les ruelles sombres du temps.

Il se retourna, bras et jambes écartés sous le drap. C'était un jeudi, bien sûr, il y avait exactement vingt-quatre semaines. La bicoque n'était pas décorée puisqu'il devait passer Noël à Londres avec Francis. Mais Dru lui avait offert son cadeau sur le couvercle de la baignoire, une chaînette en argent à laquelle pendait une Main de la Fortune (vendue depuis), dont il avait déchiré l'emballage rouge et or, plein d'amour et de gratitude. Il avait dû se fendre d'une grosse somme – beaucoup plus qu'il ne pouvait se permettre – pour lui acheter de l'*Amorce dangereuse*. Elle avait ri et en avait pulvérisé sur son renard rouge, ravie, bien qu'elle eût pu en acheter elle-même des litres.

Ils étaient rentrés à la bicoque pour qu'elle reprenne son parfum avant de rentrer à Combe Park. Il avait mis la chaînette pour sortir dans la forêt, et en avait senti le contact glacé contre sa poitrine. Mais à présent, sous sa chemise et sous son pull, le métal avait pris la chaleur du corps. C'était bien sûr l'argent de Microbe qui l'avait payée : son père à elle n'envoyait jamais de chèque plus d'une fois par an.

– Et alors? avait-elle rétorqué. (C'est là que tout avait commencé. En fait, non, cela durait depuis longtemps, mais c'était le début de l'ultime dispute, le début de la fin.) J'ai droit à une partie de ce qu'il gagne, il me semble. Disons que c'est mes gages. Est-ce que je ne tiens pas la maison, est-ce que je ne fais pas à manger, est-ce que je ne dors pas avec lui ? Il me donne que deux mille livres par an, je suis vraiment bon marché.

– *Deux mille ?*

Une année, il était presque arrivé à en gagner autant, mais ç'avait été la seule fois.

– Allons, je t'en prie, Gray. Cinq livres pour un petit truc qu'on se met au cou, tu parles ! C'est d'ailleurs qu'une avance, puisque tout sera bientôt à nous.

– Ne reviens pas là-dessus, Dru. Je t'en supplie.

Ne reviens pas là-dessus non plus, se dit-il en prenant le verre d'eau qu'il avait placé à côté du lit. Pourquoi repenser à cette vieille dispute ? Elle avait dit qu'elle avait laissé tomber, alors il ne l'entendrait plus jamais reparler de ces choses.

– Écoute-moi, Gray. Assieds-toi et écoute. Tu savais depuis le début que je ne plaisantais pas, et tu as été aussi sérieux que moi. Seulement toi, t'as pas de tripes.

– N'essaie pas de jouer les Lady Macbeth, Drusilla.

– Eh bien lui, il a fini par le faire, non ? Alors toi aussi. On va écrire une autre lettre, et tu profiteras que tu montes à Londres pour acheter l'acide.

– « Monter » à Londres : on dirait la présidente de l'Association féminine qui s'apprête à faire sa virée annuelle d'achats.

Elle était plus sensible à ce genre de pique qu'à toute autre, mais elle ne releva pas.

– Je te filerai le pognon.

– Trop aimable. Comme ça, le pauvre mec, il va en plus payer son poison, hein ? J'adore, c'est digne des Borgia. Et le juge en fera ses choux gras : « Le malheureux Harvey Janus assassiné par sa femme et son amant avec un hallucinogène acheté sur ses propres deniers. » Charmant.

De petites gouttes d'eau luisant sur les poils hérissés de sa fourrure rousse, elle s'installa devant la machine à écrire pour rédiger une autre lettre. La flamme bleue du poêle à mazout brûlait, les flocons de neige tombaient en rangs serrés, silencieusement, contre les vitres crasseuses.

– Dru, vas-tu une bonne fois pour toutes abandonner cette idée ? Peux-tu me promettre de ne jamais plus en reparler ?

– Non, et c'est pour toi que je le fais. Tu me remercieras, plus tard.

10 h 10, à la montre qu'elle lui avait offerte. Chaude sur sa poitrine, la Main de la Fortune qu'elle lui avait offerte. Par terre, de petites flaques de neige fondue.

– Pas la peine, Gray. Je ne laisserai jamais tomber.

– Tu préfères me laisser tomber moi, alors ?

Elle était en train de plier la lettre et de la glisser dans une enveloppe.

– Qu'est-ce que tu veux dire, exactement ?

– Que je ne peux pas continuer comme ça. Avec toi, quoi qu'on fasse, quoi qu'on dise, on en revient toujours à tuer Microbe.

– Tu as un moyen d'y mettre fin : le tuer.

– Il y en a un autre. (Il détourna son regard.) Je peux y mettre fin en arrêtant de te voir.

– T'en as marre de moi, c'est ça ?

– Non, aucun homme ne pourrait en avoir marre de toi. Mais de *ça*, oui, j'ai eu ma dose, Drusilla. J'en suis au point de ne même plus pouvoir penser à ce qu'on a vécu tous les deux sans que ça vienne tout empoisonner.

– T'es qu'un lamentable trouillard.

– C'est vrai, je suis trop trouillard pour tuer quelqu'un, trop trouillard pour rester ton amant. Tu es trop, pour moi. Je suis désolé que ça se termine comme ça, mais je savais que ça arriverait, je le sais depuis des semaines. Je ne te reverrai plus, Dru.

– Espèce de salaud, je te déteste. Tiens ! voilà ce que j'en fais, de ta saleté de cadeau de Noël ! (La petite bouteille ventrue se brisa contre le poêle. Des éclats de verre jaillirent partout, une buée odorante s'éleva.) J'allais faire de toi un homme riche, j'allais te donner tout ce que tu voulais.

Il fut pris de nausée. À cause du parfum.

– Au revoir, Drusilla. C'était très chouette – avant. Je n'avais jamais rien vécu de pareil.

– Sale menteur ! Sale ingrat de menteur !

Au revoir, Drusilla, bonne nuit, belle et douce amie, bonne nuit, bonne nuit...

– Bonne nuit, Drusilla, prononça-t-il tout fort. Bonne nuit, mon amour.

Il sombra aussitôt dans un rêve. Il était avec Microbe dans la voiture rouge. Il n'avait pas beaucoup de place parce que Microbe, immense, occupait la moitié du siège du passager en plus du sien. Il conduisait à toute allure et zigzaguait d'un bord à l'autre de la route forestière. Gray essaya de le faire ralentir, mais aucun son ne sortit de sa gorge lorsqu'il voulut parler. Il chercha alors sa langue avec ses doigts, la trouva – ô horreur – divisée et fourchue comme une langue de serpent, muette, incapable de parole, inhumaine. Le monticule du rond-point arrivait sur eux, vert mais coiffé d'une calotte de neige, et Microbe fonçait, passait par-dessus avec la voiture rouge. Lui, Gray, se trouvait aussi coincé dans le bolide en feu, happé par les flammes pendant qu'il cherchait à se dégager. Ce n'était pas un sauveteur, mais elle, Drusilla, qui frappait du poing sur le toit de la Bentley rouge pour s'assurer qu'ils étaient bien morts tous les deux...

– Arrête, arrête, haleta-t-il, je n'en peux plus. Je veux que tu me laisses. (Puis, tandis que le rêve, les flammes et la neige s'estompaient, que revenaient les odeurs, la lumière, l'air étouffant de Bajon :) Que... Qui est-ce ? Qu'est-ce qu'il y a ?

Il faisait grand jour, dans la chambre, et on frappait à la porte. Il s'enveloppa du drap tout tortillé, se dirigea d'un pas chancelant vers la porte et ouvrit. C'était Honoré, dans sa robe de chambre au dragon, le visage blême, les traits tirés.

– Qu'est-ce que...

– C'est fini.

– Je ne... Je dormais.

– C'est fini. Elle est morte.

– Non, elle ne peut être morte, articula-t-il stupidement, ça ne peut pas être fini, ça ne fait que commencer...

Il comprit alors qu'Honoré parlait de sa mère, qu'Enid Duval était enfin décédée.

14

– Tu viens la voir ? demanda Honoré d'une petite voix fluette.

– D'accord. Si vous voulez.

La peau d'Enid avait perdu son teint jaunâtre et la mort avait effacé la plupart de ses rides. Son visage ressemblait déjà à un masque de cire, ses yeux ouverts à des globes de porcelaine bleue.

– Vous devriez lui fermer les paupières, commença Gray. (Il regarda Honoré qui se tenait de l'autre côté du lit, silencieux, abattu. Des larmes coulaient doucement le long de ses joues.) Honoré, est-ce que ça va ?

Il ne répondit pas. Il s'affala en travers du lit, prit la morte dans ses bras et resta allongé, agrippé à elle, poussant des petits gémissements d'animal.

– Honoré...

Gray le releva avec douceur et le soutint jusqu'à un fauteuil du salon où il se laissa choir, tremblant, la tête inclinée sur le revers de sa robe de chambre. Gray lui donna du cognac, mais il s'étouffa dessus en sanglotant.

– Qu'est-ce que je vais faire ? Qu'est-ce que je vais devenir ?

Gray comprit qu'il s'était trompé, que son beau-père avait vraiment aimé sa mère. Les sentiments n'avaient pas été que du côté d'Enid mais réciproques, pas intéressés mais sincères. Et cette haine, ce dégoût qu'il avait lus dans les yeux d'Honoré quand il la nourrissait, n'importe quel homme ne l'aurait-il pas ressenti ? Un dégoût non pas d'elle, mais de la vie, du monde dans lequel de telles choses se produisaient, du monde qui réduisait la femme qu'il aimait à l'état d'animal désemparé et baveur. Il l'avait aimée, Honoré n'était donc pas une caricature, un sinistre plaisantin, mais un homme avec des sentiments d'homme. Gray oublia tout son ressentiment, toute son antipathie envers Honoré. Il se sentit soudain honteux de s'être moqué de lui, de l'avoir méprisé. Il oublia aussi, juste un instant, qu'il n'était pas son fils et – bien qu'il n'eût jamais tenu un homme de cette façon – il prit Honoré dans ses bras, le pressa contre lui, oublia tout pour partager son chagrin.

– Mon fils, mon fils, qu'est-ce que je vais faire, sans elle ? Je savais bien qu'elle allait mourir, que c'était inévitable, mais la mort...

– Je sais. Je comprends.

– Je l'aimais tant. Je n'ai jamais aimé une femme autant qu'elle.

– Je sais que vous l'avez aimée, Honoré.

Gray fit du café, appela le médecin et, quand il fut 9 heures et que la boutique de Marseille où elle travaillait serait ouverte, il téléphona à la sœur d'Honoré. Mme Derain accepta de venir. Un accent chantant et une volée de voyelles nasalisées se déversèrent à travers une ligne pleine de friture, mais il comprit néanmoins qu'elle arriverait le lundi, lorsqu'elle se serait arrangée avec son employeur.

La journée s'annonçait lourde et oppressante quoique plus fraîche, le soleil étant voilé par des nuages. Le médecin accourut, puis le Père Normand et enfin une vieille femme, une petite vieille typiquement française, sortie tout droit d'un roman de Zola et dont la tâche était de faire la toilette mortuaire d'Enid Duval. Gray, qui avait toujours été traité dans cette maison comme un gamin de quinze ans récalcitrant et qui était resté tel dans l'esprit d'Honoré, se trouva investi de toutes les responsabilités. Ce fut lui qui reçut le maire, puis M. et Mme Reville, qui discuta avec les pompes funèbres, prépara les repas, qui répondit au téléphone. Honoré, brisé, restait étendu sur le sofa, sanglotait par intermittence et l'appelait parfois, le suppliant de ne pas l'abandonner. Son anglais, dont il était si fier et qu'il avait si souvent utilisé pour défier son beau-fils et lui montrer son autorité, l'avait déserté. Il ne parlait plus que sa langue et avait abandonné les traits du bouffon pour ceux, dignes, du mari affligé qui commandaient le respect. Gray, à qui son beau-père apparaissait complètement différent, réalisa qu'il ne l'avait jamais vraiment connu.

– Tu vas rester avec moi, hein, mon fils ? Maintenant qu'elle est partie, tu es tout ce qui me reste.

– Vous avez votre sœur, Honoré.

– Oh ! ma sœur... Ça fait quarante ans qu'on n'a pas vécu sous le même toit, alors elle ne représente plus grand-chose pour moi. Je veux que tu restes, Grahamme. Pourquoi pas ? T'aurais une maison, ici.

– Je resterai jusqu'à l'enterrement, promit Gray.

Il fut surpris par l'intensité de son propre chagrin. Même lorsqu'il avait rendu son amour et donné son pardon à sa mère, la nuit passée, il n'aurait jamais cru que cette mort l'affecterait. Mais – sentiment tout à fait irrationnel – il se sentit accablé, tandis qu'il vaquait aux mille et une tâches qui s'imposaient. Il s'aperçut que, durant toutes ces années, un espoir avait subsisté au fond de son esprit, celui qu'un jour, ils pourraient, elle et lui, se parler à cœur ouvert, se confier l'un à l'autre, s'expliquer, et que cette explication mettrait un terme à leur peine. Mais elle était morte, à présent, et il la pleurait parce que ce jour ne viendrait jamais. Jamais il ne pourrait lui dire combien elle lui avait fait mal, et jamais elle ne pourrait lui dire pourquoi.

Drusilla était bien loin. Il n'avait pas oublié qu'il devait appeler, mais il le ferait plus tard dans la journée, quand le téléphone aurait cessé de sonner et qu'il aurait écrit les lettres qu'Honoré lui avait demandé d'envoyer en Angleterre. Alors...

– À Mme Arcourre, à Mme Ouarrinaire et à notre chère Isabel.

– Isabel est en Australie, Honoré. Et je serai rentré en Angleterre avant elle.

– Change d'avis et reste ici avec moi.

– Je ne peux pas, mais je resterai aussi longtemps que vous aurez besoin de moi.

Il alla poster ses lettres. La pluie s'était mise à tomber. De gros camions, qui se dirigeaient sur Jency, lui éclaboussèrent les jambes d'eau boueuse. L'enterrement avait été fixé au lundi, si bien qu'il pourrait rentrer le mardi et peut-être voir Drusilla le soir même. Il se faisait un peu tard pour lui téléphoner maintenant, à près de 5 heures et demie, et le week-end était là : il serait sans doute préférable d'attendre lundi. Elle comprendrait, quand elle saurait, pour sa mère. Comprendrait-elle, au fait ? Et ne repoussait-il pas son appel pour une autre raison, la trouille d'entendre une de ses inévitables vacheries, du genre : « Ça y est, elle a enfin clamsé, ta vieille ? » ou bien : « Elle t'a laissé quelque chose ? » Il n'était pas vraiment d'humeur à le supporter en ce moment, même venant de sa petite Dru qu'il aimait, de sa petite Dru qui avait changé et qui allait être sienne pour toujours.

Il entendit la sonnerie du téléphone avant même d'être dans la maison. Encore des condoléances d'un voisin, pensa-t-il. Honoré n'était pas en état de répondre, aussi se précipita-t-il dans la chambre où se trouvait l'appareil, sans un regard pour le lit vide dont le dessus bleu était tiré à plat sur le matelas nu. La fenêtre était ouverte pour laisser l'air chargé de pluie entrer et balayer l'odeur de la mort. Il décrocha.

– Salut.

– Dru ? fit-il comme si cela pouvait être quelqu'un d'autre. Dru, c'est toi ?

– Tu ne m'as pas appelée, dit-elle d'une voix qui semblait porter toute la misère du monde.

– Non. (Ce ton devait paraître un peu sec, mais il n'y pouvait rien : il se préparait à la vacherie attendue.) Non, je n'ai pas pu. Maman est morte ce matin, Dru.

De vacherie, point. Le silence. Puis, comme si elle avait reçu un choc, presque comme si la défunte avait été une de ses proches ou un être cher, elle s'exclama : « Oh, *non* ! »

Il fut ému, réconforté par la consternation qu'il entendit dans sa voix. Toute la journée, étrangement, alors pourtant que leur histoire d'amour était sur le point de reprendre, elle lui avait paru moins présente, plus éloignée que jamais depuis Noël, presque – il pouvait se l'avouer maintenant – un fardeau, un problème supplémentaire à gérer. Mais ce « Oh, *non* ! » horrifié, plus lourd de sentiment et de compassion que toutes les condoléances du monde, lui alla droit au cœur.

– Hélas si, Dru, fit-il d'une voix tremblante d'émotion. C'est très dur pour mon beau-père, et moi...

– Alors tu ne vas pas pouvoir rentrer tout de suite ! gémit-elle d'un ton consterné, désespéré. Je l'entends à ta façon de parler, tu vas rester pour l'enterrement !

C'était merveilleux, bien sûr, de se sentir à ce point désiré. Mais il aurait été encore plus heureux si cette compassion avait été simple, sans arrière-pensée. Déjà beau, pourtant, qu'elle eût fait montre d'une quelconque sympathie...

– Je suis obligé, Dru chérie, dit-il. Essaie de comprendre. Honoré a besoin de moi jusqu'à ce que sa sœur arrive. J'ai promis de rester jusqu'à mardi.

– Mais moi aussi, j'ai besoin de toi ! cria-t-elle d'une voix d'enfant despotique dont les désirs doivent toujours primer sur tout.

– Et moi, alors, tu ne crois pas que c'est pareil ? Mais on a attendu six mois, alors on peut bien attendre quatre jours de plus. Tu dois bien comprendre que les choses sont un peu bouleversées.

Mon Dieu, pourvu qu'elle n'en fasse pas un problème, pas de scène, pas *maintenant*. Son bonheur de la retrouver était encore trop tendre pour affronter des tempêtes. Ce bonheur, il fallait lui éviter toute turbulence, au contraire, préserver sa pureté comme celle d'un talisman pendant les quelques jours à venir. Le garder en lui comme un doux refuge pour les moments où la douleur du deuil deviendrait trop vive, les tâches domestiques trop exaspérantes. Il écouta son silence qui semblait lourd de menaces, réprobateur, irrité, hostile.

– Dru, ne me demande pas de manquer à ma promesse.

Il redoutait de l'entendre raccrocher, brusquement, avec colère. Mais non, nul mouvement d'humeur, nul éclat. Juste une voix sèche, lorsqu'elle rompit le silence, aussi glaciale que jeudi matin.

– Désolée mais il va falloir, pourtant. Je ne t'ai pas encore dit pourquoi j'appelais.

– A-t-on jamais eu besoin de se donner des raisons ?

– Non, mais il se trouve qu'il y en a une, cette fois. Le véto veut te voir.

– Le véto ? répéta-t-il, ahuri.

– Oui, le *vétérinaire*. Tu te souviens ?

Didon. Il ne l'avait pas oubliée, mais il s'était imaginé qu'une fois sortie de la bicoque, nourrie et soignée, tout serait arrangé.

– Pourquoi veut-il me voir ?

– Je l'ai appelé pour avoir des nouvelles. Il a dit que la chienne avait un truc au foie, quelque chose de grave, et qu'elle était dans un sale état. Il veut parler au maître de la bête, ou à quelqu'un qui le représente, avant d'opérer. Gray, tu ne peux pas me laisser ça sur les bras. C'est à toi d'en prendre la responsabilité, tu ne crois pas ?

Gray s'assit lourdement sur le lit d'Honoré. Il se rappelait Didon telle qu'il l'avait vue pour la dernière fois, si vigoureuse, pleine de vie, respirant la santé. Penser qu'il avait détruit tout cela par négligence le rendait malade.

– Comment peut-elle avoir quelque chose au foie ? dit-il. Qu'elle souffre de malnutrition, je pourrais comprendre. Mais du foie ? Et qu'est-ce que je peux faire ? Qu'est-ce que ça changera, que je rentre ?

– Il veut te voir demain, insista-t-elle. Gray, je lui ai dit que tu viendrais. C'est quand même pas la mer à boire, de venir à Londres. Microbe fait souvent Paris aller et retour dans la journée.

– Mais, Dru, tu ne vois pas que c'est complètement extravagant ? Dis-lui d'opérer, de faire tout ce qu'il faut pour sauver la chienne. Je paierai. Je me débrouillerai pour emprunter le fric et je paierai.

– Tu paieras, mais tu ne veux pas revenir t'en occuper personnellement ? Même si je te promets de te retrouver à la bicoque après ?

Sa main se crispa sur le combiné, un long frisson presque douloureux lui parcourut le corps. Voyons, c'était impossible...

– J'ai pas les ronds pour me balader comme ça en avion. Il doit me rester trois livres en tout et pour tout.

– Je te paierai ton billet. Non, ne me dis pas que tu ne veux pas de l'argent de Microbe, parce que ce ne sera pas avec le sien : j'ai vendu ma bague en améthyste. Et c'était pas un cadeau de lui, mais de mon père.

– Dru, je ne sais pas ce que...

– J'ai dit au véto que tu serais là vers les 3 heures. Alors va demander à ton beau-père si tu peux le quitter pour un jour, je reste en ligne.

La bouche sèche, il posa le combiné sur l'oreiller et se rendit au salon.

– Honoré, il faut que j'aille à la maison demain. Je partirai le matin et serai de retour le soir.

Une discussion aigre, qui n'avait rien de bouffon, s'ensuivit. Pourquoi devait-il partir ? D'où lui venait l'argent ? Comment

Honoré allait-il faire, tout seul ? Enfin, pourquoi Gray ne prenait-il pas un travail, ne cherchait-il pas à s'installer – en France, ce serait mieux –, à se marier et à oublier les mauvaises femmes anglaises qui aimaient plus les animaux que les gens ?

– Je promets d'être de retour à minuit et de rester jusqu'après l'enterrement. Vos amis seront avec vous. Je vais demander à Mme Reville de venir vous tenir compagnie toute la journée.

Gray le quitta, déchiré de le voir se remettre à pleurer. Il reprit le combiné.

– C'est bon, Dru. Je viendrai.

– Je savais que tu le ferais ! Mon Dieu, je n'arrive pas à y croire ! Je vais te revoir demain ! Je vais te revoir !

– Il faut d'abord que je passe chez ce véto, et ça ne sera pas une partie de plaisir. Alors explique-moi, pour le chien.

– Écoute, tu as l'adresse. Vas-y à 3 heures et vois ça avec lui.

– Et toi ? Je te retrouve quand et où ?

– Si encore on était en semaine, fit-elle, je pourrais venir à l'aéroport. Mais ce n'est pas possible, un samedi. Microbe doit visiter dans l'après-midi une maison qu'il veut acheter pour sa mère. Je vais me dégager de ça et te verrai à la bicoque à 5 heures. D'accord ?

– Tu ne... Tu ne pourrais pas me retrouver chez le véto ?

– J'essaierai, mais n'y compte pas trop. Je devrais pouvoir te raccompagner à Heathrow, par contre.

– Mais on aura... (Il ne parvenait pas à trouver les mots exacts, les mots qui lui feraient comprendre.) On aura quand même un peu de temps ensemble ?

Elle avait compris. Elle répondit par un petit rire étouffé.

– Tu me connais, dit-elle.

– Ah ! Dru, comme je t'aime ! Je ferais des milliers de kilomètres pour te rejoindre. Dis-moi que tu m'aimes, et que tout ce qui s'est passé est effacé.

Il retint son souffle, écouta son silence. Un long silence. Il l'entendait respirer de la même façon haletante que lui quand il l'avait appelée de Marble Arch. Elle répondit soudain, avec calme et fermeté.

– Oui, je t'aime. J'ai décidé que, si tu voulais toujours de moi, je quitterais Microbe et je viendrais vivre avec toi.

– Ma chérie...

– On en reparlera demain, dit-elle.

Clac, le téléphone fut raccroché et il se retrouva les doigts refermés sur le vide, savourant la plénitude de son cœur, osant à peine croire ce qu'elle avait dit. Mais elle l'avait dit, oh ! oui. Et il allait la voir demain.

Au bout du long chemin forestier, elle l'attendrait. Il courrait vers elle. Il entrerait par la porte de devant, serait accueilli par une grande bouffée d'*Amorce dangereuse*, et elle se précipiterait sur lui, bras ouverts, ses cheveux comme une gerbe dorée, sa main blanche dépouillée de la bague qu'elle avait vendue pour le ramener à elle...

Honoré avait cessé de pleurer mais paraissait très triste.

– J'ai pensé, tu devrais prendre la voiture. Si, si, j'insiste. C'est le meilleur moyen pour que tu reviennes plus vite.

– Merci, Honoré, c'est très gentil.

– Seulement n'oublie pas qu'en France, on conduit du *bon* côté de la route, et...

– Je ferai très attention à votre voiture.

– Seigneur ! c'est pas à la voiture que je pense, mais à toi. Tu es la seule personne qui me reste, mon fils.

Gray sourit, lui posa la main sur l'épaule. Oui, il devait cesser de ne voir que le pire chez les gens, cesser de leur attribuer des intentions égoïstes et intéressées. Il devait essayer de croire au pouvoir de l'amour. Drusilla aurait tué par amour, elle quittait Microbe par amour, tout comme lui, Gray, abandonnait Honoré par amour. Ô amour, que de crimes on commet en ton nom...

– Si on se prenait un petit verre de cognac ? fit Honoré.

15

L'avion arriva à Heathrow à 1 heure et quart. Gray acheta un plan de Londres, ce qui lui laissa tout juste assez d'argent pour son ticket de métro jusqu'à Leytonstone et son billet de train jusqu'à Waltham Abbey. À 3 heures moins 10, il était à la station de Leytonstone, l'un de ces arrêts blafards, désertiques, ingrats, qui foisonnent sur les ramifications extérieures des lignes du métro.

Drusilla n'avait pas parlé de le rencontrer là, aussi ne l'y attendait-il pas, mais il ne put s'empêcher de jeter un coup d'œil en direction des voitures garées le long du trottoir avec le secret espoir d'y trouver la Type E. Elle n'y était pas, bien sûr. Il songea au nombre de fois où Drusilla avait foulé cet endroit précis du macadam, emprunté cette bouche de métro pour aller à Londres. Puis, son guide à la main, il commença à descendre la longue rue aux grosses maisons victoriennes.

Parcourant méthodiquement les voies transversales qui sillonnent la zone délimitée par la route de la gare et la dernière langue de la forêt d'Epping, il finit par trouver George Street, une rue bordée de maisons respectables et dominée par les lignes gothiques d'un énorme hôpital. Aucune plaque en cuivre n'indiquait, au numéro 21, la présence d'un vétérinaire, mais il monta les escaliers et sonna. Comme il s'attendait à voir à tout moment la porte s'ouvrir et un vieux bonhomme agressif vêtu d'une blouse blanche lui tomber dessus en brandissant des menaces de dénonciations à la S.P.A., Gray prépara mentalement sa défense. Mais lorsque, après deux coups de sonnette supplémentaires, la porte s'ouvrit, nulle odeur de chien et de désinfectant, pas de vieux véto pour l'écharper en paroles. À la place, les effluves d'un gâteau au four et une jeune femme qui tenait un bébé.

– J'ai rendez-vous avec le vétérinaire à 3 heures.

– Quel vétérinaire ? s'étonna la fille.

– Il n'y a pas un vétérinaire qui a son... (Comment appelait-on ça, déjà ?)... son cabinet, ici ?

– Ah ! c'est sans doute celui qu'il y a en haut de la rue. Je me rappelle pas le numéro, mais c'est du même côté. Vous verrez le nom sur la porte.

Drusilla avait pourtant bien dit au 21 ! Peut-être pas, après tout : il n'avait pas pris note et pouvait fort bien avoir confondu avec le 49, qui était le numéro de la maison où se trouvait la plaque du vétérinaire. Coutumier de ce genre d'étourderie, il ne s'en étonnait plus. Ces trous de mémoire étaient dus, pensait-il, à des blocages psychologiques, à des remparts érigés par son subconscient qui allaient bientôt disparaître, à présent. Les choses vraiment importantes ne lui sortaient pas de l'esprit. Son rendez-vous de 5 heures avec Drusilla, par exemple, rien n'aurait pu le lui faire oublier.

L'odeur de chien était bien là, épaisse, écœurante. La porte n'étant pas verrouillée, il était entré sans sonner. Debout dans la salle d'attente, il feuilletait *La campagne* et *Nos chiens* et hésitait sur la façon correcte de procéder lorsqu'une femme en blouse kaki entra et lui demanda ce qu'il désirait.

– Mr Greenberg ne consulte pas le samedi après-midi, dit-elle sèchement. Nous ne sommes ouverts que pour la tonte et le toilettage.

Couinements et grognements lointains indiquaient qu'on s'y activait.

– Je suis Gray Lanceton, fit-il sur un ton hésitant, s'attendant à voir passer une expression de haine et de dégoût sur son visage lorsqu'elle réaliserait qu'elle se trouvait en présence d'un bourreau des bêtes. Ma chienne – enfin, une chienne que je gardais – est chez vous. (Elle resta de marbre et continua simplement de le dévisager.) Un labrador jaune qui s'appelle Didon. Elle a été confiée à Mr. euh... Greenberg jeudi dernier.

– Confiée ? Nous ne faisons pas pension pour chiens.

– Non, mais elle était malade et on l'a amenée ici. Elle devait être opérée.

– Je vais vérifier, fit Kaki Blouse.

Elle revint après un long moment, plus de cinq minutes.

– Nous n'avons pas trace de ce que vous dites. À quelle heure, jeudi ?

– Aux alentours de midi.

– Ah ! s'écria Kaki Blouse d'un air triomphant, Mr Greenberg est justement parti jeudi à midi.

– Est-ce que vous pourriez l'appeler ?

– Oui, je pourrais, mais ça va le déranger. Et puis ça ne servira à rien puisqu'il n'était pas là.

– Je vous en prie, insista Gray.

Il s'assit et feuilleta *La campagne*. 3 heures 25. Il faudrait partir d'ici dans cinq minutes s'il voulait être à la bicoque à 5 heures. Il l'entendait parler au téléphone dans une autre pièce. Se serait-il trompé de rue en même temps que de numéro ? Elle revint enfin, l'air exaspérée.

– Mr Greenberg n'est pas au courant.

Il fallait se rendre à l'évidence. Il ressortit dans la rue, complètement désemparé. La Type E n'était pas là : Drusilla n'avait pas pu venir. À moins qu'elle ne l'attende, en ce moment même, garée devant une autre maison, chez un autre vétérinaire dans une autre rue ? Des vétos, il devait y en avoir des douzaines, à Leytonstone. Bon, peut-être pas des douzaines, mais plusieurs. Tandis qu'il rebroussait chemin, il eut l'impression de vivre un de ces cauchemars où l'on est déjà en retard pour une réunion ou un rendez-vous urgent et où tout va mal. Les transports n'avancent pas, les gens râlent, les adresses sont fausses et les choses les plus simples deviennent d'horribles casse-tête.

Le mieux était d'essayer de joindre Drusilla au téléphone. Microbe parti à la recherche d'une maison, elle serait peut-être restée seule. Il composa le numéro mais n'obtint pas de réponse. Il consulta alors la rubrique des vétérinaires dans les pages jaunes et comprit immédiatement son erreur, le genre de confusion qui peut se produire lorsque deux communes de banlieue contiguës ont des noms très voisins : Greenberg était vétérinaire au 49 George Street, à Leytonstone, et Cherwell au 21 George Street, à Leyton. Didon était à Leyton, pas à Leyton*stone*.

4 heures moins 20. Bon, il était venu pour la chienne, n'est-ce pas ? C'était le véritable but de son voyage, il ne pouvait donc pas abandonner simplement parce que le temps passait. Pourtant, même en partant tout de suite, il n'arriverait pas à la bicoque avant 5 heures et quart. Il sentit peser sur lui cette oppression génératrice de panique qui s'empare de nous lorsque nous savons que nous allons manquer un rendez-vous capital et longtemps attendu : l'air semble se brouiller, nos pas devenir pesants, les gens et les choses se liguer contre nous.

Il ouvrit son index des rues. George Street, à Leyton, paraissait au diable vauvert, du côté des Marais de Hackney. Sans même savoir comment y aller, il comprit qu'il faudrait au moins une demi-heure. Hors de question : Drusilla était peut-être déjà en train de se parer pour lui, de se parfumer, de surveiller la pendule. Il se contenta donc de composer le numéro de Cherwell. En vain, pas de réponse. Les vétérinaires, de toute évidence, n'aimaient pas travailler tard le samedi après-midi.

Mais la chienne ?... Ce Cherwell saurait bien prendre les initiatives voulues, quand même ? Et opérer avec ou sans consentement si nécessaire ? Tout ce que lui, Gray, pouvait faire serait de l'appeler de France lundi matin à la première heure. Alors maintenant que cette affaire était classée, il n'y avait plus de temps à perdre : direction Liverpool Street, en vitesse.

Il devait sûrement y avoir un moyen plus rapide de couvrir cette douzaine de kilomètres à travers la forêt que de revenir jusqu'à Londres pour repartir par les lignes tentaculaires de la banlieue nord. Le bus, sans doute, mais il n'en connaissait ni les itinéraires ni les arrêts. S'il avait eu de l'argent, il aurait pu prendre un taxi. Là, il avait tout juste de quoi acheter son billet de train.

Le métro semblait rouler au ralenti, et il dut attendre un quart d'heure une rame pour Waltham Cross. Lorsqu'elle arriva enfin et qu'il fut monté, sa montre, qu'il n'avait cessé de régler sur les pendules de station pour être sûr qu'elle n'avançait pas, indiquait 5 heures moins 25.

Elle n'avait été en retard à un rendez-vous avec lui qu'une seule fois : lors de leur première rencontre à New Quebec Street. Mais aujourd'hui, non : elle l'attendrait depuis une demi-heure, gagnée peut-être de perplexité et d'angoisse, ferait les cent pas dans la bicoque, courrait à la fenêtre, ouvrirait la porte d'entrée pour scruter le chemin. Puis, ne le voyant toujours pas arriver, elle se dirait bon, je vais arrêter de regarder, compter jusqu'à cent, et il sera là. Ou alors elle monterait dans la chambre, d'où le chemin était invisible, se contemplerait une fois encore dans le miroir, repasserait le peigne dans l'embrasement de ses mèches folles, rajouterait une touche de parfum au creux de son cou, ferait glisser ses mains – sensuel avant-goût – le long de ce corps qu'elle avait préparé pour lui. Elle compterait encore cent, descendrait lentement l'escalier, se dirigerait vers la fenêtre, soulèverait le rideau, fermerait les yeux. Quand je les rouvrirai, il sera là, il arrivera...

À 5 heures et demie, il était à Waltham Abbey. Il y avait eu un accident à l'embranchement de Pocket Lane. Panneaux et voitures de police étaient encore sur place. Au milieu de la route, des traces de pneus convergeaient vers une nappe de sable peut-être répandu pour recouvrir du sang et de l'horreur. Il ne s'arrêta pas pour regarder, pressa l'allure : un type de son âge devait être capable de couvrir trois kilomètres et demi en vingt minutes.

Il courut sur la dure surface empierrée, évitant les bas-côtés mous et herbeux. Jamais Pocket Lane ne lui avait paru aussi interminable. Son ruban, dont il connaissait si bien les méandres et les lignes droites, semblait s'allonger comme un élastique que quelque géant malveillant s'amuserait à tirer pour l'embêter. Le sang battait à ses tempes, sa gorge était desséchée lorsqu'il parvint à l'endroit où le revêtement s'arrêtait pour laisser place à la terre argileuse.

Sous les arbres où la Jaguar aurait dû se trouver, il vit une grosse Mercedes vert foncé. Tiens ! elle avait changé de voiture. Microbe lui en avait acheté une neuve. Gray était las de courir, mais la vue de *sa* voiture lui donna un nouvel élan et il continua, le pantalon tout éclaboussé d'une boue jaunâtre. La pluie qui était tombée de l'autre côté de la Manche était venue jusqu'ici, rendant l'argile presque liquide au fond des ornières. Cette dernière ligne droite, comme elle lui avait semblé courte, les nuits où il la raccompagnait à la voiture ! Elle n'en finissait pas, elle devait faire des centaines de mètres, au moins. Il aperçut enfin la silhouette blafarde de la bicoque, aussi blanche que le voile de nuages qui obstruait le ciel. Le portail ouvert oscillait sous la petite brise qui donnait le frisson aux millions de feuilles alentour. Il s'y arrêta un moment pour reprendre son souffle. La sueur lui dégoulinait sur le visage, il était hors d'haleine, mais il l'avait fait : juste en dessous des vingt minutes.

Il tourna la clé de la porte d'entrée et appela avant même d'être à l'intérieur.

– Dru, Dru, je suis désolé d'arriver si tard. J'ai couru tout le long du chemin depuis la gare. (La porte se referma derrière lui.) Dru, tu es en haut ?

Aucun bruit. Pas de réponse. Mais il crut discerner une légère senteur d'*Amorce dangereuse*. L'espace d'une seconde, il fut certain de l'avoir perçue, et puis plus rien, elle s'était perdue dans les odeurs de poussière et de bois en décomposition lente de la bicoque. Il reprit sa respiration, posa sa valise et jeta son veston par terre. Le « salon » était vide, de même que la cuisine. Elle devait l'attendre en haut, pardi, peut-être même au lit. Ce serait bien d'elle, pour le faire enrager, de se cacher en pouffant sous les draps et, au moment où il entrerait, de partir d'un immense éclat de rire.

Il avala les marches deux par deux. La porte de la chambre était fermée. Il savait qu'il l'avait laissée ouverte – comme toujours – et son cœur commença à battre la chamade. Il hésita, avant d'entrer. Non par timidité, peur ou incertitude, mais pour prendre le temps de bien profiter de l'excitation et de la joie qu'il avait réprimées toute la journée. Maintenant qu'il avait enfin atteint son but, il pouvait laisser libre cours à ses émotions. Il pouvait rester une dizaine de secondes les yeux fermés, à se réjouir de leurs retrouvailles, rester sur le seuil de leur réunion, savourer pleinement ce bonheur, puis ouvrir.

Il desserra les paupières, poussa doucement la porte, ne souffla mot.

Le lit était vide. Les draps sales rejetés en désordre, comme il les avait laissés. Une tasse contenant un fond de thé, sur la table de chevet, comme il l'avait laissée. Comme il l'avait laissée... La brise faisait voleter les lambeaux de tissu qui servaient de rideaux et agitait une toile d'araignée recouverte de poussière. Une sensation d'abandon au cœur, ce cœur qui avait battu si fort, il regardait, incrédule, la chambre déserte.

La chambre d'ami était vide, elle aussi. Il descendit et sortit dans le jardin où la bruyère atteignait maintenant hauteur d'homme et où des herbes folles verdoyaient déjà sur les cendres de son feu. Pas un seul rayon de soleil ne filtrait de ce ciel laiteux. Le silence, excepté le pépiement assourdi d'oiseaux qui ne chantaient pas. Une rafale de vent fit bruire la cime des fougères avant d'aller se perdre dans la forêt.

Elle devait pourtant être là puisque sa voiture y était. Peut-être, lasse d'attendre, était-elle allée faire une promenade. Il l'appela une fois encore puis repartit sur le chemin, pataugeant dans la boue jaunâtre.

La Mercedes était toujours là, toujours vide. Il s'approcha et regarda par la vitre. Sur le siège arrière, se trouvait un exemplaire du *Financial Times* et, posé dessus, un étui à lunettes. Drusilla n'aurait pas ça avec elle. Pas plus qu'elle n'aurait un appuie-tête en cuir noir sur le siège de son passager, ou une paire de gants de conduite à dos en coton tressé et d'allure très masculine sur le tableau de bord.

Ce n'était pas sa voiture. Elle ne s'était pas déplacée.

– Tu ne veux pas venir ? Même si je te promets de te retrouver à la bicoque après ?

C'est ce qu'elle avait dit.

– Mon Dieu ! Je n'arrive pas à y croire ! Je vais te revoir demain ! Je vais te revoir !

Il résista à la tentation de décocher un coup de pied à la voiture, objet innocent et inanimé qui n'avait aucun rapport avec elle mais appartenait probablement à quelque observateur d'oiseaux ou archéologue amateur. Il repartit d'un pas traînant, tête baissée, si bien qu'il ne vit Mr. Tringham qu'au tout dernier moment et qu'ils faillirent se percuter.

– Regardez devant vous, jeune homme !

Gray allait poursuivre son chemin sans répondre mais Mr Tringham, qui pour une fois ne tenait pas de livre à la main et semblait être tout exprès sorti de son cottage pour lui parler, l'arrêta sur un ton presque accusateur :

– Vous êtes allé en France.

– Oui.

– Il y avait un homme dans votre jardin, un peu plus tôt. Un type tout petit qui rôdait partout et regardait par les fenêtres. J'ai pensé préférable de vous prévenir, il m'a semblé qu'il essayait de s'introduire chez vous.

Qu'est-ce qu'il en avait à faire, qu'on ait essayé d'entrer ? Et de savoir qui, du moment que ce n'était pas elle ?

– Je m'en fiche.

– Hem ! J'étais sorti faire ma promenade plus tôt parce que j'avais peur qu'il se mette à pleuvoir. En plus de celui qui était dans le jardin, il y en avait un autre, l'air pas commode, les cheveux longs, qui était assis sous un arbre. J'aurais bien appelé la police, seulement je n'ai pas le téléphone.

– Je sais, fit amèrement Gray.

– Ah ! Vous prenez vraiment ces choses à la légère, vous, les jeunes, il faut dire. Moi, je crois qu'on devrait utiliser votre téléphone – ou du moins, celui de Mr. Warriner – et appeler tout de suite la police.

– Je veux pas de flics ici, le rembarra-t-il avec une brutale irascibilité. Je veux qu'on me foute la paix.

Il s'éloigna d'un air sombre. Mr Tringham, un peu à la manière d'Honoré, grommela quelque chose sur la décadence des jeunes d'aujourd'hui. Gray claqua la porte de la bicoque, se rendit au salon et donna un coup de pied aux clubs de golf qui se répandirent à terre avec un bruit métallique.

Elle n'était pas venue. Il avait entrepris tout ce voyage, des centaines de kilomètres, pour la voir, il avait couru à s'en faire éclater les poumons et elle n'était pas venue.

16

Le téléphone eut son déclic et se mit à sonner. Gray décrocha d'un air boudeur, sachant que c'était elle. Ce n'était pas sa voix qu'il voulait, ni une quelconque partie d'elle, mais elle tout entière.

– Salut.

– Qu'est-ce qui t'est arrivé ? fit-il sur un ton las.

– Qu'est-ce qui t'est arrivé à *toi* ?

– Dru, je me suis pointé ici à 6 heures moins 5. J'ai couru comme un fou. T'aurais pas pu m'attendre ? Où es-tu ?

– À la maison, répondit-elle. Je viens de rentrer. Microbe a dit qu'il serait de retour à 6 heures, et je n'ai pas pu trouver d'excuse pour ne pas être là. J'ai attendu jusqu'au dernier moment et puis j'ai dû filer. Il est dans le jardin, pour l'instant, mais il vaudrait mieux qu'on ne s'éternise pas.

– Tu m'avais pourtant promis, Dru. Tu m'avais promis d'être ici. Tu devais même me raccompagner à l'aéroport. Enfin, c'est pas le problème, mais si tu avais le temps de le faire, tu aurais sûrement pu... Bon sang ! j'avais tellement envie que tu sois là.

– C'est pas ma faute, j'ai fait ce que j'ai pu. J'aurais dû me rappeler que tu étais toujours en retard et que tu merdoyais toujours. T'as même pas été fichu de trouver le véto, hein ?

– Comment sais-tu ça ?

– J'ai téléphoné moi-même à Mr Cherwell pour savoir si t'étais passé.

– Ah ! c'était Cherwell, alors ?

– Bien sûr, pardi. 21, George Street, à Leyton. C'est ce que je t'avais dit, non ? D'ailleurs, peu importe : il a fallu piquer le chien.

– Oh ! Dru, *non !*

– Oh ! Gray, *si !* Et comme ça n'aurait rien changé que tu voies Cherwell, de toute façon, plus la peine de te tracasser. Qu'est-ce que tu comptes faire, maintenant ?

– Me coucher et me laisser crever, je suppose. Je me suis tapé tout ce chemin pour rien, et j'ai plus un rond en poche. C'est vraiment ce qui s'appelle perdre son temps et son argent. J'ai rien bouffé de toute la journée, pas de quoi me payer mon retour, et tu me demandes ce que je compte faire ?

– T'as pas trouvé le fric, alors ?

– Le fric ? Quel fric ? Je ne suis ici que depuis dix minutes, couvert de boue et vanné.

– Mon pauvre Gray ! T'inquiète pas. Je vais te dire, moi, ce que tu vas faire. Tu vas te changer, prendre l'argent que je t'ai laissé – il est dans la cuisine – et te tirer de ce trou pour retourner en France. Fais une croix sur cette journée, n'y pense plus. Vite, maintenant, je vois Microbe qui remonte du jardin.

– *Microbe ?* Qu'est-ce qu'on en a à foutre, de Microbe ? Si tu dois me rejoindre la semaine prochaine, si tu viens vivre avec moi, peu importe ce qu'il pense. Plus vite il sera au courant et mieux ça vaudra. (Il se racla la gorge.) Dru, tu n'as pas changé d'avis ? Tu me rejoins la semaine prochaine ?

Elle émit un soupir tremblant, un halètement. Ses mots étaient fermes, mais pas sa voix.

– Je ne change jamais d'avis.

– Bon dieu ! c'est quand même râlant d'avoir fait tout ce chemin et de te louper. Quand est-ce qu'on va se voir ?

– Bientôt. Dès que tu seras rentré. Mardi. Il faut que je raccroche, maintenant.

– Non, je t'en prie, non. (Elle n'allait pas couper comme ça, comme elle faisait toujours, sans un adieu... mais c'était sa manière.) Dru, je t'en supplie !

Pour la première fois, elle prononça ces mots :

– Au revoir, Gray. Au revoir.

Sur le couvercle de la baignoire, il trouva la facture de l'électricité, celle du téléphone, le chèque de son éditeur – les deux premières annihilant le troisième –, une carte postale de Mal et, plus inattendue, une autre de Francis et de Charmian à Lynmouth. À côté de toute cette correspondance, elle lui avait laissé l'argent en vrac. Le tas semblait insignifiant mais, en y regardant de plus près, il s'aperçut que les billets étaient tous de dix livres et qu'il y en avait dix. Il s'était attendu à trente livres et il en trouvait cent.

Pas le moindre petit mot tendre avec les billets. Elle avait laissé cent livres, négligemment, comme d'autres vingt *pence* en menue monnaie. Elle avait vendu sa bague en améthyste pour lui procurer de l'argent et il en éprouva une profonde gratitude, mais il aurait apprécié un petit message. Juste quelques lignes pour lui dire qu'elle l'aimait, qu'elle était peinée de ne pas l'avoir vu. Il n'avait jamais reçu la moindre lettre d'elle depuis qu'ils étaient ensemble, il ne savait même pas à quoi ressemblait son écriture.

Allons, à partir de la semaine prochaine, il n'aurait plus besoin de souvenirs, de preuves écrites. 6 heures et demie approchaient : il devait partir. Mais d'abord, changer ces fringues dégueulasses. Il monta à l'étage en se demandant bien ce qu'il pourrait se mettre car il avait laissé tout son linge aussi crasseux qu'il l'avait ôté.

À l'exception du lit, il n'avait pas du tout regardé dans la chambre. Il s'aperçut alors que son jean et ses chemises sales avaient été lavés, repassés, et disposés sur le dossier de la chaise avec son pull irlandais tout propre. Elle avait fait ça pour lui.

Elle avait nettoyé sa cuisine et fait sa lessive. Il se changea rapidement. Sans doute avait-elle voulu lui montrer par là qu'elle savait se rendre utile, qu'elle ne resterait pas les bras ballants comme une petite fille riche arrachée à son luxe, lorsqu'elle viendrait le rejoindre. Il roula en boule son pantalon maculé de boue et le jeta sous le couvercle de la baignoire. Les vitres avaient été nettoyées, la peinture lavée par endroits. Tout ça pour lui. Pour lui, aussi, elle avait vendu sa précieuse bague : il aurait dû être transporté de bonheur, et pourtant la déception de ne pas la voir l'accablait. Rien de ce qu'elle pourrait faire ou donner ne remplacerait sa présence.

Mais de retour en France, il lui téléphonerait et lui demanderait de l'attendre à la maison, mardi soir. Elle avait toujours sa clé. Celle qu'il voyait suspendue au-dessus de l'évier devait avoir été laissée par Isabel quand elle avait amené Didon. Un flot de culpabilité pour la mort de la chienne monta en lui : sa négligence était à l'origine de tout, elle l'avait poussé à commettre une erreur qui confinait à l'acte criminel. Mais lorsque Drusilla serait avec lui, tout cela changerait : il faudrait qu'il prévoie, se souvienne, prenne des décisions.

Il avait juste le temps de préparer du thé – sans lait – et d'ouvrir une boîte de conserve avant de repartir à la gare. Le téléphone était raccroché, le courrier lu, la porte de derrière verrouillée. Bon. Y avait-il autre chose à se rappeler ? Peut-être devrait-il emporter cette clé avec lui. Si le petit homme signalé par Mr. Tringham avait vraiment des idées de cambriolage, elle était trop accessible : il suffirait de briser une vitre de la cuisine et de passer la main pour atteindre le clou et se rendre maître de la bicoque – la bicoque de Mal. Il n'apprécierait pas trop, Mal, de se faire piquer ses clubs de golf ou un de ces vieux meubles miteux qui constituaient, après tout, ses seuls biens.

En se félicitant de cette prudence, pour lui sans précédent, Gray décrocha la clé. Il s'apprêtait à la glisser dans sa poche lorsqu'il interrompit son geste : il était surpris de voir le métal si poli et brillant. Il avait donc dû donner à Isabel la clé de réserve laissée par Mal ? Celle-ci ressemblait plutôt au double qu'il avait fait faire spécialement pour Drusilla, au moment où celle-ci lui rendait si fréquemment visite qu'elle risquait d'arriver avant qu'il fût rentré de faire les courses. Peut-être ne lui avait-il pas donné la neuve, après tout, mais la vieille, tandis que l'autre, la plus brillante, était restée accrochée en réserve. Il ne se rappelait plus du tout et cela ne semblait plus avoir grande importance.

Il but son thé et laissa la vaisselle sale sur l'égouttoir. Les cent livres et les deux clés dans la poche, il referma la porte d'entrée derrière lui. L'air était imprégné d'une fine bruine – une simple brume, presque – et des gouttes plus épaisses dégoulinaient du feuillage des hêtres. Il marcha sur l'herbe mouillée pour éviter la boue jaune.

La Mercedes verte était toujours là. Une voiture volée, sans doute, abandonnée dans cet endroit. Ou alors son propriétaire était parti observer la nature dans les profondeurs de la forêt. Les deux Willis discutaient dans leur jardin, devant la maison, sur la pelouse qui, pour Gray, paraissait comme neuve. Ils semblaient se chamailler, ou peut-être se lamenter sur un cas d'attaque de mildiou ou de pucerons. Ils aperçurent Gray et se détournèrent d'un air guindé, raides comme la justice.

À l'embranchement, les voitures de police avaient disparu et le sable avait été balayé. Il pressa le pas en direction de la gare.

La lune brillait sur la France. Le ciel s'était-il dégagé en Angleterre aussi, la même lune brillait-elle à la fois sur la forêt d'Epping et sur Combe Park ? Microbe et elle devaient être au lit, maintenant, ce grand bouffi dans son pyjama rouge et noir, en train de lire les mémoires de quelque directeur de société ou peut-être le *Financial Times*, la svelte jeune femme en froufrous blancs plongée dans un roman. Mais en ce samedi soir, elle ne recevrait pas de coup de téléphone avec la respiration muette et lourde d'un homme bizarre à l'autre bout du fil. Elle ne serait plus seule, elle réfléchirait à la façon d'annoncer à son mari, dans le lit d'à côté, qu'elle allait le quitter la semaine prochaine. Rêve de moi, Drusilla...

Après le dernier panneau indicateur de nids de poule, il entra avec la voiture dans Bajon endormie, longea le bosquet de châtaigniers et passa devant la maison appelée *Les Marrons*. Le clair de lune diffusait juste assez de lumière pour lui permettre de recouvrir l'auto de sa housse protectrice en nylon. Mais le hall du Petit Trianon était plongé dans une obscurité totale. Il chercha l'interrupteur à tâtons et trébucha sur quelque chose qui se dressait juste derrière la porte : une gerbe funéraire de lys dans une vasque en plastique. Craignant que le bruit n'eût réveillé son beau-père, il poussa la porte de la chambre qu'Honoré avait laissée entrouverte.

Le faible clair de lune, qui avait transformé le groupe des nains du jardin en un ballet fantomatique, soulignait le rebord des meubles d'un liséré argenté et dessinait de petites formes géométriques pâles sur le tapis. Honoré, cheveux poivre et sel ébouriffés en épis hirsutes, dormait en chien-de-fusil dans son lit, mais tourné vers celui d'Enid, un bras tendu comme une passerelle entre les deux et la main fourrée sous l'oreiller de sa femme. Il sommeillait profondément, serein, presque souriant. Gray supposa qu'ils avaient toujours dormi ainsi, main dans la main, et il comprit que, pour son beau-père, le rêve repoussait la terrible réalité : elle était encore là, c'était le contact de sa joue qu'il sentait sur sa paume.

Ému, presque intimidé, il songea que Drusilla et lui dormiraient ainsi, mais dans le même lit, toujours ensemble. Et toute la nuit, il fit les plus tendres, les plus paisibles des rêves qu'il avait jamais eus d'elle, jusqu'à ce que les aboiements du chien du fermier ne l'éveillent à 8 heures. Il se leva alors et apporta du café à Honoré qui, à présent, perdait tout sourire et toute sérénité le matin. Ses manies de lève-tôt semblaient l'avoir quitté en même temps qu'Enid.

Mme Reville vint et emmena Honoré à la messe. Gray se retrouva seul dans la maison, seul avec le téléphone. Que faisaient-ils, Microbe et elle, le dimanche ? Il fouilla dans ses souvenirs à la recherche d'une indication qu'elle aurait pu lui donner sur leurs habitudes dominicales, mais en vain. Ils n'allaient sûrement pas à l'église. Peut-être Microbe jouait-il au golf, ou retrouvait-il des copains aussi rupins que lui au pub des hauts de la Petite Cornouailles ? Il y avait une petite chance qu'elle soit seule, ou même qu'elle ait déjà parlé à Microbe. Elle apprécierait alors un coup de fil, qui la soutiendrait et lui donnerait confiance.

Sans plus d'hésitation, il composa le numéro. Il entendit sonner, sonner, mais personne ne répondit. Il essayait encore une heure plus tard lorsque la voiture de Mme Reville s'arrêta devant la maison, ce qui le força à abandonner. Bon, il avait dit lundi : il pourrait bien attendre jusque-là, quand même ?

La journée n'en finissait pas. Chaque heure passée loin d'elle lui paraissait interminable. Il ne cessait de penser à la scène qui se déroulait peut-être en ce moment même à Combe Park, où Drusilla faisait part de son intention de partir et Microbe de la sienne : la retenir à tout prix. Il pouvait même devenir violent. Ou alors la flanquer dehors, mais là, elle avait toujours sa clé et trouverait refuge à la masure si nécessaire.

Honoré était allongé sur le sofa et relisait les lettres qu'Enid lui avait écrites durant la brève période entre leur rencontre et leur mariage. Pleurant à chaudes larmes, il en lut tout haut quelques passages à Gray.

– Mon Dieu qu'elle m'aimait ! Seulement il y avait tant de doutes dans sa tête, à ma petite Enid ! Et mon garçon, alors ? qu'elle écrit ici. Et mes amis ? Comment vais-je pouvoir vivre dans ton monde, moi qui ne parle que le français que j'ai appris à l'école ? (Honoré se redressa d'un coup et pointa le doigt en direction de Gray.) Mais ces doutes, je les ai tous balayés par la force de mon amour. Je suis le patron, maintenant, que je lui ai répondu. Tu feras comme je dis, et je dis que je t'aime, c'est tout ce qui compte. Ah ! comme elle a su s'adapter ! Elle était pourtant déjà vieille, ajouta-t-il avec son manque de nuance habituel, mais elle n'a pas tardé à parler comme si elle était née ici, à se faire de nouveaux amis, à tout abandonner pour être avec moi. Avec l'amour, Grahamme, on peut arriver à tout.

– Ça, c'est bien vrai, fit-il en pensant à Drusilla.

– Un petit cognac, mon fils ? proposa Honoré en faisant un paquet de ses lettres et en s'essuyant les yeux d'un revers de manche. Demain, après l'enterrement, ça ira mieux. Je reprendrai du poil de la bête, comme on dit.

Après l'enterrement, tandis qu'on servait le vin et les gâteaux dans le salon, Gray s'éclipsa pour téléphoner à Drusilla. Elle devait attendre son appel avec impatience, peut-être même avait-elle tenté de le joindre pendant qu'ils étaient à l'église. Elle était sûrement assise à côté du téléphone, solitaire et apeurée après la terrible scène qu'elle avait eue avec Microbe, et redoutant, parce que Gray n'avait pas encore appelé, d'être aussi abandonnée par son amant. Il composa le numéro. Une dizaine de doubles sonneries s'égrenèrent. On décrocha.

– Combe Park.

Cette voix rauque, avec son accent cockney, n'était évidemment pas celle de Drusilla. Il en fut atterré, puis réalisa qu'il devait s'agir de la femme de ménage. Drusilla et lui s'étaient toujours mis d'accord que si jamais il tombait sur la femme de ménage, il devrait raccrocher sans rien dire. Mais plus aujourd'hui, sûrement ? Ce n'était plus pareil !

– Combe Park, répéta la voix. Qui c'est ?

Mieux valait réessayer plus tard et ne rien faire qui pût compliquer une situation déjà délicate. Il reposa le combiné avec toute la précaution et la douceur possibles, comme s'il pouvait par là effacer complètement son appel, puis retourna dans la pièce où les gens discutaient à mi-voix en sirotant leur Dubonnet et en grignotant leurs petites madeleines à l'orange. Immédiatement, le maire le prit à part et lui posa en anglais nombre de questions sur son voyage en Angleterre. Avait-il pu assister à un match de cricket ou, mieux encore, aller à Manchester ? Gray répondit deux fois par la négative, conscient du regard appuyé que Mme Derain posait sur lui. Elle avait les mêmes petits yeux de fouine que son frère, la même peau mate mais, dans son cas, la frêle ossature des Duval disparaissait sous une montagne de graisse, ses traits sous les rides et replis de sa peau parcheminée...

– Ici, fit-elle comme une pancarte dans un magasin, on parle français.

Elle avait pris en main les rênes de la maison. Il était clair qu'elle avait l'intention de rester, de quitter son travail et son appartement au-dessus de la poissonnerie, à Marseille, pour s'installer au Petit Trianon, comparativement plus luxueux et plus calme. Encore plus pingre qu'Honoré, elle parlait déjà de prendre un locataire, d'enlever les trépieds et les soucis du jardin de derrière et d'y faire des légumes. Quant aux beaux-fils anglais qui ne participaient pas aux dépenses domestiques, ils n'étaient pas pour elle les bienvenus.

Un verre de Dubonnet par tête fut tout ce qu'elle accorda, après quoi les participants au cortège furent pressés vers la sortie. Gray essaya de nouveau de téléphoner à Drusilla et tomba une fois de plus sur la femme de ménage. Sa troisième tentative, à 5 heures et demie, le dernier moment possible, n'eut pas la moindre chance d'aboutir : Mme Derain lui arracha le combiné des mains. Elle ne récrimina pas contre lui ou contre la formidable dépense ainsi entraînée, mais annonça d'un air glacial qu'elle comptait faire débrancher l'appareil aussitôt que possible.

Il décida de réessayer au matin, pendant qu'elle irait chercher le pain. Seulement lorsqu'il entra dans la chambre, le lendemain, alors qu'Honoré buvait son café dans la cuisine, Mme Derain y était déjà. Sous prétexte d'éliminer des souvenirs pénibles pour son frère, elle triait en fait parmi les habits d'Enid ceux qu'elle pourrait remettre. Gray voyait en Honoré le type d'homme qui, au contraire, aurait aimé faire un sanctuaire de la chambre de sa femme défunte, chérir le moindre des objets qui lui avait appartenu comme une relique de leur bonheur. Mais Mme Derain ne l'entendait pas de cette oreille. Elle avait tout juste autorisé son frère à garder l'alliance d'Enid – bien qu'elle fût d'avis de la vendre, ce serait plus prudent – et Honoré gardait la bague dans ses mains brunes et calleuses, car elle était trop petite pour aller à l'un quelconque de ses doigts.

– Je veux vous rendre l'argent que vous m'avez envoyé, dit Gray. Voilà, trente livres. J'y tiens.

Honoré protesta, mais faiblement. Gray pensa que la vie de son beau-père ne serait plus désormais qu'une suite de ruses et d'artifices pour soutirer adroitement de l'argent à sa sœur et dissimuler les rentrées inattendues – comme celle-ci, la première. Honoré glissa les billets dans sa poche non sans avoir jeté un regard déjà furtif, déjà craintif, en direction de la porte.

– Reste encore une semaine, Grahamme.

– Je ne peux pas, j'ai des tas de choses à faire. Et pour commencer, je vais déménager.

– Je vois : tu vas déménager, oublier de donner ta nouvelle adresse au pauvre Honoré, et il va te perdre.

– Non, je n'oublierai pas.

– Tu reviendras, pendant tes vacances ?

– Il n'y aura plus de place pour moi quand vous aurez votre locataire.

Gray se demanda soudain s'il ne devait pas mettre Honoré au courant, au sujet de Drusilla, lui donner une version expurgée des choses, peut-être, lui dire que c'était la fille qu'il espérait épouser lorsqu'elle aurait divorcé. Parce que c'est ce qu'il voulait, maintenant : tout au grand jour, au vu et au su de tout le monde, plus de secrets. Il jeta un coup d'œil vers Honoré qui mangeait et buvait mécaniquement et dont les pensées étaient manifestement tournées vers sa défunte femme. Non, mieux valait ne rien dévoiler, pour l'instant. Mais il trouva quand même étrange d'avoir envisagé d'en parler à son beau-père, naguère son ennemi. Durant toutes ces années où ils auraient pu avoir des relations heureuses, ils étaient chacun sortis de leur véritable personnage pour s'opposer à l'autre, chacun s'obstinant à parler la langue de l'autre. Et maintenant que leurs relations prenaient fin, alors qu'il était probable – tous deux le savaient – qu'ils ne se reverraient plus jamais, Honoré parlait français et lui anglais, et ils se comprenaient fort bien, et quelque chose qui ressemblait fort à de l'amour s'était installé entre eux.

Enfin, peut-être reviendrait-il un jour. Drusilla et lui pourraient faire leur voyage de noces en France, passer par Bajon – en stop, très probablement, pensa-t-il – s'arrêter voir Honoré...

Devait-il essayer de l'appeler ? Entrer à l'*Écu* et utiliser le téléphone du bar ? Car ainsi, ils pourraient convenir d'une heure de rendez-vous, et lui, lui préparer un repas avec du vin pour l'accueillir quand elle entrerait enfin dans sa nouvelle maison et dans sa nouvelle vie.

Mais il serait difficile d'expliquer cela à Honoré qui semblait s'être mis dans la tête que son beau-fils avait entamé une liaison avec une vieille éleveuse de chiens. À quoi bon prendre cette peine alors qu'il serait à Londres dans trois ou quatre heures ?

– Vous allez manquer votre avion, le pressa Mme Derain qui avait sur le bras l'un des foulards d'Enid dont la vue fit tressaillir Honoré. Dépêchez-vous, le bus part dans dix minutes.

– Je vais te conduire à Jency, mon fils.

– Non, Honoré. Vous n'êtes pas en état, et je pourrai me débrouiller. Restez plutôt ici et reposez-vous.

– J'insiste. Je suis ton papa, non ? Alors tu dois m'obéir.

La housse en nylon fut donc ôtée de la Citroën et Honoré le conduisit à Jency. Là, ils attendirent à la terrasse d'un café, et lorsque le bus arriva, Honoré embrassa tendrement Gray sur les joues.

– Tu m'écriras, hein, Grahamme ?

– Bien sûr.

Et Gray agita la main, par la vitre du bus, jusqu'à ce que la petite silhouette au béret basque – celle du Français vendeur d'oignons, du serveur d'hôtel qui avait volé le bonheur de son adolescence et tué son rêve – se fût réduite à un point sur la poussière de la grand-place.

17

Une chape d'humidité lourde, presque irrespirable, recouvrait Londres. Un temps de novembre, pensa Gray, mais en plus chaud. Le ciel, d'un gris pastel uniforme, semblait peser sur le toit des maisons et sur la cime des arbres comme un sac de mousseline affaissé. Pas un souffle d'air qui vînt agiter la moindre feuille, faire ondoyer les replis d'un drapeau ou jouer dans les cheveux d'une femme. On se serait cru dans une serre vide de fleurs.

Il composa son numéro depuis l'aérogare mais n'obtint pas de réponse. Sortie faire des courses, sans doute : elle ne pouvait pas rester bloquée toute la journée à la maison à attendre son coup de fil. Il essaya encore à la gare de Liverpool Street, puis à Waltham Cross, mais chaque fois sans succès. Une fois, deux fois, elle avait pu s'absenter ou être dans le jardin – mais pas tout le temps ? Il n'avait pas dit qu'il l'appellerait, mais elle devait bien se douter qu'il le ferait, quand même ? Allons, pas la peine de se mettre martel en tête, ni de se ruer dans toutes les cabines téléphoniques qu'il croisait sur son chemin. Mieux valait attendre d'être rentré à la maison.

Pocket Lane semblait avoir attiré vers la pénombre humide de ses sous-bois tout ce que l'Essex comptait d'insectes ailés qui tournoyaient et bourdonnaient sur son passage et qu'il lui fallait écarter de son visage et du sac qui contenait la viande froide, la salade et la bouteille de vin achetées pour leur dîner chez un traiteur de Gloucester Road. Peut-être n'était-elle pas chez elle parce qu'elle s'était, comme il l'avait envisagé avec quelque espoir, réfugiée à la bicoque pour se protéger de Microbe. Il n'avait pas pensé à appeler là-bas. Il se pouvait qu'elle y soit et l'y attende. Mais non, pas question de remettre ça, il n'allait pas revivre ce sinistre cauchemar de samedi : courir à mort pour la rejoindre et trouver l'endroit désert.

Il ne put cependant s'empêcher d'y croire jusqu'à ce qu'il fût arrivé et monté à l'étage. Ce n'est pas parce qu'on se dit qu'un espoir est vain qu'il disparaît. Il déposa la nourriture sur la table aux pieds en fer et décrocha le téléphone. Mais au moment de composer le numéro, il vit les clubs de golf debout contre le mur alors qu'il les avait laissés en désordre par terre après avoir donné un coup de pied dedans... Elle était donc venue ? Cinq, zéro, huit, puis les quatre autres chiffres. Il laissa sonner une bonne vingtaine de fois, puis raccrocha, résolu à garder son calme, à se montrer raisonnable et à s'abstenir de toute nouvelle tentative pendant deux heures.

Elle avait dit mardi, mais n'avait pas parlé de le contacter avant de venir. Et puis il y avait toutes sortes d'explications possibles à son absence de Combe Park. Elle avait même pu aller l'attendre à l'aéroport et l'aurait manqué. Il sortit dans le jardin et s'allongea parmi les fougères. L'air y était un peu moins étouffant et confiné qu'à l'intérieur, mais l'atmosphère, épaisse, immobile, tiède, était chargée de la tension caractéristique de ce genre de temps. Comme si le ciel lui-même attendait qu'il se passe quelque chose.

Les oiseaux ne chantaient pas. On n'entendait que le bruissement étouffé des moucherons qui s'élevaient et redescendaient en nuées vivantes, les arbres étaient pétrifiés, drapés dans le manteau immobile de leur verdure, leurs troncs pareils à des colonnes de pierre. Il pensait à elle, sur son lit de fougères, balayant ses doutes à mesure qu'ils prenaient forme dans son esprit : ne connaissait-il pas sa détermination, sa ponctualité ? Elle ne changeait jamais d'avis. Il avait laissé la porte d'entrée entrouverte pour entendre la sonnerie du téléphone. Allongé sur le côté, il surveillait le chemin à travers la forêt miniature des tiges de fougère. Ainsi, il verrait la silhouette argentée de sa voiture se glisser dans la trouée entre les frondes et les branches basses des arbres. Bercé à la fois par la tiédeur de l'air et par les apaisements qu'il s'était donnés, il ne tarda pas à s'endormir.

Il était près de 5 heures et demie lorsqu'il s'éveilla, mais l'apparence de la forêt et la lumière n'avaient pas varié. Aucune voiture n'était venue et le téléphone n'avait pas sonné. 5 heures et demie, l'heure limite pour l'appeler sans risque. Il retourna lentement à la maison et composa le numéro mais n'obtint toujours pas de réponse. Elle était donc restée toute la journée dehors, cette journée où elle devait quitter son mari pour rejoindre son amant. Les excuses rassurantes qui lui avaient permis de trouver le sommeil commencèrent à s'estomper et à faire place à une sourde appréhension. « Je ne change jamais d'avis », avait-elle dit. « Je quitterai Microbe et je viendrai vivre avec toi. » « Dès que tu seras rentré. Mardi. » Mais elle avait dit au revoir, aussi, ce qu'elle n'avait jamais fait auparavant. Ils avaient bien dû se parler deux ou trois cents fois au téléphone, se rencontrer aussi souvent : elle n'avait jamais terminé une conversation ou une rencontre par un véritable mot d'adieu. Salut, à demain, à la prochaine. Au revoir, non...

Mais où qu'elle se trouve en ce moment, quoi qu'elle ait fait dans la journée, il faudrait bien qu'elle rentre : Microbe exigeait sa présence le soir, jeudis exceptés. Eh bien il réessaierait à 6 heures et demie, au diable Microbe. Il essaierait toutes les demi-heures. Si elle n'arrivait pas, bien sûr : car la possibilité subsistait toujours qu'elle ait promis à son mari d'attendre son retour avant de partir.

Bien qu'il n'eût rien mangé depuis son départ du Petit Trianon, il ne se sentait ni faim ni l'envie de déboucher la bouteille qu'il avait apportée. Même une tasse de thé ne lui disait rien. Il s'installa dans son fauteuil, les yeux rivés sur l'insondable téléphone, grillant cigarette sur cigarette – au moins cinq dans l'heure qui suivit.

Microbe devait être rentré depuis une demi-heure, à présent. En toutes circonstances, à moins qu'il ne fût en voyage d'affaires – et elle en aurait parlé, dans ce cas –, le mari de Drusilla franchissait les grilles de Combe Park au volant de sa Bentley juste avant 6 heures. Peut-être répondrait-il au téléphone, alors. Tant mieux. Lui, Gray, donnerait son nom, expliquerait qui il était et demanderait à parler à Drusilla. Et si Microbe tenait à savoir pourquoi, il le lui dirait, il cracherait le morceau tout entier. Le temps de la discrétion était révolu. Cinq, zéro, huit... Allons bon ! il avait dû se tromper car il n'obtint qu'une tonalité aiguë et continue. Il fallait recommencer, sa main avait dû trembler. Cinq, zéro, huit...

Deux sonneries, trois, vingt. Combe Park était vide, ils étaient tous les deux sortis. Mais il n'était pas possible qu'elle fût allée avec lui, lui le mari qu'elle était sur le point de quitter, le jour même où elle devait commencer une vie nouvelle avec son amant.

« Je t'aime. J'ai décidé que si tu voulais toujours de moi, je quitterais Microbe et je viendrais vivre avec toi. Bientôt. Dès que tu seras rentré. Mardi... »

Il s'approcha de la fenêtre et regarda au-dehors, à travers un lacis de branches immobiles. Bon, se dit-il, je ne regarderai plus avant d'avoir compté jusqu'à cent. Et puis non, je vais me préparer une tasse de thé, fumer deux cigarettes avant de compter jusqu'à cent, et elle sera là. Il l'attendait comme il avait imaginé qu'elle l'attendait samedi.

Mais au lieu d'aller dans la cuisine, il se rassit dans le fauteuil et, fermant les yeux, se mit à compter. Il y avait des années qu'il n'avait pas ainsi compté tout haut, pas depuis qu'il était gosse et jouait à cache-cache. Il n'arrêta pas lorsqu'il fut arrivé à cent, mais continua de manière obsessionnelle, comme s'il comptait les jours de sa vie ou les arbres de la forêt. À mille, il s'arrêta et rouvrit les yeux, atterré par ce qui se passait dans son esprit, par ce qui se passait en lui-même. Il n'était encore que 7 heures. Il décrocha le combiné, composa le numéro qui lui était devenu plus familier que le sien, accomplissant ces gestes avec un automatisme tel qu'il aurait pu les effectuer dans le noir. Et la sonnerie s'égrena comme il avait égrené les nombres tout à l'heure : dans le vide, inutilement, sans raison.

Microbe avait dû l'emmener. Elle lui avait tout dit et lui, sidéré et furieux, avait bouclé la maison et emmené son épouse loin des séductions du jeune amant prédateur. À Saint-Tropez ou Saint-Moritz, dans ces sanctuaires du tourisme où l'on pouvait espérer des miracles, dans les fastes de la vie mondaine où les femmes oublient ce qu'elles quittent. Il lâcha le combiné, se passa la main sur les yeux et le front. À supposer qu'ils fussent partis pour des semaines, des mois ? Il ne semblait guère y avoir de moyen de savoir où. Il lui était difficile d'aller sur place questionner les voisins, et il ne connaissait ni le numéro du bureau de Microbe ni l'adresse du père de Drusilla. Gray eut cette pensée horrible que si elle venait à tomber malade ou à mourir, il ne le saurait même pas car personne, parmi les gens de leur entourage respectif, ne connaissait l'existence de l'autre.

Il n'avait d'autre solution que d'attendre – et d'espérer. C'était encore mardi, après tout, et elle n'avait pas précisé *quand* elle viendrait, mardi. Peut-être avait-elle tergiversé jusqu'au dernier moment pour parler à Microbe, peut-être était-elle en train de le faire maintenant, et leur querelle était si vive, leurs émotions atteignaient un tel paroxysme qu'ils avaient à peine entendu le téléphone et encore moins eu envie d'y répondre. Dans un moment, quand tout aurait été dit, elle claquerait la porte de la maison, jetterait ses valises toutes prêtes dans la voiture et partirait sur les chapeaux de roue en direction de la forêt...

Il était en train de visualiser la scène, de suivre les phases de l'affrontement de ces deux personnages au comble de la colère et de la peur dans cette superbe maison sans amour, lorsque le téléphone, jusque-là tellement silencieux et inerte qu'il donnait l'impression de ne plus jamais devoir sonner, émit son hoquet préliminaire. Le cœur de Gray chavira. Il colla l'oreille au combiné avant la fin de la première sonnerie et retint son souffle, les yeux clos.

– Mr Graham Lanceton ?

Microbe. Etait-ce Microbe ? La voix était épaisse, peu raffinée, le ton très ferme.

– Oui, répondit Gray en serrant le poing de sa main libre.

– Je suis l'inspecteur principal Ixworth, fit la voix. Je voudrais passer vous voir, si cela ne vous dérange pas.

La déception fut si grande, si terrible – bien pire que celle ressentie lorsqu'il avait eu M. Reville au bout du fil chez Honoré – qu'il put à peine parler. Il lui fut aussi difficile de trouver des mots que d'obtenir de sa gorge, sèche et contractée, la voix appropriée pour les dire.

– Je ne... Qui... ? Quoi... ? bredouilla-t-il.

– Inspecteur principal Ixworth, Mr Lanceton. 9 heures, ça ira ?

Gray ne répondit pas. Il raccrocha sans un mot et resta cinq bonnes minutes hébété, pris de frissons, avant de pouvoir se remettre du choc de la déception : ce n'était pas elle. Alors il épongea la sueur de son front et se dirigea vers la cuisine. Là, au moins, il ne verrait pas ce maudit téléphone.

Sur le seuil, il s'arrêta net : une vitre avait été brisée, la fenêtre forcée, et la porte de la cave était entrouverte. Tous ses papiers étaient maintenant rangés en une pile aussi ordonnée qu'une rame neuve de papier machine. Quelqu'un était entré, et ce n'était pas elle puisqu'on s'était introduit par effraction. Il se secoua, essaya de retrouver ses esprits. Il commença à vaguement comprendre pourquoi cet inspecteur avait appelé : la police avait découvert un cambriolage.

Comme il allait devoir tuer le temps jusqu'à ce qu'elle appelle ou arrive, il décida de jeter un coup d'œil pour voir si on avait fauché quelque chose. Ça l'occuperait, au moins. Sa machine à écrire était toujours là, bien qu'il eût l'impression qu'on l'avait déplacée. Il ne put se rappeler où il avait laissé le coffret. Après avoir cherché dans les pièces du bas, il monta à l'étage. Il y régnait partout une odeur de moisi, de renfermé. Il ouvrit les fenêtres du palier et de sa chambre, mais il n'y avait pas le moindre souffle qui pût balayer l'air vicié et faire entrer de cet air frais dont il aurait eu tant besoin pour s'emplir les poumons de grandes bouffées d'oxygène, pour desserrer l'étau qui lui oppressait la poitrine. Mais lorsqu'il mit la tête dehors, l'atmosphère était si épaisse qu'elle lui colla à la gorge.

Le coffret n'était dans aucune des chambres. Il ne se fiait plus guère à sa mémoire, mais était pourtant certain de l'avoir laissé quelque part dans la maison. Qu'en aurait-il fait d'autre ? S'il n'était pas là, c'est donc que l'intrus l'avait emporté. Il chercha de nouveau dans le « salon » et la cuisine, puis descendit les marches de la cave.

Quelqu'un avait chamboulé les tas de détritus, et le fer à repasser avait disparu. Son trépied se trouvait sur une pile de vieux journaux moisis mais le fer lui-même, celui qui l'avait brûlé et dont il gardait une cicatrice bien visible sur la main, n'était plus là. Déconcerté par cet étrange larcin, il lança quelques coups de pied dans des morceaux de charbon et découvrit, sur des dalles humides, une tache et des éclaboussures brunâtres.

Cela pouvait ressembler à du sang. Il songea à Didon. Elle avait pu réussir à pénétrer dans la cave, tomber dans les marches, se blesser contre l'un des bidons de mazout ou contre le vieux vélo pourri. Cette horrible pensée le fit frémir et il remonta vivement. Le coffret n'était pas là, de toute façon.

Le jardin était à présent envahi par un brouillard naissant dont les lourdes volutes blanches et cotonneuses pendaient, inertes, aux bractées d'orties et de fougères. La vitre brisée de la fenêtre donnait à la cuisine un air encore plus délabré que jamais. Il mit la bouilloire sur le feu pour faire du thé mais sortit en attendant qu'elle chauffe : il ne supporterait plus de rester dans cette pièce, après ce qui s'y était passé. Le fantôme de Didon le poursuivait. Il s'imagina entendre le bruit ouaté de ses pattes sur le sol ou sentir le contact de sa truffe humide contre sa main.

Il tressaillit et s'approcha de nouveau du téléphone. Il composa le numéro avec application mais pas trop lentement, car on disait qu'un trop grand intervalle entre les chiffres pouvait être cause d'erreurs. Un cheveu dans le mécanisme, un grain de poussière... Et s'il faisait un faux numéro, depuis tout à l'heure ? Ça se pourrait, par une sorte de lapsus freudien. Il reposa donc le combiné, redécrocha et actionna le cadran avec une précision calculée en même temps qu'il se récitait les chiffres à voix haute. La sonnerie recommença à s'égrener. Mais il avait compris dès le deuxième coup que la tentative serait vaine. Laisser tomber jusqu'à 10 heures, maintenant . Réessayer à 10 heures. Puis à minuit. S'il n'y avait pas de réponse à minuit, il saurait qu'ils étaient partis.

Il s'était fait une tasse de thé et l'avait transportée dans le « salon » – car malgré sa résolution, il n'aurait pu supporter d'être à plus d'un mètre du téléphone – lorsqu'il entendit le ronronnement d'un moteur de voiture. Enfin. Enfin à 8 h 20, une heure parfaitement raisonnable, elle était venue à lui. La longue, la terrible attente était terminée et serait, comme toute longue et terrible attente, instantanément oubliée maintenant que ce qu'il avait tant appelé de ses vœux s'était réalisé. Il ne se précipiterait pas à la porte, n'irait même pas regarder à la fenêtre, attendrait le coup de sonnette, et alors seulement il irait ouvrir, lentement, en espérant parvenir à conserver ce calme de façade même lorsqu'il la verrait, silhouette blanche et or, radieuse dans la nuit tombante, en espérant pouvoir refréner l'élan de ses émotions jusqu'à ce qu'elle soit dans ses bras.

La sonnette retentit. Gray posa sa tasse de thé. On sonna encore. Oh, Drusilla... ! Il ouvrit la porte et resta horrifié, les muscles tétanisés, hagard : c'était Microbe qui se tenait devant lui. Dans les moindres détails de l'image qu'il s'en était faite – image qui ne s'avérait maintenant que trop réelle – cet homme correspondait au mari de Drusilla. Depuis les cheveux bruns et bouclés, coupés trop court et faisant contraste avec un visage rouge sombre strié de veines, jusqu'aux chaussures en daim couleur pain d'épice, c'était Microbe Janus. Il portait un imperméable blanc dont la ceinture enserrait un ventre épaissi par trop de bien-vivre.

Ils se dévisagèrent l'un l'autre en silence pendant un temps qui parut infiniment long mais ne dut pas excéder quelques secondes. Par réflexe plus que par raison, Gray s'imagina d'abord que l'homme allait le frapper. Puis il nota sur les lèvres de ce visage menaçant et agressif un pli moqueur, mais trop ténu pour être qualifié de sourire. Il eut un recul et crut perdre la raison tant les paroles qu'il entendit étaient aberrantes, inconcevables en pareille circonstance.

– Je suis un peu en avance, fit l'homme, un pied sur le pas de la porte, balançant sa mallette. Il n'y a pas de mal, j'espère ?

Si, tout allait mal, tout clochait.

– Je m'attendais pas à..., commença Gray.

– Mais je vous ai téléphoné. Je m'appelle Ixworth.

Gray resta un moment immobile, puis acquiesça de la tête. Il ouvrit plus grand pour laisser entrer le policier. Il y a des limites aux désillusions, on finit par les accepter, par les prendre comme partie d'un cauchemar. Il était certes préférable que ce fût quelqu'un d'autre que Microbe, mais tout aussi intolérable que ce ne fût pas Drusilla.

– Vous rentrez juste de France, n'est-ce pas ?

Ils étaient parvenus au « salon » sans que Gray sût comment : Ixworth se déplaçait comme s'il connaissait déjà l'endroit.

– De France, oui.

Une pointe de surprise dut percer dans cette réponse pourtant simple et mécanique.

– Nous parlons aux amis et aux voisins, Mr Lanceton, ça fait partie du métier quand on est enquêteur. Vous êtes allé en France voir votre mère avant sa mort, exact ?

– Oui.

– Votre mère est décédée vendredi. Samedi, vous êtes revenu ici en avion et reparti le soir même. Vous avez dû avoir une très bonne raison pour ça ?

– Je croyais, fit Gray, en essayant de se rappeler les événements mineurs de la journée, que vous étiez venu me parler de l'effraction qu'il y a eue chez moi ?

– Chez vous ? (Les épais sourcils noirs se levèrent.) Il me semblait que ce cottage appartenait à un certain Mr Warriner, actuellement au Japon ?

– J'habite ici, rectifia Gray avec un haussement d'épaules. Il m'a prêté la maison. De toute façon, on n'a rien emporté. (Inutile de parler du coffret, cela ne servirait qu'à retenir ce gars ici.) Je n'ai vu personne, je n'étais pas là.

– Vous y étiez samedi après-midi.

– Seulement une demi-heure et il n'y avait pas encore eu d'effraction, à ce moment-là : la fenêtre n'était pas cassée.

– C'est nous qui l'avons cassée, Mr Lanceton, fit Ixworth avec une petite toux. Nous sommes entrés dans cette maison hier, avec un mandat, et nous y avons trouvé le corps d'un homme gisant au bas de l'escalier de la cave. La mort remontait à quarante-huit heures : son bracelet-montre était brisé et les aiguilles indiquaient 4 heures et quart.

Gray, qui était resté debout en une attitude nonchalante d'indifférente impatience, se laissa choir dans le fauteuil marron. Ou plutôt, ce fut comme si le fauteuil s'était élevé pour le recevoir. Ce que venait de dire Ixworth le plongeait dans un état de stupeur d'où émergea la vision d'un petit homme qui furetait dans le jardin, autour de la bicoque.

Le cambrioleur, ou les cambrioleurs, la tache brunâtre... Quels étaient donc ces intrus qui avaient investi son cauchemar pour y ajouter une intrigue secondaire incongrue, un autre cauchemar bien à eux, à la fois tellement plus insignifiant et tellement plus énorme ?

– Cet homme, dit-il pour dire quelque chose, il a dû tomber dans les escaliers.

– Il est tombé, oui, fit Ixworth en le regardant fixement comme s'il attendait beaucoup plus que ce que Gray ne pouvait donner. Tombé après avoir été frappé sur la tête avec un fer à repasser.

Gray baissa les yeux sur sa main droite et sur l'ampoule qui s'était transformée en un cal jaunâtre et craquelé. Il tourna sa paume vers le bas lorsqu'il s'aperçut que Ixworth la regardait aussi.

– Vous voulez dire qu'il a été tué ici, ce type ? Qui c'était ?

– Vous ne savez pas ? Venez donc une minute.

Le policier le conduisit à la cuisine, comme s'il était chez lui et comme si Gray n'y avait jamais mis les pieds auparavant. Il ouvrit la porte de la cave tout en l'observant. L'interrupteur de l'escalier ne fonctionnait pas, ce fut donc à la pâle lueur de la cuisine qu'ils regardèrent dans les profondeurs en direction de la tache brune.

Il était étrange qu'il se sentît tellement menacé, tellement contraint de demeurer sur la défensive alors qu'il n'avait rien à voir avec tout ça. Ou était-ce que « chaque mort est un peu de moi qui s'en va » ? Il ne sut que dire.

– Alors comme ça, il est tombé là.

– Oui.

Gray réalisa soudain qu'il n'aimait pas du tout le ton de ce type, cette sorte d'attente, d'accusation qui pointait dans sa voix. Presque comme si Ixworth le cuisinait pour obtenir une forme d'aveu, comme si, bizarrement, l'action de la police était bloquée jusqu'à ce qu'il reconnaisse une quelconque faute ou omission : ne pas avoir pris les précautions appropriées contre ce genre de chose, par exemple, ou dissimuler volontairement des renseignements capitaux.

– Je ne suis au courant de rien, moi. Je ne comprends même pas ce qui a pu l'attirer par ici.

– Ah ? Vous n'êtes donc pas sensible aux charmes d'un petit cottage en bois situé dans une forêt encore intacte ?

Exaspéré par cette description inepte, Gray se détourna. Il ne voyait pas l'intérêt d'en savoir davantage. L'identité de l'intrus, ce qu'il faisait, ne le concernait pas, sa mort était une horreur qui semblait ne fournir à Ixworth que prétexte à regards inquisiteurs et paroles sibyllines. Et les insinuations du policier avaient été si narquoises que Gray tressaillit lorsque celui-ci jeta, avec une sèche brutalité :

– Pourquoi êtes-vous revenu, samedi ?

– À cause d'un chien.

– D'un *chien* ?

– Oui. Vous ne croyez pas qu'on pourrait repasser dans l'autre pièce ? (Il se demanda pourquoi il lui fallait la permission d'Ixworth. Le policier acquiesça de la tête et referma la porte de la cave.) Je suis parti en France en oubliant que quelqu'un avait laissé un chien, un labrador beige, enfermé dans ma cuisine. Quand je me suis aperçu de ce que j'avais fait, j'ai appelé de France quelqu'un que je connaissais pour lui demander de libérer le chien et de l'emmener chez un vétérinaire. (Gray se félicita, dans son for intérieur, d'avoir su éviter de préciser qu'il s'agissait d'une femme : Drusilla n'aurait guère apprécié être impliquée par lui dans cette affaire.) C'était vraiment une bêtise de ma part. (Il réalisa soudain combien tout ceci devait paraître idiot, vu de l'extérieur.) Le chien est mort, poursuivit-il, mais... eh bien avant ça, samedi, le véto a voulu me voir. Il s'appelle Cherwell et habite au 21 George Street, à Leyton.

Ixworth nota l'adresse.

– Vous lui avez parlé ?

– Je ne l'ai pas trouvé. J'ai seulement vu une femme au 49 George Street à Leyton*stone*. Il devait être juste un peu plus de 3 heures.

– Tout ça n'est pas très clair, Mr Lanceton. Pourquoi donc êtes-vous allé à Leytonstone ?

– Parce que je me suis trompé.

– Vous semblez faire beaucoup d'erreurs.

– Et alors ? fit Gray avec un haussement d'épaules. Le fait est que je ne suis pas arrivé ici avant 6 heures.

– 6 heures ? Mais qu'est-ce que vous avez fabriqué pendant tout ce temps ? Vous avez été manger quelque part, vous avez rencontré quelqu'un ? En quittant Leytonstone à 3 heures et demie, un bus ou deux et vous étiez ici en trois quarts d'heure.

– Il y a long à marcher et j'ai pas de quoi me payer le taxi, répondit-il plus sèchement cette fois. Et puis je suis retourné à Londres pour prendre le train.

– Avez-vous rencontré ou parlé à quelqu'un ?

– Je ne me rappelle pas, non. Sauf quand je suis arrivé ici, j'ai vu un vieux qui s'appelle Tringham. Il habite au début du chemin.

– Nous avons déjà interrogé Mr Tringham. Il était 6 h 5 quand il vous a parlé, ce qui ne nous avance guère.

– Non ? fit Gray. Alors je ne vois pas comment je pourrais vous aider.

– Vous n'auriez pas une petite idée à vous, par exemple ?

– Eh bien ils devaient être deux, parce que Mr Tringham a vu un autre type.

– Oui, il nous l'a dit. (Ixworth en revint à sa façon première de parler, plus indifférente, laconique, comme s'il avait cessé de s'intéresser à Gray.) La forêt est remplie de pique-niqueurs, en cette saison.

– Mais vous allez sûrement essayer de retrouver l'autre homme ?

– Certainement, Mr Lanceton. (Il se leva.) Nous le trouverons, soyez sans crainte. En attendant, vous n'avez plus de petite balade en France de prévue, j'espère ?

– Non, répondit Gray, surpris. Qu'est-ce que j'y ferais ?

Il raccompagna le policier à la porte. Lorsque les phares se furent évanouis, la forêt se retrouva plongée dans les ténèbres impénétrables. Le ciel, sans lune et sans étoiles, était d'un noir d'encre, sauf à l'horizon où les lumières de Londres y projetaient un voile rouge sale.

Il était près de 10 heures. Gray fit du thé et, tandis qu'il le buvait, l'irritation et l'humiliation causées par l'interrogatoire d'Ixworth commençèrent à s'estomper, à s'éloigner dans son esprit. À devenir moins réelles à mesure qu'il se replongeait dans ses rêves à lui, ceux qui lui importaient suprêmement.

L'ampoule du « salon », l'une des seules à fonctionner encore dans la bicoque, se mit à trembloter. Elle jeta fièrement ses derniers feux et rendit l'âme avec un sifflement. Il dut composer le numéro de Combe Park dans le noir mais, comme il l'avait prévu, ses doigts trouvèrent automatiquement les bons trous du cadran.

Pas de réponse. Pas plus qu'à minuit, lorsqu'il essaya pour la dernière fois. Mardi était passé.

18

Gray, Microbe et Drusilla voyageaient ensemble dans un car de tourisme, sur une route qui traversait une sombre forêt. Le couple était assis devant, Gray derrière eux. Elle portait sa robe de batiste grège, et sa bague d'améthyste luisait à son doigt. Ses cheveux étaient une corolle rouge, un chrysanthème avec des pointes de feu au bout de ses pétales. Il lui toucha l'épaule et lui demanda comment il se faisait qu'elle avait au doigt la bague d'améthyste qu'elle avait vendue. Mais elle ne lui prêta pas la moindre attention, ne l'entendit pas.

La forêt s'éclaircit et s'ouvrit sur une plaine. Aux panneaux routiers, il comprit qu'ils étaient en France. Mais lorsqu'ils arrivèrent à Bajon, ce ne fut pas devant *L'Écu d'Or* qu'ils s'arrêtèrent, mais devant l'hôtel *Oranmore* de Sussex Gardens. Dans une main, Microbe tenait la valise contenant sa collection de pièces, de l'autre il entraînait une Drusilla passive et soumise en haut des marches du perron, la faisait passer sous l'enseigne lumineuse et pénétrer dans l'hôtel. Il s'apprêtait à les y suivre, mais les pans de verre de la porte se refermèrent devant lui et c'est en vain qu'il tambourina pour qu'on le laisse entrer. Drusilla tourna juste une fois la tête avant de monter. Elle tourna la tête et murmura : « Au revoir, Gray, au revoir. »

Après cela, il se réveilla et ne put se rendormir. La lumière douce d'un soleil voilé baignait la pièce. Il était 8 heures et demie. Il alla regarder par la fenêtre. La brume était toujours là, mais fine, à présent, diaphane. Traversée de rayons dorés, elle étendait son tulle contre un ciel d'azur.

Les événements de la veille lui revinrent peu à peu à l'esprit. Ce qui était arrivé et ce qui n'était pas arrivé. Il s'étira en frissonnant, bien peu reposé par ses huit heures de sommeil encombré de rêves. Il descendit au rez-de-chaussée. La cuisine commençait à s'emplir de rayons de soleil filtrés par les feuilles et, pour la première fois, ne sentait pas le renfermé : de l'air frais pénétrait avec les rayons par la vitre brisée. Gray mit la bouilloire sur le feu en pensant à la bizarrerie des choses : depuis Noël, les jours avaient défilé dans la plus grande monotonie, sans qu'il se passât jamais rien, et voilà qu'une semaine était venue, où l'horreur et la violence s'étaient concentrées. N'était-ce pas Kafka qui avait dit qu'on pouvait se refermer sur soi, se barricader tant qu'on voulait, la vie viendrait toujours dérouler un tapis d'extase à nos pieds ? Drôle de vie et drôle d'extase, cependant. C'était loin d'être ce qu'il avait envisagé.

Il ne comprenait pas comment les intrus avaient pu entrer dans la maison. Les portes avaient été verrouillées et la clé de réserve était alors suspendue au-dessus de l'évier. La police ne viendrait sans doute plus l'ennuyer, maintenant qu'on savait qu'il était absent au moment des faits et ne pouvait être d'aucune utilité. Comme c'était étrange : samedi il avait été déçu, amer, de ne pas trouver Drusilla ici, et, à présent, il était heureux que grâce à Dieu elle n'y eût point été lorsque ces hommes s'étaient introduits dans la bicoque.

Il allait essayer de l'appeler une dernière fois, et s'il n'obtenait pas de réponse, il faudrait qu'il songe à d'autres manières de la joindre. Pourquoi ne pas demander aux voisins, après tout ? Il finirait bien par trouver quelqu'un qui saurait où Microbe et elle étaient allés. La femme de ménage viendrait, qu'ils soient partis ou non, et elle serait forcément au courant. Il composa le numéro juste avant 9 heures, laissa sonner – cette fois sans trop de surprise et de déception –, raccrocha et se fit du thé. Tandis qu'il grignotait quelques tranches de pain tartinées de vieux beurre rance, le téléphone sonna.

C'était elle à coup sûr, qui d'autre pouvait savoir qu'il était rentré ? Il avala une bouchée de pain tout entière et répondit.

– Mr Lanceton ? fit une voix féminine qu'il ne reconnut tout d'abord pas. Graham Lanceton ?

– Oui, répondit-il sourdement.

– Ah, *bonjour*, Graham ! Je ne pensais pas que c'était vous. Eva Warriner, à l'appareil.

La mère de Mal. Que voulait-elle ?

– Comment allez-vous, Mrs Warriner ?

– Très bien, mais j'ai été très attristée par la nouvelle du décès de votre mère. C'est très gentil à vous de m'avoir écrit. Je ne savais pas qu'elle était si malade. Nous étions très proches, dans le temps, et je l'ai toujours considérée comme une de mes meilleures amies. J'espère qu'elle n'a pas trop souffert ?

Gray ne sut que répondre. Sous le choc de la déception, il dut faire effort pour articuler quelques mots.

– Pendant les derniers temps, si, parvint-il à dire. Elle ne m'a pas reconnu.

– Quelle tristesse pour vous ! Comme vous avez indiqué que

vous seriez de retour à la fin de la semaine, je voulais juste vous téléphoner pour vous dire combien j'étais navrée. Oh ! j'ai appelé Isabel Clarion, aussi, pour lui en faire part. Elle m'a dit qu'elle n'avait eu aucune nouvelle de vous.

– *Isabel ?* cria-t-il presque. Comment ça ? Elle est déjà rentrée d'Australie ?

– Euh, oui, Graham, dit Mrs Warriner, il faut croire. Elle ne m'a pas parlé d'Australie, mais on n'a guère pu discuter : les ouvriers faisaient un tel raffut, chez elle, qu'on n'arrivait pas à s'entendre.

Il s'assit lourdement, passa ses doigts sur son front brûlant.

– Elle va sans doute essayer de me joindre, répondit-il faiblement.

– Certainement. N'est-il pas merveilleux que Mal rentre en août ?

– Oui. Oui, c'est super. Euh... Mrs Warriner, est-ce qu'Isabel n'a pas parlé de... Et puis non, peu importe.

– Elle n'a pratiquement rien dit, Graham.

Mrs. Warriner commença à évoquer les souvenirs de son amitié avec Enid, mais Gray l'interrompit aussitôt qu'il put décemment le faire et lui dit au revoir. Il ne reposa pas le combiné sur sa fourche, mais le laissa pendre comme si souvent par le passé. Cela ferait au moins un moment barrage à Isabel, Isabel qui n'avait passé qu'à peine une semaine en Australie. Elle avait dû s'enguirlander avec son ancienne partenaire, ou ne pas supporter le climat, un truc de ce genre. Il se souvint vaguement d'avoir lu quelque chose sur des inondations, là-bas, dans le journal d'Honoré, lors de cette affreuse nuit où il avait réalisé que Didon devait être seule dans la bicoque. C'était sûrement ça : inquiétée par ces inondations, Isabel était rentrée par le premier avion. Elle avait donc dû arriver hier, et viendrait récupérer sa chienne aujourd'hui...

Evidemment il serait bien obligé d'avouer, tôt ou tard. Il le savait, alors autant en finir. Mais pas aujourd'hui. Aujourd'hui, il avait à mettre de l'ordre dans sa vie et dans celle de Drusilla, il fallait qu'il la retrouve, qu'il la récupère. Il jeta un coup d'œil en direction du combiné qui se balançait toujours comme un pendule. Encore une tentative, peut-être : la femme de ménage serait arrivée, à cette heure-ci.

Cinq, zéro, huit, et les quatre autres chiffres. Les doubles sonneries commencèrent. À la cinquième, on décrocha. Gray retint son souffle, les doigts de sa main gauche se crispèrent contre sa paume, les ongles s'enfoncèrent dans sa chair. Ce n'était pas elle, mais au moins, il y avait quelqu'un. Enfin une voix humaine dans cet endroit muet.

– Combe Park.

– Je voudrais parler à Mrs Janus.

– Mrs Janus est absente, je suis la femme de ménage. Qui est à l'appareil ?

– Quand rentrera-t-elle ?

– Alors là, j'en sais rien. Qui est à l'appareil ?

– Un ami, répondit Gray. Mr et Mrs Janus sont-ils partis en vacances ?

La femme eut un raclement de gorge.

– Oh ! mon Dieu..., fit-elle. Je ne sais pas si je dois... (Puis, sur un ton bourru :) Mr Janus nous a quittés.

Il ne réalisa pas. Tout juste cela lui rappela-t-il le maire et ses euphémismes polis.

– Qu'est-ce que vous dites ?

– Que Mr Janus nous a quittés.

Il entendit les mots, mais ils mirent un temps infini à se déplacer jusqu'à son cerveau, comme le font les paroles de ce genre, les paroles qui véhiculent l'inimaginable.

– *Vous voulez dire qu'il est mort ?*

– C'est pas à moi d'en causer. Tout ce que je sais, c'est qu'il nous a quittés, qu'il est mort, comme vous dites, et que Mrs Janus est partie chez ses parents.

– Mort..., répéta-t-il. (Puis, raffermissant sa voix :) Connaissez-vous leur adresse ?

– Non. Mais encore une fois, qui est à l'appareil ?

– Peu importe, dit Gray, ça ne fait rien.

Il se dirigea très lentement vers la fenêtre et, comme s'il était à moitié aveugle, ses yeux ne virent, à la place de la forêt, que le flamboiement du soleil par-dessus des ondulations d'ombre bleuâtre. Microbe Janus est mort, dit son cerveau. Les mots descendirent jusqu'à ses lèvres et il les prononça à voix haute, avec étonnement : Harvey Janus, le riche Harvey Janus, l'ogre Harvey Janus, est mort. Le mari de Drusilla est mort. À mesure que le choc initial s'estompait, les syllabes, les pensées se mirent à prendre forme, à prendre sens, à exprimer des faits. Microbe Janus, le mari de Drusilla, est mort.

Quand était-ce arrivé ? Dimanche ? Lundi ? Peut-être même mardi, le jour où elle devait le rejoindre. Voilà qui expliquait son absence en tout cas, et même le fait qu'elle n'ait pas appelé. Revenant peu à peu de sa stupéfaction, il essaya d'imaginer ce qui avait pu se passer. Microbe avait dû avoir un infarctus. C'était fréquent, chez les obèses, les viveurs de son âge. Peut-être cela s'était-il produit à son bureau ou pendant qu'il conduisait la Bentley, et elle avait été prévenue soit par ses collègues, soit par la police. Elle n'avait pas aimé son mari, mais le choc avait dû être rude malgré tout, et elle avait eu besoin d'être seule.

Elle avait alors appelé ses parents, son père qu'elle adorait et sa mère dont elle ne parlait jamais. Il était difficile d'imaginer une mère à Drusilla, elle semblait née directement d'un homme. Ils avaient dû l'emmener chez eux. Il s'aperçut alors qu'il ne connaissait ni leur nom, son nom de jeune fille, ni leur lieu de résidence, sinon que c'était quelque part dans le Hertfordshire. Mais cela expliquait son silence. En tout cas. Il n'avait plus qu'à attendre.

– Ça serait chouette s'il mourait, non ? avait-elle dit. Il pourrait avoir un infarctus ou un accident de voiture.

Alors voilà, elle avait eu ce qu'elle voulait. Microbe mort, elle aurait Combe Park et tout l'argent pour elle. Il se souvint qu'elle avait dit qu'elle le lui donnerait, quand cela arriverait, qu'ils partageraient, le mettraient sur un compte joint et en vivraient heureux pour toujours. Il l'avait désiré, bien sûr, mais à condition de l'obtenir de manière plus ou moins légitime. Son désir avait culminé en ce jour de printemps où, devant le portail de Combe Park, il avait vu les jonquilles dresser leurs corolles ciselées à l'or fin. Etrange ! Maintenant que l'impossible s'était produit, que Microbe était mort et que tout cela allait leur appartenir, à elle et à lui, il n'en avait plus la moindre envie.

Il analysa ses sentiments. Non, il n'était pas heureux, il ne pouvait se réjouir de la mort de quelqu'un. Il n'était certes pour rien dans le décès de Microbe, pas plus que dans celui de l'homme tombé dans l'escalier de sa cave, et pourtant il sentait une chape de plomb, une sorte de désespoir s'abattre sur ses épaules. Etait-ce parce qu'au plus profond de lui-même, il avait en fait souhaité la mort de Microbe ? Ou pour une autre raison qu'il ne pouvait définir ? Les deux fatalités semblaient se rejoindre, se dresser entre Drusilla et lui en un seul et unique fantôme.

Toute cette tension laissait sur lui une odeur âcre de transpiration. Il retourna dans la cuisine et mit de l'eau à chauffer pour prendre un bain. Il avait beau rechercher une éclaircie de bonheur et de soulagement qui pût chasser ses idées dépressives, il ne parvenait à penser qu'aux chocs répétés auxquels il avait été exposé. Il ne pourrait en supporter davantage. Un autre coup lui serait fatal.

Il souleva le couvercle de la baignoire et en extirpa le paquet de draps et de serviettes qui sentaient le moisi. Le pantalon maculé de boue qu'il y avait mis samedi n'était plus là, mais sa disparition ne l'inquiéta pas : trop de choses étranges se produisaient dans son petit monde pour qu'il s'en préoccupe. Il versa l'eau bouillante dans la baignoire, puis un seau d'eau froide et entra dans le bain. Tout en se savonnant, il pensa à la mort de Microbe. Au volant de sa voiture, peut-être ? Il avait si souvent, dans ses rêves, vu cet accident, le sang et les flammes tacher de rouge l'herbe verte du rond-point. Ou était-il mort au lit après une soirée de beuverie tandis que Drusilla songeait à son amant, plongée dans un sommeil insouciant à moins d'un mètre de lui ?

Il y avait bien d'autres possibilités. Mais la seule image s'imposant à lui, la seule qui avait force de réalité, était celle du corps recroquevillé de Microbe gisant au bas d'un escalier.

S'il se postait en haut du chemin juste avant midi, il parviendrait peut-être à attraper le laitier et à lui acheter un litre de lait. Le thé était la seule substance qu'il pensait pouvoir avaler. La nourriture des sacs à provisions avait une odeur désagréable, et rien que leur vue lui donnait la nausée. Tout le rez-de-chaussée de la bicoque semblait imprégné de mort, celle de l'intrus, celle de Microbe, celle de la chienne, alors que pourtant les pièces étaient inondées de soleil. Gray ne se souvenait pas y avoir vu l'air aussi léger et lumineux. Mais il n'avait qu'une envie : sortir. Seulement s'il sortait, aurait-il le courage de revenir ? Ou errerait-il dans les clairières de la forêt jusqu'à ce que, terrassé de fatigue, il s'allonge et s'endorme, peut-être à jamais ?

Les chances qu'elle appelle semblaient très faibles, à présent. Il s'écoulerait du temps avant qu'il ait de ses nouvelles, et il ne pouvait supporter l'idée de ces journées vides passées à attendre, attendre, à laisser la tension monter en lui pour finir par craquer avant même qu'elle ne se manifeste.

Il monta à l'étage et enfila la chemise sale qu'il avait quittée la veille au soir. Le bruit d'une voiture, tout en haut du chemin, le pétrifia tandis qu'il se peignait. Il interrompit son geste, peigne levé, et attendit que le léger murmure s'amplifie en un puissant vrombissement de Jaguar de sport. Il avait dépassé le stade où sa venue l'emplirait de joie. Toutes ces morts, tous ces désenchantements, ces chocs, ces coups infligés à son esprit lui avaient ôté toute possibilité d'euphorie devant leurs imminentes retrouvailles. Mais il tomberait dans ses bras et l'étreindrait en silence lorsqu'elle arriverait.

Ce n'était pas encore pour cette fois. Le bruit de moteur s'était mué en un ronronnement plus léger et plus hoqueteux de petite voiture. Gray s'approcha de la fenêtre et regarda au-dehors. Une grande partie du chemin était masquée au niveau du sol par les fougères et au-dessus par les branches basses des arbres, mais il restait suffisamment d'espace entre les deux pour pouvoir distinguer la forme et la couleur d'une voiture. La Mini rouge vif vint se ranger sur le bas-côté encore glaiseux et s'arrêta.

Isabel.

Son premier réflexe fut d'aller se terrer dans la chambre d'ami et de s'allonger par terre jusqu'à ce qu'elle s'en aille. Il y a en chacun de nous un enfant effrayé qui ne demande qu'à resurgir. Notre degré de maturité correspond à notre capacité de l'obliger à rester coi, confiné, invisible. À ce moment précis, l'enfant qui habitait Gray faillit rompre ses liens, mais à près de trente ans, celui-ci parvint – tout juste – à le maîtriser. Isabel s'en irait peut-être, mais elle reviendrait, sinon aujourd'hui du moins demain, et sinon demain, vendredi. Même en état de faiblesse – il tremblait, à présent –, il devait faire face et lui avouer sa faute. Ce ne serait ni en se cachant, ni au contraire par l'insolence ou la bravade qu'il minimiserait la portée de son acte.

Elle était en train de descendre de voiture. Dans la bande inondée de soleil qui séparait le vert sombre des fougères de celui, plus tendre, du feuillage, il la vit, vêtue d'un corsage rose et d'un pantalon bleu ciel, extirper son corps massif de derrière le volant. Elle portait de grosses lunettes de soleil à monture irisée. Les cercles sombres de ses verres s'élevèrent en direction de la fenêtre et Gray se détourna vivement.

Il se recula jusqu'à la porte de l'escalier et resta figé, essayant de se dominer, les poings serrés. Il était encore un enfant. Pendant plus de la moitié de sa vie, il s'était débrouillé tout seul. Il avait fait de bonnes études, écrit un livre à succès, été l'amant de Drusilla, mais il était encore un enfant, et plus que jamais dans cet entourage d'adultes, Honoré, feue Enid, Mrs Warriner, Isabel. Même de se dire qu'il refusait de transiger et de se plier à leur façon de voir ou d'agir, qu'il voulait rester honnête avec lui-même, c'était gamin, car ce défi, cette rébellion étaient tout aussi puérils que la soumission. En un éclair, il en fut plus conscient que jamais auparavant. Un jour, pensa-t-il, quand ce présent et son cortège d'horreurs seraient relégués dans le passé, quand il aurait surmonté ou traversé ces épreuves, il se souviendrait, et alors il grandirait...

Dévoré d'angoisse, la nausée déjà au bord des lèvres, il descendit et ouvrit la porte d'entrée. Isabel était encore à sa voiture, occupée à sortir du lait et des articles d'épicerie du coffre, leva la tête et lui adressa un signe de la main. Il s'avança vers elle.

Mais avant qu'il fût parvenu à mi-chemin dans l'allée, avant même que sa gorge nouée eût laissé passer un seul mot, le rideau de fougères se fendit, se déchira avec un craquement comme un sac de toile, et le grand chien doré sauta vers lui. La violence de son élan fut tempérée par la chaleur humide de sa langue et par la joie qu'exprimaient ses bons yeux doux.

19

L'air éclatant de lumière vacilla. Les myriades de feuillages, d'un vert tendre et soyeux, duveteuses, infiltrées de soleil, dentelées, tourbillonnèrent autour de lui, le sol sembla se soulever en une vague rigide. Il parvint tout juste à conserver son équilibre, ferma les yeux sur cette frémissante radiance vert et or, plongea ses doigts dans la fourrure chaude, étreignit la chienne, la serra contre son corps tremblant.

– Didon ! appela Isabel. Laisse Gray tranquille, ma chérie.

Il ne pouvait articuler un mot, abasourdi. Toutes ses émotions, toutes ses pensées étaient cristallisées autour de cette phrase unique, incroyable : elle est vivante, la chienne est vivante. Il passa ses mains sur la tête de Didon, en suivit le dessin parfait, comme un aveugle sur le visage de la femme qu'il aime.

– Ça va, Gray ? Tu n'as pas l'air dans ton assiette. Tu commences à réaliser ce que tu as perdu, je suppose.

– Qu'est-ce que j'ai perdu ?

– Ta mère, voyons, mon grand. Mrs Warriner m'a appris la nouvelle, hier soir, alors j'ai tenu à venir te voir à la première heure. Tu devrais t'asseoir, j'ai bien cru que tu allais t'évanouir.

Gray aussi, l'avait bien cru. Même à présent que le choc initial était passé, il avait du mal à conserver son équilibre. En même temps qu'il suivait Isabel dans la maison, il essaya de se diriger à tâtons le long de cet autre chemin qui aurait dû mener vers les profondeurs de son esprit. Mais il se heurta à un mur nu. Son passé et sa mémoire étaient devenus terre étrangère, toute logique avait disparu. Perdus aussi les mécanismes de pensée qui permettent à l'individu de se dire qu'il s'est produit ceci, donc ceci et cela aussi. Son esprit était une page blanche avec une seule phrase inscrite dessus : la chienne est vivante. Et voici qu'à présent, d'autres mots s'y rajoutaient : la chienne est vivante et Microbe Janus est mort.

Isabel s'était déjà installée dans le « salon » et déversait des platitudes sur la vie, la mort et la résignation. Gray s'assit précautionneusement dans l'autre fauteuil comme si son corps, tout autant que son esprit, devait être manié avec prudence. Toute précipitation, tout rudoiement seraient dangereux car, juste au-dessous de la surface, un cri était prêt à jaillir. Il passait ses mains dans la fourrure de Didon. Elle était bien réelle, plus de doute, à présent. Peut-être était-elle la seule chose réelle dans ce chaos.

– Finalement, ça a dû être une délivrance, disait Isabel. (Il leva les yeux vers elle, vers cette masse floue de rose et de bleu qu'était sa marraine, et se demanda de quoi elle parlait.) Ah ! je vois que tu raccroches ton téléphone, maintenant. À quoi ça sert d'en avoir un si tu laisses toujours décroché ?

– À rien, convint-il poliment. (Il fut surpris de parvenir à émettre quelque son que ce soit, et encore plus à former des phrases. Il continua, non qu'il eût quelque chose à dire, mais juste pour se prouver qu'il pouvait le faire.) Des fois, je me demande pourquoi j'en ai un, je me demande vraiment. Je pourrais tout à fait m'en passer.

– Pas la peine de te fiche de moi, Gray, jeta sèchement Isabel, tu n'as aucune raison de m'en vouloir. La première chose que j'ai faite, dès que j'ai su que je ne pouvais pas aller en Australie, c'est de t'appeler. Parce que quand les journaux ont parlé de ces inondations et que Molly m'a télégraphié que sa maison avait été littéralement submergée, j'ai pensé qu'il valait mieux ne pas partir. Alors j'ai essayé de te joindre le vendredi et Dieu sait combien de fois le samedi, mais j'ai dû renoncer, la mort dans l'âme. Je me suis dit que tu comprendrais quand tu verrais que je n'étais pas venue avec Didon.

– Oui, fit Gray. Oh ! oui.

– Bon. Et d'ailleurs, heureusement que je ne suis pas partie, parce que tu avais bien assez de soucis avec le décès de ta pauvre maman sans avoir Didon sur les bras par-dessus le marché – allons, couchée, ma chérie, tu t'énerves. Je vais écrire à Honoré aujourd'hui, pauvre homme, lui dire que je t'ai vu et combien tu es bouleversé. Ça fait toujours du bien de savoir les autres malheureux, pas vrai ?

Ce trait grossier de sadisme mental, qui aurait en d'autres temps fait sourire Gray, lui passa par-dessus comme presque tout le reste des paroles d'Isabel. Tandis qu'elle dévidait son babil, il resta aussi immobile qu'une pierre, dans son fauteuil. Ses mains avaient cessé de caresser Didon qui s'était affalée en une masse somnolente à ses pieds. La mémoire commençait à lui revenir, à présent, à lui assener de douloureux coups de boutoir.

– Elle est morte ? avait-il demandé, remettant son sort entièrement entre ses mains.

– Non, elle vivait encore – tout juste.

Sa main retomba, caressante, sur la fourrure de Didon, comme pour s'assurer de sa matérialité. Et la chienne tourna la tête vers lui, ouvrit les yeux et le lécha.

– J'ai emporté du lait et du poulet. J'avais un peu la trouille d'ouvrir la porte de la cuisine, mais il n'y avait vraiment pas de quoi : elle était trop faible pour bouger, pauvre bête. On devrait t'enfermer dans une cellule, on verrait ce que tu dirais.

Oh ! Drusilla, Drusilla...

– D'ailleurs, peu importe : il a fallu piquer le chien.

– Oh ! Dru, non...

– Bref, mon grand, fit Isabel en reprenant son souffle, tu peux récupérer ta clé, maintenant. Voilà, je vais la remettre à son clou, d'accord ?

– Je vais le faire.

Une vieille clé toute noire, pareille à celle qu'il avait toujours sur lui.

– Et mets la bouilloire, Gray. J'ai apporté du lait au cas où tu n'en aurais pas. Prenons une tasse de thé, et puis j'irai à Waltham Abbey faire des courses pour notre déjeuner. Je suis sûre que tu n'es pas en état de t'occuper de toi-même.

Pas en état...

– Je suis repassée à la bicoque et je t'ai fait un peu de ménage, avait-elle dit.

– Du ménage ? Mais pourquoi ?

– Ce que je fais pour toi, pourquoi est-ce que je le fais ? Tu ne le sais pas encore ?

La clé brillante, celle de Drusilla, pendait au clou, brillante comme de l'or au soleil. Elle avait laissé sa clé et dit au revoir. Seul, débarrassé un moment de la présence d'Isabel, il appliqua son visage, son front, contre le mur frais et humide et le cri s'exhala dans la pierre, déchirant, incrédule, silencieux.

– Oui, je t'aime. J'ai décidé que si tu voulais toujours de moi, je quitterais Microbe et je viendrais vivre avec toi.

Je t'aime... Non, murmura-t-il, non, non, non. Au revoir, Gray, au revoir. Je ne change jamais d'avis. Ponctuelle, intransigeante, déterminée quand elle s'était fixé un but, elle allait toujours au bout des choses. Mais ça... ?

Le roux de ses cheveux, de sa fourrure, ces volutes de parfum qui s'élèvent comme une fumée, ce rire de gorge si profond – tous ces souvenirs tourbillonnèrent puis se cristallisèrent en une dernière image d'elle, aussi dure et froide que le contact de la pierre contre son front.

– Une bouilloire qu'on surveille ne doit jamais bouillir, mon grand, fit gaiement Isabel, dans l'encadrement de la porte. (Elle posa un regard interrogateur sur son visage hébété.) Une voiture s'est arrêtée devant ton portail. Tu attends quelqu'un ?

Lui qui avait tant versé dans l'optimisme, qui avait supposé avec une foi inébranlable que toute voiture était celle de Drusilla, toute sonnerie du téléphone un appel de Drusilla, n'attendait plus rien, cette fois. Ce désespoir profond, accablant, c'était ça la réalité de son existence. Il ne la reverrait jamais plus. Elle avait laissé sa clé et dit au revoir. Par cette froide et machiavélique trahison, et avec peut-être la volonté de se venger, elle l'avait anéanti. Sans un mot, il passa devant Isabel et alla ouvrir à Ixworth. Il jeta un regard muet, mais dénué d'effroi ou même de surprise, sur le policier dont l'arrivée semblait s'inscrire dans l'ordre normal et logique de cette suite d'événements. Sans un mot parce qu'il n'avait rien à dire, parce qu'il pensait que maintenant toute parole serait vaine. Parce que de toute façon les choses se dérouleraient selon le schéma qu'elle avait prévu.

– Vous avez pris un bain de soleil ? dit Ixworth en montrant les fougères aplaties.

Gray fit non de la tête. C'était donc ça, la dépression nerveuse qu'il avait redoutée pendant tous ces mois ? Pas de crise de nerfs, pas d'hystérie effrénée ou de chagrin trop lourd à supporter, mais cette docile acceptation de son sort. Ce cri silencieux, libérateur, et puis l'acceptation. Simplement. Peut-être même dans un moment ressentirait-il une forme de bonheur... Il retint la chienne qui s'apprêtait à sauter affectueusement sur Ixworth.

– Un *autre* labrador jaune, Mr Lanceton ? Vous en faites donc l'élevage ?

– C'est le même, répondit Gray, indifférent à la gravité de ces paroles.

Il se tourna pour rentrer, sans se soucier qu'Ixworth le suive ou non, et faillit percuter Isabel.

– Alors, tu me présentes pas ? fit-elle d'une voix enjouée.

Avec une attitude d'une puérilité grotesque, elle se mit à minauder devant l'austère inspecteur.

– Miss Clarion, Mr Ixworth, annonça Gray.

Il aurait voulu qu'ils s'en aillent tous les deux. Qu'ils s'en aillent et qu'ils le laissent avec la chienne. Il s'allongerait quelque part avec cette bonne Didon, mettrait ses bras autour d'elle, enfouirait son visage dans sa fourrure chaude qui sentait le foin.

Ixworth ignora les présentations.

– Il est à vous, ce chien ?

– Oui, répondit Isabel. Elle est superbe, hein ? Vous aimez les chiens ?

– Celui-ci paraît sympathique. (Les yeux de Ixworth obliquèrent sur Gray.) C'est cet animal que vous étiez censé garder ?

– Je suis sûre qu'il le fera quand je m'en irai vraiment. (Isabel semblait ravie de voir la conversation prendre un tour aussi agréable et amical.) Cette fois-ci, mon voyage est tombé à l'eau et la pauvre Didon a été privée de ses vacances à la campagne.

– Je vois. J'aurais préféré vous parler seul à seul, Mr Lanceton.

Aussi prompte à se fâcher qu'à s'emballer, Isabel eut un mouvement de tête hautain et écrasa sa cigarette d'un geste rageur.

– Je ne voudrais surtout pas vous déranger. Je file à Waltham Abbey faire les courses pour le déjeuner, Gray. Loin de moi l'idée de te détourner de ton ami.

Ces mots arrachèrent un léger sourire à Ixworth. Il attendit patiemment que la Mini se fût éloignée.

Gray regarda la voiture disparaître sur le chemin. Didon commença à gémir, les pattes posées sur le rebord de la fenêtre, le museau collé contre la vitre. C'est ainsi que les choses avaient dû se dérouler quand Isabel l'avait laissée ici, ce fameux lundi... sauf qu'elles ne s'étaient jamais produites, n'est-ce pas ? Rien de tout ça ne s'était passé en vrai.

– Rien de tout ça ne s'est vraiment passé, hein ? disait Ixworth. Toute votre histoire, à propos du chien, c'était de l'invention. D'autant que nous savons qu'aucun animal répondant à la description de celui-ci n'a été amené chez Mr Cherwell jeudi.

Gray fit doucement coucher le chien. Il avait le soleil dans les yeux, aussi déplaça-t-il le fauteuil en dehors des aveuglants rayons obliques.

– Quelle importance ? dit-il.

– J'aimerais bien savoir, fit le policier sur un ton à la fois perplexe et railleur, ce qui a de l'importance, pour vous.

Plus grand-chose, maintenant, songea Gray. Juste peut-être une ou deux petites choses, des questions auxquelles il ne pouvait lui-même fournir de réponse. Mais son esprit, en se clarifiant, lui révélait des faits bruts qui ne déclenchaient en lui aucune réaction émotionnelle. La chienne n'était jamais venue ici. À partir de là, l'évocation dans ce nouveau contexte de certaines phrases de Drusilla – « Je ne change jamais d'avis, Gray. » – lui permit d'entrevoir le plan qu'elle avait élaboré. De l'entrevoir sans amertume, de façon neutre, presque scientifique.

– Je croyais, dit-il, que Harvey Janus était un grand et gros type. Seulement je ne l'avais jamais vu, et je pensais qu'il avait une Bentley, pas la Mercedes qui se trouvait dans le chemin. Bizarre que ce soit justement parce qu'il *était* minuscule, qu'on l'a appelé Microbe. Vous voulez du thé ?

– Pas tout de suite. Je préférerais que vous poursuiviez, pour l'instant.

– Il n'y avait pas besoin de le droguer, je le comprends bien, maintenant. Tout ce qu'il fallait, c'était l'attirer ici. Facile, puisqu'il cherchait pour sa mère une maison dans la forêt. Et facile de maîtriser un homme aussi petit, n'importe qui aurait pu y arriver.

– Ah oui ?

– Elle avait encore sa clé, à ce moment-là. Mais je ne vois pas très bien... (Il s'interrompit, hésitant à la trahir bien qu'elle l'eût elle-même trahi.) Enfin, je suppose que vous avez parlé à Mrs Janus ? Et même... (Le peu d'émotion qu'il lui restait s'exhala en un soupir.) Et même que vous l'avez arrêtée ?

Le visage d'Ixworth changea. Son expression se fit dure, implacable, comme celle d'un flic de cinéma. Il prit sa mallette et sortit une feuille d'une chemise. Le papier flotta un instant dans le rayon de soleil lorsqu'il le tendit à Gray. Les mots dactylographiés dansèrent devant lui, mais il put néanmoins les lire : c'est lui qui les avait tapés.

Son adresse figurait en en-tête : *Le Cottage Blanc, Pocket Lane, Waltham Abbey, Essex*. Puis venait la date : *Le 6 juin*. Pas d'année. Tout en bas, sous ces mots terribles qu'il avait pensé jamais ne revoir : *Mr Harvey Janus, Combe Park, Wintry Hill, Loughton, Essex.*

– Vous avez lu ?

– Oh oui ! j'ai lu.

Mais Ixworth le fit néanmoins à voix haute.

– *Monsieur, Suite à votre annonce parue dans le* Times, *j'ai le plaisir de vous informer que je pense disposer exactement de ce que vous cherchez. Comme ma maison n'est pas très éloignée de la vôtre le mieux serait peut-être que vous veniez la voir sur place ? Samedi 4 heures me conviendrait très bien. Salutations distinguées.*

Francis Duval

C'était la première des lettres qu'ils avaient écrite.

– Où avez-vous trouvé ça ? demanda Gray. Ici ? Dans cette maison.

– Dans la poche intérieure de son veston, répondit Ixworth.

– C'est impossible, elle n'a jamais été postée. Ecoutez, je vais essayer de vous expliquer...

– J'aimerais bien, oui.

– Ce ne sera pas facile. Mrs Janus... (Il prononça son nom sans sourciller, mais il hésita sur la façon de formuler sa phrase.) Mrs Janus, recommença-t-il en se demandant pourquoi Ixworth fronçait les sourcils, vous aura sans doute dit que nous étions intimes, elle et moi. À un certain moment, elle a même voulu que... (Comment exprimer à ce juge impénétrable, au visage de marbre, ce qu'elle avait voulu ? Comment lui faire comprendre où s'était arrêté l'imaginaire et où avait commencé la réalité ?)... que je monte un bateau à son mari pour lui extorquer de l'argent, mentit-il maladroitement. Elle n'avait pas d'argent à elle, et moi, je suis toujours fauché.

– Nous sommes au courant de l'état de vos finances.

– Oui, vous semblez être au courant de tout. J'ai bien écrit cette lettre, et j'en ai écrit un tas d'autres que je n'ai jamais envoyées mais que j'ai conservées. Elles sont...

– Elles sont ?

– Non, je les ai brûlées, je m'en souviens maintenant. Mais celle-ci a dû... Pourquoi me regardez-vous comme ça ? Mrs Janus...

Ixworth récupéra la lettre et la replia.

– Je pensais vraiment qu'on avançait, Lanceton, jusqu'à ce que vous mettiez Mrs Janus sur le tapis. Laissez-la en dehors de ça : elle ne vous connaît pas, ni sous le nom de Duval ni sous celui de Lanceton.

La chienne s'éloigna de lui – presque un symbole – puis se recoucha et se mit à ronfler doucement. Ixworth ne s'était pas interrompu : imperturbable, il décrivait certains détails des événements du samedi après-midi. Des détails précis qui, par recoupement, l'amenaient à penser que Gray était arrivé à la bicoque juste avant 4 heures, avait accueilli Microbe Janus, lui avait fait visiter la maison, l'avait amené en haut de l'escalier de la cave... Un raisonnement qui se tenait, excepté qu'il était faux sur toute la ligne.

Gray ne chercha pas à nier, pourtant.

– Elle ne me connaît pas, répéta-t-il d'une voix éteinte.

– Laissez-la en dehors de tout ça. Le samedi après-midi, elle avait une leçon avec son professeur de tennis.

– Mais on a été amants pendant deux ans, fit Gray, elle a même une clé de cette maison. (Non, ce n'était plus vrai...) Elle dit qu'elle ne me connaît pas ?

– Avez-vous des témoins pour prouver le contraire ?

Il resta silencieux. Non, pas de témoins. Personne ne les ayant jamais vus ensemble, leur liaison n'avait jamais existé. Pas plus que leur amour, pas plus que la mort du chien. Et pourtant...

– Pourquoi aurais-je tué Janus sinon pour sa femme ? demanda-t-il lentement, sur un ton neutre, dénué de toute émotion.

– Pour l'argent, pardi, répondit Ixworth. Nous ne sommes pas des gamins, Lanceton. Vous non plus. Ne nous prenez pas pour des imbéciles : il était riche, et vous très pauvre. Je peux vous le dire : nous tenons de la police française que vous n'avez même pas touché un sou après le décès de votre mère.

Les cent livres... Y en avait-il eu davantage de cachées dans la maison ?

– Il avait apporté un acompte ?

– Bien sûr, et c'est là-dessus que vous misiez : Mr Janus avait la très imprudente habitude de toujours porter de grosses sommes d'argent sur lui. Ces choses-là finissent par se savoir, n'est-ce pas ? Même sans l'avoir vue, il était pratiquement décidé à prendre cette maison, et il voulait la retenir – avec du liquide. (Ixworth eut un haussement d'épaules de mépris.) Dire que vous vendiez quelque chose qui n'était même pas à vous ! Je suppose que vous avez consulté les vitrines d'agences immobilières pour savoir le prix qu'elle pouvait atteindre.

– Je sais combien elle vaut.

– Disons plutôt que vous saviez jusqu'à combien la cupidité humaine pouvait la faire monter. Nous avons retrouvé dans votre coffret de sûreté les trois mille livres que Mr Janus avait apportées avec lui, ainsi qu'un exemplaire du *Times* où son annonce avait paru. Le coffret était verrouillé et nous n'avions pas la clé, mais nous l'avons forcé.

– Mon Dieu, murmura tout doucement Gray, anéanti.

– Peut-être cela vous intéresse-t-il de savoir comment nous avons remonté jusqu'à vous. Très simplement, en fait : Mrs Janus savait où son mari était allé et combien d'argent il avait emporté. Elle a signalé sa disparition et nous avons vu sa Mercedes dans le chemin.

Gray hocha lentement la tête devant l'inexorabilité et l'habileté de la manœuvre. « On devrait t'enfermer dans une cellule », avait-elle dit. Peut-être avait-elle raison, peut-être y avait-il là, quelque part, une forme de froide justice. Il se sentit trop faible, trop désarmé pour se défendre. Il savait qu'il ne le ferait pas. Il devait se soumettre. Avoir accepté de taper ces lettres montrait qu'il en avait toujours souhaité le résultat. Ce n'était que sa conscience supérieure qui avait résisté, qui avait fait illusion. Il avait espéré la mort de Microbe et, pris dans les filets de Drusilla, autant fait qu'elle pour la provoquer. Qui donc avait tenu, déroulé, coupé le fil de son destin ? Un feu rouge ? Jeff ? Le responsable des achats de chez Ryman ? Qui avait décidé le mariage d'Honoré sinon ce coup de téléphone nocturne ? Et qui était responsable de la mort de Microbe sinon lui-même parce qu'il avait rencontré sa femme un soir d'hiver ? Qui d'autre que lui, Maître Charmant, son voisin ?

– Il va falloir qu'on enregistre votre déposition, dit Ixworth. Nous y allons ?

– On ne pourrait pas attendre le retour de Miss Clarion ?

– Repoussez juste la porte sans la verrouiller et laissez-lui un mot, fit Ixworth sur un ton compréhensif, presque apitoyé. (Son regard qui, satisfait à présent, avait perdu son air narquois, se dirigea vers Didon.) Et le chien, euh... on n'a qu'à l'enfermer dans la cuisine.

Après

Dans la salle Alexander Fleming, à l'hôpital, il n'y avait que six lits. Le député hésita à l'entrée, puis se dirigea vers l'un d'eux, autour duquel les rideaux étaient tirés. Mais une infirmière l'intercepta avant qu'il n'y parvînt.

– Les visites pour Mr Denman sont limitées à dix minutes. Son état est encore jugé sérieux.

– Je ne resterai pas longtemps, promit Andrew Laud.

L'infirmière souleva l'un des rideaux. Le député se baissa avec appréhension pour passer, se demandant quel spectacle l'attendait. Un visage tout couturé ? Une tête emmaillotée dans des bandages ?

– Dieu soit loué, tu es venu, fit Jeff Denman. Je suis resté sur des charbons ardents toute la journée.

Le député le regarda : hormis sa pâleur et ses cheveux coupés à un centimètre du crâne, il avait son aspect de toujours.

– Comment vas-tu, Jeff ?

– Bien mieux. Je vais m'en sortir, tu sais. Ça fait tout drôle de se réveiller un beau matin en se disant qu'hier était il y a six mois.

Le lit était couvert de journaux que l'infirmière empila bien soigneusement avant de s'éclipser. Le député vit sa photo sur celui du haut, sous le titre « Jugement en appel dans l'affaire du meurtre de la forêt : intervention d'un député ».

– Je n'ai pas fait grand-chose, dit-il. On m'a laissé voir Gray à deux reprises, mais il semble qu'il souffre d'une sorte d'amnésie sur ce sujet. Il ne peut ou ne veut pas se souvenir. Il ne parle que de sortir et de se remettre à écrire. Mais ça, bien sûr, à moins que cet appel...

– Je ne souffre pas d'amnésie, moi, l'interrompit Jeff, aussi extraordinaire que cela puisse paraître. (Il se redressa dans son lit, souleva douloureusement sa tête de l'oreiller.) Mais je ferais peut-être mieux de t'expliquer comment il se fait que je me retrouve ici.

– Tu l'as dit dans ta lettre.

– Il a fallu que je la fasse écrire par la sœur, et en plus, je n'avais pas les idées bien en place. Tu sais, quand j'ai repris connaissance et que j'ai lu les journaux, ça m'a filé un sacré choc. Je n'arrivais pas à croire que Gray ait écopé de quinze ans de prison pour meurtre, alors j'ai dicté cette lettre de façon totalement incohérente. J'ai prié le Ciel que tu me prennes au sérieux et que tu viennes. Passe-moi un peu d'eau, veux-tu ?

Andrew Laud lui approcha le verre des lèvres et le fit boire.

– J'ai compris que ta camionnette avait percuté un camion quelque part du côté de Waltham Abbey le 12 juin, que tu avais été gravement blessé. Il était clair d'après ta lettre que tu avais quelque chose d'important à me dire, mais tu ne m'as pas expliqué ce que tu fabriquais là-bas.

– Mon boulot, répondit Jeff. Déménager des meubles, ou du moins essayer de le faire. (Il toussa en portant ses mains à ses côtes.) Le dimanche avant l'accident, Gray m'avait demandé de déménager ses affaires le samedi, en disant qu'il me téléphonerait s'il avait un problème – il en a souvent, des problèmes. Mais il ne l'a pas fait, alors je suis venu comme promis. C'était le lendemain du jour où j'ai reçu ta lettre me conviant pour dîner : tu as bien dû te demander pourquoi je n'acceptais pas l'invitation de ta femme.

– Aucune importance. Raconte-moi ce qui s'est passé.

– Je suis arrivé là-bas vers 3 heures, fit Jeff qui s'exprimait lentement, mais avec clarté et cohérence. J'ai laissé la camionnette sur la partie empierrée du chemin parce que j'avais peur de m'embourber. Quand je suis arrivé au cottage, j'ai trouvé la clef sur la serrure avec un mot épinglé à côté. Il avait été tapé avec la machine de Gray – j'ai reconnu la frappe – mais n'était pas signé. Il disait quelque chose comme *Dois m'absenter un moment. La clef est sur la porte.* J'ai pensé que c'était pour moi, alors je suis entré pour me rendre compte de ce qu'il y avait à emporter – c'est du moins comme ça que j'ai interprété son message –, puis je me suis assis pour l'attendre. En fait, je suis allé partout dans la maison, et si la question se pose de savoir si Gray y était à ce moment-là, je peux t'affirmer que non.

– Tu sembles te souvenir très bien de tout.

– Sauf de l'accident, fit Jeff avec une grimace : là, c'est le noir total. Mais ce qui s'est passé avant est très clair dans mon esprit. Ça sentait le renfermé et le moisi, là-dedans, poursuivit-il après un silence. Alors vers 4 heures, je suis ressorti en laissant la clef et le message où ils étaient. J'ai voulu aller m'asseoir dans le jardin : les herbes étaient tellement hautes que j'ai préféré me balader dans la forêt, mais sans jamais perdre de vue le cottage : je commençais à en avoir marre de l'attendre, à ce moment-là, et je voulais en finir avec le boulot aussitôt qu'il rentrerait.

– Et il n'est pas venu ?

Jeff secoua la tête.

– Je me suis assis sous un arbre et j'ai décidé de lui accorder encore dix minutes avant de ficher le camp. À ce moment-là, j'ai vu deux personnes s'avancer sur le chemin.

– Ah ? (Le député se pencha pour se rapprocher du lit.) Et comment ? En voiture ? À pied ?

– À pied. Un tout petit mec qui pouvait avoir dans les quarante ans et une femme beaucoup plus jeune. Ils se sont dirigés vers la porte, ont lu le petit mot et sont entrés. Ils ne m'ont pas vu, j'en suis certain. C'est alors que j'ai réalisé que le message leur était destiné. J'ai trouvé ça tellement bizarre que je n'ai pas su quoi faire.

– Pourquoi ? fit le député. Je ne te suis plus.

– C'est que j'ai reconnu la fille, vois-tu, je l'avais déjà vue. C'était une ancienne petite copine de Gray, et je ne voyais pas ce qu'elle fichait là avec ce type qui était de toute évidence son mari. Il avait l'*air* d'un mari. Je me suis demandé s'ils ne venaient pas faire des histoires à Gray. Non, ne m'interromps pas, Andy, laisse-moi te raconter le reste. (La voix du malade commença à donner des signes de fatigue. Il reposa sa tête sur l'oreiller et fut secoué par une nouvelle quinte de toux sèche.) Je peux te dire exactement où et quand je l'ai vue : Gray l'avait ramenée à Tranmere Villas, un jour. Sally vivait avec moi, à l'époque. Prévenue par Gray, elle s'était éclipsée quand cette fille et lui se sont pointés, si bien qu'elle ne les a pas vus. Mais moi qui revenais du travail, je n'étais pas au courant. Quand je suis rentré, j'ai ouvert la porte de sa chambre sans frapper : il y avait un article sur son bouquin, dans le journal du soir, et j'étais tellement heureux que je me suis précipité pour le lui montrer. Je les ai surpris au lit en train de faire l'amour. Gray était tellement, euh... parti, disons, qu'il ne s'est même pas rendu compte de mon intrusion. Mais elle, si. Elle a levé les yeux et a souri d'un air moi-je-fais-tout-moi-je-sais-tout. Je suis ressorti aussi discrètement que j'ai pu.

Le rideau s'écarta.

– Juste deux minutes, Mademoiselle, implora Andrew Laud par-dessus son épaule à l'infirmière. Deux minutes et je promets de m'en aller.

– Mr Denman ne doit pas se surexciter.

– S'il y en a un qui est en train de se surexciter, ce serait plutôt moi, hein, Jeff ? fit le député quand ils furent de nouveau seuls. Bon, reviens-en au 12 juin, veux-tu ?

– Où en étais-je ? Ah oui, j'étais assis sous l'arbre. Au bout d'un moment, un vieux bonhomme est arrivé sur le chemin, son bouquin à la main. Le gars que j'avais vu entrer dans le cottage est ressorti et a fait le tour en regardant les fenêtres. Je pensais qu'ils allaient partir, la fille et lui, et je m'attendais à la voir réapparaître elle aussi, mais non : il est rentré une fois de plus, et ce n'est que dix minutes plus tard que la fille est sortie – seule. Elle n'a pas remis la clef dans la serrure et le message avait disparu. Elle semblait secouée, Andy, elle flageolait sur ses jambes. J'ai failli l'appeler et lui demander si elle se sentait mal, mais je ne l'ai pas fait parce que je commençais à trouver tout ça plutôt louche. Elle a disparu dans la forêt, et je suis parti moi aussi, après. Je me suis dit qu'en passant par Waltham Abbey, je pourrais peut-être croiser Gray et le prévenir. Il y avait une grosse voiture verte garée près de la camionnette, mais je n'ai pas fait attention à la marque ou au numéro. Il devait être environ 4 heures et demie, parce qu'on m'a dit que j'avais eu mon accident à 5 heures moins 25. Et c'est tout. Depuis, je fais dodo, et tout ce que je viens de te raconter faisait dodo avec moi. Bon Dieu ! heureusement que j'ai pas cassé ma pipe, tu te rends compte ?

– Tu t'en es tiré et il n'y a plus de danger, maintenant. D'ailleurs, il va falloir que tu te retapes vite pour pouvoir raconter tout ça devant la cour d'appel. Dommage que tu ne saches pas qui était la fille.

– Mais si, je le sais, je ne t'ai pas dit ? (Jeff s'était rallongé, épuisé, le teint gris. Mais il continua à parler faiblement.) Je reconnaîtrais ce visage entre mille et je l'ai vu hier. Dans le journal : il y avait une photo de Mrs Drusilla Janus, ou plutôt de Mrs McBride, comme je devrais sans doute l'appeler. Le *Standard* a dit qu'elle avait épousé un professeur de tennis, le mois dernier. Bon, il va falloir que tu y ailles, maintenant, Andy. On reste en contact ?

Souriant et légèrement éberlué, le député se leva. Jeff sortit le bras de dessous son drap et, sans un mot, avec un peu de solennité, ils échangèrent une longue poignée de main.

Postface

«Je vivais dans Hyde Park Gardens, à Bayswater, lorsque j'ai écrit ce livre.» C'est au cœur du Londres fashionable, *celui auquel Graham Lanceton a renoncé pour s'en aller purger une peine singulière en bordure de la très symbolique forêt d'Epping, située au nord de la capitale, que Ruth Rendell entreprend d'évoquer le drame le plus sombre imaginé par elle depuis le début de sa carrière. «Je connais bien la forêt d'Epping, pour avoir vécu tout près durant mon enfance, puis y être revenue plus tard. J'ai habité Epping et Loughton, de même que les banlieues de Leyton et Leytonstone, évoquées par ailleurs dans le roman.» Comme dans les romans noirs d'Ann Radcliffe, les décors naturels créent chez Rendell un leitmotiv psychologique subtilement accordé aux méandres de son âme de créatrice. Ce paysagisme subtil, qui distingue, par exemple, du morne et languissant modernisme des années 60, les terreurs enfouies au cœur d'architectures victoriennes presque toujours associées au crime, mériterait à lui seul une étude. En attendant celle-ci, on peut admirer dans* Le jeune homme et la mort *la manière – plus malicieuse au fond que sarcastique – avec laquelle l'auteur, au travers du regard névrosé de Lanceton, nous fait découvrir la France. L'énorme panneau publicitaire vantant les mérites d'une marque de soutiens-gorge s'associe, pourrait-on dire, au personnage franchouillard – et un tantinet égrillard – d'Honoré pour distiller, parmi d'autres spécificités françaises évoquées par une romancière très en verve, les sortilèges qui renforcent le malaise du pauvre garçon. L'humour très particulier de Rendell fait une fois de plus songer à celui d'Alfred Hitchcock, en ce qu'il suggère l'incongruité de ce qui est «étranger» aux yeux d'un Anglais pur sang. Rendell se fait ici plus retorse qu'elle n'a*

jamais été, sans doute, dans sa propre appréciation du monde non anglais qu'elle ne cesse, depuis des années, de parcourir en touriste culturelle assidue. Elle n'a jamais voulu avouer à l'auteur de ces lignes que le prénom d'Honoré n'avait pas été choisi par hasard, en dépit du pastiche balzacien auquel confinent parfois les morceaux de bravoure concernant le beau-père de Graham. À propos de celui-ci, Rendell affirme : « Le principal défaut du personnage est sa passivité, son manque de réactions, mais je ne pense pas pour autant que cela le rende moins séduisant. Il est attirant, sans doute parce que ses faiblesses ne nous sont pas étrangères. L'affaire du chien, par exemple, est quelque chose qui pourrait arriver à tout le monde, du moins je le pense, et chacun d'entre nous éprouverait les mêmes sentiments, même s'il ne réagirait pas de la même façon. »

1977

L'ANALPHABÈTE

Traduit de l'anglais par
Jean-Michel Alamagny

Ce roman a paru sous le titre original :
A JUDGEMENT IN STONE

1

C'est parce qu'elle ne savait ni lire ni écrire qu'Eunice Parchman tua les Coverdale.

Sans véritable mobile et sans préméditation : ce n'était ni pour l'argent ni pour se défendre. Le résultat de ce crime fut de révéler son handicap non seulement à une famille ou à une poignée de villageois, mais au pays tout entier. Un crime inutile, un désastre pour elle. Depuis le début, quelque part au fond de son étrange esprit, elle savait qu'elle ne réussirait jamais rien. Pourtant, bien que sa compagne et complice fût folle, Eunice, elle, ne l'était pas. Elle avait le redoutable pragmatisme du singe de nos origines déguisé en femme du XXe siècle.

Savoir lire et écrire est l'une des pierres angulaires de la civilisation, l'analphabétisme, une tare. Et les sarcasmes dont l'infirme faisait autrefois l'objet peuvent aujourd'hui, de façon peut-être moins injuste, s'abattre sur l'ignorant. S'il – ou elle – parvient à mener prudemment sa vie dans un cercle de gens peu éduqués, il aura une chance, car du royaume des borgnes l'aveugle n'est pas rejeté. Le malheur, pour Eunice Parchman et pour les Coverdale, fut que ces gens, qui l'employèrent et l'hébergèrent pendant neuf mois, étaient particulièrement lettrés. Une famille de philistins aurait peut-être continué à vivre, et Eunice à jouir de son étrange liberté dans cet univers obscur fait de sensations et d'instincts d'où toute écriture était bannie.

Ils appartenaient à la bourgeoisie aisée, et vivaient une vie normale de bourgeois aisés dans un manoir. George Coverdale était diplômé de philosophie, mais depuis l'âge de 30 ans, il avait dirigé la société de son défunt père, la Tin Box Coverdale Company, une ferblanterie de Stantwich, dans le Suffolk. Avec sa femme et ses trois enfants, Peter, Paula et Melinda, il avait occupé une vaste maison des années 30 dans les faubourgs de Stantwich jusqu'à ce que sa femme décède d'un cancer, alors que Melinda avait douze ans.

Deux années plus tard, au mariage de Paula avec Brian Caswall, George rencontra Jacqueline Mont, âgée de trente-sept ans. Elle aussi avait été mariée, puis avait divorcé pour abandon du domicile conjugal par son mari et s'était retrouvée seule avec un fils sur les bras. Pour Jacqueline et George, ce fut presque instantanément le coup de foudre et ils convolèrent trois mois plus tard. George acheta un manoir à une quinzaine de kilomètres de Stantwich et s'y installa avec sa nouvelle épouse, Melinda et Giles Mont. Peter Coverdale était alors marié depuis trois ans.

Lorsque Eunice Parchman fut engagée par eux comme domestique, George avait cinquante-sept ans, Jacqueline quarante-deux. Ils prenaient une part active dans la vie locale et avaient fini, insensiblement, par jouer le rôle du châtelain et de la châtelaine. Leur mariage était idyllique, Jacqueline très aimée de ses beaux-enfants : Peter, maître assistant en économie politique dans une université du Nord, Paula, maintenant elle-même mère de famille à Londres, et Melinda qui, à vingt ans, faisait ses études d'anglais à l'Université du Norfolk de Galwich. Le propre fils de Jacqueline, Giles, dix-sept ans, était encore au collège.

Ce sont quatre membres de cette famille, George, Jacqueline, Melinda Coverdale et Giles Mont, qui moururent en l'espace d'un quart d'heure le dimanche 14 février, jour de la Saint-Valentin. Eunice Parchman et la prosaïquement nommée Joan Smith les abattirent le soir, alors qu'ils suivaient un opéra à la télévision. Deux semaines plus tard, Eunice était arrêtée pour ce crime. Tout cela parce qu'elle ne savait pas lire.

Mais ce ne fut pas aussi simple.

2

Les jardins de Lowfield Hall sont laissés à l'abandon, à présent, et les mauvaises herbes envahissent même le gravier de la grande allée. Le carreau d'une des fenêtres du salon, cassé par un des gamins du village, est bouché par une planche, et la glycine, grillée par le soleil d'été, pend devant la porte d'entrée comme un vieux filet tout sec, vestige d'une nef de verdure où résonnaient jadis les chœurs des oiseaux.

Sinistre maison vraiment, où ne pouvaient plus nicher que ceux que Dickens avait appelés Poussière, Cendres, Détritus, Dénuement, Ruine, Désespoir, Folie, Mort, après avoir eu nom Espoir, Joie, Jeunesse, Paix, Repos, Vie.

Avant qu'Eunice n'y eût semé la désolation, le manoir de Lowfield Hall avait une autre allure : aussi bien entretenu que ses distants voisins, aussi confortable, accueillant et élégant, il paraissait autant qu'eux un refuge. À l'abri de ses murs, ses occupants étaient en sécurité et promis à un long bonheur paisible.

Mais un jour d'avril, ils y invitèrent Eunice.

Un petit vent soufflait par rafales et les jonquilles ondoyaient comme des vagues sur une mer dorée. Les nuages s'ouvraient et se ressoudaient, faisant alterner dans le jardin ombres hivernales et clartés d'un été incertain. Dans ces sombres intervalles, on aurait pu croire que c'était de la neige qui blanchissait la haie et non les fleurs des prunelliers.

L'hiver s'arrêtait aux fenêtres. Les clins d'œil estivaux du soleil se mariaient agréablement à la douceur ambiante, et il faisait suffisamment chaud à l'intérieur pour que Jacqueline Coverdale s'installât devant son petit déjeuner en robe à manches courtes.

Elle tenait une lettre dans sa main gauche, à laquelle brillaient son alliance en platine et la bague sertie de diamants que George lui avait offerte pour leurs fiançailles.

– Je ne suis pas emballée, dit-elle.

– Encore un peu de café, s'il te plaît, chérie, fit George.

Il adorait la regarder s'affairer pour lui, du moment que cela ne la surchargeait pas. Il la contemplait, sa Jacqueline, si jolie, si blonde, si mince – une sorte de Lizzie Siddal en plus mûre. Six années de mariage, et il ne cessait de s'émerveiller devant ce miracle, celui de l'avoir rencontrée.

– Excuse-moi, poursuivit-il : tu n'es pas emballée, mais c'est la seule réponse qu'on ait eue. Les candidates ne se bousculent pas pour travailler chez nous, tu sais.

Elle secoua vivement la tête en un geste gracieux, avec ses cheveux tout blonds, courts et luisants.

– Faisons encore une tentative. Je sais que tu vas me trouver bête, George, mais j'avais l'espoir absurde de dénicher quelqu'un – dans notre genre, disons. Une personne raisonnablement éduquée qui désirerait accomplir des tâches ménagères pour le plaisir de vivre dans une belle maison.

– La perle rare, quoi.

Elle eut un sourire quelque peu dépité.

– Eva Baalham aurait écrit une meilleure lettre que celle-là. E. Parchman, tout court : en voilà, une façon de signer, pour une femme !

– C'était l'usage, à l'époque victorienne.

– Nous ne sommes plus à l'époque victorienne, hélas, et c'est bien dommage : imagine un peu, une domestique stylée en train de nous servir maintenant pendant que la cuisinière s'activerait devant ses fourneaux. (Et Giles, songea-t-elle tout bas, obligé de se tenir comme il faut et de ne pas lire à table. Avait-il au moins écouté ce qu'on disait ? S'intéressait-il un tant soit peu à la conversation ?) Pas d'impôts sur le revenu, reprit-elle, plus aucune de ces horribles maisons neuves qui envahissent le paysage.

– Pas d'électricité non plus, repartit George en tâtant le radiateur derrière lui. Pas de robinet d'eau chaude, Paula peut-être morte en couches.

– Oui, bien sûr, fit-elle avant de revenir à son propos de départ. Mais cette lettre, chéri, et son manque de manières quand elle a téléphoné ! Je suis sûre que c'est une créature vulgaire, une gourde qui cassera la vaisselle et cachera la poussière sous les tapis.

– Tu n'en sais rien, on ne peut pas juger quelqu'un sur une simple lettre. C'est une bonne, que tu cherches, pas une secrétaire. Tu as fixé rendez-vous et Paula t'attend : ce serait trop bête de laisser passer une chance. Si elle te fait mauvaise impression, tu n'as qu'à dire non, on essaiera une nouvelle fois.

L'horloge du salon sonna 8 heures et quart. George se leva.

– Allons-y, Giles, je crois que cette horloge retarde de quelques minutes.

Il donna un baiser à sa femme. Giles replia son exemplaire de la *Baghavad Gita* qu'il avait appuyé contre le pot de marmelade. Avec une indicible léthargie, il déplia sa grande carcasse maigre, marmonna quelque mots que sa mère ne comprit pas plus que du grec ou du sanscrit et lui tendit sa joue boutonneuse.

– Embrasse bien Paula de ma part, recommanda George.

Ils partirent tous deux dans la Mercedes blanche, le père pour rejoindre la ferblanterie Coverdale et le fils son école, la Fondation Magnus Whyten. Le silence s'installa entre eux dans la voiture après que George, qui essayait comme toujours d'engager la conversation, eut fait remarquer qu'il y avait beaucoup de vent. Comme toujours, Giles répondit par « Mmmm » et se replongea dans sa lecture. Pourvu que cette femme convienne, pensa George : je ne peux pas laisser Jackie continuer à s'occuper toute seule de cette immense maison, ce serait trop lourd. Sinon, il faudra qu'on déménage dans un pavillon, quelque chose comme ça, et Dieu sait que ça ne m'enchante guère. Alors pourvu que cette E. Parchman fasse l'affaire.

Il y a six chambres à Lowfield Hall, un salon, un petit salon, une salle à manger, trois salles de bains, une cuisine et ce qu'il est convenu d'appeler les communs. Lesquels consistaient, en l'occurrence, en une arrière-cuisine et une salle d'armes. Par cette matinée d'avril, la maison n'était pas vraiment sale, mais pas vraiment propre non plus. Il y avait un film bleuâtre sur les vitres des trente-huit fenêtres, un film constellé d'empreintes digitales et de traces de doigts : ceux d'Eva Baalham et aussi, sans doute, bien qu'elle fût partie depuis deux mois, ceux de la dernière et de la plus lamentable des filles au pair. Jacqueline avait fait le calcul, un jour : près de deux mille mètres carrés de moquette recouvraient les sols. Mais là, pas de problème de propreté : la vieille Eva adorait raconter ses histoires de famille pendant qu'elle maniait l'aspirateur. Elle passait le chiffon à poussière, aussi, jusqu'à hauteur des yeux. Dommage que les siens ne se soient trouvés qu'à un mètre cinquante du sol.

Jacqueline mit les couverts du petit déjeuner au lave-vaisselle, rangea le lait et le beurre dans le réfrigérateur. Il n'avait pas été dégivré depuis six semaines. Et le four, avait-il jamais été nettoyé, lui ? Elle monta à l'étage. Quelle honte ! sa main était grise de poussière lorsqu'elle la retira de la rampe. La petite salle de bains, dite « des enfants », était dans un affreux désordre. Le dernier remède de Giles contre l'acné, une sorte de pâte verte, formait une croûte dans tout le lavabo. Elle n'avait pas fait les lits. Elle se hâta de tirer le drap rose, puis les couvertures et enfin le couvre-lit en soie par-dessus le matelas double qu'elle partageait avec George. Celui de Giles pouvait rester tel quel : il ne ferait sans doute pas la différence, même si ses draps avaient viré au violet et s'il trouvait une bassinoire dedans à la place de sa couverture électrique.

Pour sa toilette, par contre, elle ne ménageait pas ses efforts. Dommage, regrettait-elle souvent, qu'elle ne fût pas aussi soigneuse de sa maison que de sa petite personne, mais c'était ainsi – *elle* était ainsi. Un bain. Ses cheveux. Ses mains. Ses ongles. Une robe plus chaude. Des collants fins. Ses nouvelles chaussures vert foncé. Une touche de maquillage naturel. Elle mit le vison que George lui avait offert pour Noël et descendit au verger cueillir une brassée de jonquilles pour Paula. Elle s'occupait bien du jardin, en tout cas : pas une seule mauvaise herbe en vue. Il n'y en aurait pas même au cœur de l'été.

Des vagues sur une mer dorée. Des perce-neige pelotonnés sous la haie blanche. Deux fois déjà, en ce printemps sec, elle avait tondu le tapis verdoyant des pelouses. Je suis une femme de plein air, songea-t-elle, le visage au vent, humant le parfum subtil de fleurs printanières qui la ravissaient. Je resterais ici des heures, à contempler la rivière, les peupliers dans les noues, les collines de Greeving ocellées par toutes ces ombres de nuages qui courent, qui courent... Mais il y a cette bonne femme à aller voir, cette E. Parchman. Il est temps de partir. Si seulement elle aimait les travaux ménagers autant que j'aime le jardinage...

Elle rentra à la maison. Était-ce une idée, ou y avait-il vraiment une mauvaise odeur dans la cuisine ? Elle sortit par la salle d'armes, verrouilla la porte et laissa la poussière s'accumuler un peu plus à Lowfield Hall, l'air sentir un peu plus le renfermé.

Jacqueline déposa les jonquilles sur la banquette arrière de la Ford et se mit en route pour couvrir la centaine de kilomètres qui la séparait de Londres.

George Coverdale était remarquablement bel homme, avec ses traits d'une régularité classique et la même silhouette de sportif que lorsqu'il ramait pour son université en 1939. Un seul de ses trois enfants avait hérité de son allure, et ce n'était pas Paula Caswall. Son expression de gentillesse et la douceur de son regard rehaussaient certes son physique quelconque, mais d'être enceinte ne l'embellissait pas : elle était au huitième mois de sa seconde grossesse. Avec un infatigable petit garnement sur les bras et une grande maison à tenir, à Kensington, sa lassitude devenait, autant que sa corpulence, lourde à porter. Et puis elle avait peur. Peur car la naissance de Patrick avait été un cauchemar de douleur, et elle attendait l'accouchement à venir avec angoisse. Elle aurait préféré ne voir personne et que personne ne la voie, mais elle comprenait bien que sa maison était l'endroit le plus commode pour une entrevue, puisque cette éventuelle domestique était basée à Londres. Avec la courtoisie naturelle des Coverdale, elle réserva un accueil affectueux à sa belle-mère, s'extasia devant les jonquilles et la complimenta pour sa robe. Pendant le déjeuner, Paula écouta d'une oreille compréhensive les doutes et appréhensions de Jacqueline sur ce qui allait se passer à 2 heures.

Elle était décidée à ne pas prendre part à l'entretien, pourtant. Patrick faisait la sieste. Lorsque la sonnette retentit à 2 heures moins 2, Paula se contenta d'aller ouvrir et d'introduire cette femme en imperméable bleu marine dans le salon auprès de Jacqueline, après quoi elle monta s'étendre. Mais ces quelques secondes suffirent à déclencher en elle une violente antipathie pour Eunice Parchman. Elle ressentit immédiatement un malaise, comme tant d'autres au contact de cette femme : il en émanait une froideur qui faisait passer un souffle glacé partout où elle se trouvait, même dans l'air le plus chaud. Paula devait se rappeler cette première impression, plus tard, et se reprocher amèrement de n'avoir pas prévenu son père, de ne pas s'être ouverte à lui de cet horrible pressentiment qui devait s'avérer ô combien justifié. Mais elle n'en fit rien. Elle monta dans sa chambre et sombra dans un sommeil lourd et agité.

Tout autre fut la réaction de Jacqueline. D'abord violemment opposée à l'engagement de cette femme tant qu'elle ne l'avait pas vue, elle opéra un revirement complet en deux minutes. Deux facteurs la décidèrent – ou plutôt, ses deux grands défauts décidèrent pour elle : sa vanité et son snobisme.

Elle alla à sa rencontre dès qu'elle entra dans le salon et lui tendit la main.

– Bonjour. Vous êtes très ponctuelle.

– Mes respects, Madame.

À l'exception de quelques vendeurs dans des magasins ancien style de Stantwich, Jacqueline ne s'était pas entendu présenter des respects depuis des lustres. Elle était aux anges. Elle sourit.

– Mrs ou miss Parchman ?

– Miss. Eunice Parchman.

– Vous ne vous asseyez pas ?

Jacqueline ne fut parcourue d'aucun frisson – d'aucune « vibration », aurait dit Melinda – répulsif. Elle fut la dernière de la famille à le ressentir, peut-être parce qu'elle s'y refusait, parce que, dès ce premier instant ou presque, elle était déterminée à engager Eunice Parchman et, pendant les mois qui suivirent, à la garder. Elle vit une personne placide avec une tête trop petite, des traits fermes dans un visage un peu pâle, des cheveux châtains striés de gris, de petits yeux bleus au regard direct, un corps massif qui paraissait informe, de grandes mains bien dessinées, très propres et aux ongles courts, des jambes vigoureuses galbées par d'épais bas nylon marron, de grands pieds dans des escarpins noirs déformés. Dès qu'Eunice Parchman se fut assise, elle défit le bouton supérieur de son imperméable et découvrit le col roulé d'un pull côtelé bleu clair. Puis elle attendit calmement, les yeux baissés, les mains croisées sur ses genoux.

Sans oser se l'avouer, Jacqueline Coverdale aimait que les hommes soient beaux et les femmes pas trop. Elle s'entendait bien avec Melinda, mais pas autant qu'avec Paula, moins favorisée par la nature, ou Audrey, la *jolie laide* épouse de Peter. Elle souffrait de ce qu'on pouvait appeler un Complexe de Gwendolen car, comme Miss Fairfax, le personnage d'Oscar Wilde, elle préférait qu'une femme ait « la quarantaine bien tassée et soit plus que normalement ordinaire pour son âge ». Eunice Parchman était au moins aussi âgée qu'elle sinon plus, bien qu'il fût difficile d'être sûr. Aucun doute sur l'ordinaire de son physique, par contre. Si elles avaient appartenu à la même classe sociale, Jacqueline se serait demandé pourquoi elle ne portait aucun maquillage, ne se mettait pas au régime, ne se faisait pas teindre ces cheveux de chat de gouttière. Mais pour une domestique, tout cela était normal.

Devant ce silence respectueux et ce physique saisissant, Jacqueline oublia les questions qu'elle avait prévu de lui poser. Au lieu d'examiner sa candidature, au lieu de chercher à savoir si cette femme était digne d'entrer à son service et si elle conviendrait aux Coverdale, elle s'attacha à lui démontrer que les Coverdale lui conviendraient.

– La maison est grande, mais nous ne sommes que trois, sauf quand ma belle-fille vient passer le week-end. Une femme de ménage vient trois jours par semaine, et bien sûr, je prépare les repas moi-même.

– Je sais faire la cuisine, Madame.

– Ce ne sera vraiment pas nécessaire. Il y a un lave-vaisselle et un congélateur. Mon mari et moi faisons toutes les courses.

(Jacqueline était impressionnée par cette voix atone, la voix d'une femme sans instruction, certes, mais dépourvue de toute trace d'accent cockney.) C'est vrai que nous recevons beaucoup, avoua-t-elle presque craintivement.

Eunice ramena ses pieds l'un contre l'autre. Elle inclina lentement la tête.

– J'ai l'habitude, Madame. Le travail ne me fait pas peur.

À ce moment précis, Jacqueline aurait dû demander à Eunice pourquoi elle quittait son emploi présent. Ou au moins lui en parler. Peut-être n'en avait-elle pas, d'ailleurs. Mais elle ne le fit pas, surprise et grisée par ces « Madame » qui contrastaient tant avec la manière d'Eva Baalham ou avec celle, récemment, de cette effrontée de trop jolie fille au pair. Elle ne s'attendait vraiment pas à tout cela.

– Quand pourriez-vous commencer ? pressa-t-elle.

Le visage de marbre d'Eunice montra, non sans raison, une certaine surprise.

– Madame veut sans doute voir mes références.

– Euh, oui, se rappela soudain Jacqueline. Bien sûr !

Eunice sortit de son sac noir une carte sur laquelle se trouvait inscrit, de la même écriture qui avait, au début, tant consterné Jacqueline : Mrs Chichester, 24 Willow Vale, Londres SW 18, puis un numéro de téléphone. L'adresse était la même que celle qui figurait sur l'en-tête de la lettre d'Eunice.

– C'est du côté de Wimbledon, je crois ?

Eunice, que cette erreur devait bien arranger, confirma de la tête. Elles discutèrent gages, date de prise de service, problème du transport jusqu'à Stantwich. À condition, bien sûr, se hâta d'ajouter Jacqueline, que les références soient satisfaisantes.

– Je suis sûre que nous nous entendrons merveilleusement bien.

Eunice sourit enfin. Ses yeux restèrent froids et immobiles, mais ses lèvres bougèrent : c'était certainement un sourire.

– Mrs Chichester a demandé si vous pouviez l'appeler ce soir avant 9 heures. C'est une dame âgée, elle se couche tôt.

Cet affectueux souci de respecter les petites habitudes d'un employeur ne pouvait que plaider en sa faveur.

– Je le ferai sans faute, promit Jacqueline.

Il était 2 heures 20 et l'entrevue était terminée.

– Je vous remercie, Madame. Ne vous dérangez pas, je retrouverai la sortie toute seule.

Ce qui montrait, sembla-t-il à Jacqueline, qu'elle savait se tenir à sa place. Elle quitta la pièce d'un pas ferme, sans se retourner.

Si Jacqueline avait mieux connu la banlieue londonienne, elle se serait aperçue qu'Eunice Parchman avait déjà menti ou du moins, l'avait confortée dans une méprise. En effet, le code postal du secteur de Wimbledon est SW 19, et non SW 18, qui correspond à une zone beaucoup moins résidentielle de la commune de Wandsworth. Mais elle ne le remarqua pas plus qu'elle ne le vérifia, et lorsqu'elle rejoignit Lowfield Hall à 6 heures, cinq minutes après le retour de George à la maison, elle ne lui montra même pas la carte.

– Je suis sûre qu'elle sera parfaite, chéri, s'enthousiasma-t-elle. C'est exactement le genre de domestique de la vieille école dont on pensait la race éteinte. Tu n'as pas idée comme elle s'est montrée posée, polie, discrète. J'aurais même plutôt peur qu'elle soit un peu trop déférente. Mais je suis sûre qu'elle sera travailleuse.

George enlaça sa femme et l'embrassa. Il ne fit aucun commentaire sur sa volte-face, ne lui infligea pas le moindre « je te l'avais bien dit ». Il était habitué aux préjugés de sa femme, souvent suivis de revirements enthousiastes. Il aimait en elle ce caractère impulsif dans lequel il voyait fraîcheur et féminité.

– Peu importe pour moi qu'elle soit discrète ou déférente, se borna-t-il à répondre. Ce qui compte, c'est qu'elle te décharge d'une partie du boulot.

Avant même de passer son coup de téléphone, Jacqueline, qui ne manquait pas d'imagination, s'était déjà fait une représentation mentale du genre de maison où Eunice Parchman travaillait ainsi que de la personne qui l'employait. Willow Vale, pensa-t-elle, devait être une rue bien tranquille et bordée d'arbres proche du parc de Wimbledon, le 24, une grande maison victorienne et Mrs Chichester, une dame d'âge respectable, aux principes moraux sévères, exigeante mais juste, autoritaire, quittée par sa domestique parce qu'elle ne voulait plus – ou ne pouvait plus en ces temps d'inflation – lui offrir des gages suffisants.

À 8 heures, elle composa le numéro. Ce fut Eunice Parchman qui répondit, confirma le numéro d'une voix claire et précise et lui demanda, « s'il vous plaît, Madame », de bien vouloir patienter pendant qu'elle allait chercher Mrs Chichester. Jacqueline l'imagina en train de traverser quelque vestibule sombre surchargé de meubles, entrer dans un grand salon glacial où une vieille dame assise écoutait de la musique classique ou lisait la rubrique nécrologique dans un très respectable journal, puis s'arrêter sur le seuil et annoncer, avec sa déférence habituelle :

– Mrs Coverdale vous demande au téléphone, Madame.

La réalité était tout autre.

Le téléphone en question pendait au mur du palier du premier étage d'une maison de rapport d'Earsfield. Eunice Parchman avait attendu à côté depuis 5 heures pour éviter qu'un autre locataire ne décroche avant elle s'il sonnait. Mrs Chichester, en fait, travaillait en usine, s'appelait Annie Cole, avait la cinquantaine et rendait parfois ce genre de menus services en échange de la promesse d'Eunice de ne pas révéler à l'administration des Postes qu'elle avait continué à percevoir la pension de sa mère pendant un an après la mort de celle-ci. C'est Annie qui avait écrit la lettre et la carte, et c'est dans son garni, chambre 6, 24 Willow Vale, SW 18, qu'Eunice allait à présent la chercher pour qu'elle réponde au téléphone.

– Je suis vraiment désespérée de devoir me séparer de Miss Parchman, Madame Coverdale. Je n'ai eu qu'à me louer de ses services pendant sept ans. C'est une travailleuse remarquable, excellente cuisinière et tellement attachée à son intérieur ! Vraiment, si elle a un défaut, c'est bien d'être trop consciencieuse.

Même Jacqueline trouva que c'était passer un peu trop de pommade. La voix sonnait particulièrement enthousiaste – Annie Cole n'avait que trop hâte de se débarrasser d'Eunice – avec des inflexions tout le contraire de raffinées. Elle eut la présence d'esprit de demander pourquoi cette perle rare la quittait.

– Parce que je pars moi-même. (La réponse vint sans la moindre hésitation.) Je vais rejoindre mon fils en Nouvelle-Zélande. Le coût de la vie devient impossible, ici, n'est-ce pas ? Miss Parchman pourrait venir avec moi, j'en serais ravie, mais elle n'aime pas les grands changements et préfère rester ici. Je serais vraiment ravie de savoir qu'elle va s'installer dans une bonne famille comme la vôtre.

Jacqueline fut satisfaite.

– As-tu confirmé son engagement à miss Parchman ? demanda George.

– Oh, chéri, j'ai oublié. Il va falloir que je lui écrive.

– Tu n'as qu'à la rappeler.

Pourquoi ne pas la rappeler, Jacqueline ? Si vous refaisiez ce numéro tout de suite, un jeune homme, passant par le palier pour regagner sa chambre, à côté de celle d'Annie Cole, décrocherait et vous répondrait qu'il n'a jamais entendu parler de miss Parchman. Pas plus que de Mrs Chichester, d'ailleurs : il existe bien un Mr Chichester, c'est le propriétaire de l'immeuble et le téléphone est à son nom, mais il habite Croydon. N'attendez pas, Jacqueline...

– Je crois que c'est mieux de confirmer par lettre.

– Comme tu voudras, chérie.

Le moment était passé, la chance aussi. George décrocha, mais ce fut pour appeler Paula : les nouvelles que sa femme lui avait données sur la santé de leur fille l'inquiétaient. Pendant qu'il lui parlait, Jacqueline écrivit sa lettre.

Et les autres personnes que le hasard, le destin, ou leurs propres faits et gestes amenèrent à se trouver rassemblées pour périr le 14 février ? Joan Smith portait la parole de Dieu de porte en porte. Melinda Coverdale, dans sa chambre à Galwich, essayait de trouver un sens à sire Gauvain et le Chevalier vert. Giles Mont récitait des mantras pour entrer en méditation.

Mais ils étaient en fait déjà rassemblés. Au moment précis où Jacqueline décidait de ne pas rappeler au téléphone, un fil invisible les attrapait comme au lasso et les ligotait l'un à l'autre par un lien encore plus serré que celui du sang.

3

Jacqueline et George, qui étaient gens discrets, ne firent pas tapage de leur bonne fortune. Mais Jacqueline en parla à son amie Lady Royston, qui en parla à Mrs Cairne lorsque fut abordé l'éternel problème de la difficulté à trouver quelqu'un pour faire le ménage. La nouvelle filtra alors chez les Higgs, les Meadows, les Baalham, les Newstead, au point de devenir, au *Blue Boar*, le principal sujet de conversation, et de détrôner celui des dernières frasques de Joan Smith.

Eva Baalham s'empressa, de façon détournée, de montrer à Jacqueline qu'elle savait.

– Vous allez lui installer la télé ?

– Installer à qui, la, euh... télévision ? fit Jacqueline en rougissant.

– À celle-là qui vient de Londres. Parce que moi, je peux vous en faire avoir une pas cher par mon cousin Meadows, celui qu'a le magasin d'électricité à Gosbury. Un poste qu'est tombé tout seul du camion, comme on dit : ni vu ni connu.

– Merci beaucoup, fit Jacqueline, vexée. Mais nous allons acheter la haute définition, Miss Parchman pourra donc disposer de l'ancien poste.

– Parchman, répéta Eva en crachant sur une vitre qu'elle essuya ensuite vigoureusement avec son tablier. C'est un nom de Londres, ça ?

– Je n'en sais vraiment rien, Mrs Baalham. Bon, quand vous aurez fini ce que vous faites à cette fenêtre, auriez-vous l'amabilité de monter avec moi commencer à préparer sa chambre ?

– D'aaaccord, lâcha-t-elle avec son fort accent traînant d'East Anglia.

Il ne lui serait jamais venu à l'esprit d'appeler Jacqueline « Madame ». À ses yeux, il n'y avait qu'une différence entre elle et les Coverdale : l'argent. Elle les valait bien, autrement, ces nouveaux riches qui n'étaient même pas du coin et qui avaient fait fortune dans le commerce, alors qu'elle était issue d'une famille de propriétaires terriens établie à Greeving depuis cinq siècles. D'ailleurs, elle ne l'enviait pas, leur fric : ce qu'elle avait lui suffisait, et elle préférait son petit HLM à ce hangar de Lowfield Hall qui devait coûter les yeux de la tête à chauffer. Elle n'aimait pas Jacqueline, qui s'habillait comme une minette et se donnait de grands airs alors qu'elle n'était que la femme d'un propriétaire de ferblanterie. Toutes ces manières, « Auriez-vous la bonté », « Mais je vous en prie », je t'en ficherais ! Je me demande comment elle va s'entendre avec la Parchman. Moi aussi, au fait. Après tout, je pourrai toujours rendre mon tablier : il y a Mrs Jameson-Kerr qui me supplie à deux genoux de venir, et elle paie soixante pence de l'heure.

– Je souhaite bien du plaisir à ses jambes, fit Eva en gravissant les marches.

En haut de la maison, un enchevêtrement de minuscules pièces mansardées avait depuis longtemps été transformé en deux grandes chambres et une salle de bains. De leurs fenêtres, on découvrait un des plus beaux paysages champêtres d'East Anglia. Constable, bien sûr, avait installé son chevalet sur les rives de la

Beal pour le peindre en n'hésitant pas, selon sa bonne habitude, à déplacer çà et là quelques clochers sur la toile pour les besoins de sa composition. Le panorama était pourtant suffisamment beau avec les clochers à leur vraie place : il offrait une large vue paisible sur les prés et les petits bois dans cette délicieuse palette de verts du début mai.

– C'est là qu'elle va dormir, alors ? fit Eva en inspectant la plus grande et la plus ensoleillée des chambres.

– Non, s'empressa de répondre Jacqueline qui la voyait déjà s'ériger en représentante du syndicat des domestiques opprimés. Je veux garder cette pièce pour les petits-enfants de mon mari, quand ils seront de passage.

– Il faudra bien l'installer si vous voulez qu'elle reste. (Eva ouvrit une des fenêtres.) Quelle belle journée ! L'été s'annonce chaud. Le Bon Dieu est avec nous, comme dit mon cousin, celui qui a la ferme. Tiens, voilà le jeune Giles qui part avec votre voiture. Il vous a pas demandé la permission, j'imagine.

Jacqueline était furieuse. Elle trouvait qu'Eva aurait pu dire « Mr Mont », ou « votre fils », au moins. Mais elle était contente de voir que Giles, qui était en congé trimestriel, sortait enfin de son incarcération volontaire pour aller prendre un peu l'air.

– Si vous voulez bien, Mrs Baalham, nous allons commencer à déplacer les meubles.

Giles descendit l'avenue bordée de marronniers et tourna dans Greeving Lane, simple route vicinale tout juste assez large pour permettre à deux voitures de se croiser en allant au pas. Le prunellier avait fait place à l'aubépine, et les haies étaient nappées de ses fleurs au parfum sucré. Bleu limpide du ciel. Vert tendre du jeune blé. Un coucou appelait – en mai, il chante toute la journée. Les oiseaux exultants gazouillaient leur joie dans tous les arbres.

Sourd à cet appel, refusant, au mépris de son propre credo, d'être à l'unisson de la nature, Giles franchit le pont. Il voulait respirer aussi peu de cet air frais que le permettait le fait d'être dehors. Il détestait la campagne. Elle l'ennuyait, la campagne. Il n'y avait rien à y faire. Les gens, quand on leur disait ça, étaient choqués, sans doute parce qu'ils ne comprenaient pas qu'un individu sain d'esprit ne pouvait passer plus d'une heure par jour le nez dans les étoiles, à marcher dans les champs ou à rester assis au bord de la rivière. Et puis ras-le-bol, du froid et de la boue.

Il n'aimait ni la chasse, ni la pêche, ni monter à cheval. George, qui avait tenté de l'y intéresser, avait peut-être enfin compris l'inutilité de ses efforts. Giles n'allait jamais, au grand *jamais*, faire la moindre promenade. Quand il était obligé de rentrer à pied depuis l'arrêt de l'autobus scolaire jusqu'à Lowfield Hall, à quelques centaines de mètres de là, il marchait les yeux fixés au sol. Il avait même essayé de les fermer, une fois, mais il était rentré dans un arbre.

Londres, par contre, il adorait. En y réfléchissant, il pensait y avoir été heureux. Il avait voulu être pensionnaire dans une grande ville, mais sa mère s'y était opposée parce qu'un psychologue avait décrété qu'il était perturbé et qu'il avait besoin de l'ambiance sécurisante du cadre familial. Qu'on le trouve perturbé, ça lui était bien égal, il entretenait volontiers son image de jeune intellectuel distrait, farfelu et absorbé. Son cerveau fonctionnait normalement, fort bien, même : l'année précédente, il avait remporté tant de prix scolaires qu'un article était paru sur lui dans un quotidien national. Les portes d'Oxford s'ouvraient toutes grandes devant lui. Il savait autant de latin et probablement plus de grec que son professeur, à la Magnus Wythen.

Il n'avait pas d'amis, à l'école, et méprisait les gars du village qui ne s'intéressaient qu'à leurs motos, aux bouquins pornos, et traînaient au *Blue Boar*. Ian et Christopher Cairne, et d'autres du même genre, avaient été déclarés fréquentables par décret parental, mais il ne les voyait presque jamais car ils étaient en internat. Personne ne lui cherchait noise, au village ou à l'école : il dépassait le mètre quatre-vingts et grandissait encore. Son visage était ravagé par l'acné et ses cheveux dégoulinaient de gras le lendemain de chaque shampooing.

Il se rendait présentement à Sudbury pour acheter un paquet de teinture orange : il voulait teindre tous ses jeans et ses tee-shirts dans cette couleur pour se conformer aux règles de sa religion qui était, en gros, le bouddhisme. Il comptait, quand ses économies le lui permettraient, aller aux Indes en bus et, à part Melinda, ne plus revoir personne de sa famille. Sa mère peut-être, à la rigueur, mais ni son père, ni ce vieux collet monté de George, ni ce petit saint de Peter ni toute cette bande de ploucs. À moins qu'il ne se convertisse au catholicisme entre-temps : il venait de terminer la lecture de *Retour à Brideshead*, d'Evelyn Waugh, et commençait à se demander si être catholique à Oxford et brûler de l'encens dans son escalier ne serait pas mieux que de partir aux Indes. Mais il voulait quand même teindre les jeans et les tee-shirts, on ne sait jamais.

Il s'arrêta au garage Meadows pour prendre de l'essence.

– Alors, quand est-ce qu'elle vient, la dame de Londres ? demanda Jim Meadows.

– Mmm ?

Jim aurait bien voulu savoir pour transmettre la nouvelle au pub, ce soir. Il fit une nouvelle tentative. Giles réfléchit à contrecœur.

– Quel jour on est ?

– Mercredi. Toute la journée, même, ajouta Jim, finaud.

– Ils ont parlé de samedi, répondit enfin Giles. Il me semble.

C'est vrai ou ça l'est pas, songea Jim : on ne sait jamais, avec lui. Il aurait besoin de se faire resserrer les boulons. Elle a pas peur, sa mère, de le laisser partir au volant d'une belle bagnole comme ça.

– Melinda sera à la maison pour la voir, j'imagine.

– Mmm.

Giles redémarra sans prendre ses points bonus.

Melinda serait à la maison. Il ne savait pas s'il devait s'en réjouir ou s'en inquiéter. Extérieurement, il entretenait avec elle des relations indifférentes, sinon distantes. Mais au fond de son cœur, où Giles se voyait souvent comme un Poe ou un Byron, bouillonnait un feu incestueux. Sentiment qui lui était venu – ou qu'il s'était mis dans la tête – six mois auparavant. Jusque-là, il l'avait considérée comme sa sœur. Il savait, bien sûr, que puisqu'elle ne l'était pas, ni même sa demi-sœur, rien ne leur interdisait de tomber amoureux et de se marier. À part leurs trois ans de différence d'âge, qui plus tard n'auraient aucune importance, nul ne pourrait élever la moindre objection. Sa mère y serait même plutôt favorable, et le vieux George finirait par céder. Mais ce n'était pas ce que Giles voulait. Dans ses fantasmes, il se voyait en Byron, Melinda en Augusta Leigh, et tous deux s'avouaient leur passion sur les collines de Greeving, par un temps digne des Hauts de Hurlevent – expédition pédestre à laquelle rien n'aurait pu le décider dans la réalité. De réalité, il y avait d'ailleurs fort peu dans tout cela. Dans ses rêves, même Melinda paraissait différente, plus pâle, diaphane, presque phtisique, comme si elle venait d'un autre monde. L'un en face de l'autre, retenant leur souffle dans l'obscurité balayée par le vent, ils se juraient le secret de leur amour, amour qui, bien sûr, ne devait jamais être consommé. Et même s'ils se mariaient à d'autres, leur passion perdurerait en un murmure profond et indéfinissable.

Il acheta deux paquets de cette teinture appelée Flamme de Capucine, ainsi que la reproduction d'un tableau préraphaélite montrant une fille au visage verdâtre et aux cheveux roux penchée par-dessus un balcon, alanguie sans doute par la perte ou l'infidélité d'un amant. À son attitude et à la pâleur maladive de sa peau, on eût plutôt dit une touriste dans un hôtel italien s'apprêtant à rendre les pâtes qui lui étaient restées sur l'estomac. Giles l'acheta parce qu'elle évoquait pour lui Melinda au dernier stade de la consomption.

De retour à sa voiture, il trouva sur le pare-brise une contravention pour stationnement interdit. Il ne se garait jamais dans le parking, il aurait fallu faire une centaine de mètres à pied. Lorsqu'il revint à la maison, Eva était partie. Sa mère aussi, qui lui avait laissé un message sur la table de la cuisine. Il commençait par « Mon chéri », finissait par « Je t'embrasse. Maman », et donnait des informations parfaitement inutiles entre les deux : il trouverait un déjeuner froid dans le frigo, elle avait dû se rendre à une réunion de l'Institut Féminin. C'était sidérant : il savait quand même où trouver un déjeuner froid, à quoi bon laisser un message pour dire ça ? Comme à tous les véritables excentriques, c'est les autres qui semblaient bizarres.

Il descendit tous ses vêtements et les mit à bouillir avec la teinture dans deux grandes bassines que sa mère utilisait pour faire les confitures. Après quoi, il s'installa à la table de la cuisine devant une assiette de salade de poulet et se plongea dans les mémoires d'un mystique qui avait vécu dans un ashram de Poona pendant trente ans sans dire un mot.

Le vendredi après-midi, Melinda Coverdale revint à la maison. Elle avait pris le train de Galwich à Stantwich, puis le bus jusqu'au lieu-dit Gallows Corner, à trois kilomètres de Lowfield Hall. Une fois descendue, elle attendit de se faire prendre en voiture : à cette heure-là, il y avait toujours quelqu'un qui rentrait à Greeving. Melinda se hissa donc sur le muret du jardin de Mrs Cotleigh et s'assit au soleil.

Elle portait un jean trop long retroussé jusqu'aux genoux, des santiags rouges tout éraflées, une chemise en coton indien et un bonnet jaune d'automobiliste version 1920. Mais en dépit de tout cela, on ne pouvait voir plus belle plante sur aucun des murets de jardin entre Stantwich et Kings Lynn. Melinda était celle des enfants qui avait hérité la beauté de son père : même nez droit, même front haut, même bouche délicate, mêmes yeux d'un bleu lumineux. De sa défunte mère, elle avait cette crinière de cheveux dorés qui se confondaient avec les giroflées jaunes de Mrs Cotleigh.

Une énergie que rien ne semblait pouvoir décourager, sauf peut-être la poésie anglaise du moyen-âge, la tenait constamment en mouvement. Elle tira sa musette fourre-tout à côté d'elle sur le mur, en sortit un collier, le mit, adressa une grimace aux livres que l'espoir de travailler plutôt que l'envie lui avait fait apporter, puis jeta le sac dans l'herbe et sauta après lui. Assise jambes croisées sur le talus tandis que le bus repassait inutilement dans la direction opposée, elle se mit à cueillir des coquelicots, les coquelicots sauvages écarlates du Suffolk qui abondaient en ce lieu où se dressait jadis un gibet.

Cinq minutes plus tard, la fourgonnette de la ferme avicole passa et Geoff Baalham, cousin au second degré d'Eva, appela :

– Salut, Melinda. Je peux t'amener quelque part ?

Elle grimpa d'un bond, avec chapeau, sac et coquelicots.

– Ça doit bien faire une demi-heure que je suis là, affirma-t-elle alors qu'il n'y avait que dix minutes.

– J'adore ton chapeau.

– C'est vrai, Geoff ? T'es super sympa. Je l'ai acheté chez Oxfam – tu sais, la friperie de charité.

Melinda connaissait tout le monde, au village, et elle appelait tout le monde, même les vieux et les vieilles, par leur prénom. Elle conduisait les tracteurs, aidait à la cueillette des fruits, assistait au vêlage des vaches. Devant son père, elle parlait plus ou moins correctement aux Jameson-Kerr, aux Archer, aux Cairne et à sir Robert Royston, mais elle les trouvait affreusement réac. Une fois, elle était arrivée au rendez-vous des chasseurs pour une battue au renard à Greeving Green en déployant une bannière contre les sports de sang. Toute jeune, elle avait été avec les garçons du village pêcher et regarder les lièvres sortir de leurs terriers à la nuit tombante. Adolescente, elle avait « guinché » avec eux aux bals de Cattingham, s'était laissé embrasser derrière la salle des fêtes. Aussi cancanière que leurs mères et comme elles à l'affût du moindre ragot.

– Quoi de neuf à Greeving depuis que je suis partie ? (Elle

n'était pas revenue à la maison depuis trois semaines.) Raconte-moi tout. Je sais que Mrs Archer s'est tirée avec Mr Smith.

Geoff Baalham eut un large sourire.

– Pauvre bougre, il a dû en voir, avec sa bobonne. Attends un peu, que je réfléchisse... Susan Meadows – ex-Susan Higgs – a eu son bébé. C'est une fille, ils vont l'appeler Lalage.

– Tu parles d'un nom !

– Je savais que ça te ferait un choc. À part ça, ta maman est entrée au conseil de paroisse – mais tu dois déjà le savoir. Et puis tiens-toi bien : ton père a acheté une télé à haute définition.

– Je l'ai pourtant eu au téléphone, hier soir : il ne m'a rien dit.

– Non, en fait, il l'a eue qu'aujourd'hui. C'est ma tante Eva qui me l'a dit il y a une heure à peine. (On n'est pas regardant sur les liens de parenté, à Greeving. Ainsi, une belle-mère est une maman au même titre que la mère naturelle, et une cousine au second degré, à partir d'un certain âge, devient forcément une tatie.) Ils veulent refiler le vieux poste à la domestique qui vient de Londres.

– Quel radin ! C'est vraiment un sale facho, papa. On n'a jamais rien entendu de plus réac, tu ne trouves pas, Geoff ?

– Le monde est ainsi fait, ma petite Melinda. Il l'a toujours été et le sera toujours. Et puis tu ne devrais pas parler comme ça de ton père. Je te ficherais une bonne fessée, si j'étais à sa place.

– Geoffrey ! On ne dirait pas que tu n'as qu'un an de plus que moi, à t'entendre !

– Peut-être, mais je suis marié, maintenant : ça donne le sens des responsabilités. Et voici Lowfield Hall, ma petite madame, je vais prendre congé. Au fait, dis à ta mère que je lui ferai porter des œufs par tante Eva lundi matin à la première heure.

– D'accord. Merci de m'avoir ramenée, Geoff : tu es vraiment super sympa.

– Allez, salut, Melinda.

Geoffrey repartit vers sa ferme et vers sa femme, Barbara Carter, qu'il avait épousée en janvier, mais en pensant à Melinda Coverdale – quelle jolie fille ! Ah, ce chapeau ! – et aux baisers innocents échangés quelques années plus tôt au bord de la Beal, sous le chuintement de la roue du moulin.

Melinda remonta vivement l'allée de marronniers couverts de

leurs chandelles ivoire, fit le tour de la maison et entra par la porte de la salle d'armes. Giles était assis à la table de la cuisine, plongé dans le dernier chapitre du livre sur Poona.

– Salut, frangin.

– Bonjour.

Il n'aimait plus ces noms de « frangin » et « frangine » qu'ils utilisaient l'un pour l'autre auparavant. Ils faisaient incongru dans ses fantasmes byroniens, bien que ces derniers fondissent littéralement dès qu'elle apparaissait en chair et en os. De la chair qu'elle avait juste comme il fallait et harmonieusement répartie. Avec ses joues rouges, elle était presque insolente de bonne santé. Elle piaffait toujours d'impatience, aussi. Giles poussa un soupir, gratta ses boutons et se vit aux Indes en train de tendre sa sébile de mendiant.

– Comment as-tu fait pour mettre toute cette encre rouge sur ton jean ?

– C'est pas de l'encre. J'ai voulu le teindre, mais la teinture a mal pris.

– Complètement taré.

Elle sortit à la recherche de son père et de sa mère et les trouva à l'étage, en train de mettre la touche finale à la préparation de la chambre de miss Parchman.

– Bonjour, parents chéris !

Elle leur donna un baiser à chacun, mais George eut le sien en premier.

– Tu as bronzé, papa. Si j'avais su que tu rentrais aussi tôt, je t'aurais appelé au bureau depuis la gare. C'est Geoff Baalham qui m'a ramenée. Il a dit que sa tante Eva apporterait des œufs lundi matin à la première heure, et que vous donniez la vieille télé à la nouvelle domestique. J'ai répondu que j'avais jamais rien entendu d'aussi facho. Vous allez peut-être l'obliger à prendre ses repas toute seule à la cuisine, pendant que vous y êtes ?

George et Jacqueline se regardèrent.

– Évidemment, pardi.

– C'est vraiment dégueulasse. Pas étonnant que la révolution arrive. Les aristocrates à la lanterne. Comment t'aimes mon chapeau, Jackie ? Cinquante balles chez Oxfam. Bon sang, j'ai une de ces dalles ! On n'a pas d'emmerdeurs qui viennent, ce soir, j'espère ? Pas de pique-assiette comme les jolis- Kerr, les urti-Cairne et les Roy- s'étonne ?

– Maintenant, ça suffit, Melinda. (George prononça ces mots de réprimande avec tendresse. Il était incapable de se fâcher contre sa préférée.) Nous respectons tes amis, alors respecte aussi les nôtres. Oui, les Royston viennent dîner ce soir.

Melinda poussa un grognement et lui sauta au cou avant qu'il pût protester.

– Bon, je vais téléphoner à Stephen, Charles ou un autre pour me sortir. Mais t'en fais pas, Jackie, je serai rentrée pour t'aider à ranger. Tu te rends compte, demain, ce sera la dernière fois que tu aura à faire ça : après, il y a la face de Parchemin qui arrive.

– Melinda... commença George.

Jacqueline ne put s'empêcher de rire.

– C'est pourtant vrai qu'elle avait le visage parcheminé, fit-elle.

Melinda alla donc au cinéma à Nunchester avec Stephen Crutchly, le fils du docteur. Les Royston vinrent dîner à Lowfield Hall.

– Attendez un peu, dit Jacqueline, vous allez voir, demain. Vous n'êtes pas jalouse, Jessica ? Je me demande quand même si elle sera à la hauteur de nos mirobolantes espérances.

George aussi, se posait des questions : mon Dieu, faites qu'elle soit la perle rare que Jackie voit en elle. Une pointe de *schadenfreude*, petite joie malveillante, fit secrètement espérer à sir Robert et lady Royston que non, qu'elle serait du même acabit que leur Anneliese, leur Birgit, ou ce couple espagnol qu'ils s'étaient hâtés d'oublier.

On verrait avec le temps. On verrait demain.

4

Les Coverdale s'étaient posé bien des questions sur les capacités de travail d'Eunice Parchman, et sur son attitude, respectueuse ou non, envers eux. Ils lui avaient attribué une salle de bains personnelle, un poste de télévision, des sièges confortables et un lit bien rembourré, un peu comme on donne une bonne litière et une bonne mangeoire à un cheval de labour. Ils voulaient qu'elle soit le mieux possible, parce qu'ainsi, elle resterait. Mais ils ne la considéraient pas comme un être humain à part entière. Il ne leur vint pas à l'esprit de se demander, lorsqu'ils se levèrent en ce samedi 9 mai, le jour E comme Eunice, quel avait été son passé, si elle appréhendait de venir, si elle était habitée des mêmes espoirs et des mêmes craintes qu'eux. À ce stade, Eunice n'était qu'une machine, une machine qui fonctionnerait bien à deux conditions : être correctement huilée et ne pas craindre les escaliers.

Mais Eunice Parchman était un être humain. Pour de vrai, aurait pu dire Melinda.

C'était même l'être humain le plus étrange qu'ils devaient jamais rencontrer. S'ils avaient connu son passé, ils auraient barricadé leurs portes et l'auraient fuie comme la peste. Quant à son avenir, il était désormais inextricablement lié au leur.

Son passé, il se trouvait dans la maison qu'elle s'apprêtait à quitter, une vieille demeure prise dans un long alignement de Rainbow Street, à Tooting, et dont la porte ouvrait de plain-pied sur le trottoir. Eunice, fille unique d'un chef de train de la Southern Railway, y était née quarante-sept ans plus tôt.

Dès le début, son univers fut limité. Elle semblait faire partie de ces gens qui sont destinés à vivre dans le cadre restreint de quelques rues. Son école, la Primaire de Rainbow Street, se trouvait à deux pas, et les seuls membres de sa famille à qui elle rendît visite habitaient à un jet de pierre. Son destin fut momentanément perturbé par la Seconde Guerre mondiale : comme des milliers d'élèves londoniens, elle fut expédiée à la campagne avant même d'avoir appris à lire. Mais ses parents, bien que gens obtus, ignorants et qui ne voyaient pas plus loin que le bout de leur nez, furent bouleversés d'apprendre que sa mère d'accueil la négligeait, et ils la firent rapatrier dans la ville bombardée et ravagée par la guerre.

Après quoi, Eunice ne retourna à l'école que par intermittence. Trimbalée d'un établissement à l'autre, où elle restait quelques semaines, parfois quelques mois de suite, les autres élèves étaient toujours très en avance sur elle à chaque fois qu'on la mettait dans une nouvelle classe. Elle était dépassée et aucune maîtresse ne prit jamais la peine de chercher d'où venaient ces immenses lacunes dans ses connaissances, et encore moins d'y remédier. Ahurie, alanguie, apathique, elle restait assise au fond de la classe, fixant d'un œil vide le message incompréhensible d'une page ou du tableau. Ou alors, elle faisait l'école buissonnière, avec la bénédiction de sa mère. C'est ainsi que lorsqu'elle quitta définitivement l'école, un mois avant son quatorzième anniversaire, elle savait juste signer son nom et lire des phrases comme « Le chat est assis sur le tapis » et « Jules est en pull, Gaston en veston », c'était à peu près tout. L'école lui avait enseigné une chose : masquer, par tous les subterfuges et les stratagèmes possibles, le fait qu'elle ne savait ni lire ni écrire.

Elle trouva un emploi dans un magasin de friandises où elle apprit à distinguer une barre de Mars d'une autre de Crunchie à la couleur du papier d'emballage. Quand elle eut dix-sept ans, la maladie qui menaçait sa mère depuis des années commença à la handicaper : la sclérose en plaques, que le médecin de famille mit bien du temps à diagnostiquer. Mrs Parchman, à cinquante ans, se retrouva clouée dans un fauteuil roulant, et Eunice dut quitter son travail pour s'occuper d'elle et de la maison. Sa vie se trouva dès lors confinée dans un monde étroit et obscur, tant il est vrai que l'analphabétisme est une forme de cécité. Les Coverdale, s'ils avaient su cela, n'auraient pas cru qu'on pût vivre ainsi. Pourquoi n'a-t-elle pas appris toute seule ? se seraient-ils étonnés. Pourquoi ne s'est-elle pas inscrite aux cours du soir, n'a-t-elle pas cherché un travail, employé quelqu'un pour s'occuper de sa mère, rejoint un club, rencontré des gens ? On se demande ! Entre les Coverdale et les Parchman, il y a un gouffre, disait souvent George lui-même sans vraiment réaliser tout ce que cela impliquait. Pour lui, une jeune fille ne pouvait être qu'une sorte de Paula ou de Melinda, adulée, admirée, bien éduquée, aimée, habituée à se voir dans les dix pour cent de l'élite. Rien de tel avec Eunice Parchman : grand escogriffe de fille au physique ingrat, avec son regard mauvais et maussade, elle n'avait jamais entendu le moindre morceau de musique à part les cantiques et les airs de Gilbert et Sullivan que son père sifflait en se rasant, jamais vu le moindre tableau connu à part la reproduction de Mona Lisa dans le hall de l'école. Elle était d'une ignorance tellement crasse que si on lui avait demandé qui était Napoléon et où se trouvait le Danemark, elle aurait ouvert de grands yeux tout ronds d'hébétude.

Il y avait des choses qu'Eunice savait faire, pourtant. Très adroite de ses mains, excellente ménagère, elle savait faire les courses, la cuisine, coudre et pousser sa mère jusqu'au terrain communal dans son fauteuil. Était-il donc si surprenant qu'elle préférât se cantonner dans ces activités qui l'apaisaient et la sécurisaient parce qu'elle se sentait capable de les mener à bien ? Qu'y avait-il d'étrange à la voir prendre plaisir à cancaner avec les voisines d'un certain âge, et éviter la compagnie de leurs enfants qui savaient lire et écrire, eux, avaient des boulots et parlaient de choses qui dépassaient son entendement ? Elle avait ses petits plaisirs, comme de manger son chocolat préféré – qui la faisait grossir –, repasser, faire l'argenterie et les cuivres, augmenter les rentrées de la famille en tricotant pour les voisines. C'est ainsi qu'à trente ans, elle n'avait encore jamais mis les pieds dans un pub, un théâtre, un restaurant qui eût dépassé la taille d'un salon de thé, quitté le pays ni eu de petit ami, porté de maquillage ou été chez le coiffeur. Deux fois, elle était allée au cinéma avec Mrs Samson, qui habitait à côté et l'avait invitée à voir le mariage et le couronnement de la Reine à la télévision. Entre sept et douze ans, elle avait pris quatre fois le train pour sortir du comté.

Une existence vertueuse aurait pu être le corollaire naturel d'un tel isolement. Elle n'avait que peu d'occasions de commettre des méfaits, mais elle les trouvait ou les créait.

– S'il y a une chose que j'ai apprise à Eunice, disait sa mère, c'est de distinguer le bien du mal.

Cliché débité de façon aussi automatique que pour une poule de caqueter, et avec encore moins de sens : on ne réfléchissait guère avant de parler, chez les Parchman. Et même, on ne réfléchissait pas du tout.

Tout ce qui parvenait à secouer Eunice de son apathie, c'étaient ses impulsions. Des impulsions soudaines, impératives. Laisser tomber d'un coup ce qu'elle faisait et aller marcher, par exemple. Nettoyer une pièce à fond. Défaire complètement une robe et la recoudre avec des modifications de détail. Elle ne pouvait pas résister. Son manteau râpé boutonné jusqu'au menton, un foulard noué autour de son épaisse chevelure brune qui n'avait rien perdu de son lustre, elle couvrait des kilomètres, traversait parfois la Tamise, poussait jusque dans le West End. Ces longues marches constituaient son éducation. Elle y voyait des choses qu'on n'apprend pas à l'école, même quand on sait lire. Et ses instincts, alors débarrassés du carcan de la lettre écrite, lui expliquaient la signification ou la portée de tout cela. Dans le West End, elle vit des prostituées, des gens qui faisaient l'amour au fond du parc, des homosexuels qui attendaient furtivement dans l'ombre, sur les Communaux, pour chercher fortune. Une nuit, elle vit un homme de Rainbow Street qu'elle connaissait emmener un jeune garçon derrière un buisson. Eunice n'avait jamais entendu le mot de « chantage ». Elle ignorait que tenter de soutirer de l'argent par la menace était un délit notoire puni par la loi. Mais sans doute Caïn ignorait-il aussi le terme de « meurtre » avant de tuer son frère : il existe en l'homme des pulsions ancestrales auxquelles il n'est pas besoin d'instruction pour laisser libre cours. Nul doute qu'Eunice s'imagina faire quelque chose d'original : elle attendit que le jeune garçon fût parti et menaça le voisin de tout raconter à sa femme s'il ne lui donnait pas dix shillings par semaine pour prix de son silence. Terrifié, il s'exécuta et lui donna les dix shillings chaque semaine pendant des années.

Son père avait été très religieux, quand il était jeune. Il donna à sa fille le nom d'un personnage du Nouveau Testament et il lui arrivait, pour s'amuser, d'y faire référence et de prononcer ce nom à la grecque :

– Que m'as-tu fait à manger ce soir, Eunikê, mère de Timothée ?

Cela exaspérait Eunice, la mettait hors d'elle – presque –, à cause du sentiment diffus qu'elle ne serait jamais mère de personne, peut-être. Les pensées des illettrés s'expriment par des images et des mots simples. Le vocabulaire d'Eunice était limité. Elle ne parlait que par clichés et phrases toutes faites empruntées à sa mère ou à Mrs Samson. Éprouva-t-elle de la jalousie lors du mariage de son cousin ? Fut-ce l'amertume, en même temps que la cupidité, qui la poussèrent à demander encore dix shillings par semaine à une femme mariée qui avait une liaison avec un représentant de commerce ? Elle ne confiait à personne ses émotions ou ses vues sur la vie.

Mrs Parchman mourut lorsque Eunice avait trente-sept ans, et son mari veuf prit aussitôt sa place comme invalide permanent : sans doute trouvait-il les services de sa fille trop bons pour être perdus. Il avait toujours eu les reins fragiles, et maintenant, il arguait de son asthme pour garder le lit.

– Je me demande bien où je serais sans toi, Eunikê, mère de Timothée.

Encore en vie, probablement, et à Tooting.

Les impulsions d'Eunice lui firent une fois prendre le car et passer la journée à Brighton, une autre fois sortir tous les meubles du salon et peindre les murs en rose. Puis son père commença à effectuer des séjours à l'hôpital.

– Surtout pour vous soulager un peu, Mademoiselle Parchman, expliqua le docteur. Il peut passer à n'importe quel moment, comme durer des années.

Il ne semblait pas du tout être sur le point de passer. Eunice lui achetait de beaux morceaux de poisson et lui faisait du pudding aux rognons. Elle entretenait le feu de sa chambre et lui apportait de l'eau chaude pour se raser tandis qu'il sifflait « Le Dieu d'amour est mon berger » ou des extraits du *Mikado* de Gilbert et Sullivan.

Par un beau matin de printemps, il se redressa dans son lit, l'air gaillard et la joue rose, pour s'écrier, d'une voix claire qui n'avait rien d'asthmatique :

– Couvre-moi bien, installe-moi dans le fauteuil de maman et emmène-moi dans le parc, Eunikê, mère de Timothée.

Eunice ne répondit pas. Elle prit un des oreillers derrière la tête de son père et le lui plaqua sur le visage. Il se débattit et gesticula quelques instants, mais pas longtemps. Ses poumons n'étaient pas si costauds, après tout. Eunice n'avait pas le téléphone : elle partit à pied chez le médecin et le ramena à la maison. Il signa le certificat de décès sans poser de questions.

Libre !

Elle avait quarante ans et ne savait que faire de sa liberté, maintenant qu'elle l'avait. Surmontez cette ridicule histoire d'analphabétisme, aurait suggéré George Coverdale. Apprenez un métier, cherchez des colocataires, sortez, voyez du monde. Mais Eunice ne fit rien de tout cela. Elle resta dans la maison de Rainbow Street, où elle payait un loyer insignifiant et encaissait le fruit de ses chantages qui atteignait à présent deux livres par semaines. Et comme si ces vingt-trois années, ces meilleures années de sa jeunesse, n'avaient jamais existé, étaient passées en un clin d'œil, elle retourna au magasin de friandises et y travailla trois jours par semaine.

C'est au cours d'une de ses promenades qu'elle vit Annie Cole entrer dans un bureau de poste de Merton, son livret de pension à la main. Eunice savait reconnaître un tel livret car son père lui avait montré comment signer le sien par procuration. Elle reconnaissait Annie Cole également pour l'avoir remarquée à la sortie du crématorium juste avant que le cortège funèbre de Mr Parchman n'arrive. Mrs Cole était morte, et voilà qu'Annie venait chercher sa pension en racontant à l'employé comment sa pauvre mère se portait ce jour-là. Les analphabètes ont l'avantage de jouir d'une excellente mémoire visuelle : ils se souviennent pratiquement de tout.

C'est ainsi qu'Annie devint la victime et le porte-plume d'Eunice : elle lui versait le tiers de ladite pension et effectuait pour elle des travaux d'écriture indispensables. Comme elle était dépourvue de malice, un tel comportement ne la choqua pas dans ce monde impitoyable, et ce fut même elle qui se rapprocha le plus d'Eunice dans la voie de l'amitié, jusqu'à ce que cette dernière rencontre Joan Smith. Or, vint le moment où Annie prit peur et voulut faire officiellement mourir sa mère. Eunice, qui refusait de perdre sa part du gâteau, s'y opposa. Il devenait donc urgent de s'en débarrasser et ce fut Annie qui, après avoir flatté son maître chanteur sur ses talents ménagers, lui montra comme par hasard l'annonce des Coverdale.

– Vous pourriez gagner trente-cinq livres par semaine, logée, nourrie, blanchie. J'ai toujours dit que vous perdiez votre temps, dans ce magasin.

– Je sais pas, fit Eunice – c'était sa réponse favorite – en croquant un carreau fourré de Cadbury.

– Cette baraque où vous habitez, elle tombe en ruines. On parle de démolir la rangée tout entière, d'ailleurs, ce qui ne serait sûrement pas une grosse perte. (Annie examina le *Times* qu'elle avait négligemment ramassé dans une poubelle.) Ça paraît super. On devrait écrire, rien que pour voir. Ça ne vous engage à rien, après tout.

– Écrivez vous-même si vous voulez.

Comme tous ceux qui la côtoyaient de près, Annie soupçonnait Eunice d'être illettrée, ou presque. Mais personne ne pouvait être vraiment sûr. Elle semblait parfois lire des magazines, signait des papiers. Bien des gens ne lisent ou n'écrivent jamais alors qu'ils savent le faire, après tout. Annie rédigea donc la lettre à Jacqueline, et lorsque vint le temps de l'entrevue, elle poussa à la roue pour qu'Eunice s'y rendît.

– N'oubliez pas de dire « Madame », hein, Eun. Ne parlez pas avant d'y être invitée. Maman était domestique, dans sa jeunesse, alors, elle savait bien. Je pourrai vous donner des tas de tuyaux.

Pauvre Annie. Elle avait adoré sa mère, et la fraude du livret de pension était autant un moyen de se donner l'illusion qu'elle était encore en vie que d'arrondir ses fins de mois.

– Je peux même vous prêter ses belles chaussures : elles doivent être à peu près de votre pointure.

Et cela réussit. Avant même qu'elle eût le temps de bien réfléchir, Eunice était engagée chez les Coverdale, et bien que ses gages fussent de vingt-cinq et non de trente-cinq livres par semaine, ils lui paraissaient une fortune. Mais qu'est-ce qui avait pu si facilement la convaincre, elle qui était aussi attachée à sa tanière qu'une bête sauvage ?

La recherche de nouveaux paysages ? L'attrait de l'aventure ou de quelconques avantages financiers ? Le désir de se montrer sous le seul aspect qui lui fût favorable ? Rien de tout cela : elle accepta en grande partie pour échapper aux responsabilités.

De son vivant, son père, même si les choses n'étaient pas roses avec lui dans bien des domaines, présentait un immense avantage : celui de s'occuper du loyer, des impôts locaux, des factures, de lire et de remplir les papiers administratifs.

Maintenant, Eunice allait directement au guichet et en liquide régler les différents organismes, mais elle ne pouvait ni louer ni acheter à crédit de télévision parce qu'il y aurait eu des formulaires à remplir. Lettres et circulaires lui étaient parfois adressées, elle ne savait les lire. Lowfield Hall serait la solution à tous ces problèmes : on l'y recevrait, on s'occuperait d'elle, c'était là uniquement ce qui l'intéressait.

Son propriétaire fut à la fois ébahi et ravi de son départ. Mrs Samson s'occupa de la vente de ses meubles. Eunice assista à l'estimation de ses objets familiers, le visage impénétrable. Elle empaqueta toutes ses affaires dans deux valises empruntées à Mrs Samson. Toute de bleu vêtue, avec sa jupe, son pull tricoté à la main et son imper marine, elle fit à cette si bonne voisine – presque une seconde mère, qui d'ailleurs l'avait vue naître – des adieux bien à sa manière :

– Bon, j'y vais.

Mrs Samson l'embrassa sur la joue mais ne lui demanda pas de lui écrire : elle était la seule personne à être véritablement au courant.

À la gare de Liverpool Street, Eunice ouvrit de grands yeux. Elle voyait des trains – des vrais, pas le métro – pour la première fois depuis trente-cinq ans. Mais comment savoir dans lequel monter ? Sur le tableau des départs, n'apparaissaient que d'incompréhensibles hiéroglyphes blancs sur fond noir.

Elle avait horreur de poser des questions, mais elle dut s'y résoudre.

– Quel quai, pour Stantwich ?

– C'est marqué au tableau.

Elle essaya auprès de quelqu'un d'autre.

– C'est écrit là-haut : le treize. Vous ne savez pas lire ?

Non, elle ne savait pas, mais elle n'osait l'avouer. Enfin, elle était dans le train. Ce devait être le bon : onze personnes le lui avaient confirmé. En revoyant la campagne, elle remonta le temps jusqu'à sa jeunesse. Elle était redevenue la petite fille qu'on évacuait avec son école loin des bombes, elle avait l'avenir devant elle. Et maintenant comme à cette époque, les gares défilaient, sans nom, inconnues.

Mais elle ne pourrait pas manquer Stantwich : c'était le terminus. Pour son avenir aussi.

5

Elle courait à l'échec. Elle n'avait ni formation ni expérience. Les Coverdale ne ressemblaient en rien aux gens qu'elle avait connus, et sa raideur d'esprit lui ôtait toute possibilité d'adaptation. Elle n'avait jamais vu – encore moins organisé – de soirée, elle ne s'était jamais occupée d'une autre maison que celle de Rainbow Street. Il n'y avait aucune tradition de domesticité dans sa famille, et elle ne connaissait personne qui eût jamais engagé de serviteur, pas même une femme de ménage.

Elle réussit au-delà de ses froides espérances, et des rêves de Jacqueline.

Bien sûr, ce n'était pas vraiment d'une femme de charge dont cette dernière avait besoin. Pas de quelqu'un qui organise et dirige, mais d'une bonne à tout faire soumise. Eunice était habituée à obéir et à travailler dur. Elle était exactement ce que cherchaient les Coverdale : sans personnalité visible, apparemment peu soucieuse de ses droits, dépourvue de cette curiosité qui pousse un employé à fureter partout, tranquille et respectable, sans autre bizarrerie qu'une seule – bien particulière –, n'éprouvant aucun désir de se hisser au même niveau social que ses patrons. Son sens esthétique ne s'exerçait que dans une seule direction : les objets ménagers. Pour Eunice, un réfrigérateur était beau alors qu'une fleur n'était qu'une fleur. Le tissu d'un rideau pouvait être ravissant alors qu'un oiseau ou un animal serait, au mieux, « gentil ». Elle était incapable de faire la différence, en termes de valeur esthétique, entre une porcelaine de Chine *famille rose* et une poêle en Téflon. Tous deux étaient « jolis » et recevraient d'elle les mêmes soins et la même attention.

Telles étaient les raisons de son succès. Elle fit immédiatement bonne impression. Après avoir mangé la dernière barre de Bounty qu'elle avait achetée à la gare de Liverpool Street, elle descendit du train, détendue maintenant qu'il n'y avait plus aucun panneau à déchiffrer. « Sortie », elle comprenait, ce n'était pas un problème. Jacqueline ne lui avait pas dit comment reconnaître son mari, mais George n'eut aucun mal à la repérer grâce à la peu flatteuse description que sa femme lui en avait faite. Melinda était avec lui, ce qui déconcerta Eunice qui cherchait un homme seul.

– Très heureuse, fit-elle en leur serrant la main sans un sourire, plus intéressée par la grosse voiture blanche que par eux.

George la fit asseoir devant.

– Ainsi, vous profiterez mieux de notre beau paysage, miss Parchman, dit-il.

La fille ne cessa de jacasser tout au long du chemin et bombarda Eunice de questions. Aimez-vous la campagne, miss Parchman ? Etes-vous jamais allée dans la région des Fens ? Vous n'avez pas trop chaud dans votre manteau ? J'espère que vous aimez les feuilles de vigne farcies : ma belle-mère en fait pour ce soir. Ahurie, Eunice ne répondait que par oui ou par non. Les feuilles de vigne farcies, elle ne savait pas si ça se mangeait, si ça se regardait ou si on s'asseyait dessus. Mais elle gardait son calme et lui adressait parfois un petit sourire poli.

Tout en elle plaisait à George : sa respectueuse discrétion, sa façon de s'asseoir mains croisées sur ses genoux serrés, jusqu'à ses vêtements qu'un observateur plus neutre eût pu comparer à ceux d'une gardienne de prison. Ni Melinda ni lui ne ressentirent le moindre frisson de répulsion.

– Fais le grand tour par Greeving, papa. Comme ça, on pourra montrer le village à miss Parchman.

C'est ainsi qu'Eunice vit la maison de sa future complice avant même celle de ses victimes : Bureau de Poste et Épicerie N. Smith, propriétaire. Joan n'était pas là, cependant, occupée à distribuer des prospectus des Adorateurs de l'Épiphanie.

Eunice ne l'aurait pas remarquée, de toutes façons, les gens ne l'intéressaient pas. Non plus que le paysage ou que cette visite d'un des plus beaux villages du Suffolk : Greeving n'était qu'un tas de vieilles bicoques pour elle, avec leur toit de chaume, leur plâtre sur les murs et tous ces arbres qui devaient empêcher la lumière d'entrer. Elle se demandait par contre comment on faisait pour y trouver du bon poisson ou, comme cela lui arrivait souvent, une boîte de chocolat pour satisfaire un caprice soudain.

Lowfield Hall. Pour Eunice, on aurait pu l'appeler Buckingham Palace. Elle ne savait pas que des gens normaux pouvaient vivre dans des maisons pareilles, réservées, dans son esprit, à la Reine ou à des stars de cinéma. Jacqueline, qui s'habillait pour la moindre occasion, apparut en pantalon de velours vert émeraude, corsage de soie rouge et foulard Gucci pour accueillir sa nouvelle domestique. Même Giles était là : comme il passait juste à ce moment, vaguement à la recherche de son manuel d'initiation au hindi, sa mère l'avait harponné et obligé à rester pour des présentations officielles.

– Bonjour, miss Parchman. Vous avez fait bon voyage ? Voici mon fils Giles.

Lequel lui accorda un signe de tête distrait et s'en fut à l'étage sans autre forme de procès. Eunice le remarqua à peine, bien plus intéressée par la maison et ce qu'elle contenait. C'était presque trop pour elle, impressionnée comme la reine de Saba en face du roi Salomon. Mais elle ne laissa rien paraître de son ébahissement sur son visage ou dans son attitude. Figée sur l'épaisse moquette, au milieu des meubles anciens et des bouquets de fleurs, elle regarda d'abord la grande horloge paysanne, puis son propre reflet dans un immense miroir entouré d'un cadre aux volutes dorées. Elle restait immobile, éberluée. Les Coverdale lui trouvèrent belle prestance ainsi, voyant dans ce silence la retenue qui sied à tout parfait domestique.

– Je vais vous montrer votre chambre, dit Jacqueline. Vous n'aurez rien à faire ce soir. Laissez ici vos bagages, quelqu'un vous les montera tout à l'heure.

Eunice découvrit une pièce vaste et coquette, au sol recouvert d'une moquette en Wilton gris foncé et aux murs tapissés de papier jaune pâle à rayures blanches verticales. Le mobilier se composait de deux fauteuils d'un jaune plus soutenu, d'un canapé recouvert de cretonne, d'un lit avec dessus assorti et d'un long placard encastré. Les fenêtres ouvraient sur une vue splendide, la plus belle de toute la maison.

– J'espère que tout cela est à votre goût.

Une bibliothèque vide – destinée à le rester –, un vase de lilas blanc sur un guéridon, deux lampes avec abat-jour brun orangé, deux reproductions encadrées de Constable, « Le cottage de Willy Lott » et « Le cheval bondissant », complétaient le décor. Les accessoires sanitaires de la salle de bains étaient vert clair et des serviettes vert olive pendaient sur une barre chauffante.

– Votre dîner sera servi dans la cuisine dans une demi-heure. La porte est au fond du couloir, derrière l'escalier. J'imagine que vous désirez vous reposer un peu, maintenant. Ah, voici mon fils avec vos bagages.

Giles s'était fait coincer par George et laissé amadouer pour monter les deux valises. Il les posa lourdement à terre et s'en alla. Eunice ne lui prêta pas plus attention qu'à sa mère. Elle fixait d'un regard avide le seul objet qui l'intéressait vraiment : la télévision. Télévision qu'elle avait toujours désirée mais n'avait jamais pu louer ou acheter. Dès que la porte se fut refermée derrière Jacqueline, elle s'approcha du poste, le jaugea du regard puis, comme quelqu'un qui se décide par nécessité à manipuler un engin dangereux en dépit des risques d'explosion ou de décharge électrique, elle se précipita dessus et appuya sur le bouton.

Un homme armé d'un pistolet apparut sur l'écran. Il menaçait une femme qui se réfugia derrière une chaise. Un coup de feu claqua, la femme s'enfuit en hurlant dans un couloir. C'est ainsi que les premières images qu'Eunice vît jamais sur une télévision à elle montraient une scène de violence avec des armes à feu. Ces images, comme tant d'autres qui suivirent, stimulèrent-elles ses propres pulsions latentes, déclenchèrent-elles des ondes d'agressivité ? Ces fictions plongèrent-elles dans ce cerveau inculte des racines qui donnèrent un terrible fruit ?

Peut-être. Mais si la télévision joua un rôle dans le meurtre des Coverdale, ce n'est certainement pas sous son influence qu'Eunice avait étouffé son père : à l'époque de sa mort, les seules émissions qu'elle avait suivies au petit écran étaient un mariage royal et un couronnement.

Cela devint une véritable drogue pour elle, cependant. Elle restait des heures enfermée dans sa chambre, rideaux tirés contre la lumière des soirs d'été. Cette première fois, pourtant, elle ne la regarda que dix minutes. Elle dîna du bout des lèvres car elle n'avait jamais mangé rien de pareil auparavant, après quoi, Jacqueline lui fit faire le tour de la maison et lui donna ses instructions de service. Eunice prit dès le début plaisir à sa tâche et ne commit que quelques petites erreurs bien naturelles. Elle mit correctement la table, Annie Cole le lui avait appris. Mais le premier matin, elle fit du thé au lieu de café. Elle n'en avait jamais fait de sa vie, sauf de l'instantané, et n'avait pas demandé comment s'y prendre : elle ne posait que très rarement des questions. Jacqueline crut qu'elle était habituée à utiliser un percolateur – Eunice ne la détrompa pas – alors qu'eux utilisaient des filtres : elle lui en montra le maniement. Eunice regarda attentivement. Il lui fallait plusieurs démonstrations de ce genre pour être capable de se débrouiller seule.

– J'ai compris, Madame.

Jacqueline faisait la cuisine et se partageait les courses avec George. Dans les premiers temps, Eunice profitait de ses absences pour fureter à loisir dans Lowfield Hall. La maison était mal entretenue, à ses yeux, aussi éprouva-t-elle un plaisir intense à la soumettre à un grand nettoyage de printemps. Qu'ils étaient beaux, ces tapis ! Et ces tentures, ces coussins, ces meubles en bois de rose, en noyer, en chêne ! Et ces cristaux, cette argenterie, cette porcelaine ! Mais le summum, c'était la cuisine, avec ses murs et ses éléments en pin, son évier métallique à double bac, sa machine à laver, son séchoir, son lave-vaisselle. Quant à la porcelaine du salon, Eunice trouvait insuffisant de l'épousseter : il fallait la laver.

– Ce ne sera pas nécessaire, miss Parchman.

– Ça me plaît, vous savez, répondit-elle.

C'est plus par peur de la casse que par philanthropie que Jacqueline avait voulu l'arrêter. Mais Eunice ne cassait jamais rien, et elle remettait toujours scrupuleusement les objets à la place où elle les avait trouvés. Sa mémoire visuelle semblait fidèlement tout enregistrer dans une section de son cerveau.

Les seules choses qui ne l'intéressaient pas, à Lowfield Hall, et qu'elle évitait de manipuler ou d'inspecter, étaient le contenu du bureau du petit salon, puis les livres et les lettres de George dans la coiffeuse de Jacqueline. Cela et, du moins pour l'instant, les deux fusils.

Ses patrons étaient comblés.

– Elle est parfaite, commenta Jacqueline qui, faisant un ballot des chemises de George pour les porter à la blanchisserie, se les était vu ôter des mains par Eunice. (Celle-ci les avait gentiment lavées et repassées entre le dégivrage du réfrigérateur et le changement des draps de lit.) Tu sais quoi, chéri ? Elle a pris les affaires avec ce petit air doux qu'elle a et m'a dit : « Donnez-les-moi. Un petit coup de repassage ne me fera pas de mal ».

Douce ? Eunice Parchman ?

– C'est vrai qu'elle abat du travail, dit George. Et je suis ravi de te voir aussi heureuse et détendue.

– Bien sûr, je n'ai plus rien à faire ! À part la fois où elle a mis les draps verts à notre lit sans tenir compte d'une note que je lui avais laissée, je n'ai pas une seule faute à lui reprocher. Faute serait un bien grand mot d'ailleurs, après ce qu'on a connu avec la vieille Eva et cette horreur d'Ingrid.

– Comment s'entend-elle avec Eva ?

– Elle l'ignore tout simplement, je crois. J'aimerais bien pouvoir faire pareil. Tu sais, miss Parchman sait coudre, aussi : j'essayais de relever l'ourlet de ma jupe, l'autre fois : elle l'a prise et l'a fait à la perfection.

– On a vraiment eu de la veine, conclut George.

Le mois de mai passa. Les fleurs de printemps fanèrent, les arbres se couvrirent de feuilles. Les faisans peuplèrent les champs pour picorer le blé en herbe, le chant du rossignol s'éleva dans les vergers. Mais pas pour Eunice. Sous les haies, des lièvres folâtraient comme du vif-argent, et le soir, la lune s'élevait lentement derrière les collines de Greeving, rouge et étrange comme un autre soleil. Mais pas pour Eunice. Elle tirait les rideaux, allumait les lampes, puis la télévision. Ses soirées étaient libres, et elle appréciait de pouvoir faire ce que bon lui semblait. Elle tricota, au début. Mais peu à peu, feuilletons, événements sportifs, flics et truands prirent le dessus, et le tricot retomba de plus en plus souvent sur ses genoux tandis que, penchée en avant, elle restait sous le charme, captivée comme une enfant.

Elle était heureuse. Si elle avait été capable d'analyser ses pensées, ses sentiments, de comprendre ses mobiles, elle aurait dit que cette façon d'exister par personne interposée était la meilleure qu'elle ait connue. Mais si elle en avait été capable, elle ne se serait sans doute pas satisfaite d'une façon aussi spécieuse de passer ses loisirs. Cette intoxication télévisuelle soulève une question : un organisme social quelconque n'aurait-il pas rendu un immense service à la société – et sauvé la vie des Coverdale – en déclarant pathologique la boulimie d'images, innocente en apparence, d'Eunice Parchman ? Installée dans une chambre, avec une pension et une télévision, elle aurait pu passer le restant de sa vie en adoration devant le petit écran. Mais aucune assistante sociale ne prit contact avec elle avant qu'il fût trop tard. Aucun psychiatre ne la vit jamais. Encore ne serait-il parvenu à trouver l'origine de sa névrose que si elle lui avait laissé découvrir son analphabétisme. Or, elle était maître en l'art de masquer cette tare depuis l'époque où il eût été temps de s'en débarrasser. Son père, qui savait parfaitement bien lire, qui avait absorbé la Bible du début à la fin dans sa jeunesse, avait été son principal allié pour l'aider à cacher cette déficience. Que ne l'avait-il encouragée à s'instruire, au lieu de l'entraîner dans les difficultés bien plus douloureuses encore auxquelles l'exposait l'illettrisme ?

Quand un voisin entrait avec un journal et le tendait à Eunice, il s'interposait :

– Passez-le-moi, disait-il en regardant l'impression minuscule : je ne veux pas qu'elle abîme ses jeunes yeux.

À tel point que l'on crut, dans le cercle restreint de leurs relations, qu'Eunice souffrait d'une mauvaise vue, excuse souvent invoquée par les ignorants pour expliquer leur incapacité à lire.

– Tu n'arrives pas à lire – tu veux dire que tu n'y vois pas ?

Enfant, elle n'avait jamais voulu s'y mettre. Devenue grande, elle aurait bien aimé apprendre, mais avec qui ? Pour trouver – ou même simplement chercher – un professeur, il lui aurait fallu avouer son analphabétisme. Elle avait commencé à fuir les gens qui, croyait-elle, n'avaient de cesse que de lui arracher son secret. Au bout de quelque temps, cette fuite, cet isolement volontaire, devinrent automatiques, bien que la cause profonde de sa misanthropie fût à demi oubliée.

Elle n'avait rien à redouter des choses – les meubles, les objets décoratifs, la télévision : elle s'en rapprochait donc, et c'est auprès d'elles qu'Eunice trouvait ce qui ressemblait le plus à une émotion. Mais les gens, comme les Coverdale, elle les rejetait. Non qu'ils eussent davantage que d'autres à souffrir de sa froideur : elle se comportait avec eux comme elle l'avait fait avec tout le monde.

De tous les Coverdale, George était le plus sensible. Il fut donc le premier à le ressentir. Le premier à déceler une imperfection dans toute cette excellence.

6

Ils étaient à la messe, le dimanche matin, et Mr Archer commença son sermon. Il avait choisi de commenter ce passage : « C'est bien, bon et fidèle serviteur. Tu as été fidèle pour peu, sur beaucoup je t'établirai. Entre dans la joie de ton maître. » Jacqueline toucha le bras de son mari en souriant. George lui rendit son sourire d'un air satisfait.

Le lendemain, il se souvint de cet échange de sourires et trouva qu'il avait exprimé un contentement peut-être un peu trop béat.

– Paula est entrée à l'hôpital, annonça Jacqueline dès qu'il rentra à la maison. C'est quand même horrible, cette façon qu'ils ont de fixer le jour de la naissance de votre bébé, maintenant. Vous arrivez, ils vous font une piqûre, et hop ! Coucou, le voilà !

– Des bébés instantanés, fit George. Est-ce que Brian a téléphoné ?

– Pas depuis 2 heures.

– Je vais l'appeler, alors.

Ils allaient dîner, comme souvent lorsqu'ils étaient seuls, dans le petit salon. Eunice entra pour mettre la table. George composa le numéro, mais n'obtint pas de réponse. Il avait à peine reposé le combiné que l'appareil se mit à sonner. Après avoir répondu au mari de Paula par monosyllabes et demandé à être tenu au courant, il s'approcha de Jacqueline et lui prit la main.

– Ça ne va pas très bien. Ils n'ont pas encore pris de décision, mais elle est dans un tel état de fatigue qu'il va sans doute falloir pratiquer d'urgence une césarienne.

– Mon Dieu, chéri, quelle angoisse ! (Elle n'essaya pas de masquer son inquiétude et il lui en sut gré.) Pourquoi n'appelles-tu pas le Dr Crutchley ? Il te rassurerait peut-être, lui.

– Je vais le faire tout de suite.

Eunice quitta la pièce. George apprécia son silence plein de tact. Le docteur, au bout du fil, lui répondit qu'il ne pouvait guère discuter d'un cas qu'il ne connaissait pas. Le seul réconfort qu'il apporta à George fut de lui dire qu'en général, les femmes ne mouraient plus en couches de nos jours.

Ils mangèrent. Ou plutôt Giles mangea, Jacqueline chipota sur son repas et George laissa le sien pratiquement intact. Seule concession de Giles au sérieux de la situation et à l'anxiété ambiante : il condescendit à lever les yeux de son livre – pour les laisser se perdre aussitôt dans le vide. Plus tard, lorsque toute incertitude fut balayée, Jacqueline dit en riant à son mari qu'un tel geste de la part de Giles était aussi parlant qu'un discours dans la bouche de quelqu'un d'autre.

L'incertitude ne dura d'ailleurs pas longtemps. Brian rappela deux fois et, une demi-heure plus tard, annonçait qu'un garçon de sept livres avait été mis au monde par césarienne et que Paula allait bien.

Eunice était en train de desservir la table. Elle avait dû tout entendre : le « Dieu soit loué ! » de George, le « C'est merveilleux, mon cher, je suis tellement heureuse pour vous deux ! » de Jacqueline, le « Super » lâché par Giles avant de remonter dans sa chambre. Elle avait dû assister au soulagement et au bonheur de chacun. Sans laisser paraître la moindre émotion, elle quitta la pièce et referma la porte.

Jacqueline entoura George de ses bras et le tint contre elle. Il ne songeait pas à Eunice, alors. Ce ne fut que lorsqu'il alla se coucher et qu'il entendit, au-dessus de lui, les bruits de voix de sa télévision qu'il commença à réfléchir à l'étrange froideur de son attitude. Pas une fois elle n'avait montré de souci pendant les moments d'angoisse, ni de joie lorsque tout danger avait été écarté. Non qu'il eût consciemment attendu qu'elle le fît, qu'elle vînt lui dire « Je suis ravie que votre fille aille bien, Monsieur », mais à présent, cette omission l'intriguait, elle le troublait. Pareille indifférence à l'égard d'une autre femme ou des gens chez lesquels elle vivait n'était pas naturelle pour une femme normale. « C'est bien, bon et fidèle serviteur »... Cela, non, ce n'était pas bien.

George n'aurait pour rien au monde fait part de son malaise à Jacqueline, si heureuse et satisfaite de sa domestique. D'ailleurs, George n'aurait pas aimé non plus qu'elle soit trop bavarde, qu'elle s'immisce dans leurs affaires de famille, qu'elle devienne trop familière. Il résolut donc de chasser ces pensées de son esprit.

Ce qu'il fit avec succès jusqu'au baptême du nouveau-né, un mois plus tard.

Patrick avait été baptisé à Greeving. Le révérend Archer était un ami des Coverdale, et l'été, ce genre de cérémonie est plus agréable à la campagne qu'en ville. Paula, Brian et leurs deux enfants arrivèrent à Lowfield Hall un samedi de la fin juin pour rester jusqu'au dimanche. On donna une grande réception le samedi après-midi. Les parents et la sœur de Brian étaient là, de même que les Royston, les Jameson-Kerr, une tante de Jacqueline venant de Bury et des cousins de George de Newmarket. Le buffet, dressé par Eunice sous les directives de Jacqueline, était parfait. La maison n'avait jamais été aussi belle, les flûtes à champagne aussi nettes. Jacqueline ne savait même pas qu'elle possédait autant de serviettes de table en tissu – du moins ne les avait-elle jamais vues ensemble, et ainsi repassées de frais. Plusieurs fois dans le passé, elle avait été obligée d'en acheter en papier.

Avant le départ pour l'église, Melinda entra dans le salon pour montrer le bébé à Eunice. Il allait s'appeler Giles, et Giles Mont, consterné par cette idée maintenant, s'était laissé embobiner pour être parrain avant de s'apercevoir de ce qui se tramait. Elle le portait dans la robe de baptême brodée qu'elle-même, son frère, sa sœur et, bien sûr, George lui-même, avaient jadis portée. C'était un beau bébé, vigoureux, aux joues bien roses et rebondies. Sur la table, à côté du gâteau, se trouvait le livre de baptême des Coverdale dans lequel était consigné le nom de tous ceux qui avaient porté la robe, avec leur date et lieu de baptême. Il était ouvert, prêt à recevoir sa nouvelle inscription.

– Il est pas mignon, dites, miss Parchman ?

Eunice resta de marbre. George sentit un grand froid émaner d'elle, comme si le soleil s'était soudain caché. Elle n'esquissa pas le moindre sourire, ne se pencha pas sur l'enfant, ne fit pas mine de l'effleurer du bout des doigts. Elle lui lança juste un regard, un regard beaucoup moins attendri que celui avec lequel George lui avait vu disposer les petites cuillers en argent sur les soucoupes.

– C'est pas le tout, fit-elle. J'ai des choses à faire.

De tout l'après-midi, tandis qu'elle entrait et sortait avec des plateaux, elle ne prononça pas le moindre mot de compliment sur le bébé, ni sur la chance qu'il fît si beau, ni sur le bonheur des jeunes parents. Une froideur pareille, songea-t-il, ce n'est pas naturel. À moins qu'elle ne souffre d'une timidité maladive ?

Eunice n'était pas timide. Et ce n'était pas la peur du livre de baptême qui l'avait détournée du bébé. Pas de façon directe. Il ne l'intéressait pas, tout simplement. Il serait pourtant juste de dire que si les bébés ne l'intéressaient pas, c'est parce qu'il y avait des livres dans le monde.

Le mot écrit était pour elle une hantise, une menace sur sa

personne. Il fallait s'en garder, l'éviter par tous les moyens possibles, éviter tous les gens susceptibles de lui en montrer. L'habitude de se dérober s'était ancrée en elle au point de devenir inconsciente, au point de tarir tout élan de chaleur humaine, d'affection ou même d'enthousiasme. Elle ne se rendait pas compte que cet isolement volontaire, automatique maintenant, trouvait sa source dans sa fuite devant tout ce qui était lecture ou écriture.

L'analphabétisme lui avait desséché le cœur et atrophié l'imagination. Le cœur, l'imagination, et ce que les psychologues nomment *affect* – la capacité à se préoccuper du sentiment des autres – n'avaient pas place dans son schéma mental.

Le général Gordon, pour essayer de remonter le moral aux assiégés de Khartoum, racontait qu'il était arrivé en retard lorsque Dieu distribuait la peur aux humains, et qu'il n'en restait plus. Voilà pourquoi il ignorait ce sentiment. Cette exquise petite parabole pouvait être paraphrasée pour Eunice : quand elle parut devant Dieu, les réserves d'imagination et *d'affect* étaient épuisées.

Les Coverdale se mêlaient toujours de tout. Avec les meilleures intentions, certes, celles de se rendre utiles. Si ce n'était la pire excuse à trouver à quelqu'un – pour citer l'un des auteurs favoris de Giles Mont –, on pourrait dire qu'ils croyaient bien faire. Ils avaient peur de se montrer égoïstes car ils n'avaient jamais compris ce que Giles savait instinctivement, que l'égoïsme n'est pas de vivre comme on a envie mais d'y contraindre les autres.

– La vieille Parchemin, elle m'inquiète, dit Melinda au cours d'une de ses rares visites dans la chambre de Giles. (La voir assise sur son lit l'enchantait et le paniquait à la fois.) Elle a dû en baver, dans sa vie, hein ?

– Sais pas. J'ai rien remarqué.

– Oh, toi, tu ne remarques jamais rien. Mais j'en suis sûre. Elle n'a pas mis une seule fois le nez dehors, depuis qu'elle est ici. Tout ce qu'elle fait, c'est de rester collée devant sa télé. Tiens, écoute, elle marche encore en ce moment. (Elle s'interrompit et leva un regard mélodramatique vers le plafond, cependant que Giles se remettait à ce qu'il faisait lorsqu'elle était arrivée : fixer des photos sur les carreaux de liège dont il avait couvert une moitié de mur.) Elle doit se sentir terriblement seule. Ses amis doivent lui manquer. (Elle attrapa Giles par le bras et le fit pivoter sur lui-même.) Ça ne te fait *rien*, à toi ?

Le contact de sa main lui causa un choc. Il rougit.

– T'inquiète, elle va très bien.

– Non, elle ne va pas bien. J'en suis sûre.

– Y a des gens qui préfèrent être seuls. (Jetant un regard mou autour de lui, il vit le tas de vêtements orange, les empilages de bouquins, de dictionnaires et de dissertations inachevées sur des sujets qui n'étaient même pas au programme de l'école. Il l'adorait, sa chambre. Il s'y sentait mieux que n'importe où ailleurs, sauf peut-être à la Bibliothèque de Londres où il avait été emmené une fois par un parent érudit. Mais on ne peut pas louer de chambre à la Bibliothèque de Londres, sinon, Giles aurait été le premier sur la liste.) Comme moi, par exemple.

– Si c'est une invite pour que je m'en aille...

– Non, non, pas du tout, se hâta-t-il de dire. (Résolu à se déclarer, il commença d'une voix rauque, poignante :) Melinda...

– Hein ? Où as-tu dégoté cet horrible poster ? C'est exprès qu'elle a le visage vert, cette fille ?

Giles soupira. Le moment était passé.

– Lis ma citation du mois.

Elle était inscrite à l'encre verte sur un bandeau de papier épinglé sur le liège du mur. Melinda lut tout haut.

– « Pourquoi les générations doivent-elles toujours se chevaucher ? Pourquoi ne sommes-nous pas déposés en terre comme des œufs dans de belles petites cellules, enveloppés chacun de dix ou vingt livres en billets de banque, et nous éveiller comme le sphex », cette guêpe qui s'aperçoit non seulement que papa et maman guêpes ont laissé amples provisions, mais qu'ils ont été gobés par les moineaux quelques semaines auparavant ? »

– C'est bon, hein ? C'est de Samuel Butler.

– Garde pas ça au mur, frangin. Papa ou Jackie vont complètement flipper, s'ils le voient. Et puis je croyais que tu faisais du latin et du grec ?

– Peut-être que je vais plus rien faire du tout, répondit-il. Il se pourrait que je parte aux Indes. (Il prit son courage à deux mains.) Tu ne viendrais pas avec moi, bien sûr ?

Melinda fit une grimace.

– Tu parles ! Tu n'iras pas, tu le sais bien. Tu essaies seulement de détourner la conversation : j'étais montée te demander de venir avec moi pour décider papa à faire quelque chose pour elle. Mais je parie que tu vas dire non.

Giles passa ses doigts dans ses cheveux. Il aurait aimé lui faire plaisir – c'était la seule personne au monde à qui il avait envie de faire plaisir – mais il y avait des limites. Même pour elle, il refuserait de transiger avec ses principes et de bafouer sa nature.

– Non, répondit-il d'un air lugubre, affichant une expression consternée, presque désespérée. Je ne peux pas faire ça.

– Complètement taré, fit Melinda en claquant la porte.

Son père et Jacqueline étaient dans le jardin et profitaient du crépuscule estival pour admirer le travail accompli par elle ce jour-là. Un parfum douceâtre émanait des premières fleurs de tabac.

– Je me disais, parents chéris : on devrait vraiment faire quelque chose pour la vieille Parchemin. La sortir, lui proposer des trucs intéressants.

– Tout le monde n'a pas forcément autant la bougeotte que toi, répondit sa belle-mère avec un petit sourire entendu.

Elle tenait parfois fort bien le rôle de guêpe que son fils lui avait attribué.

– Et puis arrête de l'appeler comme ça, grogna George. Tu n'as plus l'âge des plaisanteries de potache.

– Tu es en train d'éluder la question.

– Pas du tout. Jackie et moi, on en a parlé, justement. Nous savons très bien que Miss Parchman n'est pas sortie, mais elle ne sait peut-être pas où aller. Ce n'est pas commode, sans voiture.

– Prête-lui-en une, alors ! On en a deux.

– Nous allons le faire. Elle n'osera pas demander. C'est une timide, cette femme.

– Opprimée par la classe dirigeante, dit Melinda.

Ce fut Jacqueline qui fit la proposition.

– Je ne sais pas conduire, répondit Eunice. (Cela, elle n'avait pas honte de le dire, ça ne faisait pas partie des deux choses qu'elle refusait d'admettre. Pratiquement personne ne conduisait, dans son petit monde, et à Rainbow Street, on aurait même trouvé ça bizarre, pour une femme.) J'ai jamais appris.

– Quel dommage ! Je venais justement vous dire que vous pouviez emprunter ma voiture. Vous allez avoir du mal à circuler, sans moyen de transport.

– Je prendrai le bus.

Eunice s'imaginait vaguement qu'une ligne de bus rouges à

impériale desservait les routes de campagne avec la fréquence du 88 de Tooting.

– Hélas non, justement : l'arrêt le plus proche se trouve à trois kilomètres et il n'y a que trois bus par jour.

Tout comme George avait détecté une imperfection dans sa domestique, Eunice voyait maintenant un petit nuage venir obscurcir sa paisible existence. C'était le premier signe d'intrusion des Coverdale dans sa vie privée. Elle attendit le suivant avec un certain malaise. Il ne tarda pas à venir.

Géniteur des Coverdale, George était aussi le plus dirigiste de tous. À la ferblanterie, les employés convoqués à son bureau y recevaient des conseils d'ordre matrimonial, financier et pédagogique pour l'éducation de leurs enfants. Chez les Meadows, les Higgs, les Carter, il n'était pas rare que la maîtresse de maison le voie débarquer pour s'entendre dire qu'il était temps de faire traiter les boiseries de leur cottage. Et pourquoi ne pas planter quelques légumes sur cette parcelle de terrain ? Il est bien gentil, Mr Coverdale, disait-on, mais on n'a rien à faire de ce qu'il dit. Sûr qu'à l'époque de mon grand-père, le châtelain, c'était le châtelain. Seulement les temps ont changé, Dieu merci. George continuait à mettre son nez partout. Pour le bien des autres.

Il alla affronter le lion dans son antre. Un lion apparemment tout doux, occupé à une tâche bien féminine : le repassage d'une de ses chemises de soirée.

– Oui, Monsieur ?

Les cheveux châtains d'Eunice étaient soigneusement peignés. Elle portait une robe de coton à carreaux bleus et blancs.

Toute sa vie, il y avait eu des femmes pour s'occuper de George. Mais aucune n'avait entrepris la tâche formidable de laver, amidonner et repasser une chemise « bouillie ». George imaginait que tout un rituel était attaché à ces opérations, et qu'on ne pouvait les effectuer qu'en blanchisserie avec des machines adaptées.

– Ah, je vois que j'interromps une experte dans une manœuvre délicate, fit-il avec un sourire approbateur. Vous faites cela vraiment très bien, Miss Parchman.

– J'aime repasser.

– J'en suis heureux, mais je suppose que vous ne voulez pas rester tout le temps confinée à Lowfield Hall, n'est-ce pas ? C'est de cela que je suis venu vous parler. Ma femme me dit que vous n'avez jamais trouvé le temps, dans votre vie de labeur, d'apprendre à conduire. Est-ce exact ?

– Oui.

– Ah. Eh bien, nous avons décidé de remédier à cela. Aimeriez-vous prendre des leçons ? Je serais heureux de vous les offrir. Nous n'avons qu'à nous louer de vos services, et nous aimerions faire quelque chose en retour pour vous.

– Impossible, fit-elle après un moment d'intense réflexion. (Elle avança son excuse favorite.) J'ai trop mauvaise vue.

– Tiens, vous ne portez pas de lunettes.

– Je devrais. J'attends ma nouvelle paire.

Un interrogatoire plus approfondi fit apparaître qu'Eunice avait effectivement besoin de lunettes, qu'elle aurait dû en changer en venant à Greeving mais qu'elle avait « laissé tomber », et qu'elle ne pourrait pas, même avec des verres, lire une plaque minéralogique ou un panneau indicateur. Il fallait tout de suite qu'elle se fasse examiner les yeux, protesta George : il allait s'en occuper personnellement et il la conduirait à Stantwich.

– Je m'en veux vraiment, dit-il à Jacqueline, de ne pas m'être aperçu plus tôt que cette pauvre femme était myope comme une taupe. Je peux te l'avouer, maintenant qu'on en connaît la raison : elle commençait à m'énerver, avec son air de toujours faire la tête.

– Oh George, se récria-t-elle avec une pointe d'inquiétude dans le regard, ne dis pas ça ! Son arrivée a transformé ma vie.

– Je ne dis plus rien, ma chérie. Je comprends tout à fait que si elle est myope à ce point, elle ait été gênée de le dire.

– Les petites gens font des complexes ridicules sur des choses de ce genre, pontifia Jacqueline qui aurait préféré souffrir le martyre avec des verres de contact ou se cogner dans les murs plutôt que porter des lunettes.

La découverte de George leur fut un grand soulagement. Il ne leur vint pas à l'idée qu'une femme à la vue si basse ne serait jamais parvenue à donner cette transparence de cristal aux carreaux des fenêtres, ni à regarder la télévision trois heures d'affilée tous les soirs.

7

À quarante-sept ans, Eunice y voyait plus clair que Giles Mont à dix-sept. Assise à côté de George dans la voiture, elle se demandait ce qu'elle ferait s'il insistait pour l'accompagner chez l'opticien. Elle n'arrivait pas à trouver d'excuse pour l'en empêcher, et son manque d'expérience ne lui permettait pas de savoir que les riches propriétaires conservateurs n'accompagnaient généralement pas leurs domestiques femmes dans ce qui était presque un cabinet de médecin. Un sombre ressentiment commença à sourdre en elle. Le dernier homme à lui avoir rendu la vie impossible avait perdu la sienne sous l'oreiller.

Elle retrouva un peu le moral quand elle revit enfin des boutiques, ces merveilleuses maisons pleines de trésors qui avaient fait partie de son univers et qu'elle croyait perdues à jamais. Plus encore lorsque George ne manifesta pas la moindre intention de l'accompagner chez l'opticien. Il la déposa en lui promettant d'être de retour dans une demi-heure. Toute facture devait lui être envoyée.

Dès que la voiture eut disparu, Eunice tourna dans la rue où elle avait repéré un magasin de sucreries. Elle acheta deux Kit-Kat, une barre de Mars, un sachet de guimauve, puis elle entra dans un salon de thé. Le pain aux raisins et l'éclair au chocolat qu'elle prit avec sa tasse de thé la changèrent agréablement des cassoulets, feuilles de vigne farcies et autres plats cuisinés qu'on lui servait à Lowfield Hall. En ce samedi matin, assise bien droite à sa table, avec son tailleur en dacron bleu marine, ses bas nylon, les chaussures de ville de la mère d'Annie Cole et un filet « invisible » sur les cheveux, Eunice était l'image de la respectabilité. Nul n'aurait pu imaginer qu'elle cherchait désespérément un stratagème pour se tirer de là. Sûr qu'on trouve plus vite, quand on sait lire et écrire et qu'on a un QI de 120. Elle eut une idée, enfin. Elle traversa la rue, entra chez *Boot's* et acheta deux paires de lunettes de soleil pas trop foncées, juste légèrement teintées, l'une à monture en plastique bleu transparent, l'autre en imitation écaille. Elle les mit dans son sac. Ne pas les sortir avant une semaine.

Les Coverdale semblèrent étonnés d'apprendre qu'elles seraient prêtes aussi rapidement. Ce fut Jacqueline qui la ramena à Stantwich. Elle non plus, heureusement, ne l'accompagna pas chez l'opticien, car il était interdit de se garer sur les bandes jaunes et elle avait déjà assez à payer avec les contraventions de Giles. Eunice s'acheta encore du chocolat et des gâteaux. Elle montra les lunettes à Jacqueline et s'aventura jusqu'à essayer les bleues. Elle se sentait ridicule avec ça sur le nez. Allait-elle devoir les porter tout le temps, désormais, elle qui aurait pu compter les plumes d'un oiseau du verger à cent mètres de distance ? Et allait-on s'attendre à la voir *lire* ?

Personne ne vit réellement dans le présent. Eunice, si, plus que quiconque. Pour elle, cinq minutes de retard au dîner avaient sur le moment plus d'importance qu'un grand chagrin vieux de dix ans. Quant au futur, elle n'y avait jamais tellement réfléchi. Mais maintenant, avec ces lunettes en sa possession – et même à l'occasion sur son nez – elle prenait conscience du monde imprimé qui l'entourait, un monde auquel on allait désormais peut-être attendre qu'elle réagît.

Lowfield Hall était plein de livres. Eunice avait l'impression d'en voir là autant qu'à la Bibliothèque Municipale de Tooting où une fois – et une fois seulement – elle était allée pour rapporter un roman que Mrs Samson avait oublié de rendre. Ils lui apparaissaient comme des boîtes aplaties, remplies de mystères et de menaces. Un mur entier du petit salon était couvert d'étagères. Dans le grand, d'immenses bibliothèques vitrées se dressaient de part et d'autre de la cheminée, et d'autres rayons garnissaient les deux alcôves. Il y avait des livres sur les tables de chevet, des magazines et des journaux dans les porte-revues. Les Coverdale lisaient toute la sainte journée. Ils lisaient pour la provoquer, pas possible, car personne, même un maître d'école, n'aurait pu lire autant pour son plaisir. Giles n'était jamais sans un livre à la main. Il apportait même sa lecture dans sa cuisine à elle et s'asseyait, complètement absorbé, les deux coudes appuyés sur la table. Jacqueline ingurgitait tous les nouveaux romans à la mode, et elle se replongeait avec George dans les romans victoriens. Ils se sentaient d'autant plus proches qu'ils lisaient souvent en même temps des œuvres de Dickens, Thackeray ou George Eliot, ce qui leur permettait de discuter certains personnages ou passages ensemble. Bizarrement, c'était l'étudiante en littérature anglaise qui lisait le moins. Mais même ainsi, on trouvait souvent Melinda dans le jardin, ou affalée par terre dans le petit salon avec un de ses livres de philologie. Non par goût personnel, mais à cause d'une menace de son professeur : « Si vous voulez votre licence, il faudra bien venir à bout de ces satanés pronoms anglo-saxons avant la fin du trimestre prochain, n'est-ce pas ? ». Mais qu'est-ce qu'Eunice pouvait savoir de tout cela ?

Elle avait été heureuse, mais voilà qu'une paire de lunettes avait tout flanqué par terre. Elle était bien dans cette maison, au milieu de toutes ces jolies choses. Quant aux Coverdale, c'est presque comme s'ils n'avaient pas été là, elle leur avait si peu prêté attention ! Or voici que maintenant, elle n'avait qu'une hâte, c'était de les voir ficher le camp pour ces vacances d'été qu'ils n'arrêtaient pas d'évoquer et de préparer.

Mais avant cela – il faudrait patienter jusqu'au début août –, avant que leur départ ne lui permette d'élargir son champ d'action, d'explorer partout et de faire la connaissance de Joan Smith, trois incidents fort désagréables se produisirent.

Le premier n'était en soi qu'un incident mineur, ce furent ses conséquences qui ennuyèrent Eunice : elle laissa tomber un des œufs de Geoff Baalham par terre dans la cuisine. Jacqueline, qui était là, eut à peine le temps de s'écrier « Mon Dieu, il faut nettoyer ça » qu'Eunice l'avait déjà fait. Le lendemain matin pourtant, elle monta faire la chambre de Giles, ce qui n'était jamais une sinécure, et pour la première fois, elle se hasarda à jeter un coup d'œil sur le panneau de liège. Pourquoi ? Elle n'aurait sans doute pu le dire. De se trouver maintenant équipée pour lire l'avait peut-être, en quelque sorte, rendue vulnérable à la lecture, d'autant qu'elle venait de se rendre compte du nombre accablant de livres qu'il y avait dans la maison. Un message était épinglé au mur, à côté de cette horrible affiche. « Pourquoi », commençait-il. Elle arrivait à reconnaître ce mot sans trop de difficulté lorsqu'elle le voyait imprimé. « Terre » également, et « œufs ». Ce papier de Giles lui était de toute évidence destiné, et il lui faisait reproche d'avoir cassé cet œuf par terre. Elle s'en fichait, de ses reproches, mais à supposer qu'il rompe son silence – il ne lui parlait jamais – et lui demande pourquoi elle n'avait pas répondu à sa question ? Il pourrait alors en parler à son beau-père. Eunice était sur des charbons ardents à chaque fois que George la voyait ne pas porter ses lunettes.

Le message fut enfin retiré, mais pour être remplacé par un autre. Eunice en fut quasiment paralysée, et pendant une semaine, elle ne fit rien d'autre dans la chambre de Giles que remonter les draps du lit et ouvrir la fenêtre. Ces morceaux de papier lui causaient autant d'effroi qu'à une autre femme la vue d'un serpent.

Bien plus affolante encore – c'était le troisième désagréable incident – fut la petite note de Jacqueline laissée sur la table de la cuisine pendant qu'Eunice était tout en haut de la maison en train de faire son propre lit. Quand elle redescendit, Madame était partie à Londres voir Paula, se faire couper les cheveux et acheter des vêtements de vacances.

Jacqueline lui avait déjà laissé des notes, et elle s'était demandé pourquoi Eunice, par ailleurs si obéissante, ne respectait jamais les instructions données ainsi. À cause de sa mauvaise vue, bien sûr. Mais maintenant, elle avait des lunettes. Des lunettes inutiles, là-haut dans sa chambre, tout au fond de son sac à tricot. Elle ouvrit de grands yeux devant le morceau de papier qui lui était à peu près aussi compréhensible que du grec à Jacqueline. Exactement même, car celle-ci savait reconnaître un alpha, un oméga et un pi, tout comme Eunice quelques majuscules et un petit mot par ci par là. Mais relier les vocables entre eux, déchiffrer les plus longs et dégager un sens général dépassait ses possibilités. À Londres, elle aurait demandé à Annie Cole de l'aider. Ici, il n'y avait que Giles qui ne cherchait qu'à se faire emmener à Stantwich pour flâner dans les magasins ou s'enfermer tout l'après-midi dans une salle de cinéma, et n'adressait jamais le moindre regard à Eunice. Alors, tout plutôt que lui demander quelque chose, à celui-là.

Ce n'était pas un des jours de passage d'Eva Baalham. Dire qu'elle avait égaré la note, alors ? Elle n'avait décidément pas l'esprit inventif. Il lui avait fallu employer toutes les – maigres – ressources de son cerveau pour expliquer à George pourquoi la facture de l'opticien ne lui était pas parvenue : c'est elle qui l'avait réglée, elle voulait rester indépendante, ne pas être « redevable ».

C'est alors que parut Melinda.

Eunice avait oublié qu'elle se trouvait dans la maison. Ces gosses en vacances d'été dès la fin juin, elle n'arrivait pas à s'y faire. Elle débarqua à midi en sautillant dans la cuisine, Melinda, si belle, si fraîche, si rebondie dans son jean trop serré et son T-shirt Mickey Mouse, avec ses cheveux blonds rassemblés en couettes et ses pieds nus. Il faisait beau, une brise agréable soufflait, les rayons de soleil dansaient dans la cuisine, et Melinda s'apprêtait à partir à la mer avec deux garçons et une autre fille à bord d'un van peint d'orange et de mauve. Elle prit le papier et le lut tout haut : « Auriez-vous la gentillesse, si vous avez le temps, de repasser mon ensemble en soie jaune, celui qui a une jupe plissée ? Je voudrais le porter ce soir. Il est dans mon armoire, en haut à droite. Merci beaucoup. J.C. »

– Ça doit être pour vous, miss Parchman. Vous croyez que vous pourriez faire ma chemise rouge en même temps ? S'il vous plaît ?

– Bien sûr, sans problème, assura Eunice avec un grand sourire de soulagement sur le visage.

– Vous êtes super sympa, fit Melinda.

Le mois d'août amena la canicule et Mr Meadows, le fermier dont la terre jouxtait la propriété de George, commença à couper son blé. La nouvelle moissonneuse-batteuse rejetait des meules de paille comme des tranches de gâteau roulé. Melinda fit la cueillette avec les femmes du village dans les cerisaies, Giles afficha une nouvelle citation du mois, toujours de Samuel Butler, Jacqueline enleva le chiendent du jardin et trouva une pomme épineuse, vénéneuse mais si jolie qui arborait son unique fleur en trompette blanche parmi les zinnias. Le 7 août, jour du départ, arriva enfin.

– Je vous promets de vous envoyer une carte, dit Melinda qui se rappelait de temps en temps qu'il était de son devoir de remonter le moral de la vieille Parchemin.

– Vous trouverez tous les numéros et adresses dont vous pourriez avoir besoin dans l'annuaire, à côté du téléphone, fit Jacqueline tandis que George renchérissait :

– Vous pourrez toujours nous envoyer un télégramme, en cas d'urgence.

Recommandations ô combien inutiles, s'ils avaient su !

Eunice les regarda partir depuis le seuil de la porte. Elle portait les lunettes bleues pour éviter les remontrances. La brume légère qui flottait sur Greeving en cette heure matinale était épaissie par de la fumée : Mr Meadows brûlait l'éteule de son champ. Eunice ne resta pas pour admirer les grands dahlias mauves imprégnés de rosée, ou pour écouter les derniers appels du coucou. Elle rentra rapidement pour faire ce qu'elle avait tant attendu : prendre possession des lieux.

Son intention n'était nullement de négliger la maison. Elle vaqua à ses occupations habituelles du vendredi, avec quelques suppléments : elle défit les lits, jeta les bouquets de fleurs – à moitié fanées, du reste, ces saletés laissaient tomber des pétales partout – et cacha, autant que faire se put, livres, magazines et journaux. Elle aurait volontiers couvert les bibliothèques d'un drap, mais c'eût été un geste de folle, et Eunice n'était pas folle.

Après quoi, elle se fit à manger. Les Coverdale ne prenaient qu'un lunch léger à cette heure-là, 1 heure de l'après-midi. Ils ne pouvaient imaginer combien un gros repas bien solide manquait à leur domestique en milieu de journée. Eunice fit frire – frire, pas griller – avec des pommes de terre un grand steak sorti du congélateur, cependant qu'elle mettait à bouillir haricots d'Espagne, carottes et panais. Suivit un pudding aux pommes nappé de crème anglaise, puis du fromage sur des biscuits salés et du thé noir. Elle rinça à la main plats et casseroles, bien contente de ne pas avoir à utiliser le lave-vaisselle : elle n'avait jamais supporté l'idée de laisser mijoter toute une journée là-dedans des assiettes pleines de jus et de miettes, même quand la porte était fermée et qu'on ne pouvait les voir.

Mrs Samson avait coutume de dire qu'une femme n'a jamais fini son travail. Pourtant, même la femme d'intérieur la plus méticuleuse n'aurait guère trouvé à faire à Lowfield Hall ce jour-là. Demain, Eunice songerait à descendre les rideaux du petit salon. Mais pas aujourd'hui, pas maintenant. Maintenant, elle allait s'offrir une bonne séance de télévision. Une orgie de télévision.

Le 7 août s'avéra être le jour le plus chaud de l'année : la température atteignit les trente-cinq degrés à 2 heures et demie. À Greeving, les femmes abandonnèrent leur cuisine et leurs bassines à confiture pour prendre le soleil sur le seuil de la porte arrière de leur maison. Le barrage de la Beal devint une piscine pour les petits Higgs et les petits Baalham. Dans les fermes, les chiens tiraient la langue. Mrs Cairne, au mépris de toute bienséance, s'allongea sur son gazon en bikini. Joan Smith tint ouverte la porte de son magasin en la coinçant avec une boîte de biscuits pour chien tandis qu'elle s'éventait avec une tapette à mouches. Eunice, au contraire, monta dans sa chambre, tira les rideaux et poussa un soupir de satisfaction lorsqu'elle s'installa avec son tricot devant son écran de télévision. Il ne manquait plus à son bonheur qu'une barre de chocolat, mais elle avait depuis belle lurette épuisé celles achetées à Stantwich.

Il y eut du sport, en premier. Des gens qui nageaient, d'autres qui couraient autour d'un stade. Puis un feuilleton avec des personnages semblables à ceux qu'Eunice avait connus à Rainbow Street, une émission pour enfants, les informations, la météo. Les nouvelles ne l'avaient jamais beaucoup intéressée, et n'importe qui était capable de voir le temps qu'il faisait ou celui qu'il allait faire. Elle descendit se préparer des sandwiches au jambon et se servit une solide portion de glace au chocolat. Son émission favorite de la semaine devait commencer à 8 heures : une série policière américaine qui se déroulait à Los Angeles. Difficile à dire pourquoi Eunice l'aimait tant – de quoi confondre ces spécialistes des distractions qui prétendent que le spectateur doit pouvoir s'identifier aux personnages. Comment Eunice aurait-elle pu s'identifier avec le jeune lieutenant de police, ou avec sa blonde amie de vingt ans ? Ou encore avec les gangsters, hommes d'affaires, actrices de cinéma, call-girls, flambeurs ou pochards qui peuplaient chaque aventure ? Peut-être était-ce le rythme saccadé des reparties qui lui plaisait, ou l'inévitable poursuite de voitures, l'indispensable fusillade finale. Le nombre de fois où elle avait fulminé de manquer un épisode, les Coverdale semblant prendre un malin plaisir à choisir le vendredi pour recevoir !

Mais là, personne ne la dérangerait. Elle posa son tricot afin de mieux se concentrer. L'histoire s'annonçait passionnante, ce soir, les premières images étaient prometteuses : un cadavre au bout de deux minutes et une poursuite au bout de cinq. La voiture du bandit percuta un réverbère, qu'elle chevaucha presque. La portière s'ouvrit, le conducteur bondit hors du véhicule, traversa la rue en tirant des coups de feu et se réfugia sous un porche pour éviter les balles d'un policier, puis il empoigna une fille morte de frayeur et la tint devant lui comme un bouclier tandis qu'il abaissait son arme pour viser de nouveau... Et voilà que le son se mit à faiblir, l'image à se brouiller, puis à rétrécir comme si elle était aspirée en un point au centre de l'écran, telle une eau noirâtre au fond d'un trou. Le point brilla avec l'intensité d'une étoile, minuscule parcelle de lumière qui mourut presque aussitôt.

Eunice éteignit l'appareil et le ralluma. Rien. Elle tourna les boutons du devant, et même ceux de derrière qu'il ne faut pas toucher. Toujours rien. Elle ouvrit la prise pour vérifier que les fils étaient bien en place, en changea le fusible avec celui de sa lampe de chevet.

En vain. L'écran restait vide. Ce n'était qu'un simple miroir qui lui renvoyait le reflet de son visage consterné, ainsi que le rayon incandescent du soleil couchant qui filtrait par un interstice entre les rideaux.

8

Il ne lui vint pas à l'esprit d'utiliser le poste du petit salon. Elle savait qu'il était là, mais il était à eux. Trait étrange de son caractère : elle ne reculait pas devant le meurtre ou le chantage, mais elle n'avait jamais volé de sa vie, ni même emprunté quoi que ce soit sans le consentement du propriétaire. Les objets, comme les milieux sociaux, lui semblaient affectés, destinés à l'avance à des gens bien précis. Et Eunice, pas plus que George, ne voulait modifier l'ordre des choses.

Pendant un moment, elle espéra que l'appareil se remettrait d'aplomb tout seul, aussi spontanément qu'il était tombé en panne. Mais à chaque fois qu'elle essayait de le rallumer, il restait vide et silencieux. Bien sûr, elle savait que quand des choses ne marchaient pas, on faisait venir quelqu'un qui les réparait. À Tooting, on allait chercher le quincaillier ou l'électricien d'à côté. Mais ici ? Avec rien d'autre qu'un téléphone, une indéchiffrable liste de noms et de numéros, plus un annuaire aussi inutile qu'incompréhensible ?

Samedi, dimanche, lundi. Le laitier passa, Geoff Baalham apporta les œufs. Leur demander à eux ? Ils auraient répondu de chercher tel ou tel nom dans l'annuaire. Elle tournait en rond, se sentait cruellement frustrée. Pas de voisine à aller voir, pas d'animation de rue, pas de bus ni de salons de thé. Elle descendit les rideaux, les lava et les repassa, lessiva les murs, shampooina les moquettes. Tout pour laisser s'écouler le flot lent, lourd et épais du temps.

Ce fut Eva Baalham qui, le mercredi, découvrit ce qui s'était passé. Par hasard, en demandant à Eunice – histoire de dire quelque chose tant il était difficile, pour dire le moins, de lui tirer une parole – si elle avait regardé le grand match de boxe de la veille.

– En panne ? fit Eva. Va falloir le réparer, alors. Mon cousin Meadows, celui qui tient un magasin d'appareils électriques à

Gosbury, il pourra faire ça pour vous. Tenez, j'ai une idée : je vais lui téléphoner tout de suite, l'argenterie attendra vendredi.

Suivit un long dialogue avec un certain Rodge, au cours duquel Eva prit des nouvelles de Doris, de maman, du « garçon » et de la « fille » – un jeune couple qui avait déjà des enfants –, après quoi, elle obtint une promesse d'assistance.

– Il a dit qu'il ferait un saut après la fermeture du magasin.

– J'espère qu'il aura pas à l'emporter, dit Eunice.

– On sait jamais, avec ces vieux postes, hein ? Il faudra vous contenter du journal, en attendant.

Le savoir lire et écrire coule dans nos phrases comme le sang dans nos veines. Il est pratiquement impossible de tenir une véritable conversation – par opposition à un simple échange d'ordres donnés et d'ordres reçus – sans allusion, directe ou indirecte, à l'écriture et à la lecture.

Rodge Meadows vint. Et dut emporter le poste.

– Ça peut prendre deux jours comme ça peut prendre une semaine. Passez-moi un coup de fil si vous n'avez pas de nouvelles par tante Eva. Je suis dans l'annuaire.

Deux jours plus tard, dans la solitude, le silence et l'ennui de Lowfield Hall, Eunice fut prise d'une impulsion soudaine. Sans savoir ni pourquoi ni pour aller où, elle se changea. Elle ôta sa robe à carreaux bleus et blancs, mit son ensemble en dacron et fit sa première tentative de sortie seule dans le monde extérieur. Elle ferma toutes les fenêtres, verrouilla la porte d'entrée ainsi que celle de la salle d'armes, et descendit l'allée. C'était le 14 août. Si sa télévision n'était pas tombée en panne, elle ne serait jamais partie ainsi. Tôt ou tard, bien sûr, une de ses impulsions, ou les efforts des Coverdale, l'auraient fait sortir de cette maison, mais c'eût été le soir, ou le samedi après-midi, lorsque le Bureau de Poste et Épicerie N. Smith était fermé. Si, si, si... Si elle avait su lire, la télévision aurait peut-être conservé tout autant de charme à ses yeux, mais elle aurait trouvé le numéro du réparateur dans l'annuaire le samedi matin, et son poste lui aurait été rendu le mardi ou le mercredi. Rodge le lui rapporta le samedi 15. Trop tard : le mal était fait.

Elle ne savait pas où elle allait. Là encore, elle faillit ne jamais arriver à Greeving, car elle bifurqua au premier chemin de traverse. Trois quarts d'heure plus tard et trois kilomètres plus loin, elle se retrouvait à Cocklefield St Jude, qui n'est guère plus qu'un hameau avec une énorme église mais pas de boutiques. Elle parvint à un carrefour. La pancarte ne lui était d'aucune utilité, mais Eunice n'avait pas peur de se perdre : à brebis tondue, Dieu mesure le vent, et par compensation peut-être à sa singulière infortune, elle possédait un sens de l'orientation presque aussi parfait que celui d'un animal. Elle sortit donc du carrefour par la voie la plus étroite qui s'étrangla de plus en plus pour ne pas excéder deux mètres cinquante de large et s'enfoncer, isolée, sous le sombre feuillage de fin d'été des frênes et des chênes. Une voiture n'aurait pu en croiser une autre sans racler contre les buissons.

Eunice n'avait jamais été dans pareil endroit auparavant. Une vache tendit sa tête, pareille à celle d'un grand fantôme blanc, par-dessus la haie, et beugla à son passage. Un faisan, de sa démarche traînante et avec un bruissement de son plumage rutilant de marron, de vert et d'or, traversa devant elle un carré de soleil qui filtrait entre les arbres. Elle continua à marcher, surprise mais déterminée, sachant qu'elle allait dans la bonne direction.

C'est ainsi qu'elle arriva enfin à Greeving, en plein cœur du village car la petite route débouchait juste en face du *Blue Boar*. Elle tourna à droite et, après avoir dépassé l'alignement de cottages où habitaient les Higgs, les Newstead et les Carter, le petit manoir de Mrs Cairne et enfin la station-service de Jim Meadows, toute discrète et sans néons, elle se retrouva dans le petit triangle de pelouse qui s'étendait devant l'épicerie du village.

C'était un magasin à double vitrine. Il occupait le rez-de-chaussée d'un assez grand et très vieux cottage avec pignon à colombage, dont le toit avait grand besoin d'être regarni en chaume. Derrière, un jardin descendait doucement vers les rives de la Beal qui, à cet endroit, émerge des prés par une grande courbe pour passer sous le pont de Greeving. L'épicerie de Greeving est maintenant fort bien tenue par Mr et Mrs Mann, mais à l'époque, les deux grandes vitrines exhibaient quelques poussiéreux paquets de céréales, des fruits en conserve et des paniers de tomates et de choux qui n'étaient plus de toute première fraîcheur. Eunice s'approcha et regarda à l'intérieur. Le magasin était désert – comme souvent, car les Smith étaient très chers et n'avaient en stock, par nécessité, qu'un nombre limité de marchandises. Les habitants de Greeving qui possédaient une voiture se servaient plutôt dans les supermarchés de Stantwich ou de

Norchester et n'allaient à l'épicerie du village que pour le service postal.

Eunice entra. La partie gauche du magasin était aménagée en self-service, avec des paniers à la disposition de la clientèle. À droite, se trouvait le comptoir typique et le guichet grillagé d'un bureau de poste secondaire, flanqué d'un présentoir de bonbons et de cigarettes. Il y avait eu, dans le temps, un timbre qui sonnait à chaque fois qu'on ouvrait la porte, mais il s'était détraqué et les Smith n'avaient jamais pris la peine de le réparer. Personne n'entendit donc Eunice entrer. Elle examina les rayons avec intérêt et reconnut certains produits qu'elle avait repérés lors de ses expéditions dans les commerces du sud de Londres. Elle ne savait pas lire ? Mais qui lit le nom d'un produit ou de son fabricant sur une boîte ? On se repère à la couleur et à la forme, qu'on soit professeur d'étymologie ou illettré.

Un mois sans croquer le moindre bonbon ! Elle avait une envie folle, à cet instant, d'une boîte de chocolats. Elle s'approcha donc du présentoir, à gauche du guichet, attendit quelques secondes et toussota. Une porte s'ouvrit au fond du magasin, et une femme, de quelques années plus âgée qu'elle, apparut.

Joan Smith, à ce moment-là, avait cinquante ans. Maigre comme un oiseau affamé, elle avait des membres comme des allumettes et une peau grenue. Ses cheveux étaient de la même couleur que ceux de Jacqueline Coverdale, chacune cherchant bien sûr à obtenir par des moyens artificiels la teinte d'or fin que Melinda possédait naturellement. Jacqueline y parvenait mieux parce qu'elle avait davantage d'argent à y consacrer. La chevelure de Joan Smith, drue et luisante comme du fil de fer, ressemblait aux cure-casserole en métal jaune exposés en vitrine et encadrait un visage au maquillage tartiné à la va-vite. Elle avait des mains rougeaudes, mal soignées, à la peau rêche. De sa voix aiguë, dont elle essayait par raffinement de masquer l'accent cockney et qui n'était pas sans rappeler celle d'Annie Cole, elle demanda à Eunice ce qu'elle désirait.

Pour la première fois, le regard des deux femmes se croisa. Deux petits yeux bleus en rencontrèrent deux autres au gris pénétrant.

– Une boîte d'une livre de Black Magic, s'il vous plaît.

Combien de milliers de gens se sont trouvés entraînés dans une aventure commune, sentimentale ou professionnelle, pour le meilleur ou pour le pire, par des mots aussi prosaïques que ceux-ci ?

Joan lui tendit les chocolats, avec cet air de petite fille espiègle et sémillante qu'elle ne pouvait s'empêcher de se donner. Impossible de passer simplement la marchandise et d'encaisser : il lui fallait faire des gestes, minauder, se trémousser, pencher effrontément la tête sur le côté. Même envers la religion, elle gardait une attitude de jovialité insouciante : le Seigneur était son ami, un ami dur avec les impénitents mais sympa avec ceux qu'il aimait bien, le genre de copain avec lequel on peut aller au cinéma et rigoler ensuite devant un pot.

– Quatre-vingt-cinq pence, annonça-t-elle en pianotant sur la caisse enregistreuse. S'il vous plaît. (Elle regarda Eunice avec un petit sourire en coin.) Alors, leurs vacances se passent bien ? Ils vous donnent des nouvelles ?

Eunice tomba des nues. Elle ignorait, et ne comprendrait sans doute jamais vraiment, combien il est difficile de garder un secret dans un village anglais. Non seulement tout le monde savait, à Greeving, où et quand les Coverdale étaient partis, pour combien de temps et ce que cela leur coûtait, mais on était déjà au courant qu'elle-même effectuait sa première visite au village cet après-midi-là. Nellie Higgs et Jim Meadows l'avaient vue passer et le téléphone arabe avait fonctionné : on discuterait ferme et on se poserait des questions sur les raisons de sa venue, ce soir, au *Blue Boar*. Mais pour Eunice, que Joan Smith la reconnaisse et sache où elle travaillait tenait de la magie divinatoire. Cela suscita en elle une sorte d'admiration émerveillée, sentiment qui devait être le lit de sa future dépendance et de sa croyance, sur un plan général, en l'absolue vérité de tout ce que disait Joan.

– J'ai pas de nouvelles, se borna-t-elle alors à répondre.

– Evidemment, c'est encore un peu tôt. Partir trois semaines, quel régal ! J'aimerais bien avoir cette chance. Une famille charmante, n'est-ce pas ? Mr Coverdale est un vrai gentleman de la vieille école, et elle une vraie dame : on ne lui donnerait pas ses quarante-huit ans. (Ainsi, Joan vieillissait de six ans la pauvre Jacqueline. Sans raison, par pure méchanceté. En fait, elle détestait les Coverdale parce qu'ils ne lui achetaient jamais rien et que George avait critiqué le fonctionnement de la poste. Mais elle n'avait aucune intention de laisser paraître ces sentiments à Eunice avant de voir, d'avoir tâté le terrain.) Vous avez de la chance de travailler pour eux, mais eux ont aussi de la chance de vous avoir, à ce qu'on m'a dit.

– Je sais pas, fit Eunice.

– Allons, vous êtes trop modeste, je le vois bien. Mon petit doigt me dit que Lowfield Hall n'a jamais été aussi bien astiqué. Ça change un peu, si j'ose dire, la vieille Eva ne faisait que lui montrer le chiffon de loin. Vous ne vous y sentez pas un peu seule, malgré tout ?

– J'ai la télévision, expliqua Eunice qui commençait à devenir plus loquace. Et puis on a toujours quelque chose à faire.

– Vous avez raison. Moi, je suis toujours à courir : avec le magasin, j'ai pas une minute à moi. Vous n'allez pas à l'église, au fait ? Non, je vous aurais vue, si vous alliez à Sainte-Marie avec la famille.

– Je ne suis pas pratiquante. Pas le temps.

– Ah, vous ne savez pas ce que vous manquez, prêcha Joan en brandissant son index. Mais il n'est jamais trop tard, souvenez-vous de ça. La patience du Seigneur est infinie, Il sera toujours prêt à vous accueillir en son sein. Un temps splendide qu'il nous envoie, n'est-ce pas ? Surtout pour ceux qu'ont pas besoin de travailler comme des nègres au service des autres.

– Bon, il faut que je rentre.

– Dommage que Norm ait pris la fourgonnette, sinon je vous aurais ramenée. (Joan raccompagna Eunice à la porte et tourna la pancarte FERMÉ vers l'extérieur.) Vous avez vos chocos ? Oui, c'est bon. Alors rappelez-vous : si jamais vous avez un moment, je ne bouge pas d'ici. N'ayez pas peur de me déranger : j'ai toujours une tasse de thé et un petit mot de sympathie pour une amie.

– Non, répondit Eunice de façon ambiguë.

Joan lui fit gaiement au revoir de la main. Eunice traversa le pont et prit la route de Lowfield Hall. Elle sortit la boîte de chocolats du sac en papier qu'elle jeta par-dessus une haie et enfourna une crotte fourrée à l'orange. Elle n'était pas mécontente d'avoir pu bavarder un peu. Joan Smith était justement le genre de personne avec lequel elle s'entendait le mieux, encore que cette incitation voilée à aller à l'église fût une pointe d'immixtion dans sa vie. Mais cette conversation, fait exceptionnel, lui avait passé comme un baume : rien qui se rapportât à la lecture ou à l'écriture n'avait, de près ou de loin, été abordé.

Pourtant, Eunice, son poste de télévision revenu en parfait état de marche, ne serait pas retournée trouver Joan Smith. Ce fut Joan Smith qui vint à elle.

Ce petit bout de femme, avec son visage d'oiseau et son esprit aussi vif que la couleur de ses cheveux, était autant dévorée de curiosité envers ses semblables humains que ces derniers laissaient Eunice indifférente. Elle aussi souffrait d'une forme particulière de paranoïa : elle projetait ses propres sentiments sur Dieu. Une femme pieuse ne pouvait pas ne pas se montrer charitable, aussi ne se laissait-elle que rarement aller à médire ouvertement des gens qu'elle n'aimait pas. Ce n'était pas elle qui relevait et détestait leurs défauts, mais Dieu. Pas elle qui avait subi leurs imaginaires outrages, mais Dieu. À moi la vengeance, dit le Seigneur, et la rétribution. Joan Smith n'était que son humble mais énergique instrument.

Il y avait longtemps qu'elle voulait en savoir plus sur l'intérieur de Lowfield Hall et sur la vie de ses occupants. Plus, en tout cas, que ce qu'elle pouvait glaner en ouvrant par-ci par-là une de leurs lettres à la vapeur. Elle tenait sa chance, à présent. Elle avait rencontré Eunice. Leur première causette avait été on ne peut plus satisfaisante, et une carte postale, signée Melinda Coverdale, venait d'arriver de Crète pour Miss E. Parchman. Joan ne l'avait pas mise dans le sac du facteur habituel afin de pouvoir l'apporter en personne au Hall le lundi.

Eunice ne fut pas peu surprise, interloquée même, de la voir. Elle eut un recul en voyant la carte comme s'il se fût agi d'un insecte venimeux et marmonna son habituelle parade :

– J'y vois pas assez, sans mes lunettes.

– Vous voulez que je vous la lise, si ce n'est pas indiscret ? « Un endroit super. Il fait près de quarante degrés. On est allés au palais de Cnossos où Thésée a tué le Minotaure. À bientôt. Melinda. » C'est gentil. Mais qui c'est, ce Thésée ? Je me demande. J'ai dû rater ça dans les journaux : on n'arrête pas de se battre et de se trucider, dans ces pays-là, pas vrai ? Quelle jolie cuisine ! Et elle brille comme un sou neuf : on pourrait presque manger par terre.

Soulagée et flattée, Eunice parvint à proposer :

– J'allais justement mettre la bouilloire sur le feu.

– Oh non, je vous remercie, mais je n'ai pas le temps de m'arrêter : Norm est tout seul au magasin. Drôle d'idée, de signer juste « Melinda » comme ça. Je dois reconnaître qu'elle n'est pas pimbêche, encore qu'il y ait des aspects de sa vie qui affligent le Seigneur. (Ceci lancé sur un ton détaché, comme si Dieu lui avait fait part de ses impressions lors de la dernière bavette qu'ils avaient taillée ensemble. Elle jeta un coup d'œil par la porte ouverte du couloir.) C'est grand, dites donc. Je pourrais jeter un petit coup d'œil au salon ?

– Si vous voulez, fit Eunice. J'y vois pas d'inconvénient, *moi.*

– Oh, eux non plus, j'en suis sûre. On est tous amis, au village. D'ailleurs, ayant moi-même péché, je ne me permettrais pas de critiquer ceux qui n'ont pas trouvé la voie. Vous ne m'entendrez jamais dire : O Dieu ! Je te rends grâces de ce que je ne suis pas comme le reste des hommes, qui sont rapaces, malhonnêtes, adultères, ni encore comme ce publicain. Superbes, ces meubles, hein ? Vraiment de très bon goût.

C'est ainsi que Joan Smith fit une visite complète de Lowfield Hall. Eunice, impressionnée par toute cette instruction, voulut montrer de quoi elle était capable, et Joan la gratifia de fréquentes exclamations de ravissement. Elles poussèrent la visite plus loin qu'elles n'auraient dû, Eunice ouvrant l'armoire de Jacqueline pour montrer ses robes du soir. Dans la chambre de Giles, Joan ouvrit de grands yeux devant le mur en liège.

– Plutôt excentrique, commenta-t-elle.

– C'est juste un gosse, fit Eunice.

– Quel malheur, tous ces boutons qu'il a. Il en est tout défiguré. Son père est dans un centre de désintoxication pour alcooliques, vous le savez sans doute. (Eunice l'ignorait. Tout le monde l'ignorait. Y compris l'intéressé, Jeffrey Mont lui-même.) Il a divorcé de sa femme qui commettait l'adultère avec Mr Coverdale alors que celui-ci n'était veuf que depuis six mois. Ce n'est pas à moi de juger, mais je sais lire la Bible : « Quiconque épouse une femme divorcée commet l'adultère. » Tiens, qu'est-ce que c'est que ce papier, épinglé au mur ?

– Il est toujours là, dit Eunice.

Allait-elle donc enfin savoir ce que disait ce message que Giles lui avait laissé ?

Oui.

D'une voix aiguë, stupéfaite et outrée, Joan lut :

– « L'ami de Warburg dit de sa femme, qui était malade : s'il plaisait à Dieu d'emporter l'un de nous deux, j'irais volontiers m'installer à Paris. »

Cette citation de Samuel Butler n'avait évidemment aucun

rapport avec la vie de Giles, mais il l'aimait et elle le faisait rire chaque fois qu'il la lisait.

– Blasphème ! se récria Joan. Je suppose que c'est quelque chose qu'il doit apprendre pour l'école. Décidément, ces professeurs n'ont aucun respect pour l'âme humaine.

C'était donc quelque chose qu'il devait apprendre pour l'école. Eunice se sentait de plus en plus d'estime pour Joan Smith : elle avait dû lui être envoyée par quelque puissance bienfaisante afin de l'éclairer et de l'apaiser.

– Vous ne refuserez pas une tasse de thé, maintenant ? proposa-t-elle lorsque la moquette, la salle de bains et la télé de sa chambre ayant été admirées – c'est pas encore assez beau pour une domestique hors pair comme vous, estima Joan, vous faites presque partie de la famille –, elles se furent de nouveau retrouvées dans la cuisine.

– Je ne devrais pas laisser Norm tout seul là-bas, mais puisque vous insistez...

Joan Smith resta encore une heure qu'elle passa à débiter d'autres mensonges sur la vie privée des Coverdale et à essayer d'obtenir de son hôtesse des détails sur la sienne. Eunice ne fut guère plus expansive que lors de leur première rencontre. Elle n'allait pas tout raconter à cette femme, même si elle lui avait rendu service, sur papa et maman, sur Rainbow Street, sur le magasin où elle avait été vendeuse. Non, pas à elle. Pas plus qu'elle n'était prête à l'accompagner à cette réunion de prière à Nunchester, le dimanche suivant. Quoi, sacrifier son feuilleton policier du soir pour chanter des cantiques avec une bande d'illuminés ?

Joan ne s'offusqua pas.

– Eh bien, il ne me reste plus qu'à vous remercier pour la visite, magique et mystérieuse, comme disaient les Beatles, et pour votre généreuse hospitalité. Je dois rentrer, maintenant, sinon Norm va croire que j'ai eu un accident.

Elle partit d'un rire gai à l'idée de son mari plongé dans l'angoisse, grimpa dans sa fourgonnette et démarra, agitant le bras en criant « Au revoir, bye-bye » tout au long de l'allée.

9

Les relations entre Eunice Parchman et Joan Smith ne furent jamais de nature homosexuelle. Aucune ressemblance avec les sœurs Papin qui, cuisinière et femme de chambre chez une mère et sa fille au Mans, les assassinèrent toutes deux en 1933. Eunice n'avait rien de commun avec elles, sauf d'être femme et domestique. C'était un être presque asexué, sans désirs, normaux ou anormaux, dont le vague trouble, à l'époque de « Eunikê, mère de Timothée », était retombé depuis longtemps. Joan Smith, elle, avait épuisé toutes ses capacités sexuelles. Il est probable que, comme la petite histoire le dit de la Reine Victoria, Eunice, en dépit de tous ses errements, n'ait pas su ce qu'était le saphisme. Joan Smith, si, et avait sans aucun doute essayé. Elle avait essayé tant de choses.

Durant les seize premières années de sa vie, Joan Smith – Skinner comme elle s'appelait alors – menait une existence que tout psychologue aurait jugée propice à la faire devenir un membre équilibré, honorable et responsable de la société. Elle ne fut ni frappée, ni négligée, ni abandonnée. Aimée, choyée, encouragée, au contraire. Son père, courtier en assurances, était très aisé. La famille habitait une maison qui lui appartenait dans le plus beau quartier de Kilburn, les parents étaient heureux en ménage et Joan avait trois frères aînés qui adoraient leur petite sœur et le lui montraient bien. Mr et Mrs Skinner avaient toujours désiré une fille et se pâmèrent de joie quand elle vint au monde. Comme elle n'était que rarement livrée à elle-même, qu'on lui parlait tout le temps, qu'on la faisait jouer, elle apprit à lire à l'âge de quatre ans. Elle alla à l'école sans rechigner, et à dix ans, elle promettait d'être encore plus brillante que ses frères. Elle obtint sa bourse pour entrer au lycée où elle devait plus tard obtenir son diplôme de fin d'études secondaires, avec le rare honneur d'être dispensée d'examen d'entrée à l'université tant ses résultats étaient bons.

Pendant la guerre, comme Eunice Parchman, elle quitta Londres avec son école. Mais ses parents d'accueil furent aussi gentils et attentionnés avec elle que les siens. Un jour, pourtant, sans raison apparente et sans crier gare, elle débarqua au poste de police du village du Wiltshire et accusa son père adoptif de l'avoir violée et battue, en montrant des ecchymoses à l'appui de ses dires. On découvrit qu'elle n'était plus vierge. Le père adoptif fut accusé de viol puis acquitté sur présentation d'un alibi inattaquable. Joan fut rapatriée chez ses parents qui, naturellement, estimèrent qu'elle avait été victime d'une erreur judiciaire. Mais elle ne resta qu'une semaine avec eux, après quoi, elle fugua pour rejoindre l'auteur de ses blessures, un livreur de pain de Salisbury. Il était marié, mais il avait quitté sa femme et Joan resta cinq ans avec lui. Quand il fut envoyé en prison pour défaut de versement de pension à sa femme et à ses deux enfants, elle le quitta et retourna à Londres – pas chez ses parents, aux lettres desquels elle s'était obstinément refusée à répondre.

Deux autres années passèrent durant lesquelles Joan travailla comme barmaid, mais elle fut renvoyée pour s'être servie directement dans la caisse. Elle dériva alors vers une sorte de prostitution de banlieue : elle s'installa avec une autre fille dans un deux-pièces à Shepherd's Bush où elles reçurent une clientèle de petits artisans qui les rétribuaient misérablement pour leurs services. Elle avait trente ans lorsque Norman Smith vint la tirer de cette triste vie.

Être faible et innocent, il rencontra Joan chez un coiffeur de Harlesden où elle se faisait faire colorations et permanentes. Les deux salons, dames et hommes, étaient séparés, mais Norman profitait souvent des allées et venues des employés pour s'arrêter et bavarder avec Joan sous le séchoir. Elle était pratiquement la première femme qu'il eût jamais regardée, certainement la première qu'il eût jamais invitée à sortir. Mais elle était si gentille et si douce qu'il ne se sentit pas intimidé. Il en tomba éperdument amoureux et lui demanda de l'épouser à leur seconde rencontre. Joan s'empressa d'accepter.

Norman ignorait tout de la façon dont elle avait gagné sa vie. Il avait cru à son histoire de travaux de dactylographie faits occasionnellement chez elle comme secrétaire indépendante. La mère de Norman vint habiter avec eux. Après un ou deux ans de furieuses querelles quotidiennes avec la vieille Mrs Smith, Joan découvrit que le meilleur moyen de la faire tenir tranquille était d'encourager son penchant, jusque-là contrôlé, pour la bouteille. Elle entraîna petit à petit Mrs Smith à laisser ses économies dans un demi-litre de whisky par jour.

– Ça tuerait Norman, s'il le savait, lâcha alors Joan.

– Lui dites surtout pas, Joanie.

– Débrouillez-vous pour être au lit chaque fois qu'il rentre. Il vous idolâtre, le pauvre garçon, il vous met sur un piédestal. Ça lui briserait le cœur s'il s'apercevait que vous passez votre temps à picoler, et sous son toit, en plus.

C'est ainsi que la vieille Mrs Smith, avec la bénédiction de Joan, se rendit grabataire. Elle passait presque toute la journée au lit avec son whisky, et Joan poussait à la roue en écrasant dans son thé trois ou quatre des tranquillisants que le docteur lui avait donnés pour ses « nerfs » à elle. Lorsque sa belle-mère fut devenue plus ou moins comateuse, Joan reprit de jour son ancienne vie et retourna à l'appartement de Shepherd's Bush. Elle n'en retira pratiquement aucun profit et ses rencontres sexuelles ne lui apportaient plus que du dégoût. Le plus extraordinaire avec Joan, c'est que, en dépit de ses relations avec des centaines d'hommes en plus de son propre mari, elle n'avait jamais fait l'amour pour le plaisir ou eu une aventure « normale », sauf avec le livreur de pain. Il est difficile de comprendre pourquoi elle continua de se prostituer. Par perversité, peut-être, ou par défi contre l'extrême respectabilité industrieuse de Norman.

Défi secret, dans ce cas, car Norman ne découvrit jamais la vérité. Ce fut elle qui finit par tout lui raconter, effrontément, comme pour parader.

Et ce fut là le résultat de sa conversion. Depuis l'âge de quatorze ans – elle en avait à présent près de quarante – elle n'avait pas eu la moindre pensée religieuse. Mais il suffit qu'un homme représentant la secte des Adorateurs de l'Épiphanie vînt sonner à sa porte pour la transformer en une frénétique brandisseuse de bible.

– Pas aujourd'hui, merci, répondit Joan.

Mais n'ayant rien de mieux à faire cet après-midi-là, elle jeta un coup d'œil sur le magazine, la brochure, plutôt, qu'il avait laissée sur le seuil de la porte. Par une de ces inévitables coïncidences, elle passa devant le temple des Adorateurs le lendemain. Coïncidence toute relative, en fait, car elle l'avait déjà vu une centaine de fois sans y prêter la moindre attention. Une réunion de prière était en cours. Par curiosité, Joan entra – et fut sauvée.

Les Adorateurs de l'Épiphanie étaient une secte fondée en Californie dans les années 20 par un entrepreneur de pompes funèbres en retraite du nom de Elroy Camps. L'Épiphanie est fêtée le 6 janvier, bien sûr, le jour où les Mages sont, d'après la tradition, censés être arrivés à Bethléem pour témoigner de la naissance du Christ et lui apporter des présents. Elroy Camps et ses disciples se voyaient comme des « sages » auxquels une révélation spéciale avait été faite : eux et eux seuls avaient été témoins de la manifestation divine, et donc eux seuls, avec un petit nombre d'élus, trouveraient le salut. Elroy Camps croyait être la réincarnation de l'un des Mages et se faisait appeler Balthazar dans la secte.

Ils observaient une stricte discipline morale. Les membres de la secte devaient aller au temple, effectuer un minimum de cent visites de prosélytisme en porte à porte chaque année et croire fermement à la venue prochaine d'une seconde Épiphanie au cours de laquelle eux, les nouveaux sages, seraient élus tandis que le reste du monde serait rejeté dans les ténèbres environnantes. Leurs réunions étaient pleines de vociférations théâtrales, mais joyeuses, avec thé, petits gâteaux et projections de films. Les nouveaux membres devaient confesser leurs péchés en public, après quoi le reste de la communauté se livrait à une critique spontanée et entonnait des cantiques dont la plupart avaient été écrits par Balthazar lui-même.

En voici un exemple :

Comme les Sages jadis, sur leur monture,
Vers Jésus nous chevauchons, le cœur pur,
Portant nos péchés, comme eux leurs présents,
Qui seront lavés par le Saint Enfant.

Que cela fût parvenu à séduire Joan peut paraître extraordinaire, au premier abord. Mais elle avait toujours aimé les grands effets dramatiques, surtout quand ils étaient de nature à choquer autrui. Elle entendit une femme confesser ses péchés, avouer haut et fort des fautes aussi vénielles que resquiller dans les transports londoniens, détourner de l'argent du ménage, être allée au théâtre. Elle, Joan, pourrait faire bien mieux que ça ! Elle avait quarante ans et elle voyait bien, avec ses cheveux filasse et sa peau blafarde, qu'elle avait mal vieilli. Alors maintenant ? Maintenant, ce serait soit une sinistre et obscure vie de famille à Harlesden avec la vieille Mrs Smith, soit la glorieuse publicité que les Adorateurs de l'Épiphanie pourraient lui apporter. Et qui sait, ils avaient peut-être raison, en plus ? Elle n'allait pas tarder à être totalement convaincue.

Elle fit la confession de l'année. Elle déballa tout. La congrégation fut frappée de stupeur à la révélation de ses excès, mais on lui avait promis le pardon et elle l'obtint, tout comme la femme qui avait pris le métro sans ticket.

Joan, l'épouse sans foi ni loi, ouvrit son cœur à un Norman médusé et désillusionné. Joan l'évangélisatrice passa de maison en maison à Harlesden, à Wood Lane, à Shepherd's Bush, pas seulement pour distribuer des tracts, mais pour raconter aux gens comment, jusqu'à ce que le Seigneur l'ait appelée, elle avait été une « catin », une femme honteuse.

– J'étais vêtue des habits de l'infamie, disait Joan sur le pas de la porte. Je tenais à la main un calice empli des abominations et des immondices de ma fornication. J'étais le repaire des esprits impurs, la cage où pénétraient les oiseaux les plus sales et les plus repoussants.

Il ne se passa pas longtemps avant qu'un petit malin, chez le coiffeur, ne se mît à ironiser sur les oiseaux sales et repoussants qui la pénétraient. En vain Norman demanda-t-il à sa femme d'arrêter ce petit jeu. Il avait déjà suffisamment souffert en apprenant son ancien mode de vie sans avoir à supporter cela. Toute la rue jasait et les gamins se moquaient de lui quand il allait au travail.

Mais comment jeter l'opprobre sur une femme qui s'est amendée ? Qui répond à tous les reproches par une totale approbation ?

– Je sais, Norm. Je croupissais dans la bassesse et la souillure. Je t'ai offensé, j'ai offensé le Seigneur. J'étais une âme perdue, plongée dans les abominations de ma turpitude.

– J'aimerais seulement que tu ne le cries pas sur les toits, fit Norman.

– Balthazar dit qu'il n'y a pas d'expiation solitaire.

La vieille Mrs Smith mourut. Joan étant toujours par monts et par vaux, elle restait toute la journée dans une maison sale et froide. Elle se leva de son lit, tomba et resta sept heures par terre vêtue en tout et pour tout d'une chemise de nuit légère. Cette nuit-là, peu de temps après que Norman l'eut trouvée ainsi, elle mourut à l'hôpital. Cause du décès : hypothermie. Elle était morte de froid. La rue jasa de nouveau. Mais cette fois, ce ne furent pas seulement les écoliers qui invectivèrent Norman.

Sa mère lui avait laissé la maison et un millier de livres. Norman faisait partie de ces gens – ils sont légion – dont l'ambition est de tenir un pub ou un commerce à la campagne. Il n'avait jamais vécu à la campagne ni tenu boutique, mais c'était ce qu'il voulait. Il fit un stage de formation à la poste et, à peu près à la même époque que celle où les Coverdale achetèrent Lowfield Hall, Joan et lui se retrouvèrent propriétaires de l'Épicerie de Greeving, parce que le seul autre temple des Adorateurs de l'Épiphanie se trouvait à Nunchester.

Les Smith tinrent le magasin avec une désastreuse inefficacité. Parfois, ils ouvraient à 9 heures, parfois à 11. La poste respectait, bien sûr, les horaires prescrits, mais Joan – en dépit des vertueux scrupules exprimés à Eunice – laissait Norman se débrouiller seul pendant des heures : coincé derrière la grille de son guichet, il lui était impossible d'aller servir les autres clients. Les habitués commencèrent à déserter, et les autres, à la fidélité forcée par manque de voiture, râlaient furieusement. Joan ouvrait le courrier. Il était de son devoir, prétendait-elle, de démasquer les pécheurs qui l'entouraient : elle décachetait les enveloppes à la vapeur, puis les recollait. Norman la regardait faire, consterné et impuissant, enrageant de n'avoir pas le courage de lui flanquer une raclée et espérant, contre toute probabilité et contre sa propre nature, qu'il le trouverait un jour.

Ils n'avaient pas d'enfants et Joan subissait ce qu'elle appelait « une transformation prématurée ». Vu qu'elle avait cinquante ans, sa ménopause ne paraissait pourtant ni prématurée ni tardive, mais survenir au moment normal.

– Norm et moi aurions toujours souhaité avoir des enfants, avait-elle l'habitude de dire, mais ils ne sont jamais venus. Le Seigneur en a décidé autrement, et ce n'est pas à nous de discuter Sa volonté.

Il avait sans doute eu raison, le Seigneur. Car on peut se demander ce que Joan aurait fait de ses enfants, si elle en avait eu. Elle les aurait dévorés, probablement.

10

Depuis longtemps, George Coverdale soupçonnait que quelqu'un, chez les Smith, tripotait son courrier. Une semaine seulement avant son départ en vacances, une enveloppe, qui contenait une lettre de son fils Peter, arriva avec une tache de colle sous le rabat, et un colis, envoyé par le club du livre auquel Jacqueline s'était abonnée, avait manifestement été ouvert et refermé avec une ficelle. Mais il hésita à agir, faute de preuve formelle.

Il n'avait remis les pieds ni au magasin ni au bureau de poste depuis le jour où, quelque trois ans plus tôt, devant un public ravi de femmes d'ouvriers agricoles, Joan lui avait ouvertement fait reproche de vivre avec une femme divorcée, et conseillé d'abandonner cette vie de péché pour venir à Dieu. Après cela, il avait été poster son courrier à Stantwich et n'avait plus adressé à Joan, lorsqu'il la croisait dans la rue, qu'un signe de tête distant. Il aurait été horrifié de savoir qu'elle était entrée dans sa chambre, avait palpé ses vêtements et effectué une visite complète de la maison.

Mais lorsqu'ils rentrèrent de vacances, rien ne laissait soupçonner qu'Eunice avait dérogé à ses habitudes.

– Je ne crois pas qu'elle soit sortie de la maison, chéri, fit Jacqueline.

– Eh bien si, fit Melinda, par l'intermédiaire de laquelle les cancans du village leur parvenaient toujours. C'est Geoff qui me l'a dit. Il le tient de Mrs Higgs, celle qui est toujours en vélo, la belle-sœur de sa grand-mère. Elle l'a vue se promener à Greeving.

– Très bien, dit George. Si elle préfère aller son petit train-train dans le village, je n'insisterai pas pour les leçons de conduite. Mais si tu entends dire par le téléphone arabe qu'elle a envie d'apprendre, alors sois gentille de me le faire savoir.

L'été s'acheva. L'automne suivit avec une exubérance de végétation que ni l'homme ni la nature elle-même ne semblaient en mesure de contrôler. Les fleurs poussaient n'importe où, trop hautes sur leur tige, les haies débordaient de feuilles, de baies et de vrilles de bryones, et la clématite sauvage, l'herbe aux gueux, jetait partout son manteau d'aigrettes duveteuses. Melinda alla cueillir des mûres dont Jacqueline fit de la gelée. Eunice n'avait jamais vu cuire de confiture. Sans aller jusqu'à croire qu'elle tombait toute prête du ciel, c'était seulement quelque chose qu'on trouvait dans des pots et qui se vendait en magasin. Giles ne participait pas à la cueillette, pas plus qu'il n'assistait au Festival de la Moisson à Sainte-Marie. Sur son mur en liège, il avait épinglé une phrase à lui qui lui correspondait fort bien : « On dit que l'important, c'est de bien vivre. Pour moi, c'est de bien lire. » Et il s'était replongé dans le déchiffrage de ses *Upanishad.*

La saison de la chasse au faisan commença. Eunice vit George aller dans la salle d'armes, décrocher les fusils du mur et, la porte de la cuisine étant restée ouverte, les nettoyer et les charger. Elle l'observa avec intérêt, mais en toute innocence, car elle n'imaginait pas qu'elle s'en servirait plus tard.

George nettoya et chargea les deux fusils. Non qu'il eût le moindre espoir de se faire accompagner par Giles : s'il avait acheté la deuxième arme, tout comme le matériel de pêche et le gros cheval blanc qui faisait maintenant du lard dans le pré, pour son beau-fils, trois automnes de désintérêt, puis de farouche opposition de la part de l'adolescent avaient ôté à George tout idée d'en faire un chasseur ou un pêcheur. Le second fusil fut prêté à Francis Jameson-Kerr, l'agent de change, fils du général et qui, lui, accompagnait son père.

Les faisans abondaient, et depuis la fenêtre de la cuisine, puis du potager où elle sortit couper un chou, Eunice les vit tous trois abattre quatre couples d'oiseaux et une poule faisane. Un couple pour les Jameson-Kerr, un pour Peter, un pour Paula, le reste pour Lowfield Hall. Eunice se demanda combien de temps ces paquets de plumes ensanglantés devaient rester à pendouiller dans l'arrière-cuisine avant qu'elle ait le plaisir de goûter cette viande jusque-là inconnue pour elle. Mais elle se garderait bien de poser la question, ah non alors. Une semaine plus tard, Jacqueline fit rôtir les faisans. Au moment où Eunice plantait sa fourchette dans l'épaisse tranche de blanc qu'elle avait dans son assiette, trois petits grains de plomb roulèrent dans le jus.

C'est toujours Jacqueline qui allait faire les courses. Sinon, elle téléphonait sa liste à un magasin de Stantwich et George passait prendre les marchandises plus tard. Eunice avait cette angoisse chronique d'être un jour chargée de la dicter elle-même au téléphone, et c'est exactement ce qui se produisit un mardi de la fin septembre.

Le téléphone sonna à 8 heures du matin. C'était lady Royston qui appelait : elle était tombée, elle pensait avoir le bras cassé, Jacqueline pourrait-elle la conduire à l'hôpital de Nunchester ? Sir Robert avait pris une de leurs voitures, leur fils la seconde. Elle s'était mis en tête de commencer la cueillette des pommes tôt le matin, à 7 heures et demie, elle était montée à l'échelle et avait glissé sur un barreau brisé.

Les Coverdale étaient encore en train de prendre leur petit déjeuner.

– Cette pauvre Jessica, s'apitoya Jacqueline, elle a l'air d'avoir vraiment mal. Je file là-bas tout de suite. La liste des commissions est prête, George : si Miss Parchman la téléphone quand le magasin sera ouvert, tu pourras peut-être passer plus tard ? Tu serais un ange.

George et Giles finirent leur petit déjeuner sans mot dire. Le silence ne fut rompu que par George qui, pour essayer de meubler la conversation, fit remarquer qu'une matinée aussi lumineuse ne pouvait qu'annoncer la pluie. Giles, tout pensif après avoir lu une annonce dans *Time Out* où l'on cherchait un dixième passager pour un minibus à destination de Poona, répondit par « Ah bon ? », et ajouta que de toutes façons, il ne comprenait rien à la météo. Eunice entra pour débarrasser la table.

– Ma femme a dû se précipiter au secours de quelqu'un, annonça George que la présence sinistre d'Eunice rendait pompeux. Aussi, auriez-vous l'amabilité de composer ce numéro et de commander ce qu'il y a sur la liste ?

– Oui, Monsieur, répondit-elle par automatisme.

– Départ dans cinq minutes, Giles, d'accord ? Attendez jusqu'à 9 heures et demie, s'il vous plaît, miss Parchman : les magasins n'ouvrent plus aussi tôt que dans le temps.

Eunice regarda la liste d'un air ahuri. Elle pouvait lire le numéro de téléphone, c'était à peu près tout. George était parti sortir la Mercedes, Giles était monté dans sa chambre, Melinda passait la dernière semaine de ses vacances avec un ami à Lowestoft : un sentiment de panique commença à l'envahir. Elle pensa demander à Giles de lui lire la liste – une seule fois suffirait pour qu'elle se souvienne – en prétextant qu'elle avait oublié ses lunettes quelque part en haut de la maison, mais l'excuse était trop faible, d'autant qu'il lui restait une heure pour aller les chercher. Trop tard, d'ailleurs : Giles traversait le hall de sa démarche de somnambule. Il quitta la maison et claqua la porte derrière lui. Désespérée, elle s'assit dans la cuisine, au milieu de la vaisselle sale.

Tous ses efforts tendirent à faire jaillir une étincelle de cet faculté atrophiée qu'était son imagination. Une femme à l'esprit inventif aurait alors trouvé un moyen de sortir de l'impasse : elle aurait prétendu avoir cassé ses lunettes – quitte à les piétiner pour faire plus vrai – ou feint d'être malade, ou invoqué un appel urgent à Londres au chevet d'un parent malade. Eunice, elle, ne vit d'autre solution qu'apporter la liste au directeur du magasin de Stantwich. Le problème, c'était de s'y rendre. Elle savait qu'il y avait un bus, mais pas où il s'arrêtait, sinon que c'était à trois kilomètres, ni quand il passait, ni où il allait exactement, ni même où se trouvait l'épicerie. Par pur automatisme, elle empila les assiettes dans le lave-vaisselle, passa l'éponge sur les plans de travail, puis monta faire les chambres. Elle jeta un œil maussade sur la citation du mois de Giles, qui aurait pris une signification particulièrement ironique pour elle si elle avait été capable de la comprendre. 9 heures et quart. Eva Baalham ne venait pas le mardi, et le laitier était déjà passé. Elle n'aurait d'ailleurs pas risqué de révéler son incapacité à ces personnes en leur demandant de l'éclairer. Il allait donc falloir expliquer à Jacqueline qu'elle avait oublié de téléphoner, alors si Madame rentrait à temps pour le faire elle-même... Elle leva de nouveau les yeux sur le panneau de liège et se revit à cet endroit, quelque temps plus tôt, avec Joan Smith.

Joan Smith.

Une idée lumineuse venait de surgir dans son esprit. Eunice était tout aussi soucieuse de ne pas révéler son secret à Joan Smith qu'à Eva, au laitier ou à Jacqueline, mais Joan avait une épicerie, elle aussi, et une fois la liste entre ses mains, peut-être que les choses s'arrangeraient. Elle mit donc son plus beau cardigan, celui qu'elle avait tricoté à la main, par-dessus sa blouse en coton rose et partit pour Greeving.

– Vous vous faites rare, dites ! fit Joan, l'œil pétillant. En voilà, une ermite ! Je vous présente Norman, mon cher et tendre. Norman, voici miss Parchman, dont je t'ai parlé, de Lowfield Hall.

– Enchanté, articula Norman Smith depuis son guichet.

Encagé ainsi derrière sa grille, il ressemblait à quelque ruminant alangui, une chèvre ou un lama peut-être, depuis trop longtemps captif pour se souvenir de sa liberté mais qui s'agite d'ennui dans sa prison. Son visage, triangulaire comme un coin, était pâle et osseux, ses cheveux d'un blond grisonnant. Comme s'il cultivait cette image de ruminant, il mâchonnait du chewing-gum à la menthe à longueur de journée parce que Joan lui reprochait sa mauvaise haleine.

– Et maintenant, fit Joan, que nous vaut le plaisir de votre visite ? Ne me dites pas que Mrs Coverdale va honorer de nouveau notre humble magasin de sa clientèle ? Ce serait un événement, ça.

– J'ai cette liste de commissions.

En jetant un regard incertain sur les étagères, Eunice lui tendit le papier.

– Voyons un peu. De la farine et des flocons d'avoine, oui, pas de problème. Mais des haricots d'Espagne, du basilic et de l'ail, alors là ! (La mauvaise excuse des commerçants vint tout de suite à l'esprit de Joan.) On en attend justement. Bon, je vais vous dire : lisez-moi la liste et je vais regarder ce qu'on a.

– Non, lisez vous-même. Je regarderai, moi.

– Allons bon, j'ai encore gaffé. Je devrais me rappeler vos problèmes de vue, quand même. Vous êtes prête ?

Eunice, bien qu'elle ne trouvât que deux des articles demandés, sut qu'elle était sauvée car Joan lui détaillait la liste à haute voix. C'était tout ce qu'elle voulait. Elle acheta la farine et les flocons d'avoine, qu'il lui faudrait cacher et payer sur ses propres deniers, mais qu'importait ? Une onde de chaleureuse gratitude pour Joan, qui l'avait encore une fois sauvée, monta en Eunice. Elle se souvint vaguement avoir éprouvé quelque chose de ce genre il y avait longtemps, bien longtemps, avant que Mrs Parchman ne tombât malade et ne devînt dépendante. Oui, elle allait accepter la tasse de thé que Joan lui proposait et reposer ses jambes une dizaine de minutes.

– Vous n'avez qu'à téléphoner à l'épicerie de Stantwich, fit Joan qui crut avoir tout compris : Eunice était venue ici de sa propre initiative. Utilisez donc notre téléphone. Voici votre liste. Vous avez vos lunettes ?

Elle les avait. Celles à monture en écaille de tortue. Pendant que Joan s'affairait avec les tasses, elle donna son coup de fil, ivre de bonheur. Feindre de lire ce qu'en fait, elle énumérait de mémoire lui procurait un plaisir comparable – en plus intense – à la fierté du voyageur qui ne connaît qu'un seul mot d'une langue étrangère et parvient à le placer au bon moment sans susciter la moindre question de son interlocuteur. Elle n'avait presque jamais eu l'occasion de montrer qu'elle savait lire, et lorsqu'elle raccrocha, elle éprouva pour Joan ce que nous ressentons pour ceux en la présence desquels nous venons de briller dans le domaine où nous excellons le moins : un sentiment chaleureux, un sentiment d'orgueil, certes, mais à la supériorité modeste, prêt à devenir expansif. Elle s'extasia devant ce « charmant vieux magasin », dont le désordre frisait pourtant le sordide, et dans son émotion, alla jusqu'à complimenter Joan pour sa coiffure, sa robe à fleurs et la qualité de ses biscuits au chocolat.

– Et ils vous laissent ramener tout ça à bout de bras ? fit Joan qui savait pertinemment qu'il n'en était rien. Il paraît que c'est un homme dur, qui veut récolter où il n'a pas semé et ramasser où il n'a pas amassé. Vous voulez que je vous reconduise ?

– Je veux pas vous déranger.

– Pas du tout, ça me fait plaisir.

Joan fit traverser le magasin à Eunice, ignorant son mari qui plongeait son regard triste dans un sac postal comme un cheval dans sa musette. La fourgonnette verte consentit à démarrer après vigoureuse manipulation du starter et pompage sur l'accélérateur.

– Fouette cocher ! À la maison, et au trot !

Le véhicule grimpa la côte en toussant. Joan déposa Eunice devant la porte de Lowfield Hall.

– Maintenant, fit-elle, j'ai apporté ceci. (Elle sortit un petit opuscule intitulé *Dieu veut faire de toi un sage*.) Alors, par échange de bons procédés, j'aimerais que vous le lisiez et que vous veniez avec moi à notre réunion de dimanche soir. Je ne sonnerai pas, soyez sur la route à 5 heures et demie pour que je vous prenne. D'accord ?

– D'accord, fit Eunice.

– Ça vous plaira beaucoup, vous verrez. On n'a pas de livres de prières comme à l'église : on chante, on prône l'amour, on dit tout ce qui nous vient dans le cœur. Après, il y a un thé et on discute avec les autres frères. Dieu aime à nous voir pleins de joie, ma chère, quand nous lui avons tout donné. Mais ceux qui le repoussent ne connaîtront que pleurs et grincements de dents. C'est vous qui l'avez tricoté, ce cardigan ? Je le trouve absolument super. N'oubliez pas votre farine et vos flocons d'avoine.

Tout heureuse, Joan repartit vers Norman et le magasin. Il pourrait sembler qu'elle n'avait rien à gagner d'une amitié avec Eunice Parchman, mais en fait, elle avait grand besoin d'un satellite qui gravitât autour d'elle au village. Norman était devenu un néant, l'ombre d'un homme depuis les révélations de sa femme sur son véritable passé. Ils ne se parlaient pratiquement pas, ces derniers temps, et Joan ne cherchait même plus à faire croire à ses connaissances qu'ils formaient un couple idéal. Elle allait jusqu'à raconter à tout le monde que Norman était sa croix. Une croix que son devoir d'épouse lui imposait de supporter, mais comme il avait tourné le dos à Dieu, il ne pouvait pas être le compagnon d'une personne comme elle. Le Seigneur était mécontent de lui et donc elle-même, Sa servante, devait partager ce mécontentement. De telles déclarations faites en public, en plus de ses prétentions à être l'infaillible bras droit de Dieu, avaient détourné d'elle les Higgs, les Baalham, les Newstead, qui, tous, auraient pu devenir des amis. À part lui dire bonjour, les gens l'évitaient, ils la tenaient pour folle. Elle l'était sans doute. Déjà.

Elle voyait en Eunice une personne simplette et malléable. Et aussi, pour être juste, une brebis égarée à ramener au bercail de Nunchester. Quel triomphe, quel bonheur ce serait de présenter aux Adorateurs de l'Épiphanie cette nouvelle ouaille toute à sa dévotion, de paraître devant ces mécréants de Greeving avec cette amie rien qu'à elle !

Aux anges depuis la réussite de sa manœuvre, Eunice s'attaqua au ménage général du petit salon. Elle était en train de lessiver la peinture blanc ivoire des murs lorsque Jacqueline rentra.

– Mon Dieu, quelle matinée ! La pauvre lady Royston a une fracture multiple du bras gauche. Tiens, vous refaites le grand nettoyage de printemps en septembre ? Décidément, vous êtes infatigable, miss Parchman. J'ose à peine vous demander si vous vous êtes occupée de ma liste de commissions ?

– Oh oui, Madame. Mr Coverdale passera les prendre à 5 heures.

– Merveilleux. Et maintenant, un bon sherry bien tassé en guise d'apéritif. Arrêtez-vous donc un peu : si vous trinquiez avec moi ?

Eunice refusa. Sauf un exceptionnel verre de vin à l'occasion du mariage ou de l'enterrement d'un parent, elle n'avait jamais bu d'alcool. C'était l'un de ses rares points de convergence avec Joan Smith qui, bien qu'assez portée sur le gin ou la Guinness à l'époque de Shepherd's Bush, avait tiré un trait dessus depuis son engagement d'honneur auprès des Épiphanistes.

Dieu veut faire de toi un sage ne fut, et pour cause, pas ouvert, mais Eunice se rendit à la réunion puisqu'on ne lui demanderait pas de lire quoi que ce soit. La promenade dans la fourgonnette de Joan, les chants et le thé la divertirent. De retour à Greeving, elles avaient pris date – le mercredi – pour un dîner chez les Smith et s'appelaient par leur prénom. Elles étaient amies. Dans le désert de l'existence d'Eunice, Mrs Samson et Annie Cole avaient un successeur.

Melinda retourna à l'université, George à la chasse au faisan, Jacqueline à son jardinage – et auprès de lady Royston pour lui remonter le moral. Giles fut tout chagrin d'apprendre que la dixième place du minibus pour Poona avait trouvé acquéreur. Les feuilles virèrent du vert sombre au bronze, les pommes furent cueillies, les avelines mûrirent. Le coucou était parti depuis longtemps, et à présent, hirondelles et gobe-mouches s'apprêtaient à migrer vers le sud.

Sur la place de Greeving, les chasseurs se rassemblèrent et prirent la direction de Marleigh Wood.

– Bonjour, Maître, fit George au Maître d'Équipage, sir Robert Royston, qu'il appelait Bob en toute autre circonstance.

– Bonjour, monsieur, répondit Bob dans sa tunique écarlate.

Octobre était là, avec son faux été et sa tiédeur mélancolique, ses brumes, son avalanche de fruits. Les rayons obliques du soleil changeaient en ors les vapeurs stagnantes au-dessus de la Beal.

11

Melinda aurait vite su que quand Eunice sortait – ce qui arrivait souvent maintenant – c'était pour aller voir Joan Smith, et que lorsque qu'elle partait le dimanche soir au crépuscule, la fourgonnette des Smith l'attendait au bout de l'allée. Mais Melinda avait repris ses cours à l'université et n'était revenue qu'une seule fois chez son père depuis la rentrée, pour se montrer d'ailleurs plus éteinte et songeuse qu'à l'accoutumée, ne sortant pas, restant des heures à écouter des disques ou assise sans parler, plongée dans ses pensées. Car Melinda était tombée amoureuse.

Aussi, bien qu'il n'y eût que les nourrissons et les vieillards, à Greeving, pour ne pas suivre de près l'alliance Parchman-Smith, les Coverdale en ignoraient tout. Souvent déjà, ils ne s'apercevaient pas de l'absence d'Eunice tant celle-ci était discrète dans la maison. Ils ne savaient pas non plus que lorsqu'ils sortaient, Joan Smith arrivait et passait nombre de joyeuses soirées avec Eunice, à boire du thé et à regarder la télévision dans le nid d'aigle de sa chambre. Certes, Giles était toujours là. Mais dans l'escalier, elles faisaient bien attention à ne pas parler, et l'épaisseur du tapis étouffait les bruits de pas supplémentaires si bien qu'elles parvenaient, ni vu ni connu, à la chambre d'Eunice où l'incessant murmure de la télévision couvrait celui de leurs voix.

Et pourtant, cette amitié aurait tourné court dès les premiers jours si les choses avaient suivi leur cours normal. Une fois son enthousiasme tempéré lorsque retomba sa gratitude pour le déchiffrage de la liste des courses, Eunice commença à considérer Joan, ainsi qu'elle avait fait avec la plupart des gens, comme une personne qu'elle pouvait utiliser. Non pour lui extorquer de l'argent par le chantage, cette fois, mais plutôt pour la mettre sous sa coupe à la manière d'Annie Cole, et en faire son interprète obligée sans craindre qu'elle révélât son secret si jamais elle le découvrait.

Eva sembla bien la lui livrer pieds et poings liés.

Eva qui rongeait son frein à ce moment-là parce que, bien qu'elle eût davantage de travail chez Mrs Jameson-Kerr, ses heures de service à Lowfield Hall avaient été réduites à une matinée par semaine. Elle imputait cette disgrâce à Eunice qui s'acquittait sans ciller – et, à dire vrai, beaucoup mieux – de toutes ces tâches qu'elle-même n'accomplissait qu'en gémissant. Dès qu'elle crut avoir trouvé le moyen de la coincer, elle sauta sur l'occasion.

– Vous êtes bien copine avec cette Mrs Smith, on dirait.

– Je sais pas, fit Eunice.

– Toujours fourrées l'une chez l'autre, c'est ce que j'appelle être bien copines. Mon cousin Meadows, celui qu'a le garage, il vous a vue partir avec elle dans sa fourgonnette, l'autre jour. P't-être bien qu'y a des choses que vous savez pas sur elle.

– Comme quoi ? ne put, contrairement à son habitude, s'empêcher de demander Eunice.

– Comme ce qu'elle était avant de venir ici. Une fille des rues, une prostituée, quoi, ni plus ni moins. (Eva se garda d'anéantir l'impact de cette confidence en la disant de notoriété publique.) Elle allait avec des hommes et son mari en savait rien, le pauvre diable.

Ce soir-là, Eunice était invitée à dîner chez les Smith. Ils servirent ce qu'elle aimait et n'avait jamais à Lowfield Hall : des œufs au bacon avec des saucisses et des frites, après quoi elle eut droit à une barre de chocolat de l'épicerie. Norman n'ouvrit pas la bouche de tout le repas, puis s'en alla au *Blue Boar* où un des Higgs ou des Newstead se dévouerait bien pour lui accorder une partie de fléchettes. Les grandes tasses de thé furent remplies à ras bord, et Joan s'installa en toute confiance pour prêcher l'évangile selon Mrs Smith. Après avoir enfourné la dernière bouchée de sa gaufrette, Eunice saisit l'occasion.

– On m'a parlé de vous, l'interrompit-elle avec force de sa voix la plus impérative.

– En bien, j'espère, fit gaiment Joan.

– Pas tant que ça. Paraît que vous alliez avec des hommes pour de l'argent.

Un halo d'extase mystique illumina le visage fardé de Joan. Elle frappa du poing sa poitrine caverneuse.

– Oh, j'étais une pécheresse ! déclama-t-elle. Je commettais l'acte de chair, j'étais vautrée dans une fange immonde. Je me prostituais dans la ville, mais Dieu m'a appelée, et voilà : je l'ai entendu ! Je n'oublierai jamais le jour où j'ai confessé mes péchés devant l'assemblée des frères et ouvert mon cœur à mon mari. En un acte de grande humilité, ma chère, j'ai mis mon âme à nu devant qui voulait m'entendre afin que chacun sache que même les créatures les plus noires peuvent être sauvées. Encore du thé ?

Eunice en resta abasourdie. Aucune victime potentielle n'avait jamais réagi de la sorte à un chantage. Son respect pour Joan en devint pratiquement illimité. Le bec cloué, elle tendit docilement sa tasse.

Joan devina-t-elle ? Possible. C'était une femme intelligente, et qui ne manquait pas d'expérience. Dans ce cas, prendre Eunice à son propre piège dut bien plus l'amuser que la fâcher. Nous sommes tous des pécheurs, après tout. Et elle n'était pas un Sage pour rien.

Les feuilles jaunes des chênes, des frênes et des ormes commencèrent à tomber, de même que celles, plus rouges, des cornouillers sanguins. Les quelques fleurs qui subsistaient avaient été noircies par la première gelée blanche et les champignons – pleurotes en huître et russules – poussaient sous les haies et sur les troncs d'arbres abattus. On commença à regarnir de chaume le toit du cottage de James Newstead. Son jardin était plein de la paille dorée de tout un champ de blé.

George, en smoking, et Jacqueline, en robe de soie rouge

brodée d'or, allèrent à Covent Garden voir *La Clémence de Titus* et passèrent la nuit chez Paula. La citation du mois était de Mallarmé : « La chair est triste, hélas, et j'ai lu tous les livres. » Mais Giles, loin d'avoir lu tous les livres, était plongé dans Poe. Si, comme cela semblait probable, il ne parvenait pas à aller en Inde, il pourrait demander à Melinda de partager un appartement quand ils auraient terminé leurs études. Dans un immeuble gothique, à Kensington West de préférence, une sorte de Maison Usher avec des parquets noir ébène et des rayons tamisés de lumière pourpre filtrant à travers les vitres treillissées.

Ce qu'il ignorait, c'est que Melinda était amoureuse. Il s'appelait Jonathan Dexter et était étudiant en lettres modernes. George Coverdale s'était souvent demandé, sans rien en dire à personne, pas même à Jacqueline, si sa cadette était aussi innocente que sa mère au même âge. Il en doutait et s'était résigné à la voir suivre la tendance générale à la permissivité. Il aurait été surpris et ravi s'il avait su qu'en fait, Melinda était encore vierge, mais beaucoup plus inquiet s'il avait pu deviner combien elle était près de modifier irrévocablement cet état de choses.

Maintenant que la glace était, si l'on peut dire, rompue, Eunice sortait souvent se promener. De la même manière qu'elle avait sillonné Londres, elle parcourait la campagne, allant d'un village à l'autre, de Cocklefield à Marleigh, de Marleigh à Cattingham, par des chemins jonchés de feuilles et, en cette fin d'été de la Saint-Martin, par les sentiers encore secs qui traversaient les champs et longeaient l'orée des bois. Elle marchait sans but précis, sans s'arrêter pour profiter, à travers les branches, des longues échappées de vue sur la découpe bleue des pentes boisées et des douces vallées – sans guère prêter attention au paysage, en fait. Il en était pour elle de même ici qu'à Londres : elle marchait pour assouvir un désir ardent de liberté et pour brûler cette énergie que le travail de la maison ne parvenait pas à épuiser.

Joan Smith et elle ne communiquaient jamais par téléphone. Joan arrivait avec la fourgonnette lorsqu'elle était sûre que Eunice était seule à Lowfield Hall. Quels que soient les amis auxquels elle rendait visite, Jacqueline devait passer par Greeving, ce qu'elle faisait rarement sans être observée par Joan depuis le magasin. Cette dernière filait alors jusqu'au Hall, entrait sans frapper par la salle d'armes et, deux minutes plus tard, Eunice mettait la bouilloire sur le feu.

– Sa vie n'est qu'une suite de distractions. Ce matin, elle boit du sherry chez cette Mrs Cairne. Facile d'imaginer ce qu'il se dit, le Bon Dieu, quand il voit des choses pareilles. Les méchants fleurissent comme les fleurs de laurier. Bon, j'ai une tournée à faire à Cocklefield avant midi, alors je reste juste une minute.

Par « tournée », Joan n'entendait pas livraisons postales ou d'épicerie, mais visites de prosélytisme. Comme de coutume, elle était armée d'une pile de brochures, dont une toute nouvelle conçue comme une bande dessinée opportunément intitulée *Suis mon étoile*.

Elle était tellement fervente Épiphanienne que souvent, lorsque Eunice passait au cours d'une de ses promenades, celle-ci trouvait Norman seul au magasin. Et là, derrière les barreaux de sa cage, il secouait la tête d'un air lugubre.

– Non, elle est partie je sais pas où.

Parfois pourtant, Eunice arrivait à temps pour accompagner Joan dans sa tournée. Depuis le siège du passager, elle regardait son amie porter la bonne parole de cottage en cottage.

– Auriez-vous quelques instants pour jeter un coup d'œil sur un petit livre que je vous apporte... ?

Elles allaient aussi dans les cités de HLM accrochées à la périphérie de chaque village, cubes de brique rouge soigneusement dissimulés à la vue des habitations anciennes par des barrières de conifères. De temps à autre, une maîtresse de maison plus naïve la faisait entrer, et elle restait un moment à l'intérieur. Mais dans la plupart des cas, elle se faisait claquer la porte au nez et elle revenait à la fourgonnette avec l'auréole du martyr.

– J'admire votre façon de prendre les choses, fit Eunice. Avec moi, ça se passerait pas comme ça.

– Le Seigneur exige l'humilité de ses serviteurs, Eun. N'oubliez pas que certains seront portés par les anges dans le sein d'Abraham, d'autres jetés aux feux de l'enfer. Rappelez-moi de m'arrêter chez Meadows, on n'a presque plus d'essence.

Elles formaient un étrange duo, ces deux femmes, pour celles qui les suivaient d'un regard exaspéré après avoir jeté *Suis mon étoile* à la poubelle.

Joan, qui avait la maigreur squelettique d'un enfant du tiers monde, et que sa religion n'avait pu défaire de sa vieille habitude, presque inconsciente maintenant, de s'attifer comme une prostituée : jupe courte, bas noirs « cristal », chaussures au vernis éculé, grand sac à main brillant et veste blanche en peluche rembourrée aux épaules. Sa coiffure ressemblait à un nid inversé – le nid d'un oiseau qui n'aurait choisi que des brins dorés – et son petit visage hâve était recouvert d'une couche de maquillage rose, bleu et rouge.

Eunice, qui était tout son contraire. Elle n'avait ajouté à sa garde-robe, depuis son arrivée à Lowfield Hall, que les effets qu'elle avait tricotés elle-même et, en ces fraîches journées d'automne, elle portait un bonnet de laine et une écharpe gris-bleu. Dans son épais manteau brun rouge, elle dépassait Joan d'une tête. Le contraste était encore plus frappant lorsqu'elles avançaient côte à côte : Joan, de sa démarche trotte-menu, et Eunice, avec son port statuesque, à grandes et fermes enjambées.

Chacune, au fond, trouvait l'autre parfaitement ridicule, mais cela ne créait aucune animosité entre elles. L'amitié se développe souvent le mieux lorsque l'un des partenaires est sûr d'avoir un ascendant sur l'autre. Sans le dire, Eunice trouvait Joan remarquablement intelligente. Elle pourrait compter sur son aide quand elle serait confrontée à un problème de lecture. Sans le dire, Joan voyait en Eunice une personne éminemment respectable – et un possible garde du corps, en plus, si jamais Norman tentait de mettre à exécution sa dérisoire menace de lui flanquer une raclée – mais pourquoi diable s'habiller comme une femme flic ?

Joan faisait à Eunice cadeau d'une barre de chocolat à chaque fois qu'elle passait au magasin. Eunice avait tricoté une paire de gants pour Joan, dans sa couleur saumon favorite, et songeait à commencer un pull.

Le quarante-troisième anniversaire de Jacqueline tombait le jour de la Toussaint, le 1er novembre. George lui offrit une veste en peau de mouton, Giles un disque des arias de Mozart. Melinda envoya une carte avec la promesse gribouillée d'« un truc sympa quand je rentrerai à la maison ». Le paquet qui contenait un roman récent envoyé par Peter et Audrey avait manifestement été ouvert et refermé. George fonça au bureau de poste de Greeving et se plaignit auprès de Norman Smith. Mais que répondre lorsque ce dernier prétendit, pour se défendre, que le livre était à moitié sorti de son emballage et que sa femme avait refait le paquet par précaution ? George ne put que hocher la tête et dire qu'il s'en tiendrait là – pour l'instant.

Cette même semaine, il se rendit chez le Dr Crutchley pour son bilan annuel. Il faisait un peu de tension : rien de grave, mais autant prendre ces comprimés. George n'était pas un anxieux, pas homme à paniquer facilement, mais il jugea préférable de rédiger un testament, précaution qu'il remettait à plus tard depuis des années. C'est ce testament qui fut à l'origine d'un litige qui n'est toujours pas réglé, à cause duquel Lowfield Hall, privé de propriétaire légal, reste désert, qui empoisonne la vie de Peter Coverdale et de Laura Caswall, et qui empêche cette plaie de se refermer dans leur esprit. Il fut pourtant rédigé avec tout le soin, toute la clairvoyance nécessaires, mais qui aurait pu prévoir ce qui allait se passer le jour de la Saint-Valentin ? Quel notaire, aussi avisé fût-il, aurait pu imaginer pareil massacre dans ce havre de paix qu'était Lowfield Hall ?

Une copie du testament fut montrée à Jacqueline à son retour d'une réunion du conseil de paroisse.

– « À mon épouse bien-aimée Jacqueline Louise Coverdale », lut-elle à haute voix, « je lègue la totalité de ma propriété connue sous le nom de Lowfield Hall, sise à Greeving, dans le comté de Suffolk, libre de toute hypothèque. Elle lui appartiendra, ainsi qu'à ses héritiers et ayants-droit, à perpétuité. » Oh, chéri, « À mon épouse bien-aimée » ! Que je suis touchée que tu aies mis cela !

– Mais encore ? fit George.

– Peut-être aurais-tu seulement dû m'en donner l'usufruit ? J'ai tout l'argent que papa m'a laissé, plus ce que j'ai retiré de ma maison, sans compter ton assurance-vie.

– Tout à fait, et c'est pourquoi j'ai légué mes autres avoirs aux filles et à Peter. Mais je tiens à ce que la maison te revienne, tu l'aimes tant. Et puis j'ai horreur de ces arrangements mesquins qui n'accordent à la veuve qu'une jouissance de biens à vie : elle n'est en fait que la locataire à titre gracieux d'un groupe de gens qui n'attendent que de la voir trépasser.

– Tes enfants ne seraient pas comme ça.

– Sans doute, Jackie, mais n'empêche. Et si tu disparais avant moi, j'ai ordonné que la maison soit vendue après ma mort et le montant de la vente réparti entre mes héritiers.

Elle leva les yeux sur lui.

– J'espère que ce sera le cas.

– Quoi donc, chérie ?

– Que je disparaîtrai avant toi. C'est ça qui m'ennuie dans le fait que tu sois plus âgé : je ne supporte pas l'idée de te survivre, d'être ta veuve pendant des années peut-être alors que je ne pourrais pas passer un jour sans toi.

George l'embrassa.

– Allez, arrêtons de parler de testaments, de tombes et d'épitaphes, dit-il.

La discussion s'orienta sur le conseil de paroisse, sur la collecte de fonds pour la nouvelle mairie, et Jacqueline oublia le souhait qu'elle avait émis.

Il n'était pas destiné à être exaucé, bien qu'elle ne restât veuve que quinze minutes.

12

Le temple de l'Épiphanie, à Nunchester, est situé sur North Hill, juste au-dessus du marché aux bestiaux. Il n'est donc pas nécessaire, en venant de Greeving, de traverser la ville, et Joan Smith pouvait s'y rendre en vingt minutes. Eunice aimait bien les réunions du dimanche soir. On distribuait certes des feuilles de cantiques, mais comme le savent tous ceux qui ont essayé de donner l'impression de connaître la messe par cœur – se servir du missel trahit une impardonnable ignorance –, il est très facile de mimer des lèvres ce que les autres prononcent et de masquer ses lacunes derrière ses mains jointes portées à hauteur de la bouche. De plus, il suffisait à Eunice d'entendre une seule fois un cantique pour qu'il soit à jamais gravé dans sa mémoire et pour pouvoir l'entonner avec les autres, de sa puissante voix de contralto :

Or est la couleur de notre Seigneur,
Encens le parfum qui vient de son cœur,
La myrrhe, l'onguent qu'avec force et puissance,
Il verse du ciel pour calmer nos souffrances.

Elroy Camps n'était pas Herbert ou Keble.[1]

Après les cantiques et une séance de confession volontaire – ça valait bien la télé, ça –, frères et sœurs prirent le thé avec des biscuits, puis regardèrent des films montrant des Adorateurs de l'Épiphanie de toutes les couleurs en train de se démener dans des contrées perdues – en croisade contre les infidèles, si l'on

1. George Herbert (1593-1633) et John Keble (1792-1866), poètes d'inspiration religieuse.

peut dire – ou de distribuer l'Épître de Balthazar à des affamés trop faibles pour résister. Il y eut aussi quelques potins échangés sur des gens attachés aux biens de ce monde qui n'avaient pas encore vu la lumière, mais gentiment, pieusement, en laissant à Dieu le soin de censurer et de blâmer. Ils honoraient le précepte du « Venez à moi, vous tous qui peinez et ployez sous le fardeau : c'est moi qui vous soulagerai. » Dans l'ensemble, ils étaient et sont encore de joyeux personnages. Ils chantent, rient, entrent avec délectation en confession – les leurs et celles des nouveaux convertis. Ils parlent de Dieu comme s'il était un de ces professeurs modernistes qui aiment à se faire appeler par leur prénom. Leurs cantiques ne sont pas sans rappeler les chansons pop et leurs brochures sont illustrées de bandes dessinées. Leur idée que les élus sont des Sages qui suivent une étoile n'est pas mauvaise. Le culte de Camps aurait sans doute été récupéré par des jeunes du genre fanatiques de Jésus s'il n'avait présenté deux écueils incontournables et insupportables pour toute personne de moins de quarante ans – et pour les plus de quarante ans aussi, en fait. Le premier est l'embargo total sur toute activité sexuelle, même dans le cadre du mariage. L'autre est l'accent mis sur la vengeance contre les infidèles, c'est-à-dire tout non-Épiphanien, vengeance qui n'est pas nécessairement laissée à Dieu, mais qui peut être exécutée par les élus, instruments du divin. Dans la pratique bien sûr, ils ne passent pas leur temps à pourfendre leurs hérétiques voisins, mais l'impression qu'ils laissent est qu'ils sont davantage félicités que blâmés s'ils le font. Après tout, si Dieu est leur prof, eux sont les pions.

Eunice n'absorba que peu de cette doctrine qui, de toutes façons, était davantage implicite que proclamée. Elle aimait ces sorties en société, les seules qu'elle eût jamais faites. Les autres adeptes étaient aussi âgés qu'elle, ou ses aînés. Personne ne lui posait de questions, n'essayait de s'immiscer désagréablement dans sa vie ou ne la coinçait dans des situations où elle aurait été obligée de lire. Ils se montraient amicaux, enjôleurs, prodigues en thé, biscuits et cake parce que, bien sûr, ils voyaient en elle une future recrue. Mais Eunice était bien décidée à ne jamais se convertir, toujours pour la même raison que celle qui l'avait empêchée de faire tant de choses : la confession ne la gênait pas car elle n'aurait rien débité d'autre que le flot habituel des mauvaises pensées et ambitions, mais une fois qu'elle aurait sauté le pas, elle serait tenue d'effectuer sa tournée de visites. Or elle ne savait que trop, pour avoir accompagné Joan, ce que cela impliquait. Lire. Attirer l'attention des personnes visitées sur certains points de *Suis mon étoile*. Trouver les passages appropriés dans la Bible. Argumenter en faisant de nombreuses références à des mots écrits.

– Je vais réfléchir, répondit-elle de sa voix pesante lorsque Joan lui posa la question fatidique. C'est une décision importante.

– Ce sera votre lumière vers Bethléem, vous ne le regretterez pas. Tenez-vous prête, car comme le voleur, c'est à une heure imprévue que viendra le Fils de l'Homme, mais la vierge folle a laissé sa lampe s'éteindre. Rappelez-vous ça, Eun.

Cette conversation se déroula par un après-midi froid et pluvieux, alors qu'Eunice avait marché jusqu'à l'épicerie pour prendre une tasse de thé, bavarder un peu et faire sa provision pour la semaine de barres chocolatées, qui étaient redevenues un élément indispensable de son alimentation. Au moment où Joan et elle sortaient ensemble du magasin, Jacqueline faisait de même de chez Mrs Cairne où elle était allée régler un problème de l'Institut Féminin. Elles ne la virent pas, mais Jacqueline, si, et bien que Joan ne fît que quelques pas à l'extérieur, il était évident qu'il ne s'agissait pas d'un simple au revoir de commerçant à client : avec son rire aigu, Joan donna à Eunice une de ces bourrades enjouées dont les femmes de son genre gratifient des amies en un geste d'amical reproche. Eunice reprit alors la direction de Lowfield Hall, et se retourna deux fois pour faire signe à Joan qui répondit en agitant frénétiquement la main.

Jacqueline démarra. Elle rattrapa Eunice juste au sortir du pont.

– Je ne savais pas que vous étiez amie avec Mrs Smith, dit-elle lorsque Eunice, à contrecœur, fut montée à côté d'elle.

– Je la vois pas mal, articula cette dernière.

Difficile de répondre à cela : Jacqueline ne se sentait pas le droit de dicter à sa bonne le choix de ses amis. Pas de nos jours. Ce n'était pas l'après-midi de congé d'Eunice, mais personne ne surveillait plus ses sorties depuis leur retour de vacances. On la laissait aller et venir à sa guise. Pourquoi pas, d'ailleurs ? Il en eût été autrement si elle avait négligé son service à Lowfield Hall, mais c'était loin d'être le cas. Là pourtant, Jacqueline, qui jusqu'à présent n'avait trouvé le moindre défaut à sa domestique et qui avait été abasourdie d'entendre le trouble exprimé par George quelque cinq mois auparavant, se sentit elle-même mal à l'aise. Eunice était assise à côté d'elle et enfournait ses chocolats. Non qu'elle mangeât bruyamment ou malproprement, mais n'était-il pas singulier qu'elle puisse ainsi ingurgiter et mâcher en silence sans penser à lui en offrir un ? Pour rien au monde, Jacqueline n'aurait pu avaler ce genre de chose, mais tout de même... Et ces salamalecs avec Mrs Smith, comme si elles étaient amies intimes. La crainte que George, s'il apprenait cela, ne réagisse trop énergiquement à son goût, la retint de lui en parler.

Au contraire, avec cette forme de perversité féminine qui lui était si particulière, elle porta Eunice aux nues, ce soir-là, faisant remarquer combien l'argenterie avait été bien astiquée.

À Galwich, Melinda Coverdale – sage ou folle – avait abandonné sa virginité à Jonathan Dexter. Cela se produisit un soir après qu'il l'eut invitée à partager une bouteille de vin dans sa chambre et que Melinda eut raté le dernier bus. Scénario cousu de fil blanc, bien entendu, qu'ils avaient l'un et l'autre secrètement appelé de leurs vœux toute la soirée, mais qui fournirait une bonne excuse à la conscience de Melinda le lendemain. Conscience qui ne la tourmenta en fait pas le moins du monde tant elle était heureuse : elle voyait Jonathan tous les jours, passait la plupart des nuits avec lui dans sa chambre et ne jeta le moindre coup d'œil ni sur les pronoms anglo-saxons ni sur l'histoire de la langue anglaise pendant quinze jours. Quant à Goethe, Jonathan avait trouvé ses Affinités électives ailleurs.

À Lowfield Hall, Jacqueline avait préparé quatre puddings de Noël, dont un devait être envoyé aux Caswall, pour qui emmener deux enfants en bas âge à Greeving créait trop de problèmes. Elle se demandait quoi acheter à George, car il avait déjà tout – elle aussi, d'ailleurs. Eunice la regarda glacer le gâteau et Jacqueline s'attendit à ce qu'elle évoque un souvenir quelconque, souvenir d'enfance ou d'ordre sentimental, lorsqu'elle plaça le petit Père Noël en plâtre, les petits rouges-gorges et le houx sur le sucre : elle se borna à espérer que le gâteau serait assez gros. Encore fallut-il lui demander son avis pour qu'elle ouvrît la bouche.

Sa déception de ne pas aller en Inde tua toute religiosité orientale en Giles. Ce voyage, de toutes façons, aurait contrecarré ses projets avec Melinda. Il se voyait avec elle dans leur appartement, fervents catholiques tous deux mais devant souffrir le martyre pour préserver leur chasteté et leur vie d'abstinence. Peut-être deviendrait-il prêtre, et si Melinda entrait au couvent, ils demanderaient – disons deux fois par an – une dérogation spéciale pour pouvoir se rencontrer, humblement vêtus dans quelque petit café, sans oser même se toucher la main. Ou alors, comme Lancelot et Guenièvre, mais sans avoir partagé leurs plaisirs passés, se trouver chacun à une extrémité de la nef d'une église, s'adresser un long et douloureux regard, puis se retirer sans dire un mot. Même à lui ce fantasme parut quelque peu extrême. Avant de devenir prêtre, il devait devenir catholique, et il cherchait à Stantwich quelqu'un qui pût lui donner l'instruction nécessaire. Le latin et le grec auraient leur utilité, aussi Virgile et Sophocle reçurent-ils une attention supplémentaire. Il épingla une citation de Chesterton au mur et se mit à lire Newman.

L'hiver avait dépouillé bois et haies de leurs feuilles. Des mouettes suivaient en criaillant la charrue de Mr Meadows. La lumière magique du Suffolk devint pâle, opalescente, et le ciel, tandis que la terre semblait perdre le soleil, offrit un fond presque vert à une longue traînée de nuages jaune clair. *Le sang est mordu par le froid, les chemins se font rudes, et la nuit, le hibou aux yeux écarquillés crie*[1]. Accrochée à la cheminée des cottages, la fumée des feux de bois s'élevait en longues plumes grises.

– Que faites-vous, pour la Nativité de Notre Seigneur ? demanda Joan comme si elle invitait quelqu'un à une surprise-partie.

– Pardon ? fit Eunice.

– Pour Noël.

– Je reste à Lowfield Hall. Ils ont des invités.

– C'est quand même malheureux que vous soyez obligée de passer l'anniversaire du Seigneur au milieu de cette bande de pécheurs. Pas un pour rattraper l'autre. Mrs Higgs, tenez, celle qui est toujours en vélo, elle a dit à Norm que Giles était en train de fricoter avec des prêtres catholiques. Dieu ne veut sûrement pas que vous vous fassiez contaminer par une engeance pareille, ma chère.

– C'est qu'un gamin, fit Eunice.

– On ne peut pas en dire autant de son dépravé de beau-père qui vit avec une divorcée. Venir ici et accuser Norm de tripoter son courrier ! Ah, que l'infidèle n'invente-t-il pas pour persécuter

1. Shakespeare, Love's labour lost (Acte 5, Sc 2, Winter).

l'élu ! Pourquoi ne vous joignez-vous pas à nous ? Ce sera une soirée calme, bien sûr, mais je peux vous garantir une bonne petite réfection et la compagnie d'amis affectueux.

Eunice accepta. Elles étaient à ce moment-là en train de prendre le thé dans le salon crasseux de Joan et le troisième ami affectueux fit son apparition en la personne de Norman Smith qui venait dîner. Au lieu de le servir, Joan se lança dans une redite de sa confession que la moindre allusion à d'autres personnes qui avaient – affirmait-elle – semblablement péché ne manquait pas de déclencher.

– Vous avez vécu une vie pure, Eun, si bien que vous ne pouvez pas comprendre ce que la mienne a été lorsque je livrais mon corps à tous les traîne-savate de Shepherd's Bush, lorsque je me soumettais sans broncher à leurs demandes les plus abjectes, à leurs désirs les plus innommables, et tout cela pour l'argent que mon mari ne pouvait fournir en quantité suffisante.

Le courage vint enfin à Norman. Il avait bu deux whiskies au *Blue Boar*. Il s'avança vers Joan et la gifla. Cette dernière, toute menue, en tomba de sa chaise avec un gargouillement.

Eunice leva sa lourde carcasse, s'approcha de Norman, le saisit par le cou comme un poulet tout en lui abattant l'autre main sur l'épaule.

– Laissez-la tranquille.

– Je suis obligé d'écouter ça ?

– Oui, si vous voulez pas que je vous étrangle.

Eunice joignit le geste à la parole. Sensation délicieuse qu'elle crut vaguement reconnaître. Norman grimaça sous sa poigne, les yeux exorbités, la bouche béante.

La confiance de Joan en sa garde du corps s'avérait justifiée. Elle se redressa sur son séant.

– Avec l'aide de Dieu, fit-elle théâtralement, vous venez de me sauver la vie.

– Tu parles ! jeta Norman en se dégageant et en se massant la gorge. Vous m'écœurez toutes les deux, espèces de vieilles sorcières.

Joan se rehissa sur sa chaise pour faire l'état de ses blessures : un bas filé et ce qui pourrait se transformer en un léger œil au beurre noir. Norman ne lui avait pas vraiment fait mal. Il était trop faible et, au fond, il avait trop peur d'elle pour qu'il en fût autrement. Elle ne s'était même pas cogné la tête en tombant. Mais cette pichenette et cette chute provoquèrent un déclic en elle. Plus psychologique que physique, peut-être, et peut-être était-il lié aux changements glandulaires de la ménopause ? Quoi qu'il en soit, Joan changea. Peu à peu, bien sûr, sans que cela se vît, à l'exception, le soir même, d'une lueur plus brillante dans ses yeux et du timbre plus aigu de sa voix. Mais ce n'était que le début. Elle était au bord du gouffre de la folie, de la folie furieuse, et elle y chancela jusqu'à ce que, deux mois plus tard, un fanatisme exacerbé la fît basculer.

13

– Entrons par-devant, dit Eunice, de retour de la réunion des Épiphaniens.

Elle pressentait que Joan ne serait pas la bienvenue à Lowfield Hall, bien que cette dernière n'eût jamais abordé le sujet et eût affirmé, au contraire, lors de sa première venue, que les Coverdale ne verraient pas d'objection à ce qu'elle visite la maison parce qu'« on est tous amis, au village ». Eunice n'avait jamais entendu ni Jacqueline ni George faire état de leurs soupçons au sujet de leur courrier, mais son intuition bien particulière – et souvent incertaine – le lui faisait savoir, tout comme elle savait que si elle avait ramené Mrs Higgs, célèbre par sa bicyclette, ou Mrs Jim Meadows à la maison, ces dames eussent été fort bien reçues par n'importe lequel des Coverdale.

Joan ne comptait pas rester longtemps : elle était simplement passée se faire prendre ses mesures pour un projet secret de cadeau de Noël d'Eunice. Elles se trouvaient déjà dans l'escalier du haut lorsque la porte de la chambre de Giles s'ouvrit et qu'il sortit.

– Moi, il me paraît un peu demeuré, fit Joan en se débarrassant de son manteau lorsqu'elles furent dans la chambre d'Eunice. Un peu attardé, si vous voyez ce que je veux dire.

– Il ne dira rien, affirma Eunice.

Et là, elle se trompait.

Giles n'aurait effectivement rien dit si on ne lui avait rien demandé, ce n'était pas son genre. Il était descendu chercher son dictionnaire de grec qu'il pensait avoir laissé au petit salon. Là, il rencontra sa mère, seule, en train de suivre un concert à la télévision. George était sorti une demi-heure discuter avec le général sur la façon de contrer un projet d'édification de quatre nouvelles maisons sur un terrain sis à côté du pont de la rivière.

Jacqueline leva les yeux et lui sourit.

– Ah, c'est toi, chéri.

– Mmm, répondit-il en fouillant sous une pile de journaux du dimanche à la recherche de son Liddell & Scott.

– Il m'a semblé entendre quelqu'un à l'étage, mais c'était miss Parchman qui rentrait, j'imagine ?

Il venait parfois à l'esprit de Giles qu'il serait préférable de répondre au moins une fois par jour par une phrase entière, et non par un monosyllabe, à sa mère. Il l'aimait vraiment beaucoup. Alors, il se força. Il se redressa, les cheveux hérissés, avec ses boutons et sa myopie, l'air d'un jeune prof hirsute ployant sous le faix de ses livres.

– P't'être bien, fit-il de son habituelle manière évasive. Elle était avec la vieille du magasin.

– Quelle vieille du magasin ? Qu'est-ce que tu racontes, à la fin ?

Giles ne connaissait le nom de personne, au village. Il n'y allait jamais, s'il pouvait l'éviter.

– La folle qu'a les cheveux jaunes, expliqua-t-il.

– Mrs *Smith* ?

Giles répondit par un signe de tête affirmatif et se dirigea vers la porte, le dictionnaire déjà ouvert, marmonnant quelque chose que Jacqueline crut être « anathème, anathème ». Elle perdit patience, oubliant le mot qu'il venait de prononcer et sa signification.

– Giles, chéri, tu ne dois pas traiter les gens de fous ! Dis, attends une minute, *s'il te plaît*. Tu ne pourrais pas rester un peu avec nous ici, quelquefois, le soir ? Tu n'as pas à ce point de travail de classe, tout de même. D'autant que tu arriverais à le faire les yeux fermés. Tu vas devenir un véritable ermite, comme cet homme qui restait assis en haut de sa colonne, si tu continues !

Il hocha de nouveau la tête. La remontrance, la sommation et la flatterie de sa mère furent autant de paroles perdues. Il se plongea dans un abîme de réflexion en grattant un de ses boutons.

– Saint Siméon le Stylite, trouva-t-il enfin.

Et il sortit lentement de la pièce en laissant la porte ouverte.

Exaspérée, Jacqueline la claqua. Le concert était terminé. Pendant un moment, elle resta assise à songer combien elle aimait son fils, combien elle était fière de sa réussite scolaire, combien elle fondait d'espoirs en lui – mais aussi combien elle aurait été plus heureuse s'il avait ressemblé davantage aux enfants de George. Et puis, comme il était inutile d'essayer de faire quoi que ce soit pour lui maintenant – il deviendrait sûrement normal et gentil, un jour – elle en revint à ce qu'il avait dit. Joan Smith. Mais avant qu'elle eût vraiment le temps d'y réfléchir, George arriva.

– Bon, je crois qu'on va pouvoir leur mettre des bâtons dans les roues. Ou bien ce terrain est un site classé, ou il ne l'est pas. S'il y a enquête publique, nous devrons tous nous regrouper et commettre un avocat. Tu dis que le conseil de paroisse y est aussi farouchement opposé ?

– Oui, répondit Jacqueline. George, Mrs Smith, l'épicière, est en haut. Elle est venue avec miss Parchman.

– Il me semblait bien que j'avais vu la fourgonnette des Smith dans l'allée. Quelle barbe !

– Chéri, je ne veux pas d'elle chez nous. C'est peut-être idiot, mais j'en suis malade, de la savoir ici. Elle raconte à tout le monde que Jeffrey a divorcé à cause de toi, qu'il est alcoolique, des trucs de ce genre. Et je suis sûre qu'elle a ouvert la dernière lettre d'Audrey.

– Il n'y a rien d'idiot là-dedans. Cette femme est une calamité. Tu lui as dit quelque chose ?

– Non, c'est Giles qui l'a vue.

George ouvrit la porte, au moment précis où Eunice et Joan redescendaient en catimini dans le noir. Il alluma la lumière et leur bloqua le passage.

– Au revoir, Mrs Smith.

Eunice en resta interdite. Pas Joan.

– Oh, bonsoir, Mr Coverdale. En voilà, un bout de temps qu'on ne s'était pas vus. Ça pique, dehors, pas vrai ? Enfin, c'est normal, à cette époque de l'année.

George ouvrit la porte d'entrée et la lui tint grande ouverte.

– Bonne nuit, jeta-t-il sèchement.

– Bye-bye ! gloussa-t-elle en filant comme une écolière qui aurait été prise en train de faire le mur.

Il referma la porte, pensif, et se retourna : Eunice avait disparu. Mais le lendemain matin, avant le petit déjeuner, il alla la trouver dans la cuisine. Elle n'était pas en train de lui bichonner sa chemise, cette fois, mais de préparer des toasts. Il l'avait d'abord crue réservée, et avait imputé toutes ses bizarreries à sa timidité. Mais à présent, il se rendait compte, comme une fois six mois auparavant, de l'atmosphère désagréable qui régnait partout où elle se trouvait. Elle se retourna pour le regarder avec le même œil mauvais que la vache dont il avait un jour trop approché le veau. Elle ne dit pas bonjour, n'articula pas une parole, car elle savait pourquoi il venait. Un violent sentiment de répulsion s'empara de lui. Il se prit à regretter le temps de la cuisine en désordre, des casseroles de la veille non lavées et de la jeune fille au pair noyée dans la pagaille.

– J'ai malheureusement quelque chose de désagréable à vous dire, miss Parchman, aussi essaierai-je d'être bref. Ma femme et moi ne voulons pas nous mêler de votre vie privée, et vous êtes libre d'avoir les amis que vous voulez. Mais vous devez savoir que nous ne tenons pas à ce que Mrs Smith vienne ici.

Pauvre George, il était pompeux – mais qui ne l'aurait pas été en pareille circonstance ?

– Elle fait rien de mal, grogna Eunice que quelque chose retint de dire Monsieur – Elle ne devait plus jamais appeler George Monsieur, ni Jacqueline Madame.

– C'est à moi d'en juger, mais vous avez le droit de connaître les raisons de mon refus. Peut-on sérieusement dire qu'une personne ne fait rien de mal quand elle est connue pour répandre d'infâmes calomnies sur les gens et, disons, qu'elle profite de la situation de postier de son mari pour commettre des indélicatesses ? Voilà, c'est tout. Je ne vous empêche pas d'aller voir Mrs Smith chez elle, bien sûr, ça ne me regarde pas. Mais je ne veux plus qu'elle vienne ici.

Eunice ne posa pas de questions, n'essaya pas de se défendre. Elle haussa ses massives épaules, se détourna et tira la grille du grille-pain sur laquelle se trouvaient trois toasts complètement calcinés.

George n'attendit pas. Mais en quittant la cuisine, il fut certain de l'entendre dire :

– Regardez ce qu'il m'a fait faire !

Il en parla à Giles, dans la voiture. Parce que c'était Giles qui était là, que cette affaire le turlupinait et que, de toutes façons, il se creusait toujours la tête pour trouver un sujet de conversation avec le gosse.

– Tu sais, ça me coûte vraiment de le dire, mais il y a quelque chose de très déplaisant chez cette femme. Je ne devrais peut-être pas parler comme ça devant toi, mais tu es assez adulte pour le ressentir aussi. Je cherche le mot pour la décrire.

– Répulsive.

– C'est tout à fait ça ! (George était tellement ravi non seulement de l'adjectif, mais du fait qu'il ait été spontanément proposé par Giles, qu'il quitta un instant la route des yeux et dut faire un brusque écart pour éviter le vieux labrador de Mr Meadows qui trottait en plein milieu de la route.) Eh, regarde où tu mets les pattes, espèce de gâteux ! l'apostropha-t-il avec un mélange de soulagement et d'affection. Répulsive, c'est le mot. Elle me donne des frissons dans le dos. Mais qu'est-ce qu'on peut y faire, hein, mon gars ? La prendre comme elle est, je suppose.

– Mmm.

– Bon, d'un autre côté, j'exagère peut-être parce qu'elle m'a énervé. Elle décharge ta mère d'un poids énorme de travail.

– Mmm, répéta Giles en ouvrant sa sacoche et en se mettant à marmonner des vers d'Ovide.

Déçu, mais bien conscient du fait que cette contribution inspirée à son monologue n'aurait hélas pas de suite, George poussa un soupir et abandonna. Avec à l'esprit une très désagréable pensée : si Eunice avait su conduire et si elle avait été au volant cinq minutes plus tôt, il était intuitivement convaincu qu'elle n'aurait pas cherché à éviter le chien. Ou même l'enfant si c'en avait été un.

Jacqueline laissa un mot dans la cuisine pour prévenir qu'elle serait absente toute la journée. Elle n'avait pas envie de voir Eunice, en haut, qui faisait la salle de bains « des enfants ». Elle regrettait, à présent, que Giles lui eût dit qu'il avait vu Joan Smith, et plus encore d'en avoir parlé à George sans réfléchir. Eunice pourrait partir, ou menacer de le faire. Jacqueline traversa le village en direction de la maison des Jameson-Kerr. Quand elle vit les vitres graisseuses, la poussière partout, les mains rougies et rêches de son amie, elle se dit qu'elle devait garder sa domestique à tout prix, et que la présence occasionnelle de Joan Smith n'en serait qu'un petit prix à payer.

Joan vit passer la voiture, elle enfila son manteau en laine bouclée.

– C'est reparti pour Lowfield Hall, hein ? jeta Norman. Je me demande pourquoi tu ne vas pas vivre là-bas avec Miss Frankenstein.

Bien qu'elle l'eût fait dans le passé, Joan ne déversait plus de boniment biblique sur son mari. C'était la seule personne de son entourage à y échapper.

– Je te défends de l'insulter ! Si elle avait pas été là, je serais peut-être morte, maintenant.

En mastiquant son chewing-gum, Norman plongea les yeux dans un de ses sacs.

– Pas la peine de faire tant d'histoires pour une simple chiquenaude.

– Si elle avait pas été là, cria Joan avec un éclair d'esprit, c'est pas derrière les grilles de ton guichet que tu te trouverais en ce moment.

Elle sauta dans la fourgonnette et franchit le pont en trombe. Eunice était dans la cuisine, occupée à charger la machine à laver de draps, de chemises et de linge de table.

– Je l'ai vue passer en voiture, alors je me suis dit que je pourrais faire un saut. Comment ça s'est terminé, hier ?

Eunice referma le couvercle de la machine et mit la bouilloire sur le feu.

– Il a juste dit que vous remettiez plus les pieds ici.

La réaction de Joan fut explosive.

– Je le savais ! Je le voyais venir gros comme une maison ! C'est pas la première fois qu'on persécute les serviteurs de Dieu, Eun, et ce sera pas la dernière ! (Un grand geste de son bras grêle manqua de peu le pot à lait.) Regardez ce que vous faites pour eux ! Toute peine ne mérite-t-elle pas salaire ? Il devrait vous payer deux fois plus cher, si vous n'aviez pas cette petite chambre de rien du tout, là-haut. Il y réfléchit pas, à ça. Alors c'est comme si vous étiez en location, chez lui. Depuis quand un propriétaire a-t-il le droit de se mêler des amitiés des locataires ? (Sa voix devint stridente.) Même sa fille dit à tout le monde que c'est un fasciste. Sa propre famille le fuit ! Malheur à celui qui méprise le Seigneur !

Peu émue par cette diatribe, Eunice gardait les yeux obstinément fixés sur la bouilloire. Pas le moindre élan d'affection pour Joan ne s'éleva en elle, pas le moindre sentiment de solidarité. Rien de cette passion qui vous transporte quand les droits fondamentaux d'un proche sont menacés. Ce qu'elle ressentait seulement – et qu'elle ressentait depuis la nuit précédente –, c'est qu'on était venu faire acte d'ingérence dans sa vie. Alors elle dit enfin, de cette voix forte et monocorde qui était la sienne :

– Je ferai comme ça me plaît.

Joan laissa échapper un petit rire aigu. Elle était ravie, elle en balbutia d'excitation :

– Bravo, Eun ! Ça, c'est parler ! Matez-le, qu'il comprenne que tous les gens ne sont pas à sa botte.

– Je vais faire le thé, dit Eunice. Jetez donc un coup d'œil sur ce mot qu'elle a mis, j'ai laissé mes lunettes en haut.

14

Depuis la rentrée, Melinda n'était revenue que deux fois à la maison. Mais le trimestre était terminé, à présent. Jonathan allait passer les fêtes de fin d'année en Cornouaille avec ses parents. Elle avait été invitée, mais il en aurait fallu davantage à Melinda que d'être amoureuse pour ne pas passer Noël à Lowfield Hall. Ils se séparèrent en se promettant de se téléphoner tous les jours et de s'écrire souvent, puis Melinda monta dans le train de Stantwich.

Ce fut de nouveau Geoff Baalham qui la prit à Gallows Corner. La coïncidence n'avait rien d'extraordinaire, vu que Geoff revenait toujours de sa tournée de livraison d'œufs vers cette heure-là. Mais le 18 décembre, il faisait noir à 5 heures. Les vitres de la camionnette étaient relevées, le chauffage allumé, et Melinda portait un afghan brodé et une grande toque en fourrure. Seules les bottes n'avaient pas changé.

– Salut, Melinda. Tu te fais rare, dis donc ! Me dis pas que c'est tes études qui t'ont empêchée de rentrer.

– Quoi d'autre, alors ?

– Un nouveau petit ami – c'est ce que j'ai entendu dire, du moins.

– On peut jamais rien garder pour soi, dans ce patelin. Bon, alors, quoi de neuf ?

– Barbara est enceinte. Il va y avoir un petit Baalham de plus en juillet. Tu me vois père de famille, Melinda ?

– Tu seras fantastique. Je suis ravie, Geoff. Embrasse Barbara pour moi.

– Je n'y manquerai pas. Quoi d'autre ? Ma tante Nellie est tombée de son vélo et doit rester couchée. Tu sais que ton père a flanqué dehors Mrs Smith ?

– Tu plaisantes ?

– C'est vrai. Il l'a piquée en train de redescendre en douce avec votre bonne, il lui a dit de ne plus remettre les pieds chez vous, et puis il l'a jetée dehors. Elle a des bleus partout, à ce qu'on raconte.

– Quel facho ! C'est dégueulasse !

– Peut-être pas tant que ça, quand tu penses à ce qu'elle colporte sur ta mère et qu'en plus, elle ouvre leur courrier – à ce qu'on raconte, encore une fois. Bon, c'est ici que je te laisse. Dis à ta maman que je lui apporterai les œufs à la première heure lundi matin.

Geoff retourna vers Barbara et vers les poules en pensant à Melinda, combien elle était jolie – ah, ce chapeau de fourrure ! Sacrément verni, son petit copain !

– Paraît que t'as fichu Mrs Smith dehors et que tu lui as fais des bleus partout ? cria Melinda en entrant comme une furie dans le petit salon où George, qui avait couvert la moquette avec un drap, nettoyait ses fusils parce qu'il faisait trop froid dans la salle d'armes. Dis-moi que c'est pas vrai !

– Voilà une jolie manière de dire bonjour à ton père que tu n'as pas vu depuis un mois, fit-il en se levant pour lui donner un baiser. Tu as l'air en pleine forme. Comment va ton petit ami ? Bon, maintenant, qu'est-ce que c'est que cette histoire ? J'ai esquinté Mrs Smith, moi ?

– D'après Geoff Baalham, oui.

– C'est ridicule, voyons. Je ne l'ai même pas touchée, cette femme. Tout ce que je lui ai dit, c'est bonne nuit. Tu devrais commencer à connaître les ragots du village, Melinda.

Elle jeta sa toque sur un fauteuil.

– Mais tu lui as bien interdit de remettre les pieds ici, papa ?

– Alors là, certainement !

– Et la pauvre miss Parchman, alors ? On n'est plus au temps des serfs, pour vouloir régenter comme ça ses amitiés. On s'inquiétait qu'elle ne voie jamais personne ou n'aille nulle part, et maintenant qu'elle a une amie, tu la vires de la maison. C'est *honteux* !

– Melinda... commença George.

– Alors moi, je serai très gentille, avec elle. Je serai aux petits soins. Parce que je ne supporte pas l'idée qu'elle n'ait pas d'amie.

– Il vaut mieux être seul que mal accompagné, jeta malicieusement George.

Il rigola tandis que Melinda sortait, furibonde.

Ce soir-là, Melinda déclencha un engrenage tragique qui devait mener directement à sa mort, à celles de son père, de sa belle-mère et de son beau-frère. Elle s'y engagea parce qu'elle était amoureuse, et que si le monde aime les amoureux, il est encore plus vrai que les amoureux aiment le monde : c'est parce qu'elle aimait qu'elle eut envie de répandre un peu d'amour et de bonheur. Son drame fut d'en faire bénéficier Eunice Parchman.

Après dîner, elle se leva vivement de table et, au grand étonnement de Jacqueline, aida Eunice à débarrasser. Grand étonnement d'Eunice, aussi, et même consternation : elle voulait finir la vaisselle à temps pour regarder son feuilleton de 8 heures sur les flics de Los Angeles, mais voilà que cette sauterelle venait s'agiter autour d'elle et mélangeait les assiettes pleines de jus avec les verres à eau. Elle ne lui dirait pas un mot, pas un seul, comme ça elle finirait par comprendre, la sauterelle, et par s'en aller.

Les manières extraverties de Melinda n'étaient pas dépourvues d'une forme de délicatesse, d'un certain tact : elle sentit qu'il serait malhonnête envers son père de parler des événements du dimanche. Elle se lança donc sur un autre sujet, sans se douter qu'elle n'aurait pu en trouver de plus mauvais – sauf un, peut-être.

– Vous vous appelez Eunice, n'est-ce pas, miss Parchman ?

– Oui.

– C'est un prénom biblique, comme vous le savez sûrement. D'origine grecque, je crois. Eunicée, ou peut-être Eunikê. Faudra que je demande à Giles, je n'ai pas pris grec à l'école.

Une assiette atterrit avec rudesse dans le lave-vaisselle. Melinda, elle-même plutôt brusque, n'y prêta pas attention. Elle s'assit sur la table.

– Je vérifierai. C'est l'Épître de Timothée, je pense. Oui, c'est ça ! Eunikê, mère de Timothée.

– Vous êtes assise sur mon torchon.

– Oh, excusez-moi. Je regarderai, mais il me semble que ça

parle de « ta mère Eunice et ta grand-mère Lois ». Votre mère ne s'appelle pas Lois, par hasard ?

– Édith.

– Ah, ça, ce doit être anglo-saxon. C'est fascinant, les prénoms, n'est-ce pas ? J'adore le mien. Je trouve que mes parents ont eu très bon goût de nous appeler Peter, Paula et Melinda. Peter vient la semaine prochaine, il vous plaira. Si vous aviez eu un fils, vous l'auriez appelé Timothée ?

– J'en sais rien, grommela Eunice qui se demandait pourquoi elle était soumise à une telle persécution.

Avait-elle été envoyée par George Coverdale ? Ou faisait-elle cela pour se moquer ? Sinon, pourquoi cette péronnelle n'arrêtait-elle pas de sourire et de rigoler ? Elle passa rageusement le chiffon sur les éléments de la cuisine et vida l'évier.

– C'est quoi, votre prénom favori ? demanda sa tortionnaire.

Eunice ne s'était jamais posé la question. Les seuls qu'elle connût étaient ceux de ses parents, de ses rares connaissances, et ceux qu'elle avait entendus à la télévision. C'est de là, en désespoir de cause, qu'elle tira une réponse : celui de son héros, dont elle allait manquer la dernière aventure si elle n'activait pas les choses.

– Steve.

Elle accrocha son torchon et quitta la cuisine d'un pas martial. L'effort intellectuel auquel elle venait d'être soumise l'avait épuisée.

Melinda n'était pas mécontente. La pauvre vieille Parchman n'avait certes pas digéré l'affaire Joan Smith, mais ça lui passerait. La glace avait été rompue, et Melinda avait bon espoir qu'un certain rapport s'établirait entre elles avant la fin de ses vacances.

– Eu-ni-kê, épela Giles quand elle lui posa la question. Ça me rappelle l'histoire du type qui prend une cuite dans une boum, qui rentre chez lui à 3 heures du mat et qui se retrouve dans le hall d'un immeuble. Alors il regarde les noms, il voit un certain S.T. Paul, il sonne, et quand le gars descend, tout endormi dans son pyjama, il lui sort : « Dites, vous recevez des fois des réponses à vos épîtres ? »

Il se tordit de sa propre blague puis s'arrêta brusquement : ce genre de plaisanterie n'était peut-être pas de bon goût pour un futur converti.

– T'es fou, frangin.

Melinda ne se rendait pas compte – et ne se rendrait jamais compte – qu'elle était la seule personne avec qui Giles daignait aligner plusieurs phrases à la suite. Elle ne pensait qu'à Eunice sur laquelle elle se précipita, le lendemain, armée d'une Bible, et le surlendemain d'un dictionnaire des noms propres. Elle lui prêta des magazines, lui apporta le journal du soir que son père ramenait à la maison, et montait complaisamment lui chercher ses lunettes quand Eunice disait, comme toujours, qu'elle ne les avait pas avec elle.

Pour Eunice, ce harcèlement dépassait les bornes. C'était déjà pénible de voir Melinda et Giles se balader dans la maison toute la journée, ce qui empêchait Joan Smith de venir la voir. Mais maintenant, cette Melinda s'incrustait dans « sa » cuisine, ou la « suivait comme un toutou », comme elle avait dit à Joan. Et ces bouquins, ces journaux qu'elle ne cessait de lui fourrer sous le nez la mettaient perpétuellement au supplice. Cela, par contre, elle le garda pour elle.

– Vous comprenez ce qui se passe, en fait, Eun ? Ils ont honte de leur détestable comportement, alors, ils envoient cette fille vous passer de la pommade.

– Tout ce que je sais, grommela Eunice, c'est qu'elle me tape sur les nerfs.

Nerfs qui commençaient à lui jouer des tours, selon sa propre expression, comme jamais auparavant. Mais elle était impuissante devant Melinda, cette excitée à qui on ne pouvait pas couper le sifflet. Une ou deux fois, même, pendant que Melinda lui tenait la jambe avec ses histoires de noms, de bible, de Noëls ou de famille, elle essaya d'imaginer ce qui arriverait si elle prenait un de ces longs couteaux de cuisine et s'en servait. Non pour réfléchir, Eunice restant Eunice, à ce que feraient les Coverdale ou au sort qu'on lui réserverait, juste pour en contempler les conséquences immédiates : cette langue réduite au silence, ce long cou blanc tout maculé de sang...

Le 23, Peter et Audrey Coverdale arrivèrent.

Peter était un grand et bel homme de trente et un ans. Il avait un faible pour sa mère par rapport à son père. Sa femme et lui n'avaient pas d'enfant, par choix délibéré probablement car Audrey se consacrait à sa carrière de bibliothécaire en chef dans l'université où lui était professeur d'économie politique. Audrey était très attachée à Jacqueline. C'était une femme élégante, bien mise, qui se piquait d'intellectualisme. De quatre ans plus âgée que son mari, elle n'était que de sept ans la cadette de Jacqueline. Avant d'entreprendre sa formation de bibliothécaire, elle avait été à la Royal Academy of Music, où Jacqueline avait elle-même suivi des cours avant son mariage. Les deux femmes lisaient les mêmes livres, avaient une passion commune pour l'opéra mozartien et prémozartien, adoraient la mode et parler chiffons. Elles s'écrivaient régulièrement. Les lettres d'Audrey faisaient partie de celles qui étaient examinées par Joan Smith.

Ils n'étaient pas arrivés depuis plus de dix minutes que Melinda insista pour les emmener à la cuisine et les présenter à Eunice.

– Elle fait partie de la famille. Il ne faut pas la traiter comme un appareil ménager, ce serait facho.

Eunice leur serra la main.

– Allez-vous partir pour Noël, miss Parchman ? demanda Audrey qui se flattait, comme Jacqueline, d'avoir en réserve des petites phrases adaptées aux gens de toute condition.

– Non.

– C'est dommage ! Pas pour nous, bien sûr : le malheur des uns fait le bonheur des autres. Je dis ça parce qu'en général, les gens aiment bien passer les fêtes en famille.

Eunice lui tourna le dos et sortit les tasses de thé.

– Où as-tu déniché cette horrible femme ? demanda plus tard Audrey à Jacqueline. Elle me donne la chair de poule, elle n'est pas humaine.

Le rouge monta aux joues de Jacqueline comme si elle avait été personnellement insultée.

– Décidément, tu es bien comme ton père. Ce n'est pas pour me faire une amie que j'ai pris une domestique. Je la veux exactement comme elle est : merveilleusement efficace et discrète. Elle connaît son boulot.

– Un vrai boa constrictor, commenta Audrey.

Noël arriva.

George et Melinda apportèrent du houx pour décorer Lowfield Hall. Au lustre du salon, pendait une boule de gui offerte par Mr Meadows sur les chênes duquel elle avait poussé. Plus d'une centaine de cartes arrivèrent pour les Coverdale et Melinda parvint ingénieusement à les suspendre toutes sur des ficelles. Giles n'en reçut que deux pour lui, une de son père et une de son oncle. Il les trouva si moches qu'il décida de ne pas les épingler à son panneau de liège où trônait la citation du mois : « L'amour de soi est l'amour de toute une vie. » Melinda tressa des guirlandes en papier rouge vif, vert émeraude, bleu cru et jaune citron, exactement les mêmes qu'elle faisait depuis quinze ans. Jacqueline les appréciait à peu près autant que son fils ses cartes de vœux, mais pour rien au monde elle ne le lui aurait dit.

Le jour de Noël, le salon avait pris un air de gala. Les hommes en smoking, les femmes en robe longue. Celle de Jacqueline en velours crème, Melinda dans une création plutôt décatie des années 20 en crêpe de Chine bleu nuit brodé de perles qu'elle avait achetée à la friperie d'Oxfam. Ils ouvrirent les cadeaux, jonchant le sol de papiers colorés et chatoyants. Pendant que Jacqueline sortait de son emballage le bracelet en or que George lui avait offert et que Giles regardait presque avec enthousiasme l'édition complète de Gibbon en six volumes, Melinda défaisait le paquet du cadeau de son père.

C'était un magnétophone.

15

Tout le monde buvait du champagne, même Giles. Sa mère avait réussi à le convaincre de descendre, et il s'était résigné à contrecœur à rester en bas toute la journée. Ce serait pire encore le lendemain, avec cette saleté de soirée. Pour ça, Melinda était bien d'accord avec lui : au diable les urtiCairne, jolis-Kerr et Roy-s'étonne ! Elle était assise à côté de lui et lui expliquait combien Jonathan était merveilleux. Giles n'en fut pas trop chagriné : Byron, après tout, ne se laissait guère troubler par l'existence du colonel Leigh, et puis ce Noël serait moins indigeste si des conciliabules de ce genre avec Melinda devenaient la règle. Il s'imaginait que les autres avaient remarqué leur intimité, qu'ils étaient impressionnés par tant de mystère.

Loin de remarquer quoi que ce soit au sujet de son fils sinon que – pour une fois – il était là, Jacqueline songeait qu'il ne manquait plus qu'une personne pour que la maisonnée fût vraiment au complet.

– Je crois quand même, dit-elle, que nous devrions inviter miss Parchman à déjeuner avec nous.

Un murmure de réprobation s'éleva de tous, sauf de Melinda.

– Cette sorcière ? se récria Audrey tandis que son mari faisait remarquer que Noël était censé être jour de réjouissances.

– Et de paix et d'esprit charitable, renchérit George. Je ne trouve pas cette femme particulièrement sympathique, comme vous le savez tous, mais Noël, c'est Noël, et je n'aime pas l'idée de la savoir en train de déjeuner toute seule là-bas.

– Je suis vraiment heureuse de voir que tu penses comme moi, chéri. Je vais tout de suite la chercher, et puis je rajouterai moi-même un couvert.

Mais Eunice resta introuvable. Elle avait mis la cuisine en ordre, préparé les légumes, et filé à l'épicerie du village. Là, dans l'arrière-boutique – vierge de houx et de guirlandes en papier –, elle, Joan et un Norman toujours plus sombre et renfrogné, déjeunèrent d'un poulet rôti accompagné de petits pois surgelés et de pommes de terre en conserve, le tout suivi d'un pudding de Noël qui venait du magasin. Elle mangea de bon appétit, bien qu'elle eût aimé des saucisses aussi. Joan en avait fait cuire, mais elle avait oublié de les servir : Norman, intrigué par une odeur bizarre, les retrouva moisies dans le grill une semaine plus tard. Ils burent de l'eau et du thé fort. Norman avait acheté de la bière, mais Joan l'avait jetée à la poubelle juste avant le passage des éboueurs. Elle s'extasia devant le pull rose saumon qu'Eunice lui avait tricoté, se hâta de l'enfiler et prit de grotesques poses de mannequin pour s'admirer devant le miroir maculé de traces de doigts. Eunice reçut une immense boîte de chocolats et un cake du magasin.

– Vous revenez demain, n'est-ce pas, ma chère ? demanda Joan.

C'est ainsi qu'Eunice passa également le lendemain de Noël chez les Smith, laissant Jacqueline se débrouiller seule avec la nourriture et les boissons pour les trente invités qui vinrent ce soir-là. Ce qui produisit un curieux effet double sur Jacqueline. D'un côté, c'était comme un retour au temps où elle avait tout le travail de la maison sur les bras, et elle en apprécia Eunice presque plus que si elle avait été là : voilà ce qui arriverait de façon définitive si elle rendait son tablier. De l'autre, pourtant, elle vit pour la première fois sa domestique comme George, Audrey et Peter la voyaient : un être fruste et rustre qui n'en faisait qu'à sa tête, qui se pensait tellement nécessaire aux Coverdale qu'elle les tenait dans le creux de sa main.

Après le Nouvel An, Peter et Audrey rentrèrent à la maison.

Ils avaient proposé à Melinda de venir avec eux pour sa dernière semaine de vacances, mais elle avait refusé. Elle était soucieuse, et chaque jour qui passait ajoutait à son angoisse. Sa joie de vivre l'avait quittée, elle errait comme une âme en peine dans la maison et refusait toutes les invitations de ses amis du village. George et Jacqueline s'imaginèrent qu'elle se languissait de Jonathan et évitèrent avec tact de lui poser des questions.

Melinda leur en fut profondément reconnaissante. Si ses craintes étaient fondées – et elles devaient l'être, maintenant – il faudrait bien finir par les mettre au courant. À moins qu'elle pût se tirer de là sans que George en sache rien ? Les enfants comprennent leurs parents aussi mal que les parents leurs enfants. Melinda avait eu une enfance heureuse avec un père aux petits soins, mais sa façon de penser était contaminée par l'attitude de ses amis vis-à-vis de leurs parents à eux : les parents, c'était intolérant, c'était pudibond, ça aussi, et aucune expérience personnelle ne pouvait anéantir cette conviction. Elle était la préférée de George ? Justement, il serait d'autant plus amer et déçu d'apprendre une chose pareille. L'amour idéaliste qu'il portait à sa fille se changerait en dégoût. Elle imaginait son visage, sévère et pourtant incrédule, au moindre soupçon de cet ordre sur sa petite dernière, sa petite fille. Pauvre Melinda. Elle aurait été sidérée de savoir que George se doutait depuis longtemps que sa liaison avec Jonathan n'était pas platonique, qu'il la regrettait mais l'acceptait avec philosophie du moment qu'il sentait amour et confiance entre eux.

Chaque jour, bien sûr, elle avait eu de longues conversations téléphoniques avec Jonathan – la note allait être salée pour George – sans faire la moindre allusion. Le 4 janvier pourtant, elle décida de se jeter à l'eau. Ce serait difficile, mais moins quand même que de le dire à son père. Elle avait certes lu dans les romans et les magazines, entendu raconter par les vieilles du village, ce que ce genre d'aveu entraînait : l'amant ne vous aimait plus, vous laissait tomber, ne voulait pas savoir ou, au mieux, se déchargeait de ses responsabilités en affirmant que c'était tout de votre faute. Mais il fallait qu'elle parle : elle ne pouvait continuer un jour de plus à porter seule un secret aussi lourd. D'autant que ce matin, elle avait eu de violentes nausées au réveil.

Elle attendit que George fût allé au travail et Jacqueline partie avec Giles à Nunchester dans la seconde voiture. Jacqueline supposait que son fils l'avait accompagnée pour rendre visite à un ami – un ami, enfin ! – pendant qu'elle faisait les courses, alors qu'en fait il allait assister à sa première séance de catéchisme chez le Père Madigan. Eunice faisait les lits à l'étage. Il y avait trois téléphones à Lowfield Hall, un dans le salon, un dans le hall et un près du lit de Jacqueline. Melinda choisit celui du salon, mais alors qu'elle rassemblait tout son courage pour appeler, le téléphone sonna. C'était Jonathan.

– Une seconde, Jon. Je vais fermer la porte. C'est à cet instant précis, tandis que Jonathan patientait et avait posé le combiné pour allumer une cigarette, et que Melinda fermait la porte, qu'Eunice décrocha le téléphone dans la chambre de Jacqueline. Elle s'intéressait trop peu à Melinda, qui l'énervait au plus haut point avec ses attentions, pour chercher délibérément à surprendre ses conversations. Elle souleva tout simplement le combiné pour épousseter correctement l'appareil. Mais quand elle entendit les premières paroles de la jeune fille, elle comprit qu'il serait bon d'écouter.

– Jon, c'est la catastrophe ! Je vais te l'avouer sans détour, bien que j'aie la trouille : je suis enceinte, c'est sûr. J'ai eu la nausée ce matin et j'ai près de quinze jours de retard. Tu te rends compte, si papa ou Jackie s'en aperçoivent ? Papa sera tellement choqué qu'il ne voudra plus me voir. Qu'est-ce que je vais devenir, moi ?

Elle était au bord des larmes. La gorge serrée de sanglots qui n'allaient pas tarder à éclater, elle s'attendait à un silence de stupeur à l'autre bout de la ligne.

– Eh bien tu as deux possibilités, Mel, fit Jonathan d'une voix très calme.

– Ah ? Lesquelles ? À part m'enfuir et mourir, je ne vois pas.

– Ne dis pas de bêtises, chérie. Tu peux te faire avorter, si tu le veux vraiment...

– Ils l'apprendront, tu parles : imagine que je ne puisse pas me faire prendre en charge par la Sécurité Sociale, que je doive trouver l'argent, qu'on me demande des renseignements sur ma famille, ou...

Melinda était en train de craquer. Prise de panique comme la plupart des femmes en pareille situation, elle se révoltait contre le piège de son propre corps. Eunice fit une moue méprisante. Elle ne supportait pas ces jérémiades – niaiserie, que tout ça. Peut-être fut-ce autre chose aussi, une pointe de jalousie ou d'amertume quelque part, qui lui fit reposer le combiné. Reposer, pas raccrocher : ce serait imprudent avant la fin de la conversation. Elle s'éloigna pour aller épousseter la coiffeuse et n'entendit donc pas la suite.

– Je n'aime pas l'idée de l'avortement, dit Jonathan. Alors reprends-toi, Mel, du calme. Je voulais t'épouser, de toutes façons. Je pensais seulement qu'il valait mieux attendre qu'on ait chacun nos diplômes, un boulot, et tout le tintouin. Mais ça ne fait rien : marions-nous tout de suite.

– Oh, Jon, comme je t'aime ! C'est vrai, on se marie ? Il faut quand même que je les prévienne, bien qu'on ait tous les deux plus de dix-huit ans, mais...

– Il n'y a pas de mais. On se marie et on aura notre bébé, ce sera super. Viens à Galwich demain au lieu d'attendre la semaine prochaine. Moi, je rentre en stop. Tu t'installes dans mon appart et on fera tous nos projets, d'accord ?

C'était plus que d'accord pour Melinda dont les sanglots de désespoir se transformaient en balbutiements de joie. Elle rejoindrait Jonathan le lendemain en racontant à George qu'elle allait chez sa copine à Lowestoft. C'était affreux de lui mentir, mais c'était pour une bonne cause : mieux valait attendre la publication des bans pour le lui dire. Et ainsi de suite. Elle ne fut pas malade le 5 janvier. Avant même que ses valises fussent bouclées, elle savait que ses craintes avaient été infondées, les symptômes venant sans doute de son angoisse et leur cessation de son soulagement. Elle partit néanmoins et prit un taxi depuis la gare jusqu'à l'appartement de Jonathan, tout impatiente de lui apprendre que finalement, elle n'attendait pas de bébé.

De détenir le secret de quelqu'un rappela à Eunice le temps où elle avait fait chanter l'homosexuel et, bien entendu, Annie Cole. Une qui aurait été ravie de l'apprendre, c'était Joan Smith. Joan, qui en voulait toujours à Eunice de ne rien lui révéler de la vie privée des Coverdale. Mais elle ne lui dirait pas cela non plus. Un secret que l'on partage n'est plus un secret, surtout avec une personne comme Joan Smith qui s'empresserait de le chuchoter à l'oreille des quelques clients qui lui restaient. Non, Eunice allait le garder sous clé dans le fichier de son cerveau. On ne sait jamais, ça peut servir, ce genre de chose.

Si bien que le lendemain soir, lorsqu'elle grimpa dans la fourgonnette qui l'attendait à Greeving Lane, elle n'en souffla mot.

– Tiens, j'ai remarqué que la fille Coverdale repartait à l'université, hier, fit Joan. C'est pas un peu tôt ? À mon avis, elle veut s'octroyer une semaine de cohabitation débridée avec son petit copain, oui ! Elle va mal tourner : Mr Coverdale est le genre d'homme impitoyable qui est capable de jeter la chair de sa chair hors de la maison s'il s'aperçoit qu'elle s'est adonnée à la fornication.

– Je sais pas, fit Eunice.

Le 6 janvier, l'Épiphanie, est le grand jour pour les disciples d'Elroy Camps. La réunion fut extraordinaire : deux confessions effrénées dont l'une aurait pu rivaliser avec celle de Joan, laquelle brailla à s'égosiller une prière improvisée, puis cinq cantiques.

Suivez l'étoile !
Suivez l'étoile !
Les Sages ne quittent jamais des yeux sa lueur.
À travers le désert, par les monts, par les eaux,
L'étoile les conduira, chacun vers sa demeure,
Qu'ils soient blancs, qu'ils soient jaunes, ou
qu'ils soient noirs de peau !

Il y eut du cake, il y eut du thé. Joan devint de plus en plus excitée jusqu'à entrer dans une sorte de transe. Elle se roula par terre en débitant des prophéties avec de grands mouvements des bras et des jambes. Deux des femmes durent l'emmener dans une petite pièce contiguë pour la calmer, bien que les Adorateurs de l'Épiphanie fussent davantage ravis que consternés de ce spectacle.

Seule Mrs Elder Barnstaple, une femme de bon sens qui n'assistait aux réunions que pour faire plaisir à son mari, parut troublée. Mais elle pensa que Joan faisait « du chiqué ». Personne dans l'assemblée ne devina la vérité, que Joan devenait chaque jour de plus en plus démente et le fil qui la reliait à la réalité de plus en plus ténu. Elle était comme un nageur à bout de force qui essaie désespérément de se raccrocher à un rocher glissant. Ses doigts glissaient dessus et les courants la précipitaient dans le tourbillon de la folie.

Elle ne parla presque pas dans la fourgonnette, sur le chemin du retour, mais de temps à autre, elle était secouée d'un petit rire pareil au ricanement d'une créature non humaine qui aurait hanté ces allées sans fin aux insondables ténèbres.

Au cœur blême de l'hiver, la bise glacée gémissait. Eva Baalham disait que les jours s'allongeaient, et c'était vrai, mais de façon imperceptible. La première neige tomba sur Greeving – simple saupoudrage qui fondit puis gela de nouveau.

Au panneau de liège, la phrase de saint Augustin : « Trop tard je T'ai aimée, ô Beauté si ancienne et si nouvelle, je suis venu trop tard pour T'aimer ! » Pour Giles, la route de Rome n'était pas tout à fait satisfaisante car le Père Madigan attendait de lui l'ignorance et la foi aveugle des paysans de Tipperary auxquels il avait été habitué jusqu'à une époque récente. Il ne semblait pas comprendre que Giles connaissait plus de grec et de latin que lui et qu'il avait déjà lu tout saint Thomas d'Aquin à seize ans. À Galwich, Melinda filait le parfait amour avec Jonathan. Ils comptaient toujours se marier, mais pas avant qu'elle n'eût obtenu son diplôme, d'ici une quinzaine de mois. C'est pourquoi, et parce qu'il lui faudrait un bon métier, elle travaillait dur son Chaucer et son Gower – quand elle ne faisait pas l'amour ou des projets.

Le soleil froid et pâle tantôt poursuivait sa course basse dans un ciel pâle et froid couleur d'aigue-marine, tantôt apparaissait comme un halo de lumière au milieu d'un champ gris de nuages élevés.

Le 19 janvier était le jour du quarante-huitième anniversaire d'Eunice. Elle s'en souvint mais ne le dit à personne, pas même à Joan. Il y avait des années qu'on ne lui avait envoyé de carte ou fait le moindre cadeau à cette occasion.

Elle était seule à la maison. À 11 heures, le téléphone sonna. Elle n'aimait pas répondre au téléphone, elle n'avait pas l'habitude et ça l'angoissait. Après s'être demandé s'il ne valait pas mieux l'ignorer, elle décrocha à contrecœur.

– Allô, lâcha-t-elle.

C'était George. La ferblanterie Coverdale avait récemment changé de conseils en relations publiques et un directeur de la nouvelle société venait déjeuner avant de visiter l'usine. George avait préparé un bref historique de l'entreprise fondée par son grand-père, mais oublié ses notes à la maison.

Il avait un rhume, sa voix était rauque.

– Les papiers que je voudrais que vous me cherchiez se trouvent dans le bureau du petit salon, miss Parchman. Je ne sais pas exactement où, mais les feuilles sont attachées par un trombone et portent en majuscules le titre : L'ENTREPRISE COVERDALE DE 1895 À NOS JOURS.

Eunice ne répondit pas.

– Alors, vous seriez gentille de me les prendre... (Il laissa échapper un éternuement explosif.) Excusez-moi. Où en étais-je ? Ah oui. Un chauffeur d'ici est déjà en route. Placez les feuilles dans une grande enveloppe et remettez-la-lui quand il arrivera.

– Très bien, fit Eunice, au désespoir.

– Pourriez-vous aller voir tout de suite et me dire si vous les voyez ? Je reste en ligne.

Le bureau était plein de papiers, beaucoup réunis par des trombones et tous avec quelque chose d'écrit en titre. Eunice hésita, puis raccrocha sans répondre à George. Le téléphone resonna immédiatement : elle le laissa faire et monta se réfugier dans sa chambre. Elle l'entendit encore quatre fois. La sonnerie de la porte d'entrée, à présent. Eunice ne répondit pas davantage. Même si elle ne fêtait pas son anniversaire, elle trouva quand même cela très déplaisant : on devait être gentils avec les gens et leur ficher la paix, ce jour-là, pas les enquiquiner avec des trucs comme ça.

George ne comprenait pas ce qui s'était passé. Le chauffeur revint les mains vides, le directeur repartit sans son historique sur la maison Coverdale. George fit une sixième tentative au téléphone et obtint enfin sa femme qui était allée à Nunchester se faire refaire une teinture. Non, miss Parchman n'était pas malade, elle venait de sortir se promener. La première chose qu'il fit, lorsqu'il rentra, fut de filer au petit salon : les papiers trônaient au-dessus de la pile, sur le bureau.

– Que s'est-il passé, miss Parchman ? J'avais un besoin impératif de ces documents tout à l'heure.

– Je les ai pas trouvés, répondit-elle sans le regarder, en continuant à mettre le couvert.

– Mais ils étaient dessus, je ne vois pas comment ils ont pu vous échapper. Mon chauffeur a perdu une heure à se déranger jusqu'ici. Et même si vous ne les trouviez pas, vous auriez pu revenir me le dire au téléphone.

– On a été coupés.

George savait que c'était un mensonge.

– J'ai rappelé quatre fois.

– Ça a pas sonné. (Elle tourna vers lui son visage menu qui semblait avoir pris du volume, soudain, sous l'effet du ressentiment. Ces heures de solitude à remâcher ses pensées l'avaient emplie de fiel, et elle employait à présent le même ton hargneux qu'avec son père lors les dernières semaines de sa vie.) C'est pas mes affaires, moi. (Un véritable discours, pour elle !) Faut pas me demander, parce que je suis au courant de rien.

Le sang lui monta d'un coup au visage. Elle s'empourpra et lui tourna le dos.

George sortit de la pièce, impuissant devant ce refus de prendre ses responsabilités, de s'excuser ou même seulement d'en parler. Il avait la tête lourde, avec son rhume, comme pleine de chiffons humides. Jacqueline était en train de se maquiller au miroir de sa table de toilette.

– Ce n'est pas une secrétaire, chéri, fit-elle en lui rappelant ce qu'il avait dit à l'époque où elle hésitait à engager Eunice. Il ne faut pas trop lui en demander.

– Pas trop lui en demander ! C'est trop, de trouver quatre feuilles qui sont sous son nez et de les remettre à un chauffeur ? Et puis ce n'est pas tellement ça, que je lui reproche. Je n'avais jamais bien compris l'expression « muette insolence ». C'est fait, maintenant : elle n'annonce même pas notre nom et notre numéro quand elle décroche. Et si un porc pouvait dire « Allô », il le ferait exactement comme miss Parchman.

Jacqueline s'esclaffa, se barbouillant de mascara.

– Et puis me raccrocher au nez ! Pourquoi n'a-t-elle pas répondu quand j'ai rappelé ? Parce que le téléphone a sonné, tu penses bien, c'est idiot de prétendre le contraire. Elle a été d'une grossièreté, quand je lui en ai fait la remarque !

– J'ai remarqué qu'elle n'aimait pas faire ce qu'elle considère comme n'étant pas de son domaine. C'est pareil pour tout : quand je lui laisse une note, j'ai l'impression de lui demander la lune, je m'en suis déjà aperçue. Et puis elle a horreur d'appeler ou de répondre au téléphone.

Elle parlait sur un ton léger, comme s'il valait mieux en rire, puis entreprit de le dorloter pour son rhume qui était maintenant pire que le sien à elle.

George hésita et lui posa la main sur l'épaule.

– Ça ne sert à rien, Jackie. Il faut qu'elle s'en aille.

– Oh non, George ! (Elle pivota sur son tabouret.) Je ne peux pas m'en passer. Tu ne vas pas m'imposer ça juste pour cette histoire de papiers.

– Non, il y a autre chose. Son insolence, sa façon de nous regarder. Tu as remarqué qu'elle ne nous appelait jamais par notre nom ? Qu'elle ne dit même plus Monsieur et Madame ? Non pas que j'y tienne spécialement, je ne suis pas snob à ce point, fit George qui y tenait et qui l'était, mais j'ai horreur des mauvaises manières et du mensonge.

– George, je t'en supplie, donne-lui encore une chance. Qu'est-ce que je ferais sans elle ? Je n'ose y penser.

– Il existe d'autres domestiques.

– Ah oui, la vieille Eva et les filles au pair, répliqua-t-elle amèrement. J'ai vu ce que ça serait, à notre réception de Noël. Tu t'es amusé, toi, mais pas moi : toute la journée dans la cuisine, pas une minute pour m'asseoir de toute la nuit. Je ne crois pas avoir dit deux mots aux gens sauf pour leur demander ce qu'ils voulaient boire.

– Et c'est pour ça que je dois supporter une bonne qui aurait fait peur au personnel d'Auschwitz ?

– Une dernière chance, George. S'il te plaît.

Il capitula. Jacqueline arrivait toujours à ses fins. Rien n'était trop cher payé pour voir sa petite femme chérie heureuse, détendue, belle ! Que pouvait-il demander d'autre que la paix dans son ménage, son confort domestique, une maison élégante et bien tenue ? N'aurait-il pas tout sacrifié pour cela ?

Tout sauf ma vie, aurait-il pu répondre. Sauf ma vie.

George décida de réagir en chef d'entreprise : être ferme avec Eunice, prendre le dessus. Ce n'était ni un faible ni un poltron, et il n'avait jamais approuvé le principe selon lequel il vaut mieux ignorer les grincheux et faire comme s'ils n'existaient pas. Elle avait besoin de se faire remettre à sa place quand elle répondait à son bonjour souriant par un grognement bougon, ou bien il faudrait avoir avec elle une explication franche pour essayer de savoir ce qui ne collait pas entre eux.

Il ne lui fit de remarque qu'une seule fois – et encore, sur le ton de la plaisanterie.

– Vous ne pourriez pas m'accorder un petit sourire quand je parle, miss Parchman ? Je ne sais pas ce que je vous ai fait pour mériter ce regard mauvais.

Il vit l'air suppliant de Jacqueline. Pour toute réponse, Eunice ne lui adressa qu'un petit haussement d'épaules. Après cela, George ne lui fit plus la moindre remarque. Il savait déjà ce qui se passerait s'il essayait un tête-à-tête avec elle : « Non, il y a rien. Je vois pas de quoi vous voulez parler. » Mais il réalisait, à la différence de Jacqueline, qu'ils baissaient pavillon devant Eunice, que c'était elle qui prenait le dessus. Pour faire plaisir à sa femme, il se vit honteusement adresser de grands sourires niais à la bonne chaque fois qu'ils se croisaient, lui demander si sa chambre était assez chauffée, si elle avait suffisamment de temps libre, et même une fois si ça ne la dérangerait pas de les aider le soir parce qu'ils avaient des invités. Affabilité qui ne reçut pas une once de réciprocité.

Février arriva avec un véritable blizzard.

Eunice n'avait jamais vu autant de neige, sauf dans des films ou à la télévision, habituée qu'elle était à la bouillasse qui obstruait les caniveaux de Tooting. Elle n'aurait jamais imaginé que la neige pût à ce point compliquer la vie des gens. Au matin du lundi 1er, George se leva avant elle et creusa, en compagnie d'un Giles endormi et récalcitrant, deux tranchées parallèles dans l'allée pour les roues de la Mercedes. Dès les premières lueurs du jour, Mr Meadows était sorti dégager la route avec son chasse-neige. Après avoir mis une pelle, des bottes et des sacs dans le coffre de la voiture, George et Giles partirent pour Stantwich emmitouflés comme des explorateurs polaires.

Les gros flocons se détachaient en tourbillonnant du ciel livide. Tout le paysage était recouvert d'un épais manteau blanc, à l'exception de la démarcation sombre des haies et des taches isolées de quelques arbres squelettiques. Pas question pour Jacqueline de mettre le nez dehors ni ce jour-là, ni le suivant ni celui d'après. Elle décommanda son rendez-vous chez le coiffeur, son déjeuner avec Paula ainsi que ses engagements du soir. Eva Baalham ne prit même pas la peine de téléphoner pour prévenir qu'elle ne viendrait pas : elle ne vint pas. C'est le genre de chose qui coule de source, en East Anglia au mois de février.

Jacqueline se trouva donc emprisonnée avec Eunice Parchman, d'autant qu'elle avait peur de prendre sa voiture et que, pour la même raison, ses voisines ne vinrent pas lui rendre visite. Au début, elle aurait trouvé dans l'arrivée de la neige un possible sujet de conversation, mais elle savait à présent qu'il valait mieux renoncer à toute tentative. Eunice se résignait à la neige comme à la pluie, au vent ou au soleil. Elle balaya le perron de la salle d'armes et celui de l'entrée principale sans mot dire. Elle fit tout son travail en silence. Alors que Jacqueline était incapable de réprimer une exclamation de soulagement quand elle entendait rentrer la voiture de George qui revenait sain et sauf de son périple parmi les congères, Eunice ne réagit pas plus que s'il s'était agi d'un jour normal.

Jacqueline commence de comprendre le point de vue de George. Se trouver bloqué par la neige en compagnie d'Eunice était plus que déconcertant : c'était oppressant, presque sinistre. Elle traversait les pièces avec opiniâtreté avec son plumeau et ses chiffons. Alors que Jacqueline était assise au bureau en train d'écrire à Audrey, la feuille de papier à demi noircie s'était trouvée soulevée sans un mot sous son nez, et le chiffon passé et repassé sur la surface de cuir et de palissandre. Elle avait, expliqua-t-elle plus tard à son mari, l'impression d'être dans un hôpital pour sourds-muets avec Eunice comme surveillante. Et même quand, son travail terminé, cette dernière remontait dans sa chambre pour aller regarder les feuilletons de l'après-midi, Jacqueline comprit que ce n'était pas seulement la neige qui pesait de tout son poids sur Lowfield Hall. Elle se surprit à marcher comme sur des œufs, à fermer furtivement les portes, à rester parfois immobile dans l'insolite luminosité blanche, satinée, marmoréenne et froide du reflet de la neige.

Elle ne savait pas, n'aurait jamais imaginé qu'en fait, Eunice était bien plus effrayée par sa patronne qu'elle-même intimidée par sa domestique. Que l'incident de l'historique des Coverdale l'avait fait rentrer complètement dans sa coquille, persuadée que si elle leur parlait ou se laissait adresser la parole, son ennemi mortel, le mot imprimé, se lèverait et viendrait l'assaillir. Quand Jacqueline, après avoir tiré un fauteuil à côté du radiateur, lisait dans son coin afin de ne pas gêner Eunice et lui laisser le champ libre, elle était loin de se douter qu'elle ne pouvait justement rien faire de mieux pour la gêner encore plus et attiser sa haine.

Chaque soir, cette semaine-là, elle dut doubler sa ration habituelle de sherry pour parvenir à se détendre avant le dîner.

– Tout cela vaut-il vraiment la peine ? demanda George.

– J'ai eu Mrs Cairne au téléphone, aujourd'hui. Elle dit qu'elle serait prête à supporter tous les abus, toutes les insolences pour avoir une domestique comme miss Parchman.

George embrassa sa femme mais ne put s'empêcher de lancer une pique.

– Qu'elle fasse vite un essai ! Je serai ravi que miss Parchman ne soit pas à la rue quand je la flanquerai dehors.

Il ne la flanqua pas dehors. Et le jeudi 4 février, un événement survint qui leur fit oublier tout leur mécontentement.

17

Ça dépassait les bornes, pour Norman Smith. Lui aussi était prisonnier de la neige, lui aussi était enfermé avec un être humain antipathique. La différence, c'est que cet être humain était sa femme.

Norman avait souvent dans le passé traité sa femme de dingue, mais comme Melinda avait pu le faire avec Giles Mont : sans allusion à une véritable folie. Alors que là, il était convaincu de sa démence pure et simple. Ils couchaient toujours dans le même lit car ils appartenaient à cette catégorie de gens mariés qui dorment ensemble par habitude, même en étant brouillés. Mais souvent maintenant, Norman se réveillait au milieu de la nuit pour trouver Joan partie, puis il l'entendait en quelque autre endroit de la maison rire toute seule d'un rire délirant, ou chanter des morceaux de cantiques de l'Épiphanie, ou débiter des prophéties d'une voix stridente et saccadée. Elle ne faisait plus aucun ménage, n'époussetait plus les rayons, ne balayait plus le sol du magasin. Et chaque matin, elle s'affublait d'habits bizarres conservés du temps de Shepherd's Bush, le visage maquillé comme celui d'un clown.

Elle aurait dû voir un docteur, Norman en était persuadé, suivre un traitement psychiatrique. Mais comment la convaincre ? Comment s'y prendre ? Le Dr Crutchley donnait des consultations dans son cabinet de Greeving, deux petites pièces dans un cottage aménagé. Norman se doutait bien que Joan n'irait pas de son plein gré, et il ne pouvait s'y rendre à sa place. Quoi, poireauter dans cette salle d'attente au milieu de Meadows, de Baalham et d'Eleigh toussants et reniflants, puis essayer d'expliquer à un docteur las, harassé, que sa femme se levait la nuit pour chanter, qu'elle déclamait des morceaux de la Bible à ses clients, portait chaussettes et jupe courte comme une petite fille ? Ah non !

D'autant que la pire manifestation de sa folie était absolument inavouable.

Elle semblait s'être récemment mis dans la tête qu'une sorte de droit de censure lui avait été donné par Dieu pour inspecter tout le courrier qui passait par le bureau de poste de Greeving. Et pas moyen de l'en empêcher : il avait essayé d'enfermer les sacs dans les toilettes du dehors, mais elle avait brisé le cadenas à coups de marteau. Elle était d'ailleurs devenue experte pour ouvrir les enveloppes à la vapeur. Il frémit lorsqu'il l'entendit raconter à Mrs Higgs que l'unique petit-fils d'Alan et Pat Newstead était mort – information dérobée à une lettre du père désespéré – et que c'était une punition de Dieu. Et quand elle révéla à Mr Meadows, le garagiste, que George Coverdale devait de l'argent à son marchand de vin, il attendit d'être seul avec elle dans le magasin et la gifla. Elle ne se rebiffa pas, mais lui hurla que Dieu la vengerait, qu'il ferait de lui un lépreux, un paria qui n'oserait plus montrer son visage à quiconque.

Cette dernière partie de la prophétie ne devait que trop s'accomplir.

Le vendredi 5 février, après un début de dégel, la route reliant Lowfield Hall à Greeving redevint praticable. George Coverdale entra dans l'épicerie du village à 9 heures, non sans avoir tambouriné impérativement à la porte et tiré Norman de son petit déjeuner pour venir lui ouvrir.

– Vous êtes bien matinal, Mr Coverdale, fit-il avec quelque appréhension, car il n'était pas fréquent que George franchisse ce seuil et cette irruption n'annonçait rien de bon.

– Je ne vois pas ce que 9 heures a de matinal : c'est l'heure à laquelle j'arrive en principe moi-même à mon travail, et si ce n'est pas le cas aujourd'hui, c'est parce que ce que j'ai à vous dire est trop important pour pouvoir être remis à plus tard.

– Ah bon ?

Norman aurait peut-être pu tenir tête à George, mais il perdit contenance lorsqu'il vit paraître Joan, des bigoudis dans ses cheveux jaunes, son corps décharné enveloppé dans une robe de chambre rouge crasseuse.

George sortit une enveloppe de sa mallette.

– Cette lettre a été ouverte et recollée. (L'idée de Joan Smith racontant à tout le village qu'il était menacé de poursuites par son marchand de vin pour factures impayées lui était insupportable. D'autant qu'il s'agissait d'une erreur d'informatique : George, qui avait réglé dans des délais normaux en décembre, avait téléphoné au commerçant, et celui-ci s'était confondu en excuses. Mais il n'avait pas à se justifier devant ces gens.) Il y a des taches de colle sur le rabat, poursuivit-il, et j'ai trouvé un cheveu, à l'intérieur, dont je ne crains pas d'affirmer qu'il appartient à votre femme.

– Je suis pas au courant de ça, grommela Norman en paraphrasant inconsciemment Eunice, ce qui eut le don d'exaspérer George.

– Le receveur des postes de Stantwich le sera peut-être, lui, car j'ai l'intention de lui écrire aujourd'hui même. Je lui exposerai tous les faits, sans oublier les soupçons que j'ai déjà eus dans le passé, et je demanderai une enquête officielle.

– Je ne peux pas vous en empêcher.

– Tout à fait. J'ai simplement cru honnête de vous en aviser pour que vous ne soyez pas pris au dépourvu. Je vous souhaite le bonjour.

Pendant tout ce temps, Joan était restée muette. Mais au moment où George se dirigeait vers la sortie, non sans avoir jeté au passage un coup d'œil dégoûté sur les paquets poussiéreux de corn flakes et les cageots de légumes ratatinés et moisis, elle s'élança comme une araignée ou un crabe fondant sur sa proie. Elle lui barra la route, mains plaquées contre le verre de la porte : les manches rouges de sa robe de chambre se relevèrent sur des bras décharnés au point de ressembler à des baguettes.

– Vipère ! lui hurla-t-elle en levant la tête au ciel. Débauché ! Porc adultère ! Malheur aux impies et aux fornicateurs !

– Laissez-moi passer, Mrs Smith, fit calmement George, qui n'avait pas pour rien subi le baptême du feu dans le Sahara occidental.

– Quel sera ton sort, langue fourchue ? Le Tout-Puissant te percera de ses flèches ardentes, vitupéra Joan lui brandissant un poing vengeur sous le nez. Dieu punira le riche qui mange le pain du pauvre. Dieu le détruira.

Elle avait le visage congestionné, les yeux révulsés.

– Veuillez écarter votre femme de mon chemin, Mr Smith ! siffla George à qui la moutarde montait au nez.

Norman haussa les épaules d'un air impuissant et apeuré.

– Alors je vais le faire moi-même. Et si vous voulez déposer plainte pour violences, ne vous gênez pas !

Il la repoussa et ouvrit la porte. Dans la voiture, au-dehors, Giles, malgré tout son détachement, observait la scène avec intérêt. Joan, qui n'avait été que temporairement désarçonnée, revint à la charge, sa robe de chambre ouverte dans le vent glacé, agrippa George par le manteau, vociféra, hurla. Mrs Cairne apparut à sa fenêtre, Mr Meadows à côté de ses pompes à essence. George, qui n'avait jamais été aussi embarrassé de sa vie, tremblait de dégoût et d'écœurement. Il était révolté. Qu'un tel esclandre, celui d'un homme furieux en train de se faire injurier par une harpie à moitié dévêtue accrochée à ses basques, se fût déroulé en pleine rue devant lui, il se serait détourné et aurait filé aussi vite que possible. Or voilà qu'il en était lui-même l'un des protagonistes.

– Tenez-vous tranquille et lâchez-moi, s'entendit-il crier en retour. C'est une honte !

Norman Smith sortit alors enfin à son tour, attrapa sa femme et la ramena de force dans le magasin. Le garagiste Meadows affirma plus tard qu'il l'avait giflée, mais George ne s'attarda pas pour voir : avec les lambeaux de dignité qui lui restaient, il remonta en voiture et démarra. Pour une fois, il bénit le désintérêt de Giles qui ne montrait qu'un sourire distant.

– Complètement folle, articula ce dernier avant de replonger dans ses mystérieuses pensées.

Cet incident bouleversa George pour toute la journée. Il rédigea néanmoins sa lettre au receveur de Stantwich sans faire état de la scène du matin ni des raisons qu'il avait de soupçonner personnellement les Smith.

– Espérons que nous aurons un week-end tranquille, dit-il à Jacqueline. Parce qu'avec toute cette neige à pelleter chaque jour de la semaine et l'histoire de tout à l'heure, je crois que j'ai eu mon compte. On ne va nulle part, hein, et on ne reçoit personne ?

– Juste un saut chez les Archer demain après-midi, chéri.

– Prendre le thé chez le pasteur de la paroisse est précisément le genre de sortie soporifique dont j'ai besoin en ce moment.

Melinda n'était pas attendue à la maison. Quant à Giles, il ne comptait pas : c'était le petit fantôme domestique, songeait parfois tristement Jacqueline. Un fantôme inoffensif qui se promenait dans le manoir, mais n'importunait pas les gens, ne détériorait pas les objets et restait en général silencieusement confiné dans la chambre hantée. Elle se demandait à qui il avait emprunté sa nouvelle citation du mois : « J'espère ne plus jamais commettre de péché mortel, ni même de péché véniel si je puis l'éviter. »

Cette citation était la dernière que Giles devait jamais afficher sur son panneau de liège. Choix prémonitoire peut-être, ces paroles du roi de France Charles VII ayant, paraît-il, été prononcées par leur auteur sur son lit de mort.

Melinda revint pourtant à la maison. Elle n'avait pas mis les pieds à Lowfield Hall depuis le 5 janvier et cela lui donnait mauvaise conscience. Son retour était bien sûr prévu le 13 pour l'anniversaire de George, mais elle trouvait vraiment moche de ne pas avoir donné signe de vie pendant cinq semaines. Et puis il y avait le problème du magnétophone : le cadeau de son père était son bien le plus précieux et suscitait l'envie de ses amies de fac. Melinda n'aimait pas dire non aux gens qui demandaient à le lui emprunter, mais lorsqu'elle apprit que quelqu'un l'avait emporté à un concert folk puis laissé toute la nuit dans une voiture non fermée, elle jugea le moment venu de le mettre à l'abri.

Sans avoir prévenu quiconque de son arrivée, elle débarqua à la gare de Stantwich au moment où le frileux soleil rouge se couchait, puis à Gallows Corner à la nuit tombée. Juste un peu trop tard pour Geoff Baalham, passé une dizaine de minutes plus tôt. Ce fut Mrs Jameson-Kerr qui l'emmena et lui annonça que Jacqueline et George prenaient le thé chez le pasteur.

Melinda entra à Lowfield Hall par la salle d'armes et monta immédiatement trouver Giles. Mais Giles était sorti. Il avait pris la Ford et, après une séance avec le Père Madigan, était allé au cinéma. La maison était bien chauffée, astiquée et rangée à la perfection, plongée dans un silence total, à l'exception du ronronnement de la télévision d'Eunice Parchman qui provenait du plafond. Après avoir posé son magnétophone sur sa commode, Melinda passa une robe qu'elle s'était confectionnée elle-même dans un dessus de lit indien, jeta un châle sur ses épaules, se mit un collier de coquillages autour du cou et, satisfaite du résultat, descendit au petit salon. Là, elle trouva une pile de magazines qu'elle emporta dans la cuisine. Dix minutes plus tard, Eunice descendit sortir du congélateur un poulet en cocotte pour le dîner des Coverdale, et la trouva installée à la table, un magazine ouvert devant elle.

Melinda se leva poliment.

– Bonsoir, miss Parchman. Comment allez-vous ? Une tasse de thé ? Je viens d'en faire.

– Si vous voulez, répondit-elle, ce qui constituait l'accueil le plus aimable qu'elle eût jamais fait à une proposition. (Elle fronça les sourcils.) On vous attendait pas.

« Et alors ? Je suis chez moi » aurait-elle pu répondre. Mais Melinda n'avait rien d'un porc-épic ou d'une écorchée vive. Elle vit là au contraire une occasion de continuer à se montrer aimable avec miss Parchman qu'elle avait négligée tout autant que sa famille depuis le Nouvel An. Avec un beau sourire elle répondit qu'elle s'était décidée au dernier moment. Voulait-elle du lait et du sucre ?

Eunice fit signe que oui. Elle se tenait à l'écart du magazine comme une autre femme d'une araignée, espérant que Melinda se plongerait dedans et se tairait le temps de boire ce thé qu'elle regrettait déjà d'avoir accepté. Mais il était clair que Melinda ne se plongerait dedans qu'avec Eunice : elle tournait les pages en faisant des commentaires, levait de temps en temps la tête avec un sourire, lui passa même le magazine pour lui montrer une photo.

– Je déteste ces jupes à mi-mollet, pas vous ? Oh, regardez comment cette fille s'est fait les yeux ! Ça doit prendre des heures, je n'aurais jamais la patience. Dites, c'est le grand retour des modes des années 40 : on s'habillait vraiment comme ça, quand vous étiez jeune ? Vous portiez du rouge à lèvres rouge vif et des bas ? J'ai jamais eu ça, moi, des bas.

Eunice, qui en portait encore et n'avait jamais mis de collants, répondit qu'elle ne s'intéressait pas à la mode. Rien que des bêtises, tout ça.

– Mais non, c'est marrant, fit Melinda en tournant la page. Tiens, un test : « Êtes-vous amoureuse ? » en vingt questions. Il faut que je le fasse, bien que je sache que je le suis. Voyons un peu : vous avez un crayon ou stylo sur vous ? (Vigoureux secouement de tête d'Eunice.) Ah, j'en ai un dans mon sac.

Melinda avait laissé dans la salle d'armes son vieux fourre-tout informe en tapis turc. Eunice la regarda aller le chercher en espérant qu'elle ficherait le camp avec son sac, son crayon et son magazine, mais Melinda revint à la cuisine.

– Bon, question un : Préférez-vous être avec lui plutôt que... Oh, mais je peux voir les réponses en bas de page, alors ça vaut pas. Voilà ce qu'on va faire : vous me lisez les questions, et vous dites si je marque trois points, deux, un, ou pas du tout. D'accord ?

– J'ai pas mes lunettes.

– Mais si, vous les avez : elles sont dans votre poche.

Elles y étaient : la paire en écaille que les Coverdale croyaient être des lunettes de lecture, dépassait de la poche droite de sa blouse de travail. Eunice ne les mit pas. Ne sachant que faire, elle ne fit rien. Elle ne pouvait pas prétendre qu'elle était trop occupée – occupée à quoi ? – et il lui restait encore une bonne moitié de la tasse de thé chaud que Melinda lui avait donnée.

– Tenez, fit Melinda en lui présentant le magazine. S'il vous plaît. On va bien s'amuser.

Eunice le prit à deux mains et balbutia de mémoire la première ligne que Melinda avait lue.

– Préférez-vous être avec lui plutôt que...

Elle s'arrêta.

Melinda tendit le bras et lui sortit les lunettes de la poche. Eunice était acculée. Un flot de sang lui empourpra le visage. Elle regarda la jeune fille, sa lèvre inférieure se mit à tressaillir.

– Qu'est-ce qu'il y a ?

Eunice eut à ce moment une chance dont elle ne sut pas profiter, car Melinda s'engagea aussitôt sur une mauvaise piste : elle crut, miss Parchman ayant déjà eu ce genre de réaction à la question de savoir quel nom elle aurait donné à son fils si elle en avait eu un, que son passé recelait la cicatrice encore douloureuse d'un ancien amour déçu et que elle, maladroite, venait de raviver la plaie. Pauvre miss Parchman qui, après avoir aimé quelqu'un, se retrouvait maintenant vieille fille !

– Je ne voulais pas vous faire de peine, fit-elle avec douceur. Excusez-moi si j'ai dit quelque chose qui vous a blessée.

Eunice ne répondit pas : de quoi elle parlait, cette fille ? Melinda interpréta ce silence comme un signe de chagrin, et elle éprouva le besoin, pour la consoler, d'essayer de la distraire.

– Je suis vraiment désolée. On va faire le questionnaire de l'autre page, d'accord ? C'est pour tester nos qualités de ménagère. Faites-le-moi passer, vous verrez comme je suis nulle ! Après, ce sera votre tour : je suis sûre que vous aurez les meilleures notes.

Elle tendit les lunettes à Eunice.

C'est là que cette dernière aurait dû exploiter la méprise de Melinda. Il eût en effet suffi de dire qu'en effet, elle était bouleversée, et de quitter la pièce avec dignité. Cette attitude lui aurait attiré la sympathie compatissante de tous les Coverdale et aurait fourni une réponse à George quant à la source de la dépression et à la maussaderie de miss Parchman. Une tristesse bien féminine, un amour perdu. Mais Eunice avait toujours été incapable de manipuler les gens parce qu'elle ne les comprenait pas, ne comprenait pas les hypothèses qu'ils formulaient et les conclusions qu'ils en tiraient. Elle ne saisissait qu'une chose : son infirmité était sur le point d'être découverte, et la pression écrasante de cette infirmité lui fit croire qu'elle était plus proche du gouffre qu'elle ne l'était en réalité. Elle pensa que Melinda avait déjà deviné et que ses excuses n'étaient que moquerie pour mieux la mettre à l'épreuve et confirmer ses présomptions.

Les lunettes, tenues entre le pouce et l'index de Melinda, restèrent à équidistance des deux femmes : Eunice ne fit aucun geste pour les prendre. Elle essayait de réfléchir. Quoi faire, comment sortir de ce pétrin, quelle parade désespérée tenter ? Intriguée, Melinda laissa retomber sa main. Dans le mouvement, son regard passa de près à travers les verres : elle s'aperçut qu'ils n'étaient pas correcteurs. Elle leva les yeux sur le visage cramoisi et hagard d'Eunice. Alors les pièces du puzzle jusqu'à présent si mystérieux – le fait qu'elle ne lût jamais ni livre ni journal, n'écrivît le moindre mot, ne reçût la moindre lettre – se mirent en place.

– Miss Parchman, demanda-t-elle d'une voix calme, seriez-vous analphabète ?

Eunice pensa vaguement que c'était le nom d'une quelconque maladie des yeux.

– Comment ? fit-elle, reprenant soudain espoir.

– Excusez-moi, je veux dire que vous ne pouvez pas... vous ne savez pas lire, n'est-ce pas ? Vous ne savez ni lire ni écrire ?

18

Le silence fut total pendant une bonne minute.

Melinda rougit à son tour. Mais bien qu'elle fût consciente d'avoir enfin trouvé, sa sensibilité ne lui permettait pas, à vingt ans, de concevoir la détresse dans laquelle une telle découverte plongeait Eunice.

– Pourquoi donc ne pas nous l'avoir dit ? s'étonna-t-elle tandis qu'Eunice se levait. Nous aurions très bien compris. Il y a des tas de gens qui sont analphabètes – des milliers, même. J'ai fait une petite étude là-dessus, en terminale. Miss Parchman, si je vous apprenais à lire ? Je suis sûre que j'y arriverais. Ce serait rigolo. Je pourrais commencer aux vacances de Pâques ?

Eunice prit les deux tasses, les porta à l'évier et resta immobile, le dos tourné à Melinda. Elle versa ce qui lui restait de thé, puis se retourna lentement et, sans laisser paraître combien son cœur cognait dans sa poitrine, elle fixa Melinda d'un regard qui semblait vide d'émotion, implacable.

– Si vous répétez à qui que ce soit que je suis ce que vous venez de dire – ce mot, là –, je raconterai à votre père que vous allez avec ce garçon et que vous attendez un bébé.

Elle parlait d'une voix si calme, sans éclats, que Melinda crut d'abord ne pas avoir compris. Elle avait vécu une vie tellement protégée que personne ne l'avait réellement menacée auparavant.

– *Quoi ?* Qu'est-ce que vous dites ?

– Vous avez entendu. Si vous parlez, je parle. (L'insulte n'était pas dans la manière d'Eunice, mais cette fois, elle y parvint.) Une sale petite pute, voilà ce que vous êtes. Une petite pute qui se mêle de ce qui la regarde pas.

Melinda devint blême. Elle se leva et se précipita hors de la cuisine en se prenant à moitié les pieds dans sa jupe longue. Une fois dans le couloir, ses jambes flageolèrent et elle dut se laisser choir sur la chaise qui était à côté de l'horloge. Elle resta prostrée là, les poings crispés contre ses joues, jusqu'à ce que l'horloge sonnât 6 heures et que la porte de la cuisine s'ouvrît. La seule pensée de revoir Eunice Parchman lui souleva le cœur : elle s'enfuit dans le salon, se jeta sur le divan et éclata en sanglots.

C'est là que George la découvrit quelques minutes plus tard.

– Mon Dieu, ma chérie, qu'est-ce qu'il y a ? Qu'est-ce qui s'est passé ? Il ne faut pas pleurer comme ça.

Il la prit et la serra dans ses bras. Elle s'est disputée avec ce garçon, pensa-t-il, c'est pour ça qu'elle est revenue dans cette maison toute vide.

– Allons, raconte à papa, la consola-t-il en oubliant qu'elle avait vingt ans. Raconte-moi, et ça ira mieux.

– Je vous laisse tous les deux, se borna à dire Jacqueline, qui n'intervenait pas plus entre George et ses enfants que George entre elle et Giles.

– Non, Jackie, ne t'en va pas. (Melinda se redressa et se frotta les yeux.) Quelle idiote je suis ! Je vais tout vous dire à tous les deux, mais c'est tellement affreux.

– Du moment que tu n'es ni malade ni blessée, fit George, il n'y a rien d'affreux.

– Mon Dieu, balbutia Melinda en déglutissant et en prenant une profonde inspiration, que je suis contente que vous soyez rentrés !

– Melinda, de grâce, explique-nous.

– Je croyais être enceinte, mais je me suis trompée, articula-t-elle précipitamment. Je couche avec Jon depuis novembre. Je sais que vous serez fâchés et déçus, mais je l'aime et il m'aime. Pour ça, pas de problème. Et puis je l'attends pas, le bébé.

– C'est tout ? fit George.

Sa fille le regarda, ahurie.

– T'es pas en colère contre moi ? T'es pas choqué ?

– Même pas surpris, Melinda. Tu me crois ringard à ce point, ou quoi ? Comme si je ne savais pas que les choses ont évolué depuis ma jeunesse ! Bien sûr que je le regrette. Bien sûr que j'aurais préféré que tu ne fasses pas ça. Mais choqué, non.

– Papa, t'es vraiment super.

Elle se jeta à son cou.

– Et maintenant, fit George en se dégageant, tu vas peut-être nous dire pourquoi tu pleurais ? Pas de ne pas être enceinte, quand même ?

Elle parvint à étirer un sourire mouillé de larmes.

– C'est cette femme, miss Parchman. Tu vas trouver ça incroyable, papa, mais c'est vrai. Elle était au courant. Elle a dû m'entendre parler à Jon au téléphone, à Noël, et quand j'ai à mon tour, euh... découvert quelque chose sur elle, elle m'a menacée de tout vous rapporter. Oui, menacée. Juste maintenant. De vous dire que j'étais enceinte.

– *Elle a quoi ?*

– Je vous ai prévenus que c'était incroyable.

– Bien sûr que si, on te croit, Melinda. Ainsi, elle t'a fait du chantage.

– Si c'est ça faire du chantage, oui.

– Quels ont été ses mots exacts ?

Elle les répéta.

– Et elle m'a traitée de pute, aussi. C'était affreux.

Silencieuse jusqu'à présent, Jacqueline prit la parole.

– Elle doit partir, fit-elle. Immédiatement. Tout de suite.

– Je le crains, chérie, oui. Je sais combien tu as besoin d'elle, mais...

– Absolument pas. Je n'ai jamais rien entendu d'aussi odieux et révoltant de toute ma vie. Oser menacer Melinda ! Il faut la renvoyer tout de suite. Vas-y, George. Moi, je ne suis pas assez sûre de moi.

Il lui adressa un sourire reconnaissant pour son soutien.

– Qu'est-ce que tu as découvert sur elle, au fait ? demanda-t-il à Melinda.

Question fatale. Dommage qu'il n'ait pas attendu, pour la poser, d'avoir renvoyé Eunice. Car la réponse de sa fille l'émut davantage qu'elle n'avait ému Melinda. Et il se laissa toucher par la pitié.

Eunice crut que sa menace avait fait effet, et la fierté de sa réussite la consola presque de sa détresse. Elle avait accusé le coup, la grande sauterelle. Et elle ne vendrait pas la mèche parce que sinon, comme Joan l'avait dit, son père la flanquerait dehors. La télévision montrait un spectacle de variétés. Eunice le regardait en tricotant depuis une quinzaine de minutes lorsqu'on frappa à la porte. Melinda, sûrement : le premier choc passé, ils reviennent toujours vous supplier de ne rien dire. Et même quand vous le leur promettez, ils reviennent encore pour être rassurés. C'est ce qui s'était produit avec la femme mariée et avec Annie Cole. Eunice ouvrit la porte.

George entra.

– Vous devinez sans doute ce qui m'amène, Miss Parchman. Ma fille m'a bien sûr raconté ce qui s'était passé entre vous. Je suis désolé, mais je ne laisserai personne menacer un membre de ma famille sous mon propre toit, aussi vous demanderai-je de partir aussi vite que possible.

Ce fut un choc terrible pour Eunice qui ne répondit pas. L'émission de télévision s'était interrompue pour une pause publicitaire, et l'annonce qui passait à ce moment-là montrait une liste de noms de magasins d'East Anglia.

– Je vais couper ça si vous permettez, dit George. De toutes façons, ça ne peut guère vous intéresser, vous.

Eunice comprit. Il savait. Elle qui était dépourvue de toute finesse d'esprit dans les autres domaines montrait une perspicacité aiguë dans celui-là. Et lui, qui l'observait, comprit également.

Ce rouge qu'il vit monter sur son front, ce rictus sur son visage, lui indiquèrent qu'il était allé trop loin dans la basse provocation. Il avait commis le pire des péchés : se moquer de la bosse du bossu.

– Vous n'avez pas de contrat, se hâta-t-il d'enchaîner, aussi pourrais-je vous demander de partir immédiatement. Mais tout bien considéré, je vous laisse une semaine, ce qui vous donnera un peu de temps pour chercher une autre place. D'ici là, cependant, je vous demanderai de vous cantonner dans cette pièce et de laisser le travail de la maison à ma femme et à Mrs Baalham. Je suis prêt à vous délivrer un certificat pour vos capacités professionnelles, mais sans me porter garant de votre moralité.

Il sortit et referma la porte.

Eunice Parchman n'était pas femme à verser des larmes et elle n'en versa pas. Seule dans une pièce où elle aurait pu laisser s'épancher ses sentiments, elle n'en montra aucun. Pas la moindre nervosité. Ni pleurs ni grincements de dents. Elle se réinstalla devant la télévision. Tout juste se laissa-t-elle choir un peu plus lourdement que d'habitude dans son fauteuil.

Trois personnes avaient jusqu'alors remarqué son analphabétisme, mais pour aucune d'entre elles il ne s'était agi d'une révélation brutale et soudaine. Ses parents n'y avaient jamais attaché d'importance. Mrs Samson s'en était aperçue petit à petit et l'avait accepté comme elle acceptait le mongolisme d'un autre enfant de Rainbow Street, seulement, ce n'était pas le genre de sujet que l'on pouvait aborder ouvertement – certainement pas avec Eunice elle-même. Son handicap n'avait jamais été connu de tout un groupe de gens en même temps. Dans les jours qui suivirent, où elle resta plus ou moins confinée dans sa chambre, elle n'accorda pas la moindre pensée à son avenir : où aller, que faire, chercher un emploi, trouver un toit. Le lendemain ne la préoccupait guère, car Mrs Samson ou Annie Cole la recueilleraient toujours si elle débarquait soudain sur le pas de leur porte, ses valises à la main. Son seul souci était la découverte des Coverdale, qui devait déjà avoir fait le tour de Greeving. Cela l'empêcha de sortir, l'empêcha d'aller au magasin. Une fois, même, que Joan profita de l'absence de Jacqueline pour venir la voir, elle la laissa appeler sans répondre et resta calfeutrée dans son nid d'aigle.

Elle était persuadée que les Coverdale devaient passer tout leur temps à discuter de son infirmité mentale et à s'en gausser avec leurs amis. Elle n'avait pas entièrement tort, car ce qui retenait George et Jacqueline de la révéler à d'autres, outre d'honorables sentiments, c'est qu'eux-mêmes auraient paru vraiment stupides de ne pas s'être aperçus plus tôt que leur bonne ne savait pas lire. Ils racontèrent qu'ils l'avaient congédiée pour son insolence. Mais en privé, ils en parlaient très souvent, en riaient même avec incrédulité. Ils attendaient impatiemment la fin de la semaine et s'enfermaient dans le salon quand Eunice se glissait dans la cuisine pour prendre ses repas.

Sans s'embarrasser du moindre sentiment de fidélité ou de devoir envers son amie, Eunice pensa que le mieux serait d'éviter Joan et de fuir Greeving sans jamais la revoir. La situation était déjà assez pénible, elle n'avait que faire de sa sollicitude, de ses apitoiements et de ses assommantes questions. Car Joan devait savoir, à présent. Et de fait, elle savait. Ou plutôt, elle était au courant du congédiement d'Eunice, car Mrs Higgs, celle qui ne faisait pas de vélo, le lui avait dit mardi. Elle attendit le passage d'Eunice, elle fit de son mieux pour entrer à Lowfield Hall, mais en vain. Aussi utilisa-t-elle le dernier moyen qui restait à sa disposition – car elle aussi répugnait à téléphoner : elle envoya un message.

Cette année-là, la Saint-Valentin tombait un dimanche et les cartes devaient donc impérativement arriver le samedi. Il n'y en avait pas pour les Coverdale, mais il en parvint néanmoins une à Lowfield Hall, parmi les cartes d'anniversaire de George. Elle était adressée à Eunice. Ce fut Jacqueline qui la lui remit.

– Pour vous, Miss Parchman, dit-elle simplement.

Les deux femmes rougirent, sachant pertinemment qu'Eunice ne pourrait la lire. Celle-ci la monta dans sa chambre, ouvrit et regarda d'un air hébété l'image rococo de deux chérubins entourant un cœur bleu d'une guirlande de roses roses. La carte était partout couverte de mots écrits. Eunice la jeta.

George avait cinquante-huit ans le 13 février, et les cartes affluèrent de sa femme et de tous ses enfants, avec un bon pour un disque et un bon pour un livre de Peter et de Paula. Ils devaient tous, ce soir-là, dîner en famille à l'*Angel* de Cattingham.

George prit la voiture pour aller chercher Melinda à la gare de Stantwich. Elle lui offrit une écharpe horrible qui aurait pu venir de chez Oxfam – ce n'était pas le cas – et pour laquelle il se confondit en remerciements.

– Ces gâteries ne sont plus de mon âge, mais vous ne semblez pas en être convaincus, tous autant que vous êtes.

– Tu sais, fit Melinda qui avait réussi à consacrer un peu de temps à une des pièces de son programme, celui qui naîtra le jour où j'oublie de donner à Antoine mourra dans la mendicité.

– Mon Dieu, ma fille qui se met à avoir des lettres !

Quand ils arrivèrent à la maison, elle leva un regard interrogateur sur son père. George comprit aussitôt.

– En haut, fit-il avec un signe de tête.

– Tu l'as mise aux arrêts de rigueur ?

– En quelque sorte. Elle fiche le camp lundi matin.

Ils s'habillèrent pour sortir, Jacqueline dans sa robe en velours crème, Melinda dans celle en crêpe de Chine bleu nuit aux perles scintillantes, et toutes deux firent grande impression lorsqu'elles pénétrèrent dans la salle à manger de l'hôtel. Toute la famille avait belle allure – Giles y compris qui, grand et mince malgré son physique ingrat, ne portait pas mal du tout son seul et unique costume, d'autant que ses boutons semblaient lui laisser quelque répit en ce moment.

Les serveurs et les autres clients devaient par la suite regretter de ne pas avoir davantage prêté attention à cette famille si heureuse au destin si funeste. S'ils avaient su, ils auraient écouté la conversation légère et gaie des Coverdale, ils auraient remarqué l'élégance de Jacqueline, les signes de l'intelligence supérieure de Giles, le charme de Melinda, la présence distinguée de George. Mais ils ne savaient pas, aussi durent-ils avouer leur ignorance lorsque les journalistes les questionnèrent ou, plus encore, inventer toutes sortes de sombres pressentiments et sensations de malaise qu'ils se persuadèrent avoir eus sur le moment. La police en interrogea quelques-uns, mais aucun n'eut la présence d'esprit de se rappeler certaine conversation entre les Coverdale qui aurait permis de faire avancer l'enquête et de solutionner l'affaire plus tôt qu'elle ne le fut.

Cette conversation se rapportait à un film sur le *Don Juan* de Mozart, tourné au festival de Glyndebourne, et qui devait passer à la télévision le lendemain soir de 7 heures à plus de 10 heures.

– Tu dois vraiment rentrer demain soir, Melinda ? demanda George. Ce serait dommage que tu manques ça, il paraît que c'est l'événement télévisuel de l'année. Je pourrais te reconduire à Stantwich lundi à la première heure.

– Je n'ai pas de conférence, lundi, fit-elle. Juste un TP à 2 heures.

– Ce qu'il veut, en fait, plaisanta sa belle-mère, c'est quelqu'un pour lui soutenir le moral dans la voiture quand il amènera miss Parchman à la gare.

– Pas du tout : j'aurai Giles.

Jacqueline et Melinda s'esclaffèrent. Giles leva le nez de son canard aux petits pois. L'air sérieux. Quelque chose l'émouvait. Sa conversion ? L'anniversaire de son père ? Toujours est-il que pour une fois, il trouva l'inspiration pour dire exactement ce qu'il fallait.

– Je n'abandonnerai jamais Mr Micawber, affirma-t-il en parodiant Dickens.

– Merci, Giles, répondit posément George.

Il y eut un bref silence pendant lequel, étrangement, sans se parler ou même se regarder l'un l'autre, Giles et son beau-père furent plus proches l'un de l'autre qu'ils ne l'avaient jamais été. Avec du temps, ils pourraient même devenir amis. Mais le temps leur était compté. George se racla la gorge et reprit, à l'intention de sa fille :

– Sérieusement, Melinda, pourquoi ne resterais-tu pas voir ce film ?

Ce n'était pas l'idée de manquer des cours qui faisait hésiter Melinda, mais celle de ne pas voir Jonathan. Ils se retrouvaient chaque jour et presque chaque nuit depuis des semaines, à présent, et il allait déjà lui manquer terriblement, ce soir. Fallait-il donc envisager une autre nuit sans lui ? Cela semblait égoïste de refuser, et elle adorait son père. Jacqueline et lui n'avaient-ils pas été super, la semaine passée, au moment de cette horrible scène ? N'avaient-ils pas montré une inébranlable confiance en leur fille ? Pas un seul reproche, pas même une mise en garde. Pourtant, Jonathan...

Elle était arrivée à la croisée des chemins. La route se séparait en deux, devant elle. L'une des branches menait vers la vie, le bonheur, le mariage, les enfants, l'autre était sans issue, un cul-de-sac. Impasse. Elle hésita. Choisit.

– Je reste, fit-elle.

Depuis le magasin, Joan Smith suivit des yeux la Mercedes qui traversait le village en direction de l'*Angel*. Cinq minutes plus tard, elle arrivait à Lowfield Hall, elle était dans Lowfield

Hall, car de sa nouvelle démarche de folle, elle avait traversé en sautillant la salle d'armes pour surprendre Eunice en train de dévorer des œufs avec des frites et un gâteau au citron à la table de la cuisine.

– Oh, Eun, quelle tristesse ! Après tout ce que vous avez fait pour eux, ce sont des monstres d'ingratitude. Et pour une si petite chose !

Eunice n'avait aucune envie de la voir. La « petite chose » en question devait sûrement être son incapacité à lire. À présent repue, elle leva un regard mauvais sur Joan et s'attendit au pire. Ce ne fut pourtant pas le pire qui vint, mais le meilleur. Au bout de quelques moments.

– Vous avez déjà fait vos valises, sans doute ? J'imagine que vous avez des projets, une personne aussi compétente que vous n'a sûrement pas à chercher bien loin pour trouver une bonne place. Mais je voudrais que vous sachiez que vous pouvez venir à la maison. Tant que Joanie aura un lit à prêter et un toit au-dessus de sa tête – Dieu seul sait combien de temps nous serons à l'abri de la colère du méchant – vous serez la bienvenue. (Essoufflée de ses efforts, elle ajouta en retenant son haleine, presque timidement :) Vous n'avez pas reçu quelque chose, au courrier d'aujourd'hui ?

Les joues d'Eunice virèrent au cramoisi.

– Pourquoi ?

– Oh, elle rougit ! Vous croyiez avoir un admirateur au village, dites ? Eh bien oui : moi. Vous n'avez donc pas lu mon message, au dos de la carte ? Je savais que toute la famille était de sortie et je vous prévenais que j'allais faire un saut ici.

Eunice avait cru que cette carte de la Saint-Valentin était une moquerie de Melinda. Mais son immense soulagement venait d'ailleurs : Joan ne savait pas, la nouvelle n'était pas parvenue jusqu'à elle. Défaillant presque de joie sur sa chaise, elle n'avait jamais ressenti sentiment plus proche de l'amour que celui qu'elle éprouva pour Joan à ce moment-là. Soudain ragaillardie, exubérante presque, elle prépara le thé et creusa sa pauvre imagination pour inventer des détails sur son renvoi afin de faire plaisir à Joan. Elle vilipenda les Coverdale et promit à Joan de l'accompagner le lendemain soir, son dernier soir, au temple de Nunchester.

– Ce sera notre dernière sortie ensemble, Eun. Moi qui comptais vous inviter mercredi, quand Elder Barnstaple et sa femme viendront dîner à la maison. Mais on n'offense pas impunément le Seigneur, ma chère, et vous vous relèverez dans toute votre splendeur tandis que les méchants seront précipités en enfer et subiront le châtiment de leur iniquité. Oui, ils recevront leur juste récompense !

Ne prêtant guère attention aux délires et aux envolées de Joan, Eunice se mit aux petits soins pour elle, lui versa du thé, lui coupa des tranches de gâteau au fromage blanc, lui promit monts et merveilles, de venir la voir à la première occasion, de lui écrire – de lui écrire ! – et lui jura, en un élan bien peu eunicien, une indéfectible amitié.

Joan semblait posséder un instinct qui lui permettait de ne jamais rester plus qu'il fallait. Cette fois, pourtant, elles avaient tant à discuter, et avec tant de passion, que la fourgonnette venait à peine de quitter l'allée lorsque la Mercedes apparut. Eunice remonta lourdement se coucher.

– Il va falloir que je reprenne le collier lundi, fit Jacqueline dont le doigt laissa une trace satinée dans la poussière en passant sur le dessus de sa coiffeuse. J'ai l'impression de rentrer de neuf mois de vacances. Toutes les bonnes choses ont une fin, je suppose.

– Les mauvaises aussi, dit George.

– Ne t'inquiète pas : je suis aussi heureuse que toi de lui voir tourner les talons. Comment as-tu trouvé ta journée d'anniversaire ?

– Merveilleuse. Comme toutes mes journées avec toi, chérie.

Elle se leva, radieuse. Il l'enlaça.

19

À l'église, le dimanche matin, leur dernier matin, les Coverdale murmurèrent qu'ils avaient péché par action et par omission. Ils prononcèrent ces paroles sur un ton de vénération et en toute sincérité, mais sans vraiment penser à ce qu'ils disaient. Le révérend Archer fit un sermon sur le respect dû par chacun aux personnes âgées et notamment à ses parents, ce qui n'avait aucun rapport avec la vie des Coverdale, beaucoup plus avec celle d'Eunice Parchman et de Joan Smith. Après l'office, ils allèrent boire un sherry chez les Jameson-Kerr et ne se mirent pas à table avant 3 heures.

Le temps était indécis : sans vent, humide, couvert, mais les premiers signes annonciateurs du printemps avaient déjà fait leur apparition. Le vert n'est pas la couleur dominante, à cette époque de l'année, mais le rouge, car la montée de sève habille le moindre rameau d'un satin pourpre. Dans le jardin de Lowfield Hall, les perce-neige pointaient. Ces premières fleurs de la saison étaient les dernières que les Coverdale devaient voir.

Pour la dernière fois, Melinda avait téléphoné à Jon avant d'aller à l'église. Pour la dernière fois, Giles assista à l'élévation. Bien que non encore admis au sein de l'Église, le bon Père Madigan avait entendu sa confession et lui avait donné l'absolution : aussi était-il peut-être en état de grâce. Pour la dernière fois, George et Jacqueline firent leur sieste du dimanche après-midi. À 5 heures, George amena le poste de télévision dans le salon et brancha l'antenne à la prise qui se trouvait entre les deux fenêtres de façade.

Quand elle se réveilla, Jacqueline lut l'article du *Radio Times* sur le *Don Juan,* puis se rendit dans la cuisine pour préparer le thé. Eunice traversa la pièce à 5 heures dans son manteau rouge sombre, avec son bonnet de laine et son écharpe. Les deux femmes firent comme si elles ne s'étaient pas vues. Eunice quitta la maison par la salle d'armes et referma doucement la porte derrière elle. Melinda alla chercher son magnétophone, passa la tête par la porte entrebâillée du sanctuaire de Giles, annonça à celui-ci qu'elle voulait enregistrer l'opéra.

– Je suppose que tu ne vas même pas descendre l'écouter, fit-elle.

– Je sais pas.

– Tu devrais. J'aimerais bien que tu viennes.

– Bon, d'accord.

La sombre journée d'hiver avait glissé, sans coucher de soleil apparent, dans l'épaisseur des ténèbres hiémales. Pas de vent, pas de pluie, pas d'étoiles. La lune devait être morte, qu'on n'avait pas vue depuis tant de nuits. Tout autour de Lowfield Hall, isolé au milieu de l'ondoiement des prés, de l'écheveau des routes de campagne et des petits bois serrés, se refermait l'étau d'une impénétrable obscurité. Impénétrable, pas tout à fait car, depuis la route de Stantwich, le voyageur attentif pouvait distinguer le Hall, point de lumière brillante. Qu'elle rayonnait loin, cette petite chandelle ! Aussi loin qu'une bonne action dans un monde mauvais.

Joan et Eunice arrivèrent au temple de l'Épiphanie à 6 heures moins 5. Joan resta calme – trop calme peut-être – pendant les cantiques et les confessions. Après quoi, tandis qu'elle racontait, une tranche de cake à la main, son passé d'errements à une nouvelle recrue, Mrs Barnstaple s'approcha et l'informa assez sèchement qu'Elder et elle ne viendraient pas dîner mercredi soir. Les Barnstaple vivaient à Nunchester à présent et, toute vivace qu'elle fût, la rumeur publique de Greeving n'allait pas jusque-là. Mrs Barnstaple expliqua à son mari qu'elle avait pris cette décision parce que, même si Joan était une bonne Épiphaniste à qui le Seigneur avait pardonné, entendre encore le récit des cochonneries de Shepherd's Bush en plein repas lui couperait l'appétit. Mais Joan vit dans cette reculade un résultat de l'enquête que George Coverdale avait déclenchée. Elle bondit sur ses pieds en poussant un cri de rage.

– Maudit soit le méchant qui déverse des calomnies dans des oreilles innocentes ! tonna-t-elle. (Joan ne citait pas forcément la Bible, elle se contentait souvent de prendre des accents bibliques pour exprimer ce qui aurait dû, à son avis, figurer dans les Écritures.) Le Seigneur le rouera de coups de l'échine jusqu'aux jambes. Gloire à Dieu, qui désigne Sa servante pour être l'arme de Sa main droite !

Son corps semblait chargé d'une énergie frénétique. Elle s'égosillait, postillonnait. Pendant quelques instants, cela enchanta l'assemblée des fidèles. Mais dans leur déraison de fanatiques, ils n'étaient pas fous : quand elle la vit rouler des yeux et commencer à s'arracher littéralement des touffes de cheveux, Mrs Barnstaple essaya de la maîtriser. D'une bourrade, Joan la repoussa et la brave dame tomba à la renverse dans les bras de son mari. On appela Eunice à la rescousse, mais celle-ci ne voulait rien faire qui pût contrarier sa nouvelle amie. Joan, qui tenait à présent subjuguée l'assemblée tout entière, hurlait des paroles incohérentes et se balançait d'avant en arrière comme une forcenée.

Puis, aussi brusquement qu'elle avait débuté, la crise s'arrêta. On eût dit un médium sortant de transe, une possédée soudain débarrassée de l'esprit furieux qui l'habitait. Épuisée et soudain muette, elle s'affala sur une chaise puis, d'une toute petite voix, dit à Eunice :

– On y va quand vous voulez, Eun.

Elles quittèrent le temple à 7 heures 20. Joan conduisit avec la lenteur d'une débutante.

Les Coverdale s'étaient confortablement rassemblés autour du poste de télévision : George et Jacqueline sur le sofa, Melinda à même le sol, Giles tassé dans un fauteuil. Le magnétophone tournait. Après avoir tripoté les boutons pendant l'ouverture, l'avoir déplacé, puis surveillé d'un air soucieux du coin de l'œil, Melinda oublia progressivement sa présence au fur et à mesure du déroulement de l'opéra. Toute son attention était captée par les personnages féminins auxquels elle s'identifiait successivement. Elle était Donna Anna, elle serait Donna Elvira puis, le moment venu, Zerlina aussi. Elle appuya sa tête contre le bras de George, sur le sofa, car son père était à ses yeux devenu le Commandeur qui se battait et se faisait tuer pour sauver l'honneur de sa fille – bien qu'elle n'assimilât pas son Jonathan à Don Juan.

Toujours élégante dans son pantalon de velours vert et son corsage en soie or, Jacqueline griffonnait quelques notes critiques dans la marge du *Radio Times*. En même temps que Don Ottavio, elle fredonna tout bas « Songe à ma tendresse, tendresse d'un père et d'un époux ! » en couvant George d'un œil attendri. Lequel George, qui était homme, bel homme et sexuellement accompli, ne pouvait s'empêcher de s'identifier à Don Juan. Il ne voulait pas tout un catalogue de femmes, il voulait juste sa Jacqueline, et pourtant...

« J'arracherai son cœur ! » chanta Donna Elvira, et ils eurent un sourire de satisfaction – tous sauf Giles. Lui n'était là que pour Melinda, l'âge des lumières et des bonnes manières n'avait jamais tellement eu d'attrait pour lui. Il fut le seul à entendre un bruit de pas sur le gravier de l'allée, à 8 heures moins 20, à la fin de la Scène Deux et de l'air du Catalogue, car il était le seul à ne pas se concentrer sur la musique. Mais bien sûr il ne se dérangea pas pour aller voir. Il n'était pas du genre à se déranger.

Au début de la Scène Trois, Jacqueline ajouta avec indignation une ligne à ses notes. Il était presque 8 heures moins 5. Au moment où Don Juan entonnait « *O guarda, guarda* ! Regardez, regardez ! », la fourgonnette des Smith entra dans l'allée de Lowfield Hall et s'avança tout doucement en veilleuses presque jusqu'à la porte d'entrée. Mais les Coverdale ne virent rien, n'entendirent rien. Même Giles n'entendit rien, cette fois.

La conduite de Joan était devenue mal assurée. Ses brusques écarts d'un bord à l'autre de la route avaient fini par effrayer la flegmatique Eunice.

– Vous devriez vous calmer un peu si vous ne voulez pas nous envoyer dans le décor.

Les avertissements de ceux qui se plaignent rarement portent davantage que ceux des éternels râleurs. Mais Joan n'était pas en état de se faire raisonner. Elle resta cramponnée à son volant et parvint vaille que vaille à destination.

– Entrez un moment, fit Eunice.

– Daniel dans la fosse aux lions, répondit-elle en s'esclaffant.

– Venez donc, qu'est-ce qui vous empêche ? Une tasse de thé vous fera du bien.

– Voilà qui est parler, Eun. Qu'est-ce qui m'empêche, hein ? Ils ne vont pas me tuer, quand même.

Joan enclencha un rapport trop grand et la camionnette se mit à faire des sauts de kangourou dans l'allée. Ce fut Eunice, qui pourtant ne savait pas conduire, qui dut empoigner le levier de vitesses et enfoncer l'embrayage pour permettre une approche plus silencieuse. Elles laissèrent le véhicule sur le large espace gravillonné, devant la maison, non loin du rai de lumière qui filtrait à travers les rideaux entrebâillés.

– Ils regardent la télé, dit Eunice.

Elle mit la bouilloire sur le feu tandis que Joan traînait dans la salle d'armes.

– Pauvres petits oiseaux, commenta-t-elle. C'est pas juste, qu'est-ce qu'ils lui ont fait ?

– Et moi, qu'est-ce que je lui ai fait ?

– C'est bien vrai, ça. (Joan décrocha un des fusils et mit Eunice en joue.) Bang, bang, t'es morte ! Vous avez jamais joué au cow-boy quand vous étiez jeune, Eun ?

– J'en sais rien. Venez, le thé est prêt.

En dépit de ses paroles provocantes, Eunice n'était pas tranquille : elle craignait que la voix hystérique de Joan ne s'entende du salon, par-dessus la musique. Elles montèrent au premier, mais n'arrivèrent pas à l'étage de la chambre d'Eunice. Joan ne devait plus jamais pénétrer dans le domaine d'Eunice, de même qu'aucun adieu définitif ne devait jamais être prononcé entre elles. La porte de la chambre de Jacqueline était ouverte. Joan entra et mit la lumière. Eunice remarqua la poussière, mélange de poudre de talc et de peluches, sur les surfaces cirées. Le lit était moins bien fait que par elle. Elle posa le plateau sur l'une des tables de chevet et retendit l'édredon. Joan fit le tour de la chambre sur la pointe des pieds, ses hauts talons à deux centimètres au-dessus de la moquette, continuant à pousser des gloussements d'un rire nerveux et silencieux en une série de petites exhalaisons, comme pour imiter une machine à vapeur. Quand elle atteignit la table de nuit de Jacqueline, elle prit la photo de George et la coucha face en bas.

– Elle va se douter qui a fait ça, dit Eunice.

– Tant pis. De toutes façons, ils peuvent rien vous faire de plus.

– Non. (Après une petite hésitation, Eunice renversa la photo de Jacqueline de la même façon.) Allons, venez, on ferait mieux de boire ce thé.

– Donnez, je vais le verser.

Elle souleva la théière et fit couler un jet de liquide en plein milieu de l'édredon. Eunice se recula, horrifiée, une main plaquée sur sa bouche. Le thé fit une petite mare puis commença à s'infiltrer dans les couvertures.

– Ben vous, alors ! fit Eunice.

Joan sortit sur le palier, écouta puis rentra. Elle prit alors une boîte de talc, ôta le couvercle et la lança sur le lit. Un nuage de poudre s'éleva, ce qui fit tousser Eunice. Joan ouvrait à présent l'armoire.

– Qu'est-ce que vous allez faire ? chuchota Eunice.

Joan ne répondit pas. Elle attrapa la robe du soir en soie rouge, sur son cintre, saisit fermement l'encolure et tira d'un coup sec vers le bas : le vêtement se déchira tant qu'elle se retrouva avec le devant dans une main et le dos dans l'autre. Eunice était effarée, épouvantée, mais excitée également. La frénésie croissante de Joan la gagnait. Elle plongea à son tour les mains dans l'armoire, sortit la robe plissée verte qu'elle avait si souvent repassée et en déchiqueta le corsage avec la pointe des ciseaux à ongles de Jacqueline. Les ciseaux lui furent arrachés par Joan qui se mit à taillader sans discernement tous les habits, avec des halètements de plaisir. Eunice piétina le tas de tissus en lambeaux, écrasa à coups de talon le verre du cadre des photos, sortit les tiroirs, jeta en l'air bijoux, cosmétiques et paquets de lettres qui se détachèrent de leur ruban rose et retombèrent en tourbillonnant. Elle éclata d'un rire guttural qui se superposa à celui, hystérique, de Joan, persuadées l'une et l'autre que la musique d'en bas était assez forte pour couvrir tout bruit venant de la chambre.

Ce qui était le cas, à ce moment précis. Pendant qu'au-dessus de leur tête, Eunice et Joan s'abandonnaient à leur folie destructrice, les Coverdale écoutaient l'un des soli les plus éclatants de tout l'opéra, l'aria *Finch'han dal Vino*, après quoi, Jacqueline se leva car elle n'aimait pas l'interprète de Zerlina et craignait qu'elle ne massacre le Batti, batti, o bel Masetto. Dans la cuisine, elle remarqua que la bouilloire était encore chaude, ce qui indiquait qu'Eunice devait être rentrée. Elle vit également le fusil sur la table, mais pensa que c'était George qui l'avait posé là pour une raison à lui avant de venir les rejoindre devant la télévision.

Les bruits de la porte du salon qui s'ouvrait et des pas dans le couloir dégrisèrent quelque peu Joan et Eunice. Elles s'assirent sur le lit, se regardant l'une l'autre, prenant pour rire l'air de deux gamines en faute, les sourcils levés et se mordillant la lèvre inférieure. Joan éteignit la lumière et elles restèrent immobiles dans le noir jusqu'à ce qu'elles entendissent Jacqueline retraverser le couloir et rentrer au salon.

Eunice décocha un coup de pied à un tas de tissu déchiré.

– C'est cousu de fil blanc, fit-elle le plus sérieusement du monde alors que Joan s'esclaffait. Il saura que c'est nous, il va peut-être appeler la police.

– Il ne sait pas qu'on est ici. (Les yeux de Joan étincelèrent.) Est-ce qu'il y a des cisailles, quelque part ?

– Je sais pas. Peut-être dans la salle d'armes. Pour quoi faire ?

– Vous allez voir. Ah, je suis contente qu'on l'ait fait, Eun. Nous l'avons frappé par où il a péché : dans son lit de débauche. Je suis l'instrument de la vengeance du Seigneur ! Je suis l'épée, je suis la lance de Sa main droite !

– Si vous continuez à crier comme ça, ils vont vous entendre. Moi aussi, je suis contente qu'on l'ait fait.

Elles laissèrent le plateau sur le chevet, la théière au milieu du lit. La lumière du couloir était allumée, en bas. Joan se rendit tout droit dans la salle d'armes et fouilla dans la boîte à outils de George.

– Je vais couper le fil du téléphone.

– Comme à la télé, acquiesça Eunice, qui avait cessé de protester, avec un hochement de tête approbateur. Il passe au-dessus de la porte d'entrée. Sûr qu'ils pourront pas appeler la police, comme ça.

Joan revint, un sourire radieux aux lèvres.

– Bon, qu'est-ce qu'on fait, maintenant ?

Il n'était pas venu à l'esprit d'Eunice qu'elles puissent faire autre chose. Tout casser devrait obligatoirement s'entendre du salon et, police ou pas, elle et ce haricot de petite bonne femme ne seraient pas de taille à résister à quatre adultes vigoureux.

– J'en sais rien, fit-elle – mais cette fois, sa sempiternelle réponse était assortie d'un regret : elle aurait bien aimé continuer à s'amuser.

– Tant qu'à faire, autant qu'on nous pince pour quelque chose, dit Joan en prenant le fusil et en collant son œil à l'un des canons. Je leur filerais une sacrée trouille, hein, si je tirais.

– Ça se tient pas comme ça, montra Eunice en décrochant le second fusil. Comme ça.

– Vous êtes une drôle de cachottière, dites donc. Depuis quand jouez-vous à la femme-gangster ?

– Je l'ai regardé faire. J'y arriverais aussi bien que lui.

– Je veux essayer !

– Il est pas chargé. Il range ces trucs – les cartouches, que ça s'appelle – dans ce tiroir-là, je l'ai souvent vu les y mettre. Ils coûtent une fortune, ces fusils : deux cents livres chacun.

– On pourrait les casser.

– Ça, c'est les ouvrir pour les charger : casser un fusil, qu'on dit.

Elles se regardèrent et Joan partit d'un rire qui ressemblait au cri aigre d'un paon.

– La musique s'est arrêtée, remarqua Eunice.

Il était 9 heures moins 10, et le premier acte venait de s'achever. À l'opéra comme dans la cuisine.

20

Profitant de l'entracte, Jacqueline versa une seconde tasse de café à chacun. Melinda s'étira et se leva.

– Merveilleux, dit George. Qu'en penses-tu, chérie ?

– Zerlina est atroce. Trop vieille et la voix trop pointue. Au fait, George, tu n'as pas entendu du bruit, en haut, pendant le menuet ?

– Je ne crois pas. C'était sans doute notre bête noire qui rentrait discrètement.

– Elle est tout sauf discrète, papa, rectifia Melinda. Sournoise, plutôt. Zut, j'ai oublié d'arrêter la bande.

– Ce que j'ai entendu n'était ni discret ni sournois : on aurait dit du verre brisé.

Melinda coupa le magnétophone.

– Il y avait la scène du festin, dit-elle en se référant à l'opéra : c'était peut-être des bruitages dans la télé.

Le reste de ce qu'elle s'apprêtait à dire fut interrompu par un petit cri venant de l'extérieur de la pièce.

– George ! hurla presque Jacqueline. C'est encore cette Mrs Smith !

– Ça m'en a tout l'air, articula-t-il lentement sur un ton lourd de menaces.

– Elle est dans la cuisine avec miss Parchman.

– Eh bien elle ne va pas tarder à prendre le large !

Il se leva.

– Papa, tu vas rater le début de l'acte deux. La vieille Parchemin est peut-être juste en train de donner une petite fête d'adieu.

– Je n'en ai que pour deux minutes.

Il se dirigea vers la porte, s'arrêta un instant et regarda sa femme pour la dernière fois. S'il avait su que c'était la dernière fois, ce regard aurait été éperdu de gratitude pour six années de bonheur passées ensemble. Mais il ne savait pas, aussi se contenta-t-il d'assurer son regard et de pincer les lèvres avant de s'avancer dans le couloir jusqu'à la cuisine. Jacqueline pensa d'abord aller avec lui, mais elle se ravisa et se réinstalla dans les coussins du sofa au moment où le second acte commençait avec la querelle entre Leporello et son maître. Le magnétophone avait été remis en route. *Ma che ho ti fatto, che vuoi lasciarmi ?* Mais que t'ai-je donc fait, que tu veuilles me quitter ? *O niente affato, quasi ammazzarmi !* O rien de grave, presque m'assassiner...

George ouvrit la porte de la cuisine et s'arrêta net, abasourdi. Sa bonne, debout à côté de la table, ses cheveux poivre et sel sortant de leurs épingles, le visage cramoisi, faisait face à la silhouette de héron de Joan Smith, dressée sur ses ergots, emplumée de vert et de rose saumon. Chacune tenait l'un de ses fusils pointé sur l'autre.

– C'est monstrueux ! s'écria George quand il eut retrouvé sa voix. Posez ça immédiatement !

– Bang, bang, piailla Joan, à laquelle des souvenirs de guerre ou de film de guerre semblaient revenir. *Hände hoch !*

Et elle lui braqua le fusil en plein visage.

– Heureusement pour vous, il n'est pas chargé, fit calmement George, redevenu le major Coverdale d'El Alamein, en regardant sa montre. Je vous donne exactement trente secondes à toutes les deux pour reposer ces fusils sur la table. Passé ce délai, je vous les reprends de force et j'appelle la police.

– Ça m'étonnerait ! fit Eunice.

Aucune des deux femmes ne bougea. George resta immobile comme une statue pendant toute la demi-minute. Il n'avait pas peur. À la fin des trente secondes, Joan le tenait toujours au bout de son fusil et il entendit faiblement dans le salon Elvira entonner le beau et délicat *Ah taci, ingiusto core !* Tais-toi, cœur déloyal, ne bats pas si fort en ma poitrine. Le sien battait posément. Il s'approcha de Joan, attrapa le canon de l'arme et émit un bref grognement lorsque Eunice lui tira dans le cou. Il s'affala à travers la table, essaya de s'agripper au rebord tandis que le sang jaillissait comme une fontaine de sa jugulaire sectionnée. Joan se recula vivement contre le mur. Eunice inspira, retint sa respiration et tira la seconde décharge dans le dos de George.

Au bruit des deux détonations, Jacqueline bondit sur ses pieds avec un cri affolé.

– Mon Dieu, qu'est-ce que c'est que ça ?

– La fourgonnette de Mrs Smith qui pétarade, répondit Melinda à voix basse pour ne pas gâcher son enregistrement. Elle le fait toujours. Un problème d'échappement, sans doute.

– On aurait dit des coups de feu.

– Oui, ça fait le même bruit. Assieds-toi, Jackie, ou on va rater ça, c'est l'air le plus joli de tout l'opéra.

Tais-toi, cœur déloyal, ne bats pas si fort en ma poitrine. Elvira se pencha à sa fenêtre, Leporello et Don Juan apparurent au-dessous, les deux barytons et la soprano entonnèrent le fameux trio. Jacqueline se rassit en jetant un regard inquiet vers la porte.

– Pourquoi ne revient-il pas, ton père ?

– Il a flingué la vieille folle et ne sait pas comment nous le dire.

– Giles, je t'en prie ! Tu ne voudrais pas aller voir, mon chéri ? Je n'entends plus rien.

– C'est normal avec le bruit de la télé, fit Melinda, agacée. Il n'a pas besoin de hurler pour la virer, quand même. Dire que toutes ces idioties vont s'enregistrer sur ma bande !

Jacqueline fit de la main un petit geste d'excuse, mais sans pouvoir masquer son inquiétude. Giles, qui avait mollement commencé à s'extirper de son fauteuil, se laissa retomber. La télévision égrena les notes pincées de la mandoline de Don Juan. *Deh vieni alla finestra.* Parais à ta fenêtre, ma voix t'implore... Jacqueline, les poings crispés, joignit le geste à cette supplique. Elle se leva d'un bond, se dirigea vers la fenêtre à gauche du poste et écarta le rideau.

– La camionnette de Mrs Smith est encore là ! cria-t-elle sans se souvenir de l'enregistrement. Ce n'est donc pas ça que nous avons entendu.

Elle se retourna vers les enfants : Melinda était renfrognée, Giles avachi et exaspéré. L'angoisse se lisait sur son visage. Même Giles remarqua la frayeur qui grandissait en elle.

– Bon, j'y vais, soupira-t-il en commençant à se soulever avec la lenteur d'un vieillard arthritique.

Il se traîna paresseusement vers la porte à l'instant où Joan Smith et Eunice Parchman quittaient la cuisine pour s'avancer dans le couloir.

– Faut qu'on tue les autres, maintenant, disait Eunice sur le même ton que s'il s'agissait d'une tâche ménagère, laver par terre, par exemple, à exécuter impérativement et sans délai.

Joan, à qui il était inutile de le dire deux fois, se tourna pour regarder George. Il était mort mais sa montre ne restait pas inerte, elle, et depuis le moment fatal, l'aiguille des minutes avait avancé du dix presque jusqu'au douze. Il allait être 9 heures. Joan se tourna de nouveau et leva vers Eunice un visage illuminé d'un large sourire. Visage maculé de sang, de même que ses mains et le pull qu'Eunice lui avait tricoté. Dans le couloir, une bouffée de musique, de voix de baryton et de cordes pincées les assaillit au moment où Giles ouvrait la porte du salon. À la vue du sang, il poussa un cri.

– Mon Dieu !

Il pivota sur ses talons juste avant que Joan ne lui ordonne de le faire.

– Retournez là-dedans. On a des fusils.

Eunice fut la première à le suivre. Cet enchevêtrement de vocalises mâles lui explosa dans la tête et déclencha en elle, dans tout son être, un sentiment de puissance. La chance s'offrait enfin à elle, la chance de pouvoir commander, se venger. Cela redonna force à ses mains, qui avaient un peu tremblé là-bas dans la cuisine. D'un geste ferme et précis, elle pointa le canon du fusil rechargé. Le visage terrifié et décomposé de Jacqueline, c'était le même que celui sur lequel elle avait lu le sarcasme, peu de temps auparavant, lorsqu'elle lui avait tendu cette carte de la Saint-Valentin. Cette voix qui hurlait pour appeler son mari, c'était celle d'une femme qui savait lire des livres, d'une femme qui levait la tête de son courrier pour vous susurrer des politesses pleines de sarcasme. En ces instants, les cris, les supplications, passèrent au-dessus d'elle presque sans qu'elle les entendît et, par une étrange métamorphose, dans le cerveau d'Eunice, ces trois personnages n'étaient plus des gens, mais des mots imprimés, ces choses qu'on trouvait dans les bibliothèques, ces pâtés de signes noirs sur du papier blanc, ses ennemis éternels, tant détestés et tant désirés.

– Vous feriez mieux de vous asseoir. Votre tour est venu.

Le rire de Joan l'interrompit. Elle hurla une phrase de la Bible et tira. Eunice fut effarée. Non à cause des cris et de la vue du sang, mais parce que Joan était capable de le faire en premier, parce que Joan pouvait la battre à ce jeu-là. Elle avança, fusil pointé et fit feu des deux canons à la fois. Elle rechargea tandis qu'une autre détonation retentissait à ses oreilles, puis pressa de nouveau la double détente sur la forme qui gisait sur le tapis chinois.

La musique s'était tue – Joan avait dû l'arrêter. Plus de coups de feu, plus de cris. Un silence oppressant, plus apte à adoucir les mœurs de l'âme farouche, se déversa sur la pièce comme un baume épais et presque tangible. Il figea Eunice, changea cette femme de l'âge de pierre en pierre elle-même. Ses paupières tombèrent sur ses yeux. Sa respiration se fit si régulière et mécanique qu'un observateur aurait pu croire qu'elle s'était endormie debout.

Une pierre qui respirait, voilà ce qu'était Eunice. Ce qu'elle avait toujours été.

21

Le calme exalté de celle qui vient d'accomplir une mission sacrée descendit sur Joan Smith. Elle contempla son œuvre et fut satisfaite : elle avait pourfendu les ennemis de Dieu et s'était donc purifiée. Si les Règles de Mc Naughten avaient été appliquées, elle aurait été déclarée irresponsable, car elle était consciente de ses actes mais ne savait pas que c'était mal.

Innocente, elle l'était au vrai sens du terme. Et maintenant, elle allait reprendre sa fourgonnette, descendre à Greeving, raconter à tout le village ce qu'elle avait fait, le clamer dans les rues, le crier haut et fort au *Blue Boar*. Dommage qu'elle ait coupé le fil du téléphone, sinon elle aurait pu l'annoncer à l'opératrice. Calmement, majestueusement, elle posa le fusil et prit le magnétophone qui tournait encore. Elle appuya sur un bouton et la petite lumière rouge s'éteignit. Son fait d'armes était enregistré là-dedans et, à la mesure de sa démence, elle se voyait déjà bientôt passer la bande aux adeptes de l'Épiphanie pour leur édification.

Elle ne se préoccupait plus guère d'Eunice. Celle-ci, immobile, tenait toujours son fusil et fixait d'un œil implacable les cadavres de Giles et de Melinda qui gisaient côte à côte et qui, dans la mort, semblaient plus proches de l'étreinte qu'ils ne l'avaient jamais été dans la vie. Mais Joan avait oublié qui était Eunice, elle avait oublié jusqu'à son propre nom. Oublié, Shepherd's Bush. Oublié, Norman. Elle était seule, Titanide ou ange qui n'avait qu'une crainte, que quelque esprit malin allié des Coverdale n'intervînt pour l'empêcher de proclamer la bonne nouvelle.

Le sang de George avait éclaboussé son pull, ses mains et son visage. Sans chercher à s'en laver, elle se dirigea d'un pas inhabituellement long et lent vers la porte et le couloir. Ce mouvement tira Eunice de sa contemplation.

– Vous feriez bien de vous nettoyer la figure avant de partir, dit-elle.

Joan l'ignora. Elle ouvrit la porte d'entrée, s'assura qu'aucun démon ne guettait dans les ténèbres. L'allée et le jardin étaient déserts, et ce vide lui parut accueillant. Elle monta dans la fourgonnette.

– Comme vous voudrez, fit Eunice. Faites-le avant d'aller au lit, en tout cas, et surtout, tenez votre langue. Restez tranquille.

– Je suis le bras des armées de Dieu !

Eunice haussa les épaules. Ce genre d'envolée n'était pas dangereuse, Joan en était coutumière. Les gens du village penseraient simplement qu'elle était un peu plus fêlée que d'habitude. Elle retourna dans la maison : il lui restait des choses à faire.

Avec ses veilleuses pour tout éclairage, Joan sortit de Lowfield Hall au volant du van dans un état d'euphorie. Elle conduisait la tête haute et souriait aimablement à une foule invisible et admirative. Ce fut un miracle qu'elle atteigne la grille, mais elle y parvint et roula encore six ou sept cent mètres le long du chemin. Là ou celui-ci bifurquait brutalement pour éviter un haut mur de briques qui entourait le jardin de Mr Meadow, elle vit un hibou blanc tomber d'un arbre pour prendre lourdement son vol juste devant elle, à hauteur de ses yeux. Joan vit dans cet oiseau un démon vengeur envoyé par les Coverdale. Elle écrasa l'accélérateur pour le mettre en pièces, le manqua, mais ne manqua pas le mur : l'avant de la fourgonnette s'aplatit en accordéon. La tête de Joan passa à travers le pare-brise et vint taper contre trente centimètres d'un rempart de briques et de béton.

Il était 9 heures et demie. Mr et Mrs Meadows rendaient visite à leur fille mariée qui habitait Gosbury, et il n'y avait personne dans la maison pour entendre l'accident. Norman Smith était au *Blue Boar*. Là aussi, la nuit avait été riche en événements, mais ce n'est que le lendemain qu'ils prirent toute leur importance. Il rentra à 10 heures et quart. La fourgonnette n'était pas à sa place habituelle, à côté du magasin, mais il pensa que Joan l'avait prise pour aller quelque part avec Eunice, dont c'était la dernière soirée à Greeving – bon débarras. Personne ne signala l'accident avant le retour des Meadows, à 10 heures 25. Quand ils virent leur mur éventré, la fourgonnette, et Joan qui gisait à moitié sortie sur le capot, ils téléphonèrent tout de suite à une ambulance et prévinrent Norman Smith. Joan était fort mal en point, mais toujours vivante. On l'emmena donc à l'hôpital, où nul ne se préoccupa de savoir si le sang qui la couvrait – il y en avait tellement – était bien à elle. C'est ainsi que Mrs Joan Smith, qui aurait dû être internée en hôpital psychiatrique depuis des mois, se retrouva dans une unité de soins intensifs pour grands blessés.

C'était la deuxième fois de la soirée que Norman se voyait imposer la vue du sang. Près de trois heures avant d'être amené sur le lieu de l'accident de sa femme, deux jeunes gens étaient entrés au *Blue Boar*. Le plus petit, et aussi le plus jeune, avait demandé au patron, Edwin Carter, où se trouvaient les toilettes. Sa main gauche semblait blessée, à voir le sang qui suintait à travers le mouchoir qui la bandait.

Mr Carter les lui indiqua, et sa femme proposa de refaire son pansement. Il refusa net et ne fournit aucune explication sur l'origine de sa blessure. Quand il ressortit des toilettes, sa main était emmaillotée dans un mouchoir plus propre. Ni les Carter ni aucun des clients n'avaient véritablement vu sa main. Ils se rappelèrent seulement le sang sur le premier mouchoir. Parmi les témoins, Jim Meadows le garagiste, Alan et Pat Newstead, Geoff et Barbara Baalham, Philip, le frère de Geoff, et Norman Smith.

Mrs Carter se souvint que l'homme à la main blessée commanda un double brandy, et son compagnon un demi de bière. Ils s'installèrent à une table, vidèrent leur verre en moins de cinq minutes et repartirent sans avoir dit un mot à personne, sauf pour demander où ils pourraient trouver de l'essence à cette heure puisque le garage Meadows était fermé. Geoff Baalham répondit qu'il y avait une pompe automatique après Gallows Corner, leur expliqua comment y aller et les accompagna jusqu'au petit parking du *Blue Boar*. Là, il remarqua leur voiture, une Morris Minor Traveller rouge foncé à carrosserie canadienne en bois, mais ne se rappela pas le numéro.

Comme ils quittèrent le village par Greeving Lane, ils devaient inévitablement passer devant Lowfield Hall.

Le lendemain, tous les témoins fournirent à la police force détails sur ces étrangers. Jim Meadows déclara qu'ils avaient tous deux de longs cheveux bruns, qu'ils portaient des jeans et que celui dont la main n'était pas blessée dépassait le mètre quatre-vingts. Les Carter confirmèrent que le grand avait bien les cheveux bruns et longs, mais leur fille, Barbara Baalham, les avait vus tous deux châtains avec des yeux marron. Pour Alan Newstead, le jeune à la main bandée avait des cheveux blonds et courts et des yeux bleus perçants, alors que sa femme décrivait les mêmes yeux comme perçants certes, mais marron. Geoff Baalham, lui, se dit d'accord avec les cheveux blonds du plus petit, mais son pantalon était en velours gris, ce qui contredisait l'affirmation formelle de son frère : tous deux étaient en jeans. De plus, le grand se rongeait les ongles. Norman Smith avait remarqué une cicatrice sur la joue du blond, et le brun ne mesurait pas plus d'un mètre soixante-quinze.

Chacun regrettait de n'avoir pas prêté davantage attention, mais ils ne pouvaient pas savoir que cela s'avérerait utile.

Restée seule, Eunice, qui avait « des choses à faire », commença par ne rien faire du tout. Elle s'assit sur une marche de l'escalier, avec cette curieuse impression que si elle ne bougeait pas et attendait le matin pour prendre ses valises, marcher tranquillement jusqu'à l'arrêt d'autobus qu'elle avait depuis longtemps localisé, et aller à Londres, tout se passerait bien. On ne retrouverait peut-être pas les Coverdale avant des semaines, et alors là, personne ne saurait où elle était.

Une tasse de thé lui ferait du bien, cette tasse qu'elle n'avait pas bue tout à l'heure puisque Joan avait renversé la théière sur le lit de Jacqueline. Elle mit de l'eau à chauffer et patienta en faisant les cent pas devant le corps de George. La montre qu'il portait à son poignet mort indiquait 10 heures moins 20. Bon, il était temps de faire les valises. Elle n'avait pas acheté grand-chose pendant les neuf mois passés ici, en dehors de ces produits bien nommés de consommation courante et qu'elle avait effectivement consommés : bonbons, chocolats, gâteaux. Seuls quelques lainages tricotés à la main venaient grossir son stock de vêtements et tout reprit plus ou moins la même place dans les valises de Mrs Samson que lors de son arrivée.

Là-haut dans sa chambre, elle se retrouvait comme s'il ne s'était rien passé. Dommage qu'elle doive partir demain, vraiment, alors qu'il n'y avait plus personne pour l'y obliger. Car elle se trouvait bien, ici, elle s'y était toujours plu. Et ce serait encore mieux maintenant qu'on ne pouvait plus se mêler de ses affaires.

Il était un peu tôt pour aller au lit. Elle ne pensait pas pouvoir trouver le sommeil, ce qui lui sembla extraordinaire vu qu'elle n'avait d'habitude qu'à poser la tête sur l'oreiller pour s'endormir. D'un autre côté, les circonstances n'étaient pas ordinaires non plus, elle n'avait jamais rien fait de pareil, alors ceci expliquait sans doute cela. Toute cette excitation allait la garder éveillée, elle resta donc assise à regarder autour d'elle, à regarder la pièce, à regarder ses bagages : la télévision ne la tentait pas, elle n'était pas d'humeur, et son tricot se trouvait malheureusement tout au fond de la grande valise.

Elle n'avait toujours pas bougé à 11 heures moins le quart. Elle était en train de se demander à quelle heure le bus passait le matin et d'espérer qu'il ne pleuvrait pas, lorsqu'elle entendit une sirène sur Greeving Lane. C'était celle de l'ambulance qui était venue chercher Joan Smith. Mais cela, Eunice l'ignorait. Elle crut qu'il s'agissait de la police, et soudain, pour la première fois, elle eut peur. Elle descendit à la fenêtre de la chambre de Jacqueline pour voir ce qui se passait : plus rien, la sirène s'était évanouie au loin. Elle venait de laisser retomber le rideau qu'elle en entendit une autre : au bout de quelques instants, un véhicule, dont elle ne put discerner que les lumières, passa en trombe et en hurlant devant Lowfield Hall, en direction de la grand-route.

Cela ne plaisait guère à Eunice. Un tel remue-ménage était très inhabituel, à Greeving. Que cherchaient-ils ? Regarder la télévision lui en avait un peu appris sur les méthodes de la police. Elle alluma une des lampes de chevet et fit le tour de la pièce pour essuyer un à un, d'un air absent, tous les objets solides que Joan avait touchés, des morceaux de verre brisé jusqu'aux bibelots et à la théière. Steve, dans son feuilleton favori, quand il ne tirait pas sur les bandits ou ne les poursuivait pas en voiture, était spécialiste en matière d'empreintes digitales. Les flics allaient débarquer ici d'une minute à l'autre, bien que leur sirène se soit tue. Elle descendit au rez-de-chaussée, entra dans le salon et y alluma aussi une lumière. Quelle sottise, de s'imaginer que la police mettrait du temps à découvrir le crime ! Elle s'en rendait compte, à présent. S'ils ne débarquaient pas maintenant, ce serait demain, car Geoff Baalham devait apporter ses œufs le matin : s'il ne pouvait pas entrer, il regarderait par la fenêtre et verrait le corps de George. Elle avait donc un certain nombre de tâches à accomplir pour détourner les soupçons. Essuyer les empreintes de Joan sur les cisailles, tout d'abord. Essuyer les fusils.

Elle inspecta le salon d'un coup d'œil circulaire. Sur le sofa, éclaboussé de sang, se trouvait un numéro ouvert du *Radio Times* avec des notes manuscrites entre les taches. De l'écriture ! Eunice détestait cela encore bien plus que le sang. Elle aurait dû commencer par détruire ce journal, le brûler dans l'évier, le déchirer et l'enterrer, le passer morceau par morceau au broyeur à ordures. Seulement, elle ne savait pas lire. Elle le referma et, dans son obsession de rangement, le mit avec la pile des autres journaux du dimanche sur le plateau du guéridon. Toutes ces tasses sales qui traînaient l'énervaient aussi, mais elle sentit que ce serait une erreur de les laver. Remettre la télévision à sa place dans le petit salon ferait un peu plus propre : elle la roula donc dans le couloir et, pour la première fois, éprouva une grande lassitude.

Il semblait ne plus rien y avoir à faire, et la voiture de police n'était pas revenue. Pour la première fois depuis le début de ce massacre, elle adressa un long regard impassible au cadavre de George puis, de retour dans le grand salon, à ceux de sa femme, de sa fille et de son beau-fils. Elle n'éprouva pas le moindre sentiment de pitié, elle n'eut aucun remords. Amour, joie, paix, repos, espoir, vie, ne signifiaient rien pour elle, pas plus que poussière, cendre, détritus, dénuement, ruine, folie et mort. Elle ne savait pas qu'elle avait assassiné l'amour, détruit la vie, ruiné l'espoir, anéanti un potentiel intellectuel, tué la joie : c'est à peine si elle connaissait le sens de ces mots. Elle ne vit pas les carcasses humaines qu'elle laissait sans sépulture. Elle trouva seulement dommage d'avoir sali un si beau tapis et se réjouit de n'avoir pas été elle-même éclaboussée de sang.

Après avoir passé tout ce temps à remettre de l'ordre, elle fut impatiente de pouvoir montrer à quelqu'un comme elle avait bien travaillé. Elle avait toujours éprouvé une vive satisfaction à ce que le fruit de son labeur fût admiré, bien qu'elle n'eût jamais exprimé ce plaisir par le moindre mot, le moindre sourire. La police finirait par le voir, bien sûr, mais à quoi bon puisqu'elle-même serait loin ? Justement, ils tournicotaient dans les parages, raisonna-t-elle dans son esprit dérangé, ils ne mettraient donc pas longtemps à arriver. Oui, le mieux était de les prévenir tout de suite. Elle décrocha le combiné et commença à composer le numéro lorsqu'elle se souvint que Joan avait coupé le fil. Tant pis, une petite promenade dans la fraîcheur de la nuit la réveillerait certainement.

Eunice Parchman mit son imperméable, son bonnet de laine, son écharpe. Elle décrocha une torche de la salle d'armes et partit à pied dans la direction de Greeving : il y avait une cabine téléphonique juste à côté du magasin.

22

Le superintendant William Vetch, de Scotland Yard, arriva à Greeving le lundi après-midi pour s'occuper de l'affaire du massacre des Coverdale, du massacre de la Saint-Valentin.

Il arriva dans un village dont peu de gens avaient jamais entendu parler de par le vaste monde, mais dont le nom s'étalait maintenant à la une de tous les journaux et se lisait sur tous les écrans de télévision. Un village où, en ce premier jour, les habitants préféraient se claquemurer, comme s'ils avaient peur de l'air du dehors, un air qui serait soudain devenu, en une nuit, sauvage, malsain, menaçant. Il y avait pourtant du monde, dans la rue, mais c'étaient des policiers. Des voitures, mais des voitures de police. Toute la journée, l'allée d'accès de Lowfield Hall fut encombrée de véhicules déversant agents en uniforme, photographes officiels, experts légistes. Mais les gens de Greeving restèrent invisibles, en ce 15 février : seuls cinq hommes se rendirent à leur travail et sept enfants à l'école.

Vetch investit la mairie, et notamment une « salle des meurtres » où, avec ses collaborateurs, il questionna les témoins, examina les indices, reçut et donna des coups de fil, s'entretint avec la presse – et eut sa première entrevue avec Eunice Parchman.

C'était un homme d'expérience. Dans la police depuis vingt-six ans, il avait eu dans la Criminelle une carrière remarquable ponctuée d'actes de courage. C'est lui qui avait personnellement arrêté James Timson, le tueur de la Banque de Manchester, lui qui était à la tête du groupe de policiers qui avaient fait irruption dans l'appartement de Walter Eksteen, un bandit armé recherché pour le meurtre de deux vigiles.

Parmi ses subordonnés, il avait la réputation de savoir trouver un témoin clé pour chaque affaire, de s'appuyer sur cette personne, et même – ajoutaient les mauvaises langues – de pactiser avec. Cette méthode avait payé, dans l'affaire Eksteen : il avait été conduit jusqu'au tueur grâce à l'ancienne maîtresse de celui-ci, dont il avait réussi à gagner la confiance. La personne qu'il choisit pour tenir ce rôle dans l'affaire des Coverdale fut Eunice Parchman.

Personne n'avait jamais vraiment aimé Eunice. Ses parents peut-être, à leur manière, mais c'était différent. Mrs Samson en avait eu pitié, Annie Cole en avait eu peur, Joan Smith l'avait utilisée. À Bill Vetch, par contre, elle eut l'heur de plaire, et ce, depuis cette première entrevue. Car Eunice ne se perdait pas en circonlocutions ou en sentimentalisme déplacé, et elle n'avait pas peur de dire quand elle ne savait pas.

Il l'admirait pour le sang-froid avec lequel, après avoir découvert quatre cadavres dans un état qui avait soulevé le cœur des premiers policiers arrivés sur place, elle avait parcouru en pleine nuit près de deux kilomètres à pied pour trouver une cabine téléphonique. Il ne la soupçonnait pas le moins du monde, et le léger doute qui avait pu l'habiter avant de la voir s'était dissipé lorsqu'elle lui avoua franchement qu'elle n'aimait pas les Coverdale et qu'elle avait été congédiée pour insolence. D'ailleurs, un tel crime ne pouvait être le fait d'une femme d'un certain âge, seule de surcroît. C'est pourquoi, avant même d'avoir vu Eunice, il avait lancé la chasse à l'homme à la main bandée et à son compagnon.

Aux policiers du Suffolk, la nuit précédente, Eunice avait fait la déclaration suivante :

« J'ai été à Nunchester avec mon amie, Mrs Joan Smith, à 5 heures et demie. On a assisté à un office religieux au Temple de l'Épiphanie, sur North Hill. Mrs Smith m'a raccompagnée à Lowfield Hall, et j'y suis arrivée à 8 heures moins 5. Je le sais parce que j'ai regardé l'horloge du couloir, et c'est ça qu'elle montrait : 8 heures moins 5. Mrs Smith n'est pas entrée : elle ne s'était pas sentie très bien, l'après-midi, et je lui ai conseillé de repartir tout de suite chez elle. Il y avait de la lumière dans le couloir et dans le salon : on pouvait la voir de dehors. La porte du salon était fermée, et je n'y suis pas allée. Je ne le faisais jamais, d'ailleurs, quand je rentrais le soir, à moins que Mr ou Mrs Coverdale m'appellent. Je ne suis pas allée dans la cuisine non plus parce que j'avais pris mon thé à Nunchester après l'office. Je suis montée directement à ma chambre. La porte de celle de Monsieur et Madame était ouverte, mais je n'ai pas regardé à l'intérieur. J'ai tricoté un moment, et puis j'ai commencé à faire mes valises.

« Mr et Mrs Coverdale allaient se coucher vers 11 heures, en général, le dimanche. Giles passait la plupart de ses soirées dans sa chambre. Je ne savais pas s'il y était quand je suis montée parce que sa porte était fermée. Les lumières restaient toujours allumées sur le palier du premier et dans l'escalier du second, c'était Mr ou Mrs Coverdale qui les éteignaient en allant au lit.

Aussi, quand j'ai vu par-dessous ma porte qu'elles étaient encore allumées à 11 heures et demie, je me suis levée pour le faire moi-même. J'ai mis mon peignoir parce qu'il fallait que je descende au premier. C'est là que j'ai vu des vêtements par terre dans la chambre de Monsieur et Madame, et du verre brisé. Je n'avais pas remarqué ça avant parce que je tournais le dos à la porte, en montant. Évidemment, je me suis inquiétée, je suis descendue au salon et j'ai découvert les corps de Mr et Mrs Coverdale, de Melinda Coverdale et de Giles Mont. Mr Coverdale gisait dans la cuisine, lui. J'ai essayé d'appeler la police, mais pas de tonalité : je me suis aperçue que le fil avait été coupé.

« Je n'ai rien entendu d'inhabituel entre le moment où je suis rentrée et celui où j'ai découvert les corps. Personne ne quittait le Hall quand je suis arrivée. Sur la route, peut-être que j'ai croisé des voitures, j'ai pas fait attention. »

Eunice s'en tint à cette déclaration sans en changer le moindre détail. Assise en face de Vetch, elle soutint calmement son regard et répéta qu'elle était bien arrivée à 8 heures moins 5. L'horloge s'était arrêtée parce qu'à 10 heures du soir, dimanche, George ne l'avait pas remontée. Marchait-elle bien ? Eunice répondit qu'elle retardait parfois un peu, dix minutes au maximum, fait confirmé par Eva Baalham et, plus tard, par Peter Coverdale. Mais dans les jours qui suivirent, Vetch en vint souvent à regretter que la montre de George n'eût pas été brisée au moment de sa mort, car ce qu'il détestait le plus dans une affaire criminelle, c'était l'imprécision de l'heure. Imprécision qui allait, en l'occurrence, lui causer beaucoup de tracas.

D'après les rapports d'expertise médicale, la mort des Coverdale et de Giles était intervenue entre 7 heures et demie et 9 heures et demie, la rigidité cadavérique ayant déjà commencé lors du premier examen des corps, à minuit et quart. La chaleur accélère le processus, et il régnait une température fort élevée dans le salon et dans la cuisine, vu que le chauffage central restait allumé toute la nuit, en plein hiver, à Lowfield Hall. Bien d'autres facteurs furent pris en considération : les contenus stomacaux, la lividité cadavérique, les altérations du liquide cérébro-spinal, mais Vetch ne put convaincre les experts d'envisager l'hypothèse d'une mort antérieure à 19 heures 30. Impossible, avec une chaleur ambiante de près de vingt-cinq degrés. Impossible, en tenant compte du fait que le thé, les sandwiches et les gâteaux que les Coverdale avaient, selon le témoignage d'Eunice, pris à 6 heures étaient totalement digérés : Vetch lui-même trouvait peu vraisemblable qu'une famille qui avait pris le thé à 6 heures se mette au café à, disons, 7 heures.

Tout cela pouvait concorder, cependant. Les deux jeunes étaient arrivés au *Blue Boar* à 8 heures moins 10, ce qui leur laissait quinze minutes pour tuer les Coverdale – avec quel mobile ? Une partie de rigolade ? Une vengeance contre le milieu social que les victimes représentaient ? – puis cinq minutes pour quitter le Hall et conduire jusqu'à Greeving. Lorsque Eunice était arrivée à 8 heures moins 5 – ou 8 heures 5 – ils avaient déjà filé, laissant la mort et le silence derrière eux.

Pendant ces quinze minutes, ils devaient aussi avoir saccagé la chambre. Vetch ne voyait pas pourquoi ils avaient renversé du thé sur le lit. Vandalisme gratuit, songea-t-il, puisque aucun des bijoux de Jacqueline n'avait disparu. À moins qu'ils n'aient cherché de l'argent et aient été surpris dans leur pillage hâtif par l'un des Coverdale ? À un moment donné, l'homme à la main blessée devait avoir ôté un des gants qu'il portait – il en portait, puisque aucune empreinte n'avait été relevée – à moins que la blessure n'eût été faite à travers. Quinze minutes étaient suffisantes, juste suffisantes pour tout briser, déchirer, tuer.

Vetch passa de longues heures à interroger les clients du *Blue Boar*, parmi lesquels Norman Smith, qui avaient vu et parlé aux deux jeunes gens en jean. Et le lundi soir, toutes les forces de police du pays étaient à la recherche de la Morris et de ses occupants.

Joan Smith était dans le coma à l'hôpital de Stantwich. Vetch était persuadé qu'elle n'avait pas mis les pieds au manoir, ce soir-là, aussi voulait-il seulement vérifier en ce qui la concernait la déclaration d'Eunice selon laquelle les deux femmes avaient quitté le temple à 7 heures 20. Les Épiphaniens le confirmèrent, mais aucun ne rapporta aux hommes de Vetch que Joan Smith avait menacé de mort George Coverdale juste avant son départ. D'abord, ils ignoraient que c'est lui qu'elle visait dans son délire, et puis même s'ils l'avaient su, les affaires du Peuple de l'Épiphanie ne regardaient pas la police, qui ne faisait pas partie des élus.

Eunice fut autorisée à rester au manoir car elle n'avait d'autre endroit où aller, et Vetch tenait à la garder à disposition. Elle avait libre accès à la cuisine, mais le salon était sous scellés – et le numéro du *Radio Times* avec.

– Je ne sais pas, répondit-elle quand Vetch lui demanda si George Coverdale avait eu des ennemis. Des amis, oui, un tas, mais je n'ai jamais entendu personne le menacer.

Elle mit la bouilloire sur le feu.

Et tandis qu'elle lui détaillait la vie des Coverdale, leurs amitiés, leurs habitudes, leurs goûts, leurs caprices, la meurtrière et le policier sirotaient tranquillement leur thé à la table même – soigneusement frottée par Eunice – sur laquelle George s'était effondré.

Ce qui s'était passé à Lowfield Hall plongea les habitants de Greeving dans l'incrédulité et dans l'horreur. Certains en furent malades de chagrin. On ne parlait plus que de ça, bien sûr. Les conversations les plus banales – qu'allait-on manger ce soir, comment évoluait la grippe d'Untel, encore de la pluie, quel froid de canard – revenaient inévitablement à ce massacre, à cette monstruosité. Qui avait pu faire une chose pareille ? On n'arrive pas à y croire, n'est-ce pas ? C'est à se demander où va le monde. Jessica Royston éclata en sanglots et resta inconsolable. Mary Cairne fit mettre des barreaux à ses fenêtres du rez-de-chaussée. Les Jameson-Kerr se dirent qu'ils ne retourneraient plus jamais à Lowfield Hall et le général eut un souvenir ému pour les parties de chasse au faisan avec George. Geoff Baalham pensait surtout à Melinda et se dit qu'il faudrait que l'eau coule vraiment sous les ponts avant qu'il repasse par Gallows Corner le vendredi ou le samedi après-midi.

Peter Coverdale et Paula Caswall se précipitèrent à Greeving et Paula, hébergée chez les Archer, s'effondra d'émotion et de chagrin quelques heures après son arrivée. Peter descendit à l'*Angel* de Cattingham. Là, dans l'humidité glaciale des soirées, collé à la cheminée électrique qui n'avait de chauffage que le nom, il restait assis à boire avec Jeffrey Mont, installé au *Bull* de Marleigh. Il n'aimait pas Jeffrey, qu'il n'avait jamais rencontré auparavant et qui descendait une bouteille de whisky chaque nuit, mais il serait devenu fou s'il n'avait eu quelqu'un avec qui discuter. Jeff lui avoua aussi que, sans sa compagnie, il se serait tué. Ils allèrent ensemble chez les Archer rendre visite à Paula, mais le Dr Crutchley l'avait mise sous sédatif.

Jonathan Dexter, à Norwich, apprit la mort de Melinda en lisant le journal. Il ne fit rien, n'essaya de contacter personne pour avoir confirmation, ni ses parents ni Peter Coverdale. Il s'enferma dans sa chambre, et pendant cinq jours, il n'avala que du pain rassis et du thé sans lait.

Norman Smith s'obligea à rendre chaque soir visite à sa femme. Il n'avait pas envie d'y aller. Plus ou moins consciemment, il souhaitait la mort de Joan parce qu'il se trouvait tellement bien tout seul, mais il ne s'autorisait pas davantage ce genre de pensée qu'il ne se serait soustrait à ses visites à l'hôpital. Un mari devait faire cela quand sa femme était malade, aussi le fit-il. Mais dans l'état où elle se trouvait, incapable de bouger, de parler, d'entendre, il ne pouvait lui donner les nouvelles. Alors il se mit à cancaner avec les autres maris, et remit constamment le sujet sur le tapis au *Blue Boar* où il était désormais libre de passer autant de temps qu'il lui plaisait.

Aucune suite ne semblait avoir été donnée, à Stantwich, à la plainte concernant les indélicatesses de Joan avec le courrier. Norman, qui conservait quelques lambeaux d'optimisme malgré tout ce qu'il avait subi, pensa que cela était dû au décès du principal plaignant. Ou alors, le receveur principal avait appris l'accident et ne voulait pas ennuyer Norman avec cette affaire pendant que Joan était souffrante.

Sa fourgonnette avait été remorquée dans un garage de Nunchester. Norman se rendit là-bas en bus pour connaître le verdict du mécano : elle était bonne pour la casse, tout juste pourrait-on récupérer quelques pièces.

– Au fait, dit le garagiste, j'ai trouvé ça sous le siège.

Et il lui tendit un objet que Norman prit pour un transistor.

Il l'emporta chez lui, le posa sur une étagère avec une pile de *Suis mon étoile* et l'oublia pendant quelques jours.

23

Des portraits-robots des deux hommes recherchés furent diffusés dans tous les journaux nationaux, en cette journée du mercredi 17 février, mais Vetch n'y croyait guère. Quand un témoin n'arrive pas à se rappeler la couleur des cheveux de quelqu'un, il est peu probable qu'il puisse fournir des détails sur la forme de son nez ou de son front. L'employé de la station de Gallows Corner se souvenait du grand brun, mais comme c'était une pompe automatique, le gars s'était servi lui-même et n'avait approché le bureau vitré que pour payer. L'employé n'avait pas vu l'autre homme, il n'était même pas sûr qu'il y en eût un. Il avait remarqué la voiture, par contre, parce que cette couleur rouge foncé n'était pas courante pour une Morris Minor Traveller.

C'est à partir de ce témoignage, et de ceux de Jim Meadows, Geoff Baalham et des clients du Sanglier Bleu, que le portrait-robot avait été établi. Des centaines de coups de fil arrivèrent à la « salle des meurtres » de la mairie de Greeving pour signaler des Morris Traveller grises, vertes ou noires, ou de propriétaires de modèles rouge foncé bien sagement sous clé au garage. Mais bien entendu, tous ces appels devaient être vérifiés.

Ordre fut lancé à tous les hôtels et meublés du pays de signaler tout client qui posséderait une voiture répondant à la description de Geoff Baalham et de l'employé de la station. Le véhicule avait-il quitté son stationnement habituel dimanche dernier ? Où se trouvait-il actuellement ? Cela occasionna une vague de nouveaux appels et d'interrogatoires infructueux qui se poursuivirent toute la journée du mercredi et du jeudi.

Le jeudi pourtant, une femme, qui ne tenait ni hôtel ni meublé, signala à Vetch une voiture qui correspondait aux caractéristiques du véhicule recherché. Cette personne habitait dans un parc caravanier près de Clacton, sur la côte de l'Essex, à une soixantaine de kilomètres de Greeving. Moins d'une heure plus tard, Vetch était sur place et s'entretenait avec elle.

Les voitures des résidents du parc étaient garées dans une section de champ boueuse et misérable adjacente à l'entrée. Mrs Burchall, bien que ne possédant pas de véhicule elle-même, y avait souvent remarqué une Traveller rouge foncé parce que c'était la voiture la plus sale du lot, bancale de surcroît à cause d'une roue arrière crevée qui s'enfonçait dans la boue. Elle était encore à sa place le vendredi, mais Mrs Burchall ne se rappelait pas si elle l'y avait vue depuis. En tout cas, elle avait bel et bien disparu maintenant.

Le propriétaire de la voiture se trouvait être – ou avoir été – un routier du nom de Dick Scales qui n'était pas dans la caravane où il vivait lorsqu'ils frappèrent. Vetch et ses hommes s'entretinrent avec une Italienne d'âge déjà mûr, qui se présenta comme Mrs Scales mais devait admettre plus tard ne pas être mariée. Vetch ne put tirer d'elle que quelques « mamma mia ! », et autres protestations qu'elle n'entendait rien aux voitures, que c'était la faute à Dick. Elle se balançait dans un fauteuil à bascule pendant qu'elle parlait, et tenait dans ses bras un petit bâtard de terrier au regard féroce. Quand Dick serait-il de retour ? Savait pas. Demain ou après-demain. La voiture ? Fallait pas lui demander parce qu'elle y connaissait rien, aux bagnoles, l'avait même pas son permis. Elle était restée dans sa famille à Milan depuis avant Noël, n'était rentrée que la semaine dernière et regrettait bigrement d'être revenue dans ce fichu pays sans soleil et sans Dieu.

Les policiers attendirent Dick Scales sur la M1, mais en vain. Pendant ce temps, à Clacton, Vetch, de plus en plus soucieux, se posait des questions. Si Scales était coupable, comment les Carter, les Baalham, les Meadows et l'employé de la station-service avaient-ils pu prendre un homme d'une cinquantaine d'années pour un grand jeune homme brun ?

À Lowfield Hall, le salon était toujours sous scellés, et plusieurs fois par jour, quand elle descendait à la cuisine, Eunice passait devant cette porte close. Elle n'essaya jamais de s'y introduire, bien que cela n'eût pas été trop difficile si elle l'avait voulu : les portes-fenêtres étaient certes verrouillées, mais les clés pendaient à leur crochet dans la salle d'armes. La police est parfois sujette à de petites négligences de ce genre. Celle-là pourtant, en l'occurrence, ne fut pas plus préjudiciable à l'enquête qu'elle ne bénéficia à Eunice, qui ne se doutait pas que la seule preuve de nature à l'incriminer se trouvait derrière cette porte – preuve dans laquelle la police, de son côté, n'avait vu qu'un vulgaire papier bon pour la corbeille.

La seule ? Oui, car si elle s'en était emparée et avait été capable de la lire, elle aurait été aiguillée sur la seconde. Ou du moins, elle aurait connu la nature de cette seconde preuve et ne l'aurait pas, le moment venu, inconsidérément rejetée avec indifférence.

Elle était calme, elle se sentait en sécurité. Elle regardait la télévision et pillait le congélateur pour se caler l'estomac d'énormes repas entre lesquels elle ingurgitait des chocolats. Beaucoup plus que sa ration habituelle car, même sans ressentir consciemment de tension nerveuse, la rencontre quotidienne de policiers la perturbait un peu. Pour maintenir ses réserves de nourriture, elle marchait jusqu'au village et se réapprovisionnait chez Norman Smith, qui régnait en maître à présent et continuait à mâcher son chewing-gum par la force de l'habitude.

Ce matin-là, il avait reçu un coup de téléphone de Mrs Elder

Barnstaple qui lui annonçait qu'elle passerait prendre les exemplaires de *Suis mon étoile* que Joan n'avait pas eu le temps de distribuer. Norman les descendit de leur étagère, en même temps que l'objet qu'il avait trouvé à l'arrière de sa fourgonnette. Mais il ne le montra pas à Eunice, venue faire provision de barres de Mars, il ne fit que lui poser la question :

– Joan ne vous aurait pas emprunté une radio, par hasard ?

– J'ai pas de radio, répondit-elle, refusant par là le cadeau qu'il lui faisait de son avenir et de sa liberté.

Elle sortit du magasin sans même prendre des nouvelles de Joan, sans laisser d'amitiés à transmettre. Notant d'un œil indifférent que la présence policière était moindre ce jour-là, elle remarqua que la voiture de Vetch ne se trouvait pas à son emplacement habituel, devant la Mairie. Mrs Barnstaple, qui arrivait juste, y gara la sienne. Eunice la gratifia d'un signe de tête et d'un de ses sourires pincés.

Norman Smith fit entrer cette seconde visiteuse dans l'arrière-boutique.

– Vous avez là un joli petit magnétophone, fit-elle.

– Ah, c'est un magnétophone ? Je prenais ça pour un transistor.

Mrs Barnstaple confirma et s'étonna : s'il n'était pas à Norman, à qui pouvait-il donc bien appartenir ? Norman répondit qu'il n'en savait rien, qu'on l'avait trouvé dans la fourgonnette après l'accident de Joan et qu'il appartenait peut-être à l'un des Épiphaniens. Mrs Barnstaple pensa cela improbable, mais allait demander.

Toute personne un tant soit peu curieuse aurait, une fois la fonction de l'appareil connue, essayé de le faire marcher. Pas Norman. Il était persuadé de ne trouver dessus que des cantiques ou des confessions, aussi le remisa-t-il sur l'étagère à présent vide avant de retourner à son guichet de poste pour faire partir une lettre par avion de Barbara Baalham.

Quelques heures auparavant à Hendon, au nord-ouest de Londres, tandis que Dick Scales, rongé d'inquiétude, prenait la route de Clacton pour rentrer chez lui, un jeune homme aux longs cheveux bruns se présentait au commissariat local et venait, en quelque sorte, se livrer.

Vendredi, jour des obsèques.

L'enterrement eut lieu à 2 heures de l'après-midi, et une foule nombreuse y assista. La presse était présente, ainsi que quelques policiers triés sur le volet. Brian Caswall descendit de Londres, Audrey Coverdale de la région des Potteries. Jeffrey Mont, au pire – ou peut-être au mieux – de son état d'éthylisme, était là, ainsi qu'Eunice Parchman, les Jameson-Kerr, les Royston, Marie Cairne, les Baalham, les Meadows, les Higgs et les Newstead. Sous un ciel aussi bleu et lumineux que lors du baptême de Giles Caswall, les proches parents suivirent le pasteur le long d'un petit chemin qui serpentait de la porte de l'église jusqu'à la section nord-est du cimetière, ombragée par des ifs et des ormes rugueux. Un vent d'est soufflait. George avait acheté une concession sous ces arbres : c'est là qu'il devait reposer, à côté de sa femme et de sa fille.

Mr Archer prononça quelques mots tirés de la Sagesse de Salomon : « Car bien qu'ils soient punis à la vue des hommes, ils peuvent espérer en l'immortalité. Et leur récompense sera bien plus grande que le châtiment qu'ils ont subi... »

Giles, à la demande de son père, fut incinéré à Stantwich. Il n'y eut pas de fleurs au bref office funèbre qui fut célébré pour lui. Peter avait souhaité que celles qui vinrent pour les Coverdale fussent envoyées, à l'issue de la cérémonie, à l'hôpital de Stantwich – pour fleurir la chambre de Joan Smith ? Elles n'arrivèrent jamais à destination et furent brûlées en moins d'une heure par le gel de février. À la suggestion d'Eva Baalham, Eunice envoya un pot de chrysanthèmes, mais ne régla jamais la facture que le fleuriste lui envoya une semaine plus tard.

Elle fut ramenée à Lowfield Hall par Peter qui lui conseilla de monter se reposer dans sa chambre – suggestion acceptée d'emblée par Eunice qui ne pensait qu'à sa télévision et à ses barres de Mars. Quand il se fut retrouvé seul dans le silence terrible et glacé, la police n'étant pas présente ce jour-là, il sortit la table de la cuisine dans le jardin, la découpa en morceaux et la fit brûler près de la haie de prunellier tandis que le soleil, rouge et transi, descendait sur l'horizon.

Vetch n'assista pas à l'enterrement. Il était à Londres. À Londres où il entendit le récit dont Keith Lovat avait déjà fait déposition à la police de Hendon. Accompagné du même Lovat, il se rendit à la maison de West Handon où Michael Scales louait une chambre meublée et Keith une autre. Au fond du jardin, se trouvaient trois garages fermés entourés par une haute palissade. Sur l'espace cimenté qui séparait cette palissade du côté des garages, une voiture était recouverte d'une bâche. Lovat y emmena Vetch, souleva la bâche, et fit apparaître une Minor Morris Traveller rouge foncé qu'il déclara avoir achetée au père de Michael, Dick Scales, le dimanche précédent.

Cette voiture, expliqua Lovat, était à vendre pour quatre-vingts livres. Michael et lui avaient pris le train pour monter la voir à Clacton. Ils étaient arrivés à 3 heures et avaient déjeuné dans la caravane avec Dick Scales et cette femme italienne que Lovat appelait Maria et présentait comme la belle-mère de Michael.

– Maria avait ce petit chien, expliqua-t-il, qu'elle avait ramené d'Italie dans un panier recouvert d'un linge pour le passer en douce à la douane. C'était un sale roquet hargneux et je l'ai laissé dans son coin, mais Michael n'arrêtait pas de jouer avec et de l'énerver. (Il leva les yeux sur Vetch.) Alors ce qui devait arriver arriva.

La roue de secours ayant été mise à la place du pneu crevé, Michael Scales et lui décidèrent de rentrer sur Hendon avec la voiture, mais pas par la A12 de Nunchester, qui les aurait amenés directement à l'est de Londres : ils optèrent pour la route de l'ouest jusqu'à Gosbury, puis descente plein sud jusqu'à Dunmow et Ongar, entrée à Londres par la All, et enfin Hendon par le périphérique. Mais entre-temps, Michael s'était remis à asticoter le chien en lui fourrant un morceau de chocolat sous le nez pour le retirer au moment où il allait l'attraper. Résultat : il se fit mordre à la main gauche.

– On est partis quand même, poursuivit-il. Maria lui a fait un bandage avec un mouchoir et j'ai conseillé à Mike de voir un médecin quand on arriverait. Dick et Maria ont commencé à paniquer parce qu'elle n'avait pas déclaré le chien, soi-disant que ça pourrait leur coûter des centaines de livres d'amende s'ils se faisaient pincer. Bref, Mike a promis de ne pas aller chez le docteur ni à l'hôpital, alors pourtant que le sang commençait à traverser le mouchoir.

« On s'est mis en route, mais je me suis paumé. Il faisait nuit noire, et j'ai cru avoir manqué la route de Gosbury alors qu'en fait, j'étais bien dessus. Mike ignorait complètement qu'on n'a pas le droit d'importer des bêtes dans le pays sans les mettre en quarantaine, alors je l'ai mis au courant, et quand il a demandé pourquoi, je lui ai expliqué que c'était à cause de la rage. Ça lui a flanqué la trouille, et c'est comme ça que tout a commencé.

Ils avaient bifurqué dans ce qui devait s'avérer être la route de Greeving. À quelle heure ? Environ 8 heures moins 20, répondit Lovat. Arrivés au *Blue Boar*, Michael était allé se laver les mains et avait pris un double brandy. On les dirigea vers une station-service sur la route de Gosbury, celle-là même, réalisa Lovat, qu'ils avaient quittée une demi-heure plus tôt par erreur.

– Michael était dans tous ses états, raconta Lovat. Il avait peur d'avoir attrapé la rage et refusait d'aller à l'hôpital pour ne pas causer d'ennuis à son père. On est arrivés à la maison vers 11 heures, je ne pouvais pas dépasser le soixante-dix avec cette bagnole. Alors je l'ai garée ici et j'ai mis cette bâche par-dessus.

Et Lowfield Hall ? demanda Vetch. Ils devaient être passés deux fois devant, en arrivant à Greeving et en partant.

Pour la première fois, la voix de Lovat sembla hésiter. Il n'avait pas remarqué une seule maison sur Greeving Lane. Bizarre, pensa Vetch en se rappelant que la ferme des Meadows, surélevée sur son terre-plein, dressait sa silhouette au-dessus du seul véritable virage que faisait la route. Mais il décida de ne pas approfondir pour l'instant, et Lovat poursuivit en expliquant qu'il n'avait réalisé que le mardi que c'était après Michael Scales et lui que courait la police. Il supplia son ami de l'accompagner à leur commissariat local, mais Michael, qui avait eu Dick Scales au téléphone, refusa. Sa blessure avait commencé à s'envenimer, sa main à enfler, et il n'était pas allé travailler depuis mercredi.

Jeudi matin, Dick Scales appela chez Mike depuis une cabine téléphonique du nord de l'Angleterre. Quand il apprit l'état dans lequel se trouvait son fils, il dit qu'il passerait en redescendant vers le sud. Il arriva à Henden à 9 heures du soir : Michael, Keith Lovat et lui restèrent debout toute la nuit pour décider de ce qu'il fallait faire. Dick voulait que Michael aille voir un docteur et prétende avoir été mordu par un chien errant, sans rien dire de la voiture ou de son passage à la caravane. Michael se montra tout à fait d'accord. Lovat, n'étant pas parvenu à leur faire comprendre qu'ils s'enfonçaient de plus en plus, qu'ils pourraient être accusés d'entrave à l'action de la police, et qu'il serait impossible de faire réparer la voiture – de l'utiliser, donc – pendant peut-être des mois, avait fini par décider d'agir seul : dès que Dick avait tourné les talons, il s'était précipité au poste de police de Hendon.

Ce récit différait quelque peu de celui que Vetch parvint finalement à tirer de Michael Scales. Ce dernier était allongé sur son lit dans une chambre miteuse, le bras enflé jusqu'au coude et strié de longues traînées rouges, et se mit à sangloter dès qu'il vit paraître Vetch et son sergent. Quand le policier le prévint qu'il était au courant de tout – la voiture, le chien peut-être enragé, leur passage au *Blue Boar* à Greeving – il ne fit aucune difficulté et avoua même quelque chose que Lovat avait manifestement dissimulé : en arrivant à Greeving, ils s'étaient arrêtés devant une grande maison tout allumée, et Lovat s'était avancé à pied dans l'allée pour demander comment rejoindre la route de Gosbury. Avant d'atteindre la porte, cependant, il s'était dégonflé, affirma Scales, à cause des vêtements qu'il portait et des taches de cambouis qu'il s'était faites en bricolant la voiture.

Après quelques tergiversations, Lovat confirma.

– Je n'ai pas frappé à la porte, dit-il. Je ne voulais pas effrayer ces gens, dans le noir et dans un coin isolé comme celui-là.

C'était peut-être vrai, après tout. Vetch n'avait jamais rencontré deux personnages aussi pusillanimes et indécis. Décrivez la maison, demanda-t-il : Lovat la vit grande avec deux hautes fenêtres de part et d'autre de la porte d'entrée, ajoutant qu'il avait *entendu de la musique* à l'intérieur tandis qu'il hésitait, dans l'allée. Quelle heure ? 8 heures moins 20, répondit Lovat. Plutôt moins le quart, rectifia Scales.

Vetch fit inculper Maria d'infraction à la loi sur la quarantaine et hospitaliser d'urgence Michael Scales où il fut mis en isolement. Que faire de Lovat ? Il n'y avait rien d'assez solide pour l'instant qui permît de les accuser du meurtre, aussi Vetch s'arrangea-t-il avec le médecin-chef pour le faire hospitaliser à son tour et placer en observation. Là, ils seraient en sûreté dans l'immédiat. Maintenant qu'il avait un peu le temps de souffler, le policier se mit à réfléchir à ce qu'il venait d'entendre sur les heures et la musique.

Quelle musique ? Le tourne-disque, la radio et la télévision des Coverdale se trouvaient tous dans le petit salon. Cette histoire de musique devait donc avoir été inventée par Lovat, encore qu'il ne semblât avoir aucune raison de mentir sur ce point. Il était probable, en fait, que Scales et lui étaient arrivés beaucoup plus tôt à Lowfield Hall et avaient tué les Coverdale. Avec quel mobile ? Ce n'était pas à Vetch de le dire, mais ils pouvaient être entrés dans le Hall pour se laver, pour demander à boire, pour utiliser le téléphone, et s'étaient peut-être heurtés à une opposition musclée de George et de son beau-fils. Tout cela cadrait et l'heure, si Lovat mentait, pouvait cadrer aussi. En tout cas, comme il se le dit dans les jours qui suivirent, c'est de certitude dont il avait besoin. Sinon, en fait de musique, c'est lui qui se ferait sonner les cloches.

Ce fut auprès des jeunes Coverdale qu'il chercha de l'aide. Audrey lui fit immédiatement part d'un détail qui l'intriguait, bien qu'il semblât sans rapport avec la découverte des auteurs du crime.

– Je n'arrive toujours pas à comprendre pourquoi ils ne regardaient pas *Don Juan*. Jacqueline n'aurait manqué ça pour rien au monde. Autant demander à un mordu de foot de rater la finale de la Coupe.

Mais le poste de télévision était dans le petit salon, alors qu'ils se trouvaient dans le grand où ils avaient pris le café à partir de 7 heures – café qui ne pouvait en aucun cas avoir été bu avant, quelle que soit la façon de jongler avec les horaires. D'un autre côté, coupable ou pas, Lovat avait affirmé avoir entendu de la musique. Le dimanche après-midi, Vetch brisa les scellés du grand salon et réexamina le théâtre du crime pour chercher des indices montrant que le poste y avait été installé. N'en trouvant aucun, il eut l'idée de vérifier l'heure à laquelle l'opéra avait commencé. Vetch aurait pu aisément se procurer le *Radio Times* de la semaine chez n'importe quel marchand de journaux, et il est encore aujourd'hui incapable de dire ce qui le poussa à soulever l'*Observer*, sur le guéridon, pour voir s'il n'y avait pas un *Radio Times* en dessous : il y en avait un. Il l'ouvrit à la page adéquate et s'aperçut qu'elle était éclaboussée de sang. Si quelqu'un avait déjà remarqué ce détail, il n'en avait pas été avisé. Dans la marge, entre et sous les taches, il déchiffra ces notes manuscrites :

Ouverture coupée. Sûrement pas de septième ascendante dans dernière mesure de Là ci darem. *Vérifier dans enregistrement de M.*

Vetch avait suffisamment vu d'échantillons de l'écriture de Jacqueline pour comprendre que ces notes étaient de sa main. Elles avaient manifestement été prises pendant cette fameuse retransmission : elle l'avait donc bien suivie, en totalité ou en partie, et l'émission avait débuté, sans aucun doute possible, à 7 heures. Le seul expert qu'il eût sous la main – expert jusqu'à quel point, d'ailleurs, il ne savait dire car il ne connaissait rien à la musique – était Audrey Coverdale. Il fit remettre les scellés sur la porte et resta une dizaine de minutes à réfléchir en buvant le thé qu'Eunice Parchman lui avait préparé. Il discuta avec elle et Eunice lui affirma qu'elle n'avait pas entendu de musique quand elle était rentrée à 8 heures moins 5 – ou 8 heures 5 –, que le poste de télé était toujours dans le petit salon et que c'est là qu'il se trouvait quand elle avait trouvé les corps. Pendant cette conversation, le *Radio Times* se trouvait à quelques dizaines de centimètres d'elle, dans la serviette du policier.

Audrey s'apprêtait à prendre congé car elle devait retourner à son travail le lendemain matin. Elle confirma que les notes étaient bien de la main de Jacqueline et manqua défaillir à la vue des taches de sang, heureuse que son mari ne fût pas là pour les voir.

– Et qu'est-ce qu'elles signifient ? demanda Vetch.

– *Là ci darem* est un duo de la scène trois de l'acte un, expliqua Audrey qui aurait pu chanter toutes les arias de *Don Juan* et lui dire, à quelques minutes près, à quel moment de l'œuvre elles se situaient. Si ça vous intéresse, celui-ci est à, voyons, une quarantaine de minutes du début.

8 heures moins 20 ! Vetch n'en crut rien. Que des farfelus, ces amateurs. Le lundi matin, il envoyait son sergent à Stantwich pour acheter un enregistrement complet de l'opéra. On le passa dans la « salle des meurtres » de la mairie sur un tourne-disque emprunté. Au grand étonnement d'un Vetch consterné, *Là ci darem* intervint presque exactement au moment indiqué par Audrey, à quarante-deux minutes du début de l'ouverture. Ouverture coupée, avait écrit Jacqueline. Peut-être l'opéra tout entier avait-il subi des coupures. Vetch contacta la BBC qui lui prêta une copie de l'enregistrement qui avait été diffusé : l'opéra avait bien été coupé, mais juste de trois minutes dans les trois premières scènes du premier acte, et le *Là ci darem* avait débuté à 19 heures 39 ce soir-là. Jacqueline était donc encore vivante à 8 heures moins 20, calme, paisible, l'esprit tout entier à un opéra télévisé. Il eût été aberrant d'imaginer que ses assassins avaient déjà pénétré dans la place à cette heure-là. Et pourtant, Lovat et Scales avaient été vus au *Blue Boar* à 8 heures moins 10 par neuf témoins différents. Quelqu'un d'autre était donc entré dans Lowfield Hall après le départ de Lovat et avant 8 heures 5 – 8 heures 5, et non plus moins 5, à présent.

Vetch se pencha de nouveau sur les notes de Jacqueline, les seuls indices concrets qu'il possédât.

En parcourant les petites annonces du *East Anglian Daily*

Times, Norman Smith tomba sur celle d'un homme qui cherchait un magnétophone d'occasion. Il n'hésita guère avant de décrocher le téléphone : les recherches de Mrs Barnstaple n'avaient pas permis de retrouver le propriétaire de l'appareil, Joan était toujours dans le coma, incapable de communiquer de quelque manière que ce fût, et il n'eut pas l'idée de le porter à la police. Ou plutôt si, l'idée lui traversa l'esprit mais il la trouva ridicule : la police avait sûrement d'autres chats à fouetter. De plus, il pourrait en tirer une cinquantaine de livres qui seraient les bienvenues, vu que ses finances étaient au plus bas et qu'il n'avait plus de voiture. Cinquante livres ajoutées à la misère qu'il toucherait de l'assurance pour sa fourgonnette, ça lui paierait peut-être tout juste une remplaçante de la même année à la vieille guimbarde verte qui venait de rendre l'âme. Il composa le numéro. L'auteur de l'annonce était un journaliste indépendant nommé John Plover qui répondit à Norman qu'il viendrait à Greeving le lendemain.

Ainsi fut fait. Non seulement il acheta tout de suite le magnétophone, mais il conduisit aussi Norman à Stantwich, ce qui lui permit d'arriver aux heures de visite de l'hôpital.

Pendant ce temps, Vetch essayait de tirer d'autres informations des notes inscrites dans la marge du *Radio Times. Vérifier dans enregistrement de M.* ne semblait pas revêtir une importance particulière : il avait déjà vérifié dans deux autres enregistrements – sans se préoccuper de la septième ascendante incongrue, c'était du chinois pour lui – et rien ne semblait pouvoir déplacer cette aria ou l'avancer d'une dizaine de minutes avant son heure de passage normale. À moins que Jacqueline n'ait écrit cette note avant d'avoir entendu l'aria à la télévision, qu'elle n'ait écouté un disque de Melinda l'après-midi pour comparer ensuite avec la version diffusée. Mais ce qu'elle avait écrit indiquait exactement le contraire. De plus, il ne put trouver de disque de « Don Juan » nulle part à Lowfield Hall.

– Je ne crois pas que ma sœur ait eu de disques classiques, dit Peter Coverdale. Mais mon père lui a offert un magnétophone pour Noël.

Vetch le regarda, ébahi. Pour la première fois, il réalisa qu'enregistrement ne signifiait pas forcément disque noir.

– Mais je n'ai pas trouvé de magnétophone dans la maison, dit-il.

– Elle l'aura emporté avec elle à l'université.

La chance que cela pouvait représenter dépassait les rêves les plus optimistes de tout policier : que l'appareil de Melinda Coverdale ait été en position d'enregistrement au moment où les assassins pénétraient dans la maison, que l'heure précise de leur arrivée puisse ainsi être fixée avec précision, le son de leur voix conservé. Il refusa de se laisser aller à l'euphorie : la première chose que les tueurs avaient dû faire était de s'emparer de la bande, de la détruire, puis de se débarrasser du magnétophone lui-même. Il appela Eunice, ce témoin numéro un ô combien précieux.

– Son père le lui a offert pour Noël, je me rappelle très bien, confirma-t-elle. Il était dans sa chambre dans une sacoche en cuir, même que je passais le chiffon dessus tous les jours. Elle l'a emmené à l'université à la rentrée de janvier et elle ne l'a plus jamais rapporté ici.

Eunice ne mentait pas : elle n'avait plus revu le magnéto depuis le matin où elle avait surpris la conversation téléphonique de Melinda. Joan l'avait emporté en quittant le manoir, Joan qui, dans sa folie, restait mille fois plus perspicace qu'Eunice ne le serait jamais, cette dernière n'ayant même pas remarqué qu'elle partait avec quelque chose dans la main.

Tandis que les hommes de Vetch passaient Galwich au peigne fin et interrogeaient tous les gens que Melinda avait connus au sujet de ce magnétophone, Eunice couvrait d'un pas ferme les trois kilomètres qui la séparaient de Gallows Corner et prenait le bus pour Stantwich. Dans une chambre isolée de l'hôpital, elle trouvait Norman Smith assis à côté du lit de sa femme. Elle ne s'était même pas donné la peine de le prévenir de sa visite. Elle était venue pour la même raison que lui, parce qu'il fallait. Tout comme on va au mariage ou à l'enterrement des gens qu'on connaît, on va les voir à l'hôpital quand ils sont malades. Joan était très malade. Elle reposait sur le dos, les yeux clos, et sans le soulèvement et l'abaissement régulier des draps, on l'aurait crue morte. Eunice regarda son visage, curieuse de voir à quoi cette peau détendue comme une vieille fripe jaunâtre ressemblait sans sa couche de peinture. Une vieille fripe à laquelle Eunice n'adressa pas un mot.

– C'est bien soigné, ici, hein ? dit-elle à Norman après s'être assurée qu'il n'y avait aucune poussière sous le lit.

Peut-être crut-il qu'elle parlait de sa femme qui était aussi « bien soignée », crochée à son goutte-à-goutte, étroitement bordée sous ses draps, car il ne répondit pas. Tous deux espéraient, pour des raisons différentes, que Joan ne se réveillerait pas. Tous deux émirent, dans le bus, le vœu charitable qu'une telle existence végétative ne se prolongeât point.

En désespoir de cause, Vetch ordonna une fouille complète de Lowfield Hall, y compris de la cave depuis longtemps inutilisée. Sans résultat. Ils entreprirent alors de retourner les plates-bandes durcies par le gel.

Eunice ne savait pas ce qu'ils cherchaient et ne s'en souciait guère. Elle préparait des tasses de thé, les leur apportait, cette bonne fée des policiers. Beaucoup plus importante pour elle était la question de ses gages, ou plutôt de leur absence. George Coverdale les lui avait toujours réglés le dernier vendredi de chaque mois. Or le dernier vendredi de février, le 26, c'était demain, et Peter Coverdale n'avait jusqu'à présent manifesté aucune intention d'honorer les obligations héritées de son père. Eunice trouvait cela fort négligent de sa part. Refusant d'utiliser le téléphone, elle se rendit à pied à Cattingham et le demanda à l'*Angel*. Mais Peter était sorti. Peter, elle l'ignorait, reconduisait sa sœur à Londres, vers son mari et ses enfants.

Quand elle vit Vetch reparaître à Lowfield Hall le lendemain matin, Eunice décida d'en faire son intermédiaire. Et cet officier supérieur de Scotland Yard, ce superintendant, fut trop heureux de lui rendre service : mais bien sûr, il prendrait contact avec Peter Coverdale aujourd'hui même et se ferait un plaisir de lui exposer le problème de miss Parchman.

– J'ai fait du gâteau au chocolat, dit Eunice. Je vous en mets une tranche, avec votre thé, hein ?

– C'est très gentil à vous, miss Parchman.

Ce ne fut pas une tranche, mais le gâteau tout entier qu'Eunice se vit contrainte de sacrifier : Vetch avait en effet convoqué une conférence de presse pour 11 heures dans le petit salon, avec trois officiers de la police du Suffolk.

– Merci, monsieur, fit-elle calmement en quittant la pièce.

Elle retourna à la cuisine se préparer son propre déjeuner. Elle était en train de l'avaler à midi pile, assise au comptoir puisqu'il n'y avait plus de table, quand le sergent de Vetch entra par la salle d'armes, suivi d'un jeune homme qu'Eunice n'avait jamais vu.

Le sergent portait une grande enveloppe marron contenant un objet volumineux. Il adressa un sourire affable à Eunice et lui demanda si Mr Vetch était par là.

– Dans le petit salon, répondit-elle, sachant fort bien qui il fallait appeler « Monsieur » et qui il ne fallait pas. Il y a un tas de gens avec lui.

– Merci. Ne vous dérangez pas.

Le sergent se dirigea vers la porte et s'apprêtait à sortir dans le couloir lorsque le jeune homme s'arrêta net et regarda fixement Eunice, le visage blême, les yeux exorbités. Il tressaillit comme si elle l'avait injurié, alors qu'elle avait employé un ton tout à fait normal. Son expression lui rappela celle de Melinda trois semaines auparavant, dans cette même cuisine. Elle se sentit fort soulagée lorsque le sergent le pressa vers la sortie.

– Par ici, Mr Plover, s'il vous plaît.

Eunice lava sa vaisselle à la main et mangea sa dernière barre de chocolat – ce devait vraiment être la dernière. Elle se demanda si Vetch avait déjà approché Peter Coverdale au sujet de ses gages. Dehors, ils continuaient à retourner le jardin, sous le vent d'est et d'occasionnels tourbillons de neige. Son feuilleton préféré, le lieutenant Steve à Hollywood, ou peut-être à Malibu Beach, passait à la télévision ce soir, mais elle en profiterait bien plus si elle pouvait être sûre que son argent allait venir. Elle sortit dans le couloir et entendit de la musique.

De la musique qui venait de derrière la porte du petit salon : ils ne faisaient donc pas grand-chose d'important, là-dedans, rien qui ne pût supporter une interruption polie. Cette musique... elle la connaissait, elle l'avait déjà entendue. Chantée par son père, peut-être ? Ou à la télévision ? Non, les mots étaient étrangers, ça ne pouvait pas avoir été du répertoire de son père.

Elle levait la main pour frapper à la porte lorsqu'un cri retentit par-dessus la musique :

– Mon Dieu !

Elle ne put identifier cette voix, mais elle reconnut fort bien celle qui suivit, par contre. Une voix maintenant réduite au silence par un profond traumatisme cérébral.

– Retournez là-dedans. On a des fusils.

Puis la voix des autres, puis la sienne propre, qui se mélangeaient, qui rivalisaient avec la musique, qui l'étouffaient dans un vent de frénésie et de peur.

– Où est mon mari ?

– Dans la cuisine. Il est mort.

– Vous êtes folle ! Folle à lier ! Mon mari ! Laissez-moi aller dans la cuisine ! Giles, le téléphone... ! Non, non... Giles !

Eunice parla à Eunice par-dessus les jours.

– Vous feriez mieux de vous asseoir. Votre tour est venu.

Un ricanement de Joan.

– Je suis l'instrument du Très-Haut.

Une détonation. Une autre. Au milieu des cris et de la musique, le son mat d'un corps qui tombe. Hurlements de la fille. « Je vous en supplie ! Je vous en supplie ! » Fusils qu'on recharge. Coups de feu – les derniers. Musique. Musique. Silence.

Eunice pensa préférable de monter refaire ses valises avant que ce qui, derrière cette porte et d'une manière qu'elle ne pouvait comprendre, faisait resurgir du passé la mort des Coverdale, ne vînt la châtier. Mais son esprit fut pris d'un engourdissement soudain, et moins que jamais il se montra capable de fonctionner. Elle se dirigea vers l'escalier, confia à son corps robuste le soin de la soutenir comme il l'avait toujours soutenue. Et ce corps, qui était tout ce qu'elle possédait, lui fit cette fois défaut. Au pied des marches, à l'endroit précis où elle était restée figée sur place neuf mois plus tôt en arrivant au Hall, où elle s'était vue, éberluée, dans un immense miroir, ses jambes se dérobèrent sous elle, et Eunice Parchman s'évanouit.

Le bruit de sa chute parvint à Vetch au moment où il rassemblait tout son courage pour passer une seconde fois la bande à un auditoire de policiers au visage devenu livide, pétrifiés sur leur siège. Il sortit et la trouva allongée par terre, mais ne put se résoudre à la relever ou même à la toucher de ses mains.

25

Joan Smith est toujours clouée sur son lit d'hôpital à Stantwich, immobile, silencieuse. Son cœur et ses poumons fonctionnent grâce à une machine que les autorités médicales se demandent s'il ne serait pas plus charitable de débrancher. Son mari est à présent employé dans un bureau de poste au Pays de Galles et n'a pas jugé utile de changer de nom : il y a tellement de Smith, après tout !

Peter Coverdale donne toujours des cours d'économie politique dans le Staffordshire. Sa sœur Paula, qui ne s'est jamais remise de la mort de son père et de celle de Melinda, a dû subir trois séances d'électrochocs, ces deux dernières années. Jeffrey Mont a sombré dans l'alcool et ne déparerait pas l'institution à laquelle Joan l'avait voué lors de sa deuxième rencontre avec Eunice Parchman. Tous trois sont engagés dans une procédure sans fin car il n'a jamais pu être établi qui, de Jacqueline ou de Giles, a précédé l'autre dans la mort. Si c'est Jacqueline, alors Giles a brièvement hérité de Lowfield Hall et la propriété doit revenir à son père, son plus proche parent. Si c'est lui, au contraire, le Hall doit passer aux héritiers naturels de George. Sinistre maison.

Jonathan Dexter, qui était si bien parti dans ses études, a obtenu son diplôme de justesse. Mais la page est tournée, à présent. Il enseigne le français dans un établissement secondaire de l'Essex, il a pratiquement oublié Melinda et fréquente sérieusement une prof de sciences de son école.

Barbara Baalham a mis au monde une fille que les parents ont appelée Anne parce que Melinda, le nom d'abord choisi par Geoff, faisait maintenant un peu morbide. Eva fait le ménage chez Mrs Jameson-Kerr pour soixante-quinze pence de l'heure. On parle toujours du massacre de la Saint-Valentin à Greeving, surtout au *Blue Boar*, les soirs d'été, quand les touristes arrivent.

Eunice Parchman a été jugée à l'Old Bailey, la cour d'assises de Londres, vu l'impossibilité de réunir un jury impartial à Bury St Edmunds. Condamnée à perpétuité, elle pourrait fort bien, en pratique, ne faire qu'une quinzaine d'années. Certains trouvent cette peine ridiculement insuffisante. Mais Eunice a quand même été bien punie. Un véritable coup de massue lui fut porté juste avant l'énoncé de la sentence, lorsque son avocat révéla à tout le monde, au juge, au procureur, aux policiers, au public, aux journalistes qui prenaient des notes dans leur cabine de presse, qu'elle ne savait ni lire ni écrire.

– Vous êtes analphabète ? s'étonna le juge Manaton. Vous ne savez vraiment pas lire ?

Devant son mutisme, il insista. Alors, rouge de honte, d'une voix tremblante, elle confirma et vit aussitôt tous ceux qui n'étaient pas des ratés ou des handicapés comme elle se précipiter sur leurs stylos.

On a tenté, en prison, de la réadapter en l'encourageant à remédier à son problème. Mais elle refuse obstinément. Il est trop tard. Trop tard pour la changer, trop tard pour éviter son malheur et celui qu'elle a causé.

Poussière, Cendres, Détritus, Dénuement, Ruine, Désespoir, Folie, Mort.

Postface

« On dit que c'est mon meilleur livre », avoue sans ambages Ruth Rendell à propos de L'Analphabète. *Qui songerait à la contredire ? Ce roman terrifiant est sans nul doute celui qui résonne le plus profondément dans la conscience du lecteur, une fois refermé le dossier Eunice Parchman. Mais il est intéressant de revenir sur la construction d'une histoire qui, de manière à peine cachée, fait référence à un univers qu'on pourrait, à première vue, croire très éloigné de celui de la fiction policière : l'opéra. Dans un article paru en août 1989 dans la revue* Opera Now, *Rendell esquissait les liens qu'entretiennent son roman et le* Don Giovanni *de Mozart. « Il y a d'abord le fait que cet opéra est diffusé à la télévision durant toute la tuerie finale. Mais il y a aussi des concordances entre les destins de mes personnages et ceux de l'œuvre de Mozart. Je ne crois pas que beaucoup de lecteurs l'aient remarqué. » La romancière s'épanche ensuite sur la passion qu'elle éprouve depuis longtemps pour un mode d'expression dont « certains, dit-elle, pensent qu'il est la musique de ceux qui ne sont pas musiciens. Pour ma part, j'aime que la musique soit chantée... avec des mots. Même si ce ne sont pas des mots anglais. Ce qui distingue Mozart de tous les autres auteurs d'opéra, c'est que ses textes sont magnifiquement intelligents. L'oncle Oswald, un personnage de Roald Dahl, est capable de chanter* Don Giovanni *du début à la fin – ce fut mon cas jadis. J'aime tout ce qui touche à Mozart, sa maison à Salzbourg et cette habitude qu'avaient ses parents de conserver ses cheveux lorsqu'il était enfant. On ressent encore sa présence dans sa maison natale. Nombreux sont ceux qui évoquent avec tristesse sa vie difficile, mais je suis sûre qu'il fut très heureux, en fait. Sa musique est pleine de joie, d'enjouement et d'un*

humour certain. Mais cette exaltation va souvent de pair avec de subits accès de désespoir. »

Les rapports anecdotiques ou structurels opéra/roman policier ne datent pas, toutefois, de L'Analphabète. *En mars 1961, Anthony Boucher a publié un captivant article sur ce sujet. Il y fait notamment la différence entre ce qu'il appelle les « meurtres d'opéra » et les « meurtres de roman policier », les premiers étant perpétrés généralement face au public tandis que les autres sont voués tout d'abord au secret. (Cette théorie tendrait à prouver que, dans le roman de Rendell, nous avons affaire, de manière inattendue, à un meurtre d'opéra !) Boucher rappelle ensuite que* Wozzeck *fut inspiré par le très réel assassinat de Johan Christian Woyzeck, en 1821, une affaire présentant une surprenante analogie avec le meurtre d'August Sangret en 1942. Puis, le critique dresse une liste non exhaustive d'individus peu recommandables figurant à l'affiche d'œuvres musicales très connues, citant par exemple Alvisé, le mari meurtrier dans* La Joconde, *le chef de la police dans* La Tosca, *le gardien de prison de* Fidelio, *et le prince criminel Archibald dans* L'amour des trois rois. *Mais l'opéra eut aussi pour héros d'authentiques détectives : Bartolo, dans* Le barbier de Séville *et le Comte Almaviva dans* Les noces de Figaro. *« Mais c'est dans le* Peter Grimes *de Benjamin Britten, écrit Boucher, que le jeu de la détection se fait jour de la manière la plus magistrale. La scène dans laquelle apparaît Mrs Sedley, un personnage névrosé au plus haut point, dans l'acte trois de cette œuvre, montre qu'un esprit préoccupé par la résolution d'un meurtre peut être aussi inquiétant que celui du criminel. Mrs Sedley rappelle le fascinant professeur de* La corde *de Patrick Hamilton à bien des égards. » Anthony Boucher conclut en signalant que le héros de fiction policière le plus « admiratif » en matière d'opéra demeure sans conteste le grand détective, Mr Sherlock Holmes.*

Le 20 mai 1992, fut créée au Tramway Theatre *de Glasgow la version musicale de* L'Analphabète, *dans une adaptation de Neil Bartlett et Nicholas Bloomfield, reprise quelques semaines plus tard au* Hammersmith Theatre *de Londres. Le rôle d'Eunice Parchman y était tenu par Sheila Hancock, incarnant selon les propres mots de Neil Bartlett, « l'outsider social face à son dilemme ». La force du personnage a rendu très crédible son passage du livre à la scène et Rendell, généralement très critique sur les transpositions de ses œuvres au cinéma – il existe une version filmée, exécrable, de* L'Analphabète, *réalisée au Canada par Usama Rawi en 1986 –, s'est montrée satisfaite d'une extension dramaturgique renforçant encore le pouvoir maléfique de son héroïne, qui « personnifie l'ignominie de l'illétrisme, la bestialité d'une ignorance à laquelle elle ne cherche aucun remède mais dont elle fait payer très cher le ressentiment qu'elle en a ». Au panthéon des psychopathes, Eunice Parchman a définitivement pris la place qui lui revient, entre Norman Bates et Hannibal Lecter.*

1979

LA BANQUE FERME À MIDI

Traduit de l'anglais par
Annie Hamel

Ce roman a paru sous le titre original :
MAKE DEATH LOVE ME

Pour David Blass, affectueusement.

En écrivant ce livre, j'ai eu besoin de précisions sur certains aspects du métier de banquier et sur les armes à feu. J'ai eu la chance que John Ashard puisse me renseigner dans ces deux domaines. Je lui en suis très reconnaissante.

R.R.

1

Trois mille livres étaient posées devant lui sur le bureau. Il y avait trente liasses, la plupart en billets de cinq livres. Il avait sorti cet argent du coffre quand Joyce était sortie pour déjeuner, puis il l'avait étalé devant lui pour le regarder, ce qu'il faisait presque tous les jours, ces derniers temps. Il ne sortait jamais plus de trois mille livres, bien qu'il y en eût deux fois plus dans le coffre, car il avait calculé que c'était exactement la somme qui correspondait pour lui à un an de liberté.

Le souffle court, excité comme le sont beaucoup de gens par le sexe – du moins le supposait-t-il, lui-même n'ayant jamais ressenti cela –, il regardait l'argent, le retournait, le maniait. Il le maniait avec douceur, puis avec désinvolture, comme s'il était à lui et qu'il en avait encore beaucoup. Il fourra une liasse de billets dans chacune des poches de son pantalon, et se mit à arpenter le petit bureau. Il sortit son portefeuille avec ses deux livres à lui dedans, y glissa quarante livres, le referma, et jouit de sa nouvelle épaisseur. Ensuite il s'imagina en train de compter trente-cinq livres avec son doigt, de mimer les mots trente-trois, trente-quatre, trente-cinq avec ses lèvres, et quand il se sentit rougir, il comprit qu'il était allé trop loin dans son fantasme.

Parce qu'il n'avait pas l'intention de voler l'argent. Si trois mille livres viennent à disparaître dans une toute petite agence, où il n'y a que l'employé responsable (qu'on appelle directeur, par courtoisie), et une caissière, que la caissière est là, mais pas l'employé, l'Anglian-Victoria Bank n'aura pas à chercher bien loin pour trouver le coupable. Ce n'était pas sa loyauté envers la banque qui l'empêchait de prendre l'argent, mais la peur d'être découvert. De toute façon, il n'allait pas s'enfuir ni être libre, il le savait. Car même s'il n'avait que trente-huit ans, ses trente-huit ans à lui, d'une certaine manière, comptaient plus que les trente-huit ans des autres. Il était trop vieux pour fuir.

Il s'arrêtait toujours dans son fantasme quand il rougissait. Cette bouffée de honte lui signifiait qu'il avait dépassé les bornes, ce qui arrivait chaque fois qu'il se jouait un petit show idiot, ou qu'il allait même jusqu'à dire tout haut des choses comme : « C'était le montant du dépôt, je vous envoie le solde sur cinq mille, les neuf cents livres demain matin. » Il s'arrêta et prit conscience de l'état dans lequel il s'était mis. Il réalisa également que pour s'être fait ce petit plaisir absurde, il était en ce moment même en train de violer l'une des règles sacrées de la banque. Car il n'aurait pas dû être en mesure d'ouvrir le coffre tout seul, il n'aurait pas dû connaître la combinaison de Joyce, et elle n'aurait pas dû connaître la sienne. En présence de Joyce, il se sentait presque toujours coupable, car elle était foncièrement honnête, et lui avait donné la combinaison de la liste B (lui était sur la A) parce qu'il lui avait dit, avec désinvolture, que les règlements sont faits pour être transgressés, et que personne n'hésite à le faire.

Il l'entendit entrer par la porte de derrière, et il mit l'argent dans un tiroir. Joyce n'aurait pas besoin d'aller au coffre, car elle avait cinq cents livres dans sa caisse, et qu'il y avait peu de clients à l'Anglian-Victoria de Childon, le mercredi après-midi. Toutes les boutiques fermaient à 1 heure, et ne rouvraient que le lendemain, à 9 heures et demie.

Joyce l'appelait Mr Groombridge et non Alan, parce qu'elle avait vingt ans, et lui trente-huit. L'idée n'était pas de faire preuve de respect, ceci ne lui serait même pas venu à l'esprit, mais de mettre l'accent sur ce fossé infranchissable d'années qui les séparait. Elle était de ces gens pour qui le fait d'être jeune est comme une réussite en soi, comme si la jeunesse était un boulot en or qu'ils avaient décroché sans l'aide de personne. Mais elle était aimable avec ses aînés, dans le genre indulgent.

– Il fait très bon dehors, Mr Groombridge. On se croirait au printemps.

– Mais c'est le printemps, dit Alan.

– Vous voyez ce que je veux dire. (Joyce disait ça chaque fois qu'on essayait de lui faire remarquer qu'elle employait des clichés.) Je vous fais un café ?

– Non merci, Joyce. Vous feriez mieux d'ouvrir les portes. Il est 2 heures.

La caisse fermait à l'heure du déjeuner. Il n'y avait pas assez de clients pour justifier le fait qu'elle reste ouverte. Joyce déverrouilla la lourde porte extérieure en chêne, et la porte intérieure en verre, tourna la petite pancarte où il y avait écrit « Caisse Fermée », du côté où l'on pouvait lire : « Miss J.M. Culver », et revint voir Alan. Quand il entrebâillait la porte de son bureau, il pouvait voir tous les gens qui entraient. Joyce avait de très longues jambes et de très gros seins, autrement, elle n'avait rien de remarquable. Elle se posa au bord du bureau, et se mit à raconter son déjeuner au Childon Arms avec son petit ami. Et tout ce que le petit ami avait dit, notamment qu'il n'avait pas assez d'argent pour qu'ils se marient.

– Il faudrait qu'on aille habiter chez Maman. Et ça ne va pas, ça, deux femmes dans une cuisine. On n'a pas les mêmes façons de faire, on ne peut pas échapper au fossé des générations. Quel âge vous aviez, quand vous vous êtes marié, Mr Groombridge ?

Il aurait bien aimé dire vingt-deux, ou même vingt-quatre, mais il ne pouvait pas, parce qu'elle savait que Christopher était un adulte. Et il ne voulait pas se faire passer pour plus vieux qu'il n'était. Alors il lui dit la vérité, honteux.

– Dix-huit ans.

– Je trouve que c'est trop jeune, pour un homme. Ça va pour une fille, mais il faut que l'homme soit plus vieux. Il y a des responsabilités à assumer, dans un mariage. Or, un homme n'est pas mûr à dix-huit ans.

– La plupart des hommes ne sont jamais mûrs.

– Vous voyez ce que je veux dire, dit Joyce.

La porte extérieure s'ouvrit, et Joyce l'abandonna à ses pensées et à la lettre de Mrs Marjorie Perkins, dans laquelle elle lui demandait qu'on transfère cent livres de son compte sur livret sur son compte courant.

Joyce connaissait tous les clients par leur nom. Elle papota gaiement avec Mr Butler, puis avec Mrs Surridge. Alan ouvrit le tiroir et regarda les trois mille livres. Avec ça, il pouvait facilement vivre un an. Il pouvait avoir une chambre en ville, se faire des amis à lui, s'acheter des livres, des disques, aller au cinéma, manger quand il en avait envie, et même ne pas se coucher du tout de la nuit. Pendant un an. Et ensuite ? Quand il entendit Joyce parler de l'inflation avec Mr Wolford, le boucher de Childon, et de la différence qu'il devait sentir avec l'époque où il était jeune – il avait environ trente-cinq ans – Alan emporta l'argent dans la petite pièce située entre son bureau et la porte de derrière, où se trouvait le coffre. Il avait les deux combinaisons en tête, celle qu'il était censé connaître, et celle qu'il n'était pas censé connaître. Il fit tourner les boutons, la porte s'ouvrit, et il rangea l'argent, à côté des autres trois mille livres, le reste étant dans les caisses.

Alors il ressentit, comme chaque fois, une impression de dépossession. Bien sûr, il ne pouvait pas avoir cet argent, il ne serait jamais à lui, mais il se sentait dépossédé dès qu'il ne l'avait plus dans les mains. Il se sentait comme un amant, que sa dulcinée vient de quitter pour aller retrouver son propre lit. Pam téléphona juste à ce moment-là. Elle appelait toujours vers cette heure-là pour lui demander à quelle heure il rentrait – alors qu'il rentrait invariablement à la même heure – et s'il pouvait passer prendre les courses à l'épicerie, ou Jillian à l'école. Joyce trouvait ça charmant que sa femme l'appelle ainsi tous les jours, « après toutes ces années ».

Plusieurs personnes arrivèrent en même temps à la banque. Alan alla derrière la deuxième caisse, tourna la pancarte du côté où l'on pouvait lire : « Mr A.J. Groombridge », et prit le chèque de quelqu'un qu'il reconnut vaguement, après avoir vu le nom écrit dessus, P. Richardson.

– Vous voulez des billets de combien ?

– Cinq billets verts et trois portraits du duc de Wellington, dit P. Richardson, un plaisantin.

Alan fit ce qu'on attendait de lui : il sourit. Il aurait voulu le frapper à la tête avec la machine à calculer, et soudain il se souvint que la dernière fois que P. Richardson était venu, il avait demandé des Deutschmarks.

Ils ne virent plus de commerçants ce jour-là. Ils avaient tous déposé leur recette, et ils étaient rentrés chez eux. Joyce ferma les portes à 3 heures et demie, ils firent leurs caisses, mirent l'argent dans le coffre, et procédèrent à diverses petites tâches nécessaires au maintien de l'honneur et à la bonne réputation de la deuxième plus petite agence de l'Anglian-Victoria dans les îles britanniques. Joyce et lui accrochaient leurs manteaux dans le placard du bureau d'Alan. Ils enfilèrent leurs manteaux, puis Joyce se remit du mascara, ce qui était son seul maquillage.

– Les jours rallongent, dit-elle.

Il garait sa voiture dans une espèce de cour derrière la banque, entourée de murs en silex du Suffolk. C'était un bel endroit. Du jasmin fleurissait sur le haut des murs en un flamboiement de jaune. La banque aussi était jolie, installée dans un cottage de style Tudor en forme de L. La voiture d'Alan, elle, n'était pas particulièrement belle, c'était une vieille Morris 700, avec un rétroviseur latéral cassé qu'il ne pouvait se permettre de remplacer. Il habitait à cinq kilomètres de là, dans un lotissement qui avait dix ans, et le trajet sur les petites routes de campagne ne lui prenait que quelques minutes.

Ce lotissement s'appelait « Fitton's Piece », en souvenir d'un martyr chrétien brûlé là, dans un champ, en 1555. S'il avait appartenu à l'autre camp, le pasteur Thomas Fitton eût été béatifié. Mais en tant que protestant irréductible, tout ce à quoi il avait eu droit, c'était cinquante petites boîtes rouges portant son nom. Les maisons bordant les quatre rues du lotissement (le Chemin Tudor, le Pré du Martyr, le Clos Fitton, et – l'entrepreneur s'était trouvé à court d'imagination – le Haut de la Colline), avaient des toits en tuiles, de grandes fenêtres et des fausses cheminées, juste pour faire bien. Les propriétaires de ces maisons avaient tous acheté leurs arbres et leurs arbustes chez le pépiniériste très conformiste de Stanton. Ils avaient échangé boutures et semis, si bien que chacun avait son cyprès et son cytise, et presque tout le monde son carré d'herbe de la pampa. Cela donnait un curieux air d'homogénéité à l'endroit, et puis il n'y avait pas de clôtures, comme si ces maisons étaient en fait les lieux d'habitation du personnel de quelque grand domaine.

La maison d'Alan était située au bout du très peu pentu Haut de la Colline, et il avait pu l'acheter grâce à un prêt que lui avait accordé la banque. Les intérêts étaient bas et fixes, et quand il pensait à sa vie, l'une des rares choses qu'il bénissait c'était ce prêt à deux pour cent et demi, quand la plupart des gens payaient onze pour cent.

Sa voiture devait rester dans l'allée, parce que le garage, dit intégré et occupant la moitié du rez-de-chaussée, avait été transformé en studio pour le père de Pam. Pam sortit et prit les courses. C'était une jolie femme de trente-sept ans qui ne travaillait que depuis un an et qui avait toujours vécu dans un village de campagne. Elle se mettait toujours beaucoup de rouge à lèvres et de l'ombre à paupières bleu métallisé. Toutes les deux heures elle disparaissait pour se remettre du rouge à lèvres, parce que dans sa jeunesse, c'était la mode d'avoir les lèvres peintes en rose brillant. Sur une étagère, dans la cuisine, elle avait un petit miroir, un bâton de rouge, de la poudre compacte et un pot d'ombre à paupières. Ses cheveux étaient permanentés. Elle mettait des jupes qui lui arrivaient juste au-dessus du genou, elle portait sa bague de fiançailles au même doigt que son alliance, et elle avait souvent un bracelet à breloques. Elle faisait quarante-cinq ans.

Elle demanda à Alan s'il avait passé une bonne journée, et il lui dit Oui et toi ? Moi aussi, dit-elle, et elle parla du coût effroyable de la vie, tout en déballant les cornflakes et les boîtes de soupe. Pam parlait généralement du coût de la vie pendant un quart d'heure après le retour d'Alan. Il sortit dans le jardin, pour retarder le plus possible le moment où il irait voir son beau-père. Il regarda les perce-neige et les petites tulipes rouges, tout à fait exquises à cette heure violette, et elles lui firent une étrange petite douleur au cœur. Pourquoi ces fleurs le rendaient-elles nostalgique ? C'était comme s'il était amoureux – mais il n'avait jamais été amoureux. L'ennui, c'est qu'il avait lu trop de livres romantiques, poétiques, et il se disait souvent qu'il aurait préféré ne jamais les avoir lus.

Bientôt il fit trop froid pour rester dehors, alors il alla dans le living, s'assit, et lut le journal. Il n'en avait aucune envie, mais c'est le genre de choses que les hommes font le soir.

Son beau-père arriva au bout d'un moment, venant de son studio. Il s'appelait Wilfred Summitt. Alan et Pam l'appelaient Pop, Christopher et Jillian, Grandpop. Jamais Alan n'avait haï un être humain à ce point, et il espérait qu'il allait bientôt mourir. Mais c'était peu probable, vu qu'il n'avait que soixante-six ans, et qu'il était en parfaite santé.

– Euh, bonsoir, dit Pop, comme s'il y avait là dix autres personnes qu'il ne connaissait pas suffisamment pour aller les saluer.

Alan dit salut sans lever les yeux et Pop s'assit. Puis il donna un coup de poing dans le journal d'Alan, pour l'obliger à le baisser.

– Alors ça va, non ?

Tel le Psalmiste, Wilfred Summitt était voué au parallélisme, aussi redit-il la même chose encore deux fois, reformulant légèrement sa phrase à chaque fois.

– Tu vas bien, hein ? Tout marche comme sur des roulettes, pas vrai ?

– Mmm, dit Alan, se replongeant dans le *Stantwich Evening Press*.

– C'est bien. C'est ce que j'aime entendre. Il y a quelque chose dans le journal, oui ?

Alan ne répondit pas. Pop vint tout près et lut la dernière page. Tournant son gros corps presque à angle droit, il lut les toutes dernières nouvelles. Il avait une vue excellente. Il dit qu'il y avait encore eu un braquage dans une banque, encore un caissier de tué, et qu'il y en aurait encore, et dans tout le pays, qu'on se souvienne de ce qu'il disait, on verrait bien s'il se trompait et tout ça parce qu'ils savaient qu'ils pouvaient s'en tirer, qu'ils ne se feraient pas prendre.

– Ça devient comme à Chicago, ça devient comme en Amérique, dit Pop. Avant, je pensais que c'était sans danger de travailler dans une banque. Et Pam aussi. Mais c'est plus du tout pareil maintenant, hein ? Ça m'inquiète que tu travailles dans une banque, ça me rend nerveux. Il pourrait t'arriver quelque chose n'importe quand, à n'importe quel moment tu pourrais te faire tirer dessus comme ce type de Glasgow, et alors, que deviendrait Pam ? C'est ça que je me dis : que deviendrait Pam ?

Alan dit que son agence était beaucoup trop petite pour intéresser des cambrioleurs.

– C'est une sécurité, oui, c'est la seule chose qui me console. Je me dis, quand j'ai les nerfs en boule, je me dis : c'est une bonne chose qu'il n'ait jamais eu d'avancement, une bonne chose qu'il n'ait jamais réussi dans son boulot. Mieux vaut être trop prudent que pas assez, telle est ma devise. Mieux vaut une vie bien tranquille au milieu des siens, que d'aller risquer de se faire tuer pour un gros salaire.

Alan aurait bien bu un verre. Il savait, il l'avait appris surtout dans les livres et par la télévision, que pas mal de gens rentrent chez eux pour boire quelques verres avant le dîner. Or les Groombridge avaient de quoi boire. Dans le buffet, il y avait une bouteille de whisky toute neuve, une bouteille de gin à peine entamée, et une grande bouteille de sherry, que Christopher avait achetée hors taxes, en rentrant d'un voyage organisé en Suisse. Mais ces bouteilles étaient pour les autres. Pour ces couples mariés que les Groombridge invitaient à dîner, un seul couple à la fois, environ tous les quinze jours. Il se demanda ce que Pam et Pop diraient, s'il se levait et se servait un énorme whisky, ce qu'il aurait bien aimé faire. Se demander ce qui se passerait s'il faisait ci ou ça, était la limite à laquelle il s'arrêtait généralement en toutes choses.

Pam entra et dit que le dîner était prêt. Ils s'installèrent pour manger dans un coin de la cuisine qu'ils appelaient le coin repas. Ils mangèrent du foie au bacon, de la purée en sachet, des choux de Bruxelles et du pudding. Christopher arriva au milieu du dîner. Il travaillait pour un agent immobilier, qui le payait autant que l'Anglian-Victoria payait son père, et il donnait cinq livres par semaine à sa mère pour le gîte et le couvert. Alan trouvait ça ridicule, car Christopher roulait sur l'or. Mais quand il avait protesté auprès de Pam, elle était devenue hystérique et avait dit que ce n'était pas bien de demander quelque argent que ce soit à son propre enfant. Christopher avait de superbes costumes à la mode pour aller travailler, et de très beaux jeans pour le week-end. Plusieurs soirs par semaine, il emmenait la fille qu'il appelait sa fiancée, dans un bar de Stantwich, l'Agape. Les patrons prononçaient « Agayp ».

Jillian ne vint pas. Pam expliqua qu'elle était restée à l'école, au club d'art dramatique, et qu'elle était rentrée avec Sharon à l'heure du thé. Ce qui, Alan en était certain, était faux. Elle était quelque part avec un garçon. Il était observateur, ce qui n'était pas le cas de sa femme, et d'après diverses choses qu'il avait entendues et remarquées, il savait que Jillian, bien qu'elle n'eût que quinze ans, n'était plus vierge, et ce depuis quelque temps. Et bien entendu, il savait aussi qu'en tant que parent conscient de ses responsabilités, il aurait dû en parler avec Pam, et essayer d'empêcher Jillian de continuer, ou lui faire prendre la pilule. Il était certain que sa fille couchait avec n'importe qui, et qu'on n'aurait pas dû fermer les yeux là-dessus. Mais il ne pouvait parler de rien avec Pam. Elle et Pop, et Jillian, n'avaient que deux attitudes : l'apathie ou l'agressivité. Pam se mettrait en rage s'il lui disait, et s'il insistait, ce qu'il ne pouvait imaginer de faire, elle crierait après Jillian et l'emmènerait se faire examiner chez un docteur, pour savoir si son hymen était intact, si elle était enceinte, ou atteinte de quelque maladie vénérienne.

Alan préférait de loin Christopher à Jillian, malgré son égoïsme fini et ses mauvaises manières. Christopher était beau garçon et brillant, et en outre, son allié contre Wilfred Summitt. Si quelqu'un était capable de faire partir Pop, c'était Christopher. S'étant servi du foie, Christopher se mit à taquiner son grand-père à sa manière outrancière, et inexcusable en fait, attitude qu'il justifiait en prétextant que c'était « juste pour rire ».

– T'as fait des folies aujourd'hui, hein, Grandpop ? T'as emmené Mrs Rogers au pub ? Les gens vont parler, c'est sûr. Tu sais comment ils sont, par ici, ça cancane à longueur de journée.

Pop était farouchement contre l'alcool, et il ne connaissait Mrs Rogers que pour lui avoir parlé une fois, dans la rue, de la situation politique actuelle, rencontre dont son petit-fils avait été témoin.

– Elle a un mari, tu sais, qui est flic en plus, dit Christopher, tout sourire. Qu'est-ce que tu vas lui dire, quand il va découvrir que tu as peloté sa femme derrière la paroisse ? Monsieur l'agent, j'avais bu, et elle m'a provoqué.

– Tu devrais te mettre du savon dans la bouche, pour te laver de toutes ces saletés, cria Pop.

Christopher lui dit, l'air désolé et sans plus du tout sourire, que c'était vraiment triste que certaines personnes ne comprennent pas la plaisanterie, et qu'il espérait bien, lui, ne jamais perdre son sens de l'humour, même s'il devait vivre très vieux.

– Tu vas laisser ton fils m'insulter, Pamela ?

– Je crois que ça suffit, là, Chris, dit Pam.

Pamela fit la vaisselle, et Alan l'essuya. Pour quelque raison, il était admis que ni Christopher, ni Pop ne devaient laver ni essuyer la vaisselle. Ils étaient dans le living, en train de regarder une chanteuse de rock à la télé. Le son était à fond, parce que Wilfred Summitt était un peu sourd. Il détestait le rock et toutes les musiques, en fait, excepté Vera Lynn et des chansons comme « Blue Room » et « Tip-toe Through the Tulips ». Il disait que la fille n'était qu'une salope qui voulait une fessée. Mais comme la télé était allumée, il voulait quand même regarder. Il avait sa propre télévision couleur dans sa chambre, un grand poste tout neuf, mais il était clair que ce soir, il avait bien l'intention de rester avec eux et de regarder la leur.

– Ils disent, là, que la prochaine émission n'est pas pour les enfants, dit Christopher. Ne convient pas aux enfants ni à ceux qui sont retombés en enfance. Tu ferais mieux d'aller faire dodo, Grandpop.

– Je ne vais pas m'abaisser à te répondre, espèce de porc.

– Je plaisantais, dit Christopher.

Lorsque le film commença, Alan ouvrit discrètement son livre.

Les seuls moments où il pouvait lire, c'était quand ils regardaient la télé : Pam et Pop trouvaient ça impoli de lire en compagnie. Ils regardaient la télévision tous les soirs, toute la soirée, aussi Alan avait-il de nombreuses occasions de lire. Son livre, c'était *The Winding Stairs and Other Poems*, de Yeats.

2

Jillian Groombridge traîna deux heures devant une galerie de jeux à Clacton, attendant que John Purford arrive. Comme il n'était toujours pas arrivé à 8 heures, elle dut reprendre le train pour Stantwich, puis le car de Stoke Mill. John, qui avait une Singer au moteur gonflé, l'aurait raccompagnée chez elle, et ça la contraria davantage de devoir dépenser son argent dans les transports en commun, que de s'être fait poser un lapin.

Ils ne s'étaient vus qu'une fois, le dimanche d'avant. Jillian l'avait ramassé devant une machine à sous. Elle lui avait demandé de la raccompagner dès 9 heures, car elle devait être rentrée vers 10 heures et demie. Aussi avait-il pensé qu'ils ne feraient rien. Il se trompait. Jillian étant ce qu'elle était, ils firent beaucoup de choses : tout, en fait, sur la banquette arrière de la Singer, au bord d'une petite route de campagne obscure. Après quoi, il avait été quelque peu surpris, et plutôt décontenancé, d'apprendre qu'elle était la fille d'un directeur de banque, et qu'elle habitait à Fitton's Piece. Le père de John était ouvrier agricole, et il dit à Jillian qu'elle était d'un milieu supérieur au sien. Mais elle dit que ce n'était qu'une toute petite agence d'une toute petite banque, l'Anglian-Victoria, à Childon. Ils n'avaient jamais plus de sept mille livres au coffre, ils n'étaient que deux, son père et une fille, et en plus ils fermaient à l'heure du déjeuner. Tout ça pour lui montrer combien c'était minable.

John l'avait déposée à Stoke Mill, à l'endroit où Tudor Way rejoignait la rue du village, et avait dit qu'ils pourraient peut-être se revoir, par exemple mercredi soir. Mais après qu'il l'eut quittée et tandis qu'il rentrait à Colchester, chez ses parents, il reconsidéra la question. Elle était assez jolie, mais un peu trop facile à son goût. Et il doutait qu'elle eût dix-sept ans, comme elle le prétendait. Elle n'avait sans doute pas l'âge de consentir. Ce terme le fit sourire, car si quelqu'un avait consenti, c'était lui. Aussi, quand arriva le mardi et que sa mère lui dit que s'il n'avait rien de prévu pour le lendemain soir, elle et son père iraient faire un tour chez Tante Elsie, il accepta de garder son petit frère, âgé de huit ans, trouvant là une échappatoire.

Le matin du jour où il était censé avoir rendez-vous avec Jillian, il conduisit un camion plein de bibliothèques et de meubles stéréo jusqu'à Londres. Il était dans un café aux abords du périphérique nord, en train de boire une tasse de thé et de manger un sandwich, quand Marty Foster entra. Il n'avait pas revu Marty depuis qu'ils avaient quitté l'école primaire de Colchester, il y avait de ça neuf ans, et il ne l'aurait pas reconnu avec cette barbe et ces cheveux crêpus. Mais Marty, lui, le reconnut. Il s'assit à sa table, avec un grand type blond. Nigel, dit-il.

– Qu'est-ce que tu deviens, depuis le temps ? dit Marty.

John dit qu'il avait un ami ébéniste avec lequel il faisait des affaires, qui marchaient bien, merci, il ne fallait pas se plaindre, ça marchait mieux qu'ils ne l'avaient espéré, en fait. Mais il travaillait dur, et il était bien content de partir en vacances la semaine prochaine. La revue automobile qu'il lisait organisait un voyage à Daytona pour les courses internationales de moto. Ils avaient affrété un charter, et un circuit touristique était prévu. Trois semaines sous le soleil de Floride ne lui feraient pas de mal, bien que ce fût un peu onéreux.

– Je n'ai pas autant de chance que toi, dit Marty.

Et il s'avéra qu'il n'avait pas trouvé de travail depuis six mois. Lui et Nigel vivaient avec les allocations de l'aide sociale.

– Si on peut appeler ça vivre, dit Marty.

Et Nigel ajouta :

– Ça ne sert à rien de travailler, de toute façon. Les impôts te prennent tout. Je crois que les types qui se sont fait la banque de Glasgow ont tout compris.

– Sûr, dit Marty.

– Aucune taxe sur cet argent-là, dit Nigel. Pas de ces foutus impôts et pas de cotisations retraite.

John haussa les épaules.

– Ça ne vaudrait pas le coup de braquer une banque, dit-il. Ces mecs, à Glasgow, ils n'ont pu prendre que vingt mille livres, et ils étaient quatre. Prenez cette agence de l'Anglian-Victoria à Childon – tu connais Childon, Marty –, eh bien ils n'ont jamais plus de sept mille livres dans le coffre. Si deux petits voyous la braquaient, ils ne récolteraient que trois mille cinq cents livres chacun, et il faudrait qu'ils s'occupent du directeur, et de la fille.

– T'as l'air d'être drôlement au courant.

Il les avait impressionnés, il le savait, avec son travail et son aisance relative. Et il ne put résister à l'envie de les impressionner davantage.

– Je connais la fille du directeur. À vrai dire, on est très liés. Elle s'appelle Jillian Groombridge, elle vit dans l'une de ces maisons modernes, à Stoke Mill.

Marty eut l'air impressionné, mais pas Nigel.

– Dommage que les banques ne ferment pas le midi, dit Marty. Prends une agence comme celle-là, Groombridge et la fille vont déjeuner, et alors c'est du tout cuit, l'affaire est dans le sac.

– Sois raisonnable, dit Nigel. S'ils laissaient les portes et le coffre ouverts, là ce serait du tout cuit. S'ils disaient Entrez donc, soyez les bienvenus, cet argent, vous en avez plus besoin que nous, là ce serait dans la poche. Le problème, c'est que les banques ne ferment pas le midi.

John ne put s'empêcher de rire.

– Mais la banque de Childon, elle ferme, elle, dit-il.

Puis il jugea que ça suffisait comme ça. Spéculer sur ce qui pourrait être, et si seulement il arrivait ceci, ou cela, était un genre de maladie qui cantonnait des gens comme Marty et Nigel dans cet état qui était le leur, tandis que de ne pas spéculer dans le vide, l'avait fait arriver, lui, là où il en était aujourd'hui. Mieux vaut trouver un travail honnête, pensait-il, même si, bien sûr, il ne le dit pas à haute voix. Il préféra demander à Marty des nouvelles de certains de leurs anciens condisciples. Puis il lui donna les nouvelles qu'il avait, lui, sur certains autres de leurs anciens camarades. Tout ceci jusqu'à ce que sa deuxième tasse de thé fût finie, et qu'il fût temps de reprendre la route.

Les deux hypothétiques voyous auxquels John avait fait allusion s'étaient trouvés dans le café, à sa table.

Marty Foster était lui aussi le fils d'un ouvrier agricole. Après avoir quitté l'école, il avait travaillé un an dans une fabrique de pinceaux. Puis sa mère avait quitté son père pour un chauffeur de poids lourds. La vie était devenue si difficile à la maison, que Marty avait fini par partir aussi. Il avait pris une chambre à Stantwich et trouvé un travail de livreur, dans un magasin d'électroménager à prix réduits. Puis un travail dans une pépinière : il poussait des chariots pleins de tourbe et de plantes en pots. C'était la pépinière qui fournissait Fitton's Piece en herbe de la pampa. Quand il se fit virer pour avoir dit à un client qui se plaignait qu'ils ne livrent pas le crottin de cheval, que s'il en voulait, de cette merde, il n'avait qu'à aller la chercher lui-même, il partit pour Londres, et s'installa dans un squatt de Kilburn Park. C'est dans une boutique d'Oxford Street, où il faisait les paquets, qu'il rencontra Nigel Thaxby. À cette époque, il louait une chambre avec une cuisine, dans une petite rue de Cricklewood, et son but était d'arrêter de travailler et de toucher les allocations chômage.

Nigel Thaxby avait vingt-et-un ans, comme Marty. Il était le fils unique d'un médecin généraliste d'Elstree. Nigel avait fréquenté une école publique tout à fait quelconque, car si son père voulait qu'il fût élevé comme un gentleman, il ne voulait pas payer une école chère. Les enseignants avaient des licences sans mention, et généralement aucune expérience pédagogique. Le mobilier scolaire était sale, et en mauvais état. Mais bien qu'il ait été nourri, trimestre après trimestre, de ragoût de mouton, de pommes de terres pourries, de purée de pois, et de pain de mie, Nigel était devenu grand et beau. Quand arriva le moment où un bachotage excessif, les menaces de son père, et les pleurs de sa mère, le coincèrent à l'université du Kent, il mesurait plus d'un mètre quatre-vingts, il avait les cheveux blonds, les yeux bleus, et les traits du David de Michel-Ange. À Canterbury, quelque chose se cassa en lui. Il ne travaillait pas. Il se mit dans la tête que s'il fournissait le moindre effort et qu'il finissait par obtenir une licence, il était peu probable qu'il trouve un travail. Et s'il en trouvait un, tout ce qui en résulterait, ce serait une maison comme celle de ses parents, un mariage comme celui de ses parents, une nouvelle voiture tous les quatre ans, et peut-être même un enfant, qu'il faudrait bourrer de connaissances inutiles et d'aspirations vaines. Aussi abandonna-t-il l'université avant que les autorités aient pu demander à son père de l'en retirer.

Nigel vint à Londres et vécut dans une espèce de communauté. Quelques années plus tôt, la mairie de Kensington et de Chelsea avait mis la maison à la disposition d'un groupe de quatre jeunes gens, en raison du fait qu'elle servait de centre de thérapie de groupe. Ce qui avait été le cas encore un certain temps, mais les jeunes gens avaient eu des différends et s'étaient séparés, laissant la place à divers parasites qui arrachèrent le tissu capitonné des murs de la salle de thérapie, abandonnèrent le régime végétarien, et amenèrent des petits amis, des petites amies, et parfois des enfants qu'ils avaient eus de précédents mariages ou liaisons. Il y avait un va-et-vient continuel, des gens échouant là pour une semaine ou un mois, puis repartant, contribuant ou non au loyer, selon le cas. Nigel put s'y installer parce qu'il connaissait quelqu'un qui vivait là et qui, lui aussi, faisait partie du rebut de l'université du Kent.

Au début, il n'était pas très au fait des rouages du système de chômage, et il pensait qu'il était obligé d'avoir un travail. Aussi emballait-il des paquets. Marty Foster lui apprit beaucoup de choses très utiles, bien que Nigel sût qu'il était plus intelligent que Marty. Marty lui fit notamment prendre conscience du fait que ce n'était pas malin d'emballer des paquets, quand on peut avoir son loyer payé, et même encore un peu d'argent en plus sans travailler. Quand ils rencontrèrent John Purford à Neasden, Marty habitait à Cricklewood et Nigel habitait soit avec lui, soit dans la communauté de Kensington, et tous deux envisageaient vaguement et sporadiquement une carrière dans le crime.

– Comme le disait ton ami, ça ne vaudrait pas le coup, dit Nigel. Pas pour sept cents dollars.

– Ouais, mais pense qu'il faut qu'on commence sur une petite échelle, dit Marty. Ce serait un peu un moyen d'apprendre. Tout ce qu'on a à faire, c'est de voler une voiture. Et ça, je peux y arriver facile. J'ai des clés qui iraient sur n'importe quelle Ford Escort, tu sais bien.

Nigel réfléchit à la question.

– Tu peux te procurer un automatique ? dit-il.

– J'en ai un.

Marty jouit de l'expression de stupéfaction qui se peignit sur le visage de Nigel. C'était rare qu'il arrive à l'impressionner. Mais il était suffisamment malin pour laisser la prudence prendre le pas sur la vanité. Aussi dit-il avec circonspection :

– Même un expert ne verrait pas la différence.

– Tu veux dire que ce n'est pas un vrai ?

– Un flingue c'est un flingue, non ? (Et Marty ajouta, avec une profondeur philosophique étonnante, venant de lui :) L'important, ce n'est pas qu'on puisse tirer avec ou pas, mais que les gens pensent qu'on peut leur tirer dessus.

Nigel hocha lentement la tête.

– Ça peut être pas mal. Si t'es vraiment partant, ça ne nous coûte rien d'aller faire un tour demain dans ce bled, à Childon, et de repérer les lieux.

Nigel avait une curieuse façon de s'exprimer. C'était le résultat d'un effort constant pour paraître différent. Son accent était autant anglais qu'américain, un peu comme dans les publicités à la radio. Les gens qui ne le connaissaient pas le prenaient parfois pour un Américain. Il avait rejeté l'anglais sophistiqué de sa jeunesse, et adopté des habitudes de langage qui étaient un mélange de l'argot parlé par les hippies surannés de la communauté, à présent désespérément hors du coup, et de phrases glanées dans des vieux films qu'il avait vus à la télé. Nigel n'était pas du tout raffiné, en fait, quoique Marty pensât qu'il l'était. Le père de Marty parlait avec l'accent du Suffolk, et sa mère avec l'accent cockney. La plupart du temps, il avait lui-même l'accent cockney, dans lequel on notait la présence rampante de voyelles sans couleur, typiques de l'est de l'Angleterre. Mais il lui arrivait d'employer le pronom démonstratif « that » pour « it », habitude spécifique aux gens du Suffolk.

Voyant que Marty était décidé ou « vraiment partant » pour un coup d'essai avec la banque de Childon, Nigel se rendit à Elstree, prenant bien soin de choisir un moment où son père était dans son cabinet, et obtint de sa mère un prêt de vingt livres. Mrs Thaxby pleura et lui dit qu'il brisait le cœur de ses parents, mais il réussit à la persuader qu'il avait besoin de cet argent pour s'acheter un billet de train pour Newcastle, où il avait un travail en vue. Une heure plus tard – c'était un jeudi, et le dernier jour de février – Marty et lui prirent le train pour Stantwich, puis le car pour Childon, qui les fit arriver là-bas vers midi.

Ils entamèrent leurs repérages en longeant le chemin qu'il y avait derrière l'agence de l'Anglian-Victoria. Ils virent l'ouverture dans les murs de silex, qui donnait sur la petite cour, et dans la cour, ils virent la voiture d'Alan Groombridge. Sur l'un des côtés de la cour, il y avait un bâtiment qui ressemblait à une grange abandonnée, et de l'autre côté, un petit verger avec des pommiers. Marty fit tout seul le tour jusque sur le devant. La boutique la plus proche – il y en avait douze – était à une bonne centaine de mètres. En face de la banque il y avait une chapelle méthodiste. Et partout ailleurs il n'y avait que des champs. Marty entra dans la banque.

La fille à la caisse, miss J.M. Culver d'après la petite pancarte, était en train de peser des pièces de monnaie dans des petits sachets en plastique, tout en parlant du temps, si beau, disait-elle, avec un client. L'autre caisse était ouverte. C'était la place d'un Mr A.J. Groombridge, pouvait-on lire, et bien qu'il ne fût pas là, Marty alla se mettre devant, et regarda le petit bureau qu'on voyait par la porte ouverte. Dans ce bureau il y avait un homme, penché sur sa table. Marty se demanda où était le coffre. Derrière ce bureau probablement, derrière cette autre porte, fermée, elle. Il n'y avait pas d'étage. Il y en avait eu un autrefois, mais on avait fait sauter le plafond d'origine, et on voyait l'intérieur du toit pentu, peint en blanc, avec des poutres apparentes. Marty jugea qu'il avait vu tout ce qu'il pouvait espérer voir, et il était sur le point de tourner les talons, quand l'homme dans le bureau sembla enfin prendre conscience de sa présence. Il se leva, fit le tour de sa table, et vint se placer derrière la grille en métal. Il fit tout cela sans vraiment regarder Marty. Il ne le regarda pas non plus en lui disant bonjour : il garda les yeux fixés sur le comptoir. Marty dut trouver quelque chose à dire, alors il demanda la monnaie d'une livre en pièces de vingt-cinq cents, pour le parcmètre, précisa-t-il. Groombridge compta les pièces, en fit deux piles qu'il poussa d'abord sur le comptoir, puis il se ravisa et les glissa dans l'un de ces petits sachets dont la fille venait de se servir. Marty dit merci, prit le sac de pièces, et sortit.

Il mourait d'envie de boire un verre, et tenta d'entraîner Nigel avec lui au Childon Arms. Mais Nigel ne voulut rien savoir.

– Tu pourras boire un verre à Stantwich, dit-il. C'est pas la peine de donner aux gens du coin l'occasion de nous reluquer.

Alors ils restèrent dans le coin jusqu'à 1 heure moins 5. Puis Nigel se dirigea à son tour vers la banque, calculant son coup pour arriver à 1 heure moins 1. Une femme plus très jeune sortit, et Nigel entra. La fille était seule. Elle le regarda et s'adressa à lui d'une manière polie, mais avec indifférence. Et Nigel eut conscience d'éprouver une certaine indignation, et comme du ressentiment, en ne voyant aucune admiration se peindre sur ce grand visage plutôt quelconque. Il dit qu'il voulait ouvrir un compte, et la fille lui dit que le directeur était juste en train de partir pour aller déjeuner. Voulait-il revenir à 2 heures ?

Elle le suivit jusqu'à la porte, qu'elle verrouilla derrière lui. Il retrouva Marty dans le chemin qui donnait sur l'arrière de la banque. Celui-ci était tout excité, parce qu'il avait vu Alan

Groombridge sortir par la porte de derrière et partir dans sa voiture.

– Je suppose qu'ils sortent chacun un jour sur deux. Ce qui veut dire que la nana ira déjeuner demain, et que lui ira lundi.

Nigel acquiesça d'un hochement de tête, pensa à cette fille qui serait toute seule, et se dit que ça allait être vraiment facile. Il semblait qu'il n'y eût plus rien à voir. Ils reprirent le car pour Stantwich, où Marty dépensa les pièces de vingt-cinq cents en whisky. Puis, par des cajoleries, il entreprit de soutirer à Nigel une partie du prêt de Mr Thaxby.

3

C'est dans les livres qu'Alan Groombridge avait découvert qu'il existe une chose telle que l'amour. Certains disent qu'indirectement, c'est ainsi que tout le monde y est initié. Alan avait lu que l'amour a été inventé au Moyen Âge par un certain Chrétien de Troyes, et que cela transformait un être humain.

Lui-même n'en avait jamais fait l'expérience. Et s'il y réfléchissait, il ne connaissait personne qui en eût fait l'expérience. Pas un seul de ces couples, les Heysham, les Kitson et les Maynard, qui venaient boire son sherry duty free. Ni Wilfred Summitt, ni l'agent de police Rogers, ni Mrs Surridge, ni P. Richardson. Il le savait, parce que si l'amour transformait un être humain, ils eussent été transformés. Or ils ne l'avaient pas été. Ils étaient aussi insignifiants que lui, eux non plus n'avaient pas racheté leurs péchés.

Avec Pam, il n'avait jamais été question d'amour. Elle était la fille qu'il emmenait danser à Stantwich, et qu'un soir il emmena trop loin – dans un champ –, en la raccompagnant chez elle. Ç'avait été la première fois, pour lui comme pour elle. Ç'avait été plutôt agréable, quoique rien d'extraordinaire, et Alan n'avait pas eu l'intention de recommencer. Christopher fut conçu dans ce champ. Tout le monde considéra comme allant de soi que Pam et lui se marient avant que ça ne commence « à se voir », et Alan n'avait même jamais songé à protester. Il accepta cela comme son lot d'épouser Pam, d'avoir un enfant, et de devoir conserver un emploi stable. Pam voulut une bague de fiançailles, quoiqu'ils n'eussent jamais vraiment été fiancés, alors il lui en acheta une, avec vingt-cinq livres qu'il emprunta à son père.

Christopher naquit, et quatre ans plus tard, Pam dit qu'ils devraient « s'occuper de faire » un deuxième bébé. À cette époque, Alan ne faisait pas encore attention aux mots, à leur sens, à la façon dont ils devaient être utilisés, au fait que la plupart des gens les utilisent mal à propos. Alors cette phrase, il ne l'avait pas trouvée drôle. Quand il fut plus vieux, et qu'il eut beaucoup lu, il repensa à cette phrase, et se demanda comment ç'aurait été d'être marié à une femme qui elle aussi eût compris que c'était drôle, et à laquelle il aurait pu le dire comme une tendre obscénité. Une femme à qui il aurait pu dire, alors qu'il commençait à lui faire l'amour dans cette intention : « Maintenant je vais m'occuper de te faire un bébé. » S'il avait dit cela à Pam, en des circonstances identiques, elle l'aurait giflé.

À partir du moment où ils eurent deux enfants, ils ne sortirent plus jamais le soir. Et même s'ils avaient connu quelqu'un qui aurait pu garder leurs enfants gratuitement, ils ne se seraient pas permis de sortir. La femme de Wilfred Summitt était encore vivante à cette époque, mais aussi bien Mr que Mrs Summitt, tout comme Joyce, pensaient que les jeunes couples devaient assumer leurs responsabilités, ce qui voulait dire ne jamais se faire plaisir et ne jamais laisser leurs enfants sous la garde de quelqu'un d'autre. Alan se mit à lire. Il n'avait jamais beaucoup lu avant son mariage, parce que son père disait que c'était une perte de temps pour quelqu'un qui allait travailler avec des chiffres. Vers vingt-cinq ans, il s'inscrivit à la bibliothèque municipale de Stantwich et lut tous les thrillers, tous les romans policiers et tous les romans d'aventure qu'il put trouver. Il connut ainsi un genre de bonheur par procuration. Mais aux alentours de son trentième anniversaire, il se passa quelque chose d'assez curieux.

Il lut un thriller dans lequel on citait un poème. Jusque-là, Alan avait méprisé la poésie, comme quelque chose qui le dépassait, et que les gens écrivaient ou lisaient pour « faire bien ». Mais il aima ce poème, qui était un sonnet de Shakespeare – celui sur la fortune et les yeux des hommes – et dont plusieurs vers continuèrent à lui tourner dans la tête. Quand il retourna à la bibliothèque, il prit les sonnets de Shakespeare et il les aima, ce qui l'incita à lire de la poésie, et de fil en aiguille les plus grands romans que les gens appellent (pour quelque mystérieuse raison) des classiques. Puis il lut des pièces et encore davantage d'œuvres en vers, puis des ouvrages que des critiques avaient écrits sur des livres – et il fut un homme perdu. Il existait en ce monde d'autres choses que Pam, les enfants, la banque, les Heysham et les Kitson, les courses le samedi. Autre chose que regarder la télévision ou aller en caravane à l'île de Wight pour les vacances d'été. À moins que tous ces écrivains fussent des menteurs, il existait un monde intérieur et une expérience possible dans le monde extérieur, une infinité de choses à découvrir et à faire, et puis il y avait la passion.

Cette divine intoxication que procure la littérature ne lui était venue qu'assez tard, mais l'avait bel et bien empoisonné.

C'était très adolescent que de vouloir être amoureux, mais il voulait l'être. Il voulait aussi vivre seul, aller à sa guise, regarder les choses, explorer, découvrir, et comprendre. Mais tous ces désirs étaient irréalisables pour un homme marié, avec des enfants, un beau-père, et un travail à l'Anglian-Victoria Bank. Et puis tomber amoureux serait immoral, surtout s'il concrétisait un tant soit peu la chose. En outre, il n'y avait personne de qui tomber amoureux.

Il s'imaginait qu'il allait chez les Heysham un samedi soir, que Wendy était seule, et que soudain, comme les gens dans ce livre de Somerset Maugham, eux qui se connaissaient depuis des années et qui ne s'étaient jamais vraiment appréciés, tombaient follement amoureux. L'amour les heurtait de plein fouet, comme Lancelot et Guenièvre, comme Tristan et Iseult. Il avait même imaginé Joyce dans ce rôle. Et si elle venait dans son bureau après qu'ils avaient fermé, et qu'il la prenait dans ses bras et... Il savait qu'il ne pourrait pas. Le plus souvent, il imaginait simplement qu'une fille, une fille mince avec de longs cheveux noirs, prenait rendez-vous avec lui à propos de son découvert. Ils échangeaient un seul regard, et ils étaient irrévocablement liés l'un à l'autre.

Ça ne lui arriverait jamais. Et il semblait que ça n'arrivait plus beaucoup aux gens. Ces magazines que lisait Pam étaient pleins d'articles expliquant aux femmes comment avoir des orgasmes, et aux hommes comment les faire jouir, mais jamais un article ne disait aux gens comment trouver l'amour.

Parfois il avait l'impression que le fait de posséder trois mille livres lui permettrait, entre autres choses, de tomber amoureux.

Le jeudi, il sortit encore une fois l'argent, le manipula et décida que ce serait la dernière fois. Il serait intraitable avec cette obsession-là, et avec l'autre aussi. À partir de la semaine suivante, il ne lirait plus jamais Yeats, Forster, ni Conrad, ces séducteurs de l'esprit, mais des mémoires et des biographies, comme il sied à un directeur de banque qui fait un travail pratique.

Alan Groombridge rêvait, gambergeait, et fantasmait sur des tas de choses étranges et inattendues. Cependant, mis à part jouer avec des billets qui n'étaient pas à lui, il ne faisait qu'une seule chose peu conventionnelle.

L'Anglian-Victorian ne voyait aucune objection au fait que ses employés de l'agence de Childon sortent pour déjeuner, tant que l'argent était dans le coffre et que les portes étaient verrouillées. Mais en réalité, ils n'étaient jamais absents tous les deux en même temps. Joyce restait le lundi et le jeudi, car son Stephen ne travaillait pas à Childon ces jours-là, et qu'elle n'avait personne avec qui aller au Childon Arms. Elle apportait donc des sandwichs pour son déjeuner. Alan apportait des sandwichs tous les jours, car il ne pouvait se permettre de manger à l'extérieur. Mais le lundi et le jeudi il ne restait pas à la banque le midi – seule Joyce était au courant, mais elle ne savait pas où il allait. Il roulait un moment, et en hiver, il mangeait son sandwich dans la voiture, sur une aire de stationnement. Au printemps et en été, il allait dans un champ. Il faisait cela pour se garantir deux heures par semaine de paix et de solitude totales.

Ce vendredi-là, le 1er mars, Joyce alla comme d'habitude au Childon Arms avec Stephen, manger un sandwich au fromage et boire une bière. Et Alan s'en tint à sa résolution : il ne sortit pas les trois mille livres du coffre. Le vendredi était le jour où ils avaient le plus de travail, et cela l'aida à résister à la tentation.

Le week-end commença par des courses à Stantwich. Il alla à la bibliothèque où il emprunta les mémoires d'un auteur dramatique (il fallait se désintoxiquer en douceur) et un livre historique, auxquels Pam n'accorda même pas un regard. Des années auparavant, elle lui avait dit qu'il était un rat de bibliothèque, et que ça n'arrangeait sans doute pas sa vue, qu'il devait garder en bon état pour faire un travail comme le sien. Au déjeuner, ils mangèrent des saucisses et des pêches en boîte, rien qu'eux deux et Wilfred Summitt. Christopher ne déjeunait jamais avec eux le samedi. Il se levait à 10 heures, briquait sa voiture, et emmenait à Londres l'apprentie coiffeuse qu'il appelait sa fiancée. Là, il dépensait beaucoup d'argent en gin-tonics, cocktails de crevettes et steaks, places de balcon au cinéma, disques et petites choses telles que cassettes, after-shave, numéros de *Playboy*, et bouteilles de vin. Jillian l'accompagnait quand elle n'avait rien de mieux à faire. Or ce samedi-là elle avait mieux à faire, quoiqu'elle ne prît pas la peine de dire quoi à ses parents.

Dans l'après-midi, Alan arracha les mauvaises herbes dans le jardin, Pam fit un ourlet à une jupe et Wilfred Summitt fit la sieste. Cette sieste le ravigota, et pendant qu'ils prenaient le thé, et mangeaient des sardines, de la laitue, des tartines beurrées et du quatre-quarts, il leur dit qu'il avait vu un flash d'informations à la télé et que les types qui avaient braqué la banque de Glasgow s'étaient fait arrêter.

– Ce qu'il nous faudrait, c'est la chaise électrique.

– Quelque chose comme ça, oui, dit Pam.

– Ce qu'il faudrait, c'est que l'armée prenne le pouvoir dans ce pays. Les militaires au pouvoir, sous les ordres de la reine bien sûr, sous les ordres de Sa Majesté, avec un général à leur tête. Un type sérieux qui connaîtrait son affaire. Les forces armées, c'est ça qu'il nous faut. On savait ce que c'était que la discipline, quand j'étais dans les forces armées.

Pop faisait toujours référence au temps qu'il avait passé à « Catterick Camp », dans les années quarante, en disant « j'étais dans les forces armées », comme s'il avait été dans la marine, ou dans l'aviation.

– C'est le fouet qu'il leur faut. Une bonne correction dont leurs derrières se souviendront.

Alan retourna dans le jardin. En passant devant la fenêtre du studio de Pop, il vit que l'appareil de chauffage à gaz était allumé au maximum. Pop laissait son chauffage allumé toute la journée, et, sans nul doute, la moitié de la nuit de septembre à mai, qu'il fût dans sa chambre ou pas. Pam lui en avait touché deux mots, très poliment, mais il avait simplement dit qu'il avait une mauvaise circulation du sang, à cause d'un durcissement des artères. Il ne contribuait ni à la note de gaz, ni à la note d'électricité, et Pam disait que ce n'était pas bien de demander de l'argent à un vieil homme qui n'avait que sa pension. Alan se permettait de remarquer : Et les dix mille livres que lui a rapportées la vente de sa maison ? Ça, disait Pam, c'est une petite poire pour la soif.

Quand il revint à la maison, après avoir rangé ses outils de jardinage, il y trouva sa fille. À travers ses lectures, il avait appris que les jeunes s'entendaient mieux avec les vieux qu'avec les gens de quarante-cinq ans, mais cela ne semblait pas s'avérer vrai dans le cas de Pop et des enfants d'Alan. Là, comme peut-être à d'autres égards, les écrivains s'étaient trompés.

Jillian ignorait Pop, ne lui parlait jamais. Pam s'emportait parfois après elle, mais Jillian lui répondait, et Pam avait généralement trop peur d'elle pour la réprimander quand c'était justifié. Apparemment, la mère et la fille avaient de bonnes relations. Elles papotaient sans arrêt, parlaient de vêtements et des choses qu'elles avaient lues dans des magazines, et quand elles allaient faire du shopping ensemble, elles se tenaient toujours le bras. Mais il n'y avait pas de vraie communication entre elles. Jillian était une petite hypocrite, selon Alan, et elle se mettait dans les bonnes grâces de Pam en adoptant le comportement que devait avoir, selon sa mère, une fille de quinze ans. Alan était persuadé que la plupart des activités qu'elle était censée avoir à l'extérieur n'étaient que pure invention, même si elles étaient toutes de nature irréprochable : club d'art dramatique, cours de couture, soirées passées avec Sharon, dont la mère était professeur, et censée aider Jillian en français. Jillian rentrait toujours à la maison vers 10 heures et demie, car elle savait que sa mère pensait que c'était après 10 heures et demie que les filles avaient des rapports sexuels. Elle prétendait rentrer par le dernier car, ce qu'elle faisait parfois, mais pas seule, et une fois Alan l'avait vue descendre de la moto d'un garçon, au bout du Pré du Martyr.

Il se demandait pourquoi elle se donnait la peine de mentir, parce que si elle avait avoué ce qu'elle faisait vraiment, Pam n'aurait pas pu faire grand-chose pour l'empêcher de continuer. Elle n'aurait pu que crier et la menacer, tandis que Jillian aurait crié et menacé à son tour. Elles avaient peur l'une de l'autre, et Alan trouvait leur relation vraiment névrotique. Il se demandait, entre autres choses, quand Jillian allait se marier, et quelle somme elle pensait lui faire casquer pour son mariage. Ça allait sans doute arriver dans les deux années à venir, car elle risquait fort d'être enceinte très bientôt. Mais elle voudrait une robe blanche, elle voudrait inviter tous ses amis, et faire une fête dans une discothèque.

Pop avait renoncé à lui adresser la parole. Il savait qu'il

n'obtiendrait aucune réponse. Présentement il essayait de regarder la télé, mais elle s'était installée entre lui et le poste. Elle était assise par terre, en train de se sécher les cheveux avec un sèche-cheveux très bruyant. Quand Jillian était dans la maison, Alan en arrivait à plaindre Pop. Heureusement elle n'était pas souvent là, parce que lorsqu'elle était là, elle les régentait tous, tel un égoïste petit tyran au caractère exécrable.

– Tu n'as pas oublié qu'on allait chez les Heysham ce soir ? dit Pam.

Alan avait oublié, mais la question de Pam voulait surtout dire qu'il devait s'habiller. Ils n'étaient pas invités à dîner. Personne ne donnait de dîners à Fitton's Piece. Et être invité « le soir » sous-entendait qu'on allait boire deux verres de sherry ou de whisky à l'eau chacun, suivis d'un café. Mais les convenances, vraisemblablement édictées par les femmes, exigeaient que l'on se changeât. Si Alan y était allé avec son vieux pantalon et son pull, Dick Heysham, qui était un type plutôt sympathique, n'aurait rien trouvé à redire – lui-même aurait bien aimé pouvoir rester habillé comme ça. Mais Pam disait qu'il fallait mettre une veste sport. Et quand sa vieille veste avait été trop usée, elle lui en avait fait acheter une neuve. Pour pouvoir le faire, elle s'était privée pendant des semaines de divers petits luxes : le coiffeur, le déjeuner tous les quinze jours avec sa sœur, à Stantwich, et ses cinq cigarettes quotidiennes, jusqu'à ce qu'elle ait amassé les vingt-six livres nécessaires. C'était horrible, stupide, démentiel de vivre comme ça. Il s'y était résigné, comme il se résignait à beaucoup de choses, pour avoir la paix. Mais il n'avait pas la paix pour autant.

Jillian, sans qu'on lui ait rien demandé, annonça qu'elle allait jouer au scrabble chez Bridget, avec Sharon. Alan se dit que c'était bien pratique pour elle, que Bridget habitât un cottage à Stoke Mill où il n'y avait pas le téléphone.

– Sois rentrée à 10 heures et demie, chérie, dit Pam.

– Bien sûr. Je suis toujours rentrée, à cette heure-là.

Jillian eut un sourire si délicieux, sous ses cheveux, que Pam osa lui suggérer de s'écarter du champ de vision de Pop.

– Pourquoi il va pas regarder la télé sur son poste ? dit Jillian.

Personne ne lui répondit. Pam alla prendre un bain, et revint en jupe longue, chemisier en dentelle, les cheveux laqués, les lèvres peintes en rose brillant. Après quoi, Alan alla se raser, mettre une chemise propre et sa veste sport. Ils avaient tous les deux l'air beaucoup plus jeune habillés comme ça, élégants, et heureux. Les Heysham habitaient Chemin Tudor, et ils y allèrent à pied. Quelque chose en lui le poussait désespérément à dire à sa femme qu'il était désolé, qu'il avait pitié d'elle de toute son âme, pauvre femme pathétique, qui avait déjà vécu sa vie quand beaucoup de gens, au même âge, commencent à peine à songer à s'installer. Il ne pouvait pas le lui dire, car ils n'avaient pas de langage commun. Et puis n'était-il pas lui-même pathétique ? Comment aurait-elle réagi, s'il lui avait dit ce qu'il aurait aimé lui dire ? Regarde-nous, qu'est-ce qu'on fait là, habillés comme ça ? On va rendre visite à des gens dont on se fiche complètement, on va parler de choses sans intérêt, on va mentir pour sauver la face.

Pourquoi, mais pourquoi ?

Chez les Heysham, les invités et leurs hôtes se scindèrent en deux groupes. Les hommes discutèrent ensemble, tandis que les femmes papotaient de leur côté. Les hommes parlèrent de leur travail, de leur voiture, de la situation politique et du coût de la vie. Les femmes parlèrent de leurs enfants, de leur maison et du coût de la vie. Au bout d'une heure, Pam alla faire un tour à la salle de bains, et revint avec une couche de rouge à lèvres fraîche.

Vers 10 heures et quart, ils s'ennuyaient tous à mourir. Mais Alan et Pam étaient obligés de rester encore trois quarts d'heure, sinon les Heysham allaient penser qu'ils s'étaient ennuyés, ou qu'ils s'étaient disputés avant de venir, ou qu'ils avaient un problème avec l'un de leurs enfants. À 11 heures moins 2 très exactement, Pam demanda :

– Mais quelle heure il peut bien être ?

Elle dit « il peut bien être », car cela impliquait qu'il devait être très tard, alors qu'un banal « Quelle heure il est ? » aurait pu laisser supposer que le temps passait lentement.

– Presque 11 heures, dit Alan.

– Mon Dieu, jamais je n'aurais pensé qu'il était si tard ! Il « faut » qu'on y aille.

Le complexe de Cendrillon, quoique avancé d'une heure, sévissait dans tout Fitton's Place. Les soirées se terminaient à 11 heures. Pourtant, il n'y avait aucune raison qu'ils rentrent chez eux à 11 heures, aucune raison pour qu'ils ne restent pas dehors toute la nuit, car personne ne les attendait, personne n'allait même remarquer qu'ils n'étaient pas rentrés, et sans inquiéter une seule âme, ils auraient même pu rester au lit le lendemain jusqu'à midi. Mais ils partirent à 11 heures, et rentrèrent à 11 heures 5. Pop était dans son studio, Jillian dans la baignoire. Quant à l'endroit où était Christopher, chacun pouvait s'interroger. Il était peu probable qu'il rentrât avant 1 ou 2 heures du matin. Ce qui n'inquiétait pas sa mère.

– C'est différent avec les garçons, avait-elle dit à Gwen Maynard. On n'est pas obligé de faire attention à eux de la même manière. Mais je tiens à ce que ma fille soit rentrée à 10 heures et demie. Et elle est toujours rentrée à cette heure-là.

Jillian avait laissé un anneau de crasse tout autour de la baignoire, et des serviettes mouillées par terre. Elle écoutait du hard rock dans sa chambre, et Alan mourait d'envie de couper l'électricité. Lui et Pam étaient allongés dans leur lit, la chambre éclairée par la lune, et ils faisaient semblant de ne pas entendre les pulsations de la batterie. Finalement le bruit cessa, sans doute parce que la deuxième face du deuxième album était arrivée à la fin, et que Jillian s'était endormie.

Silence profond. Puis soudain il se souvint, sans savoir pourquoi, de cet épisode, chez Malory où Lancelot est au lit avec la reine, et qu'il entend les quatorze chevaliers s'approcher de la porte.

– Madame, y a-t-il dans votre chambre une armure, dont je pourrais couvrir mon pauvre corps ?

Aurait-il jamais lui-même un tel panache ? Un tel courage empreint de fierté ? Pam avait les yeux grands ouverts. Elle fixait les ombres projetées par la lune sur le plafond. Alan se dit qu'il ferait mieux de lui faire l'amour. Il y avait quinze jours qu'il ne l'avait pas fait, et puis c'était samedi soir. À Stoke Mill, l'horloge de l'église sonna 1 heure. Pour être sûr que ça allait marcher, Alan fantasma intensément sur la fille brune qui entrait dans la banque et qui demandait des lires pour partir en vacances à Portofino. Il ignorait sur quoi Pam fantasmait, mais il était certain qu'elle fantasmait. Ça lui faisait drôle d'y penser, quoiqu'il n'y pensât pas sur l'instant, et ce ne fut pas lui qui fit l'amour avec Pam, mais la fille aux cheveux noirs qui fit l'amour avec l'homme qui venait relever les compteurs d'électricité. La porte d'entrée claqua. Christopher rentrait. Il martela l'escalier de ses pas. Madame, y a-t-il dans votre chambre une armure, dont je pourrais couvrir mon pauvre corps... ?

Son pauvre corps finit son œuvre, et Pam soupira. C'était la dernière fois qu'il lui faisait l'amour, et l'eût-il su, qu'il eût probablement fait davantage d'efforts.

4

La chambre de Marty Foster, à Cricklewood, était au troisième et dernier étage d'une maison. Elle était assez grande, comme toujours ce genre de chambres, avec une cuisine dans le prolongement, deux fenêtres à guillotine donnant sur la rue, et une troisième fenêtre dans la cuisine. Marty n'avait jamais réussi à ouvrir une seule de ces fenêtres depuis qu'il était là, mais il ne s'était jamais donné la peine d'essayer vraiment. Il dormait par terre, sur un grand matelas. Il y avait aussi un canapé et une table anglaise avec des marques de verres circulaires et des brûlures de cigarettes. Et puis deux chaises Édouard VII bancales, un tapis avec des roses et des taches de café, et des rideaux marron aux fenêtres. Quand on tirait ces rideaux, il en sortait des nuages de poussière, comme de la fumée. Dans la cuisine, il y avait une gazinière, une autre table anglaise, et une bibliothèque qui servait de garde-manger. Personne n'avait fait le ménage depuis des années.

C'était la dernière d'une rangée de maisons attenantes les unes aux autres. Une Irlandaise occupait l'une des chambres à côté de celle de Marty, la chambre qui donnait sur la porte d'entrée. L'autre chambre était celle d'un vieil homme sourd du nom de Green. Il y avait des toilettes entre la chambre de la jeune Irlandaise et le haut des escaliers. En descendant une demi-douzaine de marches, on arrivait à la salle de bains que se partageaient les locataires du dernier étage, puis l'escalier continuait jusqu'au premier, où une fille rousse et l'homme qu'elle appelait son « mec » avaient un appartement, puis jusqu'au rez-de-chaussée, habité par un couple absent toute la journée, et que personne ne voyait jamais. À côté de la salle de bains, il y avait un appareil téléphonique à pièces.

Le samedi matin, Marty descendit téléphoner à un loueur de voitures du sud de Londres, « Relyacar Rentals », l'idée de voler un véhicule ayant été abandonnée. Pouvaient-ils lui louer une petite camionnette lundi matin, à 9 heures ? Oui, c'était possible. Mais il leur fallait son nom, et pouvait-il prendre son permis de conduire avec lui ? Marty donna le nom qu'il y avait sur le permis de conduire qu'il avait dans la main. Il avait été établi au nom d'un certain Graham Francis Coleman, de Wallington, dans le Surrey, il était valide jusqu'en l'an 2020, et Marty se l'était procuré dans la poche d'une veste laissée par son propriétaire sur le siège arrière d'une Allegro, garée dans le parking d'un cinéma. Marty avait toujours su que ce permis lui serait utile un jour. Après quoi il téléphona à la communauté de Kensington et demanda de l'argent à Nigel. Il ne restait que six livres à Nigel, sur le prêt de sa mère, et son virement de la Sécurité sociale ne devait arriver que le mercredi, mais il allait faire de son mieux.

Nigel avait appris à toujours raconter le même mensonge à tout le monde, aussi annonça-t-il à ses interlocuteurs indifférents qu'il partait deux semaines à Newcastle. Personne ne dit Amuse-toi bien ou Envoie-nous une carte, ou une phrase dans ce goût-là. Ce n'était pas le genre. L'une des femmes dit Dans ce cas, ça ne l'ennuierait pas si Samantha prenait sa chambre ? Nigel vit là une occasion intéressante, et dit qu'alors elle paierait le loyer, non ? S'ensuivit une discussion plutôt molle, dont la conclusion fut que personne ne voyait d'objections particulières au fait qu'il prît dix livres dans la boîte où ils gardaient l'argent pour le loyer, l'électricité et le chauffage, pourvu qu'il le remît à la fin du mois.

Nigel avait seize livres en poche. Il mit l'essentiel de ses possessions dans un sac à dos qu'il emprunta à la mère de Samantha et dans une valise qu'il avait empruntée à sa propre mère il y avait bien longtemps, puis il prit le car pour Cricklewood. La maison où habitait Marty était dans une rue entre Chichele Road et Cricklewood Broadway, et elle avait une apparence de respectabilité vaguement miteuse. L'été, les grands arbres étendant leur feuillage – tilleuls, platanes et marronniers – rendaient l'endroit humide, ombreux, et même un peu mystérieux, mais à présent ce n'étaient plus que des arbres nus qui avaient l'air de n'avoir jamais eu de feuilles. Il y avait une église en face, où Nigel n'avait jamais vu personne entrer, et au coin de la rue une laverie automatique, un marchand de journaux et un Delicatessen. Il appuya sur la sonnette de Marty, celle qui était tout en haut, et Marty descendit lui ouvrir.

Marty sentait le mauvais vin qu'il venait de boire, et dont il restait un fond, avec sa lie couleur d'encre, dans une tasse, sur la table de la cuisine. Le vin, ou le whisky quand il pouvait se le permettre, était ce qu'il buvait ordinairement dans la journée. Ce qu'il buvait pour étancher sa soif, comme d'autres boivent de l'eau, ou du thé. Marty avait une complaisance sans limites pour ce besoin maladif qu'il avait de boire. Et c'était, entre autres raisons, pour ça qu'il voulait de l'argent. Il avait horreur de boire avec parcimonie, de se dire qu'il n'y avait pas d'autre bouteille dans la cuisine, attendant d'être ouverte dès qu'il aurait fini celle qu'il était en train de boire. Marty avala ce qui restait au fond de la tasse, puis il prit, sous une pile de vêtements posés sur le lit, un objet qu'il mit dans les mains de Nigel. C'était un pistolet assez petit, mais lourd, avec un canon d'environ dix centimètres de long. Nigel mit son doigt sur la détente, et fit le geste de tirer. La détente bougea, mais pas beaucoup.

– Sois gentil, dit Marty, ne braque pas ce revolver sur moi. Imagine qu'il soit chargé.

– C'est que tu serais vraiment con, alors. (Nigel retourna le pistolet et le regarda.) Il y a des choses écrites en allemand, sur le côté. Carl Walther, Modell PPK Cal 9 mm kurz. Et puis il y a écrit : « Made in W. Germany ». (Il ne pouvait résister à l'envie de faire des discours.) Ces choses-là, ça ne s'achète pas dans les magasins de cycles. J'en ai déjà vu. Ce sont des armes factices, comme ils en utilisent dans les films. Mais ça coûte un max. Où est-ce que t'as trouvé le fric pour acheter un pétard comme ça ?

Marty n'allait pas lui parler de la police d'assurance que sa mère avait prise pour lui, cinq ans plus tôt, et qui était arrivée à échéance. Alors il lui dit seulement : « Donne-le-moi », prit le pistolet, et regarda la paire de bas noirs que lui tendait Nigel.

Nigel les avait trouvés dans un tas de linge sale, sur le carrelage de la salle de bains commune. Ils appartenaient à une fille prénommée Sarah, qui les mettait de temps en temps pour faire sexy.

– L'essentiel, dit Nigel, c'est de tout minuter. On arrive à la banque juste avant 1 heure. On laisse la camionnette dans le chemin, derrière. Quand la pouf viendra fermer, Groombridge sera prêt à se barrer. On se met les bas sur la tête, on se précipite sur la pouf, et on ferme les portes derrière nous.

– Tu peux pas l'appeler la fille ? T'es pas une tante.

Nigel rougit. Il était piqué au vif. Il n'était pas homosexuel – il n'était même pas sûr d'être sexuel tout court et ça l'embêtait –, mais ce qui l'avait vexé, c'était que Marty venait de mettre le doigt sur le fait qu'il employait des mots d'argot pédé, ce qu'il ignorait jusqu'ici. Et il dit à Marty, d'un ton maussade :

– On lui fait ouvrir le coffre, et puis on l'attache pour qu'elle puisse pas appeler les flics. (Une pensée lui traversa l'esprit.) T'as pu avoir les gants ?

Marty avait oublié, alors Nigel l'engueula, ravi d'être une fois de plus dans la position dominante.

– Mais bon Dieu, dit-il, ce doigt que t'as là, c'est une signature bien pire que n'importe quelle empreinte digitale.

Ni offensé, ni blessé, Marty jeta un coup d'œil à sa main droite et admit, avec un haussement d'épaules, que Nigel avait raison. L'index n'était pas particulièrement répugnant, ni même grotesque, mais il n'était tout de même pas très beau à regarder. Et il n'y avait vraiment que lui, qui avait un doigt comme ça. Il s'en était sectionné le bout avec une tondeuse, à la pépinière – un peu plus et il perdait la moitié de sa main, comme le patron n'avait jamais cessé de lui faire remarquer. Son index avait désormais un demi-centimètre de moins que l'index de l'autre main, et l'ongle avait repoussé de travers, et tout plissé, comme l'amande d'une noix.

– Tu nous trouves deux paires de gants en allant chercher la camionnette, lundi matin, dit Nigel, d'un ton sec. Et quand tu les as, tu vas te faire couper les cheveux et la barbe.

Marty protesta vivement à cette idée, mais c'était surtout pour masquer sa peur. Le fait d'avoir à changer quoi que ce soit à son apparence, donnait subitement une impression de réalité à leur projet. Il avait affreusement peur. Mais l'idée que Nigel pût avoir aussi peur que lui ne l'effleura même pas. Et ils crânèrent l'un vis-à-vis de l'autre pendant tout le week-end, tout en ayant secrètement conscience qu'ils ne s'étaient pas suffisamment « rencardés » sur l'agence de l'Anglian-Victoria de Childon. Jusqu'à présent, ils n'avaient jamais volé que des livres et de la pellicule. Et puis ils ne savaient presque rien sur le système de sécurité de la banque. Mais pour rien au monde ils ne l'auraient admis. Le problème, c'est qu'ils ne s'aimaient pas. Marty était devenu copain avec Nigel parce que ça le flattait qu'un fils de médecin, qui en outre était allé à l'université, ait eu envie de le connaître. Et Nigel s'était lié avec Marty, parce qu'il lui fallait quelqu'un de plus faible que lui, qu'il puisse tyranniser et impressionner.

Mais c'étaient des voleurs sans honneur. Chacun d'eux aurait pu dire, à propos de l'autre, C'est mon meilleur ami et je le hais.

Durant ce week-end, la pensée dominante dans l'esprit de Nigel, fut qu'il devait prendre les choses en main et mener le jeu, comme il sied à un membre de l'élite, à un descendant de toute une lignée de gradés de l'armée et de grands noms de la médecine, bien qu'il affectât de mépriser ses ancêtres. Oui, il allait montrer à ce paysan ce que c'était que de commander.

La pensée dominante dans l'esprit de Marty, hormis sa peur grandissante, fut qu'avec son savoir-faire et son esprit pratique, il devait estomaquer ce saligaud d'une classe sociale supérieure. Le dimanche, il lui extorqua une livre pour s'acheter une bouteille de vin sicilien, tout en espérant qu'il aurait la volonté d'en garder la moitié pour le lundi matin, quand il lui faudrait puiser des forces dans la bouteille.

Le dimanche soir, Joyce Culver repassa la robe de soirée qu'elle avait l'intention de mettre le lendemain soir. Alan Groombridge oublia ses bonnes résolutions et relut *The Playboy of the Western World*, tandis que sa famille, à l'exception de Jillian, regardait un documentaire sur la faune des îles Galapagos. Jillian était au cinéma de Stantwich avec un représentant en cosmétiques de trente-cinq ans qui avait promis de la ramener à 10 heures et demie, et qui doutait, ne la connaissant pas encore, qu'il se passe quoi que ce soit pendant le trajet.

John Purford, avec cinquante autres passionnés de voitures et de motos, décollait de Gatwick, dans un charter à destination de Daytona, en Floride, via New York.

5

Le beau temps s'envola durant la nuit, et le lundi matin, 4 mars, au lieu de givre donnant des reflets d'argent aux pelouses de Fitton's Piece, il tombait des cordes. Il faisait si sombre dans le coin repas, qu'au petit déjeuner, les Groombridge durent allumer ce sinistre néon d'un bleu maladif. Wilfred Summitt précisa son idée quant à une prise de pouvoir par l'armée : on rétablirait la peine de mort, on supprimerait la sécurité sociale, on veillerait à renvoyer un maximum d'immigrés. Christopher, qui ne travaillait pas avant 10 heures, avait allumé une cigarette entre deux plats (des céréales et des œufs au bacon) et répliquait sans faiblir, en lui exposant sa propre utopie : euthanasie pour tous les plus de soixante ans, et partouze généralisée pour tous les moins de trente ans. Jillian se coiffait au-dessus d'une assiette de cornflakes, tout en discutaillant avec sa mère pour savoir s'il l'on pouvait se faire des mèches blondes soi-même, Pam affirmant que non, qu'il s'agissait là d'un travail de professionnel. Ils faisaient tous beaucoup de bruit, un bruit dénué d'humour et suant l'irritation, et Alan se demanda comment il réagirait si la police venait lui annoncer, à 10 heures, à la banque, qu'une conduite de gaz avait explosé et tué toute sa famille cinq minutes après qu'il fut parti. Il aurait sans doute été un peu triste, pour Pam et pour Christopher.

Il laissa les sandwichs dans la voiture, parce que c'était son tour de sortir pour déjeuner. Joyce avait accroché une robe de soirée dans le placard, en plus de son manteau. C'étaient les noces d'argent de ses parents, et elle et Stephen iraient directement de leur travail à un cocktail suivi d'un dîner au Toll House Hotel.

– Dans quelques années, vous aussi vous fêterez vos noces d'argent, Mr Groombridge, dit Joyce. Qu'est-ce que vous offrirez à votre femme ? Ma mère voulait un renard argenté, mais Papa a dit Si tu fais pas attention ma fille, tout ce que t'auras c'est un poisson d'argent, en voulant parler de ces petites bestioles qui rampent. On a été obligés de rire. Il est tellement drôle, mon père. Il lui a offert un joli bracelet, un bracelet ciselé.

Alan ne voyait pas comment certains bracelets pouvaient être plus chastes que d'autres. Ciselé se dit « chased » et se prononce presque comme « chaste ». Alan avait entendu « chaste » au lieu de « chased », mais il s'abstint de tout commentaire.

Il y avait toujours du monde à la banque, le lundi matin. Le premier client fut P. Richardson. Il demanda deux portraits de Florence Nightingale, et eut un ricanement méprisant à l'égard d'Alan, qui n'avait pas immédiatement deviné qu'il voulait parler de billets de dix livres.

Marty présenta le permis de conduire de Graham Coleman à la fille de chez « Relyacar Rentals », à Croydon, et dit qu'il avait vingt-quatre ans. Elle dit qu'elle voudrait une caution de dix livres, qu'ils feraient leurs comptes le lendemain, quand ils sauraient combien de kilomètres il avait faits. Et puis s'il ramenait la camionnette après 6 heures, pouvait-il la laisser sur la place et mettre les clés dans la boîte de « Relyacar » ?

Marty lui donna l'argent et dit oui à tout. La camionnette était blanche et propre. D'après la carte grise, elle n'avait qu'un an. Il roula quelques kilomètres, puis il se gara devant la vitrine d'un coiffeur chez qui il se fit couper les cheveux, couper la barbe, et raser de près. Il y avait trois ans qu'il n'avait pas vu son vrai visage, et il avait oublié qu'il avait un aussi petit menton et des joues aussi creuses. Et il n'était pas mieux sans barbe, quoique le coiffeur prétendît le contraire. Il n'y avait aucune chance pour que la fille de Relyacar le reconnaisse. Sa propre mère ne l'aurait pas reconnu.

Il lui fallait encore faire ou acheter quelque chose, mais il n'arrivait pas à se souvenir de quoi. Aussi retourna-t-il chercher Nigel. Il prit le Battersea Bridge, puis remonta Kensington, Kensal Drive et Willesden jusqu'à Cricklewood, où Nigel l'attendait, dans Chichele Road.

– Bon Dieu, dit Nigel, on dirait un hippie. On dirait un Hare Krishna.

Marty conduisait bien. Il avait été livreur, tandis que Nigel n'avait fait qu'emprunter parfois la Triumph automatique de son père, et n'avait jamais conduit une voiture avec un changement de vitesse normal. En outre, il ne connaissait pas très bien Londres, ce qui ne l'empêcha pas d'ordonner à Marty de prendre le périphérique nord. Marty avait déjà décidé de passer par là. Cependant, il n'allait pas se laisser donner des ordres, et pour montrer sa parfaite connaissance de la ville, il prit un chemin beaucoup plus long et beaucoup plus compliqué, par Hampstead Heath, Highgate, Tottenham et Walthamstow. Aussi n'arrivèrent-ils à Brentwood que bien après 11 heures.

Quand ils furent sur la bretelle de contournement de Chelmsford, Nigel déclara :

– Pas de problème avec le flingue, et puis tu as ton bas. On va pouvoir investir l'argent dans cette entreprise de transports. Maintenant voyons un peu ces gants.

Marty poussa un juron.

– Je savais bien qu'il y avait quelque chose, dit-il.

Nigel était sur le point de lui passer un savon, quand il réalisa que tout ce temps Marty avait conduit la camionnette sans gants, et que lui-même avait mis les mains sur les portières, sur les poignées des portières et sur le tableau de bord sans non plus avoir de gants. Aussi se contenta-t-il de dire :

– Il faudra qu'on s'arrête à Colchester pour s'acheter des gants. Et puis il faudra passer un chiffon sur l'intérieur de ce véhicule.

– On ne peut pas s'arrêter, dit Marty. Il est 11 heures et demie, là.

– On n'a pas le choix, espèce d'imbécile. Il ne serait pas 11 heures et demie, si tu nous avais pas promenés dans toute la ville.

Il y a trente-sept kilomètres entre Chelmsford et Colchester, et Marty couvrit cette distance en vingt minutes, faisant quelque peu souffrir le moteur de la camionnette. Mais il n'y a pratiquement pas moyen de se garer dans Colchester, dont les rues étroites et tortueuses attestent bien la qualité de plus vieux village d'Angleterre. Ils durent aller dans un parking à étages, et jusqu'au troisième niveau. Après quoi ils se mirent en quête du magasin Woolworth.

Quand ils eurent acheté les gants, des gants de laine parce qu'ils commençaient à manquer d'argent, ils s'aperçurent qu'ils n'avaient rien avec quoi faire disparaître leurs empreintes à l'intérieur de la camionnette. Ni l'un ni l'autre n'avaient de mouchoir, alors Nigel enleva une de ses chaussettes. La pluie, dont ils n'avaient pas vu la moindre goutte à Londres, tombait avec violence.

– Il est midi 20, dit Marty. On n'y sera jamais. On ferait mieux de le faire plutôt mercredi.

– Écoute, cervelle de serin, cria Nigel, arrête de m'emmerder, tu veux bien ? Comment on pourrait le faire mercredi ? On a du fric pour tenir jusque-là ? Contente-toi de conduire ce machin, et arrête de me casser les pieds.

Les petites routes qui menaient à Childon n'étaient pas faites pour rouler à cent dix. Mais Marty y réussit, tout en conduisant avec ses gants de laine verte. Ils arrêtèrent la camionnette dans le chemin derrière la banque, contre le mur de silex. Nigel sortit, s'approcha prudemment de l'ouverture dans le mur, et fut récompensé d'avoir pris des précautions.

Un homme plus très jeune, mince, avec une petite bedaine et des cheveux gras, sortit par la porte de derrière, puis monta dans la voiture qu'il y avait dans la cour.

Une demi-heure auparavant, Mrs Burroughs était venue à la banque avec un chèque d'une étude de notaires d'une valeur de douze mille livres. Elle n'avait pas donné d'explications quant à l'origine du chèque, mais elle s'était montrée encore plus tyrannique que d'habitude. Alan, supposant qu'il s'agissait d'un héritage, lui conseilla de ne pas le déposer sur son compte courant, mais d'ouvrir un nouveau compte sur livret, avec des intérêts plus élevés. Mrs. Burroughs répliqua, l'air offensé, qu'elle ne pouvait décemment pas faire cela sans consulter son mari. Elle allait l'appeler à son bureau et revenir à 2 heures.

L'idée que Mrs Burrough, qui habitait une énorme maison à la sortie de Childon, qui avait une grosse Scimitar et un manteau de vison, puisse encore s'enrichir le déprima tellement, qu'il revint sur ses bonnes résolutions et sortit les trois mille livres du coffre pendant que Joyce discutait du prix du bœuf avec Mr Wolford. Étrange de penser, et il y pensait souvent, que ce n'était que du papier – des portraits de la reine, d'un Premier ministre défunt, et d'un genre de super infirmière –, et que ça avait un tel pouvoir, le pouvoir d'acheter le bonheur, la liberté, la paix et le silence. Alan déchira l'un des portraits de Florence Nightingale en deux, juste pour voir ce que ça faisait. Après quoi, il fut obligé de le recoller avec du Scotch.

Il entendit Mr Wolford sortir. Il n'y avait plus personne dans la banque, à présent, et il était presque 1 heure moins 10. Joyce pouvait très bien entrer dans son bureau. Il mit donc l'argent dans un tiroir et alla laver dans le lavabo des toilettes la saleté que les billets avaient laissée sur ses mains. Apparemment, il allait encore pleuvoir, mais Alan allait sortir quand même. Peut-être irait-il jusqu'à Childon Fen, où les premières anémones et les premières primevères devaient commencer à fleurir.

Joyce était en train de mettre de l'ordre dans sa caisse.

– Mr Groombridge, vous croyez que ça va ? Mr Wolford a rempli le talon, et le double pour la banque. Je ne sais pas pourquoi je ne retrouve jamais l'original. Est-ce que je lui passe un coup de fil ?

Alan jeta un coup d'œil au bordereau provenant du carnet de versements.

– Non, ça va. Tant que ça apparaît aussi clairement, ça va. Et là on voit bien. Je vais déjeuner maintenant, Joyce.

– Ne vous faites pas mouiller, dit-elle. Ça va tomber. Le ciel est tout noir.

Il se demanda si elle s'interrogeait sur l'endroit où il allait. Elle ne pouvait penser qu'il prenait la voiture simplement pour aller au Childon Arms. Mais peut-être n'avait-elle jamais remarqué qu'il prenait sa voiture. Il sortit de la banque, et la porte de derrière se referma automatiquement derrière lui. Il marcha jusqu'à sa voiture, s'installa à la place du conducteur, et se souvint que les trois mille livres étaient toujours dans le tiroir de son bureau.

Elle n'allait pas ouvrir ce tiroir. Mais l'idée que cet argent était là, et pas dans le coffre, où il aurait dû être, allait lui gâcher ce moment de paix et de solitude à Childon Fen. Après tout, elle connaissait sa combinaison, si elle ne l'avait pas oubliée, tout comme lui connaissait la sienne. Mieux valait remettre l'argent en place. Il retourna à la banque, puis dans son bureau, repoussa la porte une fois à l'intérieur, mais sans la refermer tout à fait, puis il ouvrit le tiroir.

Tandis qu'il était en train de faire ça, à 1 heure, très précisément, Joyce sortit de derrière la grille métallique, traversa la banque et se retrouva nez à nez avec Marty Foster et Nigel Thaxby. Ils étaient entre la porte en chêne ouverte et la porte en verre fermée, et chacun essayait de se mettre un bas nylon noir sur la tête. Ils n'avaient pas osé le faire avant d'être dans l'entrée de la banque, ils ne s'étaient pas entraînés à le faire avant, et les bas étaient humides, car le ciel menaçant avait fini par lâcher des trombes d'eau au moment où ils allaient de la camionnette à la banque.

Joyce ne cria pas. Elle émit une espèce de cri rauque et bondit vers la porte transparente, vers la clé qui allait la fermer.

Nigel serait bien parti à cet instant-là, car le bas lui faisait comme un bonnet, enfilé d'une manière grotesque sur le haut de sa tête, mais Marty laissa tomber son bas et se précipita sur la porte, l'ouvrit violemment, de sorte que Joyce recula en trébuchant. Il l'empoigna, lui plaqua une main sur la bouche, lui enfonça le pistolet dans les côtes et lui dit de la fermer sinon elle était morte.

Nigel le suivit plutôt lentement. Déjà il pensait : elle a vu nos visages, elle nous a vus. Mais il referma la porte en chêne derrière lui, puis la verrouilla. Après quoi il ferma et verrouilla la porte en verre et vint se planter devant Joyce. Marty enleva sa main, qu'il avait plaquée sur la bouche de la jeune fille, mais laissa le pistolet où il était. Elle les regarda en silence. Son visage était très pâle. Elle les regardait comme si elle était en train d'étudier leurs traits.

De son bureau, Alan Groombridge entendit Joyce crier et il entendit la menace de Marty. Il sut immédiatement ce qui était en train de se passer, et il se souvint, tout en retenant sa respiration, de cette conversation avec Wilfred Summitt, le mercredi de la semaine d'avant. Ses mains se crispèrent sur les liasses de billets, les trois mille livres.

L'Anglian-Victoria avait donné pour directive à son personnel de n'opposer aucune résistance. S'ils en avaient la possibilité, il fallait qu'ils appuient sur un bouton d'alarme avec leurs pieds. Les alarmes étaient reliées directement au poste de police de Stantwich, où elles faisaient clignoter une lumière verte. S'ils ne pouvaient atteindre les boutons d'alarme, et dans le cas de Joyce peut-être était-ce impossible, ils devaient se soumettre aux exigences des intrus. Il y avait un bouton d'alarme sous chacune des caisses, et également sous le bureau d'Alan. Il recula son pied droit et mit son talon au niveau du bouton, le laissa au-dessus, et entendit une voix qui disait :

– On sait que t'es toute seule. On a vu le directeur sortir.

Où avait-il entendu cette voix, cet étrange mélange de cockney et de Suffolk ? Il était sûr de l'avoir déjà entendue, et récemment. C'était une voix qu'on n'oubliait pas, car cette association de voyelles sans couleur et de consonnes mal articulées était très inhabituelle. L'avait-il entendue ici, à la banque ? Ou à l'extérieur, en faisant des courses ? Puis il comprit le sens de la phrase et avança à nouveau tout doucement son pied. Ils le croyaient sorti, ils avaient dû le voir monter dans sa voiture. À présent il pouvait appuyer sur l'alarme sans qu'ils s'en doutent le moins du monde, et sauver ainsi trois mille livres sur l'argent de la banque. Et peut-être même tout sauver, dès qu'il pourrait mettre un visage sur cette voix.

– Voyons un peu ce qu'il y a dans les caisses, ma belle.

Une autre voix, avec des intonations de disc-jockey. Il entendit les caisses s'ouvrir. Son pied repartit à nouveau en arrière, tâtonnant à la recherche du bouton enchâssé dans la moquette. Il entendit cliqueter des pièces, de l'autre côté. Il devait y avoir mille livres dans ces caisses, à peu de chose près. Il était merveilleux, son plan, mais supposons qu'il réussisse à sauver les trois mille livres, qu'il les mette dans la penderie avant qu'ils n'entrent dans son bureau, quelle explication donnerait-il, quand la banque lui demanderait comment il avait pu avoir la possibilité de faire ça ?

Il n'entendait plus du tout Joyce. Il baissa son talon, puis le releva.

– Et maintenant le coffre, dit la voix cockney ou Suffolk-cockney.

Pour arriver au coffre, ils étaient obligés de passer par son bureau. Il ne pouvait pas appuyer sur l'alarme, pas comme ça, sans avoir réfléchi sérieusement à la situation. Il n'avait aucune raison valable d'être là, dans son bureau, avec trois mille livres dans les mains. Et il ne pourrait pas dire qu'il avait ouvert le coffre pour les en retirer quand ils les avait entendus pénétrer dans la banque, car il n'était pas censé connaître la combinaison de Joyce. Et s'il pouvait sauver trois mille livres, pourquoi pas cinq mille ?

À partir de maintenant, ils pouvaient entrer dans son bureau à tout instant. Ils allaient mettre les billets et les pièces – s'ils s'encombraient des pièces –, dans leur sac, puis ils allaient venir directement ici. Il ouvrit la porte de la penderie, et s'aplatit contre le mur, derrière la robe de soirée de Joyce, dont le bord touchait le sol. Madame, y a-t-il dans votre chambre une armure, dont je pourrais couvrir mon pauvre corps ?...

Il venait juste de refermer la porte sur lui, quand il entendit Joyce crier.

– Non ! Ne me touchez pas !

Et il y eut un bruit, comme un objet qui roulerait sur le sol après qu'on eut donné un coup de pied dedans.

Les mots de Lancelot lui rappelèrent les questions qu'il s'était posées le samedi soir. Aurait-il jamais un tel panache, un tel courage ? C'était le moment de le savoir. Elle n'avait que vingt ans. C'était une fille. Peu importaient désormais les soupçons que pourrait avoir la banque, peu importait ce que pourrait penser qui que ce soit. Son devoir était de porter secours à Joyce, ou au moins d'être à ses côtés et de la soutenir. Il tâtonna à travers les plis de la robe pour ouvrir la porte. Il n'avait pas peur. Avec un vague sourire désabusé, il constata qu'il n'avait pas peur car il n'avait rien qui donnât un sens à sa vie. Peut-être que son existence entière, avec son ennui, sa souffrance et sa futilité, avait pour seul et unique but de le conduire jusque-là, jusqu'à ce moment où il allait mourir pour sept mille livres par un après-midi pluvieux.

Il allait laisser l'argent dans la penderie – il l'avait mis dans les poches de son imperméable, accroché à côté de la robe de Joyce –, sortir du bureau, et les affronter. Ils ne penseraient pas à regarder dans l'imper, et par la suite, il pourrait toujours réfléchir à une explication pour la banque. S'il y avait une suite. L'important à présent était d'aller les trouver, ce qui pouvait même créer une diversion, et donner à Joyce l'occasion de s'échapper.

Mais avant qu'il ne touche la porte, il se passa quelque chose de très étrange. Il mit ses mains dans les poches de son imper, pour s'assurer qu'aucun billet ne dépassait, et l'argent lui parut vivant sous ses mains, presque palpitant, il lui fit également penser à un produit chimique qui aurait réagi au contact de la chair. L'argent semblait irradier de l'énergie, des rayons puissants, qui lui remontaient le long des bras avec des picotements. On entendait des bruits, de l'autre côté. Ils avaient réussi à ouvrir le coffre. Alan entendait des froissements de papier, des bruits sourds, des voix de gens qui se disputaient, et en même temps il ne les entendait pas. La seule chose dont il eut vraiment conscience, c'était du contact de cet argent vivant, entre ses doigts, autour de ses doigts. Il le serra dans ses mains, le souffle court, car il savait que désormais, il ne pouvait plus le laisser. Il était sien. De par son commerce quotidien avec lui, il l'avait fait sien, et il ne pouvait pas le laisser.

Quelqu'un était entré dans la pièce. On sortit tous les tiroirs de son bureau, et on les vida par terre. Il se tint tout raide, les mains dans les poches de son imper, et brusquement, la porte de la penderie s'ouvrit en grand.

Il ne voyait rien, à travers les plis sombres de la robe. Il retint sa respiration. La porte se referma et Joyce poussa un juron. Il n'aurait jamais pensé qu'un jour il entendrait ce mot sortir de la bouche de Joyce, mais cela força son respect. Elle cria, puis elle ne fit plus aucun bruit. On n'entendit plus que la pluie tambouriner sur les tuiles du toit, en un crépitement régulier, et puis, au bout d'un moment, le bruit d'une voiture ou d'une camionnette qui démarre.

Il attendit. L'un d'eux était revenu. L'étrange voix grommela, maugréa de l'autre côté, mais pas longtemps. La porte de derrière claqua. Est-ce qu'ils étaient partis ? Il ne pourrait en être sûr qu'en sortant. Desserrant sa main qui tenait l'argent, il se dit qu'il allait devoir sortir, il ne pouvait pas rester dans cette penderie jusqu'à la fin de sa vie. Et Joyce devait être quelque part dans la banque, sans doute ligotée et bâillonnée. Il allait lui expliquer que lorsqu'il les avait entendus entrer dans la banque, il avait pris tout l'argent qu'il avait eu le temps de sortir du coffre. Elle allait penser qu'il était un lâche, mais cela n'avait aucune importance, parce que lui savait qu'il n'avait pas été un lâche, mais quelque chose d'autre, qu'il ne pouvait analyser. Ce fut un déchirement, ce fut presque douloureux pour lui d'enlever ses mains de ses poches, mais il les enleva, il ouvrit la porte, et il sortit de la penderie.

Les tiroirs du bureau étaient par terre, leur contenu éparpillé sur le sol. Joyce n'était pas dans le bureau, ni dans la pièce où il y avait le coffre. La porte du coffre était ouverte, et le coffre était vide. Ils avaient dû laisser Joyce dans le hall de la banque. Il hésita. Il essuya son front, qui était couvert de sueur. Il se dit qu'il lui était arrivé quelque chose dans cette penderie, qu'il était devenu fou, qu'il avait craqué mentalement. Il lui vint à l'esprit que c'était peut-être la vie qu'il menait qui l'avait finalement brisé. Il continua à agir comme un fou. Il sortit l'argent de ses poches et le remit dans le coffre. Il alla jusqu'à la porte de derrière, l'ouvrit sans bruit, et regarda la pluie tomber à verse et sa voiture immobile au milieu des flaques dansantes, battues par la pluie. Puis il claqua la porte assez fort, comme s'il venait juste de rentrer, et il se dirigea d'un pas innocent et plutôt léger vers l'endroit où Joyce devait se trouver, étendue par terre.

Elle n'y était pas. Les caisses étaient ouvertes. Il regarda dans les toilettes. Elle n'était pas là non plus. Pendant qu'il était dans la penderie, en train d'hésiter, elle avait dû partir chercher de l'aide. Sans son imper, qui était toujours dans la penderie, mais dans des moments pareils on ne pense pas à la pluie. Il se répétait, et se répétait encore, j'étais sorti déjeuner, je suis revenu, je ne savais pas ce qui s'était passé, j'étais sorti déjeuner...

Pourquoi était-elle partie, au lieu d'appuyer sur l'un des boutons d'alarme ? Il ne trouvait pas d'explication. À l'horloge, au-dessus du tableau indiquant le taux des changes, il était 1 heure 25, la date était le 4 mars. Il était sorti déjeuner, il était revenu, il avait trouvé le coffre ouvert, la moitié de l'argent avait disparu, Joyce avait disparu... Que serait-il logique de faire ? Donner l'alarme, bien sûr.

Il retourna dans son bureau et tâtonna sous la table avec son pied, pour trouver le bouton d'alarme. Il était sous un tiroir renversé. Alan s'agenouilla, souleva le tiroir, et trouva une chaussure en dessous. C'était l'une des chaussures bleues de Joyce, avec des lanières sur le cou-de-pied, les chaussures qu'elle portait ce matin-là. Joyce ne serait pas partie en courant sous la pluie avec une seule chaussure. Il resta figé, à regarder la chaussure à talon haut, brillante, en cuir verni bleu foncé.

Joyce n'était pas allée chercher de l'aide. Ils l'avaient emmenée avec eux.

Comme otage ? Ou parce qu'elle avait vu leurs visages ? Les gens comme ça n'ont pas besoin d'avoir une raison pour agir. Mais qui a besoin d'avoir une raison ? Lui-même avait-il eu une raison de rester dans cette penderie ? S'il était sorti, ils l'auraient emmené, lui aussi.

Maintenant appuie sur le bouton. Il était sorti déjeuner, et quand il était revenu, le coffre était ouvert, et Joyce avait disparu. C'était bizarre qu'ils aient laissé trois mille livres, mais il n'était pas là, on ne s'attendrait donc à aucune explication de sa part. S'il avait été là, ils l'auraient également emmené, parce que lui aussi aurait vu leurs visages. Il regarda sa montre. Presque 2 heures moins 20. Donne l'alarme tout de suite, et ils auront encore le temps d'installer des barrages sur les routes, les types n'ont pas pu aller très loin sous la pluie, en vingt minutes.

Le téléphone se mit à sonner.

Ça le fit sursauter, mais c'était sans doute seulement Pam. Le téléphone sonnait, sonnait, mais Alan ne décrochait toujours pas. Cette sonnerie fit apparaître dans son esprit une image aussi lumineuse et claire que l'image d'une télévision couleur, mais en plus vrai. Fitton's Piece, sa maison, et Pam au téléphone dans sa maison, Pop assis à table, dans le coin repas, en train de boire du thé, Jillian et Christopher qui n'allaient pas tarder à rentrer. La télévision. Le hard rock. Les portes qui claquaient. Les vestes sport, la prise de pouvoir par l'armée, la note de gaz. Il laissa le téléphone sonner, sonner, sonner, et après vingt sonneries – Alan les compta –, le téléphone se tut. Mais parce qu'il avait sonné, la folie d'Alan avait gagné en intensité, elle s'était resserrée en un point d'une infinie densité, en une décision effroyable et merveilleuse.

Son esprit n'était pas capable de raisonner, de voir les inconvénients, les risques, les contradictions. Son corps décida pour lui, se glissant tout seul dans l'imperméable, fourrant les trois mille livres dans les poches d'Alan, se propulsant dehors, sous la pluie, puis dans la voiture d'Alan. S'il avait été là, ils l'auraient également emmené avec eux. Il mit le contact, et les demi-cercles transparents dessinés par les essuie-glaces sur le pare-brise lui ouvrirent la voie de la liberté.

6

Ils emmenèrent Joyce avec eux parce qu'elle avait vu leurs visages. Elle avait ouvert le coffre quand ils le lui avaient demandé, bien qu'elle eût tout d'abord prétendu ne pouvoir manœuvrer qu'un seul cadran. Mais quand Marty lui avait enfoncé l'arme dans les côtes et avait commencé à compter jusqu'à dix, elle avait sorti la deuxième combinaison. Dès que la porte s'était ouverte, Nigel avait bandé les yeux de Joyce avec un bas, et quand elle s'était mise à crier, il l'avait bâillonnée avec le deuxième bas, l'obligeant à mordre dedans. Dans un tiroir, ils trouvèrent de la corde à linge, qu'Alan avait achetée pour arrimer la malle arrière de sa voiture mais jamais utilisée. Ils s'en servirent pour ligoter Joyce. La dominant de toute sa hauteur, Marty regarda Nigel, qui lui rendit son regard, puis hocha la tête. Sans rien dire, ils la soulevèrent et la portèrent jusqu'à la porte de derrière.

Nigel ouvrit la porte et vit la Morris 1100 dans la cour. Il ne prononça pas un seul mot. Ce fut Marty qui s'écria : « Mon Dieu ! » Mais la voiture était vide, et la cour déserte. Dehors, il tombait des trombes d'eau. Nigel roula le sac en plastique autour des billets et le fourra dans sa poche.

– Mais où est Groombridge, bordel ? souffla Marty.

Nigel secoua la tête. Ils pataugèrent sous la pluie battante, portant Joyce jusque dans la camionnette, puis ils la laissèrent tomber sur le plancher, à l'arrière.

– Donne-moi le pistolet, dit Nigel.

Il claquait des dents, il avait les cheveux trempés, et l'eau lui coulait sur la figure.

Marty lui donna le pistolet, s'installa à la place du conducteur et mit sur ses genoux l'argent qui était dans le sac en plastique. Nigel retourna dans la banque. Il parcourut toutes les pièces en titubant, à la recherche d'Alan Groombridge. Il voulait aussi trouver la chaussure de Joyce, mais c'était plus qu'il n'en pouvait supporter, tout cela était « trop » pour lui, et il tituba à nouveau jusqu'à la sortie. La porte claqua derrière lui comme un coup de feu.

Marty avait fait demi-tour avec la camionnette. Nigel monta à côté de lui, et prit le sac avec l'argent. Marty tourna dans la première petite route qu'ils trouvèrent, les essuie-glaces faisant gicler l'eau sur les côtés. Ils respiraient tous les deux vite et fort.

– Quatre mille livres, merde, souffla Marty. Se donner tout ce mal pour quatre mille livres !

– Mais ferme-là, bon Dieu ! Ne parle pas de ça devant elle. T'as pas besoin de parler. Contente-toi de conduire.

Ils roulaient sur une petite route de campagne bordée de haies. Joyce se mit à tambouriner des pieds sur le plancher en métal de la camionnette : clac, tong, tong, parce qu'elle n'avait qu'une chaussure.

– Ça suffit, ce boucan, dit Nigel, en se tournant et en braquant l'arme sur elle, à travers l'ouverture entre les deux sièges.

Clac, tong, clac, tong, les doigts de Nigel étaient humides de pluie et de sueur.

Juste à cet instant, ils se retrouvèrent nez à nez avec une Vauxhall rouge qui allait vers Childon. Marty freina juste à temps, et la Vauxhall pila net. Il y avait un jeune homme au volant, pas tellement plus vieux qu'eux, et une dame plus âgée à côté de lui. Il n'y avait pas la place de passer. Joyce se mit à protester, donnant des coups avec sa chaussure, clac, clac, clac, frappant le sol avec son autre pied, tong, tong, et poussant des gémissements furieux sous son bâillon.

– Mon Dieu, dit Marty. Mon Dieu !

Nigel enfonça son bras entre les deux sièges jusqu'à l'épaule. Il n'osa pas passer par-dessus, car il y avait ces gens qui regardaient, ces deux visages inquisiteurs qui apparaissaient si crûment à chaque coup d'essuie-glace. Il avait si peur, qu'il savait à peine ce qu'il disait.

Le pistolet appuyé contre la hanche de Joyce, il lui dit, d'une voix sifflante et tremblante :

– Tu crois que je m'en servirais pas ? Tu crois que je m'en suis jamais servi ? Tu sais pourquoi je suis retourné dans la banque ? Groombridge y était, et je l'ai tué.

– Doux Jésus, dit Marty.

La Vauxhall reculait à présent, jusque sur un petit accotement au bord de la route. Marty fit passer la camionnette, penché sur le volant, le visage figé.

– Je pourrais très bien tuer ces deux-là aussi, dit Nigel absolument fou de peur.

– Tais-toi, d'accord ? Ferme-la.

Marty passa à seulement quelques centimètres de la voiture, et leur fit un petit salut tremblant de la main droite. La Vauxhall s'éloigna et Marty déclara :

– Il faut que je sois fou, pour t'avoir emmené sur ce coup. Pour qui tu nous prends ? Bonnie et Clyde ?

Nigel poussa un juron. Ce renversement des rôles était insupportable, mais il gomma sa peur d'un coup.

– Est-ce que tu réalises qu'il faut qu'on se débarrasse de ce véhicule ? Est-ce que tu t'en rends seulement compte ? Et tout ça parce que tu nous fais passer par un sentier d'un mètre cinquante de large. Ce type est à Childon dans dix minutes. Les flics seront là, et la première chose qu'il va faire, c'est de leur dire qu'il nous a croisés. Non ? Tu crois pas ? Alors est-ce que t'as une idée ?

– Quelle genre d'idée ?

– Voler une voiture, par exemple, dit Nigel. Et dans les cinq minutes qui viennent, si tu ne veux pas passer les plus belles années de ta vie au ballon, cervelle de serin.

Mrs Burrough téléphona à son mari, qui était à son bureau, à Stantwich, et lui demanda si ce serait une bonne idée de déposer l'argent de tante Jean sur un compte sur livret, à l'Anglian-Victoria. Il dit qu'elle fasse comme elle voulait, ça lui était égal, si elle n'avait pas suffisamment confiance en lui pour le laisser investir cet argent pour elle, qu'elle fasse comme elle voulait. Aussi Mrs Burroughs prit-elle sa Scimitar à 2 heures, et arriva-t-elle à l'Anglian-Victoria à 2 heures 5. Les portes étaient encore fermées, ce qui la contraria. Car avoir de l'argent à elle, et n'être pas totalement dépendante de son mari, faisait qu'elle se sentait tout à coup importante, une personne avec qui il faut compter. Elle tambourina aux portes, mais personne ne vint, et il faisait trop humide pour rester dehors. Elle s'assit dans la Scimitar pendant cinq minutes, mais comme les portes n'ouvraient toujours pas, elle ressortit et alla regarder à travers la paroi vitrée. Il y avait du gel, sauf sur l'emblème de l'Anglian-Victoria en verre transparent, un A et un V entrelacés de feuilles de vigne, avec une couronne sur le dessus. Mrs Burroughs regarda à travers l'un des jambages du V et vit les caisses vides qu'on avait jetées par terre. Elle fonça jusqu'au poste de police en voiture, deux cents mètres plus bas, dans la rue du village, se sentant très excitée et s'amusant énormément.

En allant à Stantwich, la Vauxhall rouge était passée par Childon. Le conducteur, un jeune homme du nom de Peter Johns, accompagnait sa mère à l'hôpital de Stantwich, où elle allait rendre visite à sa sœur. Ils croisèrent une voiture de police avec son gyrophare bleu et sa sirène en marche, et ils la frôlèrent d'encore plus près que la camionnette. Ces deux accidents évités d'un cheveu leur fournirent un sujet de conversation jusqu'à l'hôpital.

À 3 heures moins 10, la police se présenta chez Mrs Elizabeth Culver pour lui dire qu'il y avait eu un hold-up à la banque et que sa fille avait disparu. Mrs Culver leur dit que c'était aimable de leur part de venir la prévenir aussi vite, et ils lui dirent qu'ils allaient passer prendre son mari, qui était contremaître dans la zone industrielle de Stantwich. Elle monta au premier et rangea dans sa penderie la robe qu'elle avait eu l'intention de mettre ce soir-là, puis elle téléphona au Tolle House Hotel pour annuler le dîner organisé pour ses noces d'argent. Elle voulut également appeler ses sœurs, son frère et la femme qui, vingt-cinq ans plus tôt, avait été sa demoiselle d'honneur, mais elle s'en sentit incapable. Son mari rentra une demi-heure plus tard et la trouva assise sur son lit, en train de regarder fixement la penderie, des larmes ruisselant sur ses joues.

Pamela Groombridge repassait les chemises d'Alan tout en spéculant avec son père sur les raisons pour lesquelles personne n'avait répondu quand elle avait téléphoné à la banque, à 2 heures moins 20, puis à nouveau à 3 heures. Et quand elle ne parlait pas, elle pensait à un article qu'elle avait lu, qui vous expliquait comment poser des décalcomanies sur des carreaux en céramique.

Wilfred Summitt buvait du thé. Il dit qu'il pensait qu'Alan était sorti pour déjeuner.

– Il ne sort jamais, dit Pam. Tu le sais bien, et puis tu étais là quand j'ai préparé ses sandwichs. De toute façon, cette fille devait être là, cette Joyce.

– Le téléphone a pété, dit Pop. Le téléphone est en dérangement, voilà ce qui se passe. C'est parce que les lignes sont encombrées. Si j'avais mon mot à dire, seules les personnes responsables, âgées de plus de trente ans et payant des impôts, seraient autorisées à avoir le téléphone.

– Je ne sais pas. Je trouve ça bizarre. Je vais attendre jusqu'à la demie et je vais rappeler.

Pop dit, Crois-moi, le téléphone est en dérangement, pété, kaput, ce qui n'arriverait pas si l'armée prenait le pouvoir, et ce qu'il aurait fallu, c'est que Winston Churchill ressuscite, et que le Field Marshal Montgomery vienne le seconder, ce bon vieux Monty, sous les ordres de la reine, bien sûr, sous les ordres de Sa Majesté. Ou c'était peut-être tout simplement la pluie, qui tombait comme vache qui pisse, de véritables hallebardes. Pam ne lui répondit pas. Elle se demandait si ces décalcomanies avaient des couleurs qui duraient, ou si elles partaient quand on les lavait. Elle avait envie de les essayer dans sa salle de bains, mais pas si les couleurs s'effaçaient, non merci, parce que ce serait encore pire que du blanc uni.

On sonna à la porte.

– J'espère que c'est pas Linda Kitson, dit Pam. J'ai pas envie de devoir arrêter pour bavarder avec elle.

Elle alla ouvrir et le policier et la femme officier de police lui dirent qu'il y avait eu un hold-up à la banque et qu'apparemment les braqueurs avaient emmené son mari et Joyce Culver avec eux.

– Oh mon Dieu, oh mon Dieu, oh mon Dieu, dit Pam.

Et elle continua à dire ça, et parfois à le crier, tandis que le policier allait chercher Wendy Heysham et que la femme officier de police faisait du thé. Pam renversa le thé, puis elle sortit le sherry duty free du buffet et s'en versa un plein verre qu'elle but d'un trait.

Ils allèrent chercher Christopher à l'agence immobilière et quand il arriva, Pam était à moitié soûle. Elle se frappait les genoux avec ses poings tout en criant : « Oh mon Dieu, oh mon Dieu. » Ni la femme officier de police, ni Wendy Heysham ne réussirent à la calmer. Christopher lui donna un autre verre de sherry, dans l'espoir que ça allait la faire taire, tandis que Wilfred Summitt faisait les cent pas et s'indignait, disant que la pendaison était encore trop douce pour eux, que la décapitation était encore un traitement de faveur. Juste après la chaise électrique, la hache était son arme meurtrière favorite. Il les décapiterait sans jugement, sûr qu'il le ferait.

Pam but le deuxième verre de sherry et tomba ivre morte.

Beaucoup plus malin que ceux qui avaient rendu sa fuite possible, Alan évita les petites routes. Il croisa peu de voitures, doubla un tracteur et un car. Il pleuvait trop pour qu'il puisse voir le visage des gens dans les autres véhicules, aussi supposa-t-il qu'eux-mêmes ne devaient pas pouvoir discerner ses traits. Il n'y avait pas beaucoup d'essence dans le réservoir, sans doute juste assez pour lui permettre d'arriver dans le nord de l'Essex, et bien entendu, ce ne serait pas une bonne idée que de s'arrêter à une station-service.

Son corps continuait à agir pour lui, à ce niveau de conscience où l'on n'assure plus que les choses pratiques. Pour le moment, il ne pouvait pas penser à ce qu'il avait fait, c'était trop énorme, et il ne voulait pas y penser. Il se concentrait sur la route et sur la pluie battante. Au croisement de Hadleigh, il prit la A12 en direction de Colchester. La jauge d'essence indiquait que la réserve de carburant baissait dangereusement, mais en dix minutes il fut sur la bretelle de contournement de Colchester. Puis il prit à gauche, direction North Hill, par la route la moins directe. Arrivé là-bas, il gara la voiture dans un parking désert derrière St Runwald Street, prit ses sandwichs, ferma la voiture et jeta les sandwichs dans une poubelle. Et maintenant qu'allait-il faire ? Une fois qu'ils auraient trouvé sa voiture, ils demanderaient à la gare, le guichetier se souviendrait l'avoir vu, et l'avoir vu seul. Aussi se dirigea-t-il vers la gare routière, où il prit un car pour Marks Tey. Là il monta dans un train qui allait à Londres. Son imperméable, qui était censé être vraiment imperméable, mais qui était très vieux, avait laissé la pluie passer. Son costume était mouillé. L'argent était humide. Dès qu'il arriverait à l'endroit où il allait, où que ce fût, il sortirait les billets, et les étalerait pour les faire sécher.

Il y avait peu de voyageurs dans le wagon : une femme avec deux petits garçons, et un jeune homme. Un type de vingt ans, brun, avec une barbe, comme on en voit partout. Mais dès qu'Alan posa les yeux sur lui, il se souvint de l'endroit où il avait entendu cet horrible accent Suffolk-cockney. Et puis la ressemblance était telle, qu'il se surprit à regarder les mains du garçon à la dérobée, ses mains qui étaient négligemment posées sur ses genoux. Mais bien entendu ces mains étaient entières, elles ne présentaient pas de mutilation de l'index droit, et l'ongle était normal.

La première fois qu'il avait entendu cette voix, elle lui avait demandé de la monnaie d'une livre en pièces de vingt-cinq *cents*. Alan avait poussé les pièces sur le comptoir, regardé ce jeune visage avec une barbe et pensé : Suis-je ainsi désinvolte, discourtois envers lui parce qu'il est « jeune » ? Alors il avait mis les pièces dans un sac, et pendant un instant très bref, mais suffisamment long pour qu'il ait le temps d'enregistrer, il avait vu l'index déformé se refermer sur le sac, et le faire disparaître dans la paume de la main.

En admettant qu'il s'en soit souvenu plus tôt, et ce détail eût été un indice pour la police, est-ce que ça l'aurait arrêté ? Non, se dit-il, sans doute pas. Et maintenant ? Maintenant il était mouillé, aussi mouillé que le type avec la barbe, la drôle de voix, et l'ongle plissé comme l'amande d'une noix.

Il y avait un genre de meeting en cours à la mairie de Capel St Paul, et parmi les voitures garées dans les flaques, sur le gazon de la place du village, il y avait deux Ford Escort, une jaune et une bleu métallisé. La cinquième clé du trousseau de Marty ouvrit la Ford jaune, mais quand il mit le contact, il s'aperçut qu'il n'y avait plus que quatre litres d'essence dans le réservoir. Il laissa tomber celle-là, et essaya la bleu métallisé. Qu'il réussit à ouvrir avec la dixième clé. D'après l'aiguille indiquant le niveau d'essence le réservoir était presque plein. Le réservoir d'une Ford Escort contient environ vingt-sept litres d'essence, c'était donc parfait. Il mit le contact et partit rapidement, supposant, et supposant juste – n'était-il pas lui-même un gars de la campagne ? – que le meeting, qui avait commencé à 2 heures, allait durer jusqu'à 4 heures.

Il avait garé la camionnette sur la route, à cinquante mètres de la sortie du village.

Ils firent sortir Joyce en la menaçant de leur arme, et ils la firent monter dans la Ford. Marty emmena la camionnette dans un chemin, et la laissa sous des buissons, au bord d'un bois. Il y avait à peu près autant de chances que quelqu'un les rencontre ici, à Capel St Paul, par un après-midi de mars pluvieux, que s'ils avaient été sur la lune. Marty se sentait plutôt content de lui, et sa nervosité diminua pendant un moment.

– On ne peut pas la laisser attachée si on prend la A12, dit-il. Il y a des fenêtres à l'arrière de cette bagnole, O.K. ?

– J'ai des yeux, dit Nigel.

Il grimpa par-dessus le siège et défit les liens que Joyce avait aux poignets, enleva le bâillon de sa bouche et le bas de ses yeux. Le visage de la jeune fille était crispé et marqué de zébrures aux endroits où les bas avaient mordu dans sa chair, mais elle jura à l'adresse de Nigel et lui cracha dessus, chose qu'elle n'avait encore jamais faite à personne. Il lui appuya le pistolet contre les côtes et essuya le crachat qu'il avait sur la joue.

– Vous ne me tuerez pas, dit Joyce. Vous n'oseriez pas.

– Tu ne connais pas le proverbe qui dit qu'on a déjà pendu des gens pour moins que ça ? Si on se fait prendre, on va rester au trou jusqu'à la fin de nos jours, de toute façon, puisqu'on a tué Groombridge. Il s'agit d'un meurtre.

– Ça y est, tu piges ? dit Marty. Ils ne pourraient rien nous faire de plus, même si on avait tué cent personnes, alors pourquoi on hésiterait avec toi ?

Joyce ne dit rien.

– Comment tu t'appelles ? dit Nigel.

Joyce ne dit rien.

– Très bien, miss J.M. Culver, comme vous voudrez Jane, Jenny, ou je ne sais quoi. Nous, je ne peux pas nous présenter, dit Nigel, très fort, pour être sûr que Marty avait compris le message. Pour des raisons évidentes.

– Mr Groombridge a une femme et deux enfants, dit Joyce.

– Pas de pot, dit Nigel. On aurait pris un célibataire si on avait su. Si tu me craches encore dessus, je vais te donner des coups sur la figure, des coups que t'es pas près d'oublier.

Ils arrivèrent sur la A12 à 2 heures 25, prenant le même chemin qu'Alan Groombridge, à vingt minutes d'intervalle. Il y avait peu de circulation, une pluie torrentielle, et Marty conduisait avec circonspection, ni trop vite ni trop lentement, ne prenant la voie rapide que pour doubler. Au moment où la police installait un barrage sur la bretelle de contournement de Colchester, arrêtant toutes les voitures et tous les autres véhicules, la Ford Escort avait dépassé Witham et se dirigeait vers Chelmsford.

Joyce déclara :

– Si vous me laissez à Chelmsford, je vous promets de ne rien dire. Je me baladerai dans Chelmsford, je m'achèterai quelque chose à manger, vous n'avez qu'à me donner cinq livres sur ce que vous avez là, et je n'irai pas à la police avant ce soir. Je leur dirai que j'ai perdu la mémoire.

– Tu n'as qu'une seule chaussure, dit Marty.

– Vous pouvez me laisser devant un magasin de chaussures. Je dirai à la police que vous aviez des masques et que vous m'aviez bandé les yeux. Je leur dirai... (le déguisement le plus exceptionnel que Joyce pouvait imaginer)... que vous étiez vieux !

– Laisse tomber, dit Nigel. Tu dis que tu le feras, mais tu le feras pas. Ils te feront parler. Il faut que tu t'y fasses : tu viens avec nous.

C'était le début de l'heure de pointe et les voitures commençaient à sortir de Londres au moment où eux y entraient. Cette fois Marty prit le périphérique nord à Woodford, et ils roulèrent assez bien jusqu'à Finchley. À partir de là, ils se traînèrent tout le long du chemin, et Marty, qui, mieux que Nigel, avait pris son parti de cette épreuve, se sentit à nouveau la proie de ses nerfs. C'était en partie dû au fait que tout en surveillant la circulation dans le rétroviseur, il gardait un œil sur les deux, là, assis sur la banquette arrière. Bien entendu, ce n'étaient que des conneries, cette histoire de Nigel qui avait tué le directeur de la banque, il ne pouvait pas avoir fait ça, de même qu'il ne ferait rien à la fille tant qu'elle n'essaierait pas d'attirer l'attention des autres conducteurs. Le tout était de savoir si la fille en avait conscience. Ce qui n'avait pas l'air d'être le cas. Elle restait tassée dans le coin, derrière lui, la tête baissée. Peut-être pensait-elle que les gens demeureraient indifférents, passeraient leur chemin, comme on vous l'apprend au catéchisme. Mais Marty savait que ce n'était pas vrai, depuis la fois où une femme l'avait attrapé par le bras, et où il avait échappé de justesse au type chargé de la sécurité, dans le magasin.

Il se mit à faire des choses idiotes, comme couper des files et faire klaxonner les autres conducteurs, et à un moment, il toucha le pare-chocs arrière de la voiture qui était devant. Heureusement, la voiture qu'il tamponna avait des pare-chocs en caoutchouc et le conducteur était conciliant, se contentant de leur crier par sa vitre qu'il n'y avait pas de mal. Mais cela agaça tout de même Marty, et quand ils arrivèrent à Brent Cross, ses mains se déplaçaient par saccades sur le volant et il avait calé deux fois, parce qu'il ne maîtrisait plus très bien la pédale d'embrayage.

Cependant, ils approchaient de la maison. À Staples Corner, il tourna dans Edgware Road. À 5 heures moins 10, ils étaient en bas de chez eux à Cricklewood, et la Ford Escort était garée parmi les dizaines de voitures qu'il y avait des deux côtés de la rue.

Nigel n'éprouvait aucune sympathie pour Marty mais il vit qu'il était cuit, complètement lessivé. Aussi prit-il le pistolet et l'enfonça-t-il dans le dos de Joyce, qu'il fit marcher devant lui avec Marty, lequel avait un bras passé autour de ses épaules, comme un amoureux. Dans les escaliers ils croisèrent Bridey, l'Irlandaise qui occupait la chambre à côté de celle de Marty. Elle partait travailler à la Rose of Killarney, où elle était serveuse, et ne fit pas attention à eux, hormis un vague signe de la main en guise de bonjour. Elle avait souvent vu Marty dans la maison, et elle était habituée à le voir rentrer avec des filles. S'il avait amené le cadavre d'une fille, s'il l'avait porté dans ses bras, elle se serait peut-être posé des questions pendant quelques minutes, mais elle ne serait pas allée à la police. Deux de ses frères étaient plus ou moins liés avec l'IRA et elle-même avait aidé à retourner une voiture, quand ils avaient porté le corps du martyr jusqu'au Sacré-Cœur, après sa grève de la faim. De même que toute sa famille, Bridey évitait la police.

La porte de Marty avait un verrou Yale et une serrure, plus ancienne, avec une grosse clé en fer. Marty s'écroula sur le matelas, la figure dans l'oreiller, mais Joyce resta debout, regardant autour d'elle la saleté et le désordre, les mains jointes sur la poitrine.

– Prochaine étape : se débarrasser de la voiture, dit Nigel.

Marty ne répondit pas. Nigel donna un coup de pied dans le matelas et alluma la mèche du chauffage à huile – il faisait très froid. Après quoi, il lui redit :

– Il faut qu'on se débarrasse de cette voiture.

Marty grogna.

– Mais qui va la trouver, là, en bas ?

– Les flics. Il faut que tu te ressaisisses, que tu l'emmènes quelque part et que tu la pousses dans une décharge. D'accord ?

– Je suis crevé. (Marty se souleva avec difficulté et poussa un tas de vêtements sales par terre.) J'ai besoin d'un verre.

– Oui, d'accord, mais plus tard, quand tu te seras débarrassé de cette voiture.

– Bon Dieu, dit Marty. On a quatre mille livres dans ce sac et je peux même pas avoir un coup à boire.

Nigel serra les dents à cette pensée. Il n'arrivait pas à comprendre pourquoi il n'y avait pas eu sept mille livres dans cette banque, comme l'avait dit ce type, Purford. Mais il réussit tout de même, à l'intention de Jane ou Jenny, à conserver son vague accent américain.

– Je vais y aller. Toi, tu restes là avec elle. On va la rattacher, et la mettre dans la cuisine. Tu vas dormir, je te connais, et si elle pousse des cris stridents, le vieux con à côté va piquer sa crise.

– Je ne crierai pas, dit Joyce.

– Je t'ai demandé quelque chose ? Contente-toi de faire ce qu'on te dit, Janey.

Ils empoignèrent Joyce, la bâillonnèrent à nouveau, lui attachèrent les mains derrière le dos, et lui lièrent les chevilles. Marty lui enleva sa chaussure pour l'empêcher de faire du bruit avec son pied, puis il l'enferma dans la cuisine. Elle fit du bruit, mais pas longtemps.

La pluie s'était arrêtée et le ciel gris ardoise était traversé de longues bandes orange. Nigel et Marty s'éloignèrent le plus possible de la porte de la cuisine, et se parlèrent, en chuchotant ardemment. Quand il y aurait moins de circulation, Nigel prendrait la voiture et s'en débarrasserait. Ils regardèrent la radio de Marty avec envie, mais ils n'osèrent pas l'allumer.

7

Pendant quelques heures, la police soupçonna Alan Groombridge. Personne n'avait vu les braqueurs entrer dans la banque. Néanmoins, la police installa des barrages et alla prévenir les proches de Groombridge et de Joyce. Mais les policiers étaient soupçonneux. D'après son fils et son beau-père, Groombridge ne sortait jamais à l'heure du déjeuner, et le patron du Childon Arms leur dit qu'il ne l'avait jamais vu. Tout d'abord ils caressèrent l'idée que lui et la fille pouvaient être complices, et qu'ils avaient pris la fuite ensemble, dans la voiture de Groombridge. Mais ils retrouvèrent la chaussure de Joyce, ce qui rendit cette hypothèse peu vraisemblable. En outre, cela eût présupposé un lien entre eux, ce qui fit se moquer le père de Joyce et le fils de Groombridge. Jamais Groombridge ne sortait le soir sans sa femme, et Joyce passait toutes ses soirées avec Stephen Hallam.

Une fille aussi dévouée à sa famille n'aurait jamais choisi de faire ça un jour pareil. Mais Groombridge avait-il pris l'argent, renversé les caisses, laissé le coffre ouvert, et emmené Joyce de force ? C'était des hypothèses sur lesquelles spéculaient vaguement un inspecteur et un sergent, tout en interrogeant les habitants de Childon. Mais ils allaient bientôt abandonner ces hypothèses pour une vérité encore plus consternante.

À 5 heures, ils étaient revenus au point de départ : un braquage et deux enlèvements. Il arriva beaucoup de choses, à 5 heures. Peter Johns, le conducteur de la Vauxhall, entendit parler du braquage à la radio, alla voir la police, et décrivit la camionnette blanche avec laquelle il avait failli entrer en collision. Ni lui ni sa mère ne purent donner d'indications sur le conducteur ni sur le passager, mais Mrs Johns se souvenait de quelque chose. Quand la camionnette avait manœuvré pour passer à côté de la Vauxhall sans la toucher, Mrs. Johns pensait avoir entendu un bruit à l'arrière du véhicule, comme quelqu'un en train de tambouriner sur le plancher avec son talon. Un clac-clac-clac isolé, dit-elle, comme s'il n'y avait qu'une seule chaussure qui tambourinait.

Après quoi, ce fut un conducteur de tracteur, qui leur donna une information. Il se souvenait avoir croisé une Morris 1100. L'homme au tracteur, qui avait une imagination vive, dit que le conducteur de la Morris avait l'air terrifié, qu'il y avait assurément quelqu'un à côté de lui, aucun doute là-dessus, et qu'il conduisait de façon extravagante. Ils étaient donc trois braqueurs, conclut la police, deux dans la camionnette avec Joyce à l'arrière, le troisième dans la voiture d'Alan Groombridge, l'obligeant à conduire. Le vol de la Ford Escort bleu métallisé fut signalé par sa propriétaire, une Mrs Beech.

À ce moment-là, Nigel Thaxby, Marty Foster et Joyce Culver étaient à Cricklewood, et Alan Groombridge au Maharajah Hotel, dans Sheperd's Bush Road.

Dans les livres, il avait appris qu'il y avait toutes sortes d'hôtels pas chers autour de la gare de Paddington, des hôtels à putes et autres endroits louches où louer une chambre. Alors il prit le métro pour y aller. Mais les temps avaient changé, les hôtels étaient tous respectables et déjà complets, remplis de touristes, et plutôt chers. L'un des réceptionnistes lui recommanda un Mr Azziz (qui se trouvait être son cousin) et Alan aima bien ce nom, sentant que c'était exactement ce qu'il lui fallait. Cela lui rappelait *La Route des Indes* de E.M. Forster, et semblait être un bon présage.

Dans sa vie, il avait passé peu de temps dans des hôtels. Quand Mrs Summitt était morte, il y avait cinq ans de ça, elle avait laissé deux cents livres à Pam, qu'ils avaient dépensées en s'offrant de vraies vacances : un séjour dans un hôtel, à Torquay. Ils avaient beaucoup de bagages, surtout Pam et Jillian, qui en avaient une quantité énorme. Et le fait que là, il n'eût même pas une valise, le fit s'interroger. Il avait lu que les directeurs d'hôtels sont particulièrement attentifs à ce genre de choses.

Le Maharajah était une grande maison en briques marron datant de la fin du XIXe siècle, avec un néon bleu pour enseigne, auquel manquaient le premier H et le J de Maharajah. Oui, Mr Azziz avait une chambre pour lui, Mr Forster, c'était bien ça ? Quatre livres et cinquante pence la nuit, et s'il voulait bien être assez aimable pour payer d'avance... Ça n'aurait pas dû inquiéter Alan d'arriver sans bagages, car Mr Azziz, qui ne cherchait qu'à se faire de l'argent sans se fatiguer, ne se souciait pas de ce qu'Alan avait, n'avait pas, ou avait pu faire, tant qu'il payait d'avance et qu'il ne faisait pas de dégâts.

On montra à Alan une petite chambre sale au deuxième étage, où il n'y avait ni tapis, ni chauffage central, ni lavabo, mais un évier avec un robinet d'eau froide, un réchaud à gaz, une bouilloire, des tasses et des soucoupes et un appareil de chauffage à gaz avec un compteur à pièces. Il s'enferma à l'intérieur et vida ses poches bourrées de billets. À la vue de cet argent, la tête lui tourna. Il ferma les yeux et pencha sa tête sur les genoux, parce qu'il avait peur de s'évanouir. Quand il rouvrit les yeux, l'argent était toujours là. Il était réel. Il l'étala pour le faire sécher, mit son imperméable sur le dossier d'une chaise, envoya dinguer ses chaussures mouillées, et regarda l'argent. Le billet le plus près de lui était le portrait de Florence Nightingale qu'il avait déchiré en deux et recollé avec du Scotch.

De l'autre côté de la fenêtre, le ciel était comme de l'orangeade dans un verre sale. Le bruit était épouvantable. C'était l'heure de pointe. Et tout autour de Sheperd's Bush Green, puis essaimant vers Chiswich, Harlesden, Acton, et Hammersmith, on entendait le grondement, la vibration, les grincements, et autres crissements stridents de la circulation. La maison tremblait. Alan était allongé sur le lit, et ballotté comme s'il avait été au sommet d'un arbre par grand vent. Il n'allait jamais réussir à s'endormir, il n'allait plus jamais réussir à dormir. À présent, il devait réfléchir à ce qu'il avait fait, et pourquoi, puis à ce qu'il allait faire ensuite. La folie se retirait, le laissant paralysé par la peur et par cette impression d'être incapable d'affronter quoi que ce soit. Il devait réfléchir, agir, prendre des décisions. Se forçant à réfléchir intensément, il ferma à nouveau les yeux, et sombra aussitôt dans un profond sommeil.

Nigel avait retardé le moment de partir jusqu'à 6 heures et demie, attendant que la circulation se calme un peu. Pour lui, quand on conduisait une voiture, le pied droit était pour l'accélérateur et le frein, et le pied gauche ne servait à rien. Il monta dans la Ford Escort, mit le contact, fit un bond en avant, cala, et faillit rentrer dans la Range Rover garée devant, parce que Marty avait laissé la voiture en prise. Nigel fit une nouvelle tentative, et s'en sortit à peu près bien, quoique les vitesses fissent un bruit horrible. Il se glissa dans la circulation, et il eut soudain mal au cœur. Mais ce n'était pas le moment de s'appesantir sur ce genre de choses, parce que le fait d'appuyer, puis de lever son pied gauche, et de faire divers mouvements avec sa main gauche, requérait toute son attention. Il ne savait pas où il allait, et cela ne lui aurait pas servi à grand-chose de le savoir. Il ne connaissait pas bien Londres. Il savait aller de Notting Hill à Oxford Street, de Notting Hill à Cricklewood en bus, et c'était à peu près tout.

La circulation lui faisait perdre ses moyens. Il se voyait emboutissant la voiture, obligé de l'abandonner et de partir en courant. Alors il tourna dans une petite rue de Willesden et resta là, pendant ce qui lui sembla durer des heures, à regarder la rue principale, jusqu'à ce qu'il n'y ait plus trop de bus, ni de voitures. Ça n'avait pas duré des heures, loin de là. Il n'était que 7 heures moins le quart. Il arriva à peu près à se repérer, jusqu'au moment où il se retrouva en train de descendre Ladbroke Grove à vive allure, sans trop savoir où il allait. Après quoi des panneaux commencèrent à apparaître, indiquant le sud du fleuve. Il allait prendre l'un des ponts, puis se débarrasser de la voiture, quelque part dans le sud de Londres.

Il avait une trouille terrible. Il aurait bien aimé avoir un moyen de savoir ce qui se passait et ce que la police avait découvert. Le moyen de savoir eût été la radio de Marty, mais alors la fille aussi l'aurait écoutée. Et elle aurait appris que Groombridge était vivant. Mais heureusement, Nigel s'était arrangé pour dire tout bas à Marty de ne pas l'allumer. Il était si lourd celui-là, qu'on ne savait jamais ce qu'il était capable de faire.

Le levier de vitesse devenait plus facile à manier. Nigel essaya de respirer profondément pour se calmer, et ça finit par marcher. Ce qu'il lui fallait absolument faire, c'était cacher la voiture dans un endroit où on ne risquait pas de la retrouver avant des semaines. Il savait qu'il ne passait pas inaperçu, avec sa grande taille – un mètre quatre-vingts –, ses cheveux blonds et brillants, ses traits réguliers. Il n'était pas petit, brun, et ordinaire, comme Marty. Les gens ne se seraient pas souvenus de Marty, mais ils se souviendraient de lui.

Il tourna à droite, quitta Ladbroke Grove, et descendit Holland Park Avenue jusqu'à Sheperd's Bush. Puis il suivit Sheperd's Bush Road, passa devant le Maharajah Hotel, et fut donc l'un des éléments constitutifs du bruit qui résonna dans le cerveau endormi d'Alan Groombridge. Après quoi il prit Hammersmith et le Putney Bridge. Il y avait encore à peu près dix litres dans le réservoir. À Wandsworth, il gara la voiture dans une ruelle bordée par des murs d'usine, et où personne ne pouvait le voir. Ce fut un soulagement que de sortir de la Ford, bien qu'il sût qu'il ne pouvait pas la laisser là. Il avait pris une poignée de billets dans le sac en plastique. En ces circonstances, Marty aurait eu envie d'un verre, mais le stress avait donné une faim de loup à Nigel. Il y avait un snack grec un peu plus bas, dans la rue. Il y entra et se commanda une brochette de mouton et un tarama.

Il aurait aussi bien pu choisir le restaurant où l'on servait du poisson et des frites, ou le Hong Kong Dragon, mais il choisit le snack grec, et cela lui donna une idée. En entamant sa brochette, Nigel regarda le poster en couleur qu'il y avait sur le mur du snack, une vue d'Héraklion. Cela lui rappela qu'avant d'aborder le sujet du prêt, il avait écouté d'une oreille distraite, les habituels bavardages de sa mère sur ses amis. Il avait ainsi appris que les Bolton partaient un mois à Héraklion. C'est quelque part en Grèce, se dit Nigel. Le docteur Bolton, à présent à la retraite, et sa femme, de nationalité grecque, qu'il était censé (ou avait été censé, à une époque) appeler Oncle Bob et Tante Helena, habitaient une maison près d'Epping Forest. Il y était allé une fois, il y avait à peu près sept ans de ça, et maintenant il se souvenait que le docteur Bolton mettait sa voiture dans un garage, un genre de resserre en fait, au fond de son jardin. Un endroit isolé. À présent, la voiture devait être dans le parking de l'aéroport, car sa mère avait dit qu'ils partaient samedi. Le garage serait-il fermé à clé ? Nigel essaya de se souvenir s'il y avait une serrure sur la porte, et pensa qu'il n'y en avait pas, quoiqu'il ne pouvait en être sûr, après si longtemps. S'il y en avait une, et qu'il ne pouvait utiliser le garage, il pousserait la voiture dans l'un des étangs de la forêt. Le fait de penser aux Bolton lui rappela cette visite, et avec quelle avidité il avait écouté, alors âgé de quatorze ans, le récit du docteur Bolton à propos d'une voiture volée, qu'on avait poussée dans un étang et qu'on n'avait pas retrouvée pendant des semaines.

Il sortit du snack à 9 heures, et retourna dans la ruelle, les sens en alerte. La Ford Escort était toujours là et c'était la seule voiture. Il se glissa très vite dedans et démarra, traversant cette fois le fleuve par le Wandsworth Bridge.

Il lui fallut presque une heure pour sortir de la ville et arriver à Woodford. Après les feux de Blackhorse Road, une voiture de police sembla le suivre, et il passa un moment affreux. Mais la voiture de police finit par tourner. Quant à Nigel, il approchait enfin de la maison des Bolton, qui se trouvait au bout d'une espèce de petite route, derrière Epping New Road. L'endroit était aussi éloigné et isolé que dans son souvenir, mais juste devant le garage, sur le tout petit bout de trottoir qui n'était plus qu'un sentier quelques mètres plus loin, quatre hommes creusaient un trou. Ils travaillaient à la lumière de lampes alimentées par un générateur, installé dans une camionnette de la compagnie du gaz, garée tout près. Nigel se dit qu'il ferait mieux de faire demi-tour, et d'en profiter pour faire sa manœuvre à l'entrée de la petite route. Ce n'était que la deuxième fois qu'il passait la marche arrière, et il fit une fausse manœuvre, se retrouva en première, et faillit rentrer dans la camionnette de la compagnie du gaz. Mais il essaya encore une fois, et réussit un honorable demi-tour en trois manœuvres, tout en notant, avec exultation, qu'il n'y avait ni serrure, ni cadenas, sur la porte du garage. Mais il ne pouvait pas se garer directement sur Epping New Road, qui était sans doute, pensait-il, l'un des endroits où les voitures de patrouille se retrouvaient.

Il alla donc un peu plus loin, coinça la Ford Escort sous des buissons, derrière Loughton Road, puis il entra dans une cabine téléphonique pour appeler Marty.

Ce fut la pâle jeune fille rousse qui tendit le combiné à Marty. Elle avait l'air de quelqu'un qu'on garde enfermé dans le noir en permanence. Elle lui passa le combiné sans un mot. Il ne dit rien à Nigel, excepté oui, et non, et d'accord, et à tout de suite, puis il retourna faire ce qu'on lui avait demandé, à savoir détacher Joyce.

Elle avait des crampes, elle avait froid, elle était ankylosée, et pour la première fois, elle était démoralisée. Elle dit à Marty, d'une voix toute faible :

– Je veux aller aux toilettes.

– O.K., si tu dois y aller, dit Marty, ne se demandant même pas quels efforts ça lui avait coûtés de rester étendue là pendant des heures, contrôlant sa vessie à tout prix, préférant mourir plutôt que de se couvrir de honte de cette façon.

Son pistolet à la main, il sortit pour s'assurer qu'il n'y avait personne dehors. Et pendant que Joyce était aux toilettes, il resta sur le palier. Bridey était sortie, et il n'y avait pas de lumière sous la porte de Mr Green. Non seulement il était sourd comme un pot, mais encore il se couchait à 8 heures et demie. Marty ramena Joyce dans la chambre, et referma la porte avec la grosse clé en fer, qu'il remit ensuite dans sa poche. Joyce s'assit sur le matelas, et se frotta les chevilles et les poignets. Marty aurait bien bu une tasse de café, ça faisait des heures qu'il en avait envie, mais quelque chose l'avait retenu de se préparer du café devant une fille ligotée et bâillonnée. Et il ne pouvait pas non plus s'en faire une maintenant, tout en gardant son pistolet braqué sur elle. Alors il prit une bouteille de lait à moitié pleine et il en versa dans deux tasses.

– Garde ton lait dégueulasse, marmonna Joyce.

– Comme tu voudras.

Marty but le sien et tendit la main vers l'autre tasse.

– Non, tu ne le boiras pas, dit Joyce, et elle descendit son lait d'un trait. Quand est-ce que vous allez me laisser partir ?

– Demain, dit Marty.

Joyce considéra la question. Elle regarda autour d'elle.

– Et où suis-je censée dormir ?

– Et pourquoi pas ici avec moi ?

Cette remarque et cette situation auraient immédiatement rappelé à Alan Groombridge *Sanctuaire* de Faulkner, ou même *Pas d'Orchidées pour Miss Blandish*, mais en fait, Marty avait dit cela par bravade. Il avait vingt et un ans, il était en bonne santé, il avait donc spontanément envie de toutes les filles qu'il voyait, et en d'autres circonstances, il aurait sans nul doute eu envie de Joyce, avec ses longues jambes et ses beaux seins. Mais il ne s'était jamais senti aussi peu sexy et il en était arrivé à un point où, si elle l'avait touché, il aurait crié. Le moindre bruit dans la maison, le moindre craquement dans l'escalier, le plus petit déclic d'une porte, et il croyait que la police arrivait. La vue de cette radio qu'il ne pouvait allumer le torturait. Joyce, cependant, était bien décidée à vendre chèrement son honneur. Elle rassembla tout ce qui lui restait de mépris, lui dit qu'il devait plaisanter, qu'elle était fiancée à quelqu'un de deux fois plus grand que lui, qui le mettrait K.O. d'un seul regard, et qu'elle dormirait sur le sofa, merci beaucoup. Marty la laissa prendre deux de ses quatre oreillers, la regarda les humer et faire la grimace, puis prendre sa plus grosse couverture.

Elle s'allongea, tout habillée, mit la couverture sur elle, et tourna son visage du côté du dossier graisseux du canapé. Une fois sous la couverture, elle enleva sa jupe et son pull-over, mais elle garda son chemisier et son slip. Marty s'assit bien droit, son arme à la main, regrettant qu'il n'y ait pas de vin.

– Éteins la lumière, dit Joyce.

– Mais à qui tu donnes des ordres ? Va te faire foutre.

Cela lui fit assez plaisir, qu'elle se mît à pleurer. Elle avait terriblement honte, mais elle ne pouvait s'empêcher de pleurer. Elle pensait à ce pauvre Mr Groombridge, à sa mère et à son père qui étaient privés de leur fête, et aussi à Stephen. C'était tout à son honneur qu'elle pensât si peu à elle-même. Mais tous ceux-là, cette pauvre Maman et ce pauvre Papa, Stephen, qui devait annoncer officiellement leurs fiançailles ce soir, au Toll House Hotel, la pauvre épouse de Mr Groombridge, qui lui était si attachée et qui lui téléphonait tous les jours à la banque. Joyce sanglotait bruyamment, s'abandonnant à la plus noble des souffrances, celle que l'on voue aux autres. Marty avait tout d'abord été flatté, parce que ces larmes prouvaient qu'il avait un pouvoir sur elle, mais à présent il était gêné. Ça l'ennuyait, il n'avait jamais aimé voir les oiseaux pleurer.

– Ça va aller, dit-il. Tu ne peux pas la boucler ? On ne te fera pas de mal, si tu fais ce qu'on te dit. Vrai. Tu ne peux pas prendre sur toi ?

Joyce ne pouvait pas. Marty éteignit la lumière, mais la pièce ne fut pas plongée dans l'obscurité, il n'y faisait jamais noir, à cause des réverbères jaunes, dehors. Il se glissa dans le lit, mit le revolver sous l'oreiller et se boucha les oreilles. Il avait envie de pleurer, lui aussi. Mais qu'est-ce que Nigel pouvait bien fabriquer ? Et s'il ne revenait pas ? La pièce vibrait des sanglots de Joyce. C'était pire que la circulation, quand les bus et les camions passaient. Puis ça se calma, ça s'arrêta, et le silence s'installa. Joyce avait pleuré jusqu'à épuisement et s'était endormie. Marty trouva ce silence pire que le bruit. Il avait affreusement faim, il mourait d'envie de boire un verre, et la dernière fois qu'il s'était couché à cette heure-là, il avait quinze ans.

Au moment où il avait pratiquement décidé de renoncer, de sortir de là et de s'enfuir quelque part, en laissant l'argent à Joyce, il y eut un petit coup frappé à la porte. Il fut comme projeté hors de lui-même et son cœur fit une terrible embardée. Mais on frappa à nouveau, et il y eut un murmure furieux et exténué. Ce n'était que Nigel, enfin Nigel.

Joyce ne bougea pas mais il continua à parler très bas.

– Il a fallu que je reste jusqu'à ce que ces types du gaz s'en aillent. La voiture est dans le garage. J'ai marché jusqu'à Chingford et j'ai pris un car. Bon Dieu !

Nigel mit les clés qui ouvraient les Fords dans le sac en plastique avec l'argent. Il trouva un bout de ficelle à la cuisine, le passa dans la grosse clé en fer et l'attacha autour de son cou. Ils éteignirent l'appareil de chauffage à huile. Ils mirent le revolver sous les oreillers et se couchèrent. Il était juste un peu plus de minuit, la fin de la journée la plus longue de leur vie.

8

Quand Alan Groombridge se réveilla, il ne savait pas où il était. La pièce était inondée de lumière orange. Dieu tout-puissant, (comme lord Byron l'avait dit, au matin de sa nuit de noces, alors que le soleil brillait, derrière les rideaux rouges de son lit), je dois être en enfer ! Puis il se souvint. Tout lui revint, comme aurait dit Joyce. D'après sa montre, il était 5 heures du matin, et la lumière venait des réverbères, dont la clarté filtrait à travers un store couleur mandarine, qu'il avait dû baisser la veille au soir. Il avait dormi onze heures. L'argent, désormais sec et gondolé, scintillait dans la lumière dorée. Dieu tout-puissant, je dois être en enfer...

Il se leva, sortit dans le couloir, et trouva les toilettes. Il y avait une petite pancarte derrière la porte de sa chambre, sur laquelle on pouvait lire l'avertissement suivant, formulé bizarrement : « La direction décline toute responsabilité pour les objets de valeur laissés dans les chambres aux risques des propriétaires. » Il remit l'argent dans les poches de son imper, inquiet à présent, à l'idée de se balader avec des poches gonflées comme ça. Il avait dormi tout habillé, et son pantalon était aussi froissé que les billets, alors il l'enleva et le mit sous le matelas, ce qui était une façon de repasser les pantalons prônée par Wilfred Summitt. Il enleva le reste de ses vêtements, et se remit au lit, écoutant le bruit qu'il y avait de nouveau à l'extérieur. Le bruit lui apparut comme un symbole du tumulte qu'avait dû déclencher sa disparition, celle de Joyce, et celle de l'argent, le monde entier sens dessus dessous.

Et soudain, une idée le frappa et lui fit peur : dès que Joyce serait libérée, ou secourue, elle dirait à la police qu'il n'était pas à l'intérieur de la banque quand les braqueurs étaient entrés. Il réfléchit à cela pendant un moment, transpirant dans la pièce froide. Elle le leur dirait, et ils se lanceraient sur ses traces, reconstituant ses déplacements de la voiture à la gare routière, du car jusqu'au train. Il s'imagina faisant tache dans la foule tel un lépreux, un paumé ou – comment Kipling avait-il formulé cela ? – comme un cataplasme dans une cave à charbon. Mais elle pouvait très bien ne pas savoir. Tout dépendait s'ils lui avaient bandé les yeux ou non, et combien ils étaient. Si elle avait vu que sa voiture était toujours dans la cour, et qu'ensuite seulement ils lui avaient bandé les yeux, et qu'ils l'avaient mise dans leur voiture ou leur camionnette pendant un moment avant de s'en aller... Il se raccrocha à cet espoir, puis il pensa à Pam et à ses enfants et se sentit coupable. À sa manière, Pam avait été une bonne épouse. Mais il lui semblait certain, quoi qu'il advînt de tout cela, qu'il ne revivrait plus jamais avec elle, qu'il ne partagerait plus jamais un lit avec elle, qu'il ne ferait plus jamais les courses avec elle, et que plus jamais il ne lui céderait pour avoir la paix. Tout ça, c'était le passé, et la banque était le passé. L'avenir c'était la liberté, ou l'intérieur d'une prison.

À 7 heures il se leva, et se servant de son imperméable comme d'un peignoir, il alla prendre un bain. L'eau était à peine tiède. En effet, bien qu'il eût trois mille livres dans ses poches, il n'avait pas de pièce de dix *cents* pour le compteur à pièces. Frissonnant, il enfila ses vêtements. Le pantalon n'avait pas trop mauvais aspect. Il fit des petits tas d'argent les plus plats possibles, en mit dans les poches de sa veste, dans les poches de son pantalon, et fourra le reste dans la poche poitrine de sa veste. Ça le faisait paraître plus gros qu'il n'était. On ne pouvait pas prendre de petit déjeuner chez Mr. Azziz, ni aucun repas. Alors, Alan sortit chercher un endroit où manger.

Dès qu'il fut dans la rue, il ressentit une peur de lâche. Sans doute était-il considéré comme suspect, pensa-t-il, sans doute son visage était-il plus connu que celui d'un prince ou d'une pop star. Ça ne lui traversa pas l'esprit que chez les Groombridge et les Summitt, on n'avait pas habitude de s'asseoir dans le studio d'un photographe pour se faire tirer le portrait, qu'on ne s'adonnait pas à la photographie amateur, et que par conséquent, il ne pouvait exister aucune photo grand format de son visage, et qui soit ressemblante. Par quelque procédé magique ou quelque exploit de la science, son image serait portée aux yeux du public. Il se glissa furtivement chez un marchand de journaux, essayant de voir sans être vu, mais les gros titres noirs lui sautèrent aux yeux. Il resta immobile à regarder un comptoir plein de barres chocolatées, jusqu'à ce qu'il ose affronter à nouveau ces gros titres.

Ce fut le portrait de Joyce, et non le sien, qu'il vit en premier, Joyce photographiée par Stephen Hallam, et qui avait l'air presque belle. « Le kidnapping de la jeune fille de la banque » disait un journal ; et un autre : « Le directeur et la jeune fille kidnappée lors du braquage d'une banque ». Il prit les deux journaux avec des mains tremblantes, et tendit un billet d'une livre. L'homme derrière le comptoir lui demanda s'il n'avait rien de plus petit. Alan secoua la tête, il était incapable de parler.

Il avait oublié le petit déjeuner, et il se demanda comment, à un moment donné, il avait seulement pu y penser. Il s'assit sur un banc de Shepherd's Bus Green, et se força à regarder ces journaux, quoique son instinct, maintenant qu'il les avait achetés, lui disait de les jeter et de partir en courant pour s'en éloigner. Il prit une profonde inspiration et obligea ses yeux à se poser sur ces manchettes et sur ces caractères d'un corps plus petit.

Il lui fallut regarder dans les pages intérieures pour trouver une photo de lui. S'ils l'avaient mise là, pensa-t-il, c'était parce que la ressemblance était minime, que la photo ne pouvait servir à l'identifier, et qu'elle n'apportait rien au récit. Christopher avait pris une photo d'Alan avec Pam et Wilfred Summitt, dans le jardin de Hillcrest. Agrandie, mais agrandie seulement de deux centimètres et demi, la figure d'Alan n'était qu'un masque souriant plutôt flou. Ç'aurait tout aussi bien pu être l'agent de police Rogers, ou P. Richardson, debout à côté du carré d'herbe de la pampa.

Le deuxième journal avait publié la même photo. En existait-il d'autres ? Oui, pensa-t-il, quelques autres clichés tout aussi flous. À son mariage, cette régularisation précipitée, sinistre et honteuse, il n'y avait pas eu de photographes. Il eut soudain conscience que cette paralysie induite par la terreur disparaissait peu à peu. Elle glissait hors de lui comme d'un homme guéri qui retrouve à nouveau l'usage de ses membres. Il vit la brume et le soleil tout pâle, l'herbe, les autres gens, sentit revenir la faim et la soif. S'il ne pouvait être reconnu, identifié, il n'avait pas grand-chose à craindre. Le soulagement que ça lui procurait, ce lent retour à la vie qui à présent s'accélérait et se doublait d'une espèce d'excitation, lui ôta tout désir d'en apprendre davantage. Il oublia Joyce, qui maintenant pouvait très bien être tirée d'affaire, être de retour chez elle avec seulement un vague souvenir des événements. Il était libre et sauf, et il avait obtenu ce qu'il voulait.

Une tasse de thé, des œufs, et un toast, intensifièrent sa sensation de bien-être. Les journaux, il les jeta avec soulagement dans une poubelle. Après avoir cherché quelques minutes, il trouva la station de métro, et prit le métro jusqu'à Oxford Circus. Oxford Street, il le savait, était l'endroit où acheter des vêtements.

N'importe quel Anglais, aussi protégée que puisse être sa vie, sait cela. Il acheta deux jeans, quatre tee-shirts, des chaussettes, un anorak léger, deux pull-overs et une paire de bottes confortables qui lui arrivaient à mi-mollet. On ne lui avait jamais permis de porter des jeans dans le passé, Pam disait que c'était pour les jeunes, parfait pour Christopher, mais ridicule sur un homme de son âge. Il se dit qu'il les achetait comme déguisement, mais il savait que ce n'était pas seulement ça. C'était pour retrouver – ou pour découvrir, car on ne peut retrouver ce qu'on n'a jamais eu – sa jeunesse.

Quand il sortit du magasin, il portait ses nouveaux vêtements, et cette métamorphose fut un pas de plus qu'il franchit, pour se débarrasser de sa peur d'être poursuivi. Les gens, y compris les policiers, le croisaient sans se retourner sur lui. Ensuite il s'acheta une valise, et dans des toilettes publiques, tout en bas de la rue, il glissa dedans son costume et son imper lesté de billets.

La valise était trop encombrante pour qu'il puisse la porter longtemps. Aucun ardent lecteur de romans ne saurait s'interroger longtemps sur l'endroit où se débarrasser d'une valise. Il prit le métro jusqu'à Charing Cross, et là, il déposa la valise dans un casier de consigne automatique. Lui et l'argent étaient enfin séparés. Puis il s'éloigna, avec seulement son portefeuille lesté de la somme qu'il avait si souvent prise sur lui en secret, et il sentit une légèreté dans son pas, comme si, se délestant de l'argent, il s'était également délesté de sa culpabilité. Il se rendit à la National Gallery, puis à la National Portrait Gallery. Après quoi il regarda les théâtres sur St. Martin Lane et Charing Cross Road, et il s'offrit un déjeuner copieux avec du vin. Ce soir, il irait au théâtre. De toute sa vie, il n'était jamais vraiment allé au théâtre, excepté une ou deux fois au théâtre municipal de Stantwich, et à un spectacle de pantomimes, à Londres, quand les enfants étaient petits. Il s'acheta une place au premier rang de l'orchestre, le rang A, juste au milieu, pour la représentation de *Dr Faustus* de Marlowe.

À côté du théâtre, il y avait une agence immobilière louant des appartements. Cela lui rappela qu'il allait lui falloir habiter quelque part, il n'allait pas rester au Maharajah plus longtemps qu'il n'était nécessaire. Mais ce ne serait pas un appartement. Quelques secondes passées à étudier les annonces affichées dans la vitrine de l'agence lui suffirent pour comprendre que c'était au-dessus de ses moyens. Mais une chambre à seize ou vingt dollars par semaine, ça il pouvait se l'offrir.

La fille, à l'intérieur, lui donna deux adresses. Une à Maida Vale, et l'autre à Paddington. Mais Alan ne put localiser aucune de ces rues avant de s'être acheté un plan de Londres. Il se rendit tout d'abord à Paddington, car c'était la chambre la moins chère.

Le propriétaire vint lui ouvrir avec un journal du soir à la main. Alan vit qu'il faisait toujours la une avec Joyce, que son visage était à nouveau là, agrandi en une espèce de buée d'encre informe. La vue de cette photo raviva son anxiété, mais le propriétaire posa le journal sur une table et l'invita à entrer.

Alan aurait pris la chambre, bien qu'elle fût chichement meublée et sans aucun confort. De toute façon, ce serait à lui de l'arranger à son gré, et c'était mieux que le Maharajah. Le propriétaire paraissait content, lui aussi, de le prendre comme locataire, dans l'hypothèse où il comprenait qu'il devait payer un mois de loyer d'avance et laisser une caution. Alan avait sorti son portefeuille et s'apprêtait à signer un protocole d'accord au nom d'A.J. Foster quand le propriétaire lui dit :

– Je suppose que vous pouvez me donner des références bancaires ?

Le sang monta au visage d'Alan.

– Ça se fait couramment, dit le propriétaire. Je suis obligé de prendre des précautions.

– J'allais vous payer cash.

– D'accord, mais il me faut quand même des références. Pourquoi pas votre employeur, ou vos propriétaires actuels ? Vous n'avez pas de banque ?

Étant donné les circonstances, cette question devenait terriblement ironique. Alan ne sut pas quoi répondre, hormis qu'il avait changé d'avis, et il sortit de la maison aussi vite qu'il put, persuadé que le propriétaire le prenait pour un criminel, ce qu'il était effectivement. Personne n'en savait plus que lui sur la façon d'ouvrir un compte en banque. Et il lui était impossible d'en ouvrir un, il n'avait pas de nom, pas d'adresse, pas de profession et pas de passé. Et soudain il prit peur, là-dehors dans cette rue inconnue, sans identité, sans possessions, et son acte ne lui apparut plus vraiment comme une énormité, mais plutôt comme une incroyable folie. Durant tous ces mois où il avait joué avec les billets, il n'avait jamais songé à l'aspect pratique d'une existence où il les aurait en sa possession de manière illicite. Parce qu'alors ç'avait été un rêve, et que maintenant, c'était la réalité.

Il pouvait sans doute continuer à vivre au Maharajah. Mais pouvait-il se le permettre ? À quatre livres cinquante cents la nuit, ce trou à rat, avec son évier et son réchaud, allait lui coûter aussi cher que l'un des appartements qui étaient à louer dans la vitrine de l'agence immobilière. Il ne pouvait pas rester là, mais il ne pourrait aller nulle part ailleurs parce que « Ça se faisait couramment » de demander des références bancaires.

Il lui était arrivé, dans le passé, de recevoir des lettres lui demandant ce genre de références, et ses réponses étaient restées discrètes, conformément à la politique de la banque de ne jamais divulguer la situation du compte d'un client à un étranger. Il répondait simplement : oui, Untel a un compte à l'Anglian-Victoria, à l'agence de Childon, et il n'y a apparemment pas de problème. La pensée que lui-même avait un compte à l'agence de Childon, sous un nom désormais familier à toute personne lisant la presse, le rendait malade.

L'idée de rentrer chez lui lui traversa l'esprit. S'il le voulait vraiment, il n'était pas trop tard pour le faire. Il pouvait dire qu'ils l'avaient emmené puis qu'ils l'avaient laissé partir. Il avait eu les yeux bandés en permanence, il n'avait donc pas vu leurs visages, ni l'endroit où ils l'avaient emmené. Ç'avait été un si grand choc pour lui, qu'il ne se souvenait pas de grand-chose, excepté qu'il avait sauvé une partie de l'argent, qu'il avait mis en lieu sûr. Ce serait peut-être même mieux de ne pas du tout parler de l'argent. Pourquoi le suspecterait-on s'il se rendait maintenant ?

Il était 3 heures et quart. Il avait vu l'heure non pas à sa montre, mais à l'horloge qu'il y avait sur un mur, devant lui. Et à côté de l'horloge, sur une surface en verre dépoli, étaient gravés le A, le V, les feuilles de vigne et la couronne, qui étaient les emblèmes de l'Anglian-Victoria Bank. L'Anglian-Victoria, agence de Paddington. Alan était dehors, immobile, se demandant ce qui se passerait s'il entrait et disait au directeur qui il était.

Il entra dans la banque. Des clients faisaient la queue derrière une barrière, jusqu'à ce qu'une lumière verte s'allume, leur signifiant qu'une caisse était libre. Une pulsion formidable le prit, de dire qu'il était Alan Groombridge. S'il faisait ça tout de suite, d'ici quelques jours il serait de retour derrière sa propre caisse, il conduirait sa voiture, il écouterait Pam parler du coût de la vie,

Pop se quereller avec Christopher, et il passerait ses soirées à lire dans sa maison à lui, sa maison bien chauffée. Il serra les dents et les poings, pour s'empêcher de céder à cette pulsion, quoiqu'il fût toujours là, au bout de la queue.

Les lumières vertes s'allumaient à intervalles réguliers, et un client avançait jusqu'à une caisse, puis c'était le tour du client suivant. Alan resta dans la queue et avança avec elle. Puis il arriva à hauteur d'une rangée de tables sur lesquelles il y avait des sous-mains verts. Un homme était assis à l'une de ces tables, notant le montant d'une opération dans son carnet de versement. Alan le regardait et l'enviait, de posséder ce carnet de manière légitime.

Il était 3 heures et demie, et l'homme chargé de la sécurité alla se placer devant la porte, pour empêcher tout client retardataire de rentrer. Alan se mit à construire des phrases dans sa tête, expliquant comment il avait perdu la mémoire, comment la vue de cet emblème lui avait rappelé qui il était. Mais ses vêtements ? Comment pourrait-il expliquer qu'il avait de nouveaux vêtements ?

Il baissa les yeux sur son jean, et l'homme assis à la table se trouva à nouveau dans son champ de vision. Son carnet de versement était ouvert de telle façon que n'importe qui pouvait voir qu'il s'apprêtait à verser deux cent cinquante livres sur son compte. Néanmoins, Paul Browning n'avait pas été imprudent au point de mettre les billets ou le chèque sur le carnet. Alan savait qu'il s'appelait Paul Browning, car c'était le nom qu'il venait d'écrire sur un formulaire de demande de chéquier. Et à présent il notait son adresse en dessous, en capitales : 15 Exmoor Gardens, London NW2.

Alors qu'une lumière verte s'allumait pour la femme qui était juste devant Alan, Paul Browning vint se mettre derrière lui dans la queue. Marmonnant des excuses, Alan tourna les talons et se dirigea vers la porte.

Il avait trouvé des références bancaires et une identité, et par là-même il brûlait le dernier et fragile bateau qui lui eût permis de rentrer. L'homme chargé de la sécurité le laissa poliment sortir.

9

Joyce se réveilla la première. Le fait d'avoir dormi lui avait rendu son courage et sa confiance en elle. Le fait que les autres – ces deux porcs, comme elle les nommait intérieurement – dormissent encore, fit qu'ils lui inspirèrent soudain plus de mépris que de crainte. Dormir comme ça quand on avait cambriolé une banque et kidnappé quelqu'un ! Ils fallait qu'ils soient dingues. Mais tout en les méprisant, elle se sentait également plus à l'aise avec eux qu'elle ne l'aurait été s'ils avaient eu quarante ou cinquante ans. Aussi vulgaires et vils fussent-ils, ils étaient néanmoins jeunes, et appartenaient, tout comme elle, à ce grand club universel : la jeunesse.

Elle se leva et enfila ses vêtements. Elle alla dans la cuisine et se lava les mains et la figure sous le robinet d'eau froide, de vives ablutions glacées, comme elle le faisait chaque matin, quoiqu'elle prît généralement un bain avant. Dommage qu'elle ne puisse pas se brosser les dents. Qu'y avait-il donc à manger ? Inutile d'attendre que ces porcs lui donnent quelque chose. Peu évolués comme ils l'étaient, ils n'avaient pas de frigidaire, mais Joyce trouva un paquet de bacon tout neuf sur l'une des étagères de cette espèce de bibliothèque, des œufs dans une boîte, et une réserve importante de haricots en conserve. Joyce regarda le paquet de bacon sous toutes les coutures. Il pouvait très bien dater d'un an, allez savoir, avec des gens comme ça. Mais non, en fait. Il y avait écrit : « Date limite de consommation, 15 mars. » Elle mit de l'eau à chauffer dans la bouilloire, de la margarine dans une poêle, et alluma tous les autres feux ainsi que le four, pour se réchauffer.

Le calvaire de Maman, de Papa et de Stephen lui apparaissait désormais sous de meilleurs auspices. Elle n'était pas morte, n'est-ce pas ? Et elle allait prendre d'autant plus de valeur aux yeux de Stephen, qu'elle allait réapparaître vivante et forte. Ils allaient la laisser partir aujourd'hui. Elle se demanda où, et de quelle façon, puis elle se dit que ç'allait être plutôt amusant de raconter tout ça à la police, et peut-être aux journaux.

Le grondement du gaz réveilla Marty, et il vit que Joyce n'était pas sur le sofa. Il cria « Mon Dieu ! » et Joyce vint se placer insolemment dans l'embrasure de la porte. Il y a des gens qui se réveillent et s'orientent très vite, le matin, et d'autres qui vont à l'aveuglette, à moitié endormis, pendant un bon moment. Joyce appartenait à la première catégorie et Marty à la seconde. Il maugréa et tâtonna à la recherche de l'arme.

– Vous ne pouvez pas savoir, dit Joyce. J'ai peut-être deux inspecteurs avec moi, là, qui attendent de vous arrêter.

Elle fit une grande théière de thé très fort, et trouva une boîte de lait longue conservation. Ce n'était pas terrible, mais c'était mieux que rien. Elle entendit Marty qui se levait et elle resta sur ses gardes. Il pouvait très bien être complètement nu, ce qui n'était pas un problème quand il s'agissait de Stephen, ou de l'un de ses frères à elle, sortant de la salle de bains, mais pas ce porc, non. En fait, il portait un caleçon bleu avec des pressions mauves, et quand il entra dans la cuisine, il avait mis un jean et une chemise.

– Donne-nous une tasse de thé.

– Vous n'avez qu'à vous servir vous-mêmes, dit Joyce. Mais tu peux d'abord m'accompagner aux toilettes.

Elle y resta cinq bonnes minutes, exprès, pensa Marty. Il était sur des charbons ardents, craignant que Bridey ou le vieux Green ne sortent. Mais il ne vit personne. Il y eut un bruit de chasse d'eau et Joyce retourna dans la chambre, sans le regarder. Elle passa devant Nigel qui était assis sur le matelas, la tête dans les mains, et se dirigea directement vers l'évier pour se laver les mains. Tout le bacon qu'il y avait dans la poêle, les deux œufs et une casserole pleine de haricots se retrouvèrent sur l'assiette qu'elle s'était fait chauffer. Elle s'assit à la table de la cuisine, et commença à manger.

Nigel fut obligé de servir le thé pour lui et Marty, et de se mettre à préparer du bacon. Il s'y prit maladroitement, car lui aussi était du genre à se réveiller lentement.

– Il faut que l'un d'entre nous sorte, dit-il, pour acheter un journal, et à manger.

– Et à boire, bon Dieu, dit Marty.

– Et si j'y allais ? dit Joyce, avec impertinence.

– Sois raisonnable, dit Nigel. (Puis il dit à Marty :) Vas-y. Il vaut mieux que ce soit moi qui la surveille.

Joyce mangeait méticuleusement, essayant de ne pas montrer à quel point elle était affamée.

– Quand est-ce que vous allez me laisser partir ?

– Demain, dit Marty.

– Tu as déjà dit ça hier.

– Alors il n'aurait pas dû le dire, déclara Nigel, d'un ton sec. Tu restes ici, tu piges ? Tu restes ici tant que j'en n'ai pas décidé autrement.

Joyce avait cru Marty. Elle eut un affreux petit tremblement, mais elle déclara, audacieusement :

– S'il sort, il peut me ramener une paire de chaussures.

– Te ramener quoi ? Ce serait une idée géniale, non, que j'aille acheter une paire de chaussures de femme, alors qu'ils savent que t'en as perdu une.

– Trouve-lui des tongs, des sandales, ou quelque chose. Tu peux aller chez *Marks*, à Kilburn. Tout ce qui va arriver, c'est qu'elle va faire un trou dans son collant, et qu'il va falloir lui en acheter un autre.

– Et une brosse à dents, dit Joyce.

Marty lui désigna une espèce de porte-savon couvert de savon noirci, dans lequel était posée une brosse à dents avec des poils marron recourbés vers l'extérieur.

– Moi, me servir de ça ? s'écria Joyce, indignée.

Elle pensa à la pire des contaminations possibles, à quelque chose qu'elle avait lu dans les toilettes des dames de la gare routière de Stantwich.

– J'attraperais des morpions, dit-elle.

Nigel ne put s'empêcher de sourire. Ils avalèrent leur petit déjeuner, et Marty partit, laissant le pistolet à Nigel.

Joyce n'avait pas l'habitude de rester sans rien faire, et jamais elle ne s'était trouvée dans un endroit aussi sale, et aussi sordide. Elle annonça à Nigel, sans lui demander son avis, qu'elle avait l'intention de nettoyer la cuisine.

Marty en eût été ravi. Il ne nettoyait pas la cuisine parce qu'il était trop paresseux, et non parce qu'il était allergique au ménage. Nigel, lui, était allergique au ménage. Il avait quitté la maison, en partie parce que ses parents étaient toujours en train de nettoyer quelque chose. Il s'assit sur le matelas, regarda Joyce frotter, et pour la première fois, elle lui fit éprouver une émotion. Jusque-là, il l'avait considérée comme un objet ou comme une nuisance. Mais ce qu'il éprouvait à présent c'était de la colère. Ce qu'elle faisait le dérangeait profondément, faisait remonter en lui des sentiments à moitié oubliés et des scènes déplaisantes. Du coup, il gardait le pistolet braqué sur elle, bien qu'elle lui tournât le dos et ne pût le voir.

Environ une heure plus tard, Marty frappait à la porte, quatre petits coups brefs, ce qui était leur signal de reconnaissance. Il balança une paire de tongs en caoutchouc par terre, et laissa tomber le sac avec les courses. Son visage était blême et pincé.

– Où est Joyce ?

– C'est comme ça qu'elle s'appelle, hein ? Dans la cuisine, en train de faire un nettoyage de printemps. Qu'est-ce qui te tracasse ?

Marty commença à sortir un journal plié tout petit de la poche de sa veste.

– Non, dit Nigel. Dehors.

Ils sortirent sur le palier, et Nigel ferma la porte derrière eux. Il ouvrit un exemplaire du journal qu'Alan Groombridge avait lu quelques heures plus tôt.

– Je ne comprends pas, dit-il. Qu'est-ce que ça veut dire ? On ne l'a même pas aperçu, ce type.

– Tu crois que ce serait un genre de piège ?

– Je ne sais pas. Dans quel but ? Et pourquoi ils parlent de sept mille livres alors qu'il n'y en avait que quatre mille ?

Marty secoua la tête.

– Peut-être que le type nous a vus, a pris peur, a fui quelque part et a perdu la mémoire. (Puis il formula une crainte qui l'avait tourmenté.) Dis-moi, ce que t'as dit à la fille, comme quoi tu l'avais tué – c'était pas vrai, hein ?

Nigel le regarda durement, puis il regarda le pistolet.

– Comment ça pourrait être possible ? dit-il, lentement. La détente ne bouge même pas.

– Ouais, enfin je voulais dire – t'aurais pu le frapper à la tête, je ne sais pas.

– Je ne l'ai même pas vu, il n'était pas là. Et maintenant tu vas déchirer ce journal et jeter les morceaux dans les chiottes. Il faut qu'elle continue à croire qu'on a tué Groombridge, et il faut qu'on parte d'ici, et qu'on arrive à la faire sortir d'ici. O.K. ?

– O.K., dit Marty.

Joyce finit de nettoyer la cuisine, puis elle se brossa les dents avec la brosse que Marty avait achetée. Pour ça, elle utilisa du savon, ce qui paraît-il rendait les dents jaunes, mais peut-être seulement si on le faisait pendant très longtemps. Or elle n'allait pas rester là longtemps, puisque demain ils allaient la laisser partir.

Nigel lui refusa sèchement de descendre à la salle de bains, alors elle se lava dans la cuisine, une chaise bien calée contre la porte. Sa mère faisait souvent une plaisanterie à propos de cette mode de se laver, disant qu'on se lavait le plus loin possible en bas, et le plus loin possible en haut, mais qu'advenait-il de ce qu'il y avait au milieu ? Le fait de penser à Maman lui fit monter les larmes aux yeux, mais elle les fit disparaître en les frottant, et frotta le « milieu » si fort que ça lui donna une raison de pleurer. Après quoi elle choisit le moins miteux des tee-shirts de Marty parmi ceux qu'il y avait sur le lit, et le lava pour pouvoir le mettre le lendemain. Elle n'allait pas affronter la police ni retrouver sa famille, sale et débraillée, pas elle, non.

Marty sortit de nouveau à 7 heures, et revint avec du whisky, du vin, et des plats chinois à emporter pour eux trois. Joyce mangea les siens dans la cuisine, à table. Les garçons mangèrent les leurs assis par terre, dans le living. C'était un lieu étouffant, mal aéré, qui sentait mauvais à cause du chauffage à huile et du four, qui étaient restés allumés toute la journée. La vapeur d'eau condensée ruisselait sur l'intérieur des fenêtres. Quand elle eut fini de manger, Joyce entra dans la pièce, et regarda Nigel et Marty. Le pistolet était sur le sol, à côté de l'emballage en plastique du chow mein. Ils n'utilisent pas d'assiettes, ces porcs, pensa Joyce.

Elle n'avait jamais été du genre à occulter les problèmes parce qu'il vaut mieux ne pas savoir. Elle préférait savoir.

– Vous allez me laisser partir demain, dit-elle.

– Qui a dit ça ?

Nigel mit la main sur le pistolet. Il oublia de jouer le hippie largué des sixties, à l'accent vaguement américain, et il parla, suscitant chez Marty une récalcitrante admiration, sur ce ton autoritaire et très public school de ses aïeux.

– Il n'est pas question que tu partes demain. Tu irais tout droit à la police, tu donnerais notre signalement, et une description des lieux. On t'a emmenée avec nous pour éviter que ça arrive, et la situation n'a pas changé. (Puis il se souvint et ajouta, avec une intonation nasale :) Pas question qu'on te laisse partir.

– Mais la situation ne changera pas, dit Joyce.

– Je pourais te tuer, non ? Non ? (Il la regarda se raidir et opérer un très léger mouvement de recul. Et cela lui plut.) Sois gentille, dit-il, fais ce qu'on te dit, arrête de poser des questions imbéciles, et je réfléchirai à un moyen que ça se passe bien pour chacun d'entre nous. J'ai juste besoin de souffler un peu. O.K. ?

– Bois une goutte de Scotch, dit Marty, qu'un quart de litre de ce breuvage avait réconforté, et rendu affable.

Joyce ne boirait pas de Scotch. De même qu'elle n'accepterait pas de ce vin blanc yougoslave que Nigel était en train de boire. Si la situation n'avait pas changé, et qu'il n'y avait aucun espoir qu'elle change, c'était à elle de trouver le moyen de la changer.

Le premier devoir d'un prisonnier est de s'échapper. C'est ce que disait toujours son oncle, qui avait été prisonnier de guerre, quoiqu'il n'eût jamais réussi à s'échapper du « Stalag Luft » où il avait été incarcéré quatre ans. Elle n'avait encore jamais songé à s'échapper, parce qu'elle avait cru qu'ils la relâcheraient, mais à présent elle y songeait.

Quand ils se furent installés pour la nuit et que les garçons furent endormis, Marty ronflant plus fort que le père de Joyce – jusque-là elle croyait que les jeunes ne ronflaient pas –, elle se leva du sofa, et alla dans la cuisine sur la pointe des pieds. Dans le courant de la journée, elle avait trouvé un stylobille en grattant une épaisse couche de saleté graisseuse sous l'évier, et elle l'avait laissé sur l'égouttoir, ne supposant pas à ce moment-là, qu'il pourrait lui être d'une quelconque utilité. Elle n'avait pas grand espoir en ce stylobille, qui était sans doute là depuis des années, et peut-être même déjà là avant l'arrivée du locataire actuel. Mais une fois qu'elle en eut essuyé le bout sur le torchon désormais propre, et qu'elle eut gribouillé avec sur le bord d'une boîte d'allumettes pour faire venir l'encre, elle s'aperçut qu'il écrivait à peu près bien. Il venait suffisamment de lumière du dehors pour qu'il fût possible d'écrire, à défaut de lire. Tout comme Alan Groombridge, Joyce trouvait très étrange cette clarté permanente qui venait des réverbères, mais ça avait son utilité. Elle s'assit à la table et écrivit, sur un petit bout de papier défroissé provenant du sac dans lequel étaient les tongs :

« Ils ont tué Mr Groombridge. Ils me gardent prisonnière dans une chambre, à Londres. » Elle raya « Londres » et écrivit « dans cette rue ». « Je ne connais pas le nom de la rue, ni le numéro de la maison. Ils sont deux. Ils sont jeunes, environ vingt ans. L'un d'eux est petit et brun. L'index de sa main droite est abîmé. L'ongle est plissé. L'autre est grand et blond. S'il vous plaît, faites-moi sortir de là. Ils sont dangereux. Ils ont un pistolet. Signé : Joyce Marilyn Culver. »

Joyce se dit qu'elle allait envelopper son message autour de la pierre ponce qu'il y avait sur l'égouttoir, et le laisser tomber par la fenêtre. Mais elle ne réussit pas à ouvrir la fenêtre. Néanmoins, aucun des garçons ne sembla l'entendre se battre avec. Aucune importance, la fenêtre des toilettes ouvrait, et elle lancerait son message par là le lendemain matin. Pour le moment, elle glissa le petit mot dans cette cachette traditionnelle, privilégiée par toutes les héroïnes en détresse : son corsage. Elle le mit entre ses seins, puis elle retourna sur le sofa. Mais d'abord, elle gratifia ses ravisseurs d'un regard de mépris. Si elle avait été à leur place, pensa-t-elle, elle aurait tenu à rester éveillée pendant que son complice dormait, et ne se serait endormie que si lui veillait pour surveiller le prisonnier. Voyez où ça les avait menés, de se soûler et de tomber ivres morts ! Mais dans la lumière jaune, on voyait la ficelle avec la clé autour du cou du brun, et le canon noir du pistolet brillait sombrement contre la main abandonnée du blond.

À 9 heures elle était levée, lavée, habillée, et en train de secouer Marty qui se réveilla avec une migraine qui lui brouillait la vue, et une terrible gueule de bois.

– Va-t'en. Laisse-moi tranquille, dit-il, et il enfonça sa figure dans l'oreiller sale.

– Si tu ne te lèves pas et que tu ne m'emmènes pas aux toilettes, je vais cogner à la porte avec une chaise. Je vais casser la fenêtre.

– Fais ça et t'es morte, dit Nigel, écartant Marty du coude et plongeant la main sur son pistolet.

Il s'était couché tout habillé. Dégoûtée par son odeur, Joyce regarda dans une autre direction. Nigel l'accompagna sur le palier, s'adossa au mur, vit des étoiles, et eut l'impression qu'une armée de lutins avec des souliers cloutés dansaient le quadrille dans sa tête. Il ne fallait pas qu'il boive comme ça, c'était de la folie. Et puis il n'était pas accro à ce truc comme cette cervelle de serin, hein ? Il ne trouvait même pas ça bon.

Joyce enveloppa son message autour de la pierre ponce. Elle monta sur le siège des toilettes, espérant qu'elle pourrait voir ce qu'il y avait à l'extérieur, par la fenêtre. Mais elle ne trouva qu'une imposte en verre dépoli au-dessus de sa tête. Elle réussit cependant à l'ouvrir. La pierre ponce tomba, et Joyce trembla, de peur qu'elle fît un « bang » en touchant le sol, et que le blond ne l'entende. Elle tira très fort sur la chasse d'eau pour noyer tout autre bruit.

Quand il revint dans la chambre, le petit brun la regarda.

– Qu'est-ce qui te prend de mettre mon tee-shirt ?

– Il faut bien que je change de vêtements, non ? Je ne vais pas tout le temps garder les mêmes, comme vous. On m'a appris à rester soignée. Il faut que vous emmeniez tout ça à la laverie automatique. À quoi ça sert que je nettoie cet endroit si ça pue les vêtements sales ?

Aucun d'entre eux ne répondit. Marty partit à la laverie avec la radio, mais il ne put en tirer que de la pop musique. Puis il alla faire les courses sans attendre que Nigel le lui demande. Ça lui fit du bien de prendre l'air. C'était un garçon de la campagne, et il avait l'habitude de passer la majeure partie de son temps dehors. Hormis son travail d'emballeur, tous ses emplois avaient été des emplois en plein air, et même quand il vivait des allocations chômage, il passait des heures chaque jour à se balader dans Londres, à marcher dans Hampstead Heath. Il ne supportait pas d'être enfermé, même s'il était affolé chaque fois qu'il voyait un policier ou une voiture de police. Nigel, en revanche, aimait bien être à l'intérieur, il ne souffrait pas de claustrophobie. Il aimait bien les petites chambres crasseuses, où il pouvait fainéanter et se laisser porter par des fantasmes nietzschéens dans lesquels il était Superman, entouré de crétins et de femmes stupides qui rampaient devant lui, faisaient tout ce qu'il leur disait. Cette femme stupide s'était remise à nettoyer, le living, cette fois. Qu'elle le fasse, si elle n'était bonne qu'à ça.

Joyce, à genoux en train de laver la plinthe, déclara :

– T'as réfléchi, maintenant ? T'as réfléchi au moment où vous allez me laisser sortir d'ici ?

– Écoute, dit Nigel, on s'occupe de toi, non ? T'as à bouffer, non ? Et tu peux boire autant d'alcool que tu veux, c'est juste que tu ne veux pas. Je sais que cette piaule n'est pas géniale, mais c'est pas si terrible. T'es pas maltraitée.

– Tu plaisantes, là. Quand est-ce que vous allez me laisser partir ?

– Tu sais rien dire d'autre que ça ?

– Si, dit Joyce. Comment tu t'appelles ?

– Robert Redford, dit Nigel, à qui on avait dit qu'il ressemblait à cet acteur dans ses premiers films.

– Quand est-ce que je vais sortir d'ici, Robert ?

– Quand je serai prêt, Joyce. Quand mon ami et moi on verra une opportunité de quitter ce pays sans risques, et qu'on ne pourra plus craindre que tu n'ailles donner des renseignements qui nous seraient préjudiciables à la police.

Joyce se leva.

– Pourquoi tu ne parles pas tout le temps comme ça ? dit-elle, avec un regard malicieux. Ça fait chic. Tu pourrais avoir un accent très rupin, si tu voulais.

– Oh, fous-moi la paix ! explosa Nigel. Dégage, et laisse-moi respirer.

Joyce sourit. Elle n'avait jamais lu le récit d'Edith Bone, laquelle, condamnée à sept ans d'isolement, n'avait jamais manqué une occasion d'asticoter et de provoquer ses geôliers, tout en ne coopérant pas un seul instant avec eux, même de façon minime. Elle ne l'avait pas lu, mais elle employait la même tactique.

10

La police fut informée qu'une Ford Escort avait été vue le soir du lundi 4 mars, sur Epping New Road. Leur informateur était l'un des quatre ouvriers de la compagnie du gaz qui avaient travaillé sur une canalisation défectueuse, à côté de la maison du Dr Bolton. En fait, la voiture qu'il avait vue était celle de Mrs Beech, conduite par Nigel Thaxby. Mais lorsque la police eut fait des recherches dans la forêt d'Epping, et dragué les étangs des anciennes carrières pour retrouver la voiture, elle abandonna cette piste au profit d'une autre, plus prometteuse, concernant une Ford bleu métallisé ayant quitté Douvres en direction de Calais, par le ferry, le lundi soir. Cette voiture, selon plusieurs témoins, était conduite par un homme d'une cinquantaine d'années. Il y avait un type plus jeune assis à côté de lui, et un homme assis à l'arrière avec une fille. L'homme qui était derrière paraissait assoupi, mais il pouvait aussi être sans connaissance ou avoir été drogué. Personne n'avait relevé le numéro des plaques d'immatriculation.

On retrouva la voiture d'Alan Groombridge dans le parking de Colchester. Il y avait ses empreintes digitales à l'intérieur, ainsi que celles de sa femme. Il y en avait également d'autres : celles d'un ouvrier agricole de Stoke Mill, qu'Alan avait ramené chez lui le mardi précédent. Mais la police l'ignorait, et ça ne vint pas à l'esprit de l'ouvrier agricole de le leur dire. À ce stade de l'enquête, ils avaient essayé de déterminer à qui, parmi leurs fréquentations et leurs amis, Christopher et Jillian auraient pu parler, et donner des informations sur l'agence de Childon de l'Anglian-Victoria.

Tout d'abord, il parut logique que la fuite vînt de Christopher, étant donné qu'il était le garçon, et l'aîné. Mais il devint très vite évident que Christopher n'avait jamais montré le moindre intérêt pour aucune des habitudes de la banque, qu'il ignorait combien ils gardaient au coffre, et qu'il n'avait pas ce genre d'amis, de toute façon. Tous ses amis lui ressemblaient. Ils étaient respectueux des lois, ils travaillaient dans la vente ou dans des professions proches de la sienne. Tous étaient bien habillés, à l'aise financièrement, tous vivaient chez leurs parents, afin d'avoir plus d'argent à dépenser. Ils considéraient le crime, pas tant comme quelque chose d'immoral, que comme une entreprise dans laquelle on se fait toujours avoir. Quant à Jillian, elle leur fit une impression d'innocente candeur. Tout le temps qu'elle passait hors de chez elle, leur expliqua-t-elle, elle le passait avec Sharon et Bridget, et Sharon et Bridget la couvrirent. En aucun cas elles n'auraient pu donner le nom de John Purford, car elles l'ignoraient. Peut-être n'y avait-il pas eu de fuite, car il n'y avait rien à dévoiler que les gens du cru ne puissent découvrir tout seuls. D'un autre côté, la camionnette, localisée peu de temps après que Mrs Beech eut porté plainte pour vol, avait été louée à Croydon, par un homme avec une grande barbe noire, et qui parlait, d'après la fille de « Relyacar Rentals », avec un accent du nord de l'Angleterre. Aussi la police, qui avait passé Stantwich et Colchester au peigne fin, tourna-t-elle ses regards vers Humberside et Cleveland.

Wilfred Summitt et Mrs Elizabeth Culver passèrent à la télévision, mais ni l'un ni l'autre ne fit une prestation satisfaisante. Mrs Culver s'écroula et éclata en sanglots dès la première question qu'on lui posa. Et Pop, voyant là une opportunité de diffuser ses nouveaux dogmes, se lança dans un discours qui débutait par une harangue en faveur du rétablissement des exécutions publiques. Il continua à parler un certain temps après qu'on l'eut coupé au milieu d'une phrase, sans réaliser qu'il n'était plus à l'antenne.

Avant de se mettre en quête d'un endroit où habiter, Alan laissa la valise à la consigne de la gare de Paddington. Au théâtre, il l'avait mise sous son fauteuil, où elle ne gêna personne, car il était assis au premier rang. Il avait beaucoup aimé la pièce, et il s'était identifié à Faust, le héros. Lui aussi avait vendu son âme pour jouir du royaume terrestre – pour trois mille livres, entre parenthèses. Vois, vois comme le sang du Christ ruisselle au firmament ! Il avait plus ou moins ressenti cela, lui aussi, en marchant dans Kensington Gardens, tout en regardant le soleil se coucher. Trouverait-il, lui aussi, son Hélène, qui le rendrait immortel avec un baiser ? Cette pensée le fit rougir, dans la pénombre du théâtre, puis il rougit à nouveau en y repensant, tandis qu'il allait, à pied, de la gare de Paddington à Bayswater Road.

Notting Hill, avait-il décidé, serait sa future résidence, non pas parce qu'il y était déjà allé ou qu'il connaissait le quartier, mais parce que Wilfred Summitt disait que pour rien au monde il n'y mettrait les pieds. Lui non plus n'y était jamais allé, mais il en parlait comme d'une espèce de Sodome et Gomorrhe. Il y avait eu des émeutes raciales à Notting Hill dans les années cinquante, et à nouveau ces dernières années, ce qui était suffisant pour que Pop considère cet endroit comme un quartier diabolique où tout le monde était défoncé au haschich et où des Noirs vous plantaient des couteaux dans le dos. Alan se rendit dans deux agences de Notting Hill, et se vit donner toute une liste d'adresses prometteuses. Il visita trois studios avant le déjeuner.

Ce fut une surprise déplaisante, de découvrir que les propriétaires londoniens appelaient studio une pièce de trois mètres sur quatre, avec un évier et un réchaud dans un coin. Il pouvait difficilement croire au sérieux, a fortiori à l'honnêteté des descriptions suivantes : « entièrement équipé avec couverts » tout ça pour deux couteaux, deux fourchettes et deux cuillères de chez Woolworth, et « impeccablement meublé », quand il y avait deux fauteuils et un canapé recouverts de housses en nylon extensible. Après avoir déjeuné dans un pub – c'était une expérience nouvelle et formidable que d'aller dans des pubs –, il acheta un journal du soir, puis un transistor, et il alla lire le journal sur une chaise, à Kensington Gardens. Il apprit ainsi que l'Anglian-Victoria Bank offrait une récompense de vingt mille livres pour toute information qui mènerait à une piste permettant d'arrêter les braqueurs, et de les retrouver, lui-même et Joyce, sains et saufs. Une fille vint s'asseoir à côté de lui, et se mit à donner des petits morceaux d'un vieux gâteau aux pigeons et aux moineaux. Elle ressemblait tellement à la jeune fille de son fantasme, avec son long cou, ses mains fines et délicates, ses cheveux noirs, lisses comme un écheveau de soie, qu'il ne pouvait s'empêcher de la dévisager.

La deuxième fois que les yeux de la jeune fille rencontrèrent ceux d'Alan, elle sourit, et dit que c'était une honte, la façon dont les pigeons chassaient les moineaux et s'appropriaient les plus gros morceaux, mais que pouvait-on y faire ? Eux aussi devaient survivre.

Sa voix était bien timbrée, chaude, assurée. Elle l'intimidait, à cause de sa ressemblance avec la jeune fille de son fantasme, et le fait qu'elle lui ressemblât provoquait chez lui un bouleversement nouveau dû au désir. Était-elle son Hélène ? Il lui répondit d'une voix hésitante, et puis, étant donné que c'était elle qui avait commencé – elle lui avait parlé la première, et de toute façon il avait une bonne raison de poser cette question –, il lui demanda si elle habitait le quartier.

– À Pembroke Villas, dit-elle. Je travaille dans un magasin d'antiquités, le Pembroke Market.

Alors il dit, très vite, pour ne pas qu'elle se méprenne sur ses intentions – mais aurait-ce vraiment été une méprise ? :

– Je vous ai demandé ça parce que je cherche un endroit où habiter. Une simple chambre.

Elle l'interrompit avant qu'il ait pu lui expliquer à quel point il avait perdu ses illusions en ce domaine.

– C'est devenu beaucoup plus difficile de trouver à se loger, depuis deux ans. Mais il y a un bon moyen, c'est d'acheter les journaux du soir dès qu'ils paraissent, et de téléphoner tout de suite.

– Je n'ai pas essayé ça, dit-il.

Et il pensait à quel point se serait compliqué d'appeler depuis des téléphones publics, de se procurer suffisamment de pièces, et puis encore toutes ces nuits au Maharajah, et il se disait aussi combien se serait excitant, et affolant, de vivre dans la même maison qu'elle.

– Les marchands de journaux mettent parfois des annonces dans leurs vitrines, dit-elle. Il y en a à la maison de la presse, près du marché des antiquaires.

Était-ce une invite ? Elle s'était levée et elle lui souriait d'une manière encourageante. Pour la première fois, il remarqua à quel point elle était élégante, la jolie brune de ses rêves était habillée exactement comme ça. Comme sur la couverture du magazine *Vogue*, qu'il avait vu chez les marchands de journaux de Stantwich, mais que Pam ne pouvait s'offrir : tailleur en daim couleur café, long foulard en soie, gants en cuir surpiqués, et bottes d'un ton noisette, brillantes comme du verre.

– Puis-je vous raccompagner ? dit-il.

– Mais oui, bien sûr.

Ça faisait un bout de chemin. Elle parla de la difficulté qu'il y avait à trouver un logement, et raconta des anecdotes sur des amis à elle, sur les différentes façons dont ils avaient trouvé des appartements, sur leurs démêlés avec les propriétaires et les tribunaux à propos du loyer. Elle-même était propriétaire du rez-de-chaussée de la maison dans laquelle elle habitait. Il en conclut que son père était riche, et le lui avait acheté. Son côté décontracté faisait qu'il se sentait à l'aise, et il pensait à quel point c'était merveilleux de pouvoir à nouveau parler, et d'avoir trouvé, même pour très peu de temps, une compagne. Mais leurs relations devaient-elles être brèves ?

Elle le quitta devant le Pembroke Market.

– Si vous passez dans le coin, dit-elle, entrez pour me dire comment ça a marché.

Son sourire était hardi et engageant, mais pas effronté. Mais ça lui aurait été égal qu'il le fût. Il pensait, il était sûr, qu'elle attendait qu'il lui demande s'il pouvait la voir avant, s'il pouvait la voir le soir même. Mais une espèce de paralysie le prit. Il pouvait se tromper. Comment pouvait-il savoir ? Peut-on jamais savoir ? Elle pouvait très bien n'être qu'aimable et serviable, et tourner les talons, dégoûtée, à la première avance qu'il lui ferait.

Aussi lui dit-il simplement :

– Bien sûr que je passerai, vous avez été très gentille.

Et il la regarda s'éloigner, ravi de voir qu'elle était déçue.

Il n'y avait pas d'annonces proposant des logements, dans la vitrine du marchand de journaux, seulement des cartes affichées par des gens qui voulaient une chambre, qui avaient un landau ou des petits chats à vendre, et cette annonce incroyable d'une fille qui proposait des ménages et de « très strictes » leçons de français. Alors qu'il repartait, un panneau mobile, sur lequel étaient glissées les cartes, s'ouvrit de l'intérieur, et une main apparut. Quand il regarda derrière lui il vit qu'on avait affiché une nouvelle carte. Il la lut, d'un air de doute – car à quel genre de chambre pouvait-on s'attendre pour dix livres par semaine ? : 22 Montcalm Gardens, W11. Il chercha Montcalm Gardens dans son guide de Londres, et vit que la rue commençait à Ladbroke Grove, au niveau de ce qu'il avait déjà pris l'habitude de nommer, en pensée, la partie « agréable ». Un garçon d'une vingtaine d'années était en train de lire par-dessus son épaule. Alan se dit qu'il cherchait peut-être une chambre, lui aussi. Et si c'était le cas, Alan savait déjà qui arriverait là-bas le premier. Il avait les jambes lourdes, aussi fit-il à nouveau quelque chose qu'il n'avait jamais fait : copiant des gestes qu'il avait vus couronnés de succès chez d'autres, il héla, et trouva, un taxi.

Le nom sur la carte était Engstrand, et ça lui avait aussitôt fait penser au vieux Jacob et à Regina dans *Les Revenants* d'Ibsen. L'une des branches de la famille Forsyte avait vécu à Ladbroke Grove. C'était plaisant de pouvoir faire de telles associations littéraires. Lui-même était comme le personnage d'un livre, prêt à connaître l'aventure, peut-être même l'amour.

Dans Montcalm Gardens, deux rangées de grandes maisons victoriennes se faisaient face d'un air hautain, de chaque côté d'une large rue très droite. C'était une rue sans arbres, quoiqu'on pût voir des branches filiformes de platanes tout au bout. Elle avait un air de grandeur désuète, mais nullement décadente. Il y avait des petits balcons accrochés aux maisons, avec des rambardes dont les supports ressemblaient à des pieds de chaises Chippendale, et chaque maison avait un porche, en haut d'une volée de marches, un porche avec des pilastres, et un étroit auvent plat. La première chose qu'il remarqua en arrivant au numéro 22, ce fut à quel point les fenêtres étaient propres et brillantes, et que derrière celle qui était le plus près du porche, il y avait bien une centaine de narcisses dans un grand bac en cuivre.

Ce fut une femme, Mrs Engstrand, supposa-t-il, qui lui ouvrit la porte. Elle le regarda d'un air interrogateur, la tête légèrement inclinée sur le côté.

– J'ai vu votre annonce, commença-t-il.

– Déjà ? Il n'y a qu'une demi-heure que je l'ai mise. Je viens juste de rentrer.

– Ils étaient en train de l'afficher quand je l'ai vue.

– Eh bien ne restez pas là. Entrez.

Sa voix était à la fois distraite et intense, c'était celle d'une personne cultivée, et vu son apparence, il ne se serait pas attendu à cette voix-là. Elle ne portait aucun maquillage sur son pâle visage, qui semblait émerger de cette masse de cheveux bruns et bouclés, qui paraissait comme englouti par sa chevelure. Était-elle réellement sortie habillée comme ça, avec ce jean effrangé, ce pull avec un trou au coude ? Elle devait avoir environ trente ans, peut-être plus.

Il entra, et elle referma la porte derrière lui.

– Je crains que la chambre ne soit au sous-sol, dit-elle. Je vous le dis maintenant, au cas où vous auriez quelque chose contre les sous-sols.

– Je ne pense pas, non, dit Alan.

D'après ce qu'il pouvait voir du vestibule, et, par une porte ouverte, de l'intérieur d'une pièce, la maison était magnifiquement, et même luxueusement meublée. Il y avait là, en évidence, toutes ces choses qui tendent à faire perdurer un archétype de beauté domestique : des vieux meubles soigneusement astiqués, des bibelots précieux, des photos dans de fins cadres d'argent, un paravent chinois, des chaises recouvertes de soie sauvage, des miroirs ovales et longs, et encore des fleurs dans des vases peu profonds. Et tout était d'une exquise propreté. Qu'allait-on lui offrir, ici, pour dix livres par semaine ? Un placard derrière l'escalier ?

En bas, au sous-sol, il y avait un genre de corridor avec des murs blancs, moquette de crin rouge. Il attendait qu'on lui montre le placard. Elle ouvrit une porte et il vit à la place ce qu'il s'était attendu à voir dans la première maison avant d'avoir perdu ses illusions.

– C'est grand, en tout cas, dit-elle, et ce n'est pas vraiment sombre. La cuisine est de l'autre côté. Les locataires ont la jouissance du jardin. Je crains que toute personne qui prendrait cette chambre ne doive partager la salle de bains avec Mr Locksley, mais il est très très gentil. Il a la chambre sur le devant de la maison.

Cette chambre-là était grande, avec des portes-fenêtres. Il y avait des étagères sur tout un mur, et ces étagères étaient pleines de livres. Les meubles n'avaient pas la même valeur que ceux qu'il y avait en haut, mais c'était du beau mobilier victorien, et le sol était tapissé du même crin rouge que le couloir. Il avait l'air neuf, comme si personne n'avait jamais marché dessus. Alan regarda par la fenêtre et vit une pelouse, des jonquilles, deux petits bouleaux, et un mur de briques au sommet triangulaire, recouvert de lierre.

– C'est la chapelle d'un couvent. Il y a beaucoup de couvents, par ici. C'est le pays du Cardinal Mannings. Les oblats de Saint-Charles, vous savez.

– Comme dans cet essai de Lytton Strachey, dit-il.

– Oh, vous avez lu « ça » ? (Il se retourna et vit que son petit visage d'oiseau au regard intense était tout rayonnant.) N'est-ce pas adorable ? dit-elle. Je le relis tous les ans. *Eminent Victorians* est là-haut, sur la dernière étagère. Oh, vous aimez les livres ? Il n'y a pratiquement que des romans, vous savez, et on ne peut les mettre nulle part ailleurs parce que mon beau-père a horreur des romans.

Alan était perplexe.

– Et pourquoi ? demanda-t-il.

– Il dit que la fiction est la cause de la plupart de nos problèmes, parce qu'elle nous incite à fantasmer et à vivre des vies par procuration, au lieu de nous confronter avec la réalité. C'est Ambrose Engstrand, vous savez.

Non, Alan ne savait pas. Il n'avait jamais entendu parler d'Ambrose Engstrand. Voulait-elle dire qu'il pouvait avoir la chambre ?

– Je peux vous donner des références bancaires, dit-il. ça suffira ?

– Je *déteste* devoir en demander, dit-elle avec conviction. Ça paraît tellement grossier. Mais Ambrose dit que je dois le faire. En ce qui me concerne, toute personne qui aime *Eminent Victorians* me va. Mais c'est la maison d'Ambrose et je suis obligée de faire ce qu'il dit.

– Mon nom est Browning, dit Alan. Paul Browning. Et mon adresse actuelle : 15, Exmoor Gardens, NW2. Ma banque c'est l'Anglian-Victoria, agence de Paddington Station. (Il hésita.) Pensez-vous que je puisse emménager cette semaine ?

– Emménagez aujourd'hui, si vous voulez. (Elle repoussa son épaisse masse de cheveux en arrière, sourit de son étonnement.) Je n'avais pas l'intention d'écrire vraiment à cette banque. Je ferais simplement croire à Ambrose que je l'ai fait. Caesar – c'est Mr Locksley – n'a même pas de banque. Ça ne veut rien dire d'avoir une banque. J'en ai eu la preuve parce qu'il paye toujours son loyer en temps et en heure, et puis je savais qu'il serait adorable, parce qu'il connaît tous les sonnets de Shakespeare par cœur. Vous imaginez ?

La tête lui tournait, il dit qu'il lui était très reconnaissant, et merci beaucoup, et qu'il allait emménager dès ce soir. Il retourna à la gare de Paddington chercher la valise, puis il alla boire une tasse de thé dans un café. Il était Paul Browning, autrefois domicilié à Northwest Two (où que ce fût), habitant aujourd'hui Montcalm Gardens, Notting Hill. Ce serait sous ce nom qu'il se présenterait à la fille aux cheveux noirs, demain, quand il irait à Pembroke Market pour lui raconter ce qui s'était passé. Demain, néanmoins, pas aujourd'hui. Il s'était déjà passé suffisamment de choses aujourd'hui. Il avait besoin de calme, de tranquillité, pour rameuter toutes ses pensées et s'inventer un mode de vie.

11

Le père de Joyce Culver proposa sa maison, ou l'argent qu'il en tirerait s'il la vendait, pour que sa fille lui soit rendue saine et sauve. C'était tout ce qu'il possédait.

Marty et Nigel l'apprirent dans le journal.

– À quoi bon avoir une maison ou le fric correspondant à sa valeur, dit Nigel, si on est en prison ?

– On pourrait lui faire promettre de ne rien dire aux flics. Et alors il pourrait la vendre et nous donner l'argent.

– Ah ouais ? Et pourquoi il ferait ça une fois qu'il aurait retrouvé sa fille ? Réfléchis un peu.

Ils parlaient à voix basse sur le palier. Joyce était aux toilettes, en train de lancer un nouveau message par la fenêtre, enveloppé cette fois autour du couvercle en métal d'un bocal en verre. Même dans une maison d'habitation normale, et la chambre de Marty était loin de mériter cette appellation, il est difficile de trouver un objet qui soit à la fois suffisamment lourd pour tomber, incassable, et assez petit pour qu'on puisse le cacher sur soi. Joyce ne put voir où il tombait. Elle ne savait pas que sous la fenêtre, il y avait un petit espace contenant cinq poubelles, et que les éboueurs avaient déjà jeté la pierre ponce et le papier qui l'entourait, dans les broyeurs à l'arrière de leur camion. L'une des poubelles n'avait plus de couvercle, et c'est dans celle-là que le deuxième message de Joyce tomba, sur le dessus d'un sac d'épluchures de pommes de terre, que Bridey avait posé là, la veille au soir.

– Quand est-ce que je vais sortir d'ici ? dit Joyce, en réapparaissant.

– Parle plus bas. (Nigel était horrifié, malgré l'absence de Bridey et la surdité de Mr Green.)

– Quand est-ce que je vais sortir d'ici ! cria Joyce, le plus fort qu'elle put.

Marty lui plaqua une main sur la bouche, et la tira jusque dans la chambre sans ménagements. Elle sentit qu'on lui enfonçait le pistolet dans les côtes, mais elle commençait à avoir des doutes à propos du pistolet, elle commençait à avoir sa petite idée à ce sujet.

– Si tu fais ça encore une fois, dit Marty, tu n'auras plus qu'à pisser dans la cuisine, dans un pot.

– Charmant, dit Joyce. Je suppose que c'est à ça que t'es habitué, j'imagine que c'est comme ça que vous faisiez, dans ta maison. Je devrais plutôt dire porcherie. Vous aviez une fosse septique et une cabane au fond du jardin, non ? Ça ne me surprendrait pas du tout.

Elle releva la tête et le regarda. Marty commençait à la haïr, parce que le coup avait porté. Elle venait de décrire très précisément les sanitaires de la petite maison de son père. On était jeudi, et ils étaient enfermés dans cette chambre depuis le lundi soir. Et s'ils partaient en la laissant là ? Ils pouvaient très bien la ligoter, puis l'attacher à la gazinière, ou ailleurs, afin qu'elle ne puisse pas bouger. Et puis une fois loin, et en sécurité, ils appelleraient la police, ils passeraient l'un de ces coups de fil anonymes pour dire où elle était. Il pensait que ça marcherait. C'était Nigel, qui lui disait en chuchotant, sur le palier, ou pendant que Joyce lavait – elle passait son temps à laver – qu'il n'en était pas question. Où pourraient-ils aller, disait-il, pour qu'on ne puisse pas localiser leur coup de fil ? Quand ils leur auraient donné cette adresse, ils sauraient qui était Marty, et très vite qui était Nigel. Dans ce cas, ils n'avaient qu'à se rendre dès maintenant. Nigel avait dit qu'il avait un plan, quoiqu'il n'eût pas précisé lequel, et Marty pensait que ce plan c'était du pipeau, et que Nigel, tout comme lui, ne savait pas quoi faire.

Sa seule consolation, c'était qu'il pouvait boire autant qu'il voulait. La veille, il avait bu plus d'une demi-bouteille de whisky, et aujourd'hui, il allait la finir et en commencer une autre. Il n'arrivait pas à comprendre pourquoi Nigel s'était mis à passer de la pommade à Joyce, à la flatter. Pourquoi faire ça, quand il était évident que la seule attitude à adopter était de lui donner une peur bleue ? Nigel lui avait fait acheter *Woman* et *Nineteen*, et porter les draps et les taies d'oreillers à la laverie automatique, au coin de la rue. Nigel, qui aimait la saleté, et qui disait toujours que c'était bourgeois d'être propre ! Marty se servit une grande tasse de whisky.

– Tu peux me rapporter de la laine et des aiguilles la prochaine fois que tu sors, dit Joyce. J'ai besoin de m'occuper un peu en tricotant.

– Je ne suis pas ton esclave.

– Fais comme elle dit, dit Nigel. Pourquoi pas, si ça lui fait plaisir ?

La pièce était d'une propreté remarquable. Joyce avait même lavé les rideaux, et Nigel, en s'aidant du langage par gestes, d'un crayon et d'un papier, avait emprunté un fer à Mr Green, afin qu'elle puisse les repasser, puis repasser son chemisier fraîchement lavé. Marty pensait que Nigel avait dû perdre la tête, ce n'était pas la bonne manière de saper le moral de Joyce. Marty lançait des regards mauvais à la jeune fille. Elle avait l'air de quelqu'un qui va partir travailler, et qui fait un métier dans lequel l'apparence compte énormément.

Deux heures plus tôt, elle s'était lavé la tête. Elle portait un chemisier tout propre, une jupe sans un seul pli, et maintenant elle se limait les ongles. C'était encore une des choses que Nigel l'avait envoyé acheter, une lime à ongles, il avait même vaguement parlé de mascara. Mais Marty s'y était refusé. Il n'allait sûrement pas acheter ce foutu mascara, pas question.

Nigel ne dit pas grand-chose de toute la journée. Il réfléchissait. Marty l'écœurait avec ses idées idiotes et ce côté perpétuellement abruti par le whisky. Il aurait dû être capable de comprendre qu'ils ne pouvaient pas se débarrasser de Joyce. Où qu'ils aillent, ils devaient l'emmener. Cependant il savait qu'ils ne pouvaient sortir avec elle dans la rue, ils ne pouvaient voler une autre voiture pendant qu'elle était avec eux. Pourtant, il fallait qu'elle soit avec eux, et le seul moyen d'y arriver, était de la faire pencher, d'une manière ou d'une autre, de leur côté. C'était dans le but mal défini et pourtant clair de l'attirer dans son camp, que Nigel s'était mis à être gentil avec elle. C'était pour ça qu'il disait à Marty d'acheter des choses pour elle, qu'il la complimentait sur son apparence et sur la propreté des lieux – quoiqu'il détestât cela – et pour ça que ce soir-là il envoya Marty chercher des T-bone steaks, car Joyce avait dit qu'elle aimait les steaks.

Il y avait eu des hold-up, se dit-il, à la suite desquels des otages avaient subi un tel lavage de cerveau de la part de leurs ravisseurs, qu'ils étaient passés dans leur camp. Certains avaient même participé aux attaques suivantes. Nigel n'avait pas l'intention d'employer les méthodes de l'armée de libération symbionaise, il n'avait aucune doctrine à inculquer à quiconque, mais il devait y avoir d'autres moyens. Et le vendredi matin, il avait trouvé un moyen.

Il était allongé sur le matelas, dans la lumière jaune qui était la même à l'aube qu'en pleine nuit. Il éloigna son corps de celui de Marty, qui ronflait, et sentait la sueur et le whisky, il regarda la courbe pleine et pâle de la joue de Joyce, ses paupières roses et délicates, closes sur son sommeil. Il se leva, alla dans la cuisine, où il se regarda dans le petit miroir brisé de Marty, au-dessus de l'évier. Et il se retrouva face à deux magnifiques yeux bleus, un nez bien droit, une bouche expressive et joliment dessinée. N'importe quelle pouf craquerait pour moi, pensa-t-il, puis il se souvint qu'il ne devait pas employer ce mot, et pourquoi, et la peur le prit.

Marty sortit et revint avec de la laine marron, quatre aiguilles à tricoter, du papier hygiénique correct, du dentifrice – et deux nouvelles bouteilles de whisky. Ils ne prenaient pas la peine de compter l'argent, de l'économiser, ni de noter ce qu'ils avaient dépensé. Marty se contentait de prendre une poignée de billets dans le sac chaque fois qu'il sortait. Il achetait de la nourriture chère, et des choses pour Joyce. Il s'achetait aussi des choses pour lui – des saloperies, selon Nigel : des magazines pornographiques, des verres pour boire son whisky, et, maintenant qu'il pouvait se permettre à nouveau de fumer, des cartouches de cigarettes blondes très fortes. Il se défilait devant ses responsabilités, il lui laissait surveiller Joyce, se disait Nigel. Ça le rendait fou de voir Marty assis là, les faisant tousser avec la fumée de ses cigarettes, et jubilant à la vue de ces magazines dégoûtants. Il était gêné pour Joyce, quand Marty regardait ces photos devant elle, mais il ne savait pas pourquoi il l'était, pourquoi il s'en souciait.

Joyce le remarquait à peine et ne s'en souciait pas le moins du monde. Elle avait l'attitude qu'ont la plupart des femmes, vis-à-vis de la pornographie : elle trouvait ça ennuyeux et dégoûtant, et ne voyait pas en quoi ça pouvait être attrayant. Elle avait quelques idées intéressantes à propos du pistolet, notamment qu'il n'était pas chargé, et que ce n'était pas un vrai pistolet. Elle avait écrit sur tous ses messages – il y en avait un troisième glissé dans son soutien-gorge – qu'ils avaient tué Alan Groombridge, mais à présent elle se demandait si c'était vrai. Elle était obligée de se baser sur ce qu'ils lui avaient dit, or on ne pouvait pas croire un seul mot de ce qu'ils racontaient. Ce pistolet pouvait très bien être un jouet. Elle avait lu que les braqueurs utilisent de faux pistolets parce qu'il est difficile d'en trouver des vrais. Ça leur aurait assez ressemblé de jouer avec un pistolet factice. Si elle arrivait à mettre la main dessus, et qu'elle découvrait que ce n'était qu'un jouet, ou qu'il n'était pas chargé, alors elle serait libre. Elle ne réussirait peut-être pas à ouvrir la porte, la clé étant autour du cou de Nigel, mais elle pourrait partir en courant quand ils l'emmèneraient aux toilettes, ou casser un carreau, la nuit, et se mettre à hurler.

Mais comment allait-elle jamais pouvoir mettre la main sur le pistolet ? Ils le gardaient sous leurs oreillers pendant la nuit, et si Marty dormait profondément, Nigel, lui, avait le sommeil léger. Ou Robert, car c'est ainsi qu'elle l'appelait dans ses pensées. Marty, elle l'appelait le petit brun. Il lui était arrivé de se réveiller la nuit et de les regarder, alors Robert avait bougé et l'avait regardée à son tour. C'était démoralisant. Peut-être qu'une nuit, dans l'hypothèse où la police ne viendrait pas et où personne ne trouverait ses messages, Robert se soûlerait lui aussi, et qu'elle aurait sa chance. Elle avait cessé de trop penser à Maman, Papa et Stephen, car lorsqu'elle le faisait, elle ne pouvait s'empêcher de pleurer. Et elle n'allait sûrement pas pleurer, pas devant eux, même la nuit. À la place, elle pensait au pistolet, et aux moyens de s'en emparer, car tout comme Marty, elle n'avait aucune confiance dans les plans que pourrait concocter Robert. Si elle ne s'échappait pas, ils allaient la garder là indéfiniment.

Le vendredi soir, ils mangèrent de la truite fumée, des plats grecs à emporter, des diplomates de chez Marks & Spencer, et Marty but la moitié d'une bouteille de Teacher's. Ils n'achetaient que des plats cuisinés, car Marty et Nigel ne savaient pas faire la cuisine, et Joyce ne voulait pas cuisiner pour eux. Joyce s'était assise sur le sofa, et avait allongé ses jambes, pour les empêcher de venir s'asseoir à côté d'elle. Elle avait déjà fait quinze centimètres du devant de son pull, et elle continuait résolument à tricoter.

– En fait, dit-elle, vous ne savez pas quoi faire de moi, n'est-ce pas ? Vous vous êtes mis dans un beau pétrin en m'amenant ici, et maintenant vous ne savez plus comment vous en sortir. Mon Dieu, mais moi toute seule je pourrais braquer une banque beaucoup mieux que vous. Vous êtes vraiment des bébés.

Nigel conserva son sang-froid. Il alla même jusqu'à sourire. Quand il souriait, il avait un air adorable, l'air d'un petit garçon.

– T'as peut-être pas tort, là, mon amour. On a fait une erreur, oui. Tout le monde fait des erreurs.

– Moi pas, dit Joyce, avec arrogance. Quand on fait ce qu'on doit faire, quand on respecte la loi, quand on assume ses responsabilités et qu'on se trouve un travail stable, on ne fait pas d'erreurs.

– La ferme ! cria Marty. Ferme ta gueule, salope ! Pour quoi tu te prends, pour nous servir ces monceaux de conneries ? Faut pas que t'oublies que t'es notre prisonnière.

Joyce lui sourit en prenant son temps. Puis elle fit l'une des rares remarques profondes qu'elle devait jamais proférer.

– Oh, non, dit-elle. Je ne suis pas votre prisonnière. C'est vous, qui êtes mes prisonniers.

12

L'homme qui s'appelait Locksley rentra au moment où Alan rangeait ses vêtements, et cachait l'argent dans l'un des tiroirs d'une commode victorienne en acajou. La porte de la chambre d'à côté se referma discrètement, et pendant à peu près une heure, une douce musique filtra à travers le mur, de la musique d'un genre qu'on appelle baroque, pensa Alan. Il aima beaucoup cette musique, et il fut navré quand elle s'arrêta, et qu'à nouveau Locksley sortit.

La maison était silencieuse à présent, le seul bruit étant la rumeur lointaine de la circulation sur Ladbroke Grove. Cela le surprit. Puisque sa propriétaire avait un beau-père, elle devait également avoir un mari, et vu son âge, très probablement de jeunes enfants. Mais Alan avait l'impression d'être seul dans la maison, ce qui ne pouvait pas être le cas. En effet, par les portes-fenêtres, il voyait de la lumière qui venait de l'étage, et qui éclairait la pelouse. Les deux radiateurs de sa chambre s'étaient mis en marche à 6 heures, et il faisait agréablement chaud, mais il ne semblait y avoir ni eau ni quoi que ce soit qui les alimentât. Après avoir cherché en vain quelque interrupteur ou compteur, il monta au premier, voir Mrs Engstrand.

Il frappa à la porte de la pièce d'où venait la lumière. Elle ouvrit elle-même, et il n'y avait personne avec elle. Elle avait toujours son jean et son pull, et pas la longue jupe qu'il s'attendait plus ou moins à la voir porter le soir.

– Je suis vraiment désolée. Il y a un chauffe-eau électrique dans le couloir, dans ce placard à côté de la porte de votre chambre, et vous le partagez avec Caesar. J'imagine qu'il a dû l'éteindre. Il faut que je lui dise de le laisser allumé tout le temps, maintenant que vous êtes là. Je vais descendre avec vous et vous montrer.

Il n'avait qu'entr'aperçu l'intérieur de la pièce, mais c'était suffisant. Un tapis sombre, des rideaux en satin jaune paille, des murs tendus de soie, des porcelaines de Chine, des photos encadrées d'un homme âgé et séduisant, et d'un homme plus jeune encore plus séduisant.

– Caesar est très prévenant. (Elle lui montra le chauffe-eau et l'interrupteur.) Il est toujours en train d'essayer de me faire économiser de l'argent, alors que ce n'est vraiment pas la peine.

C'est moi qui paie les factures pour cette partie de la maison. Ambrose ne les voit même pas.

Il ne comprit pas ce qu'elle voulait dire, et il était trop timide pour poser des questions. La timidité l'empêcha également de lui demander d'entrer pour boire un verre. Pourtant, il avait de quoi boire, il s'était fait une réserve de cognac, de vodka et de gin, en arrivant. Les bouteilles faisaient très bien sur le dessus de la commode. Lorsque le mari, le jeune Engstrand, réapparaîtrait, peut-être Alan les inviterait-il tous les deux, avec ce Caesar, et la fille aux cheveux noirs. Ça lui donnerait un prétexte pour inviter la jeune fille.

Ce soir-là, puis à nouveau le matin, il écouta la radio. Il n'y avait rien sur Joyce, ni sur lui, car pour les media : pas de nouvelles, mauvaises nouvelles. Il acheta un journal dont les gros titres étaient : « Fiasco pour les revendications salariales » et « L'échange de femmes finit par un meurtre. » Dans le coin, en bas, à gauche, il y avait un paragraphe stipulant que le père de Joyce était prêt à offrir sa maison pour qu'on lui rende sa fille. Alan se demanda ce que feraient la police, et la banque, si Joyce réapparaissait, saine et sauve, et qu'elle leur disait qu'elle était seule dans la banque quand les deux hommes étaient entrés – oui, ils n'étaient que deux, et il n'y avait que quatre mille livres dans le coffre et les caisses. Il était très probable qu'elle allait leur dire ça. Et Alan s'interrogea : s'il se demandait ça, était-ce parce qu'il ne voulait pas qu'elle réapparût saine et sauve ? Cette idée était gênante, inquiétante, alors il la chassa de son esprit et se rendit dans cette librairie papeterie plutôt haut de gamme, au fond de laquelle il y avait des casiers avec des livres de poche. Il n'avait pas besoin d'acheter de livres, sa chambre étant une petite bibliothèque, mais il avait depuis longtemps l'habitude de toujours regarder ce qu'il y avait dans les librairies, alors pourquoi rompre avec une si bonne habitude ?

Ce n'était pas vraiment une coïncidence, si parmi les livres rangés au rayon philosophie et sciences humaines, il tomba sur des œuvres d'Ambrose Engstrand. Sans doute ses livres étaient-ils dans la plupart des librairies. Alan n'avait simplement jamais eu de raison de les remarquer auparavant.

Il sortit *La Gloire du Réel* et lut au dos de la jaquette que son auteur était philosophe et psychologue. Il avait des diplômes qui remplissaient une ligne entière, il avait eu une chaire de philosophie dans quelque université du Nord, et vivait, quand il ne voyageait pas, dans West London. Parmi ses autres œuvres, il y avait *Néo-Empirisme*, et *Rêve, l'Opiat.*

Alan lut la première page de l'introduction. « À l'époque moderne, même si ça n'a jamais été le cas à travers l'histoire, l'essentiel a toujours été le rêve. Pensez aux contextes dans lesquels nous employons ce mot. “La femme de mes rêves”, “C'était comme un rêve”, “Dans mes rêves les plus fous”. L'humanité s'est débarrassée du réel. Le jugeant horrible et insupportable, elle l'a esquivé, méprisé, abandonné pour le sombre pays du fantasme. » Quelques pages plus loin, il trouva : « Comment cela a-t-il pu arriver ? La cause n'est pas difficile à déterminer. La société n'a pas toujours été malade, elle n'a pas toujours poursuivi des mirages et créé des chimères. Avant l'avènement du roman, vers 1740, date à laquelle le fait de vivre par procuration a été pour la première fois proposé à l'homme comme mode de vie, et où la fiction a soulevé le couvercle de la boîte de Pandore du fantasme, l'homme acceptait la réalité, il la vivait, et il l'aimait. » Alan remit le livre en place. Une livre et cinquante pence, cela semblait un peu cher, surtout que – et il sourit intérieurement – il y avait de nombreux romans qu'il n'avait pas encore lus, à Montcalm Gardens.

Mais il était certain qu'il avait vendu son âme et qu'il avait fui, dans le but de trouver ce que cet Engstrand appelait le réel, aussi avait-il intérêt à aller directement à Pembroke Market. La fille aux cheveux noirs n'était pas là, c'était son jour de congé, et Alan ne demanda pas le numéro de sa maison à l'homme à qui il s'adressa. Mais il apprit qu'elle s'appelait Rose. Demain il allait revenir et voir Rose et trouver le courage de lui demander de sortir avec lui samedi soir. Le samedi soir c'est fait pour sortir, se dit-il, sans comprendre que pour lui, désormais, chaque soir était un samedi soir.

Il passa le reste de la journée à la Hayward Gallery, fit une excursion en bateau jusqu'à Greenwich, et alla au cinéma dans le West End, voir un film de Fassbinder qui, bien qu'intellectuel et obscur, aurait fait se dresser les maigres cheveux de Wilfred Summitt.

Il n'y avait rien sur Joyce dans le journal du soir, seulement les gros titres suivants : « Nouvelle donne dans les revendications salariales » et « Un Boeing Sabena aux prises avec des pirates de l'air ». Alan était dans sa chambre depuis dix minutes, quand il entendit frapper à la porte.

Un homme d'environ trente ans, avec des cheveux roux et ce teint cireux qui va parfois de pair avec cette couleur de cheveux, se tenait sur le seuil.

– Locksley. J'ai pensé que je pouvais venir dire bonjour.

Alan faillit dire qu'il s'appelait Groombridge. Il se reprit juste à temps.

– Paul Browning. Entrez.

L'homme entra et regarda autour de lui.

– On a vraiment de la chance tous les deux, d'avoir trouvé cet endroit, dit-il. Mais au fait, je m'appelle Caesar. Ou peut-être devrais-je dire que c'est le nom que je me suis donné. Mon vrai nom est Cecil. J'avais le rôle titulaire de Jules César, à l'école, et je l'ai adopté, en quelque sorte.

– Vous connaissez vraiment tous les sonnets de Shakespeare par cœur ?

– C'est Una qui vous a dit ça, n'est-ce pas ? (Caesar sourit.) Je ne suis pas un génie. J'ai juste une bonne mémoire. Una est une femme adorable, mais elle est folle. Elle m'a dit qu'elle vous avait loué cette chambre parce que vous aviez lu un essai sur le Cardinal Manning. Ça vous dirait d'aller à l'Elgin, ou quelque part pour s'en boire un petit tranquille ?

– Un petit tranquille ? dit Alan.

– Eh bien, on ne va pas s'en boire un vite fait, hein ? Pas d'euphémismes entre nous. Il faut qu'on assume le réel, comme dirait Ambrose. Ça vous ennuie si on emmène Una ?

Alan dit que ça ne l'ennuyait pas, mais, et si son mari rentrait ? Caesar lui jeta un regard en coin, et dit qu'il n'y avait aucun risque, grâce à Dieu. Cependant, il revint pour dire qu'elle ne pouvait pas, car elle attendait un coup de fil de Djakarta, alors ils allèrent au Kensington Park Hotel tout seuls.

– Vous voulez dire qu'il n'y a pas de mari ? dit Alan, quand Caesar leur eut payé deux demis.

C'était une expérience étrange pour lui, qui n'était jamais sorti « entre hommes », et n'était jamais allé beaucoup dans les pubs, excepté avec Pam, pendant les vacances.

– Elle est veuve ?

Caesar secoua la tête.

– Le beau Stewart est vivant, et en train de faire des folies quelque part aux Antilles avec sa nouvelle femme. Je l'ai su par Annie, c'est ma petite amie. Elle a connu ce Stewart à l'époque où il était la coqueluche de Hampstead. Una est l'une des personnes les plus seules que je connaisse. C'est une petite fille abandonnée. Mais que faire ? Je ferais bien quelque chose, moi, seulement j'ai Annie.

– Il doit y avoir des hommes libres dans la course, dit Alan.

– Pas tant que ça. Una a trente-deux ans. Elle n'est pas mal, mais elle n'est pas renversante, hein ? La plupart des types qui ont l'âge qui conviendrait sont mariés, ou fiancés. Elle ne sort pas beaucoup, elle ne rencontre jamais personne. Mais vous ne seriez pas intéressé, je suppose ?

Alan rougit, espérant que dans la faible clarté du pub, ça ne se voyait pas. Il pensa à Rose, à son sourire engageant, à son élégance, à la jeune fille de ses rêves prête à prendre corps. Pour refuser Una, il choisit l'expression qu'il pensait être la bonne :

– Je ne la trouve pas attirante.

– Dommage. La vérité, c'est qu'elle devrait mettre de la distance entre elle et Ambrose. Évidemment qu'il l'a sauvée. Il a probablement sauvé sa santé mentale et sa vie, mais tout l'aspect dynamique de cette personnalité – c'est comme Trilby et Svengali.

– Pourquoi est-ce qu'elle vit dans sa maison ?

– Elle était mariée à ce Stewart, qui comme beau garçon se pose un peu là. J'ai vu des photos. Je vais vous dire, si je n'étais pas complètement hétéro, il m'exciterait. Una et lui avaient un appartement à Hampstead, mais il partait tout le temps avec d'autres femmes. Il n'arrivait pas à leur résister, dit Annie, et puis elles lui tombaient toutes dans les bras. À un moment donné, Una n'a pas pu continuer à le supporter, et ils se sont séparés. Ils avaient cette enfant, elle s'appelait Lucy. Elle avait deux ans. Stewart la prenait le week-end.

– La prenait ? l'interrompit Alan. Vous voulez dire qu'elle est morte ?

– Stewart l'emmenait passer le week-end dans l'appartement de sa petite amie du moment. Je devrais dire taudis. Lui et la dame sont sortis pour boire un verre tranquille, et pendant ce temps-là, Lucy a renversé un appareil de chauffage à huile, et sa chemise de nuit a pris feu.

– C'est horrible.

– Oui. Una a été malade pendant des mois. Le beau Stewart s'est volatilisé après que le coroner lui a passé un savon pendant l'enquête. Il s'est enfermé dans un cottage que sa mère lui avait légué, à Dartmoor. Et c'est là qu'intervient Ambrose. Il a ramené

Una ici, et il s'est occupé d'elle. À l'époque il écrivait son grand-œuvre, *Le Néo-Empirisme*. Il se dit lui-même néo-empiriste. Mais il a laissé tomber son livre pendant des mois et il s'est consacré à elle. C'était il y a trois ans. Depuis, elle a vécu ici et elle a joué le rôle de maîtresse de maison. Et en janvier, avant de partir à Java, il a fait aménager le sous-sol. Il a dit qu'il fallait qu'elle le loue et que les loyers lui servent de revenu. Il a dit que ça allait lui apprendre à assumer des responsabilités et à faire de nouveau face à la réalité.

– Et qu'est-il arrivé à Stewart Engstrand ?

– Il a réapparu au bout de quelque temps, et il a voulu qu'Una revienne avec lui. Et Ambrose a dit qu'il ne ferait que se réfugier dans le fantasme de la mère, alors qu'il fallait qu'il expérimente la réalité de son exceptionnelle beauté et de sa sexualité. Alors il a œuvré en ce sens en se liant avec une autre dame, qui est riche, et qui l'a emmené dans sa maison à Trinidad. Une autre bière ? Ou est-ce que vous préférez quelque chose de plus fort ?

– À mon tour, dit maladroitement Alan, ignorant si c'était l'usage, Caesar l'ayant invité.

Apparemment oui, car Caesar n'émit aucune objection, et Alan sut qu'il apprenait, qu'il se faisait des amis, et qu'il expérimentait la réalité qu'il avait choisie, à Childon, quand il manipulait l'argent.

Rose était là, quand il retourna au Pembroke Market, le vendredi. Elle avait relevé ses cheveux, qui entouraient sa tête en deux lourdes tresses, et mis une longue robe noire avec des ornements argentés. Elle avait l'air lointaine, mystérieuse, séduisante. Il avait sa tirade toute prête, il l'avait répétée tout le long du chemin depuis Montcalm Gardens.

– J'avais dit que je viendrais, pour vous dire comment ça avait marché. J'ai trouvé quelque chose en regardant dans la vitrine de ce marchand de journaux, et c'est idéal. Sans vous, je n'aurais jamais pensé à regarder. Je vous suis tellement reconnaissant. Si vous êtes libre demain soir, si vous n'avez rien de spécial à faire, je me demandais si – eh bien, si nous pouvions sortir ensemble. Vous avez été si gentille.

Elle haussa les sourcils et lui dit :

– Vous voulez sortir avec moi parce que j'ai été gentille ?

– Ce n'était pas seulement ça que je voulais dire.

Elle l'avait mis dans l'embarras, ce qui fit trembler sa voix. Mais il eut l'inspiration de lui dire, effrayé par sa propre audace :

– Personne ne saurait penser à vous en ces termes. Pas après vous avoir vue.

Elle sourit.

– Ah, dit-elle. C'est mieux.

Elle le dévora des yeux. Il regarda ailleurs, mais il semblait au-delà de toute honte.

Avec toute la désinvolture qu'il put trouver en lui, il déclara :

– On peut dîner, peut-être, et aller au théâtre ? Puis-je organiser quelque chose et – et vous appeler ?

– Je serai au magasin demain toute la journée, dit-elle. Téléphonez quand vous voudrez.

C'était étrange et fascinant, la façon dont ces simples mots semblaient tant suggérer et tant promettre. C'était sa voix, supposa-t-il, et sa calme assurance, et la façon qu'elle avait de tourner la tête, comme un cygne. Elle eut un petit rire clair.

– Vous n'avez pas oublié quelque chose ?

– J'ai oublié quelque chose ? (Il avait sans arrêt peur de faire un impair. Alors là, qu'avait-il fait ?)

– Votre nom, dit-elle.

Alan lui dit qu'il s'appelait Paul Browning. Il s'écoula quelques heures avant qu'il ne commence à avoir la frousse. Mais entre-temps, il avait réservé une table dans un restaurant dont il avait eu le numéro dans une publicité, dans un journal du soir. Et là, planté devant un théâtre, il était en train de prendre son courage à deux mains pour aller acheter deux places d'orchestre pour Rose et lui.

13

Tout comme Alan Groombridge, Nigel vivait dans un univers fantasmé. La seule chose qu'il aimait, dans les magazines de Marty, c'étaient les publicités avec des jeunes hommes du même âge que lui, mais pas plus beaux que lui, des types posant avec des lunettes noires, devant des Lotus, ou se prélassant dans des penthouses, un verre de cognac à la main. Il se voyait dans un endroit comme ça avec Joyce pour esclave, à son service. Il la faisait agenouiller devant lui quand elle lui apportait sa nourriture, et si ce n'était pas à son goût, il lui donnait des coups de pied.

Elle était au courant de tous les coups qu'il montait – car il était devenu l'empereur européen du crime – mais elle gardait jalousement ses secrets, car elle le vénérait, et recevait ses coups et ses insultes avec la dévotion d'un chien. Ils vivaient à Monaco, ou peut-être à Rome, et il y avait d'autres femmes dans sa vie, des mannequins et des stars de cinéma, à qui il donnait la meilleure part de son temps, pendant que Joyce restait à la maison ou était envoyée, d'un claquement de doigts, dans sa chambre. Mais parfois, quand il arrivait à trouver le temps, il lui parlait de ses débuts, il lui rappelait comment elle l'avait défié, un jour, dans une petite chambre sordide, à Londres, jusqu'au moment où, avec une intuition remarquable, il avait daigné la regarder, l'avait liée à son sort et faite sienne pour toujours. Et elle s'agenouillait à ses pieds, le remerciait pour sa condescendance, mendiait un baiser ou une caresse, rares, et précieux pour elle. Et ça le faisait rire, il l'envoyait promener d'un coup de pied. Avait-elle oublié qu'un jour elle avait parlé de le trahir ?

Sa réalité était minée par le doute. Jusqu'ici, il n'avait eu que des expériences sexuelles très limitées. Au lycée, il avait eu des contacts avec d'autres garçons, rapides, brutaux, déplaisants, mais c'était déjà un progrès par rapport à la masturbation. Quand il quitta le lycée, il découvrit qu'il plaisait beaucoup aux filles, mais ça ne marchait pas avec elles. Plus elles étaient belles, plus elles lui faisaient peur. Face à la jeunesse et à la beauté, il était paralysé. Son père l'envoya chez un psychiatre – bien entendu, pas à cause de son échec avec les filles, dont le docteur Thaxby ignorait tout –, mais pour savoir pourquoi son fils ne pouvait obtenir un diplôme, ni trouver un travail, comme les autres. Le psychiatre fut incapable de le découvrir, et cela n'est pas étonnant, car il ne posait pratiquement à Nigel que des questions sur ses sentiments à l'égard de sa mère. Nigel disait qu'il aimait sa mère, ce qui n'était pas vrai, mais ce qui était le genre de choses que les psychiatres aiment entendre. Le psychiatre ne fit jamais part à Nigel de ses découvertes, pas plus qu'il ne diagnostiqua quoi que ce soit, et Nigel cessa d'y aller à peu près au bout de cinq séances. Il était arrivé lui-même à la conclusion que ce qu'il lui fallait pour qu'il réussisse dans la vie et que tout se passe bien, c'était une femme plus âgée que lui et peut-être même assez peu séduisante, qui lui montrerait le chemin. Il trouvait que c'était plus facile d'être avec des femmes plus vieilles qu'avec des jeunes filles. Elles lui faisaient moins peur, car il pouvait les mépriser, et avoir l'impression qu'elles devaient lui être reconnaissantes.

Cependant Joyce n'était pas une femme plus âgée. Il pensait qu'elle était probablement plus jeune que lui. Mais son apparence n'allait sûrement pas l'affoler jusqu'à l'impuissance. Avec ses grands yeux ronds, ses grosses lèves, et son nez comme un petit gâteau bombé, elle était hideuse et très ordinaire. Et il la méprisait déjà. Bien qu'il affectât de dédaigner la vie raffinée, le cristal, l'argenterie, les tables bien mises, les carriéristes, les dîners et les diplômes universitaires, son éducation avait laissé en lui une empreinte définitive. Nigel était un snob, un vrai. Joyce lui déplaisait parce qu'elle venait de la classe ouvrière. Mais elle ne lui faisait pas peur, et comme il pensait à ce qu'il allait obtenir – la liberté, la possibilité de s'échapper, et le silence de cette fille – il avait moins peur de lui-même.

Le samedi matin, il fit du café, une tasse pour elle et une pour lui. Marty ne buvait plus que du whisky et du vin.

– Qu'est-ce que tu tricotes, Joyce ?

– Un pull-over.

– Est-ce qu'il y a une photo ?

Elle tourna la page du magazine, et lui montra une photo couleur d'une fille – jolie mais plate et squelettique – dans un grand pull mousseux. Elle ne fit aucun commentaire, et tourna rapidement la page après l'avoir autorisé à regarder cinq secondes.

– Tu vas être superbe là-dedans, dit Nigel. T'es très bien faite.

– Mmm, dit Joyce.

Elle n'était pas flattée. Tous les garçons avec qui elle était sortie lui avaient dit ça, et de toutes façons, elle le savait depuis qu'elle avait douze ans. Nous avons tous envie qu'on nous complimente sur des atouts que nous n'avons pas, et Joyce s'était mise à aimer Stephen quand il lui avait dit qu'elle avait des yeux magnifiques.

– Je veux que tu sortes, ce soir, dit Nigel à Marty, pendant qu'elle était aux toilettes.

– Comment ça ?

– Laisse-moi seul avec elle.

– C'est intelligent ça, vraiment, dit Marty. Je poireaute dans le froid, pendant que tu baises avec la fille. Pas question. Absolument pas question.

– Réfléchis un peu, si seulement tu en es capable. Vois si ce n'est pas le seul moyen de nous tirer de là. Et tu n'as pas besoin d'errer dans le froid. Tu peux aller voir un film.

Marty y réfléchit, et il vit que c'était sensé. Il le comprit, mais de mauvaise grâce, car si quelqu'un devait baiser Joyce, c'était lui. Par machisme, même s'il ne connaissait pas ce terme, plus que par envie, mais ça devait tout de même être lui. Non pas qu'il crût pouvoir s'assurer le silence de Joyce par de telles méthodes. Il était réaliste et voyait sa vie sexuelle comme suit : d'abord s'amuser avec des partenaires de rencontre, ceci jusque vers trente ans, puis s'installer avec une régulière, se marier, et habiter dans une maison mitoyenne. Ceci dit, si Nigel pensait pouvoir les tirer de là de cette manière, que Nigel se débrouille. Il alla donc chercher des brochettes et des feuilles de vigne pour tout le monde à 6 heures, il but un demi-verre de whisky sec, puis il partit voir *Sexes en feu*, dans un affreux petit cinéma de Camden Town.

– Où est-ce qu'il est allé ? dit Joyce.

– Voir sa mère.

– Tu veux dire qu'il a une mère ? Où est-ce qu'elle habite ? Au zoo, dans la maison des singes ?

– Écoute, Joyce. Je sais que ce n'est pas le genre de type que tu fréquentes d'habitude. J'en ai tout à fait conscience. Ce n'est pas du tout mon genre non plus, quoique très franchement, il m'a fallu vivre un certain temps avec lui avant de m'en rendre compte.

– Tu n'es pas obligé de parler de lui derrière son dos, tu sais, je crois à la loyauté, moi. De toutes façons, vous ne valez pas beaucoup mieux l'un que l'autre.

Ils étaient dans la cuisine. Joyce lavait l'assiette dont elle s'était servie pour dîner. Nigel et Marty n'avaient pas pris d'assiette, mais ils avaient utilisé chacun une fourchette, et Marty l'un de ses nouveaux verres. Joyce envisagea de ne pas laver les fourchettes et le verre, mais cela déparait l'aspect général des lieux, alors elle les lava. Pour la première fois de sa vie, Nigel prit un torchon, et se mit à essuyer la vaisselle. Il posa le revolver sur le dessus du four. Son mensonge à propos de la mère de Marty lui avait donné une idée. Non pas que les mères, craintes, méprisées, adorées, désirées, fussent jamais bien loin de ses pensées, quoiqu'il pût prétendre. Cette justification à la sortie de Marty lui était venue naturellement, et inévitablement. Il y avait à peu près une heure, Marty avait rapporté le journal du soir, et Nigel avait jeté un coup d'œil dessus pendant qu'il était aux toilettes.

« Les passagers du Boeing Sabena pris en otage : récits de torture », et « Revendications salariales : la partie n'est pas finie », et puis, à l'intérieur, quelques lignes sur Mrs Culver en train de se remettre, à l'hôpital, après avoir avalé un tube de somnifères. Nigel essuya le verre maladroitement, et, ne perdant pas de vue ses propres intérêts, dit à Joyce ce qui était arrivé à sa mère.

Joyce s'assit à table.

– Vous êtes des malades, dit-elle. Vous ne réfléchissez pas aux conséquences de vos actes. Mon père en mourra, s'il lui arrive quoi que ce soit.

Nigel lui dit, sur le ton qu'elle aimait qu'il emploie :

– Je suis désolé, Joyce. On ne pouvait prévoir que ça allait tourner comme ça. Ta mère n'est pas morte, elle s'en sortira.

– Tu voudrais pas que je te remercie, en plus !

Il vint se mettre tout près d'elle. La chaleur, avec la porte du four ouverte, le faisait transpirer. Joyce était sur le point de pleurer, contractant les paupières pour retenir ses larmes.

– Écoute, dit-il, si tu veux lui envoyer un mot, je veillerai à ce qu'elle le reçoive. Je ne peux rien te dire de mieux, non ? Tu écris simplement que tu vas bien, qu'on ne t'a pas fait de mal, et je m'arrangerai pour que ce soit posté.

Inconsciemment, Joyce lui servit l'une des ripostes favorites de sa mère :

– Et l'orchestre jouait : « Crois-le si tu veux. »

– Je te le promets. Je t'aime beaucoup, Joyce. Vraiment. Je te trouve superbe.

Joyce déglutit. Elle s'éclaircit la gorge, tout en pressant ses mains contre sa poitrine.

– Donne-moi un bout de papier.

Nigel prit le pistolet et partit chercher un morceau de papier. Hormis du papier toilettes, dehors, aux W.C., il n'y en avait pas, alors il déchira l'une des dernières pages de *La Vénus à la Fourrure*, qui était tout écorné, et qui appartenait à Marty. Le pistolet retourna sur le dessus du four, et Nigel se posta derrière Joyce, une expression tendre sur le visage, au cas où elle regarderait autour d'elle.

Elle écrivit : « Chère Maman, tu reconnaîtras mon écriture, et tu sauras que je vais bien. Ne t'inquiète pas. Je serai bientôt de nouveau avec toi à la maison. Embrasse Papa pour moi. » (Elle serra les dents. Elle pleurerait plus tard, quand ils dormiraient.) « Ta fille qui t'aime, Joyce. »

Nigel mit la main sur son épaule. Elle allait lui crier : « Laisse-moi tranquille ! », mais le pistolet était si près, à portée de sa main, elle n'avait qu'à tendre le bras gauche. Peut-être n'allait-elle pas pleurer, tout à l'heure, mais vivre des retrouvailles dans la joie, si seulement elle arrivait à garder son sang-froid maintenant. Elle se pencha en avant, au-dessus de la table. Nigel fit le tour, se pencha sur elle, mit son autre main sur son autre épaule, de sorte qu'il la tenait pratiquement dans ses bras, et dit : « Joyce, amour. »

Elle leva lentement son visage, qui fut bientôt tout près de celui de Nigel. Elle regarda ses yeux froids, et sa bouche, douce, ouverte, qui commençait à mollir. Ça ne la dégoûterait pas trop de l'embrasser, il était suffisamment beau. S'il fallait qu'elle l'embrasse, elle le ferait. Ce ne serait pas malin d'en faire toute une histoire. Quant à aller plus loin... Nigel approcha sa bouche de la sienne, et elle tendit brusquement la main pour prendre le pistolet.

Il cria : « Bon Dieu, la salope ! », et il donna un coup dans le pistolet pour l'éjecter de sa main. L'arme tomba et glissa à travers la pièce. Nigel se mit à genoux et tâtonna pour remettre la main dessus. S'éloignant de lui, Joyce recula jusqu'au mur, serrant ses bras autour de son corps. Nigel braqua le pistolet sur elle, et eut un petit mouvement de tête pour lui faire comprendre qu'elle devait aller dans le living. Elle y alla, et s'assit lourdement sur le matelas, sa lettre à la main.

Au bout d'un moment elle dit d'une voix enrouée, gutturale :

– Je n'ai plus qu'à déchirer cette lettre.

– Tu n'aurais pas dû faire ça.

– T'aurais pas fait pareil, à ma place ?

Nigel ne lui répondit pas. Il réfléchissait à toute allure. Ce n'était pas utile de bouleverser ses plans. Elle avait été plutôt d'accord pour l'embrasser, elle en mourait d'envie, il l'avait bien vu à cet air alangui qu'elle avait eu quand il l'avait prise par les épaules. Il était absolument naturel que son premier désir eût été de s'emparer du pistolet, l'instinct de conservation l'emporte sur la pulsion sexuelle. Mais il pourrait y avoir une situation où l'instinct de conservation n'aurait pas cours, où le pistolet serait la dernière chose à laquelle ils penseraient l'un et l'autre. Cette tentative de baiser avait provoqué en lui une montée du désir. L'avoir à sa merci, reconnaissante, se soumettant à lui, avait fait qu'il la désirait.

– Je me refuse à ce que ça change quoi que ce soit, dit-il. Ta lettre part quand même.

Joyce fut surprise, mais elle n'allait pas le remercier. À nouveau cet air ramolli, qui remplaçait cette expression de sauvagerie sur le visage de Nigel.

– La vérité, dit-il, très poli, très public school, c'est que je pensais que je te plaisais. Moi, tu me plais depuis le début.

Elle savait ce qu'elle avait à faire à présent, ou plutôt demain, quand le petit brun sortirait. Ça la rendait malade de penser à ça, et ce qu'elle ressentirait quand elle l'aurait fait, elle ne pouvait l'imaginer. C'était dégoûtant, révoltant, comme être une prostituée. Et si elle avait un bébé ? Il y avait une semaine qu'elle ne prenait plus de pilule. Mais elle allait le faire, et s'emparer du pistolet, et penser aux conséquences quand elle serait à la maison avec sa mère, son père, et Stephen. Ça ne lui avait jamais traversé l'esprit que, de toute sa vie, elle pourrait faire l'amour avec quelqu'un d'autre que Stephen. Elle et Stephen continueraient à faire l'amour tous les soirs, comme ils l'avaient toujours fait, jusqu'à ce qu'ils aient quarante ans et qu'ils soient trop vieux pour ça. Mais il faut s'incliner quand c'est le diable qui commande, comme disait son père. Elle leva les yeux sur le diable avec le pistolet.

– Ce que tu voulais faire, là, tout de suite, dans la cuisine, dit-elle, ça ne me dérange pas. Simplement, pas maintenant. Je me sens toute drôle, ç'a été un choc pour moi.

– Joyce, dit-il, et il commença à venir vers elle.

– Non, je t'ai dit pas maintenant. Pas quand il pourrait revenir.

– Je vais me débarrasser de lui pour toute la soirée, demain.

– Pas demain, non, dit Joyce, retardant le jour fatidique. Lundi.

14

Le théâtre qu'avait choisi Alan donnait une comédie de Shaw, dont la mise en scène avait obtenu d'excellentes critiques. Il s'était décidé pour cette pièce, car il n'y aurait pas de scènes de lit, de dialogues sexy, ni de mots de quatre lettres qui l'eussent embarrassé en présence de Rose. Mais une fois au guichet de location, il apprit qu'il ne restait plus que des places au deuxième balcon, et il ne pouvait emmener une fille comme Rose au deuxième balcon. Tous les autres théâtres alentour semblaient jouer le genre de pièces qu'il avait évitées en choisissant *You Never Can Tell*, ou bien Shakespeare, qui n'était pas assez léger, ou des comédies musicales, qu'elle pouvait ne pas aimer.

Et soudain, il comprit qu'il était incapable d'affronter cette situation. Sa frousse se muait en peur panique. Il ne pourrait pas être seul avec elle dans un restaurant, ne sachant pas quoi commander, ni comment, ni quel vin choisir. Il ne pourrait pas la ramener chez elle dans le noir, être seul avec elle à l'arrière d'un taxi, après qu'ils auraient vu une pièce dans laquelle des gens étaient nus, ou parlaient de sexe, ou même jouaient une scène dans laquelle ils faisaient l'amour. Et soudain, au milieu de ses doutes, il lui vint une pensée heureuse. Lorsqu'il était monté voir Una Engstrand à propos du chauffe-eau, il avait envisagé de l'inviter à venir boire un verre chez lui le samedi soir, avec Caesar Locksley. Pourquoi ne pas faire ça ? Pourquoi ne pas les inviter, elle, Caesar, et cette Annie, à boire un verre dans sa chambre, et convier également Rose ? C'était une bien meilleure idée. Rose verrait la maison qu'il s'était trouvée grâce à elle, il n'aurait pas à être seul avec elle avant le moment où il la raccompagnerait – peut-être avait-elle une voiture. Et puis il aurait le plaisir d'inventer une soirée tellement différente de ces réunions avec les Kitsons et les Heyshams, ce serait une vraie fête, avec de vraies conversations entre des gens qui s'aimaient bien et qui avaient envie d'être ensemble. Et cela briserait la glace entre Rose et lui, cela rendrait leur prochain rendez-vous plus facile pour lui.

Est-ce que ce serait suffisant d'avoir à boire, ou devait-il y avoir à manger ? Il ne savait pas cuisiner. Il pensa à de la laitue, des sardines et du quatre-quarts, à du foie, du bacon, et des saucisses. C'était nul. Il fallait qu'il y ait seulement des boissons, avec des cacahuètes. À côté du marchand de vin, chez qui il acheta du sherry et du vermouth, il y avait un marchand de journaux. Le journal du soir lui apprit – il avait vingt-quatre heures d'avance sur celui de Nigel – que le Boeing de la Sabena s'était posé au Caire, que les négociations sur les revendications salariales étaient dans une impasse, et que la mère de Joyce avait été transportée d'urgence à l'hôpital car elle était dans le coma. Un nuage sembla le traverser, mettant comme un voile sur son bonheur et sur le pâle soleil d'hiver. Si Mrs Culver mourait, est-ce que quiconque pourrait dire que c'était de sa faute ? Non. S'il avait donné l'alarme et que la police avait pris en chasse les ravisseurs de Joyce, qui pouvait dire ce qui lui serait arrivé ? Ils seraient rentrés dans un arbre, ou ils lui auraient tiré une balle. Tout s'accordait pour prouver qu'il était préférable de n'avoir aucune réaction violente avec des gens comme ça. Il suffisait de lire ce qui se passait dans cette histoire de détournement d'avion. Ni menaces, ni prise d'assaut armée, comme dans l'affaire d'Entebbe, où une femme avait trouvé la mort, mais une totale soumission aux terroristes, qui serait suivie par des négociations pacifiques.

Il croisa Una dans le vestibule. Caesar et lui devaient passer par la porte de devant car Ambrose avait fait condamner la porte du sous-sol, par peur des voleurs, il y avait très longtemps de ça. Même lui, apparemment, émettait quelques réserves en ce qui concernait la réalité. Una, femme d'intérieur infatigable, était en train d'astiquer une lampe en cuivre. Le produit d'entretien pour métaux lui avait noirci les doigts.

– Je serais ravie de venir, dit-elle, quand il lui eut parlé de sa soirée. Comme c'est gentil à vous de m'inviter. Caesar est parti chez Annie pour le week-end. Il passe presque tous ses week-ends chez elle. Mais je suis sûre qu'il l'amènera.

– Elle vit à Londres, alors ?

Alan n'était parti qu'une seule fois en week-end, chez un cousin de Pam, à Skegness, une visite qui avait nécessité des jours de préparation fébrile.

– À Harrow, ou dans un endroit comme ça, dit Una. Pas très loin. Je lui demanderai, quand il téléphonera ce soir, d'accord ? (Et elle ajouta, de cette façon vague et compliquée, cette étrange façon qui était la sienne :) Il doit téléphoner pour savoir s'il a eu un coup de fil de quelqu'un qui connaît son numéro et à qui il veut parler, mais dont il ne connaît pas le numéro. Je lui demanderai, mais je sais qu'il sera ravi.

Elle était de ces gens qui, quand ils sourient, sont métamorphosés. Elle souriait à présent, et il se dit, avec un petit pincement réellement douloureux, qu'elle était pleine de vie, gaie, drôle, piquante, seulement ces qualités avaient été éradiquées, rendues infirmes par le détestable Stewart et par la mort de son enfant, et peut-être aussi par le néo-empiriste.

– En fait, dit-elle, ce sera très agréable de boire à nouveau de l'alcool. Ambrose ne croit pas en l'alcool, vous savez, parce que ça altère la conscience. Oh, mon Dieu, je crois qu'il ne doit pas y avoir un seul verre à vin dans cette maison.

– J'achèterai des verres, dit Alan.

Il descendit dans sa chambre et mit la radio. Aux informations, on ne parla pas de Mrs Culver. Un porte-parole de Sabena et un ministre annoncèrent qu'ils ne feraient rien qui puisse mettre en danger la vie des otages.

Cette nuit-là, il rêva de Joyce. Caesar Locksley lui demandait s'il la trouvait attirante, et ce que cette question impliquait l'effrayait tellement, qu'il se cachait dans un placard, où il y avait un chauffe-eau, de nombreuses bouteilles de sherry, et des tas de livres d'Ambrose Engstrand. Il faisait chaud dans ce placard, on s'y sentait en sécurité, et même lorsqu'il entendit Joyce crier, il ne sortit pas. Puis il vit qu'en fait le placard était, ou était devenu, une grande pièce avec de nombreux escaliers qui partaient vers le haut, vers le bas, sur la gauche, sur la droite. Il monta l'un de ces escaliers, et une fois en haut, il se retrouvait dans une grande salle, comme dans un château médiéval. Là, quatorze chevaliers en armes l'attendaient, leur épée dégainée.

Ce rêve le réveilla et le garda éveillé un long moment, de sorte que le matin, il dormit plus tard que d'habitude. Ce qui le tira de son sommeil, ce fut une voix de femme appelant un certain Paul. « Paul ! Paul ! » Il s'écoula plusieurs minutes, avant qu'il se souvienne que Paul, c'était son nom, et qu'il comprenne que ce devait être Una Engstrand qui l'appelait, derrière la porte de sa chambre. Il lui semblait qu'on avait d'abord frappé à la porte, avant de crier ce nom qui lui était peu familier, mais lorsqu'il ouvrit la porte, elle n'était plus là.

Il était 9 heures et demie passées. Tandis qu'il s'habillait, il entendit la porte qui se refermait, au-dessus. Elle était sortie. Est-ce que cela l'ennuierait qu'il utilise son téléphone ? Apparemment, Caesar l'utilisait. Alan se fit du thé, mangea un morceau de pain beurré, et monta téléphoner à Rose au Pembroke Market.

Ce fut elle qui répondit : « Oh, allô ! » La dernière syllabe s'étira langoureusement, telle une parabole de son qui s'éteint dans un soupir. Il lui fit part de ses nouveaux projets.

– Je croyais que vous m'emmeniez dîner.

Il se retrouva bégayant, car la voix n'était plus du tout langoureuse.

– J'ai invité ces – ces gens. Ils vont vous plaire. Il y a l'homme qui habite la chambre à côté de la mienne et ma – ma propriétaire. Et puis vous pourrez voir comme c'est un bel endroit.

Très lentement, presque avec incrédulité, elle lui dit :

– Vous devez être fou. Ou radin. Je serais censée venir chez vous et boire des verres avec votre propriétaire ? Merci bien, j'ai mieux à faire, le samedi soir.

La communication fut coupée, et ça se mit à sonner occupé. Il regarda le combiné, et puis, perplexe, il le reposait sur son support quand la porte d'entrée s'ouvrit et Una Engstrand entra.

– Je suis désolé, dit-il. Je n'aurais pas dû téléphoner sans vous le demander. Je vous paierai la communication.

– C'était en Australie ?

– Non, pourquoi j'aurais téléphoné en Australie ? C'était une communication urbaine.

– Alors ne prenez pas la peine de payer. J'ai dit l'Australie, parce que vous n'auriez pas pu appeler l'Amérique. Ils dorment, en ce moment.

Il la regarda d'un air désespéré, ne la comprenant pas plus qu'il n'avait compris Rose, mais souhaitant pourtant que Rose ait pu avoir cette chaleur, cette spontanéité un peu fofolle.

– Caesar n'a appelé que ce matin, dit-elle. J'ai frappé à votre porte, et je vous ai appelé, mais vous dormiez. Il ne peut pas venir à votre fête, parce qu'il va à une autre fête avec Annie. Mais j'imagine qu'il y a plein d'autres gens qui viennent, n'est-ce pas ?

– Il n'y a plus que vous, maintenant.

– Vous n'allez pas vouloir que je vienne toute seule.

Non, il ne voulait pas. Il envisagea un instant de rappeler Rose pour renouveler son invitation à dîner, mais il avait peur de son mépris. Il l'avait perdue, il ne la reverrait plus jamais. Quel fiasco que sa première tentative de vie sociale ! Parce qu'il n'avait aucune expérience et aucune idée de la façon dont ces gens organisaient leur vie, ni de ce qu'ils attendaient qu'on leur propose, il s'était laissé piéger pour passer une soirée tout seul avec cette drôle de petite femme, que sa vie tragique distinguait des autres. Ses rêves de liberté et ses fantasmes d'histoire d'amour se soldaient par ça : des heures et des heures à passer en compagnie d'une femme pas plus excitante ni plus jolie que Wendy Heysham.

Una Engstrand le regardait avec une tristesse rêveuse, attendant humblement de se faire rejeter. Il lui répondit, sachant qu'il n'avait pas le choix :

– Mais bien sûr que si.

La journée qu'il avait devant lui se dessinait dans le vague. Il sortit et marcha dans le parc, ne voyant pas bien la cause du ressentiment de Rose, et se demandant comment il avait pu être suffisamment bête pour ne pas le prévoir. Il avait envisagé d'avoir une histoire d'amour avec elle, et il n'avait même pas le courage de faire les premiers pas. Le châtiment l'avait frappé, pour avoir ne fût-ce que songé à une affaire de cœur, alors qu'il était marié avec Pam. Le journal du soir le réconforta, car il lui apprit que Mrs Culver se remettait, et que le fait de se soumettre aux exigences des terroristes avait permis la libération des otages, qui étaient tous sains et saufs, excepté un homme qui prétendait qu'on lui avait fait des brûlures de cigarettes sur le cou. Alan déjeuna, puis il alla voir une comédie en matinée, qui parlait de gens sur une île déserte. Sa liberté, si longtemps désirée, s'était muée en marches solitaires sous la pluie, et en heures passées dans des théâtres, au milieu de vieilles dames participant à des sorties organisées.

Una Engstrand descendit à 8 heures et demie, juste quand il se disait qu'elle n'allait finalement pas se donner la peine de venir, que l'idée de ce lugubre tête-à-tête ne la séduisait pas plus que lui. Elle avait mis une jupe, et attaché ses cheveux sur la nuque avec un petit bout de ruban, mais c'étaient là toutes les concessions à son apparence habituelle.

– Je voudrais un tonic à la vodka, s'il vous plaît, dit-elle, en s'asseyant, un peu guindée, au milieu du sofa.

– J'ai oublié d'acheter des verres !

– Ça ne fait rien. On peut boire dans des gobelets.

Il versa la vodka, mit du tonic dedans, et se creusa la tête pour trouver un sujet de conversation. Les voitures, le travail, le coût de la vie : instinctivement il savait que tout cela n'avait aucun sens. Aucun être libre, aucune vraie personne, ne pourrait jamais parler de telles choses. Et il déclara, abruptement :

– J'ai vu certains des livres de votre beau-père, dans une librairie. (Cela n'allait pas la surprendre.) Que fait-il à Java ?

– Je suppose que c'est Caesar qui vous a dit qu'il était à Java. est très gentil, Caesar, mais c'est un affreux cancanier. J'ima- qu'il vous a également dit beaucoup d'autres choses.

Elle lui sourit d'un air interrogateur. Alan remarqua qu'elle avait de belles dents, très blanches, et très régulières.

Elle haussa les épaules, leva son verre, et dit, d'une manière tout à fait pittoresque :

– À la vôtre. J'espère que vous serez heureux, ici. (Et soudain elle pouffa de rire.) Il a entendu dire qu'il y a une tribu en Indonésie qui n'a ni folklore, ni légendes, ni mythologie, et qui ne lit pas de livres. J'imagine qu'ils ne savent pas lire. Il veut les rencontrer et voir s'ils ont de beaux esprits libres, et s'ils savent ce que c'est que la réalité. Quand il rentrera, il écrira un livre sur eux. Il a déjà le titre : *L'Esprit Nu*, et je dois le dactylographier pour lui.

Alan s'assit en face d'elle. La vodka, ou autre chose, faisait qu'il se sentait mieux.

– Alors vous êtes dactylo ?

– Non. Oh, mon Dieu, je suis censée apprendre pendant qu'il est en voyage, je suis supposée suivre des cours. Et j'ai vraiment commencé, mais ils m'ont fait mettre un cache sur les touches, et ça m'a donné une sensation de claustrophobie. Caesar dit que c'est incroyable. Mais vous pouvez comprendre, vous ?

Son expression était un mélange tellement drôle de gaieté et de repentir, qu'Alan ne put s'en empêcher : il éclata de rire. Ce qui la fit rire aussi. Il réalisa qu'il n'avait pas ri comme ça depuis qu'il s'était enfui de Childon, et peut-être même depuis encore beaucoup plus longtemps que ça. Pourquoi avait-il cette sensation étrange que le rire était également tombé en désuétude dans la vie d'Una ? Parce qu'il connaissait son histoire ? Ou pour quelque autre raison, comme la télépathie ? Cette pensée interrompit son rire, et par contagion celui d'Una aussi, mais son petit visage de chauve-souris demeura rayonnant.

– Ce n'est pas vraiment important, dit-elle. De toutes façons, Ambrose pense que je suis un cas désespéré. Il dira simplement qu'il est très déçu, et ça s'arrêtera là. Mais il faut que j'arrête de parler de lui – Ambrose dit ceci, Ambrose dit cela. C'est parce que je suis si souvent avec lui. Parlez-moi de vous.

Jusqu'ici, il avait remarquablement peu menti. Ni Rose ni Caesar ne lui avaient posé de questions sur lui-même, et il n'avait pratiquement parlé à personne, sinon. Il n'avait menti qu'à propos de son nom et de son adresse. Il lui dit, plutôt vite, et d'un ton qui manquait d'assurance, qu'il avait été vendeur, mais qu'il avait quitté son travail. Le reste était vrai, ou presque.

– J'ai quitté ma femme. Je suis parti le week-end dernier.

– Pour toujours ? dit-elle.

– Je ne reviendrai jamais !

– Et c'est tout ce que vous avez emporté avec vous ? Une valise ?

– C'est tout. (Involontairement, il jeta un coup d'œil à la commode où il y avait l'argent.)

– Exactement comme moi, dit-elle. Je n'ai rien à moi, à part quelques vêtements et des livres. Mais je n'en aurais pas besoin, ici. Il y a tout ce qu'on veut dans cette maison, et beaucoup de choses en trop. Dites quelque chose, la chose la plus incongrue que vous puissiez imaginer. Je parie qu'Ambrose l'a.

– Des verres à pied.

Elle rit.

– C'est ça que je voulais que vous disiez.

– Avant de vous installer ici, dit-il, en y allant sur la pointe des pieds, vous deviez avoir des choses.

Ses traits se figèrent si soudainement, comme si elle grimaçait de douleur, qu'Alan se sentit tout triste. Il prenait tellement de plaisir à être avec elle – et c'était si surprenant et si merveilleux – qu'il craignait de briser cette harmonie qu'il y avait entre eux. Mais elle se ressaisit, et parla d'un ton dégagé.

– Stewart, c'est mon mari, a tout gardé. Pauvre chéri, il a besoin de savoir qu'il possède des choses, même s'il ne s'en sert pas. Ambrose dit que c'est une manifestation de son insécurité, et qu'il doit surmonter ça.

Et Alan s'exclama, tout en sachant qu'il n'aurait pas dû :

– Votre beau-père est pire que le mien ! C'est un monstre.

Et à nouveau elle rit, avec délectation. Elle tendit son verre.

– Encore, s'il vous plaît. C'est délicieux. Je passe *vraiment* un bon moment. J'imagine qu'il est assez horrible, mais si je le dis, les autres pensent que c'est moi qui suis horrible, parce que tout le monde le trouve merveilleux. Sauf vous. (Elle hocha la tête, d'un air solennel.) Ça me plaît bien.

À ce moment précis, il tomba amoureux d'elle, bien qu'il n'en prît conscience que plusieurs heures plus tard.

15

Una resta jusqu'à 11 heures, l'heure de Cendrillon à Fitton's Piece. Mais elle ne lui demanda pas l'heure qu'il était, ni ne s'écria : mon Dieu, je ne pensais pas qu'il était si tard. Après qu'elle fut partie, il rangea la chambre et lava les verres, tout en se disant à quel point il était content que Caesar et sa petite amie ne soient pas venus. Una avait parlé des livres qu'elle avait lus – des livres qu'Alan avait presque tous lus. Il n'avait encore jamais parlé de littérature avec personne. Ça avait quelque chose de grisant, de plus enivrant que la vodka qu'il avait bue, d'être avec quelqu'un qui parlait du personnage d'un livre ou du style de l'auteur avec une ardeur qu'il avait vue jusqu'ici réservée à l'évocation du coût de la vie, ou de la meilleure façon de faire des économies. De quoi aurait parlé Rose ? Pendant les heures passées avec Una, Rose avait réintégré l'image idéale, elle s'était de nouveau fondue dans l'image fantasmatique d'où elle était sortie. Il arrivait à peine à croire qu'il l'eût jamais rencontrée, ou qu'elle eût été réelle. Mais il repassa encore et encore dans sa tête les choses qu'Una avait dites, et les choses que lui avait dites et il pensa aux choses qu'il aurait aimé avoir dites. Cela n'était pas grave, il y aurait d'autres occasions. Il s'était fait une amie avec laquelle il pouvait parler.

Avant d'aller au lit, il se regarda attentivement dans la glace. Il voulait voir quel genre d'homme elle avait vu. Ses cheveux n'étaient plus gominés ni coiffés en arrière, de sorte qu'ils ressemblaient davantage à des cheveux, et moins à un casque de cuir, et son visage était – eh bien, pas exactement bronzé, mais sainement hâlé. Lui qui n'avait jamais réussi à bronzer en vivant à la campagne, il s'était fait un hâle en une semaine, rien qu'en marchant dans Londres. Son estomac ne dépassait pas tant que ça. Il faisait trente-huit ans, se dit-il, au lieu de presque cinquante. Voilà ce qu'elle avait vu. Et lui ? Il se la rappelait de façon très intense, comme si elle était toujours assise là, son petit visage si éclatant de vie quand elle riait, ses yeux si lumineux, ses cheveux bouclés s'échappant du ruban, jusqu'au moment – quand elle partit – où ils s'étaient à nouveau massés autour de ses joues menues. Demain, il irait la chercher au premier étage, et il l'emmènerait déjeuner. L'idée de l'emmener dehors, et de commander de la nourriture et du vin ne l'effrayait pas le moins du monde. Mais il était très fatigué à présent, il se coucha et s'endormit immédiatement.

Il se réveilla à peu près vers 3 heures. La vodka lui avait donné une soif terrible, alors il alla dans la cuisine et il but un demi-litre d'eau. Après quoi il eût été naturel de retourner se coucher et de dormir jusqu'à, disons, 7 heures, mais il se sentait parfaitement réveillé, et totalement régénéré, et terriblement heureux. Il y avait des années qu'il ne s'était pas senti heureux. Mais l'avait-il jamais été ? Quand il était enfant, oui, et quand Jillian était née, parce qu'elle était l'enfant qu'il avait désiré, et également, de manière étrange, pendant qu'il fuyait, dans sa voiture, avec l'argent. Mais il n'avait jamais ressenti ça. Cette sensation était tout à fait nouvelle. Il avait envie de sortir, de courir dans tout Montcalm Gardens, en criant qu'il était libre, et heureux, et qu'il avait découvert le sens de la vie. Une joie immense le possédait. L'énergie semblait fuser dans tout son corps et jaillir du bout de ses doigts. Il avait envie de le dire à quelqu'un qui comprendrait, et il savait que ce quelqu'un c'était Una.

Alors c'était ça être amoureux, ça avait cet effet-là. Il partit d'un grand rire. Il ouvrit le robinet, passa ses mains dessous, et s'éclaboussa le visage d'eau froide. La pièce était glacée, car le chauffage s'arrêtait à 11 heures, mais Alan était bouillant, rayonnant de chaleur, et transpirant. Il se laissa tomber sur le lit, tira le drap sur lui et pensa à Una, endormie quelque part là-haut, dans la maison. Ou bien était-elle réveillée aussi, en train de penser à lui ? Il pensa à elle pendant une heure, revivant leur conversation, imaginant qu'elle et lui vivaient dans une maison comme celle-ci et qu'ils étaient heureux tout le temps, à chaque minute du jour et de la nuit. Ce fantasme se mua bientôt en un rêve, un très long rêve qui s'arrêta, fut dissous, puis recommença sous de nouveaux aspects, jusqu'à s'achever dans l'horreur. À la fin, il entendait Una crier. Il devait voler jusqu'en haut de multiples escaliers, à travers d'innombrables pièces avant de trouver d'où venaient les cris, et de la trouver. Enfin, il la découvrait, et elle était morte, brûlée, avec des billets carbonisés tout autour d'elle. Mais quand il prenait son corps dans ses bras et qu'il regardait son visage, il voyait que ce n'était pas Una qu'il tenait dans ses bras, mais Joyce.

Le froid du matin perça à travers le drap fin, et il se réveilla en grelottant, les membres gourds. Toute l'euphorie de la nuit s'était envolée. Il n'avait aucune idée de la façon dont on faisait la cour à une femme. Ce serait aussi difficile de parler d'amour à Una que ce l'eût été avec Rose, plus difficile parce qu'il était amoureux d'Una – cela demeurait inchangé – tandis que pour Rose, il n'avait ressenti que le picotement du désir. Il était seul dans la maison avec Una, oui, il devait l'être, et cette pensée le terrifiait. L'inviter à déjeuner était impossible, lui faire la moindre avance était impensable. Il était marié, et elle le savait. Il s'était plus ou moins persuadé – mais en se basant davantage sur la philosophie de Pam que sur ses lectures – que si vous disiez à une femme que vous l'aimiez, alors qu'elle ne vous aimait pas, elle vous giflait. Particulièrement si vous étiez marié et qu'elle était mariée. C'était apparemment une insulte, dans certaines circonstances, et pour une raison qu'il ne voyait pas, de dire à une femme que vous l'aimiez. Il s'habilla et sortit, pensant qu'il allait s'effondrer, ou pleurer, si jamais il rencontrait Una dans le vestibule, mais il ne la rencontra pas.

« Un ancien prêtre épouse une strip-teaseuse » et « La torture violemment démentie », disaient les journaux du soir. La police fouillait les grottes du Derbyshire pour retrouver son corps, et celui de Joyce. La Ford Escort bleu métallisé, qui avait été vue pour la dernière fois à Douvres, était réapparue en Turquie, ses passagers se rendant en Inde, dans un ashram. Alan prit un sandwich avec une tasse de café, ce qui lui donna mal au cœur. Il remarqua, après un certain temps, que c'était une belle journée. C'était à nouveau le même genre de temps que la semaine avant qu'il ne s'enfuie, on se serait cru au printemps, comme avait dit Joyce. Le soleil, sur son visage, était chaud et bienfaisant. S'il allait dans le parc, ou à Kensington Gardens, il pouvait rencontrer Rose, aussi descendit-il à la première station de métro, Nottinghill, et prit-il un ticket pour Hampstead.

Una avait vécu à Hampstead. Il ne s'en souvint que lorsqu'il arriva là-bas. Il se promena dans Hampstead, se demandant si elle avait vécu dans cette rue-ci, ou dans celle-là, et si elle avait marché chaque jour, là où lui marchait à présent. Il trouva le Heath en employant ce moyen tout simple, qui consistait à suivre Heath Street jusqu'à ce qu'il tombe dessus. Londres tout entier s'étalait à ses pieds, et, depuis cet endroit en pente à côté de Spaniards Road, il regardait la ville en contrebas, tout comme Dick Whittington avait regardé Londres à ses pieds, dans le soleil, et l'avait vue pavée d'or.

Son or à lui était là, en bas, mais il n'avait de valeur que dans la mesure où il pouvait lui donner Una. Il fit brusquement demi-tour, et partit dans la direction opposée, vers le bois qui s'étend entre Spaniards Road et North End. Ça n'avait pas grand-chose à voir avec Childon Fen. Dans les bois limitrophes des grandes cités, les arbres sont les mêmes que ceux des forêts, mais au niveau du sol, toutes les plantes et presque toute l'herbe ont disparu sous les pas des promeneurs. On foule une espèce de rousseur stérile et poussiéreuse. L'air n'a pas cette douceur verte et mouillée. Mais en ce dimanche matin ensoleillé – c'était toujours le matin, il était parti tellement tôt –, le bois lui semblait posséder une beauté délicate et meurtrie, le printemps ne la ravivant que pour qu'elle soit à nouveau spoliée, et là il sut que les écrivains avaient raison quand ils parlaient de ce que fait l'amour, de la façon dont il transforme et glorifie tout, dont il dessille les yeux de celui qu'il a touché.

Quand il émergea du bois, il n'avait aucune idée de l'endroit où il était, mais il continua à marcher approximativement vers l'ouest, jusqu'à ce qu'il arrive à une grande rue. Finchley Road, NW2, lut-il, et il réalisa qu'il ne devait pas être loin de chez Paul Browning. Étrange. Paddington étant dans West Two, alors il avait pensé que North West Two ne devait pas en être très éloigné. Il était à présent évident que Paul Browning avait sa banque à Paddington non pas parce qu'il y habitait, mais parce qu'il y travaillait. Alan sortit son guide de Londres, car même s'il ne devait plus jamais parler à Una, plus jamais se retrouver seul avec elle, il fallait qu'il sache où se trouvait son ancienne maison.

Sur le plan, Exmoor Gardens semblait faire partie d'un lotissement, dont les rues faisaient des cercles concentriques, ou plutôt, des ellipses concentriques. Chaque rue portait le nom d'une chaîne de montagnes ou de petits monts des îles britanniques. À pied, ça paraissait assez loin, mais Alan ignorait s'il y avait d'autres moyens d'y aller, et curieusement, il se sentait comme obligé de voir la maison de Paul Browning. Mais finalement, ce ne fut pas si long que ça de marcher jusque là-bas.

À Exmoor Gardens, la plupart des maisons étaient en faux Tédor, mais quelques-unes, dont le numéro 15, étaient plus récentes, et d'un style plus simple. La maison de Paul Browning était plus grande que celle d'Alan, à Fitton's Piece, mais sinon elle lui ressemblait terriblement : mêmes briques rouges, mêmes fenêtres, et puis également une fausse cheminée et un carré d'herbe de la pampa. Il s'arrêta et la regarda, s'émerveillant d'avoir, tout à fait par hasard, choisi pour son passé fictif une réplique aussi proche de son vrai passé.

Paul Browning était en train de laver sa voiture dans l'allée du garage. La porte d'entrée était ouverte, et un enfant d'environ huit ans n'arrêtait pas de rentrer et de sortir en courant, tenant un petit chien à l'air affolé au bout d'une laisse. Il y avait un banc de l'autre côté de la rue. On l'avait installé à l'entrée d'une allée goudronnée, qui reliait vraisemblablement une ellipse à une autre. Alan s'assit sur ce banc, et fit semblant de lire son journal, tandis que l'enfant faisait monter et descendre les marches au petit chien à toute vitesse. Paul Browning eut une exclamation irritée. Il jeta par terre son chiffon savonneux, grimpa les marches, s'arrêta devant la porte et cria dans le vestibule :

– Alison ! Ne le laisse pas faire ça avec le chien !

Il n'y eut pas de réponse. Paul Browning attrapa le garçon et le réprimanda, mais calmement, et gentiment. Puis il prit le petit chiot et le tint dans ses bras. Une femme sortit de la maison, grande, blonde, environ trente-cinq ans. Alan ne put entendre ce qu'elle disait, mais le ton de sa voix était protecteur. Il eut l'impression, vu la façon dont elle entoura les épaules du petit garçon de son bras, dont elle sourit à son mari, et dont elle caressa le petit chien, qu'elle était la féroce et pourtant douce protectrice de ces trois petits. Alan replia son journal, se leva, et descendit l'allée.

Cette petite scène l'avait rendu malheureux. Il aurait dû avoir ça lui aussi, mais il ne l'avait jamais eu, et maintenant il était trop tard pour l'avoir, avec qui que ce fût. Il se sentit aussi ridiculement coupable d'avoir pris l'identité de cet homme, un vol qui s'était avéré inutile, et presque une calomnie pour Paul Browning, lequel n'aurait jamais quitté sa femme. Alan se demanda si son autre vol était aussi vain.

Le chemin le conduisit à l'opposé de l'endroit où il avait pénétré dans l'ellipse. Sur son guide, il vit qu'il n'était pas loin de Criklewood Broadway, qui semblait être à l'extrémité nord d'Edgware Road. Il se dirigea dans cette direction, en passant par un quartier qui devint rapidement miteux et qui semblait ne pouvoir devenir que sordide. Ce ne fut pourtant pas le cas. S'attendant néanmoins à cela, Alan se retrouva finalement en un lieu qui se maintenait assez bien à la frontière du misérable et du mal famé. La rue était large, bordée de concessionnaires de voitures, de boutiques de bookmakers, de supermarchés et de magasins exposant des saris et des soies orientales dans leurs vitrines. Sur une ardoise, à l'extérieur d'un pub qui s'appelait la Rose de Killarney, il y avait un choix de mets inscrits à la craie : de la tourte à la viande avec deux légumes, de la salade au jambon, et quelque chose appelé « Repas de Lutin ». Ce qui semblait être du pain, du fromage, et des petits légumes marinés dans du vinaigre. Mais l'idée de commander ça dans les termes inscrits sur l'ardoise intimidait Alan, alors il commanda la salade, et demanda un demi pression en attendant que la salade arrive.

La fille derrière le bar avait le visage pâle et bouffi, et les yeux cernés de quelqu'un qui avait été nourri de pommes de terre, et élevé dans un immeuble de Dublin. Elle servit le demi d'Alan, et une chope de cinquante centilitres à un Irlandais avec un accent aussi prononcé que le sien. Après quoi elle entreprit de préparer un double whisky pour un garçon maigrichon avec un petit visage, qui avait mis son sac rempli de provisions entre son tabouret et celui d'Alan. Alan n'aurait pas pu dire pourquoi il regarda en bas. Peut-être parce que ça le surprenait toujours qu'à Londres, on puisse faire ses courses le dimanche. Ou peut-être craignait-il, avec ce côté respectueux très petit-bourgeois, de donner l'impression qu'il pourrait toucher le sac, ou mettre le pied dessus. Toujours est-il qu'il regarda par terre, qu'il déplaça légèrement son tabouret, et qu'il vit la main du garçon plonger dans le sac pour prendre un paquet de cigarettes et une boîte d'allumettes. L'index avait été abîmé lors d'un accident quelconque et l'ongle était plissé comme l'amande d'une noix.

Alan ressentit un choc en voyant ça, et son estomac chavira. Il s'empressa de regarder ailleurs, se mit à manger sa salade, tandis que la fumée de la cigarette du garçon dérivait au-dessus des tranches d'œuf dur et de la laitue vinaigrée. Se reflétant dans le verre derrière le bar, il y avait un visage glabre et émacié, une bouche fine, un grand nez. La barbe avait très bien pu être rasée, les cheveux coupés. Alan se dit qu'il n'aurait plus de doute si le garçon parlait. Il avait déjà dû parler pour demander ce whisky, mais c'était avant qu'Alan n'arrive. Il le regarda prendre le sac, mais cette fois l'ongle lui parut moins abîmé. Ce n'était pas le même. Le doigt qu'il avait vu passer sous la grille et faire disparaître le sac de pièces dans la paume de la main était, il s'en souvenait, grotesquement déformé, et recouvert d'une carapace qui ressemblait davantage à une serre ou un anatife qu'à un ongle humain.

Ce fut comme un soulagement de savoir que ce n'étaient pas les mêmes. Ainsi, il n'aurait rien à faire à ce sujet. Mais faire quoi ? Il était la dernière personne qui pouvait aller voir la police. Le garçon quitta le pub, et au bout de quelques minutes Alan partit aussi. Il ne le suivit pas, il avait bien l'intention de ne plus jamais repenser à lui. Il s'aperçut soudain qu'il était fatigué, il avait dû marcher des kilomètres, et il grimpait, avec gratitude, dans un bus qui allait vers le sud, quand il aperçut une dernière fois le garçon, qui marchait dans une petite rue, tranquillement, en balançant son sac, comme s'il avait tout son temps, et aucune raison de rentrer à la maison.

Alan se sentait dans la même situation. Pendant tout le reste de la journée et la majeure partie du lendemain, il évita de croiser Una. Il resta loin de Montcalm Gardens presque tout le temps, et également à l'écart de ces lointains avant-postes d'Edgware Road, où un passé inventé s'était curieusement mué en une illusion. De toute évidence, il était imprudent de se balader dans des lieux de rendez-vous, des quartiers miteux, des pubs minables, qu'il assimilait au crime et aux criminels, et où sa conscience faisait travailler son imagination. Alors il s'assit dans des parcs, sur la plate-forme supérieure des bus, visita le musée de Madame Tussaud. Mais il lui fallait rentrer, après avoir vagabondé. Devait-il s'installer ailleurs ? Devait-il quitter Londres et aller dans une ville de province ? Pendant des années, il avait ardemment désiré l'amour, et maintenant qu'il l'avait trouvé, il avait à nouveau envie de vivre sans amour. Il regagna sa chambre le lundi soir, s'assit sur son lit, et décida que d'ici une minute, quand il aurait rassemblé tout son courage, il monterait au premier et dirait à Una qu'il partait, qu'il retournait chez Alison, sa femme.

De l'autre côté du mur, dans la chambre de Caesar Locksley, il entendit sa voix. Et la jalousie le piqua. Aussitôt il pensa que Caesar l'avait dupé, qu'Una lui avait menti, et qu'en ce moment même elle était au lit avec lui. Il se mit à arpenter la pièce avec une espèce de frénésie. Ils avaient dû l'entendre, car quelqu'un vint frapper à sa porte. Il n'irait pas répondre. Il resta debout devant la fenêtre, les yeux fermés, les poings serrés. À nouveau on frappa, et Caesar demanda :

– Paul, est-ce que ça va ?

Il lui fallut y aller.

– Annie et moi, on va voir le film de Chabrol au Gate, dit Caesar. Una vient aussi.

Il fit un clin d'œil à Alan. Un clin d'œil qui voulait dire : faites-la sortir un peu d'elle-même, faites-la sortir de cette maison.

– Vous voulez venir ? demanda Caesar.

– D'accord, dit Alan.

Il éprouva un formidable soulagement, et c'est pour ça qu'il accepta. Dans les trente secondes qui suivirent, il prit conscience de ce à quoi il venait de dire oui, puis il ne fut plus capable de penser à quoi que ce soit, parce qu'il la vit là, en face de lui. Il ne put ni la regarder, ni lui parler.

Il l'entendit lui dire :

– Ça fait du bien de vous voir. J'ai dû frapper une quinzaine de fois à votre porte depuis samedi soir, pour vous remercier, et vous dire que c'était vraiment bien.

– J'étais sorti, marmonna-t-il.

Alors il la regarda, et quelque chose dans son corps, apparemment tout le labyrinthe tortueux de son système digestif, son cœur, ses poumons, firent une rotation à cent quatre-vingts degrés et se relogèrent à la bonne place.

– Voilà Annie, dit Caesar.

Ce ne fut pas un avantage, que la jeune fille ressemblât à Pam et à Jillian. Les mêmes traits : nets, réguliers, anglais, une peau de pêche et des petits yeux bleus. Il entendit Caesar dire qu'elle était infirmière, ce qui allait tout à fait avec ses manières vives, chaleureuses, mais elle lui rappelait Pam, ses tempêtes et ses calmes plats. Et il se sentit malade, piégé.

Ils allèrent au cinéma à pied. Una et lui marchaient ensemble, devant les autres.

– On dit, déclara Una, que si deux couples sortent ensemble, on peut déterminer leur classe sociale à la façon dont ils s'assemblent. S'ils appartiennent à la classe ouvrière, les deux femmes marchent ensemble, s'ils sont de la classe moyenne, chaque mari marche avec sa femme, et s'ils sont d'un niveau social élevé, chaque homme marche avec la femme de l'autre.

– Ne me fais pas sortir de la classe moyenne, Una, dit Caesar.

– Ah, mais nous ne sommes pas des couples mariés.

Cette remarque fit qu'Annie se mit à parler de Stewart. Elle avait reçu une lettre de quelqu'un qui l'avait rencontré à Port of Spain. Ce qui ne sembla pas déstabiliser Una le moins du monde.

Elle parla de Stewart à Annie sans aucun complexe, et les deux filles se mirent à marcher ensemble, à la manière de la classe ouvrière, ce qui présageait déjà la façon de s'asseoir au cinéma. Alan passa le premier, puis Caesar, puis Annie, et enfin Una, qui ne pouvait pas être plus loin d'Alan. C'était un film français, très subtil, et Alan ne prit pas la peine de lire les sous-titres. Il n'en lut aucun. Il était comme étourdi, il avait l'impression de vivre une succession de moments, l'impression qu'il n'y avait ni passé, ni futur, mais rien que des instants, résonnant dans un présent infini.

Ensuite, ils allèrent tous boire un verre au « Sun in Splendour ». Caesar voulait qu'Annie vienne passer la nuit chez lui, mais Annie dit que Montcalm Gardens était beaucoup trop loin de son hôpital, et que de toutes façons, il fallait qu'elle dorme. Puis il y eut une espèce de badinage, auquel les deux filles et Caesar participèrent. Alan n'avait jamais entendu parler si librement et d'une manière aussi frivole des comportements sexuels, et il était gêné. Il essaya de s'imaginer en train de discuter comme ça avec Pam et les Heysham, mais c'était inimaginable. Et il cessa tout à fait d'y penser quand il devint évident qu'Annie s'en allait, que Caesar la raccompagnait chez elle, et que c'était maintenant que c'était en train d'arriver.

Après qu'ils furent partis, Una lui dit :

– Je crois qu'Annie a eu une aventure avec Stewart, bien qu'elle ne veuille pas l'admettre. J'imagine qu'il a dû « l'essayer ». C'est comme ça qu'il disait, quand il sortait avec une fille seulement pendant une semaine. Pauvres filles. J'étais si triste pour elles. (Elle s'interrompit et le regarda.) Laissez-moi vous offrir un verre, cette fois.

Alan pensait que les femmes n'offraient pas de verres dans les pubs, et que si elles essayaient, on ne les servirait pas. Cela le surprit qu'on la servît, et en plus avec le sourire, comme si c'était tout naturel. Il ne put finir le whisky qu'elle lui avait apporté. Dès qu'il le sentit sur sa langue, il sut qu'une deuxième gorgée allait lui soulever le cœur. Le propriétaire dit qu'il allait fermer, et ils se retrouvèrent à nouveau seuls dehors, en train de marcher dans des petites rues pour rentrer à Montcalm Gardens. Il ne faisait pas sombre, comme à la campagne, il y avait ce rayonnement presque extra-terrestre, qui venait des réverbères blafards. La clarté jaune n'était pas visible dans l'air, mais seulement là où la lumière recouvrait, comme une laque, les surfaces métalliques mouillées de rosée, et dorait le feuillage humide des arbustes à feuilles persistantes.

– La nuit est brillante, dit Una.

– Vous voulez dire qu'elle est claire, la reprit Alan, assez sèchement.

Elle secoua la tête.

– Non. Shakespeare fait dire ça à un soldat, dans *Antoine et Cléopâtre*. C'est ma phrase préférée. La nuit est brillante. Je vois exactement ce qu'il voulait dire, même si c'était de la lune, qu'il parlait.

Il avait pour elle un désir tellement fort, qu'il se sentait tout faible, mais tout ce qu'il trouva à dire, ce fut :

– Il n'y a pas de lune, ce soir.

Elle déverrouilla la porte d'entrée, alluma les lumières, et ils entrèrent ensemble dans le hall parfumé et brillant, bien astiqué, avec des vases pleins de jasmin. La vue de ces fleurs rappela à Alan la petite cour derrière la banque, où il poussait du jasmin, et il se passa la main sur les yeux, quoique son front fût brûlant, et désséché.

– Vous êtes fatigué, dit-elle. J'allais vous proposer du café, mais pas si vous êtes trop fatigué.

Il ne répondit pas, mais la suivit jusque dans la cuisine, et s'assit à table. C'était une pièce environ quatre fois plus grande que sa cuisine à Fitton's Piece. Il pensa à quel point Pam serait contente d'avoir une cuisine comme ça, avec deux frigidaires, un énorme congélateur, une cuisinière qui arrivait à mi-hauteur du mur, une rôtissoire et un grill à infrarouges. Avec des mouvements vifs et précis, elle mit la cafetière électrique en marche et sortit les tasses. À sa manière, délicieuse et vague, elle lui parlait d'Ambrose et de ses livres, du bannissement de tous les romans de la mère de Stewart au sous-sol, après sa mort, puis, toujours aussi primesautière, elle lui parla de la petite maison de Stewart, à Dartmoor, à présent vide et laissée à l'abandon. Elle servit le café. Puis elle s'assit, secoua ses cheveux qui lui firent comme une auréole brillante et toute bouclée, attendant qu'il participe.

Alors il arriva quelque chose à Alan, qui ressemblait à ce qui lui était arrivé quand le téléphone avait sonné dans son bureau et qu'il avait l'argent dans les mains, et il sut que c'était maintenant ou jamais. Aussi lui dit-il : « Una », sur un ton désespéré, juste pour s'entendre prononcer son nom.

– Qu'y a-t-il ?

– Oh mon Dieu, dit-il. Je partirai, j'irai où vous me direz d'aller, mais il faut que je vous le dise. Je suis tombé amoureux de vous. Je vous aime tellement, que c'en est insupportable.

Et il tendit le bras, donna un coup de poing sur la tasse, et le café forma une rigole sur le sol.

Elle poussa un petit cri aigu. Son visage devint cramoisi. Elle se mit aussitôt à genoux, un torchon à la main, et commença à éponger fébrilement le liquide. Alan se précipita dans les escaliers qui menaient au sous-sol, les descendit en courant, entra comme un fou dans sa chambre, referma la porte et la verrouilla.

Il marcha de long en large, comme il l'avait déjà fait. Jamais plus il ne dormirait, ne mangerait, ni ne *serait*. Une espèce de rage le possédait, car au milieu de cette tempête d'émotions, il savait que ce qu'il avait maintenant, c'était ce qu'il aurait dû avoir à dix-huit ans, ce qui lui avait été refusé à dix-huit ans. Et s'il l'avait aussi fort à présent, c'est qu'il ne l'avait jamais eu avant. Et allait-il l'avoir maintenant sans pouvoir le concrétiser ?

Il arrêta d'arpenter sa chambre et écouta le silence. La lumière était toujours allumée, là-haut, dans la cuisine. Elle se projetait sur la pelouse sombre et inégale, où elle formait des carrés jaunes. Tremblant, il regardait ces quadrilatères de lumière, se disant qu'à tout moment il pouvait voir se superposer dessus le profil délicat d'Una, la masse de ses cheveux. La lumière s'éteignit et le jardin fut plongé dans l'obscurité.

Il l'imaginait traversant le hall, montant le large escalier incurvé, se dirigeant vers sa chambre, fâchée après lui, peut-être, ou choquée, ou simplement contente d'être débarrassée de lui. Il éteignit sa propre lumière car il ne pouvait supporter de voir la moindre parcelle de son corps. Puis il déverrouilla sa porte et sortit dans le noir, sachant qu'il devait la trouver, tout de suite, avant qu'elle ne se rendît inaccessible pour toujours.

Une faible clarté illuminait le haut des escaliers du sous-sol. Elle n'était donc pas encore couchée. Il commença à monter les escaliers, sans avoir la moindre idée de ce qu'il dirait, pensant qu'il pourrait bien ne rien dire et tomber, tel un martyr, à ses pieds. Il tâtonna devant lui à la recherche de la rampe, et rencontra la main d'Una, tendue vers l'interrupteur. Il suffoqua. Ils ne pouvaient se voir, mais ils se rapprochèrent, les bras d'Alan entourant Una qui le serrait contre elle. Et ils restèrent debout dans ces escaliers, dans le noir complet, muets et enlacés.

Puis ils descendirent les marches, à la manière des crabes, gauchement, s'accrochant l'un à l'autre. Il n'allait la laisser allumer aucune lumière. Elle ouvrit la porte de la chambre d'Alan, le tira à l'intérieur, et tandis que la porte se refermait, ils entendirent Caesar rentrer. Les lumières s'allumèrent et les pas de Caesar résonnèrent doucement. Alan tint Una serrée contre lui dans un silence haletant, jusqu'à ce que tout redevînt noir et silencieux.

16

Ils avaient peu de nourriture en réserve, car Marty n'avait pas de frigidaire. Sur les étagères de la bibliothèque, il y avait quelques boîtes de haricots, des spaghetti, de la soupe, une douzaine d'œufs dans une boîte, un paquet de bacon, des sachets de thé, un pot de café instantané, du fromage, et un pain enveloppé dans du papier. Ils mangeaient généralement du pain et du fromage le midi, et tous les jours Marty sortait leur acheter à dîner. Mais le lundi à 5 heures, il dormait encore profondément. Il était écroulé sur le matelas depuis 2 heures de l'après-midi. Joyce était dans la cuisine, en train de se laver la tête.

Nigel secoua Marty pour le réveiller.

– Faut que t'émerges, mon vieux. On veut notre dîner, O.K. ? Et une bouteille de vin. Et puis après, tu vas te volatiliser. Pigé ?

Marty s'assit dans le lit, se frotta les yeux.

– Je ne me sens pas très bien. J'ai horriblement mal au ventre.

– T'es bourré, c'est tout. T'as descendu une bouteille de scotch depuis hier soir. (Inconsciemment, Nigel parlait sur le même ton que le docteur Thaxby.) Tu es alcoolique, et tu vas attraper une cirrhose au foie. C'est pire que le cancer. On peut t'opérer du cancer, mais pas de la cirrhose. Tu n'as qu'un foie. Tu comprends ça ?

– Arrête, tu veux. C'est pas le Scotch. Ça ne me donnerait pas mal au ventre. Ça me donnerait mal à la tête. Je crois que j'ai attrapé un microbe.

– T'es bourré, dit Nigel. T'as besoin de respirer de l'air frais.

Marty grommela et se rallongea.

– Je ne peux pas sortir. Vas-y, toi.

– Bon Dieu, mais tout le truc, c'est de me laisser seul avec elle.

– Il faudra que tu attendes demain. Je vais passer une bonne nuit, et demain ça ira bien.

Marty ne sortit donc pas, et pour le dîner, ils mangèrent des spaghetti en boîte et du bacon. Que Joyce daigna préparer. Elle ne pouvait avoir accepté ce qu'elle avait accepté, et ensuite refuser de lui préparer son dîner. Marty fit office de gardien, pendant que Nigel descendit prendre un bain. En remontant, il rencontra le vieux Mr Green, qui portait une robe de chambre en lainage marron. Il avait une serviette à la main. Mr Green lui sourit d'un air plutôt timide, mais Nigel ne lui prêta aucune attention. Il jeta la lettre de Joyce dans les toilettes et tira la chasse.

Marty avait le pistolet à la main, et semblait être dans un état d'éveil relatif.

– Tu vois ? dit Nigel. Y a rien qui cloche chez toi, quand tu ne bois pas.

Ça avait l'air vrai, car Marty ne but plus rien de la soirée, et le mardi, il se sentit presque dans son état normal. C'était un jour idéal pour sortir. Selon les instructions de Nigel, il acheta un poulet froid, des salades toutes prêtes dans des petits cartons, du pain, du fromage, et une bouteille de très bon vin, qui lui coûta quatre livres. Il oublia de racheter du thé, du café, et des boîtes de conserve, mais cela n'avait pas d'importance car dès demain, ils seraient partis tous les trois, Joyce et Nigel tout prêts à entamer une lune de miel.

Cependant, il fallait bien dire qu'ils ne se conduisaient pas comme des amoureux. Marty se demandait ce qui s'était passé entre eux, le samedi. Peu de chose, selon lui, mais sans doute assez pour que Nigel soit sûr de réussir. Marty observait leur comportement. Joyce restait assise toute la journée à tricoter, sans être un tant soit peu plus gentille qu'avant avec Nigel, et Nigel ne lui parlait pas beaucoup, il ne l'appelait ni « chérie » ni « amour », les mots que Marty aurait employés en de telles circonstances. Peut-être se plaisaient-ils tellement, qu'ils se surveillaient en sa présence. Il espérait qu'il en était ainsi. Il espérait également qu'ils ne s'attendaient pas à ce qu'il reste dehors la moitié de la nuit, car il avait à nouveau mal au ventre, et il avait l'impression d'avoir la gueule de bois, bien qu'il n'ait pas bu une seule goutte de Scotch depuis vingt-quatre heures.

À 6 heures, il sortit. C'était une belle soirée. Il faisait clair, et si chaud pour cette époque de l'année que c'en était surnaturel. Ou du moins Marty le supposait-il, car les gens ne portaient pas de manteaux, et il avait vu deux filles se promener ensemble, vêtues de fins chemisiers à manches courtes. Mais lui n'avait pas chaud, dans son pull et son blouson de cuir. Il était tout frissonnant à l'arrêt du bus, en attendant que le 16 arrive et l'emmène dans le West End.

À Criklewood, les deux jeunes gens qui se retrouvaient seuls dans la chambre étaient intimidés l'un par l'autre. Nigel mit son bras autour de la taille de Joyce, et se demanda comment ce serait si elle avait trente ou trente-huit ans, et qu'elle lui fût reconnaissante d'être si différent de son vieux mari ennuyeux. Ce fantasme l'aida, ainsi que le whisky de Marty. Joyce dit qu'elle en voulait aussi, mais qu'il fallait qu'elle mette de l'eau dedans.

Ils emportèrent leurs verres dans le living.

– Tu as envoyé ma lettre ? dit Joyce.

– Marty l'a emmenée ce matin.

– Alors c'est son nom, Marty ?

Nigel se serait arraché la langue. Mais finalement, quelle importance, à présent ?

– Tu pourrais me dire comment tu t'appelles, non ?

Nigel le lui dit. Joyce trouvait que c'était un beau nom, mais elle se garda bien de lui dire. Elle avait comme l'impression qu'une part d'elle-même demeurerait inviolée, si, tout en couchant avec Nigel, elle continuait à lui parler avec une froide indifférence. Le whisky la réchauffa et la calma. C'était la première fois qu'elle en buvait. Stephen disait que la boisson des femmes, c'était le gin, et une fois ou deux, elle avait bu un gin tonic avec lui, au Childon Arms, mais jamais de whisky. Nigel était à moitié assis sur le pistolet, qui était de son côté et donc hors de portée de Joyce. Elle laissa Nigel l'embrasser, et s'arrangea pour lui rendre son baiser.

– On ferait aussi bien de manger, dit Nigel, puis il prit le pistolet avec lui, et le posa sur la table.

Le vin mettrait la touche finale à cette douce torpeur qui avait peu à peu raison de ses inhibitions. Il aimait la timidité, et la laideur de Joyce. Ainsi, elle ne pourrait juger de la qualité de la performance. Elle mangea en silence, répondant à la pression de son genou sous la table. Mon Dieu qu'elle était laide ! Tout ce qu'elle avait de bien, c'était ses cheveux. Ses cils étaient blancs

– pas étonnant qu'elle ait tant insisté pour avoir son mascara –, sa peau était blanche, grenue, et ses traits sans vigueur. Et, dans le tee-shirt et le pull-over de Marty, elle avait l'air sans formes.

Il se mit à lui parler des choses qu'il avait faites : il était allé à l'université, il avait obtenu une licence avec mention très bien, mais il avait tout laissé tomber parce que la société est pourrie, pourrie jusqu'à l'os, et il ne voulait pas s'y intégrer, non, pas question. Alors il était allé vivre dans une communauté avec d'autres jeunes gens qui avaient des idéaux, qui étaient végétariens. Les filles faisaient du tissage et de la poterie. C'était une communauté sexuelle, et il s'était partagé entre deux filles, une très jeune, Samantha, et une plus âgée, Sarah.

– Alors, pourquoi t'as braqué une banque ? dit Joyce.

Nigel dit que ç'avait été un acte de défi envers cette société pourrie, et qu'avec l'argent, ils allaient créer une communauté Raj Neesh en Écosse.

– Qu'est-ce que c'est ?

– C'est ma religion. C'est une merveilleuse religion orientale, avec aucune règle. On peut faire ce qu'on veut.

– Ça devrait assez bien te convenir, dit Joyce.

Elle avait dit cela sans malveillance, et quand elle se leva pour aller mettre les assiettes dans l'égouttoir, à côté des bouteilles de whisky de Marty, elle laissa Nigel lui caresser la cuisse. Puis elle se rassit, un peu plus près de lui, et ils finirent le vin. Il faisait noir dehors, à présent, hormis la lumière jaune diffusée par les réverbères. Nigel ferma les doubles rideaux, et quand Joyce revint de la cuisine, il l'enlaça et se mit à l'embrasser violemment, voracement, repoussant sa tête en arrière et faisant des bruits de mastication.

Elle était comme anesthésiée, elle sentait seulement Nigel appuyé contre elle comme une barre de fer dressée, et elle savait que ça allait arriver. Mais elle n'éprouvait ni désespoir, ni panique, le whisky et le vin les avaient gommés, aucune pulsion ne l'entraîna à casser une vitre ou à crier, alors que, pour la première fois depuis qu'elle était là, on la laissait à peu près libre de ses mouvements. Nigel alla aux toilettes, emportant le pistolet avec lui. Joyce se mit au lit et enleva tous ses vêtements sous le drap. Le troisième message était encore dans son soutien-gorge. Elle le glissa dans l'un des bonnets puis cacha le soutien-gorge sous son pull-over, par terre. Nigel revint, referma le verrou Yale, mais ne prit pas la peine de s'occuper de l'autre serrure. Il éteignit la lumière. Pendant un moment, il resta là, immobile, et ça l'étonna que les réverbères éclairent autant la pièce à travers les doubles rideaux élimés, comme si c'était la première fois qu'il s'en rendait compte, après toutes ces nuits passées ici. Puis il se débarrassa de ses vêtements, et tira sur la couverture et sur le drap qui recouvraient Joyce.

Sa tête était légèrement tournée sur le côté, la joue visible à moitié masquée par ses longs cheveux blonds. Il la regarda avec stupéfaction, car jamais il n'aurait cru que, dans la réalité, une femme puisse être comme ça. Son corps était sans défaut, les seins bien pleins, lisses et ronds comme du verre soufflé, la taille comme une tige mince et fragile, les os et les muscles de ses jambes et de ses bras comme enveloppés d'une formidable douceur soyeuse faite de chair ferme et de peau laiteuse. La lumière jaune la recouvrait comme une dorure patinée, brillait d'un éclat doré sur ces rondeurs, teintant les creux peu profonds en sépia marron. Elle ressemblait à l'un des nus qu'il y avait dans les magazines de Marty, mais elle était beaucoup plus belle. Nigel n'avait jamais pensé à ces filles comme à des femmes qui existaient vraiment, mais comme à des artifices heureux dus au savoir-faire du photographe, à la pose et à diverses astuces techniques. Il la regardait avec une espèce d'émerveillement épouvanté, avec une crainte maladive mêlée d'admiration, tandis qu'elle était étendue là, immobile et somptueuse, les paupières closes.

Et finalement, il dit : « Joyce », et étendit son corps sur le sien. Lui aussi ferma les yeux, tout en sachant qu'il aurait dû les fermer avant, ou ne jamais tirer sur ce drap. Il essaya de penser à la mère de Samantha, qui était filiforme et qui avait trente-deux ans, il essaya de penser à Sarah dans ses bas noirs. Avec sa main droite, il tâta le pistolet, imaginant comment ce serait, s'il violait la femme d'Alan Groombridge sous la menace de son arme. Mais le mal était fait. De la façon la plus inimaginable qui soit, Joyce avait tué sa virilité, sans dire un mot, sans faire un seul mouvement. Puis elle bougea, ouvrit les yeux, et le regarda.

– Ça va aller d'ici une minute ou deux, dit Nigel, les dents serrées. Je vais boire un coup.

Il alla dans la cuisine et but une gorgée de whisky à la bouteille. Il ferma les yeux pour ne pas voir Joyce, puis il s'approcha d'elle, l'étreignant violemment.

– Tu me fais mal !

– Ça va aller. Laisse-moi quelques minutes.

Il se détacha d'elle, se tourna de l'autre côté. Son corps était froid, et sans ressort. Il se concentra sur des fantasmes dans lesquels Joyce était son esclave, et sur l'importance de cet acte qu'il devait mener à bien pour qu'elle le devînt. Au bout d'un moment, au bout de ces quelques minutes qu'il lui avait demandé de lui accorder, il se tourna à nouveau vers elle et regarda son visage. S'il pouvait regarder seulement son visage, et oublier ce corps merveilleux et terrifiant... Elle dormait. Elle avait niché sa tête dans ses bras et sombré dans un sommeil lourd, dû à l'alcool.

Nigel l'aurait volontiers tuée, là, tout de suite. Il tenait le pistolet appuyé contre sa nuque. Peut-être l'aurait-il tuée, si le pistolet avait été chargé, et si la détente n'avait pas été impossible à bouger. Mais son arme, tout comme lui, n'était qu'un faux, une copie. Aussi inutile que lui.

Il l'emporta dans la cuisine avec lui, et ferma la porte. Et soudain un souvenir d'enfance lui revint, un souvenir datant de quinze ou seize ans. Il était assis à table, et son père lui donnait à manger à la cuillère, l'obligeait à manger, pendant que sa mère avançait à quatre pattes sur le sol, une lavette à la main. Elle épongeait la nourriture qu'il jetait par terre ou qu'il recrachait, tendant parfois le bras pour lui essuyer la figure avec le gant de toilette qu'elle avait dans l'autre main, tandis que son père lui disait qu'il devait manger, sinon il ne grandirait jamais, il ne serait jamais un homme. Nigel, aujourd'hui adulte, pencha la tête au-dessus de la table de la cuisine de Marty, comme il avait penché la tête sur cette autre table, autrefois, et se mit à pleurer comme il avait pleuré alors. Ce fut uniquement la pensée de Marty rentrant et le trouvant là qui arrêta ses larmes et le fit se lever, tremblant et maudissant la vie. La réalité était insupportable, il ne voulait plus que l'oubli. Il porta la bouteille à sa bouche, en enserra le goulot avec ses lèvres, et fit couler une longue gorgée de whisky dans son gosier. Il avait juste le temps de regagner ce lit et de s'étendre le plus loin possible de Joyce, avant que l'alcool ne l'assomme.

Marty regardait les boutiques d'Oxford Street, en pensant aux vêtements qu'il achèterait, quand il aurait toute liberté pour le faire. Il n'avait jamais eu d'argent pour s'habiller, mais il avait envie de vêtements, envie de porter des pantalons serrés, des vestes en velours, et des chemises avec des visages de filles et des noms de pop stars. Deux policiers le regardèrent, ou il s'imagina qu'ils le regardaient, alors il arrêta de fixer les vitrines, et descendit Regent Street jusqu'à Piccadilly Circus.

Il entra dans deux galeries de jeux, à côté de Leicester Square et mit de l'argent dans des machines à sous, puis il traîna dans Soho. Il avait toujours eu l'intention d'entrer dans l'un de ces clubs de strip-tease, et c'était le moment ou jamais de le faire, puisqu'il avait des liasses de billets dans sa poche. Mais les douleurs qu'il avait éprouvées le lundi revenaient. Toutes les deux ou trois minutes, il avait comme un tiraillement en haut de l'estomac, et puis des spasmes, qui lui coupaient le souffle et lui faisaient monter de la bile au fond de la gorge, quand l'étau se desserrait. Dans l'état où il était, il ne pouvait ni entrer dans un club, ni espérer y passer un bon moment, car il risquait de se retrouver à nouveau plié en deux par la douleur. Ça ne pouvait pas être son appendice, se disait-il, il se l'était fait enlever quand il avait douze ans. Symptômes de l'état de manque, voilà ce que c'était. L'alcool est une drogue, et chacun sait que lorsqu'on décroche d'une drogue on a des douleurs, des suées, qu'on se sent mal fichu. Il aurait dû le faire progressivement, ne pas se sevrer d'un seul coup.

Combien de temps est-ce que ça allait leur prendre, aux deux autres ? Nigel ne lui avait pas dit à quelle heure il pouvait rentrer, mais minuit ça devrait aller, bon Dieu. Il n'avait rien mangé depuis le matin, pas étonnant qu'il eût aussi mal au cœur. Il ferait mieux d'aller manger un bon steak, des frites et deux petits pains. L'odeur, à l'intérieur du restaurant, lui souleva le cœur, et il ressortit en titubant, se demandant ce qui se passerait s'il perdait connaissance dans la rue, et que la police le ramassait avec tout cet argent sur lui.

Il se sentirait davantage en sécurité plus près de chez lui, aussi prit-il le métro, qui l'emmena jusqu'à Kilburn. Heureusement, le 32 arriva tout de suite. Marty monta dans le bus, s'écroula sur un siège de l'étage inférieur et alluma une cigarette. Le contrôleur indien lui demanda de l'éteindre, et Marty lui dit de retourner dans la jungle, puis il lui dit ce qu'il pourrait se faire faire, une fois qu'il y serait. Alors ils arrêtèrent le bus, et le chauffeur, un grand Noir, fit descendre Marty avec l'aide du contrôleur, à la grande joie des autres voyageurs. Il dut aller jusqu'à Shoot-up Hill à pied, et se demanda comment il fit pour y arriver.

Mais il était trop tôt pour rentrer, il n'était que 11 heures moins le quart. Que son problème soit dû à l'état de manque ou à un microbe, il lui fallait boire un verre, et on dit que le whisky vous cale l'estomac. Son père le disait toujours, ce vieux con, et la gnôle – c'était son rayon. Deux doubles whiskies, se dit Marty, et il allait dormir comme une bûche et se réveiller en pleine forme le lendemain.

La Rose de Killarney était à peu près à mi-hauteur de l'avenue. Marty y entra d'un pas mal assuré, et passa entre les tables tout en gémissant de douleur. Bridey et le patron étaient derrière le bar.

– Double scotch, dit Marty, d'une voix éteinte.

Bridey dit au patron :

– Ce type est mon voisin. Vous avez vu comment il se tient ?

– O.K. Bridey, je vais le servir.

– Il habite dans la même maison que moi, et il n'est même pas capable de dire un simple s'il-vous-plaît. Et il a déjà trop bu, si vous voulez mon avis.

Marty ne remarqua rien. Il ne parlait pas à Bridey, sauf s'il ne pouvait faire autrement, et il n'adressait jamais la parole aux immigrés, aux étrangers, aux juifs, aux nègres et consorts. Il but son Scotch, rota, et en demanda un autre.

– Désolé, fils, mais t'as assez bu. T'as entendu ce qu'a dit la dame.

– La dame, dit Marty. Cette salope d'Irlandaise.

Il n'était que 11 heures, mais il allait rentrer, quoi qu'il en soit. Dans sa chambre, la lumière était éteinte. Il l'avait vu depuis la rue où il avait dû s'asseoir sur un petit mur, tellement il était faible, et mal. L'escalier fut la dernière partie de son supplice, et la pire. Une fois derrière la porte, il pensa s'étendre sur le palier, plutôt que de s'embêter à réveiller Nigel pour qu'il lui ouvre. Il regarda par le trou de la serrure, mais il ne put voir à travers, car la clé en fer était engagée dedans. Peut-être que Nigel n'avait pas fermé à clé, parce que les choses s'étaient bien passées, et qu'il n'était plus utile de le faire. Il introduisit sa clé dans la serrure Yale et la porte s'ouvrit.

Après l'obscurité du palier, la lumière jaune le fit cligner des yeux. Par habitude, il ferma la porte, et passa la ficelle avec la clé autour de son cou. La lumière se projetait sur les deux visages endormis en taches irrégulières. Génial, pensa Marty, il l'a fait, on va pouvoir partir d'ici dès demain. Se tenant l'estomac, qui lui faisait mal, respirant tout doucement, il se lova sur le sofa et remonta la couverture sur lui.

Joyce ne s'était pas aperçue de son arrivée. Elle ne se réveilla que trois ou quatre heures plus tard, avec une espèce de battement dans la tête, et la bouche sèche. Mais elle retrouva très vite ses esprits et se souvint de ce qu'était son but premier, en couchant avec Nigel. Elle le regarda avec stupéfaction et dégoût, et également avec pitié. Joyce pensait tout connaître sur le sexe, en connaître beaucoup plus que sa mère, mais personne ne lui avait jamais dit que ce qui était arrivé à Nigel est quelque chose de si courant que c'en est presque banal, qu'il s'agit d'une inhibition dont souffrent tous les hommes de temps en temps, et certains hommes assez souvent. Elle pensa à Stephen, qui était viril, sûr de lui, et elle en déduisit que Nigel devait être atteint de quelque horrible maladie.

Ses deux ravisseurs étaient profondément endormis, Marty en train de ronfler, Nigel avec la main droite glissée sous son oreiller. Joyce s'habilla. Puis elle se rallongea à côté de Nigel, glissa elle aussi sa main sous l'oreiller, et sentit le métal dur et chaud du pistolet. Aussitôt il agrippa sa main, mais pas parce qu'il avait compris ce qu'elle voulait faire. C'était plutôt comme s'il avait eu besoin de tenir la main d'une femme dans son sommeil agité, comme un enfant. De la main gauche, elle fit glisser le pistolet sous l'oreiller, puis elle dégagea sa main droite. Nigel poussa une espèce de gémissement, mais il ne se réveilla pas.

Prenant une profonde inspiration et espérant que ce bruit sourd dans sa tête allait s'arrêter, elle leva le pistolet, le braqua sur le mur de la cuisine, et essaya d'appuyer sur la détente. La détente ne bougea pas. C'était donc un jouet, comme elle l'avait espéré, et ce dont elle se doutait depuis plusieurs jours. Elle exultait. C'était un jouet, comme on pouvait penser, vu que ça avait l'air d'un objet en plastique, la crosse avait réellement l'air d'être en plastique, et d'ailleurs il y avait écrit « Made in W. Germany ».

Ce qu'elle allait faire ensuite paraissait tout simple. Elle n'essaierait pas de prendre la clé à Marty, car les deux garçons pouvaient facilement la neutraliser et la frapper vraiment fort. Mais le matin, quand l'un d'eux l'emmenerait aux toilettes, elle s'élancerait en courant dans les escaliers, en criant le plus fort qu'elle pourrait.

Elle décida de ne pas se redéshabiller, au cas où Nigel se

réveillerait et se mettrait à la peloter. Ce qui était une pensée horrible, compte tenu qu'il était malade, ou pas vraiment un homme. Elle revint dans la chambre et le regarda, qui dormait toujours. N'était-il pas étrange de fabriquer un pistolet factice avec une détente qui ne bougeait pas ? L'intérêt de ces pistolets en plastique, elle le savait grâce à son jeune frère, c'était qu'on pouvait presser la détente et tirer des bouchons. Elle se demanda comment on faisait pour mettre les bouchons dans celui-là. Peut-être en tripotant la crosse ? Elle appuya dessus, mais la crosse ne bougea pas.

Joyce emporta le pistolet jusque devant la fenêtre de la cuisine, où il y avait plus de lumière. Et là, elle repéra une étrange petite protubérance sur le côté de l'arme, qu'elle poussa avec le bout de son doigt, à tout hasard. Le petit bouton bougea facilement, glissant vers l'avant, vers le canon, découvrant une petite zone rouge. Bien que la crosse ait bougé, elle aussi, et se fût inclinée vers l'avant, aucun espace qui permît d'introduire des bouchons n'était apparu. Mais cela n'aurait servi à rien de mettre des bouchons, se dit Joyce, si l'on ne pouvait presser la détente. Peut-être était-ce un vrai pistolet, mais simplement cassé. À nouveau elle se leva, souriant intérieurement, car elle avait vraiment été bête, n'est-ce pas, de s'être ainsi laissé enfermer une semaine, par deux garçons qui avaient un pistolet qui ne marchait pas ? Elle se sentait plutôt honteuse.

Braquer le pistolet sur Nigel la fit glousser. La sensation de le menacer lui procurait du plaisir, même s'il ne s'en rendait pas compte, le menacer comme lui l'avait menacée depuis des jours. Ils avaient tué Mr Groombridge avec ça, hein ? C'est ça, oui. Comme cela, en appuyant sur une détente cassée qui ne bougeait pas ?

Joyce appuya dessus, souhaitant presque qu'ils fussent réveillés pour la voir. Il y eut un grondement fracassant. Le bras de Joyce fut projeté vers le haut, le pistolet décrivit un arc-de-cercle à travers la pièce, la balle gicla dans le bois pourri du châssis de la fenêtre et s'y logea, passant à deux centimètres de l'oreille de Nigel.

Joyce hurla.

17

Marty avait bondi du canapé et Nigel du matelas avant que l'écho dû à l'explosion ne se soit tu. Nigel empoigna Joyce et la poussa sur le lit, une main plaquée sur sa bouche. Et comme elle continuait à crier, il lui mit un oreiller sur la figure. Marty s'agenouilla au pied du lit. Se tenant la tête à deux mains, il regardait fixement le trou que la balle avait fait dans le châssis de la fenêtre. Le bruit résonnait encore dans la tête de chacun d'entre eux.

– Oh, mon Dieu ! marmonna Marty. Oh, mon Dieu !

Nigel enleva l'oreiller de la tête de Joyce, et la gifla avec la paume, puis avec le dos de la main.

– Salope. Espèce de salope, espèce d'idiote.

Elle était allongée sur le ventre, et sanglotait. Nigel avança à quatre pattes sur le matelas, et tendit le bras pour récupérer le pistolet. Il se mit une couverture sur lui, comme un châle, et s'assit pour examiner le pistolet avec étonnement et émerveillement. La pièce puait la poudre. Le silence s'insinua dans la chambre, plus lourd, et d'une certaine façon plus présent que du bruit. Marty s'accroupit, tétanisé par la peur, attendant le bruit des pas dans l'escalier, le coup frappé à la porte, le déclic du téléphone que l'on décrochait au rez-de-chaussée, mais Nigel ne faisait que tenir, retourner, regarder l'arme.

À présent, il comprenait ce que voulait dire cette inscription en allemand, sur le côté. Avec un frisson d'excitation, il lut ces mots, encore une fois. C'était le pistolet de James Bond qu'il avait dans les mains, c'était un Walter PPK. Il ne voulait pas le poser, même pour mettre son jean et son pull, il voulait ne plus jamais le lâcher. Il le couvait avec un réel bonheur, il l'aimait, se demandant comment il avait jamais pu le prendre pour un jouet, ou une arme factice. Ce pistolet était plus vrai que lui. Il marchait.

– C'est un sacré flingue, dit-il tout bas.

En d'autres circonstances, Marty aurait été plutôt content d'avoir pu duper Nigel aussi longtemps, à propos de ce pistolet. Il aurait jubilé d'être enfin récompensé. Mais il avait peur et il avait mal. Aussi se contenta-t-il de marmonner :

– Évidemment. J'aurais pas payé soixante-dix livres pour une vieille merde. (Et il gémit, quand un tiraillement dans son estomac le fit se plier en deux de douleur.) Je vais aller vomir grommela-t-il, et il se dirigea vers la porte.

– Vois un peu ce qui se passe, pendant que t'es dehors, dit Nigel.

Il regardait le petit alvéole rouge qui était apparu après qu'on eut libéré la sécurité. Avec précaution, il poussa à nouveau le bouton vers le bas, et cette chose, derrière, qui l'avait toujours intrigué mais qui en fait, il le savait à présent, était le chien, s'abaissa. À présent, la détente bougeait à peine. Nigel regarda Joyce, puis le trou dans l'encadrement de la fenêtre, et il soupira.

Marty vomit pendant quelques minutes. Après quoi, il se sentit si faible, et la tête lui tournait tellement, qu'il dut s'asseoir sur le siège des toilettes, mais finalement il se força à se lever et descendit les escaliers en titubant. Il avait l'impression que ses jambes étaient des ficelles mouillées. Il descendit sans bruit deux volées de marches, tout en tendant l'oreille. Il semblait que la maison entière fût endormie, toutes les portes étaient fermées, et toutes les lumières étaient éteintes, hormis une faible lueur sous la porte de la fille rousse. Marty se hissa à nouveau en haut, en s'accrochant à la rampe. Son estomac se retournait, et se contractait.

Vacillant sur ses jambes, il traversa la pièce, entra dans la cuisine, et but une grande gorgée de whisky à la bouteille. Chaud, ambré, rassurant, l'alcool lui procura un soulagement passager, et il trouva la force de se tenir droit et de respirer profondément. Nigel, penché sur Joyce, bien qu'elle fût immobile, épuisée, et qu'elle sanglotât faiblement, ordonna à Marty de faire du café.

– De quoi est mort ton dernier esclave ? dit Marty. Je suis malade, et je ne suis pas une nana. Elle n'a qu'à le faire.

– Pas question que je la quitte des yeux une seconde, dit Nigel.

Alors personne ne fit le café, et personne ne se recoucha avant l'aube. À un moment, ils entendirent la sirène d'une voiture de police, mais bien plus loin, sur le périphérique nord. Marty était allongé en travers du matelas, se tenant l'estomac. Quand la lumière jaune des reverbères se fut estompée dans des tons rose vermillon, puis évaporée, quand les oiseaux commencèrent à chanter dans les platanes poussiéreux du cimetière, ils dormaient tous les trois, écroulés sur le matelas, bras et jambes écartés, comme des morts sur un champ de bataille.

En partant travailler, Bridey descendit avec un sac de bouteilles et de bocaux vides. La jeune fille rousse sortit aussitôt. Elle avait attendu que Bridey descende, allongée sur son lit.

– T'as entendu ce ramdam, cette nuit ?

– Quel genre de ramdam ? dit Bridey, avec circonspection.

– Eh bien, je ne sais pas, dit la jeune fille rousse, mais il s'est passé quelque chose, là-haut. Vers 3 heures et demie. Je me suis réveillée et j'ai dit à mon mec : « Je crois que j'ai entendu un coup de feu là-haut. » Et après, il y a eu quelqu'un qui est descendu, jusqu'en bas, puis qui est remonté.

Bridey aussi avait entendu le coup de feu, elle avait également entendu un cri. Pendant un moment, elle avait envisagé de faire quelque chose, de se venger de ce déchet humain obscène, ce Marty. Mais faire quelque chose impliquait d'appeler la police. D'aller chercher la garde. Or, personne, dans l'histoire mouvementée de la famille de Bridey, n'avait jamais fait une chose aussi déloyale, même dans le but – tout à fait noble – de se venger.

– Tu as rêvé, dit Bridey.

– C'est ce qu'a dit mon mec. « T'as rêvé », il m'a dit. Mais je ne sais pas. Tu sais bien que t'as le sommeil profond, Bridey, et que le vieux Green est sourd comme un pot. J'ai dit à mon mec : « Tu ne crois pas qu'on devrait appeler les flics ? », et il a dit : « Pas question. Tu as rêvé. » Mais je ne sais pas. Tu crois que j'aurais dû appeler les flics ?

– Ne fais jamais ça, ma chérie, dit Bridey. Qu'est-ce que ça te rapporterait ? Des ennuis, c'est tout. Ne fais jamais ça.

Maintenant, ils ne partiraient plus, se disait Nigel, ils seraient obligés de rester là. Pendant des semaines, ou des mois, il ne savait pas combien de temps, peut-être jusqu'à ce qu'ils aient dépensé tout l'argent. Il s'aperçut qu'il ne détestait pas cette idée. Maintenant qu'il avait ce merveilleux pistolet qui fonctionnait si bien. Il le dorlotait, comme si c'était un jouet très doux, ou un petit animal affectueux. Sa peur de le perdre, au profit de Marty, à qui il appartenait, faisait qu'il ne le lâchait plus. Si Marty essayait de le lui prendre, il se disait qu'il le menacerait avec, comme il menaçait Joyce, et si c'était nécessaire, il le tuerait. Après ce qui s'était passé pendant la nuit, quelque chose qui chez Nigel avait toujours été friable et fragile, avait finalement volé en éclats : sa santé mentale.

Examinant le pistolet, l'admirant ardemment, il se disait que peut-être ils allaient devoir rester dans cette chambre pendant des années. Et pourquoi pas ? Il aimait cette chambre, qui commençait à devenir sa maison. Il leur faudrait acheter des choses, bien sûr. Un frigo, et une télé. Ils pourraient toujours dire aux types qui les livreraient, de les laisser sur le palier. Joyce ferait tout ce qu'il lui dirait maintenant, fini les réponses cassantes, il lui suffisait de regarder son visage pour en être sûr. Ni les menaces, ni les privations, ni une cohabitation déplaisante, ni le fait d'être séparés de sa famille ne l'avaient brisée, mais la réalité du pistolet l'avait fait craquer. C'était sa fonction.

Il aurait donc deux esclaves désormais, car Marty avait l'air aussi secoué qu'elle, après ce qui s'était passé. Un esclave pour faire les courses, et une pour cuisiner et pour le servir. Lui, Nigel, n'était ni brisé, ni secoué. Il dominait le monde, il en était le roi.

– On a besoin de pain, de sachets de thé et de café, dit-il à Marty. Et d'huile de paraffine pour le poêle.

– Demain, dit Marty. Je suis malade.

– Moi aussi je serais malade, si je picolais autant que toi. Pendant que tu es dehors, tu peux nous acheter un grand frigo et une télé couleur.

– Quoi ? Mais t'es fou !

– Ne me traite pas de fou, cervelle de serin, cria Nigel. Il faut qu'on reste ici, non ? Grâce à elle, il va falloir qu'on reste ici, longtemps, très longtemps. On peut très bien passer des années ici, tous les trois, j'ai réfléchi à tout ça. Quand on aura un frigo, tu n'auras plus besoin de sortir qu'une fois par semaine. Ça ne me plaît pas, que tu retournes sans arrêt dans les mêmes magasins, que tu racontes des conneries aux vendeurs, je te connais. On va tous rester bien tranquilles ici, et regarder la télé. Comme ça, tu dépenseras pas tout notre fric pour acheter de la nourriture hors de prix, d'accord ? Si on fait attention, on peut vivre ici deux ans, j'ai tout calculé.

– Non, geignit Joyce. Non.

Nigel s'en prit à elle.

– Personne te demande ton avis, je vais te dire. Si tu pousses ne serait-ce qu'un tout petit cri, t'es morte. Une bombe pourrait exploser ici, que personne ne l'entendrait. Tu le sais, non ? T'en as fait l'expérience.

Le jeudi matin, Marty fit un gros effort et réussit à aller jusqu'à l'épicerie, au coin de la rue. Il acheta un grand pain, du fromage, deux boîtes de haricots, mais il oublia les sachets de thé et le café. Quant à porter la paraffine, c'eût été trop pour lui, il le savait, alors il n'en prit tout simplement pas. La nourriture ne l'intéressait pas. De toute façon, il ne pouvait rien garder dans l'estomac. Il but un peu de whisky et eut des haut-le-cœur. Quand il revint des toilettes, il dit à Nigel :

– Je pisse marron.

– Et alors ? C'est juste une cystite. Tu t'es irrité la vessie avec la gnôle.

– Je suis mort de trouille, dit Marty. Tu ne peux pas savoir comme je me sens mal. Mais je pourrais mourir, bon Dieu. T'as vu ma tête ? On a l'impression que mes joues sont tout affaissées. Et puis t'as vu mes yeux ?

Nigel ne lui répondit pas. Il était assis, en train de se bricoler un holster avec une ceinture en plastique de Marty et un bout de tissu éponge. Il les cousit avec la laine marron de Joyce, qui le regarda faire. Il n'aurait pas dû être inquiet, car Joyce se serait fait tuer, plutôt que de toucher de nouveau à ce revolver. Elle avait arrêté de tricoter, elle avait arrêté de faire quoi que ce soit. Elle restait assise, ou recroquevillée sur le sofa, l'air hébété. Nigel était heureux. Il passait son temps à faire du calcul mental, pour savoir ce qu'ils pourraient dépenser en nourriture chaque semaine, combien pour l'électricité et le gaz. L'été arrivait, se disait-il, ils n'auraient donc plus besoin de se chauffer. Quand ils n'auraient plus d'argent, il enverrait Marty trouver un travail, pour les faire vivre tous les trois.

Le lendemain, il n'y avait plus ni paraffine, ni thé, ni beurre, ni lait. Sur la bibliothèque, dans la cuisine, il restait une cuillerée de café au fond d'un pot, la moitié du fromage qu'avait acheté Marty, presque tout le pain, deux boîtes de soupe, une boîte de haricots, et trois œufs. Le temps chaud avait fait place à un petit brouillard blanc et frisquet, et il faisait très froid dans la pièce. Nigel alluma le four à fond, ouvrit tous les brûleurs, agacé parce que la note de gaz allait monter, et fausser ses calculs. Pourtant, même lui se rendait compte que Marty n'allait pas mieux : il était mou comme une vieille serpillière, et il somnolait pratiquement sans arrêt. Il envisagea de sortir lui-même, et de laisser le pistolet à Marty. Joyce ne tenterait rien, toute combativité l'avait quittée. Elle était comme il avait toujours voulu qu'elle soit : effrayée, soumise, tremblante, elle se mettait à pleurer chaque fois qu'il lui parlait. Elle leur prépara des toasts aux haricots pour le dîner, sans même l'ombre d'une protestation, tandis qu'il la surveillait, l'arme à la main, et elle engloutit sa part comme un animal en cage affamé, à qui on avait souvent jeté des déchets. Non, ce n'était pas la peur qu'elle s'échappe qui empêchait Nigel de sortir. C'était l'idée d'abandonner à un autre, même pour dix minutes – il pouvait voir, depuis la fenêtre de la cuisine, que l'épicerie du coin était ouverte, toutes lumières allumées – la jouissance délicieuse du pistolet.

Ce soir-là, tandis qu'il réfléchissait au genre de frigo qu'ils devaient acheter, tandis qu'il se demandait s'ils pourraient s'offrir une télé couleur ou s'ils devraient se contenter du noir et blanc, Joyce lui parla. C'était la première fois qu'elle lui parlait vraiment, depuis qu'elle avait tiré.

– Nigel, dit-elle, d'une petite voix toute triste.

Il la regarda avec impatience. Ses cheveux pendaient, raides et ternes, ses ongles étaient sales, et elle avait une horrible éruption de boutons au coin de la bouche. Marty était étendu sur le matelas, emmitouflé dans plusieurs couvertures, toutes celles qu'ils possédaient, en fait. Quel duo, pensa Nigel. C'était une bonne chose qu'ils puissent l'avoir pour les manœuvrer et leur dire quoi faire.

– Ouais ? dit-il. Quoi ?

Elle mit ses mains l'une contre l'autre et baissa la tête.

– Tu as dit, murmura-t-elle, tu as dit qu'on pourrait rester ici des années. Nigel, je t'en prie, ne me garde pas prisonnière ici, s'il te plaît. Si tu me laisses partir, je ne dirai rien, je ne parlerai même pas. Je ferai semblant d'avoir perdu la mémoire, d'avoir perdu ma voix. Ils ne peuvent pas m'obliger à parler ! S'il te plaît, Nigel. Je ferai tout ce que tu voudras, mais ne me garde pas prisonnière ici.

Il avait gagné. Ses ambitions à l'égard de Joyce s'étaient réalisées. Il sourit, haussa les sourcils et secoua légèrement la tête. Mais il ne dit rien. Tout doucement, il sortit le pistolet de son holster, le braqua sur elle, relâcha le cran de sûreté. Joyce le récompensa en se ratatinant, en se mettant les mains sur le visage, et en éclatant en sanglots. D'ici quelques jours, se dit-il, il l'aurait réduite à le supplier d'être gentil avec elle, à l'implorer de faire des choses pour lui, pour son bien-être. Alors il rit, se souvenant des insultes, et de l'insolence de Joyce, dont il avait dû s'accommoder. Sans prévenir, il éteignit la lumière, et alla s'étendre sur le matelas, à côté de Marty.

– Tu sens la même chose qu'un dîner chinetoque. C'est à la fois aigre et sucré. Bon Dieu !

Joyce ne pouvait pas dormir. Allongée sur le dos, elle regardait fixement le plafond, au désespoir. Étrangement, car elle n'avait jamais rencontré de fous, son intuition lui disait que Nigel avait perdu la raison. Tôt ou tard, il la tuerait, et personne ne le saurait jamais, personne n'entendrait le coup de feu, ou bien la personne qui l'entendrait s'en ficherait. Alors, blessée peut-être, elle resterait étendue dans cette chambre jusqu'à ce que mort s'ensuive. À cette idée, elle se mit à pleurer très fort, elle ne pouvait s'en empêcher. Elle ne reverrait jamais sa mère, ni son père, ni ses frères, elle n'embrasserait plus jamais Stephen, il ne la tiendrait plus jamais dans ses bras. Nigel lui siffla de se taire, et leur dit « chut » à tous, aussi pleura-t-elle en silence, jusqu'à ce que son oreiller fût trempé de larmes et que, épuisée, elle dérivât lentement dans des rêves où elle était chez elle, puis où elle était au Childon Arms avec Stephen, en train de faire des projets de mariage.

La voix angoissée de Marty la réveilla. Il faisait encore nuit.

– Nige, dit-il. (Il n'appelait pratiquement jamais Nigel par son prénom, ni par son horrible diminutif.) Nige, qu'est-ce qui m'arrive ? Je suis allé aux chiottes, et j'ai été obligé de me traîner sur les genoux et sur les mains pour revenir. Je peux à peine marcher. J'ai les intestins en feu. Mes yeux sont devenus tout jaunes.

– D'abord ta pisse, et maintenant tes yeux. Tu sais l'heure qu'il est, bon Dieu ?

– Je suis descendu à la salle de bains. Je ne sais pas comment j'ai fait. Je me suis regardé dans la glace. Je suis jaune de partout. Tout mon corps est devenu jaune. Il faudra que j'aille voir le docteur.

Cela réveilla complètement Nigel. Il sortit du lit en titubant, le revolver pendant dans son holster, tout contre son flanc nu. Debout au-dessus de Marty, il l'empoigna par les épaules.

– T'es devenu fou ou quoi ?

Marty émit des petits bruits, comme un chiot battu. Il avait le visage ruisselant de sueur. Les couvertures étaient humides de sueur, mais il tremblait de froid.

– Il faudra que j'y aille, dit-il, claquant des dents. Il faut que je fasse quelque chose. (Son regard croisa les yeux froids et brillants de Nigel, ce qui lui fit crier :) Tu ne me laisserais pas mourir, Nige ? Nige, je pourrais mourir. Tu ne me laisserais pas mourir ?

Il l'entendait parler avec Caesar, dans le couloir. Elle avait dû sortir pour aller aux toilettes. Il regarda sa montre. 7 heures et demie. Il était gêné, parce que Caesar l'avait vue – habillée comment ? Enroulée dans le couvre-lit qui visiblement avait disparu ? – et il avait peur des critiques de Caesar, parce que toute sa vie ses amis, connaissances ou parents, lui avaient semblé incarner l'autorité castratrice. Elle revint, puis elle émergea, nue, de plusieurs épaisseurs de chenille de coton, pour se retrouver dans ses bras.

– Qu'est-ce qu'il t'a dit ? souffla Alan.

– « Bonne chance, ma chérie », dit Una, et elle gloussa.

– Je t'aime, dit-il. À part ma femme, tu es la seule femme à qui j'aie jamais fait l'amour.

– Je ne peux pas le croire !

– Pourquoi je te le dirais ? Il n'y a pas de quoi en être fier.

– Oui, mais, Paul, c'est vraiment étonnant.

Une pensée terrible lui traversa l'esprit.

– Et toi ?

– Je n'ai jamais fait l'amour à aucune femme.

– Tu sais bien que c'est pas ça que je veux dire. Les hommes.

– Oh, pas tant que ça. Mais plus que « ça ».

Et une pensée encore plus terrible.

– Pas Ambrose ?

– T'es bête. Ambrose est un célibataire. Il dit qu'à son âge, on doit avoir fait toutes les expériences sexuelles dont on avait besoin, et qu'on doit réorienter son énergie sur la vie de l'esprit.

– « Quitte-moi, oh ! mon amour, cela finira en poussière. »

– Eh bien, je ne crois pas. Je pense sincèrement que ça peut amener à des choses beaucoup plus sympathiques. Tu sais, ce n'était pas seulement l'incrédulité qui m'a fait dire que c'était vraiment étonnant.

Il réfléchit. Il rougit.

– Honnêtement ?

– Honnêtement. Mais si c'est vrai, ce que tu as dit, tu ne crois pas que tu as besoin d'un peu plus d'entraînement ? Par exemple maintenant ?

Ce fut la plus belle semaine de sa vie.

Il emmena Una au théâtre, et il l'emmena dîner. Ils louèrent une voiture. Ils durent la louer au nom d'Una, parce qu'il était Paul Browning, qui avait laissé son permis de conduire chez lui, à Cricklewood. En roulant dans Hertfordshire, ils jouèrent à ce jeu d'amoureux qui consiste à regarder les maisons et à se demander laquelle leur conviendrait le mieux pour y vivre le restant de leur vie. Il savait déjà qu'il voulait vivre avec elle. Même l'idée d'une brève séparation était impensable. Il ne pouvait s'arrêter de la regarder, et le souvenir d'avoir dit à Caesar qu'il ne la trouvait pas attirante était comme un reproche culpabilisant, quoiqu'elle ne le saurait jamais. Le terme, de toute façon, était inadéquat pour décrire l'effet qu'elle avait sur lui. Il était ravi à présent, qu'elle ne se maquille pas, qu'elle ne s'habille pas bien, car toutes ces choses l'auraient banalisée. Plus que tout, il aimait observer la danse des émotions sur son visage, ce petit visage intense qui se contractait de rides profondes sous l'effet du désarroi, ou de la surprise, et qui se détendait en une douceur enfantine avec délices.

– Paul, dit-elle gentiment. Les feux sont verts. On peut y aller.

– Je suis désolé. Je ne peux pas m'empêcher de te regarder. Mais quand je conduis, je regarde la route.

Quand ils rentrèrent à la maison ce soir-là, et qu'ils furent dans la chambre d'Alan – elle dormait avec lui toutes les nuits – elle lui posa des questions sur sa femme.

– Comment elle s'appelle ?

– Alison, dit-il. (Il fallait qu'il dise ça, parce qu'il était Paul Browning.)

– C'est très joli. Tu ne m'as pas dit si tu avais des enfants.

Il pensa à la défunte Lucy, dont ils n'avaient jamais parlé. Combien d'enfants avait Paul Browning ? Dans ce cas précis, cela ne pouvait lui faire aucun tort de dire la vérité.

– J'en ai deux, un garçon et une fille. Ce sont presque des adultes. Je me suis marié très jeune. (Et pas seulement pour changer de sujet, mais parce qu'une grande vérité lui apparut soudain, il ajouta :) J'ai été un très mauvais père.

Évidemment qu'il avait été un mauvais père, et un mauvais mari aussi, dont l'énergie n'était pas employée à donner de l'amour, mais à s'apitoyer sur lui-même.

– Ils ne me regretteront pas.

Una le regarda avec un désir intense, dans lequel il y avait une vive inquiétude.

– Tu as dit que tu voulais vivre avec moi.

– Et je veux vivre avec toi. Plus que tout au monde. Je ne peux plus imaginer la vie sans toi, à présent.

Elle hocha la tête.

– Tu ne peux pas l'imaginer, mais tu pourrais la vivre. Tu parleras de moi à Alison ?

Il lui répondit, d'un ton dégagé, parce qu'Alison n'évoquait pour lui qu'une femme blonde inconnue, à Cricklewood.

– Je ne pense pas, non. Quelle importance ?

– Je crois que ça a de l'importance, si tu es sérieux.

Alors il la prit dans ses bras et lui dit que son amour pour elle était la chose la plus sérieuse qui lui fût jamais arrivée. Alison ne comptait pas, ne comptait plus depuis des années. Il pourvoirait à ses besoins, bien sûr, il ferait tout ce qu'il est honorable de faire, mais quant à la voir, quant à lui parler, non. Il accumulait mensonge sur mensonge, et Una le croyait, Una souriait, et ils étaient heureux.

Ou plutôt il aurait été heureux, il aurait joui d'un bonheur parfait, s'il n'y avait pas eu Joyce. L'homme qu'il avait vu à la Rose de Killarney n'était assurément pas celui qui lui avait demandé la monnaie d'une livre en pièces de vingt-cinq pence, et par conséquent, certainement pas l'un des hommes qui avaient braqué la banque et kidnappé Joyce. Certes, ils avaient tous deux l'index de la main droite mutilé, mais ces mutilations étaient assez dissemblables, les hommes eux-mêmes étaient assez différents. Et pourtant la vue de cet homme, ou plutôt la vue de ce doigt, si semblable à l'autre et tellement évocateur, avait à nouveau réveillé sa conscience en ce qui concernait Joyce, et toute sa honte. L'amertume due à l'amour inassouvi avait tenu cette culpabilité à distance, le bonheur de l'amour triomphant en avait temporairement oblitéré l'idée, mais à présent elle ressurgissait, pesant sur lui dans la journée, et aussi la nuit, le poussant à agir.

– C'est le nom de ta fille, Joyce ? demanda Una.

– Non. Pourquoi ?

– Tu n'as pas arrêté de l'appeler, cette nuit. Tu disais : « Joyce, tout va bien, je suis là. »

– J'ai connu une fille qui s'appelait Joyce.

– C'était comme si tu parlais à un enfant apeuré, dit Una.

Il se disait qu'il aurait dû tenter quelque chose à la Rose de

Killarney, pour faire parler le garçon. C'eût été assez facile. Il aurait pu lui demander où allaient les bus, ou bien le chemin de la station de métro la plus proche. Et alors, quand il aurait entendu la voix typique du nord de Londres, il n'aurait plus douté un seul instant, et il n'aurait pas été hanté comme ça. À présent, il comprenait pourquoi il était hanté. La vue de ce doigt avait fait naître en lui la peur, l'incrédulité, un besoin de réagir contre cette apparition en essayant de se persuader que cette ressemblance n'était qu'une illusion – mais elle lui avait également donné de l'espoir. L'espoir que, d'une manière ou d'une autre, cela pourrait lui donner une opportunité de se racheter, de contrebalancer le fait qu'il avait abandonné Joyce à son destin.

Le vendredi matin, il ferma sa porte à clé, sortit de l'argent, et le compta. Il eut du mal à croire qu'en si peu de temps, il avait dépensé presque deux cents livres. Sans vraiment le consterner, cette découverte lui fit réaliser que trois mille livres, c'était vraiment une petite somme, en fait. Depuis qu'il avait trouvé Una, il ne se satisfaisait plus d'imaginer d'une manière floue, quelques mois intenses d'une vie merveilleuse, avec le déshonneur ou la mort au bout. Il la connaissait depuis une semaine, et il voulait passer sa vie avec elle. Il faudrait qu'il trouve un travail, quelque chose qu'il pourrait faire sans références, ni qualifications, ni carte de Sécurité sociale. D'une manière tout à fait optimiste, sans hésitation ni désespoir aucun, il envisageait de l'emmener loin de Londres, et de travailler comme jardinier, ou décorateur, ou même laveur de carreaux.

La poignée de la porte tourna.

– Paul ?

À la hâte, il remit l'argent dans le tiroir, et alla ouvrir à Una.

– Tu avais fermé la porte à clé.

Les yeux d'Una croisèrent les siens, tout pleins d'un sentiment de rejet déconcerté, et avec son regard méfiant, angoissé, elle sembla soudain symboliser pour lui les femmes qu'il avait déçues, trahies, Pam et Joyce. En essayant de réfléchir à une explication pour cette porte fermée, il réalisa qu'il y avait quelque chose d'autre là, qui échappait à une explication. Mais elle ne posa pas la question.

– J'ai reçu une lettre d'Ambrose, dit-elle. Il rentre samedi en huit.

Alan hocha la tête. Il était plutôt content. D'une certaine façon, il sentait qu'il y avait un espoir pour eux du côté d'Ambrose

Engstrand, bien qu'il ne sût pas pourquoi, ni de quel genre d'espoir il s'agissait. Peut-être était-ce seulement la pensée de ce philosophe prêt à tout pour faire le bonheur d'Una.

– Je ne veux pas être là quand il va revenir, dit Una.

– Mais pourquoi ?

– Je ne sais pas. J'ai peur – j'ai peur qu'il gâche tout ça. (Elle eut un mouvement de la main l'englobant elle, lui, et la pièce.) Tu ne le connais pas, dit-elle. Tu ne sais pas comme il peut sonder les choses, les mettre en doute et s'en emparer, des choses qui sont belles – euh, fragiles, et les rendre banales. Il le fait parce qu'il pense que c'est préférable, mais moi pas, enfin, pas toujours.

– Il n'y a rien de fragile dans mes sentiments pour toi.

– Qu'y a-t-il dans ce tiroir, Paul ? Qu'est-ce que tu étais en train de faire, qui nécessitait de m'empêcher de rentrer ?

– Rien, dit-il. C'est la force de l'habitude.

Cet argument ne la convainquit pas.

– J'ai senti, j'ai pensé, dit-elle, que tu pouvais avoir des choses de ta femme, là, d'Alison. Des lettres, des photos. Je ne sais pas. (Elle lui envoya un regard craintif. Pas le genre de crainte basée sur des choses imaginées, et qui a sa contrepartie d'espoir, mais un désespoir installé.) Tu lui reviendras, à ta femme.

– Je ne ferai jamais ça. Pourquoi tu dis ça ?

– Parce que tu ne la vois jamais. Tu ne communiques jamais avec elle.

– Je ne suis pas cette logique-là.

– Mais c'est logique, Paul. Tu lui téléphonerais, tu lui écrirais, tu irais la voir, si tu n'avais pas peur qu'une fois que tu l'aurais vue tu ne puisses plus revenir. Stewart et moi, c'est différent. Ça fait des mois que je ne l'ai pas vu, mais il va réapparaître, il réapparaît toujours. Et on va parler de tout ça sans émoi, parce qu'on est indifférents l'un à l'autre. Mais ta femme ne t'est pas indifférente. Tu n'oses pas la voir, ni entendre sa voix.

– Tu *veux* que j'aille la voir ?

– Oui. Comment puis-je sentir que je suis importante pour toi, si tu ne lui parles pas de moi ? Je suis une distraction pour toi, une aventure à laquelle tu repenseras avec sentimentalité, quand tu seras retourné auprès d'Alison. C'est pas vrai ? Si tu allais la voir, mon Dieu, je deviendrais folle, je serais malade, j'aurais peur que tu ne reviennes pas. Mais quand tu reviendrais, si tu revenais, je saurais de quel côté tu es.

Il mit son bras autour d'elle et l'embrassa. Tout cela n'était pour lui que des absurdités, un tissu de chimères basé sur rien. Un court instant, il pensa à Alison Browning, avec son mari, son petit garçon, son petit chien, et sa belle maison.

– Je ferai tout ce que tu voudras, dit-il. Je vais lui écrire aujourd'hui.

– Ambrose, murmura-t-elle, serait tellement furieux après moi. Il dirait qu'il n'y a aucun précédent dans ma vie, qui me permette de raisonner comme je le fais, à ton sujet et à celui d'Alison, que je me base uniquement sur mes lectures. Il dirait qu'on ne devrait jamais préjuger des choses dont on n'a pas fait l'expérience.

– Et il aurait tellement raison ! dit Alan. J'ai dit que c'était un monstre, mais je n'en suis plus aussi sûr. J'espère que tu me laisseras le rencontrer.

– Non.

– Très bien. Je ne le rencontre pas et j'écris à Alison aujourd'hui, tout de suite. Est-ce que ça va suffire pour te rendre heureuse, ma chérie ? Je vais faire cette lettre, et puis on va à nouveau louer la voiture, et je vais t'emmener déjeuner à Windsor.

Elle lui sourit, repoussant ses cheveux en arrière avec ses deux mains.

– Les feux sont verts et on peut y aller ?

– Où tu voudras, dit-il.

Elle le laissa écrire sa lettre et cette fois il ne ferma pas la porte. Il n'avait rien à lui cacher, car il écrivit vraiment une lettre commençant par : « Chère Alison. » Cela lui procura un plaisir étrange d'écrire le nom d'Una, de la décrire, et de dire qu'il l'aimait, et qu'elle l'aimait. Il adressa même la lettre à Mrs Alison Browning, 15 Exmoor Gardens, NW2, au cas où Una la verrait, quand il traverserait le hall, en sortant pour aller à la poste.

Sa boîte à lettres fut une poubelle. Il déchira l'enveloppe et la lettre qu'il y avait dedans en morceaux, et les jeta dans la poubelle. Il remarqua que le dernier morceau qui tomba était celui sur lequel il avait écrit le code postal, North-West Two. C'était à cinq cents mètres de la maison d'Alison, qu'il avait vu le garçon avec le doigt mutilé. En admettant qu'il lui ait posé cette question à propos des bus et du métro, et que le jeune homme qui lui eût répondu ait eu cet accent Suffolk-cockney, que se serait-il passé après ? Qu'aurait-il pu faire ? Écrire une lettre anonyme à la police, se dit-il, ou, mieux encore, passer un coup de fil anonyme. Ils auraient agi, suite à ce coup de fil, ils n'auraient pas osé ne rien faire. Pourquoi n'avait-il pas fait parler le garçon ? C'était la chose évidente à faire, et c'eût été si facile, tellement facile...

En revenant vers Montcalm Gardens et vers Una, il fut obligé de se poser une question qui le fit tressaillir. S'était-il tu, avait-il donné raison à son incrédulité et condamné son imagination débridée parce qu'il ne *voulait pas* savoir ? Parce que tout ce discours sur la rédemption ce n'était que des conneries. Il ne voulait pas savoir parce qu'il ne voulait pas qu'on retrouve Joyce. Parce que si Joyce était retrouvée vivante, elle dirait immédiatement à la police qu'il n'était pas dans la banque, qu'il n'avait pas été kidnappé, et ils le rechercheraient, ils le trouveraient, ils l'arracheraient à la liberté, au bonheur, et à Una.

19

– Tu n'as même pas de docteur, dit Nigel.

Mais il se trompait, car Marty avait eu besoin d'un docteur, à l'époque où il travaillait. On lui avait fréquemment réclamé des certificats médicaux pour ses gastrites et ses dépressions imaginaires.

– Bien sûr que si, dit Marty. Un youpin à Chichele. (Ses mains se crispèrent sur son estomac et il gémit.) Il faut que je le voie et que je puisse avoir des antibiotiques, ou je ne sais quoi.

Nigel s'enroula une couverture autour de lui, sortit à petits pas de la chambre, et alluma le four. Il fit l'inventaire de la bibliothèque : une demi-douzaine de tranches de pain rassis, deux boîtes de soupe, trois œufs, quatre bouteilles de whisky, et peut-être vingt-quatre cigarettes. Ayant fait la grimace à ces derniers articles, il s'accroupit pour se réchauffer devant le feu ouvert. Il ne voulait pas que Marty entre en contact avec les autorités, quelles qu'elles soient, et le médecin en faisait partie. D'un autre côté, le médecin rassurerait Marty – Nigel était certain qu'il n'avait rien de vraiment grave – et ce paysan ignorant était du genre à se sentir mieux à la minute même où on lui donnait un comprimé. De l'aspirine le guérirait, pensa Nigel, en se moquant intérieurement, pourvu qu'il y ait écrit tétracycline sur le flacon. Il voulait que Marty soit à nouveau en bonne santé, et docile, Marty, son lien et son intermédiaire avec le monde extérieur. Mais il ne voulait pas qu'il raconte qu'il n'avait pas besoin de certificat médical, merci, car son pote avec qui il partageait sa chambre allait s'occuper de lui, ou qu'il se mette à parler de la fille qu'ils avaient avec eux, ou Dieu sait quoi d'autre. Mais avant tout, il ne voulait pas que ce médecin se souvienne que la dernière fois qu'il avait vu Marty, il avait une grosse barbe, comme le type qui avait loué la camionnette à Croydon.

Un gémissement le fit revenir dans le living. Joyce était assise bien droite, regardant Marty d'un air circonspect. Nigel ne prêta aucune attention à Joyce. Il dit à Marty, pas trop durement, pour une fois :

– Reste encore une journée sans boire d'alcool. Et si demain ton estomac te fait toujours mal, je crois qu'il faudra que tu ailles chez le docteur. On va attendre un peu, on verra bien.

Au déjeuner, ils mangèrent du pain avec le reste du fromage. Pour le dîner, il restait trois œufs et une boîte de potage. Marty ne mangea rien, mais Nigel, qui habituellement mangeait peu, se sentit affamé et mangea deux des trois œufs à lui tout seul. L'avantage majeur, si Marty allait chez le docteur, c'était qu'il pourrait leur faire les courses en revenant. Plein d'autres boîtes de conserve, pensa Nigel, avidement, deux grands pains, du beurre, du dhal, du riz, et des morceaux de citron vert marinés dans du vinaigre. À présent, il voulait que Marty aille chez le médecin, et le jeudi soir, il était presque aussi enthousiaste que lui à cette idée.

Mais lorsque Nigel le réveilla, le lendemain matin à 8 heures. Marty n'était plus du tout enthousiaste.

– Allez, habille-toi, dit Nigel à Marty. Et fais un brin de toilette, si tu ne veux pas asphyxier le médecin.

Marty gémit, se retourna, et leva les yeux vers Nigel, des yeux dont le blanc était désormais jaune.

– Je ne crois pas que j'en aurai la force. Il faut que je reste un peu allongé. Ça ira mieux dans un jour ou deux.

– Écoute, on avait dit que si tu avais toujours mal aujourd'hui, tu irais chez le médecin, O.K. ? Alors tu y vas maintenant, et tu fais les courses en revenant. Tu peux aller dans le coin, t'es pas obligé d'aller jusqu'à l'avenue.

Marty se traîna hors du lit, puis jusque dans la cuisine. Il se passa les mains sous l'eau, puis se mit un peu d'eau sur la figure. Les murs et le sol bougeaient, et penchaient, comme dans les attractions, à la foire. Il avala une grande gorgée de whisky pour retrouver son équilibre, et réussit, avec peine, à enfiler ses vêtements. Ça n'arrangea pas les choses que Joyce, assise sur le sofa et emmitouflée dans la couverture, le regarde presque avec compassion, ou comme si elle avait réellement peur qu'il meure d'un instant à l'autre.

Quand il ouvrit la porte extérieure, il fut accueilli par un brouillard glacé, blanc, épais, figé. Le docteur Miskin n'était pas loin, deux ou trois cents mètres tout au plus, mais Marty avait l'impression que c'était à cinq kilomètres. Il se cramponnait aux réverbères, avançait en titubant, et dut finalement s'asseoir sur les marches en pierre d'une église. Un policier qui faisait sa ronde le découvrit là. Marty se sentait trop mal pour que ça l'inquiète qu'un policier lui adresse la parole, et celui-ci voyait bien qu'il était malade, et pas ivre.

– Vous n'êtes pas en état d'être dehors, dit le policier.

– J'allais chez le docteur, dit Marty.

– C'est ce que vous avez de mieux à faire. Venez, je vais vous aider.

Aussi Marty Foster arriva-t-il dans la salle d'attente du docteur Miskin, appuyé au bras bienveillant de la justice.

Nigel savait que Marty serait absent assez longtemps, parce qu'il n'avait pas pris rendez-vous. Ce genre de consultations du matin – il le savait, étant de l'autre côté de la barrière – pouvait très bien se prolonger jusqu'à midi, aussi ne s'inquiéta-t-il pas. Marty allait revenir aux alentours de l'heure du déjeuner avec quelque chose à manger. Il avait faim, et Joyce n'arrêtait pas de se plaindre qu'elle était affamée, mais enfin quoi ? On ne meurt pas d'inanition parce qu'on n'a pas mangé depuis douze heures.

À 1 heure, ils partagèrent la boîte de soupe au poulet, et la mangèrent froide, parce que c'est plus épais et plus nourrissant comme ça. À présent, il n'y avait plus rien à manger. Marty était suffisamment bête, se dit Nigel, pour avoir porté son ordonnance chez un pharmacien qui fermait à l'heure du déjeuner. C'était forcément ça. Il était allé chez le pharmacien à 1 heure moins 5, et maintenant, il était obligé d'attendre jusqu'à ce qu'ils rouvrent, à 2 heures. Sans doute n'aurait-il même pas l'idée de faire les courses entre-temps.

– Imagine qu'il ne revienne pas ? dit Joyce.

– Il te manque, hein ? Je ne savais pas que tu t'intéressais à lui.

Le brouillard s'était levé, le temps était beau, clair, et le soleil réchauffait la pièce. Bientôt ils pourraient se passer de chauffage, et quand il y aurait le frigo, et la télé... Nigel se voyait, paresseusement installé sur le canapé, un grand Martini avec des glaçons à la main, en train de regarder un film avec des couleurs magnifiques, pendant que Joyce lavait ses vêtements, cirait ses chaussures, et lui grillait un steak. D'un moment à l'autre maintenant, cette cervelle de serin allait rappliquer. S'il avait eu l'intelligence de prendre quelques comprimés tout de suite, il serait peut-être suffisamment en forme pour redescendre au magasin d'électro-ménager avant qu'il ferme.

Nigel se disait que s'il était debout devant la fenêtre, c'était parce qu'il avait envie de prendre un peu de soleil, pour une fois. Il regarda le vieux Green revenir de l'avenue avec ses courses dans un filet. Il vit une silhouette déboucher de Chichele Road et tourner dans la rue, et pendant une minute il crut que c'était Marty, ce jean, ce blouson de cuir, ce petit visage osseux, ces cheveux coupés ras. Mais ce n'était pas lui.

– Ça ne va pas le faire venir de regarder s'il arrive, dit Joyce, qui se forçait, mais sans grande conviction, à reprendre son tricot.

– Je ne regarde pas s'il arrive.

– Ça fait presque sept heures qu'il est parti.

– Et alors ? lui cria Nigel. C'est tes affaires ? Il a des choses à ramener, non ? Lui et moi, on ne peut pas rester assis sur nos culs toute la journée.

Ils sursautèrent tous les deux, quand le téléphone se mit à sonner. Nigel dit :

– Tu descends avec moi.

Et il braqua le pistolet sur elle. Mais quand ils arrivèrent sur le palier, la sonnerie s'était arrêtée. Personne n'était monté des étages inférieurs de la maison. Dans ce silence lourd, chaud, Nigel repoussa Joyce dans la chambre et ils se rassirent. Plus de 3 heures, et Marty n'était toujours pas là.

– J'ai faim, dit Joyce.

– La ferme.

Il ne se passa rien pendant une heure, pendant deux heures. Bien que Nigel ait éteint le four, la chaleur devenait étouffante, car la pièce donnait à l'ouest. Si la police avait arrêté Marty, se disait Nigel, ils seraient déjà là. Mais il ne pouvait pas être encore en train d'errer dans Cricklewood avec son ordonnance, hein ? Le tricot tomba des mains de Joyce, sa tête partit en arrière, et elle s'assoupit. Un mouvement inconscient la fit revenir à elle, et voyant que ni son geôlier, ni le pistolet ne lui barraient le chemin, elle se traîna jusque sur le matelas, et s'y allongea. Elle remonta les couvertures sur elle et enfouit sa tête dans l'oreiller.

Nigel était debout devant la fenêtre. Il était 5 heures et demie, et le soleil déclinait dans un brouillard rouge. Beaucoup de gens étaient dehors, mais pas Marty. Nigel se sentait vide à l'intérieur, et pas seulement parce qu'il avait faim. Il se mit à arpenter la pièce, regardant Joyce de temps à autre, la haïssant parce qu'elle dormait, parce qu'elle se fichait complètement de ce qui se passait. Il profita du fait qu'elle dormait pour aller aux toilettes.

Le téléphone lui hurla aux oreilles.

Il laissa la porte grande ouverte et fonça au rez-de-chaussée. Tout en gardant le revolver braqué sur cette porte ouverte, il décrocha le combiné. Bip-bip-bip, puis le bruit de pièces de monnaie qu'on introduit, et, bon Dieu, la voix de Marty.

– Mais qu'est-ce qui se passe, bordel ? siffla Nigel.

– Nige j'ai déjà appelé, mais personne n'a répondu. Je suis à l'hôpital.

– Bon Dieu.

– Ouais, écoute. Je suis vraiment malade, Nige. J'ai une hépa quelque chose, un truc au foie. C'est pour ça que je suis tout jaune.

– Une hépatite.

– Ouais c'est ça, une hépatite. Je suis tombé dans les pommes chez le médecin et ils m'ont amené ici. Dieu sait comment je l'ai attrapée, le docteur n'en sait rien, peut-être à cause de tous ces plats à emporter. Ils m'ont branché un téléphone pour que je puisse t'appeler, et ils veulent qu'on m'apporte des affaires. Ils veulent un rasoir, Nige, et une brosse à dents, et je ne sais plus quoi d'autre. Je ne voulais pas leur dire qui tu étais, ni où tu étais, ni...

– Il faut que tu partes à l'instant. Il faut que tu te barres tout de suite. Compris ?

– Tu plaisantes ? Je ne peux même pas marcher. Il faut que je reste là une semaine, c'est ce qu'ils disent, et il faut que tu m'apportes...

– La ferme ! Tu vas la fermer, bordel ? Tu vas t'habiller,

prendre un taxi, et venir directement ici. Tu ne peux pas réussir à te mettre dans la tête qu'on n'a rien à manger ?

Bip-bip-bip.

– Je n'ai plus de pièces, Nige.

Nigel hurla dans le téléphone :

– Habille-toi, trouve un taxi et rentre à la maison tout de suite. Si tu ne le fais pas, bon Dieu, je vais venir te chercher, et c'est la dernière...

La communication fut coupée et ça se mit à sonner occupé. Nigel ferma les yeux. Il s'appuya contre la porte de la salle de bains. Puis il se traîna jusqu'en haut. Joyce se réveilla, et retrouva aussitôt ses esprits, comme toujours.

– Qu'est-ce qui se passe ?

– Marty a été retenu. Il sera là dans une heure.

Mais viendrait-il seulement ? Il faisait toujours ce qu'on lui disait, mais c'était quand il était là, dans la chambre. Le ferait-il, alors qu'il était à des kilomètres, dans un lit d'hôpital ? Nigel réalisa qu'il ne savait même pas quel hôpital, il n'avait pas demandé. Plusieurs fois, dans l'heure qui suivit, il entendit le bruit d'un moteur diesel, dans la rue, en bas. Joyce se lava la figure et les mains, regarda la bibliothèque vide et but de l'eau.

– Qu'est-ce qui lui est arrivé ? Il ne va pas venir, hein ?

– Il va venir.

– Il était malade, dit Joyce. Il est allé chez le médecin. Je parie qu'il est à l'hôpital.

– Je te dis qu'il va rentrer ce soir.

À 10 heures, Nigel comprit que Marty ne reviendrait pas. Il quitta la fenêtre devant laquelle il était planté depuis une heure, et en se retournant pour regarder Joyce, il vit que la jeune fille avait les yeux rivés sur lui. On aurait dit les yeux d'un animal terrorisé. Désormais Joyce et lui étaient seuls, chacun étant le prisonnier de l'autre. Il ne l'avait jamais vue affolée comme ça, mais au lieu de lui faire plaisir, sa panique lui fit peur. Il ne voulait plus qu'elle soit son esclave, il voulait qu'elle meure, mais il entendit la fille rousse téléphoner, puis il entendit Bridey rentrer, et il se contenta de tripoter le pistolet, en laissant le cran de sûreté.

Le samedi passa très lentement, il commença et finit dans le brouillard, avec du soleil entre les deux, un chaud soleil de printemps. Nigel pensa que Marty allait téléphoner dans la matinée, qu'il serait obligé de le faire, ne serait-ce que pour débiter à nouveau toutes ces conneries à propos de cette brosse à dents qu'il fallait lui apporter. Et quand il téléphonerait, Nigel saurait dans quel hôpital il était, il appellerait un taxi par téléphone, et l'enverrait chercher Marty. Il ne pouvait pas croire que Marty le braverait.

Quand on arriva au milieu de l'après-midi et que Marty n'avait toujours pas téléphoné, l'estomac de Nigel criait famine. La bibliothèque était vide, hormis les quatre bouteilles de whisky et les quatre-vingts cigarettes. Pour se nourrir, Nigel but du whisky dans de l'eau chaude, mais ça l'assomma et le fit tituber, et il eut peur de renouveler l'expérience, au cas où il tomberait dans les pommes. La plupart du temps, il restait à la fenêtre, ne guettant plus Marty, mais reluquant la boutique au coin de la rue, qu'il voyait très bien. Il se souvenait parfaitement de l'intérieur, avec son comptoir d'épicerie fine, son râtelier avec des pains grecs, et ses innombrables étagères pleines de boîtes de conserve et de bocaux. Menaçant Joyce de son pistolet, il l'obligea à boire du whisky pur, pour essayer de la rendre inconsciente. Elle obéit parce qu'elle avait affreusement peur. Ou plutôt, ce fut sa volonté qui obéit mais pas son corps. Elle eut des haut-le-cœur, vomit, et s'écroula sur le matelas en pleurant.

Nigel avait essayé de réfléchir, quand il n'était pas tout simplement en train de penser au goût, à l'odeur, et à la texture de la nourriture, à des moyens d'attacher Joyce. Il pouvait la bâillonner, la ligoter, et l'attacher à la cuisinière d'une façon ou d'une autre. D'une façon ou d'une autre, c'était le mot. En effet, comment ferait-il ? Pour commencer, il faudrait qu'il lâche son arme. Néanmoins, tard dans l'après-midi, il essaya de le faire, la saisissant par-derrière, et lui plaquant une main sur la bouche. Joyce se défendit, mordit, donna des coups de pied, et s'arracha à lui pour aller se tapir derrière le canapé. Nigel l'injuria. Elle ne mesurait que quelques centimètres de moins que lui, et faisait sans doute le même poids. Sans l'aide de Marty, il était impuissant.

Il y avait Bridey qui sortait, et le vieux Green qui sortait presque tous les jours. Nigel envisagea de raconter à l'un d'eux qu'il était malade et de lui demander de lui rapporter quelque nourriture. Mais il ne pouvait tenir Joyce en respect avec le pistolet pendant qu'il faisait ça. S'il la laissait seule, elle casserait les carreaux, s'il l'emmenait avec lui – ça, ce n'était pas envisageable. Il pouvait l'assommer. Oui, et s'il y allait trop fort, il se retrouverait avec une nana malade sur les bras. Qu'il ne frappe pas assez fort, et elle retrouverait ses esprits avant qu'il revienne.

La boutique était si près, qu'en lançant une pierre, il aurait pu toucher sa vitrine. Sa bouche n'arrêtait pas de se remplir de salive, et il continuait à l'avaler et à la faire descendre dans son estomac vide.

Le lundi matin, Nigel comprit que Marty n'allait ni téléphoner, ni revenir. Il ne pensait pas qu'il allait jamais revenir, à présent. Même quand ils le laisseraient sortir de l'hôpital, il ne reviendrait pas. Il irait se cacher chez sa mère, il oublierait sa part du butin, et les deux personnes qu'il avait abandonnées.

– Qu'est-ce qu'on va faire, pour la nourriture ? dit Joyce.

Nigel fut obligé de l'implorer. Ce fut une première fois qui devait être suivie de beaucoup d'autres.

– Écoute, je peux aller nous chercher à manger, si tu me promets de ne pas crier, ni d'essayer de sortir.

Elle le regarda froidement.

– Cinq minutes, le temps que je descende à l'épicerie.

– Non, dit Joyce.

– Et si t'allais te faire foutre ? Pourquoi t'es pas encore morte de faim ?

20

Il se trouva qu'Alan était dans le hall quand le téléphone sonna. Una était dans la cuisine, en train de préparer leur déjeuner. Il décrocha et dit : « Désolé, vous vous êtes trompé de numéro », quand une voix d'homme demanda s'il était à la Lloyds Bank. Peut-être que si on lui avait demandé s'il était l'Anglian-Victoria, il aurait dit oui, par habitude.

– Qui c'était, au téléphone ? dit Una.

– Alison.

– Oh.

– Elle veut me voir...

Ce fut la seule excuse qu'il put trouver pour aller à Cricklewood sans Una. Car elle l'accompagnait partout, et il voulait que ce soit comme ça, seulement pas cette fois.

– Elle a été plutôt bien, gentille en fait, dit-il avec effort. Je lui ai dit que j'irais la voir cet après-midi.

Una, qui avait semblé éprouver un vague désarroi, le flot de sa vitalité momentanément bloqué, eut soudain un grand sourire.

– Je suis tellement contente, Paul. Ça me donne l'impression d'avoir une réalité. Sois gentil avec elle, d'accord ? Sois généreux. Tu sais, elle me fait tellement pitié, je la comprends tellement. Je n'arrête pas de me dire que si c'était moi, je ne pourrais pas supporter de te perdre.

– Tu ne me perdras jamais, dit-il.

Pendant la nuit, il avait rêvé du garçon au doigt mutilé. Dans ce rêve, il était seul avec le garçon, dans la pièce de la banque où il y avait le coffre, et il essayait désespérément de le faire parler. Pour qu'il parle, il lui offrait des billets qu'il sortait du coffre, liasse par liasse. Et le garçon prenait l'argent, le fourrait dans ses poches, et à l'intérieur de son blouson, mais il demeurait silencieux tout le temps, regardant fixement Alan. Finalement, Alan venait tout près de lui, pour voir pourquoi il ne parlait pas, et il voyait que le garçon ne pouvait pas parler, que sa bouche ne s'ouvrirait pas, car ses lèvres étaient fondues ensemble, et renflées comme l'amande d'une noix.

Quand il se réveilla, il tendit le bras pour toucher Una, puis il se mit tout contre elle. Le rêve et la culpabilité dont il était chargé refusaient de se dissiper. Il ne cessait de se dire que le garçon dans le pub ne pouvait pas être le garçon qui était venu à l'agence de Childon, et qui ensuite avait braqué la banque, la coïncidence eût été trop énorme. Pourtant, quand il y repensait sérieusement, il trouvait qu'il ne s'agissait pas d'un concours de circonstances si extraordinaire que ça. Ces trois dernières semaines, il avait parcouru Londres de long en large. Il était allé dans des dizaines de pubs, de restaurants, de cafés, de bars. Il avait pratiquement été tout le temps dehors, en train d'explorer, d'observer. Et fatalement, si ce garçon était un habitué des pubs et des restaurants, ils devaient se rencontrer tôt ou tard. En revanche, si ce garçon se révélait être un inconnu, ce que souhaitait vivement Alan, ce qu'il brûlait d'envie de savoir d'une manière certaine, il pourrait oublier cette histoire de coïncidence. Ça voudrait simplement dire qu'Alan était particulièrement sensible à ce genre de difformité. Ce qu'il voulait, en fait, c'était qu'on lui dise que le garçon était un honnête citoyen de Cricklewood, un type comme les autres, sorti faire des courses urgentes un dimanche, pour sa femme ou sa mère, et parlant avec un accent irlandais, comme cette barmaid.

C'était juste avant que le téléphone ne sonne, que lui était venue l'idée de retourner à la Rose de Killarney, et d'interroger la barmaid sur ce garçon. C'était possible qu'elle sût qui il était, car il avait l'air d'habiter dans le coin. On ne va certainement pas faire ses courses à l'autre bout de la ville un dimanche matin, quand il y a forcément un magasin d'ouvert dans le quartier. Et même si elle ne connaissait pas ce garçon, au moins il aurait essayé, se dit-il. Il aurait fait le maximum, et n'aurait plus à endurer cette honte et ce dégoût de lui-même parce qu'il ne tentait rien, de peur de ce qui pourrait arriver si l'on retrouvait Joyce. Il aurait dû y penser avant, se disait-il par bravade, avant de se cacher, de l'abandonner à son destin, et de fuir.

Il était 1 heure et demie, quand il entra à la Rose de Killarney. Il y avait environ une douzaine de personnes dans le bar, mais le garçon au doigt déformé n'était pas là. Pendant tout le trajet en bus, Alan s'était demandé s'il serait là, mais évidemment, il n'y était pas, il devait être à son travail. Derrière le bar, il y avait la jeune fille irlandaise, qui avait l'air renfrogné et fatigué. Alan commanda un demi, et quand elle le lui apporta, il lui dit, d'une manière hésitante :

– Je ne pense pas que vous sachiez... (Il lui sembla qu'elle le regardait avec une espèce de dégoût mêlé d'incrédulité...)... le nom du jeune homme qui était là dimanche dernier ? (Est-ce qu'il y avait vraiment si longtemps que ça ? La distance dans le temps semblait ajouter à l'absurdité de la requête.) Dans les vingt ans, brun, rasé de près, dit-il. (Il leva la main droite, dont il serra l'index avec sa main gauche.) Son doigt... commença-t-il, quand elle l'interrompit.

– Vous êtes de la police ?

Un homme plus sûr de lui aurait pu dire oui. Mais Alan, essayant de trouver une raison plausible pour demander le nom et l'adresse d'un inconnu, affirma n'avoir aucun rapport avec la loi, et fourra sa main dans sa poche, cherchant l'inspiration. Tout ce qu'il réussit à trouver, ce fut un billet de cinq livres, un portrait du duc de Wellington.

– Il a laissé tomber ça en partant.

– Il vous a fallu le temps pour le rapporter, dit la fille.

– J'étais en voyage.

Elle dit, très vite, avec cupidité :

– Pas de problème, je vais lui donner. Son nom c'est Foster, Marty Foster. Je le connais bien.

Le billet lui fut enlevé d'un geste vif. Il commença à insister :

– Si vous pouviez juste me dire... ?

– Vous ne me faites pas confiance, alors ?

Il haussa les épaules, embarrassé. Plusieurs paires d'yeux étaient braquées sur lui. Il descendit de son tabouret et sortit. Si la fille le connaissait bien, si par conséquent il était un habitué du pub, il ne pouvait pas être le ravisseur de Joyce. Alan savait très bien que si, que tout cela ne prouvait rien. Mais au moins il avait son nom, Foster, Marty Foster. Ce qu'il pouvait faire, maintenant, c'était téléphoner à la police, leur donner le nom de Marty Foster, et le décrire. Il traversa la rue, entra dans une cabine téléphonique, et regarda dans l'annuaire. Il n'y avait aucun poste de police répertorié à Cricklewood. Bien sûr, il pouvait appeler Scotland Yard. Une espèce de peur superstitieuse s'empara de lui, il se persuada que dès qu'il parlerait, ils sauraient où il était et qui il était. Il sortit précipitamment de la cabine téléphonique et commença à s'éloigner en direction d'Exmoor Gardens, en direction de la maison d'Alison, chez qui il était supposé être, et à chercher une autre cabine, dans un endroit moins exposé.

Le temps qu'il trouve une cabine, il avait compris qu'il ne donnerait pas ce coup de fil. L'essentiel, pour lui, c'était qu'on ne le recherche pas. C'était plus important que de voir la police se lancer sur les traces d'un Marty Foster qui n'avait probablement aucun rapport avec le braquage de la banque de Childon.

Aussi continua-t-il à marcher sans bruit et à réfléchir. En passant le petit centre commercial qu'il y avait au milieu de ces ellipses portant des noms de chaînes de montagnes, il entra chez un marchand de journaux et acheta un journal du soir. Apparemment, il n'y avait rien sur Joyce. À 3 heures et quart, il se dit que maintenant il pouvait raisonnablement aller retrouver Una, et il rebroussa chemin jusque sur Criklewood Broadway, pour attendre un bus qui allait vers le sud.

Le bus approchait et il levait la main pour lui faire signe, quand il aperçut la fille de la Rose de Killarney. Elle venait de sortir du pub par une petite porte latérale. Elle traversa l'avenue, puis s'éloigna dans une petite rue. Alan laissa le bus passer. Peut-être va-t-elle directement chez ce Foster pour lui rendre l'argent, pensa-t-il, c'est ce que je ferais, c'est ce que ferait n'importe quelle personne honnête, puis il eut un petit rire cynique en réalisant ce qu'il venait de dire. Il la suivit dans la rue, regrettant qu'il n'y ait pas plus de monde, qu'ils fussent apparemment seuls tous les deux, maintenant que les boutiques et l'avenue où passaient les bus étaient derrière eux. Mais elle ne regardait pas autour d'elle. Elle marchait avec assurance, coupant au coin des rues, traversant en diagonale. Soudain, il y eut à nouveau des boutiques, une laverie automatique, un traiteur grec. En face, il y avait une église, dans une cour avec des platanes, et du côté où il marchait, une enfilade de maisons en briques rouges de trois étages. La fille pénétra dans l'entrée de l'une des maisons.

Alan pressa le pas, mais quand il arriva devant l'entrée de la maison, la fille avait disparu. Il lut les noms au-dessus des sonnettes, et vit que le dernier en haut était M. Foster. Était-ce Foster qui lui avait ouvert ? Ou bien était-ce la mère, ou l'épouse, dont son imagination avait doté l'homme au doigt mutilé ? Il traversa la rue et se posta devant le mur de la cour de l'église pour l'attendre. Et ensuite ? Une fois qu'elle serait partie, allait-il appuyer sur la sonnette ? Probablement. Il n'était pas allé aussi loin pour abandonner sa quête et rentrer docilement à la maison.

Le temps passait très lentement. Il fit semblant de lire ce qu'il y avait sur la pancarte, puis il le lut vraiment, histoire de faire quelque chose. Il remonta la rue aussi loin qu'il pouvait tout en gardant un œil sur la maison, puis il fit demi-tour et parcourut la même distance dans l'autre sens. Il entra dans la cour de l'église, et alla même jusqu'à examiner l'extérieur de l'église, dont l'architecture ne présentait, il en était sûr, pas le moindre intérêt. La fille n'était toujours pas ressortie, bien qu'il se fût écoulé une demi-heure.

La sonnette de Mr Foster était la dernière, tout en haut. Est-ce que ça voulait dire qu'il habitait le dernier étage à lui tout seul. Pour la première fois, Alan leva les yeux vers le troisième étage, avec ses trois fenêtres oblongues. Il y avait un jeune homme devant l'une des fenêtres, un jeune homme immobile et indolent, et qui, même à cette distance et de l'autre côté d'un carreau, donnait une impression de nonchalance désespérée. Mais ce n'était pas Foster. Ses cheveux étaient blonds. Alan cessa de le regarder, puis, prenant une décision, il traversa à nouveau la rue et appuya sur cette sonnette.

Personne ne descendit. Il sonna à nouveau, avec plus d'insistance, cette fois, mais il était certain que personne n'allait répondre. Une impulsion le fit appuyer sur la sonnette d'en dessous, celle de B. Flynn.

La dernière personne qu'il s'attendait à voir était la barmaid de la Rose de Killarney. Son apparition à la porte, non pas en manteau, mais une tasse de thé dans une main et une cigarette dans l'autre, lui donna l'impression de sombrer d'un coup dans l'un de ces cauchemars – il en en faisait beaucoup ces derniers temps – où l'irrationnel est banal, et les identités bizarrement interchangeables.

Elle ne dit rien, et lui n'avait aucune idée de ce qu'il pourrait dire. Ils se dévisagèrent, et tandis qu'il réalisait qu'elle était effrayée, que dans son regard il y avait de la crainte mêlée de respect, de la peur et de la répulsion, elle mit sa main dans la poche de son pantalon et en sortit le billet de cinq livres.

– Prenez votre argent. (Elle le lui colla sur le bras.) Vous allez me laisser tranquille ? (Sa voix tremblait.) Donnez-le-lui vous-même, si c'est ce que vous voulez.

Alan ne comprenait toujours pas, mais il demanda :

– Il habite ici ?

– Tout en haut, à côté de chez moi. Lui et son copain.

Elle commença à reculer, s'essuyant les mains, comme pour gommer toute contamination possible par l'argent. La cigarette pendait à ses lèvres.

Alan savait qu'elle le prenait pour un policier, malgré ses dénégations. Elle le prenait pour un policier qui rusait.

– Écoutez, dit-il. Il parle comment ? Il a un accent ?

Elle jeta le mégot de sa cigarette dans la rue.

– C'est un sale Anglais comme vous, dit-elle, et elle ferma la porte.

Il n'eut qu'à tourner la poignée pour ouvrir la porte. Elle ne l'avait pas fermée à clé, sans doute pour pouvoir le retrouver plus vite quand il rentrerait.

Elle se précipita vers lui.

– Tu as été si long. (Elle avait l'air essoufflée.) J'étais inquiète.

– Il n'est que 5 heures, dit-il, d'un ton vague.

– Ça s'est bien passé avec Alison ?

Il avait presque oublié qui était Alison. Ça lui paraissait ridicule qu'Una pût se faire du souci pour cette femme solide et heureuse, qui n'avait rien à voir avec eux, mais il sauta sur l'occasion, pour présenter ce qui aurait pu se passer cet après-midi comme une justification à son air préoccupé.

– Elle a été assez calme, raisonnable et gentille, dit-il. (Et il ajouta, sans plus penser à la femme de Paul Browning, cette fois :) Elle pense que je n'aurais pas dû partir. Elle dit que j'ai brisé sa vie.

Una ne dit rien. Il la suivit à travers la grande maison, jusque dans la cuisine, où elle se mit à lui préparer du thé. Son visage de chauve-souris était comme plissé, semblant présager des rides futures. Il la prit dans ses bras.

– Qu'est-ce qu'il y a ?

– Ça t'a rendu malheureux, de voir Alison ?

– Pas le moins du monde. Oublions-la.

Il serrait Una très fort, tout en pensant à quel point c'était agaçant d'être obligé de raconter tous ces mensonges. Il allait devoir inventer tellement de choses, des rendez-vous avec des avocats, des arrangements financiers. Pouquoi lui avait-il dit qu'il était marié ? Una était elle-même mariée, aussi n'aurait-il pu être question de mariage entre eux. Il lui sembla qu'elle avait dû deviner en partie ses pensées, car elle s'écarta légèrement de lui et dit :

– J'ai eu des nouvelles de Stewart. Au courrier de l'après-midi.

Elle lui donna une lettre. Une missive affectueuse et joyeuse. Stewart disait qu'il avait eu un coup de fil de son père qui n'avait fait que lui parler d'elle et de son nouveau fiancé, et pourquoi elle et son Paul n'iraient-ils pas vivre dans le cottage de Dartmoor ?

– On pourra y aller ? Tu veux bien, Paul ?

– Je ne sais pas...

– On pourrait juste y aller pour voir si l'endroit te plaît. Je pourrais écrire à la femme qui s'en occupe, dans le village, lui dire d'aérer, et de mettre le chauffage, et on pourrait y aller dès ce week-end. Ambrose rentre samedi, et je vais lui laisser une maison « immaculée ». Ça ne le troublera pas de ne pas me trouver là, il sera ravi d'être enfin débarrassé de moi. Paul, on peut y aller ?

– Je ferai tout ce que tu voudras, dit-il. Tu le sais bien.

Il se mit à boire le thé qu'elle lui avait préparé. Elle était assise en face de lui, les coudes sur la table, le menton dans les mains, les yeux brillants d'expectative. Il lui rendit son sourire, et ce sourire était plein de tendresse. Cependant, bien qu'il adorât être avec elle, bien qu'il voulût passer sa vie entière avec elle, il aurait souhaité pouvoir être seul un petit moment. C'était impossible. Et c'eût été cruel d'aborder le sujet, se dit-il, après avoir été censé passer toutes ces heures avec sa femme. Mais il avait très envie de solitude, pour pouvoir décider de la prochaine action à entreprendre.

Una se mit à lui parler de Dartmoor et du cottage. Ce serait un bon endroit pour se cacher, pensa-t-il, une fois qu'il aurait appelé la police, qu'ils auraient secouru Joyce, et qu'elle leur aurait dit la vérité à son sujet. Ils n'iraient jamais le chercher dans une maison particulière, dans un endroit aussi isolé. Mais avant de pouvoir téléphoner, et assurément avant de pouvoir partir, il fallait qu'il en sache plus. Il fallait qu'il soit sûr que Marty Foster, que le ravisseur de Joyce et que le garçon avec un ongle comme l'amande d'une noix étaient une seule et même personne.

– On partira vendredi ? dit Una.

Il acquiesça d'un hochement de tête. Ça lui laissait trois jours.

Tandis que leurs regards se croisaient, celui d'Alan préoccupé, celui d'Una tout excité, anxieux, plein d'espoir, à quelque trente kilomètres au sud de l'endroit où ils se trouvaient, à Gatwick, l'avion de John Purford se posait.

21

Nigel et Marty n'avaient jamais songé à compter l'argent qu'ils avaient volé. Ils ne l'auraient fait que si la question du partage avait été évoquée. Peu après s'être réveillé, le matin du 26 mars, un mardi, et après avoir bu de l'eau chaude, Nigel sortit l'argent, l'étala sur la table de la cuisine, et le compta. Il ne savait pas combien ils en avaient dépensé, mais il en restait plus de quatre mille livres – quatre mille et quinze livres, pour être précis. Le montant de l'argent volé, par conséquent, était supérieur à ce qu'il avait supposé. Il le divisa en deux sommes égales, et noua un bas noir autour de chacune des deux liasses ainsi obtenues. Après quoi, il les remit dans le sac avec le jeu de clés de Fords Escort.

Joyce et lui n'avaient rien mangé depuis la soupe au poulet, le samedi matin, et pas mangé grand-chose les deux jours précédents. Nigel avait cessé d'avoir faim. Il ne se sentait pas particulièrement faible, ni fatigué, seulement le cerveau léger. Les visions d'un avenir dans lequel il dominait Joyce, avaient fait place à des images nettement plus hautes en couleur, dans lesquelles il avait Marty à sa merci, dans quelque chambre de torture médiévale. Il se voyait, dans une cape et une cagoule noires, en train d'arracher les ongles de Marty avec des pinces chauffées au fer rouge. Dès qu'il pourrait sortir d'ici, il allait retrouver Marty, le traquer jusqu'au bout du monde s'il le fallait puis il reviendrait pour achever Joyce. Joyce ou Marty, il ne savait pas lequel il haïssait le plus, mais il les haïssait encore plus que ses parents. Les premiers avaient succédé aux seconds, comme responsables de tous ses problèmes.

Depuis dimanche, Joyce avait passé presque tout son temps allongée sur le sofa. Elle ne s'était pas lavée, ni coiffée, ni brossé les dents. Il y avait de la poussière partout, et les draps avaient une odeur aigre. Une fois qu'elle eut compris que Marty ne reviendrait pas, qu'elle allait être seule avec Nigel, qu'il n'y aurait plus rien à manger, elle s'était réfugiée dans une espèce d'apathie de zombie, un genre de fugue, dont elle fut brièvement tirée par le bruit de la sonnette, le lundi après-midi. Elle avait voulu savoir qui c'était et avait essayé d'aller à la fenêtre, mais Nigel l'avait attrapée et repoussée sur le canapé, lui plaquant une main sur la bouche. Puis ils avaient tous les deux entendu qu'on sonnait dans la chambre d'à côté, que Bridey descendait au rez-de-chaussée, et Joyce avait compris, au désespoir, ce que Nigel avait constaté avec soulagement : qu'il s'agissait de quelque agent électoral ou démarcheur.

Le lendemain, il était presque midi quand elle se traîna enfin jusque dans la cuisine. Elle but une tasse d'eau, s'appuya à l'évier, le visage tout blanc. Chaque fois qu'elle buvait de l'eau, elle ressentait violemment le contact du liquide, qui descendait en filet, puis serpentait dans ses intestins. Elle n'avait pas regardé Nigel en face, et elle lui avait encore moins adressé la parole depuis le lundi matin, car chaque fois qu'elle autorisait ses yeux à croiser ceux de son geôlier, cela provoquait chez elle des crises de larmes hystériques. Environ deux fois par jour, elle se dirigeait mollement vers la porte, et Nigel savait que c'était le moment de l'accompagner jusqu'aux toilettes. Elle était faible, brisée, et la cible des violences occasionnelles de Nigel. Elle se disait que tout avait été détruit en elle, car elle ne pensait plus à Stephen ni à ses parents avec un sentiment d'inquiétude ou de manque, elle n'envisageait plus de s'échapper, elle ne tenait plus à rester présentable et soignée. Un temps infini semblait s'être écoulé, depuis l'époque où elle était provocante et sûre d'elle. Elle était en train de mourir de faim, comme Nigel le lui avait demandé, et elle supposait – c'était la seule chose à laquelle elle pensait désormais – qu'elle allait devenir de plus en plus faible, de moins en moins consciente de son environnement immédiat, jusqu'au moment où elle mourrait. Elle marcha jusqu'à la porte et attendit que Nigel s'y traîne avec indolence pour l'emmener dehors.

Quand ils furent revenus dans la pièce, Nigel lui parla. Il l'appela par son nom. Elle ne répondit pas. Et il ne redit pas son nom, car c'était presque douloureux pour lui de réussir à le prononcer, mais il déclara :

– On ne peut pas rester ici. Une fois tu as dit que si on te laissait partir, tu ne dirais rien à la police.

Le stress et l'inanition avaient fait disparaître ce côté disc-jockey, ces idiomes éclectiques du discours de Nigel, et les intonations très public school, le ton universitaire reprenait le dessus. Joyce s'étonna vaguement de cette voix, qui était belle – on aurait dit la voix de quelqu'un jouant dans une pièce sérieuse, à la télévision – mais elle saisissait à peine le sens des mots. Nigel répéta ces mots et poursuivit :

– Si tu le pensais vraiment, sincèrement, on peut partir, sortir d'ici. (Il la regarda intensément, les yeux brillants.) Je te donnerais deux mille livres, dit-il, pour partir d'ici, et te trouver un hôtel pour deux semaines. Laisse-moi deux semaines pour quitter le pays, et disparaître. Après tu pourras rentrer chez toi, et dénoncer qui tu voudras.

Joyce absorba ce qu'il venait de dire. Elle était assise, en silence, et se tripotait le menton nerveusement, à l'endroit où était apparue une plaque d'acné. Au bout d'un moment, elle dit :

– Et lui ? Et Marty ?

– Qui est Marty ? cria Nigel.

Joyce avait du mal à parler. Quand elle parlait, sa bouche se remplissait de salive et elle avait mal au cœur, mais elle fit de son mieux.

– À quoi ça va me servir d'avoir deux mille livres ? Je ne pourrai pas les dépenser. Je ne pourrai pas le dire à mon fiancé. Ce serait comme de l'argent de Monopoly, ce serait juste du papier.

– Tu peux le placer, non ? Achète des actions avec. (Les conseils de son père, souvent moqués dans la communauté, lui revenaient.) Achète des foutus bons du Trésor.

Joyce se mit à pleurer. Les larmes ruisselaient le long de ses joues.

– C'est pas seulement ça. Je ne pourrais pas prendre l'argent de la banque. Comment pourrais-je faire ça ? (Elle sanglotait, laissant pendre sa tête.) Ça voudrait dire que je serais aussi malhonnête que toi.

Le souffle coupé par la rage, Nigel se précipita sur elle, la gifla violemment, et elle tomba sur le matelas, secouée par des sanglots. Il la laissa et alla dans la cuisine, où se trouvait l'argent, dans le sac. Le jeu de clés de voitures y était également, mais Nigel avait tout oublié de la Ford Escort bleu métallisé qu'il avait cachée dans le garage du docteur Bolton, vingt-deux jours plus tôt.

Pendant qu'ils étaient en Crète, le Dr et Mrs Bolton avaient reçu un télégramme leur annonçant que la mère du docteur Bolton était morte. La vieille Mrs Bolton avait quatre-vingt-douze ans, et elle était grabataire. Cependant quand on perd sa mère, quelles que soient les circonstances, on peut difficilement rester à l'étranger, et continuer à prendre du bon temps. Le docteur Bolton trouva la Ford Escort avant même d'avoir sorti les valises de sa propre voiture. Il défit l'une des valises, puis récupéra le numéro du *Daily Telegraph* auquel il pensait, et dans lequel il avait enveloppé ses sandales. Après avoir vérifié que sa mémoire n'était pas en train de lui jouer un tour, il téléphona à la police.

Ils arrivèrent chez lui dans la demi-heure. On demanda au docteur et à Mrs Bolton de faire une liste de tous les gens qui savaient qu'ils ne fermaient pas leur garage à clé, et qui savaient également qu'ils étaient partis en vacances.

– Nos amis, dit le Dr Bolton, ne sont pas du genre à braquer des banques.

– Je n'en doute pas, dit l'inspecteur, mais vos amis pourraient connaître des gens qui connaissent des gens qui sont moins respectables qu'eux, ou avoir des enfants qui ont des amis peu recommandables.

Le Dr Bolton fut obligé d'admettre que c'était possible. Ce fut une longue liste, et les Thaxby ne furent mentionnés par Mrs Bolton qu'après coup, et seulement le mardi matin. Elle n'arrivait pas à se souvenir si elle l'avait dit ou pas à Mrs Thaxby. Dans ce cas, lui dit l'inspecteur, dans le doute, il ne s'agit pas de se taire, mais de parler, afin de parer à toute éventualité. Mrs Bolton dit que c'était risible, surtout s'agissant des Thaxby. Peut-être avaient-ils des enfants ? dit l'inspecteur. Eh bien, oui, un fils, un garçon charmant, intelligent et responsable, qui était actuellement étudiant à l'université du Kent.

Ce qui prouvait que la mère de Nigel n'avait pas été absolument honnête en parlant des activités de son fils à ses amis.

Quelques heures après que Mrs Bolton eut donné cette information vitale à l'inspecteur, John Purford entra enfin en contact avec la police. Ce n'était pas qu'il avait peur ou qu'il voulait se tenir à l'écart de cette histoire. Simplement, il ignorait qu'on avait braqué la banque de Childon. Cet événement était presque sorti de l'esprit de sa mère. Après tout, ça faisait plus de trois semaines, le directeur et la fille étaient forcément morts, et même si c'était une tragédie, il fallait bien que la vie continue. C'est ce qu'elle dit à John pour se justifier, quand il tomba sur un petit entrefilet, dans le journal, à propos de la voiture qu'on avait retrouvée. Il raconta tout à son associé, y compris ce qui s'était passé avec Jillian Groombridge sur la banquette arrière de la voiture. Mais il devait se faire des idées, non ? Il avait été à l'école avec Marty Foster.

– Ce n'est pas un argument, ça, dit l'associé. Il y a bien des types qui étaient à l'école avec Hitler.

– Tu crois qu'il faudrait que je le dise à la police ?

– Évidemment. Qu'est-ce que tu risques ? J'irai avec toi, si tu veux. Ils ne vont pas te manger. Ils seront aux petits soins pour toi, ils seront tout miel.

En fait, la police ne fut pas particulièrement aimable avec John Purford. Ils le remercièrent d'être venu les voir, ils apprécièrent le fait qu'il ait pu leur indiquer précisément, sur un plan, où se trouvait le café où il avait rencontré Marty Foster et Nigel Machin, mais ils le réprimandèrent sérieusement pour avoir révélé des détails pareils, ils lui demandèrent, et ça l'horrifia, s'il connaissait l'âge de Jillian Groombridge.

Ils sautèrent sur ce prénom de Nigel, prénom chrétien assez peu courant. Un couple, sur la liste du Dr Bolton, avait un fils qui s'appelait Nigel. La police alla à Elstree. Le docteur et Mrs Thaxby dirent que leur fils était à Newcastle. Ils donnèrent l'adresse de la communauté de Kensington à la police, qui alla interroger la mère de Samantha. Elle aussi dit que Nigel était à Newcastle. Le père de Marty Foster ne savait pas où était son fils, ne l'avait pas vu depuis deux ans et n'avait aucune envie de le voir. La police retrouva Mrs Foster, laquelle vivait avec son amant et les trois enfants de son amant, dans un logement social à Hemel Hampstead. Il y avait plusieurs mois qu'elle n'avait pas vu Marty, mais la dernière fois qu'elle l'avait vu, il était au chômage. Aussitôt la police entreprit de retrouver l'adresse de Marty Foster dans les dossiers du ministère des affaires sociales.

Nigel sortit son passeport du sac à dos et le lut. Mr. N.L. Thaxby, né le 15.1.58, profession : étudiant, taille : 1,80 m, yeux : bleus. Il ne s'en était servi que deux fois, n'étant pas de ces jeunes gens hardis et aventuriers qui voyagent en stop à travers l'Europe, ou partent en Inde en minibus. Il avait l'intention de prendre un avion pour la Bolivie ou le Paraguay, ou pour quelque part où l'on ne peut pas vous extrader. Il lui resterait alors mille cinq cents livres, et une fois là-bas, il contacterait un magazine, *The News of the World* ou *Sunday People*, et leur vendrait son histoire – pour combien ? Cinq cents livres ? Mille livres ?

Il avait encore demandé deux fois à Joyce d'accepter deux mille livres, comme prix de son silence, et deux fois elle avait refusé. Cette fois, il braqua son pistolet sur elle, la regarda tressaillir, et mettre ses mains sur son visage. Il se demanda vaguement si elle se sentait comme lui, suite à ce long jeûne, comme droguée par une substance qui, au lieu de vous étourdir, vous faisait la tête légère, modifiait votre vision, infléchissait le cours de vos pensées. Assurément, elle le regardait comme s'il était un fantôme ou un monstre. Il pensa la tuer, là, tout de suite, et garder tout l'argent pour lui, mais on était en plein jour, il entendait Bridey dans la chambre d'à côté, et de l'autre côté, il entendait chanter la bouilloire du vieux Green.

– Pourquoi tu l'as dit si tu ne le pensais pas ? Pourquoi tu as dit que tu ne parlerais pas ? (Nigel lui mit l'une des liasses de billets sous le nez. Il la frotta contre ses larmes.) C'est plus que tu ne pourrais gagner en un an. Tu préférerais rester couchée là, à te vider de ton sang, plutôt que d'avoir deux mille livres pour toi toute seule ? C'est ça ?

Elle repoussa l'argent, puis se couvrit le visage, mais elle ne répondit pas. Nigel s'assit. Rester debout le faisait plus ou moins défaillir. Il avait profondément conscience du fait qu'il s'y prenait très mal. Il n'aurait pas dû mendier des faveurs, mais contraindre par la force. Pourtant il se mit à implorer, et à faire des cajoleries.

– Écoute, ce n'est pas obligé que ça dure deux semaines, mais juste assez longtemps pour que je puisse sortir du pays. Tu pourrais aller dans un grand hôtel du West End. Et ils ne découvriront jamais que tu avais cet argent, parce que tu peux très bien le dépenser. Ne comprends-tu pas que tu peux aller chez le bijoutier, et tout dépenser en achetant une montre, ou une bague ?

Joyce se leva et alla jusqu'à la porte. Elle resta là, et attendit sans dire un mot jusqu'à ce que Niguel vienne, écoute, puis déverrouille la porte. Joyce alla aux toilettes. Dans sa chambre, Bridey avait son transistor allumé. Nigel attendit, tendu, se demandant à quoi ça servait qu'un homme sourd ait une bouilloire qui siffle. Car elle sifflait à nouveau. Nigel l'entendit s'arrêter, et pensa à Mr Green, jusqu'au moment où un plan très clair commença à se former dans son esprit, et il se demanda pourquoi il n'avait encore jamais considéré Mr Green de ce point de vue. Personne ne lui parlait jamais, parce que les gens ne pouvaient pas se faire comprendre, aussi fort criaient-ils, et Mr Green ne parlait pratiquement jamais, parce qu'il savait que les réponses qu'on pourrait lui faire seraient sans signification pour lui. Bien sûr, ce plan n'était qu'une mesure temporaire, et pouvait très bien ne pas marcher. Mais c'était le seul qu'il ait pu trouver, qui ne risquait pas d'avoir des conséquences fâcheuses, même en cas d'échec.

L'idée d'avoir enfin quelque chose à manger lui redonna faim. Sa salive envahit sa bouche, chaude, et légèrement salée. Avec de la nourriture, il pouvait redonner un peu de vigueur à Joyce, et peut-être même l'acheter. Elle sortit des toilettes, et il la bouscula pour la faire entrer dans la chambre. Puis il se mit en quête d'une enveloppe, dans la chambre, puis dans la cuisine, mais il n'eut pas plus de chance que Joyce, quand elle avait voulu écrire ses messages, et il dut se rabattre, non pas sur un sac en papier cette fois, mais sur un morceau de l'emballage de la cartouche de cigarettes de Marty. Nigel écrivit : « Au lit avec la grippe. Pourriez-vous me rapporter un grand pain ? » De toutes les denrées qu'il aurait pu avoir, il choisit instinctivement l'aliment vital de l'homme. Il plia le papier autour d'un billet d'une livre. Joyce était allongée sur le sofa, le visage enfoui dans les coussins, mais qu'il disparût ne fût-ce qu'une minute, qu'il commençât à descendre l'escalier, et elle bondirait du canapé, impatiente d'agir, comme si elle avait ingurgité une grande assiette de roast-beef, pensa-t-il. De la salive déferla dans sa bouche. Il sortit sur le palier, et poussa le petit mot sous la porte de Mr Green, sans oublier de signer Mr Foster.

Mr Green sortait presque tous les jours. Il y avait des années qu'il vivait dans une seule pièce, aussi sortait-il même s'il n'avait rien à acheter, bien que le fait de remonter ces escaliers le tuât presque, chaque fois. Le message, qui apparut soudain sous sa porte alors qu'il était en train de se préparer sa quinzième tasse de thé de la journée, le contraria grandement. Ce n'est pas qu'il envisageât un seul instant de ne pas accéder à la demande en question. Mais il avait peur des jeunes, surtout des garçons, et il aurait fait beaucoup plus que sortir spécialement pour acheter un pain, pour éviter d'offenser ce Foster, que ce fût le grand blond, ou le petit brun. Ce qui le tracassait, c'était de ne pas savoir si son voisin voulait son pain entier ou coupé, et aussi qu'on lui eût confié un billet d'une livre, ce qui à ses yeux était une grosse somme d'argent. Mais quand il eut bu son thé, il prit son filet, enfila son pardessus, et sortit.

Un jeune homme avec une veste bleue l'interpella, alors qu'il commençait tout juste à descendre la rue. Il devait lui demander le chemin pour aller quelque part, pensa Mr Green. Il fit ce qu'il faisait toujours, secoua la tête et continua sa route, bien que le jeune homme insistât, et qu'il fût assez difficile de s'en débarrasser. Le pain coupé étant plus cher que le pain entier, Mr Green opta pour ce dernier. Il acheta un grand pain blanc moulé, croustillant et chaud, l'enveloppa lui-même soigneusement dans du papier de soie, puis dans le magasin d'à côté, il acheta l'*Evening Standard*. Qu'il paya avec son propre argent. Après quoi il fit un petit tour dans l'avenue bruyante, environné par son propre silence. Mais il ne s'attarda pas, car ce n'aurait pas été bien, c'eût été manquer d'égards que de faire attendre un homme malade.

Arrivé au milieu des escaliers, il dut s'arrêter pour se reposer. Bridey Flynn, qui rentrait de la Rose de Killarney, le rattrapa, puis le dépassa, sans lui parler, mais elle regarda, par curiosité, le petit mot étalé au sommet de la colonne de soutènement de l'escalier. Mr Green posa la monnaie du billet d'une livre, une pièce de cinquante *cents*, deux de dix, et une d'un *cent* sur le petit mot, puis il replia soigneusement le papier tout autour. Après quoi, il escalada laborieusement le reste des marches. Une fois en haut, il posa le journal plié sur le palier de Marty Foster, le pain sur le journal et le petit paquet de pièces sur le pain. Il frappa un petit coup à la porte, mais il n'attendit pas qu'on ouvre.

Nigel n'alla pas ouvrir tout de suite. Il pensa que c'était sans doute le vieux Green, mais il ne pouvait en être sûr, et il avait des raisons d'être inquiet. Entre le moment où il avait mis le message sous la porte du vieux Green et maintenant, la sonnette avait retenti plusieurs fois, une demi-douzaine de fois, en fait. La deuxième fois qu'on avait sonné, il avait fait reculer Joyce jusque dans le coin du canapé, et lui avait enfoncé le canon du pistolet entre les seins, après avoir ôté le cran de sûreté. Elle était devenue grise, elle n'avait pas proféré un seul son. Et Nigel ne savait pas comment il avait pu supporter d'écouter sonner, encore et encore. Il grinça des dents, et banda tous ses muscles.

Environ une demi-heure plus tard, il y eut un autre coup frappé à la porte. Nigel braquait toujours son pistolet sur Joyce, quoique avec moins de concentration. Quand on frappa, il appuya le canon sur son cou. Lorsqu'il entendit chanter la bouilloire de Mr Green, il se dirigea prudemment vers la porte. Il l'entrouvrit avec sa main gauche, tout en continuant à braquer le pistolet sur Joyce de sa main droite. Il n'y avait personne sur le palier. Bridey était aux toilettes, il apercevait sa silhouette à travers le verre dépoli de la porte.

La vue du pain, et l'odeur s'échappant du mince papier qui l'enveloppait, lui fit tourner la tête. Il s'en empara d'un geste vif, ainsi que du journal, et du petit paquet de monnaie, puis il ferma la porte d'un coup de pied.

Joyce vit et sentit le pain, poussa une espèce de cri, et vint vers Nigel les mains tendues. Il pointait toujours son pistolet sur elle, mais elle sembla à peine le remarquer.

– Assieds-toi, dit Nigel. Tu auras ta part.

Il ne prit pas la peine de couper le pain, il le rompit. Le pain était doux, très léger, et encore tiède. Il en donna un morceau à Joyce, et planta ses dents dans son propre morceau. C'était étrange, il avait souvent lu que des gens mangeaient du pain sec, le plus souvent des gens de l'ancien temps, ou du moins d'une époque assez lointaine, et il s'était demandé comment ils faisaient. Maintenant il savait. C'était le manque de nourriture, qui rendait ce pain agréable au goût. Il dévora presque la moitié du pain, le faisant descendre avec une tasse d'eau dans laquelle il mit du whisky. Maintenant que sa faim était apaisée, la meilleure chose que pouvait lui avoir apportée Mr Green après le pain, c'était un journal. Et avant même d'avoir fini de manger, il parcourait ce journal, page par page.

Ils avaient trouvé la Ford Escort dans le garage du Dr Bolton. Non pas qu'ils l'aient formulé ainsi – « une remise dans Epping Forest », disaient-ils. Ils allaient remonter jusqu'à lui, se dit-il, par l'intermédiaire de la communauté, et de ce type qui transportait des meubles, le copain d'école de Marty. Il se tourna brutalement vers Joyce.

– Écoute, tout ce que je te demande, c'est de rester cachée deux jours. Ça fait mille livres par jour. Juste deux jours, et après tu pourras raconter ce que tu voudras. (Nigel se sentit soudain inspiré.) Tu n'es même pas obligée de garder l'argent. Tu peux le rendre à la banque, si tu es folle à ce point.

Joyce ne lui répondit pas. Elle se courba en avant, puis se plia en deux de douleur. Le pain faisait son effet sur un ventre vide depuis cinq jours. La voilà aussi malade que Marty, aussi malade que cette cervelle de serin, pensa Nigel, jusqu'à ce que la douleur le prît, lui aussi, une douleur comme des doigts d'acier se plantant dans ses intestins.

Mais au moins, ça l'empêcha de finir le reste du pain. Les

pires douleurs cessèrent au bout d'une demi-heure environ. Joyce était étendue sur le matelas, le visage enfoui dans les oreillers, apparemment endormie. Nigel la regarda avec un sentiment de haine, mêlée d'un vague désespoir. Il se dit qu'il fallait qu'il lui donne un ultimatum, soit elle prenait l'argent et promettait de se tenir tranquille, soit il la tuait. C'était la seule manière. Il était sûr que ses empreintes devaient être quelque part dans la Ford Escort, même s'il avait oublié où exactement, et ils allaient les comparer avec ses empreintes, à la communauté, la plus petite surface de la maison de ses parents étant nettoyée chaque jour, pensa-t-il. John Machin, le type qui transportait des meubles, ferait le rapprochement entre lui et Marty Foster, et alors... Combien de temps avait-il devant lui ? Peut-être étaient-ils déjà à Notting Hill, en train de comparer les empreintes. Marty était-il venu à la communauté ? Encore une chose dont il ne se souvenait pas.

S'il partait en Amérique du Sud, cela ne changerait pas grand-chose qu'il tue Joyce ou pas. Il essaierait de le faire quand il n'y aurait personne dans la maison, hormis le vieux Green. Et ça lui plairait de le faire, ce serait un plaisir indéniable. Bien qu'il connût par cœur la vue qu'on avait de la fenêtre, et qu'il eût pu la dessiner avec précision, ou en faire un plan, il alla néanmoins regarder dehors, pour vérifier certains détails dans la configuration des lieux. La maison n'était attenante qu'à une seule maison. Nigel ouvrit la fenêtre – c'était la première fois qu'on l'ouvrait depuis que Marty occupait cette chambre – et tendit le cou dehors. Joyce ne bougea pas. D'après ses souvenirs de l'époque où il allait et venait à sa guise et où il pouvait traîner dans les rues, il n'y avait pas de rideaux aux fenêtres de l'appartement du deuxième étage, dans la maison attenante à celle-ci. Néanmoins, il voulut s'en assurer. Mais c'était bien ce qu'il avait pensé, l'appartement était vide, et il n'y aurait personne de l'autre côté du mur de la cuisine, personne qui puisse entendre un coup de feu. Il était probable que les gens des appartements du bas passaient la journée dehors, à leur travail.

Il avait retiré sa tête, et il fermait la fenêtre, quand il repéra un homme, debout sur le trottoir d'en face. Nigel ferma la fenêtre et baissa le loquet. L'homme sur le trottoir lui rappelait quelqu'un, quoiqu'il ne pût se souvenir où il l'avait vu. L'homme portait un jean, un pull-over sombre et un genre de blouson à fermeture Éclair, ou un anorak. Il avait des cheveux épais, blond clair, pas vraiment courts, mais pas vraiment longs non plus. Il avait l'air d'avoir à peu près trente-cinq ans.

Nigel décida qu'il ne l'avait jamais vu, mais cela ne le rassura pas. L'homme pouvait très bien attendre quelqu'un, auquel cas, c'était étrange de choisir d'attendre quelqu'un là, devant une église, dans une petite rue au coin de Chichele Road. Ça pouvait être un policier, un flic en civil. Ça pouvait être lui qui n'avait pas arrêté de sonner. Nigel se dit que les vêtements de l'homme avaient l'air neuf, et que cette tenue était bizarre sur lui, comme s'il n'était pas très à l'aise dedans. Il s'obligea à quitter la fenêtre, à s'asseoir, et à feuilleter le journal encore une fois.

Quand il retourna à la fenêtre, dix minutes plus tard, l'homme était parti. Il entendit la porte de Bridey se refermer, puis ses pas dans l'escalier. Elle partait travailler.

22

Alan était presque sûr de s'être trompé de chambre. Le jeune homme blond, qui venait juste d'ouvrir sa fenêtre et de se pencher au-dehors comme pour appeler ce type qui l'observait, devait être le Green qui avait son nom sur la troisième sonnette. Après que la fenêtre se fut refermée, et que le visage à l'air furieux eut disparu, Alan avait traversé la rue, et appuyé plusieurs fois sur cette troisième sonnette. Il était resté là plusieurs secondes, son pouce appuyé sur le bouton, mais personne n'était descendu lui ouvrir.

Il s'éloigna, et il était dans la boutique, au coin, en train d'acheter un journal, quand il vit passer la fille qui s'appelait Flynn. Il se dit qu'il allait lui parler une dernière fois. La Rose de Killarney ouvrait dans dix minutes.

C'était la deuxième fois depuis lundi qu'il venait à Cricklewood. Il serait bien venu le mercredi, ce qui aurait fait trois fois, mais il ne pouvait pas faire ça à Una, il ne pouvait continuer à lui mentir. En outre, il pensait avoir épuisé sa capacité d'invention avec son mensonge du mardi, à savoir qu'il avait rendez-vous avec son avocat à propos d'Alison. Una accepta cela sans commentaire. Elle s'occupait avec les préparatifs de leur départ de vendredi. Elle écrivit des lettres, porta le plus beau smoking d'Ambrose chez le teinturier, fit le nécessaire pour qu'un abonnement à un journal reprît dès samedi. Mais sa sortie du mardi ne fit aucun bien à Alan. Bien qu'il eût passé la majeure partie de l'après-midi à surveiller la maison et à parcourir les petites rues adjacentes, il n'avait vu personne entrer ni sortir, pas même la jeune Irlandaise.

Quand il rentra, il fallut qu'il dise à Una qu'il avait vu l'avocat, qu'il lui raconte ce que celui-ci avait dit. Ce fut facile pour lui, de dire qu'il abandonnerait sa part de la maison à Alison, car il y avait une grande part de vérité dans cette affirmation. Et il fut plutôt surpris, et ému, quand Una dit que c'était bien et généreux de sa part, mais que ça ne devait pas être simple pour lui, compte tenu qu'il avait travaillé des années pour se l'acheter !

– Tu dois penser que je suis vraiment faible, dit-il.

– Non, pourquoi ? Parce que tu abandonnes ta maison à ta femme sans lutter ?

Ce n'était pas à ça qu'il pensait, évidemment, mais comment aurait-elle pu savoir ? Il brûlait d'envie de lui dire qui il était vraiment. Mais s'il lui disait, il la perdrait. Il avait fait trop de choses que personne, même Una, ne pouvait lui pardonner : le vol, sa trahison vis-à-vis de Joyce, ses mensonges, sa duplicité dans sa construction si artificielle d'un pseudo-passé.

Ce soir-là, ils étaient sortis avec Caesar et Annie, mais le mercredi, ils passèrent la journée et la soirée tous les deux. Ils trouvèrent un cinéma qui passait *Le Docteur Jivago*, parce qu'Alan ne l'avait jamais vu, et ensuite, avec à propos, ils dînèrent dans un restaurant russe, derrière Old Brompton Road, parce qu'Alan n'avait jamais goûté à la cuisine russe. Quand ils rentrèrent à la maison, Ambrose téléphona de Singapour, où il était 9 heures du matin.

– Il a été adorable, dit Una. Il a dit qu'évidemment il comprenait et qu'il voulait que je sois heureuse, mais qu'on devait lui promettre de revenir passer un week-end très bientôt, et j'ai dit qu'on viendrait.

Alan pensait qu'il se torturerait moins à propos de Joyce, une fois qu'il serait dans le Devonshire, et qu'il ne pourrait plus se rendre à Cricklewood en secret, l'après-midi, car il savait déjà qu'il allait à nouveau sortir en douce le jeudi. Ce fut Una qui lui en donna l'idée, quand elle dit qu'elle allait acheter leurs billets, faire les réservations, puis aller chez le coiffeur. Il pouvait sortir après qu'elle serait partie, et revenir avant qu'elle ne rentre. Sans aucun doute, il coincerait la jeune Irlandaise, ou ce Green, si Foster ne répondait pas au coup de sonnette. Ça devait être facile de découvrir à quelle heure Foster rentrait de son travail, puis de l'arrêter, et sous quelque prétexte, de lui parler. Avec plusieurs prétextes en tête, Alan prit une enveloppe marron sur le guéridon du vestibule de Montcalm Gardens, sur laquelle il y avait écrit « Le Locataire », et qui contenait de la propagande publicitaire pour les élections du conseil du comté, en mai. Il la mit dans sa poche. Après tout, cela n'aurait pratiquement aucune importance que Foster l'ouvre, et voie qu'elle ne pouvait être destinée à quelqu'un habitant Brent, et non Kensington ou Chelsea, car à ce moment-là, Alan aurait entendu sa voix.

C'était un jour gris et frais, le genre de temps, qu'on a le plus souvent en Angleterre. Un temps avec un ciel couvert de vapeur lisse et unie, sans la moindre lueur de soleil, sans la moindre goutte de pluie. Alan était content de son coupe-vent, quoiqu'il n'y eût aucun vent. Mais ça pinçait, c'était le cas de le dire, il avait vraiment l'impression que l'air lui pinçait le visage.

Pour commencer, il sonna chez Foster, plusieurs fois. Puis il alla marcher un moment, avant de réessayer. Ce fut plutôt un choc de voir un vieil homme sortir de la maison, car il avait plus ou moins fini par se mettre dans la tête qu'en dépit des noms sur les sonnettes, seuls la jeune Irlandaise et le jeune homme blond habitaient là. Le vieil homme était sourd. Alan l'interpella un peu plus loin dans la rue et tenta de s'informer sur Marty Foster auprès de lui, mais il lui parut cruel d'insister, c'était un peu comme le torturer, et puis il se sentait gêné, bien qu'il n'y eût personne alentour pour l'entendre crier.

Il essaya la sonnette marquée Flynn, et comme là non plus il n'y eut pas de réponse, il retourna sur l'avenue et prit une tasse de thé dans un café. Il se dit qu'il avait dû manquer la jeune fille au moment où elle rentrait dans la maison, mais alors qu'il était en train d'acheter son journal, il la vit tourner dans Chichele Road, sortant manifestement de chez elle. Il y avait un paragraphe dans l'une des pages intérieures de l'*Evening Standard*, disant que la voiture volée à Capel St-Paul avait été retrouvée à Epping Forest. « La voiture des ravisseurs était cachée dans la forêt. » Mais il n'y avait rien d'autre sur le braquage, les gros titres du journal étant : « Un homme abattu au casino » et « 77 morts dans le tremblement de terre en Iran ». Alan prit le trottoir où poussaient des arbres, et marcha jusqu'à la Rose de Killarney. À 5 heures, la fille Flynn elle-même sortit pour ouvrir les portes.

Bridey n'avait eu peur de l'homme au coupe-vent que pendant un très court laps de temps. Pendant les secondes qui s'étaient écoulées entre le moment où elle lui avait ouvert la porte d'entrée, et le moment où elle lui avait rendu son billet de cinq livres. À présent, elle n'avait plus peur, mais elle ne fut pas non plus particulièrement ravie de le voir. Elle était sûre que c'était un policier. Il lui dit bonjour, ce qui lui fit réaliser qu'il était encore plus tôt qu'elle ne le pensait, ce qui lui rappela qu'il restait encore un très long moment entre maintenant et 11 heures, heure à laquelle ils fermeraient. Bridey ne lui répondit pas, elle se contenta de lui faire un signe de tête. Puis elle alla se glisser derrière le bar, l'air découragé, et lui demanda d'un ton neutre ce qu'il désirait boire.

Alan ne voulait rien, mais il demanda tout de même un demi. Bridey accepta qu'il lui offre un verre et prit un gin tonic. Elle commençait à se dire que bien qu'elle ne puisse imaginer appeler un jour la police, ni déroger à ses principes et dénoncer quelqu'un, dans ce cas précis, c'était la police qui était venue à elle, ce qui était différent. Et ça lui aurait bien plu de se venger de Marty Foster qui l'avait insultée, et humiliée devant tout le monde, dans le bar. Elle n'avait jamais vraiment cru à cette histoire de billet de cinq livres que Marty avait soi-disant laissé tomber en sortant de la Rose de Killarney. Il était beaucoup plus probable que l'homme au coupe-vent le recherchât pour vol, ou pour quelque acte de violence. Mais Bridey n'allait pas demander pourquoi on le recherchait. Elle écouta le policier – ou qui que ce fût – lui raconter qu'il avait sonné partout sans obtenir de réponse, puis il parla du vieux Green, et de quelqu'un d'autre qu'apparemment il prenait pour Green – elle ne comprit pas la moitié de ce qu'il lui disait – et quand il eut fini elle lui annonça :

– Marty Foster a la grippe.

Et Alan déclara, plus pour lui-même :

– C'est pour ça qu'il ne répond pas quand on sonne.

Puis, s'adressant à Bridey :

– Je suppose qu'il est au lit.

Elle ne répondit pas. Elle s'alluma une cigarette et le regarda, tout en penchant doucement son verre de gauche à droite et en faisant bouger le liquide.

– Si je venais le voir demain, dit-il, vous me laisseriez rentrer ?

– Je ne veux pas avoir d'histoires.

– Je vous demande seulement de me laisser rentrer dans la maison. Je ne veux pas dire chez lui, je sais bien que vous ne pouvez pas faire ça.

– Bon, si j'ouvre la porte, dit Bridey avec un soupir, qu'un type passe devant et monte jusqu'en haut, ce ne sera pas de ma faute, hein ? Après tout, je ne fais qu'un mètre cinquante-cinq.

– Je viendrai dans l'après-midi, dit Alan. Vers 4 heures ?

Bridey ne lui dit pas que c'était son jour de congé, qu'elle serait donc chez elle toute la journée, et qu'il aurait pu venir à 10 heures, à midi, ou même dans la soirée. Elle se contenta d'acquiescer d'un hochement de tête, pensant que cela lui laissait suffisamment de temps pour pouvoir changer d'avis, puis elle descendit de son tabouret, et disparut derrière le bar, hors de sa vue. Alan était certain qu'elle ne reviendrait que lorsqu'il y aurait d'autres clients. Il but sa bière et sortit pour prendre le bus 32.

Una n'était toujours pas rentrée, quand il arriva à Montcalm Gardens. Il était près de 6 heures. Elle réapparut à 6 heures 5 avec une bouteille de Monbazillac pour le dîner, un vin qu'ils aimaient tous les deux. Il s'écoula un certain temps en fait, avant qu'il ne réalise, pendant qu'ils étaient en train de manger, qu'elle avait dû être à la maison en son absence. La jupe et le pull qu'elle portait n'étaient pas les mêmes que ceux qu'elle avait en début d'après-midi pour aller à la gare et chez le coiffeur. Mais elle ne lui demanda pas où il était allé, et de lui-même, il ne lui donna aucune information. Ils descendirent au rez-de-chaussée pour aller dire au revoir à Caesar, car le lendemain, ils seraient partis avant qu'il ne rentre. Ils prenaient le train de 5 heures et demie à Paddington.

– Envoyez-moi une carte, dit Caesar. J'en veux une avec la prison de Dartmoor. J'y suis allé une fois. Ces pauvres diables, qui travaillent dans les champs. Vous savez ce qu'il y a écrit sur les portes ? « Parcere Subjectis. » Épargnez les prisonniers.

Cela fit réaliser à Alan qu'ils partaient pour de bon, ça, et les billets qu'Una avait achetés. Il regrettait à présent de ne pas s'être arrangé avec la jeune Irlandaise, pour qu'elle le laissât entrer dans la maison le matin plutôt que l'après-midi, mais à présent il était trop tard pour y changer quoi que ce soit. Et en un sens, c'était le meilleur arrangement qu'il eût pu prendre, car ainsi il pourrait quitter Londres aussitôt après avoir passé son coup de fil. La police localiserait l'appel dans une cabine de Londres, mais à ce moment-là, il serait en route pour le Devon. Cela bien sûr, s'il passait ce coup de fil, si ça ne se révélait pas être une fausse piste, et que Marty Foster ne se révélait pas innocent.

Assis dans sa chambre, ce soir-là, il dit à Una qu'il n'avait pas l'intention de divorcer. Il le lui dit parce que c'était vrai. Un homme mort ne peut pas divorcer. Il ne voulait pas mentir, il ne voulait plus l'inciter à croire des choses fausses.

– Je suis toujours mariée avec Stewart, dit-elle.

– Je ne pourrai jamais divorcer, Una.

Elle ne lui demanda pas pourquoi. Elle dit d'une manière pratique, et assez pittoresque, comme si elle parlait des avantages de voyager, disons, plutôt en train qu'en avion, ou en première, plutôt qu'en seconde.

– C'est juste que si on a des enfants, j'aimerais être mariée.

– Tu voudrais avoir des enfants ? demanda-t-il, d'un air étonné.

Et là, enfin, elle lui parla de Lucy, carrément. Et en faisant cela, elle lui livra ce qu'il y avait de plus enfoui en elle, tandis que lui, se dit-il, ne lui avait rien confié.

Ce rêve fut le premier qu'il faisait depuis plusieurs nuits. Il était dans un train avec deux hommes, et chacune de ses mains était attachée à l'une des leurs par des menottes. C'était Dick Heysham et Ambrose Engstrand. Ni l'un ni l'autre ne lui parlait, et il ne savait pas où ils l'emmenaient, mais le train disparaissait en fondu, et ils se retrouvaient sur une lande désolée et austère, devant des piliers de pierre encadrant un portail, au-dessus duquel on pouvait lire l'inscription suivante : « Parcere Subjectis. » Les grilles s'ouvraient, ils l'escortaient à l'intérieur, et une femme sortait pour l'accueillir. Tout d'abord il ne put voir son visage, mais il sentit qui elle était, comme on sent ce genre de choses dans les rêves, c'était Pam, Jillian, d'une certaine façon, c'était aussi Annie. Jusqu'à ce qu'il vît son visage. Et quand il le vit, il s'aperçut que ce n'était aucune d'entre elles. C'était Joyce, et du sang coulait le long de son corps, d'une blessure ouverte qu'elle avait à la tête.

Il se débattit pour sortir de ce rêve, et découvrit qu'Una n'était plus à côté de lui. Il tendit les mains, dit son nom, se réveilla complètement, et vit qu'elle était debout devant la commode, en train d'ouvrir et de vider les tiroirs.

Ce fut un réflexe de crier. Il lui cria après sans réfléchir.

– Qu'est-ce que tu fais ? Pourquoi tu fouilles dans mes affaires ?

Le visage d'Una perdit toutes ses couleurs.

– Tu ne dois pas toucher à ça. Qu'est-ce que tu fais ?

– Je défaisais tes bagages, bredouilla-t-elle.

Elle n'était pas encore arrivée au tiroir où il y avait l'argent. Il poussa un soupir, ferma les yeux, se demandant combien de temps il pourrait lui cacher l'existence de cet argent quand ils vivraient ensemble et qu'ils mettraient tout en commun. Elle avait laissé tomber les vêtements qu'elle avait dans les mains, et elle se tenait debout, immobile, perdue, et malheureuse. Il alla vers elle, prit son visage, et le leva vers lui.

– Je suis désolé. Je sortais d'un rêve, et je ne savais pas ce que je disais.

Elle s'accrocha à lui.

– C'est la première fois que tu te mets en colère contre moi.

– Je ne suis pas en colère.

Elle se remit au lit avec lui et il la tint serrée dans ses bras, sachant qu'elle s'attendait à ce qu'il lui fît l'amour. Mais il se sentait énervé, et assez excité, pas excité sexuellement, mais excité comme si l'acte qu'il voulait à tout prix accomplir aujourd'hui allait le laisser libre d'aimer Una totalement, et sur tous les plans. Et à présent il voyait clairement que s'il pouvait prouver que les deux types étaient un seul et même homme, puis agir en conséquence, il réparerait tout le mal qu'il avait fait à Joyce, et qu'il s'était fait à lui-même, le jour du braquage. Et devant lui, une fois qu'il aurait surmonté cette épreuve, semblait s'ouvrir une vie de joie et de quiétude totales, dans laquelle des obstacles apparents tels que l'absence d'identité, le chômage, et un capital diminuant rapidement, n'étaient que de petites tracasseries ridicules.

Nigel et Joyce terminèrent le pain le vendredi matin. C'était un jour non seulement gris, mais lugubre en plus, à cause du brouillard. Nigel se demanda s'il pouvait encore faire appel au vieux Green pour leur acheter à manger – mais pas à nouveau du pain. Car même un vieux crétin comme lui pouvait commencer à se poser des questions sur ce type qui avait la grippe, et qui mangeait un grand pain à lui tout seul en une journée. Il entendit sa bouilloire chanter, puis il entendit Mr Green aller aux toilettes, mais il ne bougea pas.

La première chose qu'il avait faite en se levant, avait été de regarder par la fenêtre pour voir si le guetteur de la veille était toujours là. Mais il n'y avait personne. Et Nigel se dit qu'il devenait fou, hystérique, d'imaginer que la police pourrait agir de cette façon. La police n'attendrait pas dehors, elle entrerait dans la maison. Ils auraient des armes à feu à la main. Ils évacueraient les maisons alentour, et ils le sommeraient, avec un porte-voix, de jeter son arme et de faire descendre Joyce.

Il paraissait impossible que cette rue pût jamais devenir le théâtre d'un tel drame. C'était une rue pauvre, respectable, très banlieue de Londres. Et déserte, hormis une femme qui passait devant l'église en poussant un landau. L'homme qu'il avait vu la veille, décida Nigel, n'appartenait probablement pas plus à la police que cette femme. Quant à la personne qui sonnait sans arrêt, ça pouvait être l'employé de la compagnie d'électricité. C'était sans doute le moment où ils venaient relever les compteurs. Cependant, en raison de tous ces motifs rassurants, il fallait qu'il s'en aille. On ne pouvait pas nier la preuve qu'apportait le journal. Nigel songea à quel point ses parents seraient obligeants envers la police, dès qu'elle les aurait retrouvés, par l'intermédiaire des Bolton. Ses parents le donneraient, sans penser à autre chose qu'à se montrer bons citoyens, comme ils disaient, ils se creuseraient la cervelle pour essayer de trouver où il pouvait être, ils se tortureraient les méninges, pour se souvenir des noms de tous les amis qu'il avait jamais pu avoir.

– Tu te tiens tranquille pendant douze heures, dit-il à Joyce, après tu pourras appeler la direction de la banque et leur dire tout ce que tu voudras sur moi, et sur cet endroit, et leur rendre l'argent. (Et il ajouta, consterné à cette idée, l'idée de ce gâchis :) Bon Dieu !

Joyce ne dit rien. Elle se demandait, comme elle se l'était demandé la plus grande partie de la nuit, si elle pouvait faire ça de manière honorable. Nigel pensa qu'elle redevenait intraitable. Donnez-lui à manger, et son vieil entêtement réapparaît.

– Je peux te tuer, dit-il. Ce serait peut-être plus simple une fois que tout serait dit. Et comme ça, je garde tout le fric pour moi.

Il lui montra le pistolet, le tendit vers elle, posé dans sa main gauche.

Joyce déclara, d'un air las :

– Et si je dis oui, est-ce qu'on peut partir d'ici aujourd'hui ?

Tout ce bruit autour de Marty Foster avait réveillé des souvenirs dans l'esprit d'un policier qui passait par Chichele Road en faisant sa ronde. Un matin brumeux, il avait trouvé un jeune homme malade, assis recroquevillé sur un petit mur, et l'avait aidé à se rendre chez le docteur Miskin, où le jeune homme, abandonnant son bras, avait murmuré à la réceptionniste : « Mon nom, c'est Foster, M. Foster. » Tout cela lui revint le vendredi, et il en fit part à ses supérieurs. Le docteur Miskin les dirigea sur l'hôpital de Willesden, où était Marty. Ils le trouveraient dans une salle commune, avec une douzaine d'autres hommes.

Marty se sentait beaucoup mieux. Hormis le fait d'être confiné entre quatre murs, il aimait plutôt bien l'hôpital. Les infirmières étaient des filles jolies et rieuses, et il passait une bonne partie de la journée à les baratiner. Il aurait bien aimé avoir ses cigarettes, et ça lui manquait terriblement de ne pas boire d'alcool. Ils lui avaient dit qu'il ne devrait pas toucher à une goutte d'alcool pendant au moins six mois.

Qu'il pût décider de ce qu'il allait faire durant les six prochains mois le rendait sûr de lui. Il était content que Nigel ne soit pas venu. Il ne voulait plus jamais revoir Nigel, ni Joyce, ni l'argent. Il se sentait complètement débarrassé de cet argent, et il s'en sentait lavé, pour s'être retiré de cette façon et avoir volontairement abandonné sa part. Marty avait réellement le sentiment d'avoir fait cela, d'avoir de son propre chef fait remonter le temps, retouché le passé, et d'être demeuré libre de ses mouvements.

Aussi ce fut avec un désarroi affolant que, le vendredi après déjeuner, alors qu'ils avaient tous regagné leur lit pour la sieste, il leva la tête et vit deux hommes, indubitablement des policiers, bien qu'en civil, remonter l'allée centrale de la salle, précédés de la jolie sœur à laquelle il faisait encore les yeux doux cinq minutes avant. À présent, elle avait l'air sévère et atterré. Et Marty pensa, quoique pas en ces termes, que les jours de lait et de miel étaient bien finis, que c'en était fait de draguer les filles, puis ils furent près de son lit et tirèrent les rideaux qu'il y avait autour.

La première chose qu'il dit fut un mensonge. Il leur donna, comme étant son adresse, la première adresse qu'il avait eue à Londres, le squat de Kilburn Park. Puis il leur dit que le 4 mars il était avec sa mère, qu'il n'avait pas vu Nigel Thaxby depuis deux mois, et n'avait jamais mis les pieds à Childon de sa vie. Après un certain temps, il revint en partie sur ses déclarations, donna une autre fausse adresse, dit qu'il avait prêté son appartement à Nigel Thaxby, et qu'il pensait que celui-ci avait braqué la banque et kidnappé la fille, avec la complicité du directeur disparu.

Derrière les rideaux, la salle était en émoi, bourdonnante de suppositions. On mit une robe de chambre à Marty, et on l'emmena dans une petite pièce où l'interrogatoire recommença. Il dit tellement de mensonges sur le moment, et par la suite, que ni la police, ni son avocat ne crurent un seul mot de ce qu'il raconta, et pour cette raison, son avocat le dissuada d'apparaître à la barre des témoins durant son procès.

Ce vendredi après-midi-là, il donna finalement sa véritable adresse, mais elle leur avait déjà été révélée par le ministère des Affaires sociales.

Alan mit le peu de vêtements qu'il possédait dans la valise, mais il n'y mit pas l'argent. Et si Una lui demandait, au dernier moment, s'il avait de la place dans sa valise pour y ranger des choses à elle ? En outre, comment pouvait-il être sûr qu'il serait seul, quand il déferait la valise ? Ce qu'il aurait dû faire, c'était acheter une valise avec un petit compartiment à fermeture Éclair, dans lequel il aurait pu mettre l'argent, tandis qu'il aurait mis ses livres, son papier à lettres, ce genre de choses, dans la valise elle-même. Pour le moment, il fourra les liasses de billets dans les poches de son pantalon et de son coupe-vent. Ça gonflait les poches, et ça craquait sensiblement, et lorsque Una, qui partait chercher le smoking d'Ambrose chez le teinturier, vint l'embrasser – ils s'embrassaient toujours en se quittant et en se retrouvant – il n'osa pas la serrer aussi fort qu'il aurait aimé le faire.

Le fait qu'elle sorte résolut le problème de devoir expliquer pourquoi lui-même allait sortir. Il était presque 3 heures. Il lui fit un petit mot : « Una, Il est arrivé quelque chose que je dois régler. Je te retrouve à Paddington à 5 heures. Je t'aime, Paul. » Il laissa le mot sur le guéridon du vestibule, avec les clés qu'Una lui avait données trois semaines plus tôt.

23

Joyce lui avait donné la réponse qu'il voulait, mais maintenant qu'il avait obtenu ce oui, Nigel ne pouvait pas y croire. Il n'arrivait pas à lui faire confiance. Il se voyait à l'aéroport, en train de passer la douane à l'endroit où l'on vérifie que vous n'avez pas de bombe, atteignant la porte qui menait à l'avion – et là un homme surgissait devant lui, un autre lui posait une main sur l'épaule. Si Joyce était capable de rendre l'argent à la banque, elle ne se sentirait nullement obligée de tenir la promesse qu'elle lui avait faite. Elle romprait cet engagement dès qu'il serait hors de vue, se dit-il.

Il allait la tuer, quand il n'y aurait personne dans la maison.

Nigel ne savait pas qui habitait au rez-de-chaussée, sans doute des gens qui étaient à l'extérieur toute la journée. La fille aux cheveux rouges et son « mec » étaient souvent dehors. Bridey ne travaillait pas tous les jours, mais elle sortait toujours une partie de la journée. Nigel jugeait possible que le corps de Joyce pût rester étendu là des semaines sans être découvert, mais il y avait d'assez fortes chances que la police vînt ce week-end, et enfonçât la porte. Mais alors il serait loin, cela n'avait donc aucune importance, et c'était bon de penser que Marty allait être accusé et payer les pots cassés, si ce n'était pour le meurtre, du moins pour une bonne partie du reste.

Il écouta Bridey, qui n'était pas allée travailler à 11 heures, à l'ouverture. À 3 heures, elle traînait toujours dans sa chambre, son transistor allumé. Nigel empaqueta ses affaires dans le sac à dos de la mère de Samantha. Il mit son jean le plus propre, celui que Marty avait porté à la laverie, et sa veste, dans la poche de laquelle il mit son passeport. Dans la cuisine, au-dessus de l'évier, il fit disparaître le duvet jaune qui était apparu sur son menton et au-dessus de sa lèvre supérieure, avec le rasoir émoussé de Marty. Rasé, coiffé, il avait l'air assez respectable, le fils du médecin, un jeune homme charmant et responsable, qui arrivait de son université pour les vacances de Pâques.

Joyce aussi s'était habillée en mettant le plus de vêtements chauds possible : deux tee-shirts, un chemisier, une jupe et un pull-over. Elle avait mis les deux mille livres avec son tricot, dans le sac que Marty avait rapporté quand il avait acheté la laine pour faire ce tricot. Elle dit à Nigel, sur un ton et avec une attitude qu'elle n'avait pas eus depuis des semaines, qu'elle ne savait pas ce qu'on allait penser d'elle, dans un hôtel, si elle arrivait sans manteau, et avec des tongs. Nigel ne prit pas la peine de lui répondre. Il savait qu'elle n'arriverait dans aucun hôtel. Il espérait seulement que Bridey allait sortir.

À 3 heures et demie, elle sortit. Nigel l'entendit descendre, et de la fenêtre, il la regarda s'éloigner en direction de Chichele Road. Et la fille rousse ? Il se demandait s'il oserait prendre ce risque, sans être absolument sûr que la fille rousse n'était pas dans la maison, quand le téléphone se mit à sonner. Nigel détestait entendre le téléphone sonner. Il pensait toujours que c'était la police, son père, ou Marty, qui appelait pour dire qu'il rentrait, en ambulance, et que deux hommes le porteraient jusqu'à la chambre sur une civière.

Le téléphone sonna longtemps. Personne ne monta du rez-de-chaussée pour répondre. Nigel se sentit soulagé, libre, tranquille. La dernière sonnerie du téléphone s'éteignit, et tandis qu'il écoutait le silence, satisfait, celui-ci fut brisé par la sonnerie de la porte d'entrée.

À Marble Arch, Alan avait acheté une serviette, dans laquelle il mit l'argent, après avoir déposé sa valise à la consigne automatique de Paddington Station. Dans la vitrine du magasin, il regarda son reflet avec un certain amusement. Il avait mis son costume, parce qu'il était plus facile de l'avoir sur soi que de le porter, et son imperméable parce qu'il commençait à pleuvoir. Avec la serviette à la main, il avait tout à fait l'air d'un directeur de banque. Pendant une seconde, il eut peur. Ce serait malin d'être reconnu maintenant, au dernier moment. Mais il savait que personne ne le reconnaîtrait. Il avait l'air tellement plus jeune, plus heureux, plus sûr de lui. Je pourrais être confiné dans une coquille de noix, cita-t-il intérieurement, et avoir l'impression d'être le roi de l'espace infini, si je n'avais pas fait de mauvais rêves...

Il arriva un peu tard à Criklewood, et il était 4 heures 10 quand il arriva devant la maison et qu'il sonna. Il sonna d'abord chez Marty Foster, car il y avait une chance qu'il réponde, et il ne voulait pas déranger la fille Flynn inutilement. Cependant il n'y eut pas de réponse. Mais il réessaya, encore et encore, puis il sonna chez la fille Flynn. En un sens, ça ne l'avait même pas effleuré qu'il pût là aussi ne pas y avoir de réponse, qu'elle pût avoir oublié sa promesse ou simplement ne pas y avoir attaché d'importance, et être sortie. Elle n'avait pas vraiment promis, se dit-il, avec un léger chavirement du côté du cœur.

Un taxi pouvait l'emmener d'ici à Paddington en un quart d'heure, il n'y avait donc pas de quoi s'inquiéter de ce côté-là. Il recula et leva la tête vers les fenêtres qui le fixèrent comme les yeux si nombreux des murs. Peut-être que les sonnettes ne marchaient pas. De l'extérieur, il n'entendait aucun bruit de sonnerie. Mais la sonnette marquée Flynn avait marché, le lundi...

Il aperçut le vieil homme sourd qui approchait, sur le trottoir, un filet à la main, contenant un paquet de thé et quelques boîtes de conserve. Alan le salua d'un hochement de tête et sourit, et le vieil homme hocha la tête et sourit à son tour, de façon à la fois insinuante et suspicieuse. Lentement, il tâtonna à travers plusieurs épaisseurs de vêtements, avant de retirer une clé d'un gilet. Il posa le filet par terre et déverrouilla la porte d'entrée.

Sachant qu'il était inutile de lui parler, mais sentant qu'il devait dire quelque chose pour s'excuser de ce qu'il allait faire, Alan marmonna vaguement quelque chose à propos des gens qui ne répondent pas aux coups de sonnette. Il se faufila entre le vieil homme et la porte, et, le laissant s'essuyer les pieds devant la porte, il commença à monter les escaliers.

Dès le premier coup de sonnette, Nigel braqua le pistolet sur Joyce et l'obligea à aller dans la cuisine. Elle comprit que c'était parce qu'il y avait quelqu'un à la porte, et qu'il craignait que ce ne soit la police, mais elle n'en déduisit pas que, par conséquent, il n'oserait pas lui tirer dessus. Il y avait quelque chose dans l'expression du garçon, comme une peur animale, mais l'animal en question était plutôt un tigre qu'un lapin, ce qui lui faisait penser qu'il la tuerait avant de faire quoi que ce soit d'autre. Il avait débloqué le cran de sûreté.

Il la força à s'asseoir sur une chaise et se mit derrière elle. Elle courba le dos, le pistolet appuyé sur sa nuque. Avec sa main gauche, Nigel tâtonna partout sur l'égouttoir, sur le dessus de la bibliothèque, et dans le tiroir sous l'égouttoir, pour trouver la corde. Il la trouva dans le tiroir et la passa autour de Joyce du mieux qu'il put, lui attachant les bras au dos de la chaise. Quand il eut enlevé le bas noir de sa propre liasse de billets, il posa le pistolet par terre et fit en sorte de la bâillonner. Entre-temps, la sonnette avait à nouveau retenti, et à présent on sonnait dans la chambre de Bridey. Nigel ferma la porte de la cuisine, abandonnant Joyce sur sa chaise, et retourna dans le living pour écouter ce qui se passait. Il entendit qu'on refermait doucement la porte du rez-de-chaussée. Plus de sonnerie, rien que le silence.

Puis il y eut des pas dans l'escalier. Nigel se dit que ça devait être le vieux Green. Il se dit cela à peu près pendant deux secondes, car ensuite, il sut que ce n'était pas les pas d'un homme corpulent de soixante-quinze ans, mais ceux d'un homme dans la fleur de l'âge. Ils montaient, montaient, arrivaient sur le palier de la salle de bains, puis en haut de la dernière volée d'escaliers. Puis ils ralentirent, et semblèrent hésiter. Nigel s'approcha tout doucement de la porte, et y colla son oreille, écoutant le silence de l'autre côté et se demandant pourquoi l'homme n'avait pas frappé à sa porte.

Alan n'avait pas frappé, car il ne savait pas quelle porte était la bonne. Il y avait trois portes entre lesquelles choisir. Il frappa d'abord à la porte de la chambre située sur le côté non mitoyen de la maison. Puis il essaya la porte qui était en face, car la porte qui restait devait être celle de la chambre donnant sur le devant, et occupée de toute évidence par le vieux Green. Le vieil homme montait les escaliers lentement, et lourdement. Alan s'effaça et fit une tentative de geste idiot pour indiquer qu'il cherchait, mais comment dit-on Foster en langage sourd-muet ? Le vieil homme secoua la tête, déverrouilla la porte sur laquelle Alan avait frappé en dernier, et entra à l'intérieur, refermant la porte derrière lui. Alan essaya la porte de la chambre qui donnait sur le devant de la maison. Il attendit, certain d'entendre le souffle de quelqu'un de l'autre côté, tout près.

Nigel mit le pistolet dans son holster, sous sa veste, puis il fit tourner la grosse clé en fer dans la serrure. Sur le palier, il y avait un homme, seul. Il savait très probablement que la chambre était occupée, aussi devait-il être moins dangereux de le laisser entrer que de ne pas lui répondre. Nigel ouvrit la porte.

L'homme, dehors, était en costume et imperméable, et il avait une serviette à la main, ce à quoi, en un sens, Nigel ne s'était pas attendu. Ce visage lui rappelait vaguement quelqu'un, mais il chassa immédiatement l'idée que ce pouvait être l'homme qu'il avait vu observer la maison. C'était – et il en était déjà convaincu avant d'avoir vu l'enveloppe marron – quelque agent électoral ou enquêteur commercial.

– Je cherche un Mr Foster, dit Alan.

– Il n'est pas là.

– Vous voulez dire qu'il habite là ? Ici ?

Alan en fut presque dissuadé par l'expression qui se peignit sur ce jeune et beau visage, de la stupéfaction tout d'abord, puis d'un air de suspicion de plus en plus évident. Mais il poursuivit d'un ton ferme :

– J'ai cru comprendre qu'il était cloué au lit avec la grippe.

Là, le visage du jeune homme s'éclaira et il haussa les épaules. Alan était sûr que Marty Foster était quelque part dans cet appartement. Alan n'allait pas renoncer maintenant, après être allé aussi loin. La porte bougeait tout doucement, on allait la lui claquer au nez. Téméraire, s'étonnant lui-même, il mit le pied à l'intérieur, comme un démarcheur importun et déclara :

– J'aimerais rentrer une minute, si ça ne vous dérange pas.

Et il entra dans la pièce, écartant l'autre de la main, bien qu'il fût plus grand et plus jeune que lui.

La porte se ferma derrière lui. Ils se regardèrent. Alan Groombridge et Nigel Thaxby, sans se reconnaître. Nigel pensait : ce n'est pas un agent électoral, et il n'est pas de l'hôpital – qui est-ce ? Alan regardait autour de lui, le matelas jeté par terre, les miettes éparpillées sur la chaise, les aiguilles à tricoter qui dépassaient d'un sac en plastique. Foster pouvait être dans n'importe quelle pièce qu'il y avait derrière cette porte.

– Il faut que je le voie, dit-il. C'est tès important.

– Il est à l'hôpital.

Il y eut un bruit énorme derrière la porte, puis toute une série de petits bruits, comme le pied d'une chaise ou d'une table que l'on cogne sur le sol. Alan regarda la porte et dit, froidement :

– Quel hôpital ?

– Je ne sais pas, je ne peux rien vous dire de plus.

Joyce se libérait de la corde qui la tenait attachée à la chaise, comme Nigel s'y était attendu. Il se mit entre Alan et la porte de la cuisine, sentant sous sa main le holster autour du revolver.

– Vous feriez mieux de partir, maintenant. Je ne peux rien faire pour vous.

Il était 5 heures moins 20. Il avait rendez-vous avec Una à 5 heures, il quittait Londres – n'en avait-il pas fait assez ?

– Alors qui est derrière cette porte ? dit-il. Votre petite amie ?

– Exact.

Alan haussa les épaules. Il se dirigea vers la porte par laquelle il était entré, quand Nigel, marchant à grands pas pour aller l'ouvrir, lança par-dessus son épaule :

– O. K. ma belle, tu vas pouvoir sortir dans une minute.

Alan s'arrêta net. Il avait cherché une voix, et c'était sur l'autre qu'il était tombé – « Voyons un peu ce qu'il y a dans ces caisses, ma belle... » Il se retourna lentement, son sang cognant dans sa tête. Alan était à un mètre de cette porte, et peut-être seulement à cent mètres d'une cabine téléphonique. Il arrêta de penser, de spéculer, de s'interroger. Il fit une demi-douzaine de pas dans la pièce et ouvrit l'autre porte à la volée.

Joyce avait libéré ses bras et elle était en train de défaire son bâillon. C'est tout juste s'il la reconnut, elle était si maigre, si défaite, elle avait les yeux creux. Mais elle, elle le reconnut. Elle avait reconnu la voix de l'homme qu'elle avait cru mort, dès qu'il avait parlé à Nigel. Elle jeta le bas noir par terre et elle vint vers lui, sans rien dire, son visage tout empreint d'une silencieuse supplication.

– Où est l'autre, Joyce ? dit Alan.

– Il est parti, murmura-t-elle, et elle posa ses mains sur les bras d'Alan, mit sa tête contre sa poitrine.

– On y va, dit-il.

Et il mit son bras autour d'elle, la tint serrée contre lui, et la fit sortir par là où il était entré. Nigel les attendait à la porte, son pistolet à la main.

– Lâchez-la, dit-il. Laissez-la et sortez, elle n'a rien à voir avec vous.

Ce fut la façon dont il le dit, mais encore plus les mots qu'il employa qui firent rire Alan. Rien à voir avec lui, Joyce, pour qui sa conscience l'avait amené à prendre un engagement plus grand que celui qu'il avait jamais contracté envers Pam, plus grand que celui qu'il avait pris vis-à-vis d'Una... Il eut un petit rire de gorge, tout en regardant Nigel avec incrédulité. Puis il fit un pas vers la sortie, serrant Joyce un peu plus fort contre lui, la mettant à l'abri dans le creux de son bras, et quand il entendit le coup de feu et le cri de Joyce, il leva brusquement son bras gauche pour protéger le visage de la jeune fille et la poussa par terre.

La deuxième et la troisième balle l'atteignirent dans le haut du corps, mais sans lui faire plus de mal que deux coups de poing.

Nigel saisit la liasse de billets qu'il avait donnée à Joyce, et la fourra dans le sac avec l'autre liasse. Il jeta un dernier regard rapide à travers la pièce et vit la serviette étalée par terre, non loin du pied droit de Joyce. Il ouvrit la fermeture Éclair sur une dizaine de centimètres, vit les liasses de billets, et mit la serviette dans son sac à dos. Puis il ouvrit la porte et sortit.

Le bruit de la fusillade avait été terrible, suffisamment énorme pour faire sortir Mr Green. Bridey, qui rentra dans la maison à un moment où elle pensait que la voie était libre, l'entendit alors qu'elle arrivait au deuxième. Ni l'un ni l'autre ne tentèrent d'arrêter Nigel, qui claqua la porte derrière lui et descendit les escaliers à toute allure. Dans sa progression à travers le tunnel vertical de la maison, il dépassa la fille rousse qui lui cria :

– Qu'est-ce qui se passe ? Qu'est-ce qu'il y a ?

Il ne lui répondit pas. Il descendit en courant la dernière volée de marches, se précipita dans le couloir, puis dans la rue, où, bien qu'il ne fût que 5 heures, il commençait déjà à faire sombre à cause d'une masse de nuages noirs.

La jeune fille rousse monta au dernier étage. Bridey et Mr Green la regardèrent sans prononcer un mot.

– Mon Dieu, dit-elle, qu'est-ce que c'était que ce ramdam qui ressemblait à des coups de feu ? Ce type, je ne sais pas comment il s'appelle, ce type blond, il vient de sortir comme une flèche.

– Ne me demande pas à moi, dit Bridey. Demande plutôt à ce porc. C'est son copain.

Mr Green avança jusqu'à la porte de Marty d'un pas traînant. Il cogna dessus avec son poing, puis la fille rousse tambourina à son tour.

– Je ne sais pas quoi faire. J'aurais bien demandé à mon mec, seulement il n'est pas rentré de travailler. Je crois que je ferais mieux de passer un coup de fil aux flics. On ne peut pas continuer à laisser faire, non ?

– C'est une grave décision à prendre, une décision vraiment grave, dit Bridey, tandis que Mr Green regardait par terre.

De sous la porte, traversant le linoléum imitation bois et passant entre ses chaussons, coulait un mince filet de sang.

– Mon Dieu ! dit Mr Green. Oh, mon Dieu !

La fille rousse se mit la main sur la bouche, et fonça vers le téléphone. Bridey secoua la tête et redescendit au rez-de-chaussée. Elle avait décidé que la discrétion, ou un jour de congé passé à travailler à la Rose de Killarney était ce qu'il y avait de mieux en matière de conscience sociale.

Dans la pièce, de l'autre côté de la porte, Alan était étendu par terre, tenant Joyce dans ses bras. Il avait plutôt froid, il se sentait fatigué, et il avait du mal à respirer, car la joue de Joyce était appuyée contre sa bouche et son nez. Rien n'aurait pu l'obliger à faire le moindre mouvement qui pût déranger Joyce, laquelle avait l'air si bien, et si détendue dans son sommeil. Il était lui-même assez détendu, et très heureux, bien que pas tout à fait sûr de savoir où il se trouvait. Il lui semblait qu'ils devaient être sur une plage, car il avait un goût salé sur les lèvres, et sentait qu'il avait les mains humides. Pourtant ce lieu, quel qu'il fût, donnait également l'impression d'être très haut de plafond, comme une grande salle en voûte. Sa mémoire fonctionnait parfaitement. Il récita, pour lui-même : « Hélas, dit la Reine Guenièvre, nous voilà blessés tous les deux. Ma dame, dit sire Lancelot, y a-t-il une armure dans votre chambre, dont je puisse couvrir mon pauvre corps ? Et s'il y en a une, donnez-la-moi, et je ferai bientôt taire leur méchanceté par la grâce de Dieu. Non, sincèrement dit la reine, je n'ai ni armure, ni bouclier, ni épée, ni lance... »

Il n'arrivait pas à se souvenir du reste. C'était long, mais peut-être pas très approprié à la situation. Quelque chose à propos de la reine qui voulait être emmenée et tuée à sa place, et Lancelot disant : « Que Dieu m'épargne une telle honte. » Ce sentiment d'indignation fit sourire Alan, il le comprenait très bien, et quand il sourit, sa bouche sembla se remplir de ce goût salé, et déborder, et la pression sur son visage et sur sa poitrine devint si forte, qu'il sut qu'il devait essayer de déplacer Joyce. Mais elle était trop lourde pour qu'il pût la bouger. Il était trop fatigué pour lever les bras ou remuer la tête, trop fatigué pour penser, se souvenir, ou respirer. Il murmura : « Dormons maintenant, Una... »

Ils commencèrent à enfoncer la porte, mais il ne les entendit pas. Un sergent et un agent de police étaient venus de Willesden Green, pensant tout d'abord intervenir dans quelque querelle de voisinage, car au téléphone, la fille rousse avait été incapable de s'exprimer clairement. La vue du sang qui coulait à présent en trois petits ruisseaux séparés, les fit revenir sur leur première impression. L'un des panneaux de la porte avait cédé, quand, en haut des escaliers, apparurent deux policiers en civil ayant l'air très haut gradés, et un officier de police en uniforme. Ces derniers ne savaient rien de ce qui s'était passé dans la pièce, de ce qui se passait sur le palier. Ils étaient là parce que Scotland Yard avait découvert l'adresse de Marty Foster.

Encore une poussée et la porte céda. Le couple au rez-de-chaussée était monté, la fille rousse était là, et quand ils virent ce qu'il y avait à l'intérieur, la femme cria. Le sergent de Willesden Green leur dit de s'éloigner et il força sur la porte pour la refermer.

Les deux corps sur le sol gisaient enlacés dans leur propre sang. Le visage et les cheveux de Joyce disparaissaient sous le sang d'une blessure qu'elle avait à la tête, et il sembla tout d'abord que tout le sang venait d'elle, et non de l'homme. Le commissaire divisionnaire tomba à genoux à côté d'eux. C'était un homme fin, dont le métier n'avait pas émoussé la sensibilité, et il regarda, étonné, le contentement sur le visage de l'homme, la bouche qui souriait presque. La prochaine fois que je me battrai, je sais que la mort m'aimera, car je lutterai même avec sa faux pestilentielle... Il chercha le pouls au poignet de la fille. Tout doucement, il souleva le bras de l'homme et vit la blessure dans la partie supérieure de la poitrine. Il vit également que sur les trois ruisseaux de sang qui avaient coulé jusqu'à eux, deux s'étaient arrêtés.

Mais le pouls sous ses doigts était fort. Des paupières tremblotèrent, un muscle vibra.

– Merci mon Dieu, dit-il, pour l'un d'entre eux.

Nigel n'avait pas de sang sur lui. Son cœur battait très fort et il tremblait de tous ses membres, mais c'était seulement parce qu'il avait tué quelqu'un. Il était content d'avoir tué Joyce, et il se disait qu'il aurait dû le faire avant. Bridey ne s'en apercevrait pas, le vieux Green ne comptait pas, et la fille rousse ne ferait que poser des questions idiotes à ses voisins. Maintenant il devait abandonner tout ça derrière lui et aller à l'aéroport. En taxi ? Il pensait être à peu près en sécurité, mais néanmoins il voulait éviter l'avenue pour ne pas trop s'exposer aux regards.

D'un autre côté, c'était un avantage pour lui que ce fût l'heure de pointe, et qu'il y ait beaucoup de monde dehors. Nigel se sentait presque invisible au milieu de tous ces gens. Il se dirigea vers le sud, tout en restant encore plus à l'écart des rues parallèles à Shoot-up hill, que de la rue principale. Mais il avait encore moins de chances de trouver un taxi par là. Une fois à Kilburn, il déboucha dans la grande rue. Tous les réverbères étaient allumés à présent, il était 5 heures et demie, et il y avait une petite bruine. Nigel fouilla dans le sac pour trouver le jeu de clés de la Ford Escort. Si ce Marty, cette cervelle de serin, était capable de voler une voiture, alors lui aussi pouvait le faire. Il se mit en chasse d'une Ford Escort dans les rues.

Il s'écoula presque une demi-heure avant qu'il en trouve une qu'il pût ouvrir avec l'une de ses clés. C'était une voiture de couleur bronze cuivré, garée à mi-hauteur de Brondesbury Villas. Maintenant, il n'avait plus qu'à rejoindre Harrow Road ou Uxbridge Road pour commencer à voir des panneaux indiquant l'aéroport. La pluie tombait sans discontinuer, chassant les passants. D'abord il suivit un trajet de bus qu'il connaissait bien, le long de Kilburn High Road, puis à droite après Kilburn Park Station. Il n'était pas loin de 6 heures et demie, mais vu le peu de gens qu'il y avait dehors, il aurait très bien pu être minuit. La circulation aussi était fluide. Nigel se disait qu'il allait prendre le premier avion en partance. Peu importerait où il allait – Amsterdam, Paris, Rome – car depuis chacune de ces villes il pourrait en prendre un autre à destination de l'Amérique du Sud. Son seul souci, c'était le pistolet. On n'allait pas le laisser monter à bord d'un avion avec un pistolet, pas avec tous ces détournements d'avions. Y avait-il des consignes automatiques à Heathrow ? Si oui, il le mettrait dans une consigne, et puis, un jour, quand il ne risquerait plus rien et qu'il aurait tous les revolvers qu'il voudrait, il reviendrait le chercher et le garderait comme souvenir, comme souvenir de son premier crime. Mais il n'allait pas se lancer sur les traces de Marty Foster avec, Marty n'en valait pas la peine. En outre, grâce au fait que Marty s'était défilé, n'avait-il pas, lui, Nigel, bénéficié de ce coup pour lui tout seul et récolté tout le fric ?

Une fois en bas de Cambridge Road, il hésita entre continuer plus ou moins loin sur Watertown Road, et tourner à gauche dans Shirland Road. Tout droit, décida-t-il. Aussi se mit-il légèrement sur la droite pour prendre Watertown Road et dut-il stopper net derrière une voiture qui s'était arrêtée brusquement à l'orange. Nigel n'avait pas douté que la voiture allait continuer, et le pare-chocs avant de la Ford Escort n'était qu'à quelques centimètres du pare-chocs arrière de l'autre voiture. Et si la voiture reculait quand le feu allait passer au vert ?

Il n'y avait rien derrière. Nigel passa en marche arrière et appuya sur l'accélérateur. La Ford fonça en avant et rentra dans l'arrière de la voiture de devant dans un fracas étonnamment bruyant. Nigel poussa un hurlement de rage. Une fois de plus, il s'était trompé de vitesse.

Dans l'autre voiture, une Diane de faible poids, il y avait quatre personnes, quatre hommes, qui tous le regardaient fixement par la lunette arrière, lui marmonnaient des choses inaudibles et agitaient des poings furieux. Le conducteur sortit. C'était un grand Noir solidement bâti à peu près de l'âge de Nigel. Cette fois Nigel manœuvra la marche arrière avec succès, et recula rapidement. L'homme le rattrapa, donna un coup de poing sur la vitre, mais Nigel passa en première, fonça en avant, l'écrasant presque, et fit hurler la boîte de vitesses en passant devant les feux qui étaient de nouveau rouges. Puis il continua tout droit sur Shirland Road vers les confins de nulle part.

La Diane le suivait. Nigel jura, tourna à droite, puis à gauche dans une rue où les maisons attendaient d'être démolies, leurs fenêtres barrées de planches et leurs portes bouchées par des plaques de tôle ondulée. Pourquoi était-il venu là ? Il fallait qu'il ressorte vite fait et qu'il essaie de trouver Kilburn Lane. La Diane avait à nouveau disparu. Il tourna encore une fois à gauche, et là, elle l'attendait, garée en travers de la rue étroite et vide, où personne n'habitait, et où il n'y avait qu'un seul réverbère allumé. Le conducteur et les trois autres étaient dehors, formant une espèce de cordon humain en travers de la rue. Nigel s'arrêta.

Le conducteur vint vers lui, avec un autre type, un Blanc. Nigel baissa la vitre, il n'y avait rien d'autre à faire.

– Écoute, mec, t'as enfoncé mon coffre. Alors quoi ?

– Ouais, dit l'autre, alors quoi ? Et qu'est-ce qui t'a pris, en plus, de filer comme ça ? Tu l'as vraiment mis dans la merde. C'est la voiture de son vieux.

Nigel ne prononça pas un mot. Il sortit le pistolet de son holster et le braqua sur eux.

– Doux Jésus, dit l'homme blanc.

Nigel ouvrit violemment sa portière, sortit, et les poursuivit, alors qu'ils battaient en retraite. Les deux autres étaient debout derrière la Diane. L'un d'eux cria quelque chose et se mit à courir. Nigel fut pris de panique. Il pensa à l'argent, à des gens qui pouvaient arriver, à sa voiture bloquée par l'autre voiture, et il leva son pistolet et pressa la détente. La balle manqua l'homme qui courait et atteignit le côté de la Diane. Il tira à nouveau, cette fois dans l'un des pneus arrière de la Diane, mais à présent la détente ne bougeait plus. La jaquette du canon n'était pas revenue, laissant celui-ci à nu. Le pistolet avait l'air vide, il devait être vide. Nigel ne bougea plus, les bras écartés, une sensation d'étouffement dans la gorge, puis il balança l'arme dans la rue, et se retourna brusquement vers la voiture.

Les quatre hommes s'étaient tous figés sur place en entendant le coup de feu et le métal qui volait en éclats, même celui qui courait. Et Nigel revenait doucement vers la voiture, regardant pistolet inutilisable sur le macadam mouillé, tandis que les autres semblaient se pencher en avant, les bras pendants, comme des grands singes. Nigel ouvrit la portière de la Ford, mais ils fondirent sur lui avant qu'il ait pu monter dedans. Le copain du conducteur, le jeune homme blanc, fut le premier à le frapper. Il lui envoya un swing du droit qui l'atteignit sous la mâchoire. Nigel recula en titubant et glissa le long de la carrosserie humide de la voiture. Deux des types le prirent par les bras.

Ils le traînèrent en dedans du trottoir, puis dans la cavité béante d'un mur en ruine, qui était l'emplacement d'un ancien portail. Puis ils le balancèrent contre la façade en briques de la maison, lui écrasèrent des poings dans la figure, et Nigel hurla : « Je vous en prie ! » « Aidez-moi ! », et il tituba sur le côté, dans des éclats de verre et de la tôle ondulée. L'un d'eux avait un gros morceau de métal dans son poing, et Nigel sentit qu'on lui martelait la tête avec, alors qu'il était tombé dans l'herbe mouillée. Les autres lui donnaient des coups de pied dans les côtes. Il n'aurait pu dire combien de temps ils continuèrent comme ça. Peut-être jusqu'à ce qu'il arrête de crier, de les maudire, de se tortiller dans tous les sens et d'essayer de protéger son corps meurtri en serrant ses bras autour de lui. Peut-être jusqu'à ce qu'il perde connaissance.

Quand il reprit connaissance, il était étendu par terre, la tête contre le mur, et il n'était plus que douleur, de la tête aux pieds. Mais il y avait une autre douleur, beaucoup plus affreuse, beaucoup plus présente, qui lui faisait la tête et le cou brûlants. Il porta une main entaillée et contusionnée à son cou et là il sentit, enfoncé dans sa chair, un long stylet de verre. Il eut un gémissement d'horreur.

Avec un effort colossal, il se remit debout en titubant. Il était resté étendu sur une couche d'éclats de verre. Il tâta son cou avec ses doigts, et sortit le long éclat de verre sanglant. Ce fut la vue de tout ce sang sur lui, qui coulait sur sa veste, et rentrait dans sa chemise, qui à nouveau l'abattit. Il sentait le sang couler à flots de la blessure faite par l'éclat de verre, et il voulut crier, mais il ne sortit de sa bouche qu'un tout petit son étranglé et chantant.

Nigel avait oublié la voiture, l'argent, et la fuite en Amérique latine. Il avait oublié le pistolet. Tout lui était sorti de l'esprit, excepté le désir de vivre. Il lui fallait trouver la rue, les lumières, et l'aide de quelqu'un pour stopper ce ruisseau rouge, par lequel sa vie s'enfuyait.

Il se traînait en rond, il rampait péniblement en décrivant des cercles lents, labourant la terre de ses mains. Il se surprit en train de dire, de marmonner, ce que Marty lui avait dit : « Tu ne me laisserais pas mourir, tu ne me laisserais pas mourir », puis ce que Joyce lui avait dit : « Je t'en prie, je t'en prie... »

Sa progression, moitié sur les mains et les genoux, moitié sur le ventre, l'amena sur du béton. La rue. Il était sur le trottoir. Il allait y arriver. Alors il continua à se traîner, cherchant des lumières, il continua à ramper sur la pierre dure et mouillée, tandis que la pluie tombait.

La pierre devint de l'herbe. Il essaya d'éviter l'herbe, qui n'aurait pas dû être dans la rue, qui n'avait rien à faire là, qui n'était qu'une hallucination, un mirage tactile. Sa tête buta contre une clôture en bois, au pied de laquelle il y avait tout un tas de choses froides et douces. Il resta étendu là. Des cataractes de pluie se déversaient sur lui, le laissant tout propre.

Beaucoup plus tard, aux premières heures du jour, un policier qui faisait sa ronde trouva la voiture abandonnée et le pistolet. Dans la voiture, tout était comme Nigel l'avait laissé : son sac à dos, son sac en plastique, son passeport et l'argent volé – six mille sept cent soixante-douze livres. Trouver Nigel ne leur prit pas longtemps, mais il était mort avant qu'ils n'arrivent. Il gisait dans un jardin, et durant cette longue nuit humide, des escargots s'étaient hissés le long de ses mèches de cheveux blonds mouillés.

Quand le train fut parti, Paul n'étant pas venu, Una rentra à Montcalm Gardens. Ce qui était « arrivé », quoi que ce fût, l'avait retenu. Ils pourraient prendre un train plus tard, quoiqu'ils n'auraient pas de réservations. Una décida de ne pas se laisser aller à de folles suppositions, qui faisaient partie des fantasmes les plus destructeurs, selon Ambrose. Il disait que si l'on avait tendance à faire ça, il fallait se répéter que la plupart des choses à cause desquelles on s'est torturé n'ont jamais existé. En outre (disait-il), il est toujours stérile d'imaginer des choses sans rapport avec notre propre expérience. C'est une chose que de se représenter mentalement un accident de voiture, ou quelque agression, si ça nous est arrivé ou si c'est arrivé à l'un de nos amis, mais c'en est une autre que de bâtir de telles représentations fantasmatiques à partir, comme c'est presque toujours le cas, de récits de fiction. Una ne connaissait personne qui se soit tué dans un accident de voiture, qui se soit fait agresser, ou qui se soit fait écraser par un train. Sa seule expérience des accidents, c'était son enfant brûlé à mort.

Elle se fit une tasse de thé, puis lava la tasse, puis rangea à nouveau la cuisine. Le téléphone sonna, mais c'était un faux numéro. À 7 heures, elle relut le petit mot, l'écriture de Paul n'était pas très lisible, et ce cinq pouvait très bien être un huit. Et si pour lui le train devait partir à 8 heures et demie, et non pas à 5 heures et demie ? Il avait été si préoccupé et si bizarre ces derniers jours, qu'il pouvait très bien avoir cru cela. Una se recoiffa, mit son imperméable et, cette fois, elle prit un taxi et non un bus, jusqu'à Paddington. Paul n'y était pas.

Bien qu'il y eût encore un train, elle alla chercher sa valise, qu'elle avait laissée à la consigne automatique à 5 heures et demie, car elle pensait qu'agir ainsi, c'était s'en remettre à la providence, et non tenter le diable. Les voies singulières de la providence font que l'achat d'un parapluie est systématiquement suivi par une vague de chaleur d'un mois, et que si l'on charrie des tonnes de bagages de la gare jusque chez soi, on est sûr de devoir les y rapporter. Cette pensée la réconforta, et quand elle se retrouva dans le taxi qui la ramenait chez elle, en descendant Bayswater Road sous des trombes d'eau, elle s'était persuadée que Paul l'attendait à Montcalm Gardens, prêt à lui faire le récit de quelque événement assommant qui l'avait retenu.

Elle ne commença à avoir vraiment peur que lorsqu'elle rentra et ne le trouva pas. Elle descendit au sous-sol et vit les bouteilles qu'elle avait laissées devant la porte de Caesar, avec un mot lui disant de les prendre. Caesar n'était pas rentré à la maison, il était allé directement chez Annie. Una se servit un cognac, qui l'assomma presque, car elle n'avait rien mangé depuis 1 heure de l'après-midi. Ils avaient prévu de dîner dans le train. Elle essaya de se conformer à l'ordre exprès d'Ambrose de ne pas penser à des catastrophes imaginaires, et se dit que personne ne se fait agresser dans l'après-midi, ne se retrouve sous un train à moins de le vouloir, et n'a d'accident de voiture sans avoir de voiture.

Mais ensuite sa propre expérience de la vie lui fit apparaître ce qui avait pu se passer. La théorie du néo-empirisme, appliquée par Una, lui laissait entrevoir ce que font parfois les hommes, et où ils vont, après avoir laissé un mot et être sortis seuls. Elle repoussa cette pensée. Il allait téléphoner, et il allait venir. Elle sortit un morceau de fromage du réfrigérateur, et coupa une tranche sur le pain frais qu'elle avait acheté pour Ambrose. Elle essaya de manger et y arriva, mais c'était comme mâcher de la sciure de bois, puis la ruminer.

À 10 heures, elle était dans la chambre d'Alan, sa chambre vide, en train de regarder la commode dans laquelle il y avait eu des papiers, des lettres ou des photos qu'il n'avait pas voulu lui montrer. Cela lui fit peur à présent, qu'il ait laissé ses clés, pourtant, quoi de plus naturel que de les laisser ?

Pendant qu'elle était sortie, cet après-midi, il avait dû recevoir un coup de téléphone. Elle savait qui avait dû rappeler, la seule personne, peut-être, à qui il avait donné son numéro. N'avait-elle pas déjà appelé une fois pour prendre rendez-vous avec lui ? Depuis ce rendez-vous, cette visite, Paul était un homme changé. Una monta au premier et s'assit dans ce salon exquis et impeccable. Elle décrocha le combiné, pour voir s'il n'était pas en dérangement, mais la tonalité lui écorcha les oreilles. La lettre de Stewart était posée, debout, sur la cheminée. Elle l'avait laissée là pour qu'Ambrose la lise. Mais ce fut elle qui la relut, enfin, le passage où il espérait qu'elle serait heureuse avec un nouveau fiancé.

Pendant un moment, elle resta assise là, à écouter la pluie

frapper les carreaux sur un rythme régulier, et à penser que ça faisait longtemps qu'il n'avait pas plu comme ça, au moins un mois. Or, un mois plus tôt, elle ne connaissait même pas Paul. Elle sortit l'annuaire téléphonique. Son nom sur la page la fit frissonner. Browning, Paul, R. 15 Exmoor, NW 2. Elle regarda fixement son nom sur la page, toucha le téléphone, traversa la pièce dans un sens, puis dans l'autre. Et puis, très vite, elle composa le numéro. Ça sonna, trois fois, quatre fois. Et juste au moment où elle pensait que personne n'allait répondre, ça s'arrêta de sonner et une voix de femme lui dit :

– Allô ! Alison Browning.

– Est-ce que Mr. Paul Browning est là, s'il vous plaît ?

– Qui est à l'appareil ?

On lui avait dit, n'est-ce pas ? Ça n'allait pas être une révélation. Et pourtant...

– Je suis une amie à lui. Il est là ?

– Mon mari est au lit. Il dort. Vous avez vu l'heure qu'il est ?

Una raccrocha. Pendant un moment, elle s'étendit sur le sol. Puis elle monta au premier et se mit au lit, dans la chambre où elle n'avait pas dormi depuis trois semaines. Trois semaines, ça ne comptait pas, ce n'était rien, juste un laps de temps parfait pour une aventure ou un intermède. C'est l'anxiété, pas la douleur qui empêche de dormir, et Una s'endormit enfin.

Elle n'avait plus reçu de journaux depuis qu'Ambrose était parti. Depuis Noël, elle n'avait plus entendu le bruit que font ces feuilles de papier repliées et fraîchement imprimées qu'on glisse dans la boîte aux lettres et qui tombent sur le paillasson. La veille au soir, tout bruit du côté de la porte d'entrée eût fait bondir son cœur d'espoir, mais plus maintenant.

Una descendit au rez-de-chaussée et ramassa le journal. Elle lut les gros titres : « Joyce est en vie » et « La jeune fille de la banque reprend des forces à l'hôpital », et il y avait une grande photo d'une fille sur une civière. Mais ce fut l'autre photo, celle d'un homme dans un jardin en compagnie d'une femme, et d'un homme plus âgé, qui attira l'attention d'Una, parce que l'homme ressemblait un peu à Paul. Mais n'importe quel homme, avec des yeux rêveurs et une bouche exprimant la bonté, lui aurait rappelé Paul. Ça devait arriver. Elle alla dans le salon et lut le journal pour passer le temps.

« ... La police pense que, vu la nature de ses blessures, Alan

Groombridge est mort en protégeant Joyce. Elle a repris connaissance peu après son arrivée à l'hôpital. Sa blessure à la tête n'est qu'une blessure superficielle, dit le médecin qui la soigne, et la perte de mémoire est due à l'état de choc. Elle ne se souvient ni de la fusillade, ni de ce qui s'est passé pendant ce mois durant lequel elle et Mr Groombridge ont été retenus prisonniers dans une chambre louée au deuxième étage d'une maison, au nord de Londres... »

Una lut l'article jusqu'au bout, puis tourna la page, attendant qu'Ambrose arrive.

Postface

« Alan Groombridge n'est pas seulement un personnage fantasque, c'est également un littéraire et un rêveur. Ce qu'il lit est à ses yeux infiniment plus réel que la réalité du monde. Son union avec Pam est terriblement ordinaire, et c'est avec Una qu'il connaît une "romance littéraire". Il désire vivre l'existence d'Antoine et Cléopâtre, déserter le monde au profit de l'amour et si l'on peut dire que le livre se termine de façon heureuse, c'est parce que la mort de Groombridge ressemble à un acte de chevalerie arthurienne. Je n'entends pas précisément dire que la rêverie littéraire soit dangereuse puisqu'elle masque les choses telles qu'elles sont réellement. La pire chose qui eût pu arriver à Groombridge eût été de revenir auprès de sa femme après avoir purgé une peine de prison. »

Ruth Rendell précise : « J'ai utilisé le thème de ce livre dans plusieurs autres romans et nouvelles », mais cela n'aura pas échappé à ses lecteurs les plus attentifs. L'idée d'une fugue obéissant à des motifs d'ordre esthétique, mais surtout considérée comme une libération irrépressible du monde étouffant de cette petite ou moyenne bourgeoisie dont la romancière s'est faite le peintre impitoyable, a germé dans le cerveau de plus d'une de ses créatures. De Nesta Drage (Fantasmes) *à Alice, la jeune mère du* Tapis du roi Salomon *qui abandonne mari et enfant pour aller jouer du Mozart dans les couloirs du* Tube *londonien, un certain nombre d'hommes et de femmes ont déjà nourri la fiction rendellienne d'un désir soudain, pathétique et lourd de conséquences pour eux-mêmes et leur entourage, de « tout lâcher » pour se lancer dans une aventure qui les mènera au bout de leur destin. Comme le souligne froidement l'auteur, la mort n'est pas toujours la sanction la plus forte pour ces outsiders qui, bien souvent, apprennent à leurs dépens l'âprêté de la vie sauvage, sans garde-fous et bientôt sans recours possible à la morale commune. Il y a parmi eux des innocents, mais également des assassins – comme le héros de* L'homme à la tortue *dont l'odyssée à travers le Grand Londres est un peu la version apocalyptique de celle d'Alan Groombridge. Mais tous ont en commun les fondements d'un optimisme surhumain, en ce qu'il les dépasse et les fourvoie souvent jusqu'au drame. Certains agissent ainsi parce qu'ils ont commis des fautes pour lesquelles Rendell paraît avoir une indulgence lucide plutôt que coupable et que l'action qu'ils mènent lave, au bout du compte, de toute inhumanité. Le message philosophique de l'auteur peut sembler ambigu à ceux qui n'auront pas compris l'empathie profonde de son œuvre, un optimisme aussi qui contribue à faire de ses plus noires fictions des œuvres à l'émotion retenue mais jamais frelatée. Certains critiques anglais ont cru voir de la froideur dans la manière dont Ruth traite ses personnages. Rien n'est plus faux car il serait absurde de vouloir ramener la pratique du roman criminel à une échelle de valeurs émotionnelles plus ou moins dilatées selon le talent supposé des auteurs. C'est parce qu'elle est sans complaisance pour l'hypocrisie du monde, et singulièrement pour le puritanisme du monde anglo-saxon, que Ruth Rendell a pu, par erreur, paraître suspecte aux yeux de quelques-uns.*

BIBLIOGRAPHIE

Cette bibliographie présente les diverses éditions françaises. Une bibliographie complète des premières éditions anglaises et américaines sera disponible dans un des volumes ultérieurs des Intégrales Rendell.

LA DANSE DE SALOMÉ (1965)
To fear a painted devil.
P.J./Julliard, *1970.*
Club des Masques, n° 510, *1983.*
Le Masque, n° 1965, *1989.*

FANTASMES (1966)
Vanity dies hard.
Le Masque, n° 1501, *1977.*
Club des Masques, n° 624, *1993.*

LA MAISON DE LA MORT (1968)
The secret house of death.
Super Crime-Club, Denoel, *1973.*
Club des Masques, n° 539, *1984.*

MORTS CROISÉES (1971)
One across, two down.
Super Crime-Club, Denoel, *1973.*
Le Masque, n° 1815, *1986.*
Club des Masques, n° 601, *1991.*

LE JEUNE HOMME ET LA MORT (1974)
The face of trespass.
Le Masque, n° 2000, *1990.*
Le Livre de Poche, n° 6957, 1991.

L'ANALPHABÈTE (1977)
A judgement in stone.
Le Masque, n° 1532, 1978.
Club des Masques, n° 501, 1983.
Le Livre de Poche, n° 6128.

LA BANQUE FERME À MIDI (1979)
Make death love me.
Le Masque, n° 1629, 1981.
Club des Masques, n° 6878, 1990.

Table

L'ANALPHABÈTE

LA BANQUE FERME À MIDI

R. RENDELL

1

UN AMOUR IMPORTUN

LE PASTEUR DÉTECTIVE

LA POLICE
CONDUIT LE DEUIL

LE MEILLEUR
DES TÉMOINS

ET TOUT ÇA EN FAMILLE

LE PETIT ÉTÉ
DE LA SAINT-LUC

UNE FILLE
DANS UN CAVEAU

Achevé d'imprimer
ISBN 270242371 X
Dépôt édit. 6683-09/1993
Collection 17 - Édition 01
Composition réalisée par COMPOFAC - PARIS
Imprimé en Italie par G. Canale & C. S.p.A. - Borgaro T.se - Turin

52/0540/6